Das Kommunalabgabengesetz

und das

Kreis- und Provinzialabgabengesetz

Dargestellt in der Rechtsprechung
des Oberverwaltungsgerichts

Von

W. von Lympius und **Dr. K. von Elbe**
Oberverwaltungsgerichtsräten

Berlin und Leipzig 1930
Walter de Gruyter & Co.
vormals G. J. Göschen'sche Verlagshandlung — J. Guttentag, Verlagsbuchhandlung — Georg Reimer — Karl J. Trübner — Veit & Comp.

Gedruckt bei A. W. Hayn's Erben, Potsdam.

Vorwort.

Im Gegensatz zu der in zahlreichen Einzelgesetzen verstreuten Regelung des Reichs- und Staatssteuerrechts ist das kommunale Abgabenrecht Preußens im Kommunalabgabengesetz vom 14. Juli 1893 und im Kreis- und Provinzialabgabengesetz vom 13. April 1906 im wesentlichen zusammenfassend geordnet. Bei einer solchen Regelung einer Rechtsmaterie gewinnt die Rechtsprechung durch ihre Aufgabe, allgemeine Rechtsgrundsätze an Hand des Gesetzestextes zu entwickeln, naturgemäß eine erhöhte Bedeutung. Für das kommunale Abgabenwesen ist das reiche Material der Rechtsprechung noch deshalb besonders wertvoll, weil die an sich verständliche und notwendige Neigung der kommunalen Verwaltung zur Fortentwicklung ihres Abgabenrechts einer ständigen Überwachung durch den Verwaltungsrichter auf ihre Vereinbarkeit mit dem positiven Recht bedarf, zumal die beiden genannten Gesetze trotz wesentlicher Änderungen keine Neufassung erfahren haben. Die Verfasser glaubten daher, einem Bedürfnis entgegenzukommen, wenn sie es unternommen haben, unter Verzicht auf eigene Stellungnahme die Vorschriften der beiden Gesetze ausschließlich nach den vom Oberverwaltungsgericht in seiner Rechtsprechung entwickelten Rechtsgrundsätzen darzustellen, und zwar durch auszugsweise Wiedergabe der einschlägigen (auch der nicht veröffentlichten) Entscheidungen. Dabei hat von Lympius die allgemeinen und die auf die direkten Steuern bezüglichen, Dr. von Elbe die Vorschriften über die Gebühren, Beiträge und indirekten Steuern sowie die Rechtsgrundsätze zu den Mustersteuerordnungen*) bearbeitet. Die Darstellung schließt mit dem Stande der Rechtsprechung im Frühjahr 1930 ab, doch sind die während des Druckes veröffentlichten Gesetze noch mitberücksichtigt.

W. von Lympius. **Dr. K. von Elbe.**

*) Von der Darstellung der Rechtsprechung über die Gemeindewertzuwachssteuer ist mit Rücksicht auf die in diesem Gebiete vorliegenden besonderen Bearbeitungen abgesehen worden.

Inhaltsverzeichnis.

(Siehe hierzu die Inhaltsübersicht bei den einzelnen Paragraphen.)

A. Kommunalabgabengesetz.

Vom 14. Juli 1893.

Teil I. Gemeindeabgaben.

Abkürzungen.

AusfAnw.	=	Ausführungsanweisung.
AusfG.	=	Ausführungsgesetz.
BA.	=	Bezirksausschuß.
E.	=	Entscheidungen.
Erl.	=	Erlaß.
FAG.	=	Finanzausgleichsgesetz.
FM.	=	Finanzminister.
G.	=	Gesetz.
GO.	=	Gemeindeordnung.
GrVermStG.	=	Grundvermögensteuergesetz.
GS.	=	Gesetzsammlung.
GSt.	=	Gewerbesteuer.
i. S.	=	im Sinne.
KA.	=	Kreisausschuß.
KAG.	=	Kommunalabgabengesetz.
KrO.	=	Kreisordnung.
KrProvAbgG.	=	Kreis- und Provinzialabgabengesetz.
MBliV.	=	Ministerialblatt für die Preußische innere Verwaltung.
MdJ.	=	Minister des Innern.
MinErl.	=	Ministerialerlaß.
OP.	=	Oberpräsident.
OVG.	=	Entscheidungen des Oberverwaltungsgerichts, amtliche Sammlung, Band, Seite.
RGBl.	=	Reichsgesetzblatt.
RP.	=	Regierungspräsident.
RRBest.	=	Reichsratsbestimmungen über die Vergnügungssteuer.
VBl.	=	Entscheidungen des Oberverwaltungsgerichts, Reichs- und Preußisches Verwaltungsblatt, Band, Seite.
Vwstr.	=	Verwaltungsstreitverfahren.
WegeG.	=	Wegegesetz.

Ergänzungen.

Zu S. 8, 33, 34.

Durch das Schulgeldgesetz vom 18. Juli 1930 (GS. S. 202) ist im § 4 Abs. 4 der Satz 2, wonach für höhere Lehranstalten ein angemessenes Schulgeld erhoben werden soll, gestrichen; desgl. § 8 Abs. 2 (Erfordernis der Genehmigung des Schulgeldes durch die Schulaufsichtsbehörde), soweit er sich auf höhere Schulen bezieht. Die Befugnisse der Aufsichtsbehörde aus § 78 Abs. 1 und 4 KAG. übt die Schulaufsichtsbehörde mit gewissen Maßgaben aus. Im übrigen bleibt das KAG. unberührt.

Zu S. 245.

Das KrProvAbgG. ist in Waldeck eingeführt durch V. v. 15. März 1929 (GS. 11).

Zu S. 305, 311.

Nach dem G. über die weitere Hinausschiebung der Bindung der Länder und Gemeinden an die nach dem Reichsbewertungsgesetze festgestellten Einheitswerte vom 15. April 1930 (RGBl. I S. 142) sind die Gemeinden nicht verpflichtet, für das Kalenderjahr 1930 diese Einheitswerte ihren Grund- und Gebäudesteuern sowie Gewerbesteuern zugrunde zu legen.

A.

Kommunalabgabengesetz.

Vom 14. Juli 1893.

Einschl. der Ergänzungen und Änderungen.

Teil I.

Gemeindeabgaben.[1])

Erster Titel.

Allgemeine Bestimmungen.

§ 1.

Die Gemeinden sind berechtigt, zur Deckung ihrer Ausgaben und Bedürfnisse nach Maßgabe der Bestimmungen dieses Gesetzes Gebühren und Beiträge, indirekte und direkte Steuern zu erheben, sowie Naturaldienste zu fordern.

1. Das Gesetz ist für den Umfang des Staates „mit Ausschluß der Hohenzollernschen Lande und der Insel Helgoland" erlassen. Gemäß § 97 der Hohenz. GO. v. 2. VII. 1900 (GS. 189) ist es mit einigen Maßgaben auch für Hohenzollern, durch V. v. 31. III. 1922 (GS. 71) für Pyrmont und durch G. v. 15. III. 1929 (GS. 11) für Waldeck in Kraft gesetzt. Wegen Helgoland vgl. G. v. 21. VII. 1922 (GS. 169).

2. S. AusfAnw. Art. 1.

Inhaltsübersicht.

I. Grundlagen des Kommunalabgabenrechts.

Das Kommunalabgabenrecht ist ein vom Staate eingeräumtes Hoheitsrecht (OVG. 73, 414). Bei seiner Ausübung muß sich die Gemeinde, vorbehaltlich von Sonderbestimmungen, an die für den Staat selbst geltenden Rechtsgrundsätze halten, so daß z. B. die Besteuerung einer unsittlichen oder strafbaren Handlung unzulässig ist (OVG. 38, 103). Das Recht zur Erhebung von Gemeindeabgaben ist ein den Gemeinden gesetzlich eingeräumtes Hoheitsrecht, das unter den Begriff der öffentlichen Gewalt i. S. des G. v. 1. VIII. 1909 (GS. 691) über die Haftung für Amtspflichtverletzungen von Beamten bei Ausübung der öffentlichen Gewalt fällt (OVG. 73, 414). — Unter Gemeinden i. S. des § 1 sind nur Stadt- und Landgemeinden zu verstehen. Die Begründung des Entwurfs zum KAG. hat, um die Reformbedürftigkeit des damals bestehenden Rechts darzutun, nur das Abgabenrecht der Stadt- und Landgemeinden in seinen Hauptumrissen dargestellt. Jedenfalls hätte das Gesetz, das sich, [abgesehen von Hohenzollern und Helgoland] *) auf das ganze Staatsgebiet erstreckt, es besonders zum Ausdruck bringen müssen, wenn es auch auf die nur in einem Teil des Staatsgebietes zu Kommunalverbänden ausgestalteten Ämter Anwendung finden sollte. Dem steht auch der Umstand nicht entgegen, daß in § 6 neben den Gemeinden auch die Amtsbezirke, Ämter und Landbürgermeistereien erwähnt sind. Diese Erwähnung war notwendig, weil es sich um die Aufzählung der zur Erhebung von Verwaltungsgebühren berechtigten Verwaltungs-, nicht Kommunalbezirke, handelte; im Gegenteil beweist diese besondere Anführung, daß die Ämter i. S. des KAG. nicht als „Gemeinden" anzusehen sind (OVG. 34, 120).

II. Örtliche Schranken des Besteuerungsrechts.

Bei Ausübung des Abgabenrechts sind die Gemeinden, da ihnen gesetzlich nur ein bestimmtes Herrschaftsgebiet angewiesen ist, nicht befugt, außerhalb der Gemeinde

*) s. o. § 1 Anm. 1.

vorkommende Ereignisse zum Anlaß einer Besteuerung zu nehmen, beispielsweise also einen Grundstückserwerb in einer fremden Gemeinde (OVG. 38, 103). — Die Abgrenzung des Gemeindebezirks ist, wie diejenige des Staatsgebiets eine Frage des öffentlichen, objektiven Rechts, also vom Verwaltungsrichter frei zu erforschen (E. v. 4. XI. 1912 H. C. 40. 12).

S. auch bei § 13 unter I A 2b, bei Vergnügungssteuer (S. Anhang § 1), sowie wegen der Gemeindezugehörigkeit der einzelnen Grundstücke bei § 24 unter I B.

III. Umfang des Besteuerungsrechts.

Nach OVG. 53, 10 sollte die Gemeinde nicht Steuergläubigerin und Steuerschuldnerin in eigner Person sein können, zumal sie, wenn ihre Grundstücke und Gewerbebetriebe Gemeindesteuer zu zahlen hätten, den dadurch verursachten Ausfall an Betriebseinnahmen durch Erhöhung des allgemeinen Steuersolls decken müßte. An dieser Auffassung kann in Übereinstimmung mit dem Reichsgericht (RGZ. 119, 304) nicht mehr festgehalten werden, nachdem sich das Reich selbst in mehreren Reichssteuergesetzen für reichssteuerpflichtig erklärt hat (E. v. 15. X. 1929. II A. 19. 29). — Wenn die Gemeinde in den Unterpachtverträgen wegen eines von ihr gepachteten Objektes (Bernsteingewinnung) den Pächtern die Verpflichtung auferlegt, für gewisse Gemeindeabgabenpflichtige die Gemeindeabgaben zu bezahlen, so stellt das ein rein privatrechtliches Abkommen dar, das die öffentlich-rechtliche Befugnis der Gemeinde, die nach dem KAG. und dem Ortsrecht Steuerpflichtigen zu Gemeindeabgaben heranzuziehen, nicht berührt (VBl. 21, 364). — Die Gemeinden sind nach § 1 nur zur Anforderung der daselbst bezeichneten Geldabgaben und von Naturaldiensten, nicht aber von Naturalleistungen, berechtigt (VBl. 19, 502). Deshalb kann von den Gemeindemitgliedern auch nicht die Unterhaltung von Gemeindewegen verlangt werden, und zwar auch nicht auf Grund eines gemäß § 6 LGO. erlassenen Ortsstatuts. Denn eine Heranziehung der Gemeindeangehörigen zu vermögensrechtlichen Leistungen an die Gemeinde behufs Befriedigung der Bedürfnisse oder Erfüllung von Verpflichtungen der Gemeinde darf nur nach Maßgabe des KAG. oder der darin ausdrücklich aufrechterhaltenen älteren gesetzlichen Vorschriften erfolgen (OVG. 34, 176). — Vgl. bei § 68 unter II.

Eine Verpflichtung der Gemeinden, von ihrem Steuerrecht in jedem Falle Gebrauch zu machen, besteht nicht. Läuft die Nichtausübung des Steuerrechts auf einen Mißbrauch hinaus, so hat die Aufsichtsbehörde einzuschreiten. VBl. 25, 435.

IV. Ausgabenbedarf (s. auch bei § 2).

Die Gemeinde kann alles in den Bereich ihrer Wirksamkeit ziehen, was die Wohlfahrt des Ganzen oder die materiellen Interessen und die geistige Entwicklung des Einzelnen fördert. Deshalb kann sie auch die Kirchen- und Schullasten übernehmen (OVG. 12, 158). — In den Landesteilen des linken Rheinufers sind diejenigen Zuschüsse zu den ordentlichen, jährlich wiederkehrenden Bedürfnissen der Kirchengemeinden, welche bei Verkündung des Gesetzes vom 14. III. 1845 (GS. 163) den Gemeinden oblagen, fortzuentrichten. Soweit es sich dabei um Naturallieferungen handelt, kann die Gemeinde eine Unterverteilung in natura nicht vornehmen und muß daher die Leistung durch Einstellung einer ihrem Wert entsprechenden Summe in den Haushaltsplan aufbringen (OVG. 77, 307). — Ist die Gemeinde durch Sondergesetz ermächtigt, eine den Gemeindeangehörigen obliegende Leistung als Gemeindelast zu übernehmen (z. B. Einquartierung), so kann sie diese Last durch Umlage auf die Gemeindeangehörigen unterverteilen (OVG. 48, 41).

„Einnahmen" sind diejenigen aus den ordentlichen Mitteln (OVG. 68, 203) Bez. „Gemeindeabgaben" s. bei § 69 unter I B.

V. **Vereinbarungen über das Abgabenrecht** (s. auch zu § 13).

Das Recht zur Erhebung von Gemeindeabgaben kann als Ausfluß der Gemeindeautonomie nicht zu Gunsten einzelner Pflichtiger generell beschränkt werden (PVBl. 22, 58). — Die Gemeinde kann über die Tilgung und den Erlaß eines einzelnen Abgabenbetrages — und zwar bereits vor Entstehung der Verpflichtung und zugunsten eines Besitznachfolgers des steuerpflichtigen Grundstückseigentümers — eine im Verwaltungsstreitverfahren geltend zu machende Vereinbarung treffen. Eine solche Vereinbarung ist keine vertragsmäßige Ausschließung des Abgabenrechts an sich und darum nicht rechtsunwirksam. Sie läßt vielmehr die Entstehung der Abgabenpflicht ganz unberührt und schreibt nur vor, daß nach dieser Entstehung die dadurch fällig gewordene Forderung nicht erhoben, vielmehr der Anspruch als im voraus abgegolten gelten solle. — Es ist aber unzulässig und nicht bindend, wenn die Gemeinde im voraus auf die Regelung und Handhabung der Gemeindeabgabenverfassung an sich ganz oder teilweise verzichtet (OVG. 33, 106; 37, 32; 38, 146; 42, 45; 44, 110). — Die Gemeinde konnte nicht rechtswirksam auf ihr Gebührenrecht verzichten. Der Vertrag kann auch nicht dahin ausgelegt werden, daß er das Abgabenrecht unberührt lasse und nur die Abgabe bei ihrer Fälligkeit als getilgt gelten solle. Eine solche Auslegung ist nur möglich, wenn es sich um eine bestimmte einzelne Abgabenforderung handelt, nicht aber, wie hier, um fortdauernde und darum sowohl der Zahl als der Höhe nach unbestimmte Jahresforderungen (PVBl. 34, 349).

§ 1a[1]).

Die Abgabenschuld entsteht, sobald der Tatbestand verwirklicht ist, an den das Gesetz den Anspruch des Abgabengläubigers knüpft. Das gilt auch dann, wenn die Abgabenschuld durch eine Veranlagung festgestellt werden muß. Die Veranlagung kann auch dann noch vorgenommen werden, wenn der die Entstehung von Abgabenschulden begründende Tatbestand inzwischen weggefallen ist.

1. Der § 1a ist eingefügt worden durch Art. II § 1 des Gesetzes zur Abänderung einiger Vorschriften des Gemeindeabgabenrechts vom 6. V. 1920 (GS. 309).

Die Geltung einer im Laufe des Steuerjahres zustande gekommenen Änderung des örtlichen Steuerrechts von Beginn des Jahres ab, soweit direkte Steuern in Frage kommen, ergibt sich ohne weiteres daraus, daß das Steuerjahr, abgesehen von Zu- und Abgängen, in seinem Verlauf eine unteilbare Zeiteinheit bildet. Diese Rechtswirkung tritt auch dann ein, wenn im Nachtrag einer Steuerordnung nicht besonders ausgesprochen ist, daß er mit Beginn des Steuerjahres in Kraft tritt (OVG. 54, 128; 57, 173; 60, 256; PVBl. 35, 844; 38, 268). — Die sog. **Bändertheorie** (nach welcher die Gemeindeabgabenpflicht nur solange Bestand hatte, als der Pflichtige mit der betreffenden Gemeinde durch ein Band, wie Wohnsitz, Grundbesitz oder Gewerbebetrieb, verknüpft war) ist durch Art. II § 1 des G. über die Abänderung einiger Vorschriften des Gemeindeabgabenrechts v. 6. V. 1920, GS. 309 (welches den § 1a in das KAG. eingefügt hat) aufgehoben worden (OVG. 76, 289). — Ist auf Grund des § 1a bezüglich einer direkten Gemeindesteuer nach der zu Beginn des Steuerjahres geltenden Steuerordnung eine Steuerschuld entstanden, so schließt das nicht aus, daß eine andere Steuerordnung mit der Wirkung an Stelle der alten tritt, daß sie das ganze Steuerjahr einheitlich umfaßt. Daraus ergibt sich, daß das neue Ortsrecht vom Beginn seiner Gültigkeit, d. h. von Beginn des Steuerjahres ab, an Stelle des alten Ortsrechts tritt und daß deshalb die an den Tatbestand des letzteren geknüpfte Abgabenschuld in Fortfall kommt, sofern nicht eine rechtskräftig gewordene Veranlagung auf Grund des alten Ortsrechts vorliegt. Jedoch darf auf Grund des neuen Ortsrechtes kein höherer Betrag verlangt werden, als nach dem alten gefordert war, da es sich sonst um eine nach § 84 KAG. unzulässige Nachbesteuerung handeln würde (OVG. 78, 153). — Der für direkte Gemeindesteuern geltende Grundsatz, daß sie als Jahressteuer eine unteilbare Einheit bilden und deshalb eine im Laufe des Rechnungsjahres erfolgende Abänderung des Ortsrechts das ganze Rechnungsjahr ergreift, ist bei Gebühren nicht anwendbar. Der Zeitpunkt der Rechtswirksamkeit einer Gebührenordnung fällt, da ihre öffentliche Bekanntmachung im KAG. nicht vorgeschrieben ist und Art. 4 Ziff. 3 Abs. 2 der AusfAnw. nur die Bedeutung einer die Verbindlichkeit der Pflichtigen nicht berührenden Dienstanweisung hat, mangels einer besonderen Vorschrift in der Ordnung selbst mit der Genehmigung zusammen (OVG. 64, 380; VBl. 43, 178). — S. bei § 4 unter E und § 7 unter I.

Wegen der zeitlichen Geltung kommunaler Steuerordnungen s. im übrigen bei § 77 unter VI, VII.

§ 2.

(1) Die Gemeinden dürfen von der Befugnis, Steuern zu erheben, nur insoweit Gebrauch machen, als die sonstigen Einnahmen, insbesondere aus dem Gemeindevermögen, aus Gebühren, Beiträgen und vom Staate oder von weiteren Kommunalverbänden den Gemeinden überwiesenen Mitteln zur Deckung ihrer Ausgaben nicht ausreichen. Auf Hunde- und Lustbarkeits-, sowie auf ähnliche, durch besondere Rücksichten gebotene Steuern findet diese Bestimmung keine Anwendung.

(2) Durch direkte Steuern darf nur der Bedarf aufgebracht werden, welcher nach Abzug des Aufkommens der indirekten Steuern von dem gesamten Steuerbedarfe verbleibt.

1. S. AusfAnw. Art. 2.

Inhaltsübersicht.

I. Steuerbedarf.

Die Mittel für die Bestreitung der Gemeindeausgaben dürfen nach der unzweideutigen Vorschrift in § 2 nur insoweit durch Ausschreibung allgemeiner Steuern aufgebracht werden, als dazu die sonstigen Einnahmen, insbesondere auch diejenigen aus Gebühren und Beiträgen nicht ausreichen. Dabei wird nicht unterschieden, ob das Geldbedürfnis durch die (mittels polizeilichen Zwanges oder aufsichtsrechtlicher Zwangsetatisierung bewirkte oder freiwillige) Erfüllung einer öffentlich-rechtlichen Aufgabe oder außerhalb einer solchen entstanden ist (OVG. 32, 125). — Von dem ihr zustehenden Besteuerungsrecht kann die Gemeinde nicht nur zur Deckung des am Beginn des Steuerjahres feststehenden Bedarfs, sondern auch der sich im Verlauf des Rechnungsjahres ergebenden weiteren Mehrausgaben Gebrauch machen (VBl. 26, 923; E. v. 21. III. 1922. II. C. 212. 21; E. v. 11. IV. 1922. II. C. 110. 21). — Eine Kontrolle darüber, ob eine Gemeinde den nach § 2 durch direkte Steuern zu deckenden Bedarf mit Rücksicht auf ihre sonstigen Einnahmen richtig bemessen hat, steht nur der Aufsichtsbehörde zu, die über die Genehmigung der Etatsaufstellung oder der Abgabenerhebung zu befinden hat, aber weder dem einzelnen Steuerpflichtigen, noch dem Verwaltungsrichter (OVG. 21, 364). — S. VBl. 47, 350 usw. bei § 70 unter II E. 1 d a.

II. Zwecksteuern.

Wenn die Gemeinde beschließt, die zu leistenden Naturaldienste aus der Gemeindekasse zu vergüten, so dürfen die hierfür erforderlichen Mittel nicht durch eine besondere, nach Diensteinheiten abgestufte direkte Steuer aufgebracht werden. Denn §§ 54 ff. erfordern eine einheitliche Verteilung des gesamten Steuerbedarfs auf die verschiedenen Steuerarten und schließen aus, daß zur Deckung bestimmter Ausgaben besondere Steuern ausgeschrieben und nach anderen Regeln auf die einzelnen Steuerarten verteilt werden wie der übrige Steuerbedarf (PVBl. 24, 215). — Soweit die Geistlichen in Schleswig-Holstein bis zum 1. IV. 1893 zu einer in Form eines Zuschlages zu den direkten Steuern erhobenen Zwecksteuer für die Wegeunterhaltung herangezogen wurden, dürfen sie nach Inkrafttreten des KAG. nur dann zu dieser Zwecksteuer weiter herangezogen werden, wenn diese Zwecksteuer gemäß § 96 Abs. 4 aufrechterhalten ist. Nicht angängig ist es aber, ihre weitere Heranziehung auf dem Wege zu versuchen, daß ein bestimmter Teil des Ausgabenbedarfs, der auf die Wegeunterhaltung entfällt, ausgesondert und als angebliche Zwecksteuer von den Geistlichen angefordert wird. Denn der sich nach § 2 KAG. ergebende Bedarf an direkten Steuern bildet eine unteilbare Einheit, in welcher die einzelnen Ausgabetitel verschwinden. Diese stellen keine besonderen Steuern für die angegebenen Zwecke dar, sondern sind nur Rechnungsansätze für den gesamten Ausgabenbedarf (OVG. 72, 160).

S. a. bei § 20 unter I und bei § 96.

§ 3.

(1) Gewerbliche Unternehmungen der Gemeinden sind grundsätzlich so zu verwalten, daß durch die Einnahmen mindestens die gesamten durch die Unternehmung der Gemeinde erwachsenden Ausgaben, einschließlich der Verzinsung und der Tilgung des Anlagekapitals, aufgebracht werden.

(2) Eine Ausnahme ist zulässig, sofern die Unternehmung zugleich einem öffentlichen Interesse dient, welches andernfalls nicht befriedigt wird.

1. S. AusfAnw. Art. 3.

Inhaltsübersicht.

I. Merkmale eines kommunalen Gewerbebetriebes im allgemeinen.

Jedes Unternehmen einer Gemeinde soll einem öffentlichen Zwecke dienen. Denn nur zur Erfüllung öffentlicher Aufgaben bestehen die Gemeinden selbst und sind mit entsprechenden Machtmitteln ausgerüstet. Gleichwohl gehen die Gesetze davon aus, daß die Gemeinden auch gewerbliche Unternehmungen betreiben können (PVBl. 26, 348). — Der Gewinnzweck ist das Kriterium der Gewerblichkeit eines Unternehmens, das objektive Ergebnis von Überschüssen ist für sich allein nicht entscheidend, und es kann von einem Gewerbebetrieb überall da keine Rede sein, wo die Gewinnabsicht erkennbar fehlt (OVG. 11, 56). — Gemeinnützigkeit und Gewinnabsicht bilden bei einem Unternehmen keine unvereinbaren Gegensätze. Auch ein dem öffentlichen Interesse dienendes Unternehmen kann sehr wohl einen Gewerbebetrieb darstellen. Der gewinnbringende Charakter ist nur dann ausgeschlossen, wenn die Befriedigung des öffentlichen Interesses den eigentlichen Hauptzweck, die Gewinnerzielung aber nur eine Nebenerscheinung bildet. Dagegen ist es für den Begriff des Gewinns unerheblich, zu welchem Zweck der erzielte Überschuß verwendet wird. *Gewinnabsicht* und *Gewinnverwendung* haben nichts miteinander zu tun (OVG. 75, 254). — Der gewerbliche Charakter eines vom Reich, einem Land oder einem Kommunalverband betriebenen Unternehmens wird dadurch nicht berührt, daß der Überschuß für Zwecke dieser Verbände verwendet wird (VBl. 49, 852). — Ein Unternehmen, auf das die sonstigen Merkmale des Gewerbebetriebes zutreffen, bleibt ein solches, auch wenn es an sich dem öffentlichen Zweck dient und die Absicht der Gewinnerzielung diesem Hauptzwecke untergeordnet ist, aber *fortlaufende Überschüsse* ergeben, daß die Gewinnerzielung ein wesentlicher, bewußt verfolgter Nebenzweck des Betriebes ist und nicht nur eine zufällige gelegentliche und nebensächliche Folge desselben bildet (VBl. 49, 338).

II. Einzelfälle.

1. *Wasserwerke.* Wenn die Klägerin sich darauf beruft, daß das Wasserwerk von der Stadt nicht in der Absicht, Gewinn zu erzielen, betrieben werde, so ist hierauf zu erwidern, daß gegenüber einem der Natur nach steuerpflichtigen Gewerbebetriebe, das heißt einem Unternehmen gegenüber, welches seiner gesamten Erscheinung wie allen *überwiegenden* Merkmalen nach sich als ein solcher Gewerbebetrieb darstellt, es auf die Absicht allein, in welcher dasselbe unternommen ist, nicht unbedingt ankommen kann. Keinesfalls läßt sich die Absicht, in welcher der Betrieb anfänglich begonnen, noch als entscheidend ansehen, wenn sich demnächst ergibt, daß das Unternehmen eine Reihe von Jahren hindurch einen *Gewinn* abgeworfen hat, welcher schon vermöge seines ansehnlichen Umfangs und wegen seiner mehr oder weniger regelmäßigen Wiederkehr füglich *nicht als nicht gewollt* angesehen werden kann. Ein solches Ergebnis berechtigt zu der Annahme, daß die ursprüngliche Absicht im Laufe der Zeit eine andere, auf Gewinn gerichtete geworden ist (OVG. 10, 68). — Schon von allgemeinen Gesichtspunkten aus ist die Annahme eines Gewerbebetriebs bei denjenigen Gemeindeanstalten ausgeschlossen, welche für die öffentliche Benutzung freigegeben sind und deren Benutzung nicht auf Grund privatrechtlicher Abmachung, sondern auf Grund öffentlichen Gemeinderechts erfolgt. Dagegen können diejenigen Gemeindeanstalten, deren Benutzung dem Publikum auf Grund von *Privatverträgen* angeboten wird, an sich wohl die Merkmale von Gewerbebetrieben haben. Das gilt insbesondere von Wasserwerken. Das wesentliche Merkmal würde sein, daß der Betrieb hauptsächlich zu dem Zwecke erfolgt, durch Beteiligung an dem öffentlichen Erwerbsleben einen Gewinn zu erzielen. Dieser Zweck wird nicht dadurch ausgeschlossen, daß das *Werk gleichzeitig zu öffentlichen Zwecken*, wie Straßensprengen, Feuerbekämpfung usw. dienstbar gemacht wird, sondern nur, wenn sie den wesentlichen Zweck bilden, die Gewinnerzielung aber nur eine nebensächliche Begleiterscheinung ist (OVG. 46, 154; 52, 28; VBl. 47, 516; 50, 145). — Ob eine Gemeinde ein Wasserwerk als gewerbliches Unternehmen oder als Gemeindeanstalt betreibt, ist eine Tatfrage. Im vorliegenden Falle ist von einem Anschlußzwange keine Rede; es besteht zwischen der Gemeinde und den Einzelabnehmern ein von beiden Seiten kündbares Verhältnis. Ferner ist der Wasserzins bei gewerblichen Abnehmern besonderer Vereinbarung vorbehalten. Auch erfolgt allgemein die Abrechnung vierteljährlich und kann den rückständigen Zahlern die Wasserzuführung entzogen werden. Alles dies ergibt, daß es sich um einen Gewerbebetrieb handelt. Dem steht nicht entgegen, daß die Stadt das Werk teilweise für ihre eigenen Zwecke benutzt (Straßensprengen usw.) und daß die Benutzung durch Ortsstatut geregelt ist. Denn die Stadtgemeinden sind berechtigt, auch bezüglich ihrer nicht zu den öffentlichen Gemeindeanstalten gehörigen Unternehmungen *statutarische Anordnungen* zu treffen. Da sich hiernach ergibt, daß die Erhebung einer öffentlichen Gebühr nicht beabsichtigt ist, bleibt es ohne Bedeutung für den rechtlichen Charakter, daß das Statut versehentlich auf § 4 KAG. Bezug genommen hat (OVG. 52, 28). — Ein Wasserwerk ist nicht schon dann dem privatwirtschaftlichen Verkehr

entzogen, wenn es die Gemeinde im öffentlichen Interesse selbst versorgt. Es kommt darauf an, ob das kraft öffentlichen Gemeinderechts geschieht, was durch Erhebung einer öffentlich-rechtlichen Gebühr bewiesen würde. Der Umstand, daß der Tarif für das statt dessen zur Hebung gelangende Wassergeld genehmigt ist, läßt nur die Beitreibung im Verwaltungszwangsverfahren zu, berührt aber die privatrechtliche Natur der Vergütung nicht. Ebensowenig würde das Bestehen eines polizeilichen Benutzungszwanges entscheidend sein, da die Errichtung der Anstalt selbst vom freien Willen der Gemeinde abhängt. Es kommt also allein auf die etwaige Absicht der Gewinnerzielung an. Dafür spricht einmal, daß die Gemeinden allgemein infolge der Reichssteuergesetzgebung und der ungewöhnlich hohen Wohlfahrtsausgaben zur Erzielung möglichst hoher Überschüsse aus den Betriebsverwaltungen gezwungen sind, sodann daß die Stadt in klarer Absicht nicht die Form der Gebührenerhebung nach dem KAG. gewählt hat und vor allem der im vorliegenden Falle erzielte sehr hohe Gewinn, bei dessen Bewertung im Gegensatz zu der Ansicht der Stadt die Verzinsung des eigenen Kapitals nicht abzuziehen ist (OVG. 62, 241; E. v. 2. VII. 1929. VIII. GSt. 11, 28).

2. Gaswerke. Gaswerke sind in der Regel als Gewerbebetriebe anzusehen, wenn der Betrieb auf Gewinnerzielung gerichtet ist und für die Gemeindeangehörigen keine Nötigung zur Benutzung besteht, was allein durch eine Monopolstellung noch nicht bewirkt wird (VBl. 50, 331).

Eine öffentliche Anstalt ist nur dann vorhanden, wenn ein allgemeines Benutzungsrecht, sei es durch Ortsstatut, sei es durch besondere Beschlüsse der Gemeindeorgane, sei es auch nur stillschweigend, etwa einen über die Zweckbestimmung sich äußernden Willensakt dieser Organe, besteht. Bei der städtischen Gasanstalt in C. fehlt es an einem derartigen Tatbestand. Ebensowenig, wie ein dortiger Einwohner oder Hausbesitzer gezwungen werden kann, sich städtischen Gases zu bedienen, ist die Stadt verpflichtet, Gas herzustellen. Neben der Verwendung des Gases zur Beleuchtung der städtischen Straßen wird das Gas an die einzelnen Abnehmer verkauft, so daß die Stadt eine gleiche Stellung einnimmt wie eine Privatperson, der die Stadt lediglich die Benutzung der städtischen Straßen zur Verlegung der Gasrohre freigegeben hat (OVG. 20, 23).

3. Ein städtisches Elektrizitätswerk ist als ein gewerbliches Unternehmen zu betrachten, wenn die Abgabe des Stromes und die Preisfestsetzung auf Grund besonderen Übereinkommens erfolgt. Daß die Bezeichnung „Tarif" gebraucht ist, hat nicht einmal die Anwendbarkeit des § 90 KAG. zur notwendigen Folge, und überdies rechnet das KAG. auch die nach einem auf Grund des § 90 genehmigten Tarifs zur Hebung gelangenden Vergütungen deshalb nicht zu den Kommunalabgaben (VBl. 23, 613).

4. Der Betrieb eines öffentlichen Schlachthauses, für welches gemäß dem Gesetz v. 18. III. 1868 (GS. 277) Schlachtzwang besteht, ist als eine Betätigung der öffentlichen Gewalt anzusehen. Denn seine Errichtung beruht auf der durch das Gesetz erteilten Ermächtigung, welche eine Beseitigung der mit dem Betriebe von Privatschlachtstätten verbundenen sanitären Gefahren für die Nachbarschaft und die bessere Überwachung des Schlachtviehs und Fleisches bezweckt. Die Errichtung von Schlachthäusern dient also öffentlich-rechtlichen Interessen. Die mit dem Schlachthaus eine Einheit bildenden Nebenanlagen, z. B. Kühlhäuser, teilen seinen Charakter, auch wenn für sie kein Benutzungszwang besteht (OVG. 82, 34).

S. auch § 24 unter II B. 1a und f.

III. Privatrechtliche Vergütung.

Das KAG. hat es den Gemeinden überlassen, ob sie für die Benutzung einer zugleich öffentlichen Interessen dienenden Veranstaltung nach § 3 eine Vergütung oder nach § 4 eine Gebühr beanspruchen wollen, und auch ausdrücklich weder gestattet noch verboten, daß bei derselben Veranstaltung beides verlangt wird. Daher muß es zulässig sein, für die Benutzung in einem Stadtteil oder für eine Art der Benutzung eine Vergütung, für die Benutzung in einem anderen Stadtteil oder für eine andere Art der Benutzung eine Gebühr zu verlangen. Ist aber einmal festgestellt, welche Art des Entgelts für eine bestimmte Benutzung der Anstalt grundsätzlich zu entrichten ist, so ist damit die Regelung des Entgelts der Willkür entzogen und die Erhebung einer Vergütung anstatt oder neben einer Gebühr ausgeschlossen (OVG. 31, 67). — Wird von einer Gemeinde ein Wasserwerk als ein gewerbliches Unternehmen und nicht als eine im öffentlichen Interesse zu unterhaltende Veranstaltung angelegt, so ist die Gemeinde befugt, das Wasserwerk den Grundstückseigentümern nur im Wege des Vertrages unter Erfüllung bestimmter Bedingungen zugänglich zu machen. Von dem Rechte zur Mitbenutzung einer vermeintlichen öffentlichen Gemeindeanstalt ist unter solchen Umständen keine Rede und eine auf § 18 ZG. gestützte Klage deshalb unzulässig (VBl. 23, 690). — Bei Eingemeindung von Grundstücken, welche, wie die hier in Rede stehende Strafanstalt, dem übrigen Gemeindebezirk als ein Teil von eigenartiger Beschaffenheit gegenübersteht, kann vereinbart werden, daß ihnen gegenüber eine öffentliche Gemeindeanstalt überhaupt nicht oder nur auf Grund privatrechtlicher Abmachungen als gewerbliches Unternehmen zur Verfügung stehen soll OVG. 45, 155).

Vgl. auch bei § 4 unter I c und III 1.

Zweiter Titel.

Gebühren und Beiträge.

§ 4.

(1) Die Gemeinden können für die Benutzung der von ihnen im öffentlichen Interesse unterhaltenen Veranstaltungen (Anlagen, Anstalten und Einrichtungen) besondere Vergütungen (Gebühren) erheben.

(2) Die Erhebung von Gebühren hat zu erfolgen, wenn die Veranstaltung einzelnen Gemeindeangehörigen oder einzelnen Klassen von solchen vorzugsweise zum Vorteile gereicht und soweit die Ausgleichung nicht durch Beiträge (§ 9) oder eine Mehr- oder Minderbelastung (§ 20) erfolgt. Die Gebührensätze sind in der Regel so zu bemessen, daß die Verwaltungs- und Unterhaltungskosten der Veranstaltung, einschließlich der Ausgaben für die Verzinsung und Tilgung des aufgewendeten Kapitals, gedeckt werden.

(3) Besteht eine Verpflichtung zur Benutzung einer Veranstaltung für alle Gemeindeangehörigen oder für einzelne Klassen derselben, oder sind die Genannten auf die Benutzung der Veranstaltung angewiesen, so ist unter Berücksichtigung des öffentlichen Interesses, welchem die Veranstaltung dient, und der den einzelnen gewährten besonderen Vorteile eine entsprechende Ermäßigung der Gebührensätze gestattet; auch kann in Fällen dieser Art die Erhebung von Gebühren unterbleiben.

(4) Auf Unterrichts- und Bildungsanstalten, auf Krankenhäuser, Heil- und Pflegeanstalten, sowie auf vorzugsweise den Bedürfnissen der unbemittelten Volksklassen dienende Veranstaltungen finden vorstehende Bestimmungen (Abs. 2 und 3) keine Anwendung. Jedoch muß für den Besuch der von den Gemeinden unterhaltenen höheren Lehranstalten und Fachschulen ein angemessenes Schulgeld erhoben werden.

[(5) Andere Abweichungen von der im Abs. 2 vorgeschriebenen Bemessung der Gebühren sind nur aus besonderen Gründen gestattet[2]).]

(6) Ein Zwang zur Erhebung von Chaussee-, Wege-, Pflaster- und Brückengeldern findet nicht statt[3]).

1. A. Art. 4, 5.

2. Fortgefallen gemäß Art. 5 Ziff. 1 des VereinfGes. v. 13. V. 1918 (GS. 53)/3. I. 1928 (GS. 1).

3. Chaussee-, Wege- und Brückengelder können von Kraftfahrzeugen nicht mehr erhoben werden (§ 2 Nr. 2a i. V. mit § 7 Abs. 1 G. v. 9. IV. 1927 [RGBl. I 91] u. preuß. Ges. v. 29. XII. 1927 [GS. 295]).

Inhaltsübersicht.

I. Begriff der Gebühr. Gebühr ist die einseitig von der Staatsgewalt festgestellte Gegenleistung, das spezielle Entgelt für eine zugleich im öffentlichen Interesse erfolgte Leistung der Gemeinde (VBl. 18, 301). — Sie ist das von der Gemeinde festgesetzte Entgelt für die kraft öffentlichen Rechtes erfolgende Benutzung einer Gemeindeanstalt (OVG. 45, 101) (s. III).

a) **Gebühr im Verhältnis zu Steuern.** Als charakteristisches Merkmal der „Steuern" gilt, daß sie zur Bestreitung der wirtschaftlichen Bedürfnisse der Gemeinden ohne Rücksicht auf eine besondere Gegenleistung erhoben werden; dadurch unterscheiden sie sich von den unter dem Namen von Gebühren im weiteren Sinne begriffenen besonderen Abgaben für die Benutzung von Gemeindeanstalten, welche ihrem Wesen nach als ein Entgelt für die durch diese Benutzung den Privaten erwachsenden Vorteile und Annehmlichkeiten anzusehen sind und deren Höhe nach dem Umfange der Benutzung bemessen wird (OVG. 13, 231). — Die Gebühren haben mit den Steuern gemeinsam, daß sie aus öffentlich-rechtlichem Titel gefordert werden; ihr rechtliches Fundament liegt in der auf den Hebeberechtigten übertragenen Machtbefugnis des Staates, die ihm unterworfenen Vermögen mit Auflagen zu belasten, mögen diese, wie die Steuern für allgemeine Zwecke oder, wie die Gebühren, aus besonderem Anlaß (bei der Inanspruchnahme einer speziellen Anstalt) fällig werden (OVG. 18, 28).

b) **Gebühr im Verhältnis zu Beiträgen.** Für die Frage, ob die zu erhebenden Beträge Gebühren oder Beiträge sind, ist nicht die gewählte Bezeichnung, sondern lediglich die rechtliche Gestaltung entscheidend, die den zu erhebenden Beträgen gegeben ist, sowie ferner, daß Gebühren zwar nur für die Benutzung einer im öffentlichen Interesse unterhaltenen Veranstaltung der Gemeinde erfordert werden dürfen, daß aber die Benutzung einer solchen Veranstaltung auch in dem Haben eines Anschlusses an eine Kanalisations-, Wasser- oder Gasleitung liegen kann*). Voraussetzung aber für die Erhebung von Gebühren sowohl als auch von Beiträgen ist, daß sie für eine im öffentlichen Interesse errichtete oder unterhaltene Veranstaltung der Gemeinde erfordert werden. Dem öffentlichen Interesse dient eine Veranstaltung nur, wenn sie die Förderung des Gemeinwohls bezweckt; die Förderung der Privatinteressen der einzelnen Gemeindeangehörigen, mag der Kreis der hiervon betroffenen noch so groß sein, genügt allein nicht (VBl. 31, 732). — S. auch Beiträge II.

c) **Gebühr und privatrechtliche Vergütung****). Für ebendenselben Einzelakt der Benutzung kann nicht, je nachdem er einen größeren oder geringeren Umfang erreicht (je nachdem also das Quantum der städtischen Leistung größer wird), zuerst nur eine Gebühr und dann Gebühr und Vergütung nebeneinander gefordert werden. Denn beide bilden begrifflich das spezielle Entgelt für eine Leistung und unterscheiden sich rechtlich nur dadurch, daß diese Gegenleistung entweder vertragsmäßig vereinbart oder einseitig seitens der staatlichen Finanzgewalt festgestellt wird (vgl. OVG. 18, 27; VBl. 18, 302). — Die Benutzung einer städtischen Kanalisation kann bestehen in der Zuführung

---

*) S. zu V A 3. **) S. o. S. 7.

von Abwässern und in dem Nehmen oder Haben eines Anschlusses. In R. wird aber eine Gebühr nicht für eine derartige Benutzung der Entwässerungsanlage, sondern als Entgelt dafür gefordert, daß die Gemeinde (nach Art eines Installateurs) die Herstellung des Anschlusses des Grundstücks oder der Privatstraße an die Kanalisation bewirkt. Derartige Vergütungen sind privatrechtlicher Natur (PVBl. 35, 383). — S. auch unter III 2 a. E.

II. Gemeinde.

1. **Als Gebührengläubigerin.** Der Polizeibehörde ist gesetzlich eine Mitwirkung bei der Veranlagung und Festsetzung von Gemeindeabgaben nicht eingeräumt und kann ihr auch nicht durch örtliche Satzungen übertragen werden (OVG. 48, 114). — Die Festsetzung der Höhe von zu erhebenden Gebühren kann nicht dem Magistrat allein übertragen werden; eine statutarische Bestimmung, die dies tut, verstößt gegen das Gesetz und ist sonach rechtsunwirksam (OVG. 62, 162).

2. **Als Benutzerin kommunaler Einrichtungen.** Die von den Gemeinden unterhaltenen Einrichtungen und Anstalten dienen in den weitaus meisten Fällen keineswegs nur dem Nutzen der einzelnen Gemeindemitglieder, sondern werden, wie die Be- und Entwässerungsanlagen, naturgemäß für die Zwecke der Gemeinde selbst verwendet. Eine solche gleichzeitige Mitbenutzung kann aber nur die Folge haben, daß auch die Gemeinde zu dem Entgelt für die ihr gewährte Benutzung beizutragen hat, keinesfalls die, daß es ausgeschlossen wäre, die Kosten von Einrichtungen, welche vorzugsweise einer bestimmten Kategorie von Einwohnern nützen, dementsprechend in erster Reihe durch von diesen Interessenten zu entrichtende Gebühren tragen zu lassen (OVG. 26, 46).

3. **Eingemeindung und Gebühren.** Ist in der Anlage zu einem Eingemeindungsgesetz für den eingemeindeten Ortsteil in bestimmten Grenzen Ermäßigung von „Gemeindeabgaben" zugestanden, so werden davon auch einmalige Gebühren umfaßt, da sie in dem „Gemeindeabgaben" betitelten I. Teil des KAG. behandelt sind. Daß die fragliche Eingemeindungsbedingung den Umfang der Ermäßigung mit „$^3/_4$ des Steuerbetrages" bezeichnet, ist nur eine bedeutungslose Ungenauigkeit im Ausdruck (E. v. 25. VI. 1929. II. C. 192. 28).

III. Öffentliches (Gemeinde-) Recht, die Grundlage der Hebeberechtigung.

1. **Grundsatz.** Gebühr als Entgelt für die Benutzung kraft öffentlichen Rechtes: die Gemeinde kann dieses Entgelt einseitig festsetzen, weil sie bei der Widmung der Anstalt für die Öffentlichkeit Normen und Bedingungen bestimmen darf. Der Benutzende nimmt nicht wie bei einer gewerblichen Anstalt das Angebot eines Gewerbetreibenden an, sondern erfüllt den Tatbestand, bei dessen Vorhandensein eine öffentliche Abgabenpflicht eintritt (OVG. 45, 101). — Gebühren kann die Gemeinde nur erheben von denjenigen, welche die Gemeindeanstalt kraft eines ihnen durch die Gemeinde verschafften öffentlichen Rechts benutzen (PVBl. 36, 379).

2. **Anwendungsfälle.** Die Erhebung von Gebühren setzt die Benutzung der von der Gemeinde unterhaltenen Veranstaltung kraft öffentlichen Rechts voraus. Die Absicht der städtischen Behörden, ihr Ortsrecht in diesem Sinne zu gestalten, ist nicht gelungen. Denn schlechterdings unvereinbar mit der Annahme einer Benutzung der städtischen Wasserleitung kraft öffentlichen Rechts ist der Umstand, daß die Abgabe des Wassers aus der Leitung an die Grundstückseigentümer von Bedingungen abhängig gemacht wird, wonach sich zur Abnahme des Wassers der Abnehmer auf fünf Jahre verpflichten muß. Eine derartige Beschränkung ist bei einer kraft öffentlichen Rechts der Benutzung freigegebenen Gemeindeveranstaltung undenkbar, weil zur Benutzung einer solchen jeder Einwohner berechtigt ist, so oft und solange er will. (E. v. 11. VII. 1911. MBliV. 1911, 353). — Auf dem Grundstück der Klägerin war zur Zeit des An-

schlusses an das Wasserwerk der Gemeinde eine eigene Wasserleitung vorhanden; nach der örtlichen Gebührenordnung gehörte das Grundstück nicht zu den zwangsweise angeschlossenen Grundstücken; die Klägerin konnte den freiwilligen Anschluß beantragen, wobei sich jedoch die Gemeindebehörde ausdrücklich das Recht zur Ablehnung solcher Anträge vorbehalten hatte. Für die Eigentümer dieser Art Grundstücke wird also die Gemeindeveranstaltung nicht kraft öffentlichen Rechts zur Verfügung gestellt, das Verhältnis zwischen Klägerin und Gemeinde ist vielmehr rein privatrechtlicher Natur (VBl. 49, 382). — Der Kläger benutzt die städtische Kanalisation kraft eines ihm angeblich zustehenden privaten Rechts. Die Gemeinde kann das Privatrecht nicht einfach durch eine Erklärung beseitigen, sie wolle die Benutzung als öffentlich-rechtliche ansehen und behandeln; eine Gebührenpflicht der betreffenden Person besteht nicht, solange sie die Benutzung auf Grund des behaupteten Privatrechts vornimmt (VBl. 34, 740; s. auch VBl. 21, 104). — Zulässig ist es, eine Wasserleitung teilweise der Benutzung kraft öffentlichen Rechts freizugeben, teilweise ihre Benutzung privatrechtlichen Abmachungen vorzubehalten (OVG. 62, 124).

3. **Unerlaubte Benutzung.** Eine Gemeinde, die ihre Veranstaltung der öffentlich-rechtlichen Benutzung zur Verfügung stellt, kann öffentlich-rechtliche Gebühren nur für eine solche Benutzung erheben, die den von ihr für die Benutzung aufgestellten Bedingungen entspricht; eine unerlaubte Benutzung ist keine Benutzung kraft öffentlichen Rechtes und berechtigt deshalb auch nicht zur Erhebung öffentlich-rechtlicher Gebühren (OVG. 75, 99).

4. **Sperrung der Wasserleitung.** Nicht zulässig ist es, wenn das Statut vorschreibt, der Magistrat solle zur Schließung der Privatleitung befugt sein, wenn der Grundstückseigentümer länger als vier Wochen mit einer Schuld im Verzuge bleibt. Der Wortlaut dieser Bestimmung entbehrt der nötigen Klarheit. Sollte damit gemeint sein, daß der Magistrat die Benutzung der Wasserleitung demjenigen verbieten könne, der mit den Beiträgen oder Gebühren im Rückstande bleibt, so würde dem entgegenstehen, daß Gebühren nur für solche Veranstaltungen erhoben werden dürfen, deren Benutzung einem jeden kraft öffentlichen Rechtes freisteht. Mit einem derartigen öffentlichen Benutzungsrecht ist die Ausschließung wegen verzögerter Gebührenzahlung unvereinbar (OVG. 62, 239).

IV. Gegenstand der Gebührenerhebung: die von den Gemeinden im öffentlichen Interesse unterhaltenen Veranstaltungen.

A. **Im allgemeinen.** Bei Veranstaltungen „im Sinne des § 4 handelt es sich um etwas, was hergestellt" und unterhalten werden kann, also um etwas Konkretes, um Anlagen und Anstalten oder Einrichtungen (OVG. 83, 115). — Gebühren können nur für öffentliche Leistungen erhoben werden. Leistet die Gemeinde selbst nichts, sondern läßt sie die Arbeiten (Fäkalienabfuhr) durch selbständige Unternehmer, also Gewerbetreibende, vornehmen, ohne daß die Gemeindeangehörigen ein Recht auf eine Gemeindeleistung haben, so ist eine Gemeindeeinrichtung nicht vorhanden (OVG. 29, 62). — Der Charakter einer Gemeindeanstalt wird aber nicht dadurch beeinträchtigt, daß eine Gemeinde — sofern sie die Einrichtung zum Gegenstand ihrer unmittelbaren Tätigkeit gemacht hat — Arbeiten einem Unternehmer als ihrem verantwortlichen Organ überträgt (OVG. 32, 306; VBl. 51, 118). — Gebühren können als Gemeindeabgaben nur gefordert werden für die im öffentlichen Interesse unterhaltenen Veranstaltungen, also nicht für Veranstaltungen, die nur im Interesse der Gemeinde eingerichtet und einzelnen freigegeben sind (VBl. 21, 104). — Hat eine Gemeinde eine im öffentlichen Interesse erforderliche Veranstaltung hergestellt, so spricht die Vermutung dafür, daß nach Absicht der Gemeinde die Veranstaltung eine solche sein soll, wie solche Veranstaltungen in der

Regel zu sein pflegen, d. h. eine den Gemeindemitgliedern zur öffentlichen Benutzung gewidmete Anstalt (E. v. 15. II. 1916. II. C. 127/15.). — Der städtische Friedhof zu S. war von Mitgliedern der Landgemeinde T. lediglich auf Grund einer Observanz und nicht als eine im öffentlichen Interesse dargebotene Veranstaltung für Begräbnisse benutzt worden. Die Vergütungen für Beerdigungen auf diesem Friedhofe konnten von Gemeindeangehörigen von T. nicht als öffentlich-rechtliche Gebühren abverlangt werden (OVG. 45, 160 Anm.).

B. **Im besonderen.**

1. **Friedhofsgebühren.** Nachdem die politische Gemeinde einen Friedhof angelegt hatte, wurde jeder Gemeindeangehörige, auch die Angehörigen der reformierten Kirchengemeinde, ohne Rücksicht auf die früher den Kirchengemeinden gegenüber bestehenden Rechte kraft öffentlichen Rechtes befugt, den Gemeindefriedhof zu benutzen (vgl. ALR. T. II Tit. 11 § 190). Bei dieser Benutzung unterliegen die Gemeindeangehörigen der von der Gemeinde kraft ihrer Autonomie für die öffentlich-rechtliche Benutzung eingeführten Gebührenpflicht (OVG. 64, 239).

2. **Gemeindewege.** Als Abgaben öffentlich-rechtlicher Natur können Gebühren nur für öffentliche Leistungen und für die Benutzung öffentlicher Einrichtungen erhoben werden, also z. B. nicht für die Benutzung der einen Gegenstand des Privatrechts bildenden Luftsäule über den öffentlichen Straßen zur Anlegung von Balkons und Erkern (OVG. 28, 74). — Eine Stadt kann öffentlich-rechtliche Gebühren nur erheben, wenn sie mit einer Veranstaltung die Förderung eines öffentlichen Interesses bezweckt. Mit der Einräumung des Benutzungsrechts muß dasjenige öffentliche Interesse verfolgt werden, welches für die Herstellung der Gemeindeanstalt überhaupt maßgebend gewesen ist. Straßen haben den Zweck, dem Verkehr zu dienen und die Stadt mit Licht und Luft zu versehen, und nur durch die Bestimmung für diesen Zweck wird ein Landstreifen zu einer Straße. Daher benutzt derjenige, welcher Gerüste auf einer Straße aufstellt, Baumaterialien auf ihr lagert, nicht die Straße als solche, als Verkehrsanstalt, sondern als Straßengelände, und die Stadt gestattet die Benutzung nicht mit Rücksicht auf ein öffentliches Interesse, sondern im Privatinteresse des Benutzenden. Eine im öffentlichen Interesse gestattete Benutzung liegt auch nicht etwa deshalb vor, weil die Straßen dem Anbau dienen. Denn daß eine Straße zum Anbau bestimmt ist, will nur sagen, daß sie diejenigen Verkehrsverhältnisse schaffen will, welche geeignet sind, die Bebauung der angrenzenden Grundstücke zu ermöglichen. Hier aber handelt es sich um die Erleichterung der Bauausführung auf einem Privatgrundstück, und bei dieser liegt ein öffentliches Interesse (im Sinne von § 4) nicht vor. Eine „Gebühr" durfte die Gemeinde also nicht erheben (OVG. 48, 112).

3. **Städtische Kanalisation.** Es handelt sich nach der örtlichen Kanalisationsordnung nicht um die etwa nach § 15 des Baufluchtengesetzes vom 2. Juli 1875 durch Beiträge aufzubringenden Kosten der Straßenentwässerung, sondern lediglich um die Kosten der Entwässerung der an der Straße gelegenen Grundstücke; hinsichtlich ihrer bildet die ganze Kanalisationsanlage der Stadt eine einheitliche Veranstaltung (OVG. 34, 72). — Bei der Regelung der Gebührenerhebung für die Benutzung von Entwässerungsanlagen ist es rechtlich nicht ausgeschlossen, daß geeignetenfalls eine Gemeinde auch miteinander technisch nicht verbundene Kanalisationsanlagen (voneinander technisch unabhängige Kanalisationssysteme) als eine einheitliche Veranstaltung behandelt und die Erhebung von Gebühren nach einem für alle Benutzer gleichen Maßstabe so bestimmt, daß durch das Gesamtaufkommen aus den Gebühren die gesamten Aufwendungen für alle der Entwässerung der Grundstücke dienenden Anlagen gedeckt werden (VBl. 35, 658).

4. **Straßenreinigung als städtische Veranstaltung.** Nach dem Ortsstatut, betreffend die Reinigung der Straßen in der Stadt W., kann es zweifelhaft sein, ob die Stadt die

Reinigungspflicht der Polizei gegenüber als eigene dergestalt übernommen hat, daß sie an Stelle der bisher Verpflichteten getreten ist. Wäre das der Fall, so könnten Gebühren für die von der Stadt vorgenommene Reinigung überhaupt nicht erhoben werden, weil die Stadt durch die Ausführung der Reinigung nur die ihr obliegende Verpflichtung erfüllen würde, in diesem Falle aber eine Benutzung der städtischen Veranstaltung seitens Dritter nicht in Frage kommen könnte. Das Statut deutet aber darauf hin, daß an sich der Polizei gegenüber die bisher Verpflichteten auch weiter pflichtig bleiben sollten und daß die Stadt nur für sie die Ausführung der Straßenreinigung in den von den städtischen Körperschaften bestimmten Straßen übernehmen will. Bei einer derartigen Regelung ist die Erhebung von Gebühren von denjenigen, welche sich der städtischen Veranstaltung zur Straßenreinigung bedienen, zulässig (VBl. 35, 142).

5. **Müllabfuhr.** Der Gerichtshof hat den Beschluß, betreffend die Erhebung einer Gebühr für die Abfuhr des Hausmülls in der Stadt K., als keine rechtswirksame Grundlage für die Erhebung von Gebühren erachtet, und zwar aus zwei Gründen, einmal, weil im Beschlusse der gemeine Wert von Grundstücken als Hilfsmaßstab für die Gebühr bei gewissen Grundstücken bestimmt und dies unzulässig ist*), und sodann, weil in dem Ortsstatute, betreffend die Übernahme der Straßenreinigung und der Müllabfuhr durch die Stadt K., die Stadtgemeinde der Polizei gegenüber die Verpflichtung zur Abfuhr des Hausmülls unter Befreiung der Hausbesitzer oder Mieter von dieser Verpflichtung übernommen hat, die Stadtgemeinde also die Veranstaltung der Abfuhr getroffen hat, um die von ihr übernommene Verpflichtung zu erfüllen, und deshalb eine Benutzung dieser Veranstaltung seitens Dritter, der Grundstücksbesitzer oder Mieter, nicht stattfindet (VBl. 35, 620).

6. **Gemeindewasserwerk.** Wird für ein Wasserwerk ein polizeilicher Anschlußzwang eingeführt, so muß die Gemeinde das Wassergeld als öffentlich-rechtliche Gebühr gestalten und sich damit den Vorschriften des KAG. und der Kontrolle des Verwaltungsstreitverfahrens unterwerfen (OVG. 62, 243).

7. Die gemäß § 68 Abs. 2 der Gewerbeordnung erhobenen **Messebeiträge** sind keine Gebühren im Sinne des § 4. Sie sollen gezahlt werden als Zuschuß zu den Kosten der Werbe- und Verwaltungstätigkeit des Messeträgers. Diese Tätigkeit kann aber nicht als eine Veranstaltung im Sinne des § 4 angesehen werden (OVG. 83, 115).

8. **Theater-Feuerwache.** Die Stadtgemeinde hat nach der Gebührenordnung die öffentlich-rechtliche Verpflichtung übernommen, auf Verlangen eines Theaterunternehmers die durch Regierungspolizeiverordnung vorgeschriebene Feuerwache aus Mannschaften der städtischen Feuerwehr zu stellen. Die Veranstaltung ist eine solche gemäß § 4 Abs. 1 KAG. (E. v. 22. X. 1929. II. C. 45. 29).

V. Gebührenpflicht entsteht durch gewollte und tatsächliche Benutzung von Gemeindeveranstaltungen.

A. Wille des Pflichtigen.

1. **Freiwilligkeit und polizeilich erzwungener Wille.** Eine tatsächliche Benutzung einer Gemeindeanstalt als Voraussetzung der Gebührenpflicht liegt nur vor, wenn sie auf dem Willen des Pflichtigen, sei es auch auf dem polizeilich erzwungenen Willen, beruht (E. v. 25. XI. 1924. II. C. 55. 24) (Straßenreinigungsgebühren). — Voraussetzung der Gebührenpflicht ist, daß der Gemeinde gegenüber eine Inanspruchnahme (Benutzung) der städtischen Straßenreinigung, sei es aus eigenem Willen oder infolge polizeilich ausgeübten Zwanges, seitens des Pflichtigen stattfindet. Von einer

---

*) S. unter VII D 2 f.

solchen Benutzung kann aber da keine Rede sein, wo ohne oder gar gegen den Willen desjenigen, von dem die Gebühr gefordert wird, die Reinigung vorgenommen wird (PVBl. 35, 142). — Die Gebührenpflicht des Klägers hängt ohne Rücksicht darauf, ob er zur Reinigung verpflichtet ist, davon ab, ob er die städtische Straßenreinigungsanstalt benutzt hat, denn nur für die Benutzung einer im öffentlichen Interesse unterhaltenen Veranstaltung kann die Gemeinde Gebühren erheben. In der Tatsache, daß die Gemeinde durch ihre Anstalt die Reinigung vor dem Grundstück des Anliegers hat ausführen lassen und daß durch eine Polizeiverordnung die zur Reinigung Verpflichteten gehalten sind, die Reinigung durch die städtische Anstalt vornehmen zu lassen, liegt noch keine Benutzung. Dazu gehört, daß die städtische Anstalt mit dem Willen des zur Gebühr Herangezogenen für ihn tätig geworden ist, sei es, daß dieser Wille ausdrücklich durch Stellung eines Antrages kundgetan oder aus Handlungen oder Unterlassungen schlüssig zu entnehmen ist. Ohne Belang ist, aus welchen Beweggründen der Wille zur Benutzung kundgetan ist, insbesondere ob er etwa durch eine an den Herangezogenen erlassene polizeiliche Verfügung erzwungen ist (PVBl. 39, 79).

2. **Polizeiverordnung.** Eine den Benutzungszwang allgemein aussprechende Polizeiverordnung kann nicht den Willen zur Benutzung ersetzen (E. v. 30. I. 1917. II. C. 505. 16). — Die Rechtsbeständigkeit der Erhebung von Gebühren für den Anschluß an eine städtische Kanalisation ist nicht davon abhängig, daß eine den Anschluß an den Kanal regelnde Ortspolizeiverordnung vorhanden sei; dieser Polizeiverordnung bedarf es nur insofern, als allgemein der Anschluß an die Kanalisation durchgeführt werden soll (E. v. 30. III. 1915. II. C. 172. 14).

3. **Insbesondere Kanalgebühren.** Die Benutzung einer Kanalisation kann bestehen in der Zuführung von Abwässern oder in dem Nehmen oder Haben eines Anschlusses (PVBl. 35, 383). — Die Zeche H. hatte ihre Abwässer über Privatgrundstücke in einen Graben geleitet; die Gemeinde unterbrach die Entwässerung und führte die Abwässer einem städtischen Kanal zu; dem widersprach die Zeche durch Anstrengung eines Zivilprozesses. Da die Gemeinde den Anschluß an den Kanal ohne Willen und Zutun der Zeche und gegen ihren Widerspruch bewirkt hat, ist eine Gebührenpflicht nicht gegeben; es fehlt die Benutzung durch einen von ihr gewollten Anschluß, mag dies auch unter polizeilichem Zwange geschehen (PVBl. 39, 278). — Voraussetzung für die gebührenpflichtige Benutzung einer städtischen Veranstaltung ist deren Benutzung kraft öffentlichen Rechtes, und die Benutzung einer städtischen Kanalisationsanlage liegt nur bei demjenigen vor, der kraft solchen Rechtes die städtische Entwässerungsanlage in Anspruch nimmt, indem er die Abwässer der städtischen Anlage durch einen von ihm gewollten Anschluß zuführt, der übrigens nicht immer gerade in einer Rohrleitung zu bestehen braucht, insbesondere unter Umständen auch in einem Graben bestehen kann. Dabei ist es unerheblich, ob der Anschluß an die städtische Anlage nach deren Herstellung neu genommen wird oder ob eine Zuführung der Abwässer durch eine schon vorher vorhanden gewesene Anschlußleitung an einen später in die städtische Entwässerungsanlage einbezogenen Kanal durch Beibehaltung der Leitung stattfindet, wenn nur in dem letzteren Falle die Beibehaltung des Anschlusses kraft öffentlichen Rechtes zur Benutzung der städtischen Anlage in Anspruch genommen worden ist (OVG. 55, 76). — Klägerin hatte die Beseitigung eines Anschlusses verlangt; die Aufhebung der Anschlüsse war jedoch durch Ortssatzung der Stadtgemeinde vorbehalten. Durch diesen Vorbehalt können die Grundstückseigentümer in bezug auf die Gebührenpflicht nicht schlechter gestellt werden, als wenn sie in der Lage wären, den Anschluß durch einen Dritten entfernen zu lassen. Der Mangel der Zustimmung der Klägerin zur Belassung des Anschlusses bis zur Beseitigung durch die Gemeinde und der Mangel eines die Zustimmung ersetzenden polizeilichen Zwanges schließt die Annahme einer Freiwilligkeit der Benutzung von seiten der Klägerin gegenüber der Stadtgemeinde aus (OVG. 62, 136).

B. **Wirkliche, unmittelbare und mittelbare Benutzung. Wirtschaftliche Einheit.**

1. **Wirklichkeit und Unmittelbarkeit.** a) Grundsatz: Die Gebührenordnung darf die Entstehung der Gebührenpflicht nur an die Tatsache der Benutzung knüpfen (VBl. 18, 299).

b) Herstellung des Anschlusses gilt als tatsächliche Benutzung. *α*) Bei Kanalgebühren. Es wäre unzulässig, schon für die Gewährung der Möglichkeit der Benutzung einer Kanalisation Gebühren zu erheben. Indessen ist in der Herstellung des Anschlusses an die städtische Anstalt grundsätzlich auch ihre Benutzung zu erblicken (OVG. 45. 97). — Die Gebührenordnung macht die Gebührenpflicht abhängig von dem Anschluß an die Entwässerungsanlage, welcher als hergestellt gelten soll, sobald das Grundstück bzw. die auf ihm befindlichen Gebäude, Wohnungen usw. durch Abflußrohre mit der Anlage verbunden sind. Ein solcher Anschluß ist im Rechtssinne eine Benutzung, weil er die Möglichkeit der jederzeitigen Abführung der Abwässer bietet, und eine Kontrolle darüber, ob die Abführung tatsächlich stattgefunden hat, unmöglich ist (vgl. OVG. 31, 56). Die Gebührenordnung geht also nicht fehl, wenn sie die Verpflichtung zur Zahlung von Gebühren lediglich von dem Anschluß an die Anlage abhängig macht, und setzt sich insbesondere nicht in Widerspruch mit dem § 4, nach welchem nur für die Benutzung der Veranstaltungen Gebühren gefordert werden können (VBl. 26, 961). — *β*) Bei Wasserleitungsgebühren. Die Benutzung einer Wasserleitung kann schon in dem Besitz eines Anschlusses gefunden werden (VBl. 34, 116).

c) Nur Pflicht zum Anschlusse oder Fehlen des Anschlusses. Die Gebührenpflicht ist in der Ortssatzung nicht von der Benutzung, wozu auch das Haben des Anschlusses gehört, sondern von der bloßen Anschlußpflichtigkeit abhängig gemacht. Das ist unzulässig und führt zur Ungültigkeit des ganzen Ortsstatuts (VBl. 36, 169). — Der § 2 der Kanalgebührenordnung muß dahin verstanden werden, daß jeder Inhaber einer Wohnung oder sonstigen Räumlichkeit, die sich in einer angeschlossenen Liegenschaft befindet, gebührenpflichtig sein soll ohne Rücksicht darauf, ob seine Räumlichkeiten selbst Anschluß haben. Damit verstößt er gegen den Grundsatz, daß eine Gebührenpflicht nicht schon durch die Möglichkeit einer Benutzung, sondern nur durch die Benutzung selbst (die übrigens in dem bloßen Haben des Anschlusses bestehen kann, also die Abführung von Abwässern nicht notwendig voraussetzt) begründet wird (OVG. 49, 102).

d) Fälle tatsächlicher Benutzung. Die Zeche benutzt einen Teil der Straßenrinnen, um ihre Abwässer einem Vorfluter zuzuführen, der in ihrem Besitze steht und durch den die Abwässer beseitigt werden. Eine Gebührenpflicht wegen Benutzung der städtischen Kanalisation besteht nicht, denn die verpflichtende Benutzung einer Kanalisation liegt nur dann vor, wenn das von dem Grundstücke abfließende Wasser auch durch die städtische Kanalisation dem Eigentümer endgültig abgenommen, insofern beseitigt wird (E. v. **5. X. 1915.** II. C. 84. 15). — Die städtische Entwässerungsanlage beseitigt nicht die Abwässer der Grundstücke und ist auch dazu nicht geeignet, da sie an keine zur städtischen Kanalisation gehörige Vorflutanlage angeschlossen ist. Diese Anlagen werden vielmehr von der Klägerin nur benutzt, um die Abwässer ihrer Grundstücke eine kurze Strecke weit fort in einen Vorfluter zu führen, welcher im Besitz und Benutzungsrechte der Klägerin steht; erst mittels dieses Feldgrabens werden die Abwässer beseitigt, indem sie durch ihn dem L.-Bache zufließen. Deshalb liegt eine Kanalbenutzung nicht vor, und die Klägerin ist daher nicht gebührenpflichtig (OVG. 69, 188). — Die Gebührenordnung enthielt die Vorschrift, daß industrielle Betriebe, welche die Kanalisation benutzen, für den Wasserverbrauch eine Gebühr zu entrichten haben. Die Gebührenpflicht ist davon abhängig, daß die Betriebe wirklich ausgeübt werden; mit der Einstellung des Betriebes endigt die Gebührenpflicht (E. v. **3. VII. 1917.** II. C. 268. 17). — Unstreitig wird der Mühlenbach, in welchen die flüssigen Abgänge aus dem Hause des Klägers geleitet werden, von der Stadt zu dem Zwecke unterhalten und gereinigt, daß er in unschädlicher Weise zur Ableitung von Abwässern benutzt werden kann. Dadurch ist der Mühlenbach zu einer städtischen Entwässerungsanlage gemacht und den in Betracht kommenden Grundeigentümern zur öffentlich-rechtlichen Benutzung zur Verfügung gestellt worden (E. v. 8. **III. 1921.** II. C. 171. 20).

e) Bauerlaubnis keine Benutzung. Die ortsstatutarische Bestimmung über die Fälligkeit einer Kanalanschlußgebühr widerstreitet dem Grundsatze, daß eine Verpflichtung zur Gebührenzahlung nur entstehen kann durch die Benutzung einer Gemeindeanstalt. Die Erwirkung einer polizeilichen Bauerlaubnis ist noch keine Benutzung des Kanals (VBl. 28, 373).

2. Mittelbarkeit. In der mittelbaren Zuführung von Abwässern liegt nicht immer eine Benutzung des städtischen Kanals. So findet z. B. eine Benutzung im Sinne des Gesetzes nicht statt durch einen Grundstückseigentümer, der Abwässer einem zu deren Aufnahme verpflichteten Dritten zuführt, auch wenn dieser, der sehen muß, wo er mit den Abwässern bleibt, sie in die Anlagen der Gemeinde leitet (E. v. 27. **II. 1923.** II. C. 28. 11). — Ein Grundstück, für welches Gebühren verlangt werden, entwässert in einen Kanal der Eisenbahn; die von dort in die Gemeindeanlagen gelangenden Abwässer sind Abwässer der Kanalisation der Eisenbahn. Eine öffentlich-rechtliche Benutzung der Gemeindekanalisation durch das in Anspruch genommene Grundstück findet nicht statt (E. v. 12. **XI. 1918.** II. C. 149. 18).

3. Wirtschaftliche Einheit. Es ist für die Erhebung einer Kanalanschlußgebühr nicht erforderlich, daß sämtliche Gebäude eines Grundstücks an die Kanalisation angeschlossen sind. Auch die nicht angeschlossenen sind pflichtig, wenn sie mit den angeschlossenen der Kanalisation gegenüber eine wirtschaftliche Einheit bilden (E. v. 27. **IV. 1915.** II. C. 131. 14). — Der Begriff der wirtschaftlichen Einheit ist im gewöhnlichen Rechtssinne dahin zu fassen, daß die Einheit besteht bei denjenigen — in der Regel räumlich zusammenhängenden — Flächen und Gebäuden, die verbunden worden sind, um den Zwecken derjenigen Wirtschaft zu dienen, für welche der Kanalanschluß bestimmt ist. Es ist nicht einzusehen, warum eine solche Verbindung nicht zwischen Flächen oder Gebäuden hergestellt werden könnte, die verschiedenen Personen gehören. Schaffen die Eigentümer die Verbindung, z. B. indem sie aus mehreren Parzellen einen einzigen Garten zum gemeinschaftlichen Gebrauche bilden, so entsteht nach der natürlichen Anschauung eine wirtschaftliche Einheit, und wenn jene Personen diese Einheit an den Kanal anschließen, so benutzen sie ihn gemeinschaftlich und werden dadurch gebührenpflichtig, und zwar als Gesamtschuldner nach allgemeinen Rechtsgrundsätzen und nach der ausdrücklichen Vorschrift der Gebührenordnung (VBl. 31, 240). — Infolge der förmlichen Festsetzung von Fluchtlinien durch ein Grundstück hindurch wird dessen Bebaubarkeit für die davon betroffenen Teile in der Regel ausgeschlossen. Diese Teile unterliegen der Enteignung, und es wird die Bewirtschaftung des Grundstücks als Einheit, sobald die Straße zur Ausführung gelangt, aufgehoben (VBl. 34, 470).

VI. Gebührenpflichtige.

1. Nur „Personen". Benutzen kann eine Veranstaltung nur eine physische oder nichtphysische, mit Rechtspersönlichkeit ausgestattete Person, nicht aber ein Grundstück als solches. Eine Dinglichkeit in dem Sinne, daß für sie jeder Eigentümer des Grundstücks haftet, ohne Rücksicht darauf, ob er Benutzer der Veranstaltung war oder nicht, kann nicht geschaffen werden (E. v. 31. **X. 1916. II.** C. 436. 16).

2. Gebührenpflicht im Falle des Eigentumswechsels. Gesetzwidrig ist die Bestimmung einer Gebührenordnung, welche die Haftung späterer Eigentümer für eine Vierteljahrsrate der Gebühren eintreten lassen will. Eine Gebührenpflicht tritt nur durch eigene Benutzung ein: deshalb haftet ein späterer Eigentümer für die von seinem Vorbesitzer vorgenommene Benutzung und die auf sie entfallende Gebühr an sich überhaupt nicht. Wohl aber kann es kommen, daß jeder der beiden Besitzer die Gebühr für ein und denselben Zeitraum schuldig wird, und zwar tritt dies dann ein, wenn innerhalb ein und derselben zeitlichen Benutzungseinheit jeder von ihnen benutzt hat (VBl. 35, 305). — Die Vorschrift der örtlichen Steuerordnung, wonach im Falle des Eigentumswechsels für noch nicht bezahlte Abgaben neben dem früheren auch der neue Eigentümer haftet, steht insofern mit dem Gesetze nicht im Einklang, als dies die Gemeinden nur zur Erhebung von Gebühren für die Benutzung von im öffentlichen Interesse unterhaltenen Veranstaltungen berechtigt und deshalb die Entrichtung einer Gebühr nur demjenigen auferlegt werden darf, welcher in der betreffenden Zeit die Veranstaltung benutzt hat (OVG. 70, 146).

3. **Mieter und Eigentümer.** Eine Regelung von Kanalgebühren, die neben dem Grundstückseigentümer auch die Inhaber von Wohnungen pflichtig macht, ist zulässig (E. v. 4. VI. 1914. II. C. 72. 18).

Voraussetzung der Gebührenpflicht der Mieter. Die Mieter sind zur Zahlung von Gebühren für die Benutzung einer Wasserleitung nicht verpflichtet, wenn nur das Grundstück selbst und nicht auch die einzelne Mietwohnung einen Leitungsanschluß hat (OVG. 31, 54 und VBl. 18, 299). — Die Gebührenpflicht des Mieters ist davon abhängig gemacht, daß nicht bloß das Haus, in welchem der Mieter wohnt, sondern auch die in dem Hause befindliche Wohnung des Mieters angeschlossen ist, und diesem Erfordernisse trägt die örtliche Gebührenordnung Rechnung (VBl. 26, 961).

4. **Nur Eigentümer angeschlossener Grundstücke pflichtig.** Nach der örtlichen Steuerordnung wird die Gebühr von dem Grundstückseigentümer erhoben; es fehlt in ihr die Bestimmung, daß sie nur von den Eigentümern der an die Kanalisation angeschlossenen Grundstücke erhoben wird, jedoch kann aus dem Inhalte der sonstigen Vorschriften entnommen werden, daß dies gemeint ist (OVG. 70, 146).

VII. Bemessung der Gebühren.

A. Gebührensätze.

1. **Allgemeines.** Als Rechtsgrundsatz gilt, daß die Gebühr, weil sie ein spezielles Entgelt, eine Gegenleistung bildet, nicht völlig ohne jede Rücksicht auf die Leistung und völlig unabhängig von deren Maße normiert werden darf (VBl. 18, 302).

2. **Gebührenbetrag im Verhältnis zu den Kosten der Veranstaltung.** Der Gesamtbetrag der erhobenen Gebühren darf die Kosten, welche für die Veranstaltung (hier die Grundstücksentwässerung) aufgewendet sind, überschreiten (E. v. 18. IX. 1917. II. C. 261. 17). — Eine obere Grenze der Gebührenbemessung enthält § 4 KAG. nicht; die Angemessenheit des Satzes der Anschlußgebühr ist vom Bezirksausschuß (vgl. § 8) zu prüfen (E. v. 4. V. 1915. II. C. 216. 14). — Die Entscheidung über die Angemessenheit und Zweckmäßigkeit der Gebührensätze für die Benutzung von Gemeindeveranstaltungen ist der Autonomie der Gemeindebehörden überlassen; nur ist eine Genehmigung (vgl. § 8) erforderlich (E. v. 24. X. 1916. II. C. 420. 16).

B. Grundsatz der Gleichmäßigkeit (Zusatzgebühr).

1. **Im allgemeinen.** Der Verwaltungsrichter hat zu prüfen, ob der für die Erhebung der Gebühren bestimmte Maßstab mit dem Grundsatze der Gleichmäßigkeit vereinbar ist und die Erhebung der Gebühren nach festen Sätzen sichert (VBl. 27, 538; s. unter F). — Das Oberverwaltungsgericht hat stets daran festgehalten, daß die Gebühr als Gegenleistung der Gemeindeangehörigen für eine Leistung der Gemeinde grundsätzlich auch gleichmäßig normiert werden muß, für dieselbe Leistung also die Gebühr des einen Benutzenden nicht höher als die des anderen bemessen werden darf (VBl.

27, 895). — Die verlangte Gleichmäßigkeit besteht nur dann, wenn für die gleiche Benutzung die gleiche Gebühr zu entrichten ist; ein Anschluß aber, der neben einem zu der Entwässerung eines Grundstücks berechtigenden und sie im wesentlichen bereits bewirkenden Anschlusse hergestellt wird und nur einem besonderen Zwecke dient, stellt eine andere Benutzung dar als ein erster Anschluß, durch den die ganze Grundstücksentwässerung bewirkt werden soll (PrVBl. 28, 373). — Die Kanalgebührenordnung bestimmt an Stelle des Maßstabs der Gebäudesteuer für solche Grundstücke, die zu dieser nicht veranlagt sind, das „laufende Meter der kanalisierten Grundstücks- und Straßenfront" als Maßstab. Indem sie für zur Gebäudesteuer veranlagte Grundstücke diese, für zur Gebäudesteuer nicht veranlagte Grundstücke die kanalisierte Grundstücks- und Straßenfront bestimmt, führt sie für die gleiche Benutzung zwei verschiedene Maßstäbe ein, die miteinander nichts zu tun haben, völlig ungleichwertig sind; denn die Höhe der Gebäudesteuer richtet sich nach dem Nutzungswerte (bzw. durchschnittlichen Mieterträgen), während die Frontlänge eines Grundstücks, mit der es an eine kanalisierte Straße grenzt, in keiner Beziehung zu dem Nutzungswerte steht. Die völlige Verschiedenheit dieser beiden Maßstäbe muß deshalb zu Ungleichmäßigkeiten bei der Bemessung der Gebühren für Grundstücke mit gleicher Inanspruchnahme der Entwässerungsanlagen führen. Das verstößt gegen den Grundsatz, daß die Gebühren — abgesehen von einer Abstufung nach der Leistungsfähigkeit — gleichmäßig bestimmt werden müssen (PrVBl. 35, 658*).

2. Besonderes. a) **Gewerbliche Anlagen.** Die Kanalisationsgebühr für die angeschlossenen bebauten Grundstücke wird in der örtlichen Steuerordnung in Prozenten der für die Veranlagung der Gebäudesteuer staatlich festgesetzten Nutzungswerte bemessen. Weiter bestimmt die Ordnung in § 15, daß „unbebaute Grundstücke sowie kleinere gewerbliche Anlagen, welche an die Kanalisation angeschlossen sind, der Entrichtung von fortdauernden Gebühren unterliegen, welche nach dem Wasserverbrauche der Grundstücke während des letzten Kalenderjahrs bemessen werden". Gegen die verschiedenartige Behandlung von gewerblichen Anlagen und anderen Grundstücken ist nichts einzuwenden; jedoch fehlt in der Ordnung jede klare Bestimmung für den Fall, daß ein Grundstück zum Teil Gewerbebetrieben, zum Teil anderen Zwecken dient. . . Es ist ferner unklar, was unter „kleineren gewerblichen Anlagen" zu verstehen ist. Ohne nähere Anhaltspunkte läßt sich das im Einzelfalle nicht bestimmen. Dies zeigt besonders der vorliegende Fall, in dem der Beklagte die Wäscherei der Klägerin, obwohl darin 50 Personen beschäftigt sein sollen, als kleineren Betrieb behandeln will. Auch ist nicht einzusehen, warum die kleineren gewerblichen Anlagen nach dem Maßstabe des § 15, die größeren dagegen nach dem Gebäudesteuernutzungswerte herangezogen werden sollen. Beide benutzen in gleicher Art, und die Heranziehung gleichartiger Betriebe nach ungleichartigen Maßstäben führt zu grundsätzlicher Ungleichmäßigkeit. Hiernach entbehrt die Vorschrift der Rechtsgültigkeit, und das macht die Gebührenvorschriften in ihrem ganzen Umfang ungültig (OVG. 72, 114).

b) **Geschäftsräume von Behörden.** Nach dem Ortsstatut wird für Gebäude, die zur Gebäudesteuer gar nicht oder nur teilweise veranlagt sind, die Kanalisationsgebühr nach einer zu diesem Zwecke von der Gemeindebehörde unter Beachtung der Vorschriften des Gebäudesteuergesetzes vorzunehmenden Veranlagung berechnet. Der Nachtrag des Statuts hat folgenden Zusatz: „Hierbei sind die Geschäftsräume öffentlicher Behörden, öffentliche Unterrichtsräume usw. mit vier vom Hundert vom Nutzungswerte zu veranlagen." Bei Anwendung der Grundsätze des Gebäudesteuergesetzes würden die Geschäftsräume öffentlicher Behörden, öffentliche Unterrichtsräume usw. gleich gewerblich genutzten Räumen mit nur zwei vom Hundert des Nutzungswerts zur Steuer zu veranlagen sein. Der Nachtrag aber bestimmt die Höhe der Gebühr für öffentliche

*) Über die Zulässigkeit eines Wahrscheinlichkeitsmaßstabes im Vergleich mit dem des wirklichen Verbrauchs s. unter VII D 1.

Räume der gedachten Art auf vier vom Hundert des Nutzungswerts. Damit schafft er für sie eine grundsätzliche Ungleichmäßigkeit gegenüber den zur Gebäudesteuer staatlich veranlagten Privatgrundstücken gleicher Art, z. B. gewerblichen Unterrichtsanstalten, deren veranlagte und nach der Ordnung maßgebende Steuer nur zwei vom Hundert beträgt (OVG. 64, 203).

c) **Zusatzgebühr bei Wasserleitungsgebühren.** Macht das Ortsrecht die Gebührenpflicht nicht von der wirklichen Wasserentnahme abhängig, geht es vielmehr davon aus, daß schon derjenige die städtische Veranstaltung benutzt, der sein Haus oder seine Wohnung mit einem Anschluß ausstattet, so steht nichts im Wege, wegen dieser Benutzung eine Grund- oder Mindestgebühr und für die in der Wasserentnahme liegende weitere Benutzung eine besondere oder eine Zusatzgebühr zu erheben und die letztere nach dem wirklichen (durch Wassermesser ermittelten) Verbrauche zu bemessen (OVG. 51, 62). — Der Kläger behauptet, in der in der Gebührenordnung gewählten Bemessung der Gebühren liege eine nach der Rechtsprechung des Gerichtshofs unzulässige Verbindung des Maßstabs des wahrscheinlichen Verbrauchs mit dem Maßstabe des wirklichen Verbrauchs. Diese Auffassung ist nicht zutreffend. Der Gerichtshof hat eine — unzulässige — Verbindung dann als vorliegend angenommen, wenn nach dem Ortsrechte der Grund für die Entstehung der Abgabenpflicht lediglich die Entnahme von Wasser bildet, weil dann die Gebühr bemessen war teils nach dem wahrscheinlichen Verbrauche (bei der sogenannten Mindestgebühr), teils nach dem wirklichen Verbrauche (bei der nach dem Wassermesser zu ermittelnden Gebühr) (vgl. OVG. 31, 64; VBl. 21, 913; 31, 479). Dagegen ist eine Mindestgebühr der gedachten Art dann für zulässig erklärt worden, wenn sie zu entrichten ist nicht lediglich wegen des Verbrauchs von Wasser, sondern ganz oder teilweise wegen des gleichzeitig eine Benutzung der Wasserleitung darstellenden Habens eines Anschlusses (VBl. 34. 116; s. auch unter C).

3. **Willkürlicher oder gänzlich ungeeigneter Wahrscheinlichkeitsmaßstab.** Besteht die Leistung der Gemeinde darin, daß die Benutzung einer städtischen Anstalt in einem Umfange gestattet wird, der nicht absolut, sondern durch das Bedürfnis des Benutzenden bestimmt ist (z. B. die Abführung der Abwässer durch die Kanäle, die Entnahme des für Haushalt oder Gewerbe benötigten Wassers aus der Leitung), so ist es vielfach nicht oder nur schwer möglich, die Höhe der Gebühr ziffernmäßig genau nach dem Umfange der Leistung abzustufen (wie z. B. bei dem Gasverbrauch durch Messung des entnommenen Quantums). Deshalb ist es für notwendig oder doch zulässig erachtet, für die Bemessung der Gegenleistung einen anderen Maßstab zu wählen, der für den Umfang der zu entgeltenden Leistung einen gewissen, wenn auch nicht stets, so doch durchschnittlich zutreffenden Anhalt gewährt. Ein solcher Maßstab bleibt rechtmäßig, solange er sich nicht als offenbar und absolut ungeeignet und darum willkürlich darstellt (VBl. 18, 301; s. C).

C. Gebühren sollen grundsätzlich nach dem wirklichen, können aber auch nach einem wahrscheinlichen Umfange der Benutzung bemessen werden.

1. **Grundsatz: Umfang der Benutzung.** Die Gebühren sind grundsätzlich nach dem Umfange der Benutzung zu bemessen. Streng genommen müßte daher die Leistung der Gemeinde genau festgestellt werden, um hiernach die Gebühr zu berechnen. Wegen der Schwierigkeit dieser Feststellung ist ein sog. Wahrscheinlichkeitsmaßstab zugelassen. Auch hierbei gilt der Grundsatz, daß für jede Gebühreneinheit eine Leistungseinheit (z. B. Wasser) zu gewähren ist und nur durch die Leistung der Einheit der Anspruch auf die Gebühreneinheit entsteht; nur der Beweis der Leistung einer gewissen Einheit darf durch die Wahrscheinlichkeit ersetzt werden. Dies gilt für Verbrauchs- wie Anschlußgebühren. Auch bei Anwendung eines Wahrscheinlichkeitsmaßstabes muß grundsätzlich

auf einen gleich großen Teil des Maßstabes eine der Wahrscheinlichkeit nach gleich große Benutzung entfallen (OVG. 66, 159).

2. **Verbindung von Wirklichkeit und Wahrscheinlichkeit.** Von diesen Gesichtspunkten aus würde es widersinnig sein, den Wahrscheinlichkeitsmaßstab auch da zuzulassen, wo der wirkliche Verbrauch festgestellt und (nur) als ein Faktor bei der Festsetzung der Gebühr verwertet wird. Dagegen würde die Anbringung von Wassermessern nur zur Unterrichtung der Wasserwerksverwaltung über den Wasserverbrauch die Einführung eines Wahrscheinlichkeitsmaßstabs nicht hindern (OVG. 51, 61). — Der Maßstab der wahrscheinlichen (Durchschnitts-) Leistung ist vom Oberverwaltungsgericht als zulässig anerkannt worden (OVG. 31, 64). Dagegen ist es für unstatthaft erklärt worden, die Wahrscheinlichkeit zwar zum Ausgangspunkte zu nehmen, den Maßstab dann aber in Verbindung zu bringen mit Ermittlungen der wirklichen Benutzung, also mit Ermittlungen, welche den Maßstab der Durchschnittsleistung im Einzelfall als unzutreffend nachweisen sollen (VBl. 21, 113). Denn wenn einmal feststeht, daß dieser Maßstab in vielen Fällen falsch ist, so verstößt seine Anwendung gegen die grundsätzliche Forderung des Gleichgewichts von Leistung und Gegenleistung (OVG. 49, 87). — Nur der Beweis der Leistung einer gewissen Einheit darf durch die „Wahrscheinlichkeit" ersetzt werden. Das gilt in erster Linie für Verbrauchsgebühren da, wo der wirkliche Wasserverbrauch gar nicht festgestellt oder doch nicht als ein Faktor bei der Festsetzung der Gebühr verwertet wird (vgl. OVG. 51, 61). Es gilt aber auch für die Anschlußgebühren. Das Haben des Anschlusses stellt ebenfalls eine Benutzung der Gemeindeanstalt dar. Dafür — für den Anschluß — darf eine — auch die Entnahme einer gewissen Wassermenge gestattende — Grund- oder Mindestgebühr nach dem Wahrscheinlichkeitsmaßstab und für die in der Mehrentnahme von Wasser liegende weitere Benutzung eine Zusatzgebühr*) nach dem wirklichen (durch Wassermesser ermittelten) Verbrauche gefordert werden. Aber auch das Haben des Anschlusses besteht nicht um seiner selbst willen, sondern zum Zwecke und mit der Ermächtigung zur Wasserentnahme. Und deshalb wird auch bei der Bemessung der Anschlußgebühr der Umfang der Benutzung — die Wahrscheinlichkeit — von Bedeutung sein müssen (VBl. 36, 169; OVG. 62, 141). — Verfehlt ist der gegen die Gültigkeit der Gebührenordnung erhobene Angriff. Die Ordnung bemißt die Gebühr bei Grundstücken, die einen Nutzungswert haben, nach diesem, bei solchen, die ganz oder teilweise keinen Nutzungswert haben, nach dem Wasserverbrauche. Im ersteren Falle handelt es sich um einen Wahrscheinlichkeitsmaßstab, im letzteren um den Maßstab des wirklichen Verbrauchs. Beide können nebeneinander bestehen. Das KAG. fordert nur, daß die Gebühr nach festen Normen und Sätzen zu bestimmen ist. Dieser Vorschrift ist hier genügt. Unzulässig wäre es gewesen, der Veranlagungsbehörde die Bestimmung darüber zu überlassen, ob sie den einen oder den anderen Maßstab in Anwendung bringen will. Das aber ist hier nicht geschehen, sondern das Ortsgesetz selbst bestimmt, in welchen Fällen der Nutzungswert und in welchen der Wasserverbrauch maßgebend sein soll. Nur wo der erstere versagt, soll zu dem letzteren gegriffen werden, und deshalb handelt es sich nicht um zwei verschiedene oder um eine unzulässige Verbindung der beiden Maßstäbe, sondern grundsätzlich nur um den Maßstab des Nutzungswertes, an dessen Stelle der Maßstab des Wasserverbrauchs treten soll, wenn ein Grundstück ganz oder zum Teil keinen Nutzungswert hat (VBl. 31, 530; vgl. OVG. 45, 100).

D. Maßstäbe.

1. **Im allgemeinen.** Der Maßstab für die Bemessung der Gebühren ist gesetzlich nicht bestimmt, und deshalb ist für seine Festsetzung ein weiter Spielraum gegeben. Er kann nach dem Umfange der Benutzung ziffernmäßig genau bestimmt werden derart,

---

*) S. oben VII B, C.

daß beispielsweise bei einer Kanalisationsanlage das Quantum des abgeführten Wassers nach einem pro Kubikmeter bestimmten festen Satze vergütet wird, oder es kann ein Maßstab gewählt werden, welcher ohne Rücksicht auf den tatsächlichen Verbrauch lediglich mit der Wahrscheinlichkeit des Verbrauches rechnet und einen, wenn auch nicht stets, so doch durchschnittlich zutreffenden Anhalt gewährt. So sind für die Bemessung der Wasser- oder Kanalisationsgebühren die Frontlängen, die Flächengröße, die Nutzungswerte der Grundstücke, die Nutzungswerte der angeschlossenen Wohnungen, die Zahl und die Größe der einzelnen Wohnungsräume, die Kopfzahl der Hausbewohner usw. als nicht ungeeignete Maßstäbe anerkannt worden (PVBl. 27, 895).

2. Besondere Maßstäbe. a) **Veranlagung nach der staatlichen Gebäudesteuer. Fingierte Veranlagung.** Die Gebäudesteuer, welche nach der Steuerordnung bei den staatlich zu ihr veranlagten Grundstücken für die Höhe der Gebühr maßgebend sein soll, ist als Maßstab von dem Gerichtshofe wiederholt für nicht durchaus unzulässig erachtet worden. Dasselbe gilt von der Vorschrift, daß für gar nicht oder nur teilweise zur Gebäudesteuer veranlagte Grundstücke eine sogenannte „fingierte Veranlagung" unter Beobachtung der Vorschriften des Gebäudesteuergesetzes vom 21. Mai 1861 durch den Gemeindevorstand zu erfolgen hat. Bei dieser fingierten Veranlagung haben dann nicht nur die Vorschriften des Gebäudesteuergesetzes selbst, sondern auch die für die staatliche Veranlagung aufgestellten Grundsätze sinngemäße Anwendung zu finden (OVG. 70, 146). — Unterrichtsanstalten sind mit vier vom Hundert des Nutzungswerts bei der fingierten Veranlagung zur Gebäudesteuer in Ansatz zu bringen (OVG. 70, 148).

Gewerbliche Betriebe. Völlig ausgeschlossen ist es auch nicht, daß in einer Gemeinde der Gebäudenutzungswert einen richtigen Maßstab auch für die Gebühr von gewerblichen Betrieben abgibt, und deshalb hat der Gerichtshof auch hierfür jenen Maßstab nicht durchaus verworfen, wenn ihn die Gemeinde gewählt und die Genehmigungsbehörde in dem besonderen Falle für passend erachtet hatte (OVG. 70, 154).

b) **Nutzungswert.** 1. Begriff. „Nutzungswert" im Sinne der Steuergesetze ist derjenige (Rent-) Wert, der durch eine wirtschaftliche Nutzung erzielt werden kann (PVBl. 31, 530). — Unter wirtschaftlicher Nutzung ist nicht nur eine solche zu verstehen, welche „Einkommen" bringt, sondern eine jede, welche entweder das Grundstück unmittelbar zu einem Ertragsobjekt macht oder es in den Dienst einer unmittelbar auf die Erzielung von Geld oder Geldeswert gerichteten Wirtschaft stellt. Auf die lediglich von dem Willen des Besitzers abhängige augenblickliche Verwendung kommt es für die Frage, ob ein Nutzungswert vorhanden ist, nicht an (OVG. 52, 93).

2. Anwendungsfälle. Bei zum Unterricht bestimmten Räumen ist ein Nutzungswert nicht ausgeschlossen. Denn die zuständige Stelle ist nicht behindert, das Gebäude zu einem Nutzungsobjekte zu machen, sei es, daß sie seine Bestimmung für Unterrichtszwecke aufgibt oder beschränkt oder wirtschaftliche Zwecke neben jenen Zwecken verfolgt (PVBl. 25, 557). — (Ebenso:) Auch Schulen haben einen Nutzungswert (PVBl. 37, 296). — Ein Grundstück hat nur dann einen Nutzungswert, wenn es materiell genutzt wird. Eine materielle Nutzung findet nicht statt bei einer Kirche und einem Museum, weil erstere lediglich einem sakralen, letzteres einem idealen Zwecke dient. Dagegen werden Gebäude, welche, wie ein Lazarett, zur Befriedigung des Wohnungsbedürfnisses von Gesunden und Kranken sowie zur Heilung von Kranken bestimmt sind, materiell genutzt. Selbst von dem Standpunkt aus, daß nur die gegenwärtige objektive Zweckbestimmung entscheidend ist, kann jenem Gebäude ein Nutzungswert nicht abgesprochen werden (OVG. 48, 117).

Insbesondere Kirchen. Kirchen haben keinen wirklichen Nutzungswert, und deshalb ist ein lediglich von diesem entnommener Maßstab bei ihnen unanwendbar. Die Gebührenordnung hat aber für solche Grundstücke, welche einen eigentlichen Nutzungswert nicht haben, einen besonderen Veranlagungsmaßstab geschaffen, indem sie

Bestimmungen darüber trifft, wie an Stelle des Nutzungswerts ein anderer Maßstab gefunden werden soll (Schätzung nach der Höhe der Aufwendungen, welche notwendig wären, wenn die betreffenden Grundstücke oder Gebäude pacht- oder mietweise beschafft werden müßten, oder nach dem landesüblichen Zinsfuß des zum Erwerbe des Grundstücks und Gebäudes notwendigen Kapitals abzüglich der Kosten der jährlichen Unterhaltung des Grundstücks) (VBl. 20, 493). — Die Kirche in T. ist ein Gebäude ohne Nutzungswert. Nach dem Ortsgesetze soll daher eine Zuschlagsgebühr nach der Höhe der Aufwendungen bemessen werden, welche notwendig sein würden, falls ein Gebäude wie die Kirche durch Anmietung beschafft werden müßte. Der Einwand der Klägerin, daß der hiernach den Zuschlägen zugrunde zu legende Wert sich von dem Nutzungswerte lediglich den Worten nach unterscheide, in Wirklichkeit aber mit ihm völlig gleich sei, ist unbegründet. Der aufzuwendende Betrag soll nicht den Nutzungswert der Kirche darstellen, sondern, da die Kirche keinen Nutzungswert im gewöhnlichen Sinne hat, einen Ersatz für diesen bilden (VBl. 30, 456).

3. Entstehung des Nutzungswertes. Einen Nutzungswert im Sinne der Gebäudesteuergesetzgebung hat ein Neubau erst von dem Zeitpunkt ab, von dem er seiner Bestimmung gemäß — ein Wohnhaus also durch Bewohnen — benutzt werden kann (OVG. 70, 158).

c) **Mietwert** bei Müllabfuhr. Die Bemessung von Gebühren für die Benutzung einer städtischen Müllabfuhranstalt nach Prozenten des Mietwerts der Grundstücke oder Wohnungen, aus denen Müll abgefahren wird, ist von dem Gerichtshofe wiederholt für zulässig erachtet worden, weil der Maßstab des Mietwerts immerhin noch im Einklange stehen kann mit dem Maße der Benutzung und deshalb an sich kein willkürlicher und somit durchaus unzulässiger ist (VBl. 35, 621). — Soweit es sich um die Abfuhr des Hauskehrichts aus Wohnungen handelt, kann hiernach die Höhe ihres Mietwerts einen geeigneten Maßstab bilden; ob er nach den örtlichen Verhältnissen — z. B. der verschiedenen Bemessung der Mietwerte je nach der örtlichen Lage der Wohnung im Gemeindebezirk — angemessen und zweckmäßig ist, darüber hat der Verwaltungsrichter nicht zu befinden. Die Wahrscheinlichkeit einer dem Mietwert in gleichmäßiger Weise entsprechenden Benutzung fehlt aber dann, wenn es sich um Räume handelt, die verschiedenartigen Zwecken dienen, während doch der Umfang der Erzeugung von Kehricht in ihnen durch die Art ihrer Benutzung (für die verschiedenen Zwecke) bedingt ist. Deshalb erscheint es ohne weiteres bedenklich, Läden und andere gewerbliche Räume bei Veranlagung einer Abfuhrgebühr nach dem Mietwert ebenso zu behandeln wie Wohnräume (VBl. 36, 249).

d) **Frontmeter** (Kanalanschlußgebühr). Das Frontmeter als Maßstab für den Umfang der Benutzung einer Kanalleitung rechtfertigt sich nur von dem Gesichtspunkt aus, daß die Inanspruchnahme der städtischen Kanalisation durch das Grundstück mit der Ausdehnung seiner Front wachsen kann. Diese Annahme — die Wahrscheinlichkeit — läßt sich aber nur aufrechterhalten, insoweit die Straße, an welcher das Grundstück liegt, kanalisiert ist; insbesondere wird sie zutreffen, wenn bei langen Grundstücksfronten mehrere Anschlüsse genommen werden. Dann wird die städtische Leitung an mehreren Stellen durch Anschlüsse in Anspruch genommen, also in höherem Maße benutzt. Inwiefern aber die Kanalleitung dadurch in höherem Maße in Anspruch genommen werden soll, daß das Grundstück noch an weitere Straßen grenzt, die der Kanalisation entbehren, ist nicht erkennbar (OVG. 69, 185). — Ungewöhnlich ist, daß die Gebührenordnung für die Bemessung der Abgabe als zweiten Maßstab (neben dem des Gebäudenutzungswerts) die Frontlänge der Grundstücke bestimmt. Das regt das Bedenken an, daß die Frontlänge für die Art und den Umfang der Benutzung nur geringe Bedeutung haben wird. Aber für völlig bedeutungslos kann man sie nicht ohne weiteres erklären, folglich auch nicht den von ihr entnommenen Maßstab zumal in Verbindung mit dem des Nutzungswerts als völlig ungeeignet und willkürlich bezeichnen (VBl. 29, 664).

e) **Maßstab des zugeführten Wassers** bei Kanalgebühren für zulässig erklärt in PrVBl. 29, 664, s. zu § 7.

f) **Unzulässige Maßstäbe.** 1. Gemeiner Wert*). Namentlich bei Kanalgebühren ist die Bemessung nach dem Nutzungswerte der angeschlossenen Wohnungen oder Gebäude zugelassen worden, da in ihm noch die Rücksichtnahme auf ein gewisses Gleichgewicht von Leistung und Gegenleistung erkannt werden konnte. Das ist bei der Wahl des gemeinen Wertes unmöglich, mag die Benutzung des Kanals in der wirklichen Zuführung von Abwässern oder in dem Haben des Anschlusses gesehen werden (OVG. 54, 80). — Gemeiner Wert ist auch dann unzulässig, wenn er nur als Hilfsmaßstab in Fällen, wo ein Mietwert nicht festzustellen ist, gelten soll (OVG. 62, 144). — Der Maßstab des gemeinen Wertes ist von dem Gerichtshofe für die Erhebung von Kanalgebühren als unzulässig erklärt worden, weil der gemeine Wert ohne entscheidenden Einfluß auf den Umfang der Kanalbenutzung ist. Von denselben Gesichtspunkten aus erscheint der gemeine Wert als durchaus ungeeigneter Maßstab auch für eine Müllabfuhrgebühr, die wie andere Benutzungsgebühren sich nach dem Umfange der Benutzung zu richten hat (PrVBl. 38, 116).

2. Gewerbesteuer. Die Vorschrift des Ortsstatuts ist, weil die dort angeführte Kanalisationsgebühr ausschließlich nach der Gewerbesteuer bemessen wird, mit dem Gesetze nicht vereinbar; denn die Gebühren haben an sich dem Umfange der Leistung zu folgen, und das ist bei einer Gebühr nicht der Fall, welche sich nach der staatlich veranlagten Gewerbesteuer bestimmt (OVG. 58, 108).

E. Zeitliche Begrenzung.

a) **Einmalige laufende Gebühren.** Einmalige Gebühren für das Nehmen und Behalten eines Kanalanschlusses. Die einmalige Gebühr wird erhoben für das Nehmen eines Anschlusses, d. h. eines neuen Anschlusses nach dem Inkrafttreten der Ordnung oder für das Behalten eines Anschlusses, d. h. bei solchen Grundstücken, die vor dem Inkrafttreten angeschlossen waren und den Anschluß beibehalten (E. v. **23. X. 1917.** II. C. 310. 17).

b) **Zeitpunkt der Entstehung der Gebührenpflicht.** Die einmalige Gebühr wird fällig, sobald der Anschluß des Grundstücks an die Kanalisation bewirkt ist. Die einmalige Gebühr der Gebührenordnung ist rechtlich eine solche für das Nehmen und Behalten des Anschlusses an die Kanalisation bzw. für die hierin liegende Benutzung der letzteren (OVG. 69, 185). — Laufende Gebühr. Seitens der Gemeinde ist diejenige Leistung, welche die Voraussetzung für die Begründung einer Gebührenpflicht bildet, dadurch bewirkt, daß die Kanalisation zur Verfügung gestellt und von dem Gebührenpflichtigen benutzt wird; in diesem Zeitpunkt ist die Festsetzung der Gebühr zu Lasten des Benutzenden für die Dauer der Benutzung innerhalb des Rechnungsjahrs oder der Rechnungsperiode (§ 95 Abs. 2 KAG.) berechtigt (vgl. OVG. 51, 62). Maßgebendes Ortsrecht bei Anschlußgebühren ist dasjenige, das zur Zeit der Vollendung des Anschlusses gilt, nicht der Zeitpunkt des Antrages oder der Heranziehung (E. v. **18. II. 1930.** II. C. 119. 29).

c) **Gebühr keine „dingliche" Abgabe. Benutzungseinheit (Steuerabschnitt). Solidarhaftung.** 1. Die Gebühren sind persönliche Abgaben, welche für die Benutzung einer Gemeindeanstalt zu entrichten sind; daher kann durch eine Gebührenordnung eine Gebührenpflicht nicht für eine Zeit begründet werden, in welcher der in Anspruch Ge-

---

*) Den Maßstab des „Bauwerts" hat das OVG. in dem Falle für zulässig erachtet, wo die Gebühr als einmalige Abgabe als Entgelt für den von der Gemeinde gewährten Kanalanschluß zu entrichten war und nur als Ergänzung zu einer einmaligen aus dem gleichen Rechtsgrunde nach dem Maßstabe der Frontlänge zu entrichtenden Abgabe, die durch ältere Statuten eingeführt war (OVG. 54, 83).

nommene die Gemeindeanstalt nicht benutzt hat. Damit wird nicht gesagt, daß der Benutzende nur für die Zeit pflichtig gemacht werden dürfe, die zwischen dem Augenblicke liegt, in welchem er zu benutzen beginnt, und demjenigen, in welchem er damit aufhört. Vielmehr ist es zulässig, einen größeren Zeitabschnitt (z. B. eine Woche, einen Monat, unter Umständen sogar mehrere Monate) als Benutzungseinheit hinzustellen und für die ihm entsprechende Gebühr den Besitzer schon dann pflichtig zu machen, wenn die Benutzung durch ihn auch nur während eines Teiles jenes Zeitabschnitts stattfindet. Wenn dann innerhalb dieses Zeitabschnitts mehrere Besitzer nacheinander benutzen, so hat, falls die Gebührenordnung nicht ein anderes festsetzt, z. B. die Solidarhaft einführt, derjenige die Abgabe zu entrichten, während dessen Benutzungs-(Besitz-)zeit sie fällig wird (OVG. 51, 63). — Unzulässig ist es, die Abgabe zu einer „dinglichen" in dem Sinne zu machen, daß jeder folgende Besitzer für die Gebühr auch solcher Zeitabschnitte persönlich pflichtig wird, während deren er eine Benutzung nicht vorgenommen hat (OVG. 51, 64). — Nach dem Ortsstatut wird von jedem an die Kanalisation angeschlossenen Grundstück eine Gebühr von $^3/_4$ bzw. $1^0/_0$ des Nutzungswertes der sämtlichen auf dem Grundstücke vorhandenen Gebäude erhoben. Das Ortsrecht legt also die Gebühr den Grundstücken auf und gestaltet sie damit zu einer Last, die auf den Schultern desjenigen ruht, der zur Zeit der Fälligkeit der Gebühr das Grundstück seiner Substanz nach zu vertreten hat. Das ist aber lediglich der Eigentümer (VBl. 26, 522).

2. Die Ausdehnung der Benutzungseinheit auf den Zeitraum eines halben Jahres widerspricht dem Begriff einer Gebühr als einer für die Benutzung zu entrichtenden Abgabe so sehr, daß sie nicht zulässig erscheint (E. v. 2. XII. 1913. II. C. 131. 13). — Der Gemeindebeschluß ist erst am 7. April 1909 gefaßt und am 19. Mai 1909 vom Bezirksausschusse genehmigt worden. Da Gebühren nur nach im voraus bestimmten festen Sätzen erhoben werden dürfen (§ 7 KAG.), so würde eine Gebührenerhebung mit Rücksicht darauf, daß nach der Gebührenordnung der Monat die für die Gebührenerhebung maßgebende Einheit bildet, erst für die Zeit vom 1. Juni 1909 ab zulässig sein (OVG. 62, 163).

3. **Wohnungswechsel.** Die Bestimmung, daß die nach dem Mietwerte der Wohnung erfolgte Veranlagung der Abgaben für das ganze Rechnungsjahr auch dann bestehenbleiben soll, wenn die Wohnung gewechselt wird, ist ungültig (OVG. 49, 86).

4. **Nachforderungen.** Keine Erhöhung durch den Verwaltungsrichter. Allerdings sind die Gemeinden nach § 87 Abs. 1 Nr. 2 KAG. zur Nachforderung von Gebühren in der Frist von drei Jahren seit dem Ablaufe desjenigen Jahres, in welchem die Forderung entstanden ist, berechtigt. Dieses Recht müssen sie aber im Wege der Heranziehung des Pflichtigen geltend machen, nicht aber kann im Verwaltungsstreitverfahren von dem Gemeindevorstande die Festsetzung einer höheren Gebühr, als sie in der Heranziehung erfordert ist, beansprucht werden; denn das Verwaltungsstreitverfahren hat nur die Heranziehung, soweit sie von dem Herangezogenen mit dem Einspruch und der Klage angefochten ist, zum Gegenstande (OVG. 70, 145).

F. Verwaltungsrichterliche Kontrolle.

Eine Gebührenordnung ist als gesetz- und rechtmäßig zu erachten, falls nach ihr 1. die Abgabe für die Benutzung einer von der Gemeinde im öffentlichen Interesse unterhaltenen Veranstaltung erhoben wird (§ 4 Abs. 1) und 2. im voraus nach festen Normen und Sätzen bestimmt ist (§ 7) und falls die Ordnung selbst 3. auf einem formal gültigen Beschlusse der Gemeindekollegien beruht, auch 4. im Ausnahmefalle des § 4 Abs. 3 die Genehmigung der Aufsichtsbehörde erhalten hat (§ 8) (OVG. 30, 99). — Die Angemessenheit und Zweckmäßigkeit der Gebührensätze ist vom Verwaltungsrichter nicht nachzuprüfen (OVG. 31, 65). — Der Maßstab darf sich nicht von vornherein als ein ungeeigneter und mit dem Gesetze nicht zu vereinbarender darstellen (VBl. 27, 538). — Die Frage, ob der

Betrag der im ganzen zu zahlenden Gebühr ein zu hoher sei, untersteht nicht der Entscheidung der Verwaltungsgerichte (VBl. 22, 313).

G. Schulgeld.

Siehe § 8.

§ 5.

Die bestehenden Vorschriften über die Verleihung des Rechts auf Erhebung von Chaussee-, Wege-, Pflaster-, Brücken-, Fähr-, Hafen-, Schleusengeldern und von anderen derartigen Verkehrsabgaben, sowie über die Feststellung der Tarife für solche werden durch dieses Gesetz nicht berührt.

1. A. Art. 5 Nr. 3b.

Inhaltsübersicht.

A. Die staatliche Verleihung des Tarifs als Grundlage der Gebührenerhebung.

(Verkehrsabgaben, Hafengeld usw.)

Das Recht zur Erhebung von Brückengeld, auch wenn es von Gemeinden ausgeübt wird, hat nicht in einer autonomen Satzung, nicht im Korporationsrecht, insbesondere nicht in der Befugnis, Korporationsmitglieder und Fremde mit Abgaben und Lasten zu beschweren, seinen Grund, sondern allein in einem staatlichen Akte; das Brückengeld ist keine von der Gemeinde kraft Gemeindeautonomie beschlossene und von der Kommunalaufsichtsbehörde genehmigte Abgabe, seine Erhebung beruht auf einem aus besonderen Gründen ergehenden einseitigen Akte der Staatshoheit, welcher der Gemeinde zur Ausübung übertragen ist (OVG. 81, 136).

a) Änderung der Tarife. Das KAG. hat die vor seinem Erlasse bestehenden Vorschriften über die Verleihung des Rechtes auf Erhebung von Hafengeld und die Feststellung der Tarife in § 5 ausdrücklich aufrechterhalten. Danach haben die zuständigen Minister nach wie vor die Tarife für die von den Gemeinden zu erhebenden Hafengelder festzusetzen und, wenn sie das getan haben, so ist damit der Staat (die Gemeinde) als hoheitliche Macht in ein Rechtsverhältnis zu den Verpflichteten getreten, so daß es sich auch hierbei lediglich um öffentliches, jederzeit abänderliches Recht handelt. Waren hiernach die Minister nicht behindert, den alten Tarif durch einen neuen zu ersetzen, so hatte die Änderung die unmittelbare Folge, daß die Gebührenpflicht sich fortan lediglich nach den Bestimmungen des neuen Tarifs regelte, diejenigen des alten also völlig außer Kraft gesetzt waren (OVG. 59, 115).

B. Mitwirkung der Gemeindebehörden.

Damit die von den zuständigen Ressortministern festgesetzten Tarife zur Anwendung gelangen können, ist erforderlich, daß die städtischen Körperschaften mit der Erhebung der in den Tarifen vorgesehenen Abgaben einverstanden und die dahingehenden Beschlüsse, da es sich um Gebühren für Veranstaltungen handelt, auf deren Benutzung die Abgabepflichtigen angewiesen sind, gemäß §§ 4, 8 und 77 KAG. von den Aufsichtsbehörden genehmigt sind (vgl. MBliV. 1896 S. 129, 1898 S. 24) (E. v. 3. VII. 1923. II. C. 1. 23.) S. aber jetzt OVG. 81, 139, wonach auf Grund des MinErl. v. 5. Dez. 1921 die Genehmigung des Gemeindebeschlusses nicht mehr erforderlich ist.

C. Im Verwaltungsstreitverfahren ist
a) die Nachprüfung der Rechtsgültigkeit des von zuständiger staatlicher Stelle erlassenen Verleihungsaktes unzulässig, wohl aber
b) die Auslegung einzelner Tarifpositionen möglich.

a) Durch die im § 5 gezogene Schranke ist dem Verwaltungsrichter, dessen Zuständigkeit jetzt nur auf den §§ 69, 70 des Kommunalabgabengesetzes beruhen könnte, die Möglichkeit entzogen, solche Hebungsrechte von Gemeinden nach ihrem sachlichen Inhalte zu prüfen; sie beruhen nicht auf dem Kommunalabgabengesetze, nicht auf einer der richterlichen Beurteilung unbeschränkt unterworfenen Gemeindesatzung oder auf Gemeindebeschlüssen, sondern auf dem allein rechtsbegründenden Akte staatlicher Verleihung; diesen aber und damit den festgestellten Tarif läßt das Kommunalabgabengesetz nach jeder Richtung unberührt; der rechtsbegründende, vom Gesetz unangetastete Staatsakt ist auch für das Verwaltungsstreitverfahren die formale Grundlage (OVG. 81, 138). — Die Klägerin kann im Verwaltungsstreitverfahren mit ihren Einwendungen gegen das der Stadt H. verliehene Recht zur Erhebung von Brückengeld und gegen die festgestellte Tarifposition nicht gehört werden. Der Verwaltungsrichter hat die Rechtsgültigkeit dieses Staatshoheitsakts nicht nachzuprüfen (OVG. 81, 139). — Der Verwaltungsrichter hatte daher nicht zu prüfen, ob die Bestimmungen des Tarifs mit den Vorschriften des KAG. über die Erhebung von Gemeindegebühren in Einklang stehen (E. v. 6. V. 1913. II. C. 203. 12).

b) Das Oberverwaltungsgericht hat indessen, und zwar sowohl in Entscheidungen, die vor Inkrafttreten des Kommunalabgabengesetzes ergangen sind (vgl. VBl. 14, 169; 15, 74; 16, 410), wie nachher (E. v. 7. V. 1898. II. C. 384. 97; v. 10. VI. 1913. II. C. 190. 12; v. 3. VII. 1923. II. C. 1. 23) das Verwaltungsstreitverfahren wenigstens in beschränktem Umfange für zulässig erachtet, nämlich dahin, ob der Staatshoheitsakt von der hierfür zuständigen Stelle verliehen und welche Auslegung in Anwendung des festgestellten Tarifs einer einzelnen Tarifposition zu geben sei (OVG. 81, 137). — (Beispiel hierfür:) Der angefochtene Tarif enthält nur Vorschriften für Dampfer, Seeleichter, Segelschiffe, also nur für bestimmte Schiffsgattungen; er kann also auf andere Schiffsarten nicht angewendet werden (E. v. 12. XI. 1912. II. C. 440. 11).

§ 6.

(1) Die Gemeinden, Amtsbezirke, Ämter [und Landbürgermeistereien][2]) sind berechtigt, für die Genehmigung und Beaufsichtigung von Neubauten, Umbauten und anderen baulichen Herstellungen sowie für die ordnungs- und feuerpolizeiliche Beaufsichtigung von Messen und Märkten, von Musikaufführungen, Schaustellungen, theatralischen Vorstellungen und sonstigen Lustbarkeiten Gebühren zu erheben. Die Erhebung von Lustbarkeitssteuern schließt die Erhebung von Gebühren für die Beaufsichtigung der Lustbarkeit aus.

(2) Die im Abs. 1 genannten Verbände dürfen, soweit nicht Gebührenfreiheit gesetzlich angeordnet ist, für einzelne Handlungen ihrer Organe (für eine Tätigkeit), die im wesentlichen im Interesse einzelner erfolgen, Verwaltungsgebühren erheben. Gebührenfrei sind Handlungen, bei denen ein öffentliches Interesse vorliegt, und der mündliche Verkehr. In den zu erlassenden Gebührenordnungen müssen die einzelnen Handlungen, für deren Vornahme eine Gebühr

erhoben werden soll, nach Art und Inhalt der Tätigkeit bezeichnet werden[3]) [4]).

(3) Die Gebühren sollen[3]) so bemessen werden, daß deren Aufkommen die Kosten des bezüglichen Verwaltungszweigs nicht übersteigt.

1. A. Art. 6.
2. Vgl. § 2 Ges. v. 29. XII. 1927.
3. Fassung des § 6 gemäß dem Ges. v. 26. VIII. 1921 (GS. 495).
4. Zu Absatz 3: § 3 Abs. 1 des Ges. über staatl. Verwaltungsgebühren vom 29. IX. 1923 (GS. 455) bestimmt:

„Soweit auf Grund dieses Gesetzes die Erhebung einer Gebühr oder Gebührenfreiheit vorgeschrieben ist, wird die Erhebung von anderweitigen Gebühren ausgeschlossen, insbesondere auch die Erhebung von Gebühren nach § 6 des Kommunalabgabengesetzes vom 14. Juli 1893 (GS. S. 152) und §§ 4 und 24 des Kreis- und Provinzialabgabengesetzes vom 23. April 1906 (GS. S. 159), beide in der Fassung des Gesetzes vom 26. August 1921 (GS. S. 495), sowie die Erhebung von Sporteln und ähnlichen Abgaben, gleichviel ob sie auf Gesetz, Verordnung oder Herkommen beruhen."

Inhaltsübersicht.

A. Baupolizeigebühren.

I. Ortsrecht: Inhalt und Umfang. 1. Gemeinden können für die Genehmigung und Beaufsichtigung eine einheitliche Gebühr oder für jede dieser Tätigkeiten eine besondere Gebühr oder schließlich nur für die eine oder andere derselben eine Gebühr festsetzen (PVBl. 32, 8). — Für die Beaufsichtigung allein kann, wenn eine Genehmigung nicht erforderlich war, eine Gebühr nicht erhoben werden (E. v. **22. IV. 1912.** II. C. 285. 09).

II. Abgabengläubigerin: die Gemeinde. Bedient sie sich einer anderen Stelle, z. B. der Polizeiverwaltung, so ist bei der Zahlungsaufforderung darzutun, daß diese für die Gemeinde ergeht (PVBl. 23, 103).

III. Abgabenpflichtiger ist derjenige, der die öffentliche Leistung beansprucht, und derjenige, der die Beaufsichtigung durch die bauliche Tätigkeit erforderlich macht; nicht etwa der Eigentümer, wenn er nicht Antragsteller ist (E. v. **26. IX. 1911.** II. C. 555. 10).

IV. Voraussetzungen der Gebührenpflicht. a) **Einverständnis des Antragstellers.** Darf eine Baupolizeigebühr auch dann gefordert werden, wenn ein Antrag auf baupolizeiliche Genehmigung zwar geprüft, die Genehmigung aber nicht erteilt, sondern (durch Stellung einer Bedingung bedingungsweise) abgelehnt ist? Diese Frage muß verneint werden. Denn durch den klaren Wortlaut des Gesetzes ist die gebührenpflichtige Handlung der städtischen Behörden bezeichnet als „Genehmigung und Beaufsichtigung von Bauten", und es ist unmöglich, die Prüfung eines Baugesuchs unter den

Begriff seiner Genehmigung oder gar unter den Begriff der Beaufsichtigung des Baues selbst zu bringen. Ein Recht auf die Abgabe hätte demnach die Gemeinde nur durch die Genehmigung des Gesuchs, die Erteilung des Baukonsenses, erlangen können (VBl. 20, 378). — Will der Antragsteller auf den Bau verzichten, so kann der Gebührentarif ihm gegenüber dann nicht zur Anwendung kommen, wenn der beantragte Bau nicht genehmigt ist und der genehmigte gar nicht beantragt war (VBl. **19**, 20).

b) **Leistung der Gemeinde: die Bauerlaubnis.** Die Baupolizeigebühr ist die Gegenleistung für eine öffentliche Leistung. Die Gebührenpflicht entsteht also unter der doppelten Voraussetzung, daß die öffentliche Leistung (Genehmigung und Beaufsichtigung von Neubauten usw.) beansprucht und gewährt wird (E. v. **18. IX. 1908.** II. C. 135. 08; VBl. **32**, 69). — Eine Genehmigung ist nur da vorhanden, wo eine förmliche Bauerlaubnis erteilt ist, der eine vollständige auch im Interesse des Bauenden liegende umfassende Prüfung namentlich in bautechnischer Hinsicht vorhergegangen ist (VBl. **34**, 9). Die Gebührenordnung ist erlassen für die Genehmigung und Beaufsichtigung von Neubauten. Eine Beaufsichtigung hat nicht stattgefunden. Die Pflicht zur Zahlung der Gebühr besteht trotzdem, sobald die Genehmigung erteilt und damit die Verpflichtung zur polizeilichen Beaufsichtigung übernommen ist. Die Tätigkeit der Behörde ist eine einheitliche und so auch die Gebühr (E. v. **18. IX. 1908.** II. C. 135. 08). — Findet keine Prüfung und Genehmigung statt, so ist auch keine Gebühr zu entrichten (E. v. **16. II. 1909.** II. C. 202. 08). — „Beaufsichtigung" des Baues, nicht lediglich Prüfung der Baupläne ist erforderlich, also eine behördliche Tätigkeit, die auf der Baustelle selbst ausgeübt wird (E. v. **5. VII. 1910.** II. C. 369. 09). — Die Entscheidung der Baupolizeibehörde über die Zulassung von Bauten hat unabhängig von der Frage zu erfolgen, ob demnächst die Stadtgemeinde auf Grund ihrer Gebührenordnung Gebühren erheben wird (OVG. **80**, 415).

1. Sonderleistungen. Den Gemeinden ist nicht verwehrt, für außergewöhnliche Leistungen, die ihnen aus der Prüfung statischer Berechnungen und besonderer Bauvorhaben, wie Eisenbetonkonstruktionen, erwachsen, auch besondere Gebühren zu erheben und bei der Bemessung dieser Gebühren, wie dies in verschiedenen dem Gerichtshofe bekannt gewordenen Ordnungen geschehen ist, ihre Mehrleistungen zu berücksichtigen (E. v. **24. IX. 1929.** II. C. 22. 29). — Die Gemeinden können für die Erwirkung eines Baudispenses eine erhöhte Gebühr (neben derjenigen für die Erteilung der Bauerlaubnis) festsetzen (VBl. **22**, 70).

V. Gegenstand der Bauerlaubnis: a) **Bauten, bauliche Herstellungen.** Der Ausdruck „bauliche Herstellungen" darf nur von solchen Herrichtungen verstanden werden, die das Baurecht als bauliche Herstellungen behandelt und einer Genehmigung und Überwachung nach Maßgabe seiner Vorschriften unterwirft. Dagegen fallen unter den § 6 Abs. 1 nicht Veranstaltungen, die zwar durch besondere Vorschriften der Genehmigung der Baupolizeibehörde unterworfen werden, bei denen aber die Genehmigung nicht von dem Ausfall einer baupolizeilichen und bautechnischen Prüfung abhängig ist (E. v. **10. XII. 1929.** II. C. 174. 28). — Soweit es sich lediglich um die Genehmigung der Anbringung von Reklameschildern, Bemalung und Beschriftung von Giebelwänden handelt, kann eine Gebührenerhebung auf § 6 Abs. 1 nicht gegründet werden. Denn die Genehmigung der Anbringung von Reklameschildern, Schaukästen, Aufschriften und Abbildungen, wenn sie auch der Baupolizei übertragen ist, stellt keine Genehmigung von Neubauten, Umbauten und anderen baulichen Herstellungen im Sinne des § 6 KAG. dar (E. v. **10. XII. 1929.** II. C. 174. 28). — Bei der Errichtung eines Zaunes, der eine Viehweide gegen einen öffentlichen Weg abschließt, handelt es sich ortsrechtlich um keine Herstellung im Sinne des § 6 KAG., daher entsteht auch keine Gebührenpflicht (E. v. **11. XII. 1908.** II. C. 251. 08). — Anmalen eines Firmenschildes an eine Hauswand ist keine bauliche Herstellung (OVG. **64**, 245).

b) **Insbesondere fiskalische Bauten.** Ist nach den bestehenden Vorschriften auch für Bauten des Reiches und des Staates eine baupolizeiliche Genehmigung erforderlich, so kann die Gemeinde hierfür Gebühren erheben (OVG. 50, 52). — Wenn nach geltendem Ortsrecht eine baupolizeiliche Genehmigung bei diesen Bauten nicht notwendig ist und nur eine Erklärung der Ortspolizeibehörde über etwaige Erinnerungen gegen den geplanten Bau, so kann für die Abgabe dieser Erklärung keine Gebühr erhoben werden (OVG. 58, 149).

VI. Fälligkeit. Die Baugebühr wird fällig mit Erteilung der Genehmigung, auch wenn die Baupolizeibehörde bei Erteilung der Genehmigung nicht in allen Stücken ordnungsmäßig verfahren hat (VBl. 34, 117).

VII. Gebührenmaßstab. 1. Bauwert. Die für diese Leistung zu entrichtende Gebühr ist nach einem bestimmten Maßstabe zu bemessen, der, um nicht willkürlich zu sein, dem Prüfungsobjekt entsprechen muß. Als Maßstab hat die Gemeinde die Bausumme (Bauwert) gewählt; dieser Maßstab erscheint als Wahrscheinlichkeitsmaßstab auch nicht unzutreffend, da er dem Gedanken Rechnung trägt, daß, je höher der Bauwert ist, um so größer auch regelmäßig die Leistung der Gemeinde sein wird (E. v. **24. IX. 1929.** II. C. 22. 29).

2. Bauwert als Maßstab für Sonderleistungen (s. IV b 1). Wird aber Leistung und Gebühr ausschließlich nach dem Bauwerte bemessen, so kann die ganze Bausumme nur dann maßgebend sein, wenn das gesamte Bauvorhaben genehmigt und geprüft wird; der Maßstab des Wertes wird gänzlich ungeeignet und willkürlich, wenn, wie die Gemeinde es will, die Gebühr selbst für einen Bauteil (Eisenbetonkonstruktion), dessen Wert nur ein Bruchstück der ganzen Bausumme ausmacht, gleichwohl nach dem gesamten Bauwerte berechnet werden soll. Gegenüber dem statutarisch festgesetzten Maßstabe kann es auf die tatsächliche Arbeit, welche die Gemeinde bei der Prüfung der statischen Berechnung und der Eisenbetonkonstruktion geleistet hat, nicht ankommen. Vielmehr ist die Zuschlagsgebühr wegen des für sie gänzlich ungeeigneten Maßstabs als rechtswidrig anzusehen (E. v. **24. IX. 1929.** II. C. 22. 29).

B. **Verwaltungsgebühren***).

1. Staatliche und kommunale Gebühren. Soweit staatliche Verwaltungsgebührenordnungen auf Grund des Gesetzes vom 29. September 1923 (GS. S. 455) nicht erlassen sind, können die Gemeinden Gebühren aus § 6 Abs. 2 erheben (E. v. **10. XII. 1929.** II. C. 174. 28). — Die allgemeine Verwaltungsgebührenordnung vom 29. Dezember 1923 (GS. 1924 S. 1) steht der Erhebung derartiger kommunaler Gebühren nicht im Wege (E. v. **10. XII. 1929.** II. C. 174. 28).

2. Genehmigungen auf Grund des Verunstaltungsgesetzes. Wenn durch Ortsstatut gemäß Gesetz v. 15. VII. 1907 (GS. S. 260) vorgeschrieben ist, daß die Anbringung von Reklameschildern, Schaukästen, Aufschriften und Abbildungen der Genehmigung der kommunalen Baupolizeibehörde bedarf, so können für die Genehmigungen Gebühren nach § 6 Abs. 2 erhoben werden (E. v. **10. XII. 1929.** II. C. 174. 28).

§ 7.

Gebühren sind im voraus nach festen Normen und Sätzen zu bestimmen. Eine Berücksichtigung Unbemittelter ist nicht ausgeschlossen.

*) Das örtliche Regulativ fordert nicht bloß Baupolizeigebühren, sondern auch Gebühren „für die Benutzung von Straßen". Solche Gebühren fallen nicht unter den Begriff von Baupolizeigebühren oder Verwaltungsgebühren. Sie sind vielmehr gedacht als Vergütungen für die Benutzung von Veranstaltungen der Gemeinde, also als Gebühren im Sinne des § 4 aaO. (OVG. 48, 113).

Hierzu Gesetz zur Deklarierung des Kommunalabgabengesetzes vom 14. VII. 1893 (GS. S. 152) vom 24. VII. 1906 (GS. S. 376):

Einziger Paragraph.

„Die §§ 7, 20, 27 des Kommunalabgabengesetzes vom 14. Juli 1893 (GS. S. 152) stehen einer Abstufung der Gebühren und Steuersätze nicht entgegen. Insbesondere ist es zulässig, die Gebührensätze nach Maßgabe der Leistungsfähigkeit bis zur gänzlichen Freilassung abzustufen und einzelne Grundstücksarten oder Besitzgruppen mit verschiedenen Sätzen zu den Steuern vom Grundbesitze heranzuziehen.

Ebensowenig schließt § 27 a.a.O. aus, daß einzelne Grundstücksarten oder Besitzgruppen nach verschiedenen Normen besteuert werden."

1. A. Art. 4 Nr. 2.

Inhaltsübersicht.

I. Im voraus.

A. Fertiges Ortsrecht für die Heranziehung erforderlich.

1. Gemeindebeschluß. Das Ortsstatut behält die Feststellung der Höhe der für die Abfuhr zu zahlenden Gebühr einem für jedes Jahr zu fassenden Gemeindebeschlusse vor. Erst durch diese Beschlüsse wird ein zur Erhebung von öffentlich-rechtlichen Gebühren berechtigendes vollständiges Ortsrecht geschaffen (VBl. 33, 552; s. a. OVG. 72, 116). — Eine wiederkehrende Gebühr wegen laufender Benutzung kann nur für die nach Fertigstellung eines gültigen Ortsrechts liegende Zeit verlangt werden, da Gebühren im voraus bestimmt werden müssen (VBl. 33, 470).

2. Nachtrag zum Gemeindebeschluß. Es ist unzulässig, den zu einer Gebührenordnung erlassenen Nachtrag auf frühere auf Grund dieser Ordnung erfolgte Heranziehungen zurückzubeziehen (OVG. 49, 101).

3. Genehmigung der Aufsichtsbehörde. Die Gebühr kann nur für eine Benutzung erhoben werden, die nach der Genehmigung der vorgesehenen Gemeindebeschlüsse stattgefunden hat (VBl. 33, 404). — Das Ortsgesetz bestimmt nur, daß die Pflichtigen nach dem Maßstabe des Nutzungswerts der auf den veranlagten Grundstücken vorhandenen Gebäude herangezogen werden sollen, läßt also jede Angabe darüber vermissen, in welcher Höhe der Zuschlag erhoben werden soll, und macht damit dem Pflichtigen eine Nachprüfung der Zuschlagsforderung mittels einfacher Berechnung unmöglich. Dem § 7 aaO. ist erst Genüge geschehen, wenn der Satz, der als Zuschlag erhoben werden soll, im voraus für das betreffende Steuerjahr beschlossen und genehmigt ist (VBl. 30, 457)

B. Inhalt des Ortsrechts.

1. Rückwirkung? Die Einführung einer Gebühr mit rückwirkender Kraft darf nicht beschlossen werden und ebensowenig die Erhöhung einer bestehenden Gebühr (OVG. 77, 284; VBl. 29, 665; s. unter A 2).

2. Gebühren für Vorjahre. Die nachträgliche Erhebung von Gebühren für eine abgelaufene Zeit zur Deckung eines entstandenen Defizits ist unzulässig. Wohl kann für ein Rechnungsjahr ein Zuschlag mit Rücksicht darauf erhoben werden, daß im

Vorjahre ein Fehlbetrag entstanden ist, nicht aber kann wegen der im Vorjahre erfolgten Benutzung nachträglich für das Vorjahr ein Zuschlag gefordert werden (PVBl. 30, 456).

II. Feste Normen und Sätze.

A. Unzulässigkeit von Vereinbarungen.

Eine Vorschrift, wonach der Magistrat sich besondere Vereinbarungen mit den Wasserabnehmern über die Höhe des Einheitssatzes der Gebühr vorbehält, sobald der Verbrauch eine bestimmte Wassermenge übersteigt, ist ungültig; ihre Ungültigkeit hat die Rechtsunwirksamkeit der ganzen Ordnung zur Folge (OVG. 62, 124).

B. Bestimmtheit des Ortsrechts.

1. Kein Ermessen, keine Festsetzung von Höchstgrenzen. Wenn im Ortsstatut der Magistrat für befugt erklärt wird, zu der Gebühr auch andere als die besonders genannten gewerblichen Anlagen heranzuziehen, sofern nach seinem Ermessen die Voraussetzungen für die Heranziehung zu dieser Gebühr vorliegen, so widerstreitet dies dem § 7 KAG. insofern, als es für die Bestimmung der Gebührenpflicht an einer festen Norm fehlt (OVG. 58, 110). — Die Ordnung bestimmt, daß die Anschlußgebühr für jeden Fall durch die Gemeindevertretung festgesetzt wird. Als Maßstab dient nur die „Menge der abzuleitenden gewerblichen Abwässer". Abgesehen davon, daß nicht ersichtlich ist, wie diese Menge schon bei Festsetzung der Anschlußgebühr bestimmt werden soll, ist die Höhe des Gebührensatzes ausschließlich in das freie Ermessen der Gemeindevertretung gestellt. Durch eine solche, diesem Gemeindeorgan den breitesten Spielraum lassende Bestimmung wird das Erfordernis der festen Normen nicht erfüllt (PVBl. 33, 469; OVG. 58, 110). — Nach der Gebührenordnung wird von jedem angeschlossenen Grundstück eine Kanalgebühr bis zu 60% der staatlich veranlagten Gebäudesteuer erhoben. Es ist also nur die Höchstgrenze der zur Hebung gelangenden Gebühr bestimmt. Der feste Satz, dessen Bestimmung im voraus der § 7 vorschreibt, muß deshalb durch besonderen Beschluß der städtischen Körperschaften bestimmt werden (OVG. 62, 127).

2. Feste Sätze. Das Erfordernis der festen Sätze ist dann erfüllt, wenn der Gebührenpflichtige in der Lage ist, die Gebührenforderung mittels einfacher Berechnung nachzuprüfen (OVG. 45, 101).

3. Feste Maßstäbe. Nach der örtlichen Gebührenordnung sollen die Gebühren in der Regel so bemessen werden, daß dadurch die im Haushaltsplane veranlagten Verwaltungs- und Unterhaltungskosten einschließlich der Verzinsung und Amortisation der Anlage gedeckt werden. Wenn die Innehaltung eines Maßstabes nur als Regel vorgeschrieben wird, so liegt darin zugleich die Ermächtigung, auch anders zu verfahren und selbst darüber zu bestimmen, ob Ausnahmen und welche Ausnahmen von der Regel gemacht werden sollen ... Die hier vorbehaltene Befugnis würde also einer — ohne Zweifel gesetzwidrigen — Anordnung gleichen, die dahin ginge, daß regelmäßig eine feste Gebühr von beispielsweise 4 M. gezahlt werde, den städtischen Kollegien aber auch zugleich freistehen solle, den Satz nach Belieben höher oder niedriger zu bemessen. Damit aber wird dem Gebührensatze die Festigkeit der Norm und des Satzes entzogen (OVG. 40, 82). — Es fehlt keineswegs an festen Normen und Sätzen für die Belastung von Gewerbebetrieben, denn die Gebührenordnung bestimmt, daß die Gebühr für sie nach der Wassermenge, und zwar mit 4 Pf. für jeden Kubikmeter erhoben werden soll. Wenn die Ermittlung der Wassermenge in Einzelfällen Schwierigkeiten bieten sollte, so wird dadurch die Tatsache, daß eine feste Norm und ein fester Satz aufgestellt sind, nicht beseitigt (PVBl. 29, 664).

4. Unzulässige Vorbehalte. Das „Ortsgesetz" überläßt es der Gemeindevertretung, die zunächst normierten Gebührensätze anderweit festzusetzen, wenn die Materialpreise und Arbeitslöhne sich ändern. Diese Bestimmung verstößt gegen den Grundsatz daß die Gebühren im voraus nach festen Normen und Sätzen zu bestimmen sind (PVBl. 33, 469).

III. Deklarationsgesetz vom 24. Juli 1906 (GS. 376).

Das OVG. hat aus dem Wesen der Gebühren und aus den Vorschriften des § 7 des KAG. gefolgert, daß jene Abgaben nach der Art und dem Umfange der Benutzung der Gemeindeanstalt bemessen werden müssen, und diesen Grundsatz auch nach der Novelle v. 24. VII. 1906 als noch gültig erachtet (OVG. 53, 97). — Eine Abstufung mit Rücksicht auf die Leistungsfähigkeit ist nur in der Weise zugelassen, daß die Gebühr die normale Leistungsfähigkeit als Ausgangspunkt nimmt und sich dann zugunsten der abnehmenden Leistungsfähigkeit stufenweise ermäßigt (PVBl. 36, 509). — Der Sinn der Deklaration ist der, daß eine Ermäßigung der Gebührensätze da gewährt werden kann, wo volle Leistungsfähigkeit nicht besteht und daß eine Abstufung der Ermäßigungen je nach der geminderten Leistungsfähigkeit eintreten darf. Danach würde es bei dem Vorhandensein der vollen Leistungsfähigkeit dabei verbleiben, daß eine stufenweise Steigerung des der normalen Leistungsfähigkeit entsprechenden Satzes nach dem Verhältnis eines höheren Grades der Leistungsfähigkeit nach wie vor unzulässig ist (OVG. 50, 60).

§ 8.

(1) Die Festsetzung von Gebühren bedarf in den Fällen des § 4 Abs. 3[1]) der Genehmigung[2]).

(2) Das Erfordernis der Genehmigung des Schulgeldes durch die Schulaufsichtsbehörde bleibt unberührt.

(3) Die Vorschriften des Art. 5 Nr. 2 des Kriegsgesetzes zur Vereinfachung der Verwaltung vom 13. Mai 1918 (GS. S. 53), soweit sie sich auf Verwaltungsgebühren im Sinne des § 6 Abs. 2 beziehen, werden aufgehoben[3]).

1. A. Art. 5 Nr. 4, Art. 6 Nr. 3.
2. Die Worte: „und 5 und des § 6" sind durch das VereinfGes. v. 13. V. 1918 (GS. 53)/3. I. 1928 (GS. 1) beseitigt.
3. Abs. 3 beruht auf Ges. v. 26. VIII. 1921 (GS. 495). Verwaltungsgebührenordnungen sind genehmigungspflichtig.

Inhaltsübersicht.

I. Genehmigung von Gemeindebeschlüssen.

1. Im Falle des § 4 Abs. 3 KAG. Der § 8 kann nur dahin verstanden werden, daß, falls der Tatbestand der im § 4 Abs. 3 vorgesehenen Verpflichtung bzw. des Angewiesenseins vorliegt, einmal eine entsprechende Ermäßigung der Gebührensätze und sogar ein Verzicht auf die Erhebung von Gebühren stattfinden darf und ferner die etwaige Festsetzung von Gebühren genehmigt werden muß (OVG. 30, 101 Anm.). — Der im § 4 Abs. 3 vorausgesetzte Tatbestand ist schon dann gegeben, wenn die Benutzung der Gemeindeanstalt ohne Eintritt erheblicher Schäden im gewerblichen oder allgemeinwirtschaftlichen Leben der Bevölkerung oder einzelner Klassen derselben nicht füglich untersagt werden kann (OVG. 30, 101 Anm.).

2. Bei jährlichen Beschlüssen. Der alljährlich durch Stadtverordnetenbeschluß festzusetzende Prozentsatz des Gebäudesteuernutzungswertes bedarf alljährlich der Genehmigung (VBl. 29, 665).

3. Polizeiverordnung und Genehmigung. Sofern nach einer Polizeiverordnung Zwang zum Anschlusse an eine Kanalisation besteht, ist der Beschluß zur Erhebung von Gebühren genehmigungspflichtig (OVG. 62, 127).

4. Kommunale Begräbnisplätze. Gebührentaxen für diese bedürfen der Genehmigung (OVG. 52, 299).

II. Schulgeld.

1. Eine „Gebühr". Von den „Schulbeiträgen" ist das Schulgeld grundsätzlich und wesentlich verschieden, da es nicht von den Schulunterhaltungspflichtigen, sondern von denjenigen, welchen die Fürsorge für die schulbesuchenden Kinder obliegt, als Entgelt für den Unterricht gezahlt wird und also, was von dem Schulgelde bei kommunalen Schulanstalten der § 8 Abs. 2 mit ausdrücklichen Worten ausspricht, die rechtliche Natur einer Gebühr hat (OVG. 34, 239). — Höhere von einer Gemeinde unterhaltene Unterrichtsanstalt: das Schulgeld ist eine „Gebühr" (OVG. 77, 281).

2. Rechtsbehelfe wie bei Gebühren. Insoweit als § 4 Abs. 4 KAG. die Erhebung von Schulgeld verordnet, ist dem Schulgelde die Eigenschaft einer Gemeindeabgabe beigelegt. Ist dies aber der Fall, so müssen die gegen die Erhebung von Gemeindeabgaben verordneten Rechtsbehelfe statthaben (OVG. 49, 203).

3. Schul- und Kommunalaufsichtsbehörde. a) Die Schulaufsichtsbehörde ist bei ihrer Stellungnahme zu der Frage, welche Schulgeldsätze im Einzelfalle angemessen seien, in keiner Weise beschränkt. Ihr steht es wie bisher völlig frei, dabei die Gesichtspunkte, die sie irgend für erheblich erachtet, darunter auch Rücksichten der Parität zwischen den Konfessionen, in Betracht zu ziehen (OVG. 42, 156).

b) Die Kommunalaufsichtsbehörde ist bei ihrem Vorgehen gegen eine Gemeinde zu dem Zwecke, sie zur Erhebung eines angemessenen Schulgeldes für den Besuch kommunaler höherer Lehranstalten anzuhalten, an die Zustimmung der Schulaufsichtsbehörde gebunden, ähnlich wie der Regierungspräsident an die des Konsistoriums, wo es sich um die Zwangsetatisierung gegenüber einer Kirchengemeinde handelt. Niemals darf daher die Kommunalaufsichtsbehörde ein höheres oder ein geringeres als das von der Schulaufsichtsbehörde angemessen befundene Schulgeld vorschreiben (OVG. 42, 155).

4. Rechtskontrolle. Jede Nachprüfung der für die Schulaufsichtsbehörde bestimmend gewesenen Erwägungen ist dem Verwaltungsrichter entzogen. Anders verhält es sich damit bei der Kommunalaufsichtsbehörde, sofern sie auf dem durch § 78 KAG. geordneten Wege einschreitet, um die Änderung eines für eine höhere Schule bestehenden oder beschlossenen Schulgeldtarifs, dessen Sätze sie im Einvernehmen mit der Schulaufsichtsbehörde für nicht angemessen hält, durchzusetzen. Alsdann hat auf Klage der Gemeinde gegen die darauf abzielende Anordnung der Verwaltungsrichter nur deshalb, weil von der Kommunalaufsichtsbehörde die Gesetzwidrigkeit der Schulgeld-(Gebühren-)Ordnung in ihrer Unangemessenheit erblickt wird, diese und die Angemessenheit der geforderten Sätze nachzuprüfen, jedoch nur im Rahmen der kommunalen Rechte und Interessen, welche bei Bemessung von Schulgeldgebühren ausschlaggebend ins Gewicht fallen. Seinerseits Schulgeldsätze festzusetzen gehört nicht zu den Aufgaben, die dem Verwaltungsrichter gestellt sind (OVG. 42, 156).

§ 9.

(1) Die Gemeinden können behufs Deckung der Kosten für Herstellung und Unterhaltung von Veranstaltungen, welche durch das öffentliche Interesse erfordert werden, von denjenigen Grund-

eigentümern und Gewerbetreibenden, denen hierdurch besondere wirtschaftliche Vorteile erwachsen, Beiträge zu den Kosten der Veranstaltungen erheben. Die Beiträge sind nach den Vorteilen zu bemessen.

(2) Beiträge müssen in der Regel erhoben werden, wenn andernfalls die Kosten, einschließlich der Ausgaben für die Verzinsung und Tilgung des aufgewendeten Kapitals, durch Steuern aufzubringen sein würden.

(3) Der Plan der Veranstaltung ist nebst einem Nachweise der Kosten offenzulegen. Der Beschluß der Gemeinde wegen Erhebung von Beiträgen ist unter der Angabe, wo und während welcher Zeit Plan nebst Kostennachweis zur Einsicht offenliegen, in ortsüblicher Weise mit dem Bemerken bekanntzumachen, daß Einwendungen gegen den Beschluß binnen einer bestimmt zu bezeichnenden Frist von mindestens vier Wochen bei dem Gemeindevorstande anzubringen seien. Handelt es sich um eine Veranstaltung, welche nur einzelne Grundeigentümer und Gewerbetreibende betrifft, so genügt an Stelle der Bekanntmachung eine Mitteilung an die Beteiligten. Über Einwendungen entscheidet die zur Genehmigung von Gemeindebeschlüssen nach diesem Gesetze zuständige Behörde[2]).

(4) Zu diesem Behufe hat der Gemeindevorstand den Beschluß nebst den dazugehörigen Vorverhandlungen und der Anzeige, welche Einwendungen innerhalb der gestellten Frist erhoben sind, der zuständigen Behörde einzureichen.

(5) Der Beschluß der zuständigen Behörde ist in gleicher Weise zur Kenntnis der Beteiligten zu bringen, wie der Beschluß der Gemeinde bekanntgemacht worden ist.

(6) Gegen den Beschluß der zuständigen Behörde steht den Beteiligten die Beschwerde offen. Sind Einwendungen nicht innerhalb der gesetzlichen Frist erhoben oder ist über die erhobenen rechtskräftig entschieden, so hat dies der Gemeindevorstand in der im Abs. 3 angegebenen Weise bekanntzumachen. Mit dieser Bekanntmachung wird der Beschluß rechtswirksam[2]).

1. A. Art. 7.
2. Fassung gemäß dem VereinfGes. v. 13. V. 1918 (GS. 53)/3. I. 1928 (GS. 1).

Inhaltsübersicht.

5. Bürgersteige.
6. Kanalisation.
7. Wasserleitung.

IV. Die Vorteile der Grundbesitzer und Gewerbetreibenden als Voraussetzung der Zulässigkeit der Erhebung von Beiträgen.
- A. Besondere Vorteile.
- B. Nur wirtschaftliche Vorteile.

V. Kostendeckung der Veranstaltung.
- A. Beteiligung anderer Korporationen.
- B. Angemessene Verteilung zwischen der Gemeinde und den Beitragspflichtigen.
- C. Keine vollständige Deckung.
- D. Zulässigkeit von Beiträgen nach Ausführung der Veranstaltung, jedoch nicht nach endgültiger Kostendeckung.
  1. Ausgeführte Veranstaltungen.
  2. Endgültige Kostendeckung.
     a) Im allgemeinen.
     b) Insbesondere Anleihen.

VI. Beitragspflichtige:
1. Grundeigentum als Voraussetzung der Beitragspflicht.
2. Grundeigentum oder Gewerbebetrieb zur Zeit der Heranziehung maßgebend.
   a) Dinglichkeit. Einmalige, fortlaufende Beiträge.
3. Miteigentum.
4. Vereinbarungen.

VII. Beitragsmaßstäbe.
- A. Im allgemeinen.
  1. Verschiedene Bemessung nur nach den Vorteilen.
  2. Keine willkürlichen oder völlig ungeeigneten Maßstäbe.
- B. Verschiedene Arten bei Kanalisationsbeiträgen.
  1. Maßstab der Straßenfront.
  2. Maßstab der Herstellungskosten.
  3. Maßstab der Grundstücksfläche.
  4. Gemeiner Wert.

VIII. Formelle Voraussetzungen der Erhebung von Beiträgen.
- A. Gemeindebeschluß. Bekanntmachung.
  1. Notwendiger Inhalt des Beschlusses.
  2. Umfang des Beschlusses.
  3. Allgemeines Ortsstatut; besonderer Beschluß.
  4. Identität von Beschluß und Bekanntmachung.
- B. Offenlegung eines Planes und des Kostennachweises.
  a) Plan.
     1. Gleichmäßiger Plan im ganzen Verfahren.
     2. Folgen der Abänderung.
  b) Kostennachweis.
     1. Notwendiger Inhalt.
     2. Bedeutung, insbesondere für die Beitragshöhe. — Insbes. Kanalbeiträge.
  c) Fristen:
     1. Keine gleichen Fristen für Offenlegung und für die Einwendungen.
     2. Einwendungsfrist zwingendes Recht.
  d) Schlußbekanntmachung.

IX. Beschlußverfahren. Entscheidung über Einwendungen.

X. Verwaltungsstreitverfahren. Nachprüfung:
- A. des Beschlusses,
- B. der Veranstaltung,
- C. der Vorteile,
- D. des Maßstabs.

I. Zur Begriffsbestimmung.

Beiträge sind Zuschüsse, die der einzelne wegen seiner besonderen Vorteile an einer kommunalen Veranstaltung zu dieser Veranstaltung leistet. Demnach können niemals die gesamten Kosten einer Veranstaltung als Beiträge umgelegt werden, OVG. **84,** 138; 32, 110.

II. Beiträge im Verhältnis zu Gebühren und Steuern. Verpflichtung der Gemeinden zur Erhebung von Beiträgen?

Voraussetzung für die Erhebung von Beiträgen ist, daß den Grundbesitzern oder Gewerbetreibenden Vorteile aus der Veranstaltung entstehen, und die Höhe der Beiträge hat sich nach dem Umfange der Vorteile zu richten. Voraussetzung für die Erhebung von Gebühren dagegen ist die Benutzung der Gemeindeanstalt, und für ihre Höhe ist im wesentlichen der Umfang der Benutzung maßgebend, OVG. 69, 182*). — Die Gemeinden sind keineswegs verpflichtet, überall da, wo durch ihre Veranstaltungen Vorteile für die Grundeigentümer und Gewerbetreibenden entstehen, Beiträge zu erheben, vielmehr steht es ihnen frei, die Kosten auf andere Weise, ins-

*) s. Gebühren I S. 10.

besondere auch durch Gebühren, zu decken, während ihnen die Erhebung allgemeiner Steuern zu jenem Zwecke versagt ist (vgl. §§ 9 Abs. 2, 4, 20 KAG.), und deshalb sind sie auch nicht behindert, Beiträge nur wegen einer bestimmten Art von Vorteilen auszuschreiben und Vorteile anderer Art bei der Bemessung von Gebühren zu berücksichtigen, OVG. 45, 153.

III. Veranstaltungen.

A. Voraussetzung bei der Gemeinde: Öffentliches Interesse, nicht aber öffentlich-rechtliche Pflichten oder Gemeindeeigentum.

1. Bei § 9 wird nicht gefragt, ob die Gemeinde, sofern sie zur Herstellung und Unterhaltung von Veranstaltungen, welche durch das öffentliche Interesse erfordert werden, Beiträge erheben will, zu der Herstellung oder Unterhaltung öffentlich-rechtlich verpflichtet sei. Nach dieser Richtung ist ihre Beschlußfassung frei und unbehindert. Sie braucht daher auch nicht die Herstellung eines Bürgersteigs zu übernehmen, wenn bereits die Anlieger hierzu observanzmäßig verpflichtet sind und von der Wegepolizeibehörde zur Herstellung angehalten werden können; aber sie darf es, sobald sie es für richtig hält, und es haben dann auch die Anlieger ihre anteiligen Beiträge zu den Bürgersteigkosten ebenso wie zu den übrigen Straßenbaukosten zu entrichten, OVG. 47,100.

2. Das Recht der Gemeinde, Beiträge zu den Kosten des Ausbaues einer Straße zu erheben, ist nicht davon abhängig, daß die Straße im Eigentume der Gemeinde steht und daß die Gemeinde zur Unterhaltung der Straße gesetzlich verpflichtet ist. Voraussetzung des Rechtes der Gemeinde ist allerdings, daß die Veranstaltung im öffentlichen Interesse erfolgt (VBl. 36, 196).

B. Verschiedene Arten.

1. Straßenreinigung. Es ist eine wesentliche Verbesserung des Reinigungswesens, wenn an die Stelle der von den einzelnen und stellenweise von der Stadt mit unvollkommenen Mitteln betriebenen Reinigung, deren Unzulänglichkeit seit langer Zeit von den Aufsichtsbehörden gerügt war, eine einheitliche, den Anforderungen der Gegenwart entsprechende tritt; die Anlieger haben von einer derartigen städtischen Einrichtung einen besonderen Vorteil in ähnlicher Weise wie von einer guten Unterhaltung des Straßenbaues, und zwar ist dieser Vorteil verschieden von demjenigen, der ihnen durch die Abnahme ihrer bisherigen Reinigungspflicht erwächst. Die befreit gewesenen Grundstücke nehmen hieran, auch wenn vor ihnen selbst die Reinigung nicht mehr verbessert würde — was jedoch kaum anzunehmen ist —, schon deshalb teil, weil ihnen auch die verbesserte Reinigung der Nachbarschaft zugute kommt (OVG. 42, 22). — Die Gemeinde ist befugt, mit Billigung der Polizeibehörde die Straßenreinigung als ihre eigene Verpflichtung zu übernehmen, zu ihrer Erfüllung Veranstaltungen zu treffen und behufs Deckung der Kosten von den bevorteilten Grundeigentümern Beiträge zu erheben, gleichgültig ob den Grundbesitzern die Reinigungspflicht vorher obgelegen hat oder nicht (VBl. 33, 714). — Die ortsrechtlichen Vorschriften zeigen deutlich, daß die Stadt die Reinigungspflicht als ihre eigene nicht übernommen hat. Die Verpflichtung der Grundeigentümer wird vielmehr auch während der Geltungsdauer des Statuts ausdrücklich aufrechterhalten. Und die Stadt behält sich das Recht vor, die Satzung aufzuheben und die Verpflichtung der Anlieger wieder aufleben zu lassen. Hierin liegt ein Eindrängen der Gemeinde zwischen die etwa reinigungspflichtigen Grundeigentümer und die zur Forderung der Reinigung berechtigte Polizeibehörde. Das aber ist unzulässig (OVG. 26, 43; 42, 19). Hieran vermag auch die Vorschrift nichts zu ändern, wonach die Stadt während der Geltungsdauer der Ortssatzung der Polizeibehörde gegenüber die Verantwortung für polizeimäßige Ausführung übernimmt. Auch hier übernimmt die Stadt nur die „Verantwortung“, nicht die Reinigungspflicht selbst. Es liegt mithin eine ordnungsmäßige und endgültige Übernahme der Straßen-

reinigungspflicht durch die Stadtgemeinde nicht vor, und damit ist das ganze Ortsstatut ungültig (PVBl. 33, 714).

2. Straßenunterhaltung. § 9 läßt nach Wortlaut und Entstehung Beiträge zu für die Herstellung wie für die Unterhaltung aller im öffentlichen Interesse erforderlichen Veranstaltungen der Gemeinde, daher auch für die der städtischen Straßen, soweit für sie nicht durch § 10 KAG. und § 15 Fluchtliniengesetzes Abweichendes geregelt ist (OVG. 32, 124). Unzulässig ist es, wenn ohne Rücksicht auf die in der Regel vorhandene Einheitlichkeit des ganzen Straßennetzes Beiträge zu den Kosten einer einzelnen Straße ausgeschrieben werden auf Grund einer Regelung, welche die einzelne Straße als eine selbständige Veranstaltung behandelt und demgemäß nur die Interessenten dieser einen Straße trifft, während es an einer ortsrechtlichen Gewähr dafür fehlt, daß auch die übrigen Interessenten des Straßennetzes, sobald ihnen besondere Vorteile erwachsen, entsprechend diesen Vorteilen in Anspruch genommen werden. Eine solche Regelung verletzt, indem sie die Einheitlichkeit der Veranstaltung verkennt, den Grundsatz der Gleichmäßigkeit.... Eine allgemeine Bestimmung dahin, daß die an die Straßen angrenzenden Grundeigentümer Beiträge nach § 9 zu den Kosten für die Herstellung oder für die Unterhaltung der Straßen nach den ihnen erwachsenden besonderen wirtschaftlichen Vorteilen aufbringen sollen, reicht aus, um die Gleichmäßigkeit der Heranziehung dieser Interessenten nicht nur grundsätzlich zu wahren, sondern auch — bei Ausübung des Aufsichtsrechts — tatsächlich zu sichern. Wird dieser Weg gewählt, so haben dann für die einzelnen Herstellungs- und Unterhaltungsfälle besondere Beschlüsse behufs Durchführung jener Verpflichtung zu ergehen. Welche Bestimmungen in den allgemeinen grundlegenden Beschluß und welche in die besonderen Ausführungsbeschlüsse aufzunehmen sind, muß sich nach den ört ichen Verhältnissen richten... Der § 9 hat eine Trennung der Regelung in eine generelle und in eine spezielle sowie in Verbindung damit die Zerlegung des Plans und des Kostennachweises in einzelne Teile — unter nach und nach zu bewirkender Auslegung — nicht ausschließen wollen (OVG. 36, 103).

3. Öffentliche Plätze. Wenn der erste Richter von der Annahme ausgegangen ist, daß es sich bei der Anlegung eines Schmuck- und Spielplatzes um eine Veranstaltung im Sinne des § 9 handelt, so hat er damit den Begriff der Veranstaltung keineswegs verkannt (PVBl. 32, 331).

4. Eine Straßenverbreiterung gemäß festgesetzten Fluchtlinien kann als Veranstaltung im Sinne von § 9 gelten (OVG. 51, 68).

5. Bürgersteige, Straßenausbau s. oben Abs. III A.

6. Kanalisation als einheitliches System. Als eine solche Veranstaltung aber kann bei Kanalisationsanlagen nur angesehen werden der Kanal selbst mit Einschluß derjenigen Einrichtungen, welche den Anschluß der anliegenden Grundstücke ermöglichen, also mit Einschluß der für die Aufnahme der Privatanschlüsse bestimmten Seitenrohre, jedoch mit Ausschluß derjenigen Teile der Seitenrohre, die innerhalb eines Privatgrundstücks liegen und ausschließlich für dessen Zwecke hergestellt sind. Anschlußleitungen aber sind weder in ihrer Gesamtheit noch einzeln besondere Veranstaltungen im Sinne des § 9 a. a. O., sondern nur Teile des einheitlichen Systems der Gesamtanlage, und deshalb können Beiträge nur zu letzterer, nicht zu einem unselbständigen Teile derselben gefordert werden (PVBl. 27, 698).

7. Wasserleitung s. IV A.

IV. Die Vorteile der Grundbesitzer und Gewerbetreibenden als Voraussetzung der Zulässigkeit der Erhebung von Beiträgen.

A. Besondere Vorteile.

Ein in der Hebung der allgemeinen wirtschaftlichen Verhältnisse allein begründeter Vorteil reicht nicht aus, um die Beitragspflicht zu begründen. Indem die Bestimmung des § 9 nur solche Grundeigentümer und Gewerbetreibende, welchen aus der Veranstaltung „besondere wirtschaftliche Vorteile erwachsen", der Beitragspflicht unterwirft, weist sie darauf hin, daß die Vorteile zu der Veranstaltung, zu deren Kosten Beiträge erhoben werden sollen, in einer engeren ursächlichen Beziehung stehen müssen. Eine solche Beziehung kann bei einer Wasserleitung unter Umständen wohl noch bei solchen Grundstücken anerkannt werden, die zwar nicht angeschlossen sind, deren Anschluß aber dem Eigentümer ohne weiteres freisteht; denn wenn in diesen Fällen die Anschlußmöglichkeit den Wert des Grundstücks erhöht, so ist es die Beziehung des Grundstücks zu der Wasserleitung, welche den Vorteil herbeiführt. Ist aber die Möglichkeit des Anschlusses dem Eigentümer ausdrücklich vorenthalten, besteht also für diesen keine Möglichkeit, die Leitung seinem Grundstücke nutzbar zu machen, so kann auch keine Rede von Vorteilen sein, die das Grundstück von der Wasserleitung hätte (OVG. 62, 237). — Für die Beitragspflicht kommt es darauf an, daß der einzelne Grundbesitzer oder Gewerbetreibende wirklich Vorteile von der Veranstaltung hat. Die Höhe der Beiträge darf sich nur nach den Vorteilen des einzelnen richten. Auf die Vorteile einer „Klasse" von Grundeigentümern (Gewerbetreibenden) kommt es nicht an (OVG. 46, 75; entgegen 32, 110). — Die Grundeigentümer als solche, also die Grundstücke, müssen von der Veranstaltung besondere wirtschaftliche Vorteile haben. Dieser Vorteil kann in einer Erhöhung des Gebrauchswertes und muß nicht notwendig in einer Steigerung des Verkaufswertes bestehen (OVG. 32, 118).

B. Nur wirtschaftliche Vorteile.

Die Belastung mit Beiträgen ist ausgeschlossen bei Grundstücken, die einer wirtschaftlichen Nutzung durch ihren Eigentümer nicht unterzogen werden können (OVG. 53, 100). — Daß die Nutzbarkeit dauernd erhöht werde, ist nicht immer nötig, beispielsweise nicht bei denjenigen Beiträgen, die laufend nach Maßgabe der jeweils vorhandenen Vorteile zur Deckung laufender (Unterhaltungs- usw.) Kosten erhoben werden. In anderen Fällen, unter Umständen auch bei laufenden, ist ein dauernder Vorteil Voraussetzung der Beitragspflicht, so in der Regel bei einmaligen Kanalisationsbeiträgen (OVG. 53, 100). — Als nicht dauernd nutzbar und von dem Vorteile nicht betroffen muß ein Grundstück gelten, welches durch den Fluchtlinienplan einer dauernden Nutzung entzogen wird. Das schon in Kraft getretene Bauverbot des § 11 des Fluchtliniengesetzes macht das der Fluchtlinie unterworfene Grundstück unbenutzbar und darum eines Vorteils nicht fähig gegenüber einer Kanalisation, die als Schmutzwasserableitung nur Hausabwässer abführt (OVG. 53, 101). — Die Beitragspflicht zu einer Kanalanlage, die zur Abführung von Wirtschaftswässern und Fäkalien bestimmt ist, konnte nur Grundstücken auferlegt werden, die infolge ihrer Bebauungsfähigkeit sich die Vorteile der Kanalanlage verschaffen können. Die mit Schienen belegten Flächen sind zwar technisch bebauungsfähig, und kein Gesetz verbietet ihre Bebauung; allein den Grundstücken, die kraft Gesetzes nicht bebaut werden dürfen, sind die hier in Rede stehenden Schienenwege gleichzustellen, bei denen nach vernünftigem Ermessen die Bebauungsfähigkeit auf absehbare Zeit ausgeschlossen ist (OVG. 55, 79).

V. Kostendeckung der Veranstaltung.

A. Beteiligung anderer Korporationen.

Beiträge für eine Straßenreinigung werden nicht dadurch unzulässig, daß die Gemeinde von der Provinz eine Entschädigung für die Reinigung erhält (OVG. 55, 135). — Die Stadt G. erhält eine Entschädigung dafür, daß sie die Chausseestrecken in eigene Verwaltung übernommen und sich mit deren Unterhaltung belastet hat. Der Gerichtshof hat ständig daran festgehalten, daß die Gemeinden nicht verpflichtet sind, Entschädigungen, welche sie für die Übernahme derartiger Lasten empfangen, zur Deckung der dadurch erforderlich werdenden Aufwendungen zu verwenden. Eine solche Entschädigung fällt der Allgemeinheit zu, welche die Trägerin der übernommenen Belastung ist; sie hat darüber zu entscheiden, in welcher Weise die Entschädigung verwendet werden soll, und ist nicht gehindert, ihre Angehörigen zu den Kosten der übernommenen Leistungen nach Maßgabe ihrer Finanzverfassung und der bestehenden Gesetze mit Beiträgen heranzuziehen (VBl. 39, 401).

B. Angemessene Verteilung zwischen der Gemeinde und den Beitragspflichtigen.

Der Gesamtbedarf, wie dies der Wortlaut des Gesetzes ergibt, ist zwischen der Gemeinde und den Grundeigentümern zu verteilen, wobei die Gemeinde diejenigen Kosten zu tragen hat, welche ihrem öffentlichen Interesse entsprechen, sowie die Anlieger diejenigen, die ihren Vorteilen entsprechen. Demgemäß hat die Ausführungsanweisung zum Kommunalabgabengesetz Artikel 7 Ziff. 4 ausgeführt, daß die Beitragsleistung sich niemals auf den gesamten Kostenbedarf erstrecken darf, daß vielmehr der dem öffentlichen Interesse entsprechende Teil des Kostenbedarfs einer Veranstaltung aus den zur Bestreitung der allgemeinen Ausgaben bestimmten Einkünften der Gemeinde und nur der hiernach verbleibende Restbetrag durch Beiträge zu decken ist (vgl. auch Nöll-Freund, Komm. z. KAG., 8. Aufl., Anm. 12 zu § 9). Das öffentliche Interesse der Gemeinde und gerade einer Großstadt an einer Straßenreinigung ist offenbar sehr bedeutungsvoll. Neben den Interessen der öffentlichen Gesundheitspflege sind dies insbesondere diejenigen des großstädtischen Straßenverkehrs, dessen reibungslose Durchführung ohne diese städtische Veranstaltung nicht möglich ist. Demgegenüber haben die Grundeigentümer zwar auch Vorteile von der Reinigung, wobei jedoch gegenüber der Reinigung der Bürgersteige die Reinigung der Straßen selbst für die Anlieger von geringerem Vorteil ist. Diese Anliegervorteile können aber die öffentlichen Interessen keinesfalls derartig überwiegen, daß den Anliegern die Kosten fast ausschließlich auferlegt werden. Zwar hat der Verwaltungsrichter nicht nachzuprüfen, ob die beabsichtigten Beiträge in einem angemessenen Verhältnisse zu den Vorteilen des einzelnen Anliegers stehen. Notwendige Voraussetzung für eine gültige Beitragserhebung ist aber, daß eine wirtschaftliche Abwägung der Vorteile der Grundeigentümer im Verhältnisse zum öffentlichen Interesse der Gemeinde überhaupt stattgefunden hat. Diese Voraussetzung ist hier nicht gegeben, da bei der Festsetzung der Höhe der Beiträge dieses öffentliche, von der Gemeinde wahrzunehmende Interesse keine irgendwie erhebliche Berücksichtigung gefunden hat. Damit sind materiell die Voraussetzungen des § 9 nicht erfüllt (E. v. **15. III. 1929.** II. C. 74. 28; OVG. **84,** 138).

C. Keine vollständige Deckung durch Beiträge.

Die Beiträge dürfen die Höhe der für die Veranstaltung aufgewendeten Kosten nicht übersteigen, auch nicht ganz erreichen (OVG. 32, 120); s. I.

Städtische Straßenreinigung. Die Veranstaltung selbst ist eine solche der Gemeinde, welche hierfür grundsätzlich die Mittel aufzubringen hat; sie kann nur einen Teil denjenigen Grundbesitzern, welche besondere wirtschaftliche Vorteile haben, auferlegen. Werden die Kosten fast ausschließlich bis auf einen verhältnismäßig geringen Teil den Grundbesitzern auferlegt, so erhält diese Aufwendung den Charakter einer besonderen Abgabe für Zwecke der Straßenreinigung, die als solche dem KAG. fremd ist (E. v. **15. III. 1929.** II. C. 74. 28; OVG. **84,** 138).

D. Zulässigkeit von Beiträgen nach Ausführung der Veranstaltung, jedoch nicht nach endgültiger Kostendeckung.

1. Ausgeführte Veranstaltungen. Wortlaut und Entstehung des § 9 lassen darüber keinen Zweifel, daß die Erhebung von Beiträgen auch zulässig ist, wenn es sich um die Kosten früher fertiggestellter Veranstaltungen handelt (OVG. 32, 122). —

Die Erhebung von Beiträgen kann auch noch nach Ausführung der Veranstaltung, solange nur die Kosten noch nicht endgültig gedeckt sind, erfolgen (OVG. 45, 72).

2. Endgültige Kostendeckung. a) Im allgemeinen. Die Beiträge können „behufs Deckung der Kosten" von gewissen Veranstaltungen ausgeschrieben werden; sie sind also ausgeschlossen in den Fällen, wo die Kosten etatsmäßig bereits endgültig gedeckt sind; sie sind zulässig, wo die Kosten nur vorläufig aus Mitteln, die nicht gerade zur endgültigen Bestreitung der Kosten bereitgestellt waren, bestritten worden sind (OVG. 46, 75). — Nach endgültiger Deckung der vollen Kosten der Veranstaltung durch die Gemeinde aus dem Betrage einer hierzu bestimmten Anleihe können Beiträge nicht mehr ausgeschrieben werden (E. Bd. 51, 68; s. unter b). — Als zulässig anerkannt ist nur die Erhebung von Beiträgen zu den Kosten von Veranstaltungen, welche vor Fassung des Beschlusses über die Beitragserhebung oder gar vor Erlaß des Kommunalabgabengesetzes bereits ausgeführt waren, niemals aber ist ausgesprochen worden, daß „Beiträge" auch da noch erhoben werden dürfen, wo die Kosten der Veranstaltung (nicht etwa nur vorläufig bestritten, sondern) nach etatsrechtlichen Grundsätzen endgültig gedeckt sind (VBl. 29, 624). — Ob überhaupt eine Gemeinde nach endgültiger Feststellung ihres Etats einzelne Aufwendungen aus dem allgemeinen Steuerbedarf aussondern und für sie Beiträge erheben darf, kann dahingestellt bleiben; denn auch, wenn ihr dieses Recht zustände, könnte sie es doch nur im Laufe des Etatsjahrs und auch in diesem nur insoweit ausüben, als die betreffende Ausgabe nicht schon endgültig gedeckt ist (OVG. 56, 126).

b) Insbesondere Anleihen. Wenn eine Gemeinde die Kosten einer Veranstaltung endgültig aus anderen Mitteln gedeckt hat, so kann sie nicht nachträglich Beiträge ausschreiben, und eine endgültige Deckung liegt auch dann vor, wenn die Kosten wie andere Bedürfnisse in den Haushaltsplan eingestellt werden und ein Fehlbetrag desselben aus einer allgemeinen Anleihe bestritten wird. In einem solchen Falle verbietet sich jedes Zurückgreifen auf § 9 KAG. Wird dagegen zur Aufbringung gerade der Kosten der Veranstaltung eine Anleihe aufgenommen, so gestattet zunächst der § 9 die Erhebung laufender Beiträge für die Ausgaben zur Verzinsung und Tilgung des angeliehenen Kapitals; weiter aber steht es auch den Gemeinden frei, die Kapitalsschuld der Anleihe ganz oder teilweise auf einmal abzustoßen und zu diesem Zwecke einmalige Beiträge (auch neben den laufenden) zu erheben (VBl. 31, 531). — Wenn zur Zeit der Beitragserhebung etwa noch ein dem Gesamtbetrage der Beiträge gleicher Betrag der Anleihe ungedeckt war, so hätten allerdings Beiträge zur Abstoßung dieses Anleihebetrags erhoben werden dürfen. Ebenso hätte es der Gemeinde freigestanden, zur Deckung der Zins- und Tilgungsraten der Anleihe laufende (Jahres-) Beiträge zu erheben (VBl. 36, 197). — Die Bezahlung der Kosten einer Veranstaltung aus einer Spezialanleihe bedeutet zwar zunächst eine Deckung dieser Kosten. Die Gemeinde ist aber, selbst wenn sie sich die Erhebung von Beiträgen für die Verzinsung und Tilgung dieser Anleihe nicht von vornherein ausdrücklich vorbehalten hat, dennoch berechtigt, solange und soweit die Anleihe nicht vollständig getilgt ist, unter Änderung ihrer etwaigen ursprünglichen Absicht zur einmaligen Abstoßung oder zur weiteren Verzinsung und Tilgung der Anleihe Beiträge zu erheben. Das folgt daraus, daß § 9 die Beitragserhebung nicht bloß für geplante, sondern auch für fertige Veranstaltungen gestattet und in seinem zweiten Absatz ausdrücklich die Deckung der Ausgaben für Verzinsung und Tilgung des aufgewendeten Kapitals durch Beiträge für den Fall vorschreibt, daß sonst Steuern dazu verwendet werden müßten (VBl. 34, 546).

VI. Beitragspflichtige.

1. Grundeigentum (Gewerbebetrieb) als Voraussetzung der Beitragspflicht. Beiträge können von denjenigen Grundeigentümern und Gewerbetreiben-

den erhoben werden, „denen durch die Veranstaltung besondere wirtschaftliche Vorteile erwachsen". Wird nun durch eine Veranstaltung, zum Beispiel die Pflasterung der Straße, die Benutzbarkeit und der Gebrauchs- oder Verkaufswert eines anliegenden Grundstücks erhöht, so kommt der hieraus erwachsende Vorteil, solange er besteht, dem jeweiligen Eigentümer des Grundstücks zugute. Dabei kann es nicht darauf ankommen, auf welche Weise der Eigentümer sich in den Genuß dieses Vorteils gesetzt hat, insbesondere also auch nicht darauf, ob und wann er das Grundstück gekauft hat und ob er etwa in dem Kaufpreis auch einen Entgelt für den durch die Veranstaltung hervorgerufenen Vorteil entrichtet hat. Vielmehr ist die Voraussetzung des § 9 a. a. O. ohne Rücksicht auf die privaten Erwerbsverhältnisse lediglich durch das Eigentum des bevorteilten Grundstücks erfüllt (VBl. 34, 546).

2. Grundeigentum oder Gewerbebetrieb zur Zeit der Heranziehung maßgebend. Beiträge dürfen nur Grundeigentümern (Gewerbetreibenden) auferlegt werden, und zwar nach der ständigen Rechtsprechung des Gerichtshofs nur denen, die zur Zeit der Heranziehung Eigentümer sind (vgl. OVG. 32, 109, insbesondere S. 118; 54, 77), nicht aber solchen, die es zu einem früheren Zeitpunkte gewesen sind (VBl. 36, 511).

a) Dinglichkeit. Einmalige, fortlaufende Beiträge. Die Dinglichkeit der Beiträge bedeutet, daß der Besitz des Grundstückes die Voraussetzung für die Abgabenpflicht dergestalt bedeutet, daß die Gemeinde befugt ist, den Beitrag von jedem Besitzer zu fordern. Die Gemeinden können also ihre einmalige Heranziehung auch gegen einen späteren Besitzer richten. Keineswegs aber kann jeder spätere Eigentümer für einen einmaligen Beitrag, wegen dessen schon ein Besitzvorgänger herangezogen worden und mit dessen Zahlung dieser rückständig geblieben ist, persönlich haften oder noch einmal persönlich herangezogen werden. Für Rückstände an Beiträgen eines Besitzvorgängers haftet kein Grundeigentümer persönlich, auch nicht (persönlich) „mit dem Grundstücke", wie man wohl sagt; es kann nur von einer zivilrechtlichen Pfandhaft des Grundstücks die Rede sein. — Wohl ist es möglich, Beiträge so zu gestalten, daß nicht eine einzige Summe erhoben wird und nicht eine einzige Schuld entsteht, sondern daß fortlaufend Beiträge erhoben werden, die nicht als Teilbeträge einer einzigen Schuld erscheinen; wo das der Fall ist, kann auch für spätere Besitzer durch Heranziehung eine persönliche Schuld begründet werden (OVG. 54, 78). — Beiträge, durch welche Vorteile abgegolten werden, die in einem bestimmten Zeitraum entstanden sind und keine dauernde Wertsteigerung für das bevorteilte Grundstück zur Folge haben, können nicht als dingliche Last auf dem Grundstücke ruhen, so daß der neue Eigentümer zu den Beiträgen herangezogen werden könnte. Er hat keinerlei Vorteile von der betreffenden Veranstaltung gehabt und konnte keine haben. Seiner Heranziehung fehlt die Grundlage (VBl. 50, 592). — Ungültig sind ortsstatutarische Vorschriften, nach welchen die Pflicht zur Leistung von Beiträgen zu den Kosten der Müllabfuhr oder von Kanalisationsbeiträgen dergestalt dinglich auf den Grundstücken ruhen soll, daß auch jeder spätere Eigentümer für die Zahlung mit dem Grundstück haftet (E. v. 5. III. 1918. II. C. 269. 17; v. 30. IV. 1929. II. C. 135. 28).

3. Miteigentum. Die Beiträge ruhen auf den Grundstücken, haben also die Natur einer Reallast, die es mit sich bringt, daß von jedem Miteigentümer das Ganze gefordert werden kann (OVG. 32, 120).

4. Vereinbarungen. Nach der Rechtsprechung des Oberverwaltungsgerichts kann eine Gemeinde mit einem Beitragspflichtigen rechtswirksam vereinbaren, daß ein bestimmter einzelner Beitrag mit Rücksicht auf andere Leistungen des Pflichtigen oder auf sonstige besondere Umstände für abgegolten gelten soll; denn eine solche Vereinbarung berührt nicht das öffentlich-rechtliche Finanzhoheitsrecht, sondern betrifft nur die Tilgung der einzelnen Abgabenforderung (vgl. OVG. 33, 103; 38, 145). Dagegen kann eine

Gemeinde auf die Ausübung ihres Abgabenerhebungsrechts keinem Pflichtigen gegenüber wirksam verzichten, ihm gegenüber die Entstehung der Forderung nicht ausschließen (OVG. 56, 124).

VII. Beitragsmaßstäbe.

A. Im allgemeinen.

1. Verschiedene Bemessung nur nach den Vorteilen. Der Beitrag zu den Kosten der Grundstücksentwässerung wird im Ortsrecht verschieden bemessen, je nachdem für ein Grundstück zu der Straßenentwässerung mehr oder weniger oder überhaupt nichts beizutragen ist. Eine solche Ungleichheit aber verstößt gegen die Vorschrift im § 9, denn dort ist eine verschiedene Bemessung der Beiträge nur nach Maßgabe der Vorteile zugelassen (OVG. 34, 73). — Da die Straßenentwässerung und die Grundstücksentwässerung verschiedene Dinge sind, so ist es unzulässig, die Höhe einer für die Grundstücksentwässerung zu zahlenden Abgabe im Einzelfalle davon abhängig zu machen, ob und in welcher Höhe ein Beitrag zu der Straßenentwässerung geleistet ist (VBl. 28, 373).

2. Keine willkürlichen oder völlig ungeeigneten Maßstäbe. In der vorliegenden Sache handelt es sich um Kanalbaukosten, und zwar um die Kosten einer systematischen Kanalisierung. In den für sie getroffenen Bestimmungen verkennt das Statut die Einheitlichkeit des Kanalisierungswerkes, indem es den Beitrag des einzelnen nicht von den Vorteilen, die ihm das ganze Werk bringt, und nach Verhältnis der Kosten des ganzen Werkes, sondern von der Höhe der gerade durch die Kanalisierung seiner Straße entstandenen Kosten abhängig macht. — Bei einer systematischen Kanalisation ist ein nach den Kosten der einzelnen Straßen bestimmter Maßstab ungeeignet und willkürlich (VBl. 29, 624). — Ob der für die Bemessung der Beiträge gewählte Maßstab angemessen und zweckentsprechend ist, hat der Verwaltungsrichter nicht zu prüfen; nur wenn er findet, daß der Maßstab völlig ungeeignet oder willkürlich ist, darf er seine Anwendung für unzulässig erklären (OVG. 59, 119); s. unter X.

B. Verschiedene Arten bei Kanalisationsbeiträgen.

1. Maßstab der Straßenfront bei Kanalisationen. Zulässig ist der Maßstab der Länge derjenigen Fronten jedes Grundstücks, von welchem aus eine Entwässerung in die vor ihnen liegenden Straßenkanäle bewirkt werden kann, mag auch der Anschluß an den Kanal nicht von jeder Stelle der Grundstücksfront aus herstellbar sein (OVG. 51, 64). — Ist im Ortsstatut der Maßstab der Straßenfront festgesetzt, so kann ein Beitrag nur gefordert werden, wenn ein Grundstück an einer oder an mehreren kanalisierten Straßen liegt und die Entwässerung des Grundstücks in einen vor seiner Front bzw. seinen Fronten liegenden Straßenkanal möglich ist, und zwar richtet sich die Höhe des Beitrags nach der Länge des vor der Grundstücksfront (den Grundstücksfronten) liegenden Straßenkanals. Unter der Möglichkeit der Entwässerung des Grundstücks in einen solchen Kanal kann ferner nur die gemeingewöhnliche verstanden werden (OVG. 62, 149). — Die Höhe der Abgabe richtet sich nach der Ausdehnung der Fronten, von denen aus die Kanalstrecken der angrenzenden Straßen benutzbar sind. Da die Möglichkeit einer Entwässerung nach der K.straße oder der S.straße nicht besteht, so müssen die Fronten, die das Grundstück des Klägers nach diesen Straßen hat, außer Ansatz bleiben (OVG. 51, 67); s. unter 2.

2. Die Herstellungskosten eines Kanals vor den einzelnen Grundstücken sind kein geeigneter Maßstab (OVG. 51, 64). — Beiträge müssen gleichmäßig nach Verhältnis der den einzelnen entstehenden Vorteile verteilt werden. Ungeeignet ist ein Maßstab der Verteilung der Beiträge im wesentlichen nach dem Verhältnisse der Kosten, die der Stadt durch die Herstellung der Kanalisation vor den einzelnen Grundstücken erwachsen

sind; denn es ist hier, wo es sich um die Entwässerung der Grundstücke handelt, nicht abzusehen, welchen Vorteil ein Grundstück davon haben soll, daß es an eine kanalisierte Straße grenzt, wenn es nach dieser Straße hin nicht entwässert werden kann. Dagegen wird das Ortsstatut, indem es den Maßstab der Straßenfront festsetzt, der Forderung des § 9 gerecht, wenn es hierbei von Verhältnissen ausgeht, unter denen die Vorteile der Grundstücke mit der Ausdehnung ihrer Straßenfront wachsen. Dies ist der Fall, wenn das Statut Grundstücksfronten im Auge hat, deren Lage zu den Kanälen der angrenzenden Straßen von ihnen aus die Entwässerung nach diesen Kanälen möglich macht, so daß die Vorteile insbesondere auch infolge der größeren Leichtigkeit der Entwässerung um so mehr zunehmen, je mehr die Straßenfront sich ausdehnt (OVG. 51, 66).

3. Grundstücksfläche. Kanalisationsbeiträge werden nach dem Ortsrecht für jedes Quadratmeter Grundstücksfläche erhoben, wobei als beitragspflichtige Fläche die hinter der Straßenfluchtlinie eines jeden Grundstücks bis zur Tiefe von 40 m in Betracht kommt. Ein solcher Maßstab ist nicht ungeeignet (OVG. 59, 117).

4. Gemeiner Wert. Bei einmaligen Kanalisationsbeiträgen ist dieser Maßstab nicht unbedingt unzulässig, weil die Größe des Vorteils, den ein Grundstück von der Kanalisation hat, auch mit seinem gemeinen Wert in Zusammenhang stehen kann (E. v. 11. I. 1910. II. C. 165. 09).

VIII. Formelle Voraussetzungen der Beitragspflicht.

A. Gemeindebeschluß, Bekanntmachung.

1. Notwendiger Inhalt. Nach der ständigen Rechtsprechung des Gerichtshofs muß ein nach § 9 erlassener Gemeindebeschluß die wesentlichen Bestandteile der beschlossenen Beitragsverpflichtung, also insbesondere die Höhe des Beitrags und den Maßstab, nach dem der Beitrag berechnet werden soll, ersehen lassen, und den gleichen Inhalt muß die vorgeschriebene Bekanntmachung haben (OVG. 70, 161).

2. Umfang. Durchaus gebräuchlich ist es, daß der Plan und Kostenanschlag für die Veranstaltung von vornherein auf die Kanalisation des ganzen Gemeindebezirks oder doch größerer Teile desselben erstreckt wird, so daß darin sowohl die bereits entstandenen Kosten für die bisher kanalisierten Straßen als auch die zu veranschlagenden Kosten für die zukünftige Weiterführung der Kanalisation enthalten sein können; jedoch kann ein Beschluß, der sich nach seinen Unterlagen und nach seinem Inhalte nur auf einen Teil einer einheitlichen Veranstaltung bezieht, nicht Wirksamkeit für die ganze Veranstaltung und ihr Gebiet erlangen (OVG. 62, 159). — Die zur Vertretung der Gemeinde berufenen Körperschaften müssen sich in jedem einzelnen Falle darüber schlüssig machen, ob die Veranstaltung den zu Beiträgen heranzuziehenden Grundeigentümern Vorteile bringt, welcher Kostenanteil nach Maßgabe dieser Vorteile angemessenerweise durch Beiträge aufgebracht und in welcher Weise er mit Rücksicht auf die den einzelnen erwachsenen Vorteile verteilt werden soll. Ortsrechtliche Bestimmungen über Erhebung von Beiträgen zu den Kosten der Herstellung und Unterhaltung von Veranstaltungen können sich nur auf die im Gemeindebeschlusse bezeichnete Veranstaltung und auch nur in dem Umfang erstrecken, auf den diese durch den Plan der Veranstaltung nebst Kostennachweis beschränkt ist. Sollen sie ausgedehnt werden auf andere gleichartige Veranstaltungen, die daneben vorhanden sind oder später eingerichtet werden, so bedarf es hierzu eines neuen besonderen, den Vorschriften des § 9 a. a. O. genügenden Gemeindebeschlusses (VBl. 33, 767).

3. Allgemeines Ortsstatut; besonderer Beschluß. Das allgemeine Ortsstatut ist nicht unter Beobachtung der im § 9 Abs. 3 vorgeschriebenen Formen zustande gekommen; ihm kommt daher nur die Bedeutung einer ortsstatutarischen Regelung dahin zu, daß für die in ihm bezeichneten Veranstaltungen Beiträge erhoben werden sollen, nicht aber sind die in ihm über die Beitragserhebung, den Kreis der Beteiligten, Umfang

und Maßstab enthaltenen Vorschriften bindend. Solche Bestimmungen können überhaupt nur da erlassen werden, wo sich die Veranstaltung in ihren Einzelheiten, nach Umfang und sonstiger Beschaffenheit, ihrem Kostenbedarf übersehen und wo sich der aus ihr jedem einzelnen erwachsende Vorteil erkennen läßt; sie müssen dann aber, um eine rechtswirksame Grundlage für die Beitragserhebung zu bilden, in einem Gemeindebeschlusse getroffen werden, der gemäß den Vorschriften des § 9 zustande gekommen und durchgeführt worden ist. Es müssen also in dem Gemeindebeschluß über die geplante oder schon ausgeführte Veranstaltung die Beiträge auf Grund selbständiger Prüfung nach den besonderen wirtschaftlichen Vorteilen, die den Grundeigentümern (und Gewerbetreibenden) durch die Veranstaltung erwachsen, bemessen und danach der Kreis der Beitragspflichtigen und die Höhe des Beitrags nach Umfang und Maßstab festgesetzt werden (VBl. 35, 178). — Die Festsetzung der Beiträge, die nach Maßgabe der besonderen wirtschaftlichen Vorteile der Grundstückseigentümer von der Veranstaltung zu erfolgen hat, kann bindend nur unter Beobachtung der Verfahrensvorschriften des § 9 des Kommunalabgabengesetzes stattfinden (VBl. 36, 510). — Das Ortsstatut setzt die Beiträge der Anlieger zu den Kosten der Bürgersteige auf 90 v. H. der aufgewendeten Kosten nach Verhältnis der Straßenfrontlänge der angrenzenden Grundstücke fest. Diese Festsetzung eines bestimmten Satzes in dem allgemeinen Ortsstatut ist nach dem Urteile vom 17. Februar 1905 (OVG. 46, 75) bedenklich und jedenfalls deshalb nicht bindend, weil sie nicht in den Formen des § 9 des Kommunalabgabengesetzes vom 14. Juli 1893 zustande gekommen ist (OVG. 56, 125).

4. Identität von Beschluß und Bekanntmachung. Die Bekanntmachung muß dem Gemeindebeschlusse entsprechen und darf insbesondere keine von dem Beschlusse abweichende Berechnung der Beiträge enthalten (E. v. 12. II. 1929. II. C. 149. 28). — Der Zweck der Bekanntmachung ist, daß die Beitragspflichtigen sich aus ihr selbst über die an sie gestellten Anforderungen in allen wesentlichen Punkten unterrichten können (VBl. 48, 456).

B. Offenlegung eines Planes und des Kostennachweises.

a) **Plan.** 1. Gleichmäßiger Plan im ganzen Verfahren. Nach § 9 müssen die Veranstaltungen, zu welchen Beiträge erhoben werden sollen, in einem Plane und Kostennachweis, in dem die Kosten zu veranschlagen oder rechnungsmäßig festzustellen sind, dargestellt sein. Dieser Plan und Kostennachweis müssen dem ganzen Verfahren gleichmäßig zugrunde gelegt werden; es muß also derselbe Plan und Kostennachweis Gegenstand des Beschlusses der städtischen Behörden, des Offenlegungs- und Einwendungsverfahrens sein, und nachdem dies geschehen ist, dürfen auch die Beiträge nur zu der so beschlossenen und genehmigten Veranstaltung erhoben werden. Ein Wechsel des Planes und Kostennachweises während des Verfahrens oder nach seinem Abschlusse würde die Beitragserhebung unzulässig machen (OVG. 62, 158; s. a. VBl. 35, 178). — Zweifelsfreie Deutlichkeit und Identität der geplanten sowie der ausgeführten und daher der Heranziehung zugrunde gelegten Veranstaltung ist unter allen Umständen gesetzliches Erfordernis (OVG. 37, 27).

2. Folgen der Abänderung des Planes. Ist die Abänderung des Planes erforderlich, so muß das Auslegungs- und Einwendungsverfahren in der Regel wiederholt werden. Nur ausnahmsweise, z. B. dann, wenn sämtliche Beteiligten die Abänderung verlangt haben, wird von der Wiederholung abgesehen werden dürfen (OVG. 45, 72).

b) **Kostennachweis.** 1. Notwendiger Inhalt. Der Kostennachweis muß, soweit die Kosten bereits aufgewendet sind, erkennen lassen, für welche Leistungen und in welcher Höhe für sie Kosten aufgewendet sind. Die Offenlegung eines Kostennachweises ist vom Gesetze vorgeschrieben, um den Beteiligten eine Nachprüfung darüber zu ermöglichen, ob die Kosten sich in dem Rahmen der geplanten oder nach dem Plane bereits ausgeführten Veranstaltung halten. Eine solche Nachprüfung und die Erhebung sachgemäßer Einwendungen gegen den Kostennachweis sind aber unmöglich, wenn lediglich die Gesamtsumme der aufgewendeten Kosten angegeben ist. Mangels der Offenlegung des vom Gesetze verlangten Kostennachweises entbehrt der Gemeindebeschluß der Rechtswirksamkeit (OVG. 62, 131). — Der Kostennachweis entspricht den Anforderungen des Gesetzes nicht. Er enthält, soweit die Herstellungskosten des Wasserwerkes in Frage kommen, nur die Beträge der dafür aufgenommenen Anleihen, während es erforderlich gewesen wäre, mindestens durch Anführung der Abrechnungsergebnisse einen Überblick über die im einzelnen aufgewendeten Kosten zu geben (OVG. 62, 236).

2. Bedeutung, insbesondere für die Beitragshöhe. Der Kostennachweis soll nicht nur eine Prüfung des Verhältnisses von Vorteil und Beitrag des einzelnen, sondern auch eine Prüfung und Vergleichung des Interesses der Öffentlichkeit und desjenigen der Gesamtheit der Beitragspflichtigen ermöglichen, und er ist so eine wichtige Grundlage der Beschlußfassung sowohl der städtischen wie der höheren Behörden. Wegen dieses bedeutsamen Zweckes kann die Auslegung eines unrichtigen Anschlags die Nichtigkeit des ganzen Beschlusses herbeiführen (OVG. 45, 70). — Es liegt auf der Hand, daß die Frage, ob der Beitrag des einzelnen sich in den Grenzen seines Vorteils hält, nur dann beantwortet werden kann, wenn der Beitrag seiner Höhe oder doch seinem Höchstbetrage nach feststeht. Deswegen ist die Festsetzung der Höhe oder doch der Maximalhöhe des Beitrags ein wesentlicher Gegenstand des Beschluß- und Auslegungsverfahrens, und dazu dient unter anderem der vom Gesetz erforderte Kostennachweis. Durch ihn wird in Verbindung mit den anderen Rechnungsgrößen der Höchstbetrag der Beiträge bestimmt (vgl. Nöll, KAG., 4. Aufl., S. 32, 33 Anm. 20). Die Gemeinde bindet sich durch Auslegung des Kostennachweises dahin, daß sie die entstehenden Mehrkosten nicht durch die beschlossenen Beiträge, sondern auf andere Weise decken muß (OVG. 45, 70). — Wird die Höhe des Beitrags einem besonderen Gemeindebeschlusse vorbehalten, so müssen Plan und Kostennachweis nochmals offengelegt werden, um eine rechtswirksame Heranziehung auf Grund des Gemeindebeschlusses zu begründen (OVG. 62, 131).

Insbesondere Kanalbeiträge. Die richtige Bemessung der Beiträge kann kaum anders als dadurch gewährleistet werden, daß bei Festsetzung der Beiträge der Beteiligten die Kosten der Gesamtanlage berücksichtigt werden. So ist auch bei systematischen Kanalisationen in allen dem Gerichtshofe bekannt gewordenen Fällen verfahren worden (VBl. 33, 333). — Keinesfalls aber kann die in jedem einzelnen Rechnungsjahre gerade ausgeführte oder auszuführende Entwässerungsanlage als eine besondere einheitliche Veranstaltung angesehen werden; denn die mehr oder minder zufällige Ausführung in einem Jahre ist kein Merkmal für die Einheit einer Veranstaltung. Ein einmaliger Beitrag darf deshalb nur für alle Grundeigentümer, welche von der einheitlichen Veranstaltung Vorteil haben, zu gleicher Zeit und lediglich nach diesen Vorteilen festgesetzt werden. Damit ist es unvereinbar, daß der einmalige Beitrag für jedes Rechnungsjahr neu und möglicherweise anders bestimmt wird (VBl. 39, 477).

c) **Fristen.** 1. Keine gleichen Fristen für die Offenlegung und für die Einwendungen. Da die Frist für die Erhebung von Einwendungen auf vier Wochen bemessen wird, könnte man versucht sein anzunehmen, daß auch der Plan nebst Kostennachweis während der gleichen Frist offenliegen soll. Der Senat hat zwar diese Annahme in dem Urteile vom 21. Februar 1911 (OVG. 59, 117) verworfen, aber er geht davon aus, daß Satz 1 der oben wiedergegebenen Vorschrift die Offenlegung des Planes nebst Kostennachweis während einer angemessenen Frist verlangt. Welche Frist angemessen ist, wird im Einzelfalle von den Umständen, namentlich von den örtlichen Verhältnissen abhängen (OVG. 64, 206).

2. Einwendungsfrist zwingendes Recht. Der § 9 schreibt vor, daß Einwendungen gegen den Beschluß binnen einer bestimmt zu bezeichnenden Frist von

mindestens vier Wochen bei dem Gemeindevorstand angebracht werden können. Diese Frist ist im vorliegenden Gemeindebeschlusse nicht gewahrt. Das Verfahren leidet mithin an einem wesentlichen Mangel, und dieser macht den Beitragsbeschluß ungültig (VBl. 33, 332).

d) **Schlußbekanntmachung.** Ein Gemeindebeschluß über die Erhebung von Beiträgen gemäß § 9 wird erst mit dem Erlasse einer Bekanntmachung rechtswirksam, nach welcher Einwendungen gegen den offengelegten Plan und Kostennachweis nicht erhoben oder durch Entscheidung der Beschlußbehörde erledigt sind (E. v. 6. VII. 1923. II. C. 60. 23).

IX. Beschlußverfahren. Entscheidung über Einwendungen.

Infolge des Kriegsgesetzes zur Vereinfachung der Verwaltung vom 13. V. 1918, 3. I. 1928 (GS. 1918 S. 53, 1928 S. 1) ist die Genehmigung von Beschlüssen fortgefallen. Die Aufsichtsbehörde hat nur noch über die erhobenen Einwendungen zu entscheiden. Im vorliegenden Falle (Straßenreinigungsbeiträge) haben diese Einwendungen vornehmlich der Frage gegolten, in welche Reinigungsklasse einzelne Grundstücke einzureihen sind. Eine Entscheidung über diese Frage setzt aber voraus, daß überhaupt ein die Heranziehung rechtfertigendes Ortsrecht vorliegt. Bei der Entscheidung über die Einsprüche kann daher die Aufsichtsbehörde sich nicht der Prüfung entziehen, ob die zum Zustandekommen des Ortsrechts unerläßlichen rechtlichen Voraussetzungen gegeben sind, ob insbesondere also der Gemeindebeschluß, der Plan der Veranstaltung und der Kostennachweis den Anforderungen des § 9 entsprechen (E. v. 15. III. 1929. II. C. 74. 28; OVG. 84, 138).

X. Verwaltungsstreitverfahren.

Nachprüfung: A. des Beschlusses. Der Gemeindebeschluß über die Erhebung von Beiträgen ist im Streitverfahren auf seine Rechtmäßigkeit, nicht auch auf die Angemessenheit und Zweckmäßigkeit nachzuprüfen (OVG. 32, 116);

B. der Veranstaltung. Der Verwaltungsrichter hat zu prüfen, ob bei der Erhebung von Beiträgen eine Veranstaltung im Sinne des § 9 KAG. vorhanden ist (VBl. 23, 690);

C. der Vorteile. Der Verwaltungsrichter muß feststellen, ob die Beiträge nach den Vorteilen bemessen sind. Ob im Einzelfalle die Größe des Vorteils richtig ermittelt ist, ist im Verwaltungsstreitverfahren nicht mehr nachprüfbar (OVG. 42, 23). — Die Behauptungen, daß die Beiträge nicht einem besonderen wirtschaftlichen Vorteile entsprechend bemesse nworden sind, müssen im Beschluß- (Einwendungs-) Verfahren erhoben werden; sie sind im Verwaltungsstreitverfahren nicht mehr zulässig (E. v. 23. X. 1923. II. C. 60. 22). — Der Verwaltungsrichter hat nicht zu prüfen, ob die Gemeinde in dem Beitragsbeschlusse die Frage nach dem Vorhandensein von Vorteilen für die einzelnen Grundstücke in allen Beziehungen zutreffend entschieden hat. Die Prüfung des Verwaltungsrichters hat sich aber darauf zu erstrecken, ob die Gemeindebehörden bei Beantwortung der Frage nach den Vorteilen von zutreffenden rechtlichen Gesichtspunkten ausgegangen sind (OVG. 62, 238);

D. des Maßstabes. Die Angemessenheit des festgesetzten Verteilungsmaßstabes ist im Verwaltungsstreitverfahren nicht nachprüfbar (VBl. 23, 690); s. auch VII A 2.

§ 9a[1]).

(1) Als Veranstaltung im Sinne des § 9 gilt auch der Bau von Kleinwohnungen. Als wirtschaftlicher Vorteil ist dabei für die Heranziehung von Arbeitgebern zu Beiträgen die Tatsache anzu-

sehen, daß durch die geplanten Wohnungen eine unter den Arbeitnehmern der Arbeitgeber hervorgetretene Wohnungsnot gemildert oder einer drohenden Wohnungsnot vorgebeugt wird. Unter Kosten sind dabei nur diejenigen Baukosten zu verstehen, die nach Abzug des durch die ortsüblichen Mieten verzinsten Teiles der Baukosten noch zu decken sind (sogenannte nicht rentierliche Baukosten). Zu Beiträgen für den Bau von Kleinwohnungen dürfen nur Arbeitgeber herangezogen werden, welche in der Gemeinde mehr als 20 Arbeitnehmer beschäftigen.

(2) Die Arbeitgeber können zu Beitragsgemeinschaften vereinigt werden. Die Unterverteilung der Beiträge innerhalb der Gemeinschaften ist durch Satzung zu regeln, die der Genehmigung der Minister des Innern und der Finanzen bedarf.

(3) Beitragsgemeinschaften können, wenn sich das Bedürfnis auf mehrere Gemeinden und Gutsbezirke erstreckt, auch von bestehenden oder zu begründenden Zweckverbänden oder von Gemeindeverbänden gebildet werden.

(4) Streitigkeiten über die Heranziehung zu Beiträgen durch die Gemeinschaft werden im Verwaltungsstreitverfahren entschieden.

(5) Arbeitgeber, die insbesondere nach dem 1. Januar 1919 bereits selbst zum Bauen von Wohnungen für ihre Arbeitnehmer aus eigenen Mitteln in angemessenem Verhältnis zur Zahl ihrer Arbeitnehmer beigetragen haben, sollen von diesen Beiträgen befreit werden.

1. Eingefügt durch Ges. v. 26. VIII. 1921 (GS. 495).

§ 10.

Die Vorschriften des Gesetzes, betreffend die Anlegung und Veränderung von Straßen und Plätzen in Städten und ländlichen Ortschaften, vom 2. Juli 1875 (GS. S. 561) bleiben mit der Maßgabe in Kraft, daß die im § 15 daselbst vorgesehenen Beiträge nach einem anderen, als dem dort angegebenen Maßstabe, insbesondere auch nach der bebauungsfähigen Fläche, bemessen werden dürfen.

1. A. Art. 7 Nr. 5.

Inhaltsübersicht.

A. Keine Beiträge gemäß § 9 im Anwendungsgebiet des § 15 Fluchtliniengesetzes.

Jede Erhebung von Beiträgen auf Grund des § 9 zu den Kosten der Unterhaltung von Straßen, welche unter den § 15 FluchtlGes. fallen, ist unzulässig (OVG. **46**, 98). Vgl. VBl. **22**, 444; **24**, 408.

B. „Historische" Straßen.

§ 9 läßt nach Wortlaut und Entstehung Beiträge zu für die Herstellung wie für die Unterhaltung aller im öffentlichen Interesse erforderlichen Veranstaltungen der Gemeinde, daher auch für die der städtischen Straßen, soweit für sie nicht durch den folgenden § 10 und durch § 15 Fluchtliniengesetzes Abweichendes bestimmt ist. Der § 15 a. a. O. hat das Besteuerungsrecht der Gemeinden wegen der bei Erlaß des Gesetzes bereits vorhandenen und bebauten, sog. historischen Straßen überhaupt nicht betroffen (OVG. 32, 124).

C. Kanalisationen.

Die Heranziehung auf Grund eines Gemeindebeschlusses betreffend Kanalanschlüsse widerspricht nicht dem Fluchtliniengesetz. Denn die Kanäle sind von vornherein neben der Straßenentwässerung zugleich für den ganz verschiedenen Zweck einer den anliegenden Grundbesitzern, keineswegs der Gemeinde obliegenden Verpflichtung der Entwässerung ihres Privateigentums hergestellt und bestimmt (OVG. 32, 121).

D. Beiträge nach Ablauf der fünfjährigen Unterhaltungsfrist des § 15.

Es ist zwar unzulässig, die Anlieger neuer Straßen zu den Kosten der Unterhaltung gerade ihrer Straßen anders als nach Maßgabe des § 15 FluchtlGes. heranzuziehen; wohl aber steht es den Gemeinden, welche auf Grund des § 9 KAG. Beiträge zu einer einheitlichen Straßenunterhaltung von den Anliegern erheben, frei, nach Ablauf der in dem § 15 gesetzten fünf Jahre auch die Anlieger der neuen Straße mit der Abgabe zu belegen, obwohl durch sie auch die Kosten der Unterhaltung dieser Straßen gedeckt werden, ja, sie müssen das sogar tun, wenn die gedachten Anlieger diejenigen besonderen Vorteile von der Veranstaltung haben, wegen deren Beiträge erhoben werden. — Ein Ortsstatut, welches nur die Anlieger an sog. „historischen" Straßen mit Beiträgen belegt und die Straßen, auf die ein gemäß § 15 FluchtlGes. erlassenes Statut anzuwenden ist, unberührt läßt, verletzt daher durch den Ausschluß der Anlieger der neueren Straßen den Grundsatz der Gleichmäßigkeit (OVG. 46, 97). — Der § 15 verbietet nur, die Anlieger einer neuen Straße zu den Kosten der ersten Herstellung und während der ersten auf ihre Herstellung folgenden fünf Jahre zu der Unterhaltung anders als nach seinen eigenen Vorschriften in Anspruch zu nehmen, hindert aber nicht, nach Ablauf jener fünf Jahre die neuen Straßen hinsichtlich der Unterhaltungskosten ebenso zu behandeln wie andere (VBl. 29, 624).

E. Veranstaltungen außerhalb des Rahmens der ersten Herstellung.

Die Erhebung von Beiträgen ist unzulässig, wenn 1. das Unternehmen, dessen Kosten zu decken sind, gerade in der Herstellung oder Unterhaltung einer unter § 15 FluchtlG. fallenden Straße besteht und 2. die Anlieger einen besonderen Beitrag zu diesem Unternehmen leisten sollen, zulässig dagegen, wenn es sich um ein Unternehmen anderer Art handelt oder von den Anliegern nicht eine Sonderleistung, sondern eine allgemeine Abgabe für Straßenbauzwecke verlangt wird. Wird also festgestellt, daß es sich um eine selbständige, außerhalb des Rahmens der ersten Herstellung liegende Veranstaltung handelt, so können Beiträge nach § 9 erhoben werden. Es kommt dann auch nicht darauf an, ob die Straße im Sinne des § 15 FluchtlG. fertig ist. Die Unfertigkeit würde nur dann im Wege stehen, wenn die Veränderung (hier) des Bürgersteigs unter die allgemeine Straßenunterhaltung fällt, da wegen ihrer Beiträge erst nach Ablauf von fünf Jahren seit Fertigstellung der Straße erhoben werden dürfen (OVG. 50, 67).

Straßenverbreiterung. Sind die Straßen schon fertig gewesen, so fällt ihre Verbreiterung nicht mehr unter die Bestimmungen des § 15 a. a. O. Denn von diesen wird nach dem Wortlaut des Gesetzes lediglich die erste Einrichtung der Straße und ihre

Unterhaltung während längstens fünf Jahren getroffen. Die Verbreiterung einer fertigen Straße gehört aber ebensowenig noch zu ihrer ersten Einrichtung, wie sie einen Akt ihrer Unterhaltung darstellt. Mit Recht hat daher der Vorderrichter den § 15 als gänzlich ausscheidend bezeichnet und die Entscheidung des Streitfalles lediglich davon abhängig gemacht, ob die Heranziehung des Klägers nach § 9 des Kommunalabgabengesetzes zulässig und gerechtfertigt war (VBl. 32, 331).

F. **Begriff des Angrenzens.**

Wenn ein Ortsrecht das Angrenzen eines Grundstücks an eine Straße zur Voraussetzung der Beitragspflicht des Grundeigentümers macht, so sind für das Vorliegen dieser Voraussetzung lediglich die ortsrechtlichen Bestimmungen maßgebend; insbesondere ist der Begriff „Straße" und „Anliegerschaft" nach diesen, nicht nach dem Fluchtliniengesetze zu beurteilen (VBl. 37, 667).

§ 11.

(1) [Die Vorschriften des Gesetzes, betreffend die Erhebung von Marktstandsgeld, vom 26. April 1872 (GS. S. 513) bleiben unberührt.] § 2 Abs. 1 Satz 1 und 2 und Abs. 3 des Gesetzes, betreffend die Erhebung von Marktstandsgeld, vom 26. April 1872 (GS. S. 513) werden gestrichen[1]).

(2) Ebenso behält es bei den Bestimmungen der Gesetze über die Errichtung öffentlicher Schlachthäuser vom 18. März 1868 (GS. S. 277) und 9. März 1881 (GS. S. 273) sein Bewenden. Jedoch dürfen für die Schlachthausbenutzung Gebühren bis zu einer solchen Höhe erhoben werden, daß durch ihr jährliches Aufkommen die Kosten der Unterhaltung der Anlage und des Betriebes sowie ein wirtschaftlich angemessener Betrag zur Verzinsung und Tilgung des Anlagekapitals und der etwa gezahlten Entschädigungssumme sowie zur Erneuerung vorhandener Anlagen[2]) gedeckt werden[3]).

(3) Die Gebühren für die Untersuchung des nicht in öffentlichen Schlachthäusern ausgeschlachteten Fleisches (Art. 1 § 2 Nr. 2 und 3 des Gesetzes vom 9. März 1881) können in einer den Gebühren für die Schlachthausbenutzung entsprechenden Höhe bemessen werden.

1. A. Art. 5 Nr. 5, 6.
2. Fassung gemäß Ges. v. 26. VIII. 1921 (GS. 495).
3. Weiterer Zusatz des ursprünglichen Textes beseitigt durch § 13 Zolltarifgesetzes v. 25. XII. 1902 (RGBl. 303).

1. Gesetz, betreffend die Erhebung von Marktstandsgeld, vom 26. April 1872 (GS. 513), 26. August 1921 (GS. 495):

§ 1. Für den Gebrauch öffentlicher Plätze und Straßen zum Feilbieten von Waren auf Messen und Märkten darf eine Abgabe (Marktstandsgeld) nur unter Zustimmung der Gemeinde und Genehmigung des Bezirksausschusses nach Maßgabe dieses Gesetzes eingefügt oder, wo sie besteht, erhöht werden.

§ 2. . . .

Wie diese Vorschrift auf Gegenstände, die weder auf Tischen, noch in Buden, Kisten, Fässern, Körben, Haufen usw. feilgeboten werden, anzuwenden, und in welcher Weise das Marktstandsgeld für Gegenstände, welche bei geringem Werte einen großen Raum einnehmen, verhältnismäßig geringer festzusetzen ist, kann in den betreffenden Tarifen mit Genehmigung des Bezirksausschusses besonders bestimmt werden.

§ 3. Unter den Marktstandsgeldern (§§ 1 und 2) ist die Miete für Buden, Zelte, Tische, Unterlagen, Stangen oder sonstige Vorrichtungen, welche den Verkäufern zum Gebrauche überlassen werden, nicht begriffen.

Es steht einem jeden frei, ob er sich der ihm selbst zugehörigen Vorrichtungen bedienen oder solche von anderen entnehmen will.

§ 4. Die Tarife zur Erhebung von Marktstandsgeld müssen während der Meß- und Marktzeit zu jedermanns Einsicht auf den zum Feilhalten bestimmten Plätzen und Straßen aufgestellt sein, und es dürfen außer den darin bestimmten Abgaben keine anderen erhoben werden.

Die Erhebung darf nur auf der Verkaufsstelle, nicht aber schon beim Eingange der Waren in den Marktort stattfinden.

§ 5. Wo es für notwendig erachtet wird, können die Marktstandsgelder, sowohl die schon bestehenden wie infolge dieses Gesetzes etwa neu eingeführten, nach Anhörung der Gemeinde von dem Bezirksausschusse den §§ 2, 3 und 4 entsprechend ermäßigt und anderweit reguliert werden.

Beruht aber das Hebungsrecht auf einem besonderen Rechtstitel und widerspricht der Berechtigte, so bleibt die Ermäßigung oder anderweite Regulierung den Ministern des Handels und der Finanzen vorbehalten. In diesem Falle ist für den dem Berechtigten erwachsenen Ausfall Entschädigung zu gewähren, insofern nicht die Berechtigung dem Fiskus oder einer Gemeinde innerhalb ihres Gemeindebezirks zusteht.

Bevorzugungen, welche bei Entrichtung von Marktstandsgeldern stattfinden, können aufgehoben werden, insofern sie nicht auf besonderem Rechtstitel beruhen.

§ 6. Wer Marktstandsgeld erhebt oder erheben läßt, von welchem er weiß, daß es gar nicht oder nur in geringerem Betrage zu entrichten ist, hat für jeden Übertretungsfall eine Geldstrafe bis zu 150 Mark oder im Unvermögensfalle verhältnismäßige Haft verwirkt.

§ 7. Alle den Bestimmungen des gegenwärtigen Gesetzes entgegenstehenden allgemeinen und besonderen Vorschriften, insbesondere die Verordnung über die Marktstandsgelder vom 4. Oktober 1847 (GS. 395), werden hierdurch außer Kraft gesetzt.

Über die Ausführung dieses Gesetzes haben die Minister des Handels und der Finanzen nähere Anweisung zu erteilen.

Inhaltsübersicht.

1. Marktstandsgeld für Spezial- (Fisch-) Märkte.

Es kann dahingestellt bleiben, welche gesetzliche Bestimmung, § 68 der Reichsgewerbeordnung oder § 77 der Preußischen Gewerbeordnung oder § 1 des preußischen Gesetzes über die Erhebung von Marktstandsgeld vom 26. April 1872, auf Spezialmärkte, wie es der Fischmarkt in E. nach dem Erlasse des Ministers für Handel und Gewerbe vom 5. Juli 1921 ist, Anwendung findet. Alle diese Gesetze stimmen nach der durch Gesetz vom 26. August 1921 erfolgten Aufhebung der Absätze 1 und 3 des § 2 des Preußischen Marktstandsgeldgesetzes darin überein, daß die Erhebung einer Vergütung für die Benutzung des überlassenen Marktraums zulässig ist und daß ein Maßstab für die Bemessung dieser Vergütung nicht vorgeschrieben wird. Der Gerichtshof hält daher jedes Marktstandsgeld, welches eine Vergütung für die Benutzung des überlassenen Marktraums darstellt, für vereinbar mit den gesetzlichen Bestimmungen. Eine solche Gebühr braucht nicht ausschließlich nach der Größe des benutzten Marktraums und nach der Dauer des Feilbietens bemessen zu werden, wie es die aufgehobenen Bestimmungen des Preußischen Marktstandsgeldgesetzes vorschrieben. Es erscheint vielmehr mit dem Wortlaute der gesetzlichen Bestimmungen wohl vereinbar, daß auch der Grad der Ausnutzung des überlassenen Marktraums bei der Bemessung der Gebühr in Betracht gezogen wird, so daß ein Marktbenutzer, wenn er den ihm überlassenen Marktraum durch besonders rege Geschäftstätigkeit in besonders vorteilhafter Weise ausgenutzt hat, eine höhere Gebühr zu entrichten hat, als wenn er ihn in geringerem Maße ausgenutzt hat. Wenn daher der Marktstandsgeldtarif für Fischmärkte in E. dem zu entrichtenden Marktstandsgelde den Maßstab des Gewichts der in den einzelnen Kisten oder sonstigen Behältern enthaltenen, auf dem Fischmarkte verkauften Fische zugrunde legt, so erscheint dieser Maßstab mit den gesetzlichen Bestimmungen vereinbar (E. v. 16. X. 1923. II. C. 46. 23).

2. Schlachtgebühren.

I. Schlachthäuser.

a) **Begriff.** Unter Schlachthäuser sind zu verstehen Anlagen, welche dem Schlachten von Vieh und „gewissen mit dem Schlachten in unmittelbarem Zusammenhange stehenden Verrichtungen" dienen. Anlagen, welche anderen Zwecken dienen, gehören nicht zu den „Schlachthäusern", ihre Benutzung kann nicht auf Grund des Gesetzes vom 18. März 1868/9. März 1881 durch Ortsstatut (sondern geeignetenfalls nur durch Polizeiverordnung) obligatorisch gemacht, und ihre Kosten dürfen nicht durch Schlachthausgebühren nach jenem Gesetze (wohl aber geeignetenfalls durch Gebühren nach § 4 KAG.) gedeckt werden. Derartige Anlagen sind, auch wenn sie mit dem Schlachthause in äußeren wirtschaftlichen Zusammenhang gebracht sind, als selbständig zu behandeln, und es muß in einem solchen Falle eine (wenn auch nur rechnerische) Scheidung herbeigeführt werden, welche es ermöglicht, die Verwendung von Schlachthausgebühren auf die Kosten und die Verzinsung des eigentlichen Schlachthauses zu beschränken (OVG. 49, 95).

b) **Einheitliche Anlage.** Die „Einheit" der ganzen Schlachthofsanlage (Schlachthaus, Nebenanlagen, wie Kühlhalle, Eisfabrik) ist von Bedeutung für die Verrechnung der Einnahmen und Ausgaben und diese wiederum für die Bestimmung der Tarifsätze. Regelmäßig ist eine „Einheit" mit dem Schlachthaus dann anzuerkennen, wenn eine Verrichtung, für welche eine besondere Einrichtung, z. B. ein Kühlhaus, geschaffen ist, in unmittelbarem Zusammenhange mit dem Schlachten steht und die Einrichtung sich im Rahmen des Schlachthauses hält (E. v. 16. XI. 1906. II. 2206; OVG. 49, 96).

II. Schlachthausgebühren.

A. Voraussetzung der Benutzung des Schlachthauses.

a) **„Benutzung" im Sinne des Ges. v. 18. III. 1868/9. III. 1881.** Die Gemeinden sind nach § 5 des Gesetzes befugt, für die Benutzung des Schlachthauses sowie für die Untersuchung des Schlachtviehes beziehungsweise des Fleisches Gebühren zu fordern. Unter „Benutzung" im Sinne dieses Gesetzes aber kann nicht jede in dem Schlachthause sich vollziehende Tätigkeit, sondern nur eine solche verstanden werden, deren Ausübung jenes Gesetz im Auge hat. Danach dient ein öffentliches Schlachthaus zum Schlachten von Vieh und Untersuchung seines Gesundheitszustandes durch Sachverständige (§§ 1, 2 a. a. O.). Die Gemeinde E. kann also zweifellos von dem Kläger sowie allen anderen, die Anstalt zum Schlachten von Vieh benutzenden Personen Gebühren fordern (PBBl. 28, 892). — Unter Schlachthausbenutzung ist jedoch keineswegs nur das Schlachten des Viehes, sondern — wenn auch natürlich nicht jede andere Benutzung — so doch jedenfalls die Benutzung des Schlachthauses zu den „gewissen mit dem Schlachten in unmittelbarem Zusammenhange stehenden Verrichtungen", die der § 1 des Ges. v. 18. III. 1868/9. III. 1881 erwähnt, zu verstehen. Welchen von diesen Verrichtungen das Schlachthaus dienen soll, darüber haben die Gemeinden mit Genehmigung der Aufsichtsbehörden (§ 3 des Gesetzes) zu befinden, und sie können dann für die verschiedenen Verrichtungen auch verschiedene Gebühren festsetzen (OVG. 49, 94). — Die Frage der Einrichtung des Schlachthauses unterliegt im allgemeinen nicht der Nachprüfung des Verwaltungsrichters, insbesondere darf um gewisser Mängel willen die Zahlung jeder Gebühr nicht verweigert werden, wenn jedenfalls eine Benutzung stattgefunden hat (E. v. 25. IX. 1903. II. C. 330. 02).

b) **Unzulässigkeit einer Verkaufsgebühr.** Es handelt sich um eine Abgabe, die dafür erhoben wird, daß die das Schlachthaus zum Schlachten benutzenden Händler in dem Schlachthause das von ihnen geschlachtete Vieh auch verkaufen. Zur Erhebung einer solchen Abgabe ist die Gemeinde gesetzlich nicht berechtigt. Die Abgabe fällt weder unter den Begriff der Gebühren im Sinne der §§ 4, 6 KAG., noch stellt sie sich dar als ein durch § 11 Abs. 1 a. a. O. aufrechterhaltenes Marktstandsgeld im Sinne des Gesetzes vom 26. April 1872 (PBBl. 28, 892).

B. Zweck der Gebührenerhebung.

a) Deckung der Unterhaltungs- und Betriebskosten.

Unter Unterhaltung ist nicht, wie Kläger wollen, bloß Erhaltung des bestehenden Zustandes mit seinen etwaigen Mängeln zu verstehen, sondern Unterhaltung der ganzen Anlage und des Betriebes, so daß sie auf der Höhe bleiben, auch den Anforderungen der fortschreitenden Zeit entsprechen. Darum darf bei der Unterhaltung Minderwertiges durch Besseres ersetzt, auch die Ergänzung in der Art vorgenommen werden, daß nicht ein anderes, sondern dasselbe in besserer und geräumigerer Form entsteht (OVG. 49, 99). Als Betriebs- und Unterhaltungskosten dürfen nur die für den wirklichen Betrieb und die Unterhaltung bestimmten Ausgaben zum Ansatz gelangen. Ausgaben für die allgemeine Kassen- und sonstige städtische Verwaltung, für die polizeiliche Beaufsichtigung usw. können nicht auf den Schlachthausbetrieb abgewälzt werden (OVG. 34, 69). — Anlagen und Kosten der allgemeinen Verwaltung, wie der städtischen Hauptkasse und der Kosten ihrer Verwaltung, sind als Einrichtungen und Kosten des Schlachthauses nicht zu betrachten, wohl aber unter Umständen diejenigen einer Spezialkasse (OVG. 49, 98).

b) Deckung eines wirtschaftlich angemessenen Betrages.

1. Zur Verzinsung und Tilgung des Anlage- und Betriebskapitals und der Entschädigungssumme. Während früher die Zweckbestimmung des Zuschlages von 8% im Gesetze nicht genannt war, daher die Auslegung in Art. 5 Ziff. 5 Abs. 2 der AusfAnw. berechtigt war, daß dieser Betrag unabhängig von einer inzwischen erfolgten gänzlichen oder teilweisen Tilgung wäre, besagt das Gesetz jetzt ausdrücklich, daß der wirtschaftlich angemessene Betrag „zur Verzinsung und Tilgung des Anlagekapitals" usw. bestimmt sei. Daraus ist zu entnehmen, daß ein wirtschaftlich angemessener Betrag nur zu den

Aufwendungen der Gemeinde bewilligt werden darf, die sie tatsächlich zu den genannten Zwecken noch zu machen hat. Nur so kann auch die wirtschaftliche Angemessenheit beurteilt werden (E. v. 12. III. 1929. II. B. 11. 28).

Anlagekapital. Gemäß dem Gesetze vom 18. III. 1868/9. III. 1881 gehören zur Gemeindeanstalt eines Schlachthauses nicht lediglich die für das Schlachten der Tiere bestimmten Schlachtstätten, sondern alle dem örtlichen Bedürfnis entsprechenden, dem Schlachthausbetriebe dienlichen Einrichtungen, über deren Umfang die Gemeindebehörden zu befinden haben; ferner haben als Anlagekapital im Sinne des § 11 KAG. die demgemäß für die Schlachthausanlage tatsächlich aufgewendeten Mittel zu gelten. Infolgedessen können die Kläger nicht beanspruchen, daß die Betriebs- und Unterhaltskosten des Schlachthauses und des Kühlhauses, welche Anlagen nach dem örtlichen Bedürfnis für gleichmäßig erforderlich erachtet worden und hergestellt sind, getrennt voneinander berechnet und etatisiert werden (VBl. 26, 716; OVG. 43, 39 und 42).*)

2. Zu einem Erneuerungsfonds. Zu den Kosten der Unterhaltung der Anlage hat die Rechtsprechung des Gerichtshofs nicht nur die Kosten für die Unterhaltung in dem bisherigen Zustande, sondern auch die zur Beseitigung von Mängeln, für Verbesserungen und Ergänzungen gerechnet, also auch solche, die dazu dienen, daß die Anlage auf der Höhe der Zeit bleibt, daß Minderwertiges durch Besseres oder Geräumigeres ersetzt werde (OVG. 49, 91). Gewisse Rücklagen hierfür durften gemacht, eine Überschußwirtschaft für andere Zwecke durfte aber nicht betrieben werden. Soweit die neue Fassung des Gesetzes jetzt die Einbeziehung eines Betrags zur Erneuerung vorhandener Anlagen ausdrücklich zuläßt, entspricht sie also im wesentlichen der Auslegung des bisherigen Textes. Für die Kosten neuer, bisher in ihrer Art nicht vorhanden gewesener Anlagen ist eine Gebührenerhebung jedoch nach wie vor nicht zulässig (vgl. AusfAnw. 9. III. 1922, Art. 4 Ziff. 2, Anhang (E. v. 12. III. 1929. II. B. 11. 28).

C. Begrenzung der Gebühren wegen dieser Zwecke.

a) **Sachlich.** Die Tarifsätze für das Schlachten der Tiere dürfen nicht den zur Unterhaltung der Anlage, für die Betriebskosten sowie zur Verzinsung und Tilgung des Anlagekapitals erforderlichen Betrag**) übersteigen (E. v. 25. IX. 1903. II. C. 330. 02). — Auch in seiner jetzigen Fassung läßt der § 11 eine Erhebung von Schlachthofgebühren nur zur Deckung ganz bestimmter Aufwendungen der Gemeinden zu, die Gebühren sollen aber nicht zur Erzielung eines Überschusses für andere Zwecke der Gemeinde dienen (E. v. 12. III. 1929. II. B. 11. 28).

b) **Zeitlich.** Die Gebühren für die Schlachthausbenutzung lassen keinen Raum für eine Überschreitung des zur Unterhaltung der Anlagen erforderlichen Betrags. Den gebührenpflichtigen Metzgern dürfen also nur die Kosten der Unterhaltung jeden Jahres, nicht auch künftiger Jahre in Rechnung gestellt werden (VBl. 26, 717).

Durchschnittssatz. Nicht unzulässig ist es, wenn im Interesse der Gleichmäßigkeit der Hebungen statt der tatsächlich wechselnden, jährlich zu verausgabenden Unterhaltungs- und Betriebskosten ein angemessener Durchschnittssatz angesetzt wird (OVG. 34, 69).

D. Insbesondere Kühlhausgebühren.

Im vorliegenden Falle handelt es sich um ein zum Aufbewahren von Fleisch bestimmtes Kühlhaus, das zwar das ganze Jahr hindurch der Benutzung durch die sog. Mieter von Kühlzellen offen steht, das seine eigentliche Bedeutung aber nur hat für die in die wärmere Jahreszeit fallende „Kühlperiode". Wenn, wie der Kläger behauptet,

*) Der Einwand, daß eine Schlachthausanlage zu luxuriös eingerichtet sei, unterliegt nicht der Kognition des Verwaltungsrichters (OVG. 43, 42).

**) Einschließlich der etwa gezahlten Entschädigungssumme und des Erneuerungsfonds (Ges. v. 26. VIII. 1921).

während der Kühlperiode im Rechnungsjahre 1900 das Kühlhaus zur Aufbewahrung von Fleisch nicht geeignet war, so kann man nicht sagen, daß dem Kläger die Benutzung einer als Kühleinrichtung anzusehenden Gemeindeveranstaltung während des Rechnungsjahres 1900 gewährt ist. Es kommt deshalb darauf an, ob der dem Kläger „vermietete" Raum auch während jener Kühlperiode zur Aufbewahrung von Fleisch tauglich war (E. v. 21. IV. 1903. II. 743).

III. Untersuchungsgebühren.

Selbstkosten der Untersuchung. Zum Zwecke richtiger Bemessung der Gebühren sind die Kosten der Untersuchung von Vieh, das im Schlachthause geschlachtet werden soll oder geschlachtet ist, sowie die Kosten der Untersuchung eingeführten Fleisches von den Betriebs- und Unterhaltungskosten zu trennen. Als Untersuchungskosten werden nicht nur sächliche, sondern auch persönliche, also auch ein Teil der Besoldung des an der Untersuchung beteiligten Personals, insbesondere des Schlachthausinspektors und vielleicht des Tierarztes, in Betracht kommen. Die Untersuchungskosten sind wieder zu scheiden in solche, die auf das eingeführte Fleisch, und in solche, die auf das im Schlachthaus untersuchte Vieh und ausgeschlachtete Fleisch entfallen. Die Summe der letzteren bezeichnet den Höchstbetrag des Aufkommens an Untersuchungsgebühren für Vieh und nicht eingeführtes Fleisch (OVG. 34, 69).

IV. Unzulässige Verbindung von Untersuchungs- und Benutzungsgebühren.

Der Tarif verstößt dadurch gegen das Gesetz, daß er für die Untersuchung des zu schlachtenden und geschlachteten Viehes und die Benutzung des Schlachthauses eine einheitliche Gebühr festsetzt. Das ist unzulässig, weil der § 5 des Gesetzes vom 18. III. 1868/9. III. 1881 in Verbindung mit § 11 KAG. für die Bemessung dieser beiden Gebührenarten besondere, voneinander verschiedene Grundlagen gibt. Während nämlich die Untersuchungsgebühren nicht mehr als die Selbstkosten der Untersuchung betragen dürfen, soll die Höhe der Benutzungsgebühren so bemessen werden, daß ihr Jahresaufkommen die Kosten der Unterhaltung der Anlage und des Betriebs sowie den Betrag von $8^0/_0$ des Anlagekapitals und der etwa gezahlten Entschädigungssumme (jetzt: einen wirtschaftlich angemessenen Betrag zur Verzinsung und Tilgung des Anlagekapitals und der etwa gezahlten Entschädigungssumme sowie zur Erneuerung vorhandener Anlagen) nicht übersteigt (OVG. 34, 67).

V. Gebühren für eingeführtes Fleisch.

1. Die Untersuchungsgebühr für eingeführtes Fleisch darf die Selbstkosten nach § 11 Abs. 3 KAG. übersteigen (OVG. 34, 69). — Angesichts des § 14 des pr. Ges. betr. Ausf. des Schlachtvieh- und Fleischbeschaugesetzes v. 28. VI. 1902 ist die Frage, ob etwa ein Verbot von Schaugebühren für eingeführtes Fleisch bestehe, zu verneinen (OVG. 64, 242).

2. **Untersuchung von Fleisch auf Grund polizeilicher Anordnung.** Mit der Vornahme der Untersuchung war die Gebührenpflicht der Klägerin gegeben. Aus welchen Gründen sie die Untersuchung hat vornehmen lassen, ist in einem Gebührenstreit unerheblich. Hielt sich die Klägerin dazu nicht für verpflichtet, so wäre es ihre Sache gewesen, die Untersuchung abzulehnen und gegen einen etwaigen Zwang in geeigneter Weise vorzugehen. Für die Gebührenberechtigung der Gemeinde genügt, daß die Untersuchung stattgefunden hat (OVG. 64, 241).

VI. Genehmigung.

Was die Gebühren für Benutzung des Schlachthauses und für die Untersuchung des in ihm zu schlachtenden oder geschlachteten Viehes anlangt, so bedurfte der Tarif einer Genehmigung durch die Aufsichtsbehörde nicht (OVG. 34, 66).

§ 12.

In Badeorten, klimatischen und sonstigen Kurorten können die Gemeinden für die Herstellung und Unterhaltung ihrer zu Kurzwecken getroffenen Veranstaltungen Vergütungen (Kurtaxen) erheben.

1. A. Art. 8.

Die Kurtaxe ist eine eigenartige öffentlich-rechtliche Gemeindeabgabe, die nur zu dem im § 12 bestimmten Zwecke, nämlich zur Entschädigung der Gemeinde für die zu Kurzwecken aufgewendeten Kosten, erhoben werden darf und einer Genehmigung der Aufsichtsbehörde nur dann bedarf, wenn die Zulässigkeit ihrer Beitreibung im Verwaltungszwangsverfahren gesichert werden soll (OVG. 34, 201). — Demgemäß kann der Anspruch der Gemeinde auf eine Kurtaxe, die nicht nach einem von der Aufsichtsbehörde festgestellten Tarif erhoben wird, dem die Zahlung verweigernden Abgabepflichtigen gegenüber nur im Wege des ordentlichen Zivilprozesses geltend gemacht werden, und ebenso kann der zur Kurtaxe Herangezogene, sofern von ihm die Auflage im Verwaltungszwangsverfahren beigetrieben ist, einen Anspruch auf Rückzahlung wegen Mangels einer Zahlungsverpflichtung nur in jenem Wege erheben (OVG. 34, 203).

Dritter Titel.

Gemeindesteuern.

Erster Abschnitt.

Indirekte Gemeindesteuern.

§ 13.

(1) Die Gemeinden sind zur Erhebung indirekter Steuern[1]) innerhalb der durch die Reichsgesetze gezogenen Grenzen befugt.

(2) Den Gemeinden sind Vereinbarungen mit den Beteiligten gestattet, wonach der Jahresbetrag der zu entrichtenden indirekten Steuern für mehrere Jahre im voraus fest bestimmt wird. Die Vereinbarungen bedürfen der Genehmigung.

(3) Bei vor dem 1. Januar 1919 getroffenen Steuervereinbarungen haben die Gemeinden binnen 3 Monaten nach Inkrafttreten dieses Gesetzes das Recht, eine Abänderung der bestehenden Abmachungen zu verlangen, wenn und insoweit infolge der geänderten wirtschaftlichen Verhältnisse das Anwachsen ihrer Zuschläge zu den Realsteuern und die Steigerung der durch die Arbeitnehmer des Beteiligten verursachten Kommunallasten, insbesondere für Volksschul-, Armen-, Wegeunterhaltungs- und Polizeilasten, so erheblich sind, daß billigerweise die Tragung der Mehrkosten der Allgemeinheit und den Gemeindeangehörigen nicht zugemutet werden kann. Falls sich im Wege von Verhandlungen eine Einigung über ein neues Abkommen nicht erzielen läßt, so entscheidet ein Schiedsgericht, das aus je einem von der Gemeinde und den Beteiligten zu

bestimmenden Vertreter und einem von der Aufsichtsbehörde zu ernennenden Obmann besteht. Gegen die Entscheidung des Schiedsgerichts findet in Landgemeinden die Beschwerde an den Kreisausschuß, in Städten die Beschwerde an den Bezirksausschuß statt. Kreisausschuß und Bezirksausschuß entscheiden endgültig[2]).

(4) Die Gebühren für das Schiedsgericht werden bei Meinungsverschiedenheiten von den Ministern des Innern und der Finanzen festgesetzt[2]).

1. A. Art. 9 Nr. 1 und 2, Art. 10 Nr. 1.
2. Zusatz gemäß G. v. 26. VIII. 1921 (GS. S. 459).

Inhaltsübersicht.

A. Absatz 1.

1. **Indirekte Gemeindesteuern. Begriff.** In der Finanzwissenschaft stehen Begriff und Einteilung der direkten und indirekten Steuern keineswegs fest. Ausschlaggebend kann nur sein, was nach preußischem Rechte und preußischer Verwaltungsübung darunter zu verstehen ist (OVG. 69, 190). — Für die Beurteilung, ob eine Steuer im Systeme des Landessteuerrechts als eine direkte oder indirekte aufzufassen sei, ist lediglich das preußische Steuerrecht und der in ihm zum Ausdruck gebrachte Sprachgebrauch maßgebend (OVG. 79, 11). — Wird die Steuerpflicht von einem Vorgang abhängig gemacht, dessen Eintritt regelmäßig im voraus nicht ohne weiteres bestimmbar ist — z. B. die Ausübung des Jagdrechts —, so ist hierin ein ausschlaggebendes Wesensmerkmal der indirekten Steuer zu erblicken (OVG. 79, 10).

2. **Gemeindeautonomie. a) Gemeinde- und Reichsrecht.** Das KAG. gibt in seinem § 13 den Gemeinden das Recht zur Erhebung indirekter Steuern mit der einzigen Einschränkung, daß die von den Reichsgesetzen gezogenen Grenzen innegehalten werden müssen (OVG. 47, 166; s. a. § 18 KAG.).

b) Grundsatz der Territorialität. Die Gemeinde darf nur solche Rechtsvorgänge besteuern, die sich innerhalb der Gemeinde vollziehen und damit ihrer Finanz- und Steuerhoheit unterworfen sind (OVG. 76, 183). — Wo sich ein Rechtsakt vollzieht, ist jedoch nicht allgemein zu entscheiden, sondern für jede Art von Rechtsakten nach ihrer Eigenart besonders zu prüfen und zu beurteilen (OVG. 62, 264; s. im übrigen zu § 1).

B. Absatz 2.

Vereinbarungen. 1. Im Verhältnis zu § 20 Abs. 1. Die Bestimmung des § 13 Abs. 2 beweist unzweideutig, daß der für die direkten Steuern in § 20 Abs. 1 aufgestellte Grundsatz (vgl. doch § 27 Abs. 1) für die indirekten Steuern nicht gelten soll (OVG. 55, 118).

2. Nur im Rahmen des Abs. 2 zulässig. Kläger behauptet, daß die Stadt mit den Wirten eine Vereinbarung getroffen habe, wonach diese zur Abgeltung der gesamten Getränkesteuer 10 v. H. des Biereinkaufspreises zahlen sollten. Ob eine solche Vereinbarung tatsächlich zwischen der Stadt und den Wirten getroffen ist, kann unerörtert bleiben, da eine solche Vereinbarung rechtsungültig sein würde. Vereinbarungen zwischen den Gemeinden und den beteiligten Steuerschuldnern sind bei indirekten Steuern nur im Rahmen des § 13 KAG. zulässig. Hiernach ist es aber nur gestattet,

den Jahresbetrag der Steuer für mehrere Jahre im voraus fest zu bestimmen. Das liegt hier nicht vor, weil Kläger nur behauptet, daß ein anderer Maßstab für die Heranziehung vereinbart sei (VBl. 48, 269).

3. Vereinbarung über die einzelne Abgabenforderung. Es ist rechtlich unzulässig und nicht bindend, wenn eine Gemeinde nicht nur über Tilgung oder Erlaß einer einzelnen Abgabenforderung eine Vereinbarung trifft, sondern im voraus auf die Regelung oder Handhabung der Gemeindeabgabenverfassung ganz oder teilweise verzichtet (OVG. 42, 44). — Über die Leistung einer einzelnen bestimmten Abgabenforderung können aber Abmachungen zwischen der Gemeinde und den Pflichtigen stattfinden; insbesondere kann die Gemeinde den einzelnen Betrag mit Rücksicht auf andere Leistungen des Pflichtigen für abgegolten erklären, den Betrag herabsetzen oder von der Erhebung absehen. Sie berühren den Bestand des öffentlich-rechtlichen Finanzrechts nicht und stellen keinen Verzicht auf das kommunale Besteuerungsrecht dar (OVG. 38, 147).

§ 14.

Steuern auf den Verbrauch von Kartoffeln und Brennstoffen aller Art dürfen nicht neu eingeführt oder in ihren Sätzen erhöht werden[2]).

1. A. Art. 10 Nr. 2, 3.
2. Fassung gemäß § 13 ZolltarifGes. v. 25. XII. 1902 (RGBl. 303).

Abgaben auf Wildbret und Geflügel dürfen von den Gemeinden gemäß § 13 des Zolltarifgesetzes nicht mehr erhoben werden. OVG. 59, 125.

§ 15.

Die Besteuerung von Lustbarkeiten, einschließlich musikalischer und deklamatorischer Vorträge, sowie von Schaustellungen umherziehender Künstler ist den Gemeinden gestattet[2]).

1. A. Art. 11.
2. Vgl. jetzt § 14 des FinanzausgleichsGes. in der Fassung v. 27. IV. 1926 (RGBl. I 203), abgedruckt im Anhang.

Ein gesetzliches Hindernis gegen eine auf § 13 a. a. O. gestützte Besteuerung anderer Darbietungen als Lustbarkeiten bildet der § 15 a. a. O. nicht (OVG. 64, 231). S. im übrigen Anhang Vergnügungssteuer.

§ 16[1]).

Die Gemeinden sind befugt, das Halten von Hunden zu besteuern (§ 93). Die in dieser Beziehung zur Zeit bestehenden gesetzlichen Vorschriften werden aufgehoben[2]).

1. A. Art. 12.
2. S. Anhang: Hundesteuer.

§ 16a[1]).

(1) Die Gemeinden sind zur Förderung der Wohnungsbeschaffung und der Siedlung berechtigt, von Wohnungen, die im Verhältnis zur Zahl der Bewohner oder zur Zweckbestimmung der Räume als übergroß anzusehen sind, eine besondere Abgabe zu erheben (Wohnungsluxussteuer).

(2) Von der Steuer befreit sind die Räume für dienstliche, berufliche oder gewerbliche Zwecke oder solche, die zur Erledigung ehrenamtlicher öffentlicher Tätigkeit notwendig sind.

(3) Die Steuer darf für das erste Zimmer den auf dieses entfallenden Teil der Miete oder des Mietwerts nicht übersteigen.

1. Ges. v. 26. VIII. 1921 (GS. 495).

§ 17.

Die bestehenden Vorschriften über die Verwendung des Aufkommens indirekter Steuern für bestimmte Zwecke (Kosten der Armenpflege usw.) werden aufgehoben.

1. A. Art. 9 Nr. 3.

§ 18.

(1) Die Einführung neuer und die Veränderung bestehender indirekter Gemeindesteuern kann nur durch Steuerordnungen erfolgen.

(2) Die Steuerordnungen bedürfen der Genehmigung.

1. A. Art. 9 Nr. 4.

Inhaltsübersicht.

I. Bedeutung und Inhalt von Steuerordnungen.

a) **Im allgemeinen.** Das KAG. bestimmt nicht, welchen Anforderungen hinsichtlich ihres Inhalts eine Steuerordnung entsprechen muß. Es verlangt aber, daß jede indirekte Steuer durch eine Steuerordnung geregelt werden müsse. Damit soll offenbar das gewährleistet werden, was man in der Wissenschaft als Bestimmtheit oder Gesetzmäßigkeit der Steuer bezeichnet, d. h. das Erfordernis, daß die Grundsätze, nach denen eine Steuer zu erheben ist, der Willkür des Steuergläubigers im Einzelfall entrückt, vielmehr durch verfassungsmäßig zustande gekommene Satzungen im voraus allgemein und ein für allemal bis zu deren Abänderung festgelegt werden, so daß, wie z. B. sich Roscher ausdrückt (FinWissensch., 5. Aufl., S. 252), jeder Pflichtige die von ihm zu tragende Last lange im voraus weiß und genau nachrechnen kann. Es soll mit der Steuerordnung dasselbe erreicht werden wie bei den Gebühren, für die das KAG. eine Gebührenordnung nicht vorschreibt, mit dem Erfordernisse, daß sie im voraus nach festen Normen zu bestimmen sind, womit das Gesetz nach der Begründung ungleichartige Forderungen im Einzelfall ausschließen will (OVG. 57, 131). — Erstes Erfordernis einer Steuer-

*) Besonders behandelt sind Hundesteuer, Jagdsteuer, Schankerlaubnissteuer, Ankündigungssteuer, Vergnügungssteuer, Biersteuer, (s. Anhang).

ordnung ist, daß sie die subjektiven und objektiven Voraussetzungen der Steuerpflicht gesetzlich festlegt, hierüber im voraus feste Grundsätze aufstellt; neben der Höhe der Steuersätze, sogar noch vor ihr, ist das die wichtigste Grundlage der Steuer. Es würde dem ganzen Wesen und Zwecke der Steuerordnung widersprechen, hier die Willkür des Gemeindevorstandes zuzulassen. Eine Umsatzsteuerordnung, die es dem Gemeindevorstand überläßt, je nachdem es ihm zweckmäßiger, d. h. für die Gemeindefinanzen gewinnbringender oder sicherer erscheint, in dem einen Fall einen Kaufvertrag, in dem anderen Fall den dinglichen Eigentumsübergang zur Steuer heranzuziehen, enthält keine Bestimmung der ersten Grundlage der Steuer nach festen Normen, sondern überläßt ihre Bestimmung dem Steuergläubiger von Fall zu Fall; sie ermöglicht ungleichartige Forderungen im Einzelfalle (OVG. 57, 133).

b) **Bestimmte Steuersätze in den Steuerordnungen.** Wesentliches Erfordernis einer Steuerordnung ist, daß sie die Voraussetzungen der Steuerpflicht und die Höhe der Steuer durch objektive Normen im voraus fest bestimmt. Eine Steuerordnung, die die Ermittlung des Steuersatzes dem freien Ermessen der Veranlagungsbehörde überläßt, enthält insoweit keine objektiven festen Normen und ermöglicht dadurch ungleichartige Forderungen im Einzelfalle (OVG. 68, 196).

Zu b: Zulässigkeit ihrer verschiedenen Abstufung. Den Kommunalverbänden sind bei der Regelung indirekter Steuern Beschränkungen hinsichtlich einer verschiedenartigen Bemessung der Steuersätze nicht auferlegt (OVG. 80, 43).

c) **Verweisung auf Gesetze in StO.** In § 6 der Steuerordnung (Umsatzsteuerordnung) ist auf das Stempelsteuergesetz vom 31. VII. 1895 verwiesen und zum Ausdruck gebracht, daß dieses Gesetz bei der Handhabung der Umsatzsteuer angewandt werden soll. Die durch das Gesetz vom 26. VI. 1909 bewirkten Änderungen des Stempelsteuergesetzes konnten somit eine Änderung des Ortsrechts, insbesondere des eine echte Verweisung enthaltenden § 6 der Steuerordnung, nicht bewirken (OVG. 73, 143).

d) **Zulässigkeit von Kontrollvorschriften.** Der Bezirksausschuß steht auf dem Standpunkte, daß im Gegensatze zu direkten Steuern (§ 63 KAG.) bei indirekten Steuern eine Pflicht des Zensiten zur Auskunfterteilung nicht besteht und daß in dem Erhebungsrechte nicht das Recht enthalten ist, die zur Durchführung des Besteuerungsrechts geeigneten Maßnahmen zu treffen (vorzuschreiben). Damit setzt sich der Bezirksausschuß in Gegensatz zu den Entscheidungen des Kammergerichts vom 21. März 1907 und 9. März 1908 (DJZ. 12, 661 und PrVBl. 29, 1033), wo das Gegenteil ausgesprochen ist. Auch der erkennende Gerichtshof ist der Ansicht, daß Kontrollvorschriften in der Steuerordnung rechtswirksam erlassen werden dürfen (PrVBl. 37, 600). — Nach der Steuerordnung hat der Steuerpflichtige jede Auskunft zu erteilen, welche die Steuerbehörde zum Zwecke der Festsetzung und Kontrolle der Steuer verlangt, und den Beamten jederzeit Zutritt zu den für die Veranstaltung benutzten Räumen zu gestatten. Eine solche Vorschrift ist rechtsgültig (PrVBl. 39, 243).

e) **Sog. Erdrosselungssteuer.** Streng genommen ist die Bezeichnung „Erdrosselungssteuer" ein Widerspruch in sich selbst. Entweder handelt es sich um eine wirtschaftliche Steuer oder um eine auf die Unterdrückung des Gewerbes gerichtete Maßnahme. Ob das eine oder das andere der Fall ist, hängt von der Gestaltung der „Steuer" ab. Wo zwar die steuerliche Eigenschaft gewahrt, die Abgabe aber so hoch bemessen wird, daß sie die Ausübung des Gewerbes ernstlich gefährden könnte, soll die Steuerordnung von den staatlichen Aufsichtsbehörden nicht genehmigt werden (vgl. PrVBl. 36, 679). Ist aber die Genehmigung in einem solchen Falle erfolgt, so muß der Verwaltungsrichter die Ordnung anwenden, die Angemessenheit der Steuersätze unterliegt seiner Nachprüfung nicht. Er könnte einer Ordnung die Gültigkeit nur dann absprechen, wenn die von ihr eingeführte Abgabe das Wesen der Steuer nicht mehr hätte (PrVBl. 38, 116).

II. Keine rückwirkende Kraft indirekter Steuerordnungen.

Zum Entstehen der Steuerpflicht genügt, daß ein Steuergesetz zu dem Zeitpunkt vorliegt, in dem die — steuerpflichtige — Handlung vorgenommen oder das — steuerpflichtige — Ereignis eintritt. — Ist zu jenem Zeitpunkt eine Steuerordnung nicht vorhanden, so ist keine Verbindung zwischen dem Handelnden oder demjenigen, den das Ereignis betroffen hat, entstanden (OVG. 38, 104). — Eine Steuerordnung über indirekte Gemeindesteuern kann sich keine rückwirkende Kraft beilegen (OVG. 68, 178). — Eine Steuerordnung, welche sich gleichwohl rückwirkende Kraft beigelegt hat, ist deswegen nicht ungültig; sie tritt aber erst in Kraft, sobald alle Voraussetzungen für das Zustandekommen der Ordnung erfüllt sind (VBl. 23, 248).*)

III. Perfektion des Ortsrechts.

Eine Steuerordnung, durch welche indirekte Steuern neu eingeführt werden, kommt wirksam nur zustande, wenn über ihren Inhalt die städtischen Behörden, der Bezirksausschuß und die Minister bzw. die höhere Aufsichtsbehörde (der Oberpräsident) einig sind. Solange es an dieser Übereinstimmung in einem wesentlichen Punkte fehlt, liegt eine rechtswirksame Steuerordnung nicht vor (OVG. 68, 201).

Die von den Gemeinden erlassenen Statuten bedürfen zu ihrer Wirksamkeit keiner Publikation (OVG. 38, 99). — „Am Tage der Bekanntmachung" bedeutet in veröffentlichten Ordnungen mit „Beginn des Tages" (OVG. 39, 99).

IV. Abänderung bestehender Steuerordnungen.

Die Gemeindekörperschaften sind nicht berechtigt, bestehende Gemeindesteuern durch Beschluß zeitweise außer Kraft zu setzen. Ein solcher Beschluß bedeutet die Abänderung der bestehenden Steuerordnung, die nur durch eine der Genehmigung der Aufsichtsbehörde unterliegende neue Steuerordnung herbeigeführt werden konnte (VBl. 27, 592).

V. Besondere Steuerarten.

a) **Steuer auf das Halten von Motorbooten.** Eine solche verstößt nicht gegen Landes- oder Reichsrecht. Insbesondere verstößt sie nicht gegen Artikel 99 der Reichsverfassung, da dieser nur Einschränkungen für die Erhebung von Befahrungsabgaben vorsieht, die Steuerordnung aber nicht das Befahren von Wasserstraßen trifft. Daß die Wasserstraßen Reichseigentum sind, ist ohne Belang, maßgebend ist nur, daß sich der steuerliche Vorgang innerhalb des Bezirkes der die Steuer fordernden Gemeinde abspielt (E. v. 3. V. 1927. II. C. 152. 26).

b) Eine sog. **Spielsteuer**, bei der steuerlicher Tatbestand die Veranstaltung von Kartenspielen in Vereinen, Kasinos usw. ist, ist ungültig, da sie nur für Räume bestimmte Personenvereinigungen, nicht auch für öffentliche Gastwirtschaften besteht und daher den Grundsatz der Gleichmäßigkeit der Besteuerung verletzt (VBl. 50, 400).

c) Steuern auf das **Halten von Ziegen.** Eine Abgabe, die nicht als Gebühr, sondern als eine Steuer, zu deren Entrichtung die bloße Tatsache der Ziegenhaltung verpflichtet, gestaltet ist, ist als indirekte Gemeindesteuer zulässig (E. 47, 166).

§ 19.

Wegen der Befreiung der Militärspeiseeinrichtungen und ähnlicher Militäranstalten von den Verbrauchssteuern bewendet es bei den bestehenden Bestimmungen.

1. A. Art. 10 Nr. 4.

---

*) Vgl. § 77 Abs. 5 KAG.

Zweiter Abschnitt.
Direkte Gemeindesteuern.
I. Allgemeine Bestimmungen.
§ 20.

(1) Die direkten Gemeindesteuern sind auf alle der Besteuerung unterworfenen Pflichtigen nach festen und gleichmäßigen Grundsätzen zu verteilen[1]).

(2) Handelt es sich um Veranstaltungen, welche in besonders hervorragendem oder geringem Maße einem Teile des Gemeindebezirks oder einer Klasse von Gemeindeangehörigen zustatten kommen, und werden Beiträge nach §§ 9 und 10 nicht erhoben, so kann die Gemeinde eine entsprechende Mehr- oder Minderbelastung dieses Teiles des Gemeindebezirks oder dieser Klasse von Gemeindeangehörigen beschließen. Bei der Abmessung der Mehr- und Minderbelastung ist namentlich der zur Herstellung und Unterhaltung der Veranstaltungen erforderliche Bedarf nach Abzug des etwaigen Ertrages in Betracht zu ziehen. Der Beschluß bedarf der Genehmigung.

1. Vgl. Anm. 1 zu § 7.
2. S. AusfAnw. Art. 13.

Inhaltsübersicht.

I. Gleichmäßigkeit.

§ 20 entscheidet über die Steuerpflicht an sich nicht, läßt also die Frage, wer ihr unterliegt bzw. von ihr befreit ist, völlig unberührt (OVG. 29, 38). — Die Vorschrift, daß direkte Gemeindesteuern nach festen und gleichmäßigen Grundsätzen auf alle der Besteuerung unterworfenen Pflichtigen zu verteilen sind, hat nur die Bedeutung, daß in Fällen gleicher Art die Verteilung nicht nach verschiedenen Grundsätzen erfolgen darf, und daß, insofern das Gesetz nicht Ausnahmen anordnet, jeder Steuerpflichtige unter denselben Voraussetzungen dieselbe Steuer zu entrichten hat (OVG. 54, 134; 64, 247; 257, 78, 181). — Auch wenn man Art. 109 Abs. 1 RV. dahin auslegt, daß er die Gleichheit aller Deutschen nicht nur vor dem Gesetz, sondern auch im Gesetz verkünden soll, so würde das doch nur die Bedeutung haben, daß Tatbestände vom Gesetz als gleich zu behandeln sind, die, ungleich zu behandeln, Willkür sein würde (OVG. 80, 42). — Die Vorschrift in Art. 134 RV., daß alle Staatsbürger „ohne Unterschied" zu den öffentlichen Lasten beitragen müssen, will nur alle Bevorzugungen einzelner Klassen von Staatsbürgern verbieten. Sie schließt aber eine nach objektiven Merkmalen geregelte ungleichartige Bemessung der Steuersätze ebensowenig aus, wie dies aus der Vorschrift in Art. 109 RV., daß alle Deutschen vor dem Gesetz gleich sind, gefolgert werden kann (E. v. 3. V. 1927. II. C. 175. 26). — Daß die direkten Steuern gemäß § 20 Abs. 1 „nach festen und gleichmäßigen Grundsätzen" verteilt werden sollen, bedeutet nach dem Deklarationsgesetz zum KAG. v. 24. VII. 1906, GS. 376, (s. o. bei § 7) nur die Forderung gleichmäßiger Sätze und Normen für die individuelle Veranlagung, nicht auch für die generelle Regelung der Veranlagungsgrundsätze (OVG. **55**, 118; E. v. **4. X. 1909**. VII. C. 63. 09).

Die auf Grund eines alten Herkommens erfolgende Heranziehung zu $^2/_3$ aller Gemeindeabgaben (wofür gleichzeitig ein erweitertes Gemeindebestimmrecht eingeräumt war), widerspricht dem Grundsatz der gleichmäßigen Heranziehung aller Steuerpflichtigen und im Besonderen der örtlichen Steuerordnung, nach welcher die direkten Gemeindesteuern in Hundertsätzen der staatlich veranlagten Steuern aufzubringen sind. Entgegen dem erwähnten Grundsatz des KAG. konnte sich nach dessen Inkrafttreten keine Observanz bilden, und ältere Observanzen solcher Art sind durch die Vorschrift in § 96 Abs. 5 KAG., wonach mit dem Inkrafttreten des Gesetzes alle ihm entgegenstehenden gesetzlichen Bestimmungen außer Kraft treten, aufgehoben (PVBl. 49, 383). — Hat die Gemeinde die Reinigung der Bürgersteige übernommen, so kann sie die entstehenden Kosten nicht in Form einer direkten Steuer den Anliegern aufbürden, da nach § 20 besondere, nur einzelne Klassen von Gemeindeangehörigen treffende Zwecksteuern ausgeschlossen sind und nur bei der Aufbringung der grundsätzlich allgemeinen direkten Steuern eine Mehr- oder Minderbelastung gestattet ist. Das KAG. geht dabei davon aus, daß an den durch direkte Steuern zu deckenden Aufwendungen die Gesamtheit der Gemeindeangehörigen ein Interesse besitzt und daß nur die einzelnen Personen oder Klassen zugute kommenden Gemeindeausgaben durch andere Abgaben, z. B. durch Beiträge, aufgebracht werden (PVBl. 20, 474). — Zwecksteuern, d. h. Gemeindesteuern, welche zur Deckung bestimmter Gemeindeausgaben ausgeschrieben und nach einem anderen Maßstabe oder auf andere Kreise von Pflichtigen als der übrige Gemeindebedarf verteilt werden, sind nach dem KAG. unzulässig, soweit sie nicht auf einer durch § 96 Abs. 4 aufrechterhaltenen Ordnung beruhen. Abgesehen von diesem Ausnahmefall ist der gesamte sich nach § 2 ergebende Gemeindebedarf auf alle der Besteuerung unterworfenen Pflichtigen nach festen und gleichmäßigen Grundsätzen zu verteilen, wo nicht die Bedingungen für eine Beitragserhebung nach § 9 oder für eine Mehr- oder Minderbelastung nach § 20 Abs. 2 gegeben sind (PVBl. 20, 474; **24**, 216; OVG. **46**, 94; **64**, 247; **72**, 159). — Der Fehlbetrag, zu dem die Nachtragsumlage ausgeschrieben war, umfaßte nicht allein den Bedarf für die Erwerbslosenfürsorge. Selbst wenn das aber der Fall gewesen wäre, würde es sich nicht um eine Zwecksteuer handeln. Denn eine solche ist eine neben der allgemeinen Besteuerung hergehende gesonderte Steuer. Die Nachtragsumlage diente aber zur Bereitstellung aus allgemeinen Mitteln der Gemeinde, nämlich der Steueraufkommen aus dem Gewerbe und dem Gewerbevermögen (OVG. **75**, 44; E. v. **17. III. 1925**. VIII. E. 31. 24). — Wegen Zwecksteuern s. auch bei § 2 II und bei § 96. — Die Vorschrift in § 2 des Nassauischen Gesetzes betr. die Förstergehälter v. 27. IX. 1849 (NassVBl. 461), wonach die Waldeigentümer berechtigt sind, gegenüber den von den Waldungen zur Hebung gelangenden Gemeindesteuern einen Teil der Förstergehälter aufzurechnen, widerspricht dem § 20; die daselbst vorgeschriebene gleichmäßige Verteilung der Steuern beschränkt sich nicht auf die Berechnung der Steuern, sondern verlangt, daß die Pflichtigen gleichmäßig „beisteuern", was einer Aufrechnung von Beträgen, die seitens der Gemeinden dem Steuerpflichtigen gegenüber nicht geschuldet werden, ausschließt. Die Vorschrift fällt daher unter die kassatorische Bestimmung in § 96 Abs. 5 KAG. Sie kann auch nicht als Minderbelastung i. S. des § 20 Abs. 2 angesehen werden, da eine solche in das Belieben der Gemeinden gestellt ist, während § 2 des Nassauischen Gesetzes das Besteuerungsrecht selbst schmälert (OVG. **46**, 46). — Ein Beschluß der städtischen Körperschaften, die Gewerbesteuerzuschläge für ein Vierteljahr nicht zu erheben, diese Vergünstigung aber nur einheimischen Steuerpflichtigen zu gewähren und sie den Zweigstellen auswärtiger Betriebe zu versagen, ist kein Steuererlaß im Sinne des § 50 Abs. 2 der Gewerbesteuerverordnung, sondern eine Abänderung der beschlossenen Steuerverteilung. Der Ausschluß der Zweigstellen bewirkt ihre gegenüber den einheimischen Steuerpflichtigen stärkere Belastung und verstößt daher gegen den Grundsatz des § 20 Abs. 1 KAG. (E. v. 15. I. 1929. VIII. 17. 28).

S. auch bei §§ 24—27.

II. Mehr- und Minderbelastung.

A. Allgemeines.

Aus dem Begriff der Mehr- und Minderbelastung folgt ohne weiteres, daß eine solche nur möglich ist, wenn der Kreis der Abgabepflichtigen an sich über den Kreis der Mehr- oder Minderbelasteten hinausgeht, wo also zunächst alle einer direkten Steuer unterworfenen Personen gleichmäßig pflichtig sind, aber aus besonderen Gründen eine bestimmte Klasse der Pflichtigen mehr oder minder belastet werden soll als die übrigen (VBl. 30, 292). — Die Anwendung der Vorschrift in § 20 Abs. 2 setzt voraus, daß eine andere Belastung allgemein alle der Steuer unterworfenen Personen und Grundstücke trifft (OVG. 42, 50). — Eine Mehr- oder Minderbelastung kann neben der Erhebung von Gebühren erfolgen. Die selbstverständliche Voraussetzung ist dabei, daß zur Deckung der Kosten der betreffenden Veranstaltung auch allgemeine Steuern erhoben werden. Wenn aber, wie im vorliegenden Falle, die gesamten Kosten der Unterhaltung und des Betriebes der Kanalisation sowie der Verzinsung des Anlage- und Betriebskapitals bereits durch die Gebühren aufgebracht werden, so ist für eine Steuererhebung kein Raum mehr und deshalb kann auch von einer Mehr- oder Minderbelastung mit Steuern keine Rede mehr sein (VBl. 27, 539). — Die Mehr- oder Minderbelastung ist fakultativ. Das Unterbleiben einer derartigen Maßnahme kann also niemals im Rechtsmittelverfahren gegen die Anforderung direkter Gemeindesteuern geltend gemacht werden (OVG. 45, 71).

Durch eine mit Rücksicht auf eine Eingemeindung einer Gemeinde getroffene Vereinbarung (die nicht Gegenstand des Rechtsaktes der Eingemeindung gewesen ist) können die gesetzlichen Vorschriften über die Steuerpflicht in der erweiterten Gemeinde nicht abgeändert werden. Eine verschiedene Belastung der Steuerpflichtigen kann nach § 20 nur für Teile der Gemeinde oder für Gruppen der Gemeindeangehörigen, nicht aber für bestimmte Personen herbeigeführt werden (OVG. 49, 48). — Nur wenn eine Eingemeindung auf Grund eines Gesetzes vorgenommen ist, haben die zwischen den Beteiligten getroffenen Vereinbarungen, weil sie selbst Teile des Gesetzes geworden sind, die Kraft eines das KAG. abändernden Sondergesetzes. Liegt dieser Fall nicht vor, so kommt eine bei vertraglicher Eingemeindung zugesagte Minderbelastung gegenüber der Vorschrift in § 20, daß die direkten Gemeindeabgaben auf alle Pflichtigen gleichmäßig zu verteilen sind, nicht in Betracht (OVG. 73, 163).

S. auch bei C, bei § 21 unter I und bei § 84 unter III.

Zeitliche Beschränkung. Die enge Verbindung einer Steuer mit der bei ihr vorgesehenen Mehr- oder Minderbelastung macht es notwendig, daß sie sich auch in zeitlicher Beziehung decken, daß also die Ausnahme von der sonst sich fest und gleich vollziehenden Besteuerung nur für denjenigen Zeitpunkt einzutreten hat, für den die Erhebung der Steuer selbst vorgesehen ist. Hiermit würde es nicht im Einklang stehen, wenn die Höhe der Grundsteuer für die beschränkte Zeit eines oder, gemäß § 95, mehrerer Jahre festgesetzt würde, die Mehr- oder Minderbelastung aber nicht an diesen Zeitraum gebunden ist (VBl. 24, 210) und die Grundsteuerpflichtigen das beschlossene Mehr dieser Steuer für alle Zukunft tragen müßten, solange der Vorausbelastungsbeschluß gilt (OVG. 42, 51).

B. Mehrbelastung.

Die Voraussetzung, daß die Veranstaltung selbst die besonderen Vorteile bringen muß, welche einer Klasse von Gemeindeangehörigen aus dem Vorhandensein der Veranstaltung erwachsen, ist nicht erfüllt, wenn nur ein bei Herstellung der Veranstaltung mit den

Vorausbelasteten abgeschlossenes Rechtsgeschäft (z. B. wegen Kieslieferung für einen Straßenbau) die Vorteile gebracht hat (VBl. 32, 364). — Sollten in einer Gemeinde auf dem Gebiete des Wegebaues Veranstaltungen bestehen, welche einem Teil des Gemeindebezirks oder einer Klasse von Gemeindeangehörigen in besonders hervorragendem Maße zugute kommen, so würde eine wegen der Steueraufbringung (§ 78) an die Gemeinde gerichtete Anordnung der Aufsichtsbehörde die Gemeinde nicht hindern, gemäß § 20 Abs. 2 eine Mehrbelastung zu beschließen (VBl. **19**, 216). — Die Kosten der Veranstaltung können dem begünstigten Bezirksteil bzw. der begünstigten Klasse von Gemeindeangehörigen nur dann im vollen Umfange auferlegt werden, wenn sie ihnen ausschließlich zustatten kommt, andernfalls in einem dem Maße des Vorteils entsprechenden Umfange. Die Prüfung, ob das festgestellte Maß der Billigkeit entspricht, obliegt der Aufsichtsbehörde. Der Verwaltungsrichter hat nur festzustellen, ob die gesetzlichen Voraussetzungen für eine Mehrbelastung gegeben sind. — Einzelne Gemeindeangehörige bilden nicht schon deshalb eine „Klasse", weil sie das gleiche Interesse an einer Veranstaltung haben. Es ist wohl möglich, daß eine Veranstaltung ihrer Bestimmung nach den Interessen eines durch gleichartige wirtschaftliche Interessen verbundenen Personenkreises, z. B. einer bestimmten Klasse von Gewerbetreibenden, dient. Keinesfalls kann aber die Anlegung und Unterhaltung einer den allgemeinen Interessen dienenden Veranstaltung, wie z. B. eines Weges, schlechthin einer bestimmten Gruppe von Gewerbetreibenden ohne Rücksicht darauf, ob etwa die Lage ihrer Betriebsstätten zu dem Wege einen besonderen Vorteil für sie mit sich bringen, als vorwiegend ihrem Interesse dienend angesehen werden. — Der Maßstab für die Mehrbelastung muß in dem Gemeindebeschluß zum Ausdruck kommen und kann seine Festsetzung nicht dem Gemeindevorsteher überlassen werden. Daß die Mehrbelastung alle veranlagten Staatssteuern im gleichen Maße erfassen soll, kann nicht ohne weiteres unterstellt werden, zumal, wenn die allgemeine Gemeindesteuer in verschiedenen Zuschlägen zu den staatlich veranlagten Steuern erhoben wird (VBl. 20, 440).

Bei einer Mehrbelastung muß die Bemessung der Vorbelastungsquote den besonderen Vorteilen des betreffenden Gemeindeteils bezw. der betreffenden Klasse von Gemeindeangehörigen entsprechen. Weder die Akten noch die Genehmigungsverfügung lassen erkennen, daß eine Abwägung des Vorteils zwischen den Mehrbelastungspflichtigen und dem Interesse der Gesamtgemeinde stattgefunden hat, noch welche Quote des Gesamtaufwandes abgewälzt werden sollte. Darin, daß die Gemeinde von der ihr nach § 5 des Straßenreinigungsgesetzes gewährten Möglichkeit, den Anliegern die Reinigungspflicht aufzuerlegen, keinen Gebrauch gemacht hat, kann ein Sondervorteil der bezeichneten Art nicht erblickt werden. — Die Voraussetzungen des § 20 sind wesentlich andere als für die Gebührenerhebung nach § 4 KAG., und können die in letzter Beziehung gefaßten Beschlüsse nicht durch Umdeutung ohne weiteres auf die besondere Art der Abgabenerhebung nach § 20 Abs. 2 übertragen werden (E. vom **12. II. 1929.** II. C. 98. 28).

C. Minderbelastung.

Zugunsten der Juden in der Provinz Hannover, welche nach §§ 29, 30 des Hannoverschen Gesetzes über die Rechtsverhältnisse der Juden vom 30. XI. 1842 (HGS. I. 211) von den Beiträgen zu den christlichen Volksschulen befreit waren, könnte auch nach dem jetzt maßgebenden § 20 KAG. eine Minderbelastung hinsichtlich der Schulausgaben der Gemeinden beschlossen werden, wenn die Schule eine Gemeindeveranstaltung wäre. Das trifft aber nicht zu; sie ist vielmehr eine Veranstaltung des Schulverbandes. Außerdem sind die Gemeinden durch § 20 Abs. 2 zu einem Minderbelastungsbeschluß nur berechtigt, nicht verpflichtet (OVG. **45**, 219).

Minderbelastung bei Eingemeindungen. Eine Vereinbarung, daß ein bestimmter Teil von Einwohnern und Grundstücken der eingemeindeten Gemeinde für eine gewisse Zeit nur im verminderten Maße zu den Gemeindeabgaben herangezogen werden sollen, stellt, abgesehen davon, daß es an einem besonders gefaßten und genehmigten Minderbelastungsbeschluß fehlt, überhaupt keine Minderbelastung i. S. des § 20 dar, weil sie nicht „einer bestimmten Klasse von Gemeindeangehörigen" noch einem „Teil des Gemeindebezirks", sondern nur einzelnen Personen und Liegenschaften zugute kommen soll. — Diese rechtsungültige geringere Heranziehung einzelner Gemeindeangehörigen hat zur Folge, daß die Zuschläge für die übrigen zu hoch berechnet sind und daher diese Heranziehungen sämtlich rechtswidrig sind (OVG. 49, 52).

Vereinbarungen bei Eingemeindungen über Minderbelastung des eingemeindeten Teils mit direkten Gemeindeabgaben sind ungültig. § 20 setzt voraus, daß derjenige Teil des Gemeindebezirks oder diejenige Klasse von Gemeindeangehörigen, hinsichtlich deren die Mehr- oder Minderbelastung beschlossen wird, zur Zeit des Beschlusses der Steuerhoheit der beschließenden Gemeinde unterliegt. Denn eine Mehr- oder Minderbelastung ist nur da angängig, wo überhaupt eine Heranziehung zulässig ist. Hiernach ist die Minderbelastung zugunsten einer anderen Gemeinde, die erst künftig der beschließenden Gemeinde einverleibt werden soll, ausgeschlossen (VBl. 41, 57).

S. auch bei A, § 21 KAG. unter I und § 10 des Kreis- und ProvinzialabgabenG.

§ 21.

Die auf besonderem Rechtstitel[1]) beruhenden Befreiungen einzelner Grundstücke von Gemeindesteuern bleiben in ihrem bisherigen Umfange fortbestehen. Die Gemeinden sind jedoch berechtigt, diese Befreiungen durch Zahlung des zwanzigfachen Jahreswertes derselben nach dem Durchschnitt der letzten drei Jahre vor dem 1. April desjenigen Rechnungsjahres, in welchem die Ablösung beschlossen wird, abzulösen. Steht ein anderer Entschädigungsmaßstab fest, so hat es hierbei sein Bewenden.

1. Wenn das G. über die Aufhebung der Standesvorrechte des Adels und die Auflösung der Hausvermögen v. 23. VI. 1920 (GS. 367) entsprechend dem in § 1 I und II Ziff. 6 a. a. O. aufgestellten Grundsatz in § 41 Ziff. 75 a. a. O. die §§ 21, 22, 40 Abs. 3 und 68 KAG. für aufgehoben erklärt hat, so gilt das nur hinsichtlich der auf Standesvorrechte, nicht aber hinsichtlich der auf sonstige Titel gestützten Rechte. Vgl. Anm. 2 zu § 24 und bei § 68 unter VI B.
2. S. AusfAnw. Art. 14.

Inhaltsübersicht.

I. Allgemeine Rechtsgrundsätze.

Rechtstitel sind Rechtsakte, durch welche unabhängig von Gesetzes- und Gewohnheitsrecht (Observanzen) Rechte oder Pflichten begründet werden. Die Observanz als allgemeine Rechtsnorm kann somit niemals einen besonderen Rechtstitel im gesetzlichen Sinne bilden (OVG. 72, 250). — Als besonderer Rechtstitel auf Befreiung von Gemeindesteuern hat § 21 KAG. nicht die auf Gesetzes- oder Gewohnheitsrecht beruhenden, für alle Grundstücke einer gewissen Gattung geltenden objektiven Rechtsregeln, sondern nur solche subjektiven Rechte, die durch Rechtshandlungen für einzelne bestimmte Grundstücke erworben sind, aufrechterhalten. Diese Auffassung wird durch § 146 Abs. 2 LGO. bestätigt; denn auch hier wird der Sondertitel dem auf Gesetzen, Ordnungen, Gewohnheitsrechten und Observanzen beruhenden objektiven Rechte gegenübergestellt (OVG. 38, 171).

Die Vorschrift in § 21 betrifft nur die mit bestimmten Grundstücken, also nicht die mit persönlichen Vorrechten verknüpften Befreiungen und nur die direkten Steuern, nicht sonstige Gemeindeabgaben. Sie hat auch nur die rechtmäßig bestehenden Befreiungen aufrechterhalten, aber nicht die nach bisherigem Recht unwirksamen, bloß vermeintlichen Rechtstitel, z. B. privatrechtliche Verzichte der Gemeinden auf ihr Besteuerungsrecht, für gültig erklärt (OVG. 32, 48). — Wenn ein Gemeindebeschluß aus der Zeit vor Inkrafttreten des KAG. dem Kreise Steuerfreiheit für ein bestimmtes, zu einem Kreishausbau in Aussicht genommenes Grundstück zugebilligt hatte, so kann der Kreis nicht auf Grund dieses Beschlusses, nachdem er jenes Grundstück verkauft hat, die Steuerfreiheit für ein anderes zu bebauendes Grundstück verlangen, da § 21 nur die einzelnen Grundstücken zustehenden Befreiungen aufrechterhalten hat und keine Personalexemtionen kennt (OVG. 32, 50). — Durch die Städteordnung für die östlichen Provinzen v. 30. V. 1853 sind alle persönlichen Befreiungen, abgesehen von den den Beamten, Geistlichen usw. gewährten Steuervorrechten, aufgehoben worden. Ein Steuervorrecht für andere Personen konnte demgegenüber durch Observanz nicht geschaffen werden, solange nicht das Gesetz geändert war. Das ist durch das KAG. nicht geschehen. Es hat vielmehr den Grundsatz der gleichen Besteuerung aller Pflichtigen erneut aufgestellt (E. v. 16. I. 1913. H. C. 215. 12).

Die in einem Eingemeindungsvertrag getroffene Vereinbarung, derzufolge die hinzutretenden Gemeindeangehörigen bis zu einem bestimmten Termin anstatt der besonderen Gemeindegrundsteuer einen festen Hundertsatz der staatlichen Grund- und Gebäudesteuer entrichten sollen, begründet gegenüber weitergehenden Anforderungen eine auf besonderem Rechtstitel beruhende Befreiung i. S. des § 21 KAG. (OVG. 30, 42). — Wegen der Rechtswirksamkeit sonstiger derartiger Vereinbarungen s. auch bei § 20 unter II A. — Da die Naturaldienste weder direkte, noch indirekte Steuern sind, sondern eine von den Steuern verschiedene Art der Gemeindeabgaben darstellen, findet die lediglich von den Gemeindesteuern handelnde Vorschrift in § 21 auf sie keine Anwendung. Dasselbe gilt von der Bestimmung in § 27 LGO. Wenngleich hier der allgemeine Ausdruck „Gemeindeabgaben" gebraucht ist, so erhellt doch aus dem Zusammenhange, daß auch diese Vorschrift nur die auf den Grundbesitz gelegten Gemeindesteuern im Auge hat. Wenn das Gesetz v. 14. VII. 1893, das gleichzeitig auch die Naturaldienste umfaßt, die Überschrift „Kommunalabgaben-Gesetz" erhalten hat, so kann auch aus dieser, nach dem Hauptgebiet der Regelung gewählten Bezeichnung nicht entnommen werden, daß die Naturaldienste zu den Gemeindeabgaben im allgemeinen Sinne rechnen. Jedenfalls würde auch dieser Umstand für die Auslegung der vor dem KAG. ergangenen LGO. ohne Bedeutung sein, zumal diese scharf zwischen Gemeindeabgaben und Diensten unterscheidet (OVG. 30, 140). — Die gänzliche oder teilweise Befreiung von den regelmäßigen Abgaben, die lediglich aus einem autonomen Gemeindebeschluß und nicht zugleich aus einer die Gemeindeautonomie beschränkenden Befugnis des Befreiten entspringt, beruht nicht auf einem selbständigen, der Körperschaft gegenüber erworbenen Rechte und ist deshalb auch kein besonderer Rechtstitel i. S. des § 21 KAG. (OVG. 24, 93; 32, 58). — Unter den besonderen Rechtstiteln i. S. des § 21 sind nach der Entstehungsgeschichte des Gesetzes sowohl solche öffentlich-rechtlicher, als solche privatrechtlicher Natur zu verstehen. Als Beispiele ersterer Art sind in der Gesetzesbegründung und bei den Landtagsverhandlungen auch Regulierungsrezesse angeführt worden. Dabei kommt es aber darauf an, ob die Rezeßbestimmung eine allgemeine und für alle gleichartigen Fälle geltende Regel der örtlichen Gemeindeabgabenverfassung oder eine von dieser abweichende Ausnahme darstellt. Nur in letzterem Falle würde von einem besonderen Befreiungsrecht die Rede sein können (OVG. 31, 104; 41, 92; 43, 124). — Wird als Begründung der Abgabenfreiheit aus § 21 unvordenkliche Verjährung in Anspruch genommen, so setzt das einmal nach dem hier in Betracht kommenden gemeinen Recht voraus, daß der betreffende Zustand bereits seit zwei Menschenaltern von je 40 Jahren besteht, und sodann, daß zu Beginn des maßgebenden Zeitraums eine Weigerung der Korporation, eine ihr tatsächlich damals abverlangte Gemeindeabgabe zu zahlen, in Erscheinung getreten war und die Gemeinde von ihrem Abgabenrechte Abstand genommen hatte (OVG. 74, 219). — Den Landesherren stand es frei, auch hinsichtlich der Kommunalabgaben im heutigen Sinne Privilegien zu verleihen. Die in der Urkunde von 1346 auf ewige Zeiten zugunsten bestimmter Grundstücke und ihrer Besitzer sowie deren Rechtsnachfolger ausgesprochene Befreiung von Abgaben aller Art sollte offenbar auch dann nicht geschmälert werden, wenn die damals als Wiesen und Gärten benutzten Ländereien im Laufe der Zeiten eine andere Benutzung oder eine Bebauung erführen. — Der sich hieraus ergebenden Steuerfreiheit stehen auch §§ 4—15, 17, 18 des Grundsteuerentschädigungs G. v. 21. V. 1861 in Fassung des § 15 des G. v. 11. II. 1870 (GS. 85) nicht entgegen, da durch diese Vorschriften nur die Entschädigung für die Aufhebung des Privilegs gegenüber dem Staate betroffen wird (PVBl. 23, 41).

II. Sonderfälle.

Ein früher bestandener Anspruch auf Befreiung von Schulabgaben greift gegenüber den zu Schulzwecken erhobenen Gemeindeabgaben nicht Platz (PVBl. 26, 374). — Eine Befreiung von den direkten Gemeindesteuern i. S. des § 21 stellen nur solche Rechtsnormen oder Rechtstitel dar, welche eine regelwidrige Verteilung einer Last unter die zu dieser an sich Verpflichteten anordnen. Die Vorschrift in § 59 der Westfälischen LGO., daß, wenn ein Bedürfnis nur das Interesse einzelner Klassen oder Abteilungen des Gemeindebezirks betrifft, nur diese die zu seiner Befriedigung nötigen Beiträge und Dienste zu leisten haben, sowie das Regulativ vom 17. XI. 1841 (GS. 405), nach welchem in der Rheinprovinz und Westfalen der Forstfiskus, weil er in einem Teil des Gemeindebezirks die Wegelast allein trägt, im übrigen Bezirk an der Wegeunterhaltung nicht teilzunehmen hat, bestimmen nur, wer zu den Pflichtigen i. S. des § 20 Abs. 1 KAG. gehört, aber nicht, wie die Last unter die Pflichtigen zu verteilen ist; sie statuieren daher auch keine Befreiung von Gemeindesteuern (PVBl. 23, 647). — Ein gemäß § 5 Abs. 3 und 4 der Kurhessischen Gemeindeordnung v. 23. X. 1834 rechtsgültig zustande gekommenes Ortsstatut, welches das Verhältnis eines eingemeindeten Hofes zu der Gemeinde hinsichtlich der Teilnahme an den Vorteilen und Lasten der Gemeinde regelt, hat die Bedeutung eines besonderen Rechtstitels (OVG. 59, 153). — Da § 3 Abs. 3 der LGO. für Hessen-Nassau v. 4. VIII. 1897 (GS. 301) bestimmt, daß die in § 5 Abs. 4 der Kurh. GemO. v. 23. X. 1834 getroffenen Festsetzungen betr. Steuerfreiheit der Rittergüter und adligen Freigüter als Sondertitel gelten sollen, ergibt sich, daß diese Vergünstigung nur in Anspruch genommen werden kann, wenn sie für den Einzelfall durch besondere Anordnung dieser Art festgestellt ist (OVG. 38, 170). — In der Provinz Hannover konnte nach Erlaß der Hannoverschen Gesetze v. 6. VIII. 1840 (HGS. 141) und v. 5. IX. 1848 (HGS. 261), welche die Teilnahme aller Grundstücke an den Gemeindelasten vorgeschrieben und den Erwerb von Exemtionen verboten haben, bei Eingemeindungen keine Vergünstigung hinsichtlich der kommunalen Besteuerung des Grundbesitzes mehr vereinbart werden und deshalb ein Befreiungstitel i. S. des § 21 KAG. nicht mehr zur Entstehung gelangen (OVG. 40, 189). — §§ 12, 13, 25, 114 der Hannoverschen Städteordnung, nach welchen die „Bürger und Einwohner" als „Gemeindemitglieder" abgabepflichtig sind, gewähren kein Ausnahmerecht zugunsten der nichtphysischen Personen, da nach § 47 des Hannoverschen Landesverfassungsgesetzes v. 6. VIII. 1840/5. IX. 1848 „jedes Mitglied einer Gemeinde und jedes zu solcher gehörige Haus oder Grundstück zu den aus den örtlichen Verhältnissen der Gemeinde entspringenden Lasten verhältnismäßig beitragen muß" (PVBl. 16, 135). — Nach §§ 26, 27 der Schleswig-Holsteinschen Städteordnung v. 14. IV. 1869 (GS. 589) konnten bei

Eingemeindungen durch Gemeindebeschluß nur zeitweise Befreiungen oder Ermäßigungen für die zugeschlagenen Grundstücke und ihre Bewohner bewilligt, aber sonstige persönliche oder dingliche Befreiungen von allgemeinen Gemeindeleistungen fernerhin nicht begehrt werden. Der streitige Beschluß von 1872 stellt also keinen Titel i. S. des § 21 dar (VBl. 21, 351). — Wegen Eingemeindungen s. im übrigen oben bei I und bei § 20 unter II A.

§ 22[1]).

(1) Vorschriften, welche eine Befreiung von Gewerbesteuer in sich schließen, finden auf Gewerbe, welche nach Verkündigung dieses Gesetzes in Betrieb gesetzt werden, keine Anwendung.

(2) Die Gemeinden sind berechtigt, die bestehenden Befreiungen durch Zahlung des 13⅓ fachen Jahreswertes derselben nach dem Durchschnitt der letzten drei Jahre vor dem 1. April desjenigen Rechnungsjahres, in welchem die Ablösung beschlossen wird, abzulösen. Steht ein anderer Entschädigungsmaßstab fest, so hat es hierbei sein Bewenden.

1. Es gilt das in Anm. 1 zu § 21 Gesagte auch für § 22.
2. S. AusfAnw. Art. 14.

§ 23[1]).

(1) Die direkten Gemeindesteuern können vom [Grundbesitz] Grundvermögen[2]) und Gewerbebetrieb[3]) (Realsteuern) der Steuerpflichtigen erhoben werden.

(2) Aufwandssteuern dürfen grundsätzlich die geringeren Einkommen nicht verhältnismäßig höher als die größeren belasten.

(3) Miets- und Wohnungssteuern dürfen unbeschadet der Vorschrift in § 16a nicht neu eingeführt werden[4]).

(4) Die bestehenden Miet- und Wohnungssteuern sind auf ihre Übereinstimmung mit den vorstehenden Besteuerungsgrundsätzen und den sonstigen Bestimmungen dieses Gesetzes zu prüfen. Sie bedürfen erneuter, an die Zustimmung der Minister des Innern und der Finanzen gebundener Genehmigung und treten außer Kraft, wenn die Genehmigung nicht bis zum 1. April 1898 erfolgt ist.

(5) Die Einführung neuer und die Veränderung bestehender direkter Gemeindesteuern, welche nicht in Prozenten der vom Staate veranlagten Steuern erhoben werden, kann nur durch Steuerordnungen erfolgen[5]).

(6) Die Steuerordnungen bedürfen der Genehmigung.

1. Im Anschluß an das ReichseinkommensteuerG. v. 29. III. 1920 (RGBl. 359) hat § 7 des AusfG. zum LandessteuerG. v. 13. I. 1921 (GS. 268) alle auf die Einkommensteuer bezüglichen Vorschriften des KAG. und des Kreis- und ProvinzialabgabenG. allgemein für aufgehoben erklärt. Die entsprechende Abänderung der einzelnen Gesetzesparagraphen ist dann durch das G. v. 26. VIII. 1921 (GS. 495) erfolgt; das trifft auch auf § 23 KAG. zu. Da Abs. 2 in der

alten Fassung Aufwandssteuern nur als teilweisen Ersatz der Einkommensteuer gestattete, dürfte auch der nicht besonders aufgehobene Teil des Abs. 2 fortgefallen sein.

2. Im Anschluß an den Wortgebrauch des GrundvermögensteuerG. v. 14. II. 1923 (GS. 28) in Fassung der Gesetze bzw. Verordnungen v. 31. VII., 1. IX. und 22. X. 1923 (GS. 361, 415, 478), v. 28. II. 1924 (GS. 119), v. 26. VI. und 28. XII. 1925 (GS. 83, 178), v. 29. VII. 1926 (GS. 238), v. 22. IV. 1927 (GS. 60), v. 28. III. und 28. IX. 1928 (GS. 51, 194), v. 27. III. 1929 (GS. 27) und v. 29. III. 1930 (GS. 46) ist überall im KAG., wo von „Grundbesitz" und von „Grund- und Gebäudesteuer" die Rede ist, „Grundvermögen" und „Grundvermögensteuer" zu sagen.

3. Die Besteuerung des Gewerbebetriebes durch die Gemeinden ist nach §§ 41 ff. der GewerbesteuerV. v. 23. XI. 1923 in Fassung der Bekanntmachung v. 15. III. 1927 (GS. 21) nur noch in Form der Erhebung von Zuschlägen zu der staatlich veranlagten Gewerbesteuer zulässig, und die bestehenden besonderen Gewerbesteuerordnungen sind durch Art. II Ziff. 2 aufgehoben. Vgl. Anm. zu § 28.

4. Die abgeänderte Fassung des Abs. 3 beruht auf § 23 des G. v. 26. VIII. 1921 (GS. 495). Miets- und Wohnungssteuern bestehen nicht mehr.

5. Hinsichtlich der Gewerbesteuer verboten; vgl. Anm. 3. Wegen der Grundsteuerordnungen (Muster: MBliV. 1899, 163) s. § 25 und AusfAnw. Art. 15, 16.

6. S. AusfAnw. Art. 15 und §§ 8—12 des FAG. in der Fassung der Bekanntmachung vom 27. IV. 1926 (RGBl. I 203).

Sieht eine **Gebührenordnung** die Heranziehung der **Mieter** zu einer nach dem Nutzungswert der an die Entwässerung angeschlossenen Wohnungen bemessenen Gebühr vor, so stellt das nur einen Berechnungsmaßstab für die Gebühr, aber **keine Miets- oder Wohnungssteuer** dar (VBl. 26, 961). — Werden die nach dem Wohnungsmietswert abgestuften Sätze einer Gebührenordnung so hoch bemessen, daß die Überschüsse zur Deckung eines sonst durch die allgemeinen Steuern zu deckenden Teiles des Haushaltsbedarfs verwendet werden, so kommt in Frage, ob die Absicht hierauf gerichtet gewesen ist und deshalb nicht ein Verstoß gegen das **Verbot der Einführung von Miets- und Wohnungssteuern** vorliegt (OVG. 62, 146).

Aus dem Wesen der **Steuerordnungen** als einer Ordnung der Steuer folgt von selbst, daß sich ihre Satzungen in der Regelung der subjektiven und objektiven Steuerpflicht und in der Aufstellung der Grundsätze über die Höhe der Steuer zu erschöpfen haben, sofern nicht etwa den Gemeinden durch das Gesetz eine weitergehende Ermächtigung ausdrücklich verliehen ist, wie dies in § 63 hinsichtlich der Auskunftspflicht der Steuerpflichtigen geschehen ist. Dieser besonderen Vorschrift hätte es nicht beburft, wenn in dem Rechte zum Erlasse von Steuerordnungen schon die Befugnis enthalten wäre, neben dem materiellen Steuerrecht auch das Veranlagungs- und Erhebungsverfahren unbeschränkt zu regeln (OVG. 71, 180). — Die Steuerordnung hat als allgemeine Rechtsnorm die Rechtsgrundsätze festzustellen, nach denen der gemäß dem Steuerverteilungsbeschluß von der betreffenden Steuerart aufzubringende Teil des Ausgabenbedarfs auf die in der Steuerordnung vorgesehenen Besteuerungsmaßstäbe unterzuverteilen ist, wobei die Höhe des Ausgabenbedarfs völlig außer Betracht bleibt. Das Abstufungsverhältnis zwischen den einzelnen Arten und Gruppen einer Steuerart muß daher gemäß § 23 Abs. 5 in der Steuerordnung bestimmt und kann nicht rechtswirksam im Steuerverteilungsbeschluß, welcher sich lediglich mit der Beteiligung der einzelnen Steuerarten an der Aufbringung des Bedarfs in dem betreffenden Rechnungsjahr zu befassen hat, vorgenommen werden (OVG. 57, 13; 62, 311; 66, 179; 71, 191; 75, 214; VBl. 34, 380; 41, 509; 42, 152; OVG. 76, 271).

Ist die Bestimmung einer Steuerordnung über die verschiedene Belastung der bebauten und der unbebauten Grundstücke mangels einer Norm über das Abstufungsverhältnis rechtsungültig, so zieht das die Ungültigkeit der ganzen Steuerordnung nach sich, soweit sie die Besteuerung des Grundbesitzes regelt. Denn die Erhebung einer gleichmäßigen, unabgestuften Grundsteuer haben die Gemeindekörperschaften, wie die Bezugnahme auf das DeklarationsG. v. 24. VII. 1906 (GS. 376) im Eingang der Steuerordnung beweist, keinesfalls gewollt (OVG. 62, 314).

Wegen der Formvorschriften für Steuerordnungen s. auch bei §§ 18 I und 77, wegen des materiellen Inhalts bei § 25.

II. Besondere Bestimmungen.

1. Realsteuern.

a) Vom [Grundbesitz] Grundvermögen[1]).

§ 24.

(1) Den Steuern vom [Grundbesitz] Grundvermögen[1]) sind die in der Gemeinde belegenen bebauten und unbebauten Grundstücke unterworfen, mit Ausnahme

[a) der Königlichen Schlösser, einschließlich der zugehörigen Nebengebäude, Hofräume und Gärten[2]);]

b) der einem fremden Staate gehörigen Grundstücke, auf denen Botschafts- oder Gesandtschaftsgebäude errichtet sind, einschließlich der auf ihnen errichteten Gebäude, sofern von dem fremden Staate Gegenseitigkeit gewährt wird;

c) der dem Staate, den Provinzen, den Kreisen, den Gemeinden oder sonstigen kommunalen Verbänden gehörigen Grundstücke und Gebäude, sofern sie zu einem öffentlichen Dienste oder Gebrauche bestimmt sind;

d) der Brücken, Kunststraßen, Schienenwege der Eisenbahnen, sowie der schiffbaren Kanäle, welche mit Genehmigung des Staates zum öffentlichen Gebrauche angelegt sind;

e) der Deichanlagen der Deichverbände und der im öffentlichen Interesse staatlich unter Schau gestellten Privatdeiche, sowie der im öffentlichen Interesse unterhaltenen Anlagen der Ent- und Bewässerungsverbände;

f) der Universitäts- und anderen zum öffentlichen Unterrichte bestimmten Gebäude;

g) der Kirchen, Kapellen und anderen dem öffentlichen Gottesdienste gewidmeten Gebäude, sowie der gottesdienstlichen Gebäude der mit Korporationsrechten versehenen Religionsgesellschaften;

h) der Armen-, Waisen- und öffentlichen Krankenhäuser, der Gefängnis-, Besserungs-, Bewahr- und derjenigen Wohltätigkeitsanstalten, welche die Bewahrung vor Schutzlosigkeit oder sittlicher Gefahr bezwecken (Mägdehäuser und dergleichen), sowie der Gebäude, welche milden Stiftungen angehören und für deren Zwecke unmittelbar benutzt werden; durch Gemeindebeschluß können auch anderweitige Gebäude solcher milden Stiftungen, welche nicht bloß zugunsten bestimmter Personen und Familien bestehen, freigelassen werden;

i) der Grundstücke der unter f, g, h aufgeführten Anstalten und Körperschaften, soweit die Grundstücke für deren Zwecke unmittelbar benutzt werden;

k) der Dienstgrundstücke und Dienstwohnungen der Geistlichen, Kirchendiener und Volksschullehrer, soweit ihnen bisher Steuerfreiheit zugestanden hat.

(2) Alle sonstigen, nicht auf einem besonderen Rechtstitel beruhenden Befreiungen (§ 21), insbesondere auch diejenigen der Dienstgrundstücke und Dienstwohnungen der Beamten, sind aufgehoben.

(3) Ist ein Grundstück oder Gebäude nur teilweise zu einem öffentlichen Dienste oder Gebrauche bestimmt, so bezieht sich die Befreiung nur auf diesen Teil.

(4) Die Bestimmungen der Kabinettsorder vom 8. Juni 1834 (GS. S. 87) bleiben in Geltung und werden auf diejenigen Gemeinden ausgedehnt, in welchen dieselben noch nicht in Geltung sind.

1. Vgl. Anm. 2 zu § 23.

2. Soweit die in Abs. 1 Buchst. a bezeichneten Liegenschaften auf Grund des G. über die Vermögensauseinandersetzung zwischen dem Preußischen Staate und den Mitgliedern des vormals regierenden Preußischen Königshauses v. 29. X. 1926 (GS. 267) im Besitz der letzteren geblieben sind, ist die bisherige Kommunalsteuerfreiheit durch das G. v. 23. VI. 1920, GS. 367 (s. o. Anm. 1 zu § 21) in Fortfall gekommen. Soweit die Liegenschaften nach dieser AuseinandersetzungsG. an den Staat gefallen sind, findet Buchst. c Anwendung.

3. Wortlaut der Kabinettsorder s. u. bei IV.

4. S. AusfAnw. Art 16.

5. Vgl. § 4 des GegenseitigkeitsbesteuerungsG. vom 10. VIII. 1925, RGBl. I 252 (Anhang II).

Inhaltsübersicht.

I. Grundsteuerpflicht.

A. Objekt.

Der Begriff „Grundstück" i. S. des § 24 beschränkt sich nicht auf die Oberfläche, sondern umfaßt auch den Erdkörper unter ihr. Ist ein Tunnel dem öffentlichen Dienst und Gebrauch gewidmet, so gilt das für das ganze Grundstück, sofern nicht die abweichende Benutzung der Oberfläche erkennen läßt, daß die Hauptbestimmung des Grundstücks keine Steuerfreiheit zuläßt (OVG. 72, 162). — Das „gemeine Eigentum", welches der Staat am Meeresufer hat, ist privatrechtliches, mit dem Gemeingebrauch belastetes Eigentum. Für die Steuerpflicht macht es keinen Unterschied, ob das Eigentum ein „gemeines" oder ein besonderes ist (OVG. 3, 30). Dagegen ist der mit der mittleren höchsten Flut überströmte Teil des Strandes als Teil des Meeres „res publica" im weiteren Sinne, d. h. „res communis omnium", steht als solche in niemandes Eigentum und kann daher auch nicht Objekt einer Steuerpflicht sein (OVG. 62, 303).

S. im übrigen bei § 25 unter II C und bei § 26 und wegen der Heranziehung zur Grundsteuer bei § 69.

B. Gemeindezugehörigkeit der Grundstücke.

Das Grundsteuerkataster liefert allein keinen Beweis für die Gemeindezugehörigkeit, weil die Aufnahme eines Grundstücks in das Kataster die kommunalrechtliche Eigenschaft nicht abzuändern vermag und weil die Grundsteuermutterrollen nicht dazu bestimmt sind, maßgebende, auch den Verwaltungsrichter bindende Feststellungen über die kommunale Zugehörigkeit eines Grundstücks zu treffen (VBl. 20, 288). — Die Generalkommissionen waren zuständig, in den von dem Spezialkommissar aufgenommenen, von ihnen bestätigten Rezessen die Gemeindezugehörigkeit der von einer Ablösung oder Gemeinheitsteilung betroffenen Grundstücke zu bestimmen und demgemäß auch die bisherigen Gemeindegrenzen abzuändern (VBl. 20, 270). — Grundabfindungen, die im Wege der Gemeinheitsteilung für Weidegerechtigkeiten ausgewiesen werden, teilen die kommunale Zugehörigkeit desjenigen Grundstücks, dessen Zubehör die aufgehobenen Gerechtsame waren (VBl. 28, 511). — Ein Nachweis dafür, daß Trennstücke eines Gutsbezirks gemäß § 6 Nr. 3 des Gesetzes v. 31. XII. 1842 (GS. 184, 8) mit einer Gemeinde vereinigt sind, ist nur dann als erbracht anzusehen, wenn der Besitzer an allen Rechten und Pflichten, welche sich aus der Gemeindezugehörigkeit der fraglichen Grundstücke ergeben, teilgenommen hat (VBl. 20, 288). — Wie die Urteile v. 3. V. 1890 und v. 24. V. 1901 (OVG. 19, 153; 39, 103) dargelegt haben, sind auch im westlichen Deutschland die Landgemeinden aus den alten Markgemeinden durch Abteilung örtlich fest begrenzter Gemeinden (Dorfmarken) von den ursprünglich dem ganzen Volksstamm gemeinschaftlich gehörigen „großen Marken" entstanden; ihr Bezirk bestand aus dem eigentlichen Dorf, den Bauerhöfen, sowie aus der geteilten und der ungeteilten Feldmark des Dorfes. Das schloß nicht aus, daß außerhalb der Gemeindebezirke auch Gemeinheiten, Marken usw. bestanden, die ungeteilt zu verschiedenen Marken gehörten. Daneben gab es aus dem Gemeindeverbande ausgeschiedene oder herrschaftliche Länbereien, die nicht zur Markgemeinde gehörten. Das alles galt auch für Hannover, wo neben Gemeindebezirken einzelne bebaute Güter, die gewisse öffentlich-rechtliche Aufgaben der Gemeinden (Armenfürsorge usw.) erfüllten, interkommunale Marken und kommunalfreie Grundstücke vorhanden waren. Nach dem Staatsgrundgesetz v. 26. IX. 1833 (HGS. I 286) sollte allerdings jedes Gut, Haus oder Grundstück einer Gemeinde zugerechnet werden. Die Verfassungsgesetze v. 6. VIII. 1840 (HGS. I 141) und v. 5. IX. 1848 (HGS. I 261) sowie das G. v. 28. IV. 1850 (HGS. I 389) haben aber den Ausschluß größerer Güter und großer unbebauter Besitzungen aus dem Gemeindebezirk auf Antrag mit Genehmigung der oberen Verwaltungsbehörde zugelassen. Daher hat derjenige, welcher einen solchen Ausschluß gegenüber dem zweifellos erfolgten Anschluß behauptet, die Erteilung der Genehmigung nachzuweisen (OVG. 74, 213). — Der in Preußen belegene Teil der Feldmark einer nichtpreußischen Gemeinde ist gemeindefrei. Eine Eingemeindung durch konkludente Handlungen ist ausgeschlossen (E. v. **24. VI.** und v. **12. V. 1898.** I. C. 2 und 68. 98). — Der Umstand, daß ein Grundstück ganz von Grundstücken einer bestimmten Gemeinde umschlossen ist, begründet noch nicht die Vermutung seiner Zugehörigkeit zu dieser Gemeinde (VBl. 26, 165). — Der Umstand, daß ein Grundstück tatsächlich als zu einer Gemeinde gehörig behandelt worden ist, kann die Vermutung seiner rechtlichen Zugehörigkeit nur dann begründen, wenn für letztere keine anderen Beweismittel vorhanden sind (E. v. **17. II. 1913.** H. C. 345. 11). — Das Besteuerungsrecht der Gemeinden wurzelt in der vom Staate abgeleiteten und von ihm übertragenen Befugnis, die ihnen angehörigen Personen und Grundstücke zu Gemeindeabgaben heranzuziehen und kann daher nicht durch Privatabmachungen, auch nicht durch Verträge, auf Personen und Grundstücke ausgedehnt werden, welche in keiner Beziehung zu den betreffenden Gemeinden stehen. Der Nachweis, daß sich die Klägerin im Besitz einer wüsten Hufe, eines vormals bäuerlichen Grundstücks, befindet, genügt nicht, um ihre Steuerpflicht zu begründen; es muß auch nachgewiesen werden, daß die Hufe rechtlich der steuerfordernden Gemeinde zugehört. Diese Zugehörigkeit kann durch das Steuerkataster nicht bewiesen werden, sondern höchstens der Besitz (VBl. **20**, 159).

Wenn eine gemäß § 4 LGO. getroffene vorläufige Entscheidung des KA. oder des BA. über die Grenzen von Gemeinden und Gutsbezirken später durch eine abweichende Entscheidung im Verwaltungsstreitverfahren rechtskräftig abgeändert wird, so wird dadurch die auf Grund der vorläufigen Entscheidung erfolgte Heranziehung zu einer Gemeindeabgabe nicht zu einer unrechtmäßigen (E. v. **23. VI. 1913.** H. C. 317 und 350. 12). — Eine gemäß § 26 Abs. 1 ZG. getroffene Entscheidung über die Grenzen von Gemeinden und Gutsbezirken ist für jedermann bindend, es sei denn, daß eine nachträglich erfolgte Abänderung der Grenzen behauptet wird (E. v. **26. VI. 1913.** H. C. 319.12). — Als Merkmal für die Zugehörigkeit eines Grundstücks zur Gemeinde kann bei dem Mangel urkundlicher Beweise die in früherer Zeit tatsächlich erfolgte Zahlung von Gemeindeabgaben, ferner die Heranziehung zu früheren Staatsabgaben (Hufenschoß) und die Hütungsgemeinschaft dienen (VBl. 28, 492). — Veränderungen der Gemeindegrenzen sind organisatorische Verwaltungsakte, die zwar, wie jeder andere Verwaltungsakt, der richterlichen Nachprüfung darüber unterliegen, ob sie von einer an sich zuständigen Behörde ausgegangen sind, aber nicht hinsichtlich der weiteren Frage, ob die tatsächlichen Voraussetzungen für die Zuständigkeit vorlagen (OVG. 22, 86; 25, 159). — Die Wirkung einer Entscheidung in einem Steuerprozeß beschränkt sich auf die strittige Abgabe, erstreckt sich aber nicht auf eine für die Zukunft maßgebende Feststellung über das Bestehen und den Umfang der Steuerpflicht und ihrer Voraussetzungen. Insbesondere kann über die Gemeindezugehörigkeit eines Grundstücks nicht grundsätzlich in einem Verfahren entschieden werden, an dem nur der Grundstückseigentümer und die Veranlagungsbehörde teilgenommen haben, sondern nur in einem Streitverfahren zwischen denjenigen Gemeinde- und Gutsbezirken, deren Grenzen von der kommunalen Zugehörigkeit jenes Grundstücks abhängen (VBl. 36, 666). — S. auch bei § 1 unter II.

II. Grundsteuerbefreiungen.

A. Im allgemeinen.

Soweit die Gemeinden zum Erlaß der Grundsteuer gesetzlich verpflichtet sind, unterliegt die Entscheidung der Ortsbehörde über den beantragten Erlaß den Rechtsmitteln des KAG., da diese den Abgabepflichtigen gegen jede Heranziehung zu einer Gemeindeabgabe zustehen (OVG. 39, 69). — Stellt der Verwaltungsrichter in Verfolg einer auf § 24 KAG. gestützten Klage fest, daß Gemeindesteuerpflicht nicht vorliegt, so hat er auf Freistellung zu erkennen, wenngleich das Grundstück im Kataster noch als steuerpflichtig aufgeführt ist (OVG. 30, 55; 40, 79; 44, 172; VBl. 18, 330; 19, 432; 21, 257; 25, 299; OVG. 72, 141). — Der Tatbestand, an welchen der Anspruch auf Steuerfreiheit gestützt wird, muß zu Beginn des Zeitraums, für den die Steuer gefordert wird, also in der Regel des Steuerjahres, gegeben sein (E. v. 8. XI. 1927. VII. D. 460. 26). — Die Bestimmung in Art. 16 zu d der Ausführungsanweisung, daß unbewohnte landwirtschaftliche und gewerbliche Gebäude steuerfrei seien, ist falsch und unbeachtlich; § 24 hat die Steuerfreiheit auch für Gebäude erschöpfend geregelt und die bezeichnete Art von Gebäuden ist dabei nicht aufgeführt (s. auch bei § 25) (OVG. 70, 193). — § 24 regelt nur die Befreiung von den Grundbesitzsteuern, steht aber der Heranziehung der für steuerfrei erklärten Grundstücke und Gebäude zu Gebühren und Beiträgen nicht entgegen (OVG. 30, 60). — Die Entsch. OVG. 66, 185 betrifft allerdings nur den Fortfall der subjektiven Steuerpflicht mit Ende des Rechnungsjahres, auch wenn die vorgeschriebene Anzeige eingetretener Änderungen unterblieben ist. Allein die dargelegte Deutung des geltenden Rechts trifft dem inneren Grunde nach auch für die Begrenzung der objektiven Steuerpflicht zu. Die entgegenstehende Auffassung in den Entscheidungen OVG. 35, 52 und VBl. 22, 323 wird aufgegeben. Aus der Unterlassung der Anzeige beim Katasteramt von dem im Laufe des Steuerjahres erfolgten Eintritt des die Steuerfreiheit begründenden Verwendungszwecks folgt also nur die Fortdauer der Steuerpflicht bis zum Ende des Rechnungsjahres, während die Steuerpflicht oder Steuerfreiheit des betreffenden Grundstücks im folgenden Rechnungsjahr sich nach den bei seinem Beginn tatsächlich bestehenden Verhältnissen richtet (OVG. 72, 140).

Besondere Gemeindegrundsteuer. Ist gemäß § 64 die Veranlagung auf mehrere Jahre erfolgt, so kann in dem dagegen eingeleiteten Rechtsmittelverfahren auch die Befreiung gemäß § 24 geltend gemacht werden, denn es ist nicht abzusehen, weshalb derjenige, welcher überhaupt nicht steuerpflichtig zu sein glaubt, mit einer vielleicht langwierigen Ermittlung des Grundstückswertes behelligt werden soll, wenn es darauf beim Vorliegen eines die Grundsteuerfreiheit bedingenden Tatbestandes nicht ankommen würde (OVG. 43, 60). — Die Entsch. OVG. 43, 60 hat eine Verpflichtung des Grundstückseigentümers, den Anspruch auf Steuerfreiheit gemäß § 24 bereits gegenüber der von der Heranziehung getrennten Veranlagung des Grundstückswertes geltend zu machen, nicht ausgesprochen. Vielmehr ist der Grundstückseigentümer befugt, gegen die alljährlichen Heranziehungen zu der Steuer alle ihm zu Gebote stehenden Verteidigungsmittel geltend zu machen, mit alleiniger Ausnahme des Einwandes, daß die Veranlagung, d. h. der Prinzipalsteuersatz, unrichtig sei. Denn dies allein ist die Wirkung der nach § 64 von der Heranziehung getrennten Veranlagung (OVG. 50, 108). — Ist auf Grund einer besonderen Gemeindesteuerordnung der gemeine Grundstückswert gemäß § 64 für mehrere aufeinanderfolgende Jahre veranlagt worden, so können die Befreiungsgründe des § 24 sowohl gegen diese Veranlagung als auch gegenüber den alljährlichen Heranziehungen geltend gemacht werden. Die endgültige Entscheidung in einem solchen Verfahren ist auch für die folgenden Jahre bindend. Ebenso jedoch, wie der Steuergläubiger bei erfolgter Freistellung die Befugnis behält, in den folgenden Jahren eine erneute Veranlagung vorzunehmen, wenn die Gründe für die Steuerfreiheit inzwischen fortgefallen sind, darf umgekehrt der Steuerpflichtige, wenn die von ihm beanspruchte Steuerfreiheit seitens des Richters nicht anerkannt war, gegenüber jeder späteren Heranziehung geltend machen, daß inzwischen die Voraussetzungen für die Steuerfreiheit erfüllt seien (OVG. 60, 158).

Teilweise Befreiung.

Die in § 24 bestimmten Befreiungen von Grundstücken kommen nur denjenigen ihrer Teile zu, auf welche die Voraussetzungen der Steuerfreiheit zutreffen (OVG. 60, 159; 74, 135). — Die Vorschrift in § 24 Abs. 3 findet nicht allein im Falle des Abs. 1 zu c, sondern überall da Anwendung, wo ein Grundstück oder Gebäude nur teilweise, d. h. mit einer räumlichen Abteilung zu einem der in Abs. 1 b—k aufgezählten Zwecke bestimmt ist (PVBl. 49, 587). — Kommt die Steuerfreiheit gemäß § 24 Abs. 1f, h, i nur einem Teile der Grundstücke oder Gebäude zu, so muß die auf Freistellung in dieser Hinsicht ergehende Entscheidung die betreffenden Grundstücks- oder Gebäudeteile nach Umfang näher bezeichnen und den Steuerwert der freigestellten und steuerpflichtig bleibenden Teile bestimmen (PVBl. 49, 678).

Im übrigen s. wegen teilweiser Befreiung u. bei B 1a.

B. Im besonderen.

1. Zu Buchst. c.

a) Begriff des öffentlichen Dienstes und Gebrauches.

Unter öffentlichem Dienst und Gebrauch ist im Sinne des § 24 KAG., abgesehen von der Vorschrift in Abs. 2, nichts anderes zu verstehen, als in den Grund- und Gebäudesteuergesetzen v. 21. V. 1861 (GS. 253, 317) zum Ausdruck gebracht ist, nämlich entweder der Gebrauch für eine Behörde (zum öffentlichen Dienst) oder der Gebrauch des Publikums (zum öffentlichen Gebrauch) (OVG. 48, 79). — „Bestimmung zum öffentlichen Gebrauch" bedeutet „zum Gebrauch des Publikums". Das schließt weder eine bestimmte Regelung des Gemeingebrauchs noch die Erhebung eines Entgeltes aus, wenn dabei nicht die Absicht einer Gewinnerzielung überwiegt (OVG. 72, 151; bez. Theater, Stadtbad usw. s. auch unten bei e). Der Begriff des öffentlichen Gebrauchs ist aber ausgeschlossen, wenn die Benutzung nur auf einen eng umgrenzten Personenkreis beschränkt ist, z. B. zugunsten verwundeter Krieger (OVG. 74, 120). — Nach OVG. 48, 79 ist unter einer Bestimmung „zum öffentlichen Gebrauch" im Sinne des Buchst. c die Bestimmung zum Gebrauch des Publikums, also zum Gemeingebrauch, zu verstehen. Auch in OVG. 62, 468 ist nur nebenher erwogen, ob jene Deutung nicht doch als zu eng gefaßt erscheine und man „vielleicht" von einem öffentlichen Gebrauch schon dann sprechen könne, wenn ein Grundstück „öffentlichen Zwecken", d. h. den Zwecken des Staates und der ihm untergeordneten Verbände diene, ohne doch dabei dem Gebrauch des Publikums uneingeschränkt freigegeben zu sein. Zu einer Abänderung der Rechtsprechung haben diese Bedenken jedoch nicht geführt (OVG. 74, 120).

Weitergehend sind folgende, in einer die Hauszinssteuer betreffenden Entscheidung enthaltenen Ausführungen allgemeiner Natur: Zwecke, die zu den gesetzlichen Aufgaben einer öffentlichen Körperschaft dienen, sind zugleich öffentliche Zwecke. Wären sie es nicht, so könnte die Körperschaft selber keine öffentliche sein. Soweit eine Körperschaft im Rahmen ihrer gesetzlichen Zuständigkeit handelt, wird sie für öffentliche Zwecke tätig, es sei denn, daß sie privatwirtschaftlich in den Verkehr tritt und damit private, werbende Zwecke verfolgt. Benutzt sie ein Grundstück zu ihren dienstlichen Zwecken „zum öffentlichen Dienst", so benutzt sie es zugleich zu öffentlichen Zwecken. Benutzt sie es zum öffentlichen Gebrauch, so muß das gleiche gelten. Soweit ist die Benutzung zum öffentlichen Dienst oder Gebrauch in der Benutzung für öffentliche Zwecke enthalten (OVG. 83, 23).

Ist ein Gebäude als Ganzes dem öffentlichen Dienste gewidmet, so ist die Zweckbestimmung des Gebäudes erfüllt, wenn es der Hauptsache nach als Dienstgebäude verwendet wird, und diese Zweckbestimmung wird nicht dadurch beeinträchtigt, daß einzelne Teile von untergeordneter Bedeutung noch nicht in dieser Weise oder vorübergehend noch durch Dritte benutzt werden (PVBl. 32, 317). — Ist ein Grundstück oder Gebäude als ein Ganzes für den öffentlichen Dienst bestimmt, so erstreckt sich die Steuerfreiheit auch auf diejenigen Teile, in denen sich zwar kein öffentlicher Dienst vollzieht, die aber trotzdem den Zwecken des einheitlichen Ganzen und nicht besonderen, anders gearteten Zwecken dienen. So sind bei einer Fabrik, deren Betrieb einen öffentlichen Dienst bildet, auch die Aufenthalts-, Umkleide- und Erholungsräume der Arbeiter und Angestellten steuerfrei (OVG. 52, 143). — Wenn die Bestimmung eines Gebäudes dahin geht, daß es jederzeit zum öffentlichen Dienst zur Verfügung steht, tritt die Steuerfreiheit in dem Zeitpunkt ein, in welchem die betreffende Anordnung der Dienstbehörde und die Gebrauchsfertigkeit vorliegen (PVBl. 32, 647). — Es ist unerheblich, ob das dem Fiskus gehörige Grundstück tatsächlich gerade demjenigen Zweck zugeführt ist, zu dem es erworben war; entscheidend ist allein, ob das Grundstück zur Zeit der Heranziehung irgendeinem, gleichviel welchem, öffentlichen Dienst oder Gebrauch gewidmet war. — Eine unmittelbare Benutzung für einen bestimmten Zweck liegt auch dann vor, wenn ein Raum dazu bestimmt ist, bei Eintreten eines Bedürfnisses je nach dessen verschiedenem Umfange zu diesem Zweck benutzt zu werden, und hierfür zur Verfügung gestellt ist. Wäre es anders, so müßten auch die zeitweise nicht mit Truppen belegten Truppenübungsplätze oder die zeitweise nicht besetzten Räume eines Lazaretts oder die vorübergehend nicht benutzten Teile einer Seuchenstelle für Militärpferde (PVBl. 32, 647) während des Nichtgebrauchs steuerpflichtig sein. Deshalb ist ein nicht benutzter Teil des Lagerplatzes der Militärbahn steuerfrei, wenn er für den Bedarfsfall bereit gehalten wird (OVG. 65, 171). — Die Entscheidung OVG. 60, 154, wonach Steuerfreiheit beim Übergang eines Grundstücks von einem Zweige des öffentlichen Dienstes zu einem anderen auch für die Zwischenzeit zu gewähren ist, weil die Benutzung zu einem öffentlichen Dienst als ein einheitlicher, durch keine selbständige Zwischennutzung unterbrochener Vorgang anzusehen ist, setzt voraus, daß die neue Zweckbestimmung bei der Urteilsfällung verwirklicht ist und deshalb zurückblickend von einer die effektive Bestimmung zu öffentlichen Zwecken nicht unterbrechenden Zwischenzeit gesprochen werden kann (E. v. 2. XI. 1928. VII. C. 76. 27). — Von einer Bestimmung zu einem öffentlichen Dienst oder Gebrauch kann keine Rede sein, wenn das betreffende Grundstück erst mit dem zu diesen Zwecken bestimmten Gebäude besetzt werden soll (PVBl. 24, 311). Das Grundstück muß vielmehr dem öffentlichen Dienst oder Gebrauch bereits übergeben sein (PVBl. 24, 98; s. bei Buchst. i unten bei 7). Der Umstand, daß das Gegenseitigkeitsbesteuerungsgesetz v. 18. VIII. 1925 keine dem § 24 Abs. 1i KAG. entsprechende Vorschrift enthält, steht der sinngemäßen Anwendung obiger Grundsätze auf die Vorschrift in § 4 Abs. 1 des Gesetzes v. 18. VIII. 1925 nicht entgegen. Denn die Gleichstellung der in § 24 Abs. 1c KAG. gebrauchten Worte „bestimmt sind" mit den Worten „benutzt werden" in lit. i folgt notwendig aus dem vom Gerichtshof aufgestellten Erfordernis der unmittelbaren Benutzung eines Grundstücks zum öffentlichen Dienst oder Gebrauch (PVBl. 24, 311). Letztere ist aber gleichbedeutend mit der tatsächlichen Verwendung zu den privilegierten Zwecken (E. v. 26. VI. 1929. VI. D. 276. 28). — Wegen des Gegenseitigkeitsbesteuerungsgesetzes s. auch unten PVBl. 49, 125. — Auch Privatstraßen fallen, solange sie für den öffentlichen Verkehr freigegeben sind, unter die Befreiungsvorschrift des § 24 Abs. 1c, selbst wenn der Eigentümer zur Zurücknahme der Freigabe berechtigt ist. Für den Begriff des „öffentlichen Gebrauchs" ist es nicht erforderlich, daß es sich um einen nach wegerechtlichen Grundsätzen öffentlichen Weg handelt (PVBl. 31, 227). — Die zwecks Durchführung von Kultivierungsarbeiten errichteten Barackenlager sind, auch wenn die Arbeiten aus öffentlichen Mitteln unterstützt werden, nicht zum öffentlichen, sondern zu privatwirtschaftlichen Diensten bestimmt (E. v. 9. VII. 1929. VI. D. 14. 27).

Verpachtete (vermietete) Liegenschaften. Die Befreiung des § 24 Abs. 1c gilt auch dann, wenn der Staat die ihm gehörigen Grundstücke nicht seinen eigenen Zwecken widmet, sondern sie für öffentliche Zwecke dem Reich oder einem Kommunalverband überläßt. Das Nichtvorliegen eines öffentlichen Zweckes kann dabei nicht schon allein aus der Höhe der Pachtsumme geschlossen werden; es kommt vielmehr darauf an, ob bei der Verpachtung der Wille des Eigentümers auf Erzielung eines wirtschaftlichen Nutzens gerichtet war (VBl. 49, 1039). — Steuerfrei ist ein Grundstück nicht nur dann, wenn es der Eigentümer selbst zu einem öffentlichen Dienst oder Gebrauch benutzt, sondern auch dann, wenn er es einem anderen zu diesen Zwecken überlassen hat und die Benutzung in dieser Weise stattfindet (VBl. 39, 320). — Das trifft z. B. zu, wenn eine Gemeinde Grundstücke und Gebäude dem Militärfiskus zu einem unmittelbaren öffentlichen Dienst zur Verfügung stellt. Die Steuerfreiheit ist aber nach VBl. 29, 970; 32, 484 ausgeschlossen, wenn die Verpachtung oder Vermietung im wesentlichen zur finanziellen Nutzbarmachung geschieht (E. v. 21. I. 1927. VII. D. 6. 25). — Eine zwecks Errichtung eines Zirkusgebäudes auf bestimmte, wenn auch kurze Zeit verpachtete Fläche eines Exerzierplatzes ist steuerpflichtig, wenn sich der Verpächter (Reichsmilitärfiskus) nicht die jederzeitige Lösung des Pachtverhältnisses vorbehalten hat und die Fläche daher nicht jederzeit zur Benutzung durch die Heeresverwaltung zur Verfügung steht (VBl. 36, 40). — Anderweitige Nebennutzung schließt die Anwendung des Buchstaben c nicht aus (VBl. 32, 484; OVG. 38, 163). — Wegen der Einzelfälle, in welchen die Bestimmung zu einem öffentlichen Dienst oder Gebrauch anzuerkennen oder zu verneinen ist, s. unten bei b—f, wegen Dienstwohnungen bei III.

b) Grundstücke des Reiches.

Dadurch, daß das Grundstück zu dem Zwecke erworben ist, im Kriegsfall mit fortifikatorischen Werken bebaut zu werden, ist es Teil des Festungsgeländes geworden und unmittelbar zum öffentlichen Dienst bestimmt. Das würde nach VBl. 22, 336 ausgeschlossen sein, wenn das Grundstück einem Dritten derart zur Nutzung überwiesen wäre, daß die Verfügungsgewalt des Eigentümers zeitweise aufgehoben wäre (s. oben bei a). Um eine solche Zwischennutzung handelt es sich hier aber nicht, sondern um eine Nebennutzung, weil sich der Eigentümer die jederzeitige Auflösung des Pachtverhältnisses vorbehalten hat (OVG. 52, 145). — Ein reichsfiskalischer Schießplatz ist zum öffentlichen Dienste bestimmt. Diese Eigenschaft verliert er nicht dadurch, daß er teilweise zur Weide- und Grasnutzung verpachtet ist und insoweit einen Ertrag gewährt (OVG. 38, 165). — S. aber oben bei a unter Verpachtete Liegenschaften. — Das gleiche gilt hinsichtlich eines Exerzierplatzes, und zwar auch dann, wenn der Fiskus nicht Eigentümer, sondern nur Pächter des Platzes ist. Die Steuerpflicht tritt jedoch ein, wenn der Grundstückseigentümer die Verpachtung ohne Rücksicht auf den militärischen Zweck, vielmehr zur Verfolgung eigener anderer Zwecke nicht öffentlicher Art vorgenommen hat (VBl. 29, 970; 32, 484).

Darin, daß der Staat ein Grundstück dem Reich zu dem Zwecke überläßt, damit es zum öffentlichen Dienst verwendet wird, liegt die Bestimmung des Grundstücks zu einem öffentlichen Dienst seitens des Staates, und zwar auch dann, wenn die Überlassung des Grundstücks gegen Entgelt erfolgt. Die Tätigkeit der Reichspost ist in allen ihren Teilen öffentlicher Dienst (VBl. 32, 26). (Nach OVG. 80, 144 ist die Deutsche Reichspost auch nach Erlaß des Reichspostfinanzgesetzes nichts anderes als ein nur in beschränktem Umfange selbständig gemachter Teil des Reichsfiskus, und stehen ihr auch alle Vorrechte desselben zu.) — Auch Staatsdomänen, die zwecks Aufzucht von Militärpferden an das Reich verpachtet sind, dienen unmittelbar einem öffentlichen Dienst. Allerdings liegt die Fürsorge für die Wehrmacht nach der RV. dem Reich ob. Dadurch ist aber nur das Reich in seinen Forderungen gegenüber den Einzelstaaten beschränkt, nicht aber sind letztere an der Beschaffung von Einrichtungen für das Heer behindert (OVG. 74, 44). — S. auch bei a wegen Verpachtung.

Die Steuerbefreiung, welche gemäß § 24 Abs. 1c KAG. früher dem preußischen Staate für seine Eisenbahndienstgebäude zustand, ist auf die Reichsbahngesellschaft übergegangen (E. v. 8. X. 1929. II. C. 51. 29).

Nach § 4 des Gegenseitigkeitsbesteuerungsgesetzes v. 10. VIII. 1925 ist die für reichseigene Grundstücke, welche zu einem öffentlichen Dienste oder Gebrauche dienen, vorgesehene Befreiung von staatlichen und kommunalen Realsteuern dann nicht gegeben, wenn die Grundstücke zu Wohnzwecken dienen, es sei denn, daß einer der Ausnahmefälle in § 4 Ziff. 2 Satz 2 vorliegt (s. u. bei III). Deshalb ist die vom Reich auf Verlangen des Feindbundes zur Unterbringung der französischen Gendarmen und ihrer Familien errichtete Kaserne, abgesehen von den eigentlichen Diensträumen, steuerpflichtig. Der Einwand, daß die Errichtung nicht nur zur Milderung der Wohnungsnot, sondern auch deshalb erfolgt ist, um die sachgemäße Durchführung des Gendarmeriedienstes zu sichern, ist unbeachtlich, da gegenüber der eindeutigen Vorschrift in § 4 a. a. O. eine weitere Prüfung, ob und inwieweit ein zu Wohnzwecken benutztes reichseigenes Grundstück gleichwohl als zu einem öffentlichen Dienst und Gebrauch bestimmt angesehen werden muß, ausgeschlossen ist. Die entgegengesetzte Entscheidung v. 10. XII. 1926 (VBl. 48, 410) beruhte auf der früheren Rechtslage nach dem Reichsbesteuerungsgesetz v. 15. IV. 1911 (VBl. 49, 125). — Wassergrundstücke des Reichs. Waren die Grundstücke nach Inkrafttreten der Kabinettsorder v. 8. VI. 1834 (GS. 87) als bebaute zu öffentlichen Zwecken erworben, so müssen, auch wenn inzwischen die Gebäude beseitigt und die Grundstücke als Teil eines Reichskriegshafens zu Wassergrundstücken umgewandelt sind, diejenigen Realsteuern, die zur Zeit der tatsächlichen Widmung zum öffentlichen Dienste geleistet sind, fortentrichtet werden. Denn die Grundstücke haben weder ihre Eigenschaft als Grundstücke noch ihre Gemeindezugehörigkeit verloren (OVG. 56, 169). — Wegen der Kabinettsorder s. im übrigen unten bei IV.

c) Grundstücke des Staates.

Ist auch der Eisenbahnbetrieb des Staates ein gewerbliches Unternehmen, so stellen doch die auf Organisation, Oberleitung und Beaufsichtigung des Betriebes und der Beamten bezüglichen Geschäfte staatliche Maßnahmen dar. Dementsprechend sind die Geschäftsräume der Eisenbahndirektionen, der Betriebs-, Maschinen-, Verkehrs-, Werkstätten- und Telegrapheninspektionen und der Neubauverwaltungen, als zu einem öffentlichen Dienst bestimmt, steuerfrei. Nicht aber die Stationsgebäude, Güter- und Lokomotivschuppen, Reparaturwerkstätten, Wassertürme, Vorratsräume, Wartesäle und alle für den Dienst des technischen Betriebspersonals bestimmten Räume (OVG. 48, 87). — Im Bereich der staatlichen Bergbauverwaltung sind nur diejenigen Gebäude steuerfrei, welche für den Dienst der mit der Organisation, oberen Leitung und Beaufsichtigung des Bergbaues — auch des privaten — betrauten Staatsbehörden, aber nicht diejenigen, welche zu Zwecken des technischen Betriebes bestimmt sind (OVG. 48, 88). — Die Bergwerksdirektionen sind staatliche Administrativbehörden und ihre Dienstgebäude daher als für den öffentlichen Dienst bestimmt steuerfrei (VBl. 29, 871). — Die (früher) Königlichen Theater verfolgen in erster Linie nicht die Absicht der Gewinnerzielung, sondern bezwecken die Hebung des Kunstverständnisses im Publikum durch Darbietung möglichst vollkommener künstlerischer Leistungen. Das ergibt sich schon daraus, daß die Krone (jetzt der Staat) regelmäßig einen verlorenen Zuschuß zum Betriebe leistet. Sie dienen daher dem öffentlichen Gebrauch (OVG. 72, 151). — Wegen städtischer Theater s. unten bei e.

Ein bei der Verpachtung der fiskalischen Fährgerechtigkeit an den jeweiligen Fährmeister verpachtetes Wohnhaus, das gleichzeitig zur Unterbringung des Fährknechts benutzt wird, ist nicht steuerfrei. Wenn auch die Tätigkeit des Fährmeisters und Fährknechts der wirtschaftlichen Wohlfahrt dient, so handelt es sich doch nicht um einen Zweig der öffentlichen Verwaltung. Ebensowenig ist das Gebäude zum öffentlichen Gebrauch bestimmt, sondern nur die Fähre, noch kann es als ein Zubehör derselben angesehen werden, da darunter nur bewegliche, den wirtschaftlichen Zwecken der Hauptsache dienende Sachen zu verstehen sind (VBl. 49, 589).

S. auch oben bei a wegen Verpachtung fiskalischer Liegenschaften an das Reich oder Kommunalverbände.

Die Vorschriften unter Buchst. c beziehen sich nur auf den preußischen Staat und seine Kommunalverbände. Die Steuerbefreiung von Grundstücken, welche fremden Staaten gehören, ist unter Buchst. b erschöpfend geregelt. Sämtliche unter Buchst. a—k angeführten Vorschriften stellen Ausnahmen von der regelmäßigen Gemeindesteuerpflicht dar, und daher ist nach allgemeinen Rechtsgrundsätzen ihre ausdehnende Auslegung unstatthaft. Sonst hätte auch die Bezugnahme der AusfAnw. in Art. 16 Abs. 1 auf § 1 Abs. 2 des Gesetzes über die Rechtsverhältnisse der zum dienstlichen Gebrauch einer Reichsverwaltung dienenden Gegenstände v. 25. V. 1873 (RGBl. 113) — des Vorläufers des Reichs- bzw. Gegenseitigkeitsbesteuerungsgesetzes — keinen Zweck gehabt (OVG. 76, 237). — Ist die für die Steuerpflicht entscheidende Frage, ob das Seebadeunternehmen in N. als Ganzes vom Staate in der Absicht der Gewinnerzielung betrieben wird oder nicht (OVG. 48, 79), zu bejahen, so folgt daraus nicht, daß der gesamte fiskalische Grundbesitz in N. als wirtschaftliche Einheit den Gegenstand dieses Betriebes bildet. Es besteht die Möglichkeit, daß Teile der in gewinnbringender Absicht verwerteten Grundstücke zu einem öffentlichen Gebrauche bestimmt und darum steuerfrei sind, wie es umgekehrt nicht ausgeschlossen ist, daß bei Verneinung der Gewinnabsicht für das Unternehmen im ganzen einzelne Teile nicht zum öffentlichen Gebrauch bestimmt sind. Die Ausnutzung des Badestrandes, auf welchem der Fiskus unter Ausschluß des Gemeingebrauchs Badekarren gegen Entgelt zur Verfügung stellt, geschieht in Erwerbsabsicht. Ob ein Recht zu dieser Beschränkung des Gemeingebrauchs besteht, ist nebensächlich, da sie tatsächlich und nicht etwa aus polizeilichen Rücksichten stattfindet. Hinsichtlich der Gartenanlagen kommt es darauf an, ob es sich tatsächlich um einen für die Badegäste reservierten Gebrauch oder um einen eingeschränkten Gemeingebrauch handelt (OVG. 62, 303).

d) Kommunalverbände und öffentliche Körperschaften.

α) Begriffsbestimmung der Kommunalverbände usw.

Kommunale Verbände sind öffentlich-rechtliche Körperschaften, welche die Bewohner eines bestimmt abgegrenzten Gebietes des Staates umfassen (Gebietskörperschaften) und für ihr Gebiet sowohl die Wahrnehmung gewisser obrigkeitlicher Obliegenheiten als auch die Wohlfahrtspflege in wirtschaftlicher, geistiger und sittlicher Hinsicht in Form der Selbstverwaltung zum Gegenstande haben. Ein Knappschaftsverein gehört nicht dazu, da er weder alle Bewohner eines räumlich abgegrenzten Gebietes umfaßt, noch die Wahrnehmung obrigkeitlicher Obliegenheiten zur Aufgabe hat (VBl. 33, 200; E. v. 27. III. 1928. VI. D. 41. 26).

Eine zum Betriebe eines Kraftwerkes aus Kommunalverbänden gebildete G. m. b. H. ist selbst kein „sonstiger kommunaler Verband" (VBl. 47, 491), da die Korporationseigenschaft fehlt (VBl. 47, 491; E. v. 8. X. 1926. VII. D. 149. 25). — Eine Ortskrankenkasse gehört nicht zu den „kommunalen Verbänden" im Sinne des § 24 Abs. 1c, da sie weder als Gebietskörperschaft alle Bewohner eines bestimmt abgegrenzten Bezirks umfaßt, noch die Wahrnehmung obrigkeitlicher Obliegenheiten zur Aufgabe hat (OVG. 80, 15). (Letzteres ist in der Entsch. OVG. 83, 26, welche die Ortskrankenkassen als öffentlichen Zwecken dienende öffentliche Körperschaften für hauszinssteuerfrei erklärt, mit der Begründung bejaht, daß die Ortskrankenkassen öffentliche Aufgaben des Reiches, nämlich die Sozialversicherung, als Selbstverwaltungskörper kraft gesetzlichen Auftrages durchführten.) — Die Emschergenossenschaft ist, da die einzelnen Bewohner des Genossenschaftsgebietes nicht ihrer Gebietshoheit unterworfen sind, kein Kommunalverband im Sinne des Buchst. c. Sie stellt auch keinen Verband von Gebietskörperschaften dar; denn zu der Genossenschaft sind nicht Kreise und Gemeinden, sondern nur „Beteiligte", nämlich Bergwerke, andere gewerbliche Unternehmungen und Gemeinden zusammengefaßt, letztere also auch nur, soweit sie „Beteiligte" sind (VBl. 38, 418). — Diensträume der Altersversicherungsanstalt sind nicht steuerfrei, weil die Anstalt, wenngleich sie von Provinzialbeamten zu verwalten ist, doch keinen kommunalen Verband im Sinne des Buchst. c darstellt (VBl. 20, 215). — Die mit juristischer Persönlichkeit ausgestatteten Landschaften bilden die Vermittler zwischen ihren Mitgliedern und dem Publikum, um Kapitalien aufzunehmen und zu tilgen. Sie erfüllen demnach keine kommunalen Aufgaben im Sinne der Gemeindeverfassungsgesetze und gehören daher nicht zu den kommunalen Verbänden im Sinne des § 24 (VBl. 18, 108). — Obschon die Landwirtschaftskammern öffentlich-rechtliche Körperschaften sind, denen in gewissem Umfange staatshoheitliche Aufgaben und Befugnisse überwiesen sind und deren Organisation den kommunalen Verbänden nachgebildet ist, stellen sie selbst doch keine „Gebietskörperschaften" und deshalb keine kommunalen Verbände im Sinne des Buchst. c dar. Ob der Gesetzgeber unter den „sonstigen kommunalen Verbänden" auch solche Verbände hat einbegreifen wollen, denen der Staat kraft Gesetzes die Ausübung von Staatshoheitsrechten übertragen hat und denen er zur Wahrnehmung dieser Rechte Mittel zuwendet, kann dahingestellt bleiben, da jedenfalls ein solcher Wille im Gesetz nicht zum Ausdruck gekommen und die sinngemäße Anwendung eines Steuerprivilegs auf andere, nach dem klaren Wortlaut des Gesetzes nicht erfaßte Fälle ausgeschlossen ist (VBl. 35, 77).

Wegen Verpachtung der Grundstücke kommunaler Verbände an Dritte zum öffentlichen Dienst und Gebrauch s. oben bei a.

β) Grundstücke und Gebäude der weiteren Kommunalverbände usw.

Anstalten der Provinzen, welche eine von dem Provinzialverbande gesonderte selbständige juristische Persönlichkeit haben, können sich nicht auf die für Provinzen geltenden Befreiungsvorschriften in § 24 Abs. 1c KAG. berufen. Deshalb sind die Dienstgebäude einer Provinzial-Brandschaden-Versicherungsanstalt nicht steuerfrei (OVG. 40, 78). — Auch eine im Haushaltsplan ausgesprochene Benutzungsabsicht schafft nicht die „Bestimmung", wenn Maßnahmen unterbleiben, die geeignet sind, die betreffenden Grundstücke in der Tat der „Bestimmung" dienstbar zu machen. Steht es fest, daß die Landwirtschaft einer Provinzial-Irrenanstalt hauptsächlich das Wohl der Kranken fördern will, so ist es gleichgültig, ob die Einrichtung zweckmäßig, übermäßig ausgedehnt oder gleichzeitig auf die Erzielung eines möglichst hohen Ertrages gerichtet ist. Gegen die Annahme eines sanitären Zweckes spricht es dagegen, wenn offensichtlich bei der Einrichtung der Hauptwert auf einträgliche Kulturen gelegt wird, welche die Beschäftigung von Kranken in der ihnen besonders heilsamen Art nicht oder nur in geringem Umfange zulassen (OVG. 43, 119). Ist hiernach Steuerfreiheit zu gewähren, so umfaßt sie auch sämtliche dem Landwirtschaftsbetriebe dienenden Wohn- und Wirtschaftsgebäude, da sie notwendiger, ergänzender Bestandteil der Landwirtschaft sind (VBl. 48, 501).

Zweckverbände haben nach § 6 Abs. 2 des Gesetzes v. 19. VII. 1911 (GS. 115) die Rechte einer öffentlichen Körperschaft, sofern dieses Recht sämtlichen Verbandsmitgliedern für sich zusteht. Bei dem Zweckverband Edertalsperre werden aber die Verbandsgrundstücke nur von den Verbandsorganen selbst unmittelbar benutzt, und diese Organe bilden keine öffentliche Behörde. Die Benutzung findet daher nicht im öffentlichen Dienst statt. Ebensowenig liegt ein unmittelbarer Gebrauch durch das Publikum vor. Denn die Einwohner der zugehörigen Landkreise beziehen nur den auf den Grundstücken erzielten elektrischen Strom, nutzen also die Grundstücke nur mittelbar (E. v. 19. III. 1926. VII. D. 12. 25). — Das gleiche gilt wegen eines zur Unterhaltung einer Jungviehweide gebildeten Zweckverbandes. Die Grundstücke sind weder zu einem öffentlichen Dienst bestimmt noch, da sie nur von einem Teil der Gemeindemitglieder aus den zusammengeschlossenen Gemeinden genutzt werden, zu einem öffentlichen Gebrauch (E. v. 19. III. 1926. VII. D. 24. 25).

Eine Kreisbaumschule ist nicht nur dann zu einem öffentlichen Dienst bestimmt, wenn die aufgezogenen Obstbäume zur Bepflanzung der öffentlichen Kreisstraßen bestimmt sind, sondern auch, wenn sie zwecks Hebung der Obstbaumkultur an Kreiseingesessene verkauft werden, da dieser Verkauf zu gemeinnützigen Zwecken erfolgt (PVBl. 36, 776). — Der beim Kreisständehaus befindliche Park könnte nur dann steuerfrei sein, wenn er nicht dem LR. zur Benutzung als Teil seiner sogenannten „Dienstwohnung" überwiesen worden wäre, sondern ein Zubehör der zum öffentlichen Dienst bestimmten und daher steuerfreien Räume des Kreisständehauses bildete (PVBl. 36, 776).

e) Gemeindegrundstücke.

Ein städtisches Theaterunternehmen, das trotz großer Aufwendungen nur die Förderung des öffentlichen Interesses verfolgt, kann nicht als ein gewerbliches Unternehmen gemäß § 3 KAG. (OVG. 48, 79, 84; PVBl. 47, 516) angesehen werden. Es liegt vielmehr, ebenso wie dies in OVG. 72, 151 hinsichtlich der früheren Königlichen Theater anerkannt ist (s. oben bei c), eine Bestimmung zum Gebrauch durch das Publikum, d. h. zum öffentlichen Gebrauch vor (PVBl. 48, 563). Das gilt auch dann, wenn bei dem Erwerbe des Theaters Gewinnabsichten mitgespielt haben sollten; denn nach OVG. 65, 166 sind allein die Verhältnisse zur Zeit der Veranlagung maßgebend (E. v. 17. VI. 1927. VII. D. 408. 26). — Auch ein an einen Unternehmer verpachtetes städtisches Theater genießt wegen öffentlichen Gebrauchs Steuerfreiheit, da die Stadt keinen Mietszins erhebt, sondern noch einen Zuschuß zahlt und sich eine gewisse Einwirkung auf den Spielplan vorbehalten hat (PVBl. 49, 174). — Wenn eine lediglich zu öffentlichen Kundgebungen, Gedenkfeiern usw., also nicht zu Gewinnzwecken errichtete Stadthalle gelegentlich an einen Verein vermietet wird, so schließt das die Steuerfreiheit nicht aus, da es auf die Hauptbestimmung des Gebäudes ankommt. Die Restaurationsräume sind steuerpflichtig (PVBl. 49, 267). — Bei einem Stadtbade kommt es darauf an, ob nicht nur zur Deckung eines entstandenen Fehlbetrages, sondern grundsätzlich regelmäßige städtische Zuschüsse gewährt werden, sowie, ob die geforderten Benutzungspreise niedriger sind als bei einem gewerblichen Betriebe und die Unkosten nur teilweise decken (PVBl. 49, 526). Ebenso E. v. 20. XI. 1928. VI. D. 170. 27. — Der Gebrauch durch das Publikum braucht kein schrankenloser zu sein und verbietet nicht die Erhebung eines Eintrittsgeldes. Ob ein zoologischer Garten zwecks Gewinnerzielung oder zum Gebrauch des Publikums von der Stadt betrieben wird, hängt von den Tatumständen, wie regelmäßiger Zuschußverpflichtung der Stadt usw., ab (E. v. 30. X. 1928. VI. D. 32. 26). — Gemeindegebäude, die von einer Straßenbahn zu Bürozwecken benutzt werden, sind nicht dem öffentlichen Dienst gewidmet. Das gilt auch dann, wenn die Geschäftsanteile der die Straßenbahn betreibenden G. m. b. H. sich ganz oder teilweise im Eigentum der Gemeinde befinden oder die Straßenbahn von der Gemeinde selbst betrieben wird, denn der Betrieb ist immer auf Gewinn gerichtet, also ein gewerblicher. Ob der Gewinn für gemein- oder für eigennützige Zwecke verbraucht wird, ist gleichgültig. Ein Gewerbebetrieb läge nur dann nicht vor, wenn die Förderung des öffentlichen Interesses der eigentliche, wesentliche Zweck, die Gewinnerzielung aber nur eine zufällige, gelegentliche, nebensächliche Folge bildet (OVG. 75, 252; s. oben bei § 3). Daß die Diensträume der früheren preußischen Staatsbahn als für einen öffentlichen Dienst bestimmt angesehen wurden, beruhte auf der Behördeneigenschaft der betreffenden Stellen (PVBl. 47, 516). — Von einem Gebrauch durch das Publikum kann bei einem Wasserwerk nicht die Rede sein, da, wenn auch das Publikum das durch das Werk geförderte und gebrauchsfertig gemachte Wasser benutzt, keine unmittelbare Benutzung des Werkes durch das Publikum vorliegt (PVBl. 49, 145). Einem öffentlichen Dienst, d. h. dem Gebrauch einer öffentlichen Behörde, würde das Werk gewidmet sein, wenn es im Sinne des § 4 KAG. als eine öffentliche Gemeindeanstalt und nicht als ein Gewerbebetrieb der Gemeinde anzusehen wäre. Ob dies zutrifft, hängt von den Umständen des Einzelfalles ab (PVBl. 29, 911). Dabei ist nach OVG. 48, 85 und PVBl. 47, 516 ein Gewerbebetrieb nur dann als ausgeschlossen anzusehen, wenn die Förderung des öffentlichen Interesses den einzigen oder doch den wesentlichen Zweck und die Gewinnerzielung nur eine nebensächliche Begleiterscheinung bildet (PVBl. 50, 145, 332). — S. auch bei § 3.

Ob eine städtische Holzung, Grünanlage usw. lediglich als Erholungsstätte und als zum öffentlichen Gebrauch bestimmt anzusehen ist, hängt in erster Linie nicht von ihrer äußeren Ausgestaltung, sondern von der Art der Bewirtschaftung, den durch die Zweckbestimmung bedingten geringeren Nutzungen und den besonderen Aufwendungen ab. Ist die Frage zu bejahen, so umfaßt die Steuerfreiheit das ganze Areal und nicht nur die Wege und Plätze (PVBl. 48, 574; 49, 125).

Bei Rieselfeldern ist die unmittelbare Bestimmung zu einem öffentlichen Zweck zu bejahen, wenn die Abwässerklärung der Hauptzweck, die landwirtschaftliche Nutzung und die Erzielung von Erträgnissen nur ein Nebenzweck ist (PVBl. 48, 284). — Die Abwässerklärung bildet nicht den Hauptzweck der Rieselfelderwirtschaft, weil die Stadt M. sich für diese entschieden hat, trotzdem zur Abwässerklärung technisch gleichwertige andere Mittel zur Verfügung standen, weil die aus der Bewirtschaftung der Rieselflächen erzielten und die Entwässerungskosten mindernden Erträge dem Allgemeininteresse der Stadt zugute kommen und weil das gewählte System die Erschließung von Ödland und damit eine Hebung der Landeskultur ermöglicht (OVG. 53, 139). — Rieselland eines Arbeitshauses ist auch dann, wenn zu seiner Anlegung nicht Klärzwecke bestimmend gewesen sind, zum öffentlichen Dienst bestimmt, wofern für die Bewirtschaftung nicht die Absicht, Erträge zu erzielen, sondern die Anstaltsinsassen zur Arbeit zu erziehen, maßgebend ist (PVBl. 48, 284).

2. Zu Buchst. d.

a) Schienenwege.

Befreit sind alle durchlaufenden Schienenwege und die mit Schienen bedeckten Teile einer Bahnhofsanlage (OVG. 47, 76). In diesem Sinne gelten als Schienenwege nur die mit Gleisen bedeckten und die zwischen ihnen liegenden Grundflächen sowie die Flächen, welche Zubehör des Bahndamms mit seinen Böschungen und Seitengräben sind (OVG. 48, 80). — Die Auslegung in OVG. 47, 78, daß Schienenwege deshalb befreit sind, weil die betreffenden Grundflächen durch die Art des Ausbaues der Kultur entzogen sind und es an jedem Maßstab für die Besteuerung fehlen würde, gilt nur für unbebaute Grundstücke, nicht für Gleise auf einer Bodenfläche, die als Bauplatz dient und ein Gebäude trägt oder einen zu einem Gebäude gehörigen Hofraum darstellt. Im übrigen ist es für die Steuerfreiheit der Gleisanlagen wesentlich, daß sie Wegecharakter tragen und dem Verkehr zwischen verschiedenen Orten dienen (PVBl. 47, 516). — Die Steuerfreiheit der Schienenwege umfaßt nicht die Gebäude einer Hauptwerkstätte (PVBl. 28, 550; 32, 169; 37, 632). — Ebensowenig die Bahnsteige und Ladestraßen, da sie lediglich dem Transportgewerbe dienen (OVG. 48, 79), wohl aber diejenigen Weichen, Stellwerke und Signalanlagen, welche wegen ihrer mechanischen Verbindung mit den Schienenanlagen einen Teil derselben bilden (OVG. 74, 133). — Die Werte, „welche mit Genehmigung des Staates angelegt sind“, beziehen sich nur auf „Eisenbahnen“, nicht auf „Schienenwege“ (PVBl. 37, 633). — Unter Schienenwegen im Sinne des Buchst. d sind nur solche zu verstehen, die der Beförderung von Ort zu Ort dienen; dazu gehören nicht nur die durchlaufenden Hauptgleise, sondern auch die Rangier- und Verbindungsgleise (PVBl. 37, 632), nicht aber Gleise, die zur Aufbewahrung der nicht im Verkehr befindlichen Wagen dienen (PVBl. 32, 169) oder zu Reparaturwerkstätten führen (PVBl. 28, 552; 37, 633).

Wegen Eisenbahngebäuden s. oben bei 1c.

b) Kanäle usw.

Die für die künftige Verbreiterung eines schiffbaren Kanals bestimmten Grundstücke sind noch nicht zum Kanal oder dessen Zubehör in Anspruch genommen und dienen daher auch noch nicht einem öffentlichen Gebrauch (PVBl. 24, 216). — Das Merkmal des öffentlichen Gebrauchs im Sinne des Buchst. d bestimmt sich bei Genossenschaftskanälen nicht sowohl nach der satzungsgemäßen als auch vielmehr nach der tatsächlichen Ausdehnung des Gebrauchs auf das Publikum (PVBl. 49, 126). — § 24 Abs. 1d bezieht sich nur auf Kunststraßen und die mit staatlicher Genehmigung zum öffentlichen Gebrauch angelegten schiffbaren Kanäle, nicht allgemein auf Wege und Gewässer (E. v. 6. XII. 1927. VII. D. 447. 26).

3. Zu Buchst. e.

Der Elbumflutkanal, welcher das Strombett bei hohem Wasserstande durch Aufnahme eines Teiles des Wassers entlasten soll, ist keine Be- oder Entwässerungsanlage. Er bildet auch keinen Teil der Deichanlage. Als solche sind nur Dämme anzusehen, welche bestimmt sind, die Ausbreitung des fließenden Wassers auf die zu schützenden Ländereien zu verhindern, nicht aber das Bett des Wasserlaufs selber und das innerhalb der Deiche liegende, zeitweise überschwemmte Vorland (PVBl. 20, 512). — Eine Talsperrengenossenschaft, die in erster Linie zu dem Zwecke gebildet ist, um durch Anlage von Sammelbecken gewerbliche Interessen zu fördern, wird dadurch nicht zu einem Ent- oder Bewässerungsverband, auch wenn nach Sicherung des Wasserbedarfs für den eigentlichen Zweck des Unternehmens das überschüssige Wasser der Sammelbecken und zugehörigen Wasserläufe für Zwecke der Landwirtschaft nutzbar gemacht wird (OVG. 41, 84). — Deichanlagen sind Dämme, die dazu bestimmt sind, die Ausbreitung des Wassers auf die zu schützenden Ländereien zu hindern, und ihr Zubehör (Böschungen), nicht aber das Bett des eingedeichten Wasserlaufs und das innerhalb der Deiche liegende, zeitweise überflutete Vorland (OVG. 32, 153; E. v. 27. V. 1927. VII. D. 136. 25). — Das sogenannte Achtzehnrutenland in Schleswig-Holstein ist durch die auf ihm ruhende Verpflichtung, den für die Instandhaltung der Deiche erforderlichen Boden zu liefern, noch nicht Bestandteil oder Zubehör der Deiche geworden und daher steuerpflichtig (PVBl. 49, 173).

4. Zu Buchst. f.

a) Befreite Anstalten.

Für die Steuerfreiheit der Universitätsgebäude ist die Bestimmung des Unterrichtsministers maßgebend, daß sie den Unterrichtszwecken der Universität dienen sollen (PVBl. 31, 749).

Öffentlich ist der Unterricht nur dann, wenn er im Rahmen der staatlich gestellten Aufgaben dessen, der den Unterricht darbietet, und im öffentlichen Interesse erteilt wird (OVG. 64, 257). Letzteres ist der Fall, wenn die Schule allen, welche die vorgeschriebenen Voraussetzungen erfüllen, zugänglich ist (OVG. 64, 259). Ob das fragliche Seminar hierunter fällt, ist nach seiner Stellung zu den staatlichen Unterrichtsbehörden, nach den Aufnahmebedingungen und nach der Bedeutung der Abgangszeugnisse zu beurteilen (PrVBl. 47, 517). — Nach Erlaß der RV. muß für private Schulen durch Erteilung der in Art. 145, 146 vorgeschriebenen Genehmigung festgestellt sein, daß sie die Stelle einer öffentlichen Schule vertreten und demgemäß der ihnen erteilte Unterricht den Charakter des öffentlichen Unterrichts hat (OVG. 82, 15). — Bei der von der Landwirtschaftskammer unterhaltenen landwirtschaftlichen Haushaltungsschule in X. hält sich der Unterricht nach dem mitgeteilten Plan im Rahmen der staatlich gestellten Aufgabe; denn der Staat hat nach § 14 des Dotationsgesetzes v. 8. VII. 1875 (GS. 467) die Unterstützung der niederen landwirtschaftlichen Schulen, zu denen auch die Haushaltungsschulen zählen, den Provinzialverbänden überlassen. Der Provinzialverband S. hat daher in Erfüllung dieser Aufgabe gehandelt, wenn er die Errichtung der fraglichen Schule, deren Errichtung von der Landwirtschaftskammer zum Zwecke der Erfüllung der den Kammern durch § 2 des Gesetzes v. 30. VI. 1894 aufgegebenen Pflichten in Aussicht genommen war, durch finanzielle Beiträge ermöglichte. Da der Unterricht ferner allen, die vorgeschriebenen Voraussetzungen erfüllenden Personen zugänglich ist, handelt es sich auch um einen öffentlichen Unterricht. Da somit die Voraussetzungen für die Steuerfreiheit nach Buchst. f gegeben sind, kam es auf die Behauptung des Beklagten, daß dieser Unterricht hinter den angeblich mit der Schule verfolgten Zwecken eines Pensionats oder einer Erziehungsanstalt völlig zurücktrete, nicht weiter an (OVG. 64, 259). — Bei denjenigen Schulen jedoch, welche, wie eine kommunale Gartenbauschule, nicht als Ersatz für eine öffentliche Schule nach Art. 147 RV. dienen, kommt es nach wie vor auf das Kriterium in OVG. 64, 257 an. Da die Gemeinden die Aufgabe haben, alles in den Bereich ihrer Wirksamkeit zu ziehen, was die Wohlfahrt des Ganzen sowie die materiellen Interessen und die geistige Entwicklung des einzelnen fördert, so liegt es auch im Rahmen ihrer Aufgaben, Unterrichtsanstalten auf wirtschaftlichem Gebiete für Erwachsene (Fachschulen usw.) zu errichten. Demnach ist der an der Obst- und Gartenbauschule in G. erteilte Unterricht als ein öffentlicher im Sinne des § 24 Abs. 1f anzusehen, wenn er allen Personen zugänglich ist, welche die vorgeschriebenen Voraussetzungen erfüllen (PrVBl. 49, 1009). — Die Befreiungsvorschrift zugunsten der dem öffentlichen Unterricht dienenden Gebäude kommt dann nicht zur Anwendung, wenn der Lehrzweck hinter dem erzieherischen zurücktritt, wie bei einem mit einem Gymnasium verbundenen Internat (E. v. 11. X. 1927. VII. D. 52. 27). — S. unten bei b, wegen der kirchlichen Internate auch bei 6 und 7.

Die Hufbeschlagslehranstalten sind zu den niederen landwirtschaftlichen Lehranstalten zu rechnen; sie gehören daher in den Bereich des Unterrichtswesens. Ihrer Errichtung durch die Kreiskommunalverbände steht ein gesetzliches Hindernis nicht entgegen, da der Umfang der dem Kreise gesetzlich gestellten Aufgaben nicht geschlossen ist. Der Kreis kann daher auch wirtschaftliche Unterrichtsanstalten für seine Eingesessenen errichten. Selbst wenn einer Kreis-Hufbeschlagslehrschmiede die im G. vom 18. VI. 1884 (GS. 305) vorgesehene Befugnis zur Ausstellung von Prüfungszeugnissen nicht beigelegt ist, so wird doch der Unterricht dort im öffentlichen Interesse erteilt, falls die Anstalt allen die vorgeschriebenen Voraussetzungen erfüllenden Personen zugänglich ist; sie ist dann zum öffentlichen Unterricht i. S. des § 24 Abs. 1 f KAG. bestimmt. Hieran ändert auch der Umstand nichts, daß die Lehrschmiede verpachtet ist, wenn ihre Verpachtung nicht zur finanziellen Ausnutzung der Anlage, sondern zur Ermöglichung der Unterrichtserteilung vorgenommen ist (PrVBl. 36, 776).

b) Befreite Räume.

Die Steuerfreiheit nach § 24 Abs. 1f kommt nur solchen Räumen zu, welche dem öffentlichen Unterricht unmittelbar dienen. Das trifft auf Schülerinternate auch dann nicht zu, wenn Lehranstalt und Internat in Wechselbeziehung stehen, da das Internat eigene erzieherische Zwecke verfolgt (PVBl. 20, 513; 25, 542, 715; 49, 172). Es handelt sich auch nicht um eine Wohltätigkeitsanstalt zwecks „Bewahrung vor Schutzlosigkeit und sittlicher Gefahr" im Sinne des Buchst. h. Ebensowenig ist es als eine milde Stiftung anzusehen, da es zur Erzielung von Einnahmen dient und daher höchstens eine mittelbare Benutzung zu milden Zwecken stattfindet, während nur eine unmittelbare Verwendung zu diesen Zwecken unter die gesetzlichen Befreiungsvorschriften a. a. O. fällt (E. v. **26. VI. 1929.** VI. D. 250. 28). — Wegen Konvikten s. bei 6d und 7. — Zu den Räumen, welche dem öffentlichen Unterrichtsbetriebe dienen, gehören bei einer landwirtschaftlichen Schule zwar die Kastellanwohnung, aber nicht die Direktorwohnung und die im Bedarfsfalle zur Unterbringung auswärtiger Schüler dienenden Räume (E. v. **19. VI. 1928.** VI. D. 270. 26). — Unter die „dem öffentlichen Unterricht dienenden Räume" fallen nur die unmittelbar zu diesem Zweck benutzten, aber nicht die Wohnungen der öffentlichen Lehrer (OVG. **30,** 58). — Das gleiche gilt hinsichtlich der Wohnräume der Lehrschwestern und Pensionärinnen in einem von einem Orden unterhaltenen Schulinternat. Die in der Entscheidung OVG. **30,** 53 (s. bei 7) ausgesprochene Steuerfreiheit hinsichtlich der Aufsichtspersonen in einem Stiftsinternat greift nur dann Platz, wenn es sich um eine milde Stiftung handelt (PVBl. 49, 589). — Der zu einem Pädagogium gehörige Garten, in welchem sich die Zöglinge in ihrer Freizeit zur Erholung aufhalten, wird deshalb noch nicht zu Unterrichtszwecken verwendet (PVBl. 49, 172). — Der Spielplatz einer Religionsgesellschaft genießt nicht die Steuerfreiheit nach Buchst. f oder i, da er weder dem öffentlichen noch überhaupt einem Unterricht dient (PVBl. 48, 459). — Die Zwecke des Seminars, soweit sie darin bestehen, den im Internat untergebrachten Seminaristen und unverheirateten Lehrern Verpflegung und Beköstigung zu gewähren, sind ohne die dauernde Anwesenheit eines Ökonomen nicht erreichbar, und diese wieder ist nur dadurch zu ermöglichen, sofern der Ökonom selbst im Seminargebäude wohnt. Es ist daher zweifellos, daß auch die von dem Ökonomen als Wohnung benutzten Räumlichkeiten des Seminargebäudes unmittelbar für die Zwecke des Seminars benutzt werden (vgl. PVBl. 17, 414), und daraus folgt ihre Steuerfreiheit gemäß § 24 Abs. 1f und i (E. v. **12. IV. 1904.** II. C. 388).

5. Zu Buchst. g.

Nach ständiger Rechtsprechung sind unter „Kirchen — d. h. Kirchengebäuden —, Kapellen und anderen, dem öffentlichen Gottesdienst gewidmeten Gebäuden" nur diejenigen der vom Staate ausdrücklich aufgenommenen Religionsgesellschaften (§ 17 II 11 ALR.), deren gottesdienstlichen Gebäuden allein die Bezeichnung als Kirchen nach § 18 II 11 ALR. zukam (OVG. **33,** 29, 35; **38,** 435; **43,** 164, 175, 176), zu verstehen, also, wie das Urteil v. 27. VI. 1890 (OVG. **19,** 97) ausführlich nachweist, nur diejenigen der evangelischen Landeskirchen und der römisch-katholischen einschließlich der altkatholischen Kirche. Wenn dieses Urteil auch für die früheren Grund- und Gebäudesteuergesetze ergangen ist, so sind deren einschlägige Befreiungsvorschriften doch in das KAG. übernommen, und die Darlegungen des Urteils gelten daher auch für das KAG. Von dieser Begriffsbestimmung abzugehen liegt um so weniger Anlaß vor, als auch die neuere Steuergesetzgebung vielfach die „Kirchen" und „die Religionsgemeinschaften des öffentlichen Rechts" auseinanderhält; so z. B. § 5 Abs. 2 Ziff. 3 des Reichsnotopfergesetzes v. 31. XII. 1919, § 3 Ziff. 6 des Kapitalertragssteuergesetzes v. 29. III. 1920, § 5 Ziff. 3 des Vermögenssteuergesetzes v. 8. IV. 1922 und § 21 des Grunderwerbssteuergesetzes v. 12. IX. 1919, der von „deutschen Kirchen und anderen mit Rechtspersönlichkeit ausgestatteten, in einem Lande öffentlich zugelassenen Religionsgesellschaften" spricht (OVG. **81,** 2). — Nach § 24 Abs. 1g sind steuerfrei nur die dem öffentlichen, jedermann zugänglichen Gottesdienst gewidmeten Gebäude oder Gebäudeteile. Dazu gehören nicht die sogenannten Exerzitiengebäude, da die in ihnen abgehaltenen religiösen Übungen nur für die jedesmaligen Teilnehmer der Kurse abgehalten werden (PVBl. 48, 574).

Unterschied zwischen geduldeten, aufgenommenen und privilegierten Kirchengesellschaften.

Die Brüdergemeinden waren zur Zeit der Emanation des ALR. auf Grund der ihnen erteilten Generalkonzessionen v. 25. XII. 1742, 7. V. 1746 und 18. VII. 1763 sowie des Konfirmationspatents v. 10. IV. 1789 aufgenommene konzessionierte, aber nicht privilegierte (öffentlich aufgenommene) Kirchengesellschaften, deren Gemeinschaften Korporationsrechte besaßen. Dieser den Brüdergemeinden gegenüber den bloß geduldeten Religionsgesellschaften eingeräumten Sonderstellung trägt auch das Patent v. 30. III. 1847 (GS. 121) Rechnung, indem es vorschreibt, daß die Rechte solcher Religionsgemeinschaften, welche nicht zu den öffentlich aufgenommenen Kirchengesellschaften gehören, sich nach der besonderen, ihnen vom Landesherrn erteilten Konzession bestimmen (OVG. 62, 294). Die gleichen Korporationsrechte besaßen ferner die altlutherischen Gemeinden im Umfange der Generalkonzession v. 23. VII. 1845, erweitert durch Gesetz v. 23. V. 1908, die Reformierten der Niederländischen Konfession, die Baptisten (OVG. 19, 97; 74, 124), die Herrnhuter, die Mennoniten und die Synagogengemeinden. Hieran hat auch die Verfassungsurkunde für die evangelischen Landeskirchen der allgemeinen Union v. 29. IX. 1922 nichts geändert (PVBl. 48, 457). — Durch die Generalkonzession ist eine Aufnahme der sich von der unierten Kirche getrennt haltenden Lutheraner (Altlutheraner) nicht erfolgt, und daher kommt weder ihren gottesdienstlichen Gebäuden die Bezeichnung „Kirche" noch ihren Geistlichen die Freiheit von Kommunalabgaben zu (OVG. 33, 35, 36).

Art. 137 und 138 der Reichsverfassung sollten nur den Staat von seinen Verpflichtungen gegenüber der Kirche befreien, enthalten aber keine Vorschrift, daß die Länder den Religionsgesellschaften Freiheit von staatlichen oder kommunalen Steuern zu gewähren oder die bisherigen Steuerprivilegien der alten Kirchen und bestimmter Religionsgesellschaften auf andere Religionsgesellschaften zu übertragen haben. Auch die Preußische Verfassung enthält hierüber nichts. Ebensowenig kann die Vorschrift in Art. 137 RV., daß Religionsgesellschaften die Rechtsfähigkeit nach den Vorschriften des bürgerlichen Rechts erwerben können, einen Anspruch auf Steuerfreiheit im Sinne des § 24 Abs. 1g KAG. begründen. Zur Zeit der Schaffung des KAG. erlangten die Religionsgesellschaften Rechtsfähigkeit nur auf Grund eines Gesetzes oder wenigstens eines besonderen Staatsverwaltungsaktes. Diese Art des Erwerbs der Rechtsfähigkeit, bei welcher der Staat in der Lage war, aus öffentlich-rechtlichen Gesichtspunkten auf die Gestaltung der Satzung einzuwirken und die Befugnisse der Gesellschaft nach den gegebenen Erfordernissen abzugrenzen, ist aber so wesentlich verschieden von dem in §§ 21, 55 ff. BGB. eröffnetem Wege der Erfüllung von Normativbedingungen, daß es nicht angängig ist, die Vorteile, welche § 24 Abs. 1g den mit Korporationsrechten versehenen Gesellschaften einräumt, ohne weiteres auf rechtsfähige Vereine im Sinne des BGB. auszudehnen. Die neuapostolische Gemeinde in X. bzw. die lokale Vereinigung bischöflicher Methodisten in Y. sind daher steuerpflichtig (OVG. 81, 1; PVBl. 48, 560). — Die apostolische Gemeinde in F. ist keine mit Korporationsrechten versehene Religionsgesellschaft. Aus welchem Grunde sie die Erteilung der Rechte nicht nachgesucht hat, ist gleichgültig. Ebenso ist es ohne Bedeutung, daß ihre Mitglieder als „Evangelische" an die Kirchengemeinde der evangelischen Landeskirche, der sie durch Wohnsitz angehören, Steuern entrichten müssen (OVG. 79, 98). Die Auslegung der Vorschrift in § 24 Abs. 1g wird durch diese Rechtsprechung ebensowenig berührt wie durch den Umstand, daß verschiedene Reichsgesetze den Religionsgesellschaften allgemein Steuerfreiheit gewährt haben (E. v. 17. IV. 1928. VI. D. 156. 26).

Wegen der Religionsgesellschaften s. auch unten bei 8b.

6. Zu Buchst. h.

a) Armen- und Waisenhäuser.

Mit der Bezeichnung „Waisenhaus", „Armenhaus" usw. sind „Anstalten" dieser Art gemeint, und der Begriff ist daher nicht auf diejenigen Räume beschränkt, in welchen Waisen, Arme usw. tatsächlich untergebracht sind, sofern nur die Bedingung erfüllt ist, daß die fraglichen Gebäude den privilegierten Zwecken unmittelbar dienen (VBl. 38, 222). — Die Bestimmung in Art. 16 Ziff. 1 Abs. 2 Buchst. b der AusfAnw., daß im Gegensatz zu den milden Stiftungen die Gebäude der Armen-, Waisen- und öffentlichen Krankenhäuser usw. wegen ihres gemeinnützigen Zweckes steuerfrei seien, ohne daß zwischen mittelbarer und unmittelbarer Benutzung für die Anstaltszwecke unterschieden werde, ist unrichtig. Bei den milden Stiftungen mußte die unmittelbare Benutzung als Voraussetzung der Befreiung im Gesetz besonders hervorgehoben werden, weil auch die zu andern Zwecken benutzten Gebäude der Stiftung ihr „angehören". Bei den Armenanstalten usw. war dies nicht notwendig, weil schon die Benennung der Gebäude als Armen-, Waisen- und Krankenhaus usw. den Benutzungszweck kennzeichnet. Eine Steuerfreiheit besteht aber bei ihnen nach ständiger Rechtsprechung auch nur, wenn und insoweit die Gebäude tatsächlich diesen Zwecken unmittelbar dienen (vgl. OVG. 57, 153). Daher ist das Gebäude einer Waisenstiftung insoweit steuerpflichtig, als die Räume dauernd vermietet oder zum Betrieb der Anstaltsdruckerei benutzt werden; die Verwendung der erzielten Erträge für die Waisenpflege schafft keine unmittelbare Benutzung. Bezüglich der der Anstaltsverwaltung dienenden Räume kommt es darauf an, ob die Benutzung für die lediglich ambulant betriebene Waisenpflege oder für die Geschäfte der gewerblichen Unternehmungen überwiegt. In letzterem Falle ist das Gebäude im ganzen steuerpflichtig (VBl. 38, 222). — Ein von einer Waisenanstalt begründetes und ihr angegliedertes Schüleralumnat dient nicht den Zwecken des Waisenhauses. Es fällt auch nicht unter den Begriff einer Bewahr- oder Wohltätigkeitsanstalt, da die Linderung einer Hilfsbedürftigkeit nicht beabsichtigt ist. Selbst wenn es seine Entstehung der freien Liebestätigkeit verdanken und durch solche unterhalten werden sollte, so verfolgt es doch nicht Zwecke der Wohltätigkeit, sondern ausschließlich solche der Erziehung (VBl. 25, 542). Aus demselben Grunde kann es auch nicht als milde Stiftung im Sinne des Buchst. h gelten, ganz gesehen davon, daß es nicht die Eigenschaft einer juristischen Person besitzt (OVG. 53, 154; VBl. 34, 188; 48, 618; OVG. 34, 110; E. v. 4. VI. 1929. VI. D. 19. 28).

b) Krankenhäuser.

Öffentliche Krankenhäuser sind solche, mit deren Gründung und Unterhaltung ein öffentliches Interesse, nicht aber ein Gewerbszweck verfolgt wird, und zwar, wenn das Gebäude nicht dem die Krankenanstalt Betreibenden gehört, auch seitens des Eigentümers nicht (OVG. 44, 169; 72, 143; 73, 164). — Ein Krankenhaus ist nicht nur dann ein öffentliches, wenn es nur an Unbemittelten unentgeltlich Pflege übt, sondern auch dann, wenn es wirtschaftlich günstiger stehenden Bevölkerungsschichten eine über das Maß des Entgeltes hinausgehende Pflege zuwendet (VBl. 33, 869). Voraussetzung für die Eigenschaft eines öffentlichen Krankenhauses im Sinne des § 24 Abs. 1h ist aber, daß sowohl der Eigentümer als derjenige, an welchen der Betrieb vom Eigentümer übertragen ist, mit dem Betrieb vorwiegend gemeinnützige, nicht aber Erwerbszwecke verfolgen (OVG. 73, 165; E. v. 27. III. 1928. VI. D. 41. 28). — Der Begriff eines öffentlichen Krankenhauses setzt nicht voraus, daß es sich im Eigentum oder in der Verwaltung des Staates, einer Gemeinde oder eines Kommunalverbandes befindet (OVG. 73, 164). — Ordenskrankenhaus. Die Ausbildung katholischer Krankenschwestern und ihre Zusammenfassung zu einer Schwesternschaft mag der Verfolgung ethischer, religiöser und gemeinnütziger Zwecke dienen, ist aber nicht „Mildtätigkeit". Da das zugehörige Krankenhaus betrieben wird, um für die Zwecke des Vereins die erforderlichen, regelmäßig fließenden Einnahmen zu beschaffen, also nicht zu gemeinnützigen Zwecken, ist es nicht als ein öffentliches anzusehen. Dem steht nicht entgegen, daß ein Teil der Kranken unentgeltlich bzw. zu halben Preisen behandelt wird (OVG. **44**, 169; VBl. **50**, 109). — Knappschaftskrankenhäuser sind steuerfrei. Nach dem KAG. kommt es nicht darauf an, ob die Berechtigung zur Aufnahme in ein Krankenhaus von der Zugehörigkeit zu einem bestimmten Personenkreis abhängig gemacht wird, sondern, wie schon in der Entscheidung OVG. **44**, 169 ausgeführt, darauf, ob durch die Gründung und Unterhaltung des Krankenhauses gemeinnützige oder öffentliche Zwecke erfüllt werden. Da der zu einem Knappschaftsverein gehörige Personenkreis nach seiner Ausdehnung, sozialen Beschaffenheit und Zusammengehörigkeit einen erheblichen Bevölkerungsteil darstellt, kann er nicht mit einem Privatverein, der zum Zwecke der Kostenersparnis seiner Mitglieder, also zur Erlangung eines wirtschaftlichen Vorteils, ein Krankenhaus errichtet, gleichgestellt werden (VBl. **27**, 376). Vgl. aber OVG. **68**, 207 u. bei III.

Was von der unmittelbaren Bestimmung zu einem öffentlichen Dienst gilt, muß auch gelten, wenn Dienstwohnungen unmittelbar zu Zwecken der in § 24 Abs. 1 f, g, h aufgeführten Anstalten und Körperschaften benutzt werden. Es kommt also darauf an, ob die dauernde Anwesenheit der beamteten Ärzte, Pfleger und sonstigen Anstaltsbeamten in der Anstalt notwendig ist, um die Zwecke der Anstalt in dem gebotenen Umfange zu erreichen, und ob ihnen die Dienstwohnungen überwiesen sind, um die Möglichkeit der dauernden Anwesenheit zu erreichen. Unter dieser Voraussetzung sind die entsprechenden Gebäude und Gebäudeteile steuerfrei (VBl. **32**, 104). — Hinsichtlich der Dienstwohnung des Chefarztes eines Krankenhauses wird die Steuerfreiheit nicht dadurch ausgeschlossen, daß sie sich in einem besonderen Gebäude im Garten des Krankenhauses befindet. Maßgebend ist vielmehr nur, ob es zur ordnungsmäßigen und sicheren Fortführung des Krankenhausbetriebes notwendig ist, daß der Chefarzt nicht nur in den vorgesehenen Dienststunden, sondern im allgemeinen dauernd erreichbar ist (E. v. 27. III. 1928. VI. D. 41. 26).

c) **Bewahranstalten. Bewahrung vor Schutzlosigkeit und sittlicher Gefahr.**

Wenn eine Arbeiterkolonie satzungsgemäß solchen Personen, welche trotz Gesundheit und Arbeitsfähigkeit nicht die Kraft zur selbständigen und geordneten Lebensführung haben, gegen Arbeitsleistung dauernde, notwendigerweise lebenslängliche Aufnahme gewährt, so handelt es sich im Sinne des Buchst. h um eine Wohltätigkeitsanstalt, welche die Bewahrung vor Schutzlosigkeit und sittlicher Gefahr bezweckt (VBl. **34**, 788). — Da die Bewahranstalten neben den Wohltätigkeitsanstalten, welche die Bewahrung vor Schutzlosigkeit und sittlicher Gefahr bezwecken, besonders aufgeführt sind, handelt es sich um zwei verschiedene Begriffe. Unter „Bewahranstalten" werden gewöhnlich nur Anstalten zur Bewahrung von Kindern oder solchen Erwachsenen verstanden, welche auch eines äußeren Schutzes bedürfen, wie Schwachsinnige usw. Hierzu gehört eine Anstalt, welche durchreisenden Handwerksburschen und sonstigen Arbeitnehmern Nachtlager, Verpflegung und Arbeitsnachweis gewährt, nicht. Dagegen ist sie, da der Begriff der Wohltätigkeit im weitesten Sinne zu fassen ist (OVG. **32**, 165; **34**, 110; **40**, 195), als eine die sittliche Bewahrung bezweckende Wohltätigkeitsanstalt anzusehen. Hierunter fällt auch eine Herberge zur Heimat, welche gering bemittelten Reisenden eine sittlich einwandfreie und ganz billige, außerdem mit Arbeitsnachweis verbundene Unterkunft gewährt und etwaige Überschüsse für gleichartige Zwecke verwendet (VBl. **26**, 884). — Zum Begriff der sittlichen Bewahrung im Sinne des Buchst. h muß noch das Moment der Wohltätigkeit hinzukommen, das nicht nur bei Linderung materieller Not gegeben ist, sondern auch die Bekämpfung der Gefahr sittlich-religiöser Verwahrlosung zum Ziel haben kann. Ein dafür geeignetes Mittel kann auch die Erziehung zu anständiger Geselligkeit durch unter geistlicher Leitung oder Aufsicht stehende Unterhaltungsabende sein. Das diesem Zweck dienende kirchliche Jugendheim ist daher steuerfrei (PVBl. 49, 710).

d) **Sonstige Wohltätigkeitsanstalten.**

Der Begriff der Wohltätigkeit ist im weitesten Sinne aufzufassen (PVBl. 26, 884). Insbesondere ist es nicht erforderlich, daß es sich um Linderung der Armut oder um rein materielle Unterstützungen handelt. Auch die Aufnahme unverheirateter und alleinstehender, den äußeren Gefahren des Lebens ausgesetzter und in diesem Sinne hilfsbedürftiger Damen in ein „Kloster" gehört zur Wohltätigkeit (OVG. 32, 165; 53, 157; 57, 153). — S. auch OVG. 43, 72 bei e. — Die Steuerfreiheit ist nicht auf die Ausübung der Wohltätigkeit gegenüber Inländern beschränkt und findet auch auf ein Flüchtlingsheim für Ostjuden Anwendung (PVBl. 49, 266). — Das Erholungsheim des israelitischen Frauenvereins in H. ist steuerfrei, da neun Zehntel aller Pfleglinge unentgeltlich aufgenommen werden. Das wird auch nicht durch die Möglichkeit ausgeschlossen, daß künftig der Zweck mangels Mittel nicht mehr verfolgt oder durch einen Vereinsbeschluß geändert werden kann (OVG. 80, 8). — Ein von einem konfessionellen Verein unterhaltenes Seminar für Gartenbau und Handfertigkeit dient wohl der Wohlfahrtspflege, aber nicht der Wohltätigkeit, und hat daher keinen Anspruch auf Steuerfreiheit (PVBl. 47, 517). — Steuerfreiheit eines Erziehungsinstituts liegt auch dann vor, wenn die Eltern nicht in der Lage sind, ihren Kindern eine standesgemäße Erziehung zu gewähren, mögen nun die Kinder selbst oder die Eltern bzw. diejenigen, welche sonst für die Erziehung zu sorgen haben, als Hilfsbedürftige anzusehen sein (OVG. 34, 110). — Ein Knabenkonvikt ist keine „Bewahr- oder Wohltätigkeitsanstalt". Mag es auch seine Entstehung der freien Liebestätigkeit verdanken, so verfolgt es doch nicht wohltätige, sondern lediglich erzieherische Zwecke (PVBl. 25, 542). Als milde Stiftung kann es aber schon wegen fehlender juristischer Persönlichkeit nicht angesehen werden (OVG. 51, 118). Vgl. w. Konvikten (Internaten) auch bei 4b und 7. — Wenn auch die Leistungen der Deutschen Kolonialschule für Hilfsbedürftige ganz oder teilweise unentgeltlich erfolgen, so ist ihr Hauptzweck doch soziale Fürsorge und nicht Wohltätigkeit (PVBl. 48, 562).

Ein engerer Begriff der steuerfreien Wohltätigkeitsanstalten liegt folgender Entscheidung zugrunde: Dem § 24 KAG. ist der Begriff der Gemeinnützigkeit fremd. Die Wohltätigkeit kommt nach Buchst. h nur für diejenigen Wohltätigkeitsanstalten steuerbefreiend in Frage, welche die Bewahrung vor Schutzlosigkeit oder sittlichen Gefahren bezwecken (Mägdehäuser usw.). Auf die Eigenschaft als gemeinnützige Siedlungsgesellschaft und auf die Zweckbestimmung einiger Gebäude, als alkoholfreie Wirtschaften dem Kampf gegen den Alkoholismus zu dienen, kann die Klägerin daher ihren Steuerbefreiungsantrag nicht stützen (E. v. 12. II. 1929. VI. D. 321—323. 27).

Der Grundsatz, daß Gebäude und Gebäudeteile, für welche Steuerfreiheit in Anspruch genommen wird, dem betreffenden Zweck unmittelbar dienen müssen, ist in § 24 Abs. 1h allerdings nur für milde Stiftungen ausgesprochen, muß aber darüber hinaus auch auf die anderen, daselbst aufgeführten Wohltätigkeitsanstalten Anwendung finden. Hiernach sind, wie schon in der Entscheidung (PVBl. 32, 844) bezüglich der Dienstwohnung des Kastellans eines Gesellenheims ausgesprochen, steuerfrei solche Gebäude und Gebäudeteile, die als Wohnungen für die mit der unmittelbaren Leitung oder Aufsicht über die Anstalt als Vorsteher oder Verwalter betrauten Personen benutzt werden, wenn der Anstaltszweck nur auf diesem Wege in dem gebotenen Umfange verfolgt werden kann (PVBl. 49, 884). — Das trifft auch auf die Dienstwohnung der Leiterin einer Kinderbewahranstalt zu (PVBl. 49, 884).

e) Stiftungen.

Für den Begriff einer milden Stiftung im Sinne des § 24 Abs. 1 b ist es nicht erforderlich, daß es sich um eine Stiftung handelt, welche den Formvorschriften des BGB. entspricht. Erforderlich ist nur das Vorhandensein einer juristischen Person, also z. B. F. eines rechtsfähigen Vereins oder einer G. m. b. H., welche mildtätige Zwecke verfolgt, und zwar mit schenkungsweise hergegebenen und für hilfsbedürftige Personen, im wesentlichen schenkungsweise, verwendeten Mitteln (E. v. 9. X. 1928. VI. D. 72. 27). — Die besondere Erwähnung der Wohltätigkeitsanstalten, welche die Bewahrung vor Schutzlosigkeit oder sittlicher Gefahr bezwecken, neben den milden Stiftungen ist nicht erfolgt, weil etwa nach Ansicht des Gesetzgebers nicht auch milde Stiftungen wohltätige Zwecke verfolgen können, sondern um den nicht mit Korporationsrechten ausgestatteten Wohltätigkeitsanstalten der bezeichneten Art die Steuerfreiheit zu sichern (OVG. 32, 165; 34, 110; 40, 195; 47, 153). Als milde Stiftung sind solche Korporationen anzusehen, welche im Gegensatz zu der sich mit der wirtschaftlichen oder kulturellen Fürsorge für wirtschaftlich schwache Volkskreise befassenden Wohlfahrtspflege Mildtätigkeit oder Charitas ausüben, indem sie notleidende Personen unterstützen. Bei den ungewissen Grenzen zwischen Wohlfahrtspflege und Wohltätigkeit kommt es auch auf den Gründungszweck und die Organisation der Stiftung an. Die Bezeichnung als „milde Stiftung" ist nebensächlich. Wesentlich ist aber, daß die von der Korporation gemachten Zuwendungen ganz oder teilweise unentgeltlich gewährt werden und daß die Beträge, welche sie selbst von ihren Begründern oder Mitgliedern empfängt, der Hauptsache nach in der Absicht, Wohltätigkeit zu üben, geschenkt sind, sei es als Grundkapital, sei es in laufenden Beiträgen (OVG. 53, 156; 80, 8). — Die öffentlich-rechtliche Zahlungspflicht für Grundbesitzsteuern liegt nur dem Grundstückseigentümer, nicht den Nießbrauchern, Pächtern oder Mietern ob. Ist das Vermögen einer milden Stiftung, die selbständige Rechtspersönlichkeit hat, vertragsweise dem Fiskus derart übertragen, daß die Stiftung mit ihren Zwecken fortbesteht, so kommt den Gebäuden, welche der Stiftung angehören und für den Stiftungszweck unmittelbar benutzt werden, Steuerfreiheit zu. Ob diese Voraussetzungen vorliegen, hängt nicht davon ab, ob sie im Eigentum der Stiftung stehen, wie auch in Buchst. i die Eigentumsfrage vollständig in den Hintergrund gestellt und die Steuerfreiheit lediglich wegen der gemeinnützigen und wohltätigen Zwecke, denen die Grundstücke dienen, gewährt ist (Grundstücke von Wohlfahrtsanstalten ohne Körperschaftsrechte, öffentliche Krankenhäuser usw.) (OVG. 47, 153; 51, 112). — Auch Korporationen können milde Stiftungen sein, wie es der Staat hinsichtlich der Stempelsteuerfreiheit des Hauptvereins des Vaterländischen Frauenvereins anerkannt hat. Der Preußische Staat ist aber unter keinen Umständen eine milde Stiftung im Sinne des § 24. Denn, wenn er auch milde Zwecke verfolgen kann, so besteht er doch nicht um dieser Zwecke halber. Für ein Konviktsgebäude, das gegenwärtig Staatsgut ist, kann daher die Steuerfreiheit der milden Stiftungen nicht in Anspruch genommen werden. Als Bestandteil des „Schlesischen katholischen Hauptschulfonds" ist es nach dessen Entstehungsgeschichte auch nicht als eine selbständige vom Staat ins Leben gerufene milde Stiftung, sondern lediglich als ein mit einer Zweckbestimmung gebildeter Staatsfonds anzusehen. Da das Konviktsgebäude ferner weder zu einem öffentlichen Dienst oder Gebrauch noch zum öffentlichen Unterricht benutzt wird, kommen auch die Befreiungsvorschriften in § 24 Abs. 1 c und f nicht in Frage (OVG. 51, 112). — Zu den milden Stiftungen gehören nicht nur solche mit Korporationsrechten (z. B. Landesverein vom Roten Kreuz, OVG. 74, 122), sondern auch eingetragene Vereine, deren Grundvermögen bestimmten milden Zwecken dauernd gewidmet ist und hierfür dauernd benutzt wird (OVG. 80, 8). — Ausschlaggebend ist nicht die Gemeinnützigkeit der von einer Vereinigung verfolgten Zwecke oder die Benutzung eines Grundstücks zu gemeinnützigen Zwecken, sondern allein die Benutzung zu milden Zwecken. Als solcher kann die Aufnahme von Versicherten einer Sozialversicherungsanstalt in das Erholungsheim eines Ordens nicht gelten. Denn der Begriff der Mildtätigkeit setzt voraus, daß sie gegenüber den einzelnen hilfsbedürftigen Personen ausgeübt wird. Das trifft auch nicht bei den einzelnen Versicherten zu, da ihre Hilfsbedürftigkeit ja durch die ihrem Krankheitszustand oder Erholungsbedürfnis entsprechende Unterbringung ausgeschaltet wird und die der Anstalt gewährte Preisermäßigung nicht ihnen, sondern der Anstalt zugute kommt. Wenn ferner die Vereinigung die aus der Aufnahme der Versicherten erzielten Einnahmen zu charitativer Betätigung verwendet, so dient das Grundstück nur mittelbar milden Zwecken. Gegenüber der Hauptbestimmung der Anstalt tritt der Umstand, daß 3 Angestellte und 4 Ordensbrüder ambulante Krankenpflege betreiben, zu sehr zurück, um der ganzen Anstalt den Charakter einer milden Stiftung zu verleihen (VBl. 50, 55). — Die Beschwerdeführerin — eine Universität — besitzt zwar Rechtspersönlichkeit und mag auch milde Zwecke verfolgen, besteht aber nicht um dieser Zwecke wegen und ist deshalb selbst keine milde Stiftung. Es ist daher entscheidend, ob die von ihr verwaltete Stiftung selbst milde Zwecke verfolgt (VBl. 50, 60). — Eine milde Stiftung kann auch in Form einer G. m. b. H. bestehen. — Die Betätigung der G. m. b. H. in der Schaffung von Studentinnenheimen für mittellose Studentinnen zielt dauernd über den Rahmen sozialer Wohlfahrtspflege hinaus auf Beseitigung oder Milderung vorhandener Not durch schenkungsweise Zuwendungen. Denn die Aufnahme in die Häuser der Gesellschaft geschieht in der Mehrzahl von Fällen gegen ein so geringes Entgelt, daß dadurch die Unkosten nicht gedeckt werden und ein Ausgleich durch gestiftete Mittel geschaffen werden muß. Es handelt sich also um eine milde Stiftung (VBl. 50, 74). — Das klagende Kloster ist eine evangelisch-lutherische Stiftung zur Aufnahme von unvermählten Töchtern adliger Rittergutsbesitzer in den Kreisen X. Y. Z. verfolgt also wohltätige Zwecke und ist daher als eine milde Stiftung im Sinne des Buchst. h anzusehen (OVG. 43, 72). — Vgl. bei d und bei 7c. — Auch eine nur vorübergehende und teilweise Unterbrechung in der unmittelbaren Benutzung für den Stiftungszweck hat für ihre Dauer die Aufhebung der Steuerfreiheit zur Folge. Deshalb ist diese ausgeschlossen, wenn bei einer zur unentgeltlichen Beschaffung von Wohnungen für arme Juden dienenden Stiftung auf Grund einer in der Stiftungsurkunde zugelassenen Ausnahme zeitweise zur Deckung der Unterhaltskosten einige Wohnungen entgeltlich vermietet werden (E. v. 13. VI. 1926. VII. D. 115. 25). — Die Rechtsprechung des OVG., welche die unmittelbare Bestimmung für Stiftszwecke bei vermieteten Gebäuden verneint, beruht auf dem Grundgedanken, daß die Verfolgung des Stiftungszwecks durch eine freie, auf Gewinst gerichtete Entschließung unterbrochen wird. Das trifft nicht zu, wenn kraft gesetzlichen Zwanges Zwangsmieter aufgenommen werden (VBl. 48, 563). — Der Begriff der milden Stiftung wird dadurch nicht ausgeschlossen, daß die in wohltätiger Absicht gemachten Zuwendungen von den Empfängern teilweise durch Arbeit abgegolten werden und so die Mildtätigkeit nicht jedem Hilfsbedürftigen ohne Auswahl erwiesen, sondern nur solchen zuteil wird, welche den Satzungsbedingungen nachzukommen geeignet und gewillt sind (Arbeiterkolonien) (OVG. 40, 195). — Die Eigenschaft des Evangelischen Johannisstifts in Spandau, das sich mit der Ausbildung von Brüdern für die innere Mission befaßt, als einer milden Stiftung erstreckt sich auch auf die mit dem Brüderhaus verbundene Schule und das ihr angeschlossene Internat, trotzdem für dieselben Schul- bzw. Pensionsgeld erhoben wird. Denn nach der Satzung wird der einheitliche Zweck verfolgt, den Brüdern Gelegenheit zu geben, in allen Zweigen der inneren Mission Erfahrungen zu sammeln. Hierher gehört auch die sittliche Leitung und erzieherische Unterweisung von Kindern beiderlei Geschlechts. Durch die Vereinnahmung von Schul- und Pensionsgeld wird zwar der Gesamtetat entlastet, aber doch nicht der Zweck der Stiftung verändert, die andauernd bedeutende Zuschüsse für Schule und Internat gewähren muß (VBl. 34, 844). — Wegen sonstiger Schulinternate s. oben bei 4. — Die Gesellschaft für Kaufmannserholungsheime ist nicht als milde Stiftung anzusehen. Daß sie auf Grund der Beiträge der aufgenommenen Personen und ihrer Arbeitgeber unter Verzicht auf Verzinsung der aufgewendeten Kapitalien und auf Unternehmergewinn einen verhältnismäßig billigen Aufenthalt gewährt, ist ein Akt der sozialen Wohlfahrtspflege, nicht der Mildtätigkeit i. S. des Buchst. h, welche nach OVG. 53, 154 in der Beseitigung oder Milderung vorhandener Not durch schenkungsweise Zuwendungen besteht (VBl. 48, 636).

Hinsichtlich der Dienstwohnung des Rendanten der Schulstiftung in K., welche als eine milde anerkannt ist, liegt unmittelbare Benutzung vor. Die Stiftung bedarf bei ihrem Vermögensumfange zur Erfüllung ihrer satzungsgemäßen Zwecke einer besonderen Kassenverwaltung, mit welcher die Aufbewahrung größerer Bestände verbunden ist. Die Verantwortung für die sichere Aufbewahrung ist dem Rendanten aufgetragen und ihm die dauernde Anwesenheit zur Pflicht gemacht. Um dies zu ermöglichen, ist ihm die Dienstwohnung angewiesen. Ohnedem wären die Stiftungszwecke nicht in der gebotenen Weise zu erreichen (VBl. 17, 414; 34, 188). — Räumt die Verwaltung einer mit juristischer Persönlichkeit ausgestatteten milden Stiftung zur Unterstützung des Schulwesens in einem ihr gehörigen Gebäude einem Lehrer, dem die Aufsicht über ein ebendaselbst untergebrachtes Internat für Zöglinge einer Lehrerbildungsanstalt aufgetragen ist, eine unentgeltliche Wohnung ein, so kann darin eine unmittelbare Benutzung für die Stiftungszwecke erblickt werden (OVG. 30, 53).

7. Zu Buchst. i.

a) Allgemeines.

Bei der Regelung der Steuerprivilegien hat das KAG. nicht an den (früheren) Unterschied von Grund- und Gebäudesteuern angeknüpft und beide Begriffe unter der Bezeichnung „Realsteuern" und „Steuern vom Grundbesitz" zusammengefaßt. Demgemäß sind unter der Bezeichnung „Grundstücke" in Abs. 1i sowohl unbebaute wie bebaute zu verstehen, zumal es nicht die Absicht des Gesetzgebers gewesen sein kann, den Armen- usw. Anstalten in Buchst. h für alle ihren Zwecken unmittelbar dienenden Gebäude Steuerfreiheit zu gewähren, den korporativen Religionsgesellschaften aber nur für die dem Gottesdienste, nicht sonstiger Religionsübung dienenden Gebäude (OVG. 30, 66). — Bei den Grundstücken der in § 24h und i bezeichneten Anstalten kommt es auf die Eigentumsfrage nicht an. Das ergibt sich schon daraus, daß in Buchst. h, abgesehen von den milden Stiftungen, eine große Anzahl von Anstalten ohne Korporationsrechte aufgeführt ist, welche mangels eigener Rechtspersönlichkeit zum Erwerb von Eigentum überhaupt nicht befähigt sind (OVG. 47, 157). Der Begriff der unmittelbaren Benutzung erfordert auch keine dauernde Benutzung. Das Gesetz bietet für eine derartige Schranke keinen Anhalt (VBl. 29, 970). Solange die unmittelbare Benutzung für den betreffenden Zweck (Beschäftigung von Strafgefangenen auf einem von der Strafanstalt angepachteten Acker) stattfindet, dauert auch die Steuerbefreiung (VBl. 34, 402). — Für die Annahme einer unmittelbaren Benutzung eines Grundstücks genügt es nicht, wenn die aus der Grundstücksnutzung erzielten Einnahmen zur Förderung der Zwecke der in Buchst. i bezeichneten privilegierten Anstalten (z. B. einer Stiftung) verwendet werden. Die Benutzung muß vielmehr für sich allein und ohne Hinzutreten weiterer Begleitumstände eine Förderung der betreffenden Zwecke darstellen (OVG. 80, 10). — Eine unmittelbare Benutzung für die Zwecke einer der in § 24 Abs. 1h und i bezeichneten gemeinnützigen Anstalten liegt auch dann vor, wenn die Früchte eines zur Anstalt gehörigen Feldes unmittelbar zur Ernährung der Anstaltsinsassen verbraucht werden (VBl. 48, 285). — Die Errichtung eines Gebäudes für einen der in Buchst. i bezeichneten Zwecke (Errichtung eines Gebäudes für kirchliche Zwecke) stellt erst die Vorbereitung einer Nutzung des Baugrundstücks für diese Zwecke, nicht schon die in Buchst. i für die Steuerfreiheit verlangte

Benutzung selbst dar (OVG. 50, 103). — Maßgebend ist der Tatbestand bei Beginn des Zeitraumes, für den die Abgabe gefordert wird, in der Regel also des Steuerjahres (OVG. 72, 96; VBl. 49, 711).

b) **Grundstücke kirchlicher Körperschaften.**

Buchst. i gewährt auch für kirchliche Grundstücke Steuerfreiheit nur dann, wenn sie für die Zwecke der Kirchen, Kapellen usw. unmittelbar benutzt werden. Das trifft nicht zu, wenn die Grundstücke landwirtschaftlich oder für ein landwirtschaftliches Nebengewerbe genutzt werden. Das gleiche gilt, wenn die Grundstücke verpachtet sind; denn der Zweck einer Verpachtung ist bei einer Kirche kein anderer als bei einem Privatmann, nämlich die Erzielung von Gewinn (VBl. 18, 133). — Die Annahme, daß, weil in Buchst. g nur von gottesdienstlichen Gebäuden die Rede ist, auch i. S. von Buchst. i nur gottesdienstliche Zwecke in Betracht kämen, ist irrig. Vielmehr gehört zu den Zwecken der Kirchengemeinden die Förderung aller christlichen Gemeindetätigkeiten, also auch das Arbeitsfeld des Diakons (Gemeindehelfers), die Unterhaltung der Kinderspielschule und die Veranstaltungen der Jugendvereine (OVG. 57, 156). — Die Steuerfreiheit nach § 24 Abs. 1 i ist nicht auf Grundstücke beschränkt, welche den Zwecken gottesdienstlicher Gebäude unmittelbar dienen, sondern auch solchen bebauten und unbebauten Grundstücken zuzuerkennen, welche, wie z. B. zur Erteilung des Kommunionunterrichts bestimmte Säle, zwar nicht dem Gottesdienste, aber den Zwecken der Kirchengemeinde unmittelbar dienen. Eine solche unmittelbare Benutzung ist aber dann noch nicht gegeben, wenn auf dem Grundstück einer Kirchengemeinde mit dem Bau einer Kirche begonnen wird, sondern erst, wenn das fertige Kirchengebäude der Benutzung übergeben ist (OVG. 40, 76; 50, 103). — Wenn ein Grundstück in der Hauptsache für die Zwecke einer der unter f, g, h aufgeführten Anstalt oder Körperschaft benutzt wird, so wird die Steuerfreiheit auch durch eine nebenher erfolgende anderweitige Verwendung nicht ausgeschlossen (vgl. VBl. 32, 484; OVG. 38, 163; bei B 1 a). Bei der zeitweisen Überlassung eines kirchlichen Gemeindesaals an Zweigvereine des Evangelischen Bundes und der Evangelischen Frauenhilfe und an ähnliche Vereine ist in Betracht zu ziehen, daß zu den kirchlichen Zwecken auch die Förderung von im christlichen Sinne wirkenden Vereinigungen, zu denen auch die bezeichneten zu zählen sind, gehört (VBl. 50, 332). — Nach preußischem Staatsrecht ist unter „katholischer Kirche" deren Gesamtorganisation und nicht jede einzelne selbständige Organisation zu verstehen. Hinsichtlich der Befreiungsvorschrift in § 24 Abs. 1 i kommt es darauf an, ob es sich um Zwecke der katholischen Kirche als solcher handelt. Zu diesen gehört auch die Heidenmission (OVG. 64, 262).

Bei einem zur Anlegung eines Kirchhofs bestimmten Areal fällt derjenige Teil, welcher nicht innerhalb der Kirchhofseinfriedigung liegt und einstweilen verpachtet ist, nicht unter die Befreiungsvorschrift in Buchst. i (VBl. 22, 336). Dagegen ist ein lediglich noch nicht belegter, innerhalb der Kirchhofseinfriedigung befindlicher und mit als Kirchhof eingeweihter Teil desselben steuerfrei (VBl. 31, 650; 36, 601). — Eine die Steuerfreiheit nicht ausschließende Nebenbenutzung steht nur dann in Frage, wenn dieselbe Fläche einem die Steuerfreiheit bedingenden Zweck dient und daneben gleichzeitig oder zeitweise für einen anderen Zweck verwendet wird, der aber hinter jenem ersten und hauptsächlichen Zweck zurücktritt (OVG. 38, 165). Eine Friedhofsgärtnerei ist daher nur steuerfrei, wenn sie sich auf die ordnungsmäßige gärtnerische Unterhaltung des Friedhofs selbst und auf die Herstellung und Erhaltung der Gräber beschränkt, nicht aber, wenn darüber hinaus noch Leistungen und Lieferungen zur Ausschmückung der Gräber im Privatinteresse stattfinden (VBl. 36, 601).

Ob ein für die jüdisch-rituellen Waschungen der Frauen bestimmtes Badehaus der Religionsausübung oder der Erfüllung einer allgemein-sittlichen Pflicht dient, bedarf näherer Untersuchung. Das Schächten der zum Privatgebrauch geschlachteten Tiere ist keine Religionsausübung und der dafür bestimmte Raum nicht steuerfrei (OVG. 30, 66). — Die Konvikte für Studierende der katholischen Theologie dienen der Priestererziehung und genießen daher als ein unmittelbar für kirchliche Zwecke benutzter Teil des Kirchenvermögens die Steuerfreiheit des § 24 Abs. 1 i, und zwar auch dann, wenn sie selbst juristische Personen sind (VBl. 47, 359; 48, 69; OVG. 80, 4). Die Priestererziehung beginnt erst, wenn die Schulbildung des Zöglings abgeschlossen und er in die eigentliche Berufsausbildung eingetreten ist. Der Eintritt in ein Knabenkonvikt bedeutet aber noch keine Berufswahl. Die Konvikte verfolgen allgemeine Zwecke der Jugenderziehung und erfüllen, wenn auch durch besondere Einwirkung auf die Zöglinge in sittlich-religiöser Hinsicht ihre Vorbereitung auf den Priesterberuf erstrebt wird, keine der Kirche eigentümliche Aufgabe, sondern stehen anderen Internaten gleich, sind also ebensowenig wie diese steuerfrei (OVG. 51, 118; 82, 16). — Vgl. oben bei 4. — Ein Konviktsgebäude auf bischöflichem Grund und Boden dient unmittelbar nur den Konviktszwecken, und wenn das Konvikt kirchliche Zwecke verfolgt, diesen, ähnlich wie kommunale Gebäude dem Staat, nur mittelbar dienen (VBl. 24, 542).

c) **Stiftungsgrundstücke.**

Sind die Grundstücke nicht für ihren Eigentümer ein Gegenstand der Nutzung, sondern von ihm dauernd der milden Stiftung zur Verwaltung und Nutzung überwiesen, so rechtfertigt es sich, sie in steuerlicher Beziehung ebenso zu behandeln wie Gebäude, die der Stiftung angehören (OVG. 47, 157). — Der Vorderrichter hat die Steuerfreiheit der einem als milder Stiftung anzuerkennenden Damenstift (evangelischem Kloster, s. oben bei 6e) gehörigen Grundstücke verneint, weil sie verpachtet sind und allein schon aus diesem Grunde für die Stiftszwecke nicht unmittelbar verwendet würden; daran ändere auch der Umstand nichts, daß die Einnahmen des Stifts nach der Grundverfassung zur unmittelbaren Erfüllung der Stiftszwecke verwendet werden müßten. Diese Auffassung ist rechtsirrtümlich. Allerdings ist nur eine solche Benutzung, die an sich selbst und ohne Hinzutreten weiterer Begleitumstände als eine Förderung der Stiftszwecke erscheint, eine unmittelbare, und dieser Tatbestand liegt bei einer, lediglich zur Erzielung höherer Einnahmen für die Stiftung bestimmten Benutzung, z. B. bei einer von der Stiftsverwaltung vorgenommenen Verpachtung von Stiftsländereien, nicht vor. Hier stellen aber die Pachtgelder einen Ersatz für ein den Konventualinnen verfassungsgemäß zustehendes Weidenutzungsrecht dar. Die Erträge fließen nicht in die Stiftskasse, um dieser die Mittel zur Erfüllung der Stiftungszwecke zu ermöglichen, sondern kommen den Konventualinnen allein zu. Damit dienen die verpachteten Grundstücke unmittelbar dem Stiftungszweck, welcher in der Versorgung der Aufgenommenen durch Gewährung von Wohnung und bestimmten, im Etat vorgesehenen Präbenden besteht. Auf welchem Wege das Grundstück für die Berechtigten nutzbar gemacht wird, insbesondere ob es wirklich als Weide benutzt oder für ihre Rechnung verpachtet wird, ist ohne Bedeutung. Ebensowenig kommt es darauf an, wer die Verpachtung vorgenommen und ausgeführt hat; denn die Verwaltung vollzieht sich nur für Rechnung der Konventualinnen, wenn auch nicht durch sie selbst (OVG. 43, 72; VBl. 49, 339). — Das unmittelbare Dienen für den Stiftungszweck wird in einem solchen Falle auch dadurch nicht ausgeschlossen, daß ein Teil des Pachterlöses vorweg zur Deckung der Verwaltungskosten verwendet ist, da andere Mittel hierfür nicht zur Verfügung waren (VBl. 48, 563). — Im Gegensatz zu OVG. 43, 72 ist der Befreiungsgrund in Buchst. i nicht gegeben, wenn die in eine milde Stiftung Aufgenommenen (Hospitalinsassen) keinen Anspruch auf eine bestimmte Einkommensquelle, sondern nur allgemein auf Bezüge gewisser Höhe haben ohne Rücksicht darauf, aus welchen Vermögenswerten die Mittel dafür aufgebracht werden (OVG. 80, 10). — Eine unmittelbare Benutzung für Stiftszwecke liegt auch bezüglich der Forstgrundstücke vor, wenn sie Brennholz für die Wohnungen der Stiftsdamen liefern, auf welches diese Anspruch haben, und ebenso bezüglich derjenigen Grundstücke, deren landwirtschaftliche Nutzung die zur Verpflegung der Insassen erforderlichen Erzeugnisse liefern, sowie hinsichtlich der Deputatländereien der Stiftsangestellten (VBl. 49, 339).

8. Zu Buchst. k.

a) Allgemeines.

§ 24 Abs. 1k KAG. stellt keinen neuen Rechtssatz dar, sondern erhält lediglich den bisherigen Rechtszustand aufrecht, welcher bei Inkrafttreten des KAG. bestand (VBl. 19, 540). Soweit daher nach § 26 Satz 2 die Dienstgrundstücke der Geistlichen, Kirchendiener und Volksschullehrer bisher von Gemeindeabgaben befreit waren, gilt dies weiter (VBl. 49, 587). — Die Worte: „soweit ihnen bisher Steuerfreiheit zugestanden hat" sind nicht räumlich aufzufassen, also nicht auf einzelne bestimmte Grundstücke zu beziehen, die bisher Steuerfreiheit genossen haben, sondern es kommt die Befreiung auch denjenigen Grundstücken usw. zustatten, welche erst nach Inkrafttreten des KAG. erworben sind, und ohne Rücksicht darauf, ob der Kläger vorher ein steuerfreies Grundstück besessen hatte, sofern nur die rechtlichen Voraussetzungen erfüllt sind (VBl. 19, 540; OVG. 57, 147).

b) Dienstgrundstücke usw. der Geistlichen.

Begriff der Geistlichen.

Als Geistliche i. S. des Buchst. k gelten nur diejenigen der öffentlich oder ausdrücklich aufgenommenen Kirchengesellschaften, d. h. der evangelischen Landeskirche und der römisch-katholischen, einschließlich der altkatholischen Kirche (OVG. 33, 29, 36; 36, 22; 62, 291; 74, 124; VBl. 48, 457, 560). — Da die Altlutheraner nicht zu den staatlich aufgenommenen Kirchengesellschaften i. S. des ALR. gehören (OVG. 33, 29) und hierin auch durch die Verfassungsurkunde für die Evangelische Landeskirche der altpreußischen Union v. 29. XI. 1922, welche dem Rechte und dem Bekenntnisse nach eine Fortsetzung der früheren preußischen Landeskirche bildet, keine Änderung eingetreten ist, so genießen auch die Dienstwohnungen der altlutherischen Geistlichen und Kirchendiener keine Steuerfreiheit (VBl. 48, 457). — Durch die Verleihung der Korporationsrechte an die Baptistengemeinden im Gesetz v. 7. VII. 1875 (GS. 374) haben diese nur die Rechtsfähigkeit für den bürgerlichen Verkehr, aber nicht die Rechte einer ausdrücklich aufgenommenen Kirchengesellschaft erlangt. Da ferner jede Steuerbefreiungsvorschrift als eine Ausnahme von der Regel eng auszulegen ist, kann auch aus dem in § 24 Abs. 1g für gottesdienstliche Gebäude der mit Korporationsrechten ausgestatteten Religionsgesellschaften vorgesehenen Steuerfreiheit kein Anspruch auf Steuerfreiheit nach Buchst. k a. a. O. hergeleitet werden (OVG. 74, 125). — Da die „Freie evangelische Gemeinde" eine außerhalb der evangelischen Landeskirche stehende religiöse Gesellschaft ist, kann ihr Prediger nicht als Geistlicher i. S. des Buchst. k angesehen werden (E. v. 4. VI. 1929. VI. D. 191. 27). — Da die frühere Rechtslage, nach welcher als Geistliche und Kirchendiener i. S. des Buchst. k nur diejenigen der öffentlichen oder ausdrücklich aufgenommenen Kirchengesellschaften anzusehen waren (OVG. 74, 127; s. oben bei Baptisten), durch die Reichsverfassung keine Abänderung erfahren hat (VBl. 48, 45) und die Synagogengemeinden nicht zu den bezeichneten Kirchengesellschaften gehören, fallen die Dienstwohnungen ihrer Prediger und Synagogendiener nicht unter die Befreiungsvorschrift des Buchst. k (VBl. 49, 588, 798).

Vgl. oben bei 5.

Die Geistlichen der dem Ministerium des Innern unterstellten Strafanstalten und Gefängnisse sind Beamte. Wenn auch bei ihrer Anstellung eine regelmäßige Mitwirkung der kirchlichen Organe stattfindet und ihre seelsorgerische Tätigkeit kirchlich überwacht wird, so werden sie doch durch die Anstaltsaufsichtsbehörde, den RP., mit ministerieller Genehmigung als „Beamte der Anstalt" angestellt. Die ihnen überwiesenen Dienstwohnungen sind daher nicht solche eines Geistlichen und ebenso wie Dienstwohnungen der anderen Anstaltsbeamten steuerpflichtig (VBl. 37, 488). — Die erzbischöflichen Priesterseminare sind Einrichtungen der katholischen Kirche und haben den Zweck, den angehenden Geistlichen dieser Kirche die letzte Ausbildung für den künftigen Priesterberuf zu geben. Der Regens eines solchen Seminars, welcher zu jener Ausbildung die zweckdienlichen Übungen zu überwachen hat, ist der Inhaber eines geistlichen Amtes, das seiner Bedeutung und seinem Zwecke nach in den Organismus der katholischen Kirche als Glied eingefügt ist. Der Inhaber eines solchen Amtes ist ein Geistlicher i. S. des § 1 Nr. 3 der Verordnung v. 23. IX. 1867 (VBl. 26, 285).

c) Voraussetzungen der Steuerfreiheit.

Die Tatsache, daß die Gehälter der Geistlichen im Etat in einer festen Summe ausgewiesen und ihnen bestimmte Ländereien als Teil des Gehalts nicht überwiesen sind, schließt die Steuerfreiheit der letzteren nicht aus. Es kommt darauf an, ob dem jeweiligen Pfarrer das Recht, über die Art der Nutzung des fraglichen Grundstücks und über den Ertrag der Nutzung zu verfügen, in rechtsgültiger Weise dauernd entzogen ist. Denn die Eigenschaft eines Grundstücks als Dienstland Geistlicher hängt nicht davon ab, ob es tatsächlich von einem Geistlichen genützt wird, sondern ob die Nutzung und Verwaltung dem Geistlichen rechtlich zusteht (VBl. 19, 147; 23, 102). — Hat eine rechtsgültige Umwandlung eines Pfarrackers in Kirchenvermögen vor dem Inkrafttreten des Staatsgesetzes betr. das Diensteinkommen der evangelischen Geistlichen v. 2. VII. 1898 (GS. 155) stattgefunden, so ist damit die Kommunalsteuerfreiheit fortgefallen (VBl. 23, 758). — Ist der Nießbrauch der bisher unzweifelhaft zum Stellenvermögen gehörigen Grundstücke auf Grund des Kirchengesetzes v. 2. VII. 1898 (GS. 159) dem Stelleninhaber entzogen, so ist dadurch nach der positiven Vorschrift in Art. 8 Abs. 2 des Staatsgesetzes v. 2. VII. 1898 (GS. 155) die Befreiungsvorschrift in § 24 Abs. 1 k KAG. nicht aufgehoben (VBl. 24, 548). — Nach Art. 8 Abs. 2 des Gesetzes betr. das Diensteinkommen der evangelischen Geistlichen v. 2. VII. 1898 (GS. 155) sollten die bisher für das Stelleneinkommen und die Einkünfte einer Pfarrstelle geltenden Befreiungen bestehenbleiben, auch wenn sich das Vermögen und die Einkünfte nach dem zugehörigen Kirchengesetz künftig nicht mehr im Nießbrauch des Stelleninhabers befinden. Das gilt aber nicht, wenn das Grundstück gemäß § 13 des Kirchengesetzes dem Stelleninhaber nur gegen einen „Übernahmepreis" zum Nießbrauch überlassen ist und der Ertrag auf das Diensteinkommen nicht zur Anrechnung gelangt. Denn damit wäre die Voraussetzung des § 24 Abs. 1 k, daß das Grundstück zur Unterhaltung des Pfarrers bestimmt sein muß, nicht erfüllt (OVG. 50, 105). — Die Überlassung von Pfarrländereien an den Stelleninhaber zur Nutznießung mit der Einschränkung, daß ihm die Aufkünfte nur bis zu einer gewissen Höhe zufließen sollen, macht die Grundstücke nicht zu Dienstländereien (OVG. 46, 57). — Die Steuerfreiheit ist nicht durch die örtliche Lage, sondern durch die Zweckbestimmung bedingt; es ist deshalb gleichgültig, ob die Grundstücke am Amtssitze des Geistlichen oder außerhalb der Parochie oder außerhalb des betreffenden Gemeindebezirks liegen VBl. 8, 410).

Provinzielles Sonderrecht.

Im Gebiet der rheinischen Städteordnung v. 15. V. 1856 (GS. 406) genießen Dienstwohnungen der Geistlichen und Kirchendiener Steuerfreiheit, und zwar auf Grund des § 2 des Grundsteuerbefreiungsgesetzes v. 24. II. 1850 (GS. 62) und des § 4 Abs. 7 der Städteordnung; § 4 Abs. 12 der Städteordnung kommt nicht in Betracht, da er sich, wie im Gegensatz zu OVG. 39, 133; 56, 177 anzunehmen ist, nur auf die persönliche

Abgabenpflicht bezieht (OVG. 67, 163). — Hinsichtlich der Dienstgrundstücke der Pfarrer in der Rheinprovinz ist die Vorbedingung (OVG. 57, 145, 159), daß sie bei Inkrafttreten des KAG. steuerfrei waren, erfüllt. Diese Freiheit bestand für die Geistlichen der Rheinprovinz nach dem Gemeindeverfassungsgesetz v. 15. V. 1856, GS. 435 (OVG. 39, 133). Die Eigenschaft als Dienstgrundstück geht verloren, wenn die Voraussetzung fortfällt, daß das Grundstück unmittelbar zum Unterhalt des Stelleninhabers dient und dieser über die Art der Nutzung zu bestimmen hat (OVG. 56, 178; 65, 157). Für die evangelischen Pfarrer ist die Steuerfreiheit nach dem Gesetz v. 2. VII. 1898 (GS. 155) bestehengeblieben, trotzdem in dem zugehörigen Kirchengesetz lediglich das finanzielle Nießbrauchsrecht beseitigt ist (E. v. 14. I. 1927. VII. D. 51. 25). — — — Die gleiche Steuerfreiheit steht aber den Küstern nur hinsichtlich der bebauten Grundstücke zu, da sie nach Art. 10 des Gesetzes v. 15. V. 1856 (GS. 435) vbd. m. § 2 des Gesetzes v. 24. II. 1850 (GS. 62) nur für Diensthäuser der Küster gegeben ist (VBl. 49, 709).

In Hannover sind nach dem Gesetz v. 5. VII. 1856 (HGS. I 193) nur die zum geistlichen Grundbesitz, nicht aber die dem Staate gehörigen, von diesem als Dienstgrundstücke oder Dienstwohnungen der Geistlichen und Kirchendiener zur Verfügung gestellten Liegenschaften steuerfrei (OVG. 70, 186). — Da nach § 3 des Hannoverschen Gesetzes v. 5. VII. 1856 (HGS. I 193) vbd. m. § 64 der Hannoverschen LGO. v. 28. IV. 1859 (HGS. I 393) vom Grundbesitz der Dienststellen der Geistlichen und Kirchendiener Gemeindegrundsteuer nicht erhoben werden durfte, ist dieser Besitz nach § 24 Abs. 1 k frei geblieben (VBl. 48, 447). — Jedoch gilt auch für Hannover der Grundsatz in OVG. 66, 165, daß Buchst. k keine Anwendung findet, wenn die Nutzung der Kirchengemeinde zusteht und der Stelleninhaber lediglich aus dem Ertrage besoldet wird (VBl. 48, 564).

In Schleswig-Holstein sind die Dienstgrundstücke der Geistlichen in den Landgemeinden steuerpflichtig, sofern sie bis zum Inkrafttreten des KAG. observanzmäßig zur Steuer herangezogen sind, außer wenn es sich um eine, durch § 96 Abs. 4 KAG. nicht aufrechterhaltene Zwecksteuer handelt (OVG. 72, 156). — Nach § 24 der Schleswig-Holsteinischen Städteordnung v. 14. IV. 1869 (GS. 589) sind die Dienstgrundstücke der Geistlichen und Kirchendiener von allen Gemeindelasten befreit. Da der Umfang dieser Steuerfreiheit nicht begrenzt ist, findet sie auch auf Dienstwohnungen Anwendung (OVG. 74, 125).

d) Dienstgrundstücke usw. der Kirchendiener.

Kirchendiener sind solche Personen, welche, wie Küster, Meßner, Altaristen, Organisten, Kantoren, Bälgetreter, Glöckner, Totengräber (nach OVG. 15, 79; 17, 124 auch Rechnungs- und Bürobeamte), zum Dienste der Kirche in mechanischen Verrichtungen oder weltlichen Angelegenheiten bestimmt und hierzu nicht durch Vertrag, sondern im amtlichen Verhältnis angestellt sind. Das gleiche gilt von den Personen, welche zur Unterstützung in geistlichen Angelegenheiten angenommen sind. Ehrenamtliche Anstellung genügt nicht. — Das öffentlich-rechtliche Dienstverhältnis zur Kirchengemeinde ist für die Anwendbarkeit der Vorschrift in § 24 Abs. 1 k um so mehr von Wichtigkeit, als sie von Dienstgrundstücken und Dienstwohnungen handelt (OVG. 57, 161, 163). — Hinsichtlich der Dienstwohnung eines Kirchendieners kommt es darauf an, ob es sich um eine Person handelt, die, ohne Geistlicher zu sein, zu der Kirchengemeinde in einem öffentlich-rechtlichen, nicht rein ehrenamtlichen Dienstverhältnis steht, und ob die Wohnungsnutzung auf Grund dieses Dienstverhältnisses als Teil des Diensteinkommens überwiesen ist (OVG. 56, 174; 57, 159; 65, 175). Wenn der betreffende Kirchendiener gleichzeitig in einem Dienstverhältnis zu einem Schulverbande steht, so ist das bedeutungslos, sofern die Wohnung nicht von diesem, sondern von der Kirchengemeinde im Hinblick auf das Kirchenamt zugewiesen ist (VBl. 49, 203). — Wegen der Küster in der Rheinprovinz s. auch oben bei b unter provinziellem Sonderrecht. — Ein Professor an einer bischöflichen Akademie gehört zu den weltlichen Kirchenbedienten, d. h. den Kirchendienern. Die ihm gewährte Dienstwohnung fällt daher unter die Befreiungsvorschrift in § 24 Abs. 1 k (PVBl. 50, 620). — Diakonissen, die der Kirchengemeinde auf Grund von Abmachungen zur Ausübung der Liebestätigkeit überlassen sind, fallen nicht unter den Begriff der Kirchendiener. Dagegen kommt für ihre Wohnung g. g. F. die Vorschrift unter i in Frage, wenn es die mit ihrer Tätigkeit verfolgten kirchlichen Zwecke erfordern, daß sie auf dem betreffenden Grundstück wohnen und die Wohnung ihnen hierfür angewiesen ist (OVG. 57, 163).

e) **Dienstgrundstücke der Lehrer.**

Dadurch, daß ein Volksschullehrer nach § 47 des Volksschulunterhaltungsgesetzes v. 28. VII. 1906 (GS. 335) zur Verpachtung seiner Dienstländereien der Genehmigung des Schulvorstandes bedarf, wird die Eigenschaft des Schullandes als Dienstgrundstück nicht beeinträchtigt; ebensowenig, wenn die Verpachtung im Einverständnis mit dem Lehrer durch den Schulvorstand selbst erfolgt, die Pachtsumme an diesen gezahlt und mit dem Gehalt verrechnet wird. Voraussetzung ist nur, daß die Berechtigung des Stelleninhabers, jederzeit selbst die Bewirtschaftung zu übernehmen, nicht gemäß §§ 14, 17 a. a. O. durch Ablösung beseitigt ist (OVG. 81, 11). — Eine solche Regelung ist rechtlich als ein Auftrag des Stelleninhabers zu erachten, der g. g. F. während seiner Amtszeit von ihm widerrufen werden kann und seinen Nachfolger in keiner Weise bindet (PVBl. 49, 266). — Lehrer an Lehrerbildungsanstalten gehören nicht zu den Volksschullehrern i. S. des § 24 Abs. 1 k (PVBl. 47, 517).

III. Beamtendienstwohnungen.

a) **Allgemeines.**

Eine Dienstwohnung ist nur da vorhanden, wo dem Inhaber die Wohnungsnutzung auf Grund seines öffentlich-rechtlichen Dienstverhältnisses nach Bestimmung seiner vorgesetzten Behörde als Teil seines Diensteinkommens überlassen ist (PVBl. 30, 204; 39,155). — Bei Dienstwohnungen, welche steuerfrei sind, kann nicht zwischen den Räumen, welche der Inhaber selbst, und denjenigen, welche sein Hausstand benutzt, unterschieden werden (PVBl. 28, 786). — Auch wenn ein Beamter seinen Dienst nicht in der ihm zugewiesenen Dienstwohnung selbst, sondern in deren Nähe verrichtet, aber sich ständig dienstbereit halten muß, und die Wohnung zur Erfüllung dieser Pflicht überwiesen ist, liegt ihre unmittelbare Bestimmung zu einem öffentlichen Dienst vor. Ständige Dienstbereitschaft braucht keine ununterbrochene zu sein. Die Unterbrechungen, welche der Aufenthalt in der Wohnung mit Rücksicht einerseits auf den Umfang der erforderlichen Dienstbereitschaft, andererseits auf die Lebensgewohnheiten in der betreffenden Dienststellung erfährt, nehmen ihm nicht die Eigenschaft eines ständigen Aufenthalts (PVBl. 35, 443). — Dienstwohnungen und Dienstgrundstücke der Beamten gelten, abgesehen von den mit ihnen verbundenen oder den Beamten überwiesenen Repräsentations- und sonstigen Diensträumen, wie Portierlogen, ärztlichen Sprechzimmern usw., als schlechthin nicht zu einem öffentlichen Dienst oder Gebrauch bestimmt, weil gemäß der Sondervorschrift des Abs. 2, der insoweit in unlöslichem Zusammenhang mit Abs. 1 Buchst. c steht und zu dessen Auslegung herangezogen werden muß, alle Steuerbefreiungen für Dienstwohnungen und Dienstgrundstücke der Beamten aufgehoben sind (Plenarentscheidung des OVG. v. 20. VI. 1914; OVG. 68, 207). — Die bei Dienstwohnungen von Beamten befindlichen Dienstgärten sind nicht den Repräsentationsräumen gleichzustellen, es sei denn, daß sie ausdrücklich zu Repräsentationszwecken überwiesen sind (PVBl. 21, 388). — Nach der Plenarentscheidung des OVG. v. 20. VI. 1924 (OVG. 68, 207) bezieht sich § 24 Abs. 1c überhaupt nicht auf Dienstgrundstücke und Dienstwohnungen von Beamten. Dieser Grundsatz gilt auch für Kommunalbeamte und auch für sogenannte Pflichtwohnungen, d. h. Dienstwohnungen, in denen Beamte, Offiziere usw. wohnen müssen, damit sie im Dienstinteresse jederzeit leicht erreichbar sind (OVG. 82, 10). — Die Plenarentscheidung v. 20. VI. 1914 bezieht sich nur auf Beamtendienstwohnungen. Bei solchen von Angestellten kommt es darauf an, ob ihre unausgesetzte Anwesenheit zur ordnungsmäßigen Aufrechterhaltung des Dienstes notwendig ist. Die dann eintretende Steuerfreiheit kommt in Fortfall, sobald die betreffenden Räume zu anderen Zwecken verwendet werden (OVG. 76, 230). — Dienstwohnungen von Beamten sind nach der Plenarentscheidung des OVG. v. 20. VI. 1914 schlechthin steuerpflichtig. Einer Untersuchung, ob im Einzelfall nach dem Inhalt der Dienstobliegenheiten des Wohnungsinhabers eine Dienstwohnung steuerpflichtig ist, bedarf es daher nur bei Angestellten (VBl. 38, 676). In den vom Staat oder Kommunalverbänden an Angestellte der betreffenden Verwaltung überwiesenen Dienstwohnungen vollzieht sich ein öffentlicher Dienst nur dann, wenn es zur ordentlichen Wahrnehmung der dienstlichen Obliegenheiten erforderlich ist, daß sie sich an der betreffenden Stelle dauernd aufhalten, und wenn ihnen deswegen die Wohnung überwiesen ist. Diese Voraussetzung trifft nicht zu, wenn die Überweisung aus sonstigen, z. B. aus sozialen Rücksichten, aus Gründen der Bequemlichkeit oder zur mittelbaren Förderung dienstlicher Interessen stattgefunden hat. — Wie der Verwaltungsrichter sich die Überzeugung bildet, ob diese Voraussetzungen erfüllt sind, unterliegt seinem freien Ermessen. Sei es, daß er eine Erklärung des zuständigen Ministers herbeiführt, sei es, daß er die Etatsverhandlungen heranzieht, sei es, daß er mangels anderer Nachweise einen geeigneten Sachverständigen vernimmt (OVG. 59, 45).

Wegen der Dienstwohnungen der in Buchst. h und i bezeichneten Anstalten s. oben bei II 6 und 7.

b) Dienstwohnungen in reichsfiskalischen Gebäuden.

Für die Steuerpflichtigkeit der auf Grundstücken der Reichswehr befindlichen Dienstwohnungen ist jetzt das Gegenseitigkeitsbesteuerungsgesetz v. 10. VIII. 1925 (RGBl. I 252) maßgebend (s. oben bei II B 1 b). Danach sind Wohnungen, die den Angehörigen der Wehrmacht im dienstlichen Interesse überwiesen sind, sowohl staats- wie kommunalsteuerfrei. Die Wehrmacht besteht nach § 1 des Wehrgesetzes aus freiwilligen Soldaten und den im Waffendienst tätigen Militärbeamten. Den Kreis der letzteren hat die Verordnung des Reichspräsidenten v. 21. XII. 1921 (HeeresVerBl. 560) umschrieben. Zivilbeamte der Heeresverwaltung gehören nicht dazu, und daher sind ihre Dienstwohnungen auch nicht steuerfrei (E. v. 8. VII. 1927. VII. D. 59. 27; OVG. 83, 7; E. v. 13. XI. 1928. VI. D. 120. 27). — Wohnungen, die in reichseigenen Gebäuden an Angehörige der Schutzpolizei vermietet sind, können im Gegensatz zu den Wohnungen der Bereitschaftsmannschaften auch dann nicht als im „dienstlichen Interesse" zugewiesen gelten, wenn der Mietswert auf das Diensteinkommen ganz oder teilweise angerechnet wird. Denn das Verhältnis zwischen der eine Wohnung vermietenden Behörde zu dem Mieter ist, gleichgültig ob er eine Beamtenstellung innehat oder nicht, rein privatrechtlicher Natur (VBl. 49, 678).

IV. Kabinettsorder von 1834.

Wortlaut der Kabinettsorder v. 8. VI. 1834 (GS. 87):

„Auf den Bericht des Staatsministeriums v. 25. IV. d. J. über die streitige Frage: ob ein Grundstück, welchem wegen seiner Bestimmung zu öffentlichen oder gemeinnützigen Zwecken die Befreiung von den Staatssteuern zusteht, deshalb auch den örtlichen Kommunalsteuern nicht unterworfen sei, setze ich fest, daß in den Provinzen und Ortschaften, in welchen die Vorschriften des ALR. oder des gemeinen Rechts verbindliche Kraft haben, der gegenwärtige Zustand beibehalten werden soll; woselbst also dergl. Grundstücke von Kommunallasten entbunden sind, hat es dabei sein Bewenden; woselbst sie dazu beitragen, verbleibt es bei dem Anteil, der bisher stattgefunden hat. Für die Zukunft dagegen, mit Inbegriff der schon eingetretenen, als unerledigt noch vorliegenden Fälle, sollen bei neuen Erwerbungen zu öffentlichen oder gemeinnützigen Zwecken die Realverpflichtungen, die vermöge des Kommunalverbandes vor der Erwerbung geleistet worden sind, fernerhin davon geleistet werden. Naturalleistungen werden auf eine Geldrente nach den zur Zeit der Erwerbung bestehenden Preisen berechnet. Persönliche Prästationen der bisherigen Privatbesitzer darf die Gemeinde aber nicht weiter fordern. Auch soll die Verpflichtung des Fiskus oder der betr. Anstalt auf die Erwerbung von Gebäuden beschränkt und nicht auf Grundstücke bezogen werden, die mit Gebäuden nicht besetzt sind, wie beispielsweise bei der Anlage von Festungswerken, Chausseen usw. In der Rheinprovinz soll nach den Bestimmungen der daselbst bestehenden Gesetzgebung nach wie vor verfahren werden."

Der weiteren Geltung der KabO. v. 8. VI. 1834 kann nur die Natur einer die Vorschrift im ersten Absatz des § 24 einschränkenden Bestimmung beigelegt werden, in Verfolg deren diejenigen Grundstücke oder Gebäude, welche nach ihrem Inkrafttreten zu einem der unter Buchst. a—k bezeichneten Zwecke gewidmet sind, nicht völlig steuerfrei werden, sondern diejenigen aus der Zugehörigkeit zum Kommunalverbande entspringenden Realverpflichtungen weiter zu entrichten haben, welche vor der Widmung zu dem die Steuerfreiheit begründenden Zwecke geleistet worden sind (OVG. 30, 57). — Die KabO. trifft nicht zu auf die Liegenschaften, welche zwecks wirtschaftlicher Nutzung verpachtet sind (OVG. 13, 224). — Die auf Grund der KabO. nach einem feststehenden, für alle Jahre gleichen Satze zu entrichtende Gemeindeabgabe für ein einem öffentlichen oder gemeinnützigen Zwecke gewidmeten Gebäude kann nur in denjenigen Steuerjahren angefordert werden, in welchen von anderen Liegenschaften eine Gemeindesteuer gleicher Art erhoben wird (OVG. 49, 43). — Für bereits früher zu öffentlichen Zwecken erworbene Grundstücke läßt die KabO. den ursprünglichen rechtlichen Titel und Charakter der Hebung in ihrer Eigenart unberührt, so daß beim demnächstigen Erlöschen des Titels auch die Beitragspflicht fortfällt und die Grundstücke kommunalsteuerfrei werden (OVG. 15, 140). — Wird eine ältere Steuer, von der gewisse, zu öffentlichen Zwecken verwaltete Grundstücke den durch die KabO. fixierten Betrag fortzuentrichten haben, gänzlich aufgehoben und durch eine neue ersetzt, so tritt Steuerfreiheit für jene Grundstücke ein, und zwar von der älteren Steuer wegen ihrer Aufhebung, von der neueren, weil ihrer Auferlegung die KabO. entgegensteht (OVG. 21, 105). — Die Beschränkung durch die KabO. von 1834 fällt fort, wenn die bei ihrem Erlaß bestehende Grundsteuerverfassung einer Gemeinde auf eine wesentlich veränderte Grundlage gestellt wird. Das ist nicht der Fall, wenn statt der Zuschläge zu der früheren Gebäudesteuer jetzt solche zur Grundvermögensteuer erhoben werden. Denn beide Steuergesetze sind wesensgleich, und die Gemeinde erhebt nach wie vor Zuschläge zu einer staatlich veranlagten Realsteuer (OVG. 81, 109).

Die KabO. bezieht sich nur auf den Neuerwerb von Gebäuden. Da sie aber gleichzeitig erwähnt, daß nicht mit Gebäuden besetzte Grundstücke von der Verpflichtung ausgenommen sein sollen, ergibt sich, daß, wenn Gebäude vorhanden sind, nicht nur die auf der Baulichkeit, sondern auch die auf dem Grund und Boden lastenden Realverpflichtungen bestehenbleiben sollen (OVG. 33, 16). — Der Begriff des Eigentumserwerbs und der Begriff der „Erwerbung" — d. h. tatsächlichen Widmung — „zu öffentlichen Zwecken" i. S. der KabO. ist auseinanderzuhalten. Sie fordert für den Eintritt der durch sie bestimmten Steuerpflicht lediglich, daß auf einem Grundstücke Gebäude zu steuerfreien Zwecken tatsächlich gewidmet werden und daß zur Zeit der Widmung von dem Grundstücke kommunale Realabgaben geleistet werden. Fallen Eigentumserwerb und Widmung zeitlich auseinander, wie z. B., wenn die betreffenden Gebäude erst später errichtet werden, so ist als Zeitpunkt der „Erwerbung zu öffentlichen Zwecken" derjenige anzusehen, in welchem die tatsächliche Benutzung des Gebäudes zu öffentlichen Zwecken eintritt (PBBl. 32, 267; OVG. 69, 209).

Die sich aus der Kabinettsorder ergebende Verpflichtung bleibt bestehen, wenn das auf dem Grundstück vorhandene Gebäude abgerissen wird. Denn wie bereits vom Obertribunal am 24. V. 1844 (Präjudiz 1447) ausgesprochen ist, hat die KabO., indem sie den „Gebäuden" die nicht mit Gebäuden besetzten Grundstücke gegenüberstellte, lediglich auf den Zustand zur Zeit des Erwerbes gesehen. Dem steht die Entsch. OVG. 16, 177 nicht entgegen. Bei ihr bestand die fixiert weiter zu entrichtende Realverbindlichkeit in Zuschlägen zur Staatsgebäudesteuer. Da letztere mit Abbruch des Gebäudes in Abgang kam, fielen damit auch die Zuschläge und der an ihrer Stelle zu entrichtende fixierte Betrag fort (OVG. 33, 15). — Die Nebengleise eines Bahnhofs stellen kein Gebäude dar und unterliegen daher nicht den Vorschriften der KabO. (PBBl. 31, 732). — Aus dem letzten Absatz des § 24, nach welchem die Bestimmungen der KabO. in Geltung bleiben, kann nicht im Gegensatz zu Abs. 2 der Fortbestand der Steuerfreiheit für Beamtendienstwohnungen gefolgert werden. Denn die KabO. redet allgemein von Grundstücken, welche zu einem öffentlichen oder gemeinnützigen Zweck bestimmt sind, gibt aber nicht an, was sie unter solchen Zwecken verstanden wissen will. Da nach § 24 Abs. 2 Beamtendienstwohnungen nicht als zu diesen Zwecken bestimmt gerechnet werden dürfen, muß Abs. 4 dahin ausgelegt werden, daß die KabO. auch in Zukunft nur mit dieser Beschränkung gelten soll (PBBl. 17, 407; 18, 102). — Betraf der nach KabO. zu zahlende fixierte Betrag sowohl Beamtendienstwohnungen als andere Räume, so müssen nach Inkrafttreten des KAG. die erstbezeichneten Gebäudeteile voll versteuert werden. Der fixierte Betrag ist daher nur noch für die anderen, an sich nach § 24 Abs. 1 KAG. befreiten, aber zugleich der KabO. unterliegenden Räume zu erheben (PBBl. 17, 507). — Dient ein Grundstück nach einander verschiedenen der in § 24 Abs. 1 bezeichneten Zwecken, so kommt es für die Entstehung des Steuervorrechts auf die Zeit der ersten Widmung an (PBBl. 34, 743).

Vgl. oben unter Dienstwohnungen bei III.

§ 25.

(1) Den Gemeinden ist die Einführung besonderer Steuern vom [Grundbesitz] Grundvermögen[1]) gestattet.

(2) Die Umlegung kann insbesondere erfolgen nach dem Reinertrage beziehungsweise Nutzungswerte eines oder mehrerer Jahre, nach dem Pacht- beziehungsweise Mietswerte oder dem gemeinen Werte der Grundstücke und Gebäude, nach den in der Gemeinde stattfindenden Abstufungen des Grundbesitzes oder nach einer Verbindung mehrerer dieser Maßstäbe.

1. Vgl. Anm. 1 zu § 23 sowie §§ 8 und 9 des Finanzausgleichsgesetzes vom 27. IV. 1926 (RGBl. I S. 203) (Anhang c des Buches). In Betracht kommen ferner:

a) § 1 Abs. 2 und 3 des ReichsbewertungsG. v. 10. VIII. 1925 (RGBl. I 214), welcher lautet: „Die Länder und Gemeinden, die Steuern nach dem Merkmal des Wertes einzelner Vermögensarten erheben, haben diesen Steuern die nach den Vorschriften dieses Gesetzes festgestellten Werte zugrunde zu legen. Den Gemeinden im Sinne dieses Gesetzes stehen die Gemeindeverbände und selbständigen Gutsbezirke gleich.

Die nach den Vorschriften dieses Gesetzes festgestellten Werte gelten als Einheitswerte, die im Abs. (1,) 2 bezeichneten Steuern als Einheitswertsteuern im Sinne dieses Gesetzes."

b) Das G. v. 23. V. 1929 (RGBl. I 109), welches lautet: „Die Länder und Gemeinden sind für das Kalenderjahr 1929 oder ein in diesem Jahre beginnendes Rechnungsjahr nicht verpflichtet, die nach dem ReichsbewertungsG. v. 10. Aug. 1925 (RGBl. I S. 214) festgestellten Einheitswerte ihren Grund- und Gebäudesteuern sowie Gewerbesteuern zugrunde zu legen."

2. S. AusfAnw. Art. 17.

Inhaltsübersicht.

I. Gegenstand der besonderen Steuerordnungen im allgemeinen.

Kieslieferungen, welche nach dem Verhältnis der direkten Steuern von allen Gemeindeabgabenpflichtigen aufgebracht werden sollen, stellen keine besondere Gemeindeabgabe dar, und ihre Anforderung ist unzulässig. Der Begriff der Steuern i. S. des KAG. ist auf Geldleistungen beschränkt. Für die ordentlichen Steuern ergibt sich das aus dem Gesetz; denn sie werden nur in Hundertsätzen erhoben. Hätte der Gesetzgeber den Begriff der besonderen Steuern im Gegensatz zu den ordentlichen direkten Gemeindeabgaben erweitern wollen, so hätte er das zum Ausdruck bringen müssen. Überdies folgt aus der Vorschrift in § 57, wonach die besonderen Steuern auf das Soll der beschlossenen und genehmigten Zuschläge zu den staatlich veranlagten Steuern angerechnet werden müssen, daß die besonderen Steuern nicht neben den vollen direkten Steuern erhoben werden dürfen. Die Bezugnahme auf § 96 ist verfehlt, da dort nur von Gebühren, Beiträgen, direkten und indirekten Steuern und Diensten, nicht aber von Naturallieferungen die Rede ist (OVG. 36, 170). — Eine Grundwertsteuer, welche sich nur auf unbebaute Grundstücke bezieht, ist rechtsungültig (E. v. 5. VI. 1921. VIII. C. 50. 20). — Da der erste Absatz des § 25 von Steuern in der Mehrzahl spricht, sind die Gemeinden nicht behindert, je eine besondere Steuer von Liegenschaften und von Gebäuden einzuführen. Vielmehr hat der Gesetzgeber diese auch der Staatssteuer entsprechende Unterscheidung als feststehend vorausgesetzt. Eine derartige Regelung müßte vielleicht auch schon deshalb gefordert werden, weil sonst den Vorschriften in § 56 nicht genügt werden kann (OVG. 47, 81). — Das KAG. wollte, indem es die Besteuerung des „Grundbesitzes", d. h. sowohl der unbebauten wie der bebauten Grundstücke, zuließ, das besteuerungsfähige Objekt für den ganzen Geltungsbereich des Gesetzes feststellen. Der Umfang dieses Begriffes ist daher unabhängig von privatrechtlichen Normen und autonomen Gemeindebeschlüssen. Er richtet sich nach dem Sinn des gewöhnlichen Sprachgebrauchs bzw. der staatlichen Grundsteuergesetze. Denn die Zulassung besonderer Gemeindesteuern an Stelle von Zuschlägen zur Staatssteuer betraf nur eine andere Art der Besteuerung, bedeutete aber keine Bestimmung des Steuerobjektes (OVG. 34, 45). — Das KAG. hat der „Steuer vom Grundbesitz" nur die bebauten und unbebauten Grundstücke und nicht auch sonstige körperliche und unkörperliche Vermögensgegenstände unterwerfen wollen und unterworfen. Die Gemeinden sind daher nicht in der Lage, den Kreis der Grundsteuerobjekte und den Begriff des steuerbaren Gegenstandes, wie jener im KAG. festgestellt und dieser in den Grund- und Gebäudesteuergesetzen abgegrenzt ist, kraft ihrer Autonomie zu erweitern. Die Bestimmung einer Steuerordnung, welche „Realberechtigungen" als steuerpflichtig erklärt, ist daher rechtsunwirksam (PVBl. 27, 627).

II. Begriff der Grundstücke.

Einen eindeutig bestimmten Begriff „Grundstück" gibt es weder im Sprachgebrauch des täglichen Lebens noch im Privatrecht noch im öffentlichen Recht; es muß vielmehr für jedes Rechtsgebiet und für jeden Rechtsfall untersucht werden, was darunter zu verstehen ist (PVBl. 43, 191). — Die sogenannten „Kuxe älteren Rechts" rechnen zwar zu den unbeweglichen Sachen, und sind wegen ihrer Veräußerung und Verpfändung die auf Grundstücke bezüglichen Vorschriften anzuwenden. Damit sind sie aber keineswegs (insbesondere in steuerlicher Hinsicht) in allen übrigen Beziehungen den Grundstücken gleichgestellt (OVG. 18, 20). — Freilassung des Erbbaurechts ist zulässig, da es nur das Recht darstellt, auf oder unter der Oberfläche eines Grundstücks ein Gebäude zu haben, aber niemals selbst ein Grundstück darstellt. Träger der Steuer für ein auf Grund eines Erbbaurechts errichtetes Gebäude ist daher der Grundstückseigentümer (OVG. 41, 88; 65, 171). — S. auch bei § 69.

III. Abgrenzung der Objekte.

Der Gemeinderealsteuer unterliegt nur das Grundstück selbst, nicht sein Zubehör (OVG. 34, 45). — Der Gemeindesteuer vom Grundbesitz unterliegen alle diejenigen Objekte, welche der staatlichen Grund- und Gebäudesteuer unterworfen sind (OVG. 34, 39). — Die Gemeinden sind aber befugt, in der besonderen Steuerordnung zu bestimmen, daß gewisse, an sich der Staatssteuer unterliegende Bestandteile der Grundstücke, insbesondere auch die auf ihnen befindlichen Baulichkeiten, bei der Veranlagung zur Gemeindegrundsteuer als nicht vorhanden gelten sollen (OVG. 64, 247). — S. unten bei IV wegen staatssteuerfreien Grundstücken. — Jedes auf einem besonderen Grundbuchblatt eingetragene Grundstück ist besonders zu veranlagen. Die gemeinsame Eintragung mehrerer derartiger Grundstücke in der Grundsteuerrolle berechtigt nicht, sie als ein einziges Grundstück zu behandeln, wenn dies auch in der Steuerordnung vorgesehen ist. Bei nachträglicher Teilung eines Grundstücks in mehrere selbständige ist Neuveranlagung erforderlich (PVBl. 28, 632).

Während bei dem Zuschlagssystem die in der Staatssteuerrolle einzeln nachgewiesenen Grundstücke das Steuerobjekt bilden (PVBl. 36, 665), kann bei besonderen Gemeindegrundsteuern die Steuerordnung selbst über die Abgrenzung der Steuerobjekte Bestimmung treffen. Ist das nicht geschehen, so ist Steuerobjekt in der Regel jeder eine wirtschaftliche Einheit bildende Grundbesitz. Umfaßt aber diese wirtschaftliche Einheit sowohl steuerpflichtige als auch steuerfreie Teile, so sind die steuerpflichtigen Teile als ein oder mehrere Steuerobjekte anzusehen, je nachdem sie im Falle eines unterstellten Verkaufs nach Maßgabe des wirtschaftlichen Bedürfnisses als eine oder mehrere Einheiten veräußert werden würden (OVG. 74, 135, 136). — Wenn der gesamte in der Gemeinde belegene Besitz ein und desselben Eigentümers als eine wirtschaftliche Einheit zusammengefaßt und bei der Veranlagung als Wert dieser Einheit die zusammengerechneten Werte der Einzelflächen angenommen wird, so verstößt das nicht gegen das Gesetz (E. v. 25. IX. 1923. VIII. C. 14. 23). — Bei den Steuern vom Grundbesitz i. S. des KAG. hängt die Frage, ob die einzelnen Flächen eines Besitzes selbständige Steuerobjekte bilden, nicht sowohl von den Einrichtungen, welche der Eigentümer für die Nutzung der Stücke getroffen hat, oder von der Zugehörigkeit zu einem vermögensrechtlich hergestellten Zusammenhang mit anderen Grundstücken, sondern von dem objektiven Zustand ab (OVG. 46, 63). — Die vorübergehende Verpachtung eines Teiles eines Landgutes oder das vorübergehende Brachliegen eines solchen Teiles löst nicht unter allen Umständen das Band der wirtschaftlichen Einheit des ganzen Grundstücks (OVG. 72, 148, 151). — Ist bei der Aufteilung eines Grundstücks und bei der Übertragung der neugebildeten Parzellen auf neue Grundbuchblätter die Absicht der Beteiligten von vornherein darauf gerichtet gewesen, jede der Parzellen als besonderes Vermögensobjekt und als besondere wirtschaftliche Einheit zu behandeln, so konnte die Veranlagung des ursprünglichen Grundstücks nach dem gemeinen Wert des ursprünglichen Grundstücks keine Geltung behalten und mußte durch eine Neuveranlagung ersetzt werden (VBl. 32, 383). — Anläßlich eines Eigentumswechsels findet keine anderweite Veranlagung statt, wenn die Eigentumsübertragung eines oder mehrere Steuerobjekte im ganzen betroffen hat (E. v. 18. II. 1927. VII. D. 234. 25). — Bildet nach dem örtlichen Steuerrecht ein Grundstück mit dem aufstehenden Gebäude eine wirtschaftliche Einheit, so ist die selbständige Veranlagung eines neuerrichteten Gebäudes ausgeschlossen. Es muß vielmehr der gemeine Wert des Grundstücks in Rücksicht auf die durch die Gebäudeerrichtung bewirkte Werterhöhung neu veranlagt werden. Derartige Neuveranlagungen sind immer dann zulässig, wenn das Steuerobjekt innerhalb der Veranlagungsperiode eine so wesentliche Veränderung in seinem Bestande erfährt, daß dadurch ein neues Steuerobjekt entsteht (VBl. 34, 295). — Ist nach der Steuerordnung die Veranlagung des gemeinen Wertes für mehrere Jahre erfolgt und wird innerhalb des Veranlagungszeitraums das Grundstück geteilt, so sind die neu entstandenen Steuerobjekte erneut zu veranlagen. Es handelt sich nicht um eine Erhöhung der Steuer infolge Veränderung des Grundstücks; vielmehr ist das bisherige Objekt untergegangen und ein neues an seine Stelle getreten. In der dadurch bedingten Neuveranlagung ist deshalb auch dann keine nach § 84 unzulässige Nachveranlagung zu erblicken, wenn bei dieser Neuveranlagung der gemeine Wert des Grundstücks höher als bisher festgesetzt wird (VBl. 32, 383; OVG. 56, 185). — Da Hausgärten und Hofräume an sich nicht selbständige Grundstücke sind, hätte es einer bestimmten Angabe in der Steuerordnung bedurft, unter welchen Voraussetzungen sie als selbständige Objekte angesehen werden sollen. Die Worte „nach Umfang und Lage" genügen in dieser Hinsicht nicht, da sie die Entscheidung dem Belieben der Steuerbehörde übertragen (VBl. 28, 992). — Hofräume sind ihrem Wesen nach nicht wirtschaftlich selbständige Grundstücke, sondern nur Bestandteile bebauter und dazu bestimmt, den wirtschaftlichen Zwecken des Gebäudes zu dienen, zu dem sie gehören. Bahnhofsgrundflächen, welche zum Verkehr des Publikums oder zum Transportgeschäfte benutzt werden, sind keine Hofräume, da sie in keiner Beziehung zu bestimmten Gebäuden stehen und dessen Zwecken dienen, sondern denjenigen des ganzen Eisenbahnbetriebes (VBl. 37, 184). — Wenn auf einem Grundstück die Oberfläche und der Untergrund zwei verschiedenen Benutzungsarten unterliegen, von denen die eine Steuerfreiheit bedingt, die andere aber nicht, so ist für die Frage der Steuerpflicht entscheidend, welche von beiden Benutzungsarten als Hauptbestimmung des Grundstücks anzusehen, also derart umfassend ist, daß die Ausnutzungsmöglichkeit für den anderen Zweck als untergeordnet zurücktritt. Das kann z. B. beim Vorhandensein eines Eisenbahntunnels der Fall sein (OVG. 72, 163).

IV. Staatssteuerfreie Grundstücke.

Wird die Gemeindegrundsteuer nicht in Zuschlägen zur Staatssteuer, sondern als eine besondere Gemeindesteuer erhoben, so bildet der Umstand, daß es an einer staatlichen Veranlagung fehlt, kein Hindernis für die Heranziehung (OVG. 74, 125). — Die Bestimmung in Art. 16 zu d der AusfAnw., daß unbewohnte landwirtschaftliche und gewerbliche Gebäude steuerfrei sind, ist falsch (s. oben zu § 24). Der Umstand, daß derartige Liegenschaften nach dem (früheren) Grund- und Gebäudesteuergesetz nur von der Grundsteuer erfaßt werden, kommt demnach nur dann in Betracht, wenn die besondere Gemeindesteuer sich in ihren Grundsätzen an die staatlichen Grund- und Gebäudesteuergesetze anschließt (PrVBl. 31, 431; OVG. 56, 3; 70, 199).

V. Besitzgruppen.

Nach dem Deklarationsgesetz v. 24. VII. 1906 (GS. 376) dürfen einzelne Grundstücksarten oder Besitzgruppen mit verschiedenen Sätzen zu den Steuern vom Grundbesitz herangezogen werden. Eine derartige Abstufung darf aber nur an Eigenschaften geknüpft werden, welche den Grundstücken selbst, nicht an solche, welche den einzelnen Besitzern zukommen (OVG. 73, 154). Sonst handelt es sich nicht um Besitz-, sondern um Besitzergruppen (OVG. 78, 131). — Dem widerspricht es nicht, wenn Arbeiterhäuser minderbelastet werden, da die Gebäude an sich den Zweck haben, als Wohnungen für Minderbemittelte zu dienen (OVG. 68, 224; PrVBl. 43, 583). — Unzulässig ist dagegen eine Staffelung, wenn nicht die Berücksichtigung objektiver Werteinheiten, sondern lediglich die Unterstellung einer größeren, bei größeren Sachwerten ohne weiteres angenommenen, persönlichen Leistungsfähigkeit des Steuerpflichtigen die Verschiedenheit der Steuerbemessung entscheidend beeinflußt hat (PrVBl. 50, 192 u. OVG. 80, 103). — Die Entscheidung OVG. 47, 84 hatte in Rücksicht darauf, daß nach § 27 Abs. 1 die Grundbesitzsteuern nach gleichen Sätzen und Normen zu verteilen sind, eine gruppenweise Einstufung des Grundbesitzes in Gemeindesteuerordnungen für unzulässig erklärt. Nachdem aber das Gesetz v. 24. VII. 1906 (GS. 376) in Form einer Gesetzesdeklaration ausgesprochen hat, daß §§ 7, 20, 27 einer Abstufung der Gebühren und Steuern nicht entgegenständen, muß davon ausgegangen werden, daß das KAG. von vornherein eine solche Abstufung zugelassen hat. Deshalb ist auch die in der vor Ergehen des Deklarationsgesetzes erlassenen Steuerordnung vorgesehene Begünstigung gemeinnütziger Baugesellschaften zulässig (OVG. 50, 109). — Für den Besitz einer besonderen Besitzgruppe, deren Bildung das Deklarationsgesetz für besondere Grundsteuern zugelassen hat, ist es nicht erforderlich, daß alle wirtschaftlichen Verhältnisse derselben Besitzgruppe im wesentlichen gleich sind; es genügt vielmehr, daß ein einzelnes, durch die Steuerordnung bestimmtes objektives Merkmal für alle zu der Gruppe gehörigen Grundstücke zutrifft (OVG. 64, 247). — Die Größe der Grundstücke ist keine besondere Grundstücksart oder Besitzgruppe (OVG. 76, 232; 80, 101). — Aus dem gleichen Grunde sind besondere Steuersätze für Eigentümer, welche unbebaute Grundstücke gewerbsmäßig gärtnerisch nutzen, unzulässig (OVG. 73, 148).

S. § 78 Abs. 2.

VI. Gemeiner Wert.

A. Allgemeines.

Nach ständiger Rechtsprechung des Gerichtshofes ist der gemeine Wert eines Grundstücks gleich dem Verkaufswert, d. h. demjenigen Wert, welchen das Grundstück nach den im lokalen Immobilienverkehr mit gleichartigen Grundstücken gegebenen Erfahrungen für jeden Eigentümer hat. Er ist in erster Linie aus dem für das Grundstück im maßgebenden Zeitpunkt tatsächlich erzielten Kaufpreis und, wenn solche nicht gegeben sind, aus den Preisen zu ermitteln, welche damals für Besitzungen von gleichartiger Lage, Beschaffenheit und Bauart gezahlt sind. Nur wenn der Verkaufswert auch durch Vergleich mit anderen Grundstücken nicht zu ermitteln ist, kann ausnahmsweise ein Verfahren, nach dem sich ortsüblich die Käufer von Grundstücken den Kaufpreis berechnen, zur Ermittlung des gemeinen Wertes angewendet, u. a. bezüglich des Wertes eines Gebäudes der sich aus dem gegenwärtigen Zustande desselben ergebende ermäßigte Baukostenwert zugrunde gelegt werden (PrVBl. 32, 71, 235; OVG. 60, 169; E. v. 20. I. 1928. VI. D. 145. 28; E. v. 24. IX. 1929. VI. D. 317. 28). — Fehlt es an wirklich gezahlten Kaufpreisen als Vergleichsobjekt, so ist nach dem Verkaufspreise, der unter gewöhnlichen Verhältnissen im Verkauf erzielt werden kann, zu suchen. Dabei kommt es darauf an, welcher Kreis von Interessenten bei einem derartigen Verkauf in Betracht kommen würde und ob für den Fall, daß das Grundstück zur Zeit der Heranziehung zum Verkauf gestellt wäre, Erwerber, die das Grundstück in seinem gegenwärtigen Zustand (Bankgebäude) belassen hätten, oder nur solche, die erst einen Umbau vorgenommen hätten, oder sowohl die einen wie die anderen in Frage gekommen wären (VBl. 33, 30). — Die Ansicht des Vorderrichters, daß der Kaufpreis, der für ein Grundstück zu erzielen sei, regelmäßig hinter dem gemeinen Werte zurückbleibe, weil die Grundstücke regelmäßig in der Absicht gekauft würden, bei einem etwaigen Wiederverkauf zu verdienen, ist rechtsirrig. Der gemeine Wert deckt sich mit dem auf dem Grundstücksmarkt zu erzielenden Preis (VBl. 33, 61). — Auch ein Grundstück, für das ein bestimmtes Verkaufsverbot besteht, hat einen gemeinen Wert (OVG. 49, 51). Nur hat diese Beschränkung Einfluß auf die Höhe des gemeinen Wertes (OVG. 76, 238) (s. unten bei C). — Ob der Eigentümer tatsächlich oder rechtlich behindert ist, sein Grundstück zu verkaufen, kommt bei der Bemessung des gemeinen Wertes nicht in Betracht (VBl. 22, 336). — Maßgebend ist nicht der nach §§ 1, 15 II 6 der Allgemeinen Gerichtsordnung berechnete Taxwert. Er kann zwar als Hilfsmittel für die Bewertung von Grundstücken dienen, aber nicht allein als ausreichend für die Feststellung des gemeinen Wertes erachtet werden, da es im wirtschaftlichen Leben vielmehr auf denjenigen Wert ankommt, welchen das Grundstück objektiv für jeden Besitzer bietet (VBl. 26, 235). — Jedenfalls konnte eine Bewertung, der, wie hier, nur die Baukostenwerte der einzelnen Gebäude zugrunde liegen, nicht als zulässig angesehen werden, da sie weder das in dem Wert des Grund und Bodens und der Lage des Grundstücks enthaltene Moment der Preisgestaltung berücksichtigt, noch dem Alter und der Abnützung der einzelnen Gebäude Rechnung trägt. Auch die Feuerversicherungstaxe kann als maßgebendes Hilfsmittel für die Bewertung nur dann verwendet werden, wenn die Grundsätze, nach denen ihre Bemessung erfolgt ist, festgestellt und als zutreffende Grundlage einer Wertermittlung gewürdigt sind (VBl. 49, 591). — Der gemeine Wert kann in der Regel nicht durch Zusammenrechnung des Bodenwertes und des Bauwertes der Gebäude ermittelt werden (VBl. 30, 406). — Da der gemeine Wert dem Preise entspricht, der für eine Sache durch einen Verkauf unter gewöhnlichen Umständen zu erzielen ist, können einzelne Räume eines Gebäudes keinen gemeinen Wert haben (VBl. 27, 505). — Überall, wo vom gemeinen Wert die Rede ist, kann darunter nur der objektive Wert im Gegensatz zum subjektiven Interesse verstanden werden. In Ermangelung ausdrücklicher Festlegung objektiver Voraussetzungen für die Ermittlung eines als Maßstab geeigneten Ertrages kann daher der gemeine Wert nicht nach individuellen Ertragsergebnissen berechnet werden, ebensowenig nach dem Gebrauchswert, da der Gebrauch noch viel mehr von subjektiven Umständen abhängt (VBl. 17, 493).

Da die Steuerordnung als einzigen Maßstab für bebaute und unbebaute Grundstücke den gemeinen Wert vorsieht, war es unzulässig, daß nur die zu anderen als landwirtschaftlichen Zwecken benutzten Grundstücke nach dem Verkaufswert, die landwirtschaftlichen aber nach einem erheblich abweichenden, vermutlich dem landwirtschaftlichen Ertragswert veranlagt worden sind (VBl. 35, 261). — Schreibt eine Gemeindegrundwertsteuerordnung eine verschiedene Belastung der bebauten und unbebauten Grundstücke vor, wozu die Gemeinden an sich nach dem Gesetz befugt sind, so muß aus der Ordnung selbst hervorgehen, in welchem festen Abstufungsverhältnis die für die beiden Grundstücksgruppen zu erhebenden Tausendsätze zueinander stehen sollen. Die Bestimmung der Steuerordnung, daß der Satz für unbebaute Grundstücke um mindestens 50% und höchstens 100% höher sein soll als für bebaute, widerspricht der Vorschrift in § 20 Abs. 1 KAG, nach welcher die Verteilung der direkten Gemeindesteuern nach festen Grundsätzen erfolgen muß. Die alljährliche Festsetzung des abgestuften Steuersatzes hat sich auf die Bestimmung der Sätze zu beschränken, welche auf die einzelnen

Grundstücksgruppen nach dem sich aus der Steuerordnung ergebenden Belastungsverhältnis entfallen (VBl. 43, 298). — Ist entgegen der örtlichen Steuerordnung für die Klasse der bebauten Grundstücke der Besteuerung ein anderer als der gemeine Wert zugrunde gelegt worden, wodurch überdies in gesetzwidriger Weise der auf die Gebäudesteuer entfallende und nach §56 von den Gebäudeeigentümern aufzubringende Teil des Steuerbedarfs den Eigentümern der unbebauten Grundstücke mit zur Last gelegt ist, so kann dieser Fehler des Veranlagungsverfahrens nicht im Verwaltungsstreitverfahren beseitigt werden; er macht vielmehr jede einzelne Veranlagung rechtswidrig (VBl. 30, 830). — S. auch unten bei D.

Das OVG. hat ständig angenommen, daß, wenn der gemeine Wert für die Berechnung einer Steuer maßgebend ist, diese Ermittlung als ein Teil des Veranlagungsverfahrens der richterlichen Nachprüfung nicht entzogen werden darf (OVG. 55, 113). Hierin ist der Grundsatz enthalten, daß die Steuerordnung für die Ermittlung des Wertes die Berechnungsfaktoren nicht derart als maßgebend erklären darf, daß sie weder der Anfechtung noch der richterlichen Nachprüfung unterliegen (VBl. 34, 47).

B. Bauland.

Wo es sich um Grundstücke handelt, die zurzeit noch landwirtschaftlich genutzt werden, ist bei der Feststellung des gemeinen Wertes auch der höhere Wert in Ansatz zu bringen, der sich schon in der Gegenwart aus der infolge ihrer Lage sich ergebenden Möglichkeit ihrer etwaigen Bebauung ergibt. Denn die tatsächliche Benutzung des Grundstücks ist ein rein subjektives Moment, während der gemeine Wert nach objektiven Merkmalen zu ermitteln ist (OVG. 32, 160). — Ein Grundstück, das nicht dauernd landwirtschaftlichen Zwecken zu dienen bestimmt und ausdrücklich als Bauland verkauft ist, verliert letztere Eigenschaft nicht dadurch, daß sie wegen Mangels an Geldmitteln bisher nicht ausgenutzt werden konnte (E. v. 6. VI. 1929. VI. D. 298. 27). — Bei Ermittlung des gemeinen Wertes von Baustellen muß der Umstand, daß bei der künftigen Bebauung Straßenanliegerbeiträge zu entrichten sind, berücksichtigt werden. Denn die Möglichkeit, bei der Einschätzung die für Bauland geltenden höheren Werte zugrunde zu legen, hängt davon ab, daß das Grundstück nach dem geltenden Bebauungsplan an einer projektierten Straße liegt (VBl. 20, 190). — Die Möglichkeit einer künftigen Änderung des festgestellten Bebauungsplans und der baupolizeilichen Vorschriften kann nicht gegen die Bewertung des Baulandes nach dem für dieses tatsächlich gezahlten höheren Preises geltend gemacht werden (VBl. 20, 192).

S. auch VBl. 22, 624 unten bei D.

C. Berücksichtigung sonstiger Nebenumstände.

Für die Feststellung des gemeinen Wertes kommen lediglich diejenigen Faktoren in Betracht, die zu der maßgebenden Zeit die Preisbildung beeinflussen konnten. Folglich müssen alle Umstände ausscheiden, mit denen zu diesem Zeitpunkt nicht gerechnet werden konnte, z. B. mit der Tatsache, daß gewisse Grundstücke einer bestimmten Gegend wertvolle Bodenschätze bargen (VBl. 36, 184). — Der gemeine Wert i. S. des § 25 und der auf ihm ruhenden Steuerordnung deckt sich mit dem gemeinen Wert i. S. der §§ 111, 112 I 2 ALR., welcher dem Nutzen entspricht, den eine Sache für jeden Besitzer gewähren kann (OVG. 32, 158). Wenn sich also dieser Nutzen bei einem Grundstück wegen der auf ihm lastenden Nutzungsbeschränkungen verringert, so verringert sich damit auch der gemeine Wert, wie es in dem für das Grundstück zu erzielenden Kaufpreis zum Ausdruck kommt. Kein verständiger Käufer wird für ein Grundstück, welches infolge der auf ihm ruhenden Belastung nur in eingeschränktem Maße ausgenutzt werden kann, denselben Preis zahlen wie für ein gleichartiges unbelastetes Grundstück. Würde hier der für gleichartige unbelastete Grundstücke unter normalen Verhältnissen zu erzielende Kaufpreis als gemeiner Wert angenommen werden, so würde es sich um die Bewertung eines fingierten Grundstücks handeln, während das Steuerobjekt in seiner tatsächlichen Beschaffenheit den Gegenstand der Wertermittlung zu bilden hat (VBl. 35, 880). — Eine Grundwertsteuer kann ihrer Natur und ihrem Zwecke nach nur nach objektiven Merkmalen bemessen werden. Der Anspruch, daß der Mietwert der Gebäude eines Bau- und Sparvereins von den Bedingungen abhängig sein solle, unter denen die Wohnungen an die Vereinsmitglieder abgegeben werden, ist daher unbegründet (VBl. 27, 819). — Bei der Ermittlung des Gebäudewertes (s. unten bei D) ist hinsichtlich gewerblicher Räume der Wert der vorhandenen gewerblichen Einrichtungen außer Betracht zu lassen (VBl. 31, 750); ebenso bei der Veranlagung von Grundstücken der Umstand, daß auf ihnen ein bestimmtes Gewerbe betrieben wird (VBl. 32, 798). — Der gemeine Wert eines Straßenbahngrundstücks ist ohne Rücksicht auf die Wertsteigerung zu ermitteln, welche das Grundstück wegen seines Zusammenhanges mit dem Gesamtbetriebe als dessen Bestandteil erfahren hat (VBl. 33, 114). — Rohrleitungen einer Gasanstalt, welche sich außerhalb des eigentlichen Grundstückes befindet, kommen für dessen Bewertung nicht in Betracht (VBl. 33, 96). — Bei der Wertermittlung für ein Ziegeleigrundstück ist damit zu rechnen, daß das Lehmlager keine unbeschränkte Dauer hat, sondern schließlich erschöpft wird (VBl. 32, 71).

D. Gebäude.

Bei Berechnung des gemeinen Wertes bebauter Grundstücke zur Gemeindegrundsteuer darf nicht der Wert, den das Grundstück im unbebauten Zustand haben würde, mit dem besonderen, nach den Baukosten oder nach ihrem Nutzungswert zu berechnenden Wert der aufstehenden Gebäude zusammengerechnet werden. Bei bebauten Grundstücken hat der Grund und Boden, welcher bebaut oder dazu bestimmt ist, die Benutzung der Gebäude zu erleichtern (Hofräume, Zufahrten usw.), überhaupt keinen selbständigen Nutzen. Sind die Voraussetzungen für die Bewertung eines bebauten Grundstücks als Bauland gegeben, so kann der Wert der vorhandenen Gebäude nur insoweit in Anrechnung kommen, als sie bei der angenommenen Art der künftigen Benutzung beibehalten werden können; erfordert diese Benutzungsart die Beseitigung der Gebäude, so kann nur deren Abbruchswert angerechnet werden (VBl. 22, 624). — Wenn das KAG. in § 24 Abs. 1 als Gegenstand der Steuern von Grundbesitz die bebauten und unbebauten Grundstücke bezeichnet, so bringt es damit zum Ausdruck, daß die Gebäude in Verbindung mit dem Grundstücke, auf dem sie stehen, ein einheitliches Steuerobjekt bilden. Ist ein Gebäude auf gepachtetem Grundbesitz errichtet, so ist daher für die Grundwertsteuer nicht der Nutzen maßgebend, den das Gebäude unter Berücksichtigung der durch die Rechte des Grundbesitzers gegebenen Beschränkung bietet, sondern der Nutzen, welchen die Verbindung von Gebäude und Boden für jeden Besitzer bietet. Dieser Nutzen bzw. der für das gemeinschaftliche Objekt anzunehmende Verkaufswert stellt den gemeinen Wert dar (OVG. 34, 185; VBl. 35, 402). — Befindet sich auf dem Grundstück ein früher für öffentliche Zwecke errichtetes Gebäude, so ist zu prüfen, mit welchem Nutzen es für Privatzwecke verwendbar ist (VBl. 49, 572).

Der Nutzungswert eines Gebäudes, der nach Abs. 2 einer Gemeindesteuer zugrunde gelegt werden kann, deckt sich nicht mit dem tatsächlichen, sondern mit dem bei gemeingewöhnlichem Gebrauche durchschnittlich und nachhaltig zu erzielenden Bruttoertrage, d. h. mit der Ertragsfähigkeit. Deshalb braucht, wenn nach der örtlichen Steuerordnung die Umlegung nach dem Nutzungswert erfolgt, der Mietwert unbenutzter Gebäudeteile nicht abgezogen zu werden (OVG. 55, 143). — Die Benutzung eines Gebäudes durch den Eigentümer selbst liegt nur dann vor, wenn der Eigentümer die betreffenden Räume in eigener Person benutzt, nicht aber schon dann, wenn der Eigentümer die Möglichkeit hat und bereit ist, die Räume einem anderen zur Benutzung zu überlassen (VBl. 39, 125). — Aus der Entstehungsgeschichte des Gesetzes ergibt sich, daß mit der Bezeichnung „Nutzungswert" nicht das „Reineinkommen" im Sinne der Einkommenbesteuerung gemeint war, sondern daß der Begriff so verstanden werden sollte, wie ihn die bestehende Grundsteuerverfassung auffaßte. Das ist bei Gebäuden der Bruttonutzungswert, so daß Abzüge für Reparaturen, Abschreibungen, Feuerversicherung usw. nicht angängig sind (VBl. 17, 385). — Zwecke, deren Verfolgung unerlaubt ist oder doch mindestens gegen die guten Sitten verstößt (z. B. Beherbergung von Prostituierten), sind für den Nutzungswert eines Gebäudes nicht entscheidend (VBl. 33, 335).

S. auch bei III C.

VII. Steuersätze.

Besondere Gemeindesteuern vom Grundbesitz haben nicht feste und unveränderliche Steuersätze zur Voraussetzung. Die Steuerordnung muß vielmehr auch eine Beweglichkeit der Steuer in der Weise vorsehen, daß sich ihr Sollaufkommen nach dem jährlichen Steuerbedarf in Verbindung mit dem Gemeindebeschluß über dessen Verteilung auf die einzelnen Steuerarten (§ 59) bestimmt (OVG. 33, 208). — In OVG. 71, 194 ist ausgesprochen, daß jede Steuerordnung feste Grundsätze enthalten muß, aus denen sich die Höhe des Einheitssatzes ergibt oder berechnen läßt. Unter dem Einheitssatz ist bei besonderen Gemeinderealsteuern der Prinzipalsteuersatz, d. h. derjenige Betrag zu verstehen, welcher sich nach den in der Steuerordnung gemäß § 20 Abs. 1 aufgestellten festen Grundsätzen für die einzelnen Steuerobjekte ergibt und von welchem für die einzelnen Steuerjahre das durch Gemeindebeschluß bestimmte Vielfache oder der in gleicher Weise bestimmte Bruchteil erhoben wird (OVG. 75, 199). — Die Vorschrift in § 18 Abs. 1 des Grundvermögenssteuergesetzes v. 14. II. 1923 findet bei Erhebung einer besonderen Gemeindegrundsteuer auf Grund des § 25 KAG. keine Anwendung (nach § 18 a. a. O. bedarf die Erhebung von Zuschlägen über 100% der Staatssteuer der Genehmigung; es sollen nicht über 150% erhoben werden; vgl. aber § 54 KAG.) (OVG. 80, 75).

VIII. Veranlagungszeitraum.

Eine ausdrückliche Vorschrift, welcher Zeitpunkt für die Veranlagung eines Steuerobjektes zu einer kommunalen Realsteuer maßgebend sein soll, enthält das KAG. nicht. In der Rechtsprechung wird als maßgebend der erste Tag des Veranlagungszeitraumes angesehen, also der 1. IV. des betreffenden, bzw. bei mehrjährigem Veranlagungszeitraum des ersten Rechnungsjahres (VBl. 42, 214). — Das Grundstück wird als Steuerobjekt in derjenigen tatsächlichen und rechtlichen Gestaltung erfaßt, welche es am ersten Tage des einheitlichen Veranlagungszeitraums, sei es des Rechnungsjahres, sei es gemäß § 64 mehrerer Jahre, aufweist. Wird die Grundsteuer nach dem gemeinen Wert erhoben, so kann demgemäß nur der Wert vom 1. IV. des betreffenden Veranlagungszeitraums zugrunde gelegt werden. Die Ermächtigung des § 25, die besondere Grundsteuern nach dem Reinertrage oder dem Nutzungswert mehrerer Jahre umzulegen, steht dem nicht entgegen; sie will nur gestatten, die am Beginn des Veranlagungszeitraums obwaltenden tatsächlichen und rechtlichen Verhältnisse nach Merkmalen der Vergangenheit zu ermitteln. Ebenso geht § 64 von der Erwägung aus, daß die bei Beginn eines mehrjährigen Veranlagungszeitraums bestehenden Verhältnisse längere Zeit bestehenbleiben und deshalb eine zuverlässige Grundlage für die bei Beginn der einzelnen Rechnungsjahre maßgebenden Besteuerungsverhältnisse bilden. Ausgeschlossen ist aber durch das Gesetz, die Besteuerungsmerkmale abweichend von den bei Beginn des Veranlagungszeitraums — erweisbar oder vermutlich — vorhandenen tatsächlichen und rechtlichen Verhältnissen zu bestimmen. Auch durch die Steuerordnung kann das nicht bewirkt werden; denn jener auf der Einheitlichkeit des Veranlagungszeitraums beruhende Rechtsgrundsatz ist zwingender Natur (OVG. 72, 167). — Ebenso wie eine unanfechtbar gewordene Heranziehung innerhalb der Veranlagungsperiode nicht zuungunsten des Steuerpflichtigen abgeändert werden kann, darf dies auch nicht bezüglich der Veranlagung des gemeinen Wertes geschehen, wenn dieser gemäß § 64 getrennt von der Heranziehung für mehrere Jahre erfolgt (OVG. 43, 60; VBl. 34, 80). — Freilich muß nach dem ganzen Aufbau der direkten Kommunalsteuern (vgl. § 95) sowie dem Schlußsatz des § 64 auch das Prinzip anerkannt werden, daß die Veranlagung der besonderen Kommunalsteuern jedesmal für ein Jahr gilt, sofern nicht eine längere Veranlagungsperiode beschlossen ist. Das gilt aber nicht, wenn auf einem bisher nur als unbebaut veranlagten Grundstück ein Gebäude errichtet und damit ein neues Steuerobjekt geschaffen wird. Daß ein solches im Lauf der Veranlagungsperiode nicht herangezogen werden darf, ist aus dem KAG. nicht ersichtlich (VBl. 23, 711). — Sieht die Steuerordnung Nachveranlagungen wegen Verbesserungen der Gebäude vor, so kommen nur solche in Betracht, welche das Gebäude derartig in seiner Substanz abändern, daß ein neues Steuerobjekt entstanden ist (VBl. 33, 336).

IX. Aufhebung der Steuerordnung.

Da nach § 26 KAG. die Besteuerung des Grundbesitzes in Hundertsätzen der Staatssteuer erfolgen muß, wenn keine besondere Steuer vom Grundbesitz besteht, so bedeutet der Beschluß einer Gemeinde, für ein Rechnungsjahr bestimmte Zuschläge zur Staatssteuer zu erheben, gleichzeitig die Aufhebung der in der betreffenden Gemeinde bis dahin geltenden Grundvermögenssteuerordnung (VBl. 47, 490).

§ 26.

(1) Sind besondere Steuern vom [Grundbesitz] Grundvermögen[1]) nicht eingeführt, so erfolgt die Besteuerung in Prozenten der vom Staate veranlagten Grund- und Gebäudesteuern.

(2) Die auf Grund der Einlegung von Rechtsmitteln erfolgte Erhöhung oder Ermäßigung der veranlagten Steuer zieht die entsprechende Abänderung der Veranlagung zur Gemeindesteuer nach sich.

(3) Die Veranlagung hat sich auf sämtliche Grundstücke und Gebäude zu erstrecken, welche der Gemeindebesteuerung unterliegen (§§ 3, 4 des Gesetzes wegen Aufhebung direkter Staatssteuern).

(4) Die Besteuerung neuerbauter oder vom Grunde aus wieder aufgebauter Gebäude, sowie die Steuererhöhung infolge von Verbesserungen der Gebäude beginnt mit dem Ablaufe des Rechnungsjahres, in welchem die Bewohnbarkeit oder Nutzbarkeit eingetreten oder die Verbesserung vollendet ist.

1. Vgl. Anm. 1 zu § 23.

2. Jetzt ist § 18 Abs. 1 des GrundvermögensteuerG. (s. Anm. 1 zu § 23) maßgebend, welcher lautet:

„Soweit nach den bestehenden Vorschriften in Gemeinden oder anderen öffentlich-rechtlichen Verbänden Steuern vom Grundbesitz in Hundertteilen der vom Staate veranlagten Grund- und Gebäudesteuer erhoben werden können oder das Soll der vom Staate veranlagten Realsteuern bei der Aufbringung des Bedarfs zu berücksichtigen ist, tritt an die Stelle des bisherigen Solls das nach den Vorschriften dieses Gesetzes ermittelte Soll. Die Erhebung von Zuschlägen über 100 vom Hundert bedarf der Genehmigung nach den Vorschriften des Kommunalabgabengesetzes. Die Erhebung von Zuschlägen über 150 vom Hundert soll nicht stattfinden."

3. S. AusfAnw. Art. 17.

I. Zu Abs. 1—3.

Erhebt die Gemeinde keine besondere Grundsteuer nach § 25, sondern lediglich Zuschläge zur Staatssteuer, so bildet Steuerobjekt jedes Grundstück in dem Umfange, in welchem es in der Staatssteuerrolle nachgewiesen ist (VBl. 36, 665). — Eine im Laufe des Steuerjahres mit Wirkung von dessen Beginn ab erfolgte Inabgangstellung der staatlich veranlagten Grund- und Gebäudesteuer vermag der einmal rechtswirksam geschehenen Heranziehung zur Gemeindesteuer nicht die Rechtsgrundlage mit Rückwirkung von Beginn des Steuerjahres ab zu entziehen. Das Erfordernis der staatlichen Veranlagung muß aber, um die Erhebung der Zuschläge rechtswirksam zu machen, im Zeitpunkt der Heranziehung zu der Gemeindesteuer vorhanden sein. Da dies bei der nach Zurückziehung der ursprünglichen Heranziehung erfolgten Neuheranziehung nicht mehr zutraf, war sie unzulässig (VBl. 36, 156). — S. auch zu § 25 unter IV. — Teilweise abweichend folgende Entsch.: Bei einer Erhebung von Zuschlägen zur staatlichen Grundvermögensteuer zieht jede, auch eine durch Gesetzesänderung bewirkte Abänderung der staatlich veranlagten Steuerbeträge von selbst eine entsprechende Abänderung der Zuschlagshundertsätze nach sich. Die Vorschrift in Abs. 2 sollte keine Sonderbestimmung für den Fall schaffen, daß sich der Staatssteuersatz im Rechtsmittelwege ändert, sondern es sollte nur die Folgerung aus dem allgemeinen Grundsatz gezogen werden, daß die jeweilige Veranlagung zur Staatssteuer schlechthin maßgebend ist. Die Entsch. VBl. 36, 156 betraf einen Einzelfall (OVG. 81, 111). — Die Pflicht zur Ermäßigung bezieht sich nicht auf besondere Gemeindegrundsteuern, sondern nur auf solche, die als Zuschläge zur Staatssteuer erhoben werden (OVG. 68, 218). — Die Vorschrift in § 18 des Grundvermögensteuergesetzes, wonach die gemäß §§ 14, 15 des Gesetzes bewilligten Erlasse und Erstattungen auch bei Heranziehung der staatlichen Grundvermögensteuer für Zwecke der Besteuerung kommunaler oder sonstiger öffentlich-rechtlicher Verbände gelten sollen, bezieht sich nicht auf die in § 15 Abs. 1 a. a. O. geregelten Fälle allgemeiner und auf letzteren Bestimmungen unmittelbar beruhender Befreiung von der Staatssteuer, betrifft vielmehr nur die Fälle, in denen die Staatssteuer zufolge eines auf §§ 14, 15 a. a. O. gestützten besonderen, die Befreiung im Einzelfall aussprechenden Verwaltungsaktes nicht zur Hebung gelangt oder erstattet wird (VBl. 49, 450). — Die Vorschrift in § 63 Abs. 3, daß der Einspruch nicht gegen den der staatlichen Veranlagung zugrunde liegenden Steuersatz gerichtet werden darf, behindert den Herangezogenen nicht an dem Einwande, daß ihm trotz Veranlagung zur Staatssteuer eine Gemeindesteuerpflicht nicht obliege. Jene Vorschrift verträgt als eine Ausnahmebestimmung keine ausdehnende Auslegung (VBl. 25, 298).

II. Zu Abs. 4.

Wenn das örtliche Polizeirecht die Benutzung eines Neubaues von einer vorgängigen Gebrauchsabnahme — der Erteilung eines Bauabnahmescheins — abhängig macht, so ist dieser Zeitpunkt auch für die Entstehung der Steuerpflicht maßgebend, und zwar wird das Gebäude steuerpflichtig, auch wenn nur ein Teil benutzbar oder bewohnbar geworden ist (VBl. 29, 202; 31, 96). — Die Steuerpflicht für Gebäude, für welche eine Gebrauchsabnahme vorgeschrieben ist, beginnt mit Ablauf des Rechnungsjahres, in welchem sie erfolgt ist (VBl. 30, 424). Das bedeutet aber nicht, daß bei Errichtung anderer Gebäude das Grundstück als unbebaut zu veranlagen ist (OVG. 73, 16, 161).

§ 27.

(1) Die Steuern vom [Grundbesitz] Grundvermögen[1]) sind nach gleichen Normen und Sätzen zu verteilen[2]).

(2) Liegenschaften, welche durch die Festsetzung von Baufluchtlinien in ihrem Werte erhöht worden sind (Bauplätze), können nach Maßgabe dieses höheren Wertes zu einer höheren Steuer als die übrigen Liegenschaften herangezogen werden. Diese Besteuerung muß durch Steuerordnung geregelt werden.

1. Vgl. Anm. 1 zu § 23.
2. Vgl. Anm. 1 zu § 7.
3. S. AusfAnw. Art. 18.

Inhaltsübersicht.

I. Gleichheit der Normen und Sätze.

Die Vorschrift in § 27, daß die Steuern vom Grundbesitz nach gleichen Normen und Sätzen zu verteilen sind, steht der Besteuerung einzelner Grundstücksarten nach verschiedenen Normen nicht im Wege; er bedeutet lediglich, daß alle Grundstücke, welche zu der gleichen steuerlichen Gattung gehören, nach denselben Normen und Sätzen zu veranlagen sind. Dabei sind, da es sich um eine direkte Steuer handelt, die zur Zeit der Veranlagung geltenden steuerlichen Regeln auf die ganze Zeiteinheit des Steuerjahres anzuwenden (VBl. 40, 83). — Die Befugnis zur Abstufung der Steuersätze ist den Gemeinden nicht erst durch das Deklarationsgesetz (vgl. Anm. 1 zu § 7) verliehen, sondern hat schon immer auf Grund des KAG. bestanden. Das Deklarationsgesetz stellt keine neuen Rechtssätze auf, sondern erläutert nur die bestehenden. Deshalb hat seine Bestimmung, daß die §§ 7, 20, 27 KAG. einer Abstufung der Gebühren- und Steuersätze nicht entgegenstehen, die in § 27 Abs. 1 für die Abstufung gezogene Schranke nicht beseitigt. Die Abstufung darf daher nicht von Voraussetzungen abhängig sein, die an die Person des jeweiligen Eigentümers anknüpfen (OVG. 62, 311; 64, 247; 68, 221; 73, 148). — Da nach § 27 die Steuern vom Grundbesitz nach gleichen Normen und Sätzen verteilt werden müssen, so ist damit auch die Vorschrift des Nassauischen Gesetzes v. 27. IX. 1849 (NassVBl. 461) fortgefallen, wonach die Waldeigentümer die innerhalb der gesetzlichen Grenzen festgesetzten Försterbesoldungen bei einer von den Waldungen erhobenen Gemeindesteuer in Anrechnung bringen durften (VBl. 26, 286).

S. auch bei § 25 zu II.

II. Bauplatzsteuer.

Die Bauplatzsteuer läuft neben der von allen Grundstücken erhobenen Steuer nebenher (VBl. 40, 84). — Die Bauplatzsteuer kann auch in dem Rahmen einer besonderen Gemeindegrundsteuer hineingearbeitet werden. Wenn dabei allgemein für Bauplätze ein Mehrfaches der sonstigen Grundsteuer gefordert wird, so entspricht das nicht der im Gesetz allein zugelassenen Erfassung der durch die Eigenschaft als Bauplatz verursachten Wertsteigerung (OVG. 78, 129). — Die Steuer hat zur Voraussetzung, daß die Bauplatzeigenschaft feststeht. Es ist nicht notwendig, daß der Grundstückswert auf die Dauer erhöht ist; es genügt, wenn dies für die Zeit der Einschätzung zutrifft (VBl. 22, 145). — Die Erhebung der Steuer setzt voraus, daß Lage, Größe und Bauplatzeigenschaft des pflichtigen Grundstücks feststehen. Für ein seinen Grenzen nach nicht genau bestimmtes Grundstück kann die Steuer nicht gefordert werden (VBl. 23, 170). — „Bauplatz" ist eine zum Verkauf geeignete Grundfläche, welche noch nicht baureif zu sein braucht, wenn nur das Terrain, in welchem sie liegt, bauplanmäßig in absehbarer Zeit baureif sein kann (OVG. 32, 156; VBl. 22, 145). — Sind im Stadtbezirk neben den von der Steuerordnung erfaßten Straßen noch andere Bauliegenschaften vorhanden, für welche dieselben, eine gleiche steuerliche Behandlung bedingenden Voraussetzungen bestehen, so würde ihre Nichteinbeziehung in die Steuerordnung eine unzulässige Ungleichheit bedeuten. Da nach § 24 „die", d. h. grundsätzlich alle in der Gemeinde belegenen Grundstücke der Grundsteuer unterworfen sind, muß die Gemeinde alle Beteiligten mit gleichem Maße messen, wie sie auch Grundsteuerzuschläge nicht etwa, unbeschadet einer nach § 20 zugelassenen Mehr- oder Minderbelastung, nur von einem Teil der Grundstücke erheben darf (OVG. 38, 112). — Eine direkte Schätzung des Bauplatzwertes unter alleiniger Berücksichtigung der Eigenschaften des betreffenden Grundstücks ist unzulässig. Sie darf nur durch Vergleichung von gleichartigen Grundstücken, deren Wert durch die Festsetzung von Baufluchtlinien erhöht ist, mit solchen, für welche eine Baufluchtlinie noch nicht besteht, vorgenommen werden (VBl. 23, 170). — Die Gleichartigkeit muß sich auch auf die Lage zu den angrenzenden Straßenzügen und Plätzen beziehen (VBl. 20, 192). — Wenn auch für die Ermittlung des Wertzuwachses der mit der Bauplatzsteuer zu belastenden Liegenschaften die Vergleichung mit den bei ähnlichen Grundstücken erzielten Kaufpreisen in erster Linie von Bedeutung ist, so rechtfertigt das Fehlen derartiger Vergleichsobjekte doch nicht die Verneinung der Steuerpflicht, da der Wertzuwachs auch in anderer Weise ermittelt werden kann (OVG. 43, 44). Der Begriff „baulich verwertbar" i. S. der Musterordnung bedeutet nicht nur, daß die baupolizeilichen Vorschriften überhaupt eine Bebauung zulassen, sondern auch, daß der Bau unter den gegebenen Verhältnissen nach der allgemeinen Anschauung für jeden verständig handelnden Besitzer der Ausführung wert erscheint (VBl. 44, 312). — Die Grundstücke dürfen nur nach Maßgabe der durch die Fluchtlinienfestsetzung bewirkten Wertsteigerung herangezogen werden. Dem widerspricht es, wenn alle beteiligten Grundstücke gleichmäßig mit einem Vielfachen des Einheitssatzes vom gemeinen Wert, zu dem die übrigen Grundstücke veranlagt sind, herangezogen werden. Die Bauplatzsteuer soll nicht auferlegt werden, weil die Grundstücke einen hohen Wert besitzen, sondern weil und soweit sie ohne Zutun der Besitzer eine Wertsteigerung erfahren haben (OVG. 30, 73). — Der Bauplatzsteuer unterliegen auch Grundstücke, welche durch die Festsetzung von Baufluchtlinien eine Wertsteigerung erfahren haben, aber von ihnen durch dazwischenliegende Grundstücke getrennt sind (OVG. 38, 113, 114; 78, 129). — Der § 27 Abs. 2 greift zwar nur bei denjenigen Fluchtlinienfestsetzungen Platz, welche auf Grund des Gesetzes v. 2. VII. 1875 vorgenommen sind, aber ohne Rücksicht darauf, ob dies vor oder nach Inkrafttreten des KAG. geschehen ist. Darin liegt keine unzulässige Rückbeziehung, da Gegenstand der Besteuerung das Grundstück ist und die Werterhöhung nur den Maßstab für die Besteuerung bildet. Diese Werterhöhung richtet sich nach den zur Zeit der Veranlagung bestehenden Bauplatzwerten. Deshalb muß die Steuer beweglich sein. Nicht steuerpflichtig ist der Wertzuwachs, der schon vor der Fluchtlinienfestsetzung durch andere Festsetzungen oder örtliche Verkehrs- und Geschäftsverhältnisse eingetreten ist (OVG. 30, 67; 38, 113). — Ein Bauverbot auf Grund des § 12 des Fluchtliniengesetzes ist nicht geeignet, den betroffenen Grundstücken die Eigenschaft als Bauland zu nehmen oder sie, soweit diese Eigenschaft noch nicht vorhanden war, an ihrem Erwerb zu hindern. Denn der Zweck des Verbotes ist lediglich, das vorzeitige Bauen an einer projektierten oder zu projektierenden Straße zu verhüten, und verschiebt daher lediglich den Zeitpunkt der Verwirklichung jener Eigenschaft (VBl. 32, 435). — Eine Bestimmung, daß nur diejenigen Grundstücke der Bauplatzsteuer unterworfen sind, welche „in einer innerhalb des Stadtgebietes belegenen Gesamtfläche von über 2 ha im selben Eigentum stehen", also nur der Besitz von Bauplätzen gewisser Eigentümer, würde gegen §§ 20, 24, 27 KAG. verstoßen (OVG. 78, 129).

S. auch bei § 25 unter VI B.

b) Vom Gewerbebetrieb.

§§ 28—32

und die gemäß § 29 erlassenen besonderen Gewerbesteuerordnungen sind infolge der Neuregelung der Gewerbesteuer (s. Anm. 2 zu § 23) durch Art. II Ziff. 2 der Gewerbesteuerverordnung aufgehoben.

Maßgebend sind jetzt folgende Vorschriften derselben:

Artikel I.

Die Gemeinden sind berechtigt, nach den Vorschriften dieser Verordnung eine Gewerbesteuer zu erheben . . .

VIII. Heranziehung und Erhebung durch die Gemeinden.

§ 41. (1) Den Gemeinden ist die Erhebung von Hundertsätzen (Zuschlägen) von den Steuergrundbeträgen gestattet. Die Beschlüsse der Gemeinden über die Erhebung von Hundertsätzen sind für das Rechnungsjahr zu fassen.

(2) Die Zuschläge zu dem Steuergrundbetrage nach dem Kapital beziehungsweise nach der Lohnsumme sollen die gleichen sein wie die nach dem Ertrage. Die Gemeinden dürfen jedoch Abweichungen bis zum Doppelten beschließen. In besonderen Ausnahmefällen können die Gemeinden auch darüber hinaus Abweichungen beschließen, jedoch nur mit besonderer Genehmigung der beteiligten Minister; § 56 Abs. 3 des Kommunalabgabengesetzes findet Anwendung.

(3) Die Heranziehung hat hinsichtlich sämtlicher zur Steuer veranlagter Gewerbebetriebe zu erfolgen.

(4) Die auf Grund der Einlegung von Rechtsmitteln erfolgte Erhöhung oder Ermäßigung der veranlagten Steuergrundbeträge zieht die entsprechende Abänderung der Heranziehung zu der Steuer nach sich.

(5) Gemeindebeschlüsse, durch welche die Zuschläge zu der Steuer nach der Lohnsumme erhöht werden, gelten nur für denjenigen Teil der Lohnsumme, für den die Zahlungen nach dem Inkrafttreten des Gemeindebeschlusses zu leisten sind.

§ 42. (1) Den Gemeinden steht es frei, zu beschließen, daß der Fischfang, soweit er mit Dampfkraft oder mit sonstiger motorischer Kraft mit mehr als 50 PS oder mit mehr als fünf im Jahresdurchschnitte beschäftigten Arbeitnehmern betrieben wird, zur Gewerbesteuer herangezogen wird. Beschließt die Gemeinde die Heranziehung solcher Betriebe, so werden sie von dem Gewerbesteuerausschusse nach Maßgabe der Bestimmungen dieses Gesetzes veranlagt. Die Gemeinde hat diesen Beschluß vor Beginn des Rechnungsjahrs der zuständigen Veranlagungsbehörde mitzuteilen.

(2) § 41 Abs. 1 Satz 2, 3 findet entsprechende Anwendung.

(3) (Enthielt Übergangsvorschriften für 1925.)

Wegen § 43 s. u. Anm. 2 zu § 56 KAG., wegen §§ 44 und 45 s. Anm. 1 und 2 zu § 54 KAG. Vgl. ferner Art. 22—33 der AusfAnw. zur GewerbesteuerV. v. 13. V. 1927 (MBliV. 521). Wegen der Reichsbetriebe s. auch § 5 des GegenseitigkeitsbesteuerungsG. v. 10. VIII. 1925, RGBl. I 252 (Anhang II).

2. Gemeindeeinkommensteuer.

a) Steuerpflicht.

§§ 33—42 und §§ 44—52

sind durch G. v. 26. VIII. 1921 (GS. 495) aufgehoben. Vgl. Anm. 1 zu § 23 u. Art. 7 der AusfAnw. v. 9. III. 1922 (MBliV. 285).

§ 43[1]).

Den Gemeinden sind Vereinbarungen mit Steuerpflichtigen gestattet, wonach von fabrikmäßigen Betrieben und von Bergwerken an Stelle der Gemeindesteuer vom Gewerbebetriebe[2]) ein für mehrere Jahre[2]) im voraus zu bestimmender fester jährlicher Steuerbetrag zu entrichten ist. Die Vereinbarung bedarf der Genehmigung.

1. Die auf die Einkommensteuer bezüglichen Worte sind durch G. v. 26. VII. 1921 (GS. 495) gestrichen (vgl. Anm. 1 zu § 23); die gleichzeitig zugesetzten Abs. 2 und 3 hatten nur für die ersten 3 Monate nach Inkrafttreten desselben Geltung.

2. Art. II Ziff. 2 der Gewerbesteuerordnung hat „die dieser Verordnung entgegenstehenden Vorschriften des KAG." aufgehoben (s. die folgende Entsch.). Vgl. AusfAnw. zur GewerbesteuerV. vom 13. V. 1927 (MBliV. 521).

---

§ 49 der Gewerbesteuerverordnung v. 23. XI. 1923 hatte, entsprechend dem § 43 KAG., verlangt, daß die Vereinbarungen über Gewerbesteuer sich auf mehrere Jahre erstrecken und einen zahlenmäßig bestimmten Steuersatz festsetzen müßten. Dieses Erfordernis ist durch die Neufassung des § 49 a. a. O. der Novelle v. 27. VII. 1925 — jetzt gilt die gleiche Fassung v. 15. III. 1927 — fallengelassen: Die Vereinbarung kann auf ein Rechnungsjahr beschränkt werden, und es genügt, wenn die vereinbarten Steuersätze ihrer Höhe nach bestimmbar sind (E. v. **16. X. 1928.** VIII. C. 7. 28). — Fabrikmäßige Betriebe. Zwar ist anzuerkennen, daß es weder die Gesetzgebung noch die Volkswirtschaftslehre zu einer allgemeingültigen Definition des Begriffs „Fabrik" gebracht haben. Aber allen Begriffsbestimmungen ist wenigstens das gemeinsam, daß nur dann, wenn die Leistungen der in einem gewerblichen Unternehmen beschäftigten Arbeiter einen gewissen größeren Umfang erreicht haben, von einem Fabrikbetriebe die Rede sein kann (OVG. **35**, 134). — Da sich der Begriff der Fabrik nach Maßgabe der wirtschaftlichen Entwicklung der Neuzeit wesentlich verändert hat, ist die in § 407 II 8 ALR. dafür gegebene Definition nicht mehr verwertbar. Die Frage ist im Einzelfall unter Berücksichtigung aller obwaltenden Umstände zu prüfen. Nicht notwendig ist die Gleichmäßigkeit der hergestellten Waren, und verliert ein Großbetrieb dadurch, daß in ihm Individualarbeit geleistet wird, nicht die Eigenschaft als Fabrik (OVG. **51**, 154). — Unter Bergwerken können nicht solche Anlagen verstanden werden, in denen solche Bestandteile des Erdbodens gewonnen werden, die nicht zu den in § 1 des Allgemeinen Berggesetzes v. 24. VI. 1865 (GS. 705) bezeichneten Mineralien gehören, wie denn auch der Sprachgebrauch des gewöhnlichen Lebens Steinbrüche, Kies- und Tongruben nicht zu den Bergwerken zählt. Daß das KAG. den Begriff nicht erweitern wollte, ergibt sich schon daraus, daß es in § 28 als gewerbesteuerpflichtige Betriebe neben dem in Ziff. 3 behandelten Bergbau in Ziff. 4, also als etwas Verschiedenes, die gewerbsmäßige Ausbeutung von Kies-, Kalk- usw. Brüchen aufzählt (OVG. **35**, 133). — Eine Vereinbarung, in welcher nicht ein bestimmter jährlicher Steuersatz für mehrere Jahre im voraus festgesetzt, sondern nur der Bruchteil der staatlich veranlagten Gewerbesteuer bestimmt ist, welcher den alljährlichen Zuschlägen zugrunde gelegt werden sollte, ist rechtsungültig. Daran ändert auch die Erteilung der Genehmigung durch den BA. nichts. Das Abkommen unterliegt vielmehr als Bestandteil der örtlichen Steuerverfassung hinsichtlich seiner rechtlichen Gültigkeit ebenso wie jede örtliche Steuerordnung der Prüfung des Verwaltungsrichters (VBl. **38**, 201). — Ein Abkommen mit einem Gewerbetreibenden, wonach die Gemeindesteuer nicht nach Rechnungsjahren, sondern nach den Geschäftsjahren des Pflichtigen berechnet werden soll, fällt nicht unter § 43 und ist rechtsunwirksam. Abänderungen steuergesetzlicher Vorschriften können nur soweit vereinbart werden, als es das Gesetz ausdrücklich gestattet (E. v. **7. VII. 1913.** X. C.

96. 131). — Hat eine Gemeinde eine Vereinbarung gemäß § 43 getroffen, so tritt der vereinbarte Steuerbetrag an die Stelle der nach dem örtlichen Steuerrecht zu veranlagenden Steuer. Er ist daher auf den in der Gemeinde durch die betreffende Steuerart aufzubringenden Teil des Steuerbedarfs anzurechnen und nicht etwa derjenige Betrag, welchen der Steuerpflichtige bei regelmäßiger Veranlagung in dem betreffenden Jahre zu zahlen haben würde. Der sich bei diesem Verfahren etwa ergebende Unterschied ist mit dem sonstigen Steuerbedarf unterzuverteilen (E. v. 3. V. und 12. VII. 1921. VIII. C. 27. u. 52. 21; OVG. 76, 257, 264).

Wenn auch die Vereinbarung von der Gewerkschaft nur im Hinblick auf die ihr von der Gemeinde eingeräumten Rechte auf Landabtretung usw. getroffen sein mag und selbst für den Fall Geltung haben sollte, daß eine subjektive Steuerpflicht der Gewerkschaft überhaupt nicht eintreten würde, so würde doch dadurch unter den obwaltenden Umständen die Rechtseigenschaften der Vereinbarung als einer solchen i. S. des § 43 nicht beeinträchtigt werden. Es genügt jedenfalls, um eine solche Vereinbarung anzunehmen, daß die Vertragsparteien sie in der Voraussetzung treffen, die subjektive Steuerpflicht werde demnächst eintreten, und daß diese Voraussetzung eingetroffen ist. Hieran wird auch durch das Nachtragsabkommen nichts geändert, nach welchem der die Steuerpflicht betreffende Vertragsartikel aufgehoben ist, die Gewerkschaft sich aber zur freiwilligen Weiterentrichtung der nach diesem Artikel zu zahlenden Beträge verpflichtet hat. Denn damit kann nur gemeint sein, daß die Gewerkschaft den etwaigen Unterschied zwischen dem gesetzlichen und dem früher vereinbarten Betrage freiwillig zahlen würde, jedoch freiwillig nicht überhaupt aus Liberalität, sondern freiwillig nur im Gegensatz zum Steuerzwange auf Grund der früheren Vereinbarungen. Die in diesen angenommene Verpflichtung sollte also bestehen bleiben und nur in ihrer rechtlichen Form geändert werden. Die alleinige Abänderung der rechtlichen Natur einer Verpflichtung, welche als solche bestehen bleibt, kann aber durch bloße Parteierklärungen nicht bewirkt werden (E. v. 26. V. 1911. II. C. 215. 10).

Wegen Aufhebung der §§ 44—52 s. oben zu § 33.

3. Verpflichtung der Betriebsgemeinden zur Leistung von Zuschüssen.

§ 53

in Fassung des Gesetzes v. 26. VIII. 1921 (GS. 495) ist durch Art. II Ziff. 2 der Gewerbesteuerverordnung (s. oben zu § 28) aufgehoben. An seine Stelle ist folgende Vorschrift in § 52 der Gewerbesteuerverordnung getreten:

„X. Verpflichtung von Betriebsgemeinden zu Leistungen an Wohngemeinden.

(1) Wohnen in einer Gemeinde (Wohngemeinde) mehr als 20 Lohnsummenempfänger, welche in einer anderen Gemeinde (Betriebsgemeinde) beschäftigt sind, so hat die Betriebsgemeinde der Wohngemeinde aus den ihr gemäß § 47a regelmäßig zufließenden Zahlungen an Kapitalsteuer oder Lohnsummensteuer einen Anteil nach Maßgabe des Verhältnisses der betreffenden Lohnsummenempfänger in der Wohngemeinde zur Gesamtzahl der Lohnsummenempfänger in der Betriebsgemeinde zu entrichten.

(2) Über die Höhe der Zahlungen und die Art der Verrechnung können die Gemeinden Vereinbarungen treffen.

(3) Liegt die Betriebsstätte in einem Gutsbezirke, so hat der Kreisausschuß auf Antrag der Wohngemeinde unter Berücksichtigung der Lohnsummensteuer der Wohngemeinde oder gleichartigen Gemeinden des Kreises oder Regierungsbezirkes einen Betrag festzusetzen, welchen der Gutsbesitzer für jeden Lohnsummenempfänger

an die Wohngemeinde zu entrichten hat. Der Gutsbesitzer kann diesen Betrag auf die Gewerbetreibenden des Gutsbezirks, welche die in der Wohngemeinde wohnenden Arbeiter beschäftigen, nach Maßgabe der an diese gezahlten Lohnsummen unterverteilen.

(4) Über Streitigkeiten zwischen Betriebsgemeinde und Wohngemeinde beschließt der Kreisausschuß, sofern eine Stadtgemeinde beteiligt ist, der Bezirksausschuß endgültig. Ist die Stadt Berlin beteiligt, so bestimmt der Minister des Innern den Bezirksausschuß, der zu beschließen hat."

Hierzu gehörige Rechtsprechung:

Ein auf Grund des § 52 der Gewerbesteuerverordnung ergangener Beschluß des BA. unterliegt der Anfechtungsklage nach § 126 LVG. (PBl. 47, 326). — Der Ausdruck „Betriebsgemeinde" setzt das Vorhandensein einer „Betriebsstätte" in der Gemeinde voraus. Nach § 1 Abs. 4 der Verordnung ist eine Betriebsstätte jede feste örtliche Anlage oder Einrichtung, die der Ausübung eines stehenden Gewerbes dient. Im Gegensatz zu dem „Betriebsort" des alten Gewerbesteuerrechts, d. h. des Gesamtbezirks einer Gemeinde, innerhalb dessen ein Gewerbebetrieb stattfindet, kann von einer „Betriebsstätte" nur dort die Rede sein, wo sich ein fester örtlicher Mittelpunkt für die sich nach dem Willen des Unternehmers und der Natur des Gewerbes vollziehende Tätigkeit befindet (vgl. PBl. 17, 267). Abgesehen von Ausnahmefällen (OVG. 18, 128, 131, 132) sind daher im Gegensatz zu einer Entscheidung des Reichsfinanzhofes in einer Körperschaftssteuersache (Entsch. dess. Bd. 13 S. 317) unterirdische Bergwerksanlagen nicht als Betriebsstätte i. S. des § 52 der Gewerbesteuerverordnung anzusehen (OVG. 80, 110; PBl. 47, 326). — Als „Lohnsummenempfänger" sind in Vbdg. m. § 8 der Gewerbesteuerverordnung nur die in einem gewerbesteuerpflichtigen Betriebe beschäftigten Arbeitnehmer anzusehen, und fallen daher die Angestellten und Arbeiter der Reichsbahn wegen deren Gewerbesteuerfreiheit nicht unter diesen Begriff (E. v. 22. I. 1929. VIII. A. 23. 28). — Der Zuschußanspruch der Wohnsitzgemeinden besteht unabhängig davon, ob die in Anspruch genommene Betriebsgemeinde ihrerseits hinsichtlich anderer Lohnsummenempfänger als Wohnsitzgemeinde gegenüber der ersteren Gemeinde als Betriebsgemeinde einen Zuschußanspruch hat. Wenn für einen solchen Fall die ministerielle AusfAnw. v. 15. IV. 1926 eine gegenseitige Verrechnung anordnet, so bezweckt das nur eine Vereinfachung des Verfahrens, schließt aber an sich den auf Grund des § 52 der Gewerbesteuerverordnung bestehenden Anspruch nicht aus (E. v. 22. I. 1929. VIII. A. 26. 28). — Wegen der Reichsbetriebe s. §§ 8—10 des GegenseitigkeitsbesteuerungsG. v. 10. VIII. 1925, RGBl. I S. 252 (Anhang II).

§ 54[1]).

4. Verteilung des Steuerbedarfs auf die verschiedenen Steuerarten.

(1) [Die Erhebung von Zuschlägen über 500 vom Hundert der staatlich veranlagten Realsteuern bedarf der Genehmigung[1]).]

(2) Sofern in einer Gemeinde die Realsteuern nach besonderen Steuerordnungen mit veränderlichen Steuersätzen erhoben werden, bedürfen die Beschlüsse, durch welche die Steuersätze für das Haushaltsjahr festgesetzt werden, der Genehmigung.

(3) Die Vertretungen der hiervon betroffenen Steuerpflichtigen sind vor Fassung des Umlagebeschlusses zu hören[2]).

1. § 54 hat durch das G. v. 26. VIII. 1921 (GS. 495) eine neue Fassung erhalten. Der Absatz 1 ist inzwischen, wenn auch nicht ausdrücklich, durch § 18 des GrundvermögenssteuerG. und § 44 vbd. m. § 41 der Gewerbesteuerverordnung (vgl. Anm. 2 und 3 zu § 23 KAG.) aufgehoben. Sie lauten:

a) § 18 Abs. 1 d. GrundvermögensteuerG.: „Die Erhebung von Zuschlägen über 100 vom Hundert bedarf der Genehmigung nach den Vorschriften des KAG. Eine Erhebung von Zuschlägen über 150 vom Hundert soll nicht stattfinden."

b) § 44 der Gewerbesteuerverordnung: „Zuschlagsbeschlüsse, die 200 vom Hundert übersteigen oder die Abweichungen gemäß § 41 Abs. 2 enthalten, bedürfen der Genehmigung." — § 41 Abs. 2 a. a. O. lautet: „Die Zuschläge zu dem Steuergrundbetrage nach dem Kapital bzw. nach der Lohnsumme sollen die gleichen sein wie die nach dem Ertrage. Die Gemeinden dürfen jedoch Abweichungen bis zum Doppelten beschließen. In besonderen Ausnahmefällen können die Gemeinden auch darüber hinaus Abweichungen beschließen, jedoch nur mit besonderer Genehmigung der beteiligten Minister; § 56 Abs. 3 KAG. findet Anwendung." — Vgl. Anm. 2 sowie bei § 28 KAG. und Anm. 2 zu § 56 KAG.

2. Für die Gewerbesteuer schreibt § 45 der Gewerbesteuerverordnung vor:

„(1) Soweit eine Genehmigung gemäß § 44 erforderlich ist, müssen die Berufsvertretungen der hiervon betroffenen Steuerpflichtigen vor Fassung des Gemeindebeschlusses gehört werden.

(2) In Gemeinden unter 3000 Einwohnern ist diese Anhörung nur auf Antrag eines betroffenen Steuerpflichtigen erforderlich.

(3) Als Berufsvertretungen im Sinne dieser Vorschriften gelten die zuständigen Handels- und Handwerkskammern. Die Abgabe des Gutachtens kann auf von ihnen bestimmte örtliche Vertretungen übertragen werden.

(4) Die beteiligten Minister werden ermächtigt, rechtsverbindliche Bestimmungen insbesondere darüber zu erlassen, zu welchen Punkten die Berufsvertretungen sich zu äußern haben und welche Unterlagen den Berufsvertretungen zu übermitteln sind, sowie die Fristen festzusetzen, innerhalb deren die Verhandlungen zwischen den Gemeinden und den Berufsvertretungen zu führen sind." Vgl. Art. 25—27 der AusfAnw. zur GewerbesteuerV. v. 13. V. 1927 (MBliV. 251).

3. S. AusfAnw. Art. 39 u. Art. 9 der AusfAnw. v. 9. III. 1922.

I. Zu Absatz 1.

Hierzu sind folgende Entscheidungen ergangen:

Das Wort „soll" hat gesetzestechnisch keine, jede Ausnahme ausschließende Zwangswirkung. Die Vorschrift, daß eine Erhebung von Zuschlägen über 150% nicht stattfinden „soll", verpflichtet lediglich die Genehmigungsbehörden, eine Überschreitung des bezeichneten Satzes nur in bestimmten, sie besonders rechtfertigenden Ausnahmefällen zuzulassen (OVG. 72, 42; VBl. 50, 192).

II. Zu Absatz 2.

Steuerordnung und Steuerverteilungsbeschluß dürfen nicht verkoppelt werden. Das Verhältnis, in welchem die verschiedenen, in der Steuerordnung vorgesehenen Maßstäbe zueinander stehen sollen, kann nur in der Ordnung selbst, nicht aber durch die alljährlichen Steuerverteilungsbeschlüsse bestimmt werden (OVG. 76, 269). — Der für eine Grundwertsteuer ermittelte Einheitssatz bleibt für das ganze Steuerjahr maßgebend, auch wenn infolge Reklamation einzelne Einschätzungen herabgesetzt werden (OVG. 38, 166). — Selbst wenn bei der Verteilung des Steuerbedarfs auf die einzelnen, von einer besonderen Gemeindesteuer erfaßten Steuerarten gegen die gesetzlichen Grundsätze verstoßen wird, so würde dadurch nicht die Ungültigkeit der ganzen Steuerordnung bewirkt werden, da diese über die Höhe der in den einzelnen Steuerjahren aufzubringenden Steuersumme nichts zu bestimmen hat (OVG. 75, 178). — Bei der alljährlichen Errechnung des Einheitssatzes für eine besondere Gemeindegrundwertsteuer ist zu prüfen, ob sie nicht dazu führt, daß der Ertrag die Gesamtbelastung, welche nach dem Steuerverteilungsbeschluß auf die Grundsteuer entfallen soll, überschreitet (OVG. 75, 186). — Ist dies der Fall, so kann jeder einzelne Zensit eine entsprechende Herabsetzung des ihm abgeforderten Steuerbetrages verlangen (OVG. 39, 80). Vgl. OVG. 70, 204 bei § 69 III E 2. — Die nach dem jetzigen, durch das Gesetz v. 26. VIII. 1921 (GS. 495) eingeführten Wortlaut des § 54 Abs. 2 verlangte besondere Genehmigung ist, sofern es sich um die alljährlichen Einheitssätze für eine Grundwertsteuerordnung handelt, in OVG. 78, 142 aus folgenden Gründen als nicht notwendig bezeichnet worden: ... Aus der Vergleichung des Gesamtbetrages aller gemeinen Werte mit der genehmigten oder zugelassenen Höchstbelastung der Gemeindegrundsteuer kann die Veranlagungsbehörde ohne weiteres entnehmen, welcher Betrag auf je 100 oder 1000 Mk. des gemeinen Wertes entfällt, um den genehmigten oder zugelassenen Gesamtbetrag des Steueraufkommens zu decken. Eines Gemeindebeschlusses, durch welchen die Steuersätze einer besonderen Steuer für das Haushaltsjahr festgesetzt werden, bedarf es daher überhaupt nicht (OVG. 75, 186; 76, 269). Es scheint hiernach, als ob in dem Gesetz v. 26. VIII. 1921, welches (eine Teilung nach dem Zuschlagssystem und besonderen Steuern dahin vornimmt, daß es die Erhebung von Zuschlägen über 500% und) beim Bestehen besonderer Gemeindesteuern die Genehmigung der jährlichen Steuersätze fordert, die Bedeutung der von ihm aufrechterhaltenen §§ 56, 57 verkannt worden ist, wonach die genehmigten Hundertsätze lediglich eine Rechnungsgröße für das zulässige Gesamtaufkommen der einzelnen Steuerarten einschließlich der besonderen Steuern darstellen.

III. Zu Absatz 3.

Abs. 3 enthält keine Mußvorschrift. Wenn man schon nach den Landtagsverhandlungen annehmen muß, daß die Nichtbeachtung der Bestimmung nicht die Rechtsungültigkeit des Umlagebeschlusses zur Folge haben soll, so ergibt sich das auch aus ihrem Wortlaut selbst. Denn sie überläßt es dem Ermessen der Gemeinde, welche Art von Vertretung sie hören bzw. als eine solche im gesetzlichen Sinne anerkennen will. Auch die zum Gesetz v. 26. VIII. 1921 ergangene AusfAnw. v. 9. III. 1922 (MBliV. 285) und die Ministerialerlasse v. 24. VII. 1922 (MBliV. 753) und v. 12. I. 1923 (MBliV. 55) stellen nicht klar, was unter Vertretung i. S. des Gesetzes verstanden werden soll (OVG. 78, 148).

§ 55

ist durch G. v. 26. VIII. 1921 (GS. 495) aufgehoben.

§ 56.

(1) Zur Deckung des durch Realsteuern aufzubringenden Steuerbedarfs sind die veranlagten [Grund-, Gebäude-] Grundvermögen-[1]) und Gewerbesteuern[2]) in der Regel mit dem gleichen Prozentsatz heranzuziehen.

(2) Genießen jedoch die Grund- (Haus-) Besitzer oder Gewerbetreibenden von Veranstaltungen der Gemeinde besondere Vorteile oder verursachen sie der Gemeinde besondere Kosten, so ist, sofern die Ausgleichung nicht nach §§ 4, 9, 10 oder 20 erfolgt, der durch die Realsteuern aufzubringende Steuerbedarf (§§ 54, 55) auf die Steuern vom [Grund- (Haus-) Besitz] Grundvermögen[1]) und Gewerbebetrieb[2]) in Prozenten der veranlagten Realsteuern berechnet, anderweitig entsprechend unterzuverteilen, jedoch mit der Maßgabe,

daß die [Grund- und Gebäudesteuer] Grundvermögensteuer[1]) höchstens doppelt so stark herangezogen [werden] wird wie die Gewerbesteuer[2]) und umgekehrt.

(3) Ausnahmen können aus besonderen Gründen von den Ministern des Innern und der Finanzen zugelassen werden. Den Ministern ist es gestattet, die Zulassung von Ausnahmen auf die ihnen untergeordneten Aufsichtsbehörden höherer Instanz zu übertragen[3]).

(4) Vorstehende Bestimmungen finden sinngemäße Anwendung auf die Heranziehung der [Grundsteuer] Grundvermögensteuer[1]) vom unbebauten Grundbesitz im Verhältnis [zur Gebäudesteuer] zu der Heranziehung der Grundvermögensteuer[1]) vom bebauten Grundbesitz[4]).

(5) Die Unterverteilung (Abs. 2 und 4) bedarf der Genehmigung.

1. Vgl. Anm. 1 zu § 23.

2. Vgl. Anm. 2 zu § 23. Innerhalb der Gewerbesteuer selbst hat die Gewerbesteuerverordnung den Gemeinden eine verschiedene Abstufung der Zuschläge nach § 41 Abs. 2 (s. o. zu § 54 KAG.) und nach § 43 gestattet; letzterer lautet:

„Den Gemeinden ist eine verschiedene Abstufung der Zuschläge gestattet:
1. für Versicherungs-, Bank-, Kredit- und Warenhandelsunternehmen, die im Gemeindebezirk, ohne in ihm ihren Hauptsitz zu haben, Betriebsstätten unterhalten (Zweigstellensteuer);
2. für Betriebe der Gastwirtschaft, der Schankwirtschaft sowie des Kleinhandels mit Branntwein oder nichtdenaturiertem Spiritus (Schankgewerbesteuer).

Die Zuschläge dürfen um nicht mehr als 20 vom Hundert über die in der Gemeinde sonst festgesetzten Zuschläge hinausgehen."

3. Satz 2 des Abs. 3 ist durch Art. V Zf. 5 des VereinfachungsG. v. 13. V. 1918 (GS. 53), 3. I. 1928 (GS. 1) zugefügt. Die Zulassung der Ausnahme ist durch Zf. II des MinErl. v. 5. VI. 1918 (MBliV. 122) auf die Oberpräsidenten übertragen.

4. S. Anm. 1.

5. S. AusfAnw. Art. 39 und MinErl. v. 4. VIII. 1923 (MBliV. 843).

Wegen der Verteilungsbeschlüsse selbst s. bei § 59 unter I.

I. Zu Absatz 1 und 2.

Bei der Prüfung der Frage, ob die für ein Rechnungsjahr genehmigten Höchstsätze der einzelnen Steuerarten nicht überschritten werden, sind die gemäß § 84 veranlagten Nachsteuern nicht mit in Rechnung zu stellen, da sie einheitlich für den ganzen Zeitraum der Übergehung bzw. Freilassung festgesetzt werden müssen und keinen Teil des Steueraufkommens in einem bestimmten Rechnungsjahr bilden (OVG. 76, 239). Eine ungleiche Belastung der Realsteuern gemäß § 56 Abs. 2 KAG. bedarf, wenn sie sich innerhalb des Doppelten hält, keiner besonderen Genehmigung. Ob die a. a. O. gegebenen Voraussetzungen für eine Vorausbelastung der einen gegenüber der anderen Steuerart erfüllt sind, hat nicht der Verwaltungsrichter, sondern die für die allgemeine Genehmigung des Umlagebeschlusses zuständige Genehmigungsbehörde zu prüfen (OVG. 34, 59; 37, 131; VBl. 50, 192). — Die alljährliche Verteilung des Steuerbedarfs erfordert, wenn von den gesetzlichen Verteilungsregeln nicht abgewichen wird, keine besondere Genehmigung (OVG. 62, 314). — Das gleiche gilt, wenn statt der Zuschläge die Realsteuern nach Maßgabe einer besonderen Gemeindesteuerordnung erhoben werden. Doch darf dabei die sich nach den Beschlüssen über die Belastung der betreffenden Steuerart ergebende Gesamtsumme nicht überschritten werden (OVG. 64, 256).

II. Zu Abs. 3.

Der BA. hat nach § 56 Abs. 5 vbd. m. § 77 Abs. 1 nur in Fällen des § 56 Abs. 2 und 4 über die Genehmigung zu beschließen; die Minister sind für alle Ausnahmen zuständig, welche nicht unter Abs. 2 und 4 a. a. O. fallen bzw., wenn sie darunter fallen, die dort gezogene Grenze für das Verhältnis der Grund- und Gebäude- [jetzt Grundvermögen-Steuer zur Gewerbesteuer, andererseits der Grund- zur Gebäudesteuer [jetzt der Grundvermögensteuer vom unbebauten zu derjenigen vom bebauten Grundbesitz] überschreiten. Die Zulassung i. S. § 56 Abs. 3 ist nicht gleichbedeutend mit der Zustimmung i. S. § 77 Abs. 3. Dort wird die Zustimmung der Minister zur Genehmigung von Gemeindebeschlüssen gefordert, also eine von der Beschlußbehörde bereits erteilte Genehmigung vorausgesetzt. Bei der Zulassung treten dagegen die Minister an die Stelle der zur Genehmigung berufenen Behörde und haben über die Zulassung allein zu befinden (BBl. 27, 302 und 28, 592). — Wenn die Minister sich im allgemeinen mit dem Erlaß von Steuerordnungen bestimmter Art einverstanden erklären, so ist darin noch keine im voraus und für allemal erteilte Zustimmung i. S. des § 56 Abs. 3 für diejenigen Fälle zu erblicken, in welchen eine derartige Steuerordnung erlassen wird (OVG. 34, 60). — § 56 Abs. 3 und 4 und § 57 verlangen nicht, daß bei Einführung einer besonderen Gemeindegrundsteuer das Sollaufkommen aus den bebauten Grundstücken zu demjenigen aus den unbebauten in demselben Verhältnis stehen muß wie das Sollaufkommen der staatlichen Steuer von den Gebäuden zu demjenigen von den Grundstücken. Vielmehr ist das gesamte Sollaufkommen der besonderen Gemeindesteuer zu der Summe der staatlichen Grund- und Gebäudesteuer in Beziehung zu setzen (OVG. 33, 212). — Die Vorschrift in § 77 Abs. 5, daß die Genehmigung und g. g. F. die Zustimmung als an dem Tage erteilt gilt, an welchem der zu genehmigende Gemeindebeschluß gefaßt ist, muß erweiternd dahin ausgelegt werden, daß sie auf alle Genehmigungen der Aufsichtsbehörde im weiteren Sinne, mithin auch auf die nach § 56 Abs. 3 erforderliche Zulassung von Ausnahmen Anwendung findet (BBl. 46, 251).

S. auch OVG. 33, 212 bei § 57.

III. Zu Absatz 5.

Mit der Genehmigung oder Zulassung des prozentualen Belastungsverhältnisses der einzelnen Steuerarten ist die Obliegenheit der Aufsichtsbehörde erschöpft. Mit der Unterverteilung des von ihr genehmigten oder zugelassenen Aufkommens der einzelnen Realsteuerarten innerhalb dieser Steuerarten hat sie nichts zu tun (OVG. 78, 142). — Die Heranziehung zu denjenigen Beträgen an staatlicher Grundvermögensteuer, auf deren Erhebung der Staat zugunsten der Gemeinden verzichtet hat, setzt keine Genehmigung des betreffenden Gemeindebeschlusses voraus (BBl. 48, 334).

Wegen der Genehmigung s. im übrigen bei § 77.

§ 57.

(1) Bei der Verteilung des Steuerbedarfs (§§ 54, 55, 56) ist das Aufkommen besonderer Gemeindesteuern (§ 23 Abs. 2, §§ 25 [29¹), 37²)]) je nach ihrer Einrichtung und Beschaffenheit auf denjenigen Teil des Steuerbedarfs zu verrechnen, welcher durch Prozente der entsprechenden, vom Staate veranlagten Steuer aufzubringen ist.

(2) Mietssteuern von gewerblich benutzten Räumen sind auf die Gewerbesteuer zu verrechnen.

1. § 29 ist durch die Neuregelung der Gewerbesteuer aufgehoben. S. o. z. § 28.
2. Desgleichen § 37 durch die Neuregelung der Einkommensteuer. S. o. zu § 33.
3. S. AusfAnw. Art. 39.

Da das Aufkommen der besonderen Gemeindegrundsteuer auf den durch Zuschläge zur Staatssteuer aufzubringenden Teil des Steuerbedarfs verrechnet werden muß, darf es das Gesamtsoll dieser Zuschläge nicht überschreiten; bleibt es hinter ihm zurück, so sind neben der besonderen Gemeindesteuer noch Staatssteuerzuschläge zu erheben (OVG. 33, 208). — Die gleiche Höchstgrenze ist innezuhalten, wenn ein Teil der Steuerpflichtigen mit einer besonderen Gemeindesteuer, ein anderer Teil mit Zuschlägen belegt wird (VBl. 25, 556). — Der Grundsatz, daß der Gesamtertrag einer besonderen Gemeindesteuer die nach §§ 56, 59 beschlossene und genehmigte Belastung der betreffenden Steuerart nicht übersteigen darf, gilt nur für den Stand zu Beginn des Steuerjahres, wogegen die in dessen Laufe eintretenden Veränderungen des Solls auf die Höhe der beschlossenen Einheitssätze oder der von den einzelnen Abgabepflichtigen angeforderten Beträge ohne Einfluß bleibt (OVG. 34, 59). — Werden neben einer allgemeinen Grundwertsteuer noch in einem bestimmt umgrenzten Gebiet von den steuerpflichtigen Grundstücken Sonderzuschläge erhoben, so sind diese gleichfalls zu verrechnen (OVG. 76, 239). — Bei einer einheitlichen, bebaute und unbebaute Grundstücke gleichmäßig belastenden Gemeindegrundsteuer braucht zwischen dem Sollaufkommen der bebauten und unbebauten Grundstücke nicht unterschieden zu werden. Es ist vielmehr das gesamte Aufkommen der einheitlichen Steuer zu der Summe der staatlichen Grund- und Gebäudesteuer (jetzt Grundvermögensteuer) in Beziehung zu setzen (OVG. 33, 212).

§ 58.

(1) Die Bestimmungen der §§ 54, 56 und 57 finden auf die Steuern von Bauplätzen (§ 27 Abs. 2) keine Anwendung.

1. Die auf §§ 59 ff. des früheren GewerbesteuerG. v. 24. VI. 1891 (GS. 205) beruhende Betriebssteuer ist durch die in Art. II Zf. 1 der GewerbesteuerV. v. 23. XI. 1923/15. III. 1927 (GS. 21) erfolgte Aufhebung des G. v. 24. VI. 1891 in Fortfall gekommen und damit auch die entsprechenden, durch G. v. 26. VIII. 1921 (GS. 495) abgeänderten Vorschriften in § 58 KAG.

§ 59[1]).

(1) Über die Höhe der Zuschläge zu den Realsteuern sowie über die Höhe der Steuersätze, welche nach besonderen Steuerordnungen erhoben werden sollen, hat die Gemeinde bis zum Ablaufe der ersten drei Monate des Rechnungsjahrs Beschluß zu fassen. Kommt bis zu diesem Zeitpunkt ein gültiger Beschluß nicht zustande, so ist die Aufsichtsbehörde mit Zustimmung der Beschlußbehörde befugt, behufs Deckung des Steuerbedarfs das Verhältnis der Zuschläge zu den einzelnen Realsteuern untereinander oder, soweit besondere Steuerordnungen[2]) bestehen, die nach diesen Steuerordnungen zu erhebenden Steuersätze festzusetzen.

(2) Bis zur endgültigen Beschlußfassung durch die Gemeinde oder Festsetzung durch die Aufsichtsbehörde werden die Zuschläge oder die Steuersätze des Vorjahrs forterhoben. Hiernach geleistete Zahlungen sind auf die endgültigen Zuschläge des Rechnungsjahrs zu verrechnen.

1. Die jetzige Fassung beruht auf dem Gesetze vom 26. VIII. 1921 (GS. S. 495).
2. S. AusfAnw. Art. 40 und Art. 10 der AusfAnw. v. 9. III. 1922.

Inhaltsübersicht.

I. Gemeindebeschluß.

A. Inhalt.

Ein Verteilungsbeschluß, welcher nicht sämtliche Arten direkter Gemeindesteuern umfaßt, ist rechtsungültig (E. v. 1. V. 1924. VIII. C. 31. 23). — Unter „Rechnungsjahr" ist g. g. F. auch die in § 95 Abs. 2 zugelassene mehrjährige Rechnungsperiode zu verstehen (OVG. 51, 129). — Ein Gemeindebeschluß, welcher sich auf die Anordnung beschränkt, daß die Kosten einer bestimmten Anlage auf die Gemeinde zu übernehmen sind, ohne gleichzeitig die Deckung derselben gemäß §§ 54ff. zu regeln, ist ungültig. Das gilt selbst dann, wenn es in der betreffenden Gemeinde üblich oder besonders beschlossen sein sollte, daß ein für allemal alle Gemeindeausgaben durch gleichmäßige Belastung aller Steuerarten zu decken sind, da § 59 eine alljährliche Beschlußfassung verlangt (VBl. 30, 659).

B. Form.

In Städten mit Magistratsverfassung müssen die Beschlüsse beider Körperschaften übereinstimmen. Nimmt eine Stadtverordnetenversammlung einen von ihrer eigenen Beschlußfassung abweichenden Steuerbeschluß des Magistrats ohne Beanstandung zur Kenntnis, so liegt Übereinstimmung vor (VBl. 50, 722). — Beschluß durch einen kommissarischen Vertreter. Kommt ein gültiger Gemeindebeschluß nicht zustande, weil die Bildung der nach dem Gemeindeverfassungsgesetz dazu notwendigen Gemeindevertretung unterblieben ist, so ist die kommunale Aufsichtsbehörde nach ständiger Rechtsprechung des OVG. kraft der in der Staatsaufsicht einbeschlossenen Sorge für den ungestörten Fortgang der Gemeindeverwaltung berechtigt, einen Kommissar zu ernennen, welcher die zur Deckung des Einnahmebedarfs erforderlichen Beschlüsse, auch bezüglich Einführung notwendiger neuer Abgaben an Stelle der Gemeindevertretung faßt. Da aber nach den hier maßgebenden Vorschriften in §§ 40, 41, 51, 52 der Hannoverschen LGO. bei der Einführung neuer Steuern Vorsteher und Gemeindevertretung als verschiedene Organe mitzuwirken haben, durfte der kommissarische Gemeindevorsteher nicht gleichzeitig kommissarisch mit den Funktionen der Gemeindevertretung beauftragt werden (OVG. 81, 102).

Die bisher aus §§ 56 und 57 hergeleitete Auffassung, daß in den Steuerverteilungsbeschlüssen und in den gemäß § 59 an ihrer Stelle ergehenden Anordnungen der Aufsichtsbehörde zur Vermeidung der Ungültigkeit des Ortsrechts das Aufkommen der einzelnen Gemeindesteuerarten in Hundertsätzen der entsprechenden staatlich veranlagten Steuern ausgedrückt werden muß, kann nicht mehr aufrechterhalten werden, da es nach der den §§ 54 Abs. 2 und 59 Abs. 1 durch das Gesetz v. 26. VIII. 1921 gegebenen neuen Fassung statthaft und genügend ist, wenn in dem Steuerverteilungsbeschluß und in den Anordnungen oder Genehmigungen der Aufsichtsbehörde die Steuersätze einer besonderen Steuer vom Grundvermögen ohne Umrechnung in Hundertsätzen der staatlich veranlagten Steuern festgesetzt und genehmigt werden. Die Aufsichtsbehörde ist aber verpflichtet, vor der Erteilung der Genehmigung oder dem Erlaß einer solchen Anordnung jene Umrechnung vorzunehmen. Die gleiche Notwendigkeit ergibt sich, wenn unter den Parteien Streit entsteht, für den Verwaltungsrichter (OVG. 78, 143).

Die Fehlerhaftigkeit eines Steuerverteilungsbeschlusses verleiht dem nach den Sätzen für bebaute Grundstücke herangezogenen Kläger keinen Anspruch auf Besteuerung nach dem für landwirtschaftliche Grundstücke geltenden niedrigeren Maßstab des Umlagebeschlusses, sondern mangels eines Ersatzbeschlusses durch die Aufsichtsbehörde nur gemäß § 59 Abs. 2 auf Besteuerung nach den Zuschlagsätzen des vergangenen Rechnungsjahres (OVG. 78, 195, 202; PVBl. 50, 192).

Bei mehrjähriger Rechnungsmethode (§ 95 Abs. 2) muß der Beschluß in den ersten 3 Monaten des ersten Rechnungsjahres ergehen (OVG. 51, 127; PVBl. 31, 10). — Die Rechtsnachteile des § 59 Abs. 1 Satz 2 treten nicht ein, wenn ein formell und materiell dem Gesetz entsprechender Beschluß bis zum 1. Juli gefaßt ist, gleichviel ob er genehmigt war oder nicht. Eine Heranziehung ist aber vor Erteilung der Genehmigung bzw. Zustimmung nicht zulässig (OVG. 33, 8). — Auch ein ordnungsmäßig gefaßter Beschluß wird erst dann rechtsgültig, wenn er die erforderliche Genehmigung und Zustimmung erhalten hat (OVG. 54, 128) — Der Ablauf der in § 59 bezeichneten Frist hindert die Gemeinde nicht, mit Zustimmung der Aufsichtsbehörde einen Beschluß gemäß § 56 zu fassen. Der § 59 enthält lediglich eine Not-, aber keine Strafbestimmung (PVBl. 31, 375).

Zum Zustandekommen eines gültigen Ortsrechts bedarf es keiner Veröffentlichung des Steuerverteilungsbeschlusses (OVG. 77, 187).

Wegen des Verhältnisses von Steuerverteilungsbeschlüssen zu Steuerordnungen s. OVG. 76, 271 oben bei § 23 Abs. 6.

C. Wirkung des Gemeindebeschlusses.

Maßgebend ist das wirkliche, nicht das veranlagte Soll und wird dadurch, daß das wirkliche Soll das veranlagte übersteigt oder hinter ihm zurückbleibt, die Höhe der bestimmungsgemäß nach dem veranlagten Soll beschlossenen Zuschläge nicht berührt (PVBl. 26, 541; OVG. 58, 162). — Die Gemeinden dürfen, gleichviel, ob sie Zuschlagsteuern oder besondere Steuern erheben, im ganzen von jeder Steuerart für jedes Steuerjahr kein höheres Aufkommen veranlagen, als sich bei Anwendung des genehmigten oder zugelassenen Hundertsatzes auf das staatlich veranlagte Soll der betreffenden Steuerart ergibt (OVG. 78, 142).

Wie sich aus der Überschrift des Abschnitts ergibt, betreffen die dort gegebenen Regeln nur die Verteilung des Steuerbedarfs auf die verschiedenen Steuerarten, aber nicht die Unterverteilung innerhalb der einzelnen Steuerart. Deshalb kann auch aus den §§ 54—56 nicht der Schluß gezogen werden, daß die dort gegebenen Regeln, welche an das Verhältnis der Gemeindesteuern zu den ihnen entsprechenden Staatssteuern anknüpfen, unbedingt und ohne Rücksicht auf die Einrichtung der in Rede stehenden Gemeindesteuer auch auf die Bestimmung des von dem einzelnen Gemeindesteuerpflichtigen zu entrichtenden Steuersatzes Anwendung finden. Denn § 57 bestimmt lediglich, daß sich das Sollaufkommen direkter besonderer Gemeindesteuern innerhalb der durch die §§ 54—56 bestimmten Grenzen zu halten hat, und die Gleichmäßigkeit der Veranlagung erfordert keineswegs, daß dieselbe Regel, welche für die Bestimmung des Sollaufkommens einer Steuer im ganzen maßgebend ist, auch auf die Unterverteilung angewendet wird, sondern nur, daß die gleichen Veranlagungsgrundsätze auf die Heranziehung aller Steuerpflichtigen angewendet werden, die Bestimmung des Steuersatzes bei allen nach dem gleichen Maßstab erfolgt. Gerade die

Anwendung der von den Klägern vertretenen entgegengesetzten Anschauung würde entweder zu einem Verbote der Einführung besonderer direkter Gemeindesteuern oder zu einem Zwange zu ungleichmäßiger Veranlagung führen. Ist sie dahin aufzufassen, daß die Bestimmung des vom einzelnen Steuerpflichtigen zu entrichtenden Steuersatzes sich unbedingt nach dem für die Bestimmung des Sollaufkommens der besonderen Steuer maßgebenden Prozentsatze der Staatssteuer zu richten hat, so bleibt für die Einführung besonderer, nach einem anderen Maßstab als dem der Staatssteuer umzulegenden Gemeindesteuern ganz offenbar kein Raum. Nimmt man aber an, daß die Kläger in jenem Prozentsatze nur eine obere Grenze für die Bestimmung des Steuersatzes erblicken, so stellt sich das Ergebnis heraus, daß ein verschiedener Maßstab für die Veranlagung des einzelnen Steuerpflichtigen anzuwenden ist, je nachdem der nach dem besonderen für die Umlegung der Steuer gewählten Maßstab ermittelte Steuersatz jenen Prozentsatz der Staatssteuer übersteigt oder hinter ihm zurückbleibt (E. v. 2. II. 1900. I. C. 175).

II. Anordnung der Aufsichtsbehörde.

Die Festsetzung durch die Aufsichtsbehörde muß innerhalb des betreffenden Rechnungsjahres erfolgen, da sie Ortsrecht schafft und dieses sich nach OVG. 54, 127 nicht rückwirkende Kraft beilegen darf (OVG. 78, 137). — Ist die Genehmigung nach § 56 KAG. vbd. m. § 18 Grundvermögensteuergesetzes und § 44 der Gewerbesteuerverordnung versagt worden, so ist ein gültiger Steuerverteilungsbeschluß nicht vorhanden und die Aufsichtsbehörde demnach zu einer Anordnung gemäß § 59 KAG. befugt (E. v. 5. II. 1929. VIII. C. 29. 28). — Kommt ein gültiger Gemeindebeschluß nicht zustande, so darf die Aufsichtsbehörde die Deckung des Steuerbedarfs nur nach Maßgabe der §§ 54 ff., nicht aber nach freiem Ermessen anordnen (OVG. 51, 127). — Die Aufsichtsbehörde ist nicht nur, wie im Gesetz vorgesehen, befugt, das gegenseitige Verhältnis der Zuschläge zu den einzelnen Steuerarten, sondern auch die Höhe dieser Zuschläge selbst zu bestimmen. Andernfalls hätten die Gemeinden es in der Hand, trotz der Feststellungsverfügung der Aufsichtsbehörde die Steuererhebung dadurch unmöglich zu machen, daß sie einen entsprechenden Ausführungsbeschluß nicht fassen. Der Festsetzungsbeschluß der Aufsichtsbehörde bedarf an sich überhaupt keines weiteren Beitrittsbeschlusses der Gemeinde, da er den Ersatz für den unterbliebenen Gemeindebeschluß darstellt (E. v. 5. II. 1929. VIII. C. 29. 28). — § 59 KAG. wird durch die Gewerbesteuerverordnung nicht berührt. Die in § 59 Abs. 2 vorgeschriebene vorläufige Forterhebung der Zuschläge und Steuersätze des Vorjahres bildet lediglich eine auf die endgültigen Beträge später anzurechnende Vorauszahlung und steht daher in keinem Gegensatz zu den Vorauszahlungen nach der Gewerbesteuerverordnung. Weiter stellt § 59 KAG. insofern eine Ergänzung des § 53 der Gewerbesteuerverordnung dar, als letzterer keine Bestimmung darüber enthält, zu welchem Zeitpunkte die Gemeinde über die Höhe der Zuschläge zu beschließen hat. Mit § 59 KAG. wird der Zweck verfolgt, eine geordnete Finanzverwaltung der Gemeinde, soweit für die Deckung des Fehlbedarfs Realsteuern in Betracht kommen, zu sichern. Hierauf beruht die in Abs. 1 der Aufsichtsbehörde eingeräumte Befugnis, das Verhältnis der Realsteuern zueinander festzusetzen. Aus dem Zweck dieser Bestimmung folgt ohne weiteres, daß die Gewerbesteuerverordnung sie nicht hat beseitigen wollen (PVBl. 50, 401).

S. auch OVG. 78, 143 oben bei I B.

5. Zeitliche Begrenzung der Steuerpflicht.

§ 60.

(1) Soweit sich die Gemeindesteuern den Staatssteuern anschließen und etwas anderes nicht bestimmt ist, gelten für den Zeit-

punkt des Beginnes und des Erlöschens der Steuerpflicht die für die entsprechende Staatssteuer bestehenden Vorschriften.

(2) Im übrigen gelten hinsichtlich der Dauer der Steuerpflicht folgende Bestimmungen:

1. Die Steuerpflicht beginnt:
   a) soweit sie von der Begründung eines Wohnsitzes oder Sitzes in einer Gemeinde abhängt, mit dem ersten Tage des auf die Begründung des Wohnsitzes oder Sitzes folgenden Monats;
   b) soweit sie von dem Aufenthalte in einer Gemeinde abhängt, mit dem ersten Tage des nach dem Ablaufe der maßgebenden Aufenthaltsfrist (§ 33 Abs. 4) beginnenden Monats;
   c) soweit sie durch Grundvermögen, Betrieb von Handel oder Gewerbe, einschließlich des Bergbaues, bedingt ist (§ 33 Nr. 2, § 35), mit dem ersten Tage des auf den Erwerb des Grundvermögens oder den Beginn des Betriebes folgenden Monats.

   Ist in dem zu b bezeichneten Falle die Steuerpflicht infolge des Ablaufs der Aufenthaltsfrist oder der früheren Begründung eines Wohnsitzes eingetreten, so muß die Steuer seit dem ersten Tage des nach erfolgter Aufenthaltsnahme begonnenen Monats nachentrichtet werden.

2. Die Steuerpflicht erlischt:
   a) durch den Tod des Steuerpflichtigen mit dem Ablaufe des Monats, in welchem der Tod erfolgt ist;
   b) durch das Aufgeben des Wohnsitzes, Sitzes oder Aufenthalts mit dem Ablaufe des Monats, in welchem der Wohnsitz, Sitz oder Aufenthalt tatsächlich aufgegeben worden ist, sofern jedoch bis zu diesem Zeitpunkte der Gemeindebehörde hiervon keine Anzeige erstattet ist, erst mit dem Ablaufe des folgenden Monats;
   c) durch die Veräußerung des Grundvermögens beziehungsweise die Einstellung des die Steuerpflicht bedingenden Betriebes von Handel oder Gewerbe, einschließlich des Bergbaues (§ 33 Nr. 2, § 35), mit dem Ablaufe des Monats, in welchem die Veräußerung beziehungsweise die Einstellung des Betriebes erfolgt ist.

1. S. AusfAnw. Art. 41.

Inhaltsübersicht.

I. Beginn der Steuerpflicht.

Bei eingemeindeten Grundstücken beginnt ihre Steuerpflicht in der neuen Gemeinde mit dem auf den Eintritt der Rechtskraft des Eingemeindungsaktes folgenden Monatsbeginn. Dieser Zeitpunkt kann auch durch eine in dem rechtsbegründenden

Eingemeindungsakt nicht erwähnte Vereinbarung nicht hinausgeschoben werden. Ebenso ist es gleichgültig, ob die Grundstücksbesitzer für die fragliche Zeit bereits von ihrer bisherigen Gemeinde zu einer gleichen Abgabe herangezogen waren, und stellt die Heranziehung durch die neue Gemeinde keine unzulässige Nachveranlagung i. S. des § 84 dar (OVG. 62, 310). — Wegen Eingemeindungen s. im übrigen bei § 20 unter IIA und bei § 21 unter I.

Zur Entrichtung der Gemeinde-Grund-und-Gebäudesteuer ist der Eigentümer verpflichtet. Daher kann die Steuerpflicht erst mit dem Erwerb des Eigentums entstehen, und Gegenstand der Heranziehung können nur diejenigen Beträge sein, welche für die Zeit nach Beginn der Steuerpflicht zahlbar sind. Da geringere als Monatsraten nicht zur Hebung gelangen dürfen, kann ein Eigentumserwerb, der im Laufe eines Monats stattgefunden hat, eine Steuerpflicht des Eigentümers erst mit Beginn des folgenden Monats herbeiführen (OVG. 35, 56). — § 60 gilt nicht für indirekte Steuern. Die Steuerschuld entsteht bei ihnen nicht erst mit der Heranziehung, sondern durch Eintritt des Ereignisses, an welches die Steuerpflicht geknüpft ist, gleichgültig, ob der Steuerpflichtige hiervon Kenntnis hat oder nicht (OVG. 55, 120; E. v. 7. XI. 1912. VII. C. 352. 12). — Indem sich § 16 KAG. auf die Bestimmung des Besteuerungsobjektes beschränkt, die Ausgestaltung der Besteuerung aber den Gemeinden überläßt, wird zum Ausdruck gebracht, daß der Gesetzgeber selbst keine Vorschriften über den Beginn der Heranziehungsbefugnis geben wollte. Die Bestimmung der Steuerordnung, daß, wer einen Hund im Laufe eines Halbjahres abschafft, die volle halbjährliche Steuer zu entrichten hat, betrifft nur die Steuerberechnung und steht mit der weiteren Bestimmung, daß das Halten eines Hundes von dem Zeitpunkt ab, in welchem ein Hund angeschafft ist, steuerpflichtig macht, nicht in Widerspruch (OVG. 45, 176).

Wegen Beginns der Steuerpflicht s. auch bei § 77 unter VI und VII.

II. Erlöschen der Steuerpflicht.

Nach § 60 Abs. 1 KAG. haben bei Erhebung von Zuschlagssteuern für den Zeitpunkt des Beginns und des Erlöschens der Steuerpflicht — abgesehen von dem im Gesetz vorgesehenen Ausnahmefällen — die für die entsprechende Staatssteuer bestehenden Vorschriften zu gelten. Nun ist nach §§ 15—17 des Gebäudesteuergesetzes v. 21. V. 1861 (GS. 317) beim Eigentumswechsel die Steuer von dem bisherigen in der Steuerrolle eingetragenen Eigentümer bis zum Ende desjenigen Monats fortzuentrichten, in welchem er die zur Fortschreibung erforderliche Anzeige von dem Eigentumswechsel erstattet hat, ohne daß dadurch der neue Besitzer von der ihm gesetzlich obliegenden Verhaftung für die Steuer entbunden wird (diese Vorschriften sind durch § 11 des Grundvermögensteuergesetzes aufrechterhalten). Nach § 64 KAG. hat, sofern nicht durch Steuerordnung etwas anderes festgesetzt ist, die Veranlagung für je ein Rechnungsjahr zu erfolgen. Wenn daher § 60 laut Überschrift die „zeitliche Begrenzung der Steuerpflicht" regelt, so bezieht sich das nur auf die Begrenzung der Steuerpflicht innerhalb des Rechnungsjahres. Nur insoweit hat deshalb auch die Bezugnahme des § 60 Abs. 1 auf die für die Staatssteuern geltenden Vorschriften für die Gemeindesteuerzuschläge Bedeutung (OVG. 66, 185).

Wegen der Wirkung eines Unterlassens der Anzeige vom Eintritt steuerbefreiender Umstände s. OVG. 72, 140 bei § 24 unter II A.

Für die Fälle, in welchen sich die Gemeindesteuern nicht den Staatssteuern anschließen, hat § 60 wegen des Erlöschens der Steuerpflicht nur Regeln aufgestellt, und zwar 1. wenn der Steuerpflichtige stirbt, 2. wenn der Wohnsitz, Sitz oder Aufenthalt aufgegeben wird, 3. wenn ein Grundstück veräußert oder ein Betrieb eingestellt wird. Da zwar das Erlöschen der Steuerpflicht in den Fällen zu 1 und 3 ohne weiteres eintreten soll, im Falle zu 2 aber von einer besonderen Anzeige abhängig gemacht wird, läßt sich aus diesen Regeln ein allgemeiner Grundsatz, daß das Ereignis selbst das Erlöschen der Steuerpflicht zu einem bestimmten Zeitpunkt zur Folge hat, nicht ableiten. Vielmehr fehlt es an einer diesbezüglichen gesetzlichen Vorschrift, insbesondere auch für die in §§ 6, 8 der Mustersteuerordnung behandelten Fälle (einer Veränderung des Steuerobjekts), und erscheint daher die Autonomie der Gemeinden in dieser Hinsicht, abgesehen von der Bedingung einer Genehmigung durch die Aufsichtsbehörde, nicht beschränkt (OVG. 66, 171). — Die Vorschrift, daß bei besonderen Grundsteuern die Steuerpflicht mit dem Ablauf des Monats, in welchem das Grundstück veräußert ist, erlischt, bezieht sich nur auf die Veräußerung des ganzen, das Steuerobjekt bildenden Grundstücks, aber nicht auf die Verringerung der Substanz durch Abverkauf. Wann die Steuerpflicht in einem solchen und einem anderen der in § 60 Ziff. 2a—c aufgeführten Fälle erlischt, bestimmt sich nach der örtlichen Steuerordnung, und ist daher auch die Bestimmung einer solchen, daß die Ermäßigung erst mit Ablauf des Steuerjahres eintritt, nicht gesetzwidrig (PVBl. 35, 246).

§ 61[1]).

(1) Die Veranlagung erfolgt, wenn durch die Gemeindevertretung kein besonderer Steuerausschuß eingesetzt ist, durch den Gemeindevorstand.

(2) Über die Zusammensetzung und die Geschäftsordnung der Ausschüsse treffen die Minister des Innern und der Finanzen die erforderlichen Bestimmungen[2]).

(3) Der Gemeindevorstand kann die Veranlagung einem seiner Organe oder bestimmten Beamten übertragen.

1. Die jetzige Fassung beruht auf dem Gesetze vom 26. VIII. 1921 (GS. S. 495).
2. Vgl. AusfAnw. Art. 42 und Art. 11 der AusfAnw. v. 9. III. 1922.

Inhaltsübersicht.

I. Bedeutung der Regelvorschrift.

Die Organisation des Veranlagungsgeschäftes innerhalb der Gemeinde braucht nicht für alle Steuerarten und für alle Zweige des Steuergeschäfts gleich, muß aber bezüglich der Zuständigkeit ausschließend geregelt sein (PVBl. 40, 366; OVG. 75, 117). — Die dem Gemeindevorstand zugewiesene Tätigkeit besteht nur in der Ermittlung des auf den einzelnen Abgabepflichtigen entfallenden Anteils an dem Gesamtbetrage der Steuern, wogegen für die Feststellung des Gesamtsteuerbedarfs, seine Verteilung auf die einzelnen Steuerarten und die Bestimmung der zu erhebenden Zuschläge nur die Gemeindevertretung (Gemeindeversammlung) zuständig ist (OVG. **45, 194**). — Gemeindevorstand i. S. des § 61 ist in den Städten mit Magistratsverfassung nur der Magistrat (E. v. **16. X. 1917.** VIII. C. 78. 17).

Unter den besonderen Steuerausschüssen sind diejenigen durch Gemeindebeschluß eingesetzten Steuerausschüsse zu verstehen, welchen der hoheitliche Akt der Veranlagung sämtlicher Gemeindesteuern oder einzelner Steuerarten übertragen worden ist und deren Zusammensetzung und Geschäftsordnung durch das Gesetz oder die von diesem dazu beauftragten Minister bestimmt werden (was durch die ministerielle AusfAnw. v. 8. III. 1922, MBliV. 285, geschehen ist). Es handelt sich also um keine städtische Deputation oder Kommission i. S. des § 59 der östl. Städteordnung. Sind derartige besondere Steuerausschüsse gebildet, so liegt ihnen ausschließlich und ständig die Veranlagung ob, für die sie allein verantwortlich sind. Andernfalls ist sie kraft Gesetzes eine Aufgabe des Gemeindevorstandes, was aber die Gemeinde nicht hindert, ihm für diesen Zweck zur Unterstützung eine Kommission beizugeben, die auch als Steuerausschuß bezeichnet werden kann, aber dadurch nicht die Rechte und Pflichten der besonderen Steuerausschüsse erhält (OVG. 79, 50). — Besteht ein besonderer Steuerausschuß, so schließt seine veranlagende Tätigkeit bei der Veranlagung der Grundwertsteuer mit der Feststellung des gemeinen Wertes ab. Die Ermittlung des sich nach dem alljährlich durch Gemeindebeschluß festzusetzenden Vervielfältigungssatz ergebenden Steuerbetrages ist rein rechnerischer Natur, da es dazu keines auf Ermessen beruhenden Beschlusses bedarf, und vom Gemeindevorsteher vorzunehmen (OVG. 70, 195). — § 61 schreibt nicht vor, daß der Steuerausschuß alle Funktionen des Gemeindevorstehers zu übernehmen hat (VBl. 32, 417). — Auch wenn besondere Steuerausschüsse bestehen, kann in den besonderen Steuerordnungen die gesamte Veranlagung dem Magistrat übertragen werden (OVG. 75, 118). Dann ist aber genaue Regelung der Zuständigkeit erforderlich und eine Bestellung der bezüglichen Stelle „für die Regel" unzulässig (OVG. 75, 217).

II. Unregelmäßigkeiten und zulässige Ausnahmen.

Ein etwaiger Beschluß der Gemeindevertretung wegen der Veranlagung bindet den Gemeindevorsteher nicht (VBl. 29, 151). — Ist die Veranlagung durch eine unzuständige Stelle erfolgt, so wird dieser Mangel dadurch geheilt, daß sie vom Gemeindevorstand als von ihm herrührend anerkannt wird (OVG. 70, 197). — Allerdings ging formell die Heranziehungsverfügung nicht von der Gemeindebehörde unmittelbar aus, sondern von der Stadtkasse. Es ist aber bei der großen Zahl der Steuerheranziehungen etwas sehr Gewöhnliches, daß diese gemäß einer generellen Anordnung der städtischen Behörde erlassen werden. Jeder Zweifel an der Eigenschaft der Verfügung als eines Heranziehungsaktes des Gemeindevorstandes wird überdies dadurch behoben, daß der Beklagte die Verfügung bei Beantwortung des Einspruchs aufrechterhalten hat. Das genügt, um einen Einspruchsbescheid als vorliegend anzunehmen, da jeder sachliche Bescheid, welcher dem Antrag des Pflichtigen nicht vollständig und unbedingt stattgibt, mit der Klage angefochten werden kann (VBl. 22, 10). — Die gesetzliche Befugnis einer für die Veranlagung zuständigen Behörde kann auch mit deren Zustimmung nicht durch eine andere Behörde ausgeübt werden, ohne die betreffende Handlung rechtsunwirksam zu machen (OVG. 75, 313).

An den in § 56 Nr. 9 der Städteordnung v. 30. V. 1853 und auch in späteren Gemeindeverfassungsgesetzen dem Magistrat oder dem sonstigen Gemeindevorstande überwiesenen Aufgaben der Steuerverwaltung hat das KAG. nichts geändert. Es weist in § 61 die Veranlagung der direkten Gemeindesteuern — zu denen allerdings die geforderten Baupolizeigebühren nicht gehören — dem Gemeindevorstand oder dem besonderen Steuerausschuß zu und gewährt in § 69 gegen die dort bezeichneten Abgaben den Pflichtigen nur den Einspruch bei dem Gemeindevorstande. Der Polizeibehörde ist weder in den erwähnten Gesetzen noch im ZG. eine Mitwirkung bei der Veranlagung städtischer Steuern eingeräumt; eine solche kann der Polizei auch durch örtliche Satzungen schon um deswillen nicht übertragen werden, weil sie kein Organ des Magistrats ist, vielmehr ihr Amt im Auftrage der Staatsbehörde ausübt und die ihr vorgesetzte staatliche Aufsicht anders als gegenüber der städtischen Verwaltungsbehörde geordnet ist (VBl. 23, 103). — Wenn eine Gebührenordnung ungesetzlicherweise der Polizeiverwaltung die Anforderung von Gebühren i. S. des KAG. übertragen hat, so ist der Magistrat trotzdem auf Grund des § 61 ohne weiteres befugt, die Veranlagung selbst vorzunehmen (OVG. 48, 112). — Die Befugnis eines westfälischen Amtmanns, die Veranlagung zu einer indirekten Gemeindesteuer vorzunehmen, ist in der Entsch. v. 9. III. 1906. VIII. C. 122. 05 deshalb bejaht, weil sich § 61 ausschließlich auf direkte

Steuern bezieht (VBl. 36, 381). Wegen der durch das G. v. 27. XII. 1927 (GS. 211) abgeänderten Zuständigkeit des Bürgermeisters (Amtmanns) s. AusfAnw. v. 25. II. 1928 (MBliV. 199). [Wegen Form und Inhalt der Heranziehungsverfügung s. bei § 69 unter I.]

§ 62.

(1) Dem Gemeindevorstande (Steuerausschuß) sind von den zuständigen Staatsbehörden diejenigen bei der Veranlagung oder Festsetzung der Staatssteuern bekanntgewordenen Besteuerungsmerkmale, deren er für die Veranlagung bedarf, auf Ersuchen mitzuteilen.

(2) Zu dem gleichen Zwecke haben die Behörden anderer Gemeinden hinsichtlich der ihnen bekannten Besteuerungsmerkmale dem Gemeindevorstande (Steuerausschuß) auf Erfordern Auskunft zu erteilen.

1. S. AusfAnw. Art. 42.

Die Anordnung, daß sich die staatliche Veranlagung der Grund- und Gebäudesteuer (jetzt Grundvermögensteuer) für die Zwecke der Gemeindebesteuerung auch auf sämtliche Grundstücke und Gebäude zu erstrecken hat, welche der Gemeindebesteuerung unterliegen, enthält nur ein Gebot für die staatlichen Veranlagungsbehörden, dessen Nichtbefolgung nicht zur selbständigen Vornahme der Veranlagung zwecks Berechnung der Zuschlagshundertsätze berechtigt (OVG. 68, 86).

§ 63.

(1) Durch die Steuerordnung können die Rechte des Gemeindevorstandes (Steuerausschusses) und die Obliegenheiten der Steuerpflichtigen nach Maßgabe folgender Bestimmungen geregelt werden.

(2) Der Gemeindevorstand (Steuerausschuß) kann, soweit er nicht auf anderem Wege (§ 62) zur Kenntnis der für die Veranlagung maßgebenden Besteuerungsmerkmale gelangt ist, ermächtigt werden, von den Steuerpflichtigen hierüber binnen einer angemessenen Frist Auskunft zu erfordern. Die Aufforderung muß in jedem einzelnen Falle durch eine besondere, dem Steuerpflichtigen zuzustellende Zuschrift erfolgen.

(3) Die Verpflichtung zur Auskunftserteilung erstreckt sich nur auf die Beantwortung der bei der Aufforderung gestellten Fragen über bestimmte Tatsachen. Soweit es sich um Schätzungen handelt, ist der Steuerpflichtige eine Erklärung abzugeben berechtigt, aber nicht verpflichtet.

(4) Wird die Auskunftserteilung beanstandet, so sind dem Steuerpflichtigen vor der Veranlagung die Gründe der Beanstandung mit dem Anheimstellen mitzuteilen, hierüber binnen einer angemessenen Frist eine weitere Erklärung abzugeben.

(5) Die im vorstehenden wegen der Steuerpflichtigen getroffenen Bestimmungen finden auf Bevollmächtigte und gesetzliche Vertreter der Steuerpflichtigen sinngemäße Anwendung.

1. S. AusfAnw. Art. 42.

Inhaltsübersicht.

I. Steuerordnung.

Ist in einer Steuerordnung dem Gemeindevorstande die in § 63 Abs. 2 bezeichnete Ermächtigung, Auskunft vom Steuerpflichtigen zu verlangen, noch besonders erteilt worden, so brauchen die im Gesetz bezeichneten Folgen einer verweigerten oder unrichtigen Auskunft in der Steuerordnung nicht wiederholt zu werden, da gesetzliche Vorschriften durch eine Steuerordnung überhaupt nicht berührt werden (OVG. 73, 156). — In der Steuerordnung können dem Gemeindevorsteher keine weiteren Befugnisse verliehen werden, als es der Wortlaut des § 63 vorgesehen hat. Ist dies dennoch geschehen, so wird damit nicht die Steuerordnung im ganzen ungültig, sondern nur das auf Grund dieser Bestimmungen bewirkte Veranlagungsverfahren (OVG. 73, 162).

II. Auskunft.

Nur die Erteilung einer Auskunft auf bestimmte, dem Steuerpflichtigen vorgelegte Fragen hat die Wirkung, daß die Veranlagungsbehörde davon ohne vorgängige Beanstandung nicht abweichen darf, vorausgesetzt, daß die Gemeinde überhaupt in rechtsgültiger Form von der ihr durch § 63 eingeräumten Befugnis zur autonomen Regelung der Pflicht zur Auskunftserteilung Gebrauch gemacht hat (E. v. **19. VI. 1913.** X. C. 67. 13). — Der Steuerpflichtige hat keinen Anspruch darauf, daß die Veranlagungsbehörde ihn zu einer Auskunft auffordert, oder daß sie eine von ihm ohne vorausgegangene Aufforderung gemachte Angabe beachtet (OVG. 73, 162).

Hatte der Steuerpflichtige die zwecks Veranlagung zur Grundwertsteuer an ihn gerichtete Anfrage nach den tatsächlichen Mieterträgen nicht beantwortet und dafür nur eine von ihm schätzungsweise angenommene Summe angegeben, so konnte der Beklagte die von ihm selbst ermittelten Mieterträge ohne vorgängige Beanstandung der Veranlagung zugrunde legen, nicht aber eine von ihm selbst geschätzte Summe (VBl. 33, 335). — Da bei einer Grundwertsteuerordnung das Besteuerungsmerkmal durch den gemeinen Wert gebildet wird, darf der Steuerpflichtige auch unter der in Abs. 3 bezeichneten Maßgabe zur Schätzung des gemeinen Wertes aufgefordert werden. Erteilt er eine derartige Auskunft, so darf die Veranlagungsbehörde von ihr nur nach vorgängiger Beanstandung abweichen (OVG. 58, 155; VBl. 32, 683, 715). — Da der Kläger die Nachweisungen und Auskünfte, zu deren Vorlegung er auf Verlangen der örtlichen Steuerbehörde nach der Steuerordnung verpflichtet war, auf ausdrückliches Verlangen nicht beigebracht bzw. die notwendigen Ergänzungen auf Anforderung des städtischen Steuerbeamten nicht geliefert hat, so war die städtische Veranlagungsbehörde unter diesen Umständen berechtigt, die fehlenden Angaben durch Schätzung zu ergänzen (VBl. 47, 492). — Die Erteilung einer gemäß § 63 geforderten Auskunft hat nicht nur die Folge, daß die Veranlagungsbehörde nicht ohne Beanstandung von den Angaben des Steuerpflichtigen abweichen darf, sondern auch, daß der Steuerpflichtige an seine Angaben gebunden bleibt, wenn er sie nicht vor der Veranlagung berichtigt (VBl. 33, 266; OVG. 64, 265). — Wenn die irrige Auslegung eines Steuerpflichtigen über die Tragweite einer an ihn gerichteten Anfrage seiner Veranlagung zugrunde gelegt ist, so kann er dagegen im Rechtsmittelverfahren vorgehen (OVG. 78, 187).

III. Beanstandung.

Das Gesetz schreibt in Abs. 4 für alle Fälle eine Beanstandung vor, in welchen die Veranlagungsbehörde der von dem Steuerpflichtigen erteilten Auskunft nicht folgen zu können glaubt, ohne einen Unterschied zu machen, ob die Bemängelung der Auskunft hinsichtlich tatsächlicher Angaben oder bezüglich der von der Steuerbehörde angenommenen Verstöße gegen die rechtlichen Bestimmungen erfolgt (VBl. 39, 575). — Wenn der Steuergläubiger nach Einleitung des Verwaltungsstreitverfahrens die Veranlagung zurückgenommen, aber zulässigerweise innerhalb desselben Steuerjahres eine erneute — nicht höhere — Veranlagung vorgenommen hat, so nimmt das Verwaltungsstreitverfahren seinen Fortgang. Dabei ist der Steuergläubiger berechtigt, die früher versäumte Beanstandung nachzuholen (VBl. 35, 427). — Wenn nach der Steuerordnung die Beanstandung der von dem Steuerpflichtigen erteilten Auskunft an keine Frist gebunden ist, so kann sie so lange vorgenommen werden, als das Veranlagungsverfahren noch nicht endgültig abgeschlossen ist, kann also, soweit ein zweiter Einspruchsbescheid zulässig ist, auch noch vor Erlaß eines solchen noch nachgeholt werden (VBl. 35, 427). — Daß die Beanstandung unterblieben ist, macht die Heranziehung an sich nicht formell unwirksam, sondern nur ihrer Höhe nach materiell rechtswidrig. Soweit die Klägerin die Veranlagung anerkannt hat, ist diese unanfechtbar geworden; darüber hinaus mußte aber die Klägerin freigestellt werden, weil der Beklagte das Recht zu dieser weitergehenden Besteuerung durch Unterlassung der Beanstandung verloren hatte (VBl. 32, 715). — Die Vorschriften in § 63 finden auf alle Arten direkter Gemeindesteuern Anwendung, also auch auf solche, welche auf Grund einer besonderen Gemeindesteuerordnung erhoben werden. Die Veranlagungsbehörde darf bei der Veranlagung von den Angaben des Steuerpflichtigen nur dann abweichen, wenn sie ihm die Gründe für die Beanstandung mitgeteilt und der Steuerpflichtige innerhalb der gestellten Frist keine Erklärung abgegeben hat. Wenn die Steuerordnung hätte bestimmen wollen, daß die Veranlagungsbehörde in keinem Fall an die Angaben des Steuerpflichtigen gebunden wäre, so würde sie ungültig sein (VBl. 30, 292). — Die Vorschrift in Abs. 4, daß die Gründe der Beanstandung einer verlangten Auskunft dem Steuerpflichtigen vor der Veranlagung mitzuteilen sind, ist zwingender Natur; ihre Nichtbeachtung hat die Aufhebung der Veranlagung zur Folge (vgl. OVG. 64, 71). An dieser Rechtslage hat auch die Einfügung des § 1a in das Gesetz nichts geändert. Er stellt lediglich klar, wann die Abgabenpflicht beginnt, und läßt die Folgen einer Verletzung der Veranlagungsvorschriften völlig unberührt (VBl. 50, 72). — Wenn der Steuergläubiger in der Beanstandungsverfügung gleichzeitig um Aufklärung einer vermeintlichen Unstimmigkeit ersucht, so wird damit die Tatsache der Beanstandung nicht beseitigt; die Frage bildete vielmehr lediglich das im Gesetz vorgesehene Anheimstellen einer weiteren Erklärung. Überzeugte die Antwort die Veranlagungsstelle nicht von der Richtigkeit der gemachten Angaben, so hatte sie die Veranlagung nach pflichtmäßigem Ermessen vorzunehmen, ohne an die in der Beanstandungsverfügung den Angaben des Abgabepflichtigen gegenübergestellten Ziffern gebunden zu sein (OVG. 62, 361).

§ 64.

Durch die Steuerordnung kann bestimmt werden, daß die Veranlagung besonderer Realsteuern[1]) für mehrere aufeinanderfolgende Rechnungsjahre zu erfolgen hat. Soweit eine Bestimmung nicht getroffen ist, geschieht die Veranlagung für je ein Rechnungsjahr.

1. § 64 hat nur noch für besondere Grundsteuern Bedeutung. Vgl. zu §§ 28 ff.
2. S. AusfAnw. Art. 42.

Auf Grund einer entsprechenden Bestimmung der Steuerordnung darf die Gemeinde die Abgabepflichtigen zwar für mehrere Jahre veranlagen, aber nicht heranziehen, da durch direkte Gemeindesteuern immer nur der sich nach dem alljährlichen Haushaltsplan ergebende Bedarf aufzubringen ist, soweit er durch Gebühren, Beiträge oder indirekte Steuern oder durch die vom Staat bzw. von weiteren Kommunalverbänden überwiesenen Mittel keine Deckung findet. Muß die auf mehrere Jahre erfolgte Heranziehung deshalb als unzulässig aufgehoben werden, so steht das einer erneuten alljährlichen Heranziehung an Stelle der verfrühten nicht entgegen (OVG. 52, 146).

Vgl. bei § 25 unter VIII und OVG. 50, 107 bei § 69 unter II E 2.

Ist gemäß § 64 und einer entsprechenden Bestimmung der Steuerordnung die Veranlagung für mehrere Jahre rechtskräftig erfolgt, so darf sie auch dann nicht abgeändert werden, wenn innerhalb dieses Zeitraums durch einen Nachtrag zur Steuerordnung ein kürzerer Veranlagungszeitraum eingeführt wird (VBl. 34, 80).

S. auch VBl. 34, 295 bei § 25 unter III; s. ferner bei § 69 unter II A, D und E 1.

§ 65.

(1) Im Falle der Erhebung von Prozenten der vom Staate veranlagten Realsteuern erfolgt die Bekanntmachung der Steuern durch den Gemeindevorstand für diejenigen Steuerpflichtigen, bezüglich deren die staatlich veranlagte Steuer die unveränderte Grundlage der Prozente oder Zuschläge bildet, durch eine in ortsüblicher Weise zu bewirkende Veröffentlichung der zu erhebenden Prozentsätze, für andere Steuerpflichtige durch besondere Mitteilung.

(2) Bei Erhebung besonderer Gemeindesteuern geschieht die Bekanntmachung durch den Gemeindevorstand für die im Gemeindebezirke wohnenden steuerpflichtigen physischen Personen mittels Auslegung der Hebeliste während eines zweiwöchigen Zeitraumes in einem oder mehreren, in ortsüblicher Weise zur öffentlichen Kenntnis zu bringenden Räumen des Gemeindebezirks, für die übrigen Steuerpflichtigen durch besondere Mitteilung.

(3) Bei Zugängen im Laufe des Jahres bedarf es stets besonderer Mitteilung.

(4) Durch Gemeindebeschluß kann an Stelle der Bekanntmachung durch Auslegung eine besondere Mitteilung an jeden einzelnen Pflichtigen angeordnet werden.

1. Die auf die Einkommensteuer bezüglichen Stellen des § 65 sind durch G. v. 26. VIII. 1921 (GS. 495) aufgehoben. Vgl. Anm. 5 zu § 23 KAG.

2. S. AusfAnw. Art. 43.

Inhaltsübersicht.

I. Bekanntmachung.

Nach § 69 bedarf es als erster Grundlage für das gesamte Streitverfahren einer Heranziehung (Veranlagung) des Abgabepflichtigen. Erst gegenüber einem Akt, welcher als ordnungsmäßige, perfekte Heranziehung zu gelten hat, kann der auf innerliche Richtigstellung abzielende Einspruch als gewährt gelten, so daß ein früher erhobener Widerspruch zur Eröffnung des Verwaltungsstreitverfahrens überhaupt nicht geeignet ist. Die gemäß § 65 erfolgte Bekanntmachung über die beschlossene Höhe der Zuschläge zu den staatlich veranlagten Steuern kann als eine Veranlagung nicht erachtet werden. Neben diesem Beschluß bedarf es, um das Veranlagungsgeschäft der Gemeindebehörde abzuschließen, noch eines zweiten, den einzelnen Abgabepflichtigen betreffenden Veranlagungsbeschlusses des Gemeindevorstandes oder Steuerausschusses gemäß § 61. Andernfalls könnte ein Einspruchsbescheid gefordert werden, ehe der Gemeindevorstand wüßte, ob der Einspruchserheber überhaupt herangezogen werden soll. Das Ergebnis der individuellen Veranlagung muß dem Zensiten auch bekanntgemacht werden, da nach ständiger Rechtsprechung Gegenstand des Verwaltungsstreitverfahrens nur die konkrete Steuerforderung bildet. Die „Bekanntmachung der Steuern" nach § 65 gewährt dem Zensiten aber noch keine Berechtigung zum Einspruch, da der Gesetzgeber unmöglich dem Zensiten ein zweifaches Einspruchsrecht hat gewähren wollen, ein fakultatives nach der Bekanntmachung und ein obligatorisches nach der Zahlungsaufforderung. Aus der Entstehungsgeschichte des KAG. geht auch hervor, daß der das Einspruchsrecht an die Bekanntmachung der Hundertsätze knüpfende § 37 LGO. absichtlich in das KAG. nicht übernommen ist. Die Wirkung des § 65 bleibt vielmehr auf die Erhebungsvorschriften im Abschnitt 6 des III. Titels beschränkt und hat zur Folge, daß sich der Steuerschuldner für die Abforderung der Steuer in den ersten acht Tagen eines jeden Monats bzw. innerhalb der durch Beschluß verlängerten Frist nach erfolgter Bekanntmachung bereit halten muß (§ 66). Zwischen § 65 und § 69 besteht also keine Anomalie; ersterer regelt die Erhebung, letzterer die Rechtsmittel (VBl. 18, 90, 91). — Die Voraussetzung für eine ortsübliche Veröffentlichung der Hundertsätze ist nicht schon dann gegeben, wenn die staatlich veranlagten Steuern tatsächlich unverändert den Hundertsätzen und Zuschlägen zugrunde gelegt sind, sondern nur, wenn ihre unveränderte Zugrundelegung auf gesetzlicher Vorschrift beruht (E. v. **1. XI. 1915.** I. H. C. 359. 14).

II. Hebelisten.

Eine Gemeindesteuerhebeliste i. S. der §§ 67, 69 Ziff. 1 setzt voraus, daß die Gemeindebehörde über die Gemeindesteuerpflicht und den zu entrichtenden Betrag an Gemeindesteuer bezüglich jedes einzelnen Gemeindesteuerpflichtigen einen selbständigen Veranlagungsbeschluß, wenn auch in Anlehnung an die für die Zwecke der Kommunalbesteuerung geleistete staatliche Vorarbeit, gefaßt und die einzelnen Veranlagungsbeschlüsse in einer Liste zusammengefaßt hat. Aber selbst wenn eine Liste dieser Art aufgestellt und ausgelegt wäre, würde das nur für die Heranziehung zu einer besonderen Gemeindesteuer genügen. Im Falle der Erhebung von Zuschlägen zu den staatlich veranlagten Steuern wird dagegen der Heranziehungsakt erst durch eine Zahlungsaufforderung bewirkt (VBl. 18, 90; VBl. 39, 599). — Die Auslegung der Hebeliste stellt sowohl Veranlagung wie Zustellung dar und muß daher auch alle Erfordernisse für letztere, insbesondere genaue Namensbezeichnung des Steuerpflichtigen enthalten (E. v. **4. VII. 1922.** II. C. 41. 22). — Durch Auslegung der Hebeliste findet eine rechtswirksame Heranziehung nur dann statt, wenn der Steuerpflichtige tatsächlich am Orte wohnt und nicht nur für ihn eine Wohnung zur Verfügung steht (E. v. **16. V. 1922.** II. C. 111. 21). — Die Vorschrift bezieht sich zunächst nur auf direkte Steuern, ist aber analog auf indirekte Steuern und Gebühren anzuwenden. Gemäß Abs. 2 ist daher bei dieser Art von Gemeindeabgaben die Heranziehung von nichtphysischen Personen und auswärts wohnenden Abgabepflichtigen durch Auslegung einer Hebeliste ausgeschlossen (OVG. 39, 149).

III. Besondere Mitteilung.

Für die besondere Mitteilung nach Abs. 4 besteht keinerlei gesetzliche Formvorschrift. Insbesondere braucht sie nicht schriftlich zu geschehen (E. v. **2. XII. 1916.** II. C. 164. 16). —

Es genügt jede erkennbar vom Gemeindevorstande ausgehende Auflage zur Leistung einer nach Art und Höhe bestimmten Abgabe (OVG. 78, 201). — Die Bestimmung einer Steuerordnung, wonach jeder nicht in der Gemeinde wohnende Grundstückseigentümer dem Gemeindevorsteher einen in der Gemeinde wohnhaften Stellvertreter zu bezeichnen hat, welchem die Veranlagungsbenachrichtigung rechtsverbindlich zugestellt werden kann, ist rechtsungültig, da § 23 den Gemeinden nicht das Recht gibt, neben dem materiellen Steuerrecht auch das Veranlagungsverfahren selbständig zu regeln (OVG. 71, 180; 73, 162).

S. auch bei § 69 unter F.

§ 66.

(1) Nach erfolgter Bekanntmachung (§ 65) ist die Steuer in den ersten acht Tagen eines jeden Monats zu entrichten. An Stelle des Monats kann durch Gemeindebeschluß eine zwei- oder dreimonatliche Hebeperiode eingeführt werden. Auch können durch Gemeindebeschluß bestimmte Hebungstage festgesetzt werden.

(2) Wenn die zu erhebenden Prozentsätze der vom Staate veranlagten Realsteuern 50 vom Hundert nicht übersteigen, so kann durch Gemeindebeschluß unter Festsetzung der Hebetermine die Hebung der Steuer in halbjährigen Beträgen oder auch im Betrage des ganzen Jahres angeordnet werden.

(3) Dem Pflichtigen ist stets die Vorausbezahlung mehrerer Raten bis zum ganzen Jahresbetrage gestattet.

1. Vgl. Anm. 1 zu § 65.
2. S. AusfAnw. Art. 43.

Stellt sich eine Steuerforderung nachträglich als zu Unrecht erhoben heraus, so kann der Steuerschuldner nicht die Erstattung der Mahn- und Vollstreckungsgebühren beanspruchen, wenn er vor der Mahnung mit der Zahlung der Steuer in Verzug geraten war (§ 75). Denn wenn es sich um Zuschlagssteuern handelt, wird die Steuerforderung nicht erst mit ihrer Bekanntgabe an den Pflichtigen oder mit der Zahlungsaufforderung, sondern schon dann fällig, wenn der Gemeindevorschlag die Zuschlagshundertsätze bekanntgemacht und sich über die Steuerpflicht des einzelnen durch den Veranlagungsakt schlüssig gemacht hat (E. v. 29. IV. 1912. H. C. 116. 11). — Vgl. auch bei § 90.

§ 67

ist durch G. v. 26. VIII. 1921 (GS. 495) aufgehoben.

Vierter Titel.

Naturaldienste.

§ 68.

(1) Die Steuerpflichtigen können durch Gemeindebeschluß zu Naturaldiensten (Hand- und Spanndiensten) herangezogen werden.

(2) Spanndienste sind von den Grundbesitzern nach dem Verhältnis der Anzahl der Zugtiere, welche die Bewirtschaftung ihres

im Gemeindebezirk belegenen Grundbesitzes erfordert, Handdienste von sämtlichen Steuerpflichtigen gleichheitlich zu leisten. Ob und inwieweit hierbei den gespannhaltenden Grundbesitzern die ihnen obliegenden Spanndienste auf das Maß der auf sie entfallenden Handdienste anzurechnen sind, bestimmt sich nach den hierüber getroffenen vertragsmäßigen oder statutarischen Festsetzungen oder dem Herkommen. Im Zweifelsfalle wird vermutet, daß die gespannhaltenden Grundbesitzer nur bei solchen Arbeiten, bei welchen zugleich Spanndienste vorkommen, von den Handdiensten befreit sind. Abweichungen von diesen Bestimmungen, insbesondere die Heranziehung von anderen gespannhaltenden Steuerpflichtigen zu Spanndiensten, bedürfen der Genehmigung.

(3) Die Dienste können mit Ausnahme von Notfällen durch taugliche Stellvertreter abgeleistet werden.

(4) Die Gemeinde kann gestatten, daß an Stelle des Naturaldienstes ein angemessener Geldbeitrag geleistet wird.

(5)[1]) Die gemäß § 38 dieses Gesetzes von den Gemeindeabgaben ganz oder teilweise freigelassenen Steuerpflichtigen können nach Maßgabe der Bestimmung des Abs. 2 zu Naturaldiensten herangezogen werden.

(6)[2]) Die in §§ 40, 41, 42 aufgeführten Personen sind von Naturaldiensten, soweit diese nicht auf den ihnen gehörigen Grundstücken lasten, befreit; untere Kirchendiener insoweit, als ihnen diese Befreiung seither rechtsgültig zustand.

1. § 38 sah die Heranziehung der von der Staatseinkommensteuer befreiten Personen mit einem Einkommen von nicht mehr als 900 *RM* zur Gemeinde-Einkommensteuer vor.

2. §§ 40—42 sind an sich wegen der reichsrechtlichen Neuregelung der Einkommensteuer in Fortfall gekommen (s. o. Anm. zu § 33). Damit haben sie aber ihre Bedeutung hinsichtlich des in ihnen umschriebenen Personenkreises nicht verloren. In dieser Beziehung ist nur insofern eine Änderung eingetreten, als nach § 41 Nr. 75 des Gesetzes über die Aufhebung der Standesvorrechte des Adels und die Auflösung der Hausvermögen v. 23. VI. 1920 (GS. 367) die in § 40 Abs. 1 Ziff. 1 und Abs. 3 KAG. bezeichneten Personen nicht mehr unter die Befreiungsvorschrift des § 68 Abs. 6 KAG. fallen. Die in § 42 Abs. 2 angeführten Mitglieder der Gendarmerie (jetzt Landjägerei) gelten laut V. v. 10. III. 1919 (GS. 37; AusfAnw. MBliV. 1919, 157, 198) nicht mehr als Militärpersonen.

Die angezogenen Vorschriften in §§ 40—42 KAG. und die in Betracht kommenden Vorschriften der V. v. 23. IX. 1867 (GS. 1648) lauten:

§ 40. (1) Von der Gemeindeeinkommensteuer sind befreit:

1. die Mitglieder des Königlichen Hauses und des Hohenzollernschen Fürstenhauses,
2. die bei dem Kaiser und Könige beglaubigten Vertreter fremder Mächte und die Bevollmächtigten anderer Bundesstaaten zum Bundesrate, die ihnen zugewiesenen Beamten, sowie die in ihren und ihrer Beamten Diensten stehenden Personen, soweit sie Ausländer sind,

3. diejenigen Personen, denen sonst nach völkerrechtlichen Grundsätzen oder nach besonderen, mit anderen Staaten getroffenen Vereinbarungen ein Anspruch auf Befreiung zukommt.

(2) Die Befreiungen zu Nr. 2 und 3 erstrecken sich nicht auf das im § 33 Nr. 2 bezeichnete Einkommen und bleiben ausgeschlossen, sofern in den betreffenden Staaten Gegenseitigkeit nicht gewährt wird.

(3) Die bestehenden gesetzlichen Bestimmungen, gemäß welchen Standesherren und deren Familien von Gemeindelasten befreit sind, bleiben — unbeschadet der Vorschriften in den §§ 21, 22 des gegenwärtigen Gesetzes — unberührt.

§ 41. Die Heranziehung der unmittelbaren und mittelbaren Staatsbeamten, Beamten des Königlichen Hofes, der Geistlichen, Kirchendiener und Elementarschullehrer, sowie der Witwen und Waisen dieser Personen zu Einkommen- und Aufwandssteuern (§ 23) wird durch besonderes Gesetz geregelt. Bis zum Erlasse dieses Gesetzes kommen die Bestimmungen der Verordnung, betreffend die Heranziehung der Staatsdiener zu den Kommunalauflagen in den neu erworbenen Landesteilen, vom 23. September 1867 (GS. S. 1648) mit der Maßgabe zur Anwendung, daß das notwendige Domizil außer Berücksichtigung bleibt.

§ 42. (1) Hinsichtlich der Heranziehung der Militärpersonen zu den auf das Einkommen gelegten Gemeindeabgaben bewendet es bei den bestehenden Bestimmungen.

V. v. 23. IX. 1867:

§ 1. Von allen direkten Kommunalauflagen . . . . sind . . . befreit:

1. die servisberechtigten Militärpersonen des aktiven Dienststandes . . .;
2. die auf Inaktivitätsgehalt gesetzten oder mit Pension zur Disposition gestellten Offiziere . . .;
3. die Geistlichen und Elementarlehrer . . . . ., ingleichen die unteren Kirchendiener, wo und soweit den letzteren eine derartige Befreiung seither rechtsgültig zugestanden hat;
4. die verabschiedeten Beamten und nicht zu der Kategorie unter Nr. 2 gehörigen Militärpersonen . . . . . ., ebenso die Beamten hinsichtlich ihrer Wartegelder . . . .;
5. die hinterbliebenen Witwen und Waisen der unter 1 bis 4 genannten Personen . . . . . .;

§ 2. Zu den Beamten i. S. dieser Verordnung gehören alle, in unmittelbaren Diensten des Staates oder der demselben untergeordneten Obrigkeiten, Kollegien, kommunalen und ständischen Korporationen stehende, mit fester Besoldung angestellte, beziehentlich in Ruhestand getretene öffentliche Beamte, einschließlich der Militär- und Hofbeamten; dagegen nicht diejenigen, welche nur als außerordentliche Gehilfen vorübergehend im öffentlichen Dienst beschäftigt werden.

Wegen Auslegung der Verordnung s. u. bei VI B.

3. S. AusfAnw. Art. 44.

Inhaltsübersicht.

I. Formelle Voraussetzungen.

Naturaldienste sind weder direkte noch indirekte Steuern, sondern eine besondere Art von Gemeindelasten, für welche die auf Abgaben und Steuern bezüglichen Vorschriften nur soweit gelten, als dies besonders bestimmt ist (OVG. 30, 137).

Naturaldienstpflichtig sind nur Steuerpflichtige. Weist daher der Herangezogene nach, daß ihm nach § 24 KAG. ein Anspruch auf Befreiung von der Grundsteuer zusteht, so kann er damit auch den Antrag auf Freistellung von den angeforderten Naturaldiensten begründen (OVG. 38, 163). — Die Naturaldienstpflicht entfällt, wenn der Pflichtige in dem betreffenden Rechnungsjahr nicht zu den direkten Steuern herangezogen oder hiervon rechtsgültig freigestellt ist (E. v. 19. XI. 1912. II. C. 346. 11). — Als Steuerpflichtige i. S. des § 68 sind auch diejenigen Gemeindeangehörigen anzusehen, welche lediglich zur Staatssteuer veranlagt sind (E. v. 29. X. 1929. II. C. 65. 29).

Naturaldienstpflichtig sind auch nichtphysische Personen, und zwar auch bezüglich der Handdienste, obwohl diese an sich nur von physischen Personen geleistet werden können. Das Gesetz über die Hilfeleistung bei Bränden v. 21. XII. 1904 (GS. 291) hat in dieser Beziehung keine Beschränkung gebracht, sondern im Gegenteil die Ausdehnung der Feuerlöschdienstpflicht über den Kreis der Steuerpflichtigen hinaus zugelassen (OVG. 70, 240).

Ein die Steuerpflichtigen zur Leistung von Naturaldiensten verpflichtender Gemeindebeschluß braucht im Geltungsbereich der östlichen LGO. nicht als besonderes Ortsstatut erlassen zu werden und unterliegt an sich weder in der Form eines Ortsstatuts noch als für den Einzelfall ergangener Beschluß einer Genehmigungspflicht (OVG. 29, 123). Eine Genehmigung ist nur bei Abweichung von den gesetzlichen Regeln erforderlich. Das Fehlen der Genehmigung zu einer solchen Abweichung macht nur die betreffende Bestimmung, nicht aber die Ordnung im ganzen ungültig (OVG. 30, 137). — Naturaldienstordnungen bedürfen ebensowenig wie Steuerordnungen zu ihrer Rechtsgültigkeit der Bekanntmachung (PVBl. 21, 478).

II. Gegenstand.

A. Allgemeines.

§ 68 ermächtigt die Gemeinden nur zur Anforderung von Diensten, nicht von Leistungen, z. B. Lieferung von Materialien zwecks Erfüllung einer der Gemeinde gesetzlich obliegenden Wegeunterhaltungspflicht (OVG. 34, 175; 36, 170; 77, 307). — Dagegen ist es zulässig, die Anfuhr von Wegebaumaterial als Spanndienst anzufordern (PVBl. 19, 502). — Naturallieferungen können auch nicht auf Grund einer angeblich bestehenden Observanz angefordert werden. Denn das KAG. kennt neben Naturaldiensten nur Steuern in der Form von Geldleistungen, und § 96 KAG. hat in Abs. 4, wie der Vergleich mit Abs. 2 ergibt, nur solche Ordnungen vorläufig aufrechterhalten, welche die Aufbringung von Gebühren, Beiträgen, direkten und indirekten Steuern sowie die Leistung von Naturaldiensten, nicht also von Naturallieferungen betreffen (OVG. 36, 172). — Vgl. 34, 176 bei § 1 unter III.

Nur Dienste für die Gemeinde als solche fallen unter die Vorschrift, daher nicht die auf Grund eines Rezesses über eine Gemeinheitsteilung den Beteiligten obliegenden Naturaldienste (Grabenräumung usw.), sofern nicht die Gemeinde selbst diese Pflicht als eigene Angelegenheit übernommen hat (PVBl. 22, 250). — Naturaldienste können nur für Gemeindezwecke gefordert werden, also nicht für die Zwecke der Straßenreinigung, wenn diese observanzmäßig den Anliegern obliegt (PVBl. 34, 913).

Aus der rechtlichen Natur der Hand- und Spanndienste ergibt sich der Grundsatz, daß der Pflichtige sie normalerweise mit eigener Kraft leisten soll und nicht verpflichtet ist, über dasjenige Maß von Arbeits- oder Gespannkräften hinaus, über welches er tatsächlich verfügt oder welches bei ihm vorhanden sein sollte, weitere Leistungen durch gemietete Arbeiter oder Gespanne zu übernehmen (vgl. OVG. 15, 310; 17, 311) (OVG. 20, 156). — Gemäß §§ 417, 418 II 7 ALR. sollen Naturaldienste, außer bei dringlichem Anlaß, nicht während der Saat- oder Erntezeit gefordert werden (OVG. 74, 358). — Hand- und Spanndienste dürfen nicht bei derselben Gelegenheit nebeneinander von demselben Pflichtigen angefordert, noch darf ein Spanndienstpflichtiger an Stelle von Spann- zu Handdiensten herangezogen werden (VBl. 24, 218). — Wenn nach einer Naturaldienstordnung der Geldwert der geleisteten Naturaldienste am Jahresschluß zusammengezählt wird und diejenigen, welche mehr als ihnen nach Diensteinheiten zukommen würde, geleistet haben, den Mehrbetrag ersetzt erhalten, während diejenigen, welche die Höhe des auf sie entfallenden Betrages nicht erreicht haben, das Fehlende zuschießen müssen, so ist eine solche Bestimmung ungültig, da die Gemeinde niemals berechtigt ist, an Stelle der Naturaldienste Geldleistungen zu fordern. Übrigens würde auch die zur Bezahlung der Mehrleistungen vorgesehene, nach den veranlagten Diensteinheiten auszuschreibende allgemeine Umlage dem § 54 KAG. zuwiderlaufen. Denn diese Vorschrift verlangt, daß der gesamte Steuerbedarf einer Gemeinde auf die einzelnen Steuerarten einheitlich verteilt wird, und schließt die Ausschreibung besonderer Steuern zu bestimmten Zwecken sowie ihre Verteilung nach anderen als für den sonstigen Steuerbedarf geltenden Regeln aus (VBl. 24, 215). S. auch bei V A. — Das Recht, die unentgeltliche Leistung von Naturaldiensten zu verlangen, schließt auch die Befugnis zu ihrer Anforderung gegen eine bestimmte Vergütung ein; die Gemeinde verlangt damit nicht ein mehreres oder anderes, sondern ein minderes. Daran ändert auch nichts, wenn die Vergütung durch Steuern aufgebracht wird. Freilich ist es nicht unzweifelhaft, ob die Erhebung von Gemeindesteuern zwecks Bezahlung von Leistungen, auf deren unentgeltliche Erfüllung die Gemeinde ein Recht hat, überhaupt zulässig ist. — Aber aus ihrer Unzulässigkeit würde höchstens eine Berechtigung des Herangezogenen, gegen die Steueranforderung Einspruch und Klage zu erheben, folgen, nicht aber die Ungültigkeit und Anfechtbarkeit der Naturaldienstanforderung (VBl. 24, 217).

B. Handdienste.

Die vorgeschriebene „gleichheitliche" Leistung von Handdiensten bedeutet, daß sie „in gleichem Maße", nicht daß sie „nach gleichen Grundsätzen" anzufordern sind. Mit Genehmigung können die Handdienste nach dem Maßstab der staatlich veranlagten Steuern verteilt werden. Damit erhalten sie nicht selbst die Natur von Steuern und unterliegen deshalb nicht den Vorschriften in §§ 54ff. KAG. über die Verteilung des Steuerbedarfs auf die verschiedenen Steuerarten (VBl. 18, 22; 22, 419). — Eine Bestimmung, wonach die zu einer Gemeindenutzung Berechtigten nach dem Ausmaße dieser ihrer Berechtigung, die übrigen Pflichtigen in Höhe von $^1/_3$ eines vollen Anteils Handdienste zu leisten haben, widerspricht dem Grundsatz der gleichheitlichen Heranziehung (OVG. 34, 159). Die Bezeichnung der Gemeindedienste als „Hand- und Spanndienste" schränkt die Naturaldienste, abgesehen von den Spanndiensten, nicht auf das Gebiet der Handdienste im engeren Sinne, d. h. auf Dienste, die nur in Handarbeit bestehen, ein. Deshalb gehören auch Nachtwachdienste zu den Naturaldiensten (VBl. 19, 399). — Dienste, welche eine besondere handwerksmäßige Fertigkeit verlangen, dürfen nicht angefordert werden (OVG. 17, 307; 18, 76; 19, 76).

C. Spanndienste.

Da das Gesetz als regelmäßigen Maßstab für die Heranziehung zu Spanndiensten die Anzahl der zur Bewirtschaftung des Grundbesitzes in der Gemeinde erforderlichen Anzahl von Zugtieren vorschreibt, ist es unerheblich, wieviel und ob überhaupt Zugtiere tatsächlich gehalten werden (OVG. 30, 117; 34, 180; VBl. 19, 351; 22, 202). — — Ueber die Notwendigkeit der Gespannhaltung zur Bewirtschaftung eines Grundstücks noch die tatsächliche Gespannhaltung auf dem Grundstück sind unerläßliche Voraussetzung für die Spanndienstpflicht. Ihre Erfüllung kann daher sowohl von Grundbesitzern gefordert werden, welche tatsächlich kein Gespann halten, obwohl die Bewirtschaftung ein solches erfordert, als auch auf Grund eines genehmigten Gemeindebeschlusses von gespannhaltenden Steuerpflichtigen, die gar keinen Grundbesitz haben. — Für die Heranziehung der Grundbesitzer kann hierbei ein anderer Maßstab als der Bedarf an Zugtieren bestimmt werden, z. B. die auf den Grundbesitz in der Gemeinde entfallende Grundsteuer (OVG. 40, 193). — Die Mitheranziehung des auf auswärtigen Grundbesitz gehaltenen Zugviehs bei der Berechnung der Spanndienstpflicht ist unzulässig (OVG. 34, 178). — Spanndienste dürfen nur vom Eigentümer, nicht vom Pächter eines Grundstücks gefordert werden (E. v. 10. II. 1925. II. C. 131. 24). — Die „Fuhre" ist ein zulässiger Einheitssatz für Verteilung der Spanndienste (OVG. 7, 137).

III. Heranziehung.

Die Heranziehung zu Naturaldiensten kann auch mündlich, sogar durch Boten erfolgen, muß aber Art und Umfang des geforderten Dienstes genau erkennen lassen, während die Einzelheiten der Ausführung der Bestimmung an Ort und Stelle vorbehalten werden können (OVG. 51, 156). — Der Gerichtshof hat wiederholt ausgesprochen, daß eine rechtswirksame Heranziehung zu Naturaldiensten nur dort angenommen werden kann, wo die geforderte Leistung in der Heranziehungsverfügung konkret bestimmt ist, also namentlich Zeit und Ort der Leistung angegeben sind (OVG. 5, 87; VBl. 21, 477; 23, 681). Es kann dahingestellt bleiben, ob an das Maß dieser Bestimmtheit in den Fällen, in welchen, wie z. B. bei der Brandhilfe, Zeit und Ort der Leistung nicht im voraus feststehen, geringere Anforderungen zu stellen sind als sonst. Die Heranziehungsverfügung muß aber zum mindesten eine Aufforderung enthalten, in vorkommenden Fällen — bei Bränden oder Übungen — in näher zu bezeichnender Weise Dienst zu leisten (E. v. 12. VII. 1912. II. C. 383. 11). — Die Verfügung des Beklagten (wegen Leistung von Feuerlöschdiensten) genügte den an eine ordnungsmäßige Heranziehung zu Gemeindediensten zu stellenden Anforderungen insbesondere auch insofern, als sie Zeit, Ort und Art der zu erfüllenden Dienste so genau bezeichnet hat, wie es die gegebenen Verhältnisse überhaupt zuließen (E. v. 12. XII. 1911. II. C. 376. 10).

S. auch bei IV und bei § 69 unter D.

IV. Rechtsmittel.

Naturaldienste gehören nicht zu den Geldleistungen i. S. des Art. I Ziff. 7 des Vereinfachungsgesetzes v. 13. V. 1918 (GS. 53) verbunden mit der Verordnung v. 2. VII. 1926 (GS. 192), und finden daher auf sie bzw. auf die an ihre Stelle tretenden Geldbeträge die Vorschriften wegen der Revisionssumme keine Anwendung (VBl. 50, 400). — Die Aufforderung des Gemeindevorstehers, die Kosten zu erstatten, welche durch anderweitige Beschaffung angeforderter, aber nicht geleisteter Naturaldienste entstanden sind, stellt keine erneute Heranziehung zu diesen dar, sondern ist eine Maßnahme des Verwaltungszwangsverfahrens, welches schon mit der Anordnung beginnt, daß der Dienst durch einen Dritten an Stelle des Säumigen zu leisten sei. Gegen eine derartige Aufforderung findet daher nicht Einspruch mit nachfolgender Klage, sondern nur Beschwerde im Aufsichtswege statt. Mit dieser kann geltend gemacht werden, daß mangels Heranziehung eine Versäumnis überhaupt nicht vorliege. Beim Nachweise dieser Behauptung ist die Zwangsvollstreckung einzustellen (VBl. 24, 218; OVG. 49, 155, 160; 51, 156; 73, 118). — Eine solche Vollstreckungsmaßnahme liegt aber nicht vor, und ist der Rechtsmittelweg der §§ 69, 70 KAG. zulässig, wenn der Gemeindevorsteher, ohne einen Dritten mit der Ausführung eines versäumten Naturaldienstes zu beauftragen, unzulässigerweise sogleich von dem Pflichtigen eine Ersatzleistung in Geld gefordert hat

(VBl. 47, 301). — Die Behauptung, daß der zu Handdiensten Herangezogene zu ihrer Leistung wegen seines krankhaften Zustandes nicht fähig sei, war kein ausreichender Reklamationsgrund, da der Kläger nach dem Ortsstatut in einem solchen Falle zur Stellung eines Stellvertreters befugt gewesen wäre (E. v. 17. I. 1928. II. C. 219. 26). — Auch für die Einsprüche gegen die Heranziehung zu Naturaldiensten ist keine besondere Form vorgeschrieben. Sie können mündlich erhoben werden. Nur ist der Gemeindevorsteher nicht verpflichtet, einen mündlich erhobenen Einspruch anzunehmen und einen Bescheid darauf zu erteilen (OVG. 51, 156). — Entscheidend ist, ob der Gemeindevorsteher den Pflichtigen zu einem Gemeindedienst hat heranziehen wollen und herangezogen hat, und bleibt das eingelegte Rechtsmittel zulässig, auch wenn es sich nicht um eine Gemeindelast handelt und der Gemeindevorsteher daher zur Anforderung des Naturaldienstes gar nicht befugt war (VBl. 23, 52). — Ein Anspruch auf Rückzahlung eines angeblich zu Unrecht im Wege der Zwangsvollstreckung auf Grund des § 90 Abs. 2 KAG. beigetriebenen, wegen Nichtleistung von Naturaldiensten verlangten Geldbetrages kann nicht im Wege des Einspruchs, der nach § 69 nur gegen die Heranziehung zulässig ist, sondern nur mittels Aufsichtsbeschwerde geltend gemacht werden (VBl. 24, 436).

Wegen der Rechtsmittel gegen Strafen s. unten bei V C.

V. Verfahren bei Nichtleistung der Dienste.

A. Geldersatz.

Die Verpflichtung zu einer in Geld zu leistenden bestimmten Abgabe für den Fall der Nichtleistung eines angeforderten Naturaldienstes darf in dem Gemeindebeschluß nicht ausgesprochen werden (VBl. 36, 600; OVG. 62, 507; VBl. 50, 399). — Bei Nichtleistung eines angeforderten Naturaldienstes darf der Gemeindevorsteher nicht, statt einen Dritten mit der Ersatzleistung zu beauftragen und die dadurch entstehenden Kosten von dem Pflichtigen einzuziehen, von diesem sofort einen entsprechenden Geldersatz fordern (VBl. 47, 301). — S. auch VBl. 24, 215 bei II A; OVG. 49, 155, 160; 51, 156; 73, 118 bei IV; OVG. 43, 116 bei V B. — Bei der gemäß § 68 Abs. 4 auf Wunsch der Pflichtigen erfolgenden Umwandlung der Naturaldienste in Geldleistung darf deren Höhe nicht nach der Leistungsfähigkeit abgestuft werden. Denn der Grundsatz der gleichmäßigen Behandlung der Handdienstpflichtigen muß auch für den Fall gelten, daß die angeforderten Dienste anderweit beschafft werden (VBl. 18, 21). — Wenn eine juristische Person von der ihr nach dem Ortsrecht zustehenden Befugnis, durch Zahlung einer Ablösungsgebühr von der Leistung der ihr, ebenso wie physischen Personen, obliegenden Pflicht zur Leistung der Dienste befreit zu werden, keinen Gebrauch machen wollte, mußte sie eine taugliche Person bezeichnen, durch welche sie die Pflicht zu erfüllen die Möglichkeit hatte. Die Aufforderung des Gemeindevorstehers zur Bestellung eines derartigen Vertreters ist also nicht gesetzwidrig (OVG. 70, 241). — Die Bestimmung, daß hinsichtlich der Feuerlöschdienste bei Bezahlung einer einmaligen oder jährlichen Gebühr Befreiung von der Lösch- und Übungspflicht eintritt, ist unbedenklich, weil er dem Pflichtigen die Wahl läßt, ob er sich durch Zahlung befreien wolle (OVG. 70, 240). — Dagegen ist eine Vorschrift, daß die Feuerlöschdienstpflicht durch Eintritt bei der freiwilligen Feuerwehr zu erfüllen ist und daß jeder Feuerlöschdienstpflichtige, welcher nicht Mitglied der Wehr wird, einen bestimmten Geldbetrag zu entrichten hat, unzulässig, weil sie an Stelle der dem Pflichtigen nach § 68 zustehenden Wahl, ob er den Dienst oder einen Ersatzgeldbetrag leisten will, eine Verpflichtung zur Geldleistung setzt (VBl. 50, 399). Wenn das Gesetz v. 21. XII. 1904 (GS. 291) betr. Feuerlöschdienst zuläßt, daß in den sie regelnden Ortsstatuten von § 68 abgewichen wird, so bezieht sich das nur darauf, daß die Dienstpflicht im Gegensatz zu § 68 Abs. 1 nicht auf Steuerpflichtige beschränkt zu werden braucht (OVG. 62, 508). — Wenn im Ortsrecht nicht ausdrücklich bestimmt ist, daß die nur infolge Besitzes grundsteuerpflichtiger Grundstücke Naturaldienstpflichtigen bezüglich der Handdienste für jedes Grundstück besonders die festgesetzte Ablösungsgebühr zu zahlen haben, so ist eine daraufhin gerichtete Forderung ungerechtfertigt. Es kann dahingestellt bleiben, ob bei einer anderen Fassung des Ortsrechts der Anforderung nicht schon die Vorschrift, daß Handdienste von allen Pflichtigen gleichheitlich zu leisten sind, entgegenstehen würde (VBl. 50, 400).

B. Zwangsmaßnahmen gemäß § 90 Abs. 2.

Versäumt oder verweigert ein Pflichtiger, den zu Recht von ihm geforderten Naturaldienst zu leisten, so kann der Gemeindevorsteher die Leistung nur in der gesetzlich vorgeschriebenen Weise erzwingen, d. h. er ist nach § 90 Abs. 2 KAG. befugt, die Dienste durch Dritte leisten zu lassen und die entstehenden Kosten von dem Pflichtigen im Verwaltungszwangsverfahren beizutreiben. Unbekannt ist dagegen dem Gesetz eine Befugnis des Gemeindevorstehers, abweichend hiervon den Wert des nicht geleisteten Naturaldienstes für die Gemeinde anzufordern (OVG. 43, 116). — S. auch VBl. 47, 301 und 49, 155 usw. bei IV und bei V A; VBl. 23, 681 bei V C. Vgl. ferner § 69 unter I D.

C. Strafen.

Ob die Weitergabe der Bekanntmachungen des Gemeindevorstehers als Handdienst gefordert werden kann, mag dahingestellt bleiben. Keinesfalls durfte der Vorsteher die Ausführung einer derartigen Anordnung durch Androhung von Geldstrafen zu erzwingen versuchen. § 132 LVG. gibt ihm Zwangsbefugnisse nur, um seine auf dem Gebiete der obrigkeitlichen Verwaltung, insbesondere gemäß §§ 90, 91 LGO., getroffenen Anordnungen durchzusetzen. Sie stehen ihm aber nicht hinsichtlich der ihm nach § 68 KAG. obliegenden Aufgabe zu, die Gemeindeabgaben und -dienste zu verteilen und wegen ihrer Einziehung oder Leistung die erforderlichen Anordnungen zu treffen. Die Zwangsmaßnahmen wegen der Gemeindedienste sind in § 90 Abs. 2 KAG. geregelt, und ist diese Vorschrift auch dann zwingend, wenn sie im Einzelfall nicht geeignet erscheint, die rechtzeitige und ordnungsmäßige Leistung des Dienstes zu sichern (VBl. 23, 681). — Das KAG. läßt in dem von den Strafen handelnden VII. Titel die Androhung von Geldstrafen nur in Steuerordnungen zu, nicht also in Gemeindebeschlüssen betreffend die Leistung von Naturaldiensten (VBl. 36, 600). — Die Androhung einer Geldstrafe in einer Naturaldienstordnung ist zwar ungesetzlich, gegen ihre Festsetzung sind aber die Rechtsmittel der §§ 69, 70 nicht gegeben. Dagegen könnte in Frage kommen, ob, wenn gemäß § 68 Abs. 4 den Pflichtigen das Recht zur Leistung von Ersatzgeld an Stelle des Naturaldienstes eingeräumt ist, in der Verfügung des Gemeindevorstehers, daß bei Zahlung eines höheren als des für das Ersatzgeld festgesetzten Betrages von der Erzwingung des Naturaldienstes abgesehen werden würde, hierin eine im Rechtsmittelwege anfechtbare zu hohe Heranziehung zu finden ist (OVG. 43, 114).

VI. Befreiungen (§ 68 Abs. 6).

A. Allgemeines.

Die in § 21 KAG. behandelten Befreiungen auf Grund eines besonderen Rechtstitels beziehen sich nur auf Gemeindesteuern, zu denen die Naturaldienste nicht gehören. Das kann auch nicht aus dem Titel des Gesetzes gefolgert werden, da dieser nur den Hauptgegenstand der Regelung bezeichnen sollte. Noch weniger kann die Befreiung auf Grund der alten LGO. in Anspruch genommen werden, da diese scharf zwischen Gemeindeabgaben und -diensten unterschieden hat. Als besondere Befreiungsgründe gegenüber der Naturaldienstpflicht kommen nur diejenigen in Betracht, welche § 68 Abs. 6 zugunsten des in §§ 40, 41 und 42 KAG. bezeichneten Personenkreises vorgesehen hat (OVG. 30, 141; VBl. 22, 384).

Nach der Entstehungsgeschichte des Gesetzes v. 21. XII. 1904 (GS. 291) betreffend die Feuerlöschdienstpflicht war es die Absicht des Gesetzgebers, den Gemeinden die Heranziehung aller zur Leistung dieser Pflicht befähigten Gemeindeangehörigen zu ermöglichen und die in dieser Beziehung bisher bestandenen Schranken zu beseitigen. Es ist daher hinsichtlich dieser Dienste nicht nur die Bedingung in § 68 Abs. 1, daß nur Steuerpflichtige herangezogen werden können, sondern auch die für die sonstigen Naturaldienste gemäß Abs. 6 a. a. O. zugunsten der Beamten noch bestehende grundsätzliche und gänzliche Befreiung in Fortfall gekommen (E. v. 4. III. 1930. II. C. 136. 29).

B. Die unter §§ 40—42 fallenden Personen.

§ 41 des Adelsgesetzes v. 23. VII. 1920 bezweckte nur, etwa noch bestehende Vorrechte des bisherigen Adelsstandes aufzuheben, nicht aber allgemeine Rechtsnormen, die auch für nichtadlige Personen galten, zu beseitigen. Die Anführung des § 68 KAG. in § 41 Nr. 75 des Adelsgesetzes hat daher nur die Bedeutung, daß die Befreiungsvorschrift in § 68 Abs. 6 des KAG., insoweit sie Mitglieder des früheren Königlichen Hauses und des Hohenzollernschen Fürstenhauses betraf, in Fortfall gekommen ist (VBl. 45, 23). — Unter „fester“ Besoldung i. S. des § 2 der Verordnung v. 23. IX. 1867 wird der, wenn auch vielleicht dem Betrage nach schwankende und auf einem nicht dauernden Dienstverhältnis beruhende, künftig vielleicht wieder wegfallende, so doch mit Rücksicht auf das Dienstverhältnis und für dessen Dauer zugesicherte, in diesem Sinne „feste“ Entgelt im Gegensatz zu einem Stücklohn verstanden (OVG. 17, 259). Darunter fällt auch die Besoldung mit Tagegeldern, solange sie für die gesamte Diensttätigkeit als solche und nicht nur für die einzelnen Dienste gezahlt wird (OVG. 26, 162). — Unterschied zwischen Beamten und Angestellten: Eine Übertragung der Beamteneigenschaft setzt den darauf gerichteten Willen der zur Anstellung berufenen Behörden und den Ausdruck dieses Willens voraus (OVG. 13, 137). Dieser Anstellungswille wird in der Regel durch Abschluß eines Dienstvertrages betätigt, welcher bezüglich des Amtes ein Gewaltverhältnis begründet, vermöge dessen der Gewalthaber zum Schutze und zur Gewährung des zugesicherten Diensteinkommens verpflichtet ist, der Angestellte aber in eine besondere Gehorsams-, Treue- und Dienstpflicht gegenüber dem Gewalthaber tritt (RGZ. 37, 243). Den Gegensatz hierzu bildet der Abschluß eines privatrechtlichen Arbeits- oder Dienstvertrages. Allerdings wird durch den Abschluß eines privatrechtlichen Dienstvertrages nicht notwendig ein auf Herstellung eines Beamtenverhältnisses gerichteter Wille ausgeschlossen. In der Übertragung bahnpolizeilicher Obliegenheiten an einen Privatangestellten kann aber die Betätigung eines solchen Willens noch nicht erblickt werden, weil die Tätigkeit als Bahnpolizeibeamter nicht zu der gehört, die nur von Beamten i. S. der Beamtengesetze ausgeübt werden kann und weil der Betreffende nur bei Ausübung seiner bahnpolizeilichen Obliegenheiten als Beamter i. S. des RStGB. gilt. Dieser in OVG. 2, 175 für Angestellte von Privatbahnen aufgestellte Grundsatz gilt auch für Staatsbahnangestellte (E. v. 27. XI. 1917. IX. C. 48. 17). — Als Beamte i. S. der Verordnung v. 23. IX. 1867 gelten alle Beamten, für die ein öffentlichrechtliches Dienstverhältnis begründet ist (OVG. 65, 177). Unter dieser Voraussetzung sind auch Reichsbeamte und entsprechend Reichsbahnbeamte, welche als mittelbare Reichsbeamte im staatsrechtlichen Sinne zu gelten haben, naturaldienstfrei. Lediglich durch die Übertragung bahnpolizeilicher Funktionen kann aber ein öffentlichrechtliches Dienstverhältnis nicht begründet werden. § 45 der Eisenbahn-Bau- und Betriebsordnung v. 17. VII. 1928 (RGBl. II 541) bezeichnet als Eisenbahnbetriebsbeamte „die Beamten, Bediensteten und Arbeiter“, welche für bestimmte Funktionen bestellt sind; nach § 74 a. a. O. sind Eisenbahnpolizeibeamte die im § 45 a. a. O. aufgeführten Eisenbahnbetriebsbeamten (sowie bestimmte weitere Personen). Außer den eigentlichen Beamten können daher auch Angestellte und Arbeiter Eisenbahnpolizeibeamte sein. Demgegenüber können sich die Kläger nicht auf die Ministerialerlasse v. 4. II. 1876 und v. 16. III. 1893 berufen, welche den Gemeinden die Heranziehung der Bahnpolizeibeamten zu persönlichen Diensten untersagen, da diese Erlasse gegenüber den Vorschriften in § 68 KAG. nicht mehr rechtsgültig sind (PVBl. 51, 73). — Den nach dem 1. IV. 1900 in den Dienst einer der im KommunalbeamtenG. genannten Verbände eingetretenen und gegen Besoldung hauptamtlich beschäftigten Personen steht die Beamteneigenschaft nach der Verordnung v. 23. IX. 1867 nur zu, wenn sie eine Anstellungsurkunde erhalten haben (OVG. 42, 68). — Opp. folgende Entsch.: ... Ein festangestellter Beamter genießt das Steuervorrecht unabhängig davon, ob er obrigkeitliche Funktionen ausübt, z. B. wenn ein Kreiskommunalbeamter angestellter Leiter eines Verbandswasserwerkes ist, das eine juristische Person des Privatrechts bildet. Aus wessen Mitteln letzthin sein Gehalt bezahlt wird, ist dabei gleichgültig; es kommt nur darauf an, ob sein Kommunalbeamtenverhältnis sich nach seiner öffentlich-rechtlichen Seite auch auf seinen Dienst erstreckt (E. v. 7. VII. 1913. H. C. 417. 12). — Ob ein aus dem Staatsdienst beurlaubter, bei einer Korporation beschäftigter Staatsbeamter in dieser Tätigkeit die steuerlichen Beamtenvorrechte in Anspruch nehmen kann, hängt davon ab, ob die betreffende Korporation in die Verfassung des Staates organisch eingegliedert ist und auf Grund ausdrücklichen oder stillschweigenden Auftrages staatliche Aufgaben erfüllt (verneint bezüglich der Siedlungsgesellschaft m. b. H. „Eigene Scholle") (E. v. 27. II. 1913. II. C. 44. 13). — Zu den unter die Verordnung v. 23. IX. 1867 fallenden Personen gehören u. a.: a) Witwen und Waisen von Beamten, auch wenn diese vor der Verabschiedung verstorben sind (OVG. 35, 168); b) Lehrer an öffentlichen Volksschulen (OVG. 34, 168; PVBl. 22, 143), Mittelschulen (OVG. 37, 118) und kommunalen Fortbildungsschulen (OVG. 30, 437; 37, 122); c) in den Staatsdienst übernommene Kandidaten des höheren Schulamts (PVBl. 26, 407); d) Beamte der Handelskammern (OVG. 19, 62); e) desgl. der Handwerkskammern (OVG. 64, 316); f) desgl. der Landwirtschaftskammern, soweit sie obrigkeitliche Obliegenheiten auf dem Arbeitsfeld der Kammern haben (PVBl. 25, 555); g) vereidigte, dauernd angestellte Landmesser (OVG. 44, 51); h) Hofbeamte (OVG. 48, 59); i) Beamte des mit Korporationsrechten ausgestatteten Verbandes der öffentlichen Lebensversicherungsanstalten (OVG. 75, 278). — Dagegen fallen u. a. nicht unter die Verordnung: a) Notare (OVG. 19, 51; PVBl. 18, 21; OVG. 70, 91); b) bei Berggewerkschaftskassen angestellte Bergassessoren, da diese Kassen keine mit staatlichen Aufgaben betraute Korporationen sind (OVG. 43, 78); c) Beamte der bischöflichen Konsistorien; d) vertragsmäßig Angestellte städtischer Werke (PVBl. 27, 663) (Gas- und Wasserwerk); (OVG. 35, 59) (Schlachthof). — Die Reichsbeamten haben nach § 19 Abs. 1 des Reichsbeamtengesetzes vom 31. III. 1873/18. V. 1907 Anspruch auf die gleichen Vorrechte wie die preußischen Beamten (OVG. 62, 443). Das gilt nicht für Beamte der Reichsversicherungsanstalt für Angestellte, denen die Rechte und Pflichten der Reichsbeamten nicht im Gesetz ausdrücklich beigelegt sind. Denn die Anstalt ist zwar eine öffentliche, aber keine Reichsbehörde (OVG. 72, 180). — Die Vorschriften der Verordnung vom 23. IX. 1867 gelten nur für solche Geistliche, welche ein in den Organismus der Kirche eingegliedertes Amt versehen und Obliegenheiten erfüllen, die zu den religiösen Zwecken und Aufgaben der Kirche gehören. Das trifft nicht zu auf einen Geistlichen, der Direktor an einem kirchlichen Progymnasium ist (OVG. 62, 376), ebenso nicht auf einen Geistlichen, der Geschäftsführer einer Gefängnisgesellschaft ist (OVG. 74, 277), wohl aber auf Geistliche als Leiter eines Konvikts für Studierende der katholischen Theologie (OVG. 46, 29); ebenso auf Geistliche von Diakonissenhäusern (PVBl. 26, 12).

Fünfter Titel.
Rechtsmittel.
§ 69.

(1) Dem Abgabepflichtigen steht gegen die Heranziehung (Veranlagung) zu Gebühren, Beiträgen, Steuern und Naturaldiensten der Einspruch zu. Der Einspruch ist binnen einer Frist von vier Wochen bei derjenigen Stelle einzulegen, welche die Heranziehung (Veranlagung) vorgenommen hat. Ist die Heranziehung von einer anderen Stelle als dem Gemeindevorstande vorgenommen, so hat diese den Einspruch, falls sie ihm nicht stattgibt, dem Gemeindevorstande zur Entscheidung vorzulegen. Wird der Einspruch rechtzeitig unmittelbar beim Gemeindevorstande eingelegt, so gilt die Frist als gewahrt[1]).

(2) Der Lauf der Frist beginnt:

1. soweit die Bekanntmachung durch Auslegung der Hebelisten erfolgt ist, mit dem ersten Tage nach Ablauf der Auslegungsfrist;
2. soweit eine besondere Mitteilung vorgeschrieben ist, mit dem ersten Tage nach erfolgter Mitteilung;
3. in allen übrigen Fällen mit dem ersten Tage nach der Aufforderung zur Zahlung bzw. Leistung.

(3) Einsprüche, welche sich gegen den der Veranlagung zugrunde liegenden Staatssteuersatz (§§ 26 [, 30, 36, 38][2]) richten, sind unzulässig.

(4) Vorstehende Bestimmungen finden sinngemäß Anwendung auf Einsprüche wegen Heranziehung oder Veranlagung von Grundbesitzern, Gewerbetreibenden und Einwohnern eines Gutsbezirks zu den öffentlichen Lasten desselben.

1. Die Fassung des Abs. 1 Satz 2 ff. beruht auf dem G. v. 26. VIII. 1921 (GS. 495).

2. §§ 30, 36, 38 und die sich in der ursprünglichen Fassung anschließenden, auf die besondere Gemeindeeinkommensteuer in § 37 bezüglichen Worte sind aufgehoben (vgl. Anm. zu § 28 und § 33 sowie Anm. 5 zu § 23).

3. S. AusfAnw. Art. 45 und Art. 12 der AusfAnw. v. 9. III. 1922.

Inhaltsübersicht.

I. Heranziehung (Veranlagung).

A. Abgabepflichtige Personen.

1. Allgemeines.

Abgabepflichtig i. S. des § 69 KAG. ist jeder, von dem die Gemeinde zu Recht oder Unrecht eine Abgabe verlangt (E. v. **7. XII. 1900.** I. 1806; E. v. **11. XI. 1915.** I. H. C. 64. 15). — Aus der Vorschrift in § 157 Abs. 1 HGB., daß das Erlöschen einer Firma von den Liquidatoren zwecks Eintragung in das Handelsregister anzumelden ist, folgt, daß eine Firma trotz vorgenommener Auflösung bis zur Beendigung der Liquidation bestehenbleibt und deshalb auch bis zu diesem Zeitpunkt veranlagt werden kann (**VBl. 50,** 401). — Wenn nach einer Steuerordnung mehrere Steuerpflichtige als Gesamtschuldner haften, so ist der Steuergläubiger berechtigt, die Steuer von vornherein in vollem Umfange von einem der Pflichtigen anzufordern (E. v. **31. I. 1928.** II. C. 51 .27)

Nach Eröffnung des Konkursverfahrens entstehende Forderungen an Grundsteuern sind nicht, wie rein persönliche Abgaben, gegenüber dem Gemeinschuldner, sondern gegenüber dem Konkursverwalter zu veranlagen und geltend zu machen und aus der Masse vorweg zu befriedigen, da sie zu den notwendigen Ausgaben für die Benutzung und Verwaltung der belasteten Grundstücke und somit zu den Kosten des Verfahrens gehören. Deshalb ist in dieser Weise auch bei der Veranlagung zu einer Grundwertsteuer zu verfahren. Rückständige Steuern aus der Zeit vor der Konkurseröffnung gehören dagegen zu den persönlichen Schulden des Gemeinschuldners (OVG. 52, 141). — Zu den rein persönlichen Steuern (zu denen auch indirekte Steuern gehören können, wie z. B. die Umsatzsteuer) ist der Gemeinschuldner und nicht der Konkursverwalter heranzuziehen. Denn der erstere wird durch die Konkurseröffnung nicht in seiner Geschäftsfähigkeit beeinträchtigt; der Konkursverwalter ist nicht sein gesetzlicher Vertreter, sondern hat nur das zur Konkursmasse gehörige Vermögen des Gemeinschuldners, der die Befugnis, darüber zu verfügen, verliert, im Interesse der Gläubiger zu verwalten und zu verteilen (OVG. 47, 87). — Vgl. auch bei § 70 unter II B.

2. Hinsichtlich der Grundstücke.

Das die Steuerpflicht auslösende Eigentum an einem Grundstück wird nicht schon durch einen notariellen Kaufvertrag, sondern gemäß §§ 873, 925 BGB. erst durch Auflassung und Eintragung im Grundbuch erworben (VBl. 48, 566). — Nur der Eigentümer vertritt das steuerpflichtige Grundstück seiner Substanz nach. Daraus folgt, daß bis zum Beweise des Gegenteils der eingetragene Eigentümer zur Grundsteuer heranzuziehen ist. Seine Sache ist es, im Falle seiner Heranziehung darzutun, daß die Eintragung nicht der wahren Sachlage entspricht und er daher trotz derselben nicht Eigentümer des Grundstücks sei, z. B. falls durch Zustellung eines Enteignungsbeschlusses gemäß § 44 des Enteignungsgesetzes v. 11. VI. 1924 (GS. 221) das Eigentum an einen Dritten übergegangen ist. Demgegenüber ist es unerheblich, wenn der Kläger über das Grundstück bereits einen Kaufvertrag abgeschlossen und das Grundstück zum Besitz übergeben hat, da beide Umstände nicht das Eigentumsrecht verleihen (OVG. 78, 121). — Wenn nach der überall festgehaltenen Ausdrucksweise die Grundsteuer aus dem Grundstück selbst entrichtet werden soll, so kann nicht der Nießbraucher herangezogen werden. Denn er hat nur ein fremdes Recht zur Sache, das gerade in Rücksicht auf die Substanz beschränkt wird durch das Recht des Eigentümers, das Objekt zu veräußern, zu verpfänden oder zu belasten, und durch die Pflicht des Nießbrauchers zur Rückgewähr an den Eigentümer (OVG. 41, 92; 56, 164). — Legt eine Gebührenordnung die einmalige Gebühr für den Anschluß eines neu errichteten Gebäudes an die Gemeindekanalisation den Grundstücken auf, so ist zur Errichtung nur der Grundstückseigentümer verpflichtet, nicht aber der Pächter des Grundstücks, welcher auf diesem das angeschlossene Gebäude errichtet hat (E. v. 14. XII. 1926. II. C. 54. 26). — Etwaige Vorschriften, welche den Staat berechtigen, sich außer an den eigentlichen Vertreter des grundsteuerpflichtigen Grundstücks auch an den Pächter oder Mieter zu halten, dürfen nicht ohne weiteres analog auf die Gemeindeabgaben ausgedehnt werden (VBl. 22, 10).

Wenn die Steuerordnung die „bebauten Grundstücke" der Besteuerung unterwirft, so wird damit der Steuergläubiger nicht berechtigt, in dem Falle, daß Gebäude und Boden verschiedenen Eigentümern gehören, diese solidarisch haftbar zu machen. Die entsprechende Bestimmung der Mustersteuerordnung ist (im Gegensatz zu der Auffassung in OVG. 34, 185) ungültig. Das folgt aus den Grundsätzen, welche dazu geführt haben, die Heranziehung von Nießbrauchern, Pächtern und Mietern anstatt des Eigentümers oder neben ihm für unzulässig zu erklären; die Grundstücke selbst, also ihrer Substanz nach, werden vom Gesetz als steuerpflichtig bezeichnet, so daß also für die Steuer nur derjenige haftbar gemacht werden kann, welcher die Grundstücke der Substanz nach vollständig vertritt, nicht aber jemand, der an ihnen nur in beschränktem Umfange Rechte ausüben kann (VBl. 22, 10; 23, 694; OVG. 41, 88; 47, 153; 56, 164; 78, 121). Nur der Grundstückseigentümer vertritt aber das Grundstück seiner Substanz nach auch in dem Falle, daß das auf dem Grundstück errichtete Gebäude nicht in seinem Eigentume steht. Der Eigentümer des Gebäudes ist für die Grundsteuer nicht verhaftet. Hätte der Gesetzgeber das zulassen wollen, so hätte es ausdrücklich bestimmt werden müssen (OVG. 65, 174; 72, 151).

Unrichtigerweise hat der Vorderrichter die Heranziehung des Klägers zu der Grundsteuer für die Zeit vor seinem Eigentumserwerbe deshalb aufgehoben, weil die Forderung durch die Zwangsversteigerung erloschen sei. Die Zwangsversteigerung würde nur für die Frage der Vollstreckbarkeit einer bereits dem Vorbesitzer gegenüber geltend gemachten Forderung in Betracht kommen, während es sich hier lediglich darum handelt, ob der Eigentümer eines bei der Zwangsversteigerung erworbenen Grundstücks selbständig für die Zeit vor dem Erwerb herangezogen werden kann. Das ist unzulässig. Denn wenn der Vorbesitzer bereits herangezogen war, ist die Steuerforderung bereits verbraucht, und wenn eine solche Heranziehung noch nicht bewirkt war, so ist ihre nachträgliche Geltendmachung gegenüber dem Besitznachfolger trotzdem unzulässig, weil dieser gemäß § 60 erst mit dem Erwerbe steuerpflichtig geworden ist, und Gegenstand der Heranziehung nur diejenigen Beträge sein können, welche nach Beginn der Steuerpflicht zu zahlen sind (OVG. 35, 56; VBl. 28, 948). — Ist für ein zu einer Konkursmasse gehöriges Grundstück die Steuer erst nach Eröffnung des Konkursverfahrens fällig geworden, aber fälschlicherweise nicht der Konkursverwalter, sondern der Gemeinschuldner veranlagt worden, so kann das auch noch von dem auf Grund dieser Veranlagung herangezogenen Rechtsnachfolger des Gemeinschuldners im Besitz gegenüber der an ihn erlassenen Heranziehungsverfügung mit Einspruch und Klage gerügt werden (OVG. 52, 142).

Da bezüglich der Grundsteuer jedes eine wirtschaftliche Einheit bildende Grundstück ein selbständiges Steuerobjekt bildet, darf die Veranlagung mehrerer solcher Grundstücke nicht zusammen vorgenommen werden. Ein derartiger Mangel wird aber dadurch geheilt, daß für jedes Grundstück ein getrennter Einspruchsbescheid erteilt wird (E. 17. VI. 1910. VIII. C. 200. 09).

Bei einem nach ideellen Bruchteilen geteilten Miteigentum liegt ein Gesamtschuldverhältnis i. S. des § 421 BGB. vor. Daher kann jeder Miteigentümer für die Grundsteuer des ganzen Grundstücks in Anspruch genommen werden, wobei aber selbstverständlich die Bezahlung der Steuer durch einen Miteigentümer die übrigen befreit. Wird demgemäß ein einziger Miteigentümer für alle herangezogen, so braucht dabei weder auf das Gesamtschuldverhältnis Bezug genommen noch brauchen die übrigen Miteigentümer namhaft gemacht zu werden (VBl. 35, 525). — Die Siegener Haubergsgenossenschaften haben juristische Persönlichkeit. Deshalb ist die Gemeindesteuer für Haubergsgrundstücke von der Haubergsgenossenschaft zu entrichten und darf nicht nach Anteilen von den Genossen angefordert werden. Denn nicht diesen, sondern der Haubergsgenossenschaft selbst steht die Verfügungs- und Verwaltungsgewalt des Eigentümers zu (OVG. 57, 167).

Gehört ein Grundstück zu einem ungeteilten Nachlaß, so muß die Heranziehung an alle Erben gemeinschaftlich gerichtet werden (OVG. 62, 146), was in der Weise geschieht, daß jeder Miterbe eine Heranziehungsverfügung erhält, aus welcher die Heranziehung der übrigen Miterben erkennbar ist. Wenn dagegen statt dessen die Erben als gesamtschuldnerische Miteigentümer herangezogen sind, so mußten sie persönlich die Rechtsmittel der §§ 69 ff. einlegen, und war der Testamentsvollstrecker dazu nicht befugt (VBl. 35, 765). — Sind die Wirkungen eines Erbschaftserwerbes während der Nachlaßverwaltung derart aufgehoben, daß der den Gläubigern verantwortliche Nachlaßverwalter auch Rechte gegenüber den Erben geltend zu machen hat, so kann er nicht mehr als Vertreter der Erben angesehen werden. Seine Stellung entspricht vielmehr derjenigen eines Konkursverwalters gegenüber der Masse, und er vertritt hiernach auch ein zum Nachlaß gehöriges Grundstück seiner Substanz nach. Eine Heranziehung zur Gemeindegrundsteuer bezüglich eines solchen Grundstücks ist also während dieser Zeit dem Nachlaßverwalter gegenüber zu verfolgen (OVG. 66, 178).

Vgl. § 24 bei I A; § 25 bei II—V; § 26.

B. Was gilt als Gemeindeabgabe i. S. des § 69 KAG.?

Gemeindeabgaben sind nur solche, zu denen der Verpflichtete auf Grund der im Gemeinderechte liegenden autonomen Finanzhoheit, auf Grund eines aus der Gemeindeverfassung entspringenden Rechts, herangezogen werden kann (OVG. 41, 105; VBl. 47, 301). — Unter den Begriff der Gemeindeabgaben i. S. des KAG. und der Gemeindelasten i. S. des § 18 ZG. fallen nur solche Geldleistungen, welche zur Deckung von Gemeindeausgaben dienen (OVG. 48, 45).

Als Gemeindeabgaben gelten auch:

a) das für den Besuch kommunaler höherer Lehranstalten zu entrichtende Schulgeld; es ist nach der Entscheidung des Plenums des OVG. v. 22. II. 1913 eine Gebühr i. S. des § 4 (OVG. 64, 371; 77, 281; 81, 149); s. zu § 8;

b) Berufsschulbeiträge. Sie gehören allerdings nicht zu den Benutzungs- oder Verwaltungsgebühren i. Sinne der §§ 4 ff. (VBl. 48, 251; OVG. 80, 146), noch auch zu den Beiträgen des § 9 KAG. Da sie aber durch § 16 Abs. 7 des Gewerbe- und Handelslehrer-Diensteinkommensgesetzes in der Fassung vom 22. IV. 1924,

GS. 219 (mit welchem § 16 Abs. 8 des jetzigen Gesetzes v. 16. IV. 1928 [GS. 89] übereinstimmt), zu Kommunalabgaben i. S. des KAG. erklärt sind, finden auf sie die Rechtsmittel der §§ 69ff. Anwendung (VBl. 48, 137; OVG. 60, 237; 81, 217; 82, 192);

c) nach § 10 KAG. und Art. 45 Abs. 1 der AusfAnw. die gemäß § 15 des Fluchtliniengesetzes zur Hebung gelangenden Anliegerbeiträge, wenn sie auch in ihrer rechtlichen Natur von anderen Gemeindeabgaben dadurch abweichen, daß sie einen in die Form einer öffentlichen Abgabe gekleideten Erstattungsanspruch darstellen (OVG. 68, 155; 81, 129);

d) die vom Verwalter einer Rezeßgemeinschaft ausgeschriebenen Beiträge, und zwar auch dann, wenn die Verwaltung nicht vom Gemeindevorsteher, sondern von einer gemäß § 9 des Gesetzes v. 2. IV. 1887 besonders dazu bestellten Person geführt wird (VBl. 30, 590; E. v. 4. III. 1929. II. B. 5. 29).

Nicht als Gemeindeabgaben gelten:

a) die durch Vermittlung der Gemeinde angeforderten Natural- und Quartierleistungen für die bewaffnete Macht im Frieden (VBl. 29, 580), ebenso der Geldausgleich, welcher an Stelle der Übernahme von Einquartierung gezahlt wird (OVG. 48, 45). — Anders, wenn die Gemeinde diese Lasten selbst übernommen hat und sie auf die Gemeindesteuerpflichtigen umlegt (OVG. 48, 38; 50, 138);

b) die von der Gemeinde übernommenen und von ihr auf die beteiligten Grundbesitzer umgelegten Separationslasten (VBl. 32, 134);

c) Beiträge, die bei Messen für die im Interesse der Beteiligten geleistete Werbe- und Verwaltungstätigkeit den Ausstellern abgefordert werden. Sie sind nicht als eine Gemeindeabgabe i. S. des KAG. anzusehen, weil sich dieses Gesetz nach § 1 nur auf solche Abgaben erstreckt, welche die Gemeinden zur Deckung ihrer Ausgaben und Bedürfnisse nach Maßgabe dieses Gesetzes zu fordern berechtigt sind. Die Messebeiträge werden aber nicht auf Grund des KAG. oder eines anderen, im Verfolg des KAG. erlassenen preußischen Gesetzes erhoben, sondern auf Grund der Reichsgewerbeordnung angefordert (OVG. 83, 115); s. zu § 4;

d) die gemäß § 14 Abs. 2 des Pr. AusfG. zum Schlachtvieh- und Fleischbeschaugesetz v. 24. VI. 1902 (GS. 229) in Gemeinden ohne Schlachthauszwang erhobenen Gebühren, da es sich nicht um Benutzungsgebühren für eine Gemeindeanstalt, sondern um Erstattung von Kosten der örtlichen Polizeiverwaltung handelt und als Verwaltungsgebühren i. S. des § 6 KAG. nur solche Gebühren in Frage kommen, welche auf der Gemeindeautonomie, nicht aber, welche auf Vorschrift eines Sondergesetzes beruhen. § 11 KAG. ist ebenfalls unanwendbar, da er nur Gemeinden mit Schlachthauszwang betrifft (OVG. 51, 58);

e) die nach Maßgabe des Gesetzes v. 29. IX. 1923 (GS. 455) von der Gemeinde erhobenen Verwaltungsgebühren. Denn wenn auch der Gemeinde die Hälfte des Aufkommens zufällt, so handelt es sich doch nicht um ein aus der Gemeindeabgabenverfassung selbst entspringendes Recht, sondern um eine im Auftrage des Staates von der Gemeinde als mittelbarer Staatsbehörde zur Hebung gelangende staatliche Abgabe (VBl. 47, 301);

f) die Kosten für Anschließung der Grundstücke an den städtischen Entwässerungskanal. Wenn sich die Stadt in der Gebührenordnung vorbehalten hat, diese Arbeiten auf Rechnung der Grundstückseigentümer auszuführen bzw. ausführen zu lassen, so bewegt sie sich dabei lediglich auf dem Boden einer privatrechtlichen Unternehmerin. Öffentlich-rechtlicher Natur ist nur das gleichzeitig an die Eigentümer ergangene polizeiliche Verbot, die Anschlüsse selbst auszuführen bzw. durch Dritte ausführen zu lassen; es zwingt sie zum Abschluß eines Vertrages mit der Stadt, also zur Schaffung eines privatrechtlichen, nur dem ordentlichen Rechtswege unterstehenden Verhältnisses. Den hieraus entstehenden Forderungen vermag auch die Genehmigung der Ordnung durch die Aufsichtsbehörde weder die Eigenschaft einer öffentlichen Gemeindelast noch der Dinglichkeit zu verleihen (OVG. 37, 93); s. zu § 4; wegen der privatrechtlichen Benutzungsvergütungen bei kommunalen Gewerbebetrieben s. bei § 3 unter III.

g) die von den Vorstehern der Kirchspielslandgemeinden im Kreise Süderdithmarschen ausgeschriebenen Beiträge, da es sich nur um unvollkommene kommunale Gebilde und nicht um Landgemeinden handelt (OVG. 71, 215; VBl. 38, 433).

h) Handwerkskammerbeiträge. Sie stellen weder eine der in § 1 aufgeführten Arten von Gemeindeabgaben noch „Gemeindelasten" i. S. der §§ 18, 34 ZG. dar. Wenn auch der letztere Begriff weitergehend ist als der Begriff „Gemeindeabgaben" und zugegeben werden muß, daß der Handwerkskammer gegenüber die Gemeinde Trägerin der Last ist und durch die von der Gemeinde vorgenommene Umlegung die Herangezogenen nicht Schuldner der Kammer, sondern der Gemeinde werden, so ist doch entscheidend, wie in OVG. 25, 134 ausgesprochen, daß sich auch §§ 18, 34 ZG. nicht auf alle öffentlich-rechtlichen Lasten, welche der Gemeinde als solcher obliegen, beziehen, sondern nur auf solche, zu denen der Verpflichtete durch den Gemeindevorstand kraft Gemeinderechts herangezogen werden kann. Bei der Verteilung der Handwerkskammerbeiträge machen aber die Gemeinden nicht von ihrer im Gemeinderecht liegenden autonomen Finanzhoheit Gebrauch, sondern sie stützen sich lediglich auf eine Sondervorschrift des Gewerberechts, das es für zweckmäßig befunden hat, zwischen die Handwerkskammer und ihre Angehörigen noch die Gemeinde zu stellen (OVG. 41, 104).

i) Zu den Gebühren i. S. des § 69 gehören die nicht gemäß § 12 zur Hebung gestellten Kurtaxen. Das ergibt sich aus § 87 Nr. 2, wo zu den Worten „Gebühren und Beiträgen" als Erläuterung hinzugesetzt ist: „(§§ 4 bis 11)", und nicht minder aus § 90, wo neben den „Gebühren, Beiträgen, Steuern und Kosten" noch von den nach Maßgabe eines seitens der Aufsichtsbehörde genehmigten Tarifs erhobenen „Vergütungen (Kurtaxen usw.)" die Rede ist (OVG. 34, 201); s. zu § 12;

k) der Ersatz polizeilicher Unkosten (für Revision eines Drogengeschäfts) (OVG. 56, 376); ebensowenig, wenn der Bürgermeister als Polizeiverwalter die Ausstellung einer Radfahrkarte von der Zahlung einer Abgabe abhängig gemacht und den Betrag entgegengenommen hat (VBl. 30, 798).

l) Der auf einen Gutsbezirk entfallende Anteil an einer ihm gemeinsam mit einer Gemeinde obliegenden Last kann nicht durch Heranziehung seitens der Gemeinde eingezogen werden. Denn es handelt sich nicht um eine Gemeindelast, und § 69 regelt, abgesehen von einzelnen Sondervorschriften für bestimmte Verbände (§§ 6, 91), nur das Steuerrecht der Einzelgemeinde. Auch nach § 34 Abs. 3 ZG. wäre höchstens eine Klage zwischen den Beteiligten zulässig, nicht aber eine Heranziehung des einen Beteiligten durch den anderen (VBl. 23, 791);

m) die auf Grund § 29 des Hannoverschen Wegegesetzes v. 28. VII. 1851 erfolgende Unterverteilung der Wegebaulast nach Pfändern (VBl. 23, 39; 27, 803).

C. Was gilt als Heranziehungsverfügung?

Eine Heranziehungsverfügung i. S. der §§ 69, 70 KAG. liegt immer dann vor, wenn ein bestimmter Betrag als Gemeindeabgabe gefordert wird, auch wenn es sich nur um eine vorläufige Anforderung handelt (OVG. 79, 66).

Eine Verfügung, welche den erkennbaren Zweck verfolgt, eine Verpflichtung zur Entrichtung einer Gemeindeabgabe zu begründen, ist einspruchsfähig, auch wenn es sich nicht um eine regelrechte Heranziehung, sondern nur um eine Anforderung handelt, die sich in derselben Richtung bewegt (OVG. 45, 54). — Wird eine Forderung, welche an sich nicht zu den Gemeindeabgaben i. S. des § 69 gehört, z. B. eine privatrechtliche Forderung, in der Form einer Gemeindeabgabe geltend gemacht, so finden gleichwohl die Rechtsmittel der §§ 69ff. statt. Die Heranziehungsverfügung ist dann als nicht rechtsbeständig aufzuheben (PVBl. 22, 615; 23, 103; 26, 44; 39, 189; 49, 382; OVG. 37, 90). — In gleicher Weise ist zu verfahren, wenn der Gemeindevorstand selbst eine Abgabe als öffentliche angesehen hat, die sich nachträglich als eine privatrechtliche erweist, z. B. bei Wassergeld, wenn sich im Laufe des Rechtsmittelverfahrens herausstellt, daß die Wasserentnahme nicht kraft öffentlichen Gemeinderechts erfolgt (PVBl. 49, 382).

Die Zustellung von Pfändungs- und Überweisungsbeschlüssen wegen rückständiger Gemeindeabgaben ersetzt die fehlende Heranziehungsverfügung (E. v. 24. IX. 1926. II. C. 13. 26), ebenso die Abstempelung und Rückgabe einer auf Grund einer Biersteuerordnung vorgelegten Einnahmenachweisung (PVBl. 40, 429). — Als Heranziehung genügt auch die Aushändigung eines Steuerzettels, sofern er nur Höhe und Art der geforderten Steuer, den Zeitraum, für den sie verlangt wird, und die Person des Pflichtigen angibt sowie erkennbar vom Gemeindevorstand ausgeht (E. v. 4. I. 1912. H. C. 82. 11; 4. V. 1914. H. C. 259. 13). — Ebenso genügt die Vorlegung einer Steuerquittung, wenn sie mit einer auch nur mündlichen Zahlungsaufforderung verbunden ist (E. v. 29. X. 1915. II. C. 104. 15), ebenso die Übersendung der Gebührenrechnung für Krankenhausbehandlung (E. v. 25. I. 1921. II. C. 164. 20).

Durch das Anbieten der Zahlung seitens des Abgabepflichtigen und durch Annahme der Zahlung seitens der Steuerbehörde vollzieht sich eine der Heranziehung i. S. des § 69 gleichwertige Rechtshandlung (PVBl. 35, 778; OVG. 79, 64). — Die tatsächliche Zahlung des fälligen Betrages macht eine Heranziehung gegenstandslos; der Steuerpflichtige kann sich in einem hinterher erhobenen Einspruch nicht auf die mangelnde Heranziehung berufen (Urt. v. 13. III. 1914. VII. C. 466. 12). — Wenn der eine Geldsendung der Stadtkasse an einen Steuerpflichtigen betreffende Postabschnitt eine mit dem Siegel der Stadtkasse versehene Berechnung enthält, laut der von dem an sich zu überweisenden Betrag eine nach Art, Umfang und Zeit bestimmte Steuersumme abgezogen ist, so ist das als eine im Auftrage des Gemeindevorstandes erlassene gültige Heranziehungsverfügung anzusehen (E. 16. I. 1914. VIII. C. 211. 13).

D. Was gilt nicht als Heranziehungsverfügung?

1. Die Aufforderung, eine nach der Steuerordnung erforderliche Steuererklärung abzugeben und den danach erforderlichen Steuerbetrag zu zahlen (PVBl. 47, 487).

2. Eine an den Steuerpflichtigen gerichtete Aufforderung, einen gestundeten Abgabenbetrag zu entrichten (E. v. 30. XII. 1915. H. C. 113. 15).

3. Die Mitteilung des Normalsteuersatzes unter gleichzeitigem Hinweis auf die demnächstige Bekanntmachung der Zuschläge oder die Mitteilung einer vorbereitenden Einschätzung (OVG. 50, 207).

4. Die Veröffentlichung der Zuschlagshundertsätze (PVBl. 18, 90).

5. Die Eintragung des Abgabepflichtigen in die Heberolle (OVG. 68, 218).

6. Die Auslegung einer Liste über die im Laufe des Jahres von den einzelnen Pflichtigen zu leistenden Naturaldienste oder die Mitteilung des Verteilungsmaßstabes an die Pflichtigen (OVG. 34, 175; E. v. 15. X. 1929. II. C. 27. 29). — — Ebenso die Anordnung einer Regel, in welcher Weise einzelne Arten von Diensten, z. B. die Weitergabe von Umlaufbekanntmachungen, zu erfüllen sind (PVBl. 23, 681).

7. Die Anforderung von Kosten, welche durch die Ausführung nicht geleisteter Naturaldienste seitens des mit der Ersatzleistung beauftragten Dritten entstanden sind. Sie stellt lediglich eine Maßnahme des Verwaltungszwangsverfahrens dar, das schon mit der Beorderung des Dritten beginnt (OVG. 49, 160; 51, 156; 73, 118). (Vgl. bei § 68 unter IV und V B.)

8. Die Ablehnung eines beantragten Freischeines für die Hundesteuer (PVBl. 29, 582; OVG. 41, 73).

E. **Rechtsgrundlagen der Heranziehung.**

Die Heranziehung zu einer kommunalen Abgabe ist erst zulässig, wenn das der Besteuerung zugrunde liegende Ortsrecht feststeht (E. v. **17. V. 1927.** II. C. 217. 26). — Eine Verfügung, die am Tage des Inkrafttretens einer Vorschrift zugestellt wird, ist rechtsgültig, da das Inkrafttreten mit Beginn des Tages stattgefunden hat (E. vom **15. X. 1918.** II. C. 124. 28).

Dadurch, daß nach § 77 Abs. 5 die Genehmigung (Zustimmung) als an dem Tage erteilt gilt, an welchem der Gemeindebeschluß gefaßt ist, wird der Gemeinde nicht gestattet, auf Grund eines nicht genehmigten und daher in seiner Wirksamkeit noch vollkommen unbestimmten Gemeindebeschlusses bereits Abgaben einzufordern. Demgemäß kommt es auf den Zeitpunkt der Heranziehung und nicht der Einspruchsentscheidung an (OVG. 83, 168). — Nur diejenigen Ereignisse können zur Besteuerung herangezogen werden, welche zeitlich unter die Herrschaft einer rechtswirksam zustande gekommenen Steuerordnung fallen (OVG. **53,** 124). — Eine Abgabenforderung darf nicht im Laufe des Verwaltungsstreitverfahrens auf eine anbere tatsächliche oder rechtliche Grundlage gestellt werden. Dagegen ist eine von demselben Tatbestand und derselben Rechtsgrundlage, der Steuerordnung, ausgehende andere Berechnung des Steuersatzes, welche sich auf eine andere Bestimmung der Steuerordnung stützt, zulässig (E. v. **7. XI. 1916.** VIII. C. 54. 16). — Durch eine im Laufe des Steuerjahres erfolgende Abänderung des örtlichen Steuerrechts gewinnt eine Heranziehung nicht die bei ihrem Ergehen fehlende Rechtsgrundlage (OVG. **59,** 244). — Das Ortsrecht muß vielmehr zur Zeit des steuerpflichtigen Vorgangs gültig sein (E. v. **1. V. 1928.** II. C. 110. 27). — Heranziehung, Einspruch und Einspruchsbescheid ziehen für beide Parteien feste Grenzen, innerhalb deren sich das Verfahren zu bewegen hat. Wie der Kläger seinen Klageangriff nicht über den Einspruchsantrag hinaus ausdehnen darf, so kann auch der Beklagte seinen Abgabenanspruch im Streitverfahren nicht erhöhen (s. u. bei H) und ebensowenig geltend machen, daß der Kläger zwar nicht aus den bei der Heranziehung oder im Einspruchsbescheid angegebenen Gründen den geforderten Betrag schulde, aber doch unter einem anderen Gesichtspunkt zu einer gleich hohen Leistung hätte herangezogen werden können (VBl. **20,** 411; OVG. **56,** 133).

Ein Umlagebeschluß darf erst ausgeführt werden, wenn alle Erfordernisse seines Zustandekommens einschließlich der Genehmigung erfüllt sind (OVG. **12,** 122; **16,** 213; VBl. **17,** 444; OVG. **47,** 65). — Ist jedoch die Erteilung der Genehmigung (Zustimmung) erfolgt, so ergreift die damit gültig hergestellte Steuerordnung, dem Wesen der direkten Steuer als einer Jahressteuer entsprechend, rückwirkend den ganzen Zeitraum von Beginn des laufenden Jahres ab (VBl. **40,** 84). — Eine vor der aufsichtlichen Genehmigung vorgenommene Heranziehung ist ungültig und könnte auch dann nicht gültig werden, wenn die nachträgliche Genehmigung sich selbst rückwirkende Kraft beilegen würde. Um eine solche Rückbeziehung handelt es sich aber nicht, wenn Steuertatbestände aus der Zeit zwischen dem in der Steuerordnung bezeichneten Zeitpunkt des Inkrafttretens und der Genehmigung nach erteilter Genehmigung zur Besteuerung gelangen (VBl. **17,** 444). — Für die Frage, welches von mehreren zeitlich aufeinanderfolgenden Ortsrechten Anwendung zu finden hat, ist der Zeitpunkt maßgebend, in welchem der Steuertatbestand verwirklicht ist (VBl. **45,** 13; OVG. **81,** 24). — Daß nach der Genehmigungsmaßgabe der beitretende Beschluß des Kreises mit dem Tage der Genehmigung in Kraft treten sollte, kommt nur für den Zeitpunkt, von dem ab die Heranziehung materiell nach dem abgeänderten Ortsrecht vorgenommen, nicht aber für den Zeitpunkt in Frage, in welchem frühestens die Heranziehungsverfügung erlassen werden durfte (E. v. **7. I. 1927.** II. C. 210. 25). — Wenn OVG. **54,** 126 es für unzulässig erklärt hat, daß zur Deckung von Auslagen, welche während der Dauer eines Rechnungsjahres keine Deckung gefunden haben, also dem Bedarf des folgenden Rechnungsjahres zuwachsen, für das abgelaufene

Rechnungsjahr neue Steuern eingeführt werden, so ergibt sich aus dem Zusammenhang, daß unter „Deckung" nur die innerhalb des Rechnungsjahres erfolgte rechtsgültige Beschlußfassung über die Art der Aufbringung des Bedarfs, nicht aber die auf Grund des Umlagebeschlusses bewirkte Veranlagung und Erhebung zu verstehen ist. Nach § 1a entsteht die Abgabenschuld, sobald der Tatbestand verwirklicht ist, an den das Gesetz den Abgabenanspruch knüpft, also nicht erst mit der gegebenenfalls notwendigen Feststellung der einzelnen Abgabenschuld durch Veranlagung. Daher genügt es, um die Erhebung der Abgabenschuld nach Ablauf des Rechnungsjahres als zulässig erscheinen zu lassen, wenn das Ortsrecht selbst innerhalb des Rechnungsjahres zustande gekommen ist (E. v. 4. IV. 1922. VIII. C. 15. 22). — Die Ausübung des Besteuerungsrechts durch eine Gemeinde darf nach OVG. 62, 437 dann noch nach Ablauf des Steuerjahres stattfinden, wenn diese Ausübung von staatlicher Veranlagung abhängig und wegen verspäteter, insbesondere erst im neuen Steuerjahre erfolgter Mitteilung der staatlichen Steuersätze nicht früher durchführbar ist. Hiernach ist in solchen Fällen das gesamte Veranlagungsgeschäft, einschließlich der Umlagebeschlüsse, erst nach Ablauf des Steuerjahres möglich und rechtlich zulässig (E. v. 16. IV. 1926. VIII. C. 33. 25). — Für die Veranlagung ist der Stand der Steuerquellen zu Beginn des Rechnungsjahres maßgebend (BVG. 74, 204). — Es genügt, um die Erhebung einer Abgabenschuld nach Ablauf des Rechnungsjahres als statthaft erscheinen zu lassen, daß das Ortsrecht innerhalb des Rechnungsjahres ordnungsmäßig zustande gekommen ist (OVG. 77, 187). (Vgl. § 77 Abs. 5 KAG.)

Für eine steuerliche Heranziehung ist es nicht nur von Bedeutung, wann eine Abgabenschuld und damit ein Steueranspruch entstanden ist, sondern es ist zugleich erheblich, ob zur Zeit der Anspruchsverwirklichung in Gestalt einer Veranlagung des Steuerpflichtigen ein Steuergesetz besteht, auf das die Heranziehung gestützt werden kann. Ist die gesamte Grundlage für die Heranziehung in der Zeit nach der Entstehung der Abgabenschuld geändert worden, so muß sich die Anspruchsverwirklichung im Rahmen einer solchen Änderung halten, die sich zugunsten des Steuerpflichtigen auswirkt. Umgekehrt muß bei einer nach Entstehung der Abgabenschuld eingetretenen Gesetzesänderung, die eine Erweiterung der Steuerpflicht und eine Erhöhung der Abgabenschuld vorsieht, als allgemeiner Grundsatz gelten, daß eine solche Erweiterung zuungunsten des Steuerpflichtigen nicht auf solche Tatbestände übergreifen und solche Vorgänge mit erfassen darf, die bereits unter der Herrschaft des milderen Gesetzes eingetreten sind (VBl. 51, 191). — Die Gebühr ist die einseitig befohlene Gegenleistung für eine beanspruchte öffentliche Leistung; sie bildet also die öffentlich-rechtliche Folge der Tatsache, daß diese Leistung gewährt ist. Die Gebührenpflicht entsteht daher unabhängig davon, ob der die Leistung Beanspruchende ihre Gebührenpflichtigkeit kannte oder nicht, allein durch die Ausführung der Leistung. Sie ist daher auch gegeben, wenn zwischen Beanspruchung und Ausführung der Leistung eine Norm in Kraft tritt, welche erst die Gebührenpflicht für eine bisher gebührenfreie Leistung einführt, falls nicht das Begehren nach der Leistung vor ihrer Ausführung zurückgezogen ist (OVG 32, 93). Vgl. bei § 4.

F. Form der Heranziehung.

1. Im allgemeinen.

Der Akt der Heranziehung erfolgt erst dadurch, daß von der Veranlagungsbehörde der den einzelnen Steuerpflichtigen berührende Besteuerungsbeschluß gefaßt und ihm in Gestalt der Zahlungsaufforderung mitgeteilt ist (OVG. 30, 127). Eine besondere Veranlagungsberechnung ist nicht erforderlich; es genügt die Anforderung eines bestimmten Steuerbetrags (VBl. 16, 256; E. v. 19. X. 1911. H. C. 19. 11).

Eine Trennung der Heranziehung von der Veranlagung ist zulässig, wenn gemäß § 64 KAG. die Veranlagung besonderer Gemeinderealsteuern auf mehrere

Jahre erfolgt (OVG. 43, 59; 50, 107). — Abgesehen von der Veranlagung besonderer Gemeinderealsteuern für mehrere Jahre ist es unzulässig, zwecks späterer Heranziehung zu einer Gemeindeabgabe ein Besteuerungsmerkmal, z. B. den Grundstückswert für die spätere Erhebung einer Kanalgebühr, derart zum Gegenstande einer besonderen Veranlagung zu machen, daß diese Veranlagung mangels Einspruchs unabänderlich und in dem gegen die Anforderung der Abgabe selbst eingeleiteten Einspruchsverfahren nicht mehr anfechtbar wird (VBl. 32, 664).

Eine Unterschrift des Gemeindevorstandes ist nicht erforderlich, wenn der Steuerzettel als von ihm ausgehend hinreichend gekennzeichnet ist (VBl. 23, 121). — Das ist der Fall, wenn die Heranziehungsverfügung am Kopf die Bezeichnung „Magistrat" und die Ortsangabe enthält (E. v. 7. X. 1915. I. H. C. 207. 15). — Der Gemeindevorstand kann aber geltend machen, daß die Behändigung des Steuerzettels nicht auf seiner Entschließung beruhe (VBl. 37, 42). — Ob die Heranziehungsverfügung die Unterschrift des Gemeindevorstandes oder der zu seiner Vertretung gesetzlich geordneten Stelle trägt, ist für die Wirksamkeit der Heranziehung unwesentlich. Entscheidend ist allein, daß aus der Heranziehungsverfügung zweifelsfrei zu erkennen ist, daß der Steuergläubiger von dem Herangezogenen die Steuer als eine öffentlich-rechtliche Leistung in einem bestimmten Betrage fordert (OVG. 71, 160; E. v. 19. IX. 1912. VII. C. 72. 12; 27. III. 1928. II. C. 176. 27). — Die etwa nach der Steuerordnung erforderliche Schriftlichkeit der Heranziehung ist auch dann gewahrt, wenn die Unterschrift des Bürgermeisters nur gedruckt ist (VBl. 33, 703), ja sogar, wenn sie ganz fehlt, sofern der Steuerbescheid erkennbar von der zuständigen Steuerbehörde ausgeht (E. v. 24. X. 1912. VII. C. 491. 12).

Eine mündliche Heranziehung genügt nur, wenn bei Abgabe der Steuererklärung auf Grund derselben der geschuldete Betrag gleichzeitig bezahlt und von dem Steuergläubiger angenommen wird (E. v. 27. XII. 1917. II. C. 393. 17). — Das gilt aber nur für einfache Fälle, nicht jedoch allgemein und insbesondere dann nicht, wenn es sich um eine nicht ganz einfache Steuerberechnung handelt. Dagegen wird die Einspruchsfrist in Lauf gesetzt, wenn dem Steuerpflichtigen eine gehörig unterschriebene Abschrift der Veranlagungsverfügung ausgehändigt und er zugleich mündlich zur Zahlung aufgefordert wird (E. v. 3. V. 1927. II. C. 155. 26).

Wenn nach Abs. 2 Ziff. 1 der Lauf der Einspruchsfrist mit dem ersten Tage nach Ablauf der Auslegungsfrist beginnt, soweit die Bekanntmachung durch Auslegung der Hebeliste erfolgt, so hat das nicht die Bedeutung, daß in jedem Falle schon die Tatsache der Auslegung diese Wirkung erzeugt, sondern kann nur dann Anwendung finden, wenn die Auslegung mit Rücksicht auf die Art der geforderten Abgabe das rechtlich zugelassene Mittel zur Begründung der Abgabenforderung ist (E. v. 20. VI. 1911. II. C. 369. 10).

Namentliche Bezeichnung des Steuerpflichtigen ist erforderlich (OVG. 66, 176). — Die Heranziehung eines Einzelkaufmanns unter seiner Firma ist zwar inkorrekt, aber nicht rechtsungültig (VBl. 22, 121).

Wegen der Form der besonderen Mitteilung (Veranlagungsschreiben) s. bei § 65.

2. Insbesondere bezüglich der indirekten Steuern, Gebühren und Beiträge.

Bezüglich der indirekten Steuern, Gebühren und Beiträge fehlt es an einer Vorschrift über die Form der Heranziehung. Da aber das Einspruchsrecht des Abgabepflichtigen gegen die Heranziehung zu dieser Art von Abgaben auf § 69 beruht, ergibt sich, daß die Heranziehung in einer der drei in § 69 Abs. 2 vorgesehenen Formen erfolgen muß (OVG. 30, 106). — Auch für Gebühren gilt der Grundsatz, daß eine Heranziehung nur vorliegt, wenn von dem Abgabepflichtigen ein bestimmter Betrag für eine bestimmte Zeit gefordert wird. Die Heranziehung muß daher in einer der drei Formen: Auslegung der Hebeliste, besondere Mitteilung oder Aufforderung zur Zahlung erfolgen (E. v. 28. IX. 1926. VIII. C. 13. 26). — Soll die hinsichtlich der Heranziehung zu Gebühren im KAG. bestehende Lücke durch eine entsprechende Anwendung der für die Heranziehung zu Gemeindesteuern geltenden Vorschriften in § 65 ausgefüllt werden, so kann die Auslegung einer Hebeliste, abgesehen von der Frage, welchen Personen gegenüber sie mit rechtlicher Wirkung erfolgen darf, wenn überhaupt, doch immer nur bei solchen Gebühren stattfinden, welche hinsichtlich der Entstehung des Forderungsrechts denjenigen Gemeindesteuern gleichen, bei welchen die Heranziehung mittels Hebeliste gesetzlich zugelassen ist. Das trifft nur auf solche Gebühren zu, welche schon auf Grund des Bestehens eines den Pflichtigen betreffenden dauernden Zustandes, wie es z. B. das Angeschlossensein eines Grundstücks an einen Entwässerungskanal darstellt, und nicht erst mit Rücksicht auf die Herbeiführung eines bestimmten Ereignisses oder auf die Vornahme einer bestimmten Handlung durch den Pflichtigen fällig werden (E. v. **20. VI. 1911.** II. C. 369. 10). — Wenn OVG. 30, 103 die Heranziehung zu Gebühren durch Auslegung von Hebelisten nicht für unzulässig erklärt, so setzt die Anwendung dieses Grundsatzes auf jeden Fall eine entsprechende ortsstatutarische Bestimmung und weiter voraus, daß eine dauernde Pflichtigkeit des Zensiten besteht und daß es sich nur darum handelt, unter Festsetzung des Jahressatzes wiederholt die konkrete Steuerschuld zu begründen. Das trifft dann nicht zu, wenn ein Zensit neu pflichtig geworden ist oder wenn die Gebühren auf Grund einer neuen Gebührenordnung erstmalig angefordert werden (E. v. **3. II. 1911.** II. C. 124. 10). — Die Auslegung der Hebeliste genügt bei Gebühren und Beiträgen dann nicht, um die Einspruchsfrist in Lauf zu setzen, wenn die subjektive Gemeindeabgabenpflicht streitig ist (E. v. **30. X. 1906.** II. C. 284. 06). Das gleiche gilt, wenn es sich um eine nicht im Gemeindebezirk wohnende physische Person handelt (E. v. **22. II. 1916.** II. C. 156. 15).

Wegen der Form der Heranziehung zu Naturaldiensten s. bei § 68 unter III.

G. Behändigung der Heranziehung.

1. Form der Behändigung.

Nach ständiger Rechtsprechung kann die Mitteilung eines kommunalen Steuerbescheides sowohl ohne Beobachtung einer bestimmten Form an den Steuerpflichtigen unmittelbar erfolgen, als auch im Wege der förmlichen Zustellung unter Beobachtung der Vorschriften in Art. 28 der AusfAnw. v. 28. XI. 1899 (ZBl. d. Abgaben-Vwltg. 1900, 44) zur Verordnung betr. das Verwaltungszwangsverfahren v. 15. XI. 1899 (GS. 545) ergehen (**VBl. 47, 326**). — Es genügt, wenn das Heranziehungsschreiben, welches sich in seiner äußeren Form als amtliches Schriftstück der zur Veranlagung gesetzlich berufenen Behörde zu erkennen gibt, an einem bestimmt nachweisbaren Tage derart in die Hände des Herangezogenen gelangt, daß er von seinem Inhalt Kenntnis nehmen konnte (**VBl. 34, 433**). — Da eine förmliche Zustellung der Heranziehungsverfügungen nicht vorgeschrieben ist, kommt es auf die Ordnungsmäßigkeit der beigebrachten Zustellungsurkunde nicht an (E. v. **11. XI. 1919.** II. C. 93. 19). Auch wo für die Heranziehung eine besondere Mitteilung vorgeschrieben ist, bedarf es für dieselbe nicht der Beobachtung einer besonderen Form, insbesondere einer förmlichen Zustellung. Das OVG. hat eine förmliche Zustellung wohl auf Grund des § 70 für das Inlaufsetzen der Klagefrist als erforderlich angesehen; dagegen hat es in ständiger Rechtsprechung für die Eröffnung der Einspruchsfrist niemals die Beobachtung einer bestimmten Form bei der besonderen Benachrichtigung oder der Zahlungsaufforderung verlangt. Es geht dabei davon aus, daß die Benachrichtigung und die Zahlungsaufforderung des § 69 nicht zu den „Beschlüssen oder sonstigen Anordnungen" rechnen, für welche § 94 eine Zustellung vorschreibt. — Das folgt auch nicht aus Art. 43 Ziff. 1 Abs. 5 der AusfAnw., da diese den Beginn einer Frist nicht von einem sich nicht aus dem Gesetz selbst ergebenden Erfordernis abhängig machen konnte (**VBl. 29, 1054; 34, 433**; diese Bestimmung ist nur instruktioneller Natur; (E. v. **1. VI. 1915.** VIII. C. 23. 15). — Eine förmliche Zustellung des Veranlagungsschreibens ist nach Art. 43 der AusfAnw. z. KAG. nicht erforderlich. Doch muß der Behändigungsschein den Ort der Zustellung und die Person, an welche die Aushändigung erfolgt ist, erkennen lassen, wenn es sich um die Feststellung einer etwaigen Versäumnis der Rechtsmittelfrist handelt (E. v. 27. XII. 1917. II. C. 393. 17; 2. II. 1926. II. C. 120. 25). — Wenn in einer Steuerordnung bestimmt ist, daß über die erfolgte Veranlagung ein schriftlicher Bescheid zuzustellen ist, so eröffnet nur eine vorschriftsmäßige Zustellung die Einspruchsfrist, und genügt dazu nicht der Nachweis des Empfanges (PBl. 37, 204).

2. Adressat.

Durch die Mitteilung der Veranlagung an einen nicht zur Vertretung Berechtigten verliert zwar die Veranlagungsverfügung nicht ihre Wirksamkeit, aber die Einspruchsfrist wird nicht in Lauf gesetzt (OVG. 62, 171). — Die Heranziehungsverfügung wegen eines vom Konkursverwalter aus der Konkursmasse freigegebenen Grundstücks ist an den Gemeinschuldner zu richten, auch wenn der Vermerk der Konkurseröffnung noch nicht im Grundbuch gelöscht ist (OVG. 68, 217). — S. auch OVG. 47, 87 und 52, 141 bei I A. — „Verwaltung des Apollotheaters" ist keine mit Rechtspersönlichkeit ausgestattete nichtphysische Person, an welche rechtswirksam eine Heranziehungsverfügung gerichtet werden konnte. Ebensowenig wurde durch den zu dieser Bezeichnung in der äußeren Adresse gemachten Zusatz „z. H. der Frau ...." die Ehefrau des Besitzers persönlich herangezogen (E. v. 5. VI. 1917. II. C. 206. 17). — Die Bestimmung einer (Grund-)Steuerordnung, wonach die Forensen verpflichtet sind, einen in der Gemeinde wohnhaften Vertreter zur Empfangnahme der Veranlagungsschreiben zu bestellen, ist unzulässig (OVG. 71, 180). — Die Mitteilung der Veranlagung an einen zu dieser Zeit Geisteskranken hat keine Wirkung (E. v. 20. V. 1914. II. C. 218. 14). Das gleiche gilt bezüglich eines nach §§ 104, 131 BGB. Geschäftsunfähigen (E. v. 20. V. 1914. II. C. 218. 14; PBl. 33, 390). — Als genügende Veranlagung der Erben eines Steuerpflichtigen kann es nicht gelten, wenn der noch mit dem Namen des Erblassers versehene Steuerzettel einem der Erben behändigt und vom Testamentsvollstrecker durch den namens der Erben erhobenen Einspruch als formgerecht empfangen behandelt ist (E. v. 10. VI. 1912. H. C. 283. 11).

H. Inhalt der Heranziehungsverfügung.

1. Angabe des Forderungsbetrages.

Eine Heranziehung i. S. des § 69 erfordert, daß dem einzelnen Steuerpflichtigen ein Schreiben zugeht, das ihm gegenüber die Verpflichtung zur Zahlung einer bestimmten Abgabe vollstreckbar begründen soll, also einen von ihm geforderten Steuerbetrag enthalten muß (OVG. 49, 182; PBl. 18, 90; OVG. 78, 201; 79, 67). — Eine Heranziehungsverfügung muß jedenfalls für den Abgabepflichtigen erkennen lassen, daß von ihm eine Abgabe, eine öffentlich-rechtliche Leistung von Gebühren, Beiträgen oder Steuern gefordert wird. Als eine solche Kenntlichmachung kann allerdings schon die Bezeichnung der Forderung als Gebühr, Beitrag oder Steuer genügen, auch der Hinweis auf die Vorschrift, auf Grund deren die Forderung erhoben wird, unter Umständen auch die Androhung, daß die Forderung bei Nichtabführung innerhalb der gesetzlichen Frist im Verwaltungszwangsverfahren beigetrieben werden würde; aber niemals kann eine Heranziehung vorliegen, wenn bei der Anforderung nicht nur jeder Hinweis, daß es sich um eine Abgabe handelt, gänzlich fehlt, sondern sogar ausdrücklich hervorgehoben ist, daß sich die geltend gemachte Forderung auf andere (d. h. nicht auf das Kommunalabgabenrecht bezügliche) Rechtstitel stütze (OVG. 37, 39). — Das Wesen einer Steuerforderung wird bestimmt durch ihren Gegenstand und durch die sie begründenden tatsächlichen Umstände. Deshalb gehört die Bezeichnung des pflichtigen Grundstücks zu einem wesentlichen, in die Heranziehungsverfügung aufzunehmenden Merkmale bei einer dasselbe betreffenden Abgabe (E. v. 19. III. 1912. II. C. 79. 11).

Wenn gleichzeitig Abgaben verschiedener Art angefordert werden, so muß der Betrag jeder einzelnen ersichtlich gemacht sein (E. v. 30. XI. 1900. II. 1573). — Werden mit derselben Verfügung gleichzeitig Kreis- und Gemeindeabgaben angefordert, so muß erkennbar sein, welcher Betrag an jeden der beiden Steuergläubiger zu entrichten ist (E. v. 17. VI. 1927. II. C. 183. 26).

2. Angabe der Rechtsnorm.

Die Angabe der betreffenden Vorschrift, auf Grund deren die Steuer gefordert wird, und der Besteuerungsmerkmale ist nicht erforderlich (E. v. 1. III. 1917. II. C. 182. 16; 3. V. 1929. II. C. 99. 28). — Eine unrichtige Angabe der die Veranlagung stützenden ortsrechtlichen Bestimmung schadet nichts, wenn die Heranziehung durch eine gültige ortsrechtliche Bestimmung tatsächlich gerechtfertigt wird (E. v. 27. X. 1913. VII. C. 444. 12). — Der alleinige Hinweis auf die Steuernorm ohne gleichzeitige ziffernmäßige Angabe des geforderten Betrages ist keine gültige Heranziehung (E. v. 6. II. 1926. II. C. 141. 25).

3. Angabe des Veranlagungszeitraums.

Soll die Zustellung eines Steuerzettels als eine die Einspruchsfrist eröffnende rechtswirksame Heranziehung gelten, so muß außer der Art und Höhe der geforderten Abgabe auch der Zeitraum, für welche sie verlangt wird, angegeben sein. Dagegen wirkt die formelle Rechtsgültigkeit einer derartigen Art der Heranziehung unabhängig davon, ob die Forderung materiell unbegründet ist oder nicht, für das angegebene Jahr gefordert werden konnte (E. v. 5. X. 1916. II. C. 351. 16). — Wenn auch das Gesetz für die Heranziehungsverfügungen keine besondere Form vorschreibt, so bildet doch die Angabe des Zeitraums, für welchen die Abgabe verlangt wird, ein wesentliches Erfordernis (OVG. 62, 132; VBl. 50, 194). — Die Frage, ob die Abgabe in Wirklichkeit nicht das angegebene Rechnungsjahr betrifft, sondern eine Nachveranlagung darstellt und ob diese materiell zulässig war, scheidet bei Prüfung der formellen Gültigkeit der Heranziehungsverfügung aus (E. v. 5. X. 1916. II. C. 351. 16). — Eine befristete Heranziehung, bei welcher die Festsetzung der Abgabe für den Zeitpunkt ihrer Fälligkeit vorbehalten wird, ist nicht rechtsgültig (OVG. 67, 152). — Eine Heranziehung zur Vergnügungssteuer für zukünftige Veranstaltungen, deren Stattfinden und Steuerpflichtigkeit noch ungewiß sind, enthält nicht die erforderlichen Merkmale (E. v. 14. VI. 1921. II. C. 190. 20).

4. Rechtsmittelbelehrung.

Die Heranziehungsverfügung braucht keine Rechtsmittelbelehrung zu enthalten und nicht förmlich zugestellt zu werden (OVG. 70, 55).

J. Abänderung, Zurücknahme und Ersatz der Heranziehungsverfügung.

1. Im allgemeinen.

Der Ersatz einer zurückgezogenen Veranlagung durch eine andere innerhalb desselben Rechnungsjahres ist zulässig, sofern sie nicht höher ist als die erste (VBl. 35, 717). Es liegt zwar weder eine „Übergehung" noch eine „steuerfreie Veranlagung" i. S. des § 84 KAG. vor (OVG. 64, 247). Aber um eine Nachsteuer i. S. dieser Vorschrift handelt es sich nur bei Steuerforderungen, die nach Ablauf des Rechnungsjahres erhoben werden (E. v. 12. VII. 1921. VIII. C. 52. 21). — Da indirekte Steuern, Gebühren und Beiträge innerhalb der in § 87 vorgesehenen Frist ohne Einschränkung nachgefordert werden können, muß auch das Minus gelten, daß eine noch nicht rechtskräftige Heranziehung durch eine andere ersetzt werden kann (E. v. 13. VI. 1913. VII. C. 463. 12). — Zweck und Bedeutung der Zurücknahme einer Heranziehungsverfügung liegt darin, daß der vollstreckbare Schuldtitel fortfällt. Ebenso wie die Beseitigung des Schuldtitels vor erfolgter Zahlung den Schuldner von der Zahlungspflicht befreit, hat die Zurücknahme nach erfolgter Zahlung die Wirkung, daß das Gezahlte zurückgegeben werden muß. Eine Erklärung in der Zurücknahmeverfügung, welche diese Wirkung ausdrücklich ausschließt, macht die Verfügung rechtsungültig (PBl. 50, 591). — Zwar hat das OVG. mehrfach entschieden, daß eine Abgabenforderung im Laufe des Steuerjahres nicht auf eine neue tatsächliche oder rechtliche Grundlage gestellt werden dürfe und daß es z. B. unzulässig sei, im Streitverfahren einen Steuertitel durch einen anderen zu ersetzen. Das trifft aber nicht zu, wenn eine auf der gleichen rechtlichen Grundlage und auf dem gleichen Tatbestand beruhende Heranziehung lediglich einer Berechnung nach anderen Besteuerungsmerkmalen unterworfen wird (E. v. 7. XI. 1916. VIII. C. 54. 16). — Das Verbot einer nochmaligen Heranziehung desselben Steuerobjektes für den gleichen Zeitraum und nach derselben Steuerart gilt auch dann, wenn ein Grundstück, das bisher mit Zuschlagssteuern belastet war, nach erfolgter Eingemeindung zu einer in der neuen Gemeinde geltenden besonderen Gemeindegrundsteuer herangezogen werden soll (PBl. 34, 875). — Durch vorbehaltlose Veranlagung und Heranziehung für ein Steuerjahr wird das Steuerrecht für diesen Zeitraum, soweit es sich nicht um Nachsteuern oder Nachtragsumlagen handelt, erschöpft. Weitergehende Heranziehungen sind daher auch in der Form unzulässig, daß an Stelle der ersten eine neue Heranziehung unter Einbeziehung des mit der ersten bereits umgelegten Steuerbedarfs erlassen wird (E. v. 30. XI. 1926. VIII. C. 1. 26). — Wird wegen desselben Steueranspruchs eine zweite Heranziehungsverfügung erlassen, durch welche ein niedrigerer Betrag als in der ersten angefordert wird, so liegt darin ein jederzeit zulässiger Verzicht auf einen Teil der Abgabenforderung (E. v. 14. XI. 1912. H. C. 374. 11). — Vgl. auch oben bei I E.

2. Nach Erlaß eines Einspruchsbescheides.

Ist in einem Einspruchsbescheid Freistellung aus materiellen Gründen erfolgt, so ist eine erneute Heranziehung zu derselben Abgabe unzulässig (OVG. 42, 110; PBl. 37, 74; 39, 78; E. v. 26. IX. 1916. VIII. C. 154. 16; 8. XI. 1921. VIII. C. 64. 21). — Die Heranziehung zu einer indirekten Steuer kann auch nach Erlaß eines Einspruchsbescheides zurückgezogen werden (OVG. 42, 110; 48, 51; PBl. 16, 523; OVG. 62, 81).

Im übrigen s. wegen Erlaß einer neuen Heranziehungsverfügung nach Aufhebung des Einspruchsbescheides bei § 70 unter I D und II F 6.

3. Nach Klagerhebung.

Eine auf fehlerhaftem Ortsrecht beruhende Heranziehung kann, solange sie nicht durch verwaltungsrichterliches Urteil festgesetzt oder bestätigt ist, zurückgezogen und durch eine neue, auf verbessertes Ortsrecht gestützte ersetzt werden (PBl. 31, 375). — Ist über die Frage, ob und wieviel Gemeindeabgaben ein Herangezogener für ein Rechnungsjahr zu entrichten hat, durch Richterspruch endgültig entschieden, so ist eine nachträgliche Heranziehung auch dann unzulässig, wenn sich das örtliche Steuerrecht inzwischen geändert hat (OVG. 59, 244). — Die Zurücknahme einer Heranziehungsverfügung unter gleichzeitiger erneuter Heranziehung ist vom Gerichtshof wiederholt auch während eines schwebenden Streitverfahrens für zulässig erklärt worden (PBl. 16, 523; 20, 472), und gilt das auch bezüglich der Zurücknahme der zweiten Heranziehungsverfügung. Dem steht nicht entgegen, daß in verschiedenen Entscheidungen (PBl. 30, 814; 48, 99) die Zurücknahme des Einspruchsbescheides nach Anhängigmachung der Klage für unzulässig erklärt ist. Denn diese Entscheidungen gingen davon aus, daß in den fraglichen Fällen die Heranziehungsverfügung selbst nicht zurückgenommen war bzw. als nicht zurückgenommen angesehen wurde und nach Ansicht des Gerichts der Einspruchsbescheid zwar die formelle Voraussetzung der Klage bildet, materieller Gegenstand des Streitverfahrens aber die Heranziehung selbst ist. Durch die erfolgte Zurücknahme der Veranlagung war im vorliegenden Falle die Streitsache gegenstandslos geworden. Wenn der BA. trotzdem die Klage als materiell unbegründet abgewiesen hat, so hat er damit zuungunsten des Klägers über einen Punkt erkannt, der nicht mehr Gegenstand des Streitverfahrens war, und unterlag seine Entscheidung deshalb wegen Rechtsirrtums der Aufhebung (E. v. **5. III. 1929.** II. C. 139. 28; **22. X. 1929.** II. C. 46. 29). — Ist ein Steuerpflichtiger im Verwaltungsstreitverfahren entsprechend seinem Einspruchsantrage nur teilweise freigestellt worden, weil die Veranlagung verfrüht war, so kann er wegen des Restbetrages erneut veranlagt werden (E. v. **31. V. 1929.** II. C. 166. 28). — Ist nach Erhebung der Klage eine Verfügung des Beklagten ergangen, in welcher die Heranziehungsverfügung nicht zurückgenommen, sondern nur teilweise abgeändert ist, so verpflichtet der Umstand, daß irrtümlicherweise am Schlusse dieser Verfügung eine neue Einspruchsfrist als in Lauf gesetzt bezeichnet ist, den Kläger nicht zu erneuter Einlegung des Einspruchs und der Klage (PrVBl. **48**, 99).

S. auch bei § 70 unter II F 6, bei § 70a und bei § 84 unter II und III.

II. Einspruch.

A. Voraussetzung.

Ein vor ordnungsmäßiger Heranziehung eingelegter Einspruch ist verfrüht und daher unzulässig (PrVBl. **18**, 90; OVG. **79**, 67). — Wenn eine Heranziehung tatsächlich erfolgt ist und der Pflichtige von ihr Kenntnis erlangt hat, ist er berechtigt, Einspruch zu erheben, ohne die rechtsverbindliche Mitteilung abzuwarten (PrVBl. **49**, 593). — Die tatsächliche Zahlung des schuldigen Abgabebetrages kann unter Umständen die Heranziehungspflicht des Steuergläubigers entbehrlich machen und die Rechtsmittelfrist eröffnen (PrVBl. **35**, 778; OVG. **79**, 67). — Die in § 65 vorgesehene Bekanntmachung der direkten Steuer bildet nur die Einleitung für die Erhebung der Steuern (§ 66), entbindet aber den Steuergläubiger nicht von der Verpflichtung zur schriftlichen Spezialisierung der Steuerforderung. Für die Erhebung des Einspruchs gegen die Anforderung genügt es daher nicht, wenn die staatliche Veranlagung vorgenommen und die Höhe der Zuschläge beschlossen ist, sondern es bedarf noch eines Beschlusses über die Heranziehung des Steuerpflichtigen und der Bekanntmachung dieses Beschlusses an ihn. Die Erhebung des Einspruchs vor erfolgter Heranziehung ist trotz Bekanntmachung nach § 65 unzulässig, da die Präklusivfrist des § 69 nicht nur zur Erhaltung, sondern auch zur Ausübung des Rechtsmittels gegeben ist (PrVBl. **18**, 90; s. bei § 65 unter I). — Steuerermäßigung ist keine Veranlagung, sondern teilweiser Verzicht auf die bestehende Abgabenforderung. Eine solche Maßnahme verleiht nicht das Recht zum Einspruch mit dem Ziel einer weiteren Ermäßigung. Vielmehr kann Einspruch oder fristenlose Beschwerde nur gegen die ursprüngliche Veranlagung erhoben werden (PrVBl. **33**, 731).

Die Zulässigkeit des Einspruchs hängt nicht davon ab, ob die Heranziehung gerechtfertigt, sondern welcher Art die gemachte Auflage war (E. v. **7. XI. 1901.** I. 988). — Ist eine Forderung, welche an sich keine Gemeindeabgabe i. S. des KAG. darstellt (Geldausgleich für Nichtübernahme von Einquartierung, s. bei § 69 unter I B), trotzdem als „Gemeindeabgabe" angefordert, so war der Kläger nicht nur formell zur Erhebung von Einspruch und Klage berechtigt, sondern hatte auch begründeten Anspruch darauf, von der tatsächlich keine Gemeindeabgabe darstellenden Forderung freigestellt zu werden (OVG. **48**, 45). — Ist die Forderung der Gemeinde in Form einer öffentlich-rechtlichen Gebühr erhoben, so sind auch dann, wenn die Forderung in Wahrheit nicht öffentlich-rechtlicher Natur war, sondern eine privatrechtliche Vergütung zum Gegenstande hatte, die Rechtsmittel der §§ 69 ff. gegeben (PrVBl. **22**, 615; **23**, 103; **26**, 44; **49**, 382). Vgl. bei § 4.

Der Einspruch ist zulässig, auch wenn die Veranlagung formlos oder nichtig war, sobald nur der Steuergläubiger den Zweck verfolgt, eine konkrete Verpflichtung zur Bezahlung einer Gemeindeabgabe zu begründen, z. B. gegenüber einer Gebührenforderung, die zwar für die Gemeindekasse, aber nicht von der zuständigen Gemeindesteuerbehörde, sondern von der Polizeiverwaltung erhoben ist (PVBl. 23, 103; OVG. 45, 55). — Für die Zulässigkeit der Rechtsmittel aus §§ 69, 70 ist es unerheblich, ob der Gemeindevorsteher befugt war, eine Heranziehung zu den geforderten Gebühren, Beiträgen, Steuern oder Naturaldiensten vorzunehmen, und ob es sich objektiv um eine Gemeindelast handelte. Entscheidend ist, daß der Gemeindevorsteher die fragliche Last als eine Gemeindelast angesehen und demgemäß eine Heranziehung vorgenommen hat (PVBl. 23, 53). — Eine rechtsunförmige Heranziehung setzt die Einspruchsfrist gegenüber dem Herangezogenen nicht in Lauf, schließt aber seine Berechtigung zur Einspruchserhebung nicht aus (E. v. 19. III. 1912. II. C. 79. 11).

Wird eine Heranziehungsverfügung durch eine spätere abgeändert (s. o. bei I J), so ist damit dem gegen die frühere Heranziehung eingelegten Einspruch der Boden entzogen und kann auf ihn auch kein Bescheid erteilt werden (PVBl. 48, 267). — War gegen eine Heranziehung Einspruch erhoben, so kann eine von dem Steuergläubiger ohne Zurücknahme der ursprünglichen Veranlagung erlassene weitere, auf dieselbe Sache bezügliche Verfügung nicht als eine neue, den Steuerschuldner zu erneutem Einspruch verpflichtende Veranlagung angesehen werden, auch wenn die Verfügung rechtsirrtümlich am Schlusse die Belehrung enthält, daß eine neue Einspruchsfrist in Lauf gesetzt werde (PVBl. 48, 99). — Ist durch Ablauf der Klagefrist ein ablehnender Einspruchsbescheid endgültig geworden, so hat der Abgabenpflichtige keinen Anspruch darauf, daß auf einen von ihm ebenfalls innerhalb der Einspruchsfrist eingelegten weiteren Einspruch die Entscheidung abgeändert wird (PVBl. 19, 400). — Im Falle des § 64 Satz 2 behält die für das Rechnungsjahr erfolgte Veranlagung, selbst wenn in dessen Verlauf ein Eigentumswechsel stattfindet, ihre Geltung auch gegenüber dem neuen Eigentümer. Nach der ordnungsmäßig erfolgten Bekanntmachung der Veranlagung an den früheren Eigentümer war nur dieser zur Einspruchserhebung berechtigt, hat aber von diesem Recht keinen Gebrauch gemacht. Deshalb könnte der Besitznachfolger seine Heranziehung zu dem unangefochten gebliebenen Steuerbetrag nur anfechten, wenn das Grundstück selbst inzwischen eine wesentliche Veränderung erfahren hätte (PVBl. 34, 30; OVG. 68, 217). — Die Beschränkung in § 69 Abs. 3 schließt den Einspruch gegen den Promillesatz einer Grundwertsteuer nicht aus, da seine Errechnung einen Akt der Steuerverteilung darstellt, welcher trotz Genehmigung der Aufsichtsbehörde der Nachprüfung des Verwaltungsrichters unterliegt, während bei der Erhebung von Zuschlägen zu den staatlich veranlagten Steuern die Feststellung des Prinzipalsteuersatzes durch den Staat mit der Steuerverteilung durch die Gemeinde nichts zu tun hat (OVG. 70, 193). — Bei Veranlagung für mehrere Jahre auf Grund des § 64 kann und muß der Einspruch gegen die Veranlagung von demjenigen gegen die Heranziehungen für die einzelnen Steuerjahre getrennt eingelegt werden (OVG. 43, 60). — Abgesehen von § 64 KAG. sind die Rechtsmittel der §§ 69 und 70 KAG. gegen die Mitteilung eines Prinzipalsteuersatzes nicht gegeben, wenn auch der Steuerbescheid selbst auf die Rechtsmittel des § 69 hinweist (E. v. 25. IX. 1917. VIII. C. 40. 17; 22. VI. 1926. VIII. C. 1. 25).

Bei Einsprüchen gegen Gemeindezuschläge zur Gewerbesteuer ist nicht nur gemäß § 69 Abs. 3 die Anfechtung des Steuergrundbetrages und seiner Zerlegung, sondern auch der von den Gewerbesteuerausschüssen wegen der Steuerpflicht und des Vorhandenseins einer Betriebsstätte in der Gemeinde getroffenen Feststellungen ausgeschlossen (OVG. 79, 73). — Bei Streitigkeiten zwischen den hebeberechtigten Gemeinden und den Steuerpflichtigen wegen der Vorauszahlungen auf die Gewerbesteuer stehen dem Pflichtigen nicht die Rechtsmittel in §§ 69 und 70 KAG., sondern nur die

Beschwerde an den Gewerbesteuerausschuß gemäß der Gewerbesteuerverordnung zu, und zwar nicht nur hinsichtlich der Steuergrundbeträge, sondern auch wegen der Gemeindezuschläge (OVG. 79, 69; PVBl. 47, 210, 246, 326). — Das formelle Anfechtungsverfahren gegenüber einer Beitragsforderung, die auf Grund eines nach § 96 in Kraft gebliebenen Ortsstatuts erhoben ist, richtet sich (mangels besonderer Bestimmungen) nach den Vorschriften in §§ 69ff. (OVG. 33, 216).

Ist Einspruch eingelegt, so ist das Veranlagungsverfahren noch nicht endgültig abgeschlossen und der Veranlagte daher berechtigt, die von ihm vorher erklärte Anerkennung bestimmter Rechnungsgrößen wieder zurückzunehmen (E. v. 6. III. 1923. VIII. C. 172. 22).

Wegen des Einspruchs gegen die Heranziehung zu Naturaldiensten s. bei § 68 unter IV.

B. **Einspruchsberechtigte Personen.**

Ein Dritter ist, auch wenn für ihn aus der Abgabenforderung der Gemeinde privatrechtliche Folgen entstehen, nicht einspruchsberechtigt (E. v. 8. VI. 1926. II. C. 162. 25). — Auch der Nießbraucher eines Grundstücks, der vertragsmäßig die Verwaltung des Grundstücks übernommen hat, ist nicht einspruchsberechtigt, wenn er nicht vor Ablauf der Einspruchsfrist eine Vollmacht des Grundstückseigentümers beibringt (PVBl. 33, 790). — Erklärt eine Steuerordnung den Verpächter für eine dem Pächter obliegende Zahlungspflicht für haftbar, so wird damit nicht die subsidiäre Steuer-, sondern nur die subsidiäre Zahlungspflicht des Verpächters festgestellt. Sie kann lediglich im Wege des Verwaltungszwangsverfahrens geltend gemacht werden, wogegen nicht die Rechtsmittel der §§ 68, 70 KAG., sondern nur die Rechtsbehelfe der Verordnung betr. das Verwaltungszwangsverfahren wegen Beitreibung von Geldbeträgen vom 15. XI. 1899 (GS. 545) gegeben sind (OVG. 57, 172). Vgl. auch unter I A 1 und bei § 70 unter II B. — Pflichtig und allein einspruchsberechtigt bleibt immer nur der Herangezogene, auch wenn die Beitragsforderung zur Zwangsversteigerung angemeldet war und bei dieser das Grundstück einem Dritten zugeschlagen ist (PVBl. 28, 616).

Bei juristischen Personen ist nicht nur der gesetzliche oder verfassungsmäßige Vertreter, sondern jeder Dritte, der irrtümlicherweise als solcher Vertreter herangezogen ist, einspruchsberechtigt (OVG. 36, 20). Jedoch ist die Veranlagung außer Kraft zu setzen, wenn die herangezogene Person oder Stelle tatsächlich nicht zur Vertretung befugt war (PVBl. 33, 438).

Ist eine Ehefrau zur Steuer herangezogen, so stehen ihr auch die Rechtsbehelfe der §§ 69ff. KAG. zu (E. v. 3. IV. 1913. H. C. 164. 12).

Vgl. auch „Klageberechtigte Personen" bei § 70 unter II B.

Einspruchserhebung durch Bevollmächtigte.

Die Rechtshandlung eines Dritten, der deutlich zum Ausdruck bringt, daß er als Bevollmächtigter eines anderen handle, darf nicht deshalb ohne weiteres für rechtsunwirksam erklärt werden, weil innerhalb der Frist für die Vornahme der Rechtshandlung eine schriftliche Vollmacht nicht beigebracht war. Vielmehr erlangt ein durch einen Dritten ohne Vorlegung einer Vollmacht erhobener Einspruch durch nachträgliche Genehmigung seitens des Vertretenen Wirksamkeit (E. v. 5. III. 1914. I. H. C. 255. 13). — Die nachträgliche Genehmigung kann auch noch nach Ablauf der Einspruchsfrist beigebracht werden. Der frühere entgegengesetzte Standpunkt (PVBl. 33, 790) ist aufgegeben (PVBl. 34, 788). — Wenn der Einspruch vom Prokuristen eines Abgabepflichtigen, die Klage aber von letzterem selbst, nachdem ihm der Einspruchsbescheid zugestellt war, erhoben ist, kann angenommen werden, daß der Kläger die Einspruchserhebung durch den Prokuristen genehmigt hatte (OVG. 49, 48).

C. Einspruchsfrist.

1. Bedeutung und Berechnung der Frist.

Die Geltendmachung eines Antrages auf Freistellung von einer Heranziehung ist, abgesehen von den Fällen einer fristenlosen Beschwerde, durch Ausschlußfristen beschränkt, deren ungenutzter Ablauf den Verlust des Anspruchs nach sich zieht. ... Die Rechtsmittel, welche das Gesetz gegen die Heranziehung zu Kommunalabgaben eröffnet, sind keineswegs lediglich zum Schutz der Abgabepflichtigen gegeben. Sie sind nicht minder auch dazu bestimmt, die Finanzgebarung der Gemeinden zu sichern, indem eben durch die Setzung von Ausschlußfristen Gewähr dafür geboten wird, daß nicht vielleicht noch nach Jahren an die Gemeinde Ansprüche erhoben werden, die geeignet sein könnten, deren ganze Finanzwirtschaft zu stören (OVG. 69, 80). — Eine Vereinbarung der Parteien, daß die Einspruchsfrist nicht innegehalten zu werden brauche oder daß sie als gewahrt gelten solle, bindet den Verwaltungsrichter nicht. Er ist vielmehr verpflichtet, die zu den Prozeßvoraussetzungen gehörende Wahrung der Fristen von Amts wegen zu prüfen (E. v. 23. **XI. 1915.** II. C. 112. 15; **16. II. 1926.** VIII. C. 39. 24; VBl. 48, 19). — Die Einspruchsfrist ist auch dann zu wahren, wenn nach Ansicht des Herangezogenen die Heranziehung zu Unrecht erfolgt ist (E. v. **30. XI. 1920.** II. C. 107. 20). — Wenn § 96 KAG. die bei dessen Inkrafttreten bestehenden älteren Ordnungen aufrechterhalten hat, so folgt daraus nicht, daß eine die Einspruchsfrist auf 3 Monate festsetzende Bestimmung einer solchen älteren Ordnung in Kraft geblieben ist. § 96 bezieht sich auf den Inhalt derartiger Ordnungen nur insoweit, als es sich dabei um die Aufbringung von Gemeindeabgaben handelt. Mit den Bestimmungen betr. die Einspruchsfrist in der hier fraglichen Ordnung konnte nichts anderes beabsichtigt sein als eine Wiederholung der Vorschrift in § 1 des Gesetzes über die Verjährungsfristen bei öffentlichen Abgaben vom 18. VI. 1840 (GS. 140), an deren Stelle jetzt die neue Fristbestimmung des KAG. getreten ist. Die fragliche Bestimmung der Ordnung ist daher nur noch mit der Maßgabe in Geltung, daß die dreimonatliche durch die vierwöchentliche Einspruchsfrist ersetzt ist (VBl. 24, 97).

Ist dem Abgabepflichtigen versehentlich eine zweite Heranziehungsverfügung zugegangen, ohne daß die erste aufgehoben ist, so läuft die Einspruchsfrist trotzdem nur von der ersten Heranziehungsverfügung ab. Mit ihrer Versäumung wird die zweite Verfügung gegenstandslos (E. v. **5. VII. 1921.** VIII. C. 47. 21).

Die Heranziehung zu einer Nachtragsumlage ist keine mit der Hauptheranziehung einheitlich verbundene, sondern eine formell selbständige Steuerforderung (OVG. 57, 261; 71, 194). Deshalb lebt bei Versäumung der Einspruchsfrist die Anfechtbarkeit der ursprünglichen Heranziehung nicht dadurch wieder auf, daß der Pflichtige mittels Nachtragsumlage zu derselben Steuerart für das gleiche Rechnungsjahr veranlagt wird (E. v. **29. XI. 1921.** VIII. C. 95. 21).

Die Erneuerung eines bereits zurückgezogenen Einspruchs ist nur innerhalb der Einspruchsfrist möglich (E. v. **9. III. 1926.** II. C. 193. 25).

Ist keine besondere Heranziehungsverfügung erlassen, aber freiwillige Zahlung erfolgt, so beginnt die Einspruchsfrist mit dem auf die Zahlung folgenden Tage (E. **2. XII. 1924.** VIII. C. 29. 24). — Liegt keine Heranziehungsverfügung vor, so wird die Einspruchsfrist erst durch volle Zahlung des verlangten Abgabenbetrages, nicht schon durch eine Anzahlung auf denselben in Lauf gesetzt (E. v. **16. XI. 1926.** VIII. C. 70. 25). — Soweit das Gesetz nur die Auslegung von Hebelisten vorschreibt, ist diese für den Beginn der Einspruchsfrist auch dann maßgebend, wenn daneben noch eine besondere Mitteilung erfolgt ist (OVG. 27, 42).

Bei nicht erfolgter Zustellung der Heranziehungsverfügung hat der Verwaltungsrichter nach freier Überzeugung zu entscheiden, für welchen Zeitpunkt die Heranziehungsverfügung als mitgeteilt und die Einspruchsfrist als in Lauf gesetzt anzusehen ist. Der

Empfang der Verfügung ist nicht streitig. Die allgemeine Behauptung, daß auf der Post Unregelmäßigkeiten in der Bestellung vorkommen, genügt nicht, um im Einzelfall eine solche Unregelmäßigkeit nachzuweisen. Unter diesen Umständen durfte der Vorderrichter mit dem ordnungsmäßigen Verlauf der Postbestellung rechnen und unter Berücksichtigung der ländlichen Bestellungsverhältnisse annehmen, daß die Verfügung mehr als vier Wochen vor Eingang des Einspruchs in die Hände des Klägers gelangt, die Einspruchsfrist also nicht gewahrt ist (E. v. 2. XI. 1915. II. C. 287. 13).

2. Wahrung der Frist.

Die Frist ist gewahrt, wenn das Schriftstück erweislich bis 12 Uhr nachts des letzten Tages, wenn auch nach Schluß der Dienststunden, im Geschäftslokal der Gemeindebehörde einem Beamten derselben abgegeben oder in einen dort angebrachten Briefkasten der Behörde eingelegt ist (VBl. 19, 312). — Der Eingangsstempel der Behörde ist nicht unbedingt maßgebend, insbesondere dann nicht, wenn der Behörde bei der Empfangnahme eines zur Wahrung der Rechtsmittelfrist dienenden Schriftsatzes eine schuldhafte Verzögerung zur Last fällt. Der Verwaltungsrichter hat aber die Richtigkeit des Stempels nicht von Amts wegen zu prüfen, sondern die Partei hat gegebenenfalls die Unrichtigkeit des Stempels zu rügen (VBl. 24, 536).

S. auch bei § 70 unter II C 2 (Wahrung der Klagefrist).

Zuungunsten einer Partei darf Fristversäumnis nicht angenommen werden, wenn sich nicht nachweisen läßt, daß und wann die Partei die Verfügung oder den Beschluß erhalten hat (OVG. 57, 480; VBl. 30, 590). — Wann die besondere Mitteilung der Heranziehung erfolgt ist, hat nötigenfalls der Steuergläubiger darzutun. Er ist dabei aber an keine formalen Beweisregeln gebunden. Ebenso hat der Verwaltungsrichter nach freier Überzeugung zu entscheiden, für welchen Zeitpunkt die Heranziehungsverfügung als mitgeteilt und damit der Lauf der Einspruchsfrist als in Lauf gesetzt anzusehen ist (OVG. 70, 55). — Steht fest, daß die Verfügung in der Wohnung des Steuerpflichtigen abgegeben ist und daß er sie erhalten hat, so muß dieser gegebenenfalls nachweisen, daß er aus ganz besonders schwerwiegenden Gründen nicht rechtzeitig von der Mitteilung Kenntnis erlangt hat (VBl. 48, 124).

3. Einspruchsfrist bei indirekten Steuern und Gebühren.

§ 69 Abs. 2 KAG. nennt drei verschiedene Arten des Beginns des Fristenlaufs. Ziff. 1 betrifft den Fall, daß die Bekanntmachung durch Auslegung von Hebelisten vorgeschrieben ist. Als stillschweigende Voraussetzung ist hierbei anzusehen, daß das Gesetz überhaupt die Auslegung von Hebelisten vorschreibt. Da dieses für indirekte Steuern weder in § 65 noch an anderer Stelle geschehen ist, so kann auch § 69 Abs. 2 Ziff. 1 nicht auf indirekte Steuern bezogen werden. Ziff. 2 bezieht sich auf diejenigen Fälle, wo eine besondere Mitteilung vorgeschrieben ist, also ebenfalls auf § 65, und demnach nicht auf indirekte Steuern. Für diese ist daher nur Ziff. 3 maßgebend, wonach „in allen übrigen Fällen" die Einspruchsfrist mit dem ersten Tage nach der Zahlungsaufforderung zu laufen beginnt (OVG. 52, 135; 59, 109). — Das gilt im Gegensatz zu der früheren Rechtsprechung insbesondere auch gegenüber den „wirklich verpflichteten" Hundebesitzern (OVG. 52, 134).

Die Auslegung der Hebeliste setzt auch bei Gebühren die Einspruchsfrist dann nicht in Lauf, wenn die subjektive Abgabenpflicht bestritten wird (E. v. 30. X. 1906. II. C. 284. 06).

Vgl. auch OVG. 27, 42 (s. o. bei I C 1).

4. Wiedereinsetzung in den vorigen Stand.

Bei Versäumung der Einspruchsfrist kann auf Grund des § 52 Abs. 2 LVG. Wiedereinsetzung in den vorigen Stand gewährt werden. Denn unter „Beschwerde" a. a. O.

ist jedes Rechtsmittel gemeint, das, mit Ausschlußfrist ausgestattet, vom Gesetz gegen Verfügungen, Bescheide und Beschlüsse eingeführt ist, die in Verwaltungssachen erlassen werden. Hierzu gehören auch die Verfügungen usw. der Kommunalverwaltung. Denn mit dem Gebrauch des Rechtsmittels tritt die Sache, wenn sie nicht schon vorher dazu gehörte, in den Bereich der Geschäfte der allgemeinen Landesverwaltung, zu der das ganze Verfahren, nicht erst das Verfahren von der Klagerhebung ab gehört (OVG. 49, 155). — Wiedereinsetzung in den vorigen Stand wegen Versäumung der Einspruchsfrist kann nur durch die zur Entscheidung über den Einspruch zuständige Behörde erfolgen (VBl. 47, 243; E. v. 22. II. 1927. II C. 153. 26). — Der Verwaltungsrichter kann wegen Versäumung der Einspruchsfrist weder selbst Wiedereinsetzung in den vorigen Stand gewähren noch darüber entscheiden, ob sie von dem Gemeindevorstand hätte gewährt werden müssen (E. v. 11. XI. 1919. II. C. 93. 19; OVG. 60, 170; 71, 445; VBl. 49, 908). — Wenn auch die Entscheidung der Einspruchsbehörde über die Ablehnung eines Wiedereinsetzungsantrages endgültig ist, so hat der Verwaltungsrichter doch nachzuprüfen, ob überhaupt die Fristversäumnis mit Recht angenommen ist (VBl. 48, 443). — Die Zurücknahme eines Einspruchs ist für das formelle Einspruchsrecht unschädlich. Wenn sie deshalb die Wiederholung des Einspruchs innerhalb der Einspruchsfrist nicht ausschließt, so hat sie dieselbe Wirkung gegenüber einem verspäteten, zweiten Einspruch. Deshalb ist bei diesem die Wiedereinsetzung in den vorigen Stand ebenso zulässig, wie es bei dem ersten gewesen wäre (VBl. 30, 339).

5. Stillschweigende Wiedereinsetzung in den vorigen Stand.

Eine stillschweigende Gewährung der Wiedereinsetzung ist nicht schon dann anzunehmen, wenn die Behörde die Fristversäumnis nicht rügt, sondern erst dann, wenn sie dabei auf eine sachliche Beurteilung der Streitsache eingeht und deren Ergebnis dem Beteiligten als einzige Grundlage der Zurückweisung seines Rechtsbehelfes bezeichnet. In dieser Hinsicht genügt es nicht, wenn der Einspruch lediglich als unbegründet bezeichnet wird, da auch die Fristversäumnis dem Einspruch die Grundlage entzieht und ihn zu einem unbegründeten macht (OVG. 35, 138; s. auch VBl. 22, 250; 23, 135; 30, 339; 48, 334). — Der Wille zur stillschweigenden Gewährung der Wiedereinsetzung fehlt stets, wenn die bescheidende Behörde davon ausgeht, daß die Frist gewahrt sei, da die Wiedereinsetzung gerade gegen die Folgen einer Fristversäumnis gewährt wird. Dieser Fall liegt hier vor, da der Gemeindevorsteher ausdrücklich zu Protokoll erklärt hat, daß er den Einspruch als rechtzeitig erhoben angesehen und deshalb sachlich entschieden habe (OVG. 49, 158). — In der Zurückweisung eines nicht fristzeitig eingelegten Einspruchs aus sachlichen Gründen liegt nicht ohne weiteres die Gewährung einer Wiedereinsetzung in den vorigen Stand. Vielmehr muß sich aus den Umständen ergeben, daß die Behörde die Fristversäumnis erkannt hat und bewußt darüber hinweggegangen ist (VBl. 23, 122; 24, 98; 25, 197; 29, 49; 49, 828). — Wird nach mündlichem Einspruch, auf den kein Bescheid erteilt ist, nochmals, aber verspätet Einspruch erhoben und dieser nicht nur als unbegründet, sondern auch als verspätet zurückgewiesen, so liegt keine stillschweigende Wiedereinsetzung vor (VBl. 47, 243).

Gründe für die Gewährung der Wiedereinsetzung s. bei § 70 unter II C 4b.

D. Form des Einspruchs.

Eine besondere Form ist nicht vorgeschrieben. Es genügt jede schriftliche Erklärung, welche die Unzufriedenheit des Abgabepflichtigen mit der Heranziehung und seinen Wunsch nach Freistellung oder Ermäßigung zum Ausdruck bringt (OVG. 33, 113, 217; 35, 136; VBl. 47, 243). — Die alleinige Bitte um Mitteilung der Berechnung ist nur dann als Einspruch anzusehen, wenn gleichzeitig die Unzufriedenheit mit der Heranziehung, wenn auch nur allgemein, zum Ausdruck kommt (E. v. 25. II. 1919.

II. C. 170. 18; **24. IV. 1923.** VIII. C. 166. 22). — Die mit der Entrichtung der geforderten Abgabe verbundene Bemerkung des Herangezogenen, daß er Beschwerde einlegen werde, stellt keinen rechtswirksamen Einspruch dar (VBl. **40,** 253). — Ebenso wie es unzulässig ist, die Wirksamkeit der Klage, Berufung oder Revision von dem Eintritt einer Voraussetzung abhängig zu machen, ist auch ein bedingter Einspruch unstatthaft (VBl. **24,** 467). — Ist jemand für mehrere Steuerfälle gesondert veranlagt, so genügt eine einzige Einspruchsschrift für alle (E. v. **30. I. 1913.** VII. C. 565. 12). — Bei Grundwertsteuern kann gleichzeitig mit der auf mehrere Jahre erfolgten Veranlagung des Wertes die, überhaupt immer nur für ein Jahr zulässige, Heranziehung mittels desselben Einspruchs angefochten werden. Dann muß aber der Streit über beide Punkte trotzdem getrennt behandelt und entschieden werden (VBl. **27,** 819; **30,** 405).

Vgl. OVG. **50,** 107 bei E 2.

Gegen die Veranlagung zu einer Nachtragsumlage muß wegen deren Charakter als einer selbständigen Veranlagung besonders Einspruch eingelegt und über ihn besonders entschieden werden (E. v. **18. X. 1927.** VIII. C. 27. 26).

Fehlende Unterschrift macht den Einspruch nicht ungültig, wenn über die Person des Einspruchserhebers keine Zweifel bestehen (VBl. **36,** 600). — Die Unterschrift unter einem Schriftstück hat die Bedeutung, daß sich der Verfasser zu dessen Inhalt bekennt. Bestehen in dieser Richtung Zweifel, so kann das Fehlen der Unterschrift ins Gewicht fallen (E. v. **9. II. 1915.** VII. C. 249. 14; VBl. **36,** 295). — Das Fehlen der Unterschrift unter einem Einspruch ist bedeutungslos, wenn der Einspruchserheber den in Betracht kommenden Brief nicht nur offensichtlich selbst geschrieben, sondern sich auch auf der Außenseite als Absender bekannt hatte (VBl. 36, 295). — Fehlt unter dem Einspruch die Unterschrift, so wird dieser Mangel durch einen sachlichen Einspruchsbescheid geheilt (VBl. **35,** 280). — Die Entsch. v. 28. X. 1913 VII. C. 72. 13 besagt nicht, daß der Mangel einer unter dem Einspruch fehlenden Unterschrift nur bei Erteilung eines sachlichen Einspruchsbescheides geheilt werde, sondern daß er unter diesen Umständen jedenfalls als behoben angesehen werden müsse (VBl. **36,** 295; OVG. **74,** 340).

Mündlicher Einspruch.

Mündlicher Einspruch genügt nur, wenn er gegenüber dem Gemeindevorstande erklärt und von diesem angenommen ist, wozu keine Verpflichtung besteht. Es kann aber darauf im Wege der Aufsichtsbeschwerde angetragen werden (OVG. **51,** 156; **66,** 89; E. v. **3. III. 1925.** VIII. C. 41. 24). — — — Ein mündlicher Einspruch ist nur wirksam, wenn auf ihn ein sachlicher Bescheid erteilt oder auf Grund der mündlichen Erklärung eine schriftliche Niederlegung derselben zu den Akten erfolgt ist, sei es in Form eines Protokolls, sei es durch eine Aktennotiz (VBl. **48,** 443). — Ist ein Beamter zur Entgegennahme von mündlichen Einsprüchen ermächtigt, so wird durch seine Weigerung, den vorgetragenen Einspruch zu protokollieren, der Einspruch nicht unwirksam (E. v. **16. XII. 1919.** II. C. 129. 19). — Unter denselben Bedingungen wie ein persönlich vorgebrachter mündlicher Einspruch ist auch ein telephonisch angemeldeter zulässig (E. v. **10. VII. 1916.** I. C. 130. 16; OVG. **77,** 11).

Konkludente Handlungen.

Wenn eine Einspruchserhebung durch schlüssige Handlungen zulässig wäre (was die Entsch. dahingestellt bleiben läßt), könnten nur solche in Betracht kommen, welche sich gegen den Inhalt des Heranziehungsschreibens richten. Das ist nicht der Fall, wenn das Schreiben ohne Bezugnahme auf den Inhalt zurückgesandt wird (VBl. **34,** 433). — Die „unter Vorbehalt" erfolgte Zahlung der geforderten Abgabe ist kein ordnungsmäßiger Einspruch (E. v. **20. III. 1906.** II. C. 100. 06). — Ein Anspruch auf Rückzahlung eines bereits eingezogenen Abgabenbetrages stellt einen Einspruch gegen die Heranziehung selbst dar (OVG. **33,** 214).

E. Inhalt des Einspruchs.

1. Begründung.

Eine besondere Begründung des Einspruchs ist nicht erforderlich. Es genügt die Angabe: „Erhebe Widerspruch“ (PVBl. 36, 600). — Bezeichnet sich ein Schriftsatz als Einspruch, so ist dadurch die Unzufriedenheit mit der Heranziehung hinreichend zum Ausdruck gebracht. Es liegt ein rechtswirksamer Einspruch vor, und zwar ein gegen die ganze Veranlagung gerichteter, sofern nicht zu erkennen ist, daß nur eine Steuerermäßigung begehrt wird (s. u. bei 2) (E. v. 25. II. 1919. II. C. 170. 18). — — — Die Bezugnahme auf aktenmäßige Vorgänge ersetzt einen etwaigen Mangel des Einspruchsvorbringens nur, wenn sie der Behörde bekannt oder ohne weiteres zugänglich sind (OVG. 62, 104).

Die Berufung darauf, daß wegen gesetzwidriger Nichtheranziehung oder zu niedriger Veranlagung anderer Steuerpflichtiger der Anteil des Einspruchserhebers zu hoch bemessen sei, ist unzulässig, wenn, wie z. B. bei der Erhebung von Zuschlägen zu den staatlich veranlagten Steuern, die Unrichtigkeit ohne Einfluß auf den von dem einzelnen Steuerpflichtigen zu leistenden Betrag ist (PVBl. 30, 830). — Bei der Grundwertsteuer ist das gemäß § 54 alljährlich festzusetzende Soll nach dem Verhältnis der Werte der verschiedenen Grundstücke aufzubringen. Die Übergehung oder zu niedrige Veranlagung eines Zensiten beeinflußt daher die Höhe der Veranlagung aller anderen Pflichtigen. Deshalb kann eine solche unrichtige Veranlagung als Verletzung des Ortsrechts bei der eigenen Veranlagung zur Begründung des Einspruchs geltend gemacht werden (der frühere entgegengesetzte Standpunkt in OVG. 31, 174 ist damit verlassen) (PVBl. 25, 26; 30, 830; 39, 79; OVG. 70, 204).

Der einzelne Steuerpflichtige kann nicht rügen, daß bei seiner Heranziehung die Grenzen der gemäß §§ 54ff. über die Steuerverteilung gefaßten und von der Aufsichtsbehörde genehmigten Beschlüsse nicht innegehalten sind, da diese Beschlüsse nur das gesamte Sollaufkommen der betreffenden Steuerart beschränken (E. v. 2. II. 1900. I. C. 175; s. bei § 59). — Wenn nach § 54 Abs. 4 nicht mehr als 200% der Realsteuern erhoben werden sollen (jetzt nach § 18 des Grundvermögensteuergesetzes nicht über 150% der Grundvermögensteuer und nach § 44 der Gewerbesteuerverordnung nicht über 200% der Gewerbesteuer), so kann sich der einzelne nicht darauf berufen, daß für ihn die angeforderte Gemeindesteuer diesen Hundertsatz übersteige (OVG. 39, 78). — Das gleiche gilt hinsichtlich besonderer Grundwertsteuern, da der Höchstsatz nur die Gesamtbelastung sämtlicher zur Grundwertsteuer herangezogenen Grundstücke beschränkt (PVBl. 22, 22).

Ein zu einer direkten Gemeindesteuer Herangezogener kann nicht einwenden, daß Beiträge hätten erhoben werden müssen (PVBl. 33, 471).

Ebensowenig kann er die Unangemessenheit der Sätze einer genehmigten Gebührenordnung als Einspruchsgrund geltend machen, sofern er nicht die Ungültigkeit der Gebührenordnung im ganzen behaupten will (OVG. 30, 101).

Bei getrennter Veranlagung und Heranziehung gemäß § 64 können gegen die alljährliche Heranziehung alle dem Herangezogenen zu Gebote stehenden Einwendungen vorgebracht werden mit Ausnahme des Einwandes, daß die Feststellung des Prinzipalsteuersatzes unrichtig sei, da diese die alleinige Wirkung der vorgängigen Veranlagung bildet (OVG. 50, 107). — Vgl. PVBl. 27, 819 bei D.

Die Gemeinden können zwar im Einzelfall von der Einziehung einer Abgabe ganz oder teilweise absehen, aber nicht rechtsgültig ein für allemal auf ihr Abgabenrecht ganz oder teilweise Verzicht leisten. (Vgl. bei § 1 unter V.) Deshalb kann sich der Einspruchserheber nicht auf eine vertragliche Abmachung mit der Gemeinde über Ermäßigung oder gänzliche Freilassung berufen (PVBl. 19, 132; 47, 301; 49, 250; OVG. 53,

120). — Da sich die Anliegerbeiträge von den anderen Kommunalabgaben dadurch unterscheiden, daß sie einen in die Form einer öffentlichen Abgabe gekleideten Erstattungsanspruch der Gemeinde darstellen (OVG. 68, 156; 81, 129), kann der Einspruch gegen ihre Anforderung darauf gestützt werden, daß vertragsmäßig die Abgabenpflicht bereits durch eine frühere Leistung abgegolten sei (OVG. 82, 138). — Ein derartiges Tilgungsabkommen, mit welchem die Gemeinde in Rücksicht auf die ihr zugestandenen Leistungen alle ihr in Zukunft zufallenden Beträge als abgegolten erklärt, kann auch der Rechtsnachfolger des Grundstückseigentümers einer ihm gegenüber erneut geltend gemachten Forderung entgegenhalten (VBl. 34, 242). — Vgl. VBl. 49, 708 bei § 90 unter II.

Wegen etwaiger Bedingungen bei Eingemeindungen s. bei § 20 unter II A und bei § 21 unter I.

Gegenüber einer Abgabenforderung kann der Herangezogene nicht eine privatrechtliche Gegenforderung an die Gemeinde geltend machen, da der Gemeindevorsteher weder berufen noch legitimiert ist, in einer wegen der Abgabenforderung gegen ihn als Behörde der lokalen Steuerverwaltung zu erhebenden Verwaltungsklage die Gemeinde in ihren privatrechtlichen Beziehungen zu vertreten (OVG. 37, 45).

Vgl. Klagebegründung bei § 70 unter II E.

2. Antrag.

Wenn der Einspruch nicht klar erkennen läßt, daß die Veranlagung nur zum Teil angegriffen werden soll, ist er als gegen diese im ganzen gerichtet anzusehen. Ist das letztere dagegen unzweifelhaft nicht das Ziel eines Einspruchs, so muß er den angefochtenen Teil deutlich machen, da die Veranlagung, soweit sie nicht angefochten ist, mit dem Ablauf der Einspruchsfrist rechtskräftig wird (OVG. 62, 318). Ist das Einspruchsschreiben abhanden gekommen, so muß zugunsten des Steuerpflichtigen angenommen werden, daß es sich auf die Veranlagung im ganzen bezogen hat (VBl. 42, 153). — Der Betrag der behaupteten Überbürdung muß angegeben sein (OVG. 59, 137). — Ein Antrag, die verlangte Abgabe „auf den zulässigen Betrag zu ermäßigen", ist nicht genügend bestimmt (E. v. 4. III. 1913. II. C. 57. 12). — Die begehrte Herabsetzung braucht nicht in einzelnen Ziffern, muß aber doch in einer Weise ausgedrückt werden, daß der Betrag aus unstreitigen Größen berechnet werden kann (OVG. 45, 81; E. v. 27. III. 1917. II. C. 160. 17; VBl. 22, 23, 617; 23, 609; 24, 806; 33, 182, 336; 39, 151; E. v. 12. III. 1929. VIII. B. 11. 28). — Ist ein Zensit die Ermäßigung der ihm auferlegten Gemeindeabgabe zu fordern berechtigt, weil er in gewisser Hinsicht der Gemeindebesteuerung nicht unterliegt, und vermag er diesen Betrag mangels Spezialisierung der Heranziehungsverfügung nicht ziffernmäßig anzugeben, so ist der strittige Betrag innerhalb des Verwaltungsstreitverfahrens zu ermitteln (OVG. 12, 158; VBl. 18, 90). — Wenn die Klägerin bei einer großen Anzahl wertvoller Grundstücke zunächst den Einwand nur damit begründet hat, daß der Wert ihrer Grundstücke viel zu hoch bemessen sei, so kann aus dieser Begründung nicht angenommen werden, daß sich der schlechthin erhobene Einspruch dennoch nicht gegen die ganze Heranziehung richten sollte (E. v. 11. IV. 1905. II. C. 254. 04). — Wird bei gemeinsamer Heranziehung zu mehreren Steuerforderungen die Veranlagung nicht im ganzen angegriffen, so muß für jede einzelne Steuerforderung das Maß der begehrten Herabsetzung angegeben werden (OVG. 75, 187). — Der Antrag auf Freistellung schließt denjenigen der Ermäßigung in sich, gleichviel, ob dafür zutreffende Gründe geltend gemacht sind oder erst bei richterlicher Prüfung zutage treten (VBl. 17, 45). —

Weitergehend ist folgende Entscheidung: Bei einer Begrenzung des Einspruchsbegehrens auf einen Teil der Steuerschuld wird, wenn nicht im Einzelfall erhellt, daß diese Begrenzung unbedingt gelten soll, als mutmaßlicher Wille des Steuerpflichtigen angenommen werden können, daß die Einschränkung nur unter der von ihm unterstellten Gültigkeit und Wirksamkeit des materiellen Steuerrechts vorgenommen, dagegen bei dessen Unwirksamkeit nicht gewollt, vielmehr dann die gänzliche Freistellung gewollt ist (OVG. 81, 84). — Darauf, ob die Freistellung aus zutreffenden Gründen beantragt ist, kommt es nicht an, sondern nur darauf, ob sie vollständig oder in bestimmter Höhe begehrt wird (VBl. 34, 361).

Als Einspruch kann nur eine Eingabe angesehen werden, welche unter Behauptung, daß die Heranziehung unrechtmäßig sei, die Beseitigung ihrer rechtlichen Folgen fordert (OVG. 35, 136), nicht also eine solche, welche nur eine Ermäßigung aus Billigkeitsgründen verlangt (VBl. 48, 327; E. v. 27. IV. 1928. VII. C. 87. 27). — Ein Antrag auf Ermäßigung aus Billigkeitsgründen ist auch dann unzulässig, wenn die Steuerordnung selbst dem Steuergläubiger den gänzlichen oder teilweisen Erlaß der Steuer zur Vermeidung außergewöhnlicher Härten vorbehält. Denn das Verwaltungsstreitverfahren soll den Zensiten vor Heranziehungen schützen, die im Steuerrecht keine Grundlage finden; der Schutz ist somit begrenzt auf den gesetzlich geregelten Umfang der Steuerpflicht (VBl. 47, 493). — Die Entscheidung der Ortsbehörde über eine beantragte Ermäßigung, auf welche bei Erfüllung des dafür vorausgesetzten Tatbestandes ein gesetzlicher Anspruch besteht (gänzliche oder teilweise Niederschlagung der Grundsteuer bei Überschwemmungen), unterliegt der Anfechtung im Rechtsmittelverfahren nach §§ 69, 70 (OVG. 39, 69).

Mit dem Einspruch kann nicht die Ungültigkeitserklärung eines Gemeindebeschlusses betreffend Übernahme einer bestimmten Ausgabe auf den Gemeindehaushalt begehrt werden (VBl. 26, 271).

Die Erklärung des Herangezogenen, daß er den Rest der angeforderten Beträge unter Vorbehalt zahle, macht seinen Willen, die Heranziehung ungeachtet der erfolgenden Zahlung anzufechten, klar genug erkennbar, zumal die Gründe, aus denen die Leistungspflicht bestritten wird, in dem bereits früher gegen die Heranziehung zu der gleichen Leistung erhobenen Einspruch, auf welchen aber kein formeller Bescheid erteilt war, im einzelnen dargelegt waren (E. v. 11. I. 1927. VIII. C. 3. 26).

Wie der Gerichtshof schon anderwärts ausgesprochen hat, ist die Ergänzung eines zunächst nicht hinreichend bestimmten Einspruchs während des Einspruchsverfahrens auch nach Ablauf der Einspruchsfrist ebenso zulässig, wie die Ergänzung einer Klage zulässig sein würde. Daß der Kläger die Begründung des Einspruchs erst nach Ablauf der ihm dafür vom Beklagten gesetzten Frist eingereicht hat, ändert nichts an der Tatsache, daß noch vor der Entscheidung über den Einspruch ein wirksames Einspruchsbegehren vorlag (VBl. 49, 576). — Nach Ablauf der Einspruchsfrist darf der Einspruchsantrag nicht erweitert werden (E. v. 11. V. 1920. VIII. C. 11. 20). — Die nachträgliche Einschränkung des Einspruchsantrages ist zulässig (E. v. 25. X. 1912. II. C. 97. 12).

Wegen der Bedeutung des Einspruchsantrags für das anschließende Verwaltungsstreitverfahren s. bei § 70 bei II E 2.

III. Fristenlose Beschwerde.

A. Anwendbarkeit.

Das KAG. hat die in §§ 18 und 34 ZG. erwähnte Beschwerde, welche dem Zensiten neben dem Einspruch im engeren Sinn zustand und an keine Frist gebunden war, weder beseitigt noch von Innehaltung der Einspruchsfrist des § 69 KAG. abhängig gemacht (OVG. 31, 41). — § 69 umfaßt mit dem Worte „Einspruch" auch die Beschwerde gemäß §§ 18, 34 ZG., so daß dieser Rechtsbehelf immer dann zulässig ist, wenn in den Gesetzen auf die Rechtsmittel des § 69 KAG. Bezug genommen wird (OVG. 54, 179). —

Wird gleichzeitig Einspruch und unbefristete Beschwerde eingelegt, so darf über letztere nicht ohne vorgängige oder gleichzeitige Entscheidung über den Einspruch beschlossen werden (OVG. 71, 285). — Die fristenlose Beschwerde dient dazu, den nachträglichen Eintritt veränderter Umstände geltend zu machen (OVG. 58, 236), auf Grund deren sich die Heranziehung nicht mehr als gerechtfertigt erweist (OVG. 70, 299; 71, 286). — Auf Grund solcher Änderung der Verhältnisse kann innerhalb der dadurch gegebenen Begrenzung auch eine mit dem Einspruch nicht angefochtene und nicht mehr anfechtbare Heranziehung bekämpft werden (OVG. 32, 118). — Die Anwendbarkeit des § 18 ZG. bezieht sich nicht nur auf laufende Abgaben, sondern auch auf einmalige Steuertatbestände (E. v. 18. VI. 1929. II. C. 2. 29). — Der Begriff „Gemeindelasten" i. S. der §§ 18 und 34 ZG. geht weiter, als was das KAG. unter „Gemeindeabgaben" umfaßt. Er bestimmt sich nach dem materiellen Rechte, das in dieser Beziehung durch das ZG. keine Abänderung erfahren hat (OVG. 53, 180). — Die Vorschrift in § 34 Abs. 1 Ziff. 2 ZG. betrifft nicht alle Lasten, welche der Gemeinde als solcher obliegen, sondern bezieht sich nur auf solche, zu denen der Verpflichtete durch den Gemeindevorstand kraft eines aus der Gemeindeabgabenverfassung entspringenden Rechts herangezogen oder veranlagt werden kann (OVG. 25, 134). — Für die Handelskammerbeiträge ist die Zuständigkeit der Verwaltungsgerichte in § 29 des Handelskammergesetzes auf die Entscheidung über die Beschlüsse der Handelskammer beschränkt, durch welche die binnen zwei Wochen nach der Zahlungsaufforderung eingebrachten Einsprüche gegen die Heranziehung abgewiesen worden sind. Es fehlt daher an der Möglichkeit, das Wort „Einspruch" i. S. des § 29 a. a. O. dahin auszulegen, daß es die unbefristete Beschwerde wegen nachträglich eingetretener Umstände mit umfaßt (vgl. HMBl. 1902, 104; OVG. 53, 372).

B. Begründung.

Voraussetzung für die Zulässigkeit der fristenlosen Beschwerde ist, daß es sich um ein Ereignis handelt, welches erst nach der Heranziehung eingetreten war und innerhalb der in § 69 KAG. vorgeschriebenen Einspruchsfrist selbst nicht mehr geltend gemacht werden konnte. Dieses Ereignis kann auch in einer Änderung der für die Steuerforderung maßgebend gewesenen Rechtslage bestehen, wenn diese Änderung auf die Steuerforderung von Einfluß gewesen wäre (E. v. 3. III. 1925. VIII. C. 41. 24). — Die nachträgliche Freistellung von bereits bezahlten, gemäß §§ 68, 70 KAG. unanfechtbar gewordenen Steuerbeträgen kann im Wege der fristenlosen Beschwerde nur dann verfolgt werden, wenn die tatsächlichen oder rechtlichen Grundlagen der ursprünglich gerechtfertigten Heranziehung nach deren Rechtskraft fortgefallen sind (E. v. 22. X. 1929. II. C. 46. 29). — Unter Ereignissen, auf Grund deren eine fristenlose Beschwerde mit nachfolgender Klage i. S. des § 70 KAG. erhoben werden kann, sind nur objektive, nicht von den Beteiligten selbst herbeigeführte Geschehnisse zu verstehen. Deshalb fällt auch die auf Anfechtung erfolgte Aufhebung eines Kaufvertrages nicht darunter; denn die Nichtigkeit desselben wird durch die Anfechtung selbst, nicht durch das ihr stattgebende Urteil bewirkt (OVG. 62, 248). — Die Ungültigkeit einer Steuerordnung kann, da sie von Anfang an bestand, also keine Veränderung der Umstände bedeutet, nicht mit der fristenlosen Beschwerde geltend gemacht werden (OVG. 75, 202). — Aus dem gleichen Grunde ist die Berufung darauf, daß eine Steuerordnung inzwischen für rechtsungültig erklärt ist, keine ausreichende Beschwerdebegründung (E. v. 24. X. 1913. VIII. C. 259. 13). — Der Umstand, daß das OVG. erst nach Rechtskraft der Heranziehung zu einer Rechtsfrage Stellung genommen hat, die der Herangezogene schon im Einspruchsverfahren hätte aufwerfen können, stellt keine nachträgliche Veränderung der Rechtsgrundlagen i. S. der Zulässigkeit der fristenlosen Beschwerde dar (E. v. 25. X. 1929. II. C. 87. 29). — Konkurseröffnung hat weder das Erlöschen der Steuerpflicht zur Folge, noch stellt sie eine neue, zur Erhebung der unbefristeten Beschwerde berechtigende Tatsache dar (OVG. 52, 155).

C. Antrag.

Auch eine fristenlose Beschwerde muß, wie der Einspruch, erkennen lassen, in welcher Höhe eine Herabsetzung des geforderten Steuerbetrages verlangt wird, falls der Steuerpflichtige nicht völlige Freistellung begehrt (E. v. 29. XI. 1929. II. C. 24. 29). — Wenn ein Steuerpflichtiger auf Grund einer (Schankerlaubnis-) Gemeindesteuerordnung zunächst nach einem geschätzten Betrag veranlagt ist und die Steuerordnung eine Abänderung der Veranlagung nach erfolgter Feststellung dieses Betrages vorsieht, so kann er diese Abänderung der ursprünglichen Veranlagung mit der fristenlosen Beschwerde beantragen (E. v. 29. XI. 1929. II. C. 98. 29). — Bildet die Veranlagung zur Gewerbesteuer die Grundlage für die Feststellung der Höhe der Schankerlaubnissteuer, so ist eine Heranziehung zu der Steuer, bevor die Veranlagung zur Gewerbesteuer endgültig feststeht (sofern dies in der Steuerordnung nicht ausdrücklich vorgesehen ist), rechtswidrig. Der in dieser Weise Herangezogene kann die Heranziehung mit Einspruch als verfrüht anfechten. Macht er hiervon keinen Gebrauch, so kann er die unbefristete Beschwerde erheben, sofern seine endgültige Veranlagung zu einem niedrigeren Betrage erfolgt, als der vorzeitigen Heranziehung zugrunde gelegt war (OVG. 66, 54). — Eine Berichtigung des ursprünglichen Abgabesolls kann mit der unbefristeten Beschwerde nicht beantragt werden, da sie voraussetzt, daß die ursprüngliche Forderung als richtig anerkannt, aber ihre Modifikation wegen einer in einem späteren Zeitpunkt eingetretenen Veränderung der Verhältnisse beansprucht wird (OVG. 26, 3).

§ 70.

(1) Über den Einspruch beschließt der Gemeindevorstand, und wenn der Gemeindevorstand ein Kollegium ist, sein Vorsitzender oder ein von diesem bezeichnetes Mitglied[1]).

(2) Gegen den Beschluß steht dem Pflichtigen binnen einer, mit dem ersten Tage nach erfolgter Zustellung beginnenden Frist von 2 Wochen die Klage im Verwaltungsstreitverfahren offen. Zuständig in erster Instanz ist für Landgemeinden (Gutsbezirke) der Kreisausschuß, für Stadtgemeinden der Bezirksausschuß. Der Gemeindevorstand kann zur Wahrnehmung der Rechte der Gemeinde einen besonderen Vertreter bestellen. Gegen die Entscheidung des Bezirksausschusses bei Stadtgemeinden ist nur das Rechtsmittel der Revision zulässig.

(3) Der Entscheidung im Verwaltungsstreitverfahren unterliegen desgleichen Streitigkeiten zwischen Beteiligten über ihre in dem öffentlichen Rechte begründete Verpflichtung zu den im § 69 Abs. 1 bezeichneten Lasten.

1. Der zweite Halbsatz des § 1 beruht auf Art. V Ziff. 7 VereinfachungsG. v. 13. V. 1918 (GS. 53), 3. I. 1928 (GS. 1).
2. S. AusfAnw. Art. 45.

Inhaltsübersicht.

I. Einspruchsbescheid.

A. Zuständigkeit.

Die mündliche Äußerung eines Gemeindevorstandsmitgliedes gegenüber dem Einspruchserheber über den Einspruch, die sich äußerlich gar nicht als eine im Namen des Gemeindevorstandes abgegebene Entscheidung darstellt, ist eine unverbindliche, nicht unter § 70 fallende Erklärung und gewährt kein Klagerecht (VBl. 22, 550). — Ebensowenig eine Mitteilung des Gemeindevorstandes über eine etwaige Stellungnahme der Gemeindevertretung, wenn er dieselbe dabei nicht ausdrücklich zu der seinigen macht (OVG. 41, 177; VBl. 24, 209; OVG. 69, 247). — Ebenso ein Einspruchsbescheid, der unzuständigerweise von einem nach § 61 gebildeten Steuerausschuß erlassen ist (VBl. 22, 335). — Die Bestimmung einer Steuerordnung, welche dem Steuerausschuß die Entscheidung über Einsprüche überträgt, ist ungültig (VBl. 24, 209).

Der Gemeindevorstand kann die Beschlußfassung über den Einspruch nicht auf eine andere Person übertragen. Stellt sich ein tatsächlich von einem Bürobeamten ausgegangener Einspruchsbeschluß äußerlich als Einspruchsbescheid des Gemeindevorstandes dar, so ist er auf erhobene Klage außer Wirksamkeit zu setzen (OVG. 62, 151). — Die lediglich zur Geschäftserleichterung erlassene Vorschrift in Art. V Nr. 7 des Kriegsvereinfachungsgesetzes v. 13. V. 1918 (GS. 53), daß über den Einspruch gegen die Heranziehung zu Gemeindeabgaben statt des kollegialen Gemeindevorstandes dessen Vorsitzender oder der von ihm dafür bestellte Stellvertreter zu entscheiden hat, schließt eine Beschlußfassung des kollegialen Gemeindevorstandes nicht aus (BBl. 46, 512). (Die Vorschrift gilt nur für die Dauer des Vereinfachungsgesetzes.) — Für Berlin haben die auf Grund des § 25 Abs. 3 des Gesetzes betr. Bildung der Stadtgemeinde Berlin v. 27. IV. 1920 (GS. 123) ergangenen Ortsgesetze v. 15. XII. 1920, 10. II. 1921 und 2. III. 1921 den Bezirksämtern die Befugnisse des Gemeindevorstandes bei der Entscheidung über Rechtsmittel in Steuersachen übertragen und der Hauptverwaltung nur die Bearbeitung der Revisionsstreitsachen vorbehalten, soweit es sich um grundsätzliche Fragen, insbesondere Gültigkeit der Steuerordnung, handelt (OVG. 79, 37). — Ein bei der Stadtverwaltung beschäftigter Assessor ist trotz Ermächtigung des Magistrats zum Erlaß eines Bescheides aus § 70 Abs. 1 KAG. ebensowenig befugt wie ein hierzu vom Magistrat ermächtigter Bürobeamter (E. v. 8. X. 1914. H. C. 118. 14). — Über einen Einspruch gegen die Heranziehung zu Bürgerrechtsgeld muß in Städten nach § 10 ZG. die Gemeindevertretung beschließen, in Landgemeinden aber, da es in § 27 a. a. O. an einer entsprechenden Zuständigkeitsbestimmung fehlt, gemäß § 34 a. a. O. der Gemeindevorstand (OVG. 35, 155). — Die Vorschriften in § 70 KAG. bzw. in §§ 18, 34 ZG., denen zufolge der Gemeindevorstand über die daselbst bezeichneten Einsprüche und Beschwerden zu beschließen hat, leiden keine Ausnahme. Auch im Bereich der Hannoverschen LGO. kann daher die Mitwirkung der Gemeindeversammlung oder des Steuerausschusses, soweit sie nicht gemäß §§ 41, 51, 52 derselben geboten ist, nur beratend, nicht entscheidend sein. Die alleinige Mitteilung der betreffenden Beschlüsse durch den Gemeindevorsteher ist daher kein klagefähiger Bescheid (OVG. 41, 178). — Auch in der Provinz Westfalen entscheidet der Gemeindevorsteher über die Einsprüche. Denn er hat nach §§ 23, 41, 49 der Westf. LGO. v. 19. III. 1856 die Gemeinde zu vertreten und ihre Angelegenheiten, insbesondere ihre Einkünfte, mit Hilfe des Amtmanns zu verwalten, welche Mitwirkung nach § 29 des Westf. KrO. v. 31. VII. 1886 eine die Tätigkeit des Gemeindevorstehers unterstützende ist. Sind von dem letzteren sonach die Gemeindesteuern zu veranlagen und die Einsprüche gegen diese entgegenzunehmen, so unterliegt es doch, da er sich bei diesen Geschäften der unterstützenden Mitwirkung des Amtmanns bedienen darf, keinem Bedenken, diese Mitwirkung durch eine lokale Norm dahin zu regeln, daß der Einspruch entweder beim Gemeindevorsteher oder beim Amtmann angebracht werden darf (OVG. 17, 237). — Wenn auch nach § 49 der Westf. LGO. in der hier fraglichen Fassung v. 19. III. 1856 (wegen der jetzigen Rechtslage s. II 2 der AusfAnw. v. 25. II. 1928, MBliV. 200) ortsgesetzlich die wahlweise Einbringung des Einspruchs entweder beim Gemeindevorsteher oder beim Amtmann (Bürgermeister) zugelassen werden konnte, so hatte doch über den Einspruch allein der Gemeindevorsteher, gegebenenfalls mit Unterstützung des Amtmanns, nicht aber letzterer ausschließlich zu entscheiden. Hierin ist weder durch das KAG. noch durch das Gesetz v. 27. XII. 1927 (GS. 211) eine Änderung eingetreten (E. v. 3. XII. 1929. II. C. 77. 29). — Wenn der Kläger gegen die unzulässigerweise statt vom Magistrat durch polizeiliche Verfügung angeforderte Gebühr an Stelle der in § 127 LVG. gegebenen Rechtsbehelfe auf dem im KAG. gewiesenen Wege Einspruch beim Magistrat erhoben hatte, so war dieser zwar nicht in der Lage, die polizeiliche Verfügung außer Kraft zu setzen, aber er mußte die Gesetzwidrigkeit der Verfügung erkennen und dem Kläger erklären, daß er aus der Verfügung keinerlei Rechte für sich herleiten wolle. Da das nicht geschehen ist, mußte der Einspruchsbescheid aufgehoben werden (BBl. 23, 103). — Daß die Heranziehung zu einer Baupolizeigebühr durch die Polizeiverwaltung statt durch den Magistrat erfolgt ist, steht ihrer Rechtsgültigkeit nicht entgegen, weil im vorliegenden Falle anzunehmen ist, daß die Polizei als Vertreterin des Magistrats gehandelt hat (BBl. 32, 8); der Einspruchsbescheid durfte aber nur seitens des Magistrats ergehen (E. v. 25. IV. 1913. II. C. 45. 12.) — In Westfalen ist zur Erhebung der Baugenehmigungsgebühren allein das Amt zuständig, auch wenn es nur aus einer Gemeinde besteht. Trotz der Vorschrift in § 70 KAG. muß daher der Einspruchsbescheid vom Amtmann (Bürgermeister) erteilt werden, es sei denn, daß die Gebühr zu Unrecht von der Gemeinde und für sie angefordert ist (OVG. 62, 123).

B. Form.

Ein ohne Vorliegen eines Einspruchs ergangener Einspruchsbescheid entbehrt der gesetzlichen Grundlage und muß aufgehoben werden (OVG. 37, 42; VBl. 22, 133). — Ebenso ein vor Ablauf der Einspruchsfrist erlassener Bescheid (E. v. 29. XI. 1912. VIII. C. 103. 12). — Jeder Bescheid, der auf einer als Einspruch aufzufassenden Eingabe seitens der zuständigen Behörde erteilt wird, muß als Einspruchsbescheid gelten (VBl. 26, 372).

Ist der Einspruchsbescheid entgegen der Bestimmung in Art. 45 Ziff. 2 Abs. 2 der AusfAnw. nicht schriftlich abgefaßt, so ist er stets mit der Klage anfechtbar (VBl. 33, 666; 35, 137; E. v. 5. I. 1912. VIII. C. 216. 11). — Bei fehlender Unterschrift kommt es auf den Nachweis an, daß der Bescheid von der zuständigen Stelle erteilt ist, was z. B. zutrifft, wenn der Kopf die gedruckten Worte „Gemeindevorstand" enthält (OVG. 8, 155). — Da kein Zweifel besteht, daß der Einspruchsbescheid namens des Magistrats sowohl von dem Bürgermeister als auch von seinem Stellvertreter gültig unterzeichnet werden kann, darf dies im Auftrage des Bürgermeisters auch durch jedes Magistratsmitglied geschehen (OVG. 55, 85). — Wenn der Steuertatbestand beide Eheleute betraf, aber trotzdem nur die Ehefrau, und zwar in voller Höhe herangezogen war, so durfte auf den Einspruch, welcher durch einen von beiden Eheleuten Bevollmächtigten eingelegt war, der Einspruchsbescheid nicht allein für den Ehemann erteilt werden. Gegen einen solchen Bescheid stand beiden Eheleuten die Klage zu, auf welche die Heranziehungsverfügung hätte außer Kraft gesetzt werden müssen (E. v. 1. III. 1929. VII. C. 101. 28). — Ist von zwei Jagdpächtern nur einer zur Jagdsteuer herangezogen, so ist auf den von ihm erhobenen Einspruch auch ihm allein Bescheid zu erteilen, selbst wenn er inzwischen aus dem Pachtverhältnis ausgeschieden ist. Die Erteilung des Bescheides an den verbliebenen Jagdpächter entbehrt mangels Heranziehung der gesetzlichen Grundlage (Urt. v. 22. IX. 1925. II. C. 81. 25). — Eine nach erhobenem Einspruch erlassene Zwischenverfügung, welche Auskunft über bestimmte Tatsachen fordert, muß erkennen lassen, daß es sich nicht um einen Einspruchsbescheid handelt. Ein solcher liegt jedenfalls dann vor, wenn für den Fall, daß die verlangten Beweismittel nicht beigebracht werden, die beantragte Ermäßigung abgelehnt wird (E. v. 18. V. 1898. II. 831).

Eine Begründung und Rechtsmittelbelehrung ist nicht notwendig. Es genügt, wenn der Bescheid auf einem von der zuständigen Behörde gefaßten Beschlusse beruht und die Ausfertigung von dem zuständigen Beamten unterzeichnet ist (OVG. 55, 84; 74, 32; VBl. 47, 382). — Da für den Einspruchsbescheid eine Rechtsmittelbelehrung nicht vorgeschrieben ist, schadet auch eine irrtümliche Rechtsmittelbelehrung nichts (E. v. 24. VI. 1914. II. H. C. 257. 14; OVG. 70, 99; E. v. 15. X. 1918. II. C. 120. 18).

Als Einspruchsbescheid gilt auch die Mitteilung, daß die Beitreibung der verlangten Abgabe bis zur endgültigen Entscheidung in einer gleichartigen, im Verwaltungsstreitverfahren schwebenden Sache ausgesetzt werde (VBl. 39, 611). — Ein Einspruchsbescheid kann auch in der Erklärung des Gemeindevorstandes gefunden werden, keinen Bescheid erteilen zu wollen (OVG. 41, 76; VBl. 47, 226). — Dagegen wird die Klagefrist nicht von neuem in Lauf gesetzt, wenn der Gemeindevorsteher auf die Gegenvorstellung gegen einen Einspruchsbescheid erklärt, daß es bei diesem bewenden müsse (E. v. 7. VII. 1905. II. C. 199. 05). — Das gilt selbst dann, wenn einem derartigen Bescheide eine Rechtsmittelbelehrung beigefügt war (E. v. 16. IV. 1917. II. C. 373. 16).

C. Inhalt.

Der Einspruchsbescheid muß erkennen lassen, daß er die den Klageweg eröffnende, abschließende Willenserklärung des Steuergläubigers darstellen soll (E. v.

18. III. 1912. II. C. 219. 11; OVG. 35, 136; 40, 1; 41, 76; VBl. 17, 429; E. v. 7. II 1928. II. C. 77. 27). — Ist der Einspruchsbescheid nicht abschließend, so kann von neuem Einspruch eingelegt werden (E. v. 21. XI. 1922. VIII. C. 18. 22). — Mängel des Veranlagungsverfahrens können unter Umständen durch den Einspruchsbescheid geheilt werden (OVG. 62, 280). — Es ist nicht zulässig, daß der Einspruchsbescheid zunächst nur über den Grund des Anspruchs befindet, um erst später zu der Frage, in welcher Höhe die Steuerforderung aufrechterhalten wird, Stellung zu nehmen. Der Steuerpflichtige hat einen Anspruch darauf, daß diese Stellungnahme bereits aus dem Einspruchsbescheide hervorgeht (OVG. 66, 220). — Wird ein formell unzulässiger Bescheid im Verwaltungsstreitverfahren außer Kraft gesetzt (OVG. 62, 151) und daraufhin der bisher übergangene, tatsächlich Steuerpflichtige herangezogen (OVG. 51, 125, 127; 71, 184), so ist dabei eine Erhöhung der bisher geforderten Abgabe zulässig. Da der bisherige Steuerbescheid außer Kraft gesetzt und deshalb als rechtlich nicht mehr vorhanden anzusehen ist, können aus seinem Inhalt keine Einwendungen gegen einen neuen Steuerbescheid erhoben werden (OVG. 73, 9).

D. Abänderung und Zurücknahme.

Die ziffernmäßige Berichtigung des angeforderten Betrages in einem Einspruchsbescheide ist als ein neuer klagefähiger Bescheid anzusehen (E. v. 12. X. 1920. II. C. 78. 20). — Ein zweiter Einspruchsbescheid hebt den ersten auf (E. v. 18. II. 1913. VIII. C. 326. 12). — Der Ansicht des Vorderrichters, daß die Erneuerung des Einspruchs, wenn bereits ein Beschluß des Gemeindevorstandes ergangen ist, den Gemeindevorsteher nicht berechtige, an die Stelle des früheren Einspruchsbescheides einen anderen zu setzen, der wiederum die Klagefrist eröffnet, kann nicht beigetreten werden. Eine Verpflichtung des Vorstehers hierzu besteht allerdings nicht, vielmehr kann er sich, wenn nach Erlaß des Einspruchsbescheides eine Gegenvorstellung erhoben wird, darauf beschränken, eine erneute Beschlußfassung abzulehnen; macht er aber von der Befugnis zur wiederholten sachlichen Prüfung Gebrauch, so tritt der daraufhin erlassene neue sachliche Bescheid an die Stelle des älteren, dem damit die weitere Gültigkeit entzogen wird, und eröffnet für den Einspruchserheber eine neue Klagefrist. Der neue Bescheid stellt aber keine neue Heranziehung dar, gegen welche wiederum Einspruch zulässig wäre (VBl. 20, 473). — Ein Einspruchsbescheid, durch den Freistellung erfolgt ist, schließt eine Nachveranlagung aus, selbst wenn sich später die tatsächlichen und rechtlichen Grundlagen als unzutreffend erweisen (E. v. 30. V. 1916. VIII. C. 100. 16; opp. VBl. 50, 104). — Wenn der Gemeindevorstand im Einspruchsbescheid die Freistellung oder Ermäßigung der Abgabe aus einem materiell-rechtlichen Grunde ausgesprochen hat, so ist eine nochmalige Heranziehung unter Abänderung des Einspruchsbescheides unzulässig. Die entgegengesetzte Auffassung in der in OVG. 48, 33 auszugsweise abgedruckten und in der nicht veröffentlichten Entsch. v. 27. V. 1913. II. C. 23. 13 wird aufgegeben. Allerdings ist der Einspruchsbescheid keine zwischen zwei Parteien ergehende und der Rechtskraft im eigentlichen Sinne fähige Entscheidung. Aber er bildet einen Teil des im Gesetz zwecks einer Entscheidung über die Steuerpflicht des Herangezogenen vorgesehenen Verfahrens. Deshalb ist anzunehmen, daß er, einmal erlassen, nicht mehr zum Nachteil des Zensiten abgeändert werden darf und, wie zum Nachteil des Zensiten mit Ablauf der Klagefrist, so zu dessen Gunsten schon mit Erlaß unabänderlich wird. Diejenigen Entscheidungen des OVG., in denen der Ersatz eines Einspruchsbescheides durch einen anderen für zulässig erklärt ist, betrafen nur Fälle, in denen der frühere Bescheid aufrechterhalten oder zugunsten des Zensiten abgeändert war. Ob und inwieweit der hier aufgestellte Grundsatz auch anzuwenden ist, wenn der Einspruchsbescheid nicht auf materiellen Gründen beruht, bedarf hier keiner Entscheidung (OVG. 42, 110; ebenso VBl. 37, 74; 39, 78). — §§ 69, 70 berechtigen nicht zu der Annahme, daß im Einspruchsbescheid die irrtümlich oder aus sonstigen Gründen übergangenen Teile einer Forderung nachgefordert werden könnten. Dazu ist § 87 gegeben. Wollte der Beklagte eine solche Nachforderung in Verbindung mit dem Einspruchsbescheide geltend machen, so mußte er eine ganz neue Heranziehungsverfügung erlassen, welche die ganze Forderung umfaßte. Durch einfache Erhöhung des ursprünglich angeforderten Betrages war solches ausgeschlossen. Der Beklagte kann sich dafür auch nicht auf OVG. 41. 128 stützen. Allerdings ist in diesem Urteile zwischen dem Einspruchs- und dem Verwaltungsstreitverfahren unterschieden und die Frage erörtert, inwieweit in dem Einspruchsbeschlusse die geltend gemachte Forderung ihrem Betrage oder ihrem Grunde nach abgeändert werden dürfe. Indessen ist diese Frage hinsichtlich der Anliegerbeiträge (s. a. unten OVG. 41, 130) nur für den Fall bejaht, daß zwischen der Heranziehung und dem Einspruchsbescheide ein neues, die Beitragspflicht begründendes Gebäude errichtet worden ist (VBl. 36, 9).

Bei direkten Steuern gilt es nicht als unzulässige Nachforderung, wenn auf Einspruch die ursprüngliche Heranziehung zurückgenommen und gleichzeitig — wenn auch mittels besonderer Verfügung — anderweit eine Forderung erhoben oder vorbehalten wird. In solchen Fällen ist mehrfach angenommen worden, daß es sich trotz der Ausdrücke „Zurücknahme" und „Neuveranlagung" nur um die Berichtigung der abstrakt aufrechterhaltenen ursprünglichen Heranziehung handle (OVG. 66, 141). — Die Erhöhung einer angeforderten G e b ü h r ist im Einspruchsbescheid zulässig, wogegen die Klage Stellung nehmen kann, ohne daß es eines erneuten Einspruchs und eines neuen Einspruchsbescheides bedarf. — Die Meinung, daß eine Erhöhung der Forderung im Einspruchsbescheide stets das Wesen einer neuen Heranziehung habe, ist schon deshalb irrig, weil ein Einspruch auch mit dem Ziele einer Erhöhung der Heranziehung eingelegt werden kann. Verliert eine Verfügung, welche einem derartigen Antrage stattgibt, nicht lediglich deshalb das Wesen eines Einspruchsbescheides, weil sie die Forderung erhöht hat, so gilt das gleiche, wenn diese Erhöhung entgegen dem Antrage des Einspruchserhebers ausgesprochen wird. Der Steuergläubiger ist durch den Einspruch in keiner Weise gebunden, weder hinsichtlich des Betrages noch hinsichtlich der Begründung. Er hat eine Ermäßigung auch dann vorzunehmen, wenn er bei Prüfung findet, daß der Einspruchserheber in anderer als der von ihm gerügten Weise beschwert ist, und so steht es ihm formell — abgesehen von der Frage der Zulässigkeit einer Nachveranlagung — auch frei, die Heranziehung zum Nachteil des Einsprechenden zu berichtigen (OVG. 66, 141; E. v. 31. X. 1916. II. C. 418. 16). S. o. E. v. 12. X. 1920. II. C. 78. 20.

Die Forderung eines A n l i e g e r b e i t r a g e s kann im Einspruchsbescheide erhöht und insofern auf eine andere tatsächliche oder rechtliche Grundlage gestützt werden, daß sie auf die Errichtung eines anderen Gebäudes gegründet wird, auch wenn dieses erst zwischen der Heranziehung und dem Erlaß des Einspruchsbescheides errichtet ist (OVG. 41, 128, 130; 67, 149). — Gegenüber der Anforderung eines A n l i e g e r b e i t r a g e s kann nicht eingewendet werden, daß der B e s i t z v o r g ä n g e r durch Einspruchsbescheid f r e i g e s t e l l t sei, weil es sich um eine Unternehmerstraße handle. Denn bei einem Einspruchsbescheide kann höchstens von einer Rechtskraft in formeller Beziehung die Rede sein, nicht aber wird durch ihn in sachlicher Beziehung eine Entscheidung getroffen, die rechtskräftig werden kann. Die Entsch. Bd. 42, 110 betrifft ein anderes Rechtsgebiet und kommt für Anliegerbeiträge nicht in Betracht (VBl. 38, 159). (Vgl. auch oben VBl. 36, 9 und wegen Haftung bei § 90 unter II.)

S. auch bei § 69 unter I J und bei § 70 unter II F 6.

E. Zustellung.

1. Was gilt als Zustellung im Sinne des § 70?

Der Einspruchsbescheid muß zugestellt werden. Doch sind für diese Zustellung nicht die Vorschriften der ZPO., sondern, auf Grund der Bezugnahme in Art. 45 der

AusfAnw. zum KAG., die erleichterten Bestimmungen in Art. 43 a. a. O. maßgebend (OVG. 48, 58). — Gemäß Art. 45 Ziff. 2 Abs. 2 verbunden mit Art. 43 Ziff. 1 Abs. 5 der AusfAnw. haben die Ressortminister angeordnet, daß der Einspruchsbescheid nach Maßgabe der Verordnung über das Verwaltungszwangsverfahren v. 15. XI. 1899 (GS. 545) bzw. der dazu ergangenen AusfAnw. v. 28. XI. 1899 Art. 28 zuzustellen ist (VB. 35, 62). — Auch der Beschluß auf eine unbefristete Beschwerde muß nach den Vorschriften in Art. 43 und 45 der AusfAnw. zugestellt werden (OVG. 58, 165). — Auch dann, wenn gemäß § 9 Abs. 2 des Gesetzes vom 2. IV. 1887 (GS. 105) nicht der Gemeindevorsteher, sondern eine Privatperson zum Verwalter der durch ein Auseinandersetzungsverfahren begründeten gemeinschaftlichen Angelegenheiten bestellt ist, bedarf der von ihr in dieser Eigenschaft auf einen Einspruch erteilte Bescheid der Zustellung (VBl. 50, 588).

Ist der Bescheid nicht in der in Art. 45 bzw. 43 der AusfAnw. bezeichneten Weise zugestellt worden, so bleibt er mittels Klage anfechtbar, wenn auch die Klagefrist selbst nicht in Lauf gesetzt wird (OVG. 35, 137).

Mängel der Zustellung können durch andere Beweismittel ersetzt werden (E. v. 13. III. 1923. II. C. 22. 23; 6. VII. 1926. II. C. 107. 25). — Der Nachweis der Unrichtigkeit der Urkunde kann durch den Hinweis auf den Eingangsstempel des privaten Sekretariats des Klägers nicht geführt werden (E. v. 27. III. 1928. II. C. 173. 27). — Ebensowenig kann der Gegenbeweis durch Parteieid geführt werden, da ein solcher dem Verwaltungsstreitverfahren fremd ist (E. v. 4. I. 1910. II. C. 136. 09). — Eine Aktennotiz des Beklagten über die erfolgte Zustellung kann diese selbst nicht ersetzen. Ebensowenig das Zugeständnis des Klägers, daß sein Einspruch „durch Zustellung vom ....“ abgewiesen sei, da hieraus nicht ersichtlich ist, ob der Bescheid an dem betreffenden Tage in die Hände des Klägers gelangt ist (VBl. 48, 135).

2. Form der Beurkundung der Zustellung.

Die Aufnahme einer förmlichen Zustellungsurkunde ist nicht erforderlich (VBl. 47, 326). Es genügt eine Bescheinigung des Zustellungsbeamten, welche Ort und Zeit der Zustellung, die Bezeichnung des zugestellten Schriftstücks und der Person, an welche dasselbe übergeben ist, sowie die Unterschrift des Beamten enthält (OVG. 73, 167). — Die Vorschrift in § 1 des Kommunalbeamtengesetzes v. 30. VII. 1899, nach welcher für Kommunalbeamte das Beamtenverhältnis durch Ausstellung einer Anstellungsurkunde begründet wird, bezieht sich nur auf das Rechtsverhältnis zwischen dem anstellenden Kommunalverbande und dem Beamten. Wie auch das Reichsgericht ausgesprochen hat (VBl. 29, 790), ist es durchaus möglich, daß ein Angestellter nach außen hin die Stellung eines öffentlichen Beamten hat, während das innere Dienstverhältnis nur privatrechtlich geordnet ist. Deshalb kann eine Zustellung in Kommunalabgabensachen gültigerweise auch durch eine Person vorgenommen werden, die als Hilfsbeamter angenommen und als solcher lediglich durch Handschlag verpflichtet ist (VBl. 42, 427). — Im Sinne des Art. 43 AusfAnw. war G. auch ohne besondere Anstellungsurkunde und Vereidigung als öffentlicher Beamter anzusehen, weil er ein festes Jahresgehalt und freie Wohnung erhält, seine Stelle als Gemeindehilfsbote im Haushaltsplan besonders aufgeführt und er mit der Vornahme von Zustellungen allgemein beauftragt und vom Gemeindevorsteher mittels Handschlages an Eides Statt verpflichtet ist (OVG. 69, 443). — Aus den im § 60 KAG. für die Fälle, in denen sich die Kommunalbesteuerung nicht an die Staatssteuer anschließt, hinsichtlich des Erlöschens der Steuerpflicht aufgestellten Regeln läßt sich ein allgemeiner Grundsatz dahin, daß das Ereignis selbst das Erlöschen der Steuerpflicht immer herbeiführt, nicht ableiten. Die Gemeinden sind also nicht behindert, in der Steuerordnung zu bestimmen, daß der Eintritt der nach § 24 die Steuerfreiheit begründenden Voraussetzungen nicht ohne weiteres den Fortfall der Steuerpflicht bewirkt, sondern daß es dazu einer vorherigen Anzeige bedarf (OVG. 66, 170).

Als Ort der Zustellung gilt die Bezeichnung der Gemeinde, in deren Gebiet die Aushändigung erfolgt ist. — Wenn unter dem Anerkenntnis des Abgabepflichtigen, daß er das Schreiben des Beklagten vom...... betr. Veranlagung zur Gemeindesteuer für...... am...... erhalten habe, sich der von dem aushändigenden Beamten vollzogene, vom gleichen Tage datierte Vermerk: „Die richtige Zustellung bescheinigt" befindet, so sind damit die Anforderungen in Art. 28 der zur Verordnung über das Verwaltungszwangsverfahren erlassenen AusfAnw. v. 28. XI. 1899 bzw. in Art. 43 und 45 der AusfAnw. zum KAG. bezüglich Zustellung des Einspruchsbescheides erfüllt. Die Behändigungsbescheinigungen für das Gebiet des KAG. besitzen nicht die Bedeutung von Formalurkunden, sondern von Beweismitteln, so daß es nur darauf ankommt, ob aus ihnen zu entnehmen ist, daß die materiellen Zustellungsvorschriften erfüllt sind. Nun schreibt Art. 43 der AusfAnw. zum KAG. allerdings vor, daß für die Zustellung der dort bezeichneten Schriftstücke statt der förmlichen Zustellungsurkunde eine Bescheinigung des aushändigenden öffentlichen Beamten genügt, welche neben anderen Angaben Ort und Zeit der Zustellung enthält. Da hiermit aber eine Verfahrenserleichterung beabsichtigt war, kann nicht angenommen werden, daß mit letzterer Forderung mehr verlangt werden sollte, als für die formelle Zustellung vorgeschrieben ist. Da nun nach Art. 28 Ziff. 5 der AusfAnw. v. 28. XI. 1899 eine förmliche Zustellung an jedem Orte erfolgen kann, wo der Adressat angetroffen wird, sofern er die Annahme nicht verweigert, muß das gleiche auch für den Behändigungsschein gelten, wenn der Ort der Behändigung nicht für die Wirksamkeit der Zustellung wesentlich ist (VBl. **40**, 589; **42**, 427; **50**, 131). — Anderenfalls muß die Stelle, wo die Übergabe bewirkt ist (Wohnung, Geschäftslokal usw.) besonders angegeben werden (E. v. **30. XI. 1926.** VIII. C. 1. 26).

Die Zustellungsbescheinigung kann auf dem Empfangsschein selbst erfolgen (E. v. **15. V. 1925.** VIII. C. 20. 25). — Bei der vereinfachten Zustellung gemäß Art. 43 der AusfAnw. können die Zustellungsbescheinigungen für mehrere Zustellungen tabellarisch zusammengefaßt werden (VBl. **50**, 131). — Fehlt die Angabe des Zustellungstages, so ist die Urkunde und damit die Zustellung selbst rechtsungültig, und zwar auch dann, wenn die Klage den Zustellungstag angibt (VBl. **49**, 51). — Wenn der Zustellungstag entgegen der Bestimmung in Art. 28 Ziff. 14e der AusfAnw. v. 28. XI. 1899 zur Verordnung betr. das Verwaltungszwangsverfahren auf dem Briefumschlag des zuzustellenden Schriftstücks nicht vermerkt ist, so wird dieser Mangel durch Angabe des Tages in der Zustellungsurkunde selbst geheilt (VBl. **43**, 558). — Die Zustellung ist ungültig, wenn die Geschäftsnummer auf dem Briefumschlag des zuzustellenden Schriftstücks nicht angegeben ist (OVG. **77**, 40). Ebenso bei förmlicher Zustellung, wenn sie auf der Zustellungsurkunde fehlt (VBl. **49**, 897, 959).

Eine nachträgliche Ergänzung der Empfangsbescheinigung kann deren etwaige Mängel nicht heilen, da die Vorschrift in der AusfAnw. Art. 43, daß die Zustellung „unter Bescheinigung der Behändigung" auszuführen ist, die Ausstellung der Bescheinigung als einen wesentlichen Teil des Zustellungsaktes kennzeichnet (OVG. **73**, 168).

3. An wen ist zuzustellen?

Bei Gewerbetreibenden darf die Zustellung auch solcher Einspruchsbescheide, welche nicht den Gewerbebetrieb betreffen, im Geschäftslokal, gegebenenfalls im Wege der Ersatzzustellung (s. u. bei 4) an einen Gewerbegehilfen, geschehen (VBl. **47**, 267). — Bei Zustellung an eine Firma muß, wenn nicht Ersatzzustellung (s. u. bei 4) stattfindet, derjenige Firmeninhaber in der Urkunde namentlich bezeichnet werden, welchem das Schriftstück übergeben ist (E. v. **18. X. 1921.** VIII. C. 90. 21). — Die an eine unzuständige Reichsverwaltungsstelle erfolgte Zustellung eines an den Reichsfiskus gerichteten Bescheids setzt die Klagefrist nicht in Lauf (OVG. 51, 125; VBl. **28**, 240; E. v.

24. IX. 1926. II. C. 12. 25). — Nach § 28 der AusfAnw. v. 28. XI. 1899 zur Verordnung über das Verwaltungszwangsverfahren, der auch für Zustellung von Einspruchsbescheiden maßgebend ist, muß ein an eine prozeßfähige physische Person gerichtetes Schriftstück dieser selbst übergeben werden, während im Falle ihrer Prozeßunfähigkeit die Zustellung an ihren gesetzlichen Vertreter zu erfolgen hat. Letzteres Verfahren ist auch anzuwenden, wenn der betreffenden Person die Prozeßfähigkeit nur teilweise entzogen ist. Das trifft hinsichtlich der zu einer Konkursmasse gehörigen Grundstücke zu; die Verfügung und Verwaltung über sie ist mit der Konkurseröffnung ausschließlich auf den Konkursverwalter übergegangen, und müssen daher auch alle auf die für dieses Grundstück zu zahlenden Steuern bezüglichen Verfügungen, sofern die Steuern nicht bereits vor der Konkurseröffnung angefordert und damit persönliche Schulden des Gemeinschuldners geworden sind, an den Konkursverwalter gerichtet werden (OVG. 52, 141). — Die Vorschrift in Art. 28 der AusfAnw. v. 28. XI. 1899 zur Verordnung v. 15. XI. 1899 (GS. 545), nach der die Zustellung für einen Unteroffizier oder Gemeinen des aktiven Heeres oder der aktiven Marine an den Chef der zunächst vorgesetzten Kommandobehörde zu erfolgen hat, findet gleichmäßig auf die innerhalb oder außerhalb der Kasernen Wohnenden Anwendung. Hinsichtlich der gleichlautenden Bestimmung in § 16 Nr. III des Regulativs für den Geschäftsgang beim OVG. hat der Gerichtshof ausgesprochen (OVG. 71, 448), daß sie auf alle Zustellungen an Unteroffiziere und Gemeine anzuwenden sei und daß sogar eine persönlich an einen Unteroffizier oder Gemeinen bewirkte Zustellung die Notfrist nicht in Lauf setze (VBl. 39, 588).

Wegen der wahlweisen Zustellung bei Vorhandensein eines Prozeßbevollmächtigten s. VBl. 42, 343; 49, 1003 (s. u. bei IV B).

4. Ersatzzustellung.

Wird eine Person, an die zugestellt werden soll, nicht in ihrer Wohnung angetroffen, so kann die Zustellung an jede andere in der Wohnung befindliche Person erfolgen, auch wenn sie mit dem Adressaten nicht verwandt ist. Voraussetzung ist aber, daß sie sein Hausgenosse ist und zugleich entweder zu seiner Familie gehört oder in der Familie dient (OVG. 66, 87). — Kann die Ersatzzustellung nicht an derartige Haushaltsangehörige bewirkt werden, so muß das Schriftstück bei dem Gemeindevorsteher oder bei der für den Zustellungsort zuständigen Postanstalt hinterlegt werden; eine Ersatzzustellung an andere, im gleichen Hause wohnende Personen, z. B. den Inspektor des zur Jagdsteuer veranlagten Gutsbesitzers, den Hauseigentümer usw., ist rechtsungültig (VBl. 47, 434). — Als ein zur Familie gehörender erwachsener Hausgenosse gilt nur, wer rechtlich oder, wie bei Pflegekindern, tatsächlich zu den durch Ehe, Verwandtschaft oder Schwägerschaft verbundenen Personen gehört und außerdem dauernd mit dem Adressaten zusammenwohnt (E. v. 18. XI. 1915. H. C. 162. 15). Hierunter fallen aber auch Verwandte der bezeichneten Art, welche sich nur zum Besuch im Haushalt aufhalten (Urt. v. 26. I. 1915. II. C. 159. 14). — Ist eine förmliche Zustellung vorgeschrieben, so muß bei einer Ersatzzustellung in der Zustellungsurkunde nicht nur die Person, welcher das zuzustellende Schriftstück übergeben wird, bezeichnet, sondern auch die rechtserhebliche Eigenschaft dieser Person, welche die Aushändigung an sie rechtfertigt, angegeben werden (VBl. 42, 284). — Die Tatfrage, ob die Stelle der Ersatzzustellung als Wohnung i. S. des § 180 ZPO. und die Person, welcher das Schriftstück behändigt ist, als „Vermieter" anzusehen ist, hat zunächst der Zustellungsbeamte zu entscheiden, und hat der Kläger gegebenenfalls das Gegenteil zu beweisen. Besitzt jemand eine Wohnung, so bleibt sie es, auch bei einer Abwesenheit auf Reisen oder infolge einer Untersuchungshaft, sofern eine Rückkehr in die Wohnung zu erwarten ist (VBl. 49, 442). — Eine Ersatzzustellung ist nur zulässig, wenn der Abgabenpflichtige an dem betreffenden Orte eine Wohnung hat, während es auf den Wohnsitz nicht ankommt (VBl. 22, 547). — Die Zustellung an einen Geschäftsteilhaber ist keine ordnungsmäßige Ersatzzustellung für einen Gewerbetreibenden, auch wenn sie in dessen Geschäftslokal erfolgt (VBl. 35, 62). — Die bei der Zweigniederlassung einer anderweit domizilierten G. m. b. H. bewirkte Zustellung ist nur dann rechtsgültig, wenn sie an einen zur Vertretung der Gesellschaft in Steuerangelegenheiten befugten Bevollmächtigten der Gesellschaft erfolgt ist (VBl. 50, 57). — Bei Zustellungen an Korporationen kann, wenn der Vorsteher im Geschäftslokal nicht angetroffen wird, Ersatzzustellung an einen anderen im Geschäftslokal anwesenden Beamteten oder Bediensteten erfolgen. In diesem Sinne ist als Geschäftslokal nur dasjenige zu verstehen, in welchem der gesetzliche Vertreter einer Rechtsperson selbst seine Tätigkeit ausübt und regelmäßig anzutreffen ist. Die Ersatzzustellung kann deshalb nicht in dem Geschäftslokal jeder beliebigen Zweigniederlassung bewirkt werden, sondern es ist gegebenenfalls nachzuweisen, daß das Geschäftslokal der Zweigniederlassung auch ein solches des Korporationsvorstandes ist (VBl. 47, 326). — Eine gemäß Art. 28 Ziff. 8 der AusfAnw. vom 28. XI. 1899 zur Verordnung über das Verwaltungszwangsverfahren im Geschäftslokal eines Gewerbetreibenden bei seiner Nichtanwesenheit an einen Gewerbegehilfen bewirkte Ersatzzustellung ist unzulässig, wenn der Abgabenpflichtige auswärts wohnt und deshalb von vornherein nicht angenommen werden kann, daß er in dem an einem anderen Ort befindlichen Geschäftslokal anzutreffen ist (OVG. 49, 48). — Eine Zustellung an den Prokuristen des Abgabepflichtigen mit gleicher Wirkung wie an den Adressaten selbst kann nach Art. 28 Ziff. 4 der AusfAnw. v. 28. XI. 1899 nur in den den Betrieb eines Handelsgewerbes betreffenden Angelegenheiten erfolgen (OVG. 49, 48).

II. Klage.

A. Voraussetzungen des Klagerechts.

Voraussetzung der Klage ist Heranziehung, Einspruch und Einspruchsbescheid (OVG. 53, 126; VBl. 16, 246). — Die Klagerhebung vor erfolgter Veranlagung ist unzulässig (E. v. 22. VI. 1926. II. C. 141. 25). — Die Klage ist auch gegen einen Bescheid des Gemeindevorstandes gegeben, durch welchen eine wegen nachträglicher Veränderung der Umstände erhobene fristenlose Beschwerde (OVG. 68, 17, 21; 71, 285; s. o. bei § 69 unter III) abgewiesen ist (OVG. 81, 150). Eine vor Zustellung eines Einspruchsbescheids erhobene und daher unzulässige Klage kann dadurch zulässig gemacht werden, daß der Herangezogene nach erfolgter Zustellung innerhalb der Klagefrist erklärt, daß er die verfrüht erhobene Klage aufrechterhalte (VBl. 19, 147). — War der Einspruchsbescheid bereits formlos mitgeteilt, so konnte die Klage auch bereits vor seiner förmlichen Zustellung erhoben werden (E. v. 12. XII. 1905. II. C. 379. 05; 18. X. 1910. II. C. 99. 10). — Die Klagerhebung setzt einen Einspruchsbescheid, aber nicht dessen Zustellung voraus (VBl. 25, 548). — Wird auf den erhobenen Einspruch kein Bescheid erteilt, so berechtigt das nicht zur Klagerhebung, sondern nur zur Beschwerde im Aufsichtswege (E. v. 9. IV. 1918. II. C. 171. 17). — Wenn der Beklagte ungeachtet des Fehlens eines Einspruchs einen Einspruchsbescheid erließ, so fehlt diesem Beschlusse die gesetzliche Grundlage aus §§ 69, 70. Dem Kläger aber wurde durch dieses ungesetzliche Verhalten begründeter Anlaß gegeben, mittels einer Klage den rechtswidrigen Beschluß zur Aufhebung zu bringen und dadurch einer etwaigen Berufung auf denselben als einen endgültig gewordenen vorzubeugen. Der Bescheid mußte daher auf die Klage als gesetzwidrig aufgehoben werden (vgl. OVG. 31, 24; VBl. 22, 133). — Eine Klage gegen einen den Einspruch zurückweisenden Bescheid wird durch nachträgliche Zurückziehung der Veranlagung gegenstandslos (VBl. 16, 523; s. u. unter F 6). — Die Vorschriften über die Voraussetzungen für die Klagerhebung gelten auch dann, wenn der Klagantrag damit begründet wird, daß jede Steuerpflicht des Klägers fehlt (VBl. 16, 246) oder daß das Ortsrecht ungültig ist (VBl. 24, 436). — S. u. bei E 1. — Ohne vorgängiges Einspruchsverfahren ist eine Klage auch dann unzulässig, wenn die der Heranziehung zugrunde liegende Gebührenordnung inzwischen für rechtsungültig erklärt worden ist (E. v. 20. IX. 1907. II. C. 158. 07). — Die Annahme des Klägers, daß es der Erhebung eines Einspruchs gegen die Zahlungsaufforderung nicht bedurft hätte, weil der Gemeindebeschluß mangels einer Genehmigung rechtsunwirksam sei, ist verfehlt. Zur endgültigen Begründung der Zahlungspflicht des Klägers genügte es, daß er in der gesetzlichen Form zur Zahlung einer Gemeindeabgabe herangezogen war und die rechtzeitige Einlegung des Einspruchs unterlassen hatte. Fehlt es an dieser unerläßlichen Klagevoraussetzung, so muß die Klage auch dann zurückgewiesen werden, wenn sich ergibt, daß die Heranziehung zu Unrecht erfolgt ist (VBl. 24, 437). — Der auf Grund des Gesetzes v. 2. IV. 1887 (GS. 105) zur Verwaltung der gemeinschaftlichen Angelegenheiten bestellte Gemeindevorsteher nimmt die Geschäfte der Teilungsinteressenten wahr, aber er handelt dabei nicht als Beauftragter der letzteren, sondern kraft eines ihm übertragenen eigenen Rechts. Ein Beschluß der Separationsinteressenten ist daher nicht Voraussetzung für die Einleitung des Verwaltungsstreitverfahrens gegen seine Verfügungen (E. v. 4. II. 1930. II. C. 115. 29).

B. Klageberechtigte Personen.

Da Einspruch und Klage ausdrücklich dem Abgabepflichtigen zugewiesen sind, so bedeutet dies, daß Einspruchserheber und Kläger notwendigerweise ein und dieselbe Person sein müssen (OVG. 69, 196). — Ist der Einspruchsbescheid an eine andere Person gerichtet worden als die Heranziehungsverfügung, so ist nur der Adressat des ersteren klageberechtigt und auf seine Klage der Einspruchsbeschluß als der ordnungsmäßigen Grundlage entbehrend außer Kraft zu setzen (OVG. 74, 92). — Die vertragliche Übernahme der Steuer — Zuwachssteuer — durch den Erwerber eines Grundstücks ändert nichts an der gesetzlichen Steuerpflicht des Besitzvorgängers und macht den ersteren nicht klageberechtigt (OVG. 62, 21).

Wenn auch die Miteigentümer eines Grundstücks hinsichtlich der zu entrichtenden Gemeindegrundsteuer Gesamtschuldner sind, so bilden sie deshalb doch noch keine notwendige Streitgenossenschaft i. S. der Zivilprozeßordnung. Das ohne Vollmacht der übrigen Miteigentümer von einem Miteigentümer eingelegte Rechtsmittel gilt daher als nur von ihm erhoben und schützt die übrigen Miteigentümer nicht vor den Folgen einer Versäumnis der Rechtsmittelfrist (E. v. 15. IV. 1919. VIII. C. 86. 18). — Sind mehrere Miteigentümer eines Grundstücks zu ideellen Anteilen jeder besonders veranlagt, so bilden sie keine Streitgenossenschaft. Wenn einer derselben keinen Einspruch erhoben hat, so kann er sich nicht darauf berufen, daß der andere Miteigentümer dies getan hat, und kann nicht die von letzterem im Einspruchsverfahren erzielte Ermäßigung auch für sich in Anspruch nehmen (VBl. 22, 214).

Daß dem Kläger, für welchen auf dem Grundstück der Witwe W. eine Hypothek eingetragen war, dieses Grundstück in der Zwangsversteigerung zugeschlagen ist, berechtigte ihn nicht, gegen die erfolgte Heranziehung der Witwe W. zu einem Anliegerbeitrag mit Einspruch und Klage vorzugehen, da er selbst weder Herangezogener noch Pflichtiger ist. In der durch die Gemeinde bewirkten Anmeldung der Beitragsforderung zur Zwangsversteigerung liegt keine Heranziehung der Hypothekengläubiger oder der Ersteher, sondern es wurde damit nur die gegen die Witwe bereits erhobene Forderung geltend gemacht (OVG. 46, 82; VBl. 28, 616). — Dadurch, daß der Handelsminister in dem Erlasse vom 30. III. 1907 (MBl. d. HM. 76) die tunlichste Beiladung der Handwerkskammer bei Streitigkeiten über Handelskammerbeiträge angeordnet hat, sollte und konnte ihr nicht die Möglichkeit eröffnet werden, selbständig als Partei aufzutreten (OVG. 66, 395). — Auch ein nicht rechtsfähiger Verein ist, wie jeder, von dem ein Steuergläubiger mit Recht oder Unrecht eine Abgabe fordert, als Angegriffener berechtigt, gegen seine Heranziehung durch seinen gesetzmäßigen Vertreter die zugelassenen

Rechtsmittel einzulegen, und kann ihm auch im Verwaltungsstreitverfahren die aktive Parteifähigkeit nicht versagt werden (OVG. 74, 457; VBl. 46, 475).

Ist ein Gemeinschuldner für die Zeit vor Eröffnung des Konkurses herangezogen, so steht die Forderung, da die Heranziehungsverfügung gemäß §§ 90, 75 KAG. ohne weiteres vollstreckbar ist, den in § 146 Abs. 6 der Konkursordnung v. 14. VII. 1877/20. V. 1898 (RGBl. 612) bezeichneten Schuldtiteln gleich, bei welchen der Widerspruch gegen die zugrunde liegende Forderung von dem Widersprechenden zu verfolgen ist. Daher mußte der, wenn auch zu Unrecht, herangezogene Konkursverwalter selbst die Nichtverpflichtung der Konkursmasse mit Einspruch und Klage geltend machen (OVG. 47, 86). Vgl. bei § 69 unter I A 1 und II B. — Sind zwei Heranziehungsverfügungen ergangen, von denen die zweite der Witwe des inzwischen verstorbenen Abgabepflichtigen zugestellt ist, so konnte diese mangels eines von ihr eingelegten Einspruchs nicht Klage erheben. Der gegen die erste Heranziehung von dem Verstorbenen eingelegte Einspruch kann nicht auf die zweite Heranziehung ausgedehnt werden, weil der Einspruch z. Z. der zweiten Heranziehung bereits vorlag und der Herangezogene zu diesem Zeitpunkt nicht mehr lebte (VBl. 34, 361).

Wegen der Befugnisse eines Beigeladenen s. VBl. 15, 110 bei § 70 IV A 1. Vgl. auch „Einspruchsberechtigte Personen" bei § 69 unter II B.

Vollmacht.

Die von dem gesetzlichen Vertreter eines Minderjährigen erteilte Vollmacht bleibt in Kraft, auch wenn inzwischen die Vertretungsbefugnis des Vollmachtgebers durch Erreichung der Großjährigkeit seitens des Minderjährigen fortgefallen ist (VBl. 43, 81). — Durch den Tod einer Partei erlischt weder die von ihr erteilte Vollmacht, noch wird, wenn ein Bevollmächtigter vorhanden ist, das Verfahren unterbrochen, sofern nicht ausdrücklich seine Aussetzung beantragt wird. — Eine einem Angestellten erteilte Vollmacht erlischt bei seinem Ausscheiden nicht ohne weiteres (E. v. 3. XII. 1926. II. C. 85. 26). — Auch bei nachträglicher Einreichung der bis dahin nur mündlich erteilten Vollmacht wird die Klagefrist gewahrt (OVG. 41, 456; 47, 65; 66, 231). Auch eine erst nach Ablauf der Ausschlußfrist von einem Vertretenen erklärte Genehmigung verleiht den vorher ohne Auftrag oder Vollmacht für den Vertretenen abgegebenen Erklärungen und vorgenommenen Prozeßhandlungen des Vertreters Rechtsgültigkeit. Der frühere entgegengesetzte Standpunkt (VBl. 33, 790) wird verlassen (VBl. 34, 788).

C. Klagefrist.

1. Allgemeines.

Die zweiwöchentliche Frist läuft mit dem 14. Tage ausschließlich des Zustellungstages ab (OVG. 29, 108). — Der Kläger ist auch dann zur Einhaltung der zweiwöchentlichen Klagefrist verpflichtet, wenn ihre Dauer im Einspruchsbescheide auf vier Wochen angegeben war, da es sich um eine nicht verlängerbare Notfrist handelt (E. v. 23. XI. 1916. II. C. 430. 16). — Im Gegensatz zu den zivilprozessualen Vorschriften sind die Gerichtsferien auf den Lauf der Fristen im Verwaltungsstreitverfahren ohne Einfluß (OVG. 71, 445).

Die Innehaltung der Frist ist von Amts wegen zu prüfen (VBl. 23, 122). — Das gilt auch dann, wenn der Einspruchsbescheid formell oder materiell ungültig sein sollte (OVG. 40, 96).

Ist der Einspruchsbescheid nicht zugestellt worden, so ist die Frist nicht in Lauf gesetzt (VBl. 47, 226). — Da die Klagefrist mangels ordnungsmäßiger Zustellung des Einspruchsbescheides nicht in Lauf gesetzt war, hätte der BA. in der Sache selbst entscheiden müssen, ohne auf den irrtümlicherweise gestellten Wiedereinsetzungsantrag einzugehen (VBl. 49, 51).

Die Klagefrist ist eine Ausschlußfrist und kann, da dies im Gesetz nicht ausdrücklich vorgesehen ist, nicht verlängert werden (E. v. **2. V. 1916.** II. C. 17. 16; **29. XI. 1921.** II. C. 167. 21). Ebensowenig die Frist für den Antrag auf mündliche Verhandlung gegen einen die Klage als verspätet zurückweisenden Vorbescheid (Urt. v. **15. XII. 1905.** II. C. 222. 05).

Bei Berechnung der Frist zählt der Sonntag als erster Tag mit, da nach § 193 BGB. der auf einen Sonn- oder anerkannten allgemeinen Feiertag folgende Werktag nur dann entscheidet, wenn der letzte Tag der Frist auf einen Sonn(Feier)tag fällt. § 188 Abs. 2 BGB., wonach eine nach Wochen bestimmte Frist mit dem Ablauf desjenigen Tages der letzten Woche endigt, der durch seine Benennung dem Tage des Beginns entspricht, bezieht sich nur auf den Fall des § 187 Abs. 1 a. a. O., daß für den Anfang der Frist ein Ereignis oder ein in den Lauf des Tages fallender Zeitpunkt maßgebend ist. Wenn aber, wie im Falle des § 70 KAG., die Frist von dem Beginn des auf die Zustellung folgenden Tages ab läuft, also dieser Tag gemäß § 187 Abs. 2 a. a. O. mitzurechnen ist, so endet nach § 188 Abs. 2 Satzteil 2 BGB. die Frist mit dem Ablauf desjenigen Tages der letzten Woche, welcher dem durch seine Benennung dem Anfangstage entsprechenden Tage vorhergeht (E. v. **6. XII. 1926.** II C. 168. 26).

2. Wahrung der Frist.

a) Im allgemeinen.

Daß über das Bestehen der Steuerpflicht an sich gestritten wird, entbindet nicht von der Pflicht zur Innehaltung der Klagefrist (E. v. **17. I. 1922.** II. C. 160. 21). — Durch alleinige Anmeldung der beabsichtigten Klagerhebung wird die Frist nicht gewahrt (Urt. v. **20. X. 1903.** II. 1514; PVBl. **15,** 417). — Die Abschrift der Klage braucht zur Wahrung der Klagefrist nicht innerhalb derselben einzugehen (OVG. **40,** 443). — Der Antrag auf Aussetzung des Verfahrens bis zur Entscheidung über eine gleichartige, bereits im Verwaltungsstreitverfahren schwebende Sache hat den Fristenlauf nicht unterbrochen, da der Steuergläubiger daraufhin keinen neuen Einspruchsbescheid erteilt, sondern dem Steuerpflichtigen, ohne auf die Sache einzugehen, lediglich mitgeteilt hat, daß es bei dem Bescheid sein Bewenden behalten müsse (E. v. **10. XII. 1918.** II. C. 214. 18). — Die Fristbestimmung in § 3 des G. über die Verjährungsfrist bei öffentlichen Abgaben v. 18. VI. 1840 (GS. 140) gilt nicht für Anfechtung von Einspruchsbescheiden gemäß § 70 KAG. (PVBl. 36, 759).

b) Was gilt als rechtzeitiger Eingang?

Wenn ein Schriftstück vor 12 Uhr nachts des letzten Tages der Frist in einen seitens der betreffenden Behörde ausgehängten Briefkasten eingeworfen wird, so ist damit die Klagefrist gewahrt, auch wenn nach einer an oder neben dem Briefkasten befindlichen Angabe eine Leerung an dem betreffenden Tage nicht mehr stattfand (OVG. **33,** 457). — Die Klagefrist ist als gewahrt anzusehen, wenn der betreffende Brief am letzten Tage der Frist zur Abholung durch die Behörde bei der Post bereit gelegen hat und noch am gleichen Tage von der Post bestellt worden wäre, wenn die Behörde nicht mit der Post die Abholung ihrer Postsachen vereinbart hätte (E. v. **28. IV. 1908.** II. C. 78. 08; PVBl. **16,** 389; E. v. **17. IV. 1914.** VIII. C. 296. 13). — Ebenso, wenn die Postbestellung an diesem Tage lediglich wegen Büroschlusses bei der betr. Behörde unmöglich war (PVBl. 39, 612). — Ist ein Brief laut Aufgabestempel so zeitig zur Post gegeben, daß er im regelmäßigen Verlauf der Dinge noch rechtzeitig hätte bei der Post des Bestimmungsortes eingehen müssen, so ist demgegenüber der spätere Eingangsstempel der Behörde nicht ausschlaggebend. Gegebenenfalls läge ein Versehen der Post vor, das als ein unabwendbarer Zufall die Wiedereinsetzung in den vorigen Stand (s. u. bei 4) rechtfertigen würde (Urt. v. **21. II. 1911.** II. C. 78. 11). — Der Umstand, daß der Brief am letzten Tage der Frist bei der Postempfangsstation zur Abholung bereit lag, ist nicht geeignet, die Frist zu währen, wenn der Brief nach seinem Eingang im regelmäßigen Postbetrieb nicht mehr an diesem Tage bestellt worden wäre (PrVBl. 16, 389; 35, 893; OVG. 44, 452; PrVBl. 43, 80).

Der amtliche Eingangsvermerk ist nicht maßgebend, wenn Schriftstücke, die nach 4 Uhr nachmittags eingehen, regelmäßig erst am folgenden Tage präsentiert zu werden pflegen (PrVBl. 26, 271). — Die Richtigkeit eines Eingangsvermerks bei der Behörde braucht nicht in allen Fällen, in welchen er die Grundlage für die Feststellung einer Fristversäumnis bildet, von Amts wegen zum Gegenstand weiterer Ermittlungen gemacht zu werden. Vielmehr ist es Sache der Partei, diese Richtigkeit zu bestreiten oder ein Versäumnis der Behörde bei der Empfangnahme zu behaupten (PrVBl. 24, 535).

c) **Eingang bei der zuständigen Stelle.**

Für Wahrung der Klagefrist ist nicht der Tag der Postaufgabe, sondern des Eingangs beim BA. maßgebend (E. v. 15. V. 1925. VIII. C. 36. 24). — Wenn ein ausdrücklich als Klage bezeichnetes, aber statt beim BA. beim Regierungspräsidenten eingereichtes Schriftstück zunächst zwecks der erbetenen Einwirkung von Aufsichts wegen dem Gemeindevorstand und erst nach Wiedereingang dem BA. zugefertigt wird, so hat der Kläger dieses Verfahren und die dadurch verursachte Fristversäumnis selbst verschuldet (E. v. 23. X. 1903. II. 1788). — Die Rechtsnorm, daß die Klage beim zuständigen Gericht einzureichen ist, setzt voraus, daß sich die Zuständigkeit ohne weiteres aus dem Gesetze ergibt. Bedarf es dagegen zur Begründung der Zuständigkeit für das Gericht erster Instanz noch eines Verwaltungsaktes (z. B. gemäß § 58 LVG.), so kann die Klage sowohl bei der Amtsstelle eingereicht werden, welche den Verwaltungsakt zu vollziehen, als auch bei derjenigen Stelle, welche ihn zu beantragen hat (OVG. 27, 196).

Wegen Versäumung der Klagefrist durch Einreichung der Klageschrift bei einer unzuständigen Stelle s. auch unten bei 4 unter Wiedereinsetzung.

3. Bedeutung der Fristversäumnis.

Bei Versäumung der Klagefrist kann auch ein fehlsamer Einspruchsbescheid nicht außer Wirksamkeit gesetzt werden (PrVBl. 31, 158). — Eine Veranlagung zu Gemeindeabgaben wird dadurch unanfechtbar, daß gegen einen Einspruchsbescheid nicht innerhalb der gesetzlichen Frist Klage erhoben wird. Das Gesetz bietet keine Handhabe, in einem neuen Verfahren die Frage prüfen zu können, ob etwa der Bescheid hätte außer Kraft gesetzt werden müssen, weil er, wenn schon formell von der zuständigen Behörde erlassen, nicht ordnungsmäßig zustande gekommen war (PrVBl. 38, 210). — Ist die Klagefrist versäumt, so kann die dem Herangezogenen deshalb drohende Zwangsvollstreckung auch dann nicht abgewehrt werden, wenn der Einspruchsbeschluß formell oder materiell rechtswidrig sein sollte (OVG. 40, 92). — Die gesetzlichen Folgen der Fristversäumnis können nicht durch Parteivereinbarung ausgeschlossen werden (OVG. 14, 190).

Ist die Klage wegen Fristversäumnis durch Vorbescheid zurückgewiesen worden, so muß dem Antrag auf mündliche Verhandlung auch dann stattgegeben werden, wenn dieser ebenfalls verspätet gestellt ist (OVG. 76, 479).

4. Wiedereinsetzung in den vorigen Stand.

a) **Formalitäten.**

Eine Nachprüfung, ob wegen Versäumung der Einspruchsfrist die beantragte Wiedereinsetzung (s. bei § 69 unter II C 2) von der Beschlußbehörde zu Recht gewährt oder versagt worden ist, steht dem Verwaltungsrichter nicht zu (OVG. 60, 170; 71, 445; PrVBl. 49, 908). — Dagegen ist die wegen Versäumung einer Ausschlußfrist innerhalb des Verwaltungsstreitverfahrens gewährte Wiedereinsetzung seitens der höheren Instanz auf ihre Berechtigung nachzuprüfen, da die Wahrung der Ausschlußfristen eine zwingende Vorschrift des Prozeßrechts bildet. Die höhere Instanz ist dabei an die tatsächlichen Feststellungen der Vorinstanzen nicht gebunden (VBl. 25, 764; OVG. 70, 459; E. v. 26. X. 1915. II. C. 103. 15; 1. VII. 1927. II. C. 79. 26). — Aus diesem Grunde kann auch sogar das Revisionsgericht noch Wiedereinsetzung wegen Versäumung der Klagefrist gewähren (E. v. 9. I. 1923. II. C. 124. 22). — Über einen erst in der Revisionsinstanz gestellten Antrag auf Wiedereinsetzung in den vorigen Stand wegen Versäumung der Klagefrist hat nur das Revisionsgericht zu entscheiden (OVG. 76, 490). — Auf einen die Klage als verspätet zurückweisenden Vorbescheid hätte die Wiedereinsetzung gleichzeitig mit dem Antrage auf mündliche Verhandlung oder mit der statt dessen eingelegten Revision beantragt werden müssen (E. v. 17. I. 1928. II. C. 100. 27). — Die Vorschrift in § 112 LVG., daß über den Antrag auf Wiedereinsetzung in den vorigen Stand das Gericht entscheidet, welchem die Entscheidung über die versäumte Streithandlung zusteht, bedeutet nur, daß dem bezeichneten Gericht die Entscheidung solange zusteht, als das Streitverfahren in dieser Instanz noch nicht beendet ist. Hat aber das Gericht durch Urteil über die Klage entschieden, so ist die Instanz beendet, und wenn gegen das Urteil Berufung bzw. Revision eingelegt ist, das Berufungs- bzw. Revisionsgericht als das zur Entscheidung über die Klage zuständige Gericht anzusehen. Das wird fast ausnahmslos der Fall sein, da der Kläger erst durch die Entscheidung, welche die Klage wegen Fristversäumnis zurückweist, hiervon Kenntnis erlangt und eine Nachholung der versäumten Streithandlung — der Klage — gar nicht mehr in Frage kommt, da sie bereits, wenn auch verspätet, erhoben ist. — Das gilt auch, wenn die Entscheidung des Gerichtes erster Instanz in Form eines Vorbescheides ergangen ist. Denn durch Erlaß desselben ist der Kläger vor die freie Wahl gestellt, ob er Antrag auf mündliche Verhandlung stellen oder das zulässige Rechtsmittel einlegen will. Tut er letzteres, so ist das Verfahren ebenfalls in der betreffenden Instanz beendigt und die Rechtsmittelinstanz allein zuständig. Die bisherige entgegengesetzte Auffassung (vgl. VBl. 33, 751), kann nicht mehr aufrechterhalten werden (OVG. 76, 493). — Wenn auch die seitens der Partei einem Rechtsmittel gegebene Bezeichnung bedeutungslos ist, so besteht doch für den Verwaltungsrichter keine Verpflichtung, eine Rechtsmittelschrift daraufhin zu prüfen, ob sie gegebenenfalls auch als Antrag auf Wiedereinsetzung angesehen werden könnte. Jedenfalls liegt kein wesentlicher Verfahrensmangel vor, wenn der Richter in einem gerade und ausschließlich auf der Basis rechtzeitiger Einlegung des Rechtsmittels erhobenen sachlichen Angriff gegen eine Entscheidung nicht zugleich den Antrag auf Gewährung der außerordentlichen Rechtshilfe durch Wiedereinsetzung wegen unterbliebener rechtzeitiger Einlegung des ordentlichen Rechtsmittels gesucht und gefunden hat (OVG. 9, 434).

Die Vorschrift in § 68 RAO. über die Gewährung von Nachsicht für Versäumung von Rechtshandlungen findet auf das Verwaltungsstreitverfahren wegen Gemeindeabgaben keine Anwendung, sondern nur § 112 LVG. (E. v. 27. III. 1928. II. C. 49. 26).

b) Gründe.

α) Rechtsirrtum.

Wenn das Gesetz als Hindernisse, nach deren Behebung eine Partei unter Umständen zur Nachholung einer versäumten Rechtshandlung verstattet werden kann, neben den „Naturereignissen“ noch „andere unabweisbare Zufälle“ hinstellt, so ist damit das Wesen der letzteren hinreichend gekennzeichnet und die Unbekanntschaft einer Partei mit den bestehenden prozessualen Vorschriften, ein Rechtsirrtum derselben, auch wenn er — wie hier — seitens eines Verwaltungsgerichts geteilt oder hervorgerufen war, überall nicht geeignet, den Wiedereinsetzungsantrag wegen eines unabweisbaren Zufalls zu begründen (OVG. 9, 435). (Der der Entscheidung zugrunde liegende § 82 des Verwaltungsgerichtsgesetzes v. 3. VII. 1875, 2. VIII. 1880, GS. 328, entspricht im wesentlichen dem § 112 LVG.) — Der Irrtum über die Lage der Gesetzgebung, mag derselbe verschuldet oder bei diesem durch den Beklagten hervorgerufen sein, fällt keinesfalls unter den Begriff eines unabwendbaren Zufalls i. S. des § 112 LVG. (OVG. 14, 190). Nach ständiger Rechtsprechung des Gerichtshofes kann ein Rechtsirrtum die Wiedereinsetzung nicht begründen, und gilt dies namentlich auch bei einer irrtümlichen Belehrung über die zustehenden Rechtsmittel (OVG. 54, 422; E. v. 26. II. 1929. II. B. 19. 28). — Ebenso, wenn die falsche Belehrung nicht in dem zugestellten Bescheide, sondern bei mündlicher Nachfrage im Landratsamt erteilt ist (E. v. 29. IX. 1914. II. C. 93. 14). — Anders liegt der Fall, wenn die Rechtsmittelbelehrung ausdrücklich vorgeschrieben ist. Denn da die Vorschrift in § 64 Abs. 4 LVG. den Zweck verfolgt, daß die Betreffenden von den ihnen gegen den Vorbescheid zustehenden Rechtsbehelfen und der Frist, in der sie geltend gemacht werden müssen, Kenntnis erhalten sollen, so kann die Partei mit jenen Rechtsbehelfen so lange nicht präkludiert werden, als ihr diese Kenntnis nicht in der gesetzlich vorgeschriebenen Weise zuteil geworden und alsdann die Frist abgelaufen ist (OVG. 50, 292; 70, 100).

Irrtum über die zuständige Stelle, bei der ein Schriftsatz einzureichen ist, stellt keinen unabweisbaren Zufall dar (VBl. 49, 312). Ausnahme: Ist in einem Einspruchsbescheide des Kreisausschusses gesagt, daß die an den Bezirksausschuß zu richtende Klage durch den Kreisausschuß eingereicht werden solle, so hatte dadurch der Kreisausschuß die Verpflichtung zur rechtzeitigen Weiterreichung der Klageschrift an den BA. übernommen. Damit konnte der Kläger rechnen, und wenn der KA. die rechtzeitige Weiterreichung versäumt hat, so liegt ein die Wiedereinsetzung rechtfertigender unabwendbarer Zufall vor (E. v. 19. IV. 1929. VII. C. 126. 28).

Daß bei rechtzeitiger Weitergabe der bei der unzuständigen Stelle, dem Kreisausschuß, eingereichten Klage die Frist hätte gewahrt werden können, ist für die Frage des tatsächlich verspäteten Eingangs bei der zur Entscheidung zuständigen Stelle unerheblich, würde auch eine Wiedereinsetzung in den vorigen Stand nicht rechtfertigen, da es sich dabei um keinen der Umstände handelt, auf Grund deren nach § 112 LVG. die Wiedereinsetzung in den vorigen Stand beantragt werden kann (VBl. 24, 535; E. v. 7. II. 1928. II. C. 225. 27). — Entsprechendes gilt für verspätete Weitergabe seitens des BA. (E. v. 12. VII. 1912. II. C. 299. 11). — Eine gesetzliche Verpflichtung der Gemeindebehörde, in den von ihr erlassenen Einspruchsbescheiden diejenige Behörde, bei welcher das gegen den Bescheid zulässige Rechtsmittel einzureichen ist, anzugeben, besteht ebensowenig wie eine Verpflichtung der Behörde, bei welcher eine nicht ihrer Zuständigkeit unterstehende Eingabe eingeht, zu ihrer Weitergabe an die zuständige Behörde oder an die Post oder den Absender (E. v. 11. X. 1910. II. C. 43. 10).

β) Krankheit.

Nach § 112 LVG. muß die mit dem Wiedereinsetzungsantrag zu verbindende versäumte Streithandlung innerhalb zwei Wochen nach Behebung des Hindernisses nachgeholt werden. Da das zur Begründung des Wiedereinsetzungsantrages geltend gemachte Hindernis, die Krankheit, jedenfalls an dem Tage behoben war, an welchem die Klagebegründung beim BA. eingereicht wurde, hätte der Wiedereinsetzungsantrag innerhalb eines von diesem Zeitpunkt ab laufenden Zeitraums von zwei Wochen eingereicht werden müssen (E. v. 6. V. 1913. II. C. 12. 13).

γ) Versehen von Angestellten.

Ein Verschulden von Angestellten des Prozeßbevollmächtigten ist der Partei nicht zuzurechnen. Voraussetzung ist dabei aber, daß den Prozeßbevollmächtigten selbst kein Verschulden trifft und er es insbesondere nicht an ausreichenden Überwachungsmaßnahmen hat fehlen lassen (OVG. 70, 459). — Die an den Bürogehilfen eines Rechtsanwalts bewirkte Zustellung schließt nicht von vornherein aus, daß der Rechtsanwalt ohne sein Verschulden in Unkenntnis von der Zustellung geblieben ist, was vielmehr in jedem Einzelfall geprüft werden muß. Eine allgemeine Anordnung, daß alle eingehenden Schriftstücke dem Rechtsanwalt vorzulegen sind und die Nichtbeachtung dieser Anordnung durch einen Bürogehilfen genügen nicht, um das Verschulden des Rechtsanwalts auszuschließen. Denn von einem Rechtsanwalt, dessen Beruf es mit sich bringt, daß vielfach Zustellungen, die eine Präklusivfrist eröffnen, an seine Angestellten bewirkt werden, muß eine weit größere Sorgfalt bei Einrichtung und Überwachung seines Büros verlangt werden, da anderenfalls eine sehr erhebliche, kaum erträgliche Unsicherheit im Geschäftsverkehr Platz greifen könnte (OVG. 34, 453). — Die angebliche Überlastung des mit der Parteivertretung beauftragten Anwalts ist kein Wiedereinsetzungsgrund (E. v. 9. III. 1926. II. C. 78. 25). Ebensowenig die Unzuverlässigkeit des im Anwaltsbüro tätigen Personals (OVG. 70, 459). Es ist vielmehr Pflicht des Anwalts, die Wahrnehmung der Fristen, insbesondere bei kurzen Ausschlußfristen, selbst zu kontrollieren (E. v. 25. I. 1927. II. C. 231. 26). — Der Umstand, daß im Büro des Beklagten (Briefsammelstelle des Magistrats Berlin) der Eingang als Fristsache bezeichnet war, genügt nicht, um die trotzdem geschehene Fristversäumnis als unabwendbaren Zufall zu kennzeichnen. Der Beklagte hätte nachweisen müssen, wie die Überwachung der gesetzlichen Fristen bei Bearbeitung der Fristsachen vor sich geht und daß ihn hierbei kein Verschulden trifft (E. v. 1. VII. 1927. II. C. 79. 26). — Da der Prozeßbevollmächtigte nachgewiesenermaßen alle Anordnungen für rechtzeitige Absendung der aus seinem Büro hinausgehenden Postsendungen, insbesondere in Fristsachen, getroffen hatte, so liegt hinsichtlich der verspäteten Briefbestellung entweder ein Versäumnis eines Angestellten oder der Post vor, für welches der Rechtsanwalt nicht einzustehen hatte. Deshalb schließt auch der Umstand, daß das Schriftstück an einen unzuständigen BA. gerichtet war, die Wiedereinsetzung nicht aus. Denn wenn der Brief entsprechend den Anordnungen des Rechtsanwalts zur Post gegeben und von dieser im regelmäßigen Geschäftsgang befördert worden wäre, so würde er so zeitig bei dem in der Anschrift bezeichneten unzuständigen BA. eingetroffen sein, daß seine Weitergabe an den zuständigen BA. noch innerhalb der Klagefrist möglich gewesen wäre (PVBl. 44, 395). — Zur Begründung des Wiedereinsetzungsantrages genügte es nicht, daß die am Tage vor dem Fristablauf in das Büro gegebene Klageurschrift mit einem Sofortvermerk versehen war und nur durch ein Versehen des Büros zu spät abgesandt ist. Es hätten noch Tatsachen angegeben werden müssen, aus denen gefolgert wird, daß dieses Versehen auch bei ordnungsmäßiger Sorgfalt des Rechtsanwalts nicht vermieden werden konnte (PVBl. 47, 297).

δ) Sonstige Gründe.

Die Fristversäumnis ist als auf einem unabwendbaren Zufall beruhend anzusehen, wenn a) die Versäumung auf ein Verschulden der Post zurückzuführen ist (OVG. 14, 176); b) der mit der Nachsendung der Briefe während einer Reise des Klägers Beauftragte dem Auftrage in falscher Weise nachgekommen ist und der Kläger dies nicht vermuten konnte (E. v. 11. V. 1920. II. C. 34. 20); c) der Kläger glaubhaft macht, daß wegen der Art der Reise Vorkehrungen bezüglich der Nachsendung von Briefschaften nicht getroffen werden konnten und er von der Ersatzzustellung zu spät Kenntnis erlangt hat (E. v. 6. II. 1902. II. C. 316. 05). — Wenn bei Reisen keine Vorkehrungen wegen alsbaldiger Nachsendung getroffen sind, ist die Voraussetzung, daß der Antragsteller ohne sein Verschulden keine Kenntnis von der Zustellung erlangt hat, nicht erfüllt (OVG. 36, 453; E. v. 9. VI. 1911. II. C. 515. 10).

Darin, daß ein Bevollmächtigter den rechtzeitig erteilten Auftrag der Partei zur Einlegung eines Rechtsmittels unvollkommen ausgeführt hat, liegt kein unabwendbarer Zufall, da die Partei das Tun und Lassen ihres Prozeßbevollmächtigten wie ein eigenes anerkennen muß (OVG. 25, 433; 34, 452; 41, 458; E. v. 12. XII. 1922. II. C. 192. 22).

D. Äußere Form der Klage.

Aus der Vorschrift in § 63 LVG., daß die Klage schriftlich einzureichen ist, ergibt sich, daß sie auch von der Partei oder deren Vertreter unterschrieben sein muß. Der Grundsatz, daß erst die Namensunterschrift die Perfektion des Willens gewiß und erkennbar macht, gilt nicht nur für obligatorische Rechtsgeschäfte, sondern auch bei Rechtsakten, soweit sie bestimm tsind, gegenüber dem Gericht oder dem Prozeßgegner rechtliche Wirkung auszuüben. Es ist nicht Sache des Gerichts zu prüfen, ob eine der Unterschrift entbehrende Prozeßschrift unter den obwaltenden Umständen als von der Partei abgefaßt anzusehen und zu behandeln ist (VBl. 25, 197; 30, 559). — Opp. die Entsch. VBl. 32, 57: Es genügt, wenn zweifelsfrei erkennbar ist, daß die Klage von der als klagend bezeichneten Partei oder deren Vertreter ausgeht. Das ist hier der Fall, weil sich auf der Klageschrift der Firmenstempel der Rechtsanwälte befindet und mit ihr zugleich die auf dieselben Rechtsanwälte vom Kläger ausgestellte Vollmacht eingereicht ist. — Die Klageschriften kaufmännischer Firmen brauchen nicht mit der vollen Firma unterzeichnet zu werden; es genügt, wenn aus der Klage ersichtlich ist, wer sie erhebt (VBl. 46, 502). — Die telegraphische Klageerhebung ist nur dann rechtsgültig, wenn sie alle Erfordernisse einer schriftlichen Klage enthält (E. v. 18. I. 1907. II. C. 383. 06).

E. Klageinhalt.

1. Klagebegründung.

a) Notwendigkeit der Begründung.

Die bloße Anmeldung einer Klage genügt nicht. Die Klageschrift muß vielmehr den Anforderungen in § 63 LVG. entsprechen und insbesondere erkennen lassen, inwieweit der Einspruchsbescheid angegriffen werden soll, da er sonst unanfechtbar wird (VBl. 15, 418). — Es ist Aufgabe der Klage, das Gericht mit denjenigen Tatsachen bekannt zu machen, welche den Klageantrag rechtfertigen sollen (VBl. 24, 200). — Das Erfordernis der Klagebegründung kann als erfüllt angesehen werden, wenn ein bestimmter Klageantrag vorliegt, der Gegenstand und Ziel der Klage erkennbar macht (VBl. 25, 712; OVG. 38, 383; 56, 199; E. v. 11. XI. 1919. II. C. 63. 19). — Den Mangel eines Klageantrages oder einer sonstigen Begründung vermochte die seitens des BA. gewährte Nachfrist zur Nachholung der Klagebegründung nicht zu heilen; sie war unstatthaft und unwirksam, da es sich um eine Notfrist handelt (OVG. 62, 103). — Der Vorbehalt der Klagebegründung genügt nicht zur Wahrung der Frist, da die Klagebegründung selbst ebenfalls innerhalb der Klagefrist eingegangen sein muß (E. v. 9. IV. 1904. II. 652). — Für eine Widerklage gelten dieselben Vorschriften wie für die Klage. Sie muß also durch ein gesetzlich begründetes und im Verwaltungsstreitverfahren verfolgbares Klagerecht geschützt sein (OVG. 75, 44).

b) Ersatz der Begründung durch die Vorgänge.

In einem Verwaltungsstreitverfahren über Gemeindeabgaben genügt zur Klagebegründung die Bezugnahme auf die Vorgänge. Da das Gericht von Amts wegen zu prüfen hat, ob das vorausgegangene Einspruchsverfahren ordnungsmäßig durchgeführt ist und zu diesem Zweck die Vorgänge einfordern muß, ist ihm durch deren Einsicht Gelegenheit gegeben, sich auch über die materielle Seite des Streites zu informieren, soweit dies nicht schon aus der Klage ersichtlich ist (VBl. 29, 410). — Lassen die das Einspruchsverfahren betreffenden Vorgänge Ziel und Begründung des Antrages sowie die Person des Beklagten hinlänglich deutlich ersehen, so kann über eine fehlende besondere Begründung der Klage hinweggesehen werden (OVG. 56, 199). — Die Bezugnahme auf den Einspruch bzw. Einspruchsbescheid genügt als Begründung, wenn der Einspruch Maß und Begründung der beantragten Ermäßigung deutlich macht und soweit seinem Begehr nicht schon durch den Einspruchsbescheid entsprochen ist (E. v. 19. V. 1905. II. C. 139. 05; 22. V. 1908. II. C. 291. 07). Ebenso reicht der Hinweis auf die den Einspruch und den Einspruchsbescheid enthaltenden Akten des Beklagten aus (E. v. 2. V. 1916. II. C. 17. 16). — Eine stillschweigende Bezugnahme auf den Einspruch kann nur angenommen werden, wenn ein Hinweis auf das stattgefundene Einspruchsverfahren in der Klage enthalten ist (E. v. 23. VI. 1908. II. C. 389. 07).

Eine genügende Begründung war in dem der Klage vorausgegangenen Einspruch vorhanden. Der Verwaltungsrichter hätte diese Vorverhandlungen heranziehen müssen; erst dann konnte er beurteilen, ob eine nach § 63 LVG. genügend begründete Klage vorlag oder nicht (OVG. 62, 220). — War aus der Klageschrift ersichtlich, daß sich die Klage gegen einen vorangegangenen Einspruchsbescheid richtete, so ist es Pflicht des Verwaltungsrichters, die auf das Einspruchsverfahren bezüglichen Vorgänge heranzuziehen und sich aus ihnen, soweit möglich, über das Ziel der unvollständigen Klage Aufklärung zu verschaffen (E. v. 6. I. 1925. VIII. C. 30. 24). — Die Einspruchsvorgänge ersetzen die fehlende Klagebegründung, wenn die Klageschrift den sonstigen Anforderungen genügt und Absicht und Ziel der Klage, Person des Beklagten und Gegenstand des Anspruchs ohne weiteres erkennen läßt (E. v. 5. X. 1926. II. C. 78. 26).

c) **Abänderung der Begründung.**

Die Begründung der Klage braucht mit derjenigen des Einspruchs nicht übereinzustimmen (VBl. 34, 361).

Die Parteien sind nicht behindert, ihre tatsächlichen und rechtlichen Angaben bis zur Fällung der Entscheidung zu ergänzen und zu berichtigen (OVG. 64, 85; E. v. 31. I. 1928. II. C. 62. 27). — Da gerichtliche Zugeständnisse uneingeschränkt widerrufen werden können (OVG. 41, 387), darf auch die Anerkennung von Rechnungsgrößen zurückgenommen werden (E. v. 6. III. 1923. VIII. C. 172. 22).

d) **Einzelne Gründe.**

α) **Verwaltung des Gemeindehaushalts.**

Eine gegen die rechtliche Begründung und die Angemessenheit einzelner Ausgabeposten des Etats gerichtete Beschwerde würde sich nicht gegen die Handhabung des der Kommune gegenüber dem einzelnen Steuerpflichtigen zustehenden Steuerrechts, sondern gegen die gesamte Wirtschaftsführung der Gemeinde richten und auf das Verlangen einer Rechtfertigung des Etatswesens hinauslaufen, dessen Nachprüfung allein Sache der Aufsichtsbehörde ist (VBl. 18, 316; 21, 365; 26, 285; OVG. 30, 88, 94; VBl. 30, 335; 46, 53; 47, 350). Das gleiche gilt nach VBl. 49, 92 hinsichtlich der Berufung auf angebliche Abweichungen vom Gemeindehaushalt. — Den Gemeindeangehörigen steht ein klagbarer Anspruch auf Beanstandung eines ihre Rechte verletzenden Gemeindebeschlusses nicht zu und kann daher im Verwaltungsstreitverfahren wegen Gemeindeabgaben nicht geltend gemacht werden, daß die Gemeinde zu der Ausgabe, zu deren Deckung die Abgabe dienen soll, nicht befugt gewesen sei (VBl. 30, 356). — Der Verwaltungsrichter hat nicht zu prüfen, ob die beschlossenen und genehmigten Zuschläge etatsmäßig verwendet sind (E. v. 21. IX. 1928. VII. C. 137. 27). Wegen Nachtragsumlagen vgl. VBl. 43, 381 bei § 84 unter IV.

Ortsrechtliche, gegebenenfalls vom Verwaltungsrichter nachzuprüfende Grundlagen einer Veranlagung bilden nur die betreffende Steuerordnung oder der betreffende Steuerbeschluß. Deshalb ist es für die Entscheidung über die Steuerpflicht ohne Bedeutung, ob der Haushaltsplan, auf welchen sich der Steuerverteilungsbeschluß selbst stützt, formell ordnungsgemäß zustande gekommen ist (OVG. 78, 214). — Der Verwaltungsrichter hat nicht zu prüfen, ob der Umlagebeschluß dieser oder jener bei der Vorbereitung des Gesetzes gelegentlich geäußerten Absicht zuwiderläuft oder Zweckmäßigkeitsgründe außer Betracht läßt oder ob er hier und da von den Anschauungen abweicht, die zur Zeit, als die einzelnen Haushaltsausgaben zu ihrer Deckung auf die verschiedenen Steuerarten verteilt wurden, mehr oder minder erkennbar in einzelnen Kreisen der Beteiligten hervorgetreten sind (OVG. 30, 47).

β) Ungültigkeit oder unrichtige Anwendung des Ortsrechts.

Gegenüber einer unanfechtbar gewordenen Heranziehung ist es gleichgültig, ob sie auf einer unrichtigen Anwendung eines gültigen Ortsrechts oder auf einem ungültigen Ortsrecht beruhte oder endlich ohne ortsrechtliche Grundlage oder vorzeitig erfolgte. Das gilt auch dann, wenn die betreffende Ortssatzung nachträglich für rechtsungültig erklärt wird, da der Abgabenpflichtige in der Lage war, die von Anfang an bestehende Unrechtmäßigkeit im Einspruchswege geltend zu machen (OVG. 69, 80). — Bezüglich der in § 5 bezeichneten Abgaben können Einwendungen gegen die Verleihung des Erhebungsrechts selbst oder gegen den festgestellten Tarif in dem wegen einer Heranziehung eingeleiteten Verwaltungsstreitverfahren nicht geltend gemacht werden, da es sich dabei um Staatshoheitsakte, nicht um Auswirkungen der Gemeindeautonomie handelt und § 5 alle bezüglichen bisherigen Bestimmungen aufrechterhalten hat. Der Verwaltungsrichter hat lediglich festzustellen, ob der Tarif von der zuständigen Behörde erlassen ist (OVG. 81, 133).

Wegen sonstiger Gründe s. bei § 69 unter II E 1.

2. Klageantrag.

a) Grenzen des Antragsrechts.

Der Klageantrag darf nicht über den Einspruchsantrag hinausgehen, da die Steuerforderung insoweit unanfechtbar geworden ist, als nicht gegen sie Einspruch eingelegt war (OVG. 20, 9; E. v. 30. I. 1906. II. C. 353. 05). Das gleiche gilt hinsichtlich des Antrages auf mündliche Verhandlung gegenüber einem auf die Klage erteilten Vorbescheid (E. v. 29. V. 1925. II. C. 125. 24). — Bei befristeten Klagen bilden die innerhalb der Frist gestellten Anträge die Grenze dessen, was dem Kläger zugesprochen werden kann; eine nach Ablauf der Klagefrist vorgenommene Klageerweiterung ist daher (auch wenn sie über den Einspruchsantrag nicht hinausgeht) unzulässig (OVG. 32, 195; 64, 50; 74, 155; VBl. 37, 487; E. v. 27. IV. 1906. II. C. 331. 05). — Greift die Klage den Einspruchsbescheid nur teilweise an, so wird er im übrigen rechtskräftig und die Veranlagung in dieser Beziehung unanfechtbar. Der Klageantrag kann daher nicht in der mündlichen Verhandlung auf gänzliche Freistellung erweitert werden (VBl. 42, 153). — Hat ein Einspruchsbescheid nur einen Teil von mehreren Angriffspunkten erledigt, so ist gegen ihn die Klageerhebung zulässig. Es kann aber nur die Außerkraftsetzung der Heranziehungsverfügung in dem betreffenden Umfange beantragt werden, da über die Steuerforderung im ganzen noch nicht abschließend befunden ist (E. v. 22. II. 1912. II. C. 124. 11). — War im Einspruch die Heranziehung in ihrem ganzen Inhalt angefochten, so ist der Kläger dadurch nicht behindert, in der Klage besondere Einwendungen gegen die Einzelberechnung anzubringen (OVG. 33, 119). — War der Einspruch auf „Freilassung, evtl. Ermäßigung" gerichtet, so steht es dem Zensiten frei, nicht nur in der Klageschrift, sondern, soweit es das Prozeßrecht zuläßt, auch in späteren Ergänzungen derselben den Ermäßigungsantrag ziffernmäßig zu substanziieren, nur darf über den Antrag der Klageschrift nicht hinausgegangen werden, weil der Einspruchsbescheid in Ansehung des Mehrbetrages rechtskräftig geworden ist (VBl. 10, 34). — Wenn im Einspruchsbescheid dem Einspruch nicht nur nicht stattgegeben, sondern sogar die anfänglich geforderte Gebühr noch erhöht worden ist, so kann die Klage auch gegen diese Gebührenerhöhung erstreckt werden, ohne daß es eines vorgängigen Einspruchs gegen die Erhöhung bedarf (OVG. 66 140). — Wenn der Kläger den auf gänzliche Freistellung gerichteten Einspruchsantrag in der Klage auf Ermäßigung beschränkt, so wird die Veranlagung bezüglich des überschießenden Betrages mit Ablauf der Klagefrist unanfechtbar, und ist daher ein später gestellter, wiederum auf Freistellung gerichteter Antrag unwirksam (VBl. 36, 446). — Die Zulässigkeit nachträglicher Einschränkung des Einspruchsantrages hat keine rückwirkende Bedeutung für die Frage nach dem Inhalt des ursprünglichen Einspruchs, falls dessen Tragweite aus ihm selbst dahin auszulegen ist, daß die Veranlagung im ganzen angefochten werden sollte (OVG. 62, 320).

b) **Erforderliche Bestimmtheit des Klagebegehrens.**

Wenn mit dem Einspruch die Heranziehung im ganzen angefochten war, so ist ein Klageantrag, der die Veranlagung lediglich als „viel zu hoch" bezeichnet, also offenbar nur Ermäßigung begehrt, ohne deren Maß anzugeben, nicht ausreichend (E. v. 28. V. 1907. II. C. 109. 06). — Wenn nicht die ganze Veranlagung und der ganze Einspruchsbescheid angegriffen werden sollen, muß der Zensit angeben, welchen Betrag er zu zahlen bereit ist bzw. inwieweit er den Einspruchsbescheid aufgehoben wissen will (VBl. 22, 22).

Vgl. bei § 69 unter II E 2.

c) **Unzulässige Anträge.**

α) **Ermäßigung aus Billigkeitsgründen.**

Die durch die Steuerordnung der Veranlagungsbehörde erteilte Befugnis, bei gemeinnützigen und wohltätigen Unternehmungen Steuerfreiheit zu gewähren, stellt keinen im Verwaltungsstreitverfahren verfolgbaren Anspruch dar (VBl. 49, 57). — Das gleiche gilt, wenn die Steuerordnung eine Ermäßigung aus Billigkeitsgründen vorsieht (sog. Härteparagraph). Die Anwendung dieser Bestimmung ist eine Ermessensfrage und unterliegt deshalb nicht der Nachprüfung durch den Verwaltungsrichter (VBl. 47, 492).

β) **Feststellungsklagen.**

Die Rechtsgültigkeit der auf Grund der §§ 54ff. gefaßten Verteilungsbeschlüsse unterliegt zwar als Inzidentpunkt für die Entscheidung, ob eine strittige Abgabe auf rechtsgültiger Grundlage beruht, der richterlichen Nachprüfung, kann aber niemals den selbständigen Gegenstand eines Verwaltungsstreitverfahrens bilden (VBl. 18, 255). — Das Verwaltungsstreitverfahren wird von dem Enumerationsprinzip beherrscht, d. h. es gibt kein solches Verfahren, ohne daß eine besondere Bestimmung vorliegt, welche die betreffende Streitsache dem Verwaltungsstreitverfahren überweist. Eine Gesetzesvorschrift, die irgendeine allgemeine Klage auf Feststellung der Ungesetzlichkeit und Ungültigkeit einer Steuerordnung oder eines eine Steuerfestsetzung enthaltenden Gemeindebeschlusses zuließe, besteht nicht. Über die Gültigkeit einer Steuerordnung kann daher nur inzidenter in einem Verfahren entschieden werden, das die Freistellung von einer auf Grund der betreffenden Steuerordnung usw. erfolgten Heranziehung (Veranlagung) zum Gegenstande hat. Daran ändert auch nichts, daß in § 70a besondere Vorschriften für den Fall getroffen sind, wenn eine Steuerordnung im Verwaltungsstreitverfahren für ungültig erklärt wird, was in der bezeichneten Weise nur inzidenter geschehen kann. Noch weniger hat der Verwaltungsrichter ein Recht, einer Stadtgemeinde oder einem Magistrat die Erhebung von Abgaben auf Grund einer Steuerordnung zu untersagen, selbst wenn ihre Ungültigkeit offensichtlich sein sollte (VBl. 47, 383). — Die vom Verwaltungsrichter ausgesprochene Rechtsungültigkeit einer Steuerordnung wirkt immer nur für den betreffenden Streitfall; die Steuerordnung an sich besteht formell bis zu ihrer Abänderung oder Aufhebung weiter (OVG. 65, 153).

Für das Gebiet der Kommunalabgaben gibt es keine allgemeine Feststellungsklage dahin, daß eine bestimmte Abgabenpflicht rechtlich nicht bestehe. Vielmehr kann der Angriff gegen eine bestimmte Abgabenforderung immer nur in dem dafür vorgesehenen besonderen Verfahren erfolgen (PVBl. 17, 482; OVG. 42, 108; 49, 121). Die Annahme, daß in den Entsch. OVG. 50, 214 und 217 etwas anderes gesagt sei, ist irrig. Der Einwand, daß dem Kläger von dieser Rechtsauffassung aus eine Klarstellung seines Verhältnisses zum Beklagten überhaupt unmöglich sein würde, ist der klaren Rechtslage gegenüber unerheblich, auch unrichtig; denn die Entscheidung über die Rechtsverhältnisse im allgemeinen ist in der Entscheidung über die Einzelleistung enthalten (PVBl. 38, 297). — Der Antrag, ganz allgemein für die Zukunft von bestimmten Steuerforderungen einer Gemeinde entlastet zu werden, kann im Verwaltungsstreitverfahren keine Berücksichtigung finden (OVG. 29, 54).

γ) **Rückforderung.**

§ 160 ZG. hat weder auf prozessualem noch auf materiellem Gebiete für die Verwaltungsgerichte irgendeine neue Aufgabe geschaffen, sondern nur das Nebeneinander eines Verfahrens vor den Verwaltungsgerichten und den ordentlichen Gerichten und das Klagerecht aus § 9 des Gesetzes v. 24. V. 1861 (GS. 241) beseitigt. Außerhalb des § 18 ZG. (jetzt §§ 69, 70 KAG.) fehlt es an jeder Möglichkeit, im Wege der Klage die Rückerstattung einer bezahlten und angeblich verjährten Abgabe vor den Verwaltungsgerichten zur Geltung zu bringen (OVG. 17, 228). — Wenn die Gemeinde auf Grund des ihr zustehenden Rechts auf vorläufige Zahlung der geforderten Abgabe in den Besitz derselben gelangt ist, so hat sie den Betrag im Wege Rechtens erlangt, und es bildet **keine ungerechtfertigte Bereicherung**, wenn die Heranziehung an sich der rechtlichen Grundlage entbehrte und im Falle rechtzeitiger Anfechtung aufzuheben gewesen wäre. Dabei macht es keinen Unterschied, ob die Nichtberechtigung auf der unrichtigen oder verfrühten Anwendung eines gültigen Ortsrechts oder auf einem ungültigen Ortsrecht oder endlich darauf beruhte, daß die Forderung überhaupt einer ortsrechtlichen Grundlage entbehrte. Haben die Interessenten die Anfechtung der Heranziehung versäumt, so besitzen sie keinen Rechtsanspruch auf Schutz gegen die Beitreibung der Abgabe (OVG. 69, 80). — Wegen der — nach erfolgter Zurückverweisung — von der Vorinstanz zu treffenden Entscheidung über den Antrag auf Zurückzahlung sei darauf hingewiesen, daß nach neuerer Rechtsprechung des Gerichtshofes ein solcher Antrag sich überhaupt nur gegenüber der Stadtgemeinde, die eine ungerechtfertigte Bereicherung erfahren hätte, rechtfertigen würde, daß die Stadtgemeinde aber nicht Partei ist, sondern nach §§ 69, 70 KAG. der Gemeindevorstand, welcher die Heranziehung der Klägerin kraft der ihm zustehenden Finanzhoheit vorgenommen hat. Erfolgt die Freistellung der Klägerin, dann ergibt sich von selbst die Verpflichtung der Stadtgemeinde zur Rückzahlung der auf Grund der Heranziehung erhaltenen Beträge (OVG. 72, 135; 75, 165). — Ein Antrag auf Verurteilung zur Rückerstattung ist auch dem Gemeindevorsteher gegenüber im Verwaltungsstreitverfahren unstatthaft. In diesem darf nur über die ihm durch besondere gesetzliche Vorschriften überwiesenen Klageansprüche entschieden werden (§ 7 LVG.). Durch das in dem Falle des § 70 KAG. ergehende Urteil wird weder die allein durch die Heranziehung des Klägers begründete Zahlungspflicht desselben noch eine Rückzahlungspflicht der beklagten Gemeindebehörde festgestellt. Ob der Kläger die verlangte Abgabe bezahlt hat, ist für die über die Berechtigung der Anforderung zu treffende Entscheidung ohne Bedeutung. Die **Verpflichtung zur Zurückzahlung** eines zu Unrecht erhobenen Steuerbetrages **ergibt sich ohne weiteres aus der erfolgten Freistellung** als selbstverständliche notwendige Folge. Der Gerichtshof hat allerdings in früheren Jahren eine Rückforderungsklage in Verbindung mit einer Klage auf Freistellung nicht beanstandet (vgl. OVG. 33, 214; 34, 181). Der in jenen Urteilen ausgesprochenen Rechtsauffassung ist aber die spätere Rechtsprechung nicht mehr gefolgt. Sie hat vielmehr bereits in der Entscheidung vom 11. IV. 1912 (PVBl. 34, 362) zum Ausdruck gebracht, daß sie bei der Zulassung derartiger Anträge bisher davon ausgegangen wäre, daß ein solcher Antrag an sich überflüssig erscheine, weil sich die Rückzahlungspflicht aus der Freistellung ergäbe (vgl. OVG. 72, 135). Wenn es sich aber nach dem Inhalt des Klagebegehrens erkennbar nicht nur um eine solche nebensächliche Hinzufügung handelt, sondern neben der Freistellung die Verurteilung zur Zurückerstattung der Steuer mit voller Absicht beantragt wird, so muß ein solcher Antrag — im Gegensatz zu der Entscheidung vom 6. VI. 1917 (OVG. 73, 113, 117), aber in Übereinstimmung mit der Entscheidung vom 7. III. 1918 (OVG. 74, 73) — als unzulässig bezeichnet werden (OVG. 74, 138; ebenso VBl. 43, 69; E. v. 22. X. 1929. II. C. 46. 29). — Es ist unzulässig, eine angeblich unrichtige, aber mangels Anfechtung rechtskräftig gewordene Steuerforderung gegenüber einer anderen selbständigen Abgabenforderung zur Aufrechnung zu bringen. Das würde dazu führen, unter gleichen Voraussetzungen und im gleichen Umfange auch ein Rückforderungsrecht zu gewähren und überhaupt außerhalb der Schranken der §§ 69, 70 KAG. und § 18 ZG. den Streit um eine bereits abgeschlossene Veranlagung erneut aufrollen zu lassen (VBl. 34, 472).

d) **Sonstige unzulässige Anträge.**

Nach § 160 ZG. ist im Falle des § 18 a. a. O. die Zuständigkeit der Verwaltungsgerichte auch insoweit begründet, als bisher durch § 9 des Gesetzes über die Erweiterung des Rechtsweges v. 24. V. 1861 der ordentliche Rechtsweg für zulässig erklärt war, und nach § 9 dieses Gesetzes konnte mit der Behauptung, daß eine Abgabenforderung bereits früher getilgt sei, auch auf Erstattung des Gezahlten geklagt werden. Damit hat § 160 ZG. nicht die Zuständigkeit der Verwaltungsgerichte erweitert, sondern nur festgestellt, daß sie, unter Ausschluß des Rechtsweges, befugt sind, im Rahmen des § 18 ZG. über den Befreiungsgrund der Tilgung und Verjährung zu entscheiden. Da aber § 18 ZG. bzw. die hinsichtlich der Gemeindeabgaben an seine Stelle getretenen §§ 69, 70 KAG. nur die Rechtsmittel gegen eine Heranziehung regeln, kann unter Berufung auf die angeblich erfolgte Zahlung nicht die Aufhebung der wegen der Abgabe eingeleiteten Zwangsvollstreckung beantragt werden (VBl. 29, 933). — Nach § 160 ZG. haben die Verwaltungsgerichte in einem gemäß § 18 ZG. (jetzt §§ 69, 70 KAG.) anhängig gemachten Streitverfahren wegen Gemeindeabgaben auch den Einwand zu prüfen, ob jemand auf Grund besonderen Rechtstitels Steuerfreiheit beanspruchen kann. Dagegen betrifft ein Entschädigungsanspruch, den jemand aus einem mit der Gemeinde geschlossenen Vergleich wegen öffentlicher Abgaben herleitet, ausschließlich privatrechtliche Verhältnisse, über welche nach § 160 Abs. 2 ZG. der Verwaltungsrichter nicht zu entscheiden hat (VBl. 22, 57).

F. Verfahren.

1. Parteien.

Im Verwaltungsstreitverfahren über eine Gemeindeabgabe fällt die Rolle des Beklagten nicht der Gemeinde, sondern derjenigen Behörde zu, welche über den Einspruch entschieden hat (E. v. 24. V. 1927. VIII. C. 2. 26). — Vgl. OVG. 25, 430 unten bei 6.

2. Zuständigkeit.

Erlangt während eines Verwaltungsstreitverfahrens eine Landgemeinde Stadtrecht, so geht damit die Zuständigkeit zur Entscheidung ohne weiteres auf den BA. über. Der KA. hat in einem solchen Falle die Akten dem BA. zur Entscheidung vorzulegen (OVG. 41, 67; VBl. 23, 690; OVG. 77, 279). — Als Landgemeinden gelten auch die nach der westfälischen Landgemeindeordnung verwalteten Städte, so daß also im Verwaltungsstreitverfahren wegen der von ihnen erhobenen Abgaben in erster Instanz der KA., nicht der BA. zuständig ist (VBl. 18, 254). — Ebenso bezüglich solcher Stadtgemeinden, die durch § 4 Abs. 2 der Hannoverschen Städteordnung und § 2 der Hannoverschen Landgemeindeordnung den Landgemeinden gleichgestellt sind (E. v. 17. X. 1896. II. 2066). — Hat fälschlicherweise statt des KA. der BA. entschieden, so ist seine Entscheidung wegen wesentlichen Verfahrensmangels aufzuheben; es kann aber, wenn die Sache spruchreif ist, sogleich in dieser selbst entschieden werden (E. v. 21. VI. 1921. VIII. C. 37. 21).

Wenn durch das Gesetz, betr. den Siedlungsverband Ruhrkohlenbezirk, v. 5. V. 1920 (GS. 286) dem Verbandspräsidenten, gegebenenfalls unter Mitwirkung des Verbandsrates, die Verwaltung der Baupolizei übertragen ist, so bezieht sich das nicht auf die Erhebung kommunaler Baupolizeigebühren, für welche mangels abändernder Bestimmung im Gesetz v. 5. V. 1920 die Vorschriften des KAG. maßgebend geblieben sind. Mit der Zuständigkeit des Verbandspräsidenten entfällt gemäß § 26 des G. v. 5. V. 1920 auch die Zuständigkeit des Verbandsrates. Gegen den Einspruchsbescheid wegen der Baupolizeigebühren ist daher nur Klage beim BA., nicht beim Verbandsrat zulässig; die unzuständigerweise von letzterem getroffene Entscheidung mußte daher aufgehoben und die Sache, da der BA. noch nicht gesprochen hat, als nicht spruchreif an diesen zurückverwiesen werden (VBl. 49, 55).

3. Besetzung des Gerichts.

Eine Person, welche bei dem Einspruchsbeschluß mitgewirkt hat, darf nicht in dem sich anschließenden Verwaltungsstreitverfahren als Richter tätig sein (VBl. 30, 489). Ein Richter, der bei Genehmigung einer Steuerordnung mitgewirkt hat, kann deshalb nicht in einem anläßlich einer Heranziehung auf Grund dieser Steuerordnung anhängig werdenden Verwaltungsstreitverfahren mit der Begründung abgelehnt werden, daß er bei einer Entscheidung der Streitsache in einer früheren Instanz mitgewirkt habe (E. v. 17. I. 1928. II. E. R. 190. 27). — Der BA., welcher über die Genehmigung einer Steuerordnung beschlossen hat, ist deshalb nicht zur Entscheidung eines Steuerstreites wegen dieser Steuerordnung unzuständig (E. v. 6. III. 1923. VIII. C. 109. 22).

4. Umfang des gerichtlichen Prüfungsrechts.

Eine Nachprüfung, ob die dem Steuerverteilungsbeschluß zugrunde liegenden Schätzungen des Realsteuersolls zutreffend waren, steht dem Verwaltungsrichter nicht zu. Sind die beschlossenen Zuschläge genehmigt, so können sie, selbst wenn die Schätzung sich nachträglich als unrichtig herausstellt, von dem wirklichen Soll erhoben werden (OVG. 77, 221; 78, 131, 135; 79, 60). — Ob die gemäß § 54 KAG. erfolgte Verteilung des Steuerbedarfs die maßgebenden Verhältnisse zutreffend gewürdigt hat, ist eine der richterlichen Nachprüfung entzogene Zweckmäßigkeitsfrage (OVG. 30, 43).

Wenn eine Steuerordnung wegen materieller Mängel als rechtsunwirksam erachtet werden muß, so kann der Verwaltungsrichter die früher gültige Steuerordnung jedenfalls dann nicht seiner Entscheidung als gültiges Ortsrecht zugrunde legen, wenn aus der neuen Steuerordnung entnommen werden kann, daß das alte Recht beseitigt werden sollte. Die Entsch. OVG. 47, 38 hat das Fortbestehen einer alten Steuerordnung bei der Ungültigkeit der sie aufhebenden neuen Ordnung nur deshalb angenommen, weil die Ungültigkeit der neuen Ordnung auf einem formellen Mangel beruhte. Sie war also noch nicht zustande gekommen und daher auch die in ihr ausgesprochene Aufhebung der bisherigen Steuerordnung nicht rechtswirksam geworden (VBl. 38, 589). — Die formelle und materielle Gültigkeit der das Ortsrecht bildenden Satzungen und Beschlüsse ist von Amts wegen zu prüfen und gegebenenfalls aus einem anderen als dem geltend gemachten Grunde auf Freistellung im Rahmen des Ermäßigungsantrages zu erkennen (E. v. 27. II. 1913. H. C. 196. 12). — Auch gegenüber der Behauptung, daß eine Steuer zur Unterdrückung eines Gewerbes führe (sog. Erdrosselungssteuer), muß der Verwaltungsrichter, da die Angemessenheit der Steuersätze nicht seiner Nachprüfung unterliegt, die vorschriftsmäßig genehmigte Steuerordnung anwenden. Er könnte einer Ordnung die Gültigkeit nur dann absprechen, wenn die von ihr eingeführte

Abgabe das Wesen der Steuer nicht mehr hätte. Aus dem Umstande allein, daß einzelne Gewerbetreibende infolge der Besteuerung aus ihrem Unternehmen keinen Gewinn mehr erzielen, kann das nicht geschlossen werden (PVBl. 38, 116). — Der Verwaltungsrichter hat nur zu prüfen, ob die Steuerforderung dem Grunde und dem Betrage nach gerechtfertigt war, nicht aber, ob der Steuerpflichtige etwa aus einem anderen Grunde zu einer gleichen Leistung herangezogen werden darf (OVG. 5, 185; 8, 176; PVBl. 16, 596; 20, 410; 24, 214).

Dem Verwaltungsrichter ist die Entscheidung über die rein tatsächliche Frage, ob bei Bemessung der Beiträge i. S. des § 9 KAG. die Vorteile der einzelnen Beteiligten angemessen berücksichtigt sind, entzogen (OVG. 55, 134). — Dagegen hat der Verwaltungsrichter festzustellen, ob die gesetzlichen Voraussetzungen für die Beitragserhebung erfüllt sind, also auch, ob der Gemeindebeschluß überhaupt auf einer unparteiischen Abwägung der Vorteile einerseits der Gemeinde, anderseits der Beteiligten beruht und ob diese Frage bei der Entscheidung über erhobene Einsprüche von Amts wegen nachgeprüft ist, sowie, ob die einerseits von der Gemeinde, anderseits von den Beteiligten aufzubringenden Beträge ziffernmäßig festgesetzt sind (PVBl. 50, 590). — Wenn sich der Streit nach der Behauptung und Auffassung der Klägerin als ein solcher um eine kommunale Abgabe darstellt, ist der Verwaltungsrichter zur Prüfung und Entscheidung verpflichtet, ganz gleich, ob es sich tatsächlich um eine kommunale Abgabe der Art handelt, für die durch § 70 Abs. 2 KAG. das Verwaltungsstreitverfahren zugelassen ist. Unabhängig von dieser rein formalen Frage bleibt aber zu prüfen, ob die Leistung tatsächlich als Kommunalabgabe gefordert werden darf (OVG. 83, 115). — Bei Gemeindeabgaben, welche nicht auf Grund des KAG., sondern, wie die in § 5 KAG. aufgeführten Verkehrsabgaben, auf Grund besonderer staatlicher Verleihung erhoben werden, hat der Verwaltungsrichter weder die Rechtsgültigkeit dieses Staatsaktes noch den staatlich festgestellten Abgabetarif nachzuprüfen, sondern lediglich, ob der Tarif von der zuständigen Behörde erlassen und welche Auslegung im Einzelfall der betreffenden Tarifposition zu geben ist. Denn dadurch, daß nach § 5 a. a. O. die bestehenden Bestimmungen über die Verleihung des Rechts zur Erhebung von Verkehrsabgaben und die Feststellung der Tarife unberührt bleiben sollten, hat der Gesetzgeber unzweideutig zum Ausdruck gebracht, daß er sowohl davon absehen wollte, die Materie der Verkehrsabgaben im Gesetz zu regeln, als auch daß jedes auf Grund eines Tarifs im einzelnen geregelte Hebungsrecht unangetastet bleiben sollte. Eine Genehmigung der betreffenden Gemeindebeschlüsse gemäß § 77 KAG. ist neben der staatlichen Verleihung nicht erforderlich (OVG. 81, 133 ff.).

S. auch bei Klagebegründung oben unter II E 1.

5. Beweis.

Nach OVG. 15, 129; 16, 217 hatte die Klägerin das erforderliche Material zur Rechtfertigung ihres Ermäßigungsantrages zu beschaffen, die hierauf bezüglichen Verhältnisse klarzulegen und die dafür notwendigen Beweise zu erbringen; sie hat aber keinerlei Nachweis dafür versucht, daß der für die Ermittlung des gemeinen Wertes maßgebende Verkaufswert ihres Grundstücks hinter der Schätzung des Beklagten zurückbleibe (PVBl. 21, 302). — Nach ständiger Rechtsprechung liegt es der Abgaben fordernden Gemeindebehörde ob, zu behaupten und erforderlichenfalls darzutun, auf welche Tatsachen sich der Steueranspruch gründet, also bei der Veranlagung zur Grundsteuer, daß es sich um ein in der Gemeinde belegenes Grundstück handle und daß der wegen der Steuer in Anspruch Genommene dieses Grundstück als Eigentümer seiner Substanz nach zu vertreten habe, d. h. daß der Kläger der Steuerpflichtige sei. Steht dagegen die Abgabenpflicht fest, so hat der Steuerpflichtige seinerseits alle Tatsachen geltend zu machen und darzulegen, auf welche er seinen Freistellungs- oder Ermäßigungsantrag stützt (OVG. 78, 133). — Vgl. aber wegen Verbots einer Abänderung der Heranziehungsgrundlage PVBl. 22, 19; OVG. 56, 133 bei § 69 I E. — Die Vorschrift in § 52 LVG., daß alle Fristen im Verwaltungsstreitverfahren Ausschlußfristen sind, bezieht sich nur auf die im Gesetz geregelten Fristen, findet also keine Anwendung, wenn im Laufe des Verfahrens einer Partei eine befristete Auflage gemacht wird (OVG. 73, 442).

Die Ablehnung eines Sachverständigen ist im Verwaltungsstreitverfahren nicht angängig (E. v. 28. IX. 1928. VII. C. 46. 28). — Verwertet der Verwaltungsrichter ein Sachverständigenurteil zugunsten einer Partei, ohne es vorher der Gegenpartei mitzuteilen, so liegt ein wesentlicher Verfahrensmangel vor (VBl. 47, 246). — Der Verwaltungsrichter ist an die Vorschläge der Parteien hinsichtlich der Person der zu vernehmenden Sachverständigen ebensowenig gebunden wie der Zivilrichter; er ist sogar befugt, von der Vernehmung eines Sachverständigen überhaupt Abstand zu nehmen, wenn er glaubt, aus eigener Sachkunde zur Beurteilung der einschlägigen Verhältnisse befähigt zu sein (OVG. 30, 120).

Der Verwaltungsrichter kann nur die Vorlegung von Geschäftsbüchern fordern, so daß diese im Besitz des Vorlegenden bleiben; dagegen ist er nicht befugt, ihre Einreichung, insbesondere zwecks Aushändigung an Sachverständige, anzuordnen (OVG. 28, 40). — Die zur pflichtmäßigen amtlichen Prüfung des Veranlagungsverfahrens erforderliche Einforderung der Vorgänge ist keine Beweisaufnahme i. S. des § 76 LVG., welche den Erlaß eines Vorbescheides nach § 64 LVG. ausschließt (E. v. 17. III. 1913. H. C. 206. 12).

6. Entscheidung.

Der Verwaltungsrichter darf über einen Anspruch, der ihm nicht von den Beteiligten, sondern von einer Behörde unterbreitet wird, nur entscheiden, wenn das Einverständnis der Beteiligten erklärt ist oder angenommen werden kann. Wider Willen darf niemand zum Kläger gemacht werden (OVG. 25, 430). — Die Zulässigkeit eines Rechtsmittels wird allein durch diejenige Auffassung von der Natur der angegriffenen Verfügung bestimmt, die in ihr zum Ausdruck gebracht ist, nicht durch diejenige, welche ihr nach der Absicht der Steuerbehörde zukommen sollte (VBl. 22, 616; 33, 704). — — Danach konnte Kläger mit Einspruch und Klage Beseitigung einer Verfügung fordern, welche sich, wenn auch unbeabsichtigt, nach außen hin den Anschein einer Heranziehung gegeben hatte. Die Entscheidung des Verwaltungsrichters muß sich jedoch auf die formelle Außerkraftsetzung der Verfügung beschränken, da sie tatsächlich eine Heranziehung noch nicht bewirkt hatte und deshalb auch nicht Gegenstand eines Einspruchs- und Klageverfahrens bilden konnte (E. v. 22. VI. 1926. VIII. C. 1. 25).

Ergibt sich bei der Prüfung des Einspruchsbescheides im Verwaltungsstreitverfahren, daß er ergangen ist, obgleich keine formell rechtsgültige Heranziehung vorhergegangen war, so muß der Beschluß als auf einer unzureichenden Grundlage beruhend und deshalb rechtlich hinfällig aufgehoben werden (OVG. 37, 42, 92; 40, 92). — War die Heranziehungsverfügung unförmig, so ist sie und der sie aufrechterhaltende Einspruchsbescheid außer Kraft zu setzen, aber nicht auf Freistellung zu erkennen, weil dadurch eine nachträgliche rechtsförmige Heranziehung ausgeschlossen werden würde (E. v. 31. V. 1929. II. C. 42. 29). — Der Verwaltungsrichter hat sich auf die Außerkraftsetzung der Heranziehungsverfügung zu beschränken, wenn diese formell rechtsunwirksam und ihre gänzliche Aufhebung beantragt war (VBl. 32, 715). — Daraus, daß zur Zeit der Heranziehung ein rechtsgültiger Steuerverteilungsbeschluß noch nicht zustande gekommen war, folgt nicht, daß sie im Rechtsmittelverfahren für rechtsunwirksam erklärt werden muß. In einem solchen Falle greift § 59 KAG. Platz. Der Verwaltungsrichter hat also zu prüfen, ob und inwieweit der Steuerpflichtige gegenüber den nach § 59 maßgebenden Sätzen durch die erfolgte Heranziehung überbürdet ist. Dabei ist gegebenenfalls der Maßstab des mangels einer Anordnung der Aufsichtsbehörde nachträglich ergangenen und genehmigten Gemeindebeschlusses anzuwenden (E. v. 31. I. 1922. VIII. 101. 21).

Das erkennende Gericht hat hinsichtlich der rechtlichen Folgen eines unterbliebenen Verteilungsbeschlusses das zur Zeit der Urteilsfällung geltende Recht zur Anwendung zu bringen (OVG. 77, 179; 78, 202). — Wenn der Verwaltungsrichter in seiner Entscheidung die Höhe der zu entrichtenden Abgabe festsetzt, hat er die Sachlage, so wie sie sich zur Zeit der Urteilsfällung ergibt, zugrunde zu legen, insbesondere eine inzwischen erfolgte Berichtigung der für den Veranlagungszeitraum zugrunde zu legenden Ziffern zu berücksichtigen (VBl. 33, 841; OVG. 75, 206; VBl. 45, 138). — Ebenso ist zu verfahren, wenn die für die Steuerberechnung maßgebenden Ziffern zur Zeit der Veranlagung noch nicht feststanden und deshalb Schätzung erforderlich war, aber zur Zeit der Entscheidung feststehen (OVG. 75, 210).

Findet der Verwaltungsrichter, daß die Forderung ihrem Grunde nach ungerechtfertigt ist, so muß er den Kläger freistellen. Der Verwaltungsrichter hat nicht zu prüfen, ob der Kläger aus einem anderen Grunde mindestens zu einer gleichen Leistung herangezogen werden durfte. Zu einer neuen Veranlagung an Stelle der für unzulässig befundenen des Gemeindevorstehers ist der Verwaltungsrichter nicht befugt (OVG. 5, 185; 8, 176; 12, 160; VBl. 20, 411; OVG. 62, 392). — Der Verwaltungsrichter hat den Verteilungsbeschluß nur darauf zu prüfen, ob er in der gesetzlichen Form zustande gekommen ist und sich inhaltlich innerhalb der Autonomie der Gemeinde hält (VBl. 17, 483).

War die Heranziehung nicht mit Einspruch, sondern mit der unbefristeten Beschwerde angegriffen und nach ihrer Zurückweisung statt der Klage Einspruch erhoben, so ist mit dem daraufhin erteilten neuen, sachlich begründeten Bescheid die Klagefrist erneut eröffnet (VBl. 17, 74; 20, 472). Da aber die Veranlagung selbst nur mit der unbefristeten Beschwerde angegriffen war, ist wegen der Natur dieses Rechtsbehelfes auf die Klage nur darüber zu entscheiden, ob durch den Eintritt späterer Umstände die Heranziehung für die Folgezeit rechtswidrig geworden ist (OVG. 72, 174).

Die Klageentscheidung muß entweder auf Abweisung oder auf gänzliche oder teilweise Freistellung lauten und dabei den etwaigen Ermäßigungsbetrag ziffernmäßig angeben oder wenigstens solche Feststellungen treffen, daß sich die zu zahlende Summe errechnen läßt (E. v. 24. X. 1912. H. C. 235. 11; v. 3. III. 1913. H. C. 425. 12; OVG. 74, 162). — Die richterliche Nachprüfung erstreckt sich auf die Veranlagung in ihrer Gesamtheit. Ergibt diese Nachprüfung Unrichtigkeiten hinsichtlich der Steuerbemessung, so hat der Richter die Berechnung richtigzustellen und die rechtmäßige Steuerforderung festzusetzen, nicht aber nur unter Aufhebung des Steuer- und des Einspruchsbescheides der Steuerbehörde eine neue Veranlagung aufzugeben (VBl. 47, 360). — Eine Entscheidung darf sich nicht auf die Feststellung der Grundsätze, nach denen der schuldige Steuerbetrag zu berechnen ist, beschränken, da sie die Möglichkeit eines sich an diese Feststellung anschließenden neuen Streitverfahrens offenläßt und deshalb dem Klageantrag nicht gerecht wird (OVG. 2, 54). — Auch die Verweisung auf die bei der Heranziehung anzuwendenden Abgabensätze genügt nicht (VBl. 47, 246).

Bei Versäumung der Klagefrist ist es nicht angängig, einen Einspruchsbescheid außer Kraft zu setzen, auch wenn sich das Einspruchsverfahren nachträglich als unzulässig erweist (VBl. 31, 158). — Ein auf einen verspäteten Einspruch erteilter sachlicher Bescheid gilt im allgemeinen als stillschweigende Wiedereinsetzung in den vorigen Stand. Die Klageinstanz hat also in einem solchen Falle nicht zu prüfen, ob der besonders gestellte Antrag auf Wiedereinsetzung gerechtfertigt war, sondern nur, ob mit dem Einspruchsbescheid die Wiedereinsetzung gewährt worden ist oder nicht (VBl. 48, 334). — Wenn ein Einspruchsbescheid nicht ergangen ist, darf bei der deshalb erforderlichen Abweisung der Klage nicht gleichzeitig sachlich über den Klageantrag entschieden und dadurch der Kläger verhindert werden, in einer gegen den nachträglich erteilten Einspruchsbescheid erhobenen neuen Klage neue Tatsachen vorzubringen (E. v. 18. V. 1914. I. H. C. 16. 14).

Die örtliche und sachliche Zuständigkeit der zur Vertretung des Fiskus in vermögensrechtlichen Angelegenheiten berufenen Behörden kann nicht durch ministerielle Anordnungen geändert werden. Stellt sich ein Mangel der Vertretungsbefugnis heraus, so darf die gerichtliche Entscheidung nicht die materielle Verpflichtungsfrage zum Gegenstande haben, sondern nur auf Außerkraftsetzung des Einspruchsbescheides und der Heranziehungsverfügung, soweit sie angefochten sind, lauten. Dadurch wird der veranlagenden Behörde nicht verwehrt, den Fiskus mittels einer an die wirklich zuständige Vertretung gerichteten Verfügung erneut zu der jetzt strittigen Abgabe heranzuziehen (OVG. 36, 20).

Teil- und Zwischenurteile sind dem Verwaltungsstreitverfahren fremd und Vorabentscheidungen über den Grund eines Einspruches ohne gleichzeitige Feststellung des schuldigen Betrages unzulässig (OVG. 15, 123). — Teilurteile sind unzulässig. Wenn aber zwei verschiedene, an sich selbständige Ansprüche in einer Klage verbunden werden und der KA. nach der von ihm zulässigerweise vorgenommenen Trennung des Verfahrens nur bezüglich des einen Anspruchs entschieden, bezüglich des anderen noch einen Beweisbeschluß erlassen hat, so handelt es sich, trotzdem beide Entscheidungen in der Ausfertigung des Urteils äußerlich zusammengefaßt waren, nicht um Erlaß eines Teilurteils (VBl. 35, 214). — Auch für das Verwaltungsstreitverfahren über die Heranziehung zu Gemeindelasten muß der Grundsatz Anwendung finden, daß ein Ausspruch des Gerichts zu erfolgen hat, welcher den vorliegenden Streit abschließt. Tritt der Verwaltungsrichter der Begründung des Einspruchsbescheides nicht bei, so muß er auf die Sache selbst eingehen und über die formelle und sachliche Seite der Angelegenheit befinden. Eine Zurückweisung an den Gemeindevorsteher zur nochmaligen Beschlußfassung ist unzulässig (OVG. 12, 69). — Der Erlaß eines Vorbescheides auf Grund des Art. 1 Ziff. 4 des VereinfachungsG. v. 13. V. 1918 (GS. 53), 3. I. 1928 (GS. 1) wird dadurch nicht ausgeschlossen, daß von einer der Parteien mündliche Verhandlung beantragt ist (OVG. 76, 505). — Eine Erklärung des Beklagten, daß er den Klageantrag ganz oder teilweise anerkenne, ist nur dann unwiderruflich, wenn der Beklagte daraufhin den Kläger ganz oder teilweise freigestellt hat, sei es durch ausdrückliche Erklärung, sei es durch Zurückzahlung (E. v. **23. III. 1916.** I. H. C. 235. 14).

Kosten. Im Verwaltungsstreitverfahren kann die unterliegende Partei nicht mit den Kosten des vorangegangenen Beschlußverfahrens belastet werden (E. v. **14. IV. 1913.** H. C. 224. 12). — Sind im Tenor einer Entscheidung die Kosten einer anderen Partei auferlegt, als es nach dem Willen des Gerichts geschehen sollte, so ist eine Berichtigung ohne Zeitbeschränkung zulässig. Sie darf aber nur in der Form eines formlosen Beschlusses, nicht durch einen Vorbescheid nach § 67 LVG. geschehen (E. v. **20. XI. 1913.** H. C. 179. 13). — Die Festsetzung des Streitwertes bildet keinen Teil der Streitentscheidung, sondern einen Verwaltungsakt und kann vom Richter höherer Instanz von Amts wegen abgeändert werden. Sie ist aber immerhin ein Teil des Urteils und kann die richterliche Nachprüfung nicht im Wege der Beschwerde, sondern nur durch Anfechtung des Urteils erreicht werden (OVG. 72, 448).

7. Beendigung des Verfahrens ohne Entscheidung in der Sache.

Die Zurücknahme einer Klage, die auch noch in zweiter Instanz erklärt werden kann, schafft das Rechtsmittel endgültig aus der Welt. Daher kann die betreffende Erklärung auch dann nicht widerrufen werden, wenn sie durch einen Irrtum veranlaßt ist (OVG. 27, 185; VBl. 23, 646; OVG. 70, 463). — Eine bedingte Klagezurücknahme ist unzulässig (E. v. **5. V. 1916.** VII. C. 16. 15). — Der Einspruchsbescheid ist nach seinem Wesen nicht die Entscheidung eines Parteistreites, da der Gemeindevorsteher nicht in eigener Sache entscheiden kann. Der Beschluß stellt vielmehr eine Entschließung der Gemeindesteuerbehörde dar, zu welcher diese nach der durch den Einspruch veranlaßten

Nachprüfung ihrer Steuerforderung gelangt ist. Sie hat die Natur eines reinen Verwaltungsaktes. Zugleich bildet sie aber nach gesetzlicher Vorschrift die Prozeßvoraussetzung, unter welcher der Herangezogene die Entscheidung über die streitige Steuerforderung durch Klage im Verwaltungsstreitverfahren herbeiführen kann. Ist diese Klage einmal erhoben, so unterliegt der Streit über die Steuerforderung lediglich der richterlichen Entscheidung, und wird ihr nur entzogen, wenn und soweit entweder die Steuerforderung oder die Klage zurückgenommen wird. Dadurch allein, daß der Gemeindevorsteher seinen Einspruchsbescheid aufhebt, wird an der Steuerforderung nichts geändert; sie wird vielmehr nach wie vor vom Gemeindevorstand gegenüber dem Herangezogenen geltend gemacht, sie bleibt im Streite und bildet auch ferner den Gegenstand des Verwaltungsstreitverfahrens, über den der Verwaltungsrichter zu entscheiden hat (VBl. 30, 814; 39, 341). — Das gilt auch dann, wenn der Bescheid vorschriftswidrig zustande gekommen war; er muß dann vom Richter ohne Entscheidung in der Hauptsache außer Kraft gesetzt werden. — Hat aber die I. Instanz in einer rechtskräftig gewordenen Entscheidung irrtümlicherweise die Zurücknahme als gültig angesehen und demgemäß das Verfahren als in der Hauptsache für erledigt erklärt, so muß auf die Klage, welche gegen den an Stelle des aufgehobenen Bescheides erlassenen zweiten Bescheid angestrengt ist, der letztere so behandelt werden, als ob der erste Bescheid wirklich außer Kraft gesetzt und durch den zweiten voll ersetzt wäre. Denn wenn in diesem Falle der zweite Bescheid wegen Fortbestehens des ersten für unzulässig erklärt würde, verlöre der Steuerpflichtige wegen der rechtskräftig gewordenen Entscheidung über die Erledigung des Streites sein Recht auf richterliche Nachprüfung der Heranziehung (OVG. 75, 35). — Auch während des über eine streitige Gemeindeabgabe schwebenden Verwaltungsstreitverfahrens können die Veranlagungsverfügung und der Einspruchsbescheid zurückgenommen werden (s. bei § 69 unter I J 3 und bei § 70 unter I D). Das Ziel und der Enderfolg der Klage können nur die Aufhebung der Heranziehung bilden. Wenn der Beklagte diese aus freien Stücken zurücknimmt, so tut er nichts anderes, als daß er dem Kläger gewährt, was dieser durch das Verwaltungsstreitverfahren erreichen konnte. Die Rechte des Klägers werden also dadurch nicht verletzt. Dagegen ist er dadurch beschwert, daß der Vorderrichter ungeachtet dieser Sachlage die Klage als unbegründet abgewiesen und damit über einen Punkt entschieden hat, der nicht mehr Gegenstand des Streites war. — Ob der Kläger überhaupt abgabepflichtig war, ist innerhalb des zweiten, über die (innerhalb desselben Rechnungsjahres erfolgte und darum zulässige) erneute Heranziehung des Klägers schwebenden Verfahrens zu entscheiden (VBl. 16, 524). — Im Gegensatz zum Zivilprozeßverfahren kennt das LVG. eine Zwangsvollstreckung nur bei Entscheidungen oder Beschlüssen der Behörden. Ein Vergleich im Verwaltungsstreitverfahren bleibt daher ein Parteiakt, der ohne Klagezurücknahme keine den Rechtsstreit beendende Wirkung hat und diese erst durch Urteil erlangen kann (OVG. 53, 449; 54, 87).

Ist die Heranziehungsverfügung nach Klageerhebung zurückgenommen, so ist damit das Verfahren gegenstandslos geworden. Es darf daher nicht mehr darüber entschieden werden, ob die Heranziehung berechtigt war, da dies eine Entscheidung auf eine dem KAG. fremde negative Feststellungsklage bedeuten würde (OVG. 42, 106). — Will Beklagter einen wegen einer verfrüht angeforderten Abgabe schwebenden Rechtsstreit förmlich zum Abschluß bringen, so ist dazu außer der Zurücknahme der Heranziehung auch eine Erklärung wegen Übernahme der Kosten erforderlich. Da es an einer solchen fehlte, blieb der Rechtsstreit anhängig, und es mußte über die Kosten entschieden werden (VBl. 48, 279). Dabei käme ein Verschulden des Herangezogenen deswegen, weil er seinen Klageantrag der durch Zurücknahme der Heranziehung veränderten Sachlage nicht angepaßt hat, höchstens dann in Frage, wenn das Gericht gemäß § 71 LVG. auf Abänderung des Antrages hingewirkt hätte (E. v. 22. X. 1929. II. C.

46. 29). — Ist die Streitsache als durch Zurücknahme erledigt zu erklären, so muß, auch wenn der Beklagte sich bei der Zurücknahme des Einspruchsbescheides zur Übernahme der Kosten verpflichtet hat, welche ihm gesetzlich auferlegt werden könnten, mangels einer dem Gericht gegenüber abgegebenen Erklärung doch noch wegen der Kosten entschieden werden (E. v. 5. V. 1916. VII. C. 46. 15).

III. Regreßklage (§ 70 Abs. 3).

Die Vorschrift in Abs. 3 gibt das Recht, das bereits vor Erlaß des KAG. bestand, wieder und bezieht sich ebenso wie die entsprechende Vorschrift des durch sie ersetzten § 38 LGO. und des durch § 146 LGO. aufgehobenen § 34 ZG. auch auf Ersatzansprüche von Gemeindeabgabepflichtigen, die durch Freilassung eines anderen Pflichtigen überbürdet zu sein behaupten (VBl. 24, 520). — Die Anwendung der Vorschrift setzt nicht nur voraus, daß der Streit die Pflicht zu einer der in § 69 Abs. 1 bezeichneten Leistungen betrifft, sondern bei Abbürdungsklagen auch, daß der Anspruch wegen Übernahme der Pflicht aus einem öffentlich-rechtlichen Grunde hergeleitet wird (VBl. 26, 501). — Voraussetzung für die Erstattungsklage bildet lediglich die Zahlung einer vermeintlich geschuldeten Abgabe, von welcher der Kläger behauptet, daß sie in Wirklichkeit nach öffentlichem Recht nicht ihm, sondern dem Beklagten obgelegen habe. Der Erstattungsanspruch wird, wenn die Zahlung infolge einer von dem Gemeindevorstand vorgenommenen Heranziehung geleistet war, weder durch Anfechtung dieser Heranziehung im Rechtsmittelwege noch durch ein sie außer Kraft setzendes Urteil ausgeschlossen, und kann so lange verfolgt werden, als nicht die veranlagende Behörde den erhobenen Abgabenbetrag zurückgezahlt hat. Denn die Erwirkung einer Mehrheit von vollstreckbaren Titeln — gegen die Steuerbehörde und gegen den verpflichteten Steuerschuldner — ist nicht darum unzulässig, weil für den Nichtpflichtigen die Zahlung der Abgabe nur einen Anspruch auf einmalige Erstattung begründet; auf Grund der verschiedenen Titel darf aber nur einmalige Leistung verlangt werden. Durch Schritte gegen die veranlagende Behörde wird also der Erstattungsanspruch gegen den tatsächlich Abgabepflichtigen so lange nicht beseitigt, als nicht die Rückzahlung durch die Behörde geleistet ist (OVG. 40, 180). — Etwaige Einwendungen gegen die Verpflichtung zu Anliegerbeiträgen können nicht im Wege einer nach § 70 Abs. 3 KAG. gegen die Gemeinde angestrengten Klage, sondern nur in dem Verfahren nach § 69 Abs. 1 und § 70 Abs. 2 gegen den Gemeindevorstand geltend gemacht werden (OVG. 46, 88). — Einem wegen Zahlung von Pflasterkosten (Straßenbaubeiträgen) in Anspruch genommenen Grundbesitzer steht gegen seinen Vorbesitzer die Klage nach Abs. 3 nicht zu. Wenn der Kläger sich darauf stützt, daß jedoch nach dem Regulativ der Vorbesitzer beitragspflichtig gewesen wäre, so steht das mit seiner Behauptung, daß er mit Recht herangezogen sei und deshalb die Zahlung habe leisten müssen, in Widerspruch. Ein Unterschied zwischen formeller und materieller Verpflichtung besteht nicht. Etwaige bei dem Grundstücksverkauf getroffene privatrechtliche Abmachungen über die fraglichen Kosten haben aber für eine allein aus öffentlich-rechtlichen Gesichtspunkten zu treffende Entscheidung des Verwaltungsrichters keine Bedeutung (VBl. 24, 810). — Auf Grund einer vertraglich übernommenen Pflicht zur Unterhaltung des Gemeindebullen kann keine Klage zur Feststellung der Beitragspflicht derjenigen angestellt werden, die nach öffentlichem Recht zur Unterhaltung verpflichtet sind, da § 70 Abs. 3 nur Streitigkeiten zwischen den Beteiligten betrifft (VBl. 19, 501).

IV. Verfahren in den weiteren Instanzen.

A. Zulässigkeit der Rechtsmittel.

1. Allgemeines.

Verneint der BA. in einem Abgabenstreit die Zulässigkeit des Verwaltungsstreitverfahrens, weil er, wenn auch irrtümlicherweise, die Zuständigkeit der ordentlichen

Gerichte annimmt, so ist dagegen nicht die Revision, sondern die Berufung gegeben, weil es bezüglich der Art des zulässigen Rechtsmittels darauf ankommt, wie der BA. das Sachverhältnis aufgefaßt hat (VBl. 22, 616; 50, 589). — Hat bei mehreren selbständigen, in derselben Klage geltend gemachten Ansprüchen das Verwaltungsgericht über einen derselben nicht entschieden, so kann diese Unterlassung von der Partei nicht im Rechtsmittelwege, sondern nur mit einem bei dem erkennenden Gericht zu stellenden Antrag auf Ergänzung der Entscheidung geltend gemacht werden (VBl. 47, 225).

Die Einlegung eines weiteren Rechtsmittels allein wegen der Kosten ist unzulässig (E. v. 4. VII. 1922. II. B. 9. 22). Anders, wenn der Rechtsstreit sich während des Verwaltungsstreitverfahrens in der Hauptsache erledigt und der Kläger deshalb seinen Klageantrag auf Erstattung der Kosten beschränkt (E. v. 29. XI. 1913. II. C. 227. 13).

Es liegt in der dem Beigeladenen zukommenden prozeßrechtlichen Stellung ohne weiteres begründet, daß derselbe sich auf eine Stellungnahme zu den Anträgen der Hauptparteien zu beschränken, nur für oder gegen diese einzutreten, sich aber jeder Verfolgung eigener Ansprüche mit dem Ziele, solche zur richterlichen Entscheidung zu bringen, zu enthalten hat (VBl. 15, 110). — Der im Verwaltungsstreitverfahren Beigeladene kann Rechtsmittel einlegen, wenn er durch den entscheidenden Teil des Urteils in seinen Rechten verletzt wird. Das trifft auf einen Kreis nicht zu, wenn die Gemeindesteuerpflicht eines Grundstückseigentümers gegenüber einer Gemeinde eines Nachbarkreises anerkannt wird. Denn darüber, ob bei der Verteilung der Kreissteuern durch den Nachbarkreis auch der strittige Steuerbetrag berücksichtigt werden darf oder nicht, ist noch nicht entschieden worden. Nicht einmal in einem gemäß § 4 LGO. über die kommunale Zugehörigkeit einer Ortschaft eingeleiteten Verwaltungsstreitverfahren kann ein beigeladener Kreis mit Rücksicht darauf, daß die Veränderung der Gemeindegrenzen die Veränderung der Kreisgrenzen nach sich zieht, das Urteil anfechten. Die Kreise sind nicht befugt, die Grenzen ihres Bezirks im Verwaltungsstreitverfahren zu wahren, und können daher auch nicht als Beigeladene gegen eine über die Gemeindegrenzen ergangene Entscheidung ein Rechtsmittel einlegen (vgl. OVG. 54. 492) (VBl. 38, 664). — Eine in der Vorinstanz als Beigeladener statt als Beklagter beteiligte Person kann in der Revisionsinstanz als Beklagter fungieren (VBl. 30, 677).

2. Revisionssumme.

a) Geltung.

Naturaldienste gehören nicht zu den Geldleistungen im Sinne des Art. I Ziff. 7 des KriegsvereinfachungsG. v. 13. V. 1918 (GS. 53) verbunden mit der VO. v. 2. VII. 1926 (GS. 192), und finden daher auf die Naturaldienste und auf die an ihre Stelle ersatzweise tretenden Geldbeträge die Vorschriften wegen der Beschränkung der Revisionssumme keine Anwendung (VBl. 50, 400 Ziff. 7). — Die Vorschriften des KriegsvereinfachungsG. bezüglich Beschränkung der Revisionssumme gelten auch hinsichtlich der dem Fiskus als Eigentümer eines forstfiskalischen Grundstücks abverlangten kommunalen Abgaben (E. v. 4. V. 1928. II. C. 200. 27). — Die Vorschrift in Art. I Nr. 7 des VereinfachungsG. betr. der Revisionssumme gelten auch gegenüber erstinstanzlichen Entscheidungen des BA. (VBl. 45, 55). — Auf die vom Vorsitzenden des BA. gemäß § 93 LVG. aus Gründen des öffentlichen Interesses eingelegte Revision findet die Vorschrift wegen der Revisionssumme keine Anwendung (VBl. 50, 399). — Die Entscheidung darüber, ob die Vorschriften des KriegsvereinfachungsG. wegen der Revisionssumme Anwendung finden, steht allein dem Revisionsgericht zu (VBl. 48, 355).

b) Berechnung.

α) Bei Einzelpersonen.

Der Beschwerdegegenstand in der Revisionsinstanz kann niemals höher sein als der die konkrete Heranziehung betreffende Klageantrag. Daß der Kläger ein Interesse haben kann, in späteren Jahren nicht zu gleichartigen Abgaben herangezogen zu werden, und das gegenteilige Interesse des Beklagten, auch andere heranzuziehen, ist dabei ohne Belang. Im Streit ist nur die einzelne Heranziehung und nicht die Gültigkeit oder Ungültigkeit des Ortsrechtes (E. v. **2. X. 1928.** II. C. 207. 27; E. v. **4. II. 1930.** II. C. 120. 29). — Für die Bewertung des Streitgegenstandes ist es gleichgültig, ob die Parteien ein über die geforderte Einzelabgabe hinausgehendes präjudizielles Interesse am Ausgang des Streites haben (E. v. **24. IV.** 1928. II. C. 247. 26). — Ist ein Jagdpächter wegen zweier Jagdbezirke zur Jagdsteuer herangezogen, aber auf den dagegen erhobenen Einspruch nur wegen des einen Bezirks Bescheid erteilt und auf die nachfolgende Klage vom BA. auch nur in dieser Beschränkung entschieden worden, so berechnet sich die Revisionssumme auch nur nach dem allein in Streit befindlichen Betrage wegen des einen Jagdbezirks (E. v. **21. XI. 1928.** II. C. 59. 28). — Maßgebend ist nicht der Steuereinheitssatz, sondern der Unterschied zwischen der nach diesem Einheitssatz berechneten Steuerforderung und dem Betrage, zu dem sich Kläger für verpflichtet erklärt (E. v. **1. V. 1923.** VIII. C. 167. 22). — Wiederkehrende Leistungen sind solche, deren Entstehungsgrund ein für allemal festliegt und deren Fälligkeit lediglich vom Zeitablauf abhängt. Die Wahrscheinlichkeit, daß eine Abgabe in den folgenden Jahren von der Gemeinde gleichfalls erhoben werden wird, macht den Abgabenanspruch noch nicht zu einem wiederkehrenden. Für die Frage der Revisionssumme kommt daher nur die Höhe der streitigen Abgabenforderung selbst in Betracht (E. v. **12. III. 1929.** VIII. C. 46. 28). — Die Zusammenrechnung der für zwei Steuerjahre geforderten Abgabe muß geschehen, wenn den Gegenstand des Angriffs ein einziger Einspruchsbescheid bildet und die Klageansprüche in einem inneren Zusammenhang stehen, insbesondere die Abgabenforderung der Gemeinde oder die dagegen erhobenen Einsprüche auf demselben Rechtsgrunde beruhen (E. v. **17. XII. 1918.** II. C. 147. 18). — Daß die Jahressteuer an sich über 100 RM. beträgt, ist, wenn der strittige geforderte Abgabenbetrag sich nur auf einen Teil des Jahres bezieht, ohne Bedeutung (E. v. **31. I. 1922.** II. C. 181. 21).

β) Bei einer Mehrheit von Steuerpflichtigen.

Der Zulässigkeit der Revision steht nicht entgegen, daß bei einem der beiden Kläger die streitige Abgabe unter 100 RM. beträgt, da beide Kläger als gemeinsame Inhaber einer Firma herangezogen sind (BBl. 50, 591). — Wenn mehrere auf Grund derselben Vorschrift zu einer Gemeindeabgabe herangezogene Personen aus demselben Grunde getrennt Einspruch erhoben und Einspruchsbescheid erhalten haben, so hindert der Umstand, daß über die daraufhin erhobene gemeinsame Klage einheitlich entschieden ist, den Verwaltungsrichter mangels notwendiger Streitgenossenschaft nicht, die Trennung der lediglich aus Zweckmäßigkeitsgründen verbundenen Sachen in jeder Lage des Streitverfahrens zu verfügen, und kommt nach einem in dieser Richtung ergangenen Gerichtsbeschluß als Streitgegenstand nur der Betrag der jedem einzelnen Einspruchserheber abverlangten Gemeindeabgabe in Betracht (OVG. 83, 460; BBl. 49, 971).

3. Anschlußberufung.

Die Anschlußberufung ist unbegründet, wenn die das Rechtsmittel einlegende Partei durch das angefochtene Urteil nicht beschwert ist (E. v. **10. I. 1928.** II. B. 1. 27). — Die Anschlußberufung ist unzulässig, wenn die Gegenpartei überhaupt kein Rechtsmittel eingelegt hat. Deshalb ist auch der Beigeladene einer Partei zur selbständigen Einlegung der Anschlußberufung nicht befugt (E. v. **2. II. 1926.** II. B. 25. 02). — In einem solchen Falle könnte die Anschlußberufung als selbständige Berufung nur dann angesehen werden, wenn sie innerhalb der Rechtsmittelfrist eingelegt ist (E. v.

4. V. 1928. II. C. 196. 27). — Eine Anschlußberufung ist nur wirksam, sofern und solange die Berufung Bestand hat (E. v. 12. XI. 1918. II. C. 140. 18).

4. Anschlußrevision.

Zum Gegenstand der Anschlußrevision können auch andere Streitpunkte und Ansprüche als diejenigen, auf die sich die Revision bezieht, gemacht werden, wenn über sie in dem angefochtenen Urteil mit entschieden ist. Denn diejenige Partei, welche sich zunächst mit der ganz oder teilweise zu ihren Ungunsten ergangenen Entscheidung beruhigt hat — vielleicht mit Rücksicht auf den in einem anderen Streit ihr zugesprochenen Vorteil —, soll befugt sein, auch bezüglich ihrer Ansprüche eine andere Entscheidung zu verlangen, wenn der Gegner irgendwie gegen das Urteil vorgeht. Die Entscheidung über die verschiedenen Ansprüche muß aber in ein und demselben Endurteil ergehen (VBl. 22, 9). — Die Einwendungen des Klägers gegen die Zulässigkeit der vom Beklagten eingelegten Anschlußrevision sind unbegründet. Nach §§ 87, 95 LVG. kann sich der Revisionsbeklagte noch nach Ablauf der Revisionsfrist der Revision anschließen. In der Rückzahlung des nach dem zunächst nicht angefochtenen Urteile des BA. überhobenen Steuerbetrages ist ein Verzicht auf die Einlegung des Rechtsmittels nicht erblickt worden. Aber auch wenn dies anzunehmen wäre, würde dies der Einlegung der Anschlußrevision nicht entgegenstehen, weil ein Verzicht einer Partei auf das Rechtsmittel dahin auszulegen ist, daß er nur unter der Voraussetzung der Gegenseitigkeit erfolgt ist (OVG. 39, 453; 75, 165). — Ergibt sich die Hinfälligkeit der Revision, so wird damit die Anschlußrevision unwirksam (VBl. 49, 908; E. v. 20. IV. 1928. II. C. 230. 27).

B. Berufungs- und Revisionsfrist.

In einem Verwaltungsstreitverfahren, in welchem eine Partei durch einen Bevollmächtigten vertreten ist, wird der Lauf der Rechtsmittelfristen auch durch eine an die Partei selbst erfolgte Zustellung eröffnet. Hierin ist auch dadurch nichts geändert, daß nach dem Nachtrag zum Regulativ für die Bezirksausschüsse (vgl. MinErl. v. 22. IV. 1919, MBliV. 181) in einem solchen Falle dem Bevollmächtigten Mitteilung zu machen ist (VBl. 42, 343; 49, 1003; E. v. 23. IV. 1929. II. C. 171. 28). — Ist die in einem gemäß § 67 LVG. erlassenen Vorbescheide unterbliebene vorschriftsmäßige Rechtsmittelbelehrung in einem Ergänzungsbescheide nachgeholt worden, so ist die vor Zustellung des letzteren eingelegte Berufung als fristgerecht erhoben anzusehen. Wenn man annehmen wollte, daß sie rechtsunwirksam wäre und daß es nach Zustellung des Ergänzungsbescheides einer nochmaligen Berufungsanmeldung bedurft hätte, so würde man den ursprünglichen Bescheid als nicht erlassen behandeln. Eine derartige Auffassung würde der Bedeutung einer einmal gefällten richterlichen Entscheidung nicht gerecht werden, deren äußere oder innere Mängel niemals dazu führen können, sie als ein Nichts zu betrachten (VBl. 35, 62). — Eine Anschlußrevision ist an die Revisionsfrist nicht gebunden (E. v. 19. II. 1918. II. C. 224. 17).

Das Gericht erster Instanz ist nur zur Zurückweisung wegen verspäteter Anmeldung des Rechtsmittels, nicht aber wegen verspäteter Rechtfertigung zuständig. Hat das Gericht unzuständigerweise bereits wegen des zweiten Grundes selbst erkannt, so muß auch dann, wenn tatsächlich die Rechtfertigungsfrist versäumt war, der betreffende Bescheid aufgehoben und das Rechtsmittel von der höheren Instanz zurückgewiesen werden (E. v. 14. II. 1905. II. C. 345. 04; E. v. 29. IX. 1908. II. C. 363. 08). — Ist auf einen Antrag wegen Gewährung einer nicht umgrenzten Nachfrist (s. unten) keine Verfügung ergangen, so kann in dem Umstande, daß die nach Ablauf der gesetzlichen Frist eingegangene Rechtfertigung der Gegenpartei zur Gegenäußerung zugefertigt ist, um so weniger eine stillschweigende Wiedereinsetzung in den vorigen

Stand erblickt werden, als jeder Anhalt dafür fehlt, bis zu welchem Zeitpunkt die gesetzliche Frist verlängert werden sollte (OVG. 40, 441; E. v. 25. I. 1910. II. C. 303. 09). — Die angebliche Erkrankung des Klägers ist kein unabwendbarer Zufall wegen Versäumung der Revisionsrechtfertigungsfrist, da nicht nachgewiesen ist, weshalb er selbst oder sein Bevollmächtigter verhindert gewesen ist, in die rechtzeitig eingereichte Revisionsanmeldung einen kurzen Hinweis auf die erstinstanzlichen Anträge aufzunehmen, um damit der zwingenden Vorschrift wegen der Rechtsmittelbegründung zu genügen, oder warum der Bevollmächtigte nicht rechtzeitig Fristverlängerung beantragt hat (E. v. 8. V. 1928. II. C. 165. 27).

S. auch oben unter II C bei Klagefrist und Wiedereinsetzung.

Die nach § 17 des Regulativs für die BA. v. 28. II. 1884 (MBliV. 37) verbunden mit § 16 Abschn. XII Abs. 1 des Regulativs für das OVG. v. 22. II. 1892 (MBliV. 133) zugelassene Zustellung durch Anheftung des zuzustellenden Schriftstücks an der zu Aushängen des Gerichts bestimmten Stelle ist nur dann rechtswirksam, wenn der Aufenthalt der Partei, welcher zugestellt werden soll, dem Gerichte bis zum Ablauf der zweiwöchentlichen Anheftungsfrist unbekannt geblieben ist (OVG. 83, 462).

Nachfrist.

In den Worten: „Berufungsbegründung folgt" bzw. „Rechtfertigung der Revision lassen wir später folgen" kann schon wegen Fehlens einer Zeitbestimmung keine Bitte um Fristverlängerung gefunden werden (E. v. 21. IV. 1925. III. B. 12. 24 bzw. v. 12. V. 1908. II. C. 82. 08; v. 17. VI. 1927. II. C. 58. 27; v. 2. X. 1928. II. C. 115. 28). Ebensowenig in der Bitte um Aktenübersendung zwecks Rechtfertigung der Revision (E. v. 29. VI. 1926. II. C. 89. 26). — Nach OVG. 22, 177 ist die Bewilligung einer Nachfrist nach Ablauf der Rechtsmittelfrist nur zulässig, wenn sie mindestens vor diesem Ablauf beantragt war (OVG. 24, 149; E. v. 23. IV. 1929. II. C. 171. 28). Denn beim Fehlen dieser Voraussetzung wird das angefochtene Urteil mangels rechtzeitiger Einlegung eines Rechtsmittels rechtskräftig, und kann die eingetretene Rechtskraft nicht nachträglich beseitigt werden (VBl. 49, 1035). — Ein Anspruch auf Verlängerung der Rechtsmittelfrist besteht nicht (E. v. 22. XI. 1910. II. C. 101. 10). — Eine nicht beantragte Verlängerung der Rechtfertigungsfrist kann nur vor Fristablauf verfügt werden (E. v. 7. XI. 1913. II. C. 200. 13; v. 19. V. 1925. II. C. 152. 24). — In der nach Ablauf der Rechtsmittelfrist ergangenen Aufforderung des BA., die Begründung baldmöglichst nachzureichen, kann eine Fristverlängerung nicht erblickt werden, da in dieser Verfügung keine bestimmte neue Frist gegeben war und außerdem die Gewährung einer Nachfrist nur dann zulässig gewesen wäre, wenn sie innerhalb der Rechtsmittelfrist verfügt oder mindestens beantragt war (E. v. 11. XII. 1928. II. C. 173. 28).

Die gewährte Nachfrist beginnt, wenn nichts anderes bestimmt ist, mit Ablauf der gesetzlichen Frist (OVG. 12, 435; 26, 436; E. v. 19. X. 1906. II. C. 359. 05; v. 11. III. 1913. II. C. 5. 13). — Der bei Gewährung einer Nachfrist beigefügte Zusatz, daß sie mit der Zustellung der Genehmigungsverfügung beginnen soll, bedeutet, daß die gesetzliche Frist zunächst bis zur Zustellung und von da ab um die besonders ausgedrückte Dauer verlängert wird (VBl. 17, 469).

Vgl. wegen Zustellung oben unter I E, wegen Wahrung der Fristen, Fristversäumnis und Wiedereinsetzung oben unter II C 2—4.

C. Anmeldung und Zurücknahme der Rechtsmittel.

Die irrige Bezeichnung des gegen eine erstinstanzliche Entscheidung des BA. eingelegten Rechtsmittels als Berufung statt als Revision ist unschädlich, da angenommen werden kann, daß der Kläger sich desjenigen Rechtsmittels bedienen wollte, das in

Kommunalabgabensachen im allgemeinen gegen derartige Entscheidungen des BA. gegeben ist (E. v. 3. II. 1920. II. C. 10. 20). — Das Fehlen einer Unterschrift unter der Rechtsmittelschrift ist, ebenso wie bei der Klage (s. oben), ein wesentlicher Mangel (PVBl. 30, 559). — Die mündliche Einlegung eines Rechtsmittels ist nur dann wirksam, wenn daraufhin ein sachlicher Bescheid oder auf Grund der mündlichen Erklärung ein Protokoll aufgenommen wird oder sonst eine aktenmäßige schriftliche Niederlegung der Erklärung des Steuerpflichtigen erfolgt (PVBl. 48, 267).

Wenn nach Erlaß eines Vorbescheides in einem Schriftsatz gesagt wird, daß Kläger Revision einlege und um mündliche Verhandlung bitte, so kann dies, da nur entweder Revision eingelegt oder mündliche Verhandlung in derselben Instanz beantragt werden darf, nur dahin verstanden werden, daß Revision eingelegt und gleichzeitig gebeten wird, von Erlaß eines Vorbescheides in der Revisionsinstanz abzusehen (E. v. 26. X. 1915. II. C. 89. 15). — Ist in einem Vorbescheide die vorgeschriebene Rechtsmittelbelehrung unterblieben und erst durch einen Ergänzungsbescheid nachgeholt, so bedarf es nach Zustellung des Ergänzungsbescheides keiner Wiederholung des bereits vorher eingelegten Rechtsmittels, da das Fehlen der Belehrung im ersten Bescheide ihm nicht alle Bedeutung nimmt (PVBl. 35, 62). — Ein in öffentlicher Sitzung verkündetes Urteil kann schon vor Zustellung und der nur an einen von mehreren Streitgenossen gerichtete Vorbescheid auch von den übrigen Streitgenossen angefochten werden (PVBl. 24, 467 Ziff. 108). — Ebensowenig wie ein ausdrücklicher Antrag auf Revisionsentscheidung später in einen solchen auf mündliche Verhandlung umgewandelt werden kann, ist es zulässig, eine zur Aufklärung eines Schriftsatzes, nach dem es zweifelhaft ist, welches von beiden Rechtsmitteln gemeint ist, abgegebene Erklärung, daß es sich um Revision handle, später zu widerrufen (E. v. 16. III. 1915. II. C. 35. 14).

Der Umstand, daß die Prozeßvollmacht erst nach Ablauf der Revisionsfrist ausgestellt ist, kann einen prozessualen Nachteil für den Kläger nicht zur Folge haben, weil in der Ausstellung der Vollmacht ohne weiteres auch die Billigung der von dem Bevollmächtigten zur Wahrnehmung der Interessen des Vollmachtgebers bisher schon unternommenen Schritte, insbesondere also auch des Einverständnisses zur Einlegung der Revision gegen die den Kläger beschwerende Vorentscheidung, zu finden ist (OVG. 47, 65).

Eine Vereinbarung über Zurücknahme eines Rechtsmittels ist unwirksam, wenn die Zurücknahme nicht erfolgt (E. v. 22. III. 1921. VIII. C. 11. 21). — Die bedingte Zurücknahme eines Rechtsmittels ist wirkungslos (E. v. 19. IV. 1910. II. C. 16. 10).

D. Begründung.

Die alleinige Anzeige von einer beabsichtigten Revision genügt nicht, da es, selbst wenn ein solcher Schriftsatz bereits als Anmeldung des Rechtsmittels anzusehen wäre, an einer fristgerechten Rechtfertigung fehlen würde (E. v. 20. IX. 1904. II. C. 276. 04). — Nach ständiger Rechtsprechung (OVG. 13, 228; PVBl. 40, 601) ist als Gegenstand des Rechtsmittels nicht nur das angegriffene Urteil anzugeben, sondern auch in irgendeiner Weise, sei es auch nur durch Bezugnahme auf früheres Vorbringen, erkennbar zu machen, inwiefern die angefochtene Entscheidung Anlaß zur Beschwerde gibt (E. v. 7. V. 1926. II. C. 212. 25). — Die Ansicht, daß die in erster Instanz gemachten sachlichen Ausführungen einen Teil der Revisionsbegründung bildeten und ohne weiteres als solche zu gelten hätten, ist rechtsirrig (E. v. 16. VI. 1925. II. C. 8. 25). — Die alleinige Bezugnahme auf die in erster Instanz gemachten Ausführungen genügt nicht als Revisionsrechtfertigung, da zu einer solchen die Angabe gehört, worin die behauptete Nichtanwendung oder unrichtige Anwendung des bestehenden Rechts oder worin der behauptete Verfahrensmangel gefunden wird (E. v. 26. III. 1912. II. C. 176. 11). — Opp. E. v. 23. IX. 1920. IV. C. 138. 19 (PVBl. 42, 378), nach welcher es genügt, wenn der Revisionskläger auf seine früheren An- und Ausführungen Bezug nimmt und dadurch zu erkennen gibt, daß er sie in dem angegriffenen Urteile nicht genügend gewürdigt findet. — Die Bezugnahme auf den der Berufung zugrunde liegenden Gemeindebeschluß stellt keine ausreichende Begründung dar, wenn dieser Beschluß ebenfalls keinen Grund für die Einlegung der Berufung anführt (E. v. 13. XI. 1928. II. C. 26. 28). — Als eine ausreichende Revisionsbegründung ist es nicht anzusehen, wenn nur die gesetzliche Revisionsformel wiederholt oder nur unrichtige Anwendung des bestehenden Rechtes behauptet, aber nicht dargelegt wird, worin diese unrichtige Anwendung bestehen soll (E. v. 6. III. 1928. II. C. 25. 28). — Desgleichen, wenn sich die Rechtfertigung auf die Worte beschränkt: Ich halte die Ausführung der Vorentscheidung für rechtsirrtümlich (E. v. 23. II. 1912. II. C. 369. 11).

Der Umstand, daß sich der Beklagte auf die an unzuständiger Stelle eingereichte Klage eingelassen hat, hindert ihn nicht, in zweiter Instanz diese Unzuständigkeit geltend zu machen, da das Verwaltungsstreitverfahren keine ausdrückliche oder stillschweigende Vereinbarung über den Gerichtsstand kennt (OVG. 37, 214) und außerdem die Zuständigkeit des angegangenen Gerichts in jeder Instanz von Amts wegen zu prüfen ist (OVG. 42, 164). — Der Einwand der Verjährung muß bereits in erster Instanz erhoben und kann nicht in der Revisionsinstanz nachgeholt werden (VBl. 35, 143). Das schließt aber die Berücksichtigung der Verjährung durch den Verwaltungsrichter nicht aus, wenn sich die Tatsache der Verjährung bereits aus dem in erster Instanz vorgelegten Aktenmaterial ergab (E. v. 25. II. 1930. II. C. 110. 29). — Die Entscheidungsgründe bilden keinen besonderen Anfechtungsgegenstand (E. v. 3. X. 1902. II. 1561; VBl. 49, 908).

Ein Verfahrensmangel erster Instanz kann nicht zur Begründung eines Angriffs auf die Entscheidung zweiter Instanz geltend gemacht werden (VBl. 22, 202). — Den ersten Richter trifft nicht der Vorwurf eines in der Revisionsinstanz zu rügenden Verfahrensmangels, wenn er bei der Steuerberechnung von denjenigen Unterlagen ausgeht, die der Steuerpflichtige seinen Anträgen im Streitverfahren zugrunde gelegt hat (E. v. 12. XI. 1929. II. C. 68. 29). — In der Rechtsmittelbelehrung eines Vorbescheides braucht der Wortlaut des § 64 Abs. 4 LVG. nicht wörtlich wiedergegeben zu werden, und bildet es deshalb keinen Revisionsgrund, wenn auf die dort angeführten Rechtsmittel in einer anderen Reihenfolge verwiesen ist (OVG. 70, 456). — Die unterbliebene Zustellung der Klagebeantwortung an den Kläger hat diesen nicht in der Geltendmachung seiner Rechte beschränkt, da in dem Schriftsatz kein neues, für die Entscheidung des Rechtsstreites wesentliches Vorbringen tatsächlicher Natur enthalten war. Es liegt also kein wesentlicher Verfahrensmangel vor (E. v. 9. VI. 1914. II. C. 11. 14). — Wie weit sich die Verpflichtung des Verwaltungsrichters erstreckt, die Beobachtung der in den §§ 54—59 KAG. enthaltenen Vorschriften von Amts wegen zu prüfen, richtet sich nach Lage des Einzelfalls. Wird die Verletzung einer dieser Vorschriften von einer Partei gerügt oder ist aus einem anderen Grunde Anlaß vorhanden, die Gültigkeit in Zweifel zu ziehen, so besteht diese Prüfungspflicht. Dagegen liegt kein die Revision rechtfertigender wesentlicher Verfahrensmangel vor, wenn der Verwaltungsrichter diese Prüfung ganz oder teilweise in Fällen unterläßt, in welchen hierzu kein besonderer Anlaß gegeben war (VBl. 32, 417).

Vgl. auch Einspruchs- bzw. Klagebegründung bei § 69 unter II E 1 bzw. bei § 70 unter II E 1.

E. Entscheidung.

Die Veranlagung war verfrüht. Deshalb hätte der Kläger ihre formelle Aufhebung, nicht aber die materielle Aberkennung der behaupteten Überforderung verlangen können. Anderseits war der Antrag des Beklagten auf Klageabweisung nicht gerechtfertigt. Wenn jetzt nach dem Eventualantrag der Revision die Heranziehung außer

Kraft gesetzt wird, so liegt darin weder ein Hinausgehen über den Einspruchsantrag noch ein reformatio in peius gegenüber der Entscheidung des BA. Die Klägerin erreicht nicht die begehrte endgültige Befreiung von einem Teil der Steuer, sondern nur die Außerkraftsetzung von der Heranziehung zurzeit, so daß ihrer erneuten Inanspruchnahme nicht vorgegriffen wird. Auch die Lage des Beklagten wird gegenüber der Entscheidung I. Instanz nicht verschlechtert, weil er, wenn diese bestätigt, die Heranziehung also teilweise in Kraft geblieben wäre, eine Nachforderung wegen zu geringen Ansatzes nach der Vorschrift in § 84 nicht erheben dürfte (OVG. 52, 176).

Ist von mehreren selbständigen, mit derselben Klage angefochtenen Steueransprüchen ein Teil zur Zeit der Berufungsentscheidung noch nicht spruchreif, so darf der Berufungsrichter die Sache nicht deshalb in die Vorinstanz zurückverweisen, sondern muß über den spruchreifen Teil der Berufung entscheiden (E. v. 16. XI. 1916. II. 56. 16). — Die Zurückverweisung einer Sache durch den Berufungsrichter in die Vorinstanz ist nur in Ausnahmefällen angebracht, wenn es sich um die Feststellung von Verhältnissen handelt, welche für den diesen nahestehenden KA. leichter möglich ist (E. v. 30. III. 1916. II. C. 264. 14). — Eine Berufungsentscheidung kann nicht an Stelle zweier bisher getrennt veranlagter Steuerpflichtiger eine angeblich inzwischen von ihnen gebildete gemeinsame Firma für steuerpflichtig erklären, da diese an dem bisherigen Verfahren überhaupt nicht beteiligt war (VBl. 48, 198). — Formelle Verfahrensmängel der ersten Instanz machen die besondere Aufhebung des Urteils erster Instanz nicht erforderlich, da der Berufungsrichter dem Streit vollständig frei gegenübersteht und an die Feststellungen der Vorinstanz nicht gebunden ist (VBl. 21, 150).

Nicht nur die Rechtsgrundsätze, welche den Revisionsrichter zur Aufhebung der Vorentscheidung bewogen haben, sind für die Vorinstanz bindend, sondern auch die rechtlichen Folgerungen, welche der Revisionsrichter aus dem vorliegenden Tatbestand gezogen hat und welche ihn zur Zurückverweisung veranlaßt haben (OVG. 9, 41). Eine Ausnahme hiervon tritt aber ein, wenn auf Grund eines nach § 71 LVG. zulässigen neuen Vorbringens der den Rechtsgrundsätzen zugrunde gelegte Tatbestand nicht mehr zutrifft (OVG. 19, 83ff.; 41, 119). — Erfolgt in der Revisionsinstanz die Zurückweisung der Sache an eine frühere Instanz zwecks nochmaliger Verhandlung, so sind an die in dieser Entscheidung aufgestellten Grundsätze sowohl die frühere Instanz als auch das Revisionsgericht, wenn die Sache später nochmals an dasselbe gelangt, gebunden (OVG. 37, 48).

Die Streitwertfestsetzung der Vorinstanz kann von der höheren Instanz jederzeit auch dann geändert werden, wenn das Rechtsmittel verspätet oder wegen fehlender Revisionssumme überhaupt nicht zulässig war (E. v. 22. X. 1929. II. C. 47. 29).

F. Bezüglich der Wahrung der Fristen in den Vorinstanzen.

Der Revisionsrichter ist bei der Feststellung, ob in den früheren Instanzen die Rechtsmittelfristen gewahrt sind, nicht an die tatsächlichen Feststellungen des Vorderrichters gebunden (VBl. 48, 29). — Die Wahrung der Klagefrist ist in der Revisionsinstanz auch dann von Amts wegen zu prüfen, wenn der Bezirksausschuß materiell entschieden hat (E. v. 10. VI. 1927. II. C. 47. 27). — Der Verwaltungsrichter hat nur die Wahrung der Ausschlußfristen von Amts wegen zu prüfen. Deshalb bildet der Umstand, daß der Vorderrichter nicht von Amts wegen geprüft hat, ob nicht gemäß § 87 KAG. bereits Verjährung des Forderungsrechtes eingetreten war, keinen wesentlichen Verfahrensmangel (OVG. 58, 117). — Dagegen ist eine amtliche Nachprüfung des Verjährungseinwandes in der Revisionsinstanz, trotzdem ihn die Revisionsbegründung nicht wiederholt hat, geboten, wenn das vorinstanzliche Urteil mit auf ihm beruht und im ganzen angegriffen ist, also seinem ganzen Inhalt nach der Nachprüfung in der

Revisionsinstanz unterliegt (OVG. 77. 164). — Die Versäumung der Berufungsfrist ist von Amts wegen auch in der Revisionsinstanz zu prüfen. Eine etwaige Versäumnis derselben muß auch dann zur Verwerfung des Rechtsmittels führen, wenn der Vorsitzende des KA. die Berufung, statt sie wegen Verspätung zurückzuweisen, dem Gegner zur Gegenäußerung zugefertigt hat (E. v. 13. III. 1923. II. C. 196. 22). — Ist wegen Verspätung des Antrages auf mündliche Verhandlung gegenüber einem Vorbescheide die Wiedereinsetzung zu Unrecht gewährt, so ist die Vorentscheidung aufzuheben und zu erklären, daß der Vorbescheid bestehenbleibt (E. v. 1. VII. 1927. II. C. 79. 26).

G. Klage auf Wiederaufnahme des Verfahrens.

Mangelhafte Gewährung rechtlichen Gehörs, unrichtige Sachentscheidung und Nichtladung zu Händen des Bevollmächtigten rechtfertigen nicht die Wiederaufnahmeklage (§ 100 LVG.; §§ 579, 580 ZPO.) (E. v. 26. XI. 1929. II. A. 25. 29).

§ 70a[1]).

Wird im Verwaltungsstreitverfahren eine Abgabenordnung für rechtsungültig erklärt, so kann einer neuen Ordnung, die die gleiche oder eine gleichartige Abgabe regelt, rückwirkende Kraft beigelegt werden. Diese erstreckt sich auf die Zeit seit dem Inkrafttreten der für ungültig erklärten Ordnung und auf die Bestimmungen der neuen Ordnung, durch welche die Abgabepflichtigen nicht ungünstiger gestellt werden, als nach der für ungültig erklärten Steuerordnung beabsichtigt war, sie erstreckt sich nicht auf die durch endgültige Heranziehung nach der für ungültig erklärten Steuerordnung erledigten Fälle.

1. § 70a ist durch das G. v. 26. VIII. 1921 (GS. 495) eingeschaltet.

Der Wille, daß eine Steuerordnung, die an Stelle einer im Verwaltungsstreitverfahren für ungültig erklärten zu treten bestimmt ist, rückwirkende Kraft erhalten soll, muß besonders zum Ausdruck gebracht werden (E. v. 6. III. 1928. II. C. 90. 27). — Ist im Verwaltungsstreitverfahren eine Abgabenordnung für rechtsungültig erklärt und auf Grund des § 70a KAG. einer neuen Ordnung, welche die gleiche oder eine gleichartige Abgabe regelt, rückwirkende Kraft beigelegt worden, so hat dies nicht die Wirkung, daß dadurch auch eine auf die frühere, ungültige Ordnung gestützte Veranlagung rückwirkend gültig wird, sondern nur die Bedeutung, daß auf Grund der neuen Ordnung eine neue Veranlagung für die Zeit nach dem Inkrafttreten der alten Ordnung — innerhalb der in § 70a bezeichneten Schranken — erfolgen darf (OVG. 78, 124). — Der Ausschluß der rückwirkenden Kraft für den Fall, daß eine endgültige Heranziehung nach der für ungültig erklärten Abgabenordnung stattgefunden hat, bezieht sich nur auf Veranlagungen, gegen welche überhaupt kein Rechtsmittel eingelegt war oder in welchen die Rechtsmittelentscheidung außer Zusammenhang mit der Rechtsgültigkeit der Abgabenordnung stand (E. v. 28. II. 1928. II. C. 76. 27). — § 70a findet auch auf Abgabenordnungen Anwendung, die vor dem am 8. IX. 1921 erfolgten Inkrafttreten des Gesetzes v. 26. VIII. 1921 (GS. 495) erlassen, aber erst später für rechtsungültig erklärt sind (PVBl. 45, 41). — Der Grundsatz, daß eine direkte Steuerordnung vom Beginn des Rechnungsjahres ab wirksam ist, gilt auch dann, wenn an Stelle einer für ungültig erklärten eine neue Steuerordnung innerhalb des Rechnungsjahres erlassen wird. Der Zeitpunkt der Genehmigung und Zustimmung ist nur für das Zustandekommen, nicht aber für die Rechtswirksamkeit entscheidend. Es hätte daher der Aufnahme einer Rückwirkungsbestimmung gemäß § 70a in die Steuerordnung nicht bedurft (PrVBl. 45, 24).

Wenn der Oberpräsident seine unter einer wesentlichen Maßgabe erteilte Zustimmung zur Genehmigung einer Steuerordnung erst nach über einem Jahr dahin ergänzt, daß die Ordnung, sofern die städtischen Körperschaften den bis dahin nicht erfolgten Beitritt zu der Maßgabe nachholten, als an dem in der ursprünglichen Zustimmungsverfügung ohne Rückwirkung festgesetzten Tage in Kraft getreten gelten solle, so handelt es sich um eine außerhalb des Zusammenhangs mit dem Zustimmungsverfahren ausgesprochene, daher durch § 70a nicht gedeckte und demnach unzulässige Verleihung rückwirkender Kraft für eine indirekte Steuer. Dagegen ist der Beitrittsbeschluß als ein an diesem Tage beschlossener Erlaß einer neuen Steuerordnung mit dem entsprechend der Maßgabe abgeänderten Inhalt der früher beschlossenen Steuerordnung anzusehen (OVG. 82, 131).

Die Vorschrift in § 70a findet keine Anwendung, wenn die Ungültigkeit des Ortsrechtes auf der nicht rechtzeitigen Erneuerung einer abgelaufenen Genehmigung oder Zustimmung beruht, da in diesem Fall nicht, wie die Vorschrift voraussetzt, die Abgabenordnung für rechtsungültig erklärt, sondern lediglich festgestellt wird, daß sie bei Eintritt des Steuerfalls nicht mehr bestand. Mit dem Ablauf der Genehmigungs- oder Zustimmungsfrist ist die Übereinstimmung der für den Erlaß der Abgabenordnung zuständigen kommunalen und staatlichen Organe fortgefallen, und damit hat die Ordnung ohne weiteres ihre rechtliche Existenz verloren. Ebensowenig wie ihr durch eine nach diesem Zeitpunkt erteilte staatliche Genehmigung oder Zustimmung die erloschene Existenz wiedergegeben wird, kann sie i. S. des § 70a KAG. für rechtsungültig erklärt werden (PrVBl. 49, 447; E. v. 13. XI. 1928. II. C. 52. 28; v. 4. III. 1929. II. C. 15. 29).

§§ 71—74

sind durch G. v. 26. VIII. 1921 (GS. 495) aufgehoben (vgl. Anm. 5 zu § 23).

§ 75.

Durch Einspruch und Klage wird die Verpflichtung zur Zahlung oder Leistung nicht aufgeschoben.

1. S. AusfAnw. Art. 45; die MinErl. v. 27. VIII. 1924 (FMBl. 190), 2. IX. 1925 (FMBl. 155) und v. 10. V. 1928 (FMBl. 113); wegen Verzugszinsen s. G. zur Ergänzung der Abgabengesetze v. 25. XI. 1926 (GS. 310).

Was auf Grund des Rechts der Gemeinde auf vorläufige Zahlung der geforderten Abgabe in ihren Besitz gelangt, das hat sie im Wege Rechtens erlangt und bildet auch dann keine ungerechtfertigte Bereicherung, wenn die Heranziehung selbst der rechtlichen Grundlage entbehrte und auf rechtzeitige Anfechtung aufzuheben gewesen wäre. Dabei macht es keinen Unterschied, ob die Nichtberechtigung auf einer verfrühten oder unrichtigen Anwendung eines gültigen oder auf einem ungültigen Ortsrecht beruht oder ob sie überhaupt ohne rechtliche Grundlage erfolgt ist. Diejenigen Interessenten, welche die Anfechtung der Heranziehung versäumt haben, sind damit des Anspruchs auf Schutz gegen die Beitreibung des geforderten Betrages verlustig gegangen (OVG. 69, 80). — Nach § 75 wird die Verpflichtung zur Zahlung der geforderten Abgabe durch deren Anfechtung nicht aufgehoben. (Diese Verpflichtung tritt nach §§ 65, 68 mit der Bekanntgabe der Abgabe ein.) Was auf Grund dieser Verpflichtung bezahlt oder beigetrieben wird, verbleibt im Falle der erfolgreichen Anfechtung bis zu deren rechtskräftigem Abschluß im Besitz des Steuergläubigers (OVG. 73, 417).

Verzinsung. Die Entscheidungen des Obertribunals bzw. des Reichsgerichts betr. Verzinsung zu Unrecht geforderter Domänengefälle bzw. Stempelbeträge, bei denen die Zahlungspflicht auf Grund eines privatrechtlichen Titels bzw. auf Grund des stempelpflichtigen Rechtsgeschäfts, also der freien Entschließung des Pflichtigen, entsteht, können nicht auf Abgaben angewendet werden. Die Abgabenpflicht beruht auf der Veranlagung und wird erst durch endgültige Aufhebung der letzteren, nicht schon durch Einlegung von Rechtsmitteln beseitigt. Deshalb ist die Beitreibung als die Ausübung einer auf gesetzlicher Ermächtigung beruhenden Befugnis anzusehen, deren formale Rechtmäßigkeit auch dadurch nicht beseitigt wird, daß später ihre rechtliche Grundlage fortfällt. Von einem widerrechtlichen Zwange kann daher keine Rede sein, und hat der Zensit keinen Anspruch auf Zinsen für den ihm wiederzuerstattenden Betrag (OVG. 28, 116; PVBl. 21, 518; 30, 206; 33, 734). Die unter Bezugnahme auf §812 BGB. gestützte Behauptung, daß der Steuergläubiger durch die Zahlungen des Steuerschuldners auf dessen Kosten etwas ohne rechtlichen Grund erlangt habe, vermag den Zinsanspruch nicht zu rechtfertigen. Da nach § 75 KAG. der Herangezogene auch trotz Erhebung von Einspruch und Klage bis zum rechtskräftigen Urteil zahlungspflichtig bleibt, hat der Steuergläubiger die Zahlung nicht ohne rechtlichen Grund erlangt (PVBl. 24, 549). Die durch Veranlagung entstandene Zahlungsverpflichtung besteht, bis durch eine freiwillige oder eine infolge rechtskräftiger Entscheidung herbeigeführte Freistellung eine Erstattungspflicht des Steuergläubigers entstanden ist. Für die Zwischenzeit hat der Steuerschuldner auch dann keinen Anspruch auf die Zinsen, wenn die Gemeinde den Betrag zinsbringend angelegt hatte (PVBl. 36, 760).

Verzugszinsen. Gegenüber einem Anspruch auf Verzugszinsen ist der in §§ 69, 70 KAG. vorgesehene Rechtsmittelweg nicht gegeben. Die Goldabgabenverordnung v. 18. I. 1924 (GS. 40) hatte in § 10 wegen der dort geregelten Zuschläge zu einer nicht rechtzeitig geleisteten Kommunalabgabe nur die Aufsichtsbeschwerde zugelassen. Diese Bestimmung ist zwar in dem Gesetz zur Ergänzung der Abgabengesetze v. 25. XI. 1926 (GS. 310) bei der Regelung der Verzugszinsen nicht wiederholt; anderseits ist aber eine ausdrückliche Zulassung des Verwaltungsstreitverfahrens hinsichtlich der Verzugszinsen nicht erfolgt, und kann es deshalb nach ständiger Rechtsprechung nicht stattfinden (E. v. 19. VI. 1929. II. C. 145. 28).

Wegen Haftung von Dritten s. bei § 90 unter II.

§ 76

ist durch Neuregelung der Gewerbesteuer (vgl. zu § 28 KAG.) aufgehoben.

Sechster Titel.

Aufsicht.

§ 77.

(1) Für die Erteilung der in diesem Gesetze vorbehaltenen Genehmigungen ist nach Maßgabe der folgenden Bestimmungen bei Stadtgemeinden der Bezirksausschuß, bei Landgemeinden der Kreisausschuß zuständig.

(2) Gegen den auf Beschwerde ergehenden Beschluß — bei Stadtgemeinden des Provinzialrats, bei Landgemeinden des Bezirksausschusses — steht dem Vorsitzenden dieser Behörde aus Gründen des öffentlichen Interesses die Einlegung der weiteren Beschwerde an die Minister des Innern und der Finanzen zu. Hierbei finden die Bestimmungen des § 123 des Gesetzes über die allgemeine Landesverwaltung vom 30. Juli 1883 Anwendung.

(3) Die Genehmigung von Gemeindebeschlüssen, durch welche besondere direkte oder indirekte Gemeindesteuern neu eingeführt oder in ihren Grundsätzen verändert werden[1]), bedarf der Zustimmung der Minister des Innern und der Finanzen. Auf Bier- und Hundesteuer findet diese Vorschrift keine Anwendung[1]). Den Ministern ist gestattet, die Erteilung der Zustimmung auf die ihnen untergeordneten Aufsichtsbehörden höherer Instanz zu übertragen.

(4) Die Erteilung der Genehmigung kann auf eine von vornherein zu bestimmende Frist von einem oder mehreren Jahren beschränkt werden.

(5) Die Genehmigung und gegebenenfalls die Zustimmung gilt als an dem Tage erteilt, an welchem der zu genehmigende Gemeindebeschluß gefaßt ist, indes können die betreffenden Behörden einen späteren Zeitpunkt hierfür festsetzen[2]). Wird die Genehmigung oder die Zustimmung mit einer Maßgabe erteilt, die einen erneuten Gemeindebeschluß erforderlich macht, so kann die die Maßgabe aussprechende Behörde gleichzeitig bestimmen, daß der erneute Gemeindebeschluß, sofern er der Maßgabe beitritt, vom Tage des ursprünglichen Beschlusses oder von einem späteren Zeitpunkt ab Wirksamkeit haben soll[3]).

1. Die Änderungen beruhen auf Art. 5 Ziff. 8 des VereinfachungsG. v. 13. V. 1918 (GS. 53), 3. I. 1928 (GS. 1).

2. Beruht auf dem G. v. 26. VIII. 1921 (GS. 495).

3. Der Zusatz ist angefügt durch Art. II § 3 des Gesetzes zur Regelung verschiedener Fragen des kommunalen Abgabenrechts vom 8. VIII. 1923 (GS. 377).

4. S. AusfAnw. Art. 46 und die MinErl. v. 26. VI. 1907 (MBliV. 236), 30. IX. 1917 (MBliV. 239), 5. VI. 1918 (MBliV. 122), 21. IV., 15. V. u. 6. XII. 1922 (MBliV. 443, 493 u. 1185), 14. VI., 15. XI. — Ziff. 5 ff. — u. 15. XII. 1923 (MBliV. 660, 1140, 1243), 8. III. 1924 (MBliV. 297) u. v. 9. IV. 1925 (MBliV. 420); Erlaß des RFM. betr. Vorlegung neuer Steuerordnungen bei den Reichsfinanzbehörden v. 29. XI. 1923 (MBliV. 1245).

Inhaltsübersicht.

I. Zuständigkeit.

Als Landgemeinden i. S. des Abs. 1 gelten auch die westfälischen und rheinischen Ämter und die nach der LGO. verwalteten westfälischen Städte (VBl. 18, 254). — Auf den Provinzialrat als Beschwerdeinstanz geht die Genehmigungsbefugnis des Bezirksausschusses nur dann über, wenn dieser die beantragte Genehmigung versagt hat (OVG. 46, 79). Die Trennung der Beschlußfassung des Bezirksausschusses über die gegen einen Gemeindebeschluß erhobenen Einwendungen von der Beschlußfassung über die Genehmigung des Gemeindebeschlusses ist unzulässig (OVG. 52, 99). — Die Genehmigung eines Ortsstatuts kann in eiligen Fällen gemäß § 117 LVG. auch durch den Vorsitzenden der Beschlußbehörde erfolgen. Ob Eilbedürftigkeit vorlag, ist eine der richterlichen Nachprüfung entzogene Ermessensfrage (OVG. 54, 133). — Durch den MinErl. v. 26. VI. 1907 (MBliV. 236) ist die Erteilung der Zustimmung für alle Stadtgemeinden, mit Ausnahme von Berlin, ohne Einschränkung auf die Oberpräsidenten übertragen worden. Wenn dabei in Nr. IV Ziff. 1 bestimmt ist, daß in Fällen der Einführung einer neuen oder der grundsätzlichen Abänderung einer bestehenden direkten oder indirekten Gemeindesteuer vor Erteilung der Zustimmung an die Minister berichtet werden muß, falls es sich um einen ersten Fall handelt und die von der Gemeinde beschlossene Steuerordnung sich nicht einem geltenden Muster anschließt, so ist diese Vorschrift lediglich instruktioneller Natur und schränkt nicht die den Oberpräsidenten in Nr. I ganz allgemein übertragene Zuständigkeit derart ein, daß nur eine nach Berichterstattung an die Minister erteilte Zustimmung rechtsgültig ist; die geforderte Berichterstattung ist ein für diese Rechtsgültigkeit bedeutungsloses Internum der Verwaltung (OVG. 64, 251).

Ein öffentlich-rechtlicher behördlicher Akt ist nur dann rechtswirksam, wenn er innerhalb der Zuständigkeit der Behörde ergangen ist und diese Zuständigkeit zur Zeit seines Erlasses bestand. Daher unterlag eine während der Geltungsdauer der Verordnung v. 13. XI. 1923 (GS. 507) beschlossene, aber nicht mehr zur Genehmigung gelangte Steuerordnung bezüglich der Genehmigung nicht den vereinfachten Vorschriften der Verordnung, sondern den nach deren Außerkrafttreten wieder maßgebenden Vorschriften in § 77 KAG. (E. v. 18. XI. 1927. VII. C. 48. 26). — Das Außerkrafttreten der Verordnung v. 13. XI. 1923 (GS. 507), durch welche vorübergehend dem Landrat bzw. dem Regierungspräsidenten an Stelle des Kreis- bzw. des Bezirksausschusses die Beschlußfassung über die Genehmigung übertragen und die Notwendigkeit der Zustimmung gemäß § 77 Abs. 3 in Fortfall gekommen war, hat auf die Gültigkeit der hiernach vom Landrat bzw. vom Regierungspräsidenten erteilten Genehmigungen ebensowenig eine auflösende Wirkung gehabt, wie das mit dem Inkrafttreten der Verordnung hinsichtlich der durch die früher zuständigen Behörden erteilten Genehmigungen und Zustimmungen der Fall war (VBl. 49 316 Ziff. 3).

II. Genehmigung.

A. Notwendigkeit.

Durch Art. V Ziff. 8 des Vereinfachungsgesetzes v. 13. V. 1918 (GS. 53) ist für dessen Geltungsdauer für Bier- und Hundesteuern nur die Notwendigkeit der Zustimmung, nicht aber der Genehmigung beseitigt worden (VBl. 48, 283). — Als Genehmigung i. S. des § 14 (jetzt § 15) FAG. (zur Erhebung von Getränke-, jetzt Biersteuern) ist die Genehmigung nach § 77 KAG. ausreichend (VBl. 48, 268). — Zu einem Gemeindebeschluß betreffend die Erhebung von Verkehrsabgaben, zu welcher es, wie z. B. bei Brückengeld, eines besonderen staatlichen Verleihungsaktes bedarf, und zur Anwendung des zugehörigen, vom Regierungspräsidenten festgesetzten Tarifs ist keine weitere Genehmigung durch die in § 77 KAG. bezeichneten Behörden notwendig, da dies der MinErl. v. 5. XII. 1921 (MBliV. 390) für nicht erforderlich bezeichnet und die an die Ausübung eines Staatshoheitsaktes zu knüpfenden Bedingungen und Voraussetzungen allein der Staat zu bestimmen hat (OVG. 81, 139).

B. Wirkung der Genehmigung.

Die Gültigkeit eines Gemeindebeschlusses wird durch die erteilte Genehmigung der rechtlichen Nachprüfung durch den Verwaltungsrichter nicht entzogen

(OVG. 30, 35; 74, 172). — Die Genehmigung eines Nachtrages zu einer Steuerordnung kann die fehlende Genehmigung der Steuerordnung selbst nicht ersetzen (VBl. 48, 283). — Die von den Genehmigungsbehörden gebilligten und gegen Rechtsgrundsätze nicht verstoßenden Bestimmungen entbehren auch dann nicht der Rechtskraft, wenn sie unzweckmäßig, ungerecht und dem Wesen der betreffenden Steuer widersprechend sein sollten (OVG. 54, 125).

C. Grenzen der Genehmigung.

Der Begriff „Erdrosselungssteuer" ist ein Widerspruch in sich. Entweder handelt es sich um eine wirkliche Steuer oder um eine auf die Unterdrückung des Gewerbes gerichtete Maßnahme. Ob das eine oder das andere der Fall ist, hängt von der Gestaltung der Steuer ab. Wo zwar die steuerliche Eigenschaft gewährt, die Abgabe aber so hoch bemessen ist, daß sie die Ausübung des Gewerbes ernstlich gefährden könnte, soll die Steuerordnung von der Aufsichtsbehörde nicht genehmigt werden (VBl. 36, 679). — Eine steuerrechtliche Vorschrift ist nicht schon deshalb unzulässig, weil für ihre Aufnahme in die Steuerordnung ein bestimmter ins Auge gefaßter Steuerfall maßgebend war. Sie ist vielmehr rechtsbeständig, sofern sie sich nur als eine allgemeine Rechtsnorm darstellt, die nach ihrer Fassung nicht lediglich dazu bestimmt ist, einen einzelnen Fall zu treffen (OVG. 77, 224). — Die Wirksamkeit eines Ortsgesetzes richtet sich nicht nach der Gesetzeslage zur Zeit der Beschlußfassung und Genehmigung, sondern nach der zur Zeit des Inkrafttretens maßgebenden, wie das Ortsrecht seine Gültigkeit auch mit dem Augenblicke verliert, in welchem ihm die gesetzliche Unterlage entzogen wird. Mit Rücksicht auf die bevorstehende Verlängerung des FAG., das der Steuerordnung als Grundlage dient, durfte deshalb ihre Genehmigung schon vor Verkündigung des Verlängerungsgesetzes erfolgen, da dessen Inkrafttreten die stillschweigende Voraussetzung für den Erlaß des Ortsgesetzes und seine Genehmigung bildete (VBl. 49, 315; E. v. 14. V. 1929. II. C. 132. 28).

Wegen der an Form und Inhalt einer Steuerordnung zu stellenden Ansprüche s. bei § 18 unter I.

III. Zustimmung.

Die Notwendigkeit einer Zustimmung zur Genehmigung des Nachtrages einer Steuerordnung, welche sich nach § 77 Abs. 3 bei Abänderung der Grundsätze der Steuerordnung ergibt, kann nicht in Zweifel gezogen werden, weil der Steuermaßstab und damit die Normierung der Steuerpflicht eine wesentliche Änderung erfahren hat (VBl. 19, 421; 26, 80; 27, 84; E. v. 18. XI. 1927. VII. C. 48. 26). — Ebenso bei Erweiterung des Kreises der steuerpflichtigen Objekte (OVG. 59, 123). — Vorschriften einer Steuerordnung, welche die Steuerpflicht aus sachlichen oder persönlichen Gründen aufheben oder beschränken, sind von grundsätzlicher Bedeutung (VBl. 26, 80; 27, 84). Ein Nachtrag, welcher sämtliche persönlichen und einen Teil der sachlichen Befreiungsvorschriften aufhebt, bedarf daher gemäß § 77 Abs. 3 der Zustimmung (VBl. 45, 153). — Eine Erhöhung des Steuersatzes ist nur dann als eine grundsätzliche Abänderung anzusehen, wenn es sich um eine ganz außergewöhnliche und unverhältnismäßige handelt (VBl. 43, 418). — Der MinErl. v. 31. I. 1920 (MBliV. 54) hat nur angeordnet, daß es der im Runderlaß v. 18. V. 1911 vorgeschriebenen Vorlegung von Steuerordnungen über Einführung von Zuschlägen zur Reichszuwachssteuer vor der Genehmigung zur ministeriellen Prüfung nicht mehr bedarf. Dadurch ist aber die gesetzlich erforderliche Zustimmung zur Einführung neuer Steuerordnungen nicht beseitigt (VBl. 44, 474). — Die Zustimmung des OP. zu einer Steuerordnung, deren Gültigkeitsdauer bereits abgelaufen ist, ist gegenstandslos (E. v. 19. XI. 1929. II. C. 62. 29). — Die Reihenfolge, in welcher die Genehmigung und die Zustimmung zu dieser erteilt werden müssen, ist an sich gesetzlich nicht vorgeschrieben, und ist es daher nicht ausgeschlossen, daß die Genehmigungsbehörde, bevor sie die Genehmigung den Beteiligten gegenüber ausspricht, vorher die Zustimmung der höheren Aufsichtsbehörde einholt. Nur muß sie sich über die Erteilung vorher schlüssig machen, ehe sie die Zustimmung einholt oder deren Einholung der Gemeinde anheimgibt (OVG. 33, 205).

IV. Maßgaben der Genehmigung und Zustimmung.

A. Inhalt und Wirkung der Maßgaben.

Die staatlichen Aufsichtsorgane stehen bei Schaffung eines Ortsrechts den städtischen Körperschaften völlig gleichberechtigt gegenüber. Sie haben daher die Befugnis, im Rahmen der Gattungsart des betreffenden Ortsgesetzes diesem bei der Genehmigung oder Zustimmung die von ihnen für geboten gehaltene Gestalt zu geben, selbst wenn dabei die Steuerordnung vollständig umgestaltet wird. Deshalb kann mit der Maßgabe insbesondere auch eine Erhöhung der vorgesehenen Steuersätze verlangt werden (E. v. 17. I. 1930. VII. C. 222. 29).

Den mit einer Genehmigung oder Zustimmung verknüpften wesentlichen Maßgaben muß der Ortsgesetzgeber ausdrücklich beitreten (E. v. 16. III. 1926. II. C. 94. 26). — Wird die Genehmigung (oder Zustimmung) mit bestimmter, eine sachliche Änderung fordernder Maßgabe erteilt, so liegt nicht eine Genehmigung (Zustimmung) i. S. des § 77 KAG. vor, sondern die Ablehnung einer solchen, verbunden mit der Erklärung, daß die Genehmigung (Zustimmung) im voraus für den Fall erteilt werde, daß die verlangte Abänderung von dem Ortsgesetzgeber vorgenommen würde. Nur wenn eine Maßgabe sich lediglich auf unwesentliche, insbesondere redaktionelle Punkte erstreckt oder eine Deklaration in dem von der Gemeinde gewollten Sinne enthält, bedarf es zur Herstellung der erforderlichen Übereinstimmung zwischen Aufsichtsbehörde und Ortsgesetzgeber keiner neuen Beschlußfassung des letzteren (VBl. 48, 236; 49, 91; OVG. 82, 133). — Ebenso, wenn die Maßgabe weder für die Umgrenzung der steuerpflichtigen Rechtsvorgänge noch für die Steuerberechnung irgendwelche Bedeutung hat (E. v. 25. II. 1928. VII. C. 40. 28). — Nach ständiger Rechtsprechung stellt eine Abänderung der Steuerpflicht stets eine wesentliche Änderung der Steuerordnung dar (OVG. 53, 121; VBl. 26, 80; 27, 84). Da im vorliegenden Falle der OP. verlangt hatte, daß der Höchstbetrag der Steuersätze niedriger als vorgesehen normiert würde, handelte es sich um eine wesentliche Bestimmung der Steuerordnung. Demnach bedurfte es zur Schaffung der erforderlichen Willenseinigung zwischen Ortsgesetzgeber und Aufsichtsbehörde einer erneuten Beschlußfassung der städtischen Körperschaften (OVG. 82, 134). — Eine Herabsetzung der Steuersätze ist immer eine wesentliche Genehmigungsmaßgabe, da nicht ohne weiteres angenommen werden kann, daß der Ortsgesetzgeber auch zur Erhebung der Steuer nach den niedrigeren Steuersätzen entschlossen war (E. v. 28. X. 1927. II. C. 185. 26).

B. Beitrittsbeschluß.

In dem zu einer Steuerordnung ergangenen Beschluß des Kreistages: „Nachtrag und die neue Fassung werden angenommen“ ist eine, wenn auch stillschweigende, doch ausreichende Beitrittserklärung zu den in der neuen Fassung bereits berücksichtigten Genehmigungsmaßgaben zu erblicken (E. v. 20. IV. 1928. II. C. 159. 27). — Der Umstand, daß der Ortsgesetzgeber erst nach Ablauf des Zeitraums, für welchen die Genehmigung (Zustimmung) für eine Steuerordnung erteilt ist, einer Genehmigungs- (Zustimmungs-) Maßgabe beitritt, hindert nicht, daß nunmehr ein für die ganze fragliche Zeit gültiges Ortsrecht zustande gekommen ist, da bestimmt war, daß der Beitrittsbeschluß vom Tage der Genehmigung ab gelten sollte (E. v. 27. VI. 1929. II. C. 162. 28). — Ein stillschweigender Beitritt zu der mit einer Genehmigung oder Zustimmung verknüpften Maßgabe kann höchstens dann angenommen werden, wenn gelegentlich eines Beschlusses des Ortsgesetzgebers bezüglich der betreffenden Abgabe die mit einer Maßgabe verbundene Genehmigungs- oder Zustimmungsverfügung vorgelegen hat (E. v. 18. II. 1929. II. C. 169. 28).— Es kann dahingestellt bleiben, ob die mit der Genehmigung verknüpfte Maßgabe so wesentlich war, daß sie in der Tat eines besonderen Beitrittsbeschlusses bedurfte. Denn die Genehmigung ist ausdrücklich neu unter der weiteren Bedingung erteilt, daß ein solcher Beitrittsbeschluß erfolgte (E. v. 25. I. 1927. II. C. 31. 26). — Eine Ordnung über indirekte Gemeindesteuern, zu deren vom Bezirksausschuß erteilten Genehmigung der Oberpräsident seine Zustimmung nur unter wesentlichen Maßgaben erteilt hat, wird nicht schon durch die Zustimmung des beschließenden Gemeindeorganes zu dieser Maßgabe, sondern erst durch die zu diesem Beschluß erteilte weitere Genehmigung des Bezirksausschusses rechtswirksam (OVG. 68, 201; VBl. 33, 599; E. v. 5. XI. 1929. II. C. 107. 28). — Der nachträgliche Zustimmungsbeschluß der Gemeindeorgane zu einer Genehmigungsmaßgabe bedarf keiner erneuten Genehmigung (OVG. 53, 123). — Vgl. oben bei C VBl. 48, 236 usw.

V. Befristung der Genehmigung und Zustimmung.

A. Allgemeines.

Für die Erteilung der Genehmigung ist keinerlei Frist vorgeschrieben (E. v. 21. XI. 1916. VIII. C. 169. 16). — Wenn eine Steuerordnung unter Beschränkung auf einen nach Jahren bemessenen Zeitraum genehmigt worden ist, so können hierunter mangels einer anderen Bestimmung nur Rechnungsjahre verstanden werden, als deren erstes das laufende selbst zählt (OVG. 46, 66; 76, 246). — Auch die Zustimmung kann zeitlich beschränkt werden, da sie nach der Absicht des Gesetzgebers „als mit einer ministeriellen Genehmigung" gleichbedeutend anzusehen ist (VBl. 48, 443). — Eine nachträgliche Verlängerung der Zustimmung ist auch dann zulässig, wenn bei ihrer Erteilung kein entsprechender Vorbehalt gemacht ist. Die Anordnung eines solchen in dem Ministerialerlaß v. 26. VI. 1907 steht dem nicht entgegen, da es sich dabei nur um eine aus Zweckmäßigkeitsgründen getroffene Anordnung des inneren Dienstes handelt (OVG. 77, 171). — Ist die Genehmigung (Zustimmung) zu einer Steuerordnung auf eine bestimmte Zeitdauer befristet worden, so beginnt diese Frist mit dem Tage der Genehmigungs- (Zustimmungs-) Erklärung, sofern ihr Beginn nicht anderweit geregelt ist. Das gilt auch dann, wenn noch eine Beitrittserklärung des Ortsgesetzgebers zu einer Maßgabe erforderlich und deshalb das Ortsrecht zur Zeit der Genehmigungs- (Zustimmungs-) Erklärung noch nicht rechtswirksam entstanden war. Die Genehmigung (Zustimmung) enthält dann die stillschweigende Bedingung des Eintritts ihrer Wirksamkeit, daß diese Voraussetzung der Gesetzesschaffung erfüllt wird (OVG. 83, 79).

B. Wirkung des Fristablaufs.

Mangels einer Verlängerung der Frist, auf die kraft staatlichen Aufsichtsrechts die Rechtsbeständigkeit einer Steuerordnung beschränkt ist, kommt mit dem Ablauf der Frist die Übereinstimmung der für den Erlaß der Steuerordnung gesetzlich zuständigen kommunalen und staatlichen Organe in Fortfall, und verliert dadurch die Steuerordnung ihre Rechtsexistenz ohne weiteres und in vollem Umfange (OVG. 82, 137). — Lief die mit einer Zustimmung verknüpfte Frist während der Dauer der Gültigkeit der Verordnung v. 13. XI. 1923 (GS. 507) ab, so erlosch damit auch die Gültigkeit der unbefristet erteilten Genehmigung. Es bedurfte daher, auch wenn die Verordnung die Notwendigkeit der Zustimmung vorübergehend beseitigt hat, einer rechtzeitigen Verlängerung der Genehmigung durch den während der Geltungsdauer der Verordnung zur Genehmigung zuständigen Landrat bzw. Regierungspräsidenten (VBl. 48, 103). — Wird ein Gemeindebeschluß nur für einen bestimmten Zeitraum genehmigt oder die Zustimmung zur Genehmigung nur befristet erteilt, so verliert er mit Ablauf dieses Zeitraums, sofern nicht inzwischen eine Verlängerung der Genehmigung oder Zustimmung erfolgt, seine Wirksamkeit, sein Bestehen hat aufgehört. Ein solcher nicht mehr bestehender Beschluß kann naturgemäß auch nicht durch eine nachträgliche Verlängerung der Genehmigung wieder ins Leben gerufen werden, auch wenn eine solche vorbehalten war (OVG. 46, 66). — Zur Wiedereinführung der Steuerordnung bedurfte es vielmehr zunächst eines neuen Beschlusses der städtischen Körperschaften sowie der Genehmigung und Veröffentlichung dieses Beschlusses. Fehlte es aber an einem genehmigungsfähigen Beschluß, so ist die trotzdem ausgesprochene Genehmigung ohne jede rechtliche Wirkung (VBl. 48, 443; E. v. 4. V. 1928. II. C. 196. 27; v. 2. VII. 1929. II. C. 19. 29).

Im Gegensatz hierzu hat die E. v. 9. XI. 1928. VII. C. 40. 28 den Umstand, daß die Zustimmung zur weiteren Genehmigung einer Steuerordnung erst nach dem Zeitpunkt erteilt ist, bis zu welchem die ursprüngliche Genehmigung lief, aus folgenden Gründen für bedeutungslos erklärt:

Durch den § 20a des Kreis- und Provinzialabgabengesetzes verbunden mit § 77 Abs. 5 KAG. ist der allgemeine Grundsatz der Unzulässigkeit einer Rückwirkung kommunaler Steuerordnungen dahin durchbrochen, daß die Genehmigung bzw. Zustimmung als an dem Tage, an welchem der zu genehmigende Beschluß gefaßt ist, erteilt gelten, sofern die Aufsichtsbehörde nichts anderes bestimmt. Diese für eine Einführung oder grundsätzliche Abänderung eines Steuergesetzes gesetzlich vorgesehene Rückbeziehung muß auch dann gelten, wenn es sich nur um die Verlängerung der Geltungsdauer eines bestehenden Ortsgesetzes handelt, das zeitlich unbegrenzt beschlossen, in seiner Gültigkeitsdauer aber durch Anordnung der Aufsichtsbehörden zeitlich beschränkt ist. In einem solchen Falle stehen der Beschluß des Ortsgesetzgebers über die Einführung oder Abänderung des Steuergesetzes und der auf Verlängerung der Gültigkeit dieses Gesetzes gerichtete Antrag in einem Gegenseitigkeitsverhältnis derart, daß letzterem allein schon die Bedeutung einer schon durch jenen Beschluß geschaffenen Regelung der seitens der kommunalen Organe durchzuführenden Gesetzesverlängerung zukommt. Ein derartiger Verlängerungsantrag ist deshalb als eine in Ausübung des von vornherein erklärten Willens des Gesetzgebers zwecks Fortdauer des Gesetzes notwendige Maßnahme zu erachten, die hinsichtlich ihres rechtlichen Inhalts und ihrer gesetzlichen Bedeutung mit dem Beschlusse der Körperschaften sich jedenfalls insoweit deckt, als die für ihn in § 77 KAG. geregelten Bestimmungen hinsichtlich der Rückbeziehung auch für den Verlängerungsantrag gelten müssen.

C. Genehmigung von Nachträgen nach Fristablauf.

Da eine Verlängerung der befristet erteilten Zustimmung nicht vor Ablauf der Frist erfolgt ist, erlosch das Ortsgesetz mit diesem Zeitpunkt. Daß in der Zwischenzeit zwei Nachträge beschlossen und unbefristet genehmigt sind, ändert hieran nichts, weil für die Wirksamkeit jedes Nachtrages der rechtsgültige Fortbestand der Steuerordnung selbst die notwendige Vorbedingung bildet. Ihrem Inhalte nach stellen die Nachträge lediglich eine Abänderung der Hauptsteuerordnung bezüglich einzelner Worte und Sätze dar, nicht aber eine neue Steuerordnung. Daß ferner der Beklagte bei Einreichung des ersten Nachtrages zur Genehmigung gleichzeitig beantragt hat, die Verlängerung der Zustimmungsdauer herbeizuführen, ist nicht von Belang. Tatsächlich ist eine solche Verlängerung nicht angeordnet worden, vielmehr ist auf den Bericht lediglich die Genehmigung des Nachtrages und die Zustimmung dazu ausgesprochen (E. v. 1. III. 1927. II. C. 52 und 191. 26). — Ist die Rechtsgültigkeit einer Steuerordnung durch Zeitablauf der befristeten Genehmigung oder Zustimmung erloschen, so kann die Steuerforderung auch nicht auf einen an sich rechtsgültig beschlossenen und genehmigten Nachtrag gestützt werden (OVG. 46, 66; 76, 246). Denn ein Nachtrag hat für sich allein schon deshalb niemals die Eigenschaft einer Steuerordnung, weil er nicht sämtliche wesentlichen Bestimmungen einer solchen betr. Steuergegenstand, subjektive Steuerpflicht usw. umfaßt (VBl. 48, 444). — Die nach Ablauf der Zustimmungsfrist erteilte Genehmigung zu einem

Nachtrag ist schon deshalb gegenstandslos, weil zu dieser Zeit eine genehmigungsfähige Entschließung des Ortsgesetzgebers nicht mehr zu Recht bestand (PVBl. 48, 236). — Selbst wenn über den Umstand, daß der Kreistag nur die Abänderung und nicht zugleich die Verlängerung der Steuerordnung beschlossen und der BA. nur den Nachtrag genehmigt hat, deshalb hinweggesehen wird, weil die Verlängerung wenigstens in der Zustimmungsverfügung des OP. zum Ausdruck gekommen ist, so würde die nach Ablauf der Gültigkeit der Steuerordnung erteilte Zustimmung doch rechtsunwirksam sein, weil die Steuerordnung schon erloschen war (E. v. 1. V. 1928. II. C. 110. 27). — Da ein Beschluß des Kreistages, der etwa als erneute Beschließung einer Jagdsteuerordnung aufgefaßt werden könnte, nicht ergangen ist, hat der Umstand, daß zwischen dem wegen Ablaufs der Zustimmungsfrist eingetretenen Erlöschens der Steuerordnung und der verspäteten Verlängerung der Zustimmung vier Nachträge beschlossen und unbefristet genehmigt sind, keine Bedeutung (PVBl. 48, 236).

VI. Inkrafttreten der genehmigten Beschlüsse.

S. auch bei § 1a.

Ist in einer Genehmigungsverfügung ein bestimmter Zeitpunkt für das Inkrafttreten einer Steuerordnung angeordnet, so ist dieser und nicht das Datum des Beschlusses, durch welchen die Gemeinde einer mit der Genehmigung verknüpften Maßgabe beitritt, maßgebend (E. v. 6. und 8. III. 1928. II. C. 80 und 188. 27). — Hat aber die kommunale Beschlußbehörde (vorliegendenfalls der Kreistag) im Beitrittsbeschluß als Tag des Inkrafttretens der Steuerordnung den Tag, an welchem die Steuerordnung selbst beschlossen war, bezeichnet, so ist das ungültig, weil es zu diesem Teil des Beschlusses an einer Genehmigung fehlt und weil eine derartige Rückwirkung des Beitrittsbeschlusses gemäß § 77 Abs. 5 von der Genehmigungsbehörde gleichzeitig mit der Genehmigungsmaßgabe hätte ausgesprochen werden müssen (PVBl. 48, 236; OVG. 82, 135).

Der Grundsatz, daß eine Veröffentlichung kommunaler Steuerordnungen im allgemeinen nicht Voraussetzung ihrer Wirksamkeit ist, gilt dann nicht, wenn eine Steuerordnung, welche ihr Inkrafttreten an ihre Bekanntmachung geknüpft und gleichzeitig ihre Gültigkeitsdauer auf einen bestimmten Zeitraum beschränkt hatte, vor Ablauf desselben durch eine neue Steuerordnung ersetzt werden soll. Da für diesen Zeitraum von der Veröffentlichung der alten Steuerordnung ab materielles Ortsrecht geschaffen war, bildet für die vorzeitige Aufhebung und Umschaffung dieses Rechts im Hinblick auf die Korrelativbeziehung dieser gesetzgeberischen Maßnahmen die Veröffentlichung des neuen Ortsrechts eine wesentliche Voraussetzung seiner Wirksamkeit (OVG. 81, 23). — Auch wenn man der Ansicht sein sollte, daß die Steuerordnungen der Veröffentlichung bedürfen, so gilt das jedenfalls dann nicht, wenn in der Steuerordnung selbst gesagt ist, daß sie mit der Beschlußfassung in Kraft tritt (PVBl. 50, 618). — Gemäß dem die Gesetzgebung beherrschenden Grundsatz, daß für die Berechnung von Fristen der Regel nach die kürzeste Zeiteinheit, also der Tag, die Bedeutung eines Zeitpunktes, nicht eines Zeitraums, hat, gelten alle im Laufe eines Tages vorgefallenen Ereignisse als im gleichen Zeitpunkt eingetreten. Hiernach treten Steuerordnungen, für deren Inkrafttreten der Tag der Verkündung maßgebend ist, mit dem Beginn dieses Tages in Kraft (OVG. 38, 99; PVBl. 34, 260; 44, 474). — Der Nachweis der Veröffentlichung der Steuerordnung kann nicht gefordert werden, wenn diese nicht selbst ihr Inkrafttreten von der Veröffentlichung abhängig gemacht hat (E. v. 10. V. 1927. II. C. 235. 26). — Es besteht keinerlei gesetzliche Vorschrift, daß die nach dem KAG. erforderlichen Genehmigungen und Zustimmungen veröffentlicht werden. Auch in anderer Weise läßt sich die Notwendigkeit einer solchen Veröffentlichung nicht begründen; insbesondere kann sie auch nicht aus der Natur dieses Verwaltungsaktes hergeleitet werden. Das gilt auch für den Fall, daß eine Steuerordnung erst mit ihrer Veröffentlichung in Kraft treten soll (OVG. 77,

169, 170). — Ist in einer Steuerordnung, die mit einer vom Ortsgesetzgeber nachträglich angenommenen materiellen Maßgabe genehmigt war, das Inkrafttreten von der Verkündung abhängig gemacht, so muß der Text der Bekanntmachung entweder den durch die Maßgabe abgeänderten Wortlaut wiedergeben, oder es muß unter der Steuerordnung die Genehmigungsverfügung einschließlich der mit ihr verknüpften materiellen Maßgabe und der Beitrittsbeschluß des Ortsgesetzgebers zu dieser Maßgabe bekanntgemacht werden (PVBl. 35, 581).

Eine Verfügung, die am Tage des Inkrafttretens eines Gesetzes zugestellt wird, ist nicht vor seinem Inkrafttreten zugestellt, da der Tag des Inkrafttretens ein einheitlicher Begriff ist und das Gesetz daher mit Beginn des Tages in Kraft getreten ist (E. v. **15. X. 1918.** II. C. 124. 18).

VII. Rückwirkung.

Inkrafttreten ist nicht ohne weiteres gleichbedeutend mit Rechtswirkung. Selbst wenn man die Veröffentlichung einer Steuerordnung als Voraussetzung ihres Inkrafttretens ansehen wollte, würde dadurch nicht verhindert werden, daß sie gemäß § 77 Abs. 5 Rückwirkung bis zum Tage der Beschlußfassung erhält (E. v. **14. XII. 1928.** VII. C. 107. 27). — Durch den infolge der Novelle zum KAG. v. 26. VIII. 1921 (GS. 495) dem § 77 zugefügten neuen Abs. 5 wird an dem Grundsatz der ständigen Rechtsprechung (vgl. OVG. **47,** 64) nichts geändert, daß ein Ortsrecht erst dann angewendet werden darf, wenn alle Erfordernisse des Zustandekommens erfüllt sind. Demnach bleibt die Einforderung von Abgaben auf Grund eines genehmigungspflichtigen, aber noch nicht genehmigten Gemeindebeschlusses auch dann unzulässig, wenn diese Genehmigung nachträglich erteilt ist (OVG. **82,** 143; **83,** 166). Die Vordatierung auf Grund des § 77 Abs. 5 kommt nur für den Zeitpunkt in Frage, von dem ab nach dem neuen Ortsrecht eine Heranziehung erfolgen kann, nicht aber für die Frage, wann frühestens eine Heranziehungsverfügung erlassen werden darf (PVBl. **47,** 492; E. v. **15. V. 1928.** II. C. 94. 27). — Sofern ein Umlagebeschluß erst nach Ablauf des Rechnungsjahres genehmigt ist, kann die Heranziehung auf Grund desselben auch noch nach Abschluß des Rechnungsjahres erfolgen, sofern der Beschluß selbst rechtzeitig gefaßt und die Genehmigung nicht ausdrücklich ihre Rückwirkung ausgeschlossen hat, da nach § 77 Abs. 5 die Genehmigung als am Tage des Beschlusses erteilt anzusehen ist (E. v. **26. III. 1929.** VIII. C. 53. 28).

Wird bei der Genehmigung einer eine indirekte Gemeindesteuer betreffenden Steuerordnung die ungesetzliche Bestimmung wegen der Rückwirkung gestrichen, so bedarf es, auch wenn die Genehmigungsbehörde dabei ein bestimmtes anderes Datum oder die — an sich selbstverständliche — Bestimmung einsetzt, daß die Ordnung mit erteilter Zustimmung in Kraft treten solle, keines zustimmenden Beschlusses der Gemeindeorgane. Denn der Wille der Gemeindeorgane kann ohne weiteres als der Forderung der Genehmigungsbehörde entgegenkommend angenommen werden, weil sie von vornherein mit einer möglichen Verzögerung der Genehmigung und einer dadurch bewirkten Hinausschiebung des für das Inkrafttreten in Aussicht genommenen Termins selbst um Wochen und Monate rechnen mußten (OVG. **68,** 178). — Aus den Vorschriften einer an Stelle einer anderen beschlossenen neuen Steuerordnung, daß die bis zum Inkrafttreten derselben eingetretenen Tatbestände „bezüglich der Steuersätze" der bisherigen Steuerordnung unterliegen sollen, ist zu schließen, daß für sie im übrigen die neue Ordnung maßgebend sein soll. Darin liegt eine für indirekte Steuern unzulässige Rückwirkung (PVBl. **50,** 699).

§ 77a[1]).

Erteilt die Genehmigungsbehörde die Genehmigung für Zuschläge (Hundertsätze) zu den vom Staate veranlagten Realsteuern

oder Steuersätzen der besonderen Grundsteuerordnungen nicht in voller Höhe, so bedarf es zur Rechtswirksamkeit der Zuschläge (Hundertsätze) oder Steuersätze in der genehmigten Höhe eines beitretenden Gemeindebeschlusses nicht.

1. Der § 77a ist mit Wirkung vom 1. April 1924 durch Art. II des Gesetzes zur Änderung des Preußischen Ausführungsgesetzes zum Finanzausgleichsgesetze vom 27. XI. 1925 (GS. 162) eingeschaltet worden.

§ 78.

(1) Bestehen bei dem Inkrafttreten des Gesetzes in einzelnen Gemeinden Ordnungen über die Aufbringung von Gebühren, Beiträgen, indirekten, direkten Steuern oder Diensten, welche den Vorschriften dieses Gesetzes zuwiderlaufen, oder werden derartige Gemeindebeschlüsse gefaßt, so ist die Aufsichtsbehörde befugt, deren Abänderung oder Ergänzung unter Angabe der Gründe anzuordnen.

(2) Dieselbe Befugnis steht der Aufsichtsbehörde zu, wenn die Abstufungen des Grundbesitzes, nach welchen die Steuer umgelegt wird (§ 25), wegen wesentlicher Veränderungen der Besitzverhältnisse zur Grundlage der Besteuerung nicht mehr geeignet sind und ein Antrag auf Abänderung oder Ergänzung von der Mehrheit der einer Abstufung angehörigen Steuerpflichtigen gestellt wird.

(3) Die Einführung neuer und die Erhöhung bestehender indirekter Steuern darf nicht angeordnet werden.

(4) Gegen die Anordnung findet innerhalb vier Wochen nach Ablauf der in derselben gestellten Frist die Klage im Verwaltungsstreitverfahren, für Landgemeinden bei dem Bezirksausschusse, für Stadtgemeinden bei dem Oberverwaltungsgerichte statt.

(5) Wird die Klage innerhalb dieser Frist nicht erhoben, so ist die Aufsichtsbehörde befugt, die in Ansehung der Aufbringung der Gebühren, Beiträge, indirekten, direkten Steuern oder Dienste erforderliche Ordnung auf Grundlage der erlassenen Verfügung selbst festzustellen. Das gleiche gilt für den Fall der rechtskräftigen Abweisung der Klage. Wird die Klage endgültig für begründet erkannt, so tritt die Anordnung außer Kraft.

(6) Sofern das öffentliche Interesse es erheischt, beschließt im Falle der Erhebung der Klage über die vorläufige Ordnung des Steuerwesens bis zur rechtskräftigen Entscheidung für Landgemeinden der Kreisausschuß, für Stadtgemeinden der Bezirksausschuß.

1. S. AusfAnw. Art. 47.

In der Ablehnung einer gesetzlich erforderlichen Genehmigung kann eine Anordnung i. S. des § 78 Abs. 1 nicht erblickt werden. Die Vorschrift bezweckt lediglich, einen Schutz gegen solche Gemeindebeschlüsse zu gewähren, welche den Vorschriften des KAG. zuwiderlaufen. Solange ein solcher Schutz noch im Genehmigungsverfahren möglich ist, bedarf es nicht der Geltendmachung der der staatlichen Aufsichtsbehörde in § 78 eingeräumten besonderen Befugnisse (OVG. 80, 133). — Die Rechtskontrolle über die einzelnen Heranziehungen ist der Aufsichtsbehörde entzogen und durch §§ 69 ff. KAG. bzw. §§ 18 und 34 ZG. dem Verwaltungsstreitverfahren überwiesen. Auf keinen Fall ist die Aufsichtsbehörde befugt, die Gemeinde an der Einziehung von Abgabenforderungen zu hindern, auf die sie einen Rechtsanspruch hat (OVG. 80, 133). — Die Aufsichtsbehörde ist nach § 78 nur befugt, die Abänderung der in Abs. 1 bezeichneten Ordnungen und Beschlüsse anzuordnen. Erst wenn die dagegen von der Gemeinde erhobene Klage endgültig abgewiesen oder, falls die Gemeinde eine solche Klage nicht erhoben hat, die für die Abänderung gesetzte Frist abgelaufen und der Anordnung nicht nachgekommen ist, kann die Aufsichtsbehörde selbst an Stelle der Gemeinde die entsprechenden Bestimmungen erlassen. Dazu ist sie anderseits verpflichtet, soweit in der Anordnung das Ortsrecht aufgehoben war (OVG. 34, 161; 42, 152). — Das Einschreiten der Aufsichtsbehörde gemäß § 78 ist nicht davon abhängig, daß zu dem allgemeinen öffentlichen Interesse an der Beseitigung gesetzwidriger Zustände noch ein besonderes, aus den örtlichen Verhältnissen begründetes hinzutritt. — Wenn das Gesetz eine Begründung der Anordnung verlangt, so bedarf es deshalb keiner ins einzelne gehenden Darlegung, in welcher Beziehung die abzuändernden Bestimmungen dem Gesetz widersprechen. Eine allgemeine Weisung, eine dem Gesetz entsprechende Ordnung zu beschließen, genügt aber nicht, sondern es muß der verlangte neue Inhalt vorgeschrieben werden. Dabei ist die Aufsichtsbehörde an die gesetzliche Regel gebunden. Deshalb ist aber die Gemeinde nicht behindert, eine an sich zulässige Abweichung zu beschließen und deren Genehmigung, soweit erforderlich, nachzusuchen (OVG. 34. 164). — Privatrechtliche Verträge, durch welche sich eine juristische Person verpflichtet hat, nach einem bestimmten Maßstabe zur Deckung der Gemeindeschulden beizutragen, bilden keinen Bestandteil des Besteuerungsrechts, sondern des Gemeindevermögens, so daß etwaige auf sie begründete Forderungen gegenüber dem Verpflichteten nur im Zivilrechtswege geltend gemacht werden können. Auch enthält das KAG., abgesehen von § 21, keine Bestimmung, wonach etwaige bei seinem Inkrafttreten bestehende Verträge über die Art und das Maß der zu entrichtenden Gemeindeabgaben bei einer Neuregelung des Gemeindeabgabenwesens zu berücksichtigen sind. Auch § 21 enthält keine Bindung, sondern verleiht dem Besitzer eines auf Grund eines besonderen Rechtstitels bevorrechteten Grundstücks nur einen Anspruch auf entsprechende Steuerermäßigung. Deshalb bildet ein Vertrag der bezeichneten Art keine Schranke für die Aufsichtsbehörde, auf Grund des § 78 die Abänderung des Steuerwesens anzuordnen (VBl. 19, 116). — Eine gemäß § 78 erlassene Anordnung der Aufsichtsbehörde wegen Neuregelung des Gemeindeabgabenwesens hindert die Gemeinde nicht, eine Mehrbelastung gemäß § 20 Abs. 2 zu beschließen (VBl. 19, 116).

Siebenter Titel.

Strafen.

§ 79.

(1) Wer in der Absicht der Steuerhinterziehung an zuständiger Stelle auf die an ihn gerichteten Fragen oder bei der Begründung eines Einspruchs unrichtige oder unvollständige Angaben macht, wird mit dem vier- bis zehnfachen Betrage der stattgehabten oder beabsichtigten Verkürzung, mindestens aber mit einer Geldstrafe von ....[1]) bestraft.

(2) Ist eine unrichtige oder unvollständige Angabe, welche geeignet ist, eine Verkürzung der Steuer herbeizuführen, zwar wissentlich, aber nicht in der Absicht der Steuerhinterziehung erfolgt, so tritt Geldstrafe von ... bis ...[1]) ein.

(3) Straffrei bleibt, wer seine unrichtige oder unvollständige Angabe, bevor Anzeige erfolgt oder eine Untersuchung eingeleitet ist, an zuständiger Stelle berichtigt oder ergänzt und die vorenthaltene Steuer in der ihm gesetzten Frist entrichtet.

1. An Stelle der im Gesetz ursprünglich bestimmten, durch G. v. 26. VIII. 1921 (GS. 495) abgeänderten Geldbeträge sind jetzt auf Grund Art. VIII der VO. über Vermögensstrafen und Bußen v. 6. II. 1924 (RGBl. I. 44) diejenigen Beträge getreten, welche in § 27 RStrGB. nach der ihm durch Art. I a. a. O. gegebenen neuen Fassung als Geldstrafen vorgesehen sind. Sie betragen danach

a) bei Vergehen, sofern nicht höhere Beträge oder Geldstrafen in unbeschränkter Höhe angedroht sind oder werden, mindestens 3 und höchstens 10 000 GM.,

b) bei Übertretungen mindestens 1 GM., sofern nicht ein höherer Mindestbetrag angedroht ist oder wird, und höchstens 150 GM. (An Stelle der Goldmark ist nach dem MünzG. v. 30. VIII. 1924, RGBl. II 254, die Reichsmark getreten.)

2. S. AusfAnw. Art. 48 und die MinErl. v. 20. VI. 1924 (MBliV. 675). Die Festsetzung der Strafen aus §§ 79, 80 steht gemäß § 81 grundsätzlich den ordentlichen Gerichten zu, eine etwaige Begnadigung gemäß dem Staatsm.-Beschluß v. 2. V. 1922 (FMBl. 157) dem FM.; im Falle des § 81 Abs. 2 kommt eine Begnadigung überhaupt nicht in Frage: Erl. v. 19. IX. 1929 (MBliV. 824).

§ 79 kann sich zwar, soweit es sich um die Veranlagung handelt, nur auf besondere Gemeindesteuern beziehen, soweit aber das Einspruchsverfahren in Frage steht, hat er auch staatlich veranlagte Steuern zum Gegenstande (OVG. 50, 270). — Die Untersuchung und Entschädigung betreffend der in § 79 bezeichneten strafbaren Handlungen steht dem Gericht zu, wenn nicht der Beschuldigte die von dem Gemeindevorstande, dem allein die Feststellung der Nachsteuer nach § 83 obliegt, vorläufig festzusetzende Geldstrafe nebst den durch das Verfahren entstandenen Kosten freiwillig an die Gemeindekasse zahlt (§ 81 Abs. 2). Die zur Entscheidung berufenen Behörden haben daher selbständig und unabhängig voneinander zu prüfen, ob der Tatbestand des § 79 gegeben ist (OVG. 62, 328). — Der Tatbestand der in § 79 bezeichneten Steuervergehen ist nur dann gegeben, wenn der Steuerpflichtige „auf die an zuständiger Stelle an ihn gerichteten Fragen oder bei Begründung eines Einspruchs" unrichtige oder unvollständige Angaben gemacht hat. Als eine solche „zuständige Stelle" ist nach ständiger Rechtsprechung (vgl. OVG. 52, 182) allein die kommunale Veranlagungsbehörde anzusehen. Als eine Strafvorschrift ist der § 79 nach allgemeinen Rechtsgrundsätzen einer ausdehnenden Auslegung unzugänglich. Auch der Umstand, daß die Staatsbehörden verpflichtet sind, den Gemeinden auf Antrag die für die Gemeindebesteuerung erforderlichen, ihnen bekannt gewordenen Besteuerungsmerkmale mitzuteilen, und die Gemeindebesteuerung auf diesen Merkmalen beruht habe sowie daß der Magistratsdezernent gleichzeitig Vorsitzender der staatlichen Veranlagungskommission sei, macht die der letzteren gegenüber abgegebenen Erklärungen nicht zu solchen, welche der Strafbestimmung des § 79 unterliegen. Denn der Begriff der „mittelbaren" Gemeindebehörde ist dem Gemeindeverfassungsrechte fremd, und keinesfalls könnten die Behörden des Staates, von dessen Hoheit erst diejenige der Gemeinde abgeleitet ist, eine solche darstellen (OVG. 62, 483; VBl. 26, 751; OVG. 76, 344). — Absatz 2 ist nicht für sich allein auszulegen. Er hat nicht Angaben jeder Art im Auge, sondern nur solche, welche an zuständiger Stelle auf Fragen oder bei Begründung eines Einspruchs gemacht sind. Der Tatbestand des Abs. 2 verlangt weiter, daß die unrichtige Angabe „wissentlich" erfolgt ist. Das ist zwar auch dann der Fall, wenn der Antwortende zu der wissentlich unrichtigen Angabe infolge eines Rechtsirrtums gelangt ist. Nicht aber, wenn er nach bestem Gewissen die gestellte Frage richtig beantworten wollte und danach verfährt; ob er dabei die Frage mißversteht oder nicht und ob er bei der Beantwortung der Frage oder bei der Angabe sich in einem Rechtsirrtum befindet oder nicht, bleibt ohne Bedeutung (OVG. 65, 181).

§ 80.

(1) Der Gemeindevorstand bzw. die Mitglieder des Gemeindevorstandes, die Mitglieder der Steuerausschüsse, sowie die bei der Veranlagung beteiligten Gemeindebeamten werden, wenn sie die zu ihrer Kenntnis gelangten Erwerbs-, Vermögens- oder Einkommensverhältnisse eines Steuerpflichtigen, insbesondere auch den Inhalt einer Auskunftserteilung (§ 63) oder der darüber gepflogenen Verhandlungen unbefugt offenbaren, mit Geldstrafe von ... bis ...[1]) Reichsmark oder mit Gefängnis bis zu drei Monaten bestraft.

(2) Die Verfolgung findet nur auf Antrag des Gemeindevorstandes oder des Steuerpflichtigen bzw. dessen Vertreters statt. Ist das Vergehen von dem Gemeindevorstande oder von Mitgliedern des Gemeindevorstandes begangen, so ist auch die Aufsichtsbehörde zur Stellung des Antrages berechtigt.

1. Vgl. Anm. 1 und 2 zu § 79 und AusfAnw. Art. 49.

§ 81.

(1) Die auf Grund der §§ 79 und 80 festgesetzten, aber unbeitreiblichen Geldstrafen sind nach Maßgabe der für Übertretungen geltenden Bestimmungen der §§ 28 und 29 des Strafgesetzbuches für das Deutsche Reich[1]) in Haft umzuwandeln.

(2) Die Untersuchung und Entscheidung in betreff der im § 79 bezeichneten strafbaren Handlungen steht dem Gerichte zu, wenn nicht der Beschuldigte die von dem Gemeindevorstande vorläufig festgesetzte Geldstrafe nebst den durch das Verfahren gegen ihn entstandenen Kosten binnen einer von ihm bekanntgemachten Frist freiwillig an die Gemeindekasse zahlt[2]).

(3) Hat der Beschuldigte in Preußen keinen Wohnsitz, so erfolgt das Einschreiten des Gerichts ohne vorläufige Festsetzung der Strafe durch den Gemeindevorstand. Dasselbe findet statt, wenn der Gemeindevorstand aus sonstigen Gründen von der vorläufigen Festsetzung der Strafe Abstand zu nehmen erklärt oder der Angeschuldigte hierauf verzichtet.

(4) Bei Zuwiderhandlungen wegen der Verpflichtung zur Geheimhaltung (§ 80) findet nur das gerichtliche Strafverfahren statt.

1. Maßgebend ist die Fassung des Art. I der VO. v. 6. II. 1924 (RGBl. I 44).
2. Vgl. die bei § 79 mitgeteilten Entscheidungen.
3. Vgl. Anm. 2 zu § 79 und AusfAnw. Art. 49.

§ 82.

(1) In Abgabenordnungen können Strafen wegen Zuwiderhandlungen bis zur Höhe von ...[1]) angedroht werden. Für bereits in Kraft getretene Steuerordnungen, die Strafen wegen Zuwiderhandlungen androhen, gilt von dem Inkrafttreten[3]) dieses Gesetzes ab ein Betrag von ...[1]) als Höchststrafe.

(2) Die Strafen sind durch den Gemeindevorstand festzusetzen und nach eingetretener Rechtskraft (§ 459 der Strafprozeßordnung vom 1. Februar 1877 [RGBl. S. 253], § 419 in der Fassung der Bekanntmachung vom 22. März 1924 [RGBl. I S. 299]) im Verwaltungszwangsverfahren beizutreiben.

1. Vgl. Anm. 1 und 2 zu § 79 und AusfAnw. Art. 50.

2. Die Festsetzung der Strafen aus § 82 steht dem Gemeindevorstande zu, eine etwaige Begnadigung dem MdI. und dem FM., und zwar auch dann, wenn wegen Nichtbeitreibbarkeit einer festgesetzten Geldstrafe ihre Umwandlung in eine Haftstrafe beim Gericht beantragt und durch dieses erfolgt ist (Staatsminist.-Beschluß v. 8. VIII. 1929, MBliV. 825). Die Ausübung dieses Begnadigungsrechts ist übertragen: a) bei Zuwiderhandlungen gegen Abgabenordnungen der Stadtkreise und der Städte mit über 10 000 Einwohnern dem Gemeindevorstande; b) bei Zuwiderhandlungen gegen Abgabenordnungen der westfälischen und rheinischen Landgemeinden dem Amtsbürgermeister; c) in den übrigen Fällen dem LR. Auf Beschwerde entscheidet die Kommunalaufsichtsbehörde I. Instanz (Erl. v. 19. IX. 1920, MBliV. 824).

Eine Strafbestimmung kann nur gegenüber Steuerpflichtigen getroffen werden (VBl. 23, 103).

Achter Titel.

Nachforderungen und Verjährungen.

§ 83.

(1) Die Einziehung hinterzogener direkter Steuern (§ 79) zur Gemeindekasse erfolgt neben und unabhängig von der Strafe.

(2) Die Verbindlichkeit zur Nachzahlung der Steuer verjährt in zehn Jahren und geht auf die Erben, jedoch für diese mit einer Verjährungsfrist von fünf Jahren und nur auf Höhe ihres Erbanteils, über. Die Verjährung beginnt mit Ablauf des Rechnungsjahres, in welchem die Hinterziehung begangen wurde.

(3) Die Festsetzung der Nachsteuer steht dem Gemeindevorstande zu, gegen dessen Beschluß nach Maßgabe der §§ 69, 70 der Einspruch und die Klage im Verwaltungsstreitverfahren zulässig sind.

1. S. AusfAnw. Art. 51.

Das KAG. knüpft an den Tatbestand der Hinterziehung direkter Steuern zwei verschiedene Rechtsfolgen, nämlich in § 79 eine strafrechtliche und in § 83 eine steuerrechtliche. In jedem der beiden Fälle ist das Verfahren ein besonderes und voneinander unabhängiges: die Untersuchung und Entscheidung wegen der in § 79 bezeichneten strafbaren Handlungen steht dem Strafrichter zu, wenn nicht der Beschuldigte gemäß § 81 die vom Gemeindevorstande vorläufig festgesetzte Strafe freiwillig an die Gemeinde zahlt, während die Festsetzung der Nachsteuer dem Gemeindevorstand obliegt. Er hat dabei selbständig zu prüfen, ob der Tatbestand des § 79 gegeben ist, und kann daher eine Nachsteuer nicht nur dann festsetzen, wenn die Strafverfolgung wegen Verjährung oder Tod des Steuerpflichtigen ausgeschlossen ist, sondern auch dann, wenn im Strafverfahren Freisprechung erfolgt ist, sofern er bei seiner Prüfung zu einem anderen Ergebnis als der Strafrichter gelangt (OVG. 62, 329). — Der Hinweis auf § 79 bezieht sich lediglich auf den daselbst erwähnten und in Abs. 1 und 2 näher erläuterten Begriff der strafbaren Hinterziehung, bedeutet aber nicht, daß § 79 im vollen Umfange maßgebend sein soll, so daß ein Fortfall der Strafe nach § 79 Abs. 3 auch die Festsetzung einer Nachsteuer ausschließen würde. Denn Abs. 3 schreibt nur vor, daß bei tätiger Reue Straffreiheit eintreten soll, macht aber die nach Abs. 1 und 2 erfolgte Feststellung einer Steuerhinterziehung nicht hinfällig. Diese Feststellung begründet eine Steuerschuld und berechtigt zur Anforderung einer Nachsteuer (VBl. 47, 408). — § 83 bezieht sich nicht nur auf besondere Gemeindesteuern. Wollte man dies annehmen, so würde es überhaupt an einer Berechtigung der Gemeinde zur Anforderung von Nachsteuern bei Hinterziehung staatlich veranlagter Realsteuern fehlen. Denn § 84 betrifft nur Fälle, in denen eine Hinterziehung nicht stattgefunden hat, und § 85 nur die Einkommensteuer. Auch aus der Bezugnahme auf § 79 ist eine derartige Beschränkung des Nachsteuerrechts nicht zu folgern, da er, soweit das Einspruchsverfahren in Frage steht, auch staatlich veranlagte Steuern zum Gegenstande hat (OVG. 50, 118). — Voraussetzung für die Anwendbarkeit des § 83 ist, daß der Steuerpflichtige durch eine der in § 79 mit Strafe bedrohten Handlungen die Gemeinde gekürzt hat. Der Tatbestand dieses Steuervergehens ist aber nur dann gegeben, wenn der Steuerpflichtige an zuständiger Stelle auf die an ihn gerichteten Fragen oder bei Begründung des mündlich eingelegten Einspruchs unvollständige Angaben gemacht hat. Als solche zuständige Stelle kann aber nicht die Staats-, sondern nur die Gemeindebehörde angesehen werden, da nach § 81 die Strafen des § 79 durch den Gemeindevorsteher festzusetzen sind und in die Gemeindekasse fließen (OVG. 52, 182; 62, 482; VBl. 26, 751; 42, 415). — — — Eine Nachveranlagung darf nicht, wie es in § 61 Abs. 1 hinsichtlich der regelmäßigen Veranlagung zugelassen ist, auch durch den Steuerausschuß, sondern nach der ausdrücklichen Vorschrift in § 83 Abs. 3 nur durch den Gemeindevorstand erfolgen. Jedoch kann, wenn in der Nachveranlagungsverfügung des Gemeindevorstandes erwähnt ist, daß der Steuerausschuß die Nachveranlagung beschlossen habe, dies nach dem übrigen Inhalt dahin verstanden werden, daß der Bürgermeister den Steuerausschuß gehört habe, was ihm nicht verwehrt war und nicht ausschließt, daß er selbst die Nachsteuer festgesetzt hat (OVG. 62, 329).

§ 84.

(1) Steuerpflichtige, welche entgegen den Vorschriften dieses Gesetzes oder der auf Grund desselben erlassenen Steuerordnungen bei der Veranlagung direkter Gemeindesteuern übergangen oder steuerfrei geblieben sind, ohne daß eine strafbare Hinterziehung der Steuer stattgefunden hat (§§ 79, 83), sind zur Entrichtung des der Gemeindekasse entzogenen Betrages verpflichtet. Die Verpflichtung erstreckt sich auf die drei Rechnungsjahre zurück, welche dem Rechnungsjahre, in dem die Verkürzung festgestellt worden, vorausgegangen sind.

(2) Die Verpflichtung zur Zahlung der Nachsteuer geht auf die Erben, jedoch nur bis zur Höhe ihres Erbanteils über.

(3) Die Veranlagung der Nachsteuer erfolgt einheitlich für den ganzen Zeitraum, auf welchen sich die Verpflichtung erstreckt, nach den Vorschriften dieses Gesetzes oder der maßgebenden Steuerordnungen.

1. S. AusfAnw. Art. 52.

Inhaltsübersicht.

I. Voraussetzungen für die Zulässigkeit der Nachveranlagung.

Übergangen ist ein Steuerpflichtiger, wenn er gar nicht in die Steuerliste aufgenommen und infolgedessen nicht zur Veranlagung gelangt ist; steuerfrei geblieben ist er, wenn er trotz Aufnahme in die Steuerliste nicht veranlagt ist, sei es, weil er für nicht steuerpflichtig erachtet worden ist, sei es aus anderen Gründen. Darauf, daß der Steuerpflichtige bei der laufenden Veranlagung noch hätte mit veranlagt werden können, kommt es nicht an (OVG. 75, 204). — Das Gesetz macht keinen Unterschied zwischen Übergehung und steuerfreier Veranlagung, sondern setzt nur voraus, daß der Steuerpflichtige nach den bestehenden Vorschriften veranlagt werden mußte und konnte, aber diesen Vorschriften zuwider nicht besteuert worden ist. Deshalb scheiden alle Fälle aus, in denen die Besteuerung auf Grund besonderer Bestimmungen, also gemäß, nicht zuwider dem Gesetz unterblieben ist. Daher handelt es sich überhaupt nicht um eine Nachbesteuerung, wenn die Heranziehung zu der Gemeindeabgabe erst nach Abschluß eines Steuerjahres erfolgen kann, weil die ihr zugrunde liegende staatliche Veranlagung erst nach Abschluß des Steuerjahres erfolgt oder der Gemeinde so spät mitgeteilt ist, daß im ordentlichen Geschäftsgange eine Heranziehung zu der Gemeindeabgabe innerhalb des Steuerjahres nicht mehr möglich war (OVG. 62, 436). — Ist in einem Rechnungsjahr eines von mehreren, demselben Eigentümer gehörigen Grundstücken unveranlagt geblieben oder steuerfrei veranlagt worden, so ist der Eigentümer als Träger der Steuerpflicht dieses Grundstücks, mithin als „Steuerpflichtiger" i. S. des § 84 übergangen bzw. steuerfrei geblieben. Ob dies auf einem Versehen oder auf einer später geänderten Rechtsauffassung beruhte, ist für die Zulässigkeit der Nachveranlagung bedeutungslos. Nur dann ist nach E. v. 27. V. 1913. II. C. 26. 13 eine Nachveranlagung unstatthaft, wenn die Gemeindebehörde den Herangezogenen aus sachlichen Gründen bereits durch Einspruchsbescheid freigestellt hat, gleichviel, ob die Freistellung wegen einer später als unzutreffend erkannten Annahme rechtlicher oder tatsächlicher Art erfolgt ist (VBl. 38, 131).

Die Ansicht, daß eine Nachforderung direkter Steuern nach Ablauf des Steuerjahres ohne besondere Gründe unzulässig sei, übersieht, daß nach dem klaren Wortlaut des § 84 eine Nachveranlagung an andere Voraussetzungen, als daß entgegen den gesetzlichen oder ortsrechtlichen Vorschriften eine Übergehung stattgefunden hat, nicht geknüpft ist (VBl. 29, 995). — Die Zulässigkeit einer Nachveranlagung ist nicht davon abhängig, daß neue Tatsachen oder Beweise ermittelt werden (OVG. 74, 331).

Eine Nachveranlagung i. S. des § 84 KAG. steht nur dann in Frage, wenn es sich um eine spätere Veranlagung zu derselben Steuerart und für das gleiche Rechnungsjahr handelt (VBl. 26, 751; OVG. 65, 45). — Im Sinne des § 84 KAG. gilt auch derjenige Steuerpflichtige als übergangen, der zwar herangezogen werden sollte, dem aber die Heranziehungsverfügung nicht zugegangen ist (OVG. 57, 271; 68, 221).

Die Nachsteuer i. S. des § 84 ist keine Schadensersatzforderung, sondern eine mit den Rechtsmitteln der §§ 69, 70 anfechtbare Heranziehung zu Gemeindeabgaben (OVG. 38, 73). — § 84 findet auf Landwirtschaftskammerbeiträge keine Anwendung, da diese nicht zu den Gemeindeabgaben i. S. des KAG. gehören und § 18 des Landwirtschaftskammergesetzes v. 30. VI. 1894 (GS. 126) nur bestimmt, daß die Einziehung der Beiträge in derselben Weise wie diejenige der Gemeindeabgaben erfolgen soll (OVG. 68, 414).

II. Unzulässigkeit der Nachveranlagung.

Eine Nachbesteuerung wegen zu niedriger Veranlagung ist unzulässig (OVG. 52, 177). — Es kommt allein darauf an, ob der Kläger für das betreffende Rechnungsjahr veranlagt war (VBl. 33, 389). Durch die Aufhebung der Veranlagung konnte nicht nachträglich der tatsächliche Zustand geschaffen werden, daß er bei der laufenden Veranlagung übergangen oder steuerfrei geblieben war (E. v. 12. VI. 1917. VIII. C. 42. 17). — Eine nachträgliche Heranziehung (nach Ablauf des Steuerjahres) ist, wenn nicht die Voraussetzungen des § 84 vorliegen, auch nicht in der Form zulässig, daß die ursprüngliche Heranziehung zurückgezogen und durch eine höhere ersetzt wird (VBl. 34, 567). — Die Zurücknahme der Heranziehung ändert nichts an der Tatsache, daß eine Veranlagung stattgefunden hat, der Steuerpflichtige also weder übergangen noch steuerfrei geblieben ist. Demnach eröffnet die Maßnahme nicht die Möglichkeit einer Nachveranlagung, sondern beseitigt nur die konkrete Steuerschuld (VBl. 33, 180; 34, 773). — Ein derartiges Vorgehen erscheint nur zulässig, wenn die erste Heranziehung auf ein ungültiges Ortsrecht gestützt oder selbst rechtsunförmlich war (VBl. 34, 773). S. aber VBl. 35, 717 und VIII. C. 52. 21 unten bei III; vgl. bei § 69 I H. — Werden Zuschlagssteuern erhoben, so kann die Abgabe nicht gefordert werden, wenn die Staatssteuer, sei es mit Recht, sei es zu Unrecht, zur Zeit der Heranziehung im Kataster für das betreffende Steuerjahr in Abgang gestellt war. Dagegen ist eine Nachveranlagung zulässig, wenn die staatliche Veranlagung zu irgendeiner Zeit des Steuerjahres, auf die sie sich bezieht, bestanden hat (VBl. 38, 72). — Wenn ein Grundstücksbesitzer irrtümlicherweise nur mit Zuschlägen zur staatlichen Grundvermögensteuer belastet war und nachträglich noch mit Zuschlägen für weitere Grundstückswerte herangezogen wird, welche staatssteuerfrei sind, aber nach § 24 KAG. der Gemeindebesteuerung unterliegen, so handelt es sich um eine nach § 84 unzulässige Nachbesteuerung, da weder eine Übergehung noch eine Nichtveranlagung, sondern nur eine zu niedrige Veranlagung vorlag (VBl. 50, 619).

Im Laufe eines Verwaltungsstreitverfahrens kann eine Nachveranlagung nicht geltend gemacht werden. Denn Gegenstand desselben bildet nur die bereits erfolgte Heranziehung, soweit sie mit Einspruch und Klage angefochten ist (OVG. 70, 145).

III. Wann liegt tatsächlich keine Nachveranlagung vor?

Der rechtliche Geltungsbereich des § 84 ist durch § 70a dahin eingeengt, daß auf Grund desselben noch nachträglich eine Veranlagung für die Zeit seit Inkrafttreten einer für ungültig erklärten Steuerordnung nach Maßgabe der Ersatzsteuerordnung erfolgen darf, obwohl der Pflichtige in dem diesen Zeitraum bildenden Steuerjahr weder übergangen noch steuerfrei geblieben war (OVG. 78, 124).

Die Berichtigung eines Schreibfehlers in der Heranziehungsverfügung ist zulässig und stellt keine Nachveranlagung dar, wenn der Steuerbetrag in Urschrift bzw. der Steuerliste in der der Berichtigung entsprechenden Höhe eingetragen war (VBl. 39, 442).

Eine Nachveranlagung liegt nicht vor, wenn nach Zurücknahme der ursprünglichen Veranlagung innerhalb desselben Rechnungsjahres eine neue vorgenommen wird, sofern diese nicht höher ist als die ursprüngliche (PrVBl. 35, 717; E. v. 12. VII. 1921. VIII. C. 52. 21; vgl. PrVBl. 34, 567, 773 bei II; vgl. bei § 69 I H). — Ebenso, wenn im Laufe des Steuerjahres eine direkte Steuerordnung durch eine neue ersetzt wird, die gemäß § 1a (s. daselbst) von Beginn des Rechnungsjahres ab Rechtskraft hat, und an Stelle einer noch nicht rechtskräftig gewordenen Heranziehung nach dem alten Steuerrecht eine neue, die ursprüngliche Veranlagung nicht übersteigende Heranziehung auf Grund der neuen Steuerordnung erlassen wird (OVG. 78, 153). — Eine unzulässige Nachveranlagung liegt nicht vor, wenn, nachdem eine mangels Genehmigung des grundlegenden Beschlusses verfrühte Heranziehung im Rechtsmittelwege aufgehoben war, nach inzwischen erfolgter Genehmigung die Veranlagung wiederholt wird; nur darf sie auf keinen höheren Betrag lauten als die ursprüngliche Heranziehung (E. v. 28. V. 1929. VIII. A. 9. 29). — Auf Grund der durch einen Nachtrag zu einer indirekten (Hunde-) Steuerordnung erfolgten Erhöhung der Steuersätze kann trotz der Vorausbezahlung der Steuer für das ganze Jahr der Unterschied für die Zeit seit Inkrafttreten des Nachtrags nachgefordert werden. Es handelt sich nicht um eine nach § 84 KAG. unzulässige Nachbesteuerung wegen zu niedriger Veranlagung, sondern um eine gänzliche Neuordnung des Steuerrechts für einen Teil des Steuerjahres. Der Steuerpflichtige hat auf Grund dieser Nachforderung nicht dieselbe Steuer zweimal für denselben Zeitraum zu zahlen, sondern nur einmal den erhöhten Satz, auf welchen die bereits entrichteten Beträge anzurechnen sind (E. v. 19. I. 1926. II. C. 82. 25; PrVBl. 47, 269).

Der Fall einer Nachbesteuerung liegt nicht vor, wenn für die Gemeinde gegenüber dem Steuerpflichtigen ein neuer Steuertitel entstanden ist. Als solcher gilt aber nicht eine Gesetzesänderung, welche lediglich eine höhere Kommunalbesteuerung (Beschränkung des Beamtenprivileges durch G. v. 16. VI. 1909) ermöglicht (OVG. 57, 195). — Die gesetzliche Erhöhung der Sätze des Grundvermögenssteuergesetzes wirkte ohne weiteres auf die dazu erhobenen kommunalen Zuschläge ein; die Nachforderung der Zuschlagsdifferenz stellt also keine Nachforderung i. S. des § 84 dar (OVG. 81, 111).

Für die Gemeindegrundsteuer bildet jedes einheitliche Grundstück ein besonderes Steuerobjekt. Eine Nachveranlagung i. S. des § 84 KAG. liegt daher nicht vor, wenn ein solches Grundstück nach erfolgter Trennung erneut zur Steuer herangezogen wird (OVG. 62, 310). — Ist auf Grund einer besonderen Grundsteuerordnung die Veranlagung nach dem gemeinen Wert für mehrere aufeinanderfolgende Jahre erfolgt und innerhalb dieses Zeitraums das betreffende Grundstück geteilt, so sind die neu entstandenen Steuerobjekte neu zu veranlagen (PrVBl. 28, 631). Deshalb liegt auch dann, wenn sich hierbei im ganzen ein höherer als der ursprüngliche Wert ergibt, keine unzulässige Nachbesteuerung vor (OVG. 56, 185). — Da nach dem Gesetz (früher § 30 KAG., jetzt § 41 GewerbesteuerVO.) die im Rechtsmittelwege erfolgte Abänderung der staatlich veranlagten Steuersätze eine entsprechende Abänderung der Gemeindezuschläge ohne weiteres nach sich zieht, ist die Gemeinde auch dann zur Nachforderung befugt, wenn sie den Steuerpflichtigen bereits auf Grund des ursprünglich veranlagten Betrages herangezogen hatte. Darin liegt keine unzulässige Nachforderung (PrVBl. 42, 200). (Hinsichtlich der Grundsteuerzuschläge ergibt sich dasselbe aus § 26 Abs. 2 KAG.).

Wenn die ursprüngliche Veranlagung einer Erbengemeinschaft zurückgezogen und darauf jeder Erbe einzeln veranlagt wird, so handelt es sich nicht um eine Nachveranlagung (E. v. 30. I. 1914. VIII. C. 279. 13).

Bei Eingemeindungen kann die einverleibende Gemeinde von ihrem Steuerrecht ohne Rücksicht darauf Gebrauch machen, ob der Steuerpflichtige bereits von seiner früheren Gemeinde für den gleichen Zeitraum herangezogen ist. Eine Nachveranlagung

i. S. des § 84 stellt dies nicht vor. Der Steuerpflichtige kann dann die Veranlagung der früheren Gemeinde im Wege der fristlosen Beschwerde angreifen (OVG. 62, 310). — Vgl. auch bei § 20 unter II A und bei § 21 unter I.

IV. Nachtragsumlagen.

§ 84 bezieht sich nur auf die nachträgliche Heranziehung eines Steuerpflichtigen, nicht aber auf die für alle Steuerpflichtigen gültige Nachforderung einer nach Ergehen des allgemeinen Steuerverteilungsbeschlusses beschlossenen allgemeinen Nachtragsumlage (OVG. 71, 193; E. v. 17. II. 1923. II. C. 133. 21). — Nachtragsumlagen sind nur zur Deckung eines im Laufe des Steuerjahres neu hervorgetretenen Bedarfs zulässig und dürfen den bisher bereits umgelegten Steuerbedarf nicht mit umfassen (OVG. 10, 116; VBl. 26, 923; 30, 659; OVG. 57, 262; 71, 190). — Eine Berücksichtigung des bisherigen Steuerbedarfs ist auch in der Form nicht gestattet, daß die bereits bezahlten Steuerbeträge auf die Nachtragsumlage angerechnet werden (VBl. 47, 226).

Ein Nachtragsumlagebeschluß, der sich nur auf die Gewerbesteuer beschränkt, widerspricht dem § 20 Abs. 1 KAG., wonach zu den direkten Steuern alle Pflichtigen gleichmäßig herangezogen werden müssen. Der Nachtragsbedarf war daher auf alle Realsteuern umzulegen (OVG. 71, 194; E. v. 1. V. 1923. VIII. C. 31. 23).

Die Nachtragsumlage muß sich auf das volle Steuerjahr beziehen (OVG. 71, 190). Diesem Erfordernis entspricht auch ein Beschluß, daß die in der Zeit vom 1. X. bis 31. XII. 1925 fällig gewordene Gemeindesteuer noch einmal erhoben werden soll (5. Quartal). Er bedeutet nichts anderes als die Erhöhung der ursprünglich für das Rechnungsjahr beschlossenen Zuschläge um ein Viertel (VBl. 50, 401). — Die Nachtragsumlage muß innerhalb des Rechnungsjahres oder der Rechnungsperiode, für welche sie gelten soll, in Kraft getreten sein (OVG. 54, 126). — Eine innerhalb des Rechnungsjahres beschlossene Nachtragsumlage darf auch nach dessen Ablauf veranlagt und eingezogen werden (OVG. 77, 184). — Die Bekanntmachung des Nachtragsumlagebeschlusses innerhalb des betreffenden Steuerjahres ist zum Zustandekommen des Ortsrechts nicht erforderlich, da eine solche Bekanntmachung nach §§ 65, 66 KAG., wie schon die Abschnittsübersicht ergibt, nur für die Veranlagung und Erhebung der Steuern, nicht aber für die Gültigkeit des Steuerverteilungsbeschlusses die Voraussetzung bildet (VBl. 43, 606 und OVG. 77, 184).

Für die Erhebung einer Nachtragsumlage ist die Aufhebung des Gemeindebeschlusses über die Hauptumlage nicht erforderlich (OVG. 77, 257). — Über die Behauptung, daß eine Nachtragsumlage nicht erforderlich gewesen wäre, weil die betreffende Ausgabe bereits vor Beginn des Steuerjahres vorauszusehen gewesen wäre und deshalb in den ordentlichen Haushaltsplan hätte aufgenommen werden müssen, kann in einem Verwaltungsstreitverfahren wegen Heranziehung zu einer Nachtragsumlage nicht entschieden werden, da die Angemessenheit einzelner Haushaltsposten der Nachprüfung in einem Verwaltungsstreitverfahren überhaupt nicht unterliegt (VBl. 43, 381). — Vgl. bei § 70 unter II E 1 d α.

Gegen eine Nachtragsumlageveranlagung muß wegen ihres Charakters als einer selbständigen Veranlagung ein etwaiger Einspruch besonders eingelegt und über ihn besonders entschieden werden (E. v. 18. X. 1926. VIII. C. 27. 26). — Wenn auch die Nachtragsumlage dieselbe Steuerart und dasselbe Steuerjahr betrifft wie die Hauptveranlagung, so handelt es sich bei ihr doch um eine formell selbständige Steuerforderung (OVG. 57, 261; 71, 194). Deshalb kann die Anfechtbarkeit der rechtskräftig gewordenen Hauptveranlagung durch Heranziehung zu einer Nachtragsumlage nicht wieder aufleben (E. v. 29. XI. 1921. VIII. C. 95. 21).

Wegen Haftung der Erben s. bei V.

V. Haftung des Erben (Abs. 2).

Die Erben eines Steuerpflichtigen sind auch zur Zahlung einer erst nach dem Tode des Erblassers beschlossenen und veranlagten Nachtragsumlage verpflichtet. Nach Art. II des G. v. 6. V. 1920 (GS. 309) entsteht eine Abgabenschuld mit der Verwirklichung des Tatbestandes, an welchen das Gesetz den Abgabenanspruch knüpft, und zwar auch dann, wenn der Tatbestand inzwischen fortgefallen ist. Hiernach war der Erblasser zur Zahlung der Nachtragsumlage für die Zeit bis zu seinem Tode verpflichtet. Diese Verpflichtung ist auf die Erben übergegangen. Was § 84 von der Verpflichtung zur Zahlung einer Nachsteuer sagt, gilt von allen Steuern, die nur wegen Ablebens des Steuerpflichtigen von ihm nicht mehr gefordert werden konnten (vgl. OVG. 62, 383; VBl. 33, 870; VBl. 43, 419). — Die Gemeinden haben die ihnen nach § 84 zustehenden Rechte gegenüber den Erben eines steuerfrei veranlagten oder übergangenen Steuerpflichtigen nicht im gerichtlichen Wege, sondern durch Veranlagung geltend zu machen (OVG. 62, 382).

VI. Veranlagungszeitraum (Abs. 3).

Da nach § 84 Abs. 3 die Veranlagung der Nachsteuer einheitlich für den ganzen Zeitraum, auf welchen sich die Verpflichtung zu ihrer Leistung erstreckt, gegebenenfalls also auch auf mehrere Steuerjahre, erfolgen muß, darf sich auch der Bescheid auf den gegen die Nachveranlagung erhobenen Einspruch nicht auf eines der in Betracht kommenden Steuerjahre beschränken (OVG. 39, 62). — Eine Nachveranlagung, bei welcher die Heranziehung für jedes Jahr in einem besonderen Benachrichtigungsschreiben erfolgt, aber die Ausstellung und Zustellung dieser Schreiben gleichzeitig bewirkt ist, verstößt nicht gegen die Vorschrift, daß die Nachveranlagung einheitlich für den ganzen in Betracht kommenden Zeitraum vorzunehmen ist. Denn damit soll nur dem Steuerpflichtigen in dem Zeitpunkt, in welchem die Nachveranlagung erfolgt, Gewißheit über die Gesamthöhe der von ihm für die vergangenen Steuerjahre verlangten Nachsteuer verschafft werden, was auch durch die gleichzeitige Behändigung der verschiedenen Nachveranlagungsverfügungen bewirkt wird (VBl. 32, 248).

§§ 85, 86

sind durch G. v. 26. VIII. 1921 (GS. 495) aufgehoben. (Vgl. Anm. 5 zu § 23.)

§ 87.

(1) Die Berechtigung der Gemeinden zur Nachforderung anderer Gemeindeabgaben als direkter Steuern beschränkt sich ohne Unterscheidung, ob die Abgabe gar nicht oder mit einem zu geringen Betrage erhoben worden ist,

1. bei Verbrauchsabgaben auf die Frist eines Jahres, vom Tage des Eintrittes der Zahlungsverpflichtung an gerechnet,
2. bei sonstigen indirekten Steuern, Gebühren und Beiträgen (§§ 4 bis 11), sowie bei Kosten auf die Frist von drei Jahren seit dem Ablaufe desjenigen Jahres, in welchem die Forderung entstanden ist.

(2) Die Nachforderung von Naturaldiensten ist, sofern die Nachleistung nach den Zwecken der zu leistenden Dienste überhaupt noch möglich ist, auf die Dauer des laufenden Rechnungsjahres beschränkt.

1. S. AusfAnw. Art. 55.

Inhaltsübersicht.

I. Geltung.

§ 87 bezieht sich nur auf die Geltendmachung entstandener Abgabenforderungen, nicht aber auf den Erlaß von Beitragsbeschlüssen gemäß § 9 KAG. Sie können also (sofern die Veranstaltungskosten noch nicht endgültig gedeckt sind) ohne Rücksicht auf die dreijährige Verjährungsfrist gefaßt werden (VBl. 34, 546). — Der Ausdruck „Nachforderung" bedeutet nicht, daß schon vorher eine Forderung erhoben sein muß, sondern bildet nur den Gegensatz zu solchen Forderungen, die geltend gemacht werden, sobald sie fällig sind oder zur Veranlagung gelangen. Zweck der Vorschrift ist, das Recht der Gemeinde, Abgaben usw. nachträglich zur Hebung zu stellen, auf gewisse Fristen zu beschränken (OVG. 33, 130; 37, 49). — Innerhalb der dreijährigen Frist des § 87 kann eine Gebührenforderung erhöht werden, sofern nicht ein Einspruchsbescheid vorliegt, von dem zum Nachteil des Zensiten nicht abgegangen werden darf (OVG. 42, 110; E. v. 31. X. 1916. II. C. 418. 16). — Durch die Rechtskraft des Steuerbescheides oder einer Rechtsmittelentscheidung erfährt die Veranlagung bzw. Freistellung des Steuerpflichtigen eine Feststellung, kraft deren eine allein auf die veränderte Rechtsauffassung hinsichtlich einer bestimmten Rechtsfrage gestützte, alle sonstigen bisherigen Berechnungsgrundlagen aber aufrechterhaltende Nachveranlagung unzulässig ist (OVG. 66, 55; VBl. 50, 104). — Die Rechtskraft einer Veranlagung bedeutet nur die Unanfechtbarkeit seitens des Schuldners. Sie hindert aber den Steuergläubiger nicht an der Nachforderung indirekter Gemeindeabgaben innerhalb der zeitlichen Schranke des § 87 (OVG. 66, 1).

Die Anwendung des § 87 setzt nicht das Vorliegen neuer Tatsachen voraus. Das Recht der Nachveranlagung würde sonst insoweit eine sachlich und rechtlich nicht begründete Einschränkung erfahren, als es der Steuerpflichtige in der Hand hätte, die Möglichkeit einer Nachveranlagung durch Einlegung eines völlig abwegigen Einspruchs bereits vor Ablauf der in § 87 vorgeschriebenen Frist auszuschließen. Demgemäß muß die Zulässigkeit einer Nachveranlagung gegenüber einer rechtskräftigen Einspruchsentscheidung jedenfalls auch dann anerkannt werden, wenn der Steuergläubiger dieser Entscheidung die Angaben des Steuerpflichtigen ohne weitere Prüfung zugrunde gelegt hat und sich nachträglich deren Unrichtigkeit ergibt. Eine gesetzliche Verpflichtung des Steuergläubigers zur Nachprüfung der Angaben des Steuerpflichtigen besteht nicht. Fällt somit dem Steuergläubiger keine schuldhafte Unterlassung zur Last, wenn er solche Prüfung unterlassen hat, so kann es ihm nicht zum Nachteil gereichen, wenn sich später die Unrichtigkeit der Angaben herausstellt (VBl. 50, 105). — Wenn der Gesetzgeber den in § 87 KAG. zum Ausdruck gebrachten Grundsatz der Verjährung des Nachforderungsrechts für indirekte Steuern in 3 Jahren für den Fall des Erlasses rückwirkender Steuerordnungen gemäß § 70a hätte ausschließen wollen, so hätte dies in der den § 70a in das Gesetz einfügenden Novelle klar zum Ausdruck kommen müssen. Im Wege der Auslegung kann die fehlende Bestimmung einer solchen Ausnahme von dem Grundsatz der Verjährung nicht ersetzt werden. Das ist um so weniger angängig, als eine solche Auslegung unvereinbar wäre mit dem in § 70a KAG. zum Ausdruck gebrachten Willen des Gesetzgebers, die Steuerpflichtigen durch Erlaß einer neuen Steuerordnung nicht schlechter zu stellen, als sie vorher standen (E. v. 25. II. 1930. II. C. 110. 29).

§ 87 findet auf den durch Sondergesetze geregelten Gegenstand des Schulgeldes für Volksschulen (Fremden-, Gastschulgeld) keine Anwendung (OVG. 69, 248).

II. Hinsichtlich Anliegerbeiträgen.

Das Aufwertungsgesetz findet auf Anliegerbeiträge keine Anwendung. Der Gesamtwert des durch sie zu deckenden Teiles der Straßenherstellungskosten bleibt stets der gleiche. Deshalb liegt eine Nachforderung i. S. des § 87 nicht vor, wenn eine Gemeinde, unter Zugrundelegung des vollen Wertes der vor dem Kriege für die Straßenherstellung gemachten Aufwendungen, für die bei der ursprünglichen Berechnung in alter Mark errechneten Beträge den unter der Herrschaft des Münzgesetzes v. 30. VIII. 1924 (RGBl. II 254) fällig werdenden Einzelbeitrag in Reichsmark fordert (OVG. 81, 125; VBl. 49, 459). — Ist ein Anliegerbeitrag unter Geltung des Münzgesetzes v. 1. VII. 1909 in der Fassung des Abänderungsgesetzes v. 4. VIII. 1914 und des Gesetzes betr. Reichskassenscheine und Banknoten vom gleichen Tage in Reichskassenscheinen, also in einem gesetzlichen Zahlungsmittel entrichtet, so liegt trotz der zur Zeit der Zahlung bereits tatsächlich eingetretenen Entwertung keine zu niedrige Veranlagung vor, welche eine Nachforderung zu rechtfertigen vermag (VBl. 49, 941). — Das gilt auch dann, wenn sämtliche Aufwendungen der Stadt in der Vorkriegszeit vollwertig geleistet sind und wenn es sich bei der Zahlung um eine vorschußweise Ablösung eines erst später eintretenden Beitragsfalles gehandelt hat (VBl. 49, 708; E. v. 17. I. 1929. IV. C. 38. 28).

§ 87 schließt nicht aus, daß die Einziehung eines bestimmten Anliegerbeitrages bis zum Eintritt eines neuen Falls der Beitragspflicht verschoben wird (OVG. 40, 101; VBl. 26, 372). Dagegen würde der Vorbehalt einer Veranlagung innerhalb eines unbestimmten Zeitraums gegenüber dem Grundstückseigentümer und seinen Nachfolgern gesetzwidrig sein (OVG. 54, 86). — § 87 verbietet nicht die Anforderung von Anliegerbeiträgen für die durch bestimmte Einzeleinrichtungen einer Straße entstandenen Baukosten, wofern nur bei einer solchen Spaltung der gesamten Straßenbaukosten der auf die betreffende Einzeleinrichtung entfallende Beitrag in einer Summe angefordert wird (OVG. 53, 115). — Wenn eine Gemeinde in der irrtümlichen Annahme, daß es sich um eine historische Straße handle, zunächst erklärt hat, überhaupt keine Anliegerbeiträge erheben zu wollen, so schließt das eine Nachforderung nach Offenbarwerden des Irrtums nicht aus (OVG. 38, 140).

III. Frist.

Unter „Jahr" i. S. der §§ 87, 88 ist das Rechnungsjahr zu verstehen (OVG. 20, 152; 37, 49; 40, 101; 56, 135; 71, 151; VBl. 26, 372). — Da die „Nachforderung" in einer nachträglichen Heranziehung des Abgabenpflichtigen besteht, läuft die dreijährige Frist bereits von Eintritt des die Abgabepflicht begründenden Ereignisses ab (OVG. 55, 120). — S. aber die entgegengesetzten Entscheidungen OVG. 62, 176; 71, 152, 157; 74, 99 usw. unten bei IV. — Nach der Entstehungsgeschichte des Gesetzes muß man die Frist in § 87 KAG., ebenso wie die entsprechende Vorschrift im Gesetz über die Verjährungsfristen bei öffentlichen Abgaben v. 18. VI. 1840 (GS. 140) (OVG. 17, 214, 234; 32, 40, 47), als Verjährungsfrist auffassen und darf dem Umstande, daß die Vorschrift des § 94 KAG., welche „alle im gegenwärtigen Gesetz vorgeschriebenen Fristen" für Ausschlußfristen erklärt, aber sich nach dem ganzen Zusammenhang lediglich auf das Heranziehungs- und Rechtsmittelverfahren bezieht, an den Schluß des Gesetzes und damit hinter die Vorschriften über Nachforderungen und Verjährungen gestellt ist, keine entscheidende Bedeutung beimessen. Daraus folgt weiter, daß die Wahrung der Frist nicht von Amts wegen zu prüfen ist und der Einwand der Verjährung nicht in der Revisionsinstanz neu erhoben werden kann, da er das Vorbringen neuer Tatsachen voraussetzt, welche den Fristablauf beweisen (OVG. 38, 136; 58, 116). — Dem Verwaltungsrichter ist aber nicht verboten, die Einhaltung der Frist von Amts wegen zu prüfen. Denn das Verwaltungsstreitverfahren beruht nicht auf der Verhandlungsmaxime, und der Verwaltungsrichter ist nicht an das tatsächliche Vorbringen der Parteien gebunden; er kann auch tatsächliche Umstände berücksichtigen und zum Gegenstande der Erörterung machen, welche von den Parteien übersehen und nicht geltend gemacht sind (OVG. 38, 136). Wenn das in der ersten Instanz vorgelegte Aktenmaterial klar erkennen ließ, daß die dreijährige Nachforderungsfrist nicht innegehalten war und somit Verjährung vorlag, so war dieser Gesichtspunkt auch von Amts wegen zu berücksichtigen (E. v. 25. II. 1930. II. C. 110. 29). — In Übereinstimmung mit OVG. 17, 234 ist der Unterschied zwischen Verjährung und Frist darin zu finden, daß durch Verjährung ein zeitlich beschränktes Recht infolge Nichtausübung innerhalb der Verjährungsfrist aufgehoben wird, während die Frist die Entstehung eines Rechts einer zeitlich bestimmten Schranke unterwirft, dergestalt, daß es nur durch Ausübung innerhalb der Frist zur Entstehung gelangt (OVG. 50, 329). — Die Frist des § 87 KAG. wird, weil sie eine Verjährungsfrist ist, auch durch eine unrichtige Heranziehung unterbrochen (OVG. 49, 80; 71, 151). — Selbst wenn man die Frist des § 87 KAG. als eine Ausschlußfrist ansehen wollte, so könnte dann jedenfalls deshalb doch nicht ihre Unterbrechung aus den in § 202 BGB. angeführten Gründen geltend gemacht werden, da diese Vorschriften nicht ohne weiteres auf das öffentliche Recht übertragbar sind (VBl. 49, 1007). — Die Verjährungsfrist wird durch den Einspruchsbescheid unterbrochen, da dieser an Stelle der durch den Einspruch angefochtenen Heranziehung tritt (OVG. 48, 33) und demgemäß als neue Zahlungsaufforderung anzusehen ist (OVG. 56, 135). — Eine Unterbrechung der Verjährung tritt nicht durch Heranziehungsverfügungen ein, welche durch endgültige Freistellung im Rechtsmittelverfahren ihrer Rechtswirksamkeit entkleidet oder vom Beklagten zurückgezogen sind (E. v. 25. II. 1930. II. C. 110. 29).

IV. Frist für Anliegerbeiträge.

Können zur Zeit der Fertigstellung des Gebäudes die Straßenherstellungskosten noch nicht festgestellt werden, weil ihre Höhe von dem Ausgange eines über den Grunderwerb noch schwebenden Streitverfahrens abhängig ist, so beginnt die dreijährige Frist noch nicht zu laufen. Denn Voraussetzung für die Anforderung von Anliegerbeiträgen ist, daß die Straßenherstellungskosten wirklich aufgewendet und festgestellt sind und daß ein Gebäude an der Straße errichtet ist. Innerhalb der Verjährungsfrist kann der jeweilige Eigentümer herangezogen werden, auch wenn das Gebäude von dem Besitzvorgänger errichtet ist. Denn das Gesetz wollte nicht denjenigen, der ein Gebäude errichtet, in den Stand setzen, daß er durch Veräußerung des Grundstücks vor erfolgter Heranziehung das Forderungsrecht der Gemeinde beseitigte (OVG. 33, 128). — Die Gemeinde hat aber nicht das Recht, die Kosten- und Beitragsfeststellung und damit den Beginn der zum Schutz der Abgabenpflichtigen bestimmten Verjährungsfrist willkürlich hinauszuschieben. Es ist daher Sache der Gemeinde nachzuweisen, daß die Berechnungsarbeiten wegen besonderer Verhältnisse nicht binnen einer angemessenen Frist nach Erfüllung der sonstigen Voraussetzungen beendigt werden konnten (OVG. 49, 82). — Charakterisiert sich die Herstellung einer Straße ausdrücklich als eine vorläufige, aus polizeilichen Gründen getroffene Maßnahme, so wird durch sie die dreijährige Frist nicht in Lauf gesetzt und das Recht der Gemeinde, zu einem späteren Ausbau Anliegerbeiträge zu verlangen, auch dann nicht ausgeschlossen, wenn dem Anlieger bereits zu der vorläufigen Instandsetzung ein Zuschuß abverlangt ist (OVG. 44, 97). — Durch den Ablauf der Frist bezüglich des für Errichtung eines Gebäudes zu leistenden Anliegerbeitrages verliert die Gemeinde nicht das Recht, bei Errichtung eines weiteren Gebäudes auf demselben Grundstück einen Anliegerbeitrag zu fordern (OVG. 40, 100). — Die Freilegung einer Straße, die zu ihrer Fertigstellung gehört, umfaßt auch den Erwerb des für das Straßenterrain erforderlichen Grund und Bodens. Solange daher die vollständige Auflassung des Straßengeländes noch aussteht, kann in der Regel von einer Fertigstellung nicht die Rede sein und der Lauf der Verjährungsfrist noch nicht beginnen (OVG. 49, 76).

Die Frist des § 87 Ziff. 2 KAG. läuft von Ablauf des Rechnungsjahres ab, in welchem die Forderung entstanden ist, was bei Anliegerbeiträgen durch die Gebäudeerrichtung bewirkt wird. Der Mangel der baupolizeilichen Genehmigung ist daher ohne Einfluß auf den Beginn des Fristenlaufes (OVG. 62, 176; 71, 152, 157;

74, 99; PVBl. 49, 1007; E. v. 28. II. 1929. IV. C. 42. 27). — Ist zur Zeit der Vollendung des Gebäudes die Straße noch nicht fertiggestellt und können daher die Kosten der Straßenherstellung noch nicht festgestellt werden, so beginnt die Frist nicht schon mit der Gebäudeherstellung, sondern erst mit dem Zeitpunkt, in welchem die beiden gesetzlichen Erfordernisse der Beitragsverpflichtung vorliegen (OVG. 36, 64). — Eine verfrühte, vor Vollendung des Baues erfolgte Heranziehung kann schon deshalb nicht als Unterbrechung der Verjährung geltend gemacht werden, weil die Frist noch gar nicht zu laufen begonnen hatte (PVBl. 26, 373). — Wie bereits in der Entsch. v. 24. II. 1902 (OVG. 41, 110; s. unten bei § 88) ausgeführt, entsteht bei Anliegerbeiträgen das Forderungsrecht bereits mit Ausbau der Straße und Herstellung eines Gebäudes an derselben, nicht erst mit der lediglich die Fälligkeit der Beitragsforderung begründenden Heranziehung. Ist das Forderungsrecht einmal durch Errichtung eines Gebäudes an der ausgebauten Straße entstanden, so wird es durch den späteren Abbruch des Gebäudes nicht wieder aufgehoben; die Gemeinde bleibt vielmehr trotzdem berechtigt, den Anlieger innerhalb des in § 87 Nr. 2 begrenzten Zeitraums zu dem Beitrage heranzuziehen (OVG. 43, 14).

Für Anliegerbeiträge haftet jeder Grundstücksbesitzer selbständig und in gleicher Weise wie der Besitzvorgänger. Deshalb ist für ihn die gegenüber dem Besitzvorgänger eingetretene Unterbrechung des Fristablaufs belanglos (OVG. 71, 146; 73, 140).

V. Nachforderung von Naturaldiensten.

Nach Ablauf des Rechnungsjahres kann der Anspruch einer Gemeinde auf den Geldbetrag, welcher an Stelle eines Naturaldienstes geleistet werden soll, nicht mehr geltend gemacht werden (PVBl. 22, 419).

§ 88.

(1) Zur Hebung gestellte Gemeindeabgaben und Kosten, welche im Rückstande verblieben oder befristet sind, verjähren in 4 Jahren, von dem Ablaufe des Jahres an gerechnet, in welches der Zahlungstermin fällt.

(2) Die Verjährung wird durch eine an den Pflichtigen erlassene Zahlungsaufforderung, durch Verfügung der Zwangsvollstreckung und durch Stundung unterbrochen[2]).

(3) Nach Ablauf des Jahres, in welchem die letzte Aufforderung zugestellt, die Zwangsvollstreckung verfügt oder die bewilligte Frist abgelaufen ist, beginnt eine neue vierjährige Verjährungsfrist.

1. S. AusfAnw. Art. 56.
2. Wegen Stundungszinsen s. G. zur Ergänzung der Abgabengesetze v. 25. XI. 1926 (GS. 310) und Art. II der VO. v. 27. I. 1927 (GS. 11). Die Stundung der staatlichen Grundvermögensteuer wirkt nicht ohne weiteres für die Gemeinden: Erl. v. 16. XII. 1924 (MBliV. 1202).

Zur Hebung gestellt ist eine Gemeindeabgabe erst dann, wenn der Steuerschuldner zu ihr herangezogen ist (OVG. 33, 130; 37, 49; 68, 220). (Wegen der Erfordernisse einer rechtsgültigen Heranziehung s. bei § 69 unter II.)

Wegen Haftung von Dritten s. bei § 90 unter II. — Als „im Rückstande verblieben" gelten alle periodisch wiederkehrenden oder einmaligen Gemeindeabgaben, die zur Hebung gestellt, aber bis zum Fälligkeitstermin nicht bezahlt sind (OVG. 33, 131, 214). — Eine Heranziehungsverfügung, in welcher sich die Gemeinde den Fälligkeitstermin vorbehält, die also erst von einem unbestimmten künftigen Zeitpunkt ab wirksam werden soll, ist rechtsungültig und setzt die Verjährungsfrist nicht in Lauf (OVG. 67, 151). — Wegen des Begriffs „Jahr" s. OVG. 20, 157 usw. bei § 87 unter II.

Mit der Straßenherstellung und der Errichtung eines Gebäudes an der Straße sind allerdings die Voraussetzungen für eine Heranziehung zu Anliegerbeiträgen erfüllt, und ist damit das Forderungsrecht zur Entstehung gelangt. Aber eine Zahlungspflicht wird erst durch die Heranziehung begründet, und läuft die vierjährige Verjährungsfrist erst von diesem Zeitpunkt ab (OVG. 73, 139). — Der Zeitpunkt der Einforderung ist für das Bestehen und die Höhe der Beitragspflicht nicht entscheidend. Die Einforderung setzt vielmehr voraus, daß der Anspruch in seinen rechtlichen und tatsächlichen Voraussetzungen völlig bestimmt ist, mag er auch noch nicht ziffernmäßig berechnet sein. Die ziffernmäßige Berechnung muß sich nach dem Inhalt des Forderungsrechts richten, kann diesen Inhalt aber nicht abändern oder erst zur Entstehung bringen. Für diesen Inhalt ist daher nicht der ganz vom Belieben der Gemeindebehörde abhängige Zeitpunkt der Heranziehung maßgebend. Deshalb hat auch das KAG. in §§ 87 Ziff. 2 und 88 die Entstehung des Forderungsrechts der Fälligkeit der Forderung gegenübergestellt und dementsprechend zwei Arten der Verjährung vorgesehen. Wenn dabei in § 88 von den „zur Hebung gestellten" Beträgen die Rede ist, so wird damit vorausgesetzt, daß der Betrag schon vorher als Forderung bestanden hat; ihr Inhalt kann daher nicht vom Zeitpunkt des Zur-Hebung-Stellens abhängen (OVG. 41, 110). — Wie bereits in OVG. 71, 146 ausgeführt, ist für Anliegerbeiträge jeder spätere Eigentümer nicht als Rechtsnachfolger seines Eigentumsvorgängers haftbar, sondern er wird kraft seines Eigentums an dem an die ausgebaute Straße angrenzenden bebauten Grundstück derart als verpflichtet angesehen, als ob er selbst das die Beitragspflicht begründende Gebäude errichtet habe. Die Verjährungsfrist aus § 88 beginnt daher ihm gegenüber erst mit dem Ablauf des Jahres zu laufen, in welchem der Anliegerbeitrag von ihm angefordert und damit die Verpflichtung ihm gegenüber fällig geworden ist (OVG. 73, 139).— Vgl. bei § 90 unter II.

Der Einspruchsbescheid tritt an die Stelle der durch den Einspruch angefochtenen Heranziehung (OVG. 48, 33). Er ist demgemäß als eine Zahlungsaufforderung anzusehen und bewirkt gemäß § 88 Abs. 2 eine Unterbrechung der Verjährung (OVG. 56, 135). — Dadurch, daß die Stadt den Anliegerbeitrag zur Zwangsversteigerung angemeldet und auf Auszahlung der Streitmasse Klage erhoben hat, ist Unterbrechung der Verjährung eingetreten (OVG. 46, 86). — Eine unanfechtbar gewordene Heranziehung geht weder durch die unterlassene Anmeldung zur Konkursmasse noch durch Niederschlagung wegen Uneinziehbarkeit unter. (Vgl. OVG. 52, 155 bzw. 60, 3 bei § 90 unter II.) — Wegen Übergangs dinglicher Lasten bei Zwangsversteigerung s. bei § 90 unter II.

Neunter Titel.

Kosten und Zwangsvollstreckung.

§ 89.

Die Kosten der Veranlagung und Erhebung der Abgaben fallen, insoweit hierüber nicht durch § 14 des Gesetzes wegen Aufhebung direkter Staatssteuern[1]) anderweitige Bestimmung getroffen ist, der Gemeindekasse zur Last. Jedoch sind diejenigen Kosten, welche durch die gelegentlich eines Einspruches erfolgenden Ermittlungen veranlaßt werden, von dem Abgabepflichtigen zu erstatten, wenn sich seine Angaben in wesentlichen Punkten als unrichtig erweisen. Die Festsetzung dieser Kosten kann nur in der Entscheidung über den Einspruch erfolgen.

1. Veraltet. Jetzt sind maßgebend § 17 des GrundvermögensteuerG. und § 35 der GewerbesteuerVO., nach denen die Veranlagungskosten vom Staate getragen werden.

2. S. AusfAnw. Art. 57.

§ 90.

(1) Gebühren, Beiträge, Steuern und Kosten, sowie die nach einem von der Aufsichtsbehörde festgestellten Tarife erhobenen Vergütungen (Kurtaxen usw.) unterliegen der Beitreibung im Verwaltungszwangsverfahren nach Maßgabe der Verordnung vom [7. September 1879 (GS. S. 591)] 15. November 1899 (GS. S. 545)[1]).

(2) Sind Naturaldienste zu leisten, so ist der Gemeindevorstand bei Säumnis der Pflichtigen befugt, die Dienste durch Dritte leisten und die entstehenden Kosten von den ersteren im Verwaltungszwangsverfahren beitreiben zu lassen.

(3) Auf Antrag einer Gemeinde kann die Aufsichtsbehörde zulassen, daß als Mahnung im Sinne des § 7 der Verordnung, betreffend das Verwaltungszwangsverfahren wegen Beitreibung von Geldbeträgen, vom 15. November 1899 (GS. S. 545)[1]) auch die öffentliche Mahnung gilt[2]).

1. Die Verordnung v. 15. XI. 1899 (GS. 545) ist abgeändert durch die Verordnungen v. 1. X. 1919 (GS. 159), 29. IV. 1921 (GS. 381), 28. VIII. 1922 (GS. 284), 30. I. 1923 (GS. 37), 16. V. 1923 (GS. 271), 12. IV. 1924 (GS. 209), 28. XI. 1924 (GS. 741), 31. X. 1925 (GS. 153), 16. III. 1926 (GS. 103) und Art. IV d. Verordnung v. 9. XII. 1927 (GS. 204).

2. Der Abs. 3 ist durch das G. v. 26. VIII. 1921 (GS. 495) hinzugesetzt.

3. S. AusfAnw. Art. 58.

4. Vgl. wegen Empfehlung schonenden Vorgehens bei Einziehung: Erl. v. 16. XII. 1924 (MBliV. 1202), 10. V. 1928 (MBliV. 524) und 12. XII. 1929 (MBliV. 1084).

Inhaltsübersicht.

I. Zulässigkeit des Verfahrens.

Stellt sich im Lauf des Verwaltungsstreitverfahrens heraus, daß es sich bei einer Veranstaltung nicht um eine öffentliche Veranstaltung und deshalb nicht um Gebühren i. S. des KAG. handelt, so kann das geforderte Entgelt, wenn der Tarif genehmigt ist, trotzdem im Wege des Verwaltungszwangsverfahrens beigetrieben werden (OVG. 52, 31). — Die im Verwaltungszwangsverfahren um Einziehung des Geldbetrages angegangene Behörde hat nur zu prüfen, ob der Geldbetrag der Beitreibung im Verwaltungszwangsverfahren unterliegt, ob sie selbst und die ersuchende Behörde die Eigenschaft einer Vollstreckungsbehörde haben und ob sich der Schuldner oder Vermögensteil desselben in ihrem Bezirke befinden, aber nicht, ob die zu vollstreckende Forderung sachlich begründet ist (OVG. 61, 450). — Bei bloßer Erschwerung der Rechtsverfolgung gegenüber einem Veranlagten durch Verlegung seines Wohnsitzes oder Aufenthalts liegt keine Unbeitreibbarkeit vor. Deren Annahme setzt stets eine besondere Feststellung, ob der Abgabenpflichtige greifbares Vermögen besitzt, voraus (VBl. 48, 128). — Wird eine unanfechtbar gewordene Forderung von Gemeindeabgaben nicht zur Konkursmasse angemeldet, so erlischt sie nicht; ihre Zahlung kann dann zwar nicht gegenüber der Konkursmasse, wohl aber nach dessen Beendigung gegenüber dem Steuerpflichtigen geltend gemacht werden (OVG. 52, 155). — Steuerforderungen, welche nicht die zu einer Konkursmasse gehörigen Vermögensgegenstände betreffen und die demgemäß nach Konkurseröffnung nicht dem Konkursverwalter, sondern dem Gemeinschuldner gegenüber geltend zu machen sind (s. bei § 69 unter I. A), können nicht aus der Masse befriedigt werden, auch wenn sie an sich gerechtfertigt sind. Denn Konkursforderungen sind nach § 3 der Konkursordnung v. 14. VII. 1877/20. V. 1898 (RGBl. 612) nur die zur Zeit der Konkurseröffnung bereits begründeten Ansprüche. Eine Verpflichtung zur Bezahlung einer Steuer entsteht aber erst durch die Heranziehung, und da diese erst nach der Konkurseröffnung erfolgt ist, war der Anspruch zu dem letzteren Zeitpunkt noch nicht begründet (OVG. 47, 87). — Die Niederschlagung wegen Uneinziehbarkeit läßt die Veranlagung völlig unberührt. Sie bedeutet nicht einmal den Erlaß der Steuerforderung, sondern, als eine innere Maßnahme des Rechnungswesens, die — unter Umständen nur vorläufige — Abstandnahme von der Einziehung, und hindert nicht deren spätere Geltendmachung (OVG. 60, 3).

II. Haftung von Dritten.

Mehrere Miteigentümer eines Grundstücks dürfen solidarisch haftbar gemacht werden. Denn die Beiträge (gemäß § 9 KAG.) ruhen auf dem Grundstücke, haben also die Natur einer Reallast, die es mit sich bringt, daß von jedem Eigentümer das Ganze gefordert werden kann (OVG. 32, 120). — Für die rechtliche Beurteilung der in einer Steuerordnung vorgesehenen Gesamthaftung sind die Bestimmungen in §§ 421 ff. BGB. über Gesamtschuldverhältnisse maßgebend. Danach kann der Gläubiger nach Belieben von jedem der Schuldner die Leistung ganz oder zum Teil fordern, und bleiben bis zur Bewirkung der vollen Leistung sämtliche Schuldner verpflichtet (§ 421). Die Erfüllung durch einen der Gesamtschuldner wirkt aber auch für die übrigen (§ 422), die dadurch — mit anderen Worten durch das Erlöschen des Schuldverhältnisses (§ 362 BGB.) — befreit werden. Derselbe Grundsatz gilt naturgemäß auch bei einer Teilleistung durch einen der Gesamtschuldner, und bleiben nach derselben die anderen Gesamtschuldner als solche dem Gläubiger gegenüber nur noch wegen des Restbetrages verpflichtet (OVG. 73, 147). — Sieht eine Steuerordnung die subsidiäre Haftung eines Dritten vor, so wird diesem gewissermaßen die Stellung eines Steuerbürgen zugewiesen. Wenn es sich auch bei Steuern um öffentlich-rechtliche Ansprüche handelt, so können doch grundsätzlich hinsichtlich der Inanspruchnahme des Dritten als Steuerbürgen von dem Steuergläubiger keine weiteren Nachweise für die Erfüllung der Voraussetzungen verlangt werden, als es im bürgerlichen Recht für die Haftung eines Bürgen vorgesehen ist. Dementsprechend ist er haftbar, wenn die steuerrechtlichen Bedingungen einer Heranziehung gegeben und nachgewiesenermaßen die Steuerbeitreibung beim Hauptschuldner erfolglos versucht ist. Hiergegen steht dem subsidiären Steuerschuldner der Gegenbeweis offen, daß die Erfolglosigkeit des Beitreibungsversuches durch den Steuergläubiger selbst verschuldet ist oder daß infolge inzwischen bekannt gewordener oder hinzugetretener Umstände trotz früherer vergeblicher Versuche eine Beitreibung beim Hauptschuldner nunmehr Erfolg haben würde (VBl. 50, 104). — Der Ersteher eines im Zwangsversteigerungsverfahren erworbenen Grundstücks ist für Rückstände an dinglichen Gemeindeabgaben für dasselbe nur haftbar, wenn er sie in Anrechnung auf das Kaufgeld in dem geringsten Gebot angenommen hat (OVG. 33, 214). — Bei Zwangsversteigerungen gehen kommunale Lasten, die auf dem Grundstück als solchem ruhen, auf den Ersteher des Grundstücks über. Das beschränkt sich aber auf die Lastenpflicht selbst. Für rückständige Lasten tritt dagegen der Berechtigte in die Reihe der Realgläubiger und kann lediglich gemäß dem ZwangsvollstreckungsG. Befriedigung aus den Kaufgeldern verlangen. Sofern diese nicht ausreichen, bleibt nur ein persönlicher Anspruch zurück (OVG. 19, 292; 37, 94). — Wegen der Haftung des Rechtsnachfolgers hinsichtlich der Steuern für Grundstücke, die zu einer Konkursmasse gehört haben, s. bei § 69 unter I A 2. — Der Nachfolger eines Grundstückseigentümers haftet für rückständige Beiträge seines Vorbesitzers nur dann, wenn es sich um Beiträge für eine Veranstaltung handelt, die eine dauernde Wertsteigerung bewirkt hat (E. v. 30. IV. 1929. II. C. 135. 28).

Ist die Forderung eines Anliegerbeitrages rechtskräftig geworden, so haftet der Erbe des Herangezogenen ohne weiteres. Ist das Grundstück vor Tilgung des Beitrages veräußert worden, so kann und muß der Erwerber erneut herangezogen werden und haftet nicht nur mit dem Grundstücke, sondern mit seinem ganzen Vermögen (OVG. 53, 110; 65, 148). Der Erwerber kann dagegen den Einwand erheben, daß die Forderung seitens des Rechtsvorgängers bereits getilgt sei (OVG. 53, 112). — Die „Dinglichkeit" einer Abgabe in dem Sinne, daß für eine Abgabe ein Grundstück pfandrechtlich haftet, hat mit der persönlichen öffentlich-rechtlichen Haftung des Eigentümers nichts zu tun. Daneben hat der Ausdruck „Dinglichkeit" aber noch die Bedeutung, daß der Grundstücksbesitz die Voraussetzung für die Abgabenpflicht bildet und die Gemeinde deshalb die Abgabe von jedem Besitzer fordern darf. Wenn der Gerichtshof eine derartige Dinglichkeit den Beiträgen zu Straßenherstellungskosten zuerkannt hat (OVG. 32, 110; 33, 126), so ist damit nicht gesagt, daß jeder spätere Eigentümer für einen einmaligen Beitrag, wegen dessen schon ein Besitzvorgänger herangezogen worden, mit dessen Zahlung jedoch rückständig geblieben ist, persönlich haften und noch einmal persönlich herangezogen werden könne; vielmehr haben die Ausführungen nur den Sinn, daß die Gemeinden ihre einmalige Heranziehung auch gegen einen späteren Besitzer richten können. Für Rückstände an Anliegerbeiträgen eines Besitzvorgängers haftet kein Grundeigentümer persönlich, auch nicht (persönlich) „mit dem Grundstücke", wie man wohl sagt; es kann nur von einer zivilrechtlichen Pfandhaft des Grundstücks die Rede sein (OVG. 54, 76). — Indem § 15 des FluchtlinienG. den Eigentümer des angrenzenden Grundstücks zur Entrichtung der Anliegerbeiträge verpflichtet, schließt es den Besitznachfolger in die Pflicht ein, d. h. dieser kann dann wegen des betreffenden Gebäudes zu demselben Beitrag herangezogen werden, als ob er seinerseits das Gebäude errichtet hätte (VBl. 37, 313). Der spätere Besitzer wird aber nicht als Rechtsnachfolger seines Besitzvorgängers verhaftet und tritt nicht in dessen Verpflichtung ein (OVG. 34, 83; 53, 110), sondern ist als angrenzender Eigentümer selbständig verpflichtet. Mit dieser Verpflichtung des Nachfolgers ist aber eine Verpflichtung des bisherigen Eigentümers über seine Besitzzeit hinaus nicht vereinbar. Die entgegenstehende Auffassung in der Entsch. v. 1. VII. 1912. IV. C. 36. 12 kann nicht mehr aufrechterhalten werden (OVG. 71, 148). — Der Kläger konnte nicht dadurch (von den Anliegerbeiträgen) befreit werden, daß er das Grundstück veräußerte. Allerdings haftet nun auch der Erwerber gegenüber der Gemeinde dinglich mit dem Grundstücke; der Kläger bleibt aber für den Beitrag, der während seiner Besitzzeit durch die Heranziehung fällig geworden war, persönlich verhaftet (OVG. 41, 137). — Die antizipierte Leistung eines Anliegerbeitrages befreit, und zwar auch den Besitznachfolger (VBl. 49, 708). — Vgl. VBl. 34, 242 und OVG. 82, 138 bei § 69 II E 2. — Wegen Haftung des Besitznachfolgers s. auch VBl. 38, 159 bei § 70 I D und OVG. 73, 139 oben bei § 88. — Wird von dem Eigentümer eines Geländes für den Ausbau der von ihm offengelegten Straßen eine Summe hinterlegt, so stellt diese lediglich eine Kaution dafür dar, daß künftige Beitragsforderungen der Gemeinde Deckung finden. Die Gemeinde ist zwar berechtigt, aber nicht verpflichtet, sich für ihre Forderungen aus der Summe zu befriedigen. Da dies nicht geschehen ist, kann sich der Besitznachfolger nicht darauf berufen, daß die ihm abgeforderte Abgabe bereits durch die Hinterlegung seitens seines Besitzvorgängers antizipiert getilgt sei (OVG. 62, 167).

Eine Gebührenordnung kann zwar einen größeren Zeitraum (Wochen, Monate usw.) als Benutzungseinheit feststellen und, falls innerhalb des Zeitraums mehrere Besitzer nacheinander die betreffende Veranstaltung benutzt haben, diese sämtlichen Besitzer für solidarisch haftbar erklären. Unzulässig ist es aber, die Abgabe zu einer „dinglichen" in dem Sinne zu machen, daß jeder folgende Besitzer für die Gebühr auch solcher Zeitabschnitte persönlich pflichtig wird, während deren er eine Benutzung nicht vorgenommen hat (OVG. 51, 62).

Wegen Unzulässigkeit einer Haftbarmachung des Grundstückseigentümers zur Gesamthaftung wegen der von einem Mieter zu zahlenden Schankerlaubnissteuer vgl. VBl. 48, 615. Wegen Zwangsbeitreibung der Kurtaxen s. OVG. 34, 201 oben bei § 12.

Bezüglich Zwangsmaßnahmen bei Nichtleistung von Naturaldiensten (§ 90 Abs. 2) s. zu § 68 unter III.

§§ 91—93,

betreffend Kreis- und Provinzialsteuern, sind durch das Kreis- und ProvinzialabgabenG. v. 23. IV. 1906, GS. 159 (s. Teil II des Buches), ersetzt.

Schluß-, Ausführungs- und Übergangsbestimmungen.

§ 94.

Alle in dem gegenwärtigen Gesetze vorgeschriebenen Fristen sind Ausschlußfristen. Die Fristen beginnen, soweit in diesem Gesetze nichts anderes bestimmt ist, mit der Zustellung des Beschlusses oder der sonstigen Anordnung. Der Tag der Zustellung wird nicht mitgerechnet. Im übrigen sind für den Beginn und die Berechnung der Fristen die bürgerlichen Prozeßgesetze maßgebend.

Die Bestimmung in § 94, daß für den Beginn und die Berechnung der Fristen die bürgerlichen Prozeßgesetze maßgebend sein sollen, kann sich nur auf solche Fristen beziehen, die einen Beginn haben und eine Berechnung zulassen, die also nach Kalenderabschnitten (Tagen, Wochen usw.) bestimmt sind. Auch die Bestimmung (§ 222 ZPO.), daß eine Frist, deren letzter Tag auf einen Sonn- oder Feiertag fällt, erst mit dem Ablauf des nächsten Werktages endet, hat ebenfalls nur Sinn bei Fristen von bestimmter Dauer. Ihr liegt der Gedanke zugrunde, eine Frist solle nicht dadurch verkürzt werden, daß am letzten Tage der Frist die beabsichtigte Handlung nicht vorgenommen werden könne. Dieser Gesichtspunkt scheidet aber bei Fristen, für die nicht eine bestimmte Dauer, sondern ein festbestimmter Zeitpunkt maßgebend ist, aus (OVG. 52, 179).

§ 95.

(1) Das Rechnungsjahr für den Gemeindehaushalt beginnt mit dem 1. April und schließt mit dem 31. März.

(2) Der Beschlußfassung der Gemeindebehörden bleibt überlassen, an Stelle des Rechnungsjahres eine Periode von zwei oder drei Rechnungsjahren treten zu lassen.

Auch wenn nach § 95 Abs. 2 an Stelle eines Rechnungsjahres Zeiträume von zwei oder drei Rechnungsjahren eingeführt sind oder gemäß § 64 durch Steuerordnung die Veranlagung für mehrere aufeinanderfolgende Rechnungsjahre vorgeschrieben ist, so ändert dies nichts daran, daß das Rechnungsjahr immer die mit dem 1. IV. beginnende und mit dem folgenden 31. III. schließende Zeiteinheit bildet (OVG. 76, 246). — Die Gemeinde darf für ihre öffentlichen Jahresabgaben nach § 95 keine andere Rechnungseinheit wählen als die Zeit vom 1. IV. bis zum 31. III., da dort nur die Einführung einer mehrjährigen Periode als Ausnahme zugelassen ist. Dem Kläger durfte daher nicht angesonnen werden, die Jahresgebühr auf Grund einer Ordnung zu entrichten, welche ihm infolge ihrer Beschränkung auf das Kalenderjahr die Benutzung der Gemeindeveranstaltung nicht bis zum folgenden 31. III. gewährte. Da die Jahresgebühr für eine andere als die gesetzmäßige Zeit angefordert ist, ist es nicht nur für das vor Beginn des Etatsjahres liegende Vierteljahr, sondern überhaupt zu Unrecht angefordert worden (VBl. 24, 521).

§ 96.

(1) Das gegenwärtige Gesetz tritt gleichzeitig mit dem Gesetze wegen Aufhebung direkter Staatssteuern in Kraft.

(2) Die Gemeinden sind verpflichtet, die Ordnungen (Observanzen, Statuten, Regulative, Gemeindebeschlüsse usw.) über die Aufbringung von Gebühren, Beiträgen, indirekten und direkten Steuern oder Diensten mit den Vorschriften dieses Gesetzes in Übereinstimmung zu bringen.

(3) Zu diesem Behufe können die zur Ausführung des gegenwärtigen Gesetzes erforderlichen Gemeindebeschlüsse bereits innerhalb eines Jahres vor dem Inkrafttreten desselben im voraus gefaßt und die dadurch bedingten Anordnungen und Entscheidungen der Verwaltungs- und Verwaltungsgerichtsbehörden nach Maßgabe der Bestimmungen dieses Gesetzes getroffen werden.

(4) Ordnungen, welche bis zum Inkrafttreten des gegenwärtigen Gesetzes in Geltung gewesen sind, bleiben — unbeschadet der Bestimmungen im § 23 Abs. 4 und § 37 Abs. 2 — bis zur Abänderung durch rechtsgültigen Gemeindebeschluß oder Anordnung der Aufsichtsbehörde (§ 78) bestehen.

(5) Mit dem Inkrafttreten des gegenwärtigen Gesetzes treten alle demselben entgegenstehenden gesetzlichen Bestimmungen außer Kraft.

(6) Wo in den Gesetzen auf diese Bestimmungen Bezug genommen ist, kommen diejenigen des gegenwärtigen Gesetzes sinnentsprechend zur Anwendung.

(7) Unberührt bleiben die Vorschriften wegen Erhebung von Bürgerrechtsgeldern, Einkaufsgeldern und gleichartigen Abgaben.

Inhaltsübersicht.

I. Allgemeines.

Mit der Vorschrift in § 96 ist die Vorschrift in § 147 der LGO. v. 3. VII. 1891, durch welche die Geltungsdauer der bei Inkrafttreten der LGO. bestehenden Ortsstatuten usw. auf drei Jahre beschränkt war, für das Gebiet der Gemeindeabgaben in Fortfall gekommen (OVG. 30, 121).

II. Abänderung älterer Ordnungen (Abs. 2).

§ 96 Abs. 2 KAG. verpflichtet nur zur Abänderung derjenigen Bestimmungen, welche sich auf die Aufbringung von Gemeindeabgaben der daselbst aufgeführten Art beziehen (OVG. 30, 92). — Eine Neuregelung gemäß Abs. 2 darf nicht eine Zwecksteuer aufrechterhalten, da diese Abgabenform nach dem KAG. nicht mehr zulässig ist (OVG. 49, 44). — Die zur Bildung einer Observanz erforderliche Überzeugung der Beteiligten, daß ihre für die Observanz maßgebenden Handlungen dem wahren Rechte entsprechen, kann nicht als gegeben angesehen werden, wenn diese Handlungen unter dem Drucke drohender Zwangsvollstreckung standen (E. v. 5. VI. 1913. H. C. 220. 12). — Observanz setzt eine langjährige tatsächliche Übung voraus, die getragen ist von der aus den Umständen geschöpften, vom geschriebenen Recht unabhängigen Überzeugung, daß die Übung dem Recht entspricht. Rechtsirrtum hindert die Observanzbildung, sofern nicht die Übung nach dem Erkennen des Irrtums gleichmäßig fortgesetzt wird oder ohne solche Erkenntnis infolge einer langjährigen, Generationen umfassenden Befolgung allmählich zu einer Rechtsüberzeugung geführt hat (OVG. 15, 181, 185, 222, 229; 63, 343, 354; VBl. 31, 192; E. v. 14. III. 1929. Va. 22. 28). — Eine Übung, welche lediglich durch das bestehende Gesetz und nicht durch eine vom geschriebenen Rechte unabhängige Rechtsüberzeugung hervorgerufen wird, bleibt stets Anwendung des Gesetzes, die jederzeit geändert werden kann. Im Gegensatz dazu entsteht ein Gewohnheitsrecht (Observanz) aus der Überzeugung der Übenden, daß dasjenige, was sie gleichmäßig ausüben, nicht das aus den geschriebenen Quellen, sondern aus den Umständen geschöpfte, notwendige Recht ist. Beruht diese Überzeugung auf einem Irrtum über Tatsachen oder über die Tragweite des geschriebenen Rechts, so kann die bloße Übung — in gleicher Weise, wie wenn ihr die Überzeugung der Rechtsnotwendigkeit überhaupt gefehlt hätte — für sich allein nicht zur Bildung einer Observanz führen, da die Übenden bei Erkenntnis ihres Irrtums das vermeintliche Recht wahrscheinlich nicht so, wie sie getan, ausgeübt haben würden (OVG. 76, 378; E. v. 31. V. 1927. VIII. C. 11. 26). — Wenn eine gemäß Abs. 4 in Kraft gebliebene ältere Ordnung abgeändert werden soll, muß sie völlig mit dem KAG. in Übereinstimmung gebracht werden (VBl. 30 , 338).

III. Inkraftbleiben älterer Ordnungen (Abs. 4).

A. Allgemeines.

Abs. 2 und 4 stehen im Zusammenhang. Deshalb gehören auch die auf die Aufbringung der Gemeindeabgaben bezüglichen Observanzen zu den nach Abs. 4 einstweilen aufrechterhaltenen Ordnungen (VBl. 31, 213). — § 96 Abs. 4 bezieht sich nur auf örtliche Observanzen; solche für ein weiteres Gebiet sind daher durch Abs. 5 aaO. aufgehoben (OVG. 45, 76). — Als eine ältere Ordnung i. S. des Abs. 4 kann ein vor dem 1. IV. 1893 beschlossenes und genehmigtes Statut, das erst mit diesem Tage Gültigkeit erlangen sollte, nicht angesehen werden, da es bei Inkrafttreten des KAG. noch nicht bestand (VBl. 30, 338). — Eine Observanz, nach welcher in einer Landgemeinde die Gemeindeabgaben gleichmäßig nach dem Höfefuß erhoben werden, ist durch das KAG. nicht beseitigt. Denn durch § 96 Abs. 4 sollten nicht nur solche Bestimmungen betroffen werden, welche die Ausgestaltung einer Steuer betreffen, sondern auch solche, auf das Etatsrecht hinübergreifend, die Deckung des Gemeindebedarfs in einer von §§ 54 ff. abweichenden Weise regeln (VBl. 30, 233).

B. Einzelfälle.

Wenn bei Inkrafttreten des KAG. nach den im Rheinland bestehenden Gemeindeverfassungsgesetzen den Geistlichen Steuerfreiheit eingeräumt war, so konnte dieses Vorrecht nicht im Widerspruch mit der Vorschrift im § 4 der Rheinischen Städteordnung, daß alle Einwohner des Stadtbezirks zur Teilnahme an den städtischen Gemeindelasten nach Maßgabe dieses Gesetzes verpflichtet seien, durch einfachen Gemeindebeschluß auf die Rabbiner ausgedehnt werden. Ein solcher Gemeindebeschluß fällt also nicht unter § 96 Abs. 4 (OVG. 34, 37). — Das Napoleonische Dekret v. 11. I. 1809 ist, soweit es die Beitragspflicht der Anlieger zu den Trottoirunterhaltungskosten betrifft, als Gesetz anzusehen und fällt daher nicht unter die Vorschrift des § 96 Abs. 4, sondern ist als ein dem KAG. entgegenstehendes Gesetz aufgehoben (VBl. 24, 805). Das gleiche gilt bezüglich der sog. Grunerschen Verordnung für das ehemalige Großherzogtum Berg v. 29. VII. 1814 und die zur Ergänzung derselben ergangenen Gemeindebeschlüsse (OVG. 45, 74). — Die Unterverteilung der Wegebaulast nach Pfändern gemäß § 29 des Hannoverschen WegeG. v. 28. VII. 1851 gehört nicht zu den im KAG. geregelten Gemeindeabgaben und Diensten. Deshalb stellt auch ein derartiges Herkommen keine unter § 96 Abs. 2—4 fallende Ordnung dar, die mit den Vorschriften des KAG. hätte in Übereinstimmung gebracht werden müssen (VBl. 23, 39). — Das Ortsstatut der Stadt Stettin betr. die Straßenreinigungspflicht der Grundstücksbesitzer ist durch § 96 Abs. 4 aufrechterhalten und gilt auch für die eingemeindeten Teile. Die Befreiungsvorschriften im § 24 greifen auch gegenüber diesem Ortsstatut Platz (VBl. 26, 78). — Das auf Grund der Schleswig-Holsteinischen Städteordnung v. 14. IV. 1869 erlassene Regulativ der Stadt A. v. 18. X. 1878, durch welches die Grundstücksbesitzer zu besonderen Beiträgen für die Kosten des Feuerlöschwesens herangezogen werden, stellt eine durch § 69 Abs. 4 KAG. aufrechterhaltene direkte Zwecksteuer dar. Eine Umwandlung in eine Beitragserhebung gemäß § 9 KAG. hat durch den nach dessen Inkrafttreten beschlossenen Nachtrag nicht stattgefunden, da dieser nur die formellen Bestimmungen mit den Vorschriften in §§ 69, 70 KAG., die ohnehin maßgebend gewesen sein würden, in Übereinstimmung gebracht hat und eine materielle Abänderung gemäß § 96 Abs. 2 KAG. nicht beschlossen ist. — Die gesetzlich vorgeschriebenen Befreiungen von Grundsteuern nach § 24 KAG. finden auch auf diese Feuerlöschbeiträge Anwendung (E. v. **3. X. 1896.** II. C. 234. 96; E. v. **29. IV. 1913.** II. C. 197. 12; v. **7. I. 1919.** II. C. 163. 18; v. **8. X. 1929.** II. C. 51. 29). — Wenn die Stadt Kiel auf Grund ihres gemäß § 96 Abs. 4 aufrechterhaltenen Regulativs v. 17. V. 1860 die Hausbesitzer zu Pflasterungskosten heranzieht, so muß sie auch die im Regulativ zugunsten der Hausbesitzer vorgesehenen Schutzvorschriften strikt anwenden, insbesondere in dem dort vorgesehenen Umfange einen regelmäßigen Gemeindebeschluß herbeiführen und die Beteiligten vernehmen. Das ist um so mehr notwendig, als das KAG. in seinen der Entwicklung der kommunalen Verhältnisse seit Erlaß des Regulativs von 1866 angepaßten Vorschriften in § 9, die nach dem Willen des Gesetzgebers auch in K. Geltung erlangen sollen, sehr viel weitergehende Vorschriften zum Schutz derartiger Beitragspflichtiger vorsieht (E. v. **8. X. 1929.** II. C. 105 u. 114. 28).

IV. Aufhebung entgegenstehender Bestimmungen (Abs. 5).

Abs. 5 hat nicht die der Polizeiverwaltung gegenüber bestehenden observanzmäßigen Verpflichtungen, z. B. eine solche zur Bürgersteigunterhaltung, beseitigt (OVG. 49, 238). — Abs. 5 hat nur diejenigen Bestimmungen beseitigt, welche sich auf im KAG. geregelte Verpflichtungen beziehen (VBl. 23, 29).

V. Bürgerrechtsgelder usw. (Abs. 7).

Trotzdem das Ortsstatut über die Errichtung eines Bürgerrechtsgeldes in Kraft geblieben ist, war die Erhebung einer Abgabe auf Grund des Ortsstatutes unzulässig. Allerdings hat § 4 der Verordnung v. 24. I. 1919 (GS. 13) nur diejenigen Bestimmungen aufgehoben, welche die Ausübung des Bürgerrechts von der Zahlung eines Bürgerrechtsgeldes abhängig machen, und die Erhebung eines solchen an sich nicht verboten. Da aber alle seinerzeit nach hannoverschem Recht den Bürgern vorbehaltenen Rechte nach den inzwischen ergangenen allgemeinen Gesetzen, insbesondere nach dem Gemeindewahlgesetz, jetzt allen Gemeindeangehörigen zustehen, also von ihnen unentgeltlich erworben werden, ist die Forderung einer Abgabe für die Gewinnung des Bürgerrechts mit dem heutigen Rechtszustand nicht mehr vereinbar (E. v. 27. I. 1929. II. C. 78. 28). — Zu den durch Abs. 7 aufrechterhaltenen Vorschriften wegen Erhebung von Abgaben, welche den Bürgerrechtsgeldern usw. gleichartig sind, gehören auch die Bestimmungen über Abgaben für Teilnahme an den Nutzungen der Gemeindewiesen (VBl. 25, 834). — § 96 Abs. 7 hat auch diejenigen Vorschriften des ZG. und der Gemeindeverfassungsgesetze aufrechterhalten, welche die in ihnen vorgesehenen Rechtsmittel gegen die Heranziehung zu den angeführten Bürgerrechts- und Einkaufsgeldern und gleichartigen Abgaben betreffen (OVG. 51. 58).

§ 97.

Der Minister des Innern und der Finanzminister sind mit der Ausführung dieses Gesetzes beauftragt.

B.

Kreis- und Provinzialabgabengesetz

vom 23. April 1906 (GS. S. 159).

B. Kreis- und Provinzialabgabengesetz[1]).

Abschnitt 1.

Kreisabgaben.

§ 1.

(1) Die Kreise sind berechtigt, zur Deckung ihrer Ausgaben nach den Bestimmungen dieses Gesetzes Gebühren und Beiträge, indirekte und direkte Steuern zu erheben.

(2) Hinsichtlich der Chausseegelder und anderen Verkehrsabgaben[2]), der Jagdscheinabgaben, der Kosten im Verwaltungsstreit- und Beschlußverfahren sowie hinsichtlich der Erhebung der [Betriebs-[3]),] der Wanderlager- und der Warenhaussteuer[4]) für Rechnung der Kreise bewendet es bei den bestehenden Bestimmungen.

1. Das Gesetz gilt nicht für Helgoland.

2. Durch § 13 FAG. in Fassung der Bekanntmachung vom 27. IV. 1926 (RGBl. I 203), des G. vom 15. V. 1926 (RGBl. I 223) und des G. vom 9. IV. 1927 (RGBl. I 91) ist die Erhebung von Chaussee- und ähnlichen Wegegeldern von Kraftfahrzeugen für Benutzung öffentlicher Wege und Brücken verboten; nach Erlaß eines Landes-FahrzeugsteuerG. gilt dies Verbot für alle Fahrzeuge. Für Preußen ist noch das besondere G. über die Aufhebung der Brückengelder für Kraftfahrzeuge vom 29. XII. 1927 (GS. 295) ergangen. Wegen der Wegevorausleistungsbeiträge s. Anhang unter b.

3. Wegen der bisherigen Betriebssteuer vgl. Anm. 2 zu § 7 des G.

4. Infolge Abänderung des § 5 des G. betr. Besteuerung der Wanderlagerbetriebe v. 27. II. 1880 (GS. 174) durch das G. v. 14. IV. 1925 (GS. 49) fließt die Steuer nur noch den Betriebsgemeinden zu, und sind nur diese zuschlagsberechtigt. Die Erhebung von Warenhaussteuern durch Länder und Gemeinden (Gemeindeverbände) ist durch § 44 des UmsatzsteuerG. v. 24. XII. 1919 (RGBl. 2157) verboten worden.

5. Vgl. AusfAnw. I u. II A.

6. Vgl. §§ 1—7, 19 des FAG. in der Fassung der Bekanntmachung vom 27. IV. 1926, RGBl. I 203 (Anhang unter c) sowie § 7 des AusfG. z. FAG. in der Fassung der Bekanntmachung vom 14. V. 1927 (GS. 63), welcher lautet:

(1) Der Staat darf den Gemeinden oder Gemeindeverbänden neue Aufgaben nur zuweisen, wenn er gleichzeitig für die Bereitstellung der erforderlichen Mittel Sorge trägt.

(2) Was unter neuen Aufgaben in diesem Sinne zu verstehen ist, entscheidet sich nach dem Stande vom 1. April 1923.

(3) Die Vorschrift des Abs. 1 gilt entsprechend bei wesentlicher Erweiterung bereits bestehender Aufgaben.

Ist ein Landkreis Unterhaltungsträger einer Berufsschule, so gehören die Berufsschulbeiträge zu den Kreisabgaben i. S. der §§ 11, 16 des Kreisabgabengesetzes (OVG. 82, 173).

§ 2.

(1) Die Kreise dürfen von der Befugnis, Steuern zu erheben, nur insoweit Gebrauch machen, als die sonstigen Einnahmen, insbesondere aus dem Kreisvermögen, aus Gebühren, Beiträgen und

aus den ihnen vom Staate oder von Bezirks- oder Provinzialverbänden überwiesenen Mitteln zur Deckung ihrer Ausgaben nicht ausreichen. Auf Hundesteuern findet diese Bestimmung keine Anwendung.

(2) Durch direkte Steuern darf nur der Bedarf aufgebracht werden, welcher nach Abzug des Aufkommens der indirekten Steuern von dem gesamten Steuerbedarfe verbleibt.

Wegen des Begriffs „Einnahmen" i. S. der entsprechenden Vorschrift in § 2 KAG. s. OVG. 68, 205. — Gegenüber dem Beschluß des Kreistages, daß der Überschuß aus den Kleinbahnen des Kreises nicht zur Kreiskommunalkasse abgeführt, sondern für solche Unternehmungen verwendet werden solle, welche nicht auf einer gesetzlichen Verpflichtung beruhen und ihrerseits auch keine Überschüsse für die Kreiskommunalkasse abwerfen, besteht das Bedenken, daß Reineinnahmen aus dem Betriebe der Kleinbahnen, wenn sie zu den Kreiseinnahmen gehören, gemäß § 2 zu der Kreiskommunalkasse fließen müssen und der Kreis nur insofern Steuern erheben darf, als seine sonstigen Einnahmen, insbesondere aus dem Kreisvermögen, zur Deckung der Ausgaben nicht ausreichen. Es bedarf deshalb hiernach noch der Feststellung, zu welchem Zwecke und in welcher Absicht das Kreisunternehmen ins Leben gerufen ist. Hierfür werden die Vorverhandlungen einen Anhalt geben. Insbesondere bleibt festzustellen, ob die Verwaltung der Kreisbahn durch ein Kreisstatut geregelt ist und welche Bestimmungen es über den Beförderungstarif und die Überschußverwendung enthält und ob etwa die Aufsichtsbehörde in dieser Hinsicht anläßlich der Bestätigung der Kreistagsbeschlüsse Stellung genommen hat (OVG. 65, 187).

§ 3.

(1) Gewerbliche Unternehmungen der Kreise sind grundsätzlich so zu verwalten, daß durch die Einnahmen mindestens die gesamten, durch die Unternehmung dem Kreise erwachsenden Ausgaben, einschließlich der Verzinsung und der Tilgung des Anlagekapitals, aufgebracht werden.

(2) Eine Ausnahme ist zulässig, sofern die Unternehmung zugleich einem öffentlichen Interesse dient, welches andernfalls nicht befriedigt wird.

1. Vgl. bei § 3 KAG.

§ 4.

(1) Der Kreistag kann beschließen, daß für die Benutzung der von dem Kreise im öffentlichen Interesse unterhaltenen Veranstaltungen (Anlagen, Anstalten und Einrichtungen), und gemäß § 6 Abs. 2 des Kommunalabgabengesetzes für die Handlungen seiner Organe[1]) besondere Vergütungen (Gebühren) erhoben werden.

(2) Die Gebühren sind im voraus nach festen Normen und Sätzen zu bestimmen. Dabei ist eine Abstufung der Gebührensätze — auch nach Maßgabe der Leistungsfähigkeit — bis zur gänzlichen Freilassung zulässig[2]).

1. Zusatz gemäß Ges. v. 26. VIII. 1921 (GS. 495).
2. S. zu § 4 und § 7 KAG.
3. Vgl. AusfAnw. II B.
4. Vgl. § 2 des GegenseitigkeitsbesteuerungsG. vom 10. VIII. 1925, RGBl. I 252 (Anhang c).

Freiwilligkeit der Benutzung. Gebühren für eine Kreis-Motorfeuerspritze. Gebühren müssen im voraus nach festen Normen und Sätzen bemessen werden. Hiergegen verstößt eine Bestimmung der Gebührenordnung, wonach der Kreisausschuß unter gewissen Voraussetzungen die Gebührensätze abändern darf. Ferner soll nach der Ordnung die Hilfeleistung durch die Motorspritze zur Erhebung der Gebühr berechtigen. Voraussetzung der Gebührenerhebung ist die tatsächliche auf dem Willen des Pflichtigen beruhende Benutzung. Demnach ist es unzulässig, das Recht der Gebührenerhebung unabhängig von dem Einverständnis des Pflichtigen lediglich an die diesem gewährte Hilfeleistung zu knüpfen (PVBl. 50, 569). — S. im übrigen zu § 4 KAG.

§ 5.

(1) Der Kreistag kann beschließen, daß behufs Deckung der Kosten für Herstellung und Unterhaltung von Veranstaltungen, welche durch das öffentliche Interesse erfordert werden, von denjenigen Grundeigentümern und Gewerbetreibenden, denen hierdurch besondere wirtschaftliche Vorteile erwachsen, Beiträge zu den Kosten der Veranstaltungen erhoben werden. Die Beiträge sind nach den Vorteilen zu bemessen.

(2) Durch Beschluß des Kreistags kann den Beitragspflichtigen gestattet werden, die Beiträge ganz oder teilweise durch Naturalleistungen nach bestimmten, vom Kreistage festzustellenden Grundsätzen zu ersetzen.

(3) Der Plan der Veranstaltung ist nebst einem Nachweise der Kosten offenzulegen. Der Beschluß des Kreistags wegen Erhebung von Beiträgen ist unter der Angabe, wo und während welcher Zeit Plan nebst Kostennachweis zur Einsicht offenliegen, durch das Kreisblatt mit dem Bemerken bekanntzumachen, daß Einwendungen gegen den Beschluß binnen einer bestimmt zu bezeichnenden Frist von vier Wochen bei dem Kreisausschuß anzubringen seien. Handelt es sich um eine Veranstaltung, welche nur einzelne Grundeigentümer oder Gewerbetreibende betrifft, so genügt an Stelle der Bekanntmachung eine Mitteilung an die Beteiligten. Der Kreisausschuß hat den Beschluß nebst den dazu gehörigen Vorverhandlungen und der Anzeige, ob und welche Einwendungen innerhalb der gestellten Frist erhoben sind, der Genehmigungsbehörde — § 19 Ziffer 1 — einzureichen*).

(4) Der Beschluß der Genehmigungsbehörde ist in gleicher

*) Eine dem § 9 Abs. 6 KAG. entsprechende Bestimmung hat im § 5 nicht Aufnahme gefunden (OVG. 66, 35).

Weise zur Kenntnis der Beteiligten zu bringen, wie der Beschluß des Kreistags bekanntgemacht worden ist.

1. Vgl. AusfAnw. II B.

2. Vgl. § 2 des GegenseitigkeitsbesteuerungsG. vom 10. VIII. 1925, RGBl. I 252 (Anhang c).

1. Begriff der Veranstaltungen. Der Ausdruck „Veranstaltungen des Kreises" ist an die Stelle des im § 13 der östlichen Kreisordnung vom 13. XII. 1872/19. III. 1881 gebrauchten „Kreiseinrichtungen" getreten, ohne daß damit eine sachliche Änderung beabsichtigt war. Von „Veranstaltungen" ist im Kreis- und Provinzialabgabengesetz in gleicher Weise wie im Kommunalabgabengesetz in den Vorschriften über Gebühren (§ 4 in beiden Gesetzen), über Beiträge (§ 5 KrProvAbgG., § 9 KommAbgG.) und über Mehrbelastungen (§ 10 KrProvAbgG., § 20 KommAbgG.) die Rede, und im § 4 a. a. O. ist der Ausdruck durch die in Klammern beigefügten Worte (Anlagen, Anstalten und Einrichtungen) erläutert. Danach sind unter Veranstaltungen an den bezeichneten Stellen solche Unternehmungen zu verstehen, welche von dem Kreise bzw. der Gemeinde selbst oder unter deren Beteiligung in das Leben gerufen sind oder gerufen werden sollen, nicht aber bloße Verwaltungsmaßnahmen, die lediglich als Unterlagen zur Beschlußfassung darüber dienen sollen, ob ein Unternehmen herzustellen, in das Leben zu rufen ist (OVG. 69, 58).

Unzulässige „Veranstaltung". Die Veranstaltung des Kreises besteht in der finanziellen Beteiligung an der Ausführung von zwei staatlichen Bahnlinien, während eine besondere Veranstaltung, welche nur die Erweiterung des Bahnhofs A. betrifft, vom Kreistage niemals beschlossen ist. Unter diesen Umständen war es unzulässig, die nur im Rahmen der Ausführung der beiden Bahnlinien erfolgte Bahnhofserweiterung aus diesem Zusammenhange herauszunehmen und die finanziellen Zuschüsse des Kreises an die Eisenbahnverwaltung, insoweit sie auf die Bahnhofserweiterung entfielen, als eine besondere Veranstaltung des Kreises zu dem Zwecke zu behandeln, den Kläger allein mit einem Beitrage zu belasten (OVG. 69, 62).

2. Beiträge im Verhältnis zu Vorausbelastungen (§ 20). Wegeausbau. Beide Abgabenarten können nebeneinander erhoben werden. Diese Freiheit ist aber keine unbeschränkte, insbesondere ist es unzulässig, für ein und dieselbe Kreisveranstaltung Beiträge und Vorausbelastungen in beliebiger Weise nebeneinander zu erheben. Vielmehr müssen den Angehörigen ein und derselben Gruppe von Beteiligten bei Vorteilen gleicher Art auch gleichartige Abgaben auferlegt werden. Es dürfen also nur Beiträge (nur Mehrbelastungen) oder, im Falle der Auferlegung nebeneinander, die Beiträge wegen einer bestimmten Art von Vorteilen, die Mehrbelastungen wegen Vorteile anderer Art ausgeschrieben werden. Demgemäß hätte der Kreis von denjenigen Grundeigentümern, welchen der Weg besondere wirtschaftliche Vorteile bringt, Beiträge nach Maßgabe dieser Vorteile erheben und daneben einzelne Kreisteile wegen Vorteile allgemeiner Art (bessere Verbindung mit der Nachbarschaft u. a.) vorbelasten können (OVG. 74. 40).

3. Form der Bekanntmachung. Nach § 5 Abs. 3 KrProvAbgG. ist, wenn die Veranstaltung nur einzelne Grundeigentümer betrifft, an Stelle der Bekanntmachung im Kreisblatt eine Mitteilung an die Beteiligten zwar zugelassen, aber nicht vorgeschrieben. Wenn es daher im vorliegenden Falle auch vielleicht zweckmäßig und — zumal einer Behörde gegenüber — angezeigt gewesen wäre, dem Kläger eine besondere Mitteilung zu übersenden, so ist doch den gesetzlichen Formvorschriften durch die Bekanntmachung im Kreisblatte genügt, so daß aus der Unterlassung einer besonderen Mitteilung ein Revisionsgrund nicht hergeleitet werden kann (OVG. 69, 60).

4. Beitragsmaßstab. Wird ein Beitrag nach einem kapitalisiertem jährlichen Vorteil bemessen, so ist eine derartige Beitragsfestsetzung nur angängig, wenn die Vor-

teile dauernd bestehen, und zwar als Vorteile des Grundstücks dergestalt, daß sie auch anderen Erwerbern des Grundstücks verbleiben (OVG. 69, 62). — S. im übrigen zu § 9 KAG.

§ 6.

Der Kreis ist befugt, zur Deckung seines Bedarfs einen Anteil aus den Erträgnissen der indirekten Steuern kreisangehöriger Gemeinden zu beanspruchen und selbständig indirekte Steuern einzuführen. Auf die Herbeiführung eines billigen Ausgleichs zwischen den Bedürfnissen der kreisangehörigen Gemeinden und des Kreises und auf die Anpassung der beiderseitigen Steuerordnungen ist Rücksicht zu nehmen. Bei Streitigkeiten hierüber beschließt der Bezirksausschuß.

1. Fassung des G. v. 26. VIII. 1921 (GS. 495).
2. Vgl. AusfAnw. II C.

1. Umfang des Kreissteuerrechts. Das KrProvAbgG. in der Fassung der Novelle von 1921 gibt den Kreisen die Befugnis zur selbständigen Einführung indirekter Steuern, ohne den Begriff der indirekten Steuern zu erläutern oder eine Beschränkung auf bestimmte Steuerarten auszusprechen (OVG. 79, 11). — Eine Ordnung über indirekte Kreissteuern, die nicht für den ganzen Bezirk des Kreises gelten soll und Teile des Kreises freiläßt, verstößt gegen den Rechtsgrundsatz der Allgemeinheit und ist deshalb ungültig, sofern die Freilassung von Kreisteilen nicht auf besonderer gesetzlicher Vorschrift (z. B. Eingemeindung) beruht (E. v. 8. IV. 1930. II. C. 135. 29).

2. Kreis- und Gemeindebesteuerung. Der Kläger ist wegen desselben Tatbestandes zweimal zur Schankerlaubnissteuer herangezogen worden, nämlich einmal vom Kreise auf Grund einer Kreissteuerordnung und einmal von einer kreisangehörigen Gemeinde (Gemeindeschanksteuerordnung). Die gerügte Doppelbesteuerung ist nicht unzulässig, da sie nicht ausdrücklich verboten ist. § 6 gestattet den Kreisen, selbständig, also auch neben kreisangehörigen Gemeinden, indirekte Steuern zu erheben; doch ist nach Satz 2 a. a. O. auf einen billigen Ausgleich zwischen den beiderseitigen Steuerordnungen Rücksicht zu nehmen. Hierdurch werden aber nur die Beziehungen zwischen den Steuergläubigern (Kreis und Gemeinde) behandelt, nicht zwischen dem Steuerschuldner und Steuergläubiger. Die AusfAnw. (MBliV. 1922 S. 300) enthält keine festen Anordnungen und überläßt es im wesentlichen den Aufsichtsbehörden, auf eine Einigung beider Steuergläubiger hinzuwirken. Die Gültigkeit der Steuerordnung des Kreises wird durch die gleichzeitig erlassene und die gleichen Steuerfälle behandelnde Steuerordnung der Gemeinde nicht berührt (E. v. 19. XI. 1929. II. C. 62. 29).

§ 7[1] [2].

[(1) Insoweit als die Überweisungen aus der Reichseinkommen-, Lohn- und Körperschaftssteuer sowie die sonstigen Einnahmen des Kreises seinen Bedarf nicht decken, ist der Fehlbetrag auf die einzelnen Gemeinden und Gutsbezirke als Kreisabgaben zu verteilen.

(2) Als Maßstab der Verteilung dienen:

1. die Höhe der den einzelnen Gemeinden und Gutsbezirken im vorvergangenen Jahre zugewiesenen Anteile an den genannten Reichssteuern, für das Rechnungsjahr 1921 das Verhältnis

der gewährleisteten Mindestbeträge im Sinne des § 56 des Landessteuergesetzes in Verbindung mit § 3 des preußischen Ausführungsgesetzes und

2. das Soll der vom Staate veranlagten Realsteuern einschließlich der Betriebssteuern, wie es in Gemeinden nach den Vorschriften des Kommunalabgabengesetzes nach Gemeindebeschlüssen und Vereinbarungen mit Steuerpflichtigen der Gemeindebesteuerung zugrunde zu legen und in Gutsbezirken gemäß § 13 für die Unterverteilung zu veranlagen ist. Soweit in Gemeinden eine Steuerart zu den Abgaben nicht herangezogen ist, wird das Steuersoll durch den Kreisausschuß veranlagt[2]).

(3) Maßgebend für die Verteilung nach dem Soll der Realsteuern ist das Steuersoll des dem jedesmaligen Rechnungsjahre vorangegangenen Rechnungsjahres nach dem Stande des 1. Januar, und zwar unter Berücksichtigung der bis zu diesem Zeitpunkte festgesetzten Nachveranlagungen, Berichtigungen und sonstigen Soll-Veränderungen (Zu- und Abgänge) ohne Unterschied, ob es sich dabei um Steuern für das laufende Jahr oder aus Vorjahren handelt.

(4) Soll-Veränderungen, die erst nach dem 1. Januar festgesetzt werden, sind bei der Berechnung des Solls für das nächste Jahr zu berücksichtigen.]

1. § 7 in der vorstehenden, auf dem G. v. 26. VIII. 1921 (GS. 495) beruhenden und durch das G. v. 5. VII. 1923 (GS. 301) nur vorübergehend für 1923 abgeänderten Neufassung ist gemäß § 46 des AusfG. z. FAG. vom 30. X. 1923 in der Fassung der Bekanntmachung v. 14. V. 1927 (GS. 63) für dessen Geltungsdauer ersetzt durch §§ 21, 22 a. a. O., welche lauten:

§ 21.

(1) Insoweit die Reichssteuerüberweisungen sowie die sonstigen Einnahmen eines Landkreises seinen Bedarf nicht decken, ist die Deckung durch Erhebung einer Kreisabgabe in Hundertsätzen der an seine sämtlichen Gemeinden (Gutsbezirke) für das Rechnungsjahr fallenden Überweisungen aus der Reichseinkommen- und Körperschaftsteuer und der in diesem vom Staate veranlagten Realsteuern, wie sie in Gemeinden nach den Vorschriften des Kommunalabgabenrechts der Gemeindebesteuerung zugrunde zu legen und in Gutsbezirken gemäß § 13 des Kreis- und Provinzialabgabengesetzes für die Unterverteilung zu veranlagen sind, zu bewirken.

(2) Die Gemeinden (Gutsbezirke) sind verpflichtet, dem übergeordneten Landkreis auf Ersuchen die erforderlichen Unterlagen mitzuteilen.

(3) Der auf die Gemeinden infolge von Anträgen gemäß § 11 Abs. 3 entfallende Mehrbetrag an Überweisungen aus der Reichseinkommen- und Körperschaftsteuer gilt nicht als Überweisung aus der Reichseinkommen- und Körperschaftsteuer an die Gemeinden im Sinne des Abs. 1.

§ 22.

(1) Die Hundertsätze der Zuschläge zu den Überweisungen einerseits und zu den vom Staate veranlagten Realsteuern anderseits sowie die Hundertsätze der Zuschläge zu den Realsteuern untereinander können ungleich bemessen werden.

(2) Beschlüsse, die für die Zuschläge zu den Überweisungen und zu den Realsteuern ein höheres Verhältnis als 1 : 3, und Beschlüsse, die die Zuschläge zur Grundvermögensteuer anders als die zur Gewerbesteuer festsetzen, sowie Beschlüsse, nach denen von den Überweisungen mehr als 30 v. H. erhoben werden sollen, bedürfen der Genehmigung.

Wegen Ungültigkeit der Verteilungsbeschlüsse s. Anm. 2 zu § 16.

2. Hinsichtlich der Gewerbesteuer gilt jetzt § 51 der GewerbesteuerV. v. 23. XI. 1923 in der Fassung der Bekanntmachung v. 15. III. 1927 (GS. 21; vgl. Anm. 2 zu § 23 KAG.), welcher lautet:

Der Fehlbetrag der Kreise und Provinzen gemäß den §§ 7 und 25 des Kreis- und Provinzialabgabengesetzes vom 23. April 1906 in der Fassung vom 3. Juni 1922 und die Handelskammerbeiträge gemäß § 26 des Gesetzes über die Handelskammern vom 24. Februar 1870 in der Fassung vom 19. August 1897 sind nach den auf die einzelnen Gemeinden entfallenden Steuergrundbeträgen umzulegen, der Fehlbetrag der Kreise und Provinzen jedoch derart, daß der auf die einzelnen Gemeinden entfallende Steuergrundbetrag nach der Lohnsumme nur zur Hälfte in Anrechnung kommt;

sowie Art. 36 der AusfAnw. v. 15. IV. 1926 (MBliV. 373), welcher — abgesehen von den auf 1925 bezüglichen Übergangsbestimmungen — lautet:

Nach § 51 GewStV. in Verbindung mit den an die Stelle der §§ 7 und 25 Kreis- und Provinzialabgabengesetzes getretenen §§ 16, 17, 23, 24 des Preuß. AusfG. z. FAG. ist der Fehlbetrag der Kreise und Provinzen in Hundertsätzen der in den einzelnen Gemeinden (Gutsbezirken) für das betreffende Rechnungsjahr vom Staate veranlagten Steuergrundbeträge (also ohne Berücksichtigung der Zuschläge) zu erheben. . . . .

Der auf die einzelne Gemeinde entfallende Steuergrundbetrag nach der Lohnsumme darf, soweit es sich um den Fehlbetrag der Kreise und Provinzen handelt, nur zur Hälfte in Anrechnung kommen . . . .

Die auf dem GewerbesteuerG. vom 24. VI. 1891 beruhende Betriebssteuer ist mit der Aufhebung dieses G. durch Art. II der GewerbesteuerV. fortgefallen.

3. Vgl. AusfAnw. II D 1.

4. Vgl. § 34 des AusfG. z. FAG. in der Fassung der Bekanntmachung vom 14. V. 1927 (GS. 63), welcher lautet:

Die Vorschriften der §§ 21 und 22 (s. oben Anm. 1) finden auf die übrigen Gemeindeverbände (Bürgermeistereien, Ämter) sowie auf die Amtsbezirke und Zweckverbände im Sinne des Gesetzes vom 19. Juli 1911 (GS. 116) sinngemäß Anwendung.

Da nach § 16 PrAusfG. z. FAG. v. 30. X. 1923 (GS. 487; jetzt § 21 in der Neufassung v. 14. V. 1927, GS. 63) während seiner Geltung die Deckung der Kreisausgaben in Hundertsätzen der für das betreffende Rechnungsjahr an die Einzelgemeinden erfolgenden Reichssteuerüberweisungen und der in ihm staatlich veranlagten Realsteuern zu bewirken ist und dieser Maßstab bei Beschlußfassung über die Kreisumlagenhöhe regelmäßig noch nicht feststeht, muß er zunächst geschätzt und die Kreisumlage nach endgültiger Ausschüttung aller auf das betreffende Rechnungsjahr entfallenden Überweisungen abschließend festgestellt werden. Die Kreise nehmen hiernach Anteil an allen Einkommen- und Körperschaftssteuerüberweisungen der kreisangehörigen Gemeinden und damit auch an allen Veränderungen, die das Ist der staatlich veranlagten Realsteuer jeweils gegenüber dem Soll erfährt (MBliV. 1923, 1155); sie können daher, auch wenn die Ausschüttungen bzw. Veränderungen erst nach Schluß des Rechnungsjahres erfolgen, ohne daß es eines nochmaligen Kreistagsbeschlusses bedarf, die Gemeinden zu entsprechenden Nachzahlungen heranziehen, sind aber anderseits auch gegebenenfalls zu Zurückzahlungen an die Gemeinden verpflichtet (OVG. 82, 60). — Wird im Verwaltungsstreitverfahren die der Berechnung der Kreisumlage zugrunde gelegte Schätzung des Ists an Reichssteuerüberweisungen angegriffen, so ist der Entscheidung das tatsächliche Ist zugrunde zu legen, wenn es zur Zeit der Urteilsfällung bereits feststeht (E. v. **18. I. 1927.**

II C. 104. 26). — Die Vorschrift, daß das für das betreffende Rechnungsjahr maßgebende „Ist" der Oberverteilung zugrunde zu legen ist, gilt nicht nur für die Reichssteuerüberweisungen (OVG. 82, 58; VBl. 49, 251), sondern auch für die staatlich veranlagten Realsteuern. Der Umstand, daß in § 21 AusfG. z. FAG. v. 14. V. 1927 (GS. 63) bezüglich der Überweisungssteuern von den „für" das Rechnungsjahr, bezüglich der Realsteuern aber von den „in" diesem festgestellten Beträgen die Rede ist, bedeutet keinen Unterschied. Denn nach III C 2 der ministeriellen Richtlinien v. 17. XI. 1923 (MBliV. 1155) zu der gleichen Vorschrift des bezeichneten Gesetzes in seiner ursprünglichen Fassung vom 30. X. 1923 (GS. 487) bezweckte die Abänderung des § 7 KrAbgG., als Maßstab für die Verteilung die tatsächlichen Reichssteuerüberweisungen des laufenden Rechnungsjahres und das Isteinkommen der staatlich veranlagten Realsteuern des laufenden Jahres festzustellen. Für die Gewerbesteuer bestimmt zudem § 51 GewStVO. v. 23. XI. 1923 (GS. 519), daß der Kreisfehlbedarf nach den auf die einzelnen Gemeinden entfallenden Steuergrundbeträgen umzulegen ist, und Art. 36 der zugehörigen AusfAnw. v. 15. IV. 1926 (MBliV. 373) bestimmt, daß dieser Fehlbetrag in Hundertsätzen der „für das betreffende Rechnungsjahr" vom Staate veranlagten Steuergrundbeträge umzulegen ist (VBl. 50, 569). — Die Kreise sind berechtigt, von einer Gemeinde, welcher die ihr abverlangten Rückzahlungen an Steuerüberweisungen erstattet oder erlassen werden, die entsprechenden Kreisumlagen für diese Beträge nachzufordern, wenn letztere bei der Berechnung der Kreisumlage noch nicht berücksichtigt waren. Die Vorschriften des § 84 KAG. kommen dabei überhaupt nicht in Frage, da sie sich nur auf die Nachveranlagung einzelner Steuerpflichtiger beziehen (VBl. 50, 272). — Aus § 7 Abs. 2 KrProvAbgG. ist mit Bestimmtheit zu entnehmen, daß in Gemeinden, in welchen besondere Steuern erhoben werden, nicht das Soll dieser, sondern das Soll der staatlich veranlagten Steuern, wie es nach dem KAG. umlagefähig ist, der Kreisbesteuerung zugrunde gelegt werden muß. Das ist noch besonders hervorgehoben in der Begründung des Gesetzentwurfes und in den Landtagsverhandlungen von keiner Seite bezweifelt worden. Diese Auffassung, welche auch in der ministeriellen AusfAnw. unter II D Ziff. 1 Abs. 2a zum Ausdruck gekommen ist, entspricht nicht allein dem Wortlaut des Gesetzes, sondern ebenso dessen Absicht, welche offensichtlich dahin geht, daß für alle dem Kreise steuerpflichtigen Gemeinden und Gutsbezirke der gleiche Maßstab, das vom Staate veranlagte Soll der bezüglichen Steuer, zur Anwendung kommen soll (E. v. 15. X. 1915. II. C. 35. 15). — Nach dem PrAusfG. z. FAG. war der Kreis berechtigt, noch nach Schluß des Rechnungsjahres die Oberverteilungsquoten der Kreisumlage nach dem tatsächlichen Aufkommen der Reichssteuerüberweisungen und der Realsteuern endgültig festzusetzen (OVG. 82, 58). Er mußte sich aber dabei auf die rechnerische Richtigstellung der veranlagten Beträge beschränken und durfte nicht andere, bis dahin nicht berücksichtigte Umstände der Neuberechnung mit zugrunde legen, also auch nicht die bereits zugelassenen, in § 18 Abs. 3 GrVermStG. für die Einzelveranlagung vorgeschriebenen Ermäßigungen deshalb wieder rückgängig machen, weil diese Vorschrift nach inzwischen ergangener Entscheidung des OVG. (Bd. 81, 73; s. u.) für die Oberverteilung der Kreisabgaben nicht maßgebend ist (VBl. 51, 42). — Eine nochmalige Beschlußfassung des Kreistages über den Hundertsatz der Kreisumlage nach endgültiger Feststellung der Höhe der Maßstabsteuern ist nicht erforderlich. Nach OVG. 82, 58 war der Kreis vielmehr berechtigt, da das Ist der Maßstabssteuern den Voranschlag überstieg, eine entsprechende Nachzahlung zu verlangen, wie er anderseits auch zur Zurückzahlung verpflichtet gewesen wäre, wenn sich die Veranschlagung als zu hoch erwiesen hätte. Darauf, ob die Höhe des Fehlbetrages im Kreishaushalt das Verlangen der Nachzahlung nötig macht, kommt es nicht an (E. v. 4. XI. 1929. II. C. 96. 28). — Es besteht keine Vorschrift, daß bei Berechnung der Kreisumlage die gemäß § 52 der Gewerbesteuerverordnung von den Betriebs- an die Wohnsitzgemeinden zu zahlenden Zuschüsse von dem Gewerbesteuersoll der Betriebsgemeinden abzusetzen sind. Schon daraus, daß die Höhe dieser Zuschüsse nicht von den für die Veranlagung der Gewerbesteuer zuständigen Stellen, sondern mangels gütlicher Einigung vom KA. bzw. BA. festgesetzt werden, erhellt, daß sie keine steuerlichen Abzüge darstellen, welche die der Umlageberechnung zugrunde liegenden Steuergrundbeträge als solche in ihrer Höhe beeinflussen. Deshalb ist es bedeutungslos, wenn, wie Klägerin behauptet, bei der Reichsfinanzstatistik diese Beträge von den Betriebsgemeinden nur als durchlaufende Einnahmen zu buchen sind. Ebenso verfehlt ist die Bezugnahme auf den MinErl. v. 17. III. 1925; nach ihm sind die fraglichen Beträge bei der Berechnung der Kreisumlage für die Wohnsitzgemeinden außer Ansatz zu lassen, woraus folgt, daß sie den Betriebsgemeinden anzurechnen sind (VBl. 50, 399). — Die gemäß §§ 14, 15 des Grundvermögensteuergesetzes den einzelnen Steuerpflichtigen bewilligten Steuererlasse sind bei der Oberverteilung der Kreisabgaben nicht zu berücksichtigen. § 18 Abs. 3 a. a. O. schreibt dies nur für die Heranziehung der staatlichen Steuer zu Zwecken der Besteuerung in kommunalen und sonstigen öffentlich-rechtlichen Verbänden vor. Die Vorschrift in § 16 (jetzt § 21) AusfG. z. FAG., daß der Kreisfehlbedarf in Hundertsätzen der Reichssteuerüberweisungen und der staatlich veranlagten Realsteuern zu decken ist, hat das bisherige Kontingentierungssystem des Kreissteuerrechts, wonach die direkten Kreissteuern nicht unmittelbar von den einzelnen Kreisangehörigen erhoben, sondern im Wege der Oberverteilung auf die einzelnen Gemeinden und Gutsbezirke als Kreissteuerträger nach gesetzlich bestimmtem Maßstab überwiesen werden, unberührt gelassen. Das Soll der staatlich veranlagten Grundvermögensteuer ist daher gemäß § 18 Abs. 1 Halbs. 2 GrVermStG. bei der Aufbringung des Bedarfs lediglich „zu berücksichtigen", es bildet nur den Maßstab für die Festsetzung der Kreisabgaben. Wenn § 17 (jetzt § 22) AusfG. z. FAG. von „Zuschlägen" spricht, so ist das nur eine ungenaue Ausdrucksweise, wie auch die ministeriellen Richtlinien (MBliV. 1923, 1171) und die AusfAnw. zur Novelle v. 26. VIII. 1921 v. 9. III. 1922 (MBliV. 285/304) die Reichssteuerüberweisungen und die staatlich veranlagten Realsteuern zutreffend als Verteilungsmaßstäbe bezeichnen und letztere den Kreisen, im Gegensatz zu den Gemeinden, das Recht, Zuschläge zu den Realsteuern zu erheben, ausdrücklich abspricht (OVG. 81, 73).

§ 8[1]).

(1) Der Kreistag kann mittels einer besonderen Satzung beschließen, daß als Maßstab für die Verteilung des Fehlbedarfs nach [§ 7 Ziffer 2] §§ 21, 22 des Ausführungsgesetzes zum Finanzausgleichsgesetz[2]) nicht das Soll der staatlich veranlagten Grundvermögensteuer[3]) zugrunde zu legen ist, sondern das Soll, das sich bei Erhebung einer anderen, nach Maßgabe der §§ 25 und 27 des Kommunalabgabengesetzes veranlagten Steuer ergeben würde.

(2) Die Veranlagung hat durch den Kreisausschuß zu erfolgen.

1. Die jetzige Fassung beruht auf dem G. vom 26. VIII. 1921 (GS. 495).

2. Die eingeklammerten Worte sind infolge des AusfG. z. FAG. in Fassung der Bekanntmachung vom 14. V. 1927 (GS. 63) für dessen Geltungsdauer durch §§ 21, 22 d. AusfG. z. FAG. ersetzt.

3. Infolge Aufhebung der Grund- und Gebäudesteuergesetze durch das GrundvermögensteuerG. v. 14. II. 1923 (GS. 28) und seine Ergänzungsgesetze (vgl. Anm. 1 zu § 23 KAG.) ist überall im Kreis- und Provinzialabgaben G. statt „Grund- und Gebäudesteuer" zu sagen: „Grundvermögensteuer".

4. Vgl. AusfAnw. II D 2 und §§ 8—12 des FAG. in der Fassung der Bekanntmachung vom 27. IV. 1926, RGBl. I 203 (Anhang c) sowie das Reichs-

bewertungsG. vom 10. VIII. 1925 (RGBl. I 214) nebst den zugehörigen Durchführungsverordnungen.

Es kann zweifelhaft sein, ob durch die Novelle v. 26. VIII. 1921 (GS. 495) der bisherige Rechtszustand dahin geändert ist, daß jetzt für den Erlaß einer besonderen Grundsteuerordnung neben der nach § 20 erforderlichen ministeriellen Zustimmung zur Genehmigung noch ein besonderes, gemäß § 20 KrO. vom Staatsministerium zu genehmigendes Kreisstatut vom Gesetz verlangt wird. Dagegen spricht, daß eine Absicht des Gesetzgebers, durch die Novelle von 1921 das Verfahren zu erschweren, nirgends hervorgetreten ist, daß in § 19 Ziff. 6, auf den § 8 ausdrücklich verweist, das Wort „Steuerordnung" stehengeblieben ist sowie daß Steuerordnung und Kreisstatut wesentlich gleichartig sein und in beiden Fällen der Finanzminister und der Minister des Innern zur Genehmigung zuständig sein würden, nämlich hinsichtlich der Steuerordnung im eigenen Namen und hinsichtlich des Kreisstatuts namens des Staatsministeriums. Auf jeden Fall ist aber die Zustimmung nach § 19 Ziff. 6 KrPrAbgG. nicht delegiert; die vom OP. ausgesprochene Zustimmung ist daher nicht ausreichend (VBl. 50, 569). — Sieht eine Steuerordnung eine Besteuerung nach dem gemeinen Wert vor, so steht damit die gleichzeitige Bestimmung, daß dieser Wert sich nach den für die Ergänzungssteuer festgestellten Werten bestimmt, in Widerspruch, weil der Ergänzungssteuer die Ertragswerte zugrunde lagen und weil nach Aufhebung des ErgänzungssteuerG. eine fortlaufende Neufestsetzung der Ergänzungssteuerwerte nicht mehr stattfindet, so daß die Absicht der Steuerordnung, den jeweiligen, alljährlich festzusetzenden Wert der Besteuerung zugrunde zu legen, gar nicht verwirklicht werden kann (OVG. 83, 76).

Wegen des Inhalts der besonderen Grundsteuerordnungen s. zu § 25 KAG.

§ 9.

[Sofern der als Kreisabgabe verteilte Fehlbetrag die im Vorjahr an den Kreis erfolgten Überweisungen aus der Reichs-Einkommen-, Lohn- und Körperschaftssteuer überschreitet, so bedarf die Verteilung der Genehmigung[1]).]

1. § 9, welcher durch G. vom 26. VIII. 1921 (GS. 495) die obige Neufassung erhalten hat, ist durch das AusfG. z. FAG. in der Fassung der Bekanntmachung vom 14. V. 1927 (GS. 63) für dessen Geltungsdauer außer Kraft gesetzt.

§ 10[1]).

(1) Handelt es sich um Veranstaltungen des Kreises, welche ausschließlich oder in besonders hervorragendem oder geringem Maße einzelnen Kreisteilen zustatten kommen, so kann der Kreistag eine ausschließliche Belastung oder eine nach Umfang und Maßstab näher zu bestimmende Mehr- oder Minderbelastung dieser Kreisteile beschließen. Die Bestimmung im § 5 Abs. 2 findet entsprechende Anwendung.

(2) Soweit hinsichtlich der Vorausbelastung einzelner Kreisteile bei Aufbringung der Kosten für Anlegung oder Unterhaltung von Wegen besondere gesetzliche Vorschriften bestehen, behält es dabei sein Bewenden.

1. Vgl. Anm. 1 zu § 7 KAG.
2. Vgl. AusfAnw. II D 4.

Inhaltsübersicht.

I. Mehr- und Minderbelastung.

Vgl. allgemein bei § 20 KAG. unter II, wegen Minderbelastung das. unter II C.

A. Rechtliche Natur der Mehrbelastung.

Wenn auch die frühere Vorschrift in § 13 KrO., daß die Mehrbelastung in Quoten der Kreisabgaben bemessen werden muß, fortgefallen ist und einer größeren Freiheit des Kreistages in der Bestimmung des Maßstabes Platz gemacht hat, so behalten doch die Vorausleistungen die rechtliche Natur direkter Kreissteuern und vermehren das Steuersoll einzelner Kreisteile (Gemeinden und Gutsbezirke) für ein oder mehrere bestimmte Jahre, bilden einen Teil des Kreisabgabensolls und sind von den betreffenden Kreisteilen als ein Teil ihres Kreissteuerkontingents abzuführen (OVG. 62, 93). — Die Mehrbelastung bildet einen Teil des von den vorausbelasteten Gemeinden aufzubringenden Kreissteuerbedarfs und ist als solcher anzufordern. Nur hiergegen, nicht aber gegen den die Mehrbelastung anordnenden Kreistagsbeschluß, sind nach § 11 Einspruch und Klage zugelassen (E. v. 9. VII. 1915. II. B. 21. 14).

Über das Verhältnis von Beiträgen (§ 5) zu Vorausleistungen (§ 10) enthält das Gesetz keine Vorschrift und verbietet namentlich nicht die Erhebung beider Abgabenarten nebeneinander. Daraus folgt indessen nicht, daß für ein und dieselbe Veranstaltung Beiträge und Vorausleistungen in ganz beliebiger Weise nebeneinander erhoben werden dürfen. Vielmehr müssen den Angehörigen ein und derselben Interessentengruppe bei Vorteilen gleicher Art auch gleichartige Abgaben auferlegt werden, und dürfen daher entweder nur Beiträge (nur Mehrbelastungen) oder — im Falle der Kumulierung beider Abgaben — die Beiträge wegen einer bestimmten Art von Vorteilen und die Vorausbelastung wegen Vorteile anderer Art ausgeschrieben werden. Das folgt aus dem Grundsatz der Gleichmäßigkeit und den Vorschriften über die beiden Abgabenarten. Die Beiträge des § 5 sind von den Grundstücksbesitzern und Gewerbetreibenden wegen ihrer besonderen wirtschaftlichen Vorteile zu leisten, die Mehrbelastungen werden einzelnen Kreisteilen auferlegt, weil ihnen als solchen eine Veranstaltung in besonders hervorragendem Maße zustatten kommt. Daß ein zu Beiträgen Herangezogener gleichzeitig als Gemeindeangehöriger an der Aufbringung der Mehrbelastung durch die Gemeindesteuern teilnimmt, ist unbedenklich. Unzulässig ist es aber, wenn von zwei Grundbesitzern wegen der ihnen in gleichem Maße erwachsenden wirtschaftlichen Vorteile der eine mit Beiträgen, der andere, welcher Besitzer eines Gutsbezirks ist, im Wege der Mehrbelastung herangezogen wird (OVG. 74, 39). In Rücksicht auf die Verschiedenheit der Schuldner — bei den Beiträgen i. S. des § 5 die Grundbesitzer und Gewerbetreibenden, bei der Mehrbelastung die Gemeinde- und Gutsbezirke — sowie auf das in beiden Fällen wesentlich verschiedene Verfahren der Ausschreibung bzw. Heranziehung, welches bei Beiträgen die Auslegung von Plänen und Kostennachweisen vorsieht, muß der Beschluß klar erkennen lassen, welche dieser beiden Abgabenarten er betreffen soll (E. v. **17. II. 1925.** II. C. 138. 24). — Die Anforderung von Mehrbelastungsbeiträgen neben der Anforderung von Vorausleistungen zum Wegebau auf Grund der Verordnung v. 25. XI. 1923 (GS. 540) stellt keine unzulässige Doppelbesteuerung dar.

Denn die Wegevorausleistungsbeiträge werden von den einzelnen Benutzern der Wege, auch wenn sie nicht Grundeigentümer sind, erhoben; die auf die Gemeinden (Gutsbezirke) gleichzeitig mit den regelmäßigen Kreisabgaben umgelegten Mehrbelastungsbeiträge treffen aber bei der Unterverteilung alle Realsteuerpflichtigen (VBl. 51, 115). Ein Verstoß gegen § 12 FAG. v. 23. VI. 1923 (RGBl. I 494; jetzt § 13 in Fassung des FAG. v. 27. IV. 1926, RGBl. I 203, s. Anhang c) kommt daher nicht in Frage (VBl. 49, 607).

B. Voraussetzung der Mehrbelastung.

1. Veranstaltung.

Unter Veranstaltungen i. S. der §§ 4, 5 und 10 KrProvAbgG. bzw. der §§ 4, 9 und 20 KAG. sind solche Unternehmen zu verstehen, welche von dem Kreise bzw. der Gemeinde selbst oder unter deren Beteiligung ins Leben gerufen sind oder werden sollen, nicht aber vorbereitende Verwaltungsmaßnahmen, welche lediglich als Unterlagen für die Beschlußfassung darüber dienen sollen, ob ein Unternehmen ins Leben zu rufen ist (OVG. 69, 56). — Die vollständige Ausführung einer Veranstaltung ist nicht Voraussetzung für die Beschlußfassung über eine Voraus- oder Mehrbelastung und deren Einforderung; notwendig ist, wenigstens nach dem Gesetz, nur, daß die Veranstaltung so, wie sie zur Ausführung beschlossen worden ist, nach ihrer dem Beschlusse entsprechenden Ausführung einzelnen Kreisteilen in besonders hervorragendem Maße zustatten kommt (OVG. 71, 73).

Der Erwerb des Grund und Bodens für eine Kleinbahn einerseits und der Bau der Kleinbahn anderseits sind keine selbständigen, voneinander unabhängigen Veranstaltungen. Ebensowenig der Bau der Kleinbahn innerhalb der verschiedenen Gemeindebezirke (OVG. 73, 57).

Als Veranstaltung i. S. des § 10 muß auch die einheitliche Bewirtschaftung und Unterhaltung eines aus Provinzial- und Kreisstraßen bestehenden Kreisstraßennetzes gelten. Ob der Klägerin durch diese Veranstaltung überhaupt oder in einer der Mehrbelastung entsprechenden Höhe wirtschaftliche Vorteile erwachsen sind, kann nur im Genehmigungs-, nicht aber im Verwaltungsstreitverfahren nachgeprüft werden. Verfehlt ist der Einwand, daß der Kreis beim Bau verschiedener Kunststraßen Vereinbarungen mit den Interessenten getroffen und hierbei sowie bei der Übernahme einer Provinzialstraße sich zur Unterhaltung auf Kreiskosten verpflichtet habe. Denn die Befugnis des Kreises, Mehrleistungen, d. h. direkte Steuern, zu erheben, beruht auf der zwingenden öffentlich-rechtlichen Vorschrift in § 1 KrPrAbgG. und kann durch privatrechtliche Abmachungen nicht geändert werden (E. v. 26. II. 1923. II. C. 38. 23; vgl. OVG. 56, 124; VBl. 34, 349). — Wenn das Gesetz betr. die Landwege im Regierungsbezirk Kassel v. 25. VIII. 1909 (GS. 741) die Wegebaulast an den Landwegen, soweit nicht gesetzlich ein anderer verpflichtet ist, denjenigen Kreisen, durch deren Gebiet sie führen, auferlegt, so wird damit die Anwendbarkeit des § 10 nicht ausgeschlossen. Denn das Landwegegesetz hat keine Bestimmung darüber getroffen, wie die Kreise die ihnen aus der Wegebaulast entstehenden Kosten aufzubringen und umzulegen haben (VBl. 35, 42). — Eine Veranstaltung liegt nach II D Abs. 2 AusfAnw. auch dann vor, wenn sich der Kreis auf die Beteiligung an der Veranstaltung eines Dritten beschränkt. Daß die Errichtung einer Postkraftwagenlinie eine Veranstaltung und keinen Verwaltungsakt, d. h. eine einmalige, zur Durchführung der laufenden Aufgaben getroffene Maßnahme, darstellt, geht schon daraus hervor, daß nach dem Reichsgesetz vom 26. VIII. 1925 (RGBl. I 319) die Neueröffnung einer Kraftfahrlinie bei der Landespolizeibehörde anzuzeigen ist und der Landesregierung ein Einspruchsrecht zusteht (VBl. 49, 512). — Eine Mehrbelastung wegen zu geringen Ansatzes der Ausgaben im vergangenen Rechnungsjahr ist unzulässig (OVG. 73, 57). — Die Beteiligung eines Kreises an einer Notstandsaktion zugunsten von einzelnen im Kreise belegenen, durch Überschwemmung geschädigten

Gemeinden ist eine Veranstaltung i. S. des § 10 und berechtigt den Kreis, wegen seiner Aufwendungen für den gedachten Zweck die beteiligten Gemeinden zu einer Mehrbelastung heranzuziehen (E. v. 12. XI. 1929. II. C. 55. 29).

S. auch II. C. 38. 23 unten bei E.

2. Vorteil.

Ein Beschluß, welcher die Mehrbelastung nicht nach den Vorteilen, sondern nach andern Gesichtspunkten bemißt, z. B. bei einem Bahnbau nach dem Werte des von jedem Kreisteile zur Verfügung zu stellenden Grund und Bodens, ist gesetzwidrig. — Besteht die Veranstaltung in dem Bau und Betriebe von Kleinbahnen, so sind für die Vorausbelastung diejenigen Vorteile maßgebend, welche die einzelnen Gemeinden von der Kleinbahn als selbständiger und einheitlicher Veranstaltung haben (OVG. 73, 52). — Gemeinden, welche zu einem Kreisbahnbau unentgeltlich Grund und Boden hergegeben haben, können deshalb doch noch für die Veranstaltung zu einer Mehrbelastung, auch wenn diese teilweise zur Kostendeckung für den Grunderwerb in anderen Gemeinden bestimmt ist, herangezogen werden (OVG. 66, 31), wenn der Vorteil des Bahnunternehmens den Wert des umsonst hergegebenen Grund und Bodens übersteigt. Ob dies der Fall ist, bildet eine der richterlichen Nachprüfung entzogene Frage der Angemessenheit und Zweckmäßigkeit der Mehrbelastungsbeiträge (E. v. 5. V. 1914. II. C. 95. 13). — Die den Kreisen obliegende Unterhaltung der Landwege (Reg.-Bez. Kassel) wird in der Regel denjenigen Kreisteilen, in deren Gebiet die zu unterhaltenden Wegestrecken liegen, in besonders hervorragendem Maße gegenüber anderen Kreisteilen, welche durch diese Landwege nicht berührt werden und daher an ihrem Zustande nur in geringem Maße interessiert sind, zustatten kommen (VBl. 35, 42).

Die Prüfung der Frage, ob die ausschließliche oder teilweise Vorausbelastung mit den Kosten einer Veranstaltung dem ausschließlichen oder besonders hervorragendem Interesse der Belasteten entspricht, ist nicht Aufgabe des Verwaltungsrichters, sondern gehört in das Beschluß- und Genehmigungsverfahren (OVG. 72, 96; 73, 52; VBl. 51, 115). — Die allein vom Verwaltungsrichter zu prüfenden Fragen, ob es sich hinsichtlich der Kreisstraßenunterhaltung um eine Veranstaltung handelt, welche den betreffenden Kreisteilen in hervorragendem Maße zugute kommt und ob der Mehrbelastungsmaßstab auf objektiven Merkmalen beruht, waren zu bejahen. Die anderen Gemeinden fehlende Möglichkeit zur Benutzung einer ausgebauten Kreisstraße stellt einen besonderen Vorteil dar. Ebenso ist die Beschränkung der Mehrbelastung auf die Belegenheit der betreffenden Gemeinde innerhalb einer 4 km breiten Zone längs der Kunststraßen sowie die Bemessung des Mehrbelastungsbetrages zu ½ nach der Flächengröße und zu ½ nach der Grundsteuer sowohl geeignet, die bevorzugten Gemeinden gegenüber den sonstigen Kreisteilen als auch den Umfang des sich für jede Gemeinde ergebenden Vorteils in einer jede Willkür ausschließenden Weise abzugrenzen. Dagegen ist eine richterliche Stellungnahme zu der Behauptung, daß die Vorteile unrichtig bemessen seien, weil die nur mit einem Teil ihres Gebietes in die Mehrbelastungszone fallenden Gemeinden die gleichen Beträge wie die völlig innerhalb der Zone liegenden Gemeinden zu zahlen hätten, als einer Frage der Angemessenheit der Mehrbelastungsbeträge nach OVG. 72, 96; 73, 52 ausgeschlossen (VBl. 51, 115). — Es sind Fälle denkbar, in denen das Fehlen besonderer Vorteile so klar zutage liegt, daß es auch für den Verwaltungsrichter maßgebend ist, indem es in Verbindung mit dem sonstigen Sachverhalt beweist, daß die beschließenden und genehmigenden Behörden diese Voraussetzung der Mehrbelastung auch ihrerseits gar nicht als vorliegend angenommen oder den Sachverhalt nach dieser Richtung nicht geprüft haben (E. v. 29. IX. 1908. II. C. 191. 08). — Die als einzige Gemeinde zu einem Mehrbelastungsbetrag herangezogene Klägerin kann sich nicht darauf berufen, daß die Veranstaltung (Unterhaltung eines Baches) ihr nicht ausschließlich zum Vorteil gereiche. Denn die Prüfung, ob die Belastung dem Vorteile der Gemeinde entspricht, ist Sache der Beschlußbehörde (E. v. 5. IV. 1921. II. C. 193. 20).

S. a. OVG. 74, 39 oben bei A; II. C. 49. 29 unten bei C 1.

3. Noch ungedeckter Bedarf.

Eine nachträgliche Beschlußfassung betreffend Erhebung von Mehrbelastungsbeträgen in dem betreffenden Rechnungsjahr ist unzulässig, wenn der Bedarf bei Beginn des Rechnungsjahres bereits feststeht (OVG. 71, 73). — Ein solcher Nachtragsbeschluß ist ausgeschlossen, wenn die Kosten bereits endgültig gedeckt sind (OVG. 57, 8). — Das gilt jedoch nicht, wenn die Kosten einstweilen vorschußweise gedeckt sind (OVG. 72, 96). — Wenn der Kreis den Chausseebau unter der Bedingung beschlossen hatte, daß die üblichen Provinzialbeihilfen gewährt würden und daß die von dem Bau berührten Gemeinden gemäß § 10 Präzipualleistungen übernehmen sollten, so handelt es sich bei den letzteren Beträgen auch dann um Deckung etatsmäßiger Ausgaben, wenn dem Kreise etwa weitere Beiträge zur Deckung der Unkosten gezahlt sind, da diese Zahlungen nur vorläufig erfolgt sind, eine etatsmäßige Deckung also noch nicht stattgefunden hat (E. v. 15. XII. 1914. II. C. 170. 14). — S. auch bei C 1.

C. Notwendiger Inhalt des Beschlusses.

1. Bestimmte Abgrenzung des durch Mehrbelastung aufzubringenden Bedarfs.

Ein Mehrbelastungsbeschluß, in welchem die Aufwendungen des Kreises für eine Veranstaltung weder ziffernmäßig noch ihrem Höchstmaße nach bestimmt sind und welcher nicht erkennen läßt, in welchem Maße die einzelnen Steuerarten zu dem Voraus herangezogen werden sollen, ist keine ausreichende rechtsgültige Grundlage für die Anforderung der Mehrbelastungsquoten (E. v. 12. XI. 1929. II. C. 55. 29). — Bei der Beschlußfassung über die ausschließliche oder Mehrbelastung kann es sich deshalb immer nur um die Deckung eines der Höhe nach feststehenden Bedarfs einer oder mehrerer Steuerjahre handeln, sei es, daß dieser Bedarf nach der — solange vorschußweise gemachten — Verausgabung der Kosten für die Veranstaltung zur Zeit der Beschlußfassung erst ziffernmäßig endgültig festgestellt wird, sei es, daß die erst noch aufzuwendenden, im voraus bestimmbaren Ausgaben in den Kreishaushaltsplan des Rechnungsjahres eingestellt werden. Keinesfalls genügt aber ein Vorausbelastungsbeschluß, der ohne jede Beziehung zu dem Bedarf bestimmter Jahre und ohne Festsetzung der Höhe der Vorausbelastung und des durch sie zu deckenden Bedarfs ergeht. Eine Übertragung dieser Festsetzung an den KA. ist unzulässig (OVG. 62, 90; 72, 92). — Wenn eine ziffernmäßige Feststellung des Bedarfs zur Zeit des Beschlusses nicht möglich ist, muß er wenigstens nach der Höchstgrenze bestimmt sein. In einem solchen Falle empfiehlt es sich, wegen der Möglichkeit einer Überschreitung des angenommenen Bedarfs die Mehrbelastungsquote ebenfalls nicht ziffernmäßig, sondern in Anteilen der aufzuwendenden Kosten auszudrücken (OVG. 73, 58). — Der Beschluß des Kreistages, den Grund und Boden zur Korrektion eines Landweges (Reg.-Bez. Kassel) zu erwerben und die Grunderwerbskosten auf die an dem Wegebau beteiligten Gemeinden als Vorausbelastung gemäß § 10 umzulegen, ist mangels einer Angabe über die Höhe des zu deckenden Bedarfs und den Vorausbelastungsmaßstab unvollständig. Er vermochte also keine Rechtswirkung zu äußern und war daher nicht beanstandungsfähig (VBl. 38, 639). — Der Mehrbelastungsbeschluß muß erkennen lassen, daß die Vorteilsfrage geprüft ist, und daher in klarer Weise den Bedarf der Veranstaltung — nicht den gesamten Fehlbetrag der Kreisverwaltung —, ferner den gesamten Mehrbelastungsbetrag und den gewählten Maßstab angeben (E. v. 8. X. 1929. II. C. 49. 29).

S. auch II. A. 8. 28 und VBl. 49, 318, 607 unten bei C 2; II. C. 138. 24 unten bei C 4; AusfAnw. II D Ziff. 4 (Anhang b).

2. Dauer der Mehrbelastung.

Die Festsetzung eines während eines bestimmt abgegrenzten Zeitraums zu leistenden bestimmten Mehrbelastungsbetrages ist notwendig, um dem Kreistage und der Genehmigungsbehörde eine gehörige Prüfung darüber zu ermöglichen, ob die Mehrbelastung den belasteten Kreisteilen wirklich nach Maßgabe ihres besonders hervorragenden Vorteils auferlegt ist sowie ob und in welcher Weise ihnen die Aufbringung der Belastung, z. B. in einem Betrage oder in verschiedenen Jahresraten, nach ihrer Leistungsfähigkeit zugemutet werden kann. Ein Kreistagsbeschluß, welcher nur die Quoten festsetzt, welche allgemein als Mehrbelastung für die Deckung der Wegekosten erhoben werden sollen, genügt diesen Anforderungen nicht (E. v. 21. II. 1928. II. C. 97. 27). — Eine statutarische Anordnung, welche ohne Beziehung auf bestimmte Jahre allgemeine Bestimmungen über die Mehrleistungspflicht der Gemeinden enthält, bildet, auch wenn sie von Aufsichts wegen besonders genehmigt ist, keine rechtswirksame Grundlage (OVG. 72, 94); sie allein vermag eine Befugnis des KA. zur Erhebung der Mehrbelastungsbeträge nicht zu begründen, wobei es belanglos ist, ob der KA. die in dem Statut enthaltenen oder niedrigere Abgabensätze erheben will. Es mag zulässig sein, den Maßstab, welcher bei Erhebung von Mehrbelastungsbeiträgen anläßlich einer bestimmten Veranstaltung (z. B. der Chausseeunterhaltung) anzuwenden ist, statutarisch festzulegen. Aus dem Wesen der Mehrbelastungen als einer direkten Steuer folgt aber, daß außerdem der Kreistag durch Beschluß für ein oder mehrere bestimmte Steuerjahre den Bedarf für die Veranstaltung und außerdem feststellen muß, welcher Teil des Bedarfs im Etatsjahr durch Mehrbelastungsbeiträge zu decken ist, so daß diese gleichzeitig und als ein Teil des Kreissteuerbedarfs aufgebracht werden müssen (VBl. 49, 318; 49, 607). — Indem der Beschluß bestimmte, daß höchstens 60% der dem Kreise erwachsenden Unterhaltungskosten einschließlich der Zins- und Tilgungsraten im Wege der Mehrbelastung erhoben werden sollten, machte er diese zeitlich davon abhängig, ob und in welchem Umfange der Kreis in den einzelnen Steuerjahren durch die Kosten der Veranstaltung belastet wird (E. v. 29. IX. 1908. II. C. 191. 08). — Wenn auch die Mehrbelastung mit Kreisabgaben im Gegensatz zu den direkten Gemeindesteuern, welche immer nur den Bedürfnissen eines bestimmten Jahres dienen und nach dessen Abschluß nicht mehr beschlossen werden können, nicht bloß für einzelne Rechnungsjahre, sondern für die ganze Dauer des Bedarfs Deckung schafft, so kann der betreffende Beschluß in seiner Eigenschaft als Steuerverteilungsbeschluß doch nicht mehr über den Bedarf bereits abgelaufener Rechnungsjahre Bestimmung treffen (OVG. 57, 1). — Soll sich die Mehrbelastung über das Steuerjahr hinaus erstrecken und ist in dem Kreistagsbeschluß der Zeitraum nicht genau begrenzt, so muß der Mehrbelastungsbeschluß durch alljährliche Beschlüsse ergänzt werden. Alsdann bildet dieser Jahresbeschluß die eigentliche Grundlage für die Heranziehung (VBl. 49, 607). — Der Beschluß muß den geforderten Vorausbelastungsbetrag in Beziehung zu einem bestimmten Steuerjahr bringen und die Gesamtsumme der für die betreffende Veranstaltung zu leistenden Vorausbelastung, sei es ziffernmäßig, sei es in einer bestimmten Quote eines feststehenden oder wenigstens der Höhe nach begrenzten Bedarfes, bezeichnen (OVG. 71, 73; 73, 52; VBl. 49, 607). Diese Angaben müssen in dem zur Genehmigung vorgelegten Beschlusse enthalten sein, weil sonst die Genehmigungsbehörde nicht in der Lage ist, die Angemessenheit und die Tragbarkeit der beschlossenen Mehrbelastung zu prüfen (VBl. 51, 42).

S. auch OVG. 62, 90; 72, 92 oben bei C 1.

3. Vorausbelastete Kreisteile.

Notwendiges Erfordernis eines Mehrbelastungsbeschlusses ist, daß er die Veranstaltung ihrem Umfange nach fest umgrenzt, insbesondere da, wo es von dem Beschluß abhängt, auf welche Kreisteile sich die Veranstaltung erstrecken soll; andernfalls fehlt es dem Beschlusse an der nötigen Bestimmtheit und könnte auch vom Kreistage selbst und der Genehmigungsbehörde nicht beurteilt werden, welchen Kreisteilen die Veranstaltung zugute kommt und in welchem Maße (OVG. 71, 73). — Wenn in einem Mehrbelastungsbeschluß als Voraussetzung der Mehrbelastung vorgesehen ist, daß die Ortslagenmitte sich innerhalb einer bestimmten Zone längs der Kreisstraßen befinden muß, so ist diese Bedingung bei einem Forstgutsbezirk, der kein geschlossenes Ganzes bildet und von dessen Förstereien keine einzige ein unverkennbares wirtschaftliches Übergewicht über die anderen hat, nicht erfüllt. Denn Kreisteile i. S. des § 10 sind nur geographisch bestimmt abgegrenzte Kreisteile, wie auch von einer Ortslage nur innerhalb solcher Kreisgebiete, also bei einem im Zusammenhang gebauten Ortsteil, die Rede sein kann (E. v. 7. II. 1928. II. C. 67. 27).

4. Maßstab.

Der Mehrbelastungsbeschluß hat eine doppelte Bedeutung. Er ist einmal Zubehör des für die Herstellung der Veranstaltung grundlegenden Beschlusses und wirkt in dieser Beziehung dahin, daß die Kosten dieser Veranstaltung nicht ganz aus allgemeinen Mitteln, sondern teilweise durch besondere Inanspruchnahme der Bevorzugten aufgebracht werden sollen. In dieser etatsrechtlichen Bedeutung erstreckt er sich nicht nur, wie sonstige Steuerverteilungsbeschlüsse, auf den Bedarf nur eines Jahres oder einer Rechnungsperiode, vielmehr soll er auf längere Zeit die Deckung des Finanzbedarfs für die Veranstaltung sicherstellen. Neben dieser etatsrechtlichen Bedeutung hat der Mehrbelastungsbeschluß ferner den Inhalt, daß er über die Aufbringung der Steuern Bestimmung trifft. Schon nach der Kreisordnung war es unzulässig, die Mehrbelastung nach anderen als den für die allgemeinen Kreisabgaben jeweils geltenden Verteilungsmaßstab auf die einzelnen Steuerarten unterzuverteilen; ebenso ist nach neuerem Recht die Mehrbelastungsquote nach dem gemäß § 9 KrPrAbgG. festgestellten Verteilungsmaßstab zur Oberverteilung und in den Gutsbezirken zur Unterverteilung zu bringen. Mit diesem Inhalt stellt der Beschluß einen solchen über die Ausschreibung der Steuern dar. Dadurch unterscheidet er sich wesentlich von den Beitragsbeschlüssen gemäß § 5 (OVG. 57, 13). — Ein Mehrbelastungsbeschluß, welcher weder die Höhe des Bedarfs noch den Verteilungsmaßstab noch die Beträge erkennen läßt, mit welchen die beteiligten Gemeinden belastet werden sollen, ist einer Rechtswirkung nach außen nicht fähig und kann daher nicht beanstandet werden (VBl. 38, 639). — Wenn der Kreistag bei der Beschlußfassung über die Erhebung von Mehrbelastungsbeträgen für eine sich auf mehrere Jahre erstreckende Veranstaltung (Landstraßenunterhaltung) Richtlinien für die Beitragsberechnung aufgestellt hat, so hindert ihn das nicht, bei den erforderlichen alljährlichen, die Mehrbelastungsbeträge für das betreffende Jahr festsetzenden Beschlüssen von diesen Richtlinien abzuweichen (OVG. 49, 318). — Für die Unterverteilung der durch Mehrbelastung aufzubringenden Chausseeunterhaltungskosten bildet die Länge der in den einzelnen Gemeindebezirken vorhandenen Chausseestrecken keinen ungeeigneten Maßstab (E. v. 8. X. 1929. II. C. 49. 29). — Wenn aus dem Kreistagsbeschluß hervorgeht, daß die Mehrbelastung nach Maßgabe der sonstigen direkten Kreissteuern aufzubringen ist, so bedarf es keiner besonderen Festsetzung, mit welchem Anteil jede einzelne der mehrbelasteten Gemeinden vorausbelastet werden soll (E. v. 28. II. 1913. II. C. 94. 12). — Sollen die Chausseeunterhaltungskosten ganz oder teilweise durch Mehrbelastung aufgebracht werden, so entspricht der Beschluß nicht den gesetzlichen Anforderungen, wenn er dem Kreisausschuß „unter Berücksichtigung aller in Betracht kommenden Verhältnisse" die Aufstellung des für die Vorausbelastung in Frage kommenden Teiles der Unterhaltungskosten, die Zuweisung der einzelnen Orte an die verschiedenen Beitragsgruppen sowie die Ermittlung, Festsetzung und Ausschreibung der hiernach den Städten, Gemeinden und Gutsbezirken zufallenden Vorausleistungen überträgt. Denn er ermöglicht weder dem Kreistage noch auch der zur Genehmigung des Kreistagsbeschlusses zuständigen Aufsichtsbehörde eine gehörige Prüfung, ob und in welcher Weise den mehrbelasteten einzelnen Kreisteilen die Aufbringung der Belastung nach ihrer Leistungsfähigkeit zugemutet werden kann (OVG. 72, 91; E. v. **17. II. 1925.** II. C. 138. 24).

S. auch **VBl. 51,** 115 oben bei B 2 und C 1; II. C. 55. 29 oben bei C 1; II. C. 97. 27 und II. A. 28 oben bei C 2; **VBl. 49,** 251 unten bei D.

D. Ausführung des Beschlusses.

Auch Mehrbelastungsbeschlüsse der Kreistage bilden erst dann eine rechtswirksame Grundlage für die Heranziehung, wenn alle Erfordernisse ihres Zustandekommens erfüllt sind. Eine vor der Genehmigung des BA. erfolgte Heranziehung ist unwirksam (E. v. **8. X. 1929.** II. C. 49. 29). — Da die Mehrbelastung einen Teil der direkten Kreisbesteuerung bildet, darf sie nur in Geldbeträgen unterverteilt werden, nicht in Naturaldiensten. Es kann den Pflichtigen lediglich nach § 10 vbd. mit § 5 KrAbgG. gestattet werden, die angeforderten Mehrbelastungsbeträge durch Naturalleistungen zu ersetzen (E. v. **13. XI. 1923.** II. C. 89. 23; **VBl. 49,** 251). — Die Mehrbelastung braucht nicht nach Quoten der Kreisabgaben bemessen zu werden. Der Kreisausschuß hätte aber die Beträge in Hundertsätzen der den direkten Kreissteuern zugrunde liegenden einzelnen Steuerarten anfordern sollen, da die Mehrbelastung einen Teil des Kreissteuerkontingents bildet; bei den Gutsbezirken muß dies schon deshalb geschehen, weil hier g. g. F. eine Unterverteilung erforderlich wird (OVG. 62, 90). — Es erscheint unbedenklich, daß der KA. die Hundertsätze der Überweisungen und Realsteuern berechnet, mit denen die Gemeinden die beschlossene Mehrbelastung zu decken haben (E. v. **8. X. 1929.** II. C. 49. 29). — Die Mehrbelastungsbeträge müssen, sofern nicht die Beschlußfassung selbst nachträglich erfolgen darf, zusammen mit den übrigen Kreisabgaben angefordert werden (OVG. 72, 91). — Die Genehmigung des Vorausbelastungsbeschlusses braucht den Betroffenen nicht besonders mitgeteilt zu werden (E. v. **23. XI. 1915.** II. C. 59. 15). — Vgl. unten bei § 19. — Eine Nachforderung von Mehrbelastungsbeträgen nach Ablauf des Steuerjahres und wegen zu geringen Ansatzes der Kreisumlage ist unzulässig (vgl. OVG. 57, 1; E. v. **12. V. 1914.** II. C. 319. 13). — Nachforderungen direkter Kreisabgaben wegen zu geringen Ansatzes sind unzulässig; daher können auch Mehrbelastungsbeiträge, die nicht zur Deckung eines erst im Laufe des Rechnungsjahres hervorgetretenen Bedarfs bestimmt sind und daher schon zusammen mit den sonstigen Kreissteuern angefordert werden konnten, nicht, und zwar auch nicht innerhalb des Steuerjahres nachgefordert werden (OVG. 57, 1; E. v. **26. VI. 1923.** II. C. 29. 23; **VBl. 49,** 251).

S. auch OVG. 62, 93 oben bei A sowie OVG. 72, 91 und II. C. 138. 24 oben bei C4.

E. Rechtsmittel.

Der Verwaltungsrichter hat auf alle Fälle die Gesetzmäßigkeit des Mehrbelastungsbeschlusses zu prüfen und das um so mehr, als den vorausbelasteten Kreisteilen ein Beschwerderecht gegen den Kreistagsbeschluß und seine Genehmigung nicht zusteht (vgl. OVG. 66, 35 bei § 19) (OVG. 73, 52). — Im Gegensatz zu Beiträgen, bei welchen der Verwaltungsrichter nachzuprüfen hat, ob die zum Zustandekommen eines gültigen Ortsrechts erforderlichen Voraussetzungen erfüllt waren, ist in einem Verwaltungsstreitverfahren wegen Mehrbelastung lediglich festzustellen, ob nach dem Kreistagsbeschluß und der Genehmigung die formellen Bedingungen für die Zulässigkeit der Anforderung vorliegen (**VBl. 49,** 512).

Wegen Prüfung der Vorteilsfrage im Streitverfahren s. OVG. 72, 96; 73, 52; II. C. 191. 08; II. C. 95. 13; II. C. 193. 20; **VBl. 51,** 115; sämtlich oben bei B 2.

Gegenüber der Heranziehung zu einer Mehrbelastung für die Kreisstraßenunterhaltung kann der Einwand nicht durchgreifen, daß der Kreis beim Bau Vereinbarungen mit den Interessenten getroffen und sich hierbei sowie bei der Übernahme einer Provinzialchaussee ausdrücklich zur Unterhaltung der Straßen auf Kreiskosten verpflichtet habe. Da die Kreise nach § 1 KrAbgG. zur Erhebung von Gebühren, Beiträgen, direkten und indirekten Steuern berechtigt sind, beruht die Befugnis zur Forderung von Vorausleistungen, die zu den direkten Steuern rechnen, auf einer zwingenden öffentlich-rechtlichen Vorschrift, die durch privatrechtliche Abmachungen nach OVG. 12, 120; 56, 124; VBl. 34, 349 nicht abgeändert werden kann (E. v. 26. II. 1923. II. C. 38. 23). — Der Betrag, der infolge der Mehrbelastung auf den einzelnen Kreisteil entfällt, bildet einen Teil des Kreisabgabensolls und ist gleichzeitig mit diesem einzufordern. Nur hiergegen, nicht gegen den die Mehrbelastung anordnenden Kreistagsbeschluß sind die Rechtsmittel des § 11 gegeben (E. v. 9. VII. 1915. II. B. 21. 14). — Darüber, wer zur Einlegung der Beschwerde nach Abs. 2 befugt ist, enthalten weder §§ 10, 19 des Gesetzes noch § 121 LVG. eine Vorschrift. Da die Mehrbelastungsbeschlüsse nach feststehender Rechtsprechung als Beschlüsse über Belastung mit direkten Steuern aufzufassen sind, so müssen hinsichtlich des Beschwerderechts dieselben Grundsätze Platz greifen, welche für Beschlüsse wegen direkter Steuern gelten. Dabei ist davon auszugehen, daß die Genehmigung derartiger Beschlüsse, ebenso wie in den Gemeinden von den einzelnen Steuerpflichtigen, so auch in den Kreisen nicht von den Gemeinden und Gutsbezirken als Trägern der direkten Kreissteuern angefochten werden können. Wenn ihnen auch die Möglichkeit offenstehen mag, durch form- und fristlose Eingaben bei den Genehmigungsbehörden ihre Bedenken gegen die Genehmigung vorzubringen, so ist ihnen damit noch kein gesetzliches Recht eingeräumt, in dem Verfahren vor den Beschlußbehörden formelle Anträge zu stellen. Sie sind also an dem Beschlußverfahren nicht beteiligt, und kann ihnen deshalb nach allgemeinen Rechtsgrundsätzen auch kein Beschwerderecht zugesprochen werden. Demnach kann unter der Beschwerde in Abs. 2 nur diejenige gemeint sein, welche dem KA. gegen eine etwaige gänzliche oder teilweise Versagung der Genehmigung zusteht (OVG. 66, 35).

II. Sondervorschriften betr. Vorausbelastung für Wegebau- und Wegeunterhaltungskosten (Abs. 2).

In Betracht kommen die Vorschriften des provinziellen Wegerechts. Vgl. AusfAnw. II D 4 Abs. 3.

Wegen der Vorausbelastung der einzelnen Wegebenutzer auf Grund der Verordnung vom 25. XI. 1923 (GS. 540) s. Anhang a.

§ 11[1]).

(1) Der vom Kreistage festgestellte Kreissteuerbedarf wird auf die Gemeinden und Gutsbezirke verteilt. Dabei wird ihnen in den Fällen [des § 7 Abs. 4 und[2])] des § 8 das Ergebnis der Veranlagung der einzelnen Steuerpflichtigen mitgeteilt. Die Zahlung an die Kreiskommunalkasse hat zu den von dem Kreisausschusse zu bestimmenden Terminen zu erfolgen[3]).

(2) Gegen die Verteilung der Kreissteuern steht den Gemeinden und Gutsbezirken binnen einer Frist von vier Wochen der Einspruch zu, über welchen der Kreisausschuß beschließt.

(3) Mit dem Einspruche kann die Veranlagung der einzelnen Steuerbeträge, aus denen sich das der Kreisbesteuerung zugrunde

gelegte Steuersoll zusammensetzt, nur in den Fällen [des § 7 Abs. 4 und[2])] des § 8 von den Gemeinden angegriffen werden. Ist in den Fällen des § 8 nach Vorschrift der Steuerordnung ein Grundstück nach demjenigen Werte zu veranlagen, welcher der staatlichen Veranlagung dieses Grundstücks zur Ergänzungssteuer zugrunde zu legen ist, so kann die Höhe dieses Wertes nicht angegriffen werden, wenn sie aus den Besteuerungsmerkmalen der staatlichen Ergänzungssteuer übernommen ist[3]).

(4) Gegen den Beschluß des Kreisausschusses findet innerhalb einer Frist von zwei Wochen die Klage bei dem Bezirksausschusse statt. Gegen die Entscheidung des Bezirksausschusses ist nur das Rechtsmittel der Revision zulässig.

(5) Durch Einspruch und Klage wird die Verpflichtung zur Zahlung der Kreissteuer nicht aufgeschoben.

1. Im Anschluß an das ReichseinkommensteuerG. v. 29. III. 1920 (RGBl. 359) hat § 7 des AusfG. zum LandessteuerG. v. 13. I. 1921 (GS. 268) die auf die Einkommensteuer bezüglichen Vorschriften des KAG. und des Kreis- und ProvinzialabgabenG. (darunter auch diejenigen des § 11) für aufgehoben erklärt. Die entsprechende Abänderung der einzelnen Gesetzesparagraphen ist durch das G. v. 26. VIII. 1921 (GS. 495) erfolgt.

2. Die Worte sind infolge der erfolgten Abänderung des § 7 (s. das.) in Fortfall gekommen.

3. Vgl. jedoch OVG. 83, 76 bei § 8.

4. Vgl. AusfAnw. II D 5.

Inhaltsübersicht.

I. Anforderung der direkten Kreisabgaben.

Wenn einerseits der Betrag des Kreissteuerbedarfs feststeht, anderseits der Kreistag beschlossen hat, daß er gleichmäßig auf die einzelnen Steuerarten zu verteilen ist, so bildet die Feststellung der sich hiernach für die einzelnen Steuerarten ergebenden Hundertsätze und der Einheitssätze für die besondere Kreis-Grundwertsteuer eine rein rechnerische Tätigkeit, welche Aufgabe des Kreisausschusses ist. Daß der Kreistag selbst diese Ausrechnung vornehmen müßte, ist nirgends bestimmt. Es genügt zur Rechtswirksamkeit des Kreistagsbeschlusses, daß auf seiner Grundlage die Höhe der Hundertsätze ohne weiteres zu errechnen ist (OVG. 69, 74).

Die Verteilung der direkten Kreissteuern oder die Heranziehung zu anderen Kreisabgaben muß für den Herangezogenen klar ersehen lassen, daß von ihm eine Abgabe, eine öffentlich-rechtliche Leistung von Gebühren, Beiträgen, Steuern, gefordert wird. Andernfalls braucht der in Anspruch Genommene nicht mit einer Heranziehung zu rechnen, und es wird die Einspruchsfrist nicht eröffnet. Ist in einem solchen Falle die Antwort des Herangezogenen auf die Heranziehungsverfügung auch formell nicht als Einspruch anzusehen, so war der förmliche Bescheid überhaupt nicht am Platze und daher außer Kraft zu setzen (E. v. **14. XI. 1913.** II. C. 27. 13).

Eine Nachforderung direkter Kreisabgaben wegen zu geringen Ansatzes ist selbst im Laufe des Steuerjahres unzulässig, da § 84 KAG. mangels einer besonderen Bestimmung im Kreis- und Provinzialabgabengesetz nicht anwendbar ist und § 87 KAG. sich nur auf andere als direkte Gemeindeabgaben bezieht. Maßgebend ist also das Gesetz über die Verjährungsfristen bei öffentlichen Abgaben vom 18. VI. 1840 (GS. 140), dessen § 6 ebenfalls eine derartige Nachforderung nicht zuläßt (OVG. 57, 7). (Wegen des sich aus der Veränderung des Ists der Maßstabssteuern ergebenden Nachforderungsrechts siehe oben zu § 7.) — Die Nachveranlagung des Gutsbezirks war materiell unzulässig, da § 84 KAG. auf die Oberverteilung der Kreisabgaben nicht anwendbar ist und auch sonst keine Bestimmung dieses Gesetzes, insbesondere nicht der in § 16 Abs. 1 KrAbgG. angezogene § 87 KAG., Platz greift (OVG. 57, 1; 74, 42).

Vgl. wegen Form und Inhalt der Heranziehung bei § 69 KAG. unter I.

II. Einspruch.

Die Einzelsteuerpflichtigen haben in den Gemeinden kein selbständiges unmittelbares Einspruchsrecht gegenüber dem Kreise, wohl aber gemäß § 14 in den Gutsbezirken (OVG. 72, 98). — Die Vorschrift in Abs. 3, daß die Gemeinden die Oberverteilung nur im Falle des § 7 Abs. 4 und des § 8 angreifen können, schließt die Gemeinde von dem Rechtsmittel des Einspruchs nur soweit aus, als es sich um die Veranlagung der einzelnen zur Gemeindesteuer herangezogenen Steuerpflichtigen handelt. Dagegen sind die Rechtsmittel des § 11 recht eigentlich für die Fälle gegeben, in denen streitig ist, ob bestimmte Steuerbeträge einzelner Gemeindesteuerpflichtiger bei der Berechnung der Kreisumlage in Anrechnung zu bringen sind (OVG. 55, 15; 67, 52). (Die Bezugnahme auf § 7 Abs. 4 ist zurzeit bedeutungslos, da an Stelle des § 7 für die Geltungsdauer des AusfG. z. FAG. auf Grund des § 46 dieses Gesetzes §§ 21, 22 desselben getreten sind, die eine dem § 7 Abs. 4 KrAbgG. entsprechende Vorschrift nicht enthalten.) — Das Verlangen, einen bestimmten Steuerbetrag bei der Verteilung des Kreissteuerbedarfs außer Betracht zu lassen, stellt keinen Angriff auf die Veranlagung als solche i. S. von Abs. 3 dar (E. v. 12. VII. 1912. II. C. 293. 11).

Die Behauptung, daß der Kreistag für die von ihm beschlossene Anleihe den Tilgungssatz unnötig hoch festgesetzt habe und somit die Ausgabe, zu deren Deckung die Kreissteuer erhoben werden soll, in der beschlossenen Höhe sachlich nicht gerechtfertigt sei, vermag den Ermäßigungsantrag nicht zu begründen. Denn der in § 11 zugelassene Einspruch kann nur darauf gestützt werden, daß die Veranlagung bzw. Verteilung der Kreisabgaben gesetzwidrig sei. Darüber, ob eine in den Haushalt des Kommunalverbandes aufgenommene Ausgabe rechtlich begründet oder zweckmäßig und angemessen sei, ist nicht im Verwaltungsstreitverfahren über die Steuerforderung zu entscheiden. Die Kontrolle hierüber steht der Kommunalaufsichtsbehörde zu, deren Genehmigung zu dem Beschluß des Kommunalverbandes in den gesetzlich bestimmten Fällen erforderlich ist (VBl. 30, 355; 33, 471; E. v. 20. IX. 1921. II. C. 5. 21).

Vgl. wegen Form und Inhalt des Einspruchs bei § 69 KAG. unter II.

Die unbefristete Beschwerde fällt unter den Begriff des Einspruchs i. S. des § 69 KAG. Sie findet sowohl für die unmittelbar dem § 69 unterliegenden Einspruchsfälle als auch für anderweitige Steuer- und Abgabengebiete Anwendung, wenn dafür eine den Vorschriften des § 69 KAG. nachgebildete Bestimmung über die Anfechtung von Heranziehungen vorhanden ist (OVG. 58, 236; 70, 299; 71, 285). Deshalb gilt § 18 ZG. auch nach §§ 11, 14, 16 KrAbgG. für die Anfechtung indirekter Kreissteuern (VBl. 41, 159). Vgl. auch OVG. 66, 52.

Vgl. wegen der fristenlosen Beschwerde auch bei § 69 KAG. unter III.

Einsprüche der Gutsbezirke. Die auf den Gutsbezirk erfolgte Oberverteilung kann nur von dem Gutsbesitzer, nicht von dem Gutsvorsteher angegriffen werden (OVG. 54, 10). Denn die Fassung der Beschlüsse über die Unterverteilung und die Vertretung des Gutsbezirks gegenüber dem einzelnen Steuerpflichtigen ist nicht dem Gutsvorstande, sondern dem Kreisausschusse übertragen worden. Ein Ausbau des Gutsbezirks zu einer Körperschaft des öffentlichen Rechts ist also nicht durchgeführt und namentlich der Gutsvorsteher nicht zum Organe dieser Körperschaft bestellt worden (OVG. 57, 8). — Bei der Oberverteilung der Kreissteuern ist der Gutsbezirk Träger der Steuerlast und bei einem Streit über die Oberverteilung Kläger nicht der Gutsbesitzer, der vielmehr nur als Vertreter des klagenden Gutsbezirks auftritt (OVG. 57, 1; 62, 92; BBl. 36, 154). — § 11 Abs. 3 verbietet nicht die Anfechtung der Oberverteilung mit der Behauptung, daß ein an sich richtig veranlagter Betrag zu Unrecht in das der Oberverteilung zugrunde liegende Soll aufgenommen sei. Unerheblich ist dabei, ob der Kläger daneben noch als Angehöriger des Gutsbezirks einen auf § 14 gestützten Einspruch gegen die Unterverteilung erhoben hat (OVG. 67, 52). — Vor Erlaß des Kreisabgabengesetzes stand die Reklamation gegen das Kreissteuerkontingent dem Gutsbesitzer, nicht dem Gutsvorsteher, zu, weil dabei „ein vermögensrechtliches Interesse des Gutsherrn in seiner Eigenschaft als Eigentümer des mit obrigkeitlicher Gewalt versehenen Gutes“ verfolgt werde (OVG. 21, 10). Hierin ist weder durch das Kreisabgabengesetz eine Änderung eingetreten (OVG. 57, 8) noch durch das Gesetz v. 27. XII. 1927 (GS. 211). Das gilt auch bezüglich der nach letzterem Gesetz aufgelösten Gutsbezirke. Zu den nach § 13 a. a. O. von dem neuzubestellenden Gutsvorsteher wahrzunehmenden „obrigkeitlichen“ Geschäften können nur die Obliegenheiten der bisherigen Gutsvorsteher, also nicht die Vertretung des Gutsbezirks in vermögensrechtlicher Beziehung gerechnet werden. Wenn ferner alle öffentlichen Rechte und Pflichten auf den vergrößerten Gemeindebezirk übergegangen sind (AusfAnw. v. 24. I. 1929, MBliV. 95) und hierzu auch rückständige öffentliche Abgaben zählen, so ist doch nach Ziff. 1 a. a. O. die Regelung der Kreisumlagen als Gegenstand des Auseinandersetzungsverfahrens bezeichnet, das nach § 12 des Gesetzes zwischen der vergrößerten Gemeinde und dem „Gutsbesitzer“ stattfindet. Deshalb kann die Gegenpartei des Gutsbesitzers in diesem Auseinandersetzungsverfahren, der Gemeindevorstand, nicht den früheren Gutsbezirk in einem Abgabenstreit wegen der Kreisumlagen vertreten. Daß der Gutsbesitzer auch nach Auflösung des Gutsbezirks die vermögensrechtlichen Interessen desselben aus der Zeit vor der Auflösung wahrzunehmen hat, geht auch aus dem MinErl. v. 22. II. 1929 (MBliV. 157) hervor, welcher bezüglich der nachträglichen Regelung der Überweisungsanteile zwischen dem Kreis und dem Gutsbezirk als Vertreter des letzteren den Gutsbesitzer bezeichnet (BBl. 51, 115).

Im Gegensatz zu der Entsch. OVG. 69, 70 ist anzunehmen, daß bei Anfechtung der Oberverteilung die Berufung auf eine angeblich zu hohe Veranlagung einzelner Grundwertsteuerbeträge nur den Gemeinden zusteht, nicht aber den Gutsbezirken. Der Grund für diesen Unterschied liegt darin, daß zwar im Gutsbezirk der einzelne bei der Unterverteilung ein unmittelbares Einspruchsrecht gegenüber dem Kreise wegen der Zugrundelegung der Grundwertsteuer für seinen Besitz hat, daß es aber in den Gemeinden an jeder Möglichkeit zur Anfechtung der vom Kreise selbständig vorgenommenen Veranlagung ohne die Sondervorschrift in § 11 Abs. 3 fehlen würde (OVG. 72, 97).

Durch die gemäß § 4 Abs. 2 LOG. ergangene vorläufige Entscheidung über die strittige Eigenschaft einer Ortschaft als Landgemeinde oder Gutsbezirk ist die kommunale Eigenschaft des Bezirks für alle Beteiligten festgestellt und kann daher in einem Abgabenstreit auch nicht inzidenter über jene Frage entschieden werden (E. v. **3. X. 1913.** II. C. 206. 12). — Für einen Abgabenstreit ist auch die in den Gemeindeverfassungsgesetzen vorgesehene vorläufige Entscheidung über die strittige Eigenschaft eines Grundstückskomplexes als selbständigen Gutsbezirks bindend. Das folgt einmal aus dem Zweck derartiger vorläufigen Feststellungen, die aus der Ungewißheit der kommunalen Zugehörigkeit und der daraus folgenden Rechte und Pflichten in einfacher und schleuniger Weise zu beseitigen, und sodann auch aus der Bestimmung, daß die vorläufige Feststellung nicht etwa vorbehaltlich anderweiter Entscheidung im Verwaltungsstreitverfahren ergeht, sondern daß es bei ihr bis zu einer solchen Entscheidung sein Bewenden behalten soll. Während des Bestehens der vorläufigen Feststellung ist also die den betreffenden Bezirken beigelegte kommunale Eigenschaft für alle Beteiligten rechtswirksam. Daraus folgt, daß der Kreis, wenn er entsprechend der vorläufigen Feststellung einen zum Gutsbezirk erklärten Grundstückskomplex zu den Kreisumlagen heranzieht, von einem ihm während des Bestehens der vorläufigen Regelung zustehenden Rechte Gebrauch macht und daß die Entrichtung der Umlage in Erfüllung einer öffentlich-rechtlichen Pflicht geschieht. In Frage könnte nur kommen, ob etwa in dem Falle, daß durch eine spätere abweichende Entscheidung im Verwaltungsstreitverfahren die vorläufige Feststellung abgeändert wird, daraus ein Anspruch auf Erstattung zu Unrecht erhobener Beträge erwächst. Die Frage ist zu verneinen. Denn sonst würde die vorläufige Feststellung in ihrer dargelegten Bedeutung nur unvollkommen zur Wirksamkeit kommen. Auch wäre es nicht angängig, daß die Steuerleistungspflicht rückwirkend in Fortfall käme, obwohl der Pflichtige während des Bestehens der Feststellung die ihm aus der Zurechnung zu dem Kommunalverband erwachsenen öffentlichen Rechte, z. B. Teilnahme an den Einrichtungen und Veranstaltungen, genossen hat (E. v. 31 V. 1912. II. C. 190. 11).

III. Einspruchsbescheid.

Ein Einspruchsbescheid rechnet nicht zu den „laufenden Geschäften" der dem Kreisausschuß übertragenen Verwaltung, die nach § 137 LVG. der Landrat an Stelle des Kreisausschusses zu führen hat. „Laufende Geschäfte" sind nach allgemeinem Sprachgebrauch und nach dem Sprachgebrauch der Gesetze nur Geschäfte vorbereitender oder ausführender Art, nicht aber solche, die eine Norm setzen, insbesondere also auch nicht die ein Verfahren abschließenden und durch Rechtsmittel anfechtbaren Sachentscheidungen. § 117 LVG. gilt nur in Sachen der allgemeinen Landes-, nicht in solchen der Kreiskommunalverwaltung (OVG. 60, 3; 83, 136). — Die Stellungnahme der Rechtsprechung, daß der Einspruchsbescheid nicht vom Landrat als Vorsitzenden des KA. erlassen werden darf, stützt sich auf §§ 16, 17 KrAbgG., wonach über den Einspruch der KA. beschließt, sowie auf den die Mitwirkung des Landrats bei den Beschlüssen des KA. behandelnden § 137 KrO., welcher keine Bestimmung dahin enthält, daß der Landrat an Stelle des Kollegiums des KA. beschließen kann (VBl. 30, 508; OVG. 62, 111; 64, 69; 72, 83). — Über Einsprüche hat nach § 16 vbd. mit § 11 Abs. 4 und 5 KrAbgG. allein das Kollegium des Kreisausschusses zu entscheiden. Der Erlaß eines Vorbescheides nach § 117 LVG. ist nur in Sachen der allgemeinen Landesverwaltung zulässig. Art. 5 Nr. 7 des Vereinfachungsgesetzes v. 13. V. 1918/3. I. 1928 hat zwar den § 70 Abs. 1 KAG. dahin geändert, daß, wenn der Gemeindevorstand durch ein Kollegium gebildet wird, allein der Vorsitzende oder ein von ihm bestimmtes Mitglied über Einsprüche zu entscheiden hat. Eine Abänderung des Kreis- und Provinzialabgabengesetzes ist aber nicht erfolgt. Ebensowenig läßt sich eine Befugnis des Kreisausschußvorsitzenden zum Erlaß von Einspruchsbescheiden aus § 137 KrO. herleiten (VBl. 47, 269; 49, 740).

Vgl. auch VII. C. 480. 10 und II. C. 250. 26 unten bei IV.

Zustellung. Der Einspruchsbescheid des Kreisausschusses bedarf nach der sinngemäß anzuwendenden Vorschrift in § 70 Abs. 2 KAG. der Zustellung (OVG. 76, 50). — Über den Beginn der Klagefrist enthalten weder das Gesetz noch die AusfAnw. Vorschriften. Sie läuft deshalb, wie alle Klagefristen, gemäß § 56 LVG. von der Zustellung des Einspruchsbescheides ab. Für die Form dieser Zustellung ist das in Ausführung des § 166 KrO. und des § 56 LVG. ergangene Regulativ für das Verfahren bei den Kreisausschüssen v. 28. II. 1884 (MBliV. 41) maßgebend, das ebenso für Verfahren in Angelegenheiten der allgemeinen Landes- wie der Kreiskommunalangelegenheiten gilt. Nach § 17 desselben haben alle namens des KA. bewirkten Zustellungen durch dessen eigene Beamte oder durch ihm nachgeordnete Behörden oder durch die Post zu erfolgen, und finden im übrigen auf diese Zustellungen die Vorschriften in § 16 des Regulativs für das OVG. in der jetzigen Fassung v. 22. II. 1892 (MBliV. 133) mit der Maßgabe Anwendung, daß die Zustellung auch durch eine beglaubigte Empfangsbescheinigung der zur Annahme legitimierten Person ersetzt werden kann (OVG. 71, 78). — Ohne besondere Vollmacht ist der lediglich zu wirtschaftlichen Zwecken angestellte Gutsinspektor nicht berechtigt, die in öffentlich-rechtlichen Angelegenheiten an den Gutsbesitzer ergehenden Bekanntmachungen entgegenzunehmen (VBl. 20, 510).

Vgl. wegen des Einspruchsbescheides auch bei § 70 KAG. unter I.

IV. Klageverfahren.

War mit dem Einspruchsbescheide eine Rechtsmittelbelehrung verknüpft, daß gegen ihn neben der Klage der Antrag auf Beschlußfassung durch das Kollegium zulässig sei, und damit erkennbar gemacht, daß es sich um einen unzulässigerweise vom Vorsitzenden allein ergangenen Bescheid handelte, so ist eine Klage dagegen unzulässig (E. v. 2. III. 1911. VII. C. 480. 10). — Stellt sich der Einspruchsbescheid, trotzdem er nur vom Vorsitzenden erteilt ist, äußerlich als Beschluß des KA. dar, so hat der Herangezogene das Recht, sich gegen den anscheinend vom Kollegium ausgegangenen Beschluß mit der Klage zu wehren. Sie kann allerdings nicht zur Entscheidung in der Sache selbst, sondern nur zur Außerkraftsetzung des Beschlusses führen (OVG. 62, 114). — Vgl. auch oben bei III. — Da eine den gesetzlichen Erfordernissen entsprechende Festsetzung des endgültigen Kreisabgabensolls noch nicht vorlag, entbehrte der die Heranziehung der Gemeinde X. endgültig erledigende Einspruchsbescheid der prozessualen Voraussetzung. Er war daher gemäß der Entscheidung OVG. 37, 37 als rechtlich hinfällig außer Kraft zu setzen, um die Klägerin gegen etwaige ihr aus dem Einspruchsbeschluß erwachsenden nachteiligen Folgen zu schützen (E. v. 1. XI. 1927. II. C. 250. 26). — Der Gerichtshof hat, wenn auch bisher nur auf dem Gebiete des Gemeindebesteuerrechts, ausgesprochen, daß eine Schätzung dann nicht erforderlich sei, wenn zur Zeit der Urteilsfällung das wirkliche Ergebnis bereits vorliegt. Diesem Grundsatz kann unbedenklich auch für den Fall einer Anfechtung der Oberverteilung gefolgt werden (E. v. 18. I. 1927. II. C. 104. 26). — Der BA., welcher die Klage lediglich mit der Begründung abgewiesen hat, daß die rechtliche Grundlage der Oberverteilung in einem gemäß § 11 eingeleiteten Streitverfahren nicht nachgeprüft werden könne, übersieht dabei, daß nach dem System des Kreisabgabengesetzes hinsichtlich der Zulässigkeit und Tragweite der Rechtsmittel gegen Kreisabgaben dieselben Grundsätze gelten müssen wie für Rechtsmittel gegen Gemeindeabgaben. Wie der einzelne Steuerpflichtige im Gemeindesteuerprozeß sich auf die Ungültigkeit des Steuerverteilungsbeschlusses berufen kann, steht auch den Gemeinden und Gutsbezirken das Recht zu, der Oberverteilung gegenüber geltend zu machen, daß der den Kreissteuerbedarf feststellende Kreistagsbeschluß ungültig sei (E. v. 4. X. 1921. II. C. 79. 21). — Der BA. hat die Klage mit der Begründung abgewiesen, daß es sich nicht um einen Fall des § 11 handle und mit dem Einspruch auch nicht die Verteilung der Kreissteuern, sondern vielmehr nur die dieser Verteilung zugrunde gelegten Überweisungsbeträge aus der Reichs-Einkommen- und Körperschaftssteuer angefochten worden sei. Das ist unzutreffend. Die Klägerin hat mit Einspruch und Klage geltend gemacht, daß der Berechnung der Kreisabgabe lediglich die Sollbeträge des vergangenen Jahres zugrunde gelegt seien, während nach dem AusfG. z. FAG. eine Schätzung des im laufenden Jahre eingehenden Ists hätte vorgenommen werden müssen. Die Klägerin greift also nicht die Überweisungsbeträge selbst an, sondern behauptet, daß der KA. bei der Anwendung des vorgeschriebenen Maßstabes ungesetzlich verfahren sei. Eine solche Klage, in welcher die fehlerhafte Berechnung des der Gemeinde durch die Oberverteilung zugewiesenen Kreissteuerkontingents behauptet wird, ist zulässig (E. v. 18. I. 1927. II. C. 104. 26).

Vgl. wegen des Verwaltungsstreitverfahrens auch bei § 70 KAG. unter II ff.

§ 12.

Die Gemeinden haben den auf sie entfallenden Teil des Kreissteuerbedarfs gleich den übrigen Gemeindeausgaben aufzubringen.

1. Vgl. AusfAnw. II D 6.

§ 13.

(1) In den Gutsbezirken wird der auf sie entfallende Teil des Kreissteuerbedarfs von dem Kreisausschusse gemäß den für die direkten Gemeindesteuern geltenden Bestimmungen des Kommunalabgabengesetzes ....[1]) sowie des Gesetzes wegen Aufhebung direkter Staatssteuern vom 14. Juli 1893 (GS. S. 119)[2]) durch Veranlagung der Steuerpflichtigen unterverteilt. Die Veranlagung erfolgt nach dem vom Kreistage beschlossenen Maßstabe (§§ 9, 8).

(2) Wo nach den bestehenden gesetzlichen Bestimmungen für die Veranlagung oder Erhebung von direkten Gemeindesteuern ein Gemeindebeschluß maßgebend ist, tritt an die Stelle eines solchen der Beschluß des Kreisausschusses.

1. S. oben Anm. 1 zu § 11.

2. Die in Betracht kommenden Vorschriften betrafen die Heranziehung staatlich nicht veranlagter Objekte und die Ermächtigung zum Erlaß bzw. zur Ermäßigung der Steuern infolge von Überschwemmungen; sie sind infolge des GrundvermögensteuerG. veraltet.

Die Heranziehung des Gutsbesitzers muß klar erkennen lassen, ob es sich um die Ober- oder die Unterverteilung handelt (E. v. 23. IX. 1913. II. C. 2. 13). — Wenn zwei Gutsbezirke demselben Besitzer gehören, muß sowohl die Ober- wie die Unterverteilung getrennt erfolgen, da jeder Gutsbezirk ein selbständiges Ganzes bildet (E. v. 21. III. 1911. II. C. 264. 10). — Die einzelnen Steuerarten sind nur Maßstäbe der Kreissteuerverteilung, also Faktoren ihrer Berechnung, die mit dem Abschluß dieser Berechnung ihre Bedeutung verlieren. Bei der Unterverteilung der Kreissteuern im Gutsbezirke sind sie allerdings von neuem in Betracht zu ziehen, aber unabhängig von der Oberverteilung, so daß die Hundertsätze beider Verteilungen verschieden sein können (OVG. 73, 71). — Auch bei der Unterverteilung sind die Befreiungsvorschriften des § 24 KAG. anzuwenden, da nach § 13 KrAbgG. die Unterverteilung gemäß den für die direkten Gemeindesteuern maßgebenden Bestimmungen des KAG. vorzunehmen ist. Dabei macht es keinen Unterschied, ob dem Steuerpflichtigen nur einzelne der den Gegenstand der Besteuerung bildenden Grundstücke gehören oder ob der Grundbesitz den ganzen Gutsbezirk umfaßt (OVG. 55, 21; VBl. 36, 234; 49, 1039). — Bei der Unterverteilung der Kreisabgaben greift gegebenenfalls die KabOrd. v. 8. VI. 1834 Platz, aber nur, wenn nach Inkrafttreten des Kreis- und Provinzialabgabengesetzes Neuerwerbungen zu öffentlichen oder gemeinnützigen Zwecken vorgenommen worden sind. Denn vor diesem Zeitpunkt war nicht der Gutsbezirk, sondern der Kreis selbst gegenüber dem einzelnen Abgabepflichtigen Steuergläubiger (OVG. 73, 70).

Die Unterverteilung innerhalb des Gutsbezirks ist ihrem Wesen nach nichts anderes als die Veranlagung zu einer direkten Gemeindesteuer, und kommt daher für eine etwaige Nachveranlagung nicht § 16 KrAbgG. und § 87 KAG., sondern nur § 84 KAG. in Betracht (OVG. 57, 6; 65, 45). — § 84 KAG. gilt auch für die Unterverteilung innerhalb der Gutsbezirke. Deshalb ist, wenn der Kreisausschuß bereits im Wege der Unterverteilung zu einer Kreisabgabe von einer bestimmten Steuerart veranlagt hatte, eine nachträgliche höhere Heranziehung zu derselben Steuerart ausgeschlossen (PrVBl. 26, 751; 67, 62). Da aber § 84 nur die Nachveranlagung zu derselben Steuerart ausschließt und ein Zwang zur gleichzeitigen Veranlagung der verschiedenen Steuerarten nicht besteht, kann der KA. eine nachträgliche Unterverteilung bezüglich einer bisher übergangenen Steuer vornehmen (OVG. 65, 45). — Hinsichtlich der Zulässigkeit oder Unzulässigkeit einer Nachveranlagung der Steuerpflichtigen eines Gutsbezirks ist es ohne Bedeutung, daß die zweite Unterverteilung das Steuerkontingent des Gutsbezirks nicht abgeändert hat, da es nur darauf ankommt, ob den einzelnen Steuerpflichtigen ein größerer Anteil an der Aufbringung des Kreissteuerbedarfs auferlegt ist. Ebenso kann sich der Beklagte nicht darauf berufen, daß der in mehreren Gutsbezirken des Kreises steuerpflichtige Kläger infolge der für sie vorgenommenen neuen Unterverteilung im ganzen nicht höher belastet wird als nach der ersten Unterverteilung, da die Kreisinsassen hinsichtlich der Kreissteuern nur ihrem jedesmal in Betracht kommenden Gutsbezirk als Pflichtige gegenüberstehen (OVG. 67, 63).

Zugangsveranlagungen im Laufe des Rechnungsjahres müssen nach dem der allgemeinen Unterverteilung zugrunde liegenden Hundertsatz vorgenommen werden. Ebenso muß verfahren werden, wenn auf Grund erfolgreicher Reklamation ein anderer Betrag der Steuerberechnung zugrunde zu legen ist (OVG. 62, 102). — Das Gesetz enthält allerdings keine Vorschrift darüber, wer die Zugänge für den Gutsbezirk zu veranlagen hat. Da aber an sich die Unterverteilung des Kreissteuerbedarfs gemäß § 13 vom KA. vorzunehmen ist, wäre es unverständlich, wenn für die Veranlagung der wesensgleichen Zugänge eine andere Behörde zuständig sein sollte. Der Gutsvorsteher war hierfür auch nicht als Organ des KA. zuständig, da er eine von diesem unabhängige und selbständige Behörde ist. Hiernach hätte der KA., wenn er auch nicht in der Lage war, die Heranziehungsverfügung des Gutsvorstehers außer Kraft zu setzen, dem Kläger erklären müssen, daß er aus ihr keine Rechte für den Kreis herleiten wolle. Da er dies nicht getan hat, war der Einspruchsbescheid außer Kraft zu setzen (vgl. PrVBl. 23, 103; OVG. 68, 90). — Unter „Steuerpflichtigen" i. S. des § 13 sind alle diejenigen zu verstehen, welche nach den Rechtssätzen über Gemeindebesteuerung im Gutsbezirk zu veranlagen sein würden, wenn es sich um Gemeindeabgaben handelte. Darauf, ob die Betreffenden nach den einzelnen Kreisordnungen kreissteuerpflichtig waren, kommt es nicht an (PrVBl. 37, 461).

§ 14.

(1) Der Kreisausschuß beschließt über die Art der Steuererhebung in den Gutsbezirken.

(2) Gegen die Heranziehung zur Kreissteuer in den Gutsbezirken steht den Steuerpflichtigen binnen einer Frist von vier Wochen der Einspruch zu, über welchen der Kreisausschuß beschließt. Hinsichtlich der weiteren Rechtsmittel findet § 11 Abs. 4 und 5 dieses Gesetzes Anwendung.

1. Der auf die Einkommensteuer bezügliche Absatz 3 ist gemäß § 7 des AusfG. zum LandessteuerG. vom 13. I. 1921 (GS. 268) fortgefallen (vgl. Anm. 1 zu § 11).

Für die Heranziehung zur Kreissteuer in den Gutsbezirken ist nicht § 65 KAG. maßgebend; vielmehr hat der KA. die Art der Steuererhebung (Bekanntmachung, Anforderung usw.) zu regeln (E. v. 20. I. 1916. H. C. 344. 14).

Die einzelnen Steuerpflichtigen können die Unterverteilung, d. h. die Festsetzung des nach dieser auf sie entfallenden Steuerbetrages, gemäß § 14 mit Einspruch und Klage anfechten, und zwar nicht nur dann, wenn die einzelnen Steuerbeträge von vornherein unrichtig angesetzt waren, sondern auch, wenn sie infolge nachträglich eingetretener

Umstände, insbesondere als Folge einer im Rechtsmittelwege erzielten Herabsetzung der staatlich veranlagten Steuern, unrichtig geworden sind. In den letzteren Fällen ist gegebenenfalls die fristenlose Beschwerde einzulegen (OVG. 54, 10). — Die Ungültigkeit der Oberverteilung hat diejenige der Unterverteilung zur Folge. Deshalb kann der Einzelsteuerpflichtige seinen Angriff gegen die innerhalb des Gutsbezirks erfolgte Unterverteilung auch auf die Ungültigkeit der Oberverteilung stützen (OVG. 57, 16; 74, 43).

Auch dem Eigentümer des Gutsbezirks steht die Klage gegen die Unterverteilung zu. Die Rechtsmittel des § 14 bezwecken gerade, eine bei der Unterverteilung zu Unrecht erfolgte Belastung der staatlich veranlagten Steuerbeträge mit Kreissteuerzuschlägen zu beseitigen. Dem steht auch die Zugrundelegung der Einzelsteuerbeträge für die Oberverteilung nicht entgegen, da die Klage gegen die Unterverteilung keine Änderung der Oberverteilung bewirkt. Der Gutsbezirk haftet dem Kreise gegenüber ohne Rücksicht auf den Erfolg der gegen die Unterverteilung geltend gemachten Rechtsmittel für die Aufbringung des Kreissteuerkontingents (OVG. 69, 69). — Allerdings kann in einer Gemeinde der einzelne Steuerpflichtige seine Rechtsmittel gegen die Heranziehung zu den Gemeindeabgaben nicht darauf stützen, daß diese auch zur Deckung der der Gemeinde zu Unrecht bei der Oberverteilung auferlegten Kreissteuern bestimmt seien; denn das Kreisabgabensoll der Gemeinde bildet einen Teil des Gemeindehaushalts, dessen einzelne Posten mit den gegen die Gemeindeabgaben gerichteten Rechtsmitteln nicht angefochten werden können. In den Gutsbezirken stellen die unterverteilten Kreisabgaben aber keinen Teil des Gemeindebedarfs, sondern einen besonderen, durch die Oberverteilung hervorgerufenen Bedarf dar. Die Oberverteilung ist Voraussetzung und Unterlage der Unterverteilung und nimmt ihr gegenüber eine ähnliche Stellung ein wie die Steuerverteilungsbeschlüsse gemäß §§ 54 ff. KAG. gegenüber der Anforderung der Gemeindesteuern. Wie die Mängel derartiger Beschlüsse zur Begründung der Angriffe gegen die Gemeindeabgaben geltend gemacht werden können, ebenso kann die Anfechtung der Unterverteilung auch auf eine ungültige Oberverteilung gestützt werden (E. v. 4. I. 1910. II. C. 292. 09). — Da die im Gutsbezirke unterverteilte Kreisumlage nach § 13 als Gemeindesteuer zu behandeln ist, so ist zur Anfechtung der Unterverteilung auch die in § 69 KAG. mitenthaltene fristenlose Beschwerde aus § 18 ZG. gegeben, deren Erhebung vorliegendenfalls in dem Antrag auf Rückerstattung der Kreisabgabe zu erblicken ist (PVBl. 34, 206).

§ 15.

[Ist in einer Gemeinde oder in einem Gutsbezirke das der direkten Kreisbesteuerung zugrunde gelegte Gesamtsteuersoll im Laufe eines Rechnungsjahres durch Abgänge nach Abzug der Zugänge um mehr als 10 Prozent verringert worden, so ist der Mehrbetrag des Ausfalls auf Antrag vom Kreise zu erstatten. Bei geringerem Ausfalle kann der Kreisausschuß auf Antrag Erstattung gewähren[1]).]

1. Der auf das Kommunalprivilegium der Beamten bezügliche Absatz 2 des § 15 ist infolge Verreichlichung der Einkommensteuer, vgl. Anm. 1 zu § 11 fortgefallen, der ganze Paragraph wie § 7 (s. Anm. 1 das.) vorläufig suspendiert.

§ 16.

(1) Auf die Rechtsmittel gegen die Heranziehung (Veranlagung) zu Gebühren, Beiträgen und indirekten Steuern finden § 14 Abs. 2 und § 11 Abs. 4, 5 dieses Gesetzes, auf die Nachforderung[1]), Verjährung und Beitreibung[2]) von Kreisabgaben die §§ 87

88 und 90, auf die rückwirkende Kraft neuer Abgabenordnungen § 70a des Kommunalabgabengesetzes[3]) entsprechende Anwendung[4, 5]).

(2) Die Gemeinden und Gutsbezirke sind zur Wahrnehmung örtlicher Geschäfte, der Veranlagung und Erhebung von Kreisabgaben nach Anweisung des Kreisausschusses verpflichtet. Im übrigen finden auf diese Veranlagung die §§ 62 und 63 des Kommunalabgabengesetzes entsprechende Anwendung.

1. Wegen Nachtragsumlagen s. § 54 des AusfG. z. FAG. unten bei § 28 Anm. 1.

2. Vgl. § 23 des AusfG. z. FAG., welcher lautet:

Die Landkreise dürfen die ihnen zur Weiterleitung an die Gemeinden (Gutsbezirke) überwiesenen Beträge aus der Reichseinkommen-, Körperschaft- und Umsatzsteuer nur in Höhe fälliger Kreisabgaben, soweit die einzelne Gemeinde (Gutsbezirk) mit der Zahlung in Rückstand ist, aufrechnen oder zurückbehalten; im übrigen ist im Verhältnisse zwischen Landkreisen und kreisangehörigen Gemeinden (Gutsbezirken) eine Aufrechnung oder Zurückbehaltung ausgeschlossen.

3. Die Bezugnahme auf § 70a KAG. ist durch G. v. 26. VIII. 1921 (GS. 495) eingeschaltet.

4. Vgl. § 53 des AusfG. z. FAG. in Fassung der Bekanntmachung vom 14. V. 1927 (GS. 63), welcher lautet:

Wird im Verwaltungsstreitverfahren ein rechtzeitig gefaßter Verteilungsbeschluß über die Deckung des Fehlbedarfs im Sinne der §§ 7 und 25 des Kreis- und Provinzialabgabengesetzes für rechtsungültig erklärt, so kann auch nach Ablauf des betreffenden Rechnungsjahrs, für das der Beschluß gefaßt worden war, im Sinne des für rechtsungültig erklärten Umlagebeschlusses ein neuer Beschluß gefaßt werden. Durch diesen Beschluß darf jedoch kein höherer Bedarf umgelegt und, sofern gerade dieser für rechtsungültig erklärt worden ist, auch kein anderer Verteilungsmaßstab benutzt werden, als es in dem für rechtsungültig erklärten Umlagebeschluß geschehen war.

5. Wegen Stundungs- und Erstattungszinsen s. G. zur Ergänzung der Abgabengesetze vom 25. XI. 1926 (GS. 310) und Art. II der V. vom 27. I. 1927 (GS. 11).

6. Vgl. Teil II Art. 6 der AusfAnw. vom 9. III. 1922.

Daß der KA. die Veranlagung zu indirekten Kreissteuern zu beschließen hat, ist nirgends im Gesetz gesagt. Nach II C Ziff. 1 Abs. 2 AusfAnw. erfolgt sie durch den KA. Damit ist die Veranlagung als ein laufendes Geschäft der Kreisverwaltung gekennzeichnet, für dessen Vornahme nach § 137 KrO. der Vorsitzende zuständig ist (OVG. **72**, 83; **82**, 54).

Zeichnung der Heranziehungsverfügungen. Die Stellvertretung des Landrats als Vorsitzenden des Kreisausschusses geschieht nach §§ 75, 136 KrO. ausschließlich durch den Kreisdeputierten bzw. das zum stellvertretenden Vorsitzenden in den Kreisausschußsitzungen vom Kreisausschuß gewählte Mitglied, sofern nicht etwa eine Vertretung durch einen kommissarischen Verwalter oder durch den dem Landrat zur Hilfeleistung in den landratlichen Geschäften beigegebenen Regierungsassessor (OVG. **10**, 24) in Frage kommt (OVG. **81**, 72). Der Kreissyndikus ist gemäß § 132 KrO. nicht Mitglied des Kreisausschusses, nimmt vielmehr an dessen Sitzungen nur mit beratender Stimme teil. Er ist daher nicht befugt, namens des Landrats die Verfügungen betreffend Heranziehung zu den Kreisabgaben zu zeichnen. Ist dies trotzdem geschehen, so wird die Verfügung dadurch nicht nichtig, sondern nur anfechtbar. Nichtig macht einen Verwaltungsakt nur eine unbezweifelbare, „ihm auf die Stirn geschriebene" (Jellinek) Unzuständigkeit. Überschreitungen hiergegen, die nicht offenbar sind, z. B. wenn die Abgrenzung der Zuständigkeit zweifelhaft oder gemeinhin nicht bekannt ist, machen den Akt nur anfechtbar. Der Herangezogene muß damit rechnen, daß Verfügungen, die ihm von der an sich zuständigen Behörde zugehen, auch von der innerhalb des Organismus dieser Behörde zuständigen Stelle verfaßt sind (OVG. 82, 54). — Ein dem Landrat zur Hilfeleistung beigegebener Regierungsassessor kann, soweit seine Zuständigkeit nicht ausdrücklich beschränkt ist, auch die laufenden Kreisausschußgeschäfte erledigen, d. h. auch Veranlagungsverfügungen erlassen (VBl. 50, 103). — Die Nachveranlagung von indirekten Kreissteuern unterliegt nach § 16 keinen anderen als den in § 87 Abs. 1 Nr. 2 KAG. gezogenen Schranken. Innerhalb der Verjährungsfrist kann daher die Steuerbehörde die vorgenommene Veranlagung, welche sie als zu niedrig erachtet, in jeder Beziehung ergänzen und berichtigen. Aus welchem Grunde die Berichtigung erfolgt und ob sie bei genügender Sorgfalt hätte vermieden werden können, ist unerheblich. Ebenso steht der Nachveranlagung auch der Umstand nicht entgegen, daß die erste Veranlagung unangefochten geblieben ist. Die Unterlassung einer Anfechtung hat (bei indirekten Steuern) nicht Rechtskraft zur Folge, sondern nur die Unanfechtbarkeit seitens des Schuldners, und schließt die Berechtigung des Steuergläubigers zu Nachforderungen nicht aus (VBl. 41, 292).

Die Gemeinden sind verpflichtet, die behufs Veranlagung der Kreisabgaben erforderlichen Unterlagen dem KA. vorzulegen. Kommen sie dieser Verpflichtung nicht oder nach Ansicht des KA. nicht gehörig nach, so berechtigt das den KA. nicht, nach Belieben Sollbeträge einzusetzen. Vielmehr bleibt ihm, falls er sonst die maßgebenden Beträge nicht ermitteln kann, nur übrig, die Gemeinden durch die Aufsichtsbehörde zur Einreichung der Unterlagen anhalten zu lassen (VBl. 36, 846; E. v. 3. XI. 1914. II .C. 86. 14).

§ 17[1]).

(1) In Abgabenordnungen [der Kreise] können Strafen wegen Zuwiderhandlungen bis zur Höhe von einhundertfünfzig Reichsmark angedroht werden. Für bereits in Kraft getretene Steuerordnungen, die Strafen wegen Zuwiderhandlungen androhen, gilt von dem Inkrafttreten dieses Gesetzes[2]) ab ein Betrag von einhundertfünfzig Reichsmark[3]) als Höchststrafe.

(2) Die Strafen sind durch den Kreisausschuß festzusetzen und nach eingetretener Rechtskraft (§ 459 [jetzt § 419] der Strafprozeßordnung) im Verwaltungszwangsverfahren beizutreiben.

1. Die jetzige Fassung des Abs. 1 beruht auf dem G. vom 26. VIII. 1921 (GS. 495) in dem durch Art. III und XIV der V. über Vermögensstrafen und Bußen v. 6. II. 1924 (RGBl. I 44) geänderten Wortlaut. Vgl. MinErl. vom 20. VI. 1924 (MBliV. 675).
2. D. h. des G. vom 26. VIII. 1921, nämlich vom 8. IX. 1921 ab.
3. Die Bezeichnung Reichsmark ist durch V. über die Überleitung preußischen Landesrechts aus den bisherigen Währungsverhältnissen in die neuen Währungsverhältnisse vom 2. VII. 1926 (GS. 192) eingeführt.
4. Wegen des Begnadigungsrechtes s. Erl. des Staatsministeriums vom 8. VIII. 1929 und AusfErl. vom 19. IX. 1929 (MBliV. 825, 824).
5. Vgl. Teil II Art. 6 der AusfAnw. vom 9. III. 1922.

§ 18.

Das Rechnungsjahr für den Kreishaushalt beginnt mit dem 1. April und endigt mit dem 31. März.

§ 19[1]).

(1) Beschlüsse des Kreistags, welche folgende Angelegenheiten betreffen:

1. die Erhebung von Verwaltungsgebühren und[1]) Beiträgen (§§ 4 und 5),
2. den Erlaß oder die Abänderung von Steuerordnungen über indirekte Kreissteuern (§ 6),

[3. die Heranziehung der einzelnen Steuerarten zu den direkten Kreissteuern mit verschiedenen Prozentsätzen und die Vornahme einer Revision des Verteilungsmaßstabs vor Ablauf eines fünfjährigen Zeitraums (§ 9 Abs. 2 und 3)[2]),]

4. die ausschließliche Belastung und die Mehr- oder Minderbelastung einzelner Kreisteile (§ 10),

[5. die Erhebung direkter Kreissteuern in einem Betrage, welcher 50 Prozent des gemäß § 7 ihnen zugrunde zu legenden Steuersolls übersteigt[2]),]

6. den Erlaß oder die Abänderung einer Steuerordnung über eine Steuer vom Grundvermögen[2]) nach dem Veranlagungsmaßstabe des Wertes (§ 8)

bedürfen der Genehmigung des Bezirksausschusses.

(2) Gegen den auf Beschwerde ergehenden Beschluß des Provinzialrats steht dem Vorsitzenden aus Gründen des öffentlichen Interesses die Einlegung der weiteren Beschwerde an den Minister des Innern und den Finanzminister zu. Hierbei finden die Bestimmungen des § 123 des Gesetzes über die allgemeine Landesverwaltung vom 30. Juli 1883 (GS. S. 195) Anwendung.

1. Die jetzige Fassung beruht auf dem Gesetze vom 26. VIII. 1921 (GS. 495) und auf Art. II § 5 des Gesetzes vom 8. VIII. 1923 (GS. 377).

2. Ziffer 3 und 5 sind durch § 46 des AusfG. z. FAG. in Fassung der Bekanntmachung vom 14. V. 1927 (GS. 63) für dessen Geltungsdauer außer Kraft gesetzt.

3. Vgl. Anm. 1 zu § 23 KAG.

4. Für die Zeit vom 24. XI. 1923 bis 31. III. 1925 einschließlich waren gemäß der V. vom 13. XI. 1923 (GS. 507) an Stelle der Genehmigung des BA. und der Zustimmung des OP. die Genehmigung des RP. getreten, gegen dessen Entscheidung die Beschwerde an den OP. (in Hohenzollern an den MdJ. und FM.) zulässig war. Die Einführung neuer oder die grundsätzliche Änderung bestehender Steuerordnungen bedurfte gemäß § 77 Abs. 3 KAG. ministerieller Zustimmung.

Eine Ermächtigung des Kreisausschusses zur Vornahme der bei Erteilung der Genehmigung oder Zustimmung zu einer Steuerordnung verlangten materiellen Abänderung einzelner Bestimmungen ist als eine Delegation des allein dem Kreistage zustehenden Gesetzgebungsrechts unzulässig (VBl. 49, 899). — Die vom Gesetzgeber geforderte Übereinstimmung zwischen Ortsgesetzgeber und Genehmigungsbehörde liegt nicht vor, wenn der Beschluß des Kreistages wegen Erlasses einer Steuerordnung erst nach Genehmigung der vorläufig vom Kreisausschuß beschlossenen Ordnung erfolgt, da dem BA. kein genehmigungsfähiges Ortsgesetz vorgelegen hat (BBl. 49, 755). Daran ändert auch nichts, daß der OP. seine Zustimmung nur mit der Maßgabe erteilt hat, daß der Kreistag noch vor der Veröffentlichung der Steuerordnung deren Annahme beschlösse. Denn wenn das OVG. auch ausgesprochen hat, daß es, wenn der Ortsgesetzgeber eine mit der Genehmigung verknüpfte Maßgabe anzunehmen beschließt, keiner nochmaligen Genehmigung dieses Beschlusses bedarf, so handelt es sich in einem solchen Fall doch immer um ein von dem zuständigen Ortsgesetzgeber erlassenes Ortsrecht, zu dem deshalb die Genehmigung überhaupt erteilt werden konnte (BBl. 50, 570). — Die Genehmigung zu einer Steuerordnung braucht nicht veröffentlicht zu werden (BBl. 50, 103).

Vgl. im übrigen wegen Genehmigung bei § 77 KAG.

Durch die Vorschrift in § 19 Abs. 2, wonach dem Vorsitzenden des Provinzialrats im öffentlichen Interesse die Einlegung der weiteren Beschwerde an den Minister des Innern und den Finanzminister zusteht, wird für die von einer Mehrbelastung betroffenen Gemeinden kein Beschwerdeverfahren eröffnet (E. v. 23. XI. 1915. II. C. 59. 15). — Vgl. II. C 59. 15 und II. C. 49. 29 bei § 10 unter D.

§ 20[1]).

(1) Die Genehmigung der unter Ziffer 2 und 6 des § 19 bezeichneten Kreistagsbeschlüsse bedarf der Zustimmung des Ministers des Innern und des Finanzministers. Die Erteilung der Genehmigung oder Zustimmung kann in den Fällen dieser Ziffern auf eine bestimmte Frist beschränkt werden.

(2) Die Minister können die Erteilung der Zustimmung auf die Oberpräsidenten übertragen.

1. Wegen der in der Zeit vom 13. XI. 1923 bis 31. III. 1925 erteilten Genehmigungen s. Anm. 4 zu § 19.

Bezüglich der Kreistagsbeschlüsse, welche den Erlaß einer Grundwertsteuer betreffen (§§ 8, 19 Ziff. 6), hat die in § 20 Abs. 2 des KrAbgG. vorgesehene Delegation der Zustimmungsbefugnis nicht stattgefunden (BBl. 50, 569).

§ 20a[1]).

Auf die zeitliche Wirkung der Genehmigung findet § 77 Abs. 5 des Kommunalabgabengesetzes Anwendung[2]).

1. Beruht auf dem G. vom 26. VIII. 1921 (GS. 495) — II — vbd. mit Art. II § 4 des G. vom 8. VIII. 1923 (GS. 377).

2. Vgl. für die Zeit vom 24. XI. 1923 bis 31. III. 1925 oben Anm. 4 zu § 19.

3. Vgl. Teil II Art. 8 der AusfAnw. vom 9. III. 1922.

Dadurch, daß nach dem in Bezug genommenen § 77 Abs. 5 KAG. die Genehmigung bzw. Zustimmung als an dem Tage erteilt gilt, an welchem der zu genehmigende Beschluß gefaßt ist, war der Kreis keineswegs berechtigt, auf Grund eines noch nicht genehmigten und darum in seiner Rechtswirkung noch völlig unbestimmten Kreistagsbeschlusses bereits Abgaben einzuziehen (E. v. 8. X. 1929. II. C. 49. 29).

Abschnitt 2.

Provinzialabgaben (Bezirksabgaben).

§ 21.

(1) Die Provinzen (Bezirksverbände) sind berechtigt, zur Deckung ihrer Ausgaben nach den Bestimmungen dieses Gesetzes Gebühren, Beiträge und direkte Steuern zu erheben.

(2) Hinsichtlich der Chausseegelder und anderen Verkehrsabgaben bewendet es bei den bestehenden Bestimmungen.

1. Vgl. AusfAnw. unter III.

§ 22.

Die Provinzen (Bezirksverbände) dürfen von der Befugnis, Steuern zu erheben, nur insoweit Gebrauch machen, als die sonstigen Einnahmen, insbesondere aus dem Provinzial- (Bezirksverbands-) Vermögen, aus Gebühren, Beiträgen und aus den ihnen vom Staate überwiesenen Mitteln zur Deckung ihrer Ausgaben nicht ausreichen.

§ 23.

(1) Gewerbliche Unternehmungen der Provinzen (Bezirksverbände) sind grundsätzlich so zu verwalten, daß durch die Einnahmen mindestens die gesamten, durch die Unternehmung der Provinz (dem Bezirksverband) erwachsenden Ausgaben, einschließlich der Verzinsung und der Tilgung des Anlagekapitals, aufgebracht werden.

(2) Eine Ausnahme ist zulässig, sofern die Unternehmung zugleich einem öffentlichen Interesse dient, welches andernfalls nicht befriedigt wird[1]).

1. Vgl. bei § 3 KAG.
2. Vgl. AusfAnw. unter III.

§ 24.

(1) Der Provinziallandtag (Kommunallandtag) kann die Erhebung von Gebühren und Beiträgen beschließen, auch deren Festsetzung auf den Provinzial- (Landes-) Ausschuß übertragen.

(2) Auf die Gebühren und Beiträge finden die §§ 4 und 5 dieses Gesetzes entsprechende Anwendung.

Gebühren für die Benutzung einer Provinzialpflegeanstalt. Ist ein gemeingefährlicher Geisteskranker in seinem und im öffentlichen Interesse auf Veranlassung der Polizei in eine solche Anstalt untergebracht, so liegt eine freiwillige Benutzung der Anstalt vor, sobald der Vormund den Geisteskranken in der Anstalt wegen der von der Polizei verlangten Anstaltsfürsorge in der betreffenden Anstalt beläßt und sich damit tatsächlich mit dem weiteren Verbleib seines Mündels in der Anstalt einverstanden erklärt hat (OVG. 62, 89).

§ 25.

[(1) Insoweit als die Überweisungen aus der Reichs-Einkommen-, Lohn- und Körperschaftsteuer sowie die sonstigen Einnahmen der Provinz ihren Bedarf nicht decken, ist der Fehlbetrag auf die einzelnen Stadt- und Landkreise als Provinzialabgaben zu verteilen.

(2) Als Maßstab der Verteilung dienen

1. die Höhe der den einzelnen Stadt- und Landkreisen zusammen mit den zugehörigen Gemeinden und Gutsbezirken im vorvergangenen Jahre zugewiesenen Anteile an den genannten Reichssteuern, für das Rechnungsjahr 1921 das Verhältnis der gewährleisteten Mindestbeträge im Sinne des § 56 des Landessteuergesetzes in Verbindung mit § 3 des preußischen Ausführungsgesetzes;
2. das Soll der vom Staate veranlagten Realsteuern einschließlich der Betriebssteuern, wie es in Gemeinden nach den Vorschriften des Kommunalabgabengesetzes, nach Gemeindebeschlüssen und Vereinbarungen mit Steuerpflichtigen der Gemeindebesteuerung zugrunde zu legen und in Gutsbezirken gemäß § 13 für die Unterverteilung zu veranlagen ist. Soweit in Gemeinden eine Steuerart zu den Abgaben nicht herangezogen ist, wird das Steuersoll durch den Kreisausschuß veranlagt. Maßgebend für die Verteilung nach dem Soll der Realsteuern ist das Steuersoll des dem jedesmaligen Rechnungsjahre vorangegangenen Rechnungsjahrs nach dem Stande des 1. Januar, und zwar unter Berücksichtigung der bis zu diesem Zeitpunkte festgesetzten Nachveranlagungen, Berichtigungen und sonstigen Soll-Veränderungen (Zu- und Abgänge) ohne Unterschied, ob es sich dabei um Steuern für das laufende Jahr oder aus Vorjahren handelt. Soll-Veränderungen, die erst nach dem 1. Januar festgesetzt werden, sind bei der Berechnung des Solls für das nächste Jahr zu berücksichtigen.]

1. Vorstehende, auf dem G. vom 26. VIII. 1921 (GS. 495) beruhende Neufassung des § 25, welche durch das G. vom 5. VII. 1923 (GS. 301) nur vorübergehend für 1923 abgeändert war, ist gemäß § 46 des PrAusfG. z. FAG. vom 30. X. 1923 in Fassung der Bekanntmachung vom 14. V. 1927 (GS. 63) für dessen Geltungsdauer ersetzt durch §§ 30—33 a. a. O., welche lauten:

§ 30. (1) Insoweit die Reichssteuerüberweisungen sowie die sonstigen Einnahmen der im § 8 Abs. 3 bezeichneten Provinzen (Bezirksverbände) ihren Bedarf nicht decken, ist die Deckung durch Erhebung einer Provinzial- (Bezirks-) Abgabe in Hundertsätzen der an ihre sämtlichen Stadt- und Landkreise, einschließlich der diesen letzteren angehörigen Gemeinden (Gutsbezirke), für das Rechnungsjahr fallenden Überweisungen aus der Reichseinkommen- und Körperschaftsteuer und der in diesem von dem Staate veranlagten Realsteuern, wie sie in Gemeinden nach den Vorschriften des Kommunalabgabenrechts der Gemeindebesteuerung zugrunde zu legen und in Gutsbezirken gemäß § 13 des Kreis- und Provinzialabgabengesetzes für die Unterverteilung zu veranlagen sind, zu bewirken[1]).

(2) Die Stadt- und Landkreise sind verpflichtet, der Provinz (Bezirksverband) auf Ersuchen die erforderlichen Unterlagen mitzuteilen.

(3) § 21 Abs. 3 findet entsprechende Anwendung.

§ 31. Die Hundertsätze der Zuschläge zu den Überweisungen einerseits und zu den vom Staate veranlagten Realsteuern anderseits können ungleich bemessen werden[2]).

§ 32. Die Provinz Hessen-Nassau ist berechtigt, ihren Fehlbedarf nach Maßgabe der §§ 30, 31 unterzuverteilen.

§ 33. Der Siedlungsverband Ruhrkohlenbezirk ist berechtigt, seinen Fehlbedarf nach Maßgabe der §§ 30, 31 unterzuverteilen.

2. Vgl. Teil II der AusfAnw. vom 9. III. 1922.

Die Grundsätze der Entsch. **OVG. 81, 74,** daß nach §§ 23, 30 PrAusfG. z. FAG. die Reichssteuerüberweisungen und staatlich veranlagten Steuern nur den Maßstab für die Umlegung der Kreis- und Provinzialabgaben bilden sollen, den Kreisen und Provinzen aber damit kein besonderes Zuschlagsrecht verliehen werden sollte, und daß die Vorschrift in § 18 GrVermStG. über die Berücksichtigung der gemäß §§ 14, 15 a. a. O. bewilligten Ermäßigungen und Erstattungen nur für die Heranziehung der einzelnen Steuerpflichtigen, nicht aber für die Verwendung der Grundvermögensteuer als Verteilungsmaßstab maßgebend ist, gelten auch für die Provinzialabgaben. Die durch die Verordnung vom 28. III. 1925 erfolgte Ergänzung der fraglichen Vorschrift im PrAusfG. z. FAG. durch die Worte: „wie sie in Gemeinden nach den Vorschriften des Kommunalabgabenrechts der Gemeindebesteuerung zugrunde zu legen und in Gutsbezirken gemäß § 13 KrProvAbgG. für die Unterverteilung zu veranlagen sind" steht dem nicht entgegen. Der Zusatz sollte nur die Mitberücksichtigung der nach dem damals geltenden Reichsbesteuerungsrecht staatssteuerfreien und darum staatlich nicht veranlagten, aber kommunalsteuerpflichtigen Grundstücke des Reichs bei der Berechnung der Kommunalsteuern ermöglichen (**E. v. 15. X. 1929. II. A. 19. 29**). — Auch die Veränderungen des Ists infolge Zuweisung des Gebiets eines aufgelösten Gutsbezirks an einen benachbarten Stadtkreis sind zu berücksichtigen. Der dagegen von der Provinz erhobene Einwand, daß bei Aufstellung des Jahresverteilungsschlüssels für die Reichssteuerüberweisungen der Gutsbezirk noch zum Kreise gerechnet sei, übersieht, daß der Verteilungsschlüssel die Realsteuern überhaupt nicht umfaßt und daß nach D IIa der I. AusfAnw. z. G. v. 27. XII. 1927 (MBliV. 1171) die vergrößerte Stadtgemeinde als Rechtsnachfolgerin des Gutsbezirks Anspruch auf die diesem zufallenden Überweisungen hat. Auch der Hinweis darauf, daß sich der Kreis wegen des strittigen Betrages mit der Stadt auseinandersetzen könne, ist verfehlt, da das G. v. 27. XII. 1927 nur eine Auseinandersetzung zwischen dem Gutsbesitzer und der vergrößerten Gemeinde vorgesehen hat (**VBl. 51, 41**). — Der Grundsatz, daß bei der Oberverteilung der Kreisabgaben das Soll der Einzelgemeinden nicht abgeändert werden darf, bezieht sich nur auf die Einzelveranlagungen und kann daher aus ihm nicht gefolgert werden, daß, wenn ein Kreis bei der Oberverteilung die Solls der Einzelgemeinden nicht unverändert übernommen hat, dieses unrichtig ermittelte Kreissteuerkontingent auch der Berechnung der Provinzialabgaben unverändert zugrunde gelegt werden müsse. Denn das vom Kreise willkürlich festgestellte Soll ist nicht das Soll des § 25 (**OVG. 68, 53**).

---

[1]) Vgl. oben Anm. 2 zu § 16.

[2]) Wegen der Gewerbesteuerzuschläge gilt jetzt § 51 der GewerbesteuerV., s. oben Anm. 2 zu § 7.

§ 26[1]).

[Sofern der als Provinzialabgabe verteilte Fehlbetrag die im Vorjahr an die Provinz erfolgten Überweisungen aus der Reichs-Einkommen-, Lohn- und Körperschaftssteuer überschreitet, so bedarf die Verteilung der Genehmigung[1]).]

1. § 26, welcher durch das G. vom 26. VIII. 1921 (GS. 495) die obige Neufassung erhalten hatte, ist durch § 46 Abs. 3 des AusfG. z. FAG. in Fassung der Bekanntmachung vom 14. V. 1927 (GS. 63) für dessen Geltungsdauer außer Kraft gesetzt.

§ 27.

Handelt es sich um Veranstaltungen des Provinzial- (Bezirks-) Verbandes, welche ausschließlich oder in besonders hervorragendem oder geringem Maße einzelnen Kreisen zustatten kommen, so kann der Provinzial- (Kommunal-) Landtag eine ausschließliche Belastung oder eine nach Umfang und Maßstab näher zu bestimmende Mehr- oder Minderbelastung dieser Kreise beschließen. Die Bestimmung im § 5 Abs. 2 findet entsprechende Anwendung.

Vgl. oben zu § 10.

§ 28.

(1) Der vom Provinzial- (Kommunal-) Landtage festgestellte Steuerbedarf wird vom Provinzial- (Landes-) Ausschuß auf die Land- und Stadtkreise verteilt. Die Zahlung an die Provinzial- (Bezirks-, Landes-) Hauptkasse hat zu den von dem Provinzial- (Landes-) Ausschusse zu bestimmenden Terminen zu erfolgen.

(2) Die Höhe des Steuerbedarfs, die Verteilung auf die Kreise und die für die Zahlung bestimmten Termine sind durch die Amtsblätter der Provinz (der Regierungsbezirke) öffentlich bekanntzumachen[1]).

(3) Gegen die Verteilung der Provinzial- (Bezirks-) Steuern steht den Land- und Stadtkreisen binnen einer Frist von vier Wochen der Einspruch zu, über welchen der Provinzial- (Landes-) Ausschuß beschließt.

(4) Gegen den Beschluß des Provinzial- (Landes-) Ausschusses findet innerhalb einer Frist von zwei Wochen die Klage bei dem Oberverwaltungsgerichte statt.

(5) Durch Einspruch und Klage wird die Verpflichtung zur Zahlung der Provinzial- (Bezirks-) Steuern nicht aufgeschoben.

1. Vgl. § 54 des AusfG. z. FAG., welcher lautet:

(1) Die Provinzial- (Landes-) Ausschüsse sollen die Verwaltungen der nach § 25 des Kreis- und Provinzialabgabengesetzes umlagepflichtigen Stadt- und Landkreise spätestens bis zum 1. Februar eines jeden Rechnungsjahrs von der Absicht, für dieses Rechnungsjahr Nachtragsumlagen zu erheben, sowie von der beabsichtigten Höhe dieser Nachtragsumlagen in Kenntnis setzen.

(2) Für die Kreisausschüsse in ihrem Verhältnisse zu den kreisangehörigen Gemeinden (Gutsbezirken) findet Abs. 1 mit der Maßgabe sinngemäß Anwendung, daß die Benachrichtigung spätestens bis zum 20. Februar eines jeden Rechnungsjahrs erfolgen soll.

Der Grundsatz, daß in dem Verwaltungsstreitverfahren zwischen dem zu einer Steuer Herangezogenen und dem Gemeindevorstande nicht darüber entschieden werden kann, ob sich eine einzelne Ausgabe der Gemeinde innerhalb der ihr gesetzlich gesteckten Grenzen hält, muß entsprechend auch für die Rechtsmittel gegen die Heranziehung zu Provinzialabgaben gelten. Damit stimmt überein, daß in Abs. 3 der Einspruch ausdrücklich nur gegen die Verteilung der Provinzialabgaben gegeben ist (OVG. 75, 43). — Dadurch, daß einzelnen Kreisen Beihilfen zu ihren Ausgaben von der Provinz gewährt werden, wird der Grundsatz der Gleichmäßigkeit der Steuererhebung nicht verletzt, auch wenn die Beihilfen ganz oder teilweise auf geschuldete Provinzialabgaben angerechnet werden (OVG. 75, 43). — Es besteht keine Bestimmung, nach welcher den Provinzen wegen Leistung der Provinzialsteuern ein Recht zur Erhebung der Klage im Verwaltungsstreitverfahren gegen die Stadt- und Landkreise gegeben wäre (OVG. 75, 44). — Da den Provinzen gegenüber den Stadt- und Landkreisen eine Verwaltungsklage wegen Bezahlung der Provinzialsteuern nicht zusteht, sind sie auch nicht zur Erhebung einer Widerklage befugt (OVG. 75, 43).

§ 29.

Die Land- und Stadtkreise haben den auf sie entfallenden Teil des Provinzial- (Bezirks-) Steuerbedarfs gleich den übrigen Kreis- beziehungsweise Gemeindeausgaben aufzubringen.

§ 30.

Für die Aufbringung von Provinzialsteuern in der Provinz Hessen-Nassau gelten folgende Bestimmungen:

1. Bei der Verteilung der Provinzialsteuern auf die Bezirksverbände findet der § 25 sinngemäße Anwendung[1]).
2. Die ausschließliche Belastung und die Mehr- und Minderbelastung eines der beiden Bezirksverbände ist ausgeschlossen.
3. Der Provinzialsteuerbedarf wird vom Provinzialausschuß auf die Bezirksverbände verteilt. Die Zahlung an die Provinzialhauptkasse hat zu den von dem Provinzialausschusse zu bestimmenden Terminen zu erfolgen.
4. Gegen die Verteilung der Provinzialsteuern steht den Bezirksverbänden Einspruch und Klage nach näherer Bestimmung des § 28 Abs. 3 bis 5 zu.
5. Die Bezirksverbände haben den auf sie entfallenden Teil des Provinzialsteuerbedarfs gleich ihren übrigen Ausgaben aufzubringen.

1. Die jetzige Fassung der Ziffer 1 beruht auf dem Gesetz vom 26. VIII. 1921 (GS. 495). Im übrigen vgl. hierzu § 32 des AusfG. z. FAG. vom 30. X. 1923 in Fassung der Bekanntmachung vom 14. V. 1927 (GS. 63) (s. oben bei § 25 Anm. 1).

§ 31.

(1) Gegen die Heranziehung (Veranlagung) zu Provinzial- (Bezirks-) Gebühren und Beiträgen steht den Pflichtigen binnen einer Frist von vier Wochen der Einspruch zu, über welchen der Provinzial- (Landes-) Ausschuß beschließt. Im übrigen findet § 28 Abs. 4 und 5 entsprechende Anwendung.

(2) Für die Nachforderung, Verjährung und Beitreibung der Gebühren und Beiträge sind die §§ 87, 88 und 90, für die rückwirkende Kraft neuer Abgabenordnungen § 70a[1]) des Kommunalabgabengesetzes maßgebend.

1. Vgl. oben Anm. 1 zu § 16.

Vgl. oben bei § 11.

§ 31a[1]).

In Abgabeordnungen der Provinzen können Strafen wegen Zuwiderhandlungen bis zur Höhe von einhundertfünfzig Reichsmark angedroht werden.

1. Vgl. oben Anm. 1 zu § 17.

§ 32.

Das Rechnungsjahr für den Haushalt des Provinzial- (Bezirks-) Verbandes beginnt mit dem 1. April und endigt mit dem 31. März.

§ 33.

Beschlüsse des Provinzial- (Kommunal-) Landtags bzw. des Provinzial- (Landes-) Ausschusses (§ 24 Abs. 1), welche folgende Angelegenheiten betreffen:

1. die Festsetzung von Verwaltungsgebühren und Beiträgen (§ 24),
2. die ausschließliche Belastung und die Mehr- oder Minderbelastung einzelner Kreise (§ 27),

[3. die Erhebung von Provinzial- (Bezirks-) Steuern in einem Betrage, welcher 25 Prozent des gemäß § 25 ihnen zugrunde zu legenden Steuersolls übersteigt[2]),]

bedürfen der Genehmigung, und zwar in den Fällen zu 1 und 2 des Ministers des Innern, in den Fällen zu 3 des Ministers des Innern und des Finanzministers. Auf die zeitliche Wirkung der Genehmigung findet § 77 Abs. 5 des Kommunalabgabengesetzes Anwendung.

1. Die jetzige Fassung beruht auf dem G. vom 26. VIII. 1921 (GS. 495) vbd. mit Art. II § 4 des G. vom 8. VIII. 1923 (GS. 377).

2. Ziffer 3 ist durch Abs. 2 in Verbindung mit Abs. 1 des § 46 des AusfG. z. FAG. in Fassung der Bekanntmachung vom 14. V. 1927 (GS. 63) für dessen Geltungsdauer außer Kraft gesetzt.

Schluß- und Übergangsbestimmungen.

§ 34.

Die Vorschriften dieses Gesetzes finden auf die Amts- und Landeskommunalabgaben in den Hohenzollernschen Landen mit der Maßgabe entsprechende Anwendung, daß

1. die Gefällsteuer den Grund- und Gebäudesteuern gleichgestellt wird,
2. die für die Hohenzollernschen Lande geltenden besonderen wegerechtlichen Bestimmungen durch § 27 nicht berührt werden,
3. der § 20 Abs. 2 außer Betracht bleibt.

§ 35.

Diejenigen Bestimmungen des Gesetzes, welche die Einführung von Gebühren, Beiträgen und indirekten Steuern in den Kreisen betreffen, treten mit dem Tage der Verkündung, die übrigen am 1. April 1907 in Kraft.

§ 36.

Der erstmaligen Verteilung der direkten Kreissteuern ist in den Fällen des § 7 Abs. 4 und des § 13 das für das Rechnungsjahr 1907 festgestellte Veranlagungssoll zugrunde zu legen.

§ 37.

Der Minister des Innern und der Finanzminister sind mit der Ausführung dieses Gesetzes beauftragt.

C.

Anhang.

a) Steuerordnungen.

b) Ausführungsanweisungen.

c) Auszug aus dem Finanzausgleichsgesetz und dem Gegenseitigkeitsbesteuerungsgesetz.

a) Steuerordnungen.

I. Hundesteuer*).

Ordnung, betreffend die Erhebung einer Hundesteuer im Bezirke der Stadt ....

§ 1.

(1) Wer einen nicht mehr an der Mutter saugenden Hund hält, hat für denselben jährlich eine Steuer von .... M. in halbjährlichen Raten, und zwar in den ersten 14 Tagen eines jeden halben Jahres an die hiesige Stadtkasse zu entrichten. Das erste halbe Jahr erstreckt sich auf die Zeit vom 1. April bis Ende September.

(2) Es ist gestattet, die Steuer für das ganze Jahr in ungetrennter Summe im voraus zu entrichten.

(3) Über die Steuerzahlung ist eine Quittung zu erteilen.

§ 2.

(1) Für einen Hund, welcher im Laufe eines halben Jahres (§ 1) steuerpflichtig wird, sowie für einen steuerpflichtigen Hund, welcher im Laufe des halben Jahres angeschafft worden ist, muß die volle Steuer für das laufende halbe Jahr binnen 14 Tagen, vom Beginn der Steuerpflicht an gerechnet, entrichtet werden.

(2) Wer einen bereits versteuerten Hund erwirbt oder mit einem solchen neu anzieht oder einen Hund an Stelle eines eingegangenen versteuerten Hundes erwirbt, darf für das laufende halbe Jahr die gezahlte Steuer auf die zu zahlende in Anrechnung bringen.

§ 3.

Steuerrückstände werden im Wege des Verwaltungszwangsverfahrens beigetrieben.

§ 4.

(1) Wer einen steuerpflichtigen oder einen steuerfreien Hund anschafft oder mit einem Hunde neu anzieht, hat denselben binnen 14 Tagen nach der Anschaffung bzw. nach dem Anzuge bei dem Magistrat anzumelden. Neugeborene Hunde gelten als angeschafft nach Ablauf von 14 Tagen, nachdem dieselben aufgehört haben, an der Mutter zu saugen.

---

*) Mustersteuerordnung.

(2) Jeder Hund, welcher abgeschafft worden, abhanden gekommen oder eingegangen ist, muß spätestens innerhalb der ersten 14 Tage nach dem Ablaufe des halben Jahres (§ 1), innerhalb dessen der Abgang erfolgt ist, abgemeldet werden, widrigenfalls die Steuer, welche für denselben zu entrichten gewesen ist, bis einschließlich desjenigen halben Jahres, in welchem die Abmeldung geschehen, fortgezahlt werden muß.

§ 5.

(1) Von der Steuer sind die Besitzer solcher Hunde frei, die zur Bewachung oder zum Gewerbe unentbehrlich sind.

(2) Mit dieser Maßgabe tritt die Steuerfreiheit ein:

a) für Hunde, welche auf einzeln gelegenen Gehöften zur Bewachung gehalten werden;

b) für Hirten- und Fleischerhunde sowie für solche Hunde, die entweder als Ziehhunde oder zur Bewachung von Warenvorräten benutzt werden[1]) [2]).

1. Hiernach sind nicht alle zur Bewachung und zum Gewerbe unentbehrlichen Hunde steuerfrei; der Zusatz „Mit dieser Maßgabe" usw. enthält vielmehr eine nähere Bestimmung und Einschränkung des vorangestellten Grundsatzes (VBl. 20, 320). Für Hunde, die zum Schutze einer Person bestimmt sind, ist eine Befreiung hier nicht vorgesehen (VBl. 19, 508).

2. Unter einzeln belegenen Gehöften im Sinne dieses Paragraphen sind nur solche zu verstehen, die innerhalb des Gemeindebezirks belegen sind (VBl. 19, 511).

§ 6.

Zuwiderhandlungen gegen die Vorschriften dieser Ordnung ziehen eine Strafe bis zur Höhe von dreißig Mark nach sich.

§ 7.

Die in Beziehung auf das Halten von Hunden bestehenden Polizeivorschriften werden durch vorstehende Bestimmungen nicht berührt.

§ 8.

Gegenwärtige Ordnung tritt mit dem dritten Monat in Kraft, welcher auf denjenigen Monat folgt, in welchem dieselbe bekanntgemacht ist.

. . . . . ., den . . .ten . . . .

Der Magistrat.

Inhaltsübersicht:

I. Steuerart.

Der Begriff der indirekten Steuer wird nicht dadurch ausgeschlossen, daß sie wiederkehrend für gewisse Perioden nach gewissen Sätzen zu entrichten ist; so wird die Hundesteuer ausdrücklich als indirekte Steuer bezeichnet (VBl. 44, 274).

II. Gemeindeautonomie: Inhalt, Umfang.

Nach § 16 KAG. sind die Gemeinden nur befugt, das „Halten" von Hunden zu besteuern. Die Gemeinden sind also nicht berechtigt, einen gewissen Tatbestand für das Halten eines Hundes zu erklären, wenn darin nach allgemeinen Rechtsgrundsätzen das Halten eines Hundes nicht erblickt werden kann (OVG. 59, 109). — Die Gemeinden müssen an sich für befugt erachtet werden, selbst von allen Befreiungen oder Ermäßigungen abzusehen; daher müssen sie auch berechtigt sein, beides durch Aufstellung erschwerender Bedingungen auf ein Mindestmaß zu beschränken (OVG. 36, 88). — Die Gemeinden können bestimmen, ob Steuerbefreiungen eintreten sollen, und deshalb auch Art und Umfang derselben sowie Frist und Form, unter denen Befreiungen nachgesucht werden müssen, verbindlich regeln (VBl. 30, 578; E. v. 10. X. 1922. II. C. 50. 22).

III. Steuerpflicht: „Halten" eines Hundes.

a) **Begriff.** Für das Gebiet des Steuerrechts rechtfertigt sich die Annahme, daß derjenige den Hund „hält", der ihn in seinen Haushalt oder Wirtschaftsbetrieb (im weitesten Sinne) eingestellt hat, um ihn auf diese Weise seinen Zwecken oder denen seiner Haushaltungsangehörigen oder Wirtschaftsgehilfen während eines Zeitraums von einer gewissen Dauer dienstbar zu machen. Die Einstellung muß also im Interesse des Einstellers oder seiner Haushaltungsangehörigen oder Wirtschaftsgehilfen erfolgen, wobei es dann freilich unerheblich ist, ob es sich um geldwerte Interessen oder nur um Zwecke des Vergnügens u. dgl. handelt (OVG. 59, 111). — Wer nicht im eigenen Interesse, sondern nur im Interesse des Eigentümers auf dessen Kosten einen Hund in Pflege genommen hat, kann daher nicht als Halter des Hundes angesehen werden (OVG. 59, 111). — Nicht der Kläger in S. (ein Wächter), sondern die Lagergesellschaft in K. „hält" den Hund; sie hat den Hund für eigene Zwecke angeschafft und den Kläger angewiesen, den Hund gegen Entschädigung zu verpflegen und mit ihm den Wachtdienst auf ihrem Betriebsgrundstück zu verrichten (OVG. 66, 158).

b) **Hundehaltung durch Familienmitglieder.** Wo das Halten von Haustieren besteuert wird, sind Haustiere, welche die dem Hausstande des Haushaltungsvorstandes angehörigen Familienmitglieder halten, als vom Haushaltungsvorstande selbst gehalten anzusehen. Als Herr des Hauses hält er das Tier, welches seine Angehörigen ihm mit seiner Genehmigung ins Haus bringen; das Tier wird Teil seines Haushalts, auch wenn es nicht in sein Eigentum tritt (OVG. 41, 79). — Der Kläger war als Haushaltungsvorstand Halter des Hundes, den ihm sein Haushaltungsangehöriger (der Stiefsohn J.) mit seiner Genehmigung ins Haus gebracht hat. Als solcher konnte er zur Steuer herangezogen werden. Daran hat sich durch die Einziehung des J. zum Heeresdienst nichts geändert (VBl. 38, 518).

c) **Ort der Hundehaltung.** Ein Hund wird an dem Orte gehalten, an dem ihm Unterkunft — in der Regel auch seine Nahrung — gewährt wird, an dem er einem Haushalt als „Haustier" zugehört. Dieser Haushalt braucht nicht notwendig derjenige des Hundehalters selbst zu sein, es kann auch (vgl. OVG. 66, 158 oben) der eines Beauftragten sein (VBl. 38, 71).

d) **„Gewahrsam" im Gegensatz zum „Halten".** Die Gemeinden sind nur berechtigt, das Halten von Hunden zu besteuern. Wenn also nach der örtlichen Steuerordnung neben demjenigen, der den Hund hält, auch diejenige Person, in deren Verwahrung sich der Hund befindet, steuerpflichtig gemacht werden soll, so ist die Bestimmung gesetzwidrig und rechtsungültig (VBl. 37, 106). — Die Entrichtung der Abgabe kann nur von dem Abgabepflichtigen selbst gefordert werden, und für abgabenpflichtig erklärt werden kann mit Rechtswirkung nach § 16 KAG. nur derjenige, der einen Hund „hält", nicht auch derjenige, der einen Hund „verwahrt", sofern unter dem Verwahren etwas anderes als unter dem Halten verstanden wird (OVG. 66, 157). — Der Rechtsbegriff des Haltens setzt eine auf gewisse Dauer bemessene und im Interesse des Halters oder seiner Hausgenossen begründete Zugehörigkeit des Hundes zum Haushalte des Halters voraus. Er wird nicht schon durch den bloßen Gewahrsam des Hundes erfüllt (E. v. 26. XI. 1929. II. C. 17. 29). — Es genügt also nicht die einstweilige Fürsorge für den Hund (E. v. 18. VI. 1918. II. C. 90. 18).

e) **Handelshunde.** Auch derjenige, welcher Hunde zum Zwecke des Handels mit ihnen im Besitz hat und ihnen Pflege, Obdach und Nahrung gewährt, „hält" diese Hunde im Sinne des § 16 KAG. (VBl. 25, 684; E. v. 20. I. 1920. II. C. 163. 19). — Die örtliche Steuerordnung befreit Personen, die Handel mit Hunden betreiben, von der Steuer für solche Hunde, welche sie als Handelsgegenstände besitzen, sofern die Hunde nicht frei auf der Straße umherlaufen. Damit will die Steuerordnung, weil nach der E. VBl. 17, 352 zu den zum Gewerbe unentbehrlichen Hunden nicht auch solche gehören, die der Hundehalter als Objekte des Hundehaltens hat und verwertet, gerade auch für diese Hunde Steuerfreiheit bestimmen. Nun wird im allgemeinen nicht ausgeschlossen sein, daß in einem Falle, in dem der Hundehandel aus Züchtung junger Hunde und deren Verkauf besteht, auch die Zuchthunde selbst Gegenstand des Handels sind, weil sie, wenn auch nicht vielleicht jederzeit zum Verkauf gestellt, in der Regel doch dann durch Verkauf verwertet werden, wenn sie zur Zucht nicht mehr brauchbar sind oder durch jüngere oder bessere Hunde zweckmäßig ersetzt werden. Auch in solchem Falle würden die Zuchthunde Handelsgegenstände sein. Hier ist festgestellt, daß die Zuchthunde der Klägerin unverkäuflich sind und nur zu Zuchtzwecken gehalten werden. Dann sind sie für den Gewerbebetrieb der Klägerin, der gerade in dem Verkauf und der Nachzucht der Hunde besteht, unentbehrlich. An der E. VBl. 20, 320, in der ausgesprochen ist, daß zur Hundezüchterei und zum Hundehandel gehaltene Hunde nicht als zum Gewerbe unentbehrlich anzusehen sind, kann nicht festgehalten werden, sofern eine solche Annahme in jedem Falle ausgeschlossen sein soll, insbesondere dann, wenn eine Ordnung allgemein — ohne besondere Maßgaben — zum Gewerbe unentbehrliche Hunde und von Hundehändlern als Handelsgegenstände gehaltene Hunde als steuerfrei erklärt und wenn der Hundehandel gerade in dem Verkaufe selbstgezüchteter Hunde besteht (VBl. 36, 811).

IV. Befreiungsgründe.

a) **Unentbehrlichkeit.** In dem Ausdrucke „Bewachung" liegt begriffsmäßig die Absicht der Abkehr von Schäden oder Angriffen, die von außen her oder durch Dritte gegen die zu bewachenden Gegenstände unternommen werden könnten. Soll ein Hund verhüten, daß Vieh nicht über die Grenze weidet, d. h. die Nachbarn schädigt, so wird der Hund vom Eigentümer nicht zur Bewachung gehalten (VBl. 24, 466). —

Eine absolute Unentbehrlichkeit zur Bewachung im Sinne des § 5 ist vorhanden, wenn der Hundehalter solche Einrichtungen getroffen hat, welche auch bei strengeren Anforderungen von jedem sorgsamen Hausvater billigerweise verlangt werden dürfen, und diese nicht ausreichen, um einen Hund entbehrlich zu machen (PVBl. 39, 66). — Ein Hund ist zur Bewachung dann unentbehrlich, wenn trotz Aufwendung der Sorgfalt eines ordentlichen Hausvaters noch ein Maß von Unsicherheit bestehenbleibt, welches das Halten eines Hundes nach allgemeiner vernünftiger Anschauung verlangt (E. v. 6. V. 1919. II. C. 18. 15). — Der Begriff der Unentbehrlichkeit ist dann erfüllt, wenn das Gewerbe nach vernünftigem Ermessen ohne Benutzung eines Hundes wirtschaftlich nicht betrieben werden kann (OVG. 41, 75). — Die Vorschrift, daß die für gewerbliche Zwecke unentbehrlichen Hunde steuerfrei sind, trifft die in der Landwirtschaft unentbehrlichen Hunde nicht ohne weiteres (OVG. 41, 75).

b) **Einzeln belegenes Gehöft.** Ein einzeln belegenes Gehöft ist keineswegs identisch mit einem außerhalb des geschlossenen Dorfes belegenen, sobald man unter dem „geschlossenen Dorfe" die Dorflage im Gegensatz zur Feldmark versteht. Die in der Feldmark befindlichen Gehöfte (Abbaugehöfte, Abbauten, Ausbauten) werden unter Umständen nicht als einzeln belegen gelten können, z. B. wenn mehrere derselben in großer Nähe zueinander liegen, während anderseits unter Umständen ein in der Dorflage befindliches Gehöft als einzeln belegen wird anerkannt werden müssen (PVBl. 20, 202). — Gehöft ist nicht notwendig eine Mehrheit von Gebäuden, deren eins ein Wohnhaus ist, sondern unter Umständen auch ein einzelnes Wohngebäude nebst dem zu ihm gehörigen Hofe oder Hausgarten. Unerläßliche Voraussetzung für die Annahme, daß ein einzelnes Wohngebäude ein Gehöft im Sinne der Steuerordnung darstelle, ist dessen wirtschaftliche Selbständigkeit gegenüber anderen anstoßenden oder benachbarten Gebäuden und Anwesen. Namentlich darf es an einem eigenen Zugange nach einem Wege nicht fehlen (OVG. 44, 74). — Wie das Wort „einzeln" ergibt, ist erforderlich, daß sich in einem gewissen Umkreise keine sonstigen Ansiedlungen befinden (E. v. 13. II. 1923. II. C. 141. 22). — Als „Gehöft" kann nur das gesamte Grundstück, bebaute Teile und Garten, in Betracht kommen (E. v. 16. X. 1917. II. C. 309. 17). — Ist in der Steuerordnung die Einzellage dadurch bestimmt, daß das Gehöft eine bestimmte Anzahl von Metern von anderen entfernt sein soll, so ist die Entfernung nach der geraden Linie von Wand zu Wand zu bemessen (OVG. 36, 87).

c) **Hirtenhunde, Fleischerhunde, Warenvorräte.** Hirtenhunde. Nur der Hund eines Hirten, der diesem zum Betriebe seines Gewerbes dient, und nur die das Hirtengewerbe betreibende Person ist von der Steuer befreit (PVBl. 27. 934). — Wie als der im Gewerbe regelmäßig unentbehrliche „Fleischerhund" nur der einem „Fleischer" für diesen seinen Beruf dienende erachtet werden kann, so sind auch „Hirtenhunde" nur solche, die von berufsmäßigen Hirten für die Zwecke ihres Berufs gehalten werden, nicht aber alle diejenigen, die ein Landwirt oder ein sonstiger Viehbesitzer hält und durch seine Angehörigen oder sein Gesinde auch beim Hüten des Viehes benutzen läßt (PVBl. 19, 412). — Warenvorräte sind Vorräte von Waren im eigentlichen Sinne, d. h. von solchen beweglichen Sachen, die entweder in Natur oder nach einer Bearbeitung oder Verarbeitung weiter veräußert werden sollen, oder, wie sich Art. 335 HGB. ausdrückt, „Handelsgut" (PVBl. 19, 510). Die für den eigenen Wirtschaftsbedarf des Hundebesitzers nötigen Vorräte an Brennholz, Stroh u. dgl. sind ebensowenig wie die in der eigenen Wirtschaft zu verwendenden Produkte, wie Kartoffeln, Rüben, Obst u. dgl., Warenvorräte (PVBl. 19, 510). — Unter Berücksichtigung aller besonderen Umstände ist darüber zu befinden, ob der Hund nach vernünftiger allgemeiner Anschauung zur Bewachung von Warenvorräten unentbehrlich erscheint (PVBl. 20, 320).

Anm. Sind Hunde „im Polizeidienst" örtlich steuerfrei, so gilt dies auch für Hunde, die im Bahnpolizeidienst verwendet werden (E. v. 25. X. 1927. II. C. 188. 26).

— **Kettenhund.** Ein an der Kette gehaltener Hund hört nicht auf, diese Eigenschaft zu besitzen, wenn er zeitweise innerhalb eines umschlossenen Raumes von der Kette gelöst wird (PVBl. 21, 585).

V. Steuerabschnitt. Steuerpflichtiger Zeitraum.

Es besteht kein Bedenken, daß die Steuer in vollen Halbjahrsbeträgen, auch wenn der Hund nur während eines Teiles des Halbjahrs gehalten wird, verlangt werden darf (OVG. 45, 177). — Die Verpflichtung zur Entrichtung der Hundesteuer und damit die Berechtigung der Gemeinde, die Steuer zu fordern, entsteht während der Dauer des Haltens eines Hundes in jedem Zeitpunkte neu. Für die Höhe der Steuerschuld ist aber das zur Zeit der Entstehung der Steuerforderung geltende örtliche Recht maßgebend (OVG. 52, 133).

Steuerpflichtig ist die den Steueranspruch begründende Tatsache des Haltens von Hunden, solange dies unter der Herrschaft der Steuerordnung innerhalb eines Zeitabschnitts, für den die Steuer erhoben wird, stattgefunden hat (OVG. 59, 113). — Eine Hundesteuerordnung darf wohl für die Nichtabmeldung eines Hundes Ordnungsstrafen androhen, aber sie darf nicht das Halten eines Hundes in dem Zeitraum, in dem er tatsächlich innerhalb des Gemeindebezirkes nicht gehalten worden ist, unterstellen (OVG. 59, 113).

VI. Veranlagung für Kreis und Gemeinde.

Wenn Kreis- und Gemeindehundesteuer nebeneinander bestehen, so kann die Gemeinde, der die Einziehung der Kreissteuer übertragen ist, beide Steuern mit derselben Veranlagungsverfügung einziehen; jedoch muß der Kreis- und Gemeindesteuerbetrag als solcher erkennbar sein, damit der Steuerpflichtige die zulässigen Rechtsmittel einlegen kann (OVG. 30, 109).

Freischein. Wird die Erteilung einer Bescheinigung, daß für ein Steuerjahr Steuerfreiheit gewährt wird, abgelehnt, so bedeutet diese Ablehnung noch keine Heranziehung (OVG. 41, 71). — Die Erteilung eines Freischeins ist auch keine notwendige Voraussetzung für die Befreiung von der Steuer (OVG. 47. 103).

Hebeliste und besondere Heranziehung. Soweit bei indirekten Steuern die Aufstellung einer Hebeliste überhaupt ausführbar ist, stellt ihre Auslegung doch nicht die entscheidende Heranziehung dar; diese erfolgt vielmehr erst durch die Aufforderung zur Zahlung, mit welcher also auch der Lauf der Einspruchsfrist erst beginnen kann. Hiernach ist die Vorschrift der Hundesteuerordnung, welche die Einspruchsfrist mit dem Tage nach Ablauf der Frist für die Auslegung der Heberolle beginnen läßt, rechtsungültig (OVG. 52, 136 und 59, 109).

II. Jagdsteuer.

Ordnung, betreffend die Erhebung einer Jagdsteuer im Land- (Stadt-) Kreise ....[1]).

Auf Grund der §§ 6, 16, 17 und 20a des Kreis- und Provinzialabgabengesetzes vom 23. April 1906 in der Fassung der Novelle vom 26. August 1921 (GS. S. 495) und des Kreistagsbeschlusses vom ...... wird für den Landkreis ...... nachstehende Steuerordnung erlassen.

[Auf Grund der §§ 13, 18, 69, 70 und 82 des Kommunalabgabengesetzes vom 14. Juli 1893 in der Fassung der Novelle vom 26. August 1921 (GS. S. 495) und des Beschlusses der Stadtverordnetenversammlung vom ...... wird für den Stadtkreis ...... nachstehende Steuerordnung erlassen.]

§ 1.

Jagdsteuerpflichtig ist jeder, der auf Grundstücken, die im Landkreise (Stadtkreise) ...... belegen sind, das Jagdrecht ausübt oder durch Dritte ausüben läßt.

§ 2.

(1) Die Steuer beträgt jährlich ...... v. H. des Pachtpreises.

(2) Die Steuer erhöht sich auf ... v. H., wenn der Jagdberechtigte seinen ständigen Wohnsitz außerhalb des Kreises, aber innerhalb des Deutschen Reichs hat. Für Jagdberechtigte mit ständigem Wohnsitz außerhalb des Deutschen Reichs erhöht sich die Steuer auf ... v. H. des Pachtpreises[2]).

(3) Als Pachtpreis gilt das vom Pächter auf Grund des Pachtvertrages zu entrichtende Pachtgeld einschließlich etwaiger Nebenleistungen. Der Geldwert der Nebenleistungen wird, soweit erforderlich, vom Kreisausschuß (Gemeindevorstand) nach Anhörung eines von ihm zu benennenden geeigneten Sachverständigen festgestellt.

(4) Bei nichtverpachteten Jagden gilt als Pachtpreis der Preis, der nach der Beschaffenheit der Jagd unter Berücksichtigung aller den Pachtpreis beeinflussenden Umstände gewöhnlich bei einer Verpachtung zu erzielen wäre; ungewöhnliche, nicht in der jagdlichen Eignung begründete Preisverhältnisse sind hierbei nicht zu berücksichtigen. Bei glaubhaftem Nachweis der tatsächlichen Roheinnahme aus der Jagd hat auf Antrag des Steuerpflichtigen das Doppelte der Roheinnahme als Pachtpreis zu gelten.

(5) Ausnahmsweise kann der im Abs. 4 bezeichnete Preis auch bei verpachteten Jagden als Pachtpreis zugrunde gelegt werden, wenn das im Vertrage ausbedungene Pachtgeld einschließlich der Nebenleistungen offensichtlich niedriger als dieser Preis ist.

§ 3.

Die Ausübung der Jagd in nichtverpachteten Jagden des Staates bleibt steuerfrei.

§ 4.

Der Kreisausschuß (Magistrat, Bürgermeister) kann für einzelne Fälle Steuern, deren Einziehung nach Lage der Sache unbillig wäre, ganz oder zum Teil erlassen oder in solchen Fällen die Erstattung oder Anrechnung bereits entrichteter Steuern verfügen.

§ 5.

Die Steuerpflicht beginnt mit dem ersten Tage desjenigen Kalendervierteljahres, in welchem die Voraussetzung des § 1 eingetreten ist. Sie endigt mit dem letzten Tage desjenigen Kalendervierteljahres, in welchem die Voraussetzung des § 1 weggefallen ist[3]).

§ 6.

(1) Die Jagdberechtigungen auf Grundstücken des Land- (Stadt-) Kreises sind binnen vier Wochen nach Inkrafttreten dieser Steuerordnung vom Steuerpflichtigen dem Kreisausschuß (Magistrat, Bürgermeister) unter Beifügung des Pachtvertrages zur Besteuerung anzuzeigen.

(2) Im übrigen sind Anfang und Ende der Steuerpflicht sowie alle Ereignisse, die eine Abänderung der Veranlagung bedingen, insbesondere Weiterverpachtungen, innerhalb zwei Wochen nach ihrem Eintritt dem Kreisausschuß (Magistrat, Bürgermeister) zur Kenntnis zu bringen.

§ 7.

Die Veranlagung erfolgt durch den Kreisausschuß (Magistrat, Bürgermeister) mittels schriftlichen Veranlagungsschreibens, bei mehrjähriger Steuerpflicht für jedes Steuerjahr besonders.

§ 8.

(1) Die Steuer ist in vierteljährlichen Raten im voraus am 1. jedes Kalendervierteljahres an die Kreiskommunalkasse (Stadtkasse) zu zahlen.

(2) Mehrere Steuerpflichtige im Sinne des § 1 haften für die Steuer als Gesamtschuldner.

(3) Steuern, die innerhalb eines Monats nach der Fälligkeit nicht bezahlt sind, unterliegen der Beitreibung im Verwaltungszwangsverfahren nach Maßgabe der Verordnung vom 15. November 1899 (GS. S. 545) in der Fassung der Verordnung vom 29. April 1921 (GS. S. 381).

§ 9.

(1) Gegen die Heranziehung zur Steuer steht dem Steuerpflichtigen binnen einer Frist von vier Wochen der Einspruch bei dem Kreisausschuß (Magistrat, Bürgermeister) zu und gegen dessen Beschluß innerhalb einer Frist von zwei Wochen die Klage im Verwaltungsstreitverfahren.

(2) Durch Einspruch und Klage wird die Verpflichtung zur Zahlung der Jagdsteuer nicht aufgeschoben.

§ 10.

Zuwiderhandlungen gegen die Bestimmungen dieser Ordnung unterliegen einer Strafe bis zu 1000 M. Wer in der Absicht der Steuerhinterziehung bei dem Kreisausschuß (Magistrat, Bürgermeister) auf die an ihn gerichteten Fragen oder bei der Begründung eines Einspruchs unrichtige oder unvollständige Angaben macht, wird mit dem 4—10fachen Betrage der stattgehabten oder beabsichtigten Verkürzung, mindestens aber mit einer Geldstrafe von 100 M. bestraft[4]).

1. Fassung gemäß MinErl. v. 24. III. 1922 (MBliV. S. 369); 9. XII. 1922 (MBliV. S. 1235); 8. VI. 1924 (MBliV. S. 619); 7. I. 1925 (MBliV. S. 20); 29. IV. 1926 (MBliV. S. 427); 14. VII. 1926 (MBliV. S. 685); 26. III. 1927 (MBliV. S. 345).

2. Staffelung für nicht kreisangehörige Jagdberechtigte. Personen, die im Kreise zwar keinen Wohnsitz, aber Grundbesitz haben und auf diesem Grundbesitz oder dazugepachtetem Besitz das Jagdrecht ausüben, können von der schärferen Heranziehung nicht kreisangehöriger Jagdberechtigter ausgenommen werden (MBliV. 1925 S. 20). Die Anwendung des einfachen Steuersatzes ist schon dann begründet, wenn jemand im Kreise Grundbesitz hat und auf diesem Grundbesitz oder dazugepachteten Besitz das Jagdrecht ausübt, gleichviel ob die Größe des eigenen Grundbesitzes diesen zum Eigenjagdbezirk macht oder nicht (E. v. **29. I. 1929.** II. C. 141. 28).

3. Der Paragraph kann durch eine Bestimmung des Inhalts ergänzt werden, daß bei der Weiterverpachtung einer Jagd die gezahlte auf die zu zahlende Steuer angerechnet wird, wenn und insoweit die Vorschriften über Anfang und Ende der Steuerpflicht eine zeitweilige Doppelbesteuerung zur Folge haben (MBliV. 1922 S. 1235).

4. Vgl. wegen der Geldstrafen §§ 79, 82 KAG., § 17 KrPrAbgGes.

Inhaltsübersicht.

I. Steuerart und Steuergläubiger.

Die auf die Ausübung des Jagdrechts gelegte Steuer ist eine indirekte Steuer und kann als solche gemäß § 6 KrProvAbgG. von den Kreisen erhoben werden (OVG. 79, 10).

II. Steuergegenstand.

1. Umfang der Ausübung des Jagdrechts. Steuergegenstand ist nicht das Jagdrecht als der Inbegriff bestimmter rechtlicher Befugnisse des Inhabers und losgelöst von jeder Rechtsbetätigung, vielmehr ausschließlich die Ausübung jenes Rechts (OVG. 79, 10). — Eine Besteuerung des Jagdrechts als solchen ist eine direkte Steuer, deren Einführung gegen § 6 KrProvAbgG. verstößt (OVG. 81, 86).

Die steuerpflichtige Ausübung des Jagdrechts umfaßt außer der den wichtigsten Inhalt dieses Rechts bildenden Jagdausübung (Tierfang) auch die Wildpflege und -hege (Jagdschutz, Abschuß von Raubzeug, Fütterung des Nutzwildes), ferner die Aneignung von Fallwild sowie von Eiern und Jungen jagdbarer Tiere und die Tötung wildernder Hunde und Katzen. Nicht dagegen ist schon in der Verpachtung der Jagd oder in der Anstellung eines Jägers, also lediglich in dem Akte der Übertragung des Jagdrechts oder der Befugnis zu seiner Ausübung auf einen Dritten, eine Ausübung des Jagdrechts im Sinne der Steuerordnung zu sehen. Eine solche setzt vielmehr stets eine materielle Ausübung von Einzelbefugnissen voraus, die im Jagdrecht enthalten sind (OVG. 84, 128).

2. Als Jagdbezirke im Sinne des Jagdsteuerrechts sind bei Pachtjagden die durch einen einheitlichen Jagdpachtvertrag ver- oder erpachteten Flächen und bei selbstbejagten Eigenjagdbezirken die einzelnen Eigenjagdbezirke anzusehen (OVG. 84, 127).

3. Ausübung des Jagdrechts auf Pachtjagden. Die zivilrechtliche Nichtigkeit eines Pachtvertrages führt nicht zur Freistellung von der Jagdsteuer, sofern der Jagdpächter im guten Glauben an die Gültigkeit des Pachtvertrages (insbesondere also, wenn die Nichtigkeit des Vertrages nicht von irgendeiner Seite behauptet oder etwa behördlich festgestellt war) die Jagd ausgeübt hat (E. v. 13. XII. 1927. II. C. 48. 27; E. v. 4. V. 1928. II. C. 150. 27). — Unstreitig hat der Kläger auf Grund eines von ihm für gültig erachteten und auch von dem zuständigen Landrat genehmigten Jagdpachtvertrages das Jagdrecht ausgeübt. Dieser Tatbestand genügt zur Begründung der Steuerpflicht des Klägers nach den für die Jagdrechtsausübung auf Pachtjagden geltenden Vorschriften (VBl. 50, 592).

4. Auf Eigenjagden. Auch die Ausübung des Jagdrechts in nicht verpachteten Jagdbezirken (Eigenjagdbezirken) ist steuerpflichtig (OVG. 79, 10).

III. Steuermaßstab.

A. Gleichmäßige Besteuerung von Pacht- und Eigenjagden.

Ungültig ist eine Steuerordnung, wonach die Steuer für die Ausübung des Jagdrechts in Eigenjagden einerseits und in gepachteten Jagden anderseits nach zwei verschiedenen Maßstäben unter Bevorzugung der Eigenjagden erfolgt (E. v. 15. III. 1927. II. C. 139. 26).

B. Der Pachtpreis als Maßstab.

a) **Bei Pachtjagden** (s. Anm. a). Die Veranlagung hat nach dem als Gegenleistung für die Überlassung des Jagdrechts vereinbarten Pachtpreise zu erfolgen, wobei die Beweggründe für die Bemessung der Pacht bedeutungslos sind (E. v. 12. V. 1925. II. C. 92. 24). — Für den Pachtpreis ist in erster Linie der Pachtvertrag maßgeblich (E. v. 12. V. 1925. II. C. 92. 24); s. unter II 3. — Die Steuerberechnung erfolgt nach dem vom Kläger auf Grund des Pachtvertrages für das Rechnungsjahr 1924 zu entrichtenden Pachtgeld. Dabei bleibt es für die rechtliche Beurteilung belanglos, ob der vereinbarte Pachtzins im voraus, in Raten oder nachträglich zahlbar ist. Wenn ein bestimmter Gesamtbetrag für eine zwölfjährige Pachtperiode im voraus gezahlt ist, so ist für 1924 ein entsprechender Teilbetrag als Pachtzins zugrunde zu legen. Deshalb ist der Freistellungsantrag des Klägers, der darauf gestützt wird, daß er 1913 den Pachtpreis im voraus bezahlt habe und er für 1924 ein Pachtgeld daher nicht zu entrichten habe, unbegründet. Unerheblich ist es aber, ob der Pachtzins in dem streitigen Steuerjahr, ob er vorher oder nachher zu zahlen war und tatsächlich gezahlt worden ist (E. v. **1. XII. 1925.** II. C. 147. 25). — Die gezahlte Jagdpacht ist nicht Steuerobjekt, sondern sie bildet den Maßstab für die Festsetzung der Steuer. Daher kann auch eine im voraus gezahlte Jagdpacht bei nachträglichem Erlaß einer Steuerordnung herangezogen werden (E. v. 22. **I. 1929.** II. C. 41. 28).

b) **Fingierter Pachtpreis: 1. bei Eigenjagden.** Die in dem Ortsgesetz in Übereinstimmung mit der Musterordnung vorgesehene Berechnung des fingierten Pachtpreises für die Eigenjagden nach dem bei einer Verpachtung voraussichtlich zu erzielenden Pachtpreis ist als eine der Willkür des Steuergläubigers entzogene und darum zulässige Norm anzusehen (E. v. **11. I. 1927.** II. C. 110. 26). — Die Anwendung der Roheinnahme als Besteuerungsmaßstab für Eigenjagden stellt keine ungerechtfertigte Bevorzugung der Eigenjagdbesitzer und keine unzulässige Ungleichheit in Normen und Sätzen dar (E. v. **3. V. 1929.** II. C. 99. 28).

Anm. Unzulässig ist es, die vor und nach dem 1. Dezember 1923 (Ablauf der Inflation) verpachteten Jagden in zwei verschiedenen Klassen nach verschiedenen Maßstäben der Besteuerung zu unterwerfen (E. v. **20. XII. 1929.** II. C. 91. 29).

2. **Bei Pachtjagden.** Die Anwendung des fingierten Pachtzinses als Maßstab auch bei Pachtjagden ist in Ausnahmefällen zulässig, um die Gleichmäßigkeit der Besteuerung auch dann sicherzustellen, wenn der Pachtpreis außergewöhnlich niedrig festgesetzt ist (OVG. **82,** 75). — Für die Ermittlung dieses fingierten Pachtpreises bilden die für gleichartige Jagden gezahlten Pachtpreise eine brauchbare, im Streitverfahren nachprüfbare Grundlage (E. v. **23. VI. 1927.** II. C. 16. 27).

c) **Pachtpreis und Jagdbezirk.** Der Pachtzins wird bei Pachtjagden für eine bestimmte verpachtete Fläche einheitlich festgestellt, daher fehlt es für die einzelnen Teile einer so verpachteten Fläche an einem vereinbarten Pachtpreise; der Besteuerungsmaßstab erfaßt daher auch diejenigen Teile des Pachtreviers, auf welchen die Jagd ruht. Dasselbe trifft auch auf Eigenjagden zu. Bei ihnen liegt ein vereinbarter Pachtpreis nicht vor; daher gilt für sie nach der Vorschrift in § 2 Abs. 3 a. a. O. als Pachtpreis der bei einer etwaigen Verpachtung vermutlich zu erzielende (fingierte) Preis. Wenn die Verpachtung des Eigenjagdbezirks in dieser Weise fingiert wird, so muß der Eigenjagdbezirk ebenso behandelt werden wie eigentliche Pachtbezirke, d. h. es ist auch der vermutliche Pachtpreis einheitlich für das ganze Revier ohne Rücksicht darauf zu ermitteln, ob auf einzelnen Teilen die Jagdausübung ruht. Der Steuerordnung gegenüber bildet daher der Eigenjagdbezirk mit dem für seine ganze Ausdehnung zu ermittelnden fingierten Pachtpreis ebenso ein einheitliches Objekt wie eine Pachtjagd mit dem für das ganze Pachtrevier vereinbarten Pachtpreise (E. v. **28. II. 1928.** II. C. 54. 27).

d) **Nebenleistungen des Jagdpächters.** Übernimmt der Jagdberechtigte außer der Zahlung des Pachtgeldes Leistungen, die in der Tat ein Entgelt für die Jagdausübung darstellen, so sind dies Nebenleistungen. Die tatsächlichen Feststellungen rechtfertigen aber nicht den Schluß, daß der Beitrag zu den Kosten der Straßenbesserung die Natur eines solchen Entgelts hätte. Das wäre nur anzunehmen, wenn der Kläger die Jagd mit Rücksicht auf diesen Beitrag zu einem geringeren Pachtpreis erhalten hätte, als ohne den Beitrag von ihm gefordert worden wäre. Denn nur wenn der Jagdberechtigte den Beitrag an Stelle eines anderenfalls geforderten Mehr an Pachtgeldern geleistet hat, hat er ihn als Entgelt für die Jagdausübung geleistet (E. v. **4. V. 1928.** II. C. 145. 27). Nebenleistungen sind mit dem vollen in jedem einzelnen Jahre gezahlten Betrage bei der Veranlagung für das betreffende Jahr in Rechnung zu stellen, ohne daß es bedeutungsvoll wäre, ob diese Leistungen nur für ein Jahr oder für mehrere Jahre gelten (E. v. **4. V. 1928.** II. C. 145. 27). — Ob der Pachtpreis einschließlich der vereinbarten und tatsächlich geleisteten Nebenleistungen die sonst üblichen Pachtpreise erheblich überschreitet, hat der Verwaltungsrichter nicht nachzuprüfen, da der tatsächlich vereinbarte und auch geleistete Pachtpreis einschließlich der Nebenleistungen, auch wenn dadurch die üblichen Pachtpreise überschritten werden, der Steuer zugrunde zu legen ist (VBl. 50, 592; E. v. 23. IV. 1929. II. C. 92. 28).

IV. Staffelung der Steuersätze.

1. Wohnsitz als Voraussetzung. In den Steuerordnungen können die Steuersätze, je nachdem die Jagdberechtigten innerhalb oder außerhalb des Kreises wohnen, verschiedenartig bemessen werden. Eine solche Vorschrift stellt keine Verletzung der Art. 109, 110 der Reichsverfassung dar (OVG. 80, 42).

2. Kreisangehörige, Nichtkreisangehörige. Wenn die Erhöhung der Jagdsteuer davon abhängig gemacht wird, ob jemand außerhalb des Kreises wohnt, so ist dies offenbar gleichbedeutend damit, ob der Steuerpflichtige Kreisangehöriger ist oder nicht (vgl. MBliV. 1922 S. 1237; 1924 S. 620). Die Kreisangehörigkeit wird durch den Wohnsitz im Kreise bedingt nach näherer Vorschrift des § 6 der Kreisordnung. In dieser Vorschrift ist der Wohnsitz im Sinne des Bürgerlichen Gesetzbuchs gemeint (vgl. OVG. 43, 6); nach § 7 daselbst begründet, wer sich an einem Orte ständig niederläßt, dort seinen Wohnsitz (OVG. 81, 88). — Unter „Kreisangehöriger" oder „Kreiseingesessener" im Sinne einer Jagdsteuerordnung ist eine Person zu verstehen, die im Kreise ihren Wohnsitz hat. Folglich muß im Gegensatze hierzu als „Kreisfremder" eine Person angesehen werden, die ihren Wohnsitz außerhalb des Kreises hat (VBl. 49, 850).

Zu 2: **Kreisangehöriger Mitpächter.** Ein im Kreise nicht angesessener Jagdpächter hat die erhöhte Steuer auch dann zu zahlen, wenn sein Mitpächter Kreisangehöriger ist (VBl. 47, 226).

3. Wohnsitz außerhalb des Deutschen Reichs. Nur der Wohnsitz, nicht etwa daneben noch die Staatsangehörigkeit ist die Voraussetzung für eine verschiedenartige Bemessung der Steuersätze. Aus der Bestimmung im Teile X Kap. 4 § 276 c des Friedensvertrages (RGBl. 1919 FriedVertr. S. 1084), wonach die Staatsangehörigen der alliierten und assoziierten Mächte keinen höheren Abgaben als die Angehörigen des Reichs unterworfen werden dürfen, kann daher schon aus diesem Grunde ein Bedenken gegen die Vorschrift in § 2 Abs. 2 der Steuerordnung nicht entnommen werden (VBl. 47, 433). — Unter „Jagdpächtern mit ständigem Wohnsitz außerhalb des Deutschen Reiches" sind im Sinne der Jagdsteuerordnung nicht solche Personen zu verstehen, die im Auslande einen Wohnsitz erlangt haben, sondern solche Personen, die einen Wohnsitz im Deutschen Reiche nicht haben (E. v. 4. V. 1928. II. C. 150. 27).

V. Unzulässigkeit des Jagdwerts als Steuermaßstab.

Das OVG. hat den Maßstab des Jagdwerts ohne nähere Begriffsmerkmale, welche jede Steuerwillkür seitens des Steuergläubigers ausschließen, für unzulässig erklärt in E. v. 12. V. 1925. II. C. 92. 24; v. 20. IV. 1926. II. C. 145. 26 und v. 12. X. 1926. II. C. 227. 25. — Rechtsungültig ist eine Vorschrift, wonach bei offensichtlichem Mißverhältnisse zwischen vertraglichem Pachtpreis und tatsächlichem Pachtwert an die Stelle des Pachtpreises der vom Kreisausschusse nach Anhörung eines staatlichen Forstbeamten als Sachverständigen festzusetzende Pachtwert treten soll (E. v. 10. I. 1928. II. C. 61. 68).

VI. Steuerabschnitt.

Das am 4. Juni 1926 zustande gekommene Ortsrecht konnte bereits vom 1. April 1926 ab zur Anwendung kommen, weil für Beginn und Ende der Steuerpflicht das Kalendervierteljahr als Einheit vorgeschrieben ist (VBl. 50, 176). — Ungültig ist eine ortsrechtliche Vorschrift, wonach die Steuerpflicht mit dem ersten Tage des Pachtjahres, in welchem das Jagdrecht ausgeübt wird, beginnen soll (E. v. 25. II. 1930. II. C. 109. 29).

VII. **Besondere Steuerarten.**

1. **Steuern auf Hochsitze, Tiefsitze und Jagdhütten.** Nach der Steuerordnung soll für jeden in einem verpachteten Jagdbezirk errichteten Hochsitz oder Tiefsitz und für jede Jagdhütte eine besondere Steuer erhoben werden. Der für alle indirekten Steuern geltende Grundsatz der gleichmäßigen Besteuerung aller gleichartigen steuerlichen Tatbestände erfordert hinsichtlich der Jagdsteuer, wie das Oberverwaltungsgericht in ständiger Rechtsprechung entschieden hat (vgl. VBl. 49, 28), daß die Pachtjagden mit den Eigenjagden grundsätzlich gleichmäßig zur Steuer herangezogen werden. Dieser Grundsatz wird durch die bezeichnete Bestimmung, welche nach ihrem klaren Wortlaute nur auf verpachtete Jagdbezirke, nicht aber auf Eigenjagdbezirke Anwendung finden soll, verletzt, die Vorschrift kann daher als rechtsgültig nicht angesehen werden (OVG. 82, 77). — Die Steuerordnung macht die Steuerpflicht von dem Vorhandensein von Jagdsitzen abhängig, gleichgültig, ob sie zur Ausübung des Jagdrechts benutzt werden oder nicht. Damit wird die Steuerpflicht nicht von einem Vorgang abhängig gemacht, dessen Eintritt regelmäßig nicht ohne weiteres im voraus bestimmbar ist, worin nach der Rechtsprechung des OVG. (vgl. OVG. 79, 10) ein maßgebendes Wesensmerkmal einer indirekten Steuer nach preußischem Recht besteht. Die Steuer soll vielmehr einen tatsächlichen Zustand, das Vorhandensein von Jagdsitzen umfassen. Damit wird sie zu einer direkten Steuer, deren Einführung den Kreisen nicht gestattet ist (VBl. 47, 492).

2. **Steuern auf Lappjagden.** Der § 1 der Jagdsteuerordnung, nach welchem grundsätzlich jeder, welcher das Jagdrecht ausübt oder durch Dritte ausüben läßt, für steuerpflichtig erklärt wird, schließt nicht aus, daß neben der nach dem Pachtpreise berechneten Steuer noch eine besondere Steuer für eine besondere Art der Ausübung des Jagdrechts erhoben wird. Eine derartige besondere Art der Jagdrechtsausübung stellt das Abhalten von Lappjagden dar (E. v. 11. V. 1926. II. C. 180. 25 und OVG. 81, 88).

3. **Steuern auf Jagderlaubnisscheine.** Nach der Steuerordnung des Kreises T. hat derjenige, der auf Grund eines gemäß § 75 der Jagdordnung v. 15. VII. 1907 vom Jagdinhaber erteilten Erlaubnisscheins zur Jagdausübung berechtigt ist, eine Steuer zu entrichten. Wenn in dieser Weise die Jagdberechtigung auf Grund von Erlaubnisscheinen der Besteuerung unterworfen wird, so ist das keine indirekte Steuer mehr, bedeutet vielmehr die Einführung einer neuen direkten Steuer, zu der der Kreis nicht befugt war (OVG. 81, 90).

III. Ankündigungssteuer.*)

(MinErl. 1921 S. 292, Mustersteuerordnung.)

Ordnung für die Erhebung einer Ankündigungssteuer in dem Bezirke der Gemeinde ......

§ 1.

(1) Wer innerhalb des Gemeindebezirks in seinem geschäftlichen oder sonstigen Interesse eine Ankündigung selbst oder durch einen anderen öffentlich anbringt, hat eine Gemeindesteuer zu entrichten.

(2) Als Ankündigungen gelten auch Aufschriften und Mitteilungen jeder Art, ferner, wenn sie eine Ankündigung ersetzen oder begleiten,

*) Zu neu beschlossenen Ankündigungssteuern soll die Zustimmung nicht erteilt und Anträgen auf Verlängerung geltender Ankündigungssteuern nicht stattgegeben werden (MBliV. 1930 S. 612).

Abbildungen, Lichtwirkungen, Bildwerke und plastische Figuren. Als Ankündigungen gelten nicht Zeitungen und Zeitschriften, die nicht nur den Zweck der Reklame haben, und Beilagen dazu.

(3) Werden mehrere, ihrem Inhalte nach verschiedene Ankündigungen verschiedener Personen oder Personenvereinigungen äußerlich zu einer Ankündigung vereinigt, so gilt jede davon als besondere Ankündigung.

(4) Eine Ankündigung ist als öffentlich anzusehen, wenn sie die Aufmerksamkeit einer unbestimmten Personenzahl auf sich zu lenken bestimmt ist.

(5) Unter Anbringen wird auch das Verteilen, Umherfahren, Umhertragen verstanden.

§ 2.

(1) Die Steuer beträgt bei einer Größe der zur Mitteilung benutzten Fläche:

a) bis zu 0,30 qm = ... Mark
b) bis zu 0,60 qm = ... Mark
c) bis zu 1,20 qm = ... Mark
d) über 1,20 qm = ... Mark

(2) Plastische Figuren sind nach dem nach Ziffer d zulässigen Steuersatze zu versteuern.

§ 3.

Die Steuersätze des § 2 gelten, wenn eine oder gleichzeitig 2—10 Ankündigungen der gleichen Art erfolgen. Die Steuer erhöht sich bei mehr als 10 bis einschließlich 50 gleichartiger, gleichzeitig zur Veröffentlichung gelangender Ankündigungen um 50 v. H., bei mehr als 50 Stück um 100 v. H.

§ 4.

Für Ankündigungen in farbigem Druck oder farbigem Licht ist das Doppelte der Steuersätze der §§ 2 und 3 zu zahlen.

§ 5.

Die Steuersätze der §§ 2—4 gelten, wenn die Ankündigungen bis zu 14 Tagen sichtbar sein sollen. Sollten sie länger sichtbar sein, so wird für einen Zeitraum bis zu 1 Monat ein Zuschlag von 50 v. H., für einen Zeitraum bis zu 3 Monaten ein Zuschlag von 75 v. H. und für einen Zeitraum von 3 Monaten bis zu einem Jahr ein Zuschlag von 100 v. H. erhoben.

§ 6.

(1) Ankündigungen von Theatern, Konzerten und ähnlichen Darbietungen mit wechselndem Programm, die weniger als 14 Tage

sichtbar sein sollen, werden mit einem Jahressteuersatze besteuert. Dieser beträgt 3/4 der Gesamtsumme, die nach Maßgabe der §§ 2—5 dieser Steuerordnung zu zahlen wäre.

(2) Sofern es sich um künstlerisch hochstehende Veranstaltungen (§ 21 der Bestimmungen über die Vergnügungssteuer) handelt, beträgt der Jahressteuersatz ½ der in Absatz 1 genannten Gesamtsumme.

§ 7.

Der Steuer unterliegen nicht:

1. Ankündigungen der Reichs-, Staats- und Kommunalbehörden sowie der öffentlichen Beamten in amtlichen Angelegenheiten, ohne Unterschied, ob sie die Ankündigungen selbst erlassen oder als solche mit ihrer ausdrücklichen Zustimmung im ausschließlichen öffentlichen Interesse ergehen;
2. Ankündigungen von kirchlichen und religiösen Veranstaltungen, sowie von denjenigen Veranstaltungen, die lediglich dem Unterricht an öffentlichen oder erlaubten privaten Unterrichtsanstalten dienen oder mit Genehmigung der Schulbehörden ausschließlich für Schüler solcher Anstalten und deren Angehörigen dargeboten werden, sowie der Ankündigungen über Volkshochschulkurse;
3. Ankündigungen über öffentliche Wahlen und deren Vorbereitung vom Tage der Bekanntmachung des Wahltermins bis einschließlich des Wahltags;
4. Fahrpläne und sonstige auf die Regelung des öffentlichen Verkehrs bezügliche Ankündigungen privater Verkehrsunternehmungen, soweit sie lediglich diesem Zwecke dienen;
5. Ankündigungen von Veranstaltungen, welche von den Ländern, einem Gemeindeverband oder einer Gemeinde im öffentlichen Interesse unternommen, unterhalten oder wesentlich unterstützt werden, sowie ferner von solchen Veranstaltungen, die ohne die Absicht auf Gewinnerzielung ausschließlich zum Zwecke der Kunstpflege oder der Volksbildung unternommen werden und von der Landesregierung als gemeinnützig ausdrücklich anerkannt sind;
6. Ankündigungen von Veranstaltungen, deren Ertrag ausschließlich und unmittelbar zu vorher anzugebenden mildtätigen Zwecken verwendet wird, sofern keine Tanzbelustigungen damit verbunden sind;
7. Ankündigungen in eigenen Geschäfts- oder Betriebsräumen, insbesondere auch Schaufenstern, wenn sie den eigenen Geschäftsbetrieb betreffen;

8. Firmenschilder, die an Gebäuden, in denen sich die Räume des Unternehmens befinden, oder an Fahrzeugen, die dem Unternehmen gehören, angebracht sind, sofern die Schilder lediglich die Namen der Firma bzw. der von ihr angebotenen Waren oder Dienstleistungen derselben enthalten, ferner althergebrachte Warenzeichen eines Handels- oder Gewerbezweigs, wenn sie nicht mit besonderen Anpreisungen verbunden sind;
9. Ankündigungen nicht gewerbsmäßiger Natur, sofern sie auf dem vom Ankündigenden bewohnten oder dem ihm gehörigen Grundstück erfolgen, insbesondere die Ankündigung der Veräußerung, Verpachtung oder Vermietung von Grundstücken, Gebäuden, Gebäudeteilen, sowie von beweglichen Sachen;
10. Ankündigungen, die lediglich Name, Beruf, Wohnung und Sprechzeit des Ankündigenden enthalten, sofern sie sich auf dem Grundstück oder in nächster Nähe des Grundstücks befinden, auf dem der Ankündigende seine berufliche Tätigkeit ausübt oder seine Wohnung hat;
11. Warnungstafeln aller Art.

§ 8.

Der Gemeindevorstand kann auf Antrag von der Steuer ganz oder teilweise befreien:

1. Ankündigungen von Veranstaltungen, die ausschließlich der Jugendpflege oder der Leibesübung dienen. Die Befreiung ist jedoch ausgeschlossen bei gewerbsmäßigen Veranstaltungen dieser Art und bei solchen, die mit Totalisatorwettbetrieben oder Tanz verbunden sind;
2. Mitteilungen und Ankündigungen, die sich auf wissenschaftliche, künstlerische und gemeinnützige Veranstaltungen beziehen, sofern jede Erwerbsabsicht dabei ausgeschlossen ist;
3. Ankündigungen jeder Art in Fällen, in denen die Einziehung der Steuer nach Lage der Sache eine außergewöhnliche Härte bedeuten würde.

§ 9.

(1) Alle Ankündigungen, für welche die Steuer nach dieser Ordnung zu entrichten ist, müssen mit Ausnahme der in § 6 gedachten unter Angabe der für die Steuerbehörde erforderlichen Merkmale vor ihrer Veröffentlichung zur Versteuerung angezeigt werden. Die Steuerstelle kann die Leistung einer angemessenen Sicherheit verlangen.

(2) Über die Ankündigungen der im § 6 bezeichneten Art ist für jedes Steuerjahr eine laufende Nachweisung zu führen, die Anzahl

und Steuermerkmale der betreffenden Ankündigungen enthält. Von der Einrichtung der Nachweisung ist der Steuerbehörde vor Erlaß der ersten steuerpflichtigen Ankündigung im Steuerjahre Kenntnis zu geben. Die Nachweisung ist der Steuerbehörde auf Verlangen jederzeit vorzulegen. Nach Ablauf des Steuerjahres, jedoch spätestens bis zum 15. April d. J. oder nach Ablauf der im Verlauf des Steuerjahres endenden Spielzeit, ist die Nachweisung der Steuerbehörde zur Festsetzung der Steuer vorzulegen. Anderweite Vereinbarungen bleiben den Beteiligten überlassen.

§ 10.

(1) Die Steuer ist zu entrichten, nachdem der Steuerbetrag dem Steuerpflichtigen bekanntgegeben ist.

(2) Über die erfolgte Zahlung der Steuer ist von der Steuerbehörde eine Bescheinigung zu erteilen, die auf Verlangen jederzeit vorzulegen ist.

(3) Für die Steuer haften neben dem Ankündigenden die Eigentümer der die Ankündigung enthaltenden oder tragenden beweglichen oder unbeweglichen Gegenstände, wenn die Ankündigung mit ihrer Zustimmung oder Duldung erfolgt ist, sowie die Personen, die das Anbringen (Verteilen usw.) selbst ausführen oder gewerbsmäßig ausführen lassen.

§ 11.

(1) Gegen die Heranziehung zur Steuer steht dem Steuerpflichtigen binnen 4 Wochen der Einspruch bei dem Gemeindevorstand offen. Gegen dessen Beschluß ist binnen 2 Wochen die Klage im Verwaltungsstreitverfahren zulässig.

(2) Durch Einspruch und Klage wird die Verpflichtung zur Zahlung der Steuer nicht aufgehalten.

§ 12.

Auf Zuwiderhandlungen und Steuerhinterziehungen finden die jeweils geltenden gesetzlichen Bestimmungen entsprechende Anwendung.

§ 13.

Diese Steuerordnung tritt mit dem auf die Veröffentlichung folgenden Tag in Kraft.

Inhaltsübersicht.

1. **Rechtsgültigkeit kommunaler Ankündigungssteuerordnungen.** Die Ankündigungssteuer ist eine indirekte Steuer; sie steht mit den Bestimmungen des Kommunalabgabengesetzes, des Reichspreßgesetzes, des Umsatzsteuergesetzes nicht in Widerspruch. Gemäß § 13 KAG. sind die Gemeinden zur Erhebung von Ankündigungssteuern berechtigt (PVBl. **44**, 274).

2. **Grundsatz der Gleichmäßigkeit.** Die Mustersteuerordnung besteuert jede Art von Ankündigungen, welche öffentlich (nach näherer Vorschrift) angebracht sind, und gibt eingehende Vorschriften, um tatsächlich jede Art von Ankündigungen zu treffen. Was nicht besteuert werden soll, ist in den Befreiungsvorschriften genau enthalten. Steuermaßstab ist ausschließlich die Größe der zur Mitteilung benutzten Fläche. Die hier vorliegenden beiden Steuerordnungen besteuern nur Plakate und Reklamebänder, außerdem die Ordnung für B. auch Reklamefahnen. Sie enthalten ganz ungenügende Befreiungsvorschriften und unterscheiden den Steuermaßstab ganz willkürlich. Was Plakate sind, ist nicht klar. Nimmt man mit der Entscheidung des Oberverwaltungsgerichts Bd. 61 S. 174 an, daß für ein Plakat wesentlich ist das Anheften, Anschlagen, Ankleben, so treffen die hier zur Erörterung stehenden beiden Steuerordnungen ohne ersichtlichen Grund nur eine bestimmte Art der Reklame, nämlich die in Form von Plakaten und daneben noch die Reklamebänder, eine ebenfalls ungenaue Ausdrucksweise, und schließlich die Ordnung für B. auch Reklamefahnen. Alle anderen Formen von Reklamen (Ankündigungen) sind steuerfrei. So z. B. müßte nach der Steuerordnung ein Arzt für ein aufgehängtes Schild Steuern bezahlen, während eine ganze Wandmalerei steuerfrei bliebe. Der Grundsatz der Gleichmäßigkeit wird hierdurch verletzt, da es nur angängig erscheint, alle diejenigen, welche in dem Gemeindebezirk öffentlich Ankündigungen vornehmen, gleichmäßig zur Steuer heranzuziehen, vorbehaltlich der satzungsgemäß vorgeschriebenen Befreiungen. Ebenso ist die Differenzierung im Steuermaßstabe willkürlich, Plakate werden nur nach der Größe, dagegen Reklamebänder nach dem Stück besteuert; jedes kleine Reklameband kostet 30 bzw. 20 RM., ein Plakat bis zu 1 m 3 RM. pro Tag. Ein sachlicher Grund für diese Unterscheidung ist nicht ersichtlich. Die Steuerordnung ist demnach ungültig (E. v. **12. VI. 1908.** II. C. 121. 27).

Zu § 7 Ziff. 8. Infolge dieser Vorschrift wird die Steuerpflicht durch die Anbringung von allen in dem Ortsgesetze bezeichneten Ankündigungen begründet; nicht nur von solchen, die auf reklamehafte Wirkung berechnet sind (E. v. **2. II. 1926.** II. C. 128. 25). — Schilder, welche Angaben über Waren enthalten, sind steuerpflichtig. Die Annahme, daß die Angabe von Warengattungen auf Schildern steuerfrei gelassen sei, findet in dem Ortsgesetze keine Stütze (E. v. 2. II. 1926. II. C. 128. 25).

3. **Öffentliche Ankündigungen.** Die Klägerin hat im Innern eines Bahnhofs außerhalb der Bahnsteigsperre ein Reklameplakat angebracht. Das Plakat ist öffentlich angebracht, weil nach § 1 Abs. 4 der Steuerordnung eine Ankündigung als öffentlich anzusehen ist, wenn sie die Aufmerksamkeit einer unbestimmten Personenzahl auf sich zu lenken bestimmt ist, und diese Begriffsbestimmung unbedenklich erscheint. Ähnlich hat das Oberverwaltungsgericht den Begriff der Öffentlichkeit auch in anderen Fällen angewandt (vgl. OVG. **18**, 422; **87**, 143). — Die Voraussetzung der Öffentlichkeit liegt nicht nur bei einer Ankündigung in einem dem Publikum ganz allgemein zugänglichen Postgebäude vor, sondern auch dann, wenn die Ankündigung in einem Bahnhofsgebäude innerhalb der durch die Bahnsteigsperre abgegrenzten Teile angebracht ist, so daß es auf eine nähere Feststellung, in welchem Teile des Bahnhofsgebäudes vorliegend die Ankündigungen angebracht sind, nicht ankommt. Denn wenn den innerhalb der Sperre gelegenen Raum auch nicht jedermann, sondern nur die durch eine Fahrkarte oder Bahnsteigkarte ausgewiesenen Personen betreten können, so stellen doch auch diese eine „unbestimmte Personenzahl" im Sinne des § 1 Abs. 4 der Steuerordnung dar, deren

Aufmerksamkeit die Ankündigung auf sich zu lenken bestimmt ist (E. v. 9. XI. 1926. II. C. 45. 26).

4. **Steuerpflicht eines auswärtigen Gewerbetreibenden.** In einigen 50 Geschäften einer Stadt sind gleichartige von einer auswärtigen Firma gelieferte Ankündigungsgegenstände angebracht worden; es handelt sich nicht um eine Ankündigung des betreffenden Ladeninhabers, sondern um eine solche der auswärtigen Firma selbst. Die Befreiungsvorschrift des § 7 Ziff. 7 trifft also nicht zu (BVBl. 51, 119).

5. Zu § 4: Ankündigungen in farbigem Druck. Wegen der Verwendung von Gold und Weiß auf schwarzem Hintergrunde sind die Ladenschilder gemäß § 4 als Ankündigungen in farbigem Drucke anzusprechen. Das Wort „Druck" in dem Zusammenhange des § 4 — vgl. auch § 1 — kann nicht, wie der Kläger will, auf die durch die Druckerpresse erzeugten Ankündigungen beschränkt werden (E. v. 7. XII. 1926. II. C. 88. 26).

IV. Schankerlaubnissteuer.

Ordnung für die Erhebung einer Steuer von der Erlangung der Erlaubnis zum ständigen Betriebe der Gastwirtschaft, Schankwirtschaft oder des Kleinhandels mit Branntwein oder Spiritus im Landkreise . . . .[1]).

§ 1.

(1) Die Erlangung der Erlaubnis zum ständigen Betriebe
einer Gastwirtschaft,
einer Schankwirtschaft,
eines Kleinhandels mit Branntwein oder Spiritus
unterliegt nach näherer Vorschrift der §§ 2—4 einer Steuer.

(2) Für die Steuer haftet derjenige, welchem die Erlaubnis erteilt worden ist.

§ 2.

Der Steuerbetrag setzt sich zusammen aus einem Satze von . . . v. H. des dem erlaubnispflichtigen Betriebe gewidmeten Anlage- und Betriebskapitals und einem Satze von . . . v. H. des aus ihm erzielten Jahresertrages*).

§ 3.

Im Falle der Übernahme einer bestehenden Wirtschaft (eines bestehenden Kleinhandels) durch einen anderen Gewerbetreibenden beträgt die Steuer . . . . . . vom Hundert desjenigen Steuersatzes, welcher nach § 2 für den Fall der Errichtung einer neuen Wirtschaft zu berechnen wäre.

§ 4.

Die Erlaubnis zur Erweiterung eines der im § 1 bezeichneten Betriebe ist mit einem Satze von . . . . . . vom Hundert der nach § 2 zu berechnenden Sätze zu versteuern.

---

*) Vgl. MinErl. v. 23. III. 1923 (MBliV. 327), unten Anm. 2.

§ 5.

Eine Steuer wird nicht erhoben:

1. wenn die Wirtschaft (der Kleinhandel) von dem bisherigen Inhaber auf einen Abkömmling übertragen wird,
2. wenn die Erlaubnis zum Betriebe der Wirtschaft (des Kleinhandels) der Witwe des bisherigen Inhabers oder nach deren Wiederverheiratung ihrem Ehemann erteilt wird.

§ 6.

(1) Der Kreisausschuß kann Steuerfreiheit gewähren:

1. wenn die Erlaubnis zum Betriebe der Gast- oder Schankwirtschaft auf den Ausschank alkoholfreier Getränke beschränkt wird,
2. wenn der Nachweis erbracht wird, daß der Wirtschaftsbetrieb für Rechnung einer Gemeinde oder eines anderen Kommunalverbandes, einer gemeinnützigen Vereinigung oder für einen wohltätigen oder gemeinnützigen Zweck erfolgen soll.

(2) Wird dem Inhaber einer Wirtschaft, welche gemäß Abs. 1 Ziffer 1 von der Steuer befreit geblieben ist, die Erlaubnis zum Ausschanke von geistigen Getränken erteilt, so ist diese ebenso wie die Erlaubnis zur Errichtung einer neuen Wirtschaft zu versteuern.

§ 7.

(1) Die Veranlagung der Steuer erfolgt durch den Kreisausschuß, dem hierbei die in § 16 Abs. 2 des Kreis- und Provinzialabgabengesetzes vom 23. April 1906 in Verbindung mit § 63 des Kommunalabgabengesetzes vom 14. Juli 1893 geregelten Befugnisse zustehen. Über die Veranlagung ist dem Steuerpflichtigen ein schriftlicher Bescheid zuzufertigen.

(2) Die Steuer ist innerhalb zwei Monaten an die Kreiskommunalkasse zu entrichten; nach vergeblicher Aufforderung zur Zahlung erfolgt die Einziehung der Steuer im Verwaltungszwangsverfahren.

§ 8.

Der Einspruch gegen die Veranlagung ist binnen einer Frist von vier Wochen nach Zustellung des Veranlagungsbescheides bei dem Kreisausschusse schriftlich anzubringen. Über den Einspruch beschließt der Kreisausschuß; gegen dessen Beschluß steht dem Steuerpflichtigen binnen einer mit dem ersten Tage nach erfolgter Zustellung beginnenden Frist von zwei Wochen die Klage im Verwaltungsstreitverfahren an den Bezirksausschuß offen.

§ 9.

Wer eine ihm gemäß § 7 obliegende Auskunft nicht rechtzeitig oder nicht in der vorgeschriebenen Form erstattet, wird, insofern nicht nach den bestehenden Gesetzen eine höhere Strafe verwirkt ist, mit einer Geldstrafe von 1 bis 30 M. bestraft (vgl. jetzt § 17 KrPrAbgGes.).

§ 10.

Diese Ordnung tritt mit dem Tage ihrer Verkündigung in Kraft.

1. Fassung der MusterStO. (MBliV. 1906 S. 293) gemäß Erl. v. 23. III. 1923 (MBliV. S. 327).

2. Aus dem MinErl. v. 23. III. 1923 (MBliV. S. 327): Auch bei dieser Neuregelung der Schankerlaubnissteuer bleibt zugelassen,

1. daß für Bars, Dielen, Likörstuben, Kabaretts und sonstige Schankwirtschaften, die vorübergehend Weine und Liköre ausschenken, eine erhöhte Steuer erhoben werden darf, wobei aber über das Vierfache des regelmäßigen Betrages nicht hinauszugehen ist;
2. daß für Erlaubniserteilungen an Personen, die ihren ständigen Wohnsitz außerhalb des Deutschen Reiches haben, eine Erhöhung der Steuer bis zum Zehnfachen des regelmäßigen Betrages vorgenommen werden darf;
3. daß Übertragungen innerhalb des ersten Jahres nach der Erlaubniserteilung an den Vorgänger wie neue Erlaubniserteilungen besteuert und wiederholte Übertragungen innerhalb des ersten Jahres mit der doppelten Steuer belegt werden dürfen, um der Überhandnahme des Schachers mit Schankerlaubnissen zu steuern. Dagegen dürfen bei Übertragungen innerhalb des zweiten oder dritten Jahres höchstens 90 v. H., bei Übertragungen innerhalb des vierten oder fünften Jahres höchstens 80 v. H., bei Übertragungen innerhalb des sechsten, siebenten oder achten Jahres höchstens 70 v. H., bei Übertragungen innerhalb des neunten oder zehnten Jahres höchstens 60 v. H. und bei Übertragungen nach dem zehnten Jahre höchstens 50 v. H. des Steuerbetrages erhoben werden, der für den Fall der Errichtung einer neuen Wirtschaft (eines neuen Kleinhandels) zu entrichten wäre.

3. Reichsbewertungsgesetz und Schankerlaubnissteuer. MinErl. v. 5. III. 1927 (MBliV. S. 283):

Nach der Vorschrift in § 1 Abs. 2 des Reichsbewertungsgesetzes vom 10. August 1925 (RGBl. I S. 214), die nach § 56 der Durchführungsbestimmungen vom 14. Mai 1926 (RGBl. I S. 227) vom 1. April 1927 ab verbindlich wird, haben die Gemeinden und Kreise, die Steuern nach dem Merkmal des Wertes einzelner Vermögensarten erheben, diesen Steuern die nach den Vorschriften des Reichsbewertungsgesetzes festgestellten Werte zugrunde zu legen. Das Anlage- und Betriebskapital ist eine Vermögensart im Sinne des Reichsbewertungsgesetzes, dort „Betriebsvermögen" genannt (§§ 26 ff.). Soweit die Schankerlaubnissteuer nach dem Anlage- und Betriebskapital bemessen wird (RdErl. vom 23. März 1923, MBliV. S. 327), hat demnach grundsätzlich auch auf sie das Reichsbewertungsgesetz Anwendung zu finden. Nach § 26 des Reichsbewertungsgesetzes rechnen zum Betriebsvermögen (abgesehen von der für offene Handelsgesellschaften und Kommanditgesellschaften geltenden Sondervorschrift des § 26 Abs. 2 Nr. 3) nur Gegenstände, die dem Betriebsinhaber gehören. Die Hinzurechnung der Pacht- und Mietwerte gepachteter oder gemieteter Gegenstände ist daher grundsätzlich unzulässig. Die Ausnahme des § 4 Abs. 2 Nr. 6 des Reichsbewertungsgesetzes ist nur für die Gewerbesteuer, nicht auch für die Schankerlaubnissteuer vorgesehen. Schankerlaubnissteuerordnungen, die eine Bestimmung des Inhalts enthalten, daß zum Anlage- und Betriebskapital auch die Pacht- und Mietwerte gepachteter oder gemieteter Grundstücke, Gebäude, Räumlichkeiten, Betriebsmittel usw. gehören, müssen hiernach für die Zeit vom

1. April 1927 ab unter Streichung dieser Bestimmung dahin geändert werden, daß das Anlage- und Betriebskapital das Betriebsvermögen im Sinne des Reichsbewertungsgesetzes ist.

Sollte eine Gemeinde oder ein Kreis unter diesen Umständen es für zweckmäßiger halten, das Anlage- und Betriebskapital als Veranlagungsmaßstab für die Schankerlaubnissteuer fallen zu lassen und die Steuer nur nach dem Jahresertrage des erlaubnispflichtigen Betriebes zu bemessen, so würden gegen eine solche Abweichung von den Richtlinien des Runderlasses vom 23. März 1923 (MBliV. S. 327) keine Bedenken zu erheben sein. Die in diesem Runderlaß vorgesehenen Höchst- und Mindestsätze in Prozenten des Anlage- und Betriebskapitals und des Ertrages würden sich in diesem Falle so verstehen, daß die bei Umrechnung auf den Ertrag als einzigen Veranlagungsmaßstab sich ergebenden Steuer**beträge** die Höchst- bzw. Mindestsätze nach der bisherigen Berechnung nicht überschreiten sollen. Von diesem Gesichtspunkte aus will z. B. die Stadt Berlin folgende Regelung treffen, mit der wir uns einverstanden erklärt haben:

> „Die Steuer wird nach dem Jahresertrage des erlaubnispflichtigen Betriebes berechnet und beträgt, wenn die Erlaubnis zur Errichtung einer neuen Wirtschaft oder eines neuen Kleinhandels erteilt ist, von den ersten angefangenen oder vollen 4000 *RM* des Jahresertrages 10 v. H.,
>
> von den nächsten angefangenen oder vollen 6000 *RM* des Jahresertrages 15 v. H.,
>
> und von dem darüber hinausgehenden Teile des Jahresertrages 20 v. H.
>
> Steht bei Festsetzung der Steuer der Ertrag noch nicht fest, so wird er geschätzt und danach die Steuer berechnet und erhoben, vorbehaltlich endgültiger Festsetzung der Steuer nach Ablauf des ersten Geschäftsjahres."

Diese von der Stadt Berlin beabsichtigte Regelung wird Gemeinden und Kreisen, die ebenfalls dazu übergehen wollen, die Schankerlaubnissteuer nur nach dem Ertrage zu bemessen, im allgemeinen als Anhalt dienen können, ohne daß sie gerade an diese Staffelung der Sätze gebunden sein sollen.

Inhaltsübersicht.

I. Steuerart.

Die Schankerlaubnissteuer ist eine indirekte Steuer, die auf den Eintritt eines bestimmten Ereignisses gelegt ist; die Reichsgesetzgebung steht ihrer Einführung nicht entgegen (OVG. 52. 7). — Neben dem Kreise kann auch eine kreisangehörige Gemeinde eine Schanksteuerordnung erlassen; § 6 Satz 2 KrPrAbgG. regelt nur die Beziehungen zwischen Kreis und Gemeinde und enthält kein Verbot der Doppelbesteuerung (E. v. 19. XI. 1929. II. C. 69. 29).

II. Steuerordnungen.

1. Ihr für die Steuerpflicht maßgebender Inhalt. Bei der Schankerlaubnissteuer handelt es sich um eine indirekte Gemeindesteuer, deren Anordnung und Ausgestaltung innerhalb der durch den § 13 KAG. und die Mitwirkung der Genehmigungsbehörden gegebenen Grenzen der selbständigen Entschließung der Gemeinde überlassen ist. Der Inhalt der Steuerordnung ist hiernach allein dafür bestimmend, welcher Vorgang die Steuerpflicht begründen soll (OVG. 81, 146).

2. Feste Steuersätze. Eine Steuerordnung ist rechtsunwirksam, wenn in ihr für die Erlangung der Erlaubnis zur Erweiterung einer Gastwirtschaft usw. nur ein Mindest- und ein Höchstbetrag bestimmt ist, innerhalb deren die Festsetzung des Steuersatzes dem Ermessen des Gemeindevorstandes zustand (E. v. 18. VI. 1918. II. C. 79. 18). — Es ist unzulässig, in einer Steuerordnung lediglich die Grenzen zu bestimmen, innerhalb welcher der Steuergläubiger die Steuerhöhe unter Berücksichtigung der Bedeutung der Erweiterung eines Wirtschaftsbetriebes festsetzen soll (E. v. 24. IX. 1918. II. C. 122. 18).

3. Welches Ortsrecht ist anzuwenden? Für die Frage, welches von mehreren zeitlich aufeinanderfolgenden Ortsrechten anzuwenden ist, ist der Zeitpunkt entscheidend, in welchem die Erlaubnis erlangt worden ist; dabei ist es ohne Belang, ob bei einer anderen geschäftlichen Behandlung der Angelegenheit durch die zuständige Behörde etwa die Erlaubnis zu einem früheren Zeitpunkt hätte erlangt werden können (VBl. 45, 13). S. IV B 3.

III. Steuergegenstand: Schank- und Gastwirtschaften; Kleinhandel mit Branntwein.

Nach ständiger Verwaltungspraxis umfaßt die unbeschränkte Erlaubnis zur Schankwirtschaft auch die Erlaubnis zum Kleinhandel mit Branntwein (OVG. 53, 40). — Nach gleicher Praxis wird in der Regel mit der Erlaubnis zum Betriebe der Gastwirtschaft die Ermächtigung zum beschränkten Schankbetriebe verbunden, wenn es auch zulässig ist, diesen ausdrücklich auszuschließen (Logierhäuser) (VBl. 49, 913). — Unter Schankwirtschaft ist auch der gewerbsmäßige Ausschank von nichtgeistigen Getränken, insbesondere von Mineralwasser, Kaffee, Limonade und Schokolade, zu verstehen (OVG. 53, 29). S. hierzu § 3 GaststättenGes. v. 28. IV. 1930 (RGBl. I. S. 146).

IV. Steuerpflicht entsteht durch Erlangung der Erlaubnis nach § 33 Gewerbeordnung.

A. Antrag des Pflichtigen.

1. Voraussetzungen. Regelmäßige Voraussetzung ist, daß ein gehöriger Antrag gestellt und auf diesen hin die Erlaubnis erteilt ist (VBl. 49, 913). — Die Erlangung einer Erlaubnis setzt voraus nicht nur, daß die Erlaubnis erteilt ist, sondern auch, daß die erteilte Erlaubnis nachgesucht ist, oder doch wenigstens, daß derjenige, dem sie erteilt ist, sein Einverständnis mit der Erteilung zu erkennen gegeben hat, die erteilte Erlaubnis haben will (OVG. 67. 65; E. v. 30. X. 1928. II. C. 27. 28). — Es ist nicht unter allen Umständen erforderlich, daß das „Nachsuchen der Erlaubnis" der Erteilung vorgeht. Es genügt auch, wenn der Empfänger der Erlaubnis sein Einverständnis mit der Erteilung zu erkennen gegeben, insbesondere wenn er auf Grund der erteilten Erlaubnis von dieser durch Ausübung des Gewerbes Gebrauch gemacht hat und dadurch dargetan hat, daß die Steuerbehörde mit der Erteilung seinem Gesuche nur zuvorgekommen sei. Je nach Lage des Einzelfalles wird auch in anderen Umständen eine nachträgliche Einverständniserklärung zu erblicken sein, z. B. in der Nichtzurückweisung der Erlaubnisurkunde. Immer wird aber in einem solchen Falle zu prüfen sein, ob gerade die Erteilung der Erlaubnisurkunde den Willen des Empfängers in der gedachten Richtung beeinflußt hat oder ob er nicht so, wie geschehen, trotz der Erteilung der Urkunde gehandelt hat, etwa, weil er diese für überflüssig hielt und sie deshalb als gegenstandslos betrachten zu dürfen glaubte (E. v. 30. V. 1922. II. C. 27. 22).

B. **Erteilung der Erlaubnis.**

a) **Die Erteilung als alleiniger Grund der Steuerpflicht.** Der steuerliche Tatbestand ist durch die Erlangung der Erlaubnis zum Betriebe der Schankwirtschaft erfüllt. Ob die beantragte und erteilte Erlaubnis nach den Bestimmungen der Gewerbeordnung erforderlich war, ist für den Steueranspruch der Gemeinde nicht entscheidend (E. v. 7. III. 1922. II. C. 177. 21). — Hat jemand die Erlaubnis zum Betriebe der Schankwirtschaft usw. erbeten und erhalten, so kann im Streitverfahren über die erforderte Erlaubnissteuer nicht darüber entschieden werden, ob die Erteilung der Erlaubnis notwendig war oder nicht (E. 70, 177). — Gegenüber der auf der Erlangung der Schankerlaubnis begründeten Steuerpflicht greifen bürgerlich-rechtliche Gesichtspunkte, wie Anfechtung wegen Zwanges, nicht durch. Gegen einen angedrohten polizeilichen Zwang mußten die hierfür gegebenen Rechtsbehelfe ergriffen werden (E. v. 21. II. 1928. II. C. 14. 28).

Keine neue Erlangung einer bereits vorhandenen Konzession. Eine nach der Gewerbeordnung erforderliche Erlaubniserteilung ist nur dann steuerpflichtig, wenn dies durch die Steuerordnung vorgeschrieben ist, wenn es sich also z. B. um die Errichtung einer neuen oder die Übernahme einer bestehenden Wirtschaft oder um die Erweiterung eines Betriebs handelt; denn nach der Steuerordnung unterliegt „die Erlangung der Erlaubnis zum ständigen Betrieb der Gastwirtschaft" usw. „nach näherer Vorschrift der folgenden Bestimmungen einer Steuer". Hiernach ist aber erforderlich, daß die Erlangung der Erlaubnis vorliegt. Das ist auch dann nicht der Fall, wenn der Kläger sich schon im Besitze der Erlaubnis befand. Was er bereits besitzt, kann er nicht erst „erlangen" (OVG. 70, 178).

b) **Bedingungen der Erteilung.** Eine zum Betriebe der Schankwirtschaft unter der Bedingung erteilte Erlaubnis, daß vor Eröffnung des Betriebes bestimmt angegebene Baumängel beseitigt werden, ist als erlangt anzusehen, wenn auch die Bedingung noch nicht erfüllt ist, vorausgesetzt, daß der Gewerbetreibende die so erlangte Erlaubnis nicht sofort zurückgewiesen hat (E. 56, 151).

c) **Rechte Dritter.** Die Konzessionssteuerpflicht ist ausschließlich an die Erlangung geknüpft. Sie wird nicht dadurch berührt, daß Dritte auf Grund von Privatrechten dem Erlaubnisinhaber die Ausübung der erteilten Schankerlaubnis teilweise oder dauernd unmöglich machen (E. v. 24. IV. 1923. II. C. 17. 23).

d) **Verzicht auf die Erlaubnis.** Die Erlaubnis zum Betrieb einer Wirtschaft ist stets eine einheitliche. Sie kann daher von dem Gewerbetreibenden, welcher sie erlangt hat, nicht einseitig durch einen teilweisen Verzicht ohne Mitwirkung der zur Genehmigung berufenen Behörde in der Weise zerlegt werden, daß nur ein Teil ihres Inhalts bestehenbleiben soll (E. 54, 36).

2. **Bedeutung der Erlaubnisurkunde und des Verwaltungsurteils.** Der Inhalt der Urkunde ist maßgebend für den Umfang der erteilten Schankerlaubnis (OVG. 54, 38). — Die rechtskräftige Entscheidung des Stadtausschusses hat konstitutive Bedeutung derart, daß sich die Befugnis zum Betrieb der Wirtschaft allein nach dem Inhalt des Urteils richtet (E. v. 24. IV. 1923. II. C. 17. 23). — Die endgültige Entscheidung im Verwaltungsstreitverfahren bewirkt die Erteilung der Erlaubnis, nicht etwa die nachträgliche Aushändigung der Genehmigungsurkunde (OVG. 53, 43).

3. **Zeitpunkt der Erlangung.** Zur Erlangung der Erlaubnis ist erforderlich und ausreichend, daß die zur Erteilung der Erlaubnis zuständige Stelle die Erteilung beschließt und daß dieser Beschluß dem Antragsteller amtlich bekanntgemacht wird. Die Bekanntmachung muß nicht gerade durch Aushändigung der Erlaubnisurkunde, sie kann

auch in anderer Weise geschehen. Der Zeitpunkt der Bekanntmachung ist maßgebend für das anzuwendende Ortsrecht (VBl. 45, 13) und für die Erlangung der Konzession (E. v. 16. X. 1923. II. C. 56. 22). Bei einer Entscheidung im Verwaltungsstreitverfahren ist für diesen Zeitpunkt das rechtskräftige Urteil maßgebend (OVG. 53, 43); s. II 3.

V. Steuerfälle.

A. Ständiger Betrieb.

Von einem ständigen Betriebe kann jedenfalls da nicht gesprochen werden, wo eine Schankerlaubnis für vorübergehende Zwecke von mehr oder minder kurzer Dauer erteilt worden ist, wie z. B. bei Festen und Truppenzusammenziehungen, bei einem nicht auf lange Zeit bemessenen Bau und dergleichen (VBl. 37, 568). — Das Gegenteil eines ständigen Betriebs ist nicht ein fortgesetzter, mit Unterbrechungen stattfindender Betrieb, sondern ein einmaliger vorübergehender Betrieb (eine in der heißen Jahreszeit betriebene Trinkhalle kann ständiger Saisonbetrieb sein) (OVG. 53, 31).

B. Neue Wirtschaft.

Eine neue Wirtschaft ist im gewöhnlichen Sinne eine solche, die bisher nicht bestanden hat (E. v. 22. I. 1918. II. C. 239. 14). — Unter einem neuen Betrieb ist nur ein solcher zu verstehen, der bisher wirtschaftlich noch nicht bestanden hat, ein Betrieb also, der tatsächlich bisher überhaupt noch nicht oder doch nicht als erlaubter ausgeübt worden ist oder der von dem bisher ausgeübten so wesentlich verschieden ist, daß er diesem gegenüber als ein anderer, als ein neuer erscheint. Ob letzteres zutrifft, muß nach Lage des einzelnen Falles entschieden werden. Die Verlegung eines Wirtschaftsbetriebes aus einem Lokal in ein anderes ist keineswegs ohne weiteres dasselbe wie die Begründung einer neuen Wirtschaft (OVG. 53, 36). — Eine „neue Wirtschaft" ist unter Umständen auch dann vorhanden, wenn in den neukonzessionierten Räumen bereits früher einmal Schankwirtschaft betrieben worden ist (E. v. 12. XI. 1929. II. C. 68. 29). — Ein Betrieb war unter der allseitigen Annahme, daß er einer Erlaubnis gemäß § 33 GewO. nicht bedürfe, geführt worden; der Betriebsinhaber hat nur infolge Änderung der behördlichen Rechtsauffassung die Genehmigung nachträglich nachgesucht. Eine neue Wirtschaft ist damit nicht konzessioniert worden (OVG. 57, 26 und E. v. 24. V. 1927. II. C. 200. 28).

Anderes Lokal. Im Sinne des § 33 der Gewerbeordnung bezieht sich die Genehmigung des Wirtschaftsbetriebes immer auf bestimmte Räume. Der Betrieb in einem anderen Lokal bedarf darnach einer neuen Genehmigung, und die Voraussetzungen für die Annahme eines anderen Lokals liegen auch ohne Verlegung des Betriebs in andere Räume schon dann vor, wenn das Lokal gegenüber dem Zustande zur Zeit der Genehmigung durch Hinzufügung bisher nicht benutzter Räume ein wesentlich anderes geworden ist (VBl. 30, 57).

C. Übernahme einer bestehenden Wirtschaft.

„Die Übernahme einer bestehenden Wirtschaft" durch den Erlaubnisempfänger hat einen Besitzwechsel von dem bisherigen ausscheidenden Inhaber an den neuen Unternehmer zur Voraussetzung (VBl. 49, 740). — Es handelt sich bei Anwendung der Ausnahmebestimmung des § 3 der örtlichen Steuerordnung — Übernahme einer bestehenden Wirtschaft durch einen anderen Gewerbetreibenden — darum, ob die dem neuen Wirtschaftsinhaber erteilte Erlaubnis dergestalt an die Stelle einer früheren, nunmehr erloschenen Erlaubnis getreten ist, daß die Wirtschaft unter dem neuen Inhaber als Fortsetzung oder Wiederaufnahme eines alten Betriebs erscheint. Ob dies zutrifft, ist Frage des einzelnen Falles. Der gedachte Zusammenhang mit einem alten Betriebe wird stets dann vorliegen, wenn auf Grund eines Vertrags zwischen dem bisherigen Inhaber der Erlaubnis und dem neuen Erwerber der Erlaubnis der Betrieb in den alten Räumen auf den letzteren übergegangen ist, wie auch in diesen Fällen die neue Erlaubnis nur dann erteilt wird, wenn der bisherige Wirtschaftsinhaber auf seine Erlaubnis verzichtet hat. Ebenso wird der Zusammenhang in der Regel dann anzunehmen sein, wenn ein Wirtschaftsinhaber seine Wirtschaft ohne sonstige wesentliche Veränderung des Betriebs in andere Räume verlegt und nunmehr die Erlaubnis für die neuen Räume erhält, während der Betrieb in den alten Räumen eingeht. Der Zusammenhang kann aber unter Umständen auch dann als vorhanden gelten, wenn die Erlaubnis zu einem Wirtschaftsbetrieb aus anderen Gründen als wegen Verzichts des Inhabers erlischt, z. B. weil der Wirtschaftsinhaber stirbt oder die Verfügung über die Räume, für welche die Erlaubnis erteilt ist, verliert, und wenn nunmehr eine andere Person die Erlaubnis für die Räumlichkeiten, in denen die Wirtschaft betrieben wurde, erlangt (OVG. 64, 234).

D. Übertragung an einen Abkömmling.

Der Abkömmling muß die Wirtschaft von einem Vorfahren als dem unmittelbar vorhergehenden letzten konzessionierten Inhaber übertragen erhalten haben; diese Voraussetzung liegt nicht vor, wenn zwischen dem Vorfahren und dem Abkömmling ein anderer Konzessionar die Wirtschaft betrieben hat (VBl. 49, 913). — Die Wirtschaft, für welche die besteuerte Erlaubnis erlangt worden ist, ist von dem bisherigen Inhaber auf einen Abkömmling — seine Tochter — übertragen worden, und diese Übertragung ist der Anlaß zu der Erlaubniserteilung an den Kläger (Ehemann der Tochter) gewesen. Denn da dem Kläger gesetzlich die Verwaltung des Vermögens seiner Ehefrau zusteht, war die Erlaubniserteilung an den Kläger dadurch notwendig geworden, daß die Wirtschaft der Ehefrau übertragen worden war. Damit ist der Tatbestand der Übertragungsvorschrift der örtlichen Steuerordnung erfüllt (VBl. 35, 908).

E. Erweiterung.

1. Räumliche. Räumliche Erweiterung bedeutet Erweiterung der Betriebsräume. Für die Frage der Erweiterung ist wesentlich, ob die Erlaubnis zu einer Erweiterung erteilt oder ob eine dahingehende Genehmigung nach Maßgabe der begleitenden Umstände in der erteilten Erlaubnis zu erblicken ist (OVG. 53, 37). — Räumliche Erweiterung auch dann, wenn zu einer Gartenwirtschaft ein weiterer unbebauter Raum hinzukommt (E. v. 24. X. 1916. II. C. 477. 16).

2. Sachliche. Wenn für dieselbe Betriebsstätte nach Erteilung der Erlaubnis zum Betriebe des Kleinhandels mit Branntwein an einen Gewerbetreibenden demselben Gewerbetreibenden die uneingeschränkte Erlaubnis zum Betriebe der Schankwirtschaft erteilt wird, so ist regelmäßig ein Fall der Erweiterung gegeben (OVG. 53, 40).

Neue Getränke: neue Wirtschaft. Die Ausdehnung der Erlaubnis auf Getränke, für die noch keine Erlaubnis erteilt war, muß als Erteilung einer neuen Erlaubnis gelten (OVG. 52, 7).

F. Sog. Nebenkonzession.

Die örtliche Steuerordnung besteuert als besonderen steuerpflichtigen Vorgang die Erteilung einer „Nebenkonzession“. Dieser Begriff ist zwar aus der Gewerbeordnung nicht zu entnehmen; er ergibt sich aus der Gepflogenheit, daß Wirtschaftsbesitzer ganz oder teilweise ihren Betrieb einem auf eigene Rechnung und im eigenen Namen wirtschaftenden Pächter überlassen, sich selbst aber eine gewisse Betätigung vorbehalten, um ihre eigene Konzession nicht zu verlieren. Die Erteilung einer Erlaubnis gemäß § 33 GO. an den Pächter ist rechtlich nicht anders zu beurteilen als die dem Verpächter erteilte Erlaubnis; die Nebenkonzession unterscheidet sich hiernach nur in den wirtschaftlichen Auswirkungen, namentlich infolge der durch das Pachtverhältnis begründeten

Abhängigkeit des Pächters vom Verpächter. Die Gemeinden sind befugt, die Erteilung der als Nebenkonzession bezeichneten Erlaubnis mit einer Steuer zu belegen, die entsprechende Vorschrift der Steuerordnung ist rechtsgültig (BBl. 49, 959).

VI. Steuerpflichtige

1. **Auch juristische Personen** (OVG. 56, 378). Haftbar für die Steuer ist bei der Übernahme einer Schankwirtschaft durch eine juristische Person, sei es von einer physischen, sei es von einer anderen juristischen Person, stets die übernehmende juristische Person (E. v. **30. V. 1922.** II. C. 27. 22).

2. **Bahnhofswirte.** Der von dem Pächter einer Bahnhofswirtschaft selbständig ausgeübte Schankbetrieb ist nach § 33 GO. erlaubnispflichtig (OVG. **80,** 365).

3. **Keine Solidarhaftung des Eigentümers.** Unzulässig ist eine ortsrechtliche Vorschrift, wonach der Eigentümer eines Grundstücks, auf dem sich eine Betriebsstätte befindet, als Zweitschuldner haften soll, wenn die Konzession einem anderen als dem Eigentümer erteilt ist (BBl. 48, 617).

VII. Steuerberechnung.

1. **Mehrheit von Betrieben.** Grundsätzlich kann in dem Falle, wo ein Pflichtiger mehrere Betriebe betreibt, die Berechnung der Steuer nur für den erlaubnispflichtigen Betrieb erfolgen (BBl. 48, 407). — Für die Berechnung der Schankerlaubnissteuer kommt nur der Ertrag (das Anlage- und Betriebskapital) derjenigen von mehreren zugleich betriebenen Betriebe in Betracht, dessen Gestattung durch die zuständige Behörde die Erlaubnissteuerpflicht begründet (E. v. **23. IX. 1923.** II. C. 62. 23).

2. **Anlage- und Betriebskapital.** Die Vorschriften des Ortsrechts über Anlage- und Betriebskapital und Ertrag müssen nach dem zur Zeit seines Erlasses geltenden Gewerbesteuerrecht ausgelegt werden (BBl. **48,** 361). S. jedoch jetzt MinErl. v. 5. III. 1927 (MBliV. 283) (oben Anm. 3).

3. **Ertrag des ersten Geschäftsjahres** (Jahresertrag). Das Ergebnis des ersten Geschäftsjahres ist der Wirklichkeit zu entnehmen und darf durch Schätzung nur ersetzt werden, wenn alle anderen Hilfsmittel zur Feststellung des tatsächlichen Ertrages versagen. Dieser Grundsatz gilt auch dann, wenn zwar zur Zeit der Veranlagung in Ermangelung eines abgeschlossenen ersten Geschäftsjahres der mutmaßliche Jahresertrag durch Schätzung ermittelt werden muß, jedoch zur Zeit der Entscheidung die Grundlagen für die Berechnung des wirklichen Jahresertrages gegeben sind (BBl. **45,** 138). — Die Vorschrift der Steuerordnung, wonach ein bei der Steuerfestsetzung noch nicht feststehender Ertrag vorbehaltlich endgültiger Festsetzung geschätzt wird, gibt dem Steuerpflichtigen einen Anspruch darauf, daß der Steuer auch nach vorläufiger Schätzung der tatsächlich erzielte erste Jahresertrag zugrunde gelegt werden muß. Dieser Anspruch ist gegebenenfalls mit der fristenlosen Beschwerde, nicht nur mit dem Einspruch verfolgbar (E. v. **29. XI. 1929.** II. C. 98. 29).

4. **Betriebserweiterung.** Der Teil des Betriebes, um den ein vorhandener Betrieb erweitert wird, ist auch steuerlich nach der durch die Konzessionierung vollzogenen Betriebserweiterung nicht mehr für sich allein und selbständig, sondern im Zusammenhange mit dem ganzen Betriebe, in den er wirtschaftlich eingegliedert ist, zu betrachten und zu behandeln; demgemäß konnte als Steuer für die Konzessionierung der Betriebserweiterung unter Zugrundelegung der Besteuerungsmerkmale des gesamten Betriebes ein bestimmter Hundertsatz der Vollsteuer erhoben werden (E. v. **24. IV. 1923.** II. C. 17. 23).

V. Vergnügungssteuer.

Bestimmungen des Reichsrats über die Vergnügungssteuer vom 12. Juni 1926 (RGBl. I S. 262)/2. Juli 1929 (RGBl. I S. 134).

Artikel I.

Soweit nicht die Länder oder mit Genehmigung der Landesregierung oder der von ihr beauftragten Behörden die Gemeinden besondere Steuerordnungen nach Maßgabe des Artikel III dieser Bestimmungen erlassen, gilt in allen Gemeinden die im Artikel II enthaltene Steuerordnung.

Artikel II.

Steuerordnung.

I. Allgemeine Bestimmungen.

§ 1.

Steuerpflichtige Veranstaltungen.

(1) Alle im Gemeindebezirke veranstalteten Vergnügungen unterliegen einer Steuer nach den Bestimmungen dieser Steuerordnung.

(2) Als steuerpflichtige Vergnügungen im Sinne des Abs. 1 gelten insbesondere folgende Veranstaltungen:

1. Tanzbelustigungen, Kostümfeste, Maskenbälle;
2. Volksbelustigungen, wie Karusselle, Velodrome und dergleichen, Schaukeln, Rutsch- und ähnliche Bahnen, Hippodrome, Schießbuden, Geschicklichkeitsspiele, Würfelbuden, Veranstaltungen zum Ausspielen von Geld oder Gegenständen, Glücksräder, Schaustellungen jeglicher Art sowie Ausstellungen und Museen, soweit sie Erwerbszwecken dienen, Figurenkabinette, Panoramen, Panoptiken, Vorführungen abgerichteter Tiere, Menagerien und dergleichen;
3. Zirkus-, Spezialitäten-, Varieté-, Tingeltangelvorstellungen, Kabarette;
4. Vorrichtungen zur mechanischen Wiedergabe musikalischer Stücke oder Deklamationen;
5. Rundfunkempfangsanlagen;
6. Sportliche Veranstaltungen;
7. Vorführungen von Licht- und Schattenbildern, soweit sie Erwerbszwecken dienen, Puppen- und Marionettentheater;
8. Vorführungen von Bildstreifen;
9. Theatervorstellungen, Ballette;

10. Konzerte und sonstige musikalische und gesangliche Aufführungen, Vorträge, Vorlesungen, Deklamationen, Rezitationen, Vorführungen der Tanzkunst.

(3) Die Annahme einer Vergnügung im Sinne dieser Steuerordnung wird nicht dadurch ausgeschlossen, daß die Veranstaltung gleichzeitig auch noch erbauenden, belehrenden oder anderen nicht als Vergnügungen anzusehenden Zwecken dient oder daß der Unternehmer nicht die Absicht hat, eine Vergnügung zu veranstalten.

§ 2.

Steuerfreie Veranstaltungen.

Der Steuer unterliegen nicht

1. Veranstaltungen, die lediglich dem Unterricht an öffentlichen oder erlaubten privaten Unterrichtsanstalten dienen oder mit Genehmigung der Schulbehörde hauptsächlich für Schüler solcher Anstalten und deren Angehörige dargeboten werden, sowie Volkshochschulkurse;
2. Veranstaltungen, deren Ertrag ausschließlich und unmittelbar zu vorher anzugebenden mildtätigen Zwecken verwendet wird, sofern keine Tanzbelustigungen damit verbunden sind;
3. Veranstaltungen, die der Jugendpflege dienen, sofern sie hauptsächlich für Jugendliche und deren Angehörige dargeboten werden und keine Tanzbelustigungen damit verbunden sind;
4. Veranstaltungen, die der Leibesübung dienen. Die Befreiung tritt nicht ein bei gewerbsmäßigen Veranstaltungen dieser Art und solchen, die mit Totalisator, Wettbetrieb oder Tanzbelustigungen verbunden sind. Veranstaltungen, für deren Besuch Eintrittsgeld erhoben wird, gelten schon dann als gewerbsmäßig, wenn Personen als Darbietende auftreten, die das Auftreten berufs- oder gewerbsmäßig betreiben;
5. Veranstaltungen von einzelnen Personen in privaten Wohnräumen, wenn weder ein Entgelt dafür zu entrichten ist, noch Speisen oder Getränke gegen Bezahlung verabreicht werden. Vereinsräume gelten nicht als private Wohnräume;
6. Veranstaltungen, die nach den Anordnungen der militärischen Behörden dienstlichen Zwecken der Wehrmacht zu dienen bestimmt sind;
7. Veranstaltungen der im § 1 Abs. 2 Nr. 7 bis 10 bezeichneten Art, die von den Ländern im öffentlichen Interesse unternommen, unterhalten oder wesentlich unterstützt werden, sowie Veranstaltungen, die ohne die Absicht auf Gewinn-

erzielung ausschließlich zum Zwecke der Kunstpflege oder der Volksbildung unternommen werden und von den Landesregierungen als gemeinnützig ausdrücklich anerkannt sind;

8. Veranstaltungen, die am 11. August aus Anlaß und zu Ehren des Verfassungstags unternommen werden.

§ 3.

Steuerform.

(1) Die Steuer ist für jede Veranstaltung gesondert zu berechnen und wird in drei Formen erhoben:

1. als Kartensteuer, sofern und soweit die Teilnahme an der Veranstaltung von der Lösung von Eintrittskarten oder sonstigen Ausweisen abhängig gemacht ist;
2. als Pauschsteuer (nach festen Steuersätzen)
   a) sofern und soweit die Veranstaltung ohne Eintrittskarten oder sonstige Ausweise zugänglich ist;
   b) an Stelle der Kartensteuer, wenn die Teilnehmer zwar eine Eintrittskarte oder einen sonstigen Ausweis zu lösen haben, die Durchführung der Kartensteuer aber nicht hinreichend überwacht werden kann oder wenn durch die Pauschsteuer ein höherer Steuerbetrag erzielt wird;
3. als Sondersteuer von der Bruttoeinnahme.

(2) Als Teilnehmer gelten alle Anwesenden mit Ausnahme der in Ausübung ihres Berufs oder Gewerbes beschäftigten Personen. Bei sportlichen Veranstaltungen gilt als Teilnehmer nicht, wer sich selber sportlich betätigt.

§ 4.

Anmeldung, Sicherheitsleistung.

(1) Vergnügungen, die im Gemeindebezirke veranstaltet werden, sind bei der Steuerstelle anzumelden; die Anmeldung hat spätestens einen Werktag und, wenn die Veranstaltung der Kartensteuer unterliegt, spätestens zwei Werktage und, wenn für die Veranstaltung gemäß § 2 Nr. 2, 3 oder 4 Steuerfreiheit in Anspruch genommen wird, spätestens fünf Werktage vorher zu erfolgen. Die im § 2 Nr. 1, 5, 6 und 7 bezeichneten Veranstaltungen sind nicht anmeldepflichtig.

(2) Über die Anmeldung wird eine Bescheinigung erteilt.

(3) Zur Anmeldung verpflichtet ist sowohl der Unternehmer der Veranstaltung wie der Inhaber der dazu benutzten Räume oder Grundstücke. Letzterer darf die Abhaltung einer steuerpflichtigen Veranstaltung erst zulassen, wenn ihm die Anmeldebescheinigung

vorgelegt ist, es sei denn, daß es sich um eine unvorbereitete und nicht vorherzusehende Veranstaltung handelt.

(4) Bei Veranstaltungen einzelner Unternehmer kann die Steuerstelle eine einmalige Anmeldung für eine Reihe von Veranstaltungen für ausreichend erklären.

(5) Die Steuerstelle kann die Leistung einer Sicherheit in der voraussichtlichen Höhe der Steuerschuld verlangen; sie kann die Veranstaltungen untersagen, solange die Sicherheit nicht geleistet ist.

II. Kartensteuer.

§ 5.

Steuermaßstab.

Die Kartensteuer wird nach Preis und Zahl der ausgegebenen Eintrittskarten berechnet. Unentgeltlich ausgegebene Karten bleiben auf Antrag unberücksichtigt, wenn sie als solche kenntlich gemacht sind und der Nachweis ihrer unentgeltlichen Ausgabe nach näherer Bestimmung der Steuerstelle erbracht wird.

§ 6.

Preis und Entgelt.

(1) Die Steuer ist nach dem auf der Karte angegebenen Preise ausschließlich der Steuer zu berechnen, auch wenn die Karte tatsächlich billiger abgegeben worden ist. Sie ist nach dem Entgelte zu berechnen, wenn dieses höher ist als der auf der Karte angegebene Preis.

(2) Als Entgelt gilt die gesamte Vergütung, die für die Zulassung zu der Veranstaltung gefordert wird, ausschließlich der Steuer. Hierzu gehört auch die Gebühr für Kleideraufbewahrung sowie für Kataloge oder Programme, wenn die Teilnehmer ohne die Abgabe von Kleidungsstücken oder die Entnahme eines Katalogs oder Programms zu der Veranstaltung nicht zugelassen werden. Wird neben diesem Entgelt unter bestimmten Voraussetzungen oder zu bestimmten Zwecken noch eine Sonderzahlung verlangt, so wird dem Entgelt der Betrag der Sonderzahlung oder, falls dieser nicht zu ermitteln ist, ein Betrag von 20 vom Hundert des Entgelts hinzugerechnet. Als solche Sonderzahlungen gelten insbesondere Beiträge, die von dem Veranstalter vor, während oder nach der Veranstaltung durch Sammlungen an der Hand von Zeichnungslisten und dergleichen erhoben werden. Die Sonderzahlung ist nicht hinzuzurechnen, wenn sie einem Dritten zu einem von der Landesregierung als gemeinnützig anerkannten Zwecke zufließt.

(3) Am Eingang zu den Räumen der Veranstaltung oder zur Kasse sind an geeigneter, für die Besucher leicht sichtbarer Stelle die Eintrittspreise und die Höhe der Steuer anzuschlagen.

§ 7.

Karten für mehrere Veranstaltungen oder mehrere Personen.

(1) Für einzeln oder zusammenhängend ausgegebene Karten, die zur Teilnahme an einer bestimmten Zahl von zeitlich auseinanderliegenden Veranstaltungen berechtigen (Abonnements-, Dauer-, Zeit-, Dutzendkarten u. ä.), ist die Steuer unter Zugrundelegung des Preises der entsprechenden Einzelkarten nach der Zahl der zugesicherten Veranstaltungen zu berechnen. Ist diese Zahl unbestimmt, so ist die Steuer nach dem Preise der Gesamtkarte zu berechnen.

(2) Für Karten, die mehrere Personen zum Eintritt berechtigen, ist die Steuer nach deren Zahl zu berechnen. Ist diese Zahl unbestimmt (Familien-, Wagenkarten u. ä.), so ist sie auf fünf anzunehmen. Zugrunde zu legen ist der Preis der entsprechenden Einzelkarte.

(3) Für Zuschlagskarten ist die Steuer besonders zu berechnen.

§ 8.

Steuersätze.

(1) Die Steuer beträgt, unbeschadet der Sonderregelung für die Vorführungen von Bildstreifen (§ 9)

bei Ausgabe von Eintrittskarten
in nur einer Preisstufe
für jede Eintrittskarte . . . . 10 vom Hundert

bei Ausgabe von Eintrittskarten
in zwei Preisstufen
für jede Eintrittskarte der unteren Preisstufe . . . . 10 „ „
für jede Eintrittskarte der oberen Preisstufe . . . . 15 „ „

bei Ausgabe von Eintrittskarten
in drei Preisstufen
für jede Eintrittskarte der unteren Preisstufe . . . . 10 „ „
für jede Eintrittskarte der mittleren Preisstufe . . . . 15 „ „
für jede Eintrittskarte der oberen Preisstufe . . . . 20 „ „

bei Ausgabe von Eintrittskarten
in vier und mehr Preisstufen

für jede Eintrittskarte der unteren Preisstufe	10 vom Hundert
für jede Eintrittskarte der nächsthöheren Preisstufe	15 „ „
für jede Eintrittskarte der nächsthöheren Preisstufe	20 „ „
für jede Eintrittskarte der nächsthöheren und jeden weiteren Preisstufe	25 „ „

des Preises oder Entgelts (§ 6).

(2) Die Steuer wird für die einzelne Karte auf den nächsten durch 5 teilbaren Reichspfennigbetrag nach oben abgerundet.

(3) Für Veranstaltungen der im § 1 Abs. 2 Nr. 7, 9 und 10 bezeichneten Art, bei denen der künstlerische oder volksbildende Charakter überwiegt, kann die Steuerstelle eine Ermäßigung bis zur Hälfte der Steuer gewähren, es sei denn, daß während der Veranstaltung Speisen oder Getränke gegen Bezahlung verabfolgt werden oder geraucht wird.

§ 9.

Besondere Steuersätze für Vorführungen von Bildstreifen.

(1) Für Veranstaltungen der im § 1 Abs. 2 Nr. 8 bezeichneten Art beträgt die Steuer 15 vom Hundert des Preises oder Entgelts.

(2) Wenn bei solchen Veranstaltungen Bildstreifen, die von der Bildstelle des Zentralinstituts für Erziehung und Unterricht in Berlin oder von der Bayerischen Lichtbildstelle in München als Lehrfilme anerkannt worden sind, in einer Länge von mehr als 100 Meter oder Bildstreifen, die von diesen Stellen als künstlerisch oder als volksbildend anerkannt worden sind, in einer Länge von mehr als 200 Meter vorgeführt werden, so treten an die Stelle des im Abs. 1 bezeichneten Steuersatzes folgende Steuersätze:

bei einer Länge der als Lehrfilme oder der als künstlerisch oder als volksbildend anerkannten Bildstreifen im Verhältnis zur Gesamtlänge der vorgeführten Bildstreifen

	bis ¼	12 vom Hundert,
von mehr als ¼	„ ½	11 „ „
„ „ „ ½	„ ¾	9 „ „
„ „ „ ¾	. . . .	7 „ „

des Preises oder Entgelts.

(3) Wenn bei solchen Veranstaltungen Bildstreifen, die von den im Abs. 2 bezeichneten Stellen als Lehrfilme anerkannt worden sind,

in einer Länge von mehr als $^9/_{10}$ der Gesamtlänge der Bildstreifen vorgeführt werden, so tritt Steuerfreiheit ein.

(4) Die im Abs. 2 vorgesehenen Steuerermäßigungen treten nicht ein, wenn neben der Vorführung von Bildstreifen Veranstaltungen anderer Art ohne belehrenden, künstlerischen oder volksbildenden Charakter dargeboten werden, sofern diese zeitlich mehr als $^1/_5$ des Programms der Gesamtveranstaltung in Anspruch nehmen.

(5) Die Steuer wird für die einzelne Karte auf den nächsten durch 5 teilbaren Reichspfennigbetrag nach oben abgerundet.

§ 10.

Eintrittskarten.

(1) Bei der Anmeldung (§ 4) der Veranstaltung hat der Unternehmer die Karten, die dazu ausgegeben werden sollen, der Steuerstelle vorzulegen. Die Karten müssen mit fortlaufender Nummer versehen sein und den Unternehmer, Zeit, Ort und Art der Veranstaltung sowie das Entgelt oder die Unentgeltlichkeit angeben. Die Karten werden von der Steuerstelle abgestempelt.

(2) Die Steuerstelle kann Ausnahmen von den Erfordernissen für den Inhalt der Karten gestatten und von der Abstemplung absehen.

§ 11.

Entwertung und Vorzeigung.

Der Unternehmer darf die Teilnahme an der Veranstaltung nur gegen Vorzeigung und Entwertung der abgestempelten Karten gestatten. Die entwerteten Karten sind den Teilnehmern zu belassen und von diesen den Beauftragten der Steuerstelle auf Verlangen vorzuzeigen.

§ 12.

Nachweisung.

Über die ausgegebenen Karten hat der Unternehmer für jede Veranstaltung eine fortlaufende Nachweisung zu führen, die mit den nicht ausgegebenen Karten drei Monate lang aufzubewahren und der Steuerstelle auf Verlangen vorzulegen ist.

§ 13.

Entstehung, Festsetzung und Fälligkeit der Steuerschuld.

(1) Die Steuerschuld entsteht mit der Ausgabe der Karten. Die Ausgabe ist vollendet mit der Übertragung des Eigentums an der Karte. Die Steuerschuld mindert sich nach Zahl und Preis der-

jenigen Karten, die gegen Erstattung des vollen Preises zurückgenommen worden sind.

(2) Nach Abschluß ihrer Ermittlungen setzt die Steuerstelle die Steuer fest und teilt sie dem Steuerpflichtigen mit. Der Erteilung eines förmlichen Steuerbescheids bedarf es nicht.

(3) Soweit die Steuerstelle nichts anderes vorschreibt, wird die Steuerschuld mit Ablauf von zwei Werktagen nach der Mitteilung an den Steuerpflichtigen fällig.

§ 14.

Festsetzung in besonderen Fällen.

Verstößt der Unternehmer gegen die Bestimmungen der §§ 4, 10 bis 12 in einer Weise, daß die für die Berechnung der Steuer maßgebenden Verhältnisse nicht mit Sicherheit festzustellen sind, so kann die Steuerstelle die Steuer so festsetzen, als ob sämtliche verfügbaren Plätze für die gewöhnlichen oder im Einzelfall ermittelten oder geschätzten höheren Kassenpreise verkauft worden wären. Über die Festsetzung ist ein förmlicher Steuerbescheid zu erteilen.

§ 15.

Steuerzuschlag.

Wenn der Verpflichtete die Fristen für die Anmeldung der Veranstaltung (§ 4), die Vorlegung der Karten (§ 10) und die Entrichtung der Steuer (§ 13) nicht wahrt, kann die Steuerstelle ihm einen Zuschlag bis zu 25 vom Hundert der endgültig festgesetzten Steuer auferlegen. Die Steuerstelle hat den Zuschlag zu unterlassen oder zurückzunehmen, wenn die Versäumnis entschuldbar erscheint.

III. Pauschsteuer.

§ 16.

Nach der Roheinnahme.

(1) Die Pauschsteuer nach der Roheinnahme beträgt, soweit sie nicht nach den Bestimmungen der §§ 17 bis 20 zu berechnen ist, 10 vom Hundert oder, wenn Eintrittskarten in mehreren Preisstufen ausgegeben worden sind, 15 vom Hundert der Roheinnahme. Die Pauschsteuer darf bei Veranstaltungen der im § 1 Abs. 2 Nr. 8 bezeichneten Art nicht an Stelle der Kartensteuer zur Erzielung eines höheren Steuerbetrags erhoben werden (§ 3 Abs. 1 Nr. 2b).

(2) Die Steuerstelle kann den Unternehmer von dem Einzelnachweise der Höhe der Roheinnahmen befreien und den Steuerbetrag mit ihm vereinbaren.

§ 17.

Nach einem Vielfachen des Einzelpreises.

(1) Für Volksbelustigungen der im § 1 Abs. 2 Nr. 2 bezeichneten Art wird die Pauschsteuer nach einem Vielfachen des Einzelpreises berechnet. Als Einzelpreis gilt der Höchsteinzelpreis für erwachsene Personen.

(2) Die Pauschsteuer beträgt für

1. Karusselle und dergleichen täglich
   a) durch Menschenhand oder durch Tierkraft betrieben: das Zehnfache eines Einzelpreises,
   b) mechanisch betrieben: das Zwanzigfache eines Einzelpreises;
2. Achterbahnen, Berg- und Talbahnen und dergleichen täglich das Einfache des Einzelpreises für jeden vorhandenen Sitz;
3. Rodel- und Rutschbahnen täglich das Fünfundzwanzigfache eines Einzelpreises;
4. Schaukeln aller Art täglich
   bis 8 Schiffe das Zehnfache eines Einzelpreises,
   über 8 Schiffe das Fünfzehnfache eines Einzelpreises;
5. Schießbuden täglich
   bis 8 Meter Frontlänge das Zehnfache,
   über 8 Meter Frontlänge das Fünfzehnfache eines Einzelpreises für drei Schuß;
6. Schaubuden
   bis 5 Meter Frontlänge täglich das Fünffache eines Einzelpreises,
   bis 10 Meter Frontlänge täglich das Zehnfache eines Einzelpreises,
   über 10 Meter Frontlänge täglich das Fünfzehnfache eines Einzelpreises;
7. Würfelbuden, Ringelspiele und andere Ausspielungen
   bis 5 Meter Frontlänge täglich das Fünffache eines Einzelpreises oder Einsatzes,
   bis 10 Meter Frontlänge täglich das Zwölffache eines Einzelpreises oder Einsatzes,
   über 10 Meter Frontlänge täglich das Fünfzehnfache eines Einzelpreises oder Einsatzes;
8. Kraftmesser, Lungenprüfer täglich das Fünffache eines Einzelpreises;
9. Reitbuden täglich das Zwanzigfache eines Eintritts- und Reitpreises;

10. andere Belustigungen täglich das Fünffache eines Einzelpreises.

(3) Die Bestimmungen des § 6 finden auf die Berechnung der Einzelpreise sinngemäße Anwendung.

(4) Die Steuersumme wird auf volle 10 Reichspfennig nach oben abgerundet.

§ 18.

Nach dem Werte.

(1) Für das Halten

1. eines Schau-, Scherz-, Spiel-, Geschicklichkeits- oder ähnlichen Apparats,
2. einer Vorrichtung zur mechanischen Wiedergabe musikalischer Stücke oder Deklamationen (Klavierspielapparat, Sprechapparat, Phonograph, Orchestrion u. a.),
3. einer Rundfunkempfangsanlage

an öffentlichen Orten, in Gast- und Schankwirtschaften sowie in sonstigen jedermann zugänglichen Räumen wird die Pauschsteuer nach dem dauernden gemeinen Werte des Apparats, der Vorrichtung oder der Anlage berechnet.

(2) Die Steuer beträgt für jeden angefangenen Betriebsmonat

a) für die zu 1. bezeichneten Apparate ½ vom Hundert,
b) für die zu 2. und 3. bezeichneten Vorrichtungen ¼ vom Hundert des Wertes.

(3) Der Steuerstelle bleibt es überlassen, an Stelle der im Abs. 2 bezeichneten Sätze den Steuerbetrag mit dem Pflichtigen zu vereinbaren.

(4) Die Steuer ist innerhalb der ersten Woche jedes Monats zu entrichten.

(5) Der Eigentümer oder derjenige, dem der Apparat oder die Vorrichtung von dem Eigentümer zur Ausnutzung überlassen ist, hat die Aufstellung des Apparats oder der Vorrichtung spätestens innerhalb einer Woche der Steuerstelle anzuzeigen. Die Bestimmung des § 4 Abs. 3 bleibt unberührt.

(6) Auf Leierkasten und Spieldosen von geringem Umfang, die lediglich bestimmte Stücke spielen, finden die Bestimmungen der Abs. 1 bis 5 keine Anwendung.

§ 19.

Nach Zahl der Mitwirkenden.

(1) Für Musikvorträge von nicht mehr als drei Mitwirkenden in Gast- und Schankwirtschaften, öffentlichen Vergnügungslokalen,

Buden oder Zelten ist eine Steuer von 20 Reichspfennig für den Tag und jeden Mitwirkenden zu entrichten.

(2) Für gewerbsmäßige Gesang- und Musikvorträge, die im Umherziehen auf öffentlichen Wegen, Straßen, Plätzen oder an anderen öffentlichen Orten, in Gast- und Schankwirtschaften, öffentlichen Vergnügungslokalen, Buden oder Zelten sowie auf Höfen von Wohnhäusern dargeboten werden, ist eine Steuer zu entrichten, die

bei einem oder zwei Mitwirkenden = 20 Reichspfennig,
bei drei Mitwirkenden = 25 Reichspfennig,
bei vier oder fünf Mitwirkenden = 30 Reichspfennig,
und bei jedem weiteren Mitwirkenden = 20 Reichspfennig

für den Tag beträgt.

(3) Steuerpflichtige Vorträge der im Abs. 2 bezeichneten Art sind von den Unternehmern vor Beginn bei der Steuerstelle anzumelden. Haben die Unternehmer solcher Vorträge an einem Tage bereits in einer anderen Gemeinde Steuer entrichtet, so sind sie von der weiteren Steuer befreit. Über die Entrichtung der Steuer haben sie sich auszuweisen.

(4) Gelegentliche Gesang- und Musikvorträge auf öffentlichen Wegen, Straßen und Plätzen sowie auf Höfen von Wohnhäusern sind steuerfrei.

§ 20.

Nach der Größe des benutzten Raumes.

(1) Wenn die im § 1 Abs. 2 bezeichneten Veranstaltungen — insbesondere Tanzbelustigungen, Varietés, Tingeltangel, Kabarette, Konzerte und dergleichen — im wesentlichen der Gewinnerzielung aus der Verabreichung von Speisen und Getränken oder wenn sie der Unterhaltung bei Vereinsfestlichkeiten und dergleichen dienen, wird die Pauschsteuer nach der Größe des benutzten Raumes erhoben. Die Größe des Raumes wird festgestellt nach dem Flächeninhalt der für die Vorführung und die Zuschauer bestimmten Räume einschließlich der Ränge, Logen und Galerien, Wandelgänge und Erfrischungsräume, aber ausschließlich der Bühnen- und Kassenräume, der Kleiderablagen und Aborte. Findet die Veranstaltung ganz oder teilweise im Freien statt, so sind von den im Freien gelegenen Flächen nur die für die Vorführung und die Zuschauer bestimmten Flächen einschließlich der dazwischen befindlichen Wege und der angrenzenden Veranden, Zelte und ähnlichen Einrichtungen anzurechnen.

(2) Die Steuer beträgt 10 Reichspfennig für je 10 Quadratmeter Veranstaltungsfläche. Für die im Freien gelegenen Teile der

Veranstaltungsfläche, soweit sie gemäß Abs. 1 Satz 3 anzurechnen sind, wird die Hälfte dieser Sätze in Ansatz gebracht.

(3) Bei längerer Dauer oder bei fortlaufender Aufeinanderfolge der Veranstaltungen gilt jeder angefangene Zeitraum von drei Stunden als eine Veranstaltung. Bei Veranstaltungen, die mehrere Tage dauern, wird die Steuer für jeden angefangenen Tag besonders erhoben.

(4) Ist die Berechnung der Steuer nach Abs. 1 bis 3 schwer durchführbar, so kann die Steuerstelle den Steuerbetrag mit dem Unternehmer vereinbaren.

§ 21.

Entrichtung.

(1) Die Pauschsteuer (§§ 16 bis 20) ist bei der Anmeldung (§§ 4, 18 Abs. 5, § 19 Abs. 3) zu entrichten und wird erstattet, wenn die Veranstaltung nicht stattfindet. Der Erteilung eines förmlichen Steuerbescheids bedarf es nicht.

(2) Die Bestimmungen des § 8 Abs. 3 und der §§ 14 und 15 finden entsprechende Anwendung.

IV. Sondersteuer nach der Bruttoeinnahme.

§ 22.

Steuer für künstlerisch hochstehende Veranstaltungen.

(1) Künstlerisch hochstehende Veranstaltungen, deren Geschäfts- und Kassenführung den Anforderungen entspricht, die an kaufmännisch geleitete Unternehmen üblicherweise gestellt werden, werden zu einer Steuer von 5 vom Hundert der Bruttoeinnahme herangezogen.

(2) Darüber, ob es sich um künstlerisch hochstehende Veranstaltungen handelt und ob die Voraussetzungen ordnungsmäßiger Geschäfts- und Kassenführung erfüllt sind, entscheidet die Landesregierung oder die von ihr beauftragte Behörde.

V. Gemeinsame Bestimmungen.

§ 23.

Steuerpflicht und Haftung.

Steuerpflichtig ist der Unternehmer der Veranstaltung. Wer zur Anmeldung verpflichtet ist, ohne selbst Unternehmer zu sein, haftet neben dem Unternehmer als Gesamtschuldner.

§ 24.

Steueraufsicht.

Auf die im § 23 bezeichneten Personen und auf die Teilnehmer an einer steuerpflichtigen Veranstaltung oder einer Veranstaltung, für die gemäß § 2 Nr. 2, 3, 4 oder 7 Steuerfreiheit beansprucht wird, finden die Vorschriften der §§ 193 bis 201 der Reichsabgabenordnung sinngemäß Anwendung.

§ 25.

Erlaß und Erstattung der Steuer.

Zur Vermeidung außergewöhnlicher Härten kann die Gemeinde für bestimmte Arten von Veranstaltungen sowie in besonders gearteten Einzelfällen die Steuer ermäßigen, erlassen oder erstatten.

§ 26.

Strafen.

Steuerzuwiderhandlungen (§ 356 der Reichsabgabenordnung) werden ebenso bestraft wie die Zuwiderhandlungen gegen Reichssteuergesetze.

§ 27.

Geltung des Landesrechts oder der Reichsabgabenordnung.

Soweit die Steuerordnung nichts anderes bestimmt, finden die Vorschriften des Landesrechts über Gemeindeabgaben Anwendung. Soweit und solange eine landesrechtliche Regelung nicht besteht, finden die Vorschriften der Reichsabgabenordnung sinngemäß Anwendung.

Artikel III.

§ 1.

Mit Genehmigung der Landesregierung oder der von ihr beauftragten Behörden können die Gemeinden besondere Steuerordnungen erlassen. Dabei darf von der Steuerordnung des Artikel II nur im Rahmen der nachfolgenden Bestimmungen abgewichen werden. Unter den gleichen Beschränkungen können zu der gemäß Artikel II geltenden Steuerordnung einzelne Abweichungen von den Gemeinden beschlossen werden.

§ 2.

Zu Artikel II § 1 Abs. 2 können die steuerpflichtigen Veranstaltungen im einzelnen noch näher bezeichnet werden.

§ 3.

Zu Artikel II § 2 kann der Kreis der steuerfreien Veranstaltungen anders abgegrenzt werden. Dabei müssen die zu 1, 3 bis 8 bezeichneten Veranstaltungen steuerfrei bleiben. Die Steuerfreiheit der zu 2 und 4 bezeichneten Veranstaltungen kann davon abhängig gemacht werden, daß die Höhe des Reinertrags und seine Verwendung der Steuerstelle auf Grund geordneter Buchführung oder ordnungsmäßiger Belege nachgewiesen werden.

§ 4.

Zu Artikel II § 3 Abs. 1 Nr. 1, 2 können abweichende Bestimmungen erlassen werden. Die Anwendbarkeit der Pauschsteuer kann über den in Nr. 2 vorgesehenen Umfang hinaus erweitert werden. Die Steuerstelle kann zu Steuervereinbarungen innerhalb bestimmter Richtlinien ermächtigt werden.

§ 5.

(1) Zu Artikel II § 4 Abs. 1 können die Anmeldefristen abweichend festgesetzt werden.

(2) Zu Artikel II § 4 Abs. 2 bis 4 können abweichende Bestimmungen erlassen werden.

§ 6.

(1) Zu Artikel II § 5 kann der Unternehmer zur Ausgabe von Eintrittskarten verpflichtet werden, wenn die Teilnahme an der Veranstaltung von der Zahlung eines Entgelts abhängig gemacht wird.

(2) Zu § 5 Satz 2 können abweichende Bestimmungen erlassen werden.

§ 7.

Zu Artikel II §§ 6 und 7 können abweichende Bestimmungen erlassen werden. Es kann insbesondere bestimmt werden, daß die Steuer allgemein oder für bestimmte Arten von Veranstaltungen nach dem Preise oder nach dem Entgelt einschließlich der Steuer berechnet wird.

§ 8.

(1) Zu Artikel II § 8 Abs. 1 und 2 können abweichende Bestimmungen erlassen werden. Die steuerpflichtigen Veranstaltungen können zu Gruppen zusammengefaßt und verschieden besteuert werden. Die Steuersätze können anders gestaffelt werden, die Staffelung kann nach anderen Merkmalen erfolgen, auch kann von einer Staffelung abgesehen werden. Der niedrigste Steuersatz von 10 vom Hundert des Preises oder Entgelts darf nicht unterschritten werden.

(2) Zu Artikel II § 8 Abs. 3 können insoweit abweichende Bestimmungen erlassen werden, als in der Steuerordnung Ermäßigungen von bestimmter Höhe, auch unter die Hälfte des Steuersatzes herab, vorgesehen werden können.

§ 9.

(1) Der im Artikel II § 9 Abs. 1 bezeichnete Steuersatz kann bis um 5 vom Hundert des Preises oder Entgelts überschritten und bis um 2 vom Hundert des Preises oder Entgelts unterschritten werden. Bei seiner Überschreitung können die im Artikel II § 9 Abs. 2 bezeichneten Steuersätze bis um 3 vom Hundert des Preises oder Entgelts oder, wenn als Lehrfilme anerkannte Bildstreifen in einer Länge von mehr als 100 Meter vorgeführt werden, bis um 2 vom Hundert des Preises oder Entgelts überschritten werden; bei seiner Unterschreitung können die Steuersätze bis um 2 vom Hundert des Preises oder Entgelts unterschritten werden. Die Überschreitung oder Unterschreitung der im Artikel II § 9 Abs. 2 bezeichneten Steuersätze kann in das Ermessen der Steuerstelle gestellt werden.

(2) Zu Artikel II § 9 Abs. 1 können auch insoweit abweichende Bestimmungen erlassen werden, als die Kartensteuer statt nach einem einheitlichen Steuersatze nach Steuersätzen erhoben werden kann, die nach der Zahl der Preisstufen oder nach den Kartenpreisen gestaffelt sind. Die Staffelung hat derart zu erfolgen, daß im Falle des Ausverkaufs der Karten die Gesamtsteuer nicht höher ist als der Betrag, den der gemäß Abs. 1 Satz 1 festzusetzende Höchststeuersatz von der Roheinnahme ausmachen würde, und nicht geringer ist als der Betrag, den der gemäß Abs. 1 Satz 1 festzusetzende Mindeststeuersatz von der Roheinnahme ausmachen würde. Für Veranstaltungen der im Artikel II § 9 Abs. 2 bezeichneten Art kann die Steuer unter entsprechender Berücksichtigung der aus Abs. 1 Satz 2 sich ergebenden Höchst- und Mindeststeuersätze gestaffelt werden; statt einer Staffelung in der Steuerordnung kann bestimmt werden, daß die Steuerstelle verpflichtet ist, innerhalb der sich aus Abs. 1 Satz 2 ergebenden Grenzen Abschläge auf die gemäß Satz 1, 2 festgesetzten Staffelsätze zu gewähren.

(3) Zu Artikel II § 9 Abs. 4 können insoweit abweichende Bestimmungen erlassen werden, als die dort festgesetzte Zeitgrenze bis zur Hälfte herabgesetzt werden kann.

(4) Zu Artikel II § 9 Abs. 5 können insoweit abweichende Bestimmungen erlassen werden, als die Abrundung auf den nächsten durch 5 teilbaren Reichspfennigbetrag nach unten angeordnet werden oder von einer Abrundung abgesehen werden kann.

(5) Ist in der Steuerordnung bestimmt, daß die Steuer nach dem Preise oder Entgelt einschließlich der Steuer berechnet wird (Artikel III § 7 Satz 2), so treten an die Stelle der Steuersätze des Artikel II § 9 und der im Abs. 1 bezeichneten Höchst- und Mindeststeuersätze die Steuersätze, die zur Erzielung des gleichen Steuerbetrags erforderlich sind; danach steht gleich:

einer Steuer vom Preise oder Entgelt ausschließlich Steuer (Nettosteuer) von	eine Steuer vom Preise oder Entgelt einschließlich Steuer (Bruttosteuer) von
20 vom Hundert,	16,67 vom Hundert,
19 „ „	15,97 „ „
18 „ „	15,25 „ „
17 „ „	14,53 „ „
16 „ „	13,79 „ „
15 „ „	13,04 „ „
14 „ „	12,28 „ „
13 „ „	11,5 „ „
12 „ „	10,71 „ „
11 „ „	9,91 „ „
10 „ „	9,09 „ „
9 „ „	8,26 „ „
8 „ „	7,41 „ „
7 „ „	6,54 „ „
6 „ „	5,66 „ „
5 „ „	4,76 „ „
4 „ „	3,85 „ „
3 „ „	2,91 „ „
2 „ „	1,96 „ „
1 „ „	0,99 „ „

Die Bestimmungen des Abs. 2 über die Staffelung der Kartensteuer finden mit der Maßgabe Anwendung, daß im Falle des Ausverkaufs der Karten die Gesamtsteuer nicht höher sein darf als der Betrag, den die sich aus Abs. 1 in Verbindung mit diesem Absatz ergebenden Höchststeuersätze von der Bruttoeinnahme ausmachen würden, und nicht geringer sein darf als der Betrag, den die sich aus Abs. 1 in Verbindung mit diesem Absatz ergebenden Mindeststeuersätze von der Bruttoeinnahme ausmachen würden.

(6) In der Steuerordnung kann bestimmt werden, daß die Steuer von Veranstaltungen der im § 1 Abs. 2 Nr. 8 bezeichneten Art, deren Geschäfts- und Kassenführung den Anforderungen entspricht, die an kaufmännische Unternehmungen üblicherweise gestellt

werden, nicht in der Form der Kartensteuer, sondern in der sich aus Abs. 1, 5 ergebenden Höhe in der Form der Sondersteuer von der Bruttoeinnahme (Artikel II Abschnitt IV) erhoben wird.

§ 10.

Zu Artikel II § 10 können abweichende Bestimmungen über die Beschaffenheit der Karten erlassen werden. Auch kann die ausschließliche Verwendung von amtlich hergestellten Karten vorgeschrieben werden, die der Unternehmer gegen Erstattung der Unkosten zu entnehmen hat.

§ 11.

Zu Artikel II § 12 können besondere Bestimmungen über die von dem Unternehmer zu führende Nachweisung sowie über die Behandlung und weitere Verwendung nicht ausgegebener Karten erlassen werden.

§ 12.

Zu Artikel II § 15 können insoweit abweichende Bestimmungen erlassen werden, als die Fälle, in denen wegen schuldhafter Fristüberschreitungen und sonstiger Versäumnisse Steuerzuschläge auferlegt werden können, noch vermehrt werden können und ein höherer Höchstzuschlag festgesetzt werden kann.

§ 13.

Zu Artikel II § 16 können abweichende Bestimmungen erlassen werden. Die Steuersätze dürfen nicht unterschritten werden. Für Veranstaltungen der im Artikel II § 1 Abs. 2 Nr. 8 bezeichneten Art darf die Pauschsteuer von der Roheinnahme nicht an Stelle oder neben der Kartensteuer zur Erzielung eines höheren Steuerbetrags erhoben werden. Die steuerpflichtigen Veranstaltungen können zu Gruppen zusammengefaßt und verschieden besteuert werden. Es können nähere Bestimmungen über die Ermittlung oder Schätzung der Roheinnahme sowie über Vereinbarungen mit dem Unternehmer getroffen werden.

§ 14.

(1) Zu Artikel II §§ 17 bis 20 können abweichende Bestimmungen erlassen werden. Die Steuersätze dürfen nicht unterschritten werden; wenn die Besteuerung nach anderen Merkmalen erfolgt, darf der Steuerbetrag dadurch nicht beeinträchtigt werden.

(2) Soweit Veranstaltungen der im Artikel II § 1 Abs. 2 Nr. 2 bezeichneten Art auf nichtständigen Vergnügungsplätzen, insbesondere bei Jahrmärkten, Messen, Volksfesten, Schützenfesten, dargeboten

werden, darf von der Form der Pauschsteuer nach einem Vielfachen des Einzelpreises und der Berechnung der Steuer nach ganzen Tagen nicht abgewichen werden.

§ 15.

Zu Artikel II § 22 können insoweit abweichende Bestimmungen erlassen werden, als der dort bezeichnete Steuersatz bis um 3 vom Hundert der Bruttoeinnahme überschritten und bis um 2 vom Hundert der Bruttoeinnahme unterschritten werden kann und als die Veranstaltungen innerhalb der sich hieraus ergebenden Grenze nach ihrer Art verschieden besteuert werden können. Die Besteuerung von Veranstaltungen der im Artikel II § 1 Abs. 2 Nr. 9 bezeichneten Art kann unterbleiben, wenn die im Gemeindebezirke gelegenen gleichartigen Veranstaltungen des Landes oder der Gemeinde nicht besteuert werden.

§ 16.

Steuerordnungen von Gemeinden, die von der Steuerordnung des Artikel II nur im Rahmen der in den vorstehenden §§ 2 bis 15 enthaltenen Bestimmungen abweichen, bedürfen nicht der Mitteilung gemäß § 5 des Finanzausgleichsgesetzes in der Fassung der Bekanntmachung vom 27. April 1926 (RGBl. I S. 203). Beschließt eine Gemeinde Abweichungen von der Steuerordnung des Artikel II, die in den §§ 2 bis 15 des Artikel III nicht vorgesehen sind, so bedarf der Beschluß zu seiner Gültigkeit sowohl der Genehmigung der Landesregierung oder der von ihr beauftragten Behörde wie der Zustimmung des Reichsministers der Finanzen oder der von ihm beauftragten Behörde.

§ 17.

Insoweit die Länder die Erhebung der Vergnügungssteuer Gemeindeverbänden überlassen, finden die Bestimmungen der Artikel I und III entsprechende Anwendung; in der Steuerordnung des Artikel II tritt in diesem Falle das Wort „Gemeindeverband" an die Stelle von „Gemeinde" und das Wort „Bezirk des Gemeindeverbandes" an die Stelle von „Gemeindebezirk".

Inhaltsübersicht.

V. Steuersätze.
a) Im allgemeinen.
b) Besondere für Bildstreifen.
c) Zuschläge.

VI. Veranlagung.
a) Sicherheitsleistung.
b) Kartenkontrolle.
c) Ersatzveranlagung (§ 14).

I. Steuerordnung.

Verbindung der Besteuerung von Vergnügungen und von anderen Veranstaltungen.

Der beklagte Magistrat hat dargelegt, daß die Steuerordnung neben Lustbarkeiten auch sportliche Veranstaltungen und Tanzkurse mit Steuer belegen wolle, daß also insoweit keine Vergnügungssteuerordnung vorliege. Mit diesen Ausführungen, denen der Bezirksausschuß beigetreten ist, konnte er nicht durchdringen. Sollten die Gemeindekörperschaften etwa beabsichtigt haben, mit der Steuerordnung außer den Vergnügungen auch andere Veranstaltungen steuerlich zu erfassen, worauf die Überschrift der Steuerordnung, ihre Einleitung (Bezugnahme auf § 13 KAG.) und einzelne Bestimmungen hindeuten könnten, so ist diese Absicht des örtlichen Steuergesetzgebers jedenfalls nicht in ausreichend klarer und einwandfreier Weise zum Ausdrucke gekommen. — An sich ist eine Verbindung verschiedener Steuerarten in einer Steuerordnung nicht unzulässig; nur muß der Wille des Ortsgesetzgebers klar zum Ausdrucke gekommen sein und jede Steuerart im Ortsgesetze nach den für sie maßgebenden gesetzlichen Bestimmungen einwandfrei behandelt sein. Diese klare Scheidung muß besonders gefordert werden, wenn es sich um Verbindung einer Vergnügungssteuer mit der Besteuerung anderer Vorgänge handelt; denn für erstere besteht eine ganz besondere reichsrechtliche Regelung, die für andere, lediglich auf dem preußischen Kommunalabgabengesetze beruhende Steuerarten nicht gilt, auch nicht durch den Ortsgesetzgeber für anwendbar erklärt werden kann (VBl. 48, 385).

II. Gegenstand der Besteuerung die Veranstaltung von Vergnügungen.

a) **Nur „Vergnügungen" sind zu besteuern.** Die bindende rechtliche Kraft der Reichsratsbestimmungen beruht auf § 13 des Landessteuergesetzes. Durch diese Gesetzesvorschrift wird der Reichsrat ermächtigt, Bestimmungen über die Vergnügungssteuer zu erlassen, in denen Art und Umfang der Steuerpflicht, die Steuersätze und die sonstigen steuerlichen Befugnisse der Gemeinden geregelt werden. Dem Reichsrat ist damit nur die Befugnis gegeben, Vorschriften über die Besteuerung von Vergnügungen zu erlassen; denn eine Vergnügungssteuer kann nur für eine Veranstaltung von Vergnügungen erhoben werden. Aus der Fassung der vom Reichsrat erlassenen Bestimmungen ist auch nicht zu entnehmen, daß er seine Befugnis anders aufgefaßt habe. Der Abs. 1 des § 1 bestimmt ausdrücklich, daß „alle im Gemeindebezirke veranstalteten Vergnügungen einer Steuer nach den Bestimmungen der Steuerordnung unterliegen" sollen, und der Abs. 2, in welchem eine Anzahl steuerpflichtiger Veranstaltungen beispielsweise aufgeführt werden, beginnt mit den Worten „als steuerpflichtige Vergnügungen i. S. des Abs. 1 gelten insbesondere". Die Auffassung des BA., daß durch die Reichsratsverordnung auch solche Veranstaltungen, die nicht Vergnügungen sind, der Steuer unterworfen würden, wenn sie zu den im Abs. 2 aufgeführten Veranstaltungen gehörten, ist hiernach unzutreffend. Wenn der Reichsrat eine solche Ausdehnung der Steuerpflicht hätte verordnen wollen, so hätte er seine ihm durch § 13 LStG. gegebenen Befugnisse überschritten; seine Anordnungen würden insoweit gesetzwidrig und deshalb rechtsungültig sein. Gleiches muß auch für die örtliche Steuerordnung gelten (OVG. 78 113). — Das auf den Reichsratsbestimmungen beruhende Ortsgesetz kann nur als Vergnügungssteuerordnung aufgefaßt und angewandt werden, so daß nur solche Veranstaltungen der Steuer unterliegen, die Vergnügungen sind (vgl. VBl. 48, 385; 45, 195). Diese Voraussetzung des die Steuerpflicht begründenden Tatbestandes kann im Ortsgesetze nicht fingiert, Veranstaltungen, die keine Vergnügungen sind, können nicht durch Aufnahme in die Steuerordnung zu solchen erklärt werden (VBl. 49, 55). — Die Annahme des Magistrats, daß allein die

Aufzählung des „Lichtbildervortrags" in der Steuerordnung die Steuerpflicht jedes Lichtbildervortrags begründe, soweit nicht ein steuerfreier Ausnahmefall vorliege, genügt hiernach noch nicht, um die Besteuerung zu rechtfertigen (E. v. **11. I. 1927.** II. C. 71. 26).

Der Gerichtshof verbleibt auch bei erneuter Prüfung bei seiner bisherigen Rechtsprechung (vgl. OVG. 78, 112; VBl. 49, 55), daß der § 14 des Finanzausgleichsgesetzes in der Fassung vom 27. IV. 1926 (RGBl. I S. 203), wie auch der frühere § 13, den Begriff „Vergnügung" nicht definiert habe und daß dem Reichsrate nur die Ermächtigung erteilt sei, Bestimmungen über „Art und Umfang der Steuerpflicht" usw. zu erlassen. Darunter fällt aber nicht die Ermächtigung zu bestimmen, welche Veranstaltungen als „Vergnügungen" steuerpflichtig sind. Das Finanzausgleichsgesetz hat daher in dieser Richtung den bisher herrschenden Zustand, wie er durch Gesetzgebung und Rechtsprechung in den Ländern entwickelt ist, nicht geändert. Der Gerichtshof verbleibt daher bei seiner bisherigen ständigen Rechtsprechung, daß in jedem Einzelfall auch unabhängig von dem reichsrätlichen Katalog zu prüfen ist, ob eine Veranstaltung eine steuerpflichtige „Vergnügung" sei. Der Gerichtshof hält ferner daran fest, daß es wesentlich auch mit auf die Absicht des Veranstalters bei der erforderlichen Prüfung ankomme, derart, daß eine nicht zur Ergötzung und Unterhaltung der Teilnehmer bestimmte Veranstaltung nicht etwa deshalb schon zu einer „Vergnügung" werden könne, weil sie unter völliger Verkennung der Absichten des Veranstalters von dem Publikum oder einem Teile desselben als Vergnügen aufgefaßt werde. Allerdings muß diese Absicht des Veranstalters auch einer objektiven richterlichen Nachprüfung standhalten (VBl. 51, 48).

b) **Keine erschöpfende Aufzählung der steuerpflichtigen Vergnügungen im § 1.** Die Klägerin bezweifelt endlich noch die Rechtsgültigkeit der Ziff. 8 des § 1 der Steuerordnung, wo als steuerpflichtige Vergnügungen im Sinne des Ortsgesetzes „Gesellschaftsrundfahrten in besonders dazu hergerichteten Wagen" aufgeführt werden. Sie ist der Ansicht, daß bei der Bestimmung des Begriffs „Vergnügung" von demjenigen der „Lustbarkeit" auszugehen sei, den die Rechtsprechung des Oberverwaltungsgerichts herausgebildet und den auch das Landessteuergesetz, auf welchem die Reichsratsbestimmungen beruhen, nicht durch einen wesentlich veränderten Begriff ersetzt habe. Diese Anschauung ist zutreffend, und von ihr sind auch offensichtlich die Ausführungen in der angefochtenen Entscheidung des Bezirksausschusses getragen. Dagegen irrt die Klägerin, wenn sie weiter aus der Tatsache, daß der Reichsrat die ihm bekannten Gesellschaftsrundfahrten nicht als steuerpflichtig im Art. II § 1 seiner Vergnügungssteuerbestimmungen ausdrücklich aufgenommen habe, den Schluß zieht, daß nur solche Veranstaltungen der Besteuerung seitens der Gemeinden unterworfen werden können, die entweder in den Reichsratsbestimmungen besonders erwähnt oder wenigstens gleicher oder ähnlicher Art sind. Durchaus zutreffend hat bereits der Bezirksausschuß in seiner Entscheidung diese Auffassung mit dem Hinweise darauf abgelehnt, daß die Aufzählung in Art. II § 1 der Reichsratsbestimmungen, wie sich aus dem Worte „insbesondere" ergebe, keineswegs erschöpfend ist und daß die Gemeinden nach Art. III § 2 nicht gehindert sind, auch andere, in Art. II § 1 nicht genannte Veranstaltungen in den Kreis ihrer Besteuerung zu ziehen, vorausgesetzt nur, daß es sich um „Vergnügungen" handelt (OVG. 78, 110).

c) **Steuerliche Behandlung im allgemeinen.** Hauptzweck und Beiwerk der Veranstaltung. Für die steuerliche Behandlung ist der Hauptzweck und wesentliche Inhalt einer Veranstaltung maßgebend (E. v. **12. I. 1926.** II. C. 96. 25). — Das Beiwerk, welches als Rahmen der Vorführung dient, um deren Hauptinhalt wirksamer hervorzuheben, ist für die steuerliche Charakterisierung nicht ausschlaggebend (E. v. **15. XII. 1925.** II. C. 197. 25).— Der Bezirksausschuß geht zutreffend davon aus, daß eine Veranstaltung nur dann vergnügungssteuerpflichtig sei, wenn sie als Vergnügung anzusprechen und daß hierbei der Gesamtcharakter der Veranstaltung maßgebend sei.

Er stellt dann fest, daß der Gesamtcharakter des vorliegenden Festes (Jahresfeier des Gustav-Adolf-Vereins), von dem der Umzug nur ein Teil war, nur religiös erbauend, anregend und belehrend gewesen und die Veranstaltung des Festzuges daher keine Vergnügung im Sinne der Steuerordnung gewesen ist (E. v. 6. **XII.** 1927. I. C. 82. 27).

Veranstaltung eines politischen Vereins zur Eröffnung des Wahlkampfes. Nach den einwandfreien tatsächlichen Feststellungen des Bezirksausschusses, insbesondere auch nach den zur Vorlage gelangten gedruckten Ankündigungen, bildeten die politischen Vorträge das Wesentliche der einen Teil des Wahlkampfes bildenden Veranstaltung des klagenden Vereins. Die des weiteren dort dargebotenen Gesänge, Rezitationen und sportlichen Vorführungen traten gegenüber dem politischen Inhalte der Veranstaltung durchaus in den Hintergrund. Hiernach lag eine steuerpflichtige Vergnügung nicht vor (E. v. 20. X. 1925. II. C. 17. 25). — An eine Mitgliederversammlung eines Vereins schloß sich ein gemütliches Zusammensein mit den Damen; es wurde getanzt; von einigen Mitgliedern wurden Gesangs- und andere musikalische Vorträge geboten. Nach Absicht der Veranstalter sollte es der Ergötzung und Unterhaltung dienen. Der Tatbestand einer „Vergnügung" liegt vor, es handelt sich auch nicht um einen Teil oder Beiwerk der geschäftlichen Tagung, zumal der Kreis der Teilnehmer durch Hinzuziehung der Damen wesentlich erweitert war (E. v. 20. **X.** 1925. **II.** C. 25. 25).

d) **Einzelne Veranstaltungen.**

1. Art. II, § 1 Abs. 2.

Zu Ziff. 1. Tanzlehrgängen, die von Berufslehrern veranstaltet, in systematischer Folge planmäßig die Schüler heranbilden, kann nicht der Charakter von Vergnügungen beigemessen werden (VBl. 47, 270). Reiner Tanzunterricht unterliegt nicht der Vergnügungssteuer, soweit nicht besondere Umstände, z. B. bei Mittel- und Schlußbällen, das Vorliegen eines Vergnügens dartun (OVG. 81, 140).

Tanzbelustigung eines Sportvereins bei einem Stiftungsfest. Dem Bezirksausschuß ist darin beizutreten, daß es sich bei dem an das Bankett angeschlossenen Tanzvergnügen um eine Veranstaltung handelte, welche mit den sportlichen Veranstaltungen nicht in so engem Zusammenhange stand, daß sie nur als ein Teil derselben anzusehen und deshalb von der Steuer freizulassen war. Nach dem Festprogramm sollte der sportliche Teil der mehrtägigen Veranstaltung offenbar vor dem Festbankett abschließen und letzteres, zu dem noch besondere Einladung erlassen, die Verlängerung der Polizeistunde beantragt und Gesellschaftsanzug vorgeschrieben war, eine besondere Veranstaltung bilden. Daß das Tanzvergnügen selbst nicht in das Programm aufgenommen war, ändert nichts an der Rechtslage, daß es sich um die steuerpflichtige Veranstaltung eines Tanzvergnügens handelt (E. v. 3. **XI.** 1925. II. C. 64. 25; s. u. 2 Art. II § 2).

Kostümfeste, Maskenbälle. Unter einem „Kostüm" kann man nur eine fremdartige Bekleidung verstehen, eine Bekleidung, die von der sonst üblichen abweicht und den Träger als eine andere Person erscheinen läßt, als er in Wirklichkeit ist. Als eine solche fremdartige Bekleidung, wie sie wohl irgendeine Nationaltracht oder eine Tracht aus früheren Jahrhunderten darstellt, kann man einen Sommeranzug, selbst wenn er im Winter getragen wird, unmöglich bezeichnen (E. v. 3. **III.** 1914. **II.** C. 201. 13). — Alpenvereinsfest. Die Frage der Fremdartigkeit einer Kleidung ist aus der Beziehung der angelegten Bekleidung zu den Zwecken der Veranstaltung zu entscheiden. Wenn Vereinsmitglieder in einer der Vereinstätigkeit entsprechenden äußeren Aufmachung ihre Vereinsfeste feiern und durch Anlegung des Anzugs, den sie bei Ausübung der vom Vereine bezweckten und geförderten Betätigung tragen, ihre Zusammengehörigkeit zum sichtbaren Ausdrucke bringen, so kann eine fremdartige Bekleidung hierin regelmäßig nicht gefunden werden. (Folgen Ausführungen, daß die Gebirgstracht der Vereinsmitglieder keine fremdartige sei.) (E. v. 4. **XII.** 1928. II. C. 90. 28.)

Zu Ziff. 2. Ausstellungen. Die Gemeinden können zwar auch Ausstellungen von Gemälden der Vergnügungssteuer unterwerfen. Für die Frage, ob eine solche Darbietung als ein Vergnügen veranstaltet wird, kommt es jedoch nicht darauf an, welche Wirkungen die Veranstaltung bei den Besuchern der Ausstellungen, je nach deren Individualität, erweckt, sowie etwa auf die Absichten, mit denen die Einzelbesucher von der Darbietung Gebrauch machen. Entscheidend bleibt vielmehr die Wirkung, welche der Veranstalter der Darbietung bei dem Publikum, auf dessen Besuch er rechnet, hervorzurufen beabsichtigt. Will er dasselbe ergötzen und unterhalten, so veranstaltet er eine Vergnügung selbst dann noch, wenn er gleich voraussetzen darf, daß ein Teil der Besucher durch ihr Streben nach Belehrung oder ähnlichem bestimmt werden mögen. Der Unternehmer kann demnach an erster Stelle sich an die Schaulust und das Unterhaltungsbedürfnis des Publikums wenden und ihm die Ausstellung zum ästhetischen Genusse darbieten; dann ist das Kriterium der Vergnügung gegeben, indem als unmittelbarer Zweck der Veranstaltung dem Publikum gegenüber die Erzielung der ästhetischen Wirkung erscheint; die Aussicht auf diese Wirkung, auf den geistigen Genuß, nicht der Wunsch nach Belehrung oder Kauflust soll das Publikum zum Besuche veranlassen. Will der Veranstalter jedoch bildend, unterrichtend wirken oder hauptsächlich Kaufliebhabern Gelegenheit zur Besichtigung und Bewertung der zum Verkauf ausgestellten Werke geben, so würden die Merkmale der Veranstaltung einer Vergnügung nicht gegeben sein. Was von beiden im Einzelfalle zutrifft, wird häufig um so schwerer zu entscheiden sein, als verschiedene Zwecke nebeneinander laufen können, und solches kann vielleicht namentlich bei Ausstellungen zutreffen, deren Gegenstände nur teilweise verkäuflich sind. Alsdann ist der hauptsächlich verfolgte Zweck maßgebend, und welcher das ist, darüber müssen die besonderen Umstände entscheiden. Hierbei werden der Beruf des Veranstalters, die ganze Art der Aufmachung, Verhältnis und Bedeutung unverkäuflicher Stücke zu den verkäuflichen, die Mittel zur Heranziehung von Besuchern, die Bemessung des Eintrittsgeldes u. a. m. von Bedeutung sein (VBl. 49, 55). — Der Kläger bezweckte mit der Ausstellung, die Leistungen des deutschen Automobilbaues sowie Nutzbarmachung und Betrieb des Kraftwagens vorzuführen, um die wirtschaftlichen Belange der Automobilindustrie zu fördern. Dagegen liegen keine Anhaltspunkte dafür vor, daß der wesentliche Hauptzweck der Ausstellung dazu bestimmt und geeignet gewesen sei, die Besucher zu ergötzen und zu unterhalten. Eine Steuerpflicht war nicht begründet (E. v. 29. XI. 1927. II. C. 72. 27).

Zu Ziff. 4. Mechanische Instrumente. Bei einem mechanischen Musikinstrument ist der Veranstalter nicht der, der die Kurbel der Orgel dreht, den Automaten durch Anziehen des Hebels, durch Einwurf des Zehnpfennigstücks in Bewegung setzt, sondern derjenige, der es veranlaßt hat, daß das mechanische Instrument in einem Lokale zum Zwecke der jederzeitigen, beliebigen Inbetriebsetzung durch die Besucher aufgestellt worden ist, und dafür sorgt, daß das Instrument in betriebsfähigem Zustande bleibt (OVG. 32, 102).

Zu Ziff. 7. Der Betrieb einer Schnellphotographiebude stellt an sich keine Vergnügung dar (E. v. 8. III. 1927. II. C. 146. 26).

Zu Ziff. 10. Kirchenkonzerte. Das Oberverwaltungsgericht hat bereits in der Entscheidung vom 3. II. 1899, welcher die Heranziehung eines am Bußtage veranstalteten Kirchenkonzerts zugrunde lag, folgendes ausgeführt: „Die Kirche ist auch außerhalb der Stunden des ordentlichen Gottesdienstes eine Stätte der Erbauung und nicht eine der Ergötzung und Unterhaltung, wozu die Kirche nur ausnahmsweise benutzt werden darf. Besonders der Bußtag aber ist nach dem eigentümlichen kirchlichen Charakter dieses Festes ein Tag, der einer jeder Ergötzung und Unterhaltung fremden Einkehr in sich selbst gewidmet ist. Wer also die Kirche und den Bußtag zur Veranstaltung von Musikaufführungen wählt, von dem ist ohne weiteres nicht vorauszusetzen, daß er unterhaltend und ergötzend wirken will. Hierzu bedarf es vielmehr eines besonderen Nachweises, der unter anderem auch aus dem Charakter der aufgeführten Musik hergeleitet werden kann, wenn dieser zwar ein ernster und mit der Würde des Ortes nicht unvereinbarer, aber doch zur Erbauung kein geeigneter geistlicher ist." In dieser Entscheidung hat das Oberverwaltungsgericht nicht etwa den Grundsatz ausgesprochen, daß Kirchenkonzerte keinesfalls unter den Begriff der steuerpflichtigen Vergnügungen fallen, es hat vielmehr den Nachweis, daß die Begriffsmerkmale einer Vergnügung vorliegen, auch für Kirchenkonzerte ausdrücklich zugelassen. An solchen Merkmalen fehlt es aber im vorliegenden Falle völlig. (Folgen tatsächliche Ausführungen.) (VBl. 20, 343 und E. v. 2. III. 1926. II. C. 60. 25.)

2. Art. II § 2.

Zu Ziff. 3. Unter Jugendpflege*) ist diejenige Tätigkeit zu verstehen, welche geeignet und bestimmt ist, jugendliche Personen in geistiger und körperlicher Beziehung zu erziehen und zu bilden. Für die Frage, ob eine Veranstaltung der Jugendpflege dient, ist es nicht entscheidend, welche Zwecke der die Veranstaltung darbietende Verein satzungsmäßig und tatsächlich verfolgt, sondern es kommt allein darauf an, welchen Charakter die Veranstaltung selbst hat (E. v. 3. VII. 1923. II. C. 37. 23). — Veranstaltung eines Spielabends durch eine Spielschar. Daß Eintrittskarten in der ganzen Stadt vertrieben werden, schließt nicht aus, daß die Veranstaltung hauptsächlich für Jugendliche und deren Angehörige dargeboten wurde, wofür sowohl der Umstand, daß die Spielschar sich lediglich aus Jugendlichen zusammensetzt, als auch das Programm und die Widmung des Reinertrages zum Ausbau einer Körperkulturschule für die deutsche Jugend sprechen (VBl. 51, 47).

Zu Ziff. 4. Sportliche Veranstaltungen als Leibesübungen. Veranstaltung eines Turniers. Bei der Beurteilung des tatsächlichen Verlaufes der Veranstaltungen, über die das ausführliche Programm vorliegt, gehen die Parteien von entgegengesetzten Standpunkten aus. Beklagter erblickt in dem Turnier eine groß angelegte Ausstellung züchterischen Materials mit allem zur Nutzbarmachung des Pferdes dienenden Zubehör unter gleichzeitiger Darbietung von Konzertmusik. Anderseits sieht die Klägerin hierin eine sportliche Veranstaltung mit dem Pferdematerial als gegenständlichen Mittelpunkt, zu dessen Vorführung die menschliche Tatkraft in Leibesübungen und sportlicher Ertüchtigung hohe Leistungen darbietet und die nicht etwa zu Volksunterhaltungszwecken, sondern in der Hauptsache für sachverständiges Publikum erfolgte, das während der landwirtschaftlichen Woche sich zahlreich in Berlin aufhielt und an der Veredelung und Nutzbarmachung der einheimischen Pferdezucht in wirtschaftlicher und sportlicher Hinsicht besonders interessiert ist. Für die Beurteilung eines steuerpflichtigen Vorganges ist nach ständiger Rechtsprechung des Gerichtshofs der wesentliche Hauptinhalt maßgebend. Das Beiwerk, welches als Rahmen der Vorführung dient, um deren Hauptinhalt wirksamer hervorzuheben, ist für die steuerliche Charakterisierung nicht ausschlaggebend. Aus diesem Grunde scheiden, wie der Bezirksausschuß mit Recht darlegt, die Musikstücke, die bei Vorführung der Pferde sowie zur Ausfüllung von Pausen und Einleitung neuer Programmnummern eingelegt wurden, für die steuerliche Beurteilung aus. Für die Würdigung des Hauptinhalts der Veranstaltung sind die Grenzen der auf den Tatbestand anzuwendenden Begriffe in der Tat flüssig. Wenn bei der Gesamtbeurteilung der Bezirksausschuß nach eingehender Abwägung aller in Betracht kommenden Umstände zu der Entscheidung gelangt ist, daß eine steuerpflichtige Vergnügung im Sinne des § 2 zit. nicht vorliegt, daß es sich vielmehr um sportliche Veranstaltungen handelte, die der Leibesübung dienten, so trifft ihn nicht der Vorwurf eines Rechtsirrtums oder wesentlichen Verfahrensmangels. Der Revision mußte daher der Erfolg versagt bleiben (E. v. 15. XII. 1925. II. C. 197. 25). Das Turnier bestand nach dem vorgelegten Programm, abgesehen von einem Flachrennen, in Eignungs- und Dressur-

*) Vgl. MinErl. 1925 S. 347 ff.

prüfungen, Jagdspringen und sonstigen reiterlichen Wettkämpfen. Derartige Reit- und Fahrturniere hat das OVG., sofern sie ohne Totalisator abgehalten werden, als Leibesübungen angesehen, die von der Steuer freizulassen sind. Von dieser Rechtsprechung abzugehen liegt keine Veranlassung vor. Der Bezirksausschuß glaubt auch nur deswegen die Steuerpflicht bejahen zu sollen, weil am Abend des Tages der Veranstaltung ein Tanz abgehalten wurde. Artikel II § 2 Ziff. 4 aaO. besagt, daß Veranstaltungen, welche der Leibesübung dienen, dann steuerpflichtig sind, wenn sie mit Totalisator, Wettbetrieb oder Tanzbelustigungen verbunden sind. Der Wortlaut dieser Vorschrift ergibt unzweideutig, daß die die Steuerpflicht begründenden Nebenveranstaltungen am gleichen Orte und zu gleicher Zeit wie die Hauptveranstaltung stattfinden müssen; nur dann, wenn diese Momente mit der eigentlichen Veranstaltung unmittelbar verbunden sind, kann jene Ausnahmebestimmung Platz greifen. Selbst wenn hier die Verteilung der Ehrenpreise noch zum Turnier zuzurechnen wäre, so ist doch wesentlich, daß der Tanz erst nach Abschluß der ganzen sportlichen Veranstaltung an einem anderen Orte und offenbar innerhalb eines engeren Personenkreises als desjenigen der Teilnehmer am Turnier stattgefunden hat. Bei der steuerlichen Behandlung kann daher nur davon ausgegangen werden, daß es sich hier um zwei selbständige Veranstaltungen gehandelt hat. Dem hat der Beklagte auch selbst Rechnung getragen; er hat, wie in der Revisionsinstanz festgestellt worden ist, die Tanzbelustigung noch gesondert zur Steuer herangezogen. Es war aber nicht zulässig, einmal das Turnier wegen des angeblich mit ihm verbundenen Tanzes und dann den Tanz wiederum als selbständige Veranstaltung der Steuer zu unterwerfen (BBl. 51. 378). — Sind bei einem Wettschießen Preise ausgesetzt und ist die Gewinnmöglichkeit durch Wiederholung des Einsatzes vermehrt, dann liegt keine Leibesübung mehr vor, sondern eine steuerpflichtige sportliche Veranstaltung (E. v. 15. X. 1929. II. C. 57. 29).

Schauturnen eines Turnvereins. Der auf Förderung der Leibesübung gerichtete Charakter der Veranstaltung, der auch dem alleinigen Vereinszweck entspricht, geht nicht verloren, wenn die Darbietungen in dem gemeinüblichen Rahmen von Gesang und Musikvorträgen der Vereinsmitglieder geboten werden (E. v. 30. IX. 1924. II. C. 51. 24).

Preiskegeln. Es soll nicht in Abrede gestellt werden — wie die Begründung der Entscheidungen des BayVGH. v. 24. IX. 1926 sowie des SächsOVG. v. 8. VI. 1925, mitgeteilt in der JW. 1927 Teil I, 475 und im BBl. 48, 17 und 221, zutreffend hervorhebt —, daß unter bestimmten Voraussetzungen das Kegeln als der Leibesübung dienend angesehen werden kann, da es Geschicklichkeit und Treffsicherheit erfordert und eine ausgiebige Durcharbeitung des Körpers mit sich bringt. Indessen kann hieraus keineswegs gefolgert werden, daß jedes von einem dem Deutschen Keglerbund angehörigen Kegelklub veranstaltete, wenn auch sportmäßig betriebene Preiskegeln der Leibesübung dient. Sportliche Veranstaltungen unterliegen nach der örtlichen Steuerordnung an und für sich der Vergnügungssteuer. Als Ausnahme von dieser Regel ist gemäß § 2 Ziff. 4 a. a. O. die Steuerfreiheit für Veranstaltungen solcher Art vorgesehen, die der „Leibesübung" dienen, die also eine planmäßige, nach bestimmten Regeln erfolgende Ertüchtigung des Körpers bezwecken und dies zum wesentlichen Ziele haben. Nicht jede körperliche Tätigkeit, die Kraft und Muskelarbeit erfordert, kann als der Leibesübung dienend angesehen werden. Es muß vielmehr in jedem Einzelfalle geprüft werden, ob die vorbezeichneten Voraussetzungen zutreffen. Im vorliegenden Falle hat die Prüfung der Tatumstände zur Verneinung der Steuerfreiheit des Preiskegelns geführt. In der Begründung hebt der Bezirksausschuß namentlich hervor, wie Anzahl und Wert der Preise sowie die jedem Kegler offenstehende Möglichkeit, beliebig oft den Einsatz zu wiederholen und an den Gewinnaussichten teilzunehmen, den Wettbewerb zu einer Ergötzung und Unterhaltung gemacht hätten; auch sei Gelegenheit zum Genusse von Alkohol und Tabak geboten gewesen. Unter Würdigung des Gesamtcharakters der

Veranstaltung hat der Bezirksausschuß festgestellt, daß eine Vergnügung vorlag (E. v. 18. X. 1927. II. C. 1. 27).

Zu Ziff. 6. Veranstaltungen zu dienstlichen Zwecken der Wehrmacht. § 2 Ziff. 6 ist nicht einengend dahin auszulegen, daß nur Veranstaltungen, zu denen Kommandierungen stattfinden, die also militärischen Dienst darstellen, steuerfrei seien. Auch der Umstand ist nicht wesentlich, daß gleiche Vorführungen von Gewerbetreibenden in der Gemeinde geboten werden (E. v. 28. IX. 1926. II. C. 237. 25).

3. Zu § 22. Künstlerisch hochstehende Veranstaltungen.

Für die Anerkennung derartiger Veranstaltungen, welche ein Regierungspräsident für umherziehende Unternehmungen gemäß den AusfBest. v. 20. XII. 1921/10. V. 1922 (MBliV. 1921, 414; 1922, 492) ausspricht, genügt die Erklärung des Regierungspräsidenten, es solle für seinen Bezirk dasselbe gelten wie in anderen Regierungsbezirken, in denen das Unternehmen bereits anerkannt sei. Die von einem unzuständigen Regierungspräsidenten ausgesprochene Anerkennung ist nicht von vornherein nichtig oder ungültig. Wird auf die Beschwerde einer Gemeinde die Anerkennung durch ministerielle Entscheidung aufgehoben, so hat die Aufhebung keine rückwirkende Kraft. Die staatliche Anerkennung eines Unternehmens gibt diesem zunächst ein wohlerworbenes Recht; bis zum erfolgten Widerruf ist die Anerkennung rechtswirksam. Dem Verwaltungsrichter steht eine sachliche Nachprüfung der Anerkennung nicht zu (E. v. 25. VI. 1929. II. C. 28. 29). — Die tatsächlichen Feststellungen des — gemäß § 22 gebildeten — Gutachterausschusses sind für den Verwaltungsrichter bindend (E. v. 5. VII. 1929. II. C. 1. 29).

III. Die Gemeinden als Steuergläubiger.

Veranstaltung in mehreren Gemeindebezirken. Grundsätzlich kann die Steuerhoheit für eine in mehreren Steuergebieten veranstaltete einheitliche Vergnügung nur der Gemeinde zustehen, in deren Bezirk der wesentliche Kern, der Hauptinhalt der Veranstaltung sich abspielt. Von ähnlichen Erwägungen ausgehend, hat der Gerichtshof bei Beurteilung des Charakters einer aus mehreren Einzelvorgängen bestehenden einheitlichen Veranstaltung geprüft, ob unter Würdigung des wesentlichen Inhalts und hauptsächlichen Zweckes die Gesamtveranstaltung als steuerpflichtige Vergnügung anzusehen sei (vgl. Markull, 2. Aufl., S. 32ff.). Ebensowenig wie begleitende Nebenumstände, selbst wenn letztere äußerlich stark hervortreten — wie z. B. Konzert bei einer der Hebung der Tierzucht oder Gesang und Musikvorträge bei einer der Jugendpflege dienenden Veranstaltung —, für die Steuerpflicht maßgeblich sind, kann einer von einer Veranstaltung nebensächlich infolge örtlicher Gemeindeabgrenzung mitberührten Gemeinde eine Steuerberechtigung zuerkannt werden. Auch Markull (a. a. O. S. 28 Anm. 4) will offenbar nur einer Gemeinde das Steuerrecht zubilligen. Der Gerichtshof kann aber seiner Auffassung, daß Vergnügungen allgemein dort als veranstaltet anzusehen seien, wo der Sitz ihrer Leitung oder wenigstens eine Kartenausgabestelle ist, nicht uneingeschränkt folgen. Beide Merkmale mögen in vielen Fällen maßgebend sein, so bei der Veranstaltung von Rennen und Fahrten, die eine Mehrzahl von Gemeinden nebensächlich berühren. Der Schwerpunkt der die Steuerpflicht begründenden Veranstaltung kann aber auch nach den näheren Umständen des Einzelfalls in anderen Steuergemeinden liegen. Welcher von mehreren örtlich konkurrierenden Steuergemeinden nach den vorstehend entwickelten Grundsätzen die Vergnügungssteuer zusteht, ist daher nur nach der tatsächlichen Sachlage im einzelnen Fall zu entscheiden. Hier kann nur die Gemeinde H., deren Gebiet $^5/_6$ des Rennplatzes, den Sitz der Veranstaltung und die Kartenausgabe umfaßt, in Frage kommen, nicht aber W., in deren Gebiet nur $^1/_6$ der Rennfläche liegt (OVG. 83, 108).

IV. Steuerpflichtige.

a) Unternehmer. Wer als Unternehmer einer Veranstaltung anzusehen ist, ist eine aus den Gesamtumständen der wirtschaftlichen, organisatorischen, künstlerischen usw.

Mitwirkung zu beantwortende Tatfrage. Dabei sind die wirtschaftlichen Momente nicht grundsätzlich höher zu bewerten als organisatorische usw. — Unternehmer einer Vergnügung ist nicht wesentlich verschieden vom Veranstalter einer Lustbarkeit nach altem Rechte (E. v. **11. II. 1930.** II. C. 113. 29). — Unternehmer ist nach dem Sprachgebrauch und nach dem Sinne der einschlägigen Vorschriften nur, wer unmittelbar durch seine Tätigkeit das Vergnügen ermöglicht, nicht wer bloß dem Unternehmer bei der Veranstaltung Hilfe leistet. Anderenfalls würde auch derjenige als Unternehmer gelten müssen, der etwa dem Unternehmer zum Zwecke der Veranstaltung ein Darlehn gegeben hat (E. v. **3. VII. 1928.** II. C. 146. 27).

b) Rauminhaber. Zu Trägern der Lustbarkeitssteuer können zwar alle diejenigen gemacht werden, welche an der Lustbarkeit beteiligt sind, und hierzu gehören der Veranstalter, die Teilnehmer und, falls ein geschlossener Raum für die Veranstaltung hergegeben wird, derjenige, welcher ihn hergegeben hat. Hergeben kann diesen Raum jedoch nur derjenige Besitzer, dem die unmittelbare Verfügung über das Lokal zusteht. Das ist, wenn ein Pachtverhältnis vorliegt, nur der Pächter, nicht der Eigentümer (OVG. **53**, 138). — Nach der ständigen Rechtsprechung haftet als „Inhaber der Räume" für die Zahlung einer Vergnügungssteuer nur derjenige, in dessen Macht es liegt, die einzelne steuerpflichtige Veranstaltung zuzulassen oder zu verhindern. Die Haftung des Verpächters oder Vermieters ist danach auf solche Fälle beschränkt, in denen er für einzelne steuerpflichtige Veranstaltungen seine Räume hergibt und dadurch im Zusammenwirken mit dem Veranstalter die Veranstaltung ermöglicht. Der Kläger war in der fraglichen Zeit nur mittelbarer Besitzer (E. v. **3. VII. 1928.** II. C. 146. 27). — Hiernach muß die Haftung des Rauminhabers auf solche Fälle beschränkt werden, wo er für die steuerpflichtige Vergnügung die seiner Verfügungsgewalt unterliegenden Räume hergibt und hierdurch im Zusammenwirken mit dem Veranstalter die Unternehmung ermöglicht (OVG. **81**, 145). — Der Rauminhaber stellt die Räume auch schon dann zur Verfügung, wenn er bei einer Untervermietung der Räume sich die volle Verfügungsgewalt und damit das Recht, die Veranstaltungen zu verbieten, vorbehalten hat, auch wenn er von diesem Rechte keinen Gebrauch gemacht hat (E. v. **18. II. 1930.** II. C. 144. 29).

c) Solidarhaftung. Bei mehreren Veranstaltern einer Vergnügung haftet jeder einzelne für den durch die Veranstaltung begründeten Steuerbetrag (E. v. **16. II. 1926.** II. C. 175. 25).

Zu § 23. Steuerfreiheit des Unternehmers bedingt diejenige des Gesamtschuldners. Der Inhaber der Räume oder Grundstücke haftet nur „neben dem Unternehmer". Seine Haftung setzt also die des Unternehmers voraus. Im vorliegenden Falle kommt eine Haftung des Unternehmers nicht in Frage, weil die Veranstaltung infolge Anerkennung der Gemeinnützigkeit (§ 2 Ziff. 7 RRBest.) steuerfrei war. Ist aber der Unternehmer steuerfrei, so auch der Inhaber der Räume oder Grundstücke (E. v. **21. IX. 1928.** II. C. 223. 27).

V. Steuersätze.

a) Im allgemeinen. Die Nachprüfung der Höhe der Steuersätze liegt, wie der Gerichtshof in bisheriger Rechtsprechung angenommen hat (vgl. z. B. VBl. **36**, 679 und **38**, 116), den Genehmigungsbehörden ob. An dieser Auffassung hält der Gerichtshof auch gegenüber den Reichsratsbestimmungen fest. Es kann nicht Aufgabe der Verwaltungsgerichte sein, in die Einzelheiten der Steuersätze einzugreifen, nachdem die Verwaltungsbehörden in mehreren Instanzen diese Sätze geprüft haben (OVG. **78**, 110). — Nach § 20 ist die Pauschsteuer nach der Raumgröße zu berechnen; eine Berechnung nach der Durchschnittsbesucherzahl ist daher unzulässig (E. v. **9. VII. 1928.** II. C. 233. 27).

Steuersätze nach Gruppen der steuerpflichtigen Veranstaltungen. Der § 8 der örtlichen Steuerordnung staffelt die Steuersätze bei der Kartensteuer nach Gruppen der steuerpflichtigen Veranstaltungen, ohne die Steuersätze innerhalb der einzelnen Gruppen wie in Art. II § 8 RRBest. prozentual nach dem Preise der ausgegebenen Eintrittskarten abzustufen. Es erscheint dies zulässig, weil durch Art. III § 7 der Reichsratsbestimmungen für die Gemeinden die Möglichkeit eröffnet ist, nicht nur die Steuersätze des Art. II § 8 zu erhöhen, sondern auch die steuerpflichtigen Veranstaltungen zu Gruppen zusammenzufassen und verschieden zu besteuern (OVG. 78, 109).

b) Zu § 9. Besondere Steuersätze bei Bildstreifen. Für steuerpflichtige Lichtbilderveranstaltungen dürfen, wenn neben Spielfilmen sowohl Lehrfilme von mehr als 100 m Länge als auch Bildstreifen, die als künstlerisch oder volksbildend anerkannt sind, gezeigt werden, die Steuersätze des Art. II § 9 Abs. 2 gemäß Art. III § 9 Abs. 1 höchstens um den für den Lehrfilm zugelassenen Satz von 2 v. H. erhöht werden. Dabei ist die Gesamtlänge, die sich aus der Zusammenrechnung der Lehrfilme und der Kulturfilme ergibt, für die Anwendung der in Art. II § 9 Abs. 2 vorgesehenen Stufen maßgebend (E. v. 25. II. 1930. II. C. 141. 29).

c) Zu § 15. Zuschläge. Entschuldbarkeit der Versäumnis. Die Steuerstelle hat den Zuschlag zu unterlassen oder zurückzunehmen, wenn die Versäumnis entschuldbar erscheint. Ob solche Entschuldbarkeit vorliegt, ist eine dem Tatsachengebiet angehörende Frage. Der Bezirksausschuß hat sie bejaht. Für seine Auffassung spricht insbesondere der Umstand, daß für einen nichtgewerblichen Unternehmer, namentlich für nebenamtlich wirkende Mitglieder eines vielköpfigen Vereinsvorstandes mit öfterem Personenwechsel, die hier in Betracht kommenden örtlichen Vorschriften in der Tat schwer übersehbar sind. Es mag billig bezweifelt werden, ob der Ortsgesetzgeber diese als Strafe wirkende Mehrbesteuerung da beabsichtigt hat, wo von einer geldlichen Benachteiligung des Steuergläubigers gar keine Rede sein kann (E. v. 15. XII. 1925. II. C. 125. 25).

VI. Veranlagung.

a) Sicherheitsleistung. § 4 Abs. 5. Der als Rauminhaber für den Veranstalter zur Steuer herangezogene Kläger verweigerte Entrichtung der Steuerschuld, weil die Steuerstelle eine Sicherheit in der voraussichtlichen Höhe der Steuerforderung von dem Veranstalter nicht eingezogen hatte. Die Vorschrift der Sicherheitsleistung will den ordnungsmäßigen Eingang der Steuer im Interesse des Steuergläubigers sicherstellen, stellt also nur eine Schutzvorschrift für diesen, nicht aber eine Steuervorschrift dar. Die Verbindlichkeit des Gesamtschuldners wird daher dadurch nicht geändert, daß die Sicherheitsleistung nicht gefordert worden ist (E. v. 29. II. 1928. II. C. 61. 28).

b) Zu Art. III § 11. Kartenkontrolle. Die dem Inhaber eines Lichtspieltheaters erteilte Erlaubnis zur Benutzung einer Registrierkasse war zurückgenommen und dem Unternehmer aufgegeben worden, alle Karten vor Ausgabe zur Abstempelung vorzulegen. Eine Klage im Verwaltungsstreitverfahren ist gegen diese Anordnung nicht gegeben (E. v. 21. IV. 1925. II. B. 1. 25).

c) Zu Art. II § 14. Ersatzfeststellung der Steuer in besonderen Fällen. Die Vorschrift, wonach die Steuerstelle ermächtigt ist, dann, wenn die für die Berechnung der Steuer maßgebenden Verhältnisse nicht mit Sicherheit feststellbar sind, die Steuer für sämtliche verfügbaren Plätze festzustellen, liefert nicht etwa den Steuerpflichtigen der Willkür des Steuergläubigers aus; sie macht vielmehr diesem eine der richterlichen Nachprüfung unterliegende Veranlagung zur Pflicht, bei welcher gemäß § 15 ein bis zu 25 v. H. erhöhter Satz zur Anwendung gebracht werden kann (E. v. 5. V. 1925. II. C. 6. 25).

VI. Biersteuer.

MinErl. vom 28. Mai 1927 (MBliV. S. 575).

Für die Erhebung einer Steuer auf den örtlichen Verbrauch von Bier gemäß § 15 des Reichsgesetzes über den Finanzausgleich in der Fassung des Gesetzes vom 9. April 1927 (RGBl. I S. 91) haben wir die nachstehend abgedruckte Mustersteuerordnung aufgestellt, die wir den Gemeinden zur Einführung empfehlen.

Der Steuersatz (§ 2 des Musters) darf nach § 15 Abs. 3 a. a. O. 7 v. H. des Herstellerpreises nicht übersteigen. Der Begriff des Herstellerpreises wird durch nähere Bestimmungen, die der Reichsminister der Finanzen mit Zustimmung des Reichsrats gemäß § 15 Abs. 6 a. a. O. erlassen wird, festgelegt werden.

Wer als Einführer (§ 5b des Musters) im einzelnen Falle anzusehen ist, hängt von den Umständen ab. In der Regel wird als Einführer diejenige im Gemeindebezirk wohnende Person anzusehen sein, auf deren Veranlassung die Einfuhr geschieht, z. B. der Bierverleger, der Händler, der Schankwirt usw., der sich Bier von außerhalb schicken läßt, auch der auswärtiges Bier unmittelbar beziehende Selbstverbraucher. Unter Umständen kann auch eine außerhalb des Gemeindebezirks wohnende Person als Einführer steuerpflichtig werden, z. B. wenn sie das Bier selbst in die Gemeinde einbringt, um dort den Absatz erst zu suchen; denn bei einer indirekten Steuer, wie es die Gemeindebiersteuer ist, hat die Steuerpflicht, insofern sie lediglich an den innerhalb des Gemeindebezirks sich vollziehenden Vorgang geknüpft ist, die Zugehörigkeit der den Vorgang veranlassenden Person zur Gemeinde nicht zur Voraussetzung.

Die Genehmigung der Biersteuerordnungen liegt den nach dem preußischen Kommunalabgabenrecht zur Genehmigung von Steuerordnungen zuständigen Beschlußbehörden ob, die in dieser Beziehung als beauftragte Behörden im Sinne des § 15 Abs. 1 des Finanzausgleichsgesetzes gelten. Einer Zustimmung der Minister oder der Kommunalaufsichtsbehörde höherer Instanz bedarf die Genehmigung von Biersteuerordnungen der Gemeinden nicht, solange das Kriegsgesetz zur Vereinfachung der Verwaltung vom 13. Mai 1918 (GS. S. 53) in Kraft ist (Art. 5 Nr. 8 dieses Gesetzes).

Für die Stadt Berlin ist zur Genehmigung der Oberpräsident zuständig.

Die Einführung der Biersteuer wird den Gemeinden dringend empfohlen, um andere Steuerquellen, insbesondere die Realsteuern, zu schonen (vgl. § 15 Abs. 2 des Finanzausgleichsgesetzes und Abschnitt C Nr. 2 des RdErl. vom 14. April 1927, MBliV. S. 411).

Die Vorschrift des § 15 Abs. 5 des Finanzausgleichsgesetzes, daß neue Biersteuerordnungen nur am Beginn eines Kalendervierteljahres in Kraft gesetzt werden dürfen, ist durch § 3 Abs. 2 des Gesetzes vom 9. April 1927 (RGBl. I S. 91) für die Zeit vom 1. April 1927 bis zum 30. Juni 1927 außer Kraft gesetzt; dadurch ist die Möglichkeit gegeben, neue Biersteuerordnungen schon vor dem 1. Juli 1927 vom Tage der Beschlußfassung ab in Kraft treten zu lassen. Wird die Ordnung erst nach dem 1. Juli 1927 beschlossen, so kann sie frühestens am 1. Oktober 1927 in Kraft treten.

Die Biersteuer hat als eine in erster Linie den Gemeinden vorzubehaltende Steuer zu gelten. Will ein Landkreis von seinem Recht, eine Biersteuer zu erheben, Gebrauch machen, so wird er, da eine Doppelbesteuerung durch Kreis und Gemeinde nicht zugelassen werden kann, den Geltungsbereich seiner Steuerordnung auf diejenigen kreisangehörigen Gemeinden, die selbst keine Biersteuer erheben, und auf die Gutsbezirke zu beschränken haben. Mit dieser Beschränkung kann auch den Landkreisen die Einführung der Steuer durchaus empfohlen werden, zumal dadurch ein Weg gegeben wird, das Bestehen biersteuerfreier Gebiete in Nachbarschaft von Biersteuer erhebenden Gebieten und damit die Gelegenheit zu Steuerersparungsversuchen tunlichst auszuschalten. Für Kreisbiersteuerordnungen dieser Art wird das vorliegende Muster mit den für den Kreis notwendigen sinngemäßen Änderungen ebenfalls zum Anhalt dienen können. Die Genehmigung von Biersteuerordnungen der Kreise durch den Bezirksausschuß bedarf der Zustimmung des Oberpräsidenten.

An die Ober- u. Reg.-Präs., die Landräte und die Gemeindeverwaltungen. — Den Bezirks- und Kreisausschüssen zur Kenntnis.

Anlage.

Muster für eine Biersteuerordnung.

Auf Grund des § 15 des Reichsgesetzes über den Finanzausgleich in der Fassung des Gesetzes vom 9. April 1927 (RGBl. I S. 91) und der §§ 13, 18 und 82 des Preußischen Kommunalabgabengesetzes wird mit Zustimmung der Stadtverordnetenversammlung (Gemeindevertretung) für die Stadtgemeinde (Landgemeinde) . . . . . . folgende Biersteuerordnung erlassen.

§ 1. Der örtliche Verbrauch des im Gemeindebezirk hergestellten und des in den Gemeindebezirk eingeführten Bieres unterliegt einer Steuer nach Maßgabe dieser Ordnung.

§ 2. Die Steuer beträgt . . . . . . v. H. des Herstellerpreises.

§ 3. Die Steuerpflicht tritt ein:

a) für das im Gemeindebezirk hergestellte Bier, sobald es aus der Herstellungsstätte in den freien Verkehr innerhalb des Gemeindebezirkes gebracht oder in einen mit der Herstellungsstätte verbundenen Ausschank überführt oder in der Herstellungsstätte oder im Haushalt des Herstellers verbraucht wird,

b) für das in den Gemeindebezirk eingeführte Bier mit dem Zeitpunkte der Einführung.

§ 4. (1) Steuerfrei ist:

a) Bier, das als unbrauchbar in die im Gemeindebezirk gelegene Herstellungsstätte zurückgenommen wird (sogenanntes Retourbier),

b) Bier, das durch den Gemeindebezirk nur durchgeführt wird.

(2) Für versteuertes Bier wird die Steuer zurückerstattet, wenn glaubhaft nachgewiesen wird,

a) daß es aus dem Gemeindebezirk ausgeführt worden ist oder

b) daß es als unbrauchbar in die im Gemeindebezirk gelegene Herstellungsstätte zurückgenommen worden ist.

§ 5. Steuerpflichtig ist:

a) im Falle des § 3a der Hersteller,

b) im Falle des § 3b der Einführer.

§ 6. Hersteller und Einführer, die Bier gewerbsmäßig in den Verkehr bringen, sind verpflichtet, die Eröffnung ihres Betriebes binnen drei Tagen nach der Eröffnung bei der Steuerbehörde anzumelden. Inhaber von Betrieben, die bei Erlaß dieser Steuerordnung bereits bestehen, haben den Betrieb binnen drei Tagen nach der Veröffentlichung der Steuerordnung bei der Steuerbehörde anzumelden.

§ 7. Die nach § 6 Anmeldepflichtigen haben Steuerbücher nach einem vom Gemeindevorstand vorgeschriebenen Muster über den Ein- und Ausgang steuerpflichtigen Bieres zu führen und die Bücher jederzeit zur Einsicht der Aufsichtsbeamten bereit zu halten, auf Erfordern auch der Steuerbehörde vorzulegen. Soweit der Ein- und Ausgang steuerpflichtigen Bieres auf Grund der Reichssteuergesetze in besonderen Steuerbüchern aufgezeichnet wird oder soweit die sonstigen Geschäftsbücher die für die Steuer auf den örtlichen Verbrauch von Bier erforderlichen Angaben nach Ansicht der Steuerbehörde hinreichend erkennen lassen, kann die Steuerbehörde Befreiung von der Führung eines besonderen Steuerbuchs gewähren.

§ 8. Die Betriebs- und Lagerräume der nach § 6 Anmeldepflichtigen unterliegen der Steueraufsicht. Die Aufsichtsbeamten sind befugt, die Räume zu diesem Zwecke in den üblichen Geschäftsstunden zu betreten. Die Inhaber der Räume sind verpflichtet, den Beamten die zur ordnungsmäßigen Durchführung der Aufsichtsobliegenheiten erforderliche Hilfe zu leisten oder leisten zu lassen.

§ 9. (1) Die nach § 6 anmeldepflichtigen Hersteller von Bier haben das während eines Kalendermonats gemäß § 3a steuerpflichtig gewordene Bier spätestens am zehnten Tage des nächstfolgenden Monats der Steuerbehörde auf dem vom Gemeindevorstand vorgeschriebenen Vordruck zur Versteuerung anzumelden und die sich danach ergebende Steuer gleichzeitig an die Steuerkasse zu entrichten.

(2) Ebenso haben die nach § 6 anmeldepflichtigen Einführer von Bier das während eines Kalendermonats gemäß § 3b steuerpflichtig gewordene Bier spätestens am zehnten Tage des nächstfolgenden Monats der Steuerbehörde auf dem vom Gemeindevorstand vorgeschriebenen Vordruck zur Versteuerung anzumelden und die sich danach ergebende Steuer gleichzeitig an die Steuerkasse zu entrichten.

(3) Die übrigen Steuerpflichtigen, die nicht gewerbsmäßig Bier in den Verkehr bringen, haben die Anmeldung bei der Steuerbehörde binnen acht Tagen nach Eintritt der Steuerpflicht (§ 3) zu bewirken und die sich ergebende Steuer gleichzeitig an die Steuerkasse zu entrichten.

(4) In allen Fällen bedarf es eines Steuerbescheides nur, wenn die Steuerbehörde einen höheren als den von dem Steuerpflichtigen errechneten Steuerbetrag festsetzt. In diesem Falle ist der Mehrbetrag sofort nach dem Erhalt der Festsetzung zu zahlen. Erfolgt bis zum nächsten Abrechnungstermin keine Beanstandung der eingereichten Steuerberechnung, so gilt sie als endgültige Veranlagung, für die die Rechtsmittelfrist von diesem Abrechnungstage an zu laufen beginnt.

(5) Unterbleibt die Anmeldung oder erstattet der Pflichtige die Anmeldung nicht rechtzeitig oder kann er auf die Aufforderung der Steuerbehörde keine ausreichende Aufklärung für seine Angaben geben oder verweigert er weitere Auskunft, so kann die Steuerbehörde den steuerpflichtigen Betrag, nötigenfalls unter Zuziehung von Sachverständigen, schätzen und die Steuer danach festsetzen.

§ 10. Wer, ohne Einführer im Sinne des § 5b zu sein, als Frachtführer, Verfrachter oder in ähnlicher Eigenschaft die Beförderung des von auswärts in den

Gemeindebezirk eingeführten Bieres besorgt, ist verpflichtet, der Steuerbehörde über die von ihm besorgten Beförderungen nach näherer Vorschrift des Gemeindevorstandes Auskunft zu geben, auf Erfordern auch die zu den Sendungen gehörigen Begleitpapiere, Frachtbriefe usw. vorzuzeigen.

§ 11. Die Steuerbehörde kann die Steuer in einzelnen Fällen aus Billigkeitsgründen ganz oder teilweise erlassen.

§ 12. Die Vorschriften der §§ 101, 162, 168, 169, 170 Abs. 2, §§ 173, 177, 180, 183, 191, 193, 196, 197 Abs. 1 und 2, §§ 198, 199, 204 bis 208 und 210 Abs. 1 und 2 der Reichsabgabenordnung sind sinngemäß anzuwenden.

§ 13. Den Steuerpflichtigen stehen gegen die Heranziehung zur Steuer die in den §§ 69 ff. des Kommunalabgabengesetzes geordneten Rechtsmittel zu.

§ 14. Zuwiderhandlungen gegen die Vorschriften dieser Steuerordnung und die vom Gemeindevorstand erlassenen Ausführungsbestimmungen werden mit Geldstrafe bis zu dem nach dem Kommunalabgabengesetz in Verbindung mit der Verordnung über Vermögensstrafen und Bußen vom 6. Februar 1924 (RGBl. I S. 44) und etwaigen späteren Änderungen zulässigen Höchstmaß bestraft, sofern nicht nach sonstigen Gesetzen eine höhere Geldstrafe oder Freiheitsstrafe verwirkt ist.

§ 15. (1) Diese Steuerordnung tritt mit dem . . . . . . in Kraft. Mit dem gleichen Tage treten die bisherigen Biersteuerbestimmungen außer Kraft.

(2) Rechtsvorgänge, die vor dem Inkrafttreten dieser Steuerordnung steuerpflichtig geworden sind, unterliegen der Besteuerung nach den bisherigen Bestimmungen.

. . . . . ., den . . . ten . . . . . . 19 . . .

Der Gemeindevorstand.

Inhaltsübersicht.

I. Örtlicher Verbrauch als Voraussetzung der Biersteuerpflicht.

Schon nach älterem Recht (Art. 5 II des Zollvereinsvertrags v. 8. VII. 1867, BGBl. S. 81, Art. 10 AusfAnw. z. KAG.) unterlag Bier nur als Gegenstand der „örtlichen Konsumtion" einer Steuer. Die Beschränkung der Steuererhebung auf den örtlichen Verbrauch ist also nicht erst durch das Finanzausgleichsgesetz eingeführt worden. Eingeführtes Bier durfte auch damals nicht höher besteuert werden als einheimisches; aus dieser Vorschrift erklärt sich historisch das Nebeneinanderstellen des am Orte gebrauten und des eingeführten Bieres (s. die Mustersteuerordnung) (E. v. 6. III. 1928. II. C. 103. 27). — Die aus der Zeit vor Erlaß des Finanzausgleichsgesetzes stammenden Steuerordnungen entsprechen der ausdrücklichen Bestimmung des § 15 FinAusglG., daß nur der örtliche Verbrauch versteuert werden darf, wenn nach der Steuerordnung zwar die Steuer bereits beim Ausgange des Bieres aus der Brauerei oder bei der Einfuhr in die Gemeinde erhoben wird, aber eine Vergütung der bezahlten Steuer bei Ausfuhr oder Wiederausfuhr vorgesehen ist (E. v. 5. II. 1929. II. C. 76. 28). — Nach der Steuerordnung von L. wird die Steuer nach dem eingeführten, auswärts gebrauten Bier erhoben. Eine Vorschrift, daß nur das zum örtlichen Verbrauch gelangende Bier der Steuer unterworfen sei, fehlt, ebenso eine Vorschrift, daß bei Wiederausfuhr die bezahlte Steuer erstattet werde. Die Steuerordnung sieht daher eine reine Einfuhrsteuer vor und ist nicht gültig (E. v. 6. VII. 1928. II. C. 113. 27).

II. „Einführer" von Bier.

Einbringer von Bier ist derjenige, der Bier in den Stadtbezirk einführt oder einführen läßt (OVG. 31, 68). — Die Bezeichnung „Empfänger" in einer örtlichen Steuerordnung hat ebenso wie der Ausdruck „Einführer" in der Mustersteuerordnung nur steuertechnische Bedeutung und bezeichnet denjenigen, in dessen Gewahrsam das Bier innerhalb des Steuerbezirkes zuerst gelangt. Hat eine Brauerei in einer Gemeinde einen unselbständigen Vertreter, so ist sie selbst „Empfängerin" des eingeführten Bieres (E. v. 5. II. 1929. II. C. 76. 28). — Der Kläger — ein Bierverleger — sammelt Aufträge bei den Wirten und sendet die gesammelten Aufträge an die Brauerei. Diese schickt mittels Lastkraftwagens das bestellte Bier an den Kläger; letzterer lädt das Bier auf seinen eigenen Wagen und fährt es zu den Wirten. Der Kläger hat als „Einführer" zu gelten (E. v. 12. II. 1929. II. C. 102. 28). — Einführer ist auch derjenige, der bewußt durch seine Bestellung den auswärtigen Brauer, Bierverleger oder Händler veranlaßt, das Bier über die Gemeindegrenze zu schaffen. Der Kläger, ein Wirt, hat das Bier bei einer auswärtigen Brauerei durch Vermittlung eines Reisenden bestellt. Er ist „Einführer", da er die Einfuhr veranlaßt und sich des Reisenden nur als Mittelsperson bedient hat (E. v. 12. IV. 1929. II. C. 111. 28).

III. „Durchgeführtes" Bier.

Bier, welches in im Stadtbezirke belegene Kellereien gebracht, in diesen auf kleinere Gebinde oder Flaschen umgefüllt und dann nach auswärts verkauft wird, ist nicht als nur durchgeführtes Bier anzusehen. Unter Durchführung kann nur ein wesentlich in einem Akte — insbesondere aber ohne Unterbrechung mittels Lagerns in der Stadt — sich vollziehendes Hindurchschaffen verstanden werden (VBl. 18, 79).

IV. Ausfuhrvergütung.

Wenn nach der örtlichen Steuerordnung „Händler" den Anspruch auf Rückvergütung haben, so sind hierunter alle Personen, welche sich gewerbsmäßig mit dem Vertriebe von Bier befassen, einbegriffen, also auch Brauereien oder Vertreter auswärtiger Brauereien (s. OVG. 56, 160) (E. v. 5. II. 1929. II. C. 76. 28). — Ein Anspruch auf Ausfuhrvergütung steht nicht nur demjenigen Gewerbetreibenden zu, der die Biersteuer an die Gemeinde entrichtet hat, sondern auch dem, auf den das Bier später übergegangen ist (E. v. 26. VI. 1914. II. C. 64. 14).

V. Heranziehung.

Nach der Steuerordnung muß eingeführtes Bier vom Empfänger auf der Steuerkasse unter bestimmt formulierten Angaben, insbesondere auch über die Sätze der Steuer, angemeldet und versteuert werden; das Duplikat der quittierten Anmeldung wird als Beleg zurückgegeben; sonstige Steuerbescheide sind dabei nicht vorgesehen. Hiernach muß die von der Klägerin vorgelegte Bescheinigung der Kämmereikasse über Zahlung der Steuer für das angemeldete Bier als Heranziehungsverfügung angesehen werden, gegen welche die Rechtsmittel der §§ 69, 70 KAG. zulässig sind (E. v. 6. III. 1928. II. C. 103. 27).

VI. Kontrolle des Verwaltungsrichters.

a) § 15 Finanzausgleichsgesetz. Der Verwaltungsrichter hat nicht nachzuprüfen, ob bei der Genehmigung einer Biersteuerordnung die Voraussetzungen des § 15 Abs. 2 FinAusglG., wonach die Neueinführung oder Erhöhung der Biersteuer durch entsprechende Steuersenkungen auf anderen Gebieten ausgeglichen werden soll, erfüllt sind (OVG. 83, 108).

b) Steuerordnung und Steuergebiet. Eine Biersteuerordnung, die nicht für den ganzen Umfang des Kreises gilt und einzelne Kreisteile freiläßt, verstößt gegen den Grundsatz der Allgemeinheit und ist ungültig (E. v. 8. IV. 1930. II. C. 135. 29).

VII. Grundstückszubehörsteuer.

Bei der Veräußerung von Grundstücken wird vielfach eine Kreissteuer in einem Hundertsatze von dem Teil des Veräußerungspreises erhoben, welcher auf das Grundstückszubehör (Inventar, Maschinen, Gerätschaften, Vorräte, Erzeugnisse, Viehbestand) sowie auf Warenlager, Einrichtung, Firmenbezeichnung oder Schutzmarke eines auf dem Grundstücke befindlichen kaufmännischen oder gewerblichen Betriebes entfällt und nicht der Grunderwerb-, Zuwachs-, Umsatz-, Kapitalverkehrs- oder Einkommensteuer unterliegt. Diese Steuer wird auch erhoben bei Veräußerungsgeschäften, wonach Grundstückszubehör und Warenlager auf Grund eines besonderen Vertrages neben dem Grundstück veräußert werden. Die Steuerpflicht tritt ein mit der Beurkundung des Veräußerungsgeschäftes oder, wenn eine Beurkundung nicht stattfindet, mit der Übergabe der veräußerten Gegenstände an den Erwerber.

Eine Mustersteuerordnung ist nicht veröffentlicht.

Inhaltsübersicht.

1. Zulässigkeit der Grundstückszubehörsteuer nach Landes- und Reichsrecht. Begriff. Nachdem durch § 6 KrProvAbgG. in der Fassung der Novelle v. 26. VIII. 1921 (GS. 495) den Kreisen das Recht, selbständig indirekte Steuern einzuführen, uneingeschränkt zugestanden ist, kann kein Zweifel darüber bestehen, daß die Zubehörsteuerordnung des Kreises O. sich in den Grenzen gesetzlicher Zuständigkeit hält (OVG. 80, 35). — Gemäß § 37 GrErwStG. v. 12. IX. 1919 (GS. 1617) sind Steuerordnungen von Gemeinden und Gemeindeverbänden unwirksam, sofern sie die Übertragung von Grundstücken oder von wesentlichen Bestandteilen von Grundstücken, die gemäß § 93 BGB. deren rechtliches Schicksal teilen, einer Abgabe unterwerfen; jedoch ist es den Kommunalverbänden unbenommen, von der Übertragung des Grundstückszubehörs eine Steuer zu erheben. Die örtliche Steuerordnung bezeichnet sich selbst als Ordnung für die Erhebung einer Kreissteuer von dem Grundstückszubehör. Die Steuerordnung unterwirft in keiner ihrer Bestimmungen die Grundstücke selbst oder wesentliche Bestandteile von Grundstücken der Steuer; damit erledigt sich der auf § 37 GrErwStG. gegen die Gültigkeit der Steuerordnung gestützte Angriff (VBl. 49, 461). — Die Steuerordnung enthält keinen Eingriff in das dem Reich vorbehaltene Steuergebiet (§ 3 FAG. v. 23. VI. 1923, RGBl. 494). Der Umsatzsteuer unterfallen von den Inventurverkäufen nur die gewerbsmäßigen Warenumsätze (§§ 1, 44 S. 1 UmsStG. v. 24. XII. 1919 i. d. F. des Steuerüberleitungsgesetzes v. 29. V. 1925, RGBl. 1925 I S. 75 und des G. v. 10. VIII. 1925, RGBl. I 241). — Nach der Steuerordnung kommt auch nicht die Besteuerung eines Umsatzes in Frage, sondern die steuerliche Erfassung des Abschlusses eines mit einer Grundstücksveräußerung in Zusammenhang stehenden schuldrechtlichen, bestimmte Gegenstände betreffenden Veräußerungsvertrags (VBl. 48, 140).

2. Umfang der Besteuerung. Bürgerliches Gesetzbuch. Der Zubehörsteuer unterliegt bei der Veräußerung eines Grundstücks das Grundstückszubehör, bei der Veräußerung eines Geschäftsbetriebs eines Kaufmanns oder einer Fabrik das Warenlager, die Firmenbezeichnung und Schutzmarke. Danach ist Voraussetzung der Besteuerung lediglich die Tatsache der Veräußerung der genannten Objekte im Zusammenhange mit der Veräußerung eines Grundstücks, eines Geschäftsbetriebs eines Kaufmanns oder einer Fabrik, nicht aber die Erzielung eines Gewinns durch den Veräußerer (VBl. 49, 449). — Die Steuerordnung unterwirft der Besteuerung folgende Gegenstände: das Grundstückszubehör, das Warenlager, die Firma, die Schutzmarke und erläutert den Umfang des Grundstückszubehörs durch die Paranthese: „Mobiliar, Inventar, Maschinen, Vorräte, Erzeugnisse". Durch diese Anordnung ist klargestellt, daß in erster Linie der bürgerlich-rechtliche Begriff des Grundstückszubehörs (§§ 97, 98 Ziff. 2 BGB.) maßgebend sein soll. Es sind hiernach nicht steuerpflichtig Maschinen, die mit dem Grund und Boden dauernd und fest verbunden und daher nach §§ 94, 95 BGB. Grundstücksbestandteile sind und als solche ohne die durch § 154 Abs. 2 RAbgO. getroffene Regelung anläßlich der Grundstücksveräußerung der Grunderwerbssteuer unterliegen würden (vgl. Pape, Jahrbuch des Steuerrechts, VI. Jahrb., S. 522). Gegen die Gültigkeit der Steuerordnung bestehen also auch in Ansehung der von ihr betroffenen Einzelgegenstände keine Bedenken (OVG. 81, 81). Ebenso OVG. 80, 36, wonach der Begriff des Grundstückszubehörs demjenigen des BGB. (§ 97) entspricht.

Zwei steuerpflichtige Vorgänge. Der der Besteuerung unterliegende Vertrag enthält zwei steuerpflichtige Vorgänge, nämlich den Verkauf des Grundstückszubehörs im Zusammenhange mit der Veräußerung des Grundstücks und den Verkauf des Warenlagers im Zusammenhange mit der Veräußerung des Geschäftsbetriebes. Die Auffassung, daß nicht zwei in einem Vertrage enthaltene Vorgänge steuerpflichtig sein können, ist nicht zutreffend. Für eine solche Einschränkung gibt die Steuerordnung keinen Anhalt, auch kann aus allgemeinen Grundsätzen des Steuerrechts eine solche Beschränkung nicht gefolgert werden (VBl. 49, 449).

3. Grundstücke im Sinne von Zubehörsteuerordnungen. § 154 Abs. 2 der Reichsabgabenordnung schreibt vor, daß bei der Bewertung von Grundstücken auf der Grundlage des gemeinen Wertes das bewegliche Inventar nicht mitberücksichtigt werden soll. Durch diese Vorschrift, die für die Veranlagung der Grunderwerbssteuer von Bedeutung ist, sollte lediglich der Gegenstand der Bewertung abgegrenzt werden (vgl. Becker, AbgO. zu § 154 Abs. 2). Keineswegs aber läßt sich aus dem Umstande, daß hier die Nichtberücksichtigung des beweglichen Inventars bei der Bewertung ausdrücklich vorgeschrieben ist, der Schluß ziehen, der Gesetzgeber habe in steuerlicher Beziehung in den Begriff des Grundstücks das Grundstückszubehör mit einbeziehen wollen (VBl. 49, 461).

4. Heranziehung eines Rechtsvorgangs zur Umsatzsteuer. In Fällen, in denen ein Rechtsvorgang den Gegenstand einer Umsatzbesteuerung gebildet hat, hat schon auf Grund dieser Tatsache nach § 2 Abs. 1 FAG. eine Veranlagung zu einer Kreiszubehörsteuer als unzulässig zu gelten; in eine Prüfung der Rechtmäßigkeit der Heranziehung zur Umsatzsteuer kann in dem die Kreiszubehörsteuer betreffenden Verwaltungsstreitverfahren nicht eingetreten werden (VBl. 48, 236; 50, 140).

5. Beurkundung. Als den steuerpflichtigen Rechtsvorgang bezeichnet die Steuerordnung die Beurkundung des Veräußerungsgeschäfts, womit ohne weiteres die Beurkundung des rechtswirksamen, unter Umständen durch Hinzutritt der erforderlichen Genehmigung vervollkommneten Vertrages gemeint ist (OVG. 81, 82).

VIII. Verordnung über die Erhebung von Vorausleistungen für die Wegeunterhaltung.

Vom 25. November 1923 (GS. S. 540) i. d. Fassung des Art. II des Ges. v. 27. November 1926 (GS. S. 308).

§ 1.

(1) Wer innerhalb eines Stadt- (Land-) Kreises befestigte öffentliche Wege oder Brücken, welche selbständige Verkehrsanlagen bilden, mit anderen Fahrzeugen als Kraftfahrzeugen über das gemeinübliche Maß hinaus benutzt, hat an den Stadt- (Land-) Kreis für die Wegebenutzung einen Beitrag zu den Unterhaltungskosten zu entrichten (Vorausleistungsbeitrag). Als Benutzung gilt auch die Inanspruchnahme öffentlicher Wege durch Dritte.

(2) Die Erhebung der Vorausleistungsbeiträge ist in besonderen Abgabenordnungen der Stadt- (Land-) Kreise zu regeln, die der Genehmigung bedürfen.

§ 2.

(1) In den Abgabenordnungen haben die Stadt- (Land-) Kreise Bestimmungen darüber zu treffen, welche Benutzung der im § 1 bezeichneten Wege oder Brücken über das gemeinübliche Maß hinausgeht, und zwar auf der Grundlage der tonnenkilometrischen Verfrachtung. Die Abgabenordnungen haben regelmäßig die tonnenkilometrische Verfrachtung des laufenden Jahres zur Grundlage der Beitragsfestsetzung zu nehmen. Fuhren in landwirtschaftlichen Betrieben bleiben außer Ansatz, soweit sie rein landwirtschaftlichen Zwecken dienen und über das gemeinübliche Maß nicht hinausgehen.

(2) Die Festsetzung eines abweichenden Beitragsmaßstabs sowie eine Abstufung nach Art und Höhe der tonnenkilometrischen Verfrachtung ist zulässig.

(3) Auch ist die völlige oder teilweise Ausdehnung der Erhebung von Vorausleistungsbeiträgen auf nicht befestigte öffentliche Wege zulässig. Desgleichen ist es zulässig, Betriebe der Vorausleistungspflicht zu unterwerfen, die nach ihrer Art eine besondere Abnutzung der Wege verursachen.

§ 3.

(1) Der jährliche Gesamtbetrag der Vorausleistungsbeträge soll in der Regel 25 vom Hundert der Unterhaltungskosten des laufenden Rechnungsjahrs nicht überschreiten. Der Vorausleistungsbeitrag für jeden Tonnenkilometer ist regelmäßig in der Weise zu er-

mitteln, daß der Einheitssatz durch Gegenüberstellung von 25 vom Hundert der Unterhaltungskosten des laufenden Rechnungsjahrs und der im abgelaufenen Rechnungsjahr über das gemeinübliche Maß hinaus verfrachteten Tonnenkilometer gefunden wird.

(2) Ausnahmen sind zulässig; insbesondere dürfen die Abgabenordnungen Vorschriften darüber enthalten, auf welche Weise die Unterhaltungskosten des laufenden Jahres bei dem Fehlen von Unterlagen in den Haushaltsplänen ermittelt werden und nach welchen Grundlagen Zahl und Höhe der tonnenkilometrischen Verfrachtung im vorigen Rechnungsjahre berechnet werden sollen. Auch kann an Stelle des Rechnungsjahrs das Kalenderjahr oder das Wirtschafts- (Betriebs-) Jahr der einzelnen Unternehmungen treten.

(3) Mehr als 75 vom Hundert der Unterhaltungskosten des laufenden Rechnungsjahrs dürfen als Vorausleistungsbeiträge nicht erhoben werden.

§ 4.

(1) Es ist zulässig, in den Abgabenordnungen Vorauszahlungen anzuordnen, die auf die endgültig veranlagten Beiträge zu verrechnen sind. Der Vorauszahlungsbetrag darf für den einzelnen Beitragspflichtigen nicht höher bemessen werden als der Betrag, der sich aus einer Vervielfachung des nach § 3 ermittelten Grundbetrags für jedes Tonnenkilometer mit der im vorangegangenen Rechnungs- (Kalender-, Wirtschafts-, Betriebs-) Jahr vorhandenen tonnenkilometrischen Verfrachtung des einzelnen Beitragspflichtigen ergibt.

(2) Die Aufstellung von Richtlinien für eine Schätzung der Höhe der Vorauszahlungen ist in Fällen zulässig, in denen sich das Maß der tonnenkilometrischen Verfrachtung im Vorjahre nicht feststellen läßt.

§ 5.

(1) Es ist zulässig, in den Abgabenordnungen anzuordnen, daß für die Benutzung von bestimmt zu bezeichnenden Brücken an Stelle von Brückengeld Zuschläge zu Vorausleistungsbeiträgen zu erheben sind. Die Zuschläge können für die einzelnen Brücken in verschiedener Höhe bemessen werden.

(2) Diese Zuschläge sollen so bemessen werden, daß deren Aufkommen die Unterhaltungskosten für die einzelnen Brücken nicht übersteigt.

§ 6.

(1) Die Unterhaltungspflichtigen haben den Stadt- (Land-) Kreisen zur Ermittlung der in § 3 Abs. 1, § 5 Abs. 2 bezeichneten

Unterhaltungskosten auf Ersuchen Auskunft zu erteilen und die erforderlichen Unterlagen vorzulegen.

(2) Kommt ein Unterhaltungspflichtiger seiner Verpflichtung nicht nach, so hat der Stadt- (Land-) Kreis die Unterhaltungskosten nach Maßgabe besonderer in der Abgabenordnung festzusetzender Grundsätze zu ermitteln. Die Ermittlung wirkt gegenüber dem Unterhaltungspflichtigen endgültig.

(3) Für die Provinzial- (Bezirks-) Straßen stellt der Provinzial- (Bezirks-) Verband die anteiligen Kosten nach seinem Gesamtaufwand im Jahre fest.

§ 7.

Die Stadt- (Land-) Kreise können mit den Beitragspflichtigen über die zu entrichtenden Beiträge Vereinbarungen im Sinne des § 13 Abs. 2 des Kommunalabgabengesetzes treffen.

§ 8.

(1) Das Aufkommen an Vorausleistungsbeiträgen ist abzüglich 5 vom Hundert für die Verwaltung der Abgabe vom Gemeindevorstand (Kreisausschuß) auf die Unterhaltungspflichtigen nach dem Verhältnisse der zu unterhaltenden Wegestrecken und Brücken zu verteilen.

(2) Die Stadt- (Land-) Kreise sind befugt, in ihren Abgabenordnungen andere Verteilungsmaßstäbe, insbesondere unter Berücksichtigung der Art der Wege oder des Umfanges (Art) der Wege- (Brücken-) Benutzung, zu verwerten.

§ 9.

Kommt ein Ausgleich durch freie Vereinbarung zwischen den Beteiligten nicht zustande, so beschließt der Bezirksausschuß.

§ 10.

Durch die Verteilung des Aufkommens an Vorausleistungsbeiträgen nach §§ 8 und 9 wird die Verfolgbarkeit im bürgerlichen Rechte begründeter Ansprüche Dritter im ordentlichen Rechtswege nicht berührt.

§ 11.

Die Stadt- (Land-) Kreise sind befugt, in ihren Abgabenordnungen Bestimmungen über ein schiedsgerichtliches Verfahren zu treffen, das an die Stelle des Rechtsmittelverfahrens nach § 12 tritt.

§ 12.

Auf die Rechtsmittel gegen die Heranziehung (Veranlagung) zu Vorausleistungsbeiträgen finden §§ 69, 70 des Kommunalabgabengesetzes, auf die Nachforderung, Verjährung und Beitreibung dieser Abgaben §§ 87, 88 und 90 und auf die rückwirkende Kraft neuer Abgabenordnungen § 70 a. a. O. und, wenn ein Landkreis beteiligt ist, auch die Vorschrift des § 16 des Kreis- und Provinzialabgabengesetzes sinngemäß Anwendung.

§ 13.

Diese Verordnung tritt mit Wirkung vom 1. Oktober 1923 in Kraft. Mit dem gleichen Tage treten gesetzliche Vorschriften, die dieser Verordnung nicht entsprechen, insbesondere das Gesetz, betreffend die Vorausleistungen zum Wegebau, vom 18. August 1902 (GS. S. 315) außer Kraft.

§ 14.

Mit der Ausführung dieser Verordnung werden die Minister des Innern und der Finanzen beauftragt. Diese sind insbesondere ermächtigt, Richtlinien zur Ausführung des § 2 der Verordnung zu erlassen.

1. Vgl. Richtlinien der Minister des Innern und der Finanzen (MBliV. 1924 S. 660ff.).

Inhaltsübersicht.

1. Rechtsgültigkeit der V. v. 25. XI. 1923.
2. Beitragspflichtige. Benutzung durch Dritte. Verursachungsbetriebe.
3. Festsetzung des Einheitssatzes durch den Kreisausschuß.
4. Schiedsgericht.

1. Die Rechtsgültigkeit der VO. v. 25. XI. 1923 ist anerkannt in der Entsch. v. 5. I. 1926 (OVG. 80, 36).

2. Beitragspflichtige. Benutzung durch Dritte. Heranziehung eines Kartoffelhändlers, der von den Erzeugern Kartoffeln franko Bahnstation gekauft hat. Der Bezirksausschuß hat den Fall der übermäßigen Benutzung durch Dritte als vorliegend angenommen, weil bei den vom Kläger franko Bahnstation abgeschlossenen Käufen im Kaufpreise das Entgelt für die Anfuhr der Kartoffeln zur Verladestation liege und die stärkere Belastung der Straßen also wirtschaftlich durch diese im Interesse und für Rechnung des Käufers erfolgenden Fuhren verursacht würde. Zu einer derartigen Auslegung des Begriffs „übermäßige Benutzung durch Dritte" bieten weder die VO. v. 25. XI. 1923 noch die zugehörigen Richtlinien eine Grundlage. Denn wenn die Richtlinien, abgesehen von dem Verursachungsbetriebe, zu den Dritten „nicht nur Angehörige oder Angestellte des Pflichtigen, sondern auch alle diejenigen, welche auf Grund eines vertraglichen Verhältnisses mit ihm für seine Rechnung oder sonst in seinem Interesse Verkehrsanlagen benutzen", zählen, so erhellt hieraus, daß der Gesetzgeber jedenfalls ein solches Vertragsverhältnis zwischen dem Auftraggeber und den die Fuhren Ausführenden im Auge gehabt hat, auf Grund dessen die letzteren unmittelbar gezwungen sind, bestimmte unter die Abgabenpflicht fallende Straßen in einer über das gemeinübliche Maß hinausgehenden Weise tatsächlich zu benutzen. Diese Voraussetzung wird

aber nicht erfüllt, wenn es, wie hier der Fall, dem Verkäufer vollkommen freisteht, wie er seine Leistungspflicht gegenüber dem Käufer erfüllen will, ob er also die Kartoffeln zur Verladestation mit der Achse befördern und hierbei die abgabenpflichtigen Straßen des Kreises oder andere Wege, gegebenenfalls auch eine Bahn, benutzen will. Unter diesen Umständen muß die dem fraglichen Begriffe durch den Bezirksausschuß gegebene Auslegung und seine Anwendung auf den vorliegenden Streitfall als rechtsirrtümlich angesehen werden. Der Kartoffelhändler ist also nicht beitragspflichtig (OVG. 82, 62). Ebensowenig eine Verkaufsgenossenschaft, welche den ihr angeschlossenen Genossen direkte Lieferungsaufträge erteilt hatte, in welchen bestimmte Mengen Kartoffeln und Saatgut zur Ablieferung bei bestimmten Verladestationen oder bei der Saatgutreinigungseinrichtung der Klägerin aufgegeben waren. Die auf Veranlassung der Genossenschaft bewirkten Fuhren können auch nicht als solche gelten, welche durch einen „Verursachungsbetrieb" im Sinne des § 1 Abs. 2 AbgO. hervorgerufen sind (E. v. 20. XI. 1928. II. C. 24. 28).

Verursachungsbetriebe können nicht allein beitragspflichtig sein. Die Ordnung des Kreises macht lediglich die sog. Verursachungsbetriebe (§ 2 Abs. 3 letzter Satz der VO. v. 25. XI. 1923) beitragspflichtig, während die unmittelbare Benutzung der Straßen entgegen der Absicht des Gesetzgebers beitragsfrei bleibt. Dies bedeutet einen wesentlichen Verstoß gegen die VO. v. 25. XI. 1923 und macht die Ordnung ungültig (OVG. 82, 66).

Die Reihenfolge der nebeneinander der Beitragspflicht unterworfenen Pflichtigen muß aus der Ordnung ersichtlich sein. Nach der örtlichen Abgabenordnung ist beitragspflichtig „auch der Unternehmer von Fabriken, Mühlen, Sägewerken, Brennstoff-, Holz- und Baustoffhandlungen, Ziegeleien, Steinbrüchen, Bergwerken, Zementfabriken, Kalkwerken usw. sowie; der Besitzer von Forsten auch dann, wenn nicht er, sondern ein anderer die Zu- und Abfuhr ausführt". Damit ist zum Ausdruck gebracht, daß entsprechend § 2 Abs. 3 Satz 2 VO. v. 25. XI. 1923 und B I 5 der ministeriellen Richtlinien v. 13. VI. 1924 (MBliV. 659) auch die Inanspruchnahme durch Dritte seitens der sogenannten Verursachungsbetriebe vorausleistungspflichtig gemacht werden soll. Für diesen Fall schreibt aber B I 5 Abs. 2 der Richtlinien, zu deren Erlasse gerade für die Ausführung des § 2 VO. v. 25. XI. 1923 die Minister des Innern und der Finanzen durch § 14 a. a. O. ausdrücklich berufen sind, vor, daß, wenn mehrere vorausleistungspflichtige Personen nebeneinander in Frage kommen, in der Abgabenordnung Bestimmungen darüber zu treffen sind, unter welchen Voraussetzungen die einzelnen Vorausleistungspflichtigen beitragspflichtig werden. An einer solchen Vorschrift, wie sie auch die den Richtlinien beigegebene Musterordnung vorsieht, fehlt es in der vorliegenden Ordnung. Sie entbehrt deshalb der für alle Abgabenordnungen erforderlichen Bestimmtheit. Dieser wesentliche Mangel hat die Ungültigkeit der ganzen Abgabenordnung zur Folge (OVG. 82, 67).

3. Festsetzung des Einheitssatzes durch den Kreisausschuß. Die alljährliche Festsetzung des Einheitssatzes durch den Kreisausschuß stellt eine Berechnungsmaßnahme dar, d. h. die Ausführung des in der Abgabenordnung in bestimmter Weise begrenzten Kreistagsbeschlusses und damit eine Maßnahme der laufenden Kreisverwaltung, zu welcher der Kreisausschuß nach der Kreisordnung gesetzlich berufen ist (OVG. 82, 62). — Unzulässig ist eine Bestimmung, lautend: „Für die folgenden Rechnungsjahre wird der Einheitssatz jeweils durch den Verteilungsausschuß errechnet, durch Vollziehung seitens des Kreisausschusses festgesetzt und nach Genehmigung durch den Bezirksausschuß öffentlich bekanntgemacht." Durch diese Bestimmung wird dem „Verteilungsausschusse", nämlich einem aus dem Regierungspräsidenten, mehreren Landräten und Oberbürgermeistern zur Verteilung des Gesamtaufkommens der Beiträge gebildeten Organe, dessen Festsetzung der Kreisausschuß lediglich zu vollziehen hat, die Festsetzung des Einheitssatzes

ohne Bindung an irgendwelche bestimmten Grenzen überlassen. Der Verteilungsausschuß, an dessen Festsetzung der Kreisausschuß gebunden ist, soll also völlig an die Stelle des als örtlicher Gesetzgeber zuständigen Kreistages treten. Zwar hat der Gerichtshof in der Entsch. v. 11. X. 1927 (OVG. 82, 63) eine Errechnung des Einheitssatzes durch den Kreisausschuß, aber auch nur durch diesen, dann nachgelassen, wenn entsprechend dem Musterstatut (vgl. MBliV. 1924, 669) der Kreisausschuß bei der Berechnung der Beiträge an bestimmte Grenzen ortsstatutarisch gebunden ist, er insbesondere eine bestimmte Quote der Gesamtunterhaltungskosten eines Rechnungsjahrs nicht überschreiten darf; an einer solchen Bindung des Kreisausschusses, die auch nicht etwa aus § 4 AbgO. des Kreises zu entnehmen ist, fehlt es hier; der Verteilungsausschuß ist zum Erlasse von Steuervorschriften für den Kreis ganz unzuständig. Die Ungültigkeit dieser für die Heranziehung der Pflichtigen wesentlichen Bestimmung macht die ganze Abgabenordnung unwirksam (OVG. 82, 73).

4. Schiedsgericht. Ausschluß der gesetzlichen Rechtsmittel durch Einsetzung eines Schiedsgerichts. Die Zulässigkeit eines Ausschlusses der gesetzlichen Rechtsmittel durch Bestellung eines Schiedsgerichts in der Abgabenordnung ist vom Oberverwaltungsgericht auf Grund eingehender Würdigung des Reichs- und Landesrechts sowie unter Bezugnahme auf die Entsch. 80, 36 bejaht worden. Dieser Ausschluß der gesetzlichen Rechtsmittel — Einspruch und Klage — kann gemäß § 11 aber nur durch eine vom Kreise zu erlassende Abgabenordnung festgesetzt werden; diese Festsetzung ist nur dann rechtswirksam, wenn die Abgabenordnung selbst rechtsgültig ist (OVG. 82, 73; E. v. 11. X. 1927. II. C. 164. 26).

Paritätische Zusammensetzung des Schiedsgerichts. Nach der Abgabenordnung setzt sich das Schiedsgericht aus zwei von den zuständigen Handelskammern zu benennenden Abgabepflichtigen und dem Verteilungsausschusse zusammen. Ganz abgesehen davon, daß jede Vorschrift über die Führung des Vorsitzes im Schiedsgerichte fehlt, besteht der Verteilungsausschuß außer dem vom Oberpräsidenten bestimmten Staatsbeamten nur aus Vertretern der an der Straßenunterhaltung in der Provinz beteiligten Kommunalverbände. Die Zahl der dem Schiedsgericht angehörigen Vertreter der Abgabeberechtigten (Straßenunterhaltungspflichtigen) gegenüber der Vertreterzahl der Abgabepflichtigen ist so überwiegend, daß eine mit dem Begriff eines Schiedsgerichts zwingend verbundene paritätische Behandlung der beiderseitigen Interessen von vornherein ausgeschlossen ist. Unter diesen Umständen können die Bestimmungen über das Schiedsgericht in der Abgabenordnung nicht als eine dem Sinne der Verordnung v. 25. XI. 1923 entsprechende Einsetzung eines Schiedsgerichts angesehen werden (E. v. 21. IX. 1928. II. C. 1. 28).

b) Ausführungsanweisungen.

1. Anweisung zur Ausführung des Kommunalabgabengesetzes vom 14. Juli 1893[1]).

Hierzu: Anweisung des Ministers des Innern und des Finanzministers vom 9. März 1922 — IV St. 285 bzw. II A. 2. 876 — zur Ausführung des Gesetzes zur Änderung des Kommunalabgabengesetzes sowie des Kreis- und Provinzialabgabengesetzes und einiger sonstiger Vorschriften des kommunalen Abgabenrechts vom 26. August 1921 (MBliV. 1922 S. 285).

Teil I. Gemeindeabgaben.

Erster Titel. Allgemeine Bestimmungen.

Artikel 1.

Das Abgabenrecht der Gemeinden im allgemeinen (§ 1).

1. Die Vorschriften des Kommunalabgabengesetzes über die Aufbringung des Finanzbedarfs der Gemeinden gehen davon aus, daß diejenigen Ausgaben, welche in erkennbarer Weise zum Vorteile einzelner Gemeindeangehöriger oder einzelner Klassen von solchen aufgewendet oder von ihnen verursacht werden, insoweit nach dem Maßstabe von Leistung und Gegenleistung, sonstige Ausgaben aber vorzugsweise nach dem Maßstabe der Leistungsfähigkeit aufzubringen sind.

Die Deckung des Finanzbedarfs nach dem Maßstabe von Leistung und Gegenleistung geschieht vorzugsweise durch Gebühren und Beiträge . . .

Die Anwendung des Maßstabes von Leistung und Gegenleistung schließt im allgemeinen nicht aus, daß die Ausgleichung der hier in Betracht kommenden Vorteile oder Kosten durch verschiedene Arten von Abgaben erzielt wird.

Dagegen darf über das Maß dieser Vorteile oder Kosten hinaus eine Belastung nicht stattfinden. Wenn also z. B. eine völlige Ausgleichung durch Gebühren erzielt wird, darf daneben nicht noch eine steuerliche Vor- und Mehrbelastung erfolgen. Die Erhebung von Beiträgen schließt dagegen eine steuerliche Vor- oder Mehrbelastung stets aus (§ 20, Art. 13).

2. Der § 1 des Gesetzes erstreckt sich nicht auf die selbständigen Gutsbezirke, welche im übrigen hinsichtlich ihrer Pflichten und Leistungen den Gemeinden vielfach gleichgestellt sind. Die Unterverteilung von Kommunallasten in den Gutsbezirken beschränkt sich auf die Verteilung der Kreislasten . . .

3. Die Verpflichtung der Hausbesitzer, den Bürgersteig zu unterhalten, hat das Gesetz — soweit eine solche überhaupt besteht — unberührt gelassen.

---

[1]) Die ohne nähere Bezeichnung angeführten Paragraphen sind diejenigen des Kommunalabgabengesetzes. Veraltete Vorschriften der AusfAnw. sind fortgelassen.

Artikel 2.

Das Steuerrecht der Gemeinden im allgemeinen (§ 2).

1. Nach § 2 dürfen die Gemeinden von der Befugnis, Steuern zu erheben, nur insoweit Gebrauch machen, als ihre sonstigen Einnahmen, insbesondere aus dem Gemeindevermögen, aus Gebühren, Beiträgen und den vom Staate oder weiteren Kommunalverbänden überwiesenen Mitteln, zur Deckung ihrer Ausgaben nicht ausreichen. Diese sonstigen Einnahmen sind daher nach Maßgabe der weiteren Bestimmungen des Gesetzes nutzbar zu machen, bevor zur Erhebung von Steuern geschritten wird.

2. . . .

3. Hunde- und Lustbarkeitssteuern sowie sonstige Steuern, welche nicht oder doch nicht ausschließlich durch finanzielle Rücksichten bestimmt werden, können erhoben werden, ohne daß die Deckung des Gemeindebedarfs die Erhebung einer Steuer notwendig macht.

4. Die Regel, wonach die Erhebung der Steuern sich auf den notwendigen Bedarf zu beschränken hat, schließt aus, daß Gemeindevermögen, dessen Einkünfte in Zukunft zur Deckung der Gemeindeausgaben dienen sollen, durch Steuererhebung angesammelt werde. Sie hindert dagegen nicht, daß Fonds für bestimmte Zwecke (Schulbau-, Pflasterungskosten usw.), deren Beschaffung auf einmal den Steuerpflichtigen zu schwer fallen würde, im Laufe der Jahre allmählich angesammelt werden. Sie würde auch der Bildung eines Betriebsfonds (sog. eisernen Fonds) nicht im Wege stehen, aus welchem die Gemeindeausgaben alljährlich, solange Steuern noch nicht erhoben werden können, vorläufig zu decken sind.

5. . . .

Artikel 3.

Gewerbliche Unternehmungen (§ 3).

1. Für die Verwaltung gewerblicher Unternehmungen ist der Grundsatz maßgebend, daß durch die Einnahmen mindestens die gesamten durch die Unternehmung der Gemeinde erwachsenden Ausgaben, einschließlich der Verzinsung und Tilgung des Anlagekapitals, aufgebracht werden. Dieser Grundsatz schließt nicht aus, daß unter besonderen Umständen oder aus besonderen Gründen, beispielsweise im Anfange des Betriebes, Überschüsse nicht erzielt werden, er verlangt aber, daß die Verwaltung in der Art und mit der Absicht geleitet werde, Betriebsüberschüsse, mindestens eine Verzinsung und Tilgung des Anlagekapitals, zu erzielen.

Zu den gewerblichen Unternehmungen im Sinne des Gesetzes gehören im allgemeinen alle privatwirtschaftlichen Unternehmungen, deren Betrieb als solcher auf die Erzielung von Gewinn gerichtet ist und den Mitgliedern der Gemeinde eine Nötigung zu ihrer Benutzung nicht auferlegt. Ganz allgemein pflegt dies beispielsweise auf Gasanstalten Anwendung zu finden, auf Wasserwerke nur dann, wenn der Anschluß an dieselben lediglich durch die freie Entschließung der Mitglieder der Gemeinden bedingt ist.

2. Eine Ausnahme von der eingangs erwähnten Regel ist zulässig, sofern die Unternehmung, wie solches bei Wasserwerken, Markthallen usw. der Fall zu sein pflegt, zugleich einem öffentlichen Interesse dient, welches an-

derenfalls nicht befriedigt wird. Aber auch bei solchen Unternehmungen muß, soweit es sich nicht um die Befriedigung eines derartigen öffentlichen Interesses handelt, die Erzielung von angemessenen Erträgen den leitenden Grundsatz der Verwaltung bilden. Das Entgelt für die gebotene Leistung darf nicht zum Vorteile einzelner hinter dem nach wirtschaftlichen Rücksichten für angemessen zu erachtenden Preise zurückbleiben.

3. Die Reinerträge der gewerblichen Unternehmungen, welche für die Zwecke der Betriebs- und Reservefonds sowie für die Verzinsung und Tilgung des Anlagekapitals nicht erforderlich sind, müssen, soweit der Haushalt der Gemeinden dies erfordert, in erster Linie zur Bestreitung der allgemeinen Ausgaben der Gemeinden verwendet werden.

Zweiter Titel. **Gebühren und Beiträge.**

Artikel 4.

Allgemeine Bestimmungen (§ 4 Abs. 1, § 6 Abs. 1 und 2, § 7).

1. Gebühren werden entweder als Vergütungen für die Benutzung der von den Gemeinden im öffentlichen Interesse unterhaltenen Veranstaltungen — Anlagen, Anstalten und Einrichtungen (Gebühren im engeren Sinne) — oder als Vergütungen für einzelne Handlungen der Gemeindeorgane (Verwaltungsgebühren) erhoben.

2. Die Gebühren beider Arten sind im voraus nach festen Normen und Sätzen zu bestimmen. Eine Berücksichtigung Unbemittelter ist nicht ausgeschlossen.

Das Gesetz schließt somit ungleichartige Forderungen und Bemessungen im einzelnen Falle aus, steht dagegen einer verschiedenen Abstufung der Gebührensätze, insbesondere einer angemessenen Berücksichtigung unbemittelter Personen nicht entgegen.

3. Die Feststellung der Voraussetzungen für die Entrichtung von Gebühren, der Gebührensätze und der Art und Weise der Erhebung erfolgt zweckmäßig durch Gebührenordnungen, in welchen zugleich die geeigneten Bestimmungen wegen Befreiung von den Gebühren oder Ermäßigung der Gebührensätze für unbemittelte Personen zu treffen sind.

Die Gebührenordnungen sind in ortsüblicher Weise bekanntzumachen; die Gebührentarife sind in den geeigneten Fällen durch dauernden Aushang zur Kenntnis der Pflichtigen zu bringen.

Artikel 5.

Gebühren im engeren Sinne (§§ 4, 5, 8, 11).

1. Nach Abs. 2 des § 4 muß die Erhebung von Gebühren erfolgen, wenn eine Veranstaltung einzelnen Gemeindeangehörigen oder einzelnen Klassen von solchen vorzugsweise — wenn auch nicht ausschließlich — zum Vorteil gereicht. Hat aber die Gemeinde durch Beiträge (Art. 7) oder durch Mehr- oder Minderbelastung (Art. 13) eine Ausgleichung wegen der ihr durch die Veranstaltung erwachsenen Kosten ganz oder teilweise herbeigeführt, so sind Gebühren überhaupt nicht oder nur insoweit zu erheben, als die Ausgleichung nicht völlig erreicht ist (vgl. Art. 1 Nr. 1).

Mit dieser Einschränkung sind die Gebührensätze in der Regel so zu bemessen, daß die Verwaltungs- und Unterhaltungskosten der Veranstaltung, einschließlich der Ausgaben für die Verzinsung und Tilgung des Kapitals, gedeckt werden. Eine obere Grenze für die Gebührensätze ist im übrigen im Gesetze nicht vorgeschrieben. Besteht hiernach im allgemeinen auch die Möglichkeit, die Gebührensätze so zu bemessen, daß die Veranstaltung Überschüsse abwirft, so würde eine derartige Bemessung der Gebühren doch nur aus besonderen Gründen sich empfehlen. Dementsprechend hat das Gesetz — abweichend von der im § 3 bezüglich der gewerblichen Unternehmungen getroffenen Bestimmung — nicht angeordnet, daß durch die Einnahmen einer Veranstaltung die Kosten der Veranstaltung mindestens zu decken seien.

2. Nach Abs. 3 des § 4 ist eine entsprechende Ermäßigung der Gebührensätze und selbst der Fortfall der Erhebung von Gebühren in Fällen gestattet, in denen eine Verpflichtung zur Benutzung einer Veranstaltung für alle Gemeindeangehörigen oder für einzelne Klassen derselben besteht oder die Genannten auf die Benutzung der Anstalt, sei es auch nur tatsächlich, angewiesen sind. Diese Vorschrift des Gesetzes wird beispielsweise Anwendung finden, wenn es sich um die Festsetzung der Gebühren für die Benutzung von Hafen-, Werft- und ähnlichen Anlagen handelt, welcher sich die Gewerbetreibenden in einer Gemeinde, ohne auf den Betrieb ihres Gewerbes zu verzichten, füglich nicht entziehen können; sie wird dagegen beispielsweise keine Anwendung finden bei der Festsetzung von Gebühren für die Benutzung von Speichern, Niederlagen usw., d. h. von Anlagen, die wenigstens in der Regel wesentlich nur zur Erleichterung oder Bequemlichkeit des gewerblichen Verkehrs dienen. Soweit die Vorschrift Platz greift, ist die Ermäßigung oder der gänzliche Fortfall der Gebühren nur gestattet. Ob und in welchem Umfange hiervon Gebrauch zu machen ist, richtet sich einerseits nach der allgemeinen Finanzlage der Gemeinde, anderseits nach dem Maße des öffentlichen Interesses, dem die Veranstaltung dient, und nach den den einzelnen durch die Veranstaltung zugewandten Vorteilen. Unter Abwägung dieser verschiedenen Gesichtspunkte würden z. B. die Kanalisationsgebühren von Grundbesitzern und Gewerbetreibenden zu bemessen sein.

3. Die Bestimmungen zu Nr. 1 und 2 finden keine Anwendung:

a) auf die von den Gemeinden unterhaltenen Unterrichts- und Bildungsanstalten, Krankenhäuser, Heil- und Pflegeanstalten sowie die vorzugsweise den Bedürfnissen der unbemittelten Volksklassen dienenden Veranstaltungen. Bezüglich dieser Veranstaltungen ist es dem Ermessen der Gemeinden überlassen, ob und in welcher Höhe Gebühren für ihre Benutzung zu erheben sind.

Hiervon besteht nach Abs. 4 des § 4 nur die Ausnahme, daß für den Besuch der von den Gemeinden unterhaltenen höheren Lehranstalten und Fachschulen ein angemessenes Schulgeld erhoben werden muß. Unter den Fachschulen sind gleichfalls nur die höheren zu verstehen. Das Gesetz bezieht sich somit nicht auf Fortbildungs-, Näh-, Haushaltungs- und ähnliche Schulen niederer Art.

Die Angemessenheit des Schulgeldes ist nicht etwa nach der Höhe des Schulgeldes an Schulen gleicher Art, insbesondere an den entsprechenden Staatsanstalten, sondern nach den Gesamtausgaben, welche die Schulen der Gemeinde verursachen, und nach dem Gesamthaushalt der Gemeinden zu beurteilen. Jedenfalls darf nicht zugunsten der Besucher der höheren Schulen die Steuerkraft der Gemeinden in unverhältnismäßiger Weise in Anspruch genommen werden.

Das Erfordernis der Genehmigung des Schulgeldes durch die Schulaufsichtsbehörde bleibt unberührt.

Wegen der Erhebung von Schulgeld in Volksschulen bewendet es bei den Vorschriften des Gesetzes betreffend die Erleichterung der Volksschullasten vom 14. Juni 1888 (GS. 240);

b) auf die Erhebung von Chaussee-, Wege-, Pflaster- und Brückengeldern.

Gemäß § 5 werden die bestehenden Vorschriften über die Verleihung des Rechts zur Erhebung von Chaussee-, Wegegeldern usw. durch das Gesetz nicht berührt.

Ingleichem bewendet es, was den Betrieb von Kleinbahnen durch Gemeinden betrifft, lediglich bei den Vorschriften des Gesetzes vom 28. Juli 1892 (GS. 225);

c) auf die Erhebung von Marktstandsgeld, bezüglich deren die Vorschriften des Gesetzes vom 26. April 1872 unberührt bleiben[1]).

4. Nach § 8 bedarf die Festsetzung von Gebühren im engeren Sinne in den Fällen des § 4 Abs. 3 der Genehmigung.

Bei den im Abs. 3 bezeichneten Veranstaltungen kann der Vorteil des einzelnen gegenüber dem öffentlichen Interesse in solchem Maße zurücktreten, daß es unbillig erscheinen würde, die Kosten der Veranstaltung oder auch nur einen Teil derselben durch Gebühren aufzubringen. Auf der anderen Seite kann die vorgesehene Zulassung einer Ermäßigung oder eines Erlasses der Gebührensätze zu einer Begünstigung einzelner auf Kosten der Gesamtheit führen. Um die Berücksichtigung dieser Gesichtspunkte zu sichern, hat das Gesetz für den Fall des Abs. 3 das Erfordernis der Genehmigung vorgeschrieben (§ 8) . . .

5. Nach § 5 des Gesetzes vom 18. März 1868 (GS. 277) dürfen die Gebühren für die Schlachthausbenutzung den zur Unterhaltung der Anlagen, für die Betriebskosten sowie zur Verzinsung und allmählichen Tilgung des Anlagekapitals und der etwa gezahlten Entschädigungssumme erforderlichen Betrag nicht übersteigen. Hierbei darf ein höherer Zinsfuß als fünf Prozent jährlich und ein höherer Tilgungssatz als ein Prozent nebst den jährlich ersparten Zinsen nicht berechnet werden. Die Tarifsätze sind daher auf einen Betrag, welcher zur Deckung der Unterhaltungs- und Betriebskosten ausreicht, herabzusetzen, sobald Anlagekapital und Entschädigungssumme getilgt sind.

§ 11 (in der Fassung des Ges. v. 26. VIII. 1921, GS. 495) gestattet dagegen, für die Schlachthausbenutzung Gebühren bis zu einer solchen Höhe zu erheben, daß durch ihr jährliches Aufkommen die Kosten der Unterhaltung der Anlage und des Betriebes sowie ein wirtschaftlich angemessener Betrag zur Verzinsung und Tilgung des Anlagekapitals und der etwa gezahlten

---

[1]) § 2 Abs. 1 Satz 1 und 2 und Abs. 3 dieses Gesetzes sind durch Ges. vom 26. VIII. 1921 (GS. 495) gestrichen, vgl. zu § 11 KAG.

Entschädigungssumme sowie zur Erneuerung vorhandener Anlagen gedeckt werden. . . . Unter dem Anlagekapital und der gezahlten Entschädigung sind die vollen zur Anlage bzw. zur Entschädigung verwendeten Mittel in ihrer ursprünglichen Höhe und ohne Rücksicht auf eine etwa erfolgte Tilgung derselben zu verstehen. Die Tarifsätze für die Schlachthausbenutzung bedürfen somit nicht aus dem Grunde einer Ermäßigung, weil das Anlagekapital und die etwa gezahlten Entschädigungssummen inzwischen ganz oder zum Teil getilgt worden sind.

Ob die Gemeinden von der Ermächtigung zur Erhebung der nachgelassenen höheren Gebühren für die Schlachthausbenutzung Gebrauch machen wollen, hängt von ihrer eigenen Entschließung ab. Sie sind befugt, gemäß dem allgemeinen Grundsatze im § 4 Abs. 3 eine Ermäßigung der von dem Gesetze gestatteten Höchstsätze eintreten zu lassen. Bei den dieserhalb zu fassenden Beschlüssen wird indessen festzuhalten sein, daß die Bestimmung des Gesetzes geeignet ist, nicht nur den vielfachen Differenzen der Gemeinden mit dem Schlächtergewerbe wegen der Bemessung der Gebühren für die Schlachthausbenutzung nach dem bisherigen Rechte ein Ende zu machen, sondern auch den Gemeinden die Erzielung von Überschüssen zu ermöglichen, welche ausreichend sind, das mit der Einrichtung öffentlicher Schlachthäuser verbundene Risiko zu decken, ohne das Schlächtergewerbe in unbilliger Weise zu belasten.

6. Wegen der Gebühren für die Untersuchung des in öffentlichen Schlachthäusern ausgeschlachteten Fleisches hat § 11 es bei dem bisherigen Rechte bewenden lassen, wonach die Höhe der Tarifsätze so zu bemessen ist, daß die für die Untersuchung zu entrichtenden Gebühren die Kosten dieser Untersuchung nicht übersteigen dürfen. Dagegen können die Gebühren für die Untersuchung des nicht in öffentlichen Schlachthäusern ausgeschlachteten Fleisches über die Kosten der Untersuchung hinaus in einer den Gebühren für die Schlachthausbenutzung entsprechenden Höhe bemessen werden. Die Zulassung dieser Erhöhung ermöglicht einen angemessenen Ausgleich zwischen den auf die Benutzung eines öffentlichen Schlachthauses angewiesenen Schlächtern und denjenigen Gewerbetreibenden, für welche bei dem Verkaufe des von auswärts eingeführten ausgeschlachteten Fleisches der Zwang zu einer solchen Benutzung nicht besteht. Mit dieser Angabe der Absicht des Gesetzes sind die Voraussetzungen, unter welchen, und die Grenzen bezeichnet, innerhalb deren die Vorschrift des Gesetzes zur Ausführung zu bringen ist.

Die Notwendigkeit der Genehmigung von Gemeindebeschlüssen auf Grund des Abs. 3 des § 11 ergibt sich aus § 131 des Zuständigkeitsgesetzes vom 1. August 1883 in Verbindung mit Art. 1 Abs. 2 des Gesetzes vom 9. März 1881 (GS. 273).

Teil I Art. 4 der Ausführungsanweisung vom 9. März 1922.

1. Zu § 11 Abs. 1 des Kommunalabgabengesetzes.

Durch den Abs. 1 des § 11 in der bisherigen Fassung waren für die Erhebung von Marktstandsgeld die Vorschriften des Gesetzes vom 26. April 1872 (GS. 513) uneingeschränkt als maßgeblich erklärt worden. Danach durfte u. a. das Marktstandsgeld nur nach der Größe des vom

Feilbietenden zum Marktstande gebrauchten Raumes und nach der Dauer des Feilbietens bemessen werden mit der Maßgabe, daß der Höchstsatz von 2 Silbergroschen für den Geviertmeter und den Tag des Feilbietens nicht überschritten werden durfte. Über die Anwendung dieser Vorschrift auf Bruchteile des Geviertmeters waren mit aufsichtsbehördlicher Genehmigung besondere Bestimmungen zugelassen.

Zwar hatte demgegenüber schon Artikel 3 des Gesetzes zur Abänderung einiger Vorschriften des Gemeindeabgabenrechts vom 6. Mai 1920 (GS. 309) die Hebebefugnis der Gemeinden soweit erweitert, daß seitdem Marktstandsgeld bis zu einem die Unkosten der Gemeinden deckenden Satze erhoben werden durfte. Die gegenwärtige Geldnot der Gemeinden und die herrschende Geldentwertung ließ nunmehr aber die Aufhebung der einschlägigen Bestimmungen des Gesetzes vom 26. April 1872 überhaupt geboten erscheinen. Demgemäß werden durch die Neufassung des Abs. 1 des § 11 die einschlägigen Vorschriften des Gesetzes vom 26. April 1872 außer Kraft gesetzt. Es dürfen nunmehr von den Gemeinden also auch andere als die bisherigen Maßstäbe zur Bemessung des Marktstandsgeldes benutzt werden, wobei allerdings die durch § 68 der Reichsgewerbeordnung gezogene Grenze zu beachten bleibt. Danach muß die Auswahl der Veranlagungsmerkmale auch in Zukunft darauf beschränkt werden, daß die Bedeutung des Marktstandsgeldes als einer lediglich für den überlassenen Raum und den Gebrauch von Buden und Gerätschaften erhobenen Vergütung gewahrt bleibt. Von der Festsetzung eines neuen Höchstsatzes an Stelle des aufgehobenen ist abgesehen worden. Es wird Sache der zuständigen Beschlußbehörden sein, im Genehmigungsverfahren nach § 130 des Gesetzes über die Zuständigkeit der Verwaltungs- usw. Behörden vom 1. August 1883 eine etwaige Ausbeutung der den Gemeinden nunmehr eingeräumten Freiheit zu verhindern.

2. Zu § 11 Abs. 2.

Hinsichtlich der Bemessung der Schlachthofgebühren war zu berücksichtigen, daß ein Betrag von 8 v. H. des Anlagekapitals und der etwa gezahlten Entschädigungssumme bei dem gegen früher gesunkenen Geldwert zur Erfüllung der Zins- und Tilgungsverpflichtungen nicht mehr als ausreichend angesehen werden kann. Ferner erschien es, da die Kosten für die Erneuerung vorhandener Anlagen bei Schlachthäusern erheblich gestiegen sind, geboten, den Gemeinden die Ansammlung der hierzu erforderlichen Rücklagen zu ermöglichen. Anderseits läßt sich die Höhe der im Einzelfall notwendigen Mittel allgemein nicht bestimmen. Demgemäß ist in Abs. 2 des § 11 zwar die Möglichkeit eröffnet worden, aus dem Aufkommen der Schlachthofgebühren einen höheren Betrag als früher für die genannten Zwecke zurückzustellen. Für seine Bemessung ist jedoch dadurch ein gewisser Spielraum gelassen worden, daß er seiner Höhe nach lediglich als „wirtschaftlich angemessen“ bezeichnet worden ist. Bis zu welcher Grenze hiernach aus den vorbezeichneten Erwägungen die Schlachthofgebühren künftig erhöht werden dürfen, muß von Fall zu Fall geprüft werden. Dabei wird insbesondere zu beachten sein, daß die Rücklagen nicht zur Bezahlung erstmaliger Neuanlagen zu verwenden sind, sondern daß lediglich die Kosten etwa erforderlicher Ersatzanschaffungen in Ansatz gebracht werden dürfen. Als solche können alle Anschaffungen zur Wiederherstellung derjenigen Gegenstände angesehen werden, die dem Unternehmen bereits dauernd gewidmet sind und, da sie sich im Verlaufe des Betriebes abnutzen, zur ungestörten Aufrechterhaltung des Betriebes im bisherigen Umfange der Erneuerung bedürfen. Die voraussichtliche Höhe der hierfür aufzuwendenden Mehrkosten wird nach dem Anschaffungs- oder Herstellungspreis, nach der seit der Anschaffung oder Herstellung bereits verstrichenen Zeit und der in dieser eingetretenen Preissteigerung sowie nach der voraussichtlichen Dauer der Benutzbarkeit des ersatzbedürftigen Gegenstandes annähernd zutreffend geschätzt werden können.

Artikel 6.

Verwaltungsgebühren (§§ 6, 8).

1. Durch § 6 des Gesetzes ist den Gemeinden, Amtsbezirken, Ämtern allgemein das Recht verliehen worden, für die Genehmigung und Beaufsichtigung von Bauten, für die ordnungs- und feuerpolizeiliche Beaufsichtigung von Messen und Märkten sowie von Lustbarkeiten Gebühren zu erheben. Jedoch ist, wenn Lustbarkeitssteuern erhoben werden, die Erhebung von Gebühren für die Beaufsichtigung der Lustbarkeiten ausgeschlossen. Den Amtsbezirken, den Ämtern in Westfalen und in der Rheinprovinz ist das Recht der Gebührenerhebung in den vorbezeichneten Fällen beigelegt worden, weil diese Verbände — sofern das Amt nicht aus einer Gemeinde besteht — für die polizeiliche Verwaltung zuständig sind, wogegen die Gemeinden für die Kosten der Polizeiverwaltung aufzukommen haben.

Die Berechtigung der Amtsbezirke usw. zur Gebührenerhebung schließt die Erhebung von Gebühren seitens der Gemeinden aus. Das gleiche gilt für diejenigen Gemeinden, innerhalb deren die Beaufsichtigung der Bauten usw. einer Staatlichen Polizeiverwaltung übertragen ist.

2. Im übrigen bewendet es nach dem Gesetze hinsichtlich der Befugnis der Gemeinden, Verwaltungsgebühren zu erheben, bei den bestehenden Bestimmungen[1]).

3. Nach der Schlußbestimmung im § 6 müssen die Gebühren so bemessen werden, daß deren Aufkommen die Kosten des betreffenden Verwaltungszweiges nicht übersteigt.

Bei der Verwaltung soll nicht auf die Erzielung von Überschüssen hingewirkt werden. Dagegen ist es nicht ausgeschlossen, daß die Kosten solcher Verwaltungszweige, welche ausschließlich oder vorzugsweise den Interessen einzelner dienen, in den als Gegenleistung erscheinenden Gebühren ihre Deckung finden. Hierbei bedarf es nicht etwa kleinlicher Berechnungen, um die Erzielung geringfügiger Überschüsse auszuschließen oder eine zahlenmäßig genaue Übereinstimmung zwischen dem Kostenbetrage und dem entsprechenden Gebührenaufkommen zu erzielen.

---

[1]) Vgl. jetzt § 3 Abs. 1 des Ges. über staatliche Verwaltungsgebühren v. 29. IX. 1923 (GS. 455).

Hierzu Anweisung vom 9. März 1922.

Artikel 1.

1. Zu § 6 Abs. 2 des Kommunalabgabengesetzes.

Die bisher auf bestimmte Gegenstände beschränkte Berechtigung (§ 6 Abs. 1 und 2 in der bisherigen Fassung) der in Abs. 1 des § 6 genannten Verbände, Verwaltungsgebühren zu erheben, ist durch die Neufassung des Abs. 2 des § 6 wesentlich erweitert worden. Nunmehr dürfen die Verbände des Abs. 1 in allen, mithin auch in den bisher gebührenfrei zu lassenden Verwaltungszweigen, für einzelne Handlungen ihrer Organe, d. h. für eine Tätigkeit derselben, Verwaltungsgebühren erheben, sofern die Voraussetzungen des Abs. 2 vorliegen.

Nach der allgemeinen Fassung der Vorschrift ist unter den „Handlungen" der „Organe", die hiernach gebührenpflichtig gemacht werden können, grundsätzlich jede behördliche Tätigkeit zu verstehen, sofern sie nicht als durch die Benutzungsgebühren im Sinne des § 4 abgegolten anzusehen ist. Es fällt hierunter also beispielsweise innerhalb der Gemeindeverwaltung sowohl die Verwaltungstätigkeit des Gemeindevorstandes selbst wie auch die der kommunalen Polizei, des Mieteinigungs- und Wohnungsamtes, des paritätischen Arbeitsnachweises, des Wohlfahrtsamtes, der Kohlenstelle u. dgl. mehr.

Entsprechend den gesetzlichen Voraussetzungen dürfen jedoch Gebühren insoweit nicht erhoben werden, als Gebührenfreiheit gesetzlich angeordnet ist. Insbesondere muß der mündliche Verkehr mit der Behörde gebührenfrei bleiben, damit das in ihm zutage tretende Vertrauensverhältnis der Bevölkerung zur Behörde nicht gefährdet wird. Schließlich dürfen Gebühren nur auf solche Verwaltungsvorgänge gelegt werden, die „im wesentlichen im Interesse einzelner" erfolgen, derart, daß gebührenfrei diejenigen Amtshandlungen zu belassen sind, bei denen ganz oder überwiegend ein öffentliches Interesse vorliegt. — Die Unterscheidung der Angelegenheiten, die „im wesentlichen im Interesse einzelner" liegen, von denen, bei denen ein öffentliches Interesse obwaltet, wird im Einzelfalle nicht immer leicht sein, da sich persönliches und öffentliches Interesse in einer Angelegenheit vielfach vereinen. Immerhin werden etwaige Zweifel beseitigt werden können, wenn davon ausgegangen wird, daß ein Tätigwerden der Behörden im öffentlichen Interesse regelmäßig dann vorliegen dürfte, wenn es sich hierbei um die Erfüllung von Aufgaben handelt, die zu allgemeinem Nutz und Frommen erfolgt. Als im öffentlichen Interesse liegend wird so insbesondere z. B. die Bearbeitung von Anfragen öffentlich-rechtlicher Körperschaften sowie solcher Körperschaften zu gelten haben, die als gemeinnützig anerkannt worden sind. Demgegenüber werden als Amtshandlungen, die vorzüglich im Interesse einzelner vorgenommen werden, z. B. die Erteilung sämtlicher obrigkeitlichen besonderen Erlaubnisse und Zeugnisse, die Ausstellung von Bescheinigungen und Beglaubigungen, die Erstattung von Auskünften über Tatsachen oder Rechtsfragen und ähnliche Verrichtungen, gelten können, die offensichtlich überwiegend privaten Charakter tragen. Hierunter dürfen also z. B. die Erlaubnis zur Verlängerung der Polizeistunde, die Ausstellung von

Aufenthalts- und Leumundszeugnissen, die polizeiliche Beglaubigung der Unterschrift in persönlichen Angelegenheiten, die Erteilung von schriftlichen Auskünften über Wohnungs- und Wirtschaftsverhältnisse an Neuzuziehende u. dgl. mehr zu rechnen sein. Auch in der Verwaltung der Gemeindeabgaben können sich Tatbestände ergeben, auf die die gesetzlichen Voraussetzungen für die Einführung von Verwaltungsgebühren zutreffen. So werden z. B. auch bei der Erteilung von Strafbescheiden und Einspruchsbescheiden Verwaltungsgebühren erhoben werden können.

Ob und in welchem Umfange etwa die Verbände des § 6 Abs. 1 noch in anderen als den gesetzlich geregelten Fällen Amtshandlungen gebührenfrei lassen wollen, muß ihrem pflichtmäßigen Ermessen überlassen bleiben. Dabei wird zu berücksichtigen sein, daß gewisse Verwaltungszweige einer Belastung mit Gebühren überhaupt unzugänglich erscheinen, ohne Rücksicht darauf, ob die von ihnen verrichteten Verwaltungshandlungen im wesentlichen dem Interesse einzelner oder dem öffentlichen Interesse dienen. Hierher gehören z. B. die Kriegsbeschädigtenfürsorge, das Armenwesen und auf dem Gebiete der Gesundheitspflege die Tuberkulose- und Säuglingsfürsorge. Oberster Leitsatz muß sein, daß die Erhebung von Verwaltungsgebühren, auch wenn sie formell gerechtfertigt ist, nicht dazu führen darf, daß wichtige Interessen der Volksgesamtheit geschädigt werden.

Die Vorschrift des letzten Satzes des Abs. 2 entspricht dem Grundsatze des § 7, wonach Gebühren im voraus nach festen Normen und Sätzen zu bestimmen sind. Sie schließt jedoch nicht aus, gewisse Amtshandlungen eines Geschäftszweiges tarifmäßig in einer Klausel zusammenzufassen. Dadurch darf jedoch den Pflichtigen nicht die Möglichkeit genommen werden, die Gebührenforderung mittels einfacher Berechnung selbst nachzuprüfen. Im übrigen liegt es im wohlverstandenen eigenen Interesse der Verwaltungen, daß sie die neueingeräumten Hebebefugnisse nicht einseitig fiskalisch ausnützen. Namentlich wird die Höhe der Sätze in einander benachbarten Gemeinden nicht zu stark voneinander abweichen dürfen; auch wird allgemein im Falle von Bedürftigkeit eine Ermäßigung oder Niederschlagung von Verwaltungsgebühren einzutreten haben. Im Zusammenhang hiermit steht die Entscheidung der Frage, ob sich für den einzelnen Tatbestand nach Maßgabe der örtlichen Verhältnisse mehr die Erhebung in bar oder in Gemeindestempelmarken eignet, um unnötige Mehrarbeit und Belästigung zu vermeiden.

2. Zu § 6 Abs. 3.

Wenn im Abs. 3 des § 6 an die Stelle des Wortes „müssen" das Wort „sollen" gesetzt worden ist, so ist dadurch zum Ausdruck gebracht worden, daß die Prüfung der Bemessung der Gebühren dem Verwaltungsrichter entzogen und der Genehmigungsbehörde übertragen worden ist. Dadurch sind die Verbände insoweit freier gestellt worden, als sie das Gesamtaufkommen aus den Gebühren aus besonderen Gründen von den Kosten des bezüglichen Verwaltungszweiges abweichend festsetzen dürfen. Es wird jedoch darauf zu achten sein, daß erhebliche Überschreitungen der Verwaltungskosten ausgeschlossen bleiben, aber auch allzu niedrige Festsetzungen bei der herrschenden Finanznot der Gemeinden nicht erfolgen.

Artikel 2 der Ausführungsanweisung vom 9. März 1922:

Zu § 8 des Kommunalabgabengesetzes.

Durch den dem § 8 zugefügten Abs. 3 wird die durch Artikel 5 Nr. 2 des Kriegsgesetzes zur Vereinfachung der Verwaltung vom 13. Mai 1918 (GS. S. 53) aufgehobene Genehmigungspflicht der Gebühren des § 6 wiederhergestellt.

Artikel 7.

Beiträge (§§ 9, 10).

1. Die Gemeinden können behufs Deckung der Kosten für Herstellung und Unterhaltung von Veranstaltungen, welche durch das öffentliche Interesse erfordert werden, von denjenigen Grundeigentümern und Gewerbetreibenden, denen hierdurch besondere wirtschaftliche Vorteile erwachsen, Beiträge zu den Kosten der Veranstaltungen erheben. Beiträge müssen in der Regel erhoben werden, wenn andernfalls die Kosten durch Steuern aufzubringen sein würden.

Die Erhebung von Gebühren (Art. 5) wie von Beiträgen verfolgt den gemeinschaftlichen Zweck, diejenigen Personen, denen durch eine Veranstaltung der Gemeinde besondere Vorteile erwachsen, vor den übrigen Gemeindeangehörigen zu den Kosten dieser Veranstaltung heranzuziehen. Das Unterscheidende liegt zunächst darin, daß zu Beiträgen nur Grundeigentümer und Gewerbetreibende herangezogen werden dürfen. Sodann können Gebühren nur unter der Voraussetzung einer Benutzung der Veranstaltung, Beiträge dagegen auch ohne solche Benutzung, lediglich auf Grund der gewährten Vorteile erhoben werden. Gebühren sind ferner, je nachdem die Benutzung erfolgt, jedesmalig oder fortdauernd zu entrichten, wogegen es sich bei den Beiträgen um einen einmaligen Zuschuß handelt, der indessen nicht notwendig in einem Betrage geleistet zu werden braucht, sondern je nach dem Beschlusse der Gemeinde auch in Teil- oder Ratenzahlungen entrichtet werden kann.

2. Ob Beiträge zu erheben sind, hat das Gesetz im allgemeinen der freien Entschließung der Gemeinden anheimgestellt. Die Verpflichtung zur Erhebung von Beiträgen tritt nur dann ein, wenn andernfalls die Kosten durch Steuern aufzubringen sein würden. Diese Voraussetzung wird stets vorliegen, sobald in einer Gemeinde, in welcher es sich um die Erhebung von Beiträgen handelt, überhaupt Steuern erhoben werden.

Soll, entgegen der gedachten Verpflichtung, von der Beitragserhebung Abstand genommen werden, so bedarf es der Rechtfertigung durch besondere Gründe.

3. In der Regel werden die Gemeinden sich über die Erhebung von Beiträgen vor der Ausführung einer Veranstaltung schlüssig zu machen haben. Unbedingt notwendig ist dies jedoch nicht. Das Gesetz gestattet die Erhebung von Beiträgen auch nach Ausführung einer Veranstaltung.

Im übrigen wird wegen des Verfahrens auf die Bestimmungen in § 9 Abs. 3—5 Bezug genommen[1]).

Anlangend das Verhältnis des § 9 zu den §§ 4 und 20, so ergibt sich schon aus der Fassung des § 4 Abs. 2, daß bei ein und derselben Veranstaltung zugleich die Erhebung von Gebühren und von Beiträgen eintreten kann,

---

[1]) In der jetzt geltenden Fassung des VereinfGes. v. 13. V. 1918/3. I. 1928.

wenn durch eine dieser beiden Vorausbelastungen eine volle Ausgleichung der den Pflichtigen aus der Veranstaltung erwachsenen Vorteile nicht bewirkt wird. Unter den gleichen Voraussetzungen ist auch die Erhebung von Gebühren neben einer Mehrbelastung im Sinne des § 20 Abs. 2 zulässig. Ausgeschlossen ist dagegen die Verbindung von Beiträgen mit einer Mehrbelastung im Sinne des § 20 Abs. 2. Eine solche Verbindung würde leicht zur Verwirrung und zu einer nicht gewollten Doppelbelastung führen. Der Umstand, daß der Kreis der nach § 20 Verpflichteten sich mit demjenigen der nach § 9 Verpflichteten nicht immer deckt, steht dem nicht entgegen. Es ist Sache der Gemeinden, von Fall zu Fall zu prüfen, welcher der beiden vom Gesetze offen gelassenen Wege der geeignete ist.

4. Die Beitragsleistung darf sich niemals auf den gesamten Kostenbedarf einer Veranstaltung erstrecken. Vielmehr ist der dem öffentlichen Interesse entsprechende Teil des Kostenbedarfs einer Veranstaltung aus den zur Bestreitung der allgemeinen Ausgaben bestimmten Einkünften der Gemeinde und nur der hiernach verbleibende Restbetrag durch Beiträge zu decken.

Die Beiträge sind auf die pflichtigen Grundbesitzer und Gewerbetreibenden nach Maßgabe der Vorteile, welche sie von der Veranstaltung genießen, umzulegen.

Sodann aber wird bei der Feststellung darüber, in welcher Form die Beiträge zu leisten sind: ob mittels Kapitalzahlung oder mittels Renten, ob die Kapitalzahlung auf einmal oder mittels Teilzahlungen erfolgen soll usw., Vorsorge zu treffen sein, daß die Auferlegung von Beiträgen für die Beteiligten nicht mit einer finanziellen Beschwerung verbunden ist, die der Absicht des Gesetzes fernliegen würde.

5. Die Vorschrift im § 15 des Gesetzes vom 2. Juli 1875 (GS. S. 561), wonach die Kosten der Anlegung und Unterhaltung von Straßen den angrenzenden Eigentümern, im Falle der Heranziehung derselben, ausschließlich nach Verhältnis der Länge ihrer die Straße berührenden Grenze zur Last zu legen sind, hat sich in der Praxis nicht überall bewährt. Dieser Maßstab kann nicht nur wegen der verschiedenen Gestaltung der Bauplatzflächen zu einer unbilligen und ungleichmäßigen Kostenverteilung führen, sondern er begünstigt auch die Neigung zu einer der Gesundheit nachteiligen Ausnutzung der Flächen durch Errichtung von hohen Gebäuden, von Hofwohnungen usw. Das Kommunalabgabengesetz hat deshalb gestattet, daß die im § 15 a. a. O. vorgesehenen Beiträge nach einem anderen als dem dort angegebenen Maßstabe, insbesondere nach der bebauungsfähigen Fläche, bemessen werden dürfen.

Im übrigen sollen gemäß § 10 die Vorschriften des Gesetzes vom 2. Juli 1875 in Kraft bleiben. Das letztere Gesetz betrifft, wie sich aus der Überschrift und dem § 1 desselben ergibt, die Anlegung und die Veränderung von Straßen und Plätzen in Städten und ländlichen Ortschaften. Nach § 15 dieses Gesetzes kann durch Ortsstatut festgesetzt werden, daß unter den dort angegebenen Voraussetzungen von dem Unternehmer der neuen Anlage oder von den angrenzenden Eigentümern die dort des näheren bezeichneten baulichen Ausführungen oder Beiträge zu den Kosten derselben geleistet werden. Handelt es sich somit um die Anlegung oder Veränderung von Straßen und Plätzen in Städten und ländlichen Ortschaften und um die Festsetzung der Leistungen, welche die Gemeinde aus diesem Grunde zu fordern berechtigt ist, so ist der Kreis der Verpflichteten und der Umfang der Verpflichtungen lediglich nach den Vorschriften des beregten Gesetzes zu bestimmen.

Artikel 3 der Ausführungsanweisung vom 9. März 1922.

Zu § 9a des Kommunalabgabengesetzes.

Da die herrschende Wohnungsnot die Ausnutzung aller Möglichkeiten verlangt, die zu einer Hebung der Bautätigkeit führen können, war es notwendig, die Zweifel darüber, ob Beiträge im Sinne des § 9 auch beim Kleinwohnungsbau erhoben werden dürfen, aus dem Wege zu räumen. Dies ist dadurch geschehen, daß hinter § 9 der § 9a eingefügt worden ist, der ausdrücklich feststellt, daß als Veranstaltung im Sinne des § 9 auch der Bau von Kleinwohnungen gilt, und der als beitragspflichtig die Arbeitgeber bestimmt, unter deren Arbeitnehmern eine Wohnungsnot bevorsteht oder bereits eingetreten ist, zu deren Behebung die „geplanten" Bauten bestimmt sein sollen. Allerdings können die Beiträge des § 9a nur vor der Fertigstellung der Kleinwohnungsbauten festgesetzt und gefordert werden. Diese Besonderheit entspricht dem Wunsche des Gesetzgebers, die Beitragspflichtigen auf die Durchführung der Bauten, z. B. auf die Wahl des Gebäudes, Art und Kosten der Bauausführungen usw., gewissen Einfluß nehmen zu lassen, worauf sowohl bei der Aufstellung des Planes der Verwaltung als auch bei der Unterverteilung Bedacht zu nehmen sein wird.

Die Erhebung von Beiträgen zur Herstellung von Kleinwohnungen wird allerdings nicht immer ohne weiteres und an erster Stelle ins Auge zu fassen sein, weil dadurch die private Betätigung auf dem Gebiete des Wohnungsbaues ausgeschaltet werden könnte. Es wird sich vielmehr in den meisten Fällen empfehlen, zunächst zu versuchen, im Wege friedlichen Zusammenwirkens zwischen den beteiligten Arbeitgebern und den Gemeinden den Mangel an Kleinwohnungen zu beseitigen, und erst wenn gütliches Einwirken auf die Arbeitgeber keinen Erfolg gehabt hat, wird in der Regel zur Beitragserhebung zwecks Errichtung gemeindlicher Kleinwohnungen überzugehen sein. Auch wird vor einer Beschlußfassung eingehend zu prüfen sein, ob nicht die Erhebungen von Zuschlägen zu der Abgabe zur Förderung des Wohnungsbaues (§ 6 des Reichsgesetzes vom 26. Juni 1921 — RGBl. S. 773 — und Artikel 6 der preußischen Verordnung vom 22. November 1921 — GS. S. 549 —) in Verbindung mit den staatlichen Beihilfen zur Belebung der Bautätigkeit ausreichen, um die nicht rentierlichen Baukosten zu decken, insoweit sie nicht aus allgemeinen Mitteln bestritten werden sollen.

Die Frage, welche Bauten als Kleinwohnungsbauten anzusehen sind, ist danach zu beantworten, daß als Kleinwohnungen alle Wohnungen im Sinne der jeweiligen Bestimmungen über die Gewährung staatlicher Baukostenzuschüsse zu gelten haben.

Als Arbeitgeber sind nicht nur Gewerbetreibende anzusehen, es gehören hierzu vielmehr auch Grundbesitzer sowie das Reich, der Staat, die Provinz und alle sonstigen natürlichen oder juristischen Personen, die Arbeitnehmer beschäftigen. Voraussetzung für die Heranziehung der Arbeitgeber, auch wenn sie nicht in der Gemeinde Wohnsitz oder Sitz haben, ist einmal, daß sie in der Gemeinde mehr als 20 Arbeitnehmer beschäftigen. Dabei hat als Stichtag für die Berechnung der Zahl der von den Arbeitgebern beschäftigten Arbeitnehmer unbeschadet anderer Regelung im Einzelfalle der Tag zu gelten, an dem der Beschluß über die Erhebung von Beiträgen durch die gemeindlichen Vertretungen gefaßt ist. Und ferner dürfen nur solche Arbeitgeber zu Beiträgen herangezogen werden, bei denen zwischen der unter den Arbeitnehmern hervorgetretenen oder drohenden Wohnungsnot und den geplanten Wohnungen ein ursächlicher Zusammenhang besteht. Denn nur wegen besonderer wirtschaftlicher Vorteile dürfen Beiträge erhoben werden; allgemein wirtschaftliche Vorteile, die in keiner engeren Beziehung zu der Veranstaltung stehen, können dagegen die Erhebung von Beiträgen nicht rechtfertigen. — Schließlich sollen auch solche Arbeitgeber, die insbesondere nach dem 1. Januar 1919 bereits selbst zum Bauen von Wohnungen für ihre Arbeitnehmer aus eigenen Mitteln in angemessenem Verhältnis zur Zahl ihrer Arbeitnehmer beigetragen haben, von Beiträgen regelmäßig freibleiben.

Zur Vereinfachung und Erleichterung des Umlageverfahrens können die Arbeitgeber zu Beitragsgemeinschaften vereinigt werden. Derartige Beitragsgemeinschaften stellen eine neuartige Form von Gesellschaftsgebilden des öffentlichen Rechtes dar, die nicht mit dem Rechte juristischer Persönlichkeiten ausgestattet sind. Sie verdanken ihre Entstehung dem beitragsberechtigten Verbande, der anläßlich der Aufstellung des Planes einer Veranstaltung zum Bau von Kleinwohnungen — also gelegentlich eines bestimmten Bauvorhabens — durch Beschluß seiner Körperschaften seinem Willen Ausdruck gibt, gewisse Beteiligte sich als einheitlich Verpflichtete gegenüber zu sehen. Diesen steht selbstverständlich gegenüber dem Willen der Gemeinde die Befugnis zu, Einwendungen binnen einer bestimmt zu bezeichnenden Frist von mindestens vier Wochen bei dem Gemeindevorstande anzubringen.

In der Regel wird es sich empfehlen, für einzelne Bauvorhaben einer Gemeinde besondere Beitragsgemeinschaften zu bilden, z. B. in großen Stadtgemeinden, und zu jeder nur diejenigen Arbeitgeber heranzuziehen, deren Arbeitnehmer die Inanspruchnahme der geplanten Wohnungen nach ihrer Lage zur Arbeitsstätte zugemutet werden kann. Beim Vorliegen von Siedlungsplänen, die sich als Teile eines einheitlich durchzuführenden Generalsiedlungsplans darstellen, ist es auch zulässig, für eine Mehrzahl von Bauvorhaben nur eine Beitragsgemeinschaft zu bilden. So kann auch eine Beitragsgemeinschaft für das ganze Gemeindegebiet gebildet oder über den Bezirk der Gemeinde hinaus, z. B. auf Zweckverbände und Landkreise, ausgedehnt werden, wodurch die Vergünstigungen des § 9a auch weitreichenden Siedlungsunternehmungen zugänglich gemacht werden können. Macht sich eine Gemeinde über die Bildung von Beitragsgemeinschaften schlüssig, so wird sie gleichzeitig über die notwendigen organisatorischen Bestimmungen, z. B. über die Wahl des Vorstandes, über die Voraussetzungen für das Zustandekommen gültiger Beschlüsse der Beitragsgemeinschaften usw., Anordnungen zu treffen haben.

Die sachliche Zuständigkeit der Beitragsgemeinschaften erstreckt sich lediglich auf die Unterverteilung der ihnen als solchen auferlegten Beiträge. Die Unterverteilung umfaßt nicht nur die Beschlußfassung über den Maßstab, sondern auch die rechnerische Feststellung der auf die einzelnen Mitglieder entfallenden Teilbeträge. Hierbei können die Beitragsgemeinschaften nach den Grundsätzen freier Selbstverwaltung verfahren. So bleibt es ihnen überlassen, sich darüber schlüssig zu werden, welche von den in ihnen vereinigten Arbeitgebern von Beiträgen etwa freizulassen sind und wie gegebenenfalls jährliche Teilzahlungen des einmal festgesetzten Beitrages aufgebracht werden sollen. Als Maßstab für die Unterverteilung kann im übrigen z. B. die Zahl der voraussichtlich in den Neubauten wohnenden Arbeitnehmer jedes einzelnen Arbeitgebers oder auch der Umfang der in ihnen voraussichtlich für jeden einzelnen Arbeitgeber zur Verfügung stehenden Wohnräume oder der Mietwert derselben eingeführt werden. Bei der Unterverteilung sich ergebende Streitigkeiten werden im Verwaltungsstreitverfahren entschieden, das sich gegen die Beitragsgemeinschaft zu richten hat.

Die hiernach für die Unterverteilung maßgeblichen Gesichtspunkte müssen satzungsgemäß zusammengefaßt werden. Weigert sich eine Beitragsgemeinschaft, die Satzung zu beschließen, oder verzögert sie die Beschlußfassung über die Satzung länger als drei Monate — vom Tage der rechtsgültigen Feststellung des Planes an gerechnet — hinaus, so wird die Satzung durch die Gemeinde erlassen. In jedem Falle bedarf die Satzung der Genehmigung durch die Minister des Innern und der Finanzen.

Nimmt eine Beitragsgemeinschaft innerhalb einer erforderlichenfalls von der Aufsichtsbehörde festzusetzenden Frist trotz Vorhandenseins einer Satzung eine Unterverteilung nicht vor, so ist die Gemeinde berechtigt, die Unterverteilung vorzunehmen. Die Einziehung der Beiträge erfolgt in jedem Falle durch die Gemeinde.

Was die Kosten anlangt, die durch Beiträge gedeckt werden dürfen, so sind unter ihnen nur die sogenannten nichtrentierlichen Baukosten zu verstehen, das sind die Kosten, die nach Abzug des durch die ortsüblichen Mieten verzinsten Teils der Baukosten noch zu decken sind. Zu ihnen sind jedoch nicht die durch Reich, Staat oder Kommunalverbände etwa gewährten Baukostenzuschüsse zu rechnen. Als Stichtag für die Bemessung der ortsüblichen Mietpreise wird in der Regel zweckmäßig der Tag anzunehmen sein, an dem der Beschluß über die Erhebung von Beiträgen durch die gemeindlichen Vertretungen gefaßt ist.

Der im Kommunalabgabenrecht herrschende Grundsatz der Leistung und Gegenleistung, der bei den Beiträgen zum Kleinwohnungsbau in dem Erfordernis des ursächlichen Zusammenhanges zwischen den geplanten Wohnungen und der unter den Arbeitnehmern der Arbeitgeber hervorgetretenen oder drohenden Wohnungsnot zum Ausdruck kommt, bedingt, daß das Aufkommen aus den Beiträgen auch nur zur Behebung der Wohnungsnot bei den in Anspruch genommenen Arbeitgebern verwendet werden darf. Die Gemeinden müssen also dafür Sorge tragen, daß die von den Arbeitgebern eingezogenen Beiträge diesen bzw. den aus ihnen gebildeten Beitragsgemeinschaften bei der Vergebung der mit ihrer Hilfe errichteten Wohnungen anteilmäßig auch wieder zugute kommen.

Artikel 8.

Kurtaxen (§ 12).

Die Gemeinden können beschließen, in Kurorten für die Herstellung und Unterhaltung ihrer zu Kurzwecken getroffenen Veranstaltungen Vergütungen (Kurtaxen) zu erheben.

Die Verpflichtung zur Leistung der Vergütungen ist nicht, wie bei den Gebühren (Art. 4), durch die Benutzung der Veranstaltungen bedingt.

Wegen der Beitreibung der Kurtaxen im Verwaltungszwangsverfahren vgl. Art. 58.

Dritter Titel. **Gemeindesteuern.**

Erster Abschnitt. **Indirekte Gemeindesteuern.**

Artikel 9.

Allgemeine Bestimmungen (§ 13 Abs. 1, 2, §§ 17, 18).

1. Die Gemeinden sind innerhalb der durch die Reichsgesetze (Art. 10) und durch die Vorschriften im § 14 gezogenen Grenzen zur Erhebung indirekter Steuern befugt. Sie sind deshalb auch in der Einführung anderer als der in den §§ 14—16 bezeichneten indirekten Steuern rechtlich nicht behindert.

Im übrigen sind für die Auswahl der Gegenstände der indirekten Besteuerung vorzugsweise Rücksichten der praktischen Zweckmäßigkeit entscheidend. Namentlich ist zu prüfen, ob sich ein Gegenstand überhaupt zur indirekten Besteuerung eignet und ob das zu erwartende Steueraufkommen mit den entstehenden Unkosten und Mühewaltungen, mit etwaigen Verkehrserschwerungen und Belästigungen des Publikums usw. im richtigen Verhältnisse steht.

2. Den Gemeinden sind Vereinbarungen mit den Beteiligten gestattet, wonach der Jahresbetrag der zu entrichtenden indirekten Steuern für mehrere Jahre im voraus bestimmt wird. Die hierdurch gewährten Vorteile bestehen einerseits in der Erzielung einer größeren Gleichmäßigkeit des Steueraufkommens, andererseits in der Vermeidung lästiger und kostspieliger Kontrollen. Dagegen dürfen derartige Vereinbarungen nicht zu einer Schmälerung der Einnahmen der Gemeinden aus den indirekten Steuern zum Vorteile der Pflichtigen führen. Die Gemeinden haben bei Nachsuchung der vorgeschriebenen Genehmigung die hierauf bezüglichen Nachweise beizubringen.

3. Die bestehenden Vorschriften über die Verwendung des Aufkommens an indirekten Steuern für bestimmte Zwecke sind aufgehoben. . .

4. Die Rechtsgültigkeit der bei dem Inkrafttreten des Gesetzes bestehenden Ordnungen (Regulative, Statuten, Beschlüsse usw.) über indirekte Steuern

ist unbeschadet der Bestimmungen im § 78 nach dem bisherigen Rechte zu beurteilen. Die Einführung neuer und die Veränderung bestehender indirekter Steuern kann dagegen nur durch Steuerordnungen erfolgen, welche der Genehmigung bedürfen.

Die Steuerordnungen sind in ortsüblicher Weise bekanntzumachen. Die hierauf bezüglichen Nachweise sind aufzubewahren.

Artikel 5 der Ausführungsanweisung vom 9. März 1922.

Zu § 13 Abs. 3 und 4 und § 43 Abs. 2 und 3.

Aus den Steuervereinbarungen, die die Gemeinden mit den Beteiligten gemäß § 13 Abs. 2 und gemäß § 43 Abs. 1 abgeschlossen haben, erwachsen den Gemeinden vielfach dadurch erhebliche Nachteile, daß sie die inzwischen eingetretene Umgestaltung der Wirtschaftslage unberücksichtigt lassen. Deshalb mußte den Gemeinden eine Möglichkeit eröffnet werden, die längere Zeit zurückliegenden Abmachungen einer Nachprüfung zu unterziehen. In diesem Sinne geben die dem § 13 angehängten Abs. 3 und 4 und die dem § 43 unter Abs. 2 und 3 hinzugefügten Vorschriften den Gemeinden das Recht, hinsichtlich der Steuervereinbarungen, die vor dem 1. Januar 1919 abgeschlossen sind, binnen drei Monaten nach Inkrafttreten des Gesetzes unter den im Gesetz näher bezeichneten Voraussetzungen eine Abänderung der bestehenden Abmachungen zu verlangen. Hierbei muß von den Gemeinden in erster Linie angestrebt werden, im Wege gütlichen Einvernehmens zu einem neuen Abkommen zu gelangen, da die Beibehaltung der Steuervereinbarungen, die häufig zu einer gedeihlichen gemeinsamen Arbeit von Steuerschuldner und Gemeinden erheblich beitragen, durchaus erwünscht ist. Für den Fall jedoch, daß eine Einigung nicht zustande kommt, sieht das Gesetz die Entscheidung der Meinungsverschiedenheiten durch ein Schiedsgericht vor, dessen Spruch durch Anrufung des endgültig entscheidenden Kreis- oder Bezirksausschusses angefochten werden kann.

Die Vorschriften des § 13 Abs. 3 und des § 43 Abs. 2 haben auch für die Fälle Geltung, in denen gemäß § 8 des Gesetzes zur Abänderung einiger Vorschriften des Gemeindeabgabenrechts vom 6. Mai 1920 (GS. S. 309) bei Vereinbarungen über Gemeindeeinkommen- und Gewerbesteuern die dort zugelassenen Zuschläge etwa noch zur Erhebung gelangen.

Artikel 10.

Verbrauchssteuern (§ 13 Abs. 1, §§ 14, 19).

Wegen der Biersteuer s. S. 339.

Artikel 11.

Besteuerung der Lustbarkeiten (§ 15).

Vergnügungssteuer s. S. 312.

Artikel 12.

Besteuerung des Haltens von Hunden (§ 16).

Gemäß § 16 sind die Gemeinden befugt, das Halten von Hunden zu besteuern. Die in dieser Beziehung zur Zeit bestehenden gesetzlichen Vorschriften sind aufgehoben worden.

Die Aufhebung hat nur die gesetzlichen Vorschriften im engeren Sinne, nicht auch das bestehende örtliche Recht (Steuerordnungen usw. — vgl. Art. 9 Nr. 4) getroffen. Jedoch empfiehlt sich eine den örtlichen Verhältnissen entsprechende Neuregelung durch Steuerordnungen, namentlich hinsichtlich der Bemessung der Steuersätze. Hierbei wird aber auch fernerhin an denjenigen Bestimmungen des zur Zeit geltenden Rechts (Allerh. Order vom 29. April 1829 — v. Kamptz Annalen Bd. 13 S. 354) festzuhalten sein, welche, unabhängig von der Verschiedenheit der örtlichen Verhältnisse, eine überall zutreffende Begründung in sich tragen. Dies gilt namentlich von der Vorschrift, wonach die Eigentümer von Hunden insoweit mit der Besteuerung verschont werden sollen, als die Hunde zur Bewachung oder zum Gewerbebetrieb unentbehrlich sind.

Die Einführung einer Hundesteuer seitens des Kreises (§ 93) läßt die Befugnis der Gemeinden, das Halten von Hunden zu besteuern, unberührt. S. im übrigen S. 285.

Artikel 6 der Ausführungsanweisung vom 9. März 1922:

Zu § 16a.

Durch § 16a wird in Übereinstimmung mit § 6 Abs. 2 des Reichsgesetzes über die Erhebung einer Abgabe zur Förderung des Wohnungsbaues vom 26. Juni 1921 (RGBl. S. 773) die Befugnis der Gemeinden, zur Förderung der Wohnungsbeschaffung und der Siedlung Wohnungsluxussteuern einzuführen, ausdrücklich festgestellt.

Die Ausgestaltung der Wohnungsluxussteuern ist zunächst den folgenden, von der Reichsregierung hierfür aufgestellten allgemeinen Grundsätzen anzupassen:

1. Die aus der Wohnungsluxussteuer aufkommenden Mittel dürfen lediglich zur Förderung der Wohnungsbeschaffung und der Siedlung verwendet werden.
2. Die Steuer ist nach der Zahl der steuerpflichtigen Wohnräume allein oder in Verbindung mit der Größe der Wohnfläche, nicht aber nach der Größe der Wohnfläche allein zu bemessen. Dabei sind Räume unter 10 qm Wohnfläche steuerfrei zu lassen.
3. Steuerfrei bleiben bei einer Einzelperson mit eigenem Haushalt wenigstens 3, für 2 Personen mit gemeinschaftlichem Haushalt wenigstens 4, im übrigen mindestens so viel Wohnräume, als die um 1 vermehrte Zahl der zum Hausstand des Wohnungsinhabers gehörigen Personen beträgt.

   Räume, welche ausschließlich oder vorwiegend zu dienstlichen, beruflichen oder gewerblichen Zwecken benutzt werden, sind bei der Berechnung der Steuer nicht zu zählen.
4. Dienstwohnungen der Reichsbeamten, die sich innerhalb der von der Reichsregierung bestimmten Grenzen halten, sind von der Steuer frei.

   Das gleiche gilt für sonstige Räume, die für einen Beamten nach den Grundsätzen der Reichsregierung zur Erfüllung seiner dienstlichen Aufgaben erforderlich sind.

Die Vorschriften des Abs. 1 und 2 gelten sinngemäß für den Reichspräsidenten, die Beamten der Reichsbank und die unter das Besoldungsgesetz vom 30. April 1920/17. Dezember 1920 fallenden Soldaten der Wehrmacht. Sie gelten ferner für die Staatspräsidenten und die Beamten der Länder, Gemeinden und Gemeindeverbände einschließlich der Angehörigen der Schutzpolizei sowie für die Beamten der sonstigen Körperschaften, Stiftungen und Anstalten des öffentlichen Rechtes mit der Maßgabe, daß an die Stelle der Reichsregierung die Landesregierungen treten.

5. Mehrere Wohnungen an einem Orte sind bei der Berechnung der Steuer zusammenzuzählen.
6. Als Wohnräume gelten insbesondere nicht: Flur, Gang, Vorsaal, Veranda, Küche, Anrichte, Bad, Abort, Diele, soweit letztere nur als Durchgangsraum in Betracht kommt, sowie die Räume, die nach gesetzlichen oder polizeilichen Vorschriften nicht bewohnt werden dürfen.
7. Die Steuer darf in der Gesamthöhe den Betrag nicht überschreiten, der bei gleichmäßiger Verteilung der Miete auf alle Wohnräume dem Verhältnis des Mietbetrags der besteuerten Wohnräume zur Gesamtmiete der Wohnung entspricht.
8. Auf Antrag tritt eine Befreiung von der Steuer ein, wenn sich bei Anwendung der Bestimmungen besondere Härten für die Steuerpflichtigen ergeben.
9. Wohnungen, welche nach dem 1. Juli 1918 fertiggestellt sind und nicht mehr als sechs Wohnräume enthalten, bleiben von der Abgabe befreit.
10. Auf Grund anderweitig genehmigter Steuerordnungen, die von diesen Grundsätzen abweichen, dürfen Wohnungsluxussteuern nur bis zum 1. Oktober 1922 erhoben werden.

Bei Anwendung dieser Grundsätze ist insbesondere zu beachten, daß bei der Feststellung der Jahresmiete Heizungskosten nicht zu berücksichtigen sind. Ferner werden Familienangehörige, die zwar ihren ständigen Aufenthalt nicht am Wohnort der Eltern haben, bei diesen aber eine nicht unerhebliche Zeit des Jahres zubringen, regelmäßig als Haushaltsangehörige zu betrachten sein.

Im übrigen ist davon auszugehen, daß die Wohnungskultur dem Wohnungsluxus nicht gleichzustellen ist und daß dieserhalb insbesondere die Steuersätze für den ersten und zweiten steuerpflichtigen Wohnraum nicht übermäßig hoch sein dürfen. Bei Bemessung der Steuersätze überhaupt wird ferner zu berücksichtigen sein, daß den Gemeinden schon durch die Erhebung der Zuschläge gemäß § 6 Abs. 1 des Gesetzes über die Erhebung einer Abgabe zur Förderung des Wohnungsbaues vom 26. Juni 1921 (RGBl. S. 773)[1]) Mittel zur Förderung der Wohnungsbeschaffung und der Siedlung zufließen. Weiter bleibt zu beachten, daß die Wohnungsluxus-

---

[1]) Abgeändert durch Gesetz vom 6. März 1922 (RGBl. S. 235).

steuer wie jede Luxussteuer nur dort gerechtfertigt erscheint, wo ein Luxusaufwand einerseits den Ausdruck besonderer Leistungsfähigkeit darstellt, anderseits nach dem Willen der Besteuerten vermeidbar ist. Auch wird vor Einführung einer Wohnungsluxussteuer zu prüfen sein, ob aus ihr ein nennenswerter Reinertrag erwartet werden kann.

Artikel 14.

Befreiungen (§§ 21, 22).

1. § 21 läßt die auf besonderen Rechtstiteln beruhenden Befreiungen einzelner Grundstücke von Gemeindesteuern in ihrem bisherigen Umfange fortbestehen.

Die besonderen Rechtstitel können privatrechtlicher (Vertrag, besondere Verleihung oder befreiende Verjährung) oder öffentlich-rechtlicher (von den Auseinandersetzungsbehörden bestätigte Rezesse, Abgabenverteilungspläne, Auseinandersetzungen bei Kommunalbezirks-Veränderungen usw.) Natur sein. In allen Fällen gilt als notwendige Voraussetzung, daß die Befreiung auf dem einen oder anderen Wege rechtsgültig begründet worden ist.

2. Nach § 22 finden Vorschriften, welche eine Befreiung von Gewerbesteuer in sich schließen, auf Gewerbe, welche nach der Verkündigung des Gesetzes in Betrieb gesetzt werden, keine Anwendung. Diese Vorschrift des Gesetzes ist durch die Bestimmung im § 30 des Kurhessischen Edikts vom 29. Mai 1833 (Kurhess. GS. S. 113) hervorgerufen, wonach die Standesherren in dem vormaligen Kurfürstentum Hessen zu den Gemeindeumlagen nur als Besitzer von Grundeigentum innerhalb des Gemeindebezirks, somit nicht als Gewerbetreibende, beizutragen haben.

3. Die Gemeinden sind berechtigt — nicht verpflichtet —, die vorstehend unter 1 und 2 bezeichneten Befreiungen gemäß den näheren Bestimmungen der §§ 21 und 22 abzulösen.

Artikel 15.

Arten der direkten Gemeindesteuern (§ 23).

Als direkte Gemeindesteuern sind ausschließlich gestattet: Steuern vom Grundbesitz und vom Betriebe stehender Gewerbe (Realsteuern). Beide Arten von Steuern werden entweder in Prozenten der vom Staate veranlagten Steuern oder auf Grund einer anderweitigen Veranlagung als besondere Steuern erhoben.

Die Einführung und Abänderung besonderer Steuern kann nur durch Steuerordnungen erfolgen; letztere bedürfen der Genehmigung. Durch die Ermächtigung zur Einführung besonderer Realsteuern wird den Gemeinden die Möglichkeit eröffnet, die Steuerformen der Eigenart ihrer Verhältnisse und Bedürfnisse anzupassen und namentlich diejenigen Mängel zu beseitigen, welche der Anwendung der staatlich veranlagten Realsteuern für die Zwecke der Kommunalbesteuerung entgegenstehen (Art. 17, 20).

Die Einkommensteuer kann zum Teil durch Aufwandssteuern ersetzt werden. Jedoch dürfen Miets- und Wohnungssteuern nicht neu eingeführt werden. Wegen der bestehenden Miets- und Wohnungssteuern wird besondere Verfügung ergehen.

Anmerkung. Die auf die Einkommen- und auf die Gewerbesteuer bezüglichen Vorschriften des KAG. sind aufgehoben (vgl. Anm. 2 und 5 zu § 23). Deshalb sind die betreffenden Bestimmungen der AusfAnw. hier und im folgenden fortgelassen, und gelten die von besonderen Real-Gemeindesteuerordnungen handelnden Bestimmungen nur noch für die Grundsteuer, da die Besteuerung der Gewerbebetriebe nur noch in der Form von Zuschlägen zu der staatlich veranlagten Gewerbesteuer zulässig ist.

II. Besondere Bestimmungen.

1. Realsteuern.

A. Vom Grundbesitz.

Artikel 16.

Steuerpflicht und Befreiung (§ 24).

1. Den Steuern vom Grundbesitz sind ohne Unterschied in Beziehung auf die Person des Eigentümers alle in der Gemeinde belegenen Grundstücke unterworfen, für welche nicht eine Befreiung entweder durch besonderen Rechtstitel (Art. 14) oder durch eine ausdrückliche Anordnung des Gesetzes selbst begründet ist.

Zur Erläuterung der durch das Gesetz selbst vorgesehenen Ausnahmen von der allgemeinen Steuerpflicht ist folgendes zu bemerken:

a) Die Bestimmung zu einem öffentlichen Dienste oder Gebrauche, welche nach § 24c die Voraussetzung für die Steuerbefreiung der Grundstücke und Gebäude des Staates, der Provinzen usw. bildet, muß eine unmittelbare sein. Grundstücke und Gebäude, welche nur mittelbar dem öffentlichen Dienste oder Gebrauche oder welche zu Erwerbszwecken dienen, namentlich die Dienstgrundstücke und Dienstwohnungen der Beamten, genießen die Befreiung nicht. Erstreckt sich die Bestimmung zu einem öffentlichen Dienste oder Gebrauche nur auf einen Teil des Grundstückes oder Gebäudes, so kommt die Steuerfreiheit nur diesem Teile zu.

b) Die Bestimmungen im § 24h beziehen sich lediglich auf Gebäude, nicht auf Liegenschaften (vgl. § 24i). Die dort aufgeführten Armen-, Waisen- und öffentlichen Krankenhäuser, Gefängnis-, Besserungs-, Bewahr- und diejenigen Wohltätigkeitsanstalten, welche die Bewahrung vor Schutzlosigkeit oder sittlicher Gefahr bezwecken, sind wegen ihres gemeinnützigen Zweckes steuerfrei, ohne daß zwischen unmittelbarer oder mittelbarer Benutzung der Gebäude für die Zwecke der Anstalt unterschieden würde.

   Die nicht öffentlichen Krankenhäuser unterliegen stets der Steuerpflicht. Die Forderung eines Entgelts für Aufnahme und Verpflegung schließt im allgemeinen den Charakter der Öffentlichkeit aus. Wenn aber ein Krankenhaus in überwiegendem Maße für die unentgeltliche Aufnahme Unbemittelter bestimmt ist, so wird ihm durch die Forderung einer Vergütung gegenüber bemittelten Personen der Charakter der Öffentlichkeit nicht benommen.

Die im § 24h ferner aufgeführten Gebäude milder Stiftungen (mit selbständiger Rechtspersönlichkeit) genießen, falls die Gemeinden nicht etwa gemäß der Schlußbestimmung im § 24h eine weitere Ausdehnung beschließen, nur insoweit Steuerbefreiung, als sie für die Zwecke der Stiftung unmittelbar benutzt werden. Es scheiden somit diejenigen Gebäude aus, deren Ertrag zwar zur Förderung der Zwecke der Stiftung bestimmt ist, die jedoch dem Stiftungszwecke nicht unmittelbar dienen, sondern beispielsweise zu gewerblichen Zwecken verwandt oder vermietet werden usw. Dagegen findet die Befreiung, wenn nur im übrigen die Voraussetzung des Gesetzes zutrifft, auf die Gebäude der Stiftung ohne Unterschied der Art ihrer Benutzung Anwendung; beispielsweise auch auf Ökonomiegebäude.

c) Dienstgrundstücke und Dienstwohnungen der Geistlichen, Kirchendiener und Volksschullehrer sind steuerfrei, soweit ihnen bisher die Befreiung von den Gemeindeauflagen zugestanden hat. Die Ausnahmebestimmung des Gesetzes findet daher auch in denjenigen Fällen Anwendung, in welchen von den bezeichneten Grundstücken und Wohnungen zwar keine Realabgaben an die Gemeinde, wohl aber solche an den Staat zu entrichten waren.

d) Die im § 3 Nr. 7 des Gebäudesteuergesetzes vom 21. Mai 1861 (GS. S. 317) aufgeführten unbewohnten Gebäude, welche zu landwirtschaftlichen oder gewerblichen Zwecken benutzt werden, sind zwar im § 24 des Kommunalabgabengesetzes ebensowenig wie im § 17 der Kreisordnung vom 13. Dezember 1872 ausdrücklich als steuerfrei aufgeführt worden. Hier wie dort hat es aber nicht in der Absicht der Gesetzgebung gelegen, diese Gebäude der Gebäudesteuer zu unterwerfen[1]).

e) Hinsichtlich der Grundstücke und Gebäude des Reichs, welche unter den im Gesetze bezeichneten Ausnahmen nicht aufgeführt worden sind, gilt . . .[2]).

2. Gemäß der Vorschrift am Schlusse des § 24 bleiben die Bestimmungen der Kabinettsorder vom 8. Juni 1834 in Geltung und werden auf diejenigen Gemeinden ausgedehnt, in welchen dieselben Geltung noch nicht haben.

Die Kabinettsorder vom 8. Juni 1834 trifft Bestimmung darüber, „ob ein Grundstück, welchem wegen seiner Bestimmung zu öffentlichen oder gemeinnützigen Zwecken die Befreiung von den Staatssteuern zusteht, deshalb auch den örtlichen Kommunalsteuern nicht unterworfen sei".

Zu diesem Behufe unterscheidet die Order zwischen denjenigen „Provinzen und Ortschaften, in welchen die Vorschriften des Allgemeinen Landrechts und des Gemeinen Rechts verbindliche Kraft haben", und der Rheinprovinz; ferner zwischen Grundstücken, die bereits vor Erlaß der Order zu öffentlichen oder

---

[1]) Falsch. Vgl. OVG. **70**, 193 bei § 24 unter II A.

[2]) Jetzt das GegenseitigkeitsbesteuerungsG. vom 10. VIII. 1925 (RGBl. I 252), abg. durch G. vom 31. III. 1926 (RGBl. I 185) (s. Anhang c).

gemeinnützigen Zwecken erworben waren, und solchen, die erst nach Erlaß der Order zu diesen Zwecken erworben werden möchten; endlich zwischen bebauten und unbebauten Grundstücken. Nach Inhalt der Order haben im Gebiete des Allgemeinen Landrechts und des Gemeinen Rechts diejenigen Grundstücke, welche bereits bei Erlaß der Order erworben waren, ohne Unterschied zwischen bebauten und unbebauten, gemeindeabgabenfrei oder -pflichtig zu bleiben, je nachdem sie damals abgabenfrei oder -pflichtig waren. Von den nach Erlaß der Order zu den angegebenen Zwecken erworbenen und deshalb steuerfrei gewordenen Grundstücken sollen die nicht bebauten mit der Staatssteuerfreiheit auch die Befreiung von den Gemeindeabgaben erhalten, wogegen von den bebauten „die Realverpflichtungen, die vermöge des Kommunalverbandes vor der Erwerbung geleistet worden sind, fernerhin davon geleistet werden".

Nach der Schlußbestimmung des § 24 des Kommunalabgabengesetzes soll auf dem beregten Gebiete einheitliches Recht geschaffen werden. Demgemäß ist auf die Abänderungen, welche für einzelne Landesteile ergangen sind, keine Rücksicht zu nehmen, vielmehr überall lediglich nach den für das Gebiet des Allgemeinen Landrechts und des Gemeinen Rechts gegebenen Vorschriften der Kabinettsorder vom 8. Juni 1834 zu verfahren. Nur muß in den Gemeinden der Provinz Hessen-Nassau, der Provinz Hannover und in den Stadtgemeinden der Provinz Schleswig-Holstein, woselbst die Kabinettsorder bisher nicht in Geltung war, als Normaltag für die vergangenen Fälle nicht der 8. Juni 1834, sondern der Tag des Inkrafttretens des Kommunalabgabengesetzes gelten, und es kann sich ferner nach dem Inkrafttreten des Gesetzes wegen Aufhebung direkter Staatssteuern vom 14. Juli 1893 (GS. S. 119) bei allen Neuerwerbungen nicht mehr darum handeln, ob dem Grundstücke die Befreiung von Staatssteuern zusteht, sondern ob sie ihm nach Maßgabe der bis zum Inkrafttreten dieses Gesetzes in Geltung gewesenen Vorschriften zustehen würde.

Artikel 17.

Formen der Besteuerung (§§ 25, 26).

(Absatz 1 ist wegen Ersetzung der Grund- und Gebäudesteuergesetze durch das GrundvermögensteuerG. vom 14. III. 1923 [s. Anm. 2 zu § 23] veraltet. Aus dem gleichen Grunde ist hier und im folgenden statt „Grund- und Gebäudesteuer" zu lesen: „Grundvermögensteuer".)

Das Gesetz hat den Gemeinden deshalb die Einführung besonderer Steuern vom Grundbesitz gestattet, und es geht, wie schon die äußere Anordnung des Stoffes in den §§ 25 und 26 erkennen läßt, davon aus, daß die kommunale Besteuerung des Grundbesitzes in erster Linie mittels der Einführung besonderer Steuern zu erfolgen habe.

Auf der anderen Seite hat, wie die Entstehungsgeschichte des Gesetzes zeigt, nicht unerwogen bleiben können, daß die Entwickelung sich in der von dem Gesetze geplanten Art nur langsam vollziehen werde, weil die Schwierigkeiten, welche sich den Gemeinden bei der Auswahl und Ausbildung besonderer Steuerformen entgegenstellen, nicht zu unterschätzen sind. Es erklärt sich hieraus, daß von der Einführung besonderer Steuern vom Grundbesitz bisher nur in verhältnismäßig wenigen Gemeinden Gebrauch gemacht worden ist. Das Gesetz hat deshalb außer der Einführung besonderer Steuern vom Grundbesitz die Besteuerung des Grundbesitzes durch Zuschläge zur staatlich veranlagten Grund- und Gebäudesteuer für zulässig erachtet.

Für den einen und den andern Fall sind die erforderlichen Bestimmungen vorgesehen worden.

1. Bei der Einführung einer besonderen Steuer vom Grundbesitz (vgl. Art. 15) kann die Umlegung insbesondere erfolgen nach dem Reinertrage bzw. Nutzungswerte eines oder mehrerer Jahre, nach dem Pacht- bzw. Mietswerte oder dem gemeinen Werte der Grundstücke und Gebäude, nach den in der Gemeinde stattfindenden Abstufungen des Grundbesitzes oder nach einer Verbindung mehrerer dieser Maßstäbe. Hiermit sind nur die für die Besteuerung des Grundbesitzes am nächsten liegenden Maßstäbe bezeichnet, ohne daß die Wahl anderer Maßstäbe ausgeschlossen wäre. Als ein solcher würde beispielsweise der in vielen Gemeinden übliche Maßstab der Umlegung nach Normalmorgen in Betracht kommen können; ferner ein Maßstab, welcher sich aus dem Durchschnitt der Umlegung nach der Fläche und nach dem Reinertrage ergeben würde. Es ist Aufgabe der einzelnen Gemeinden, den für sie geeignetsten, den konkreten Verhältnissen entsprechenden Maßstab auszuwählen. . . . .

Die Einführung einer besonderen Steuer vom Grundbesitz kann nur mittels einer Steuerordnung erfolgen; diese bedarf der Genehmigung (§ 23). Hierbei hat die Aufsichtsbehörde namentlich zu prüfen, ob der gewählte Maßstab der Besteuerung an sich und nach den konkreten Verhältnissen der Gemeinde geeignet und praktisch brauchbar ist.

. . . .

2. Sind besondere Steuern vom Grundbesitz nicht eingeführt, so erfolgt die Besteuerung in Prozenten der vom Staate veranlagten Grund- und Gebäudesteuer.

Die auf Grund der Einlegung von Rechtsmitteln erfolgte Erhöhung oder Ermäßigung der veranlagten Steuer zieht die entsprechende Abänderung der Veranlagung zur Gemeindesteuer kraft des Gesetzes nach sich. Es bedarf also im Falle der Ermäßigung keines Antrags des Steuerpflichtigen; die Gemeinden sind verpflichtet, die Abänderung von Amts wegen herbeizuführen.

3. Die Veranlagung hat sich auf sämtliche Grundstücke und Gebäude zu erstrecken, welche der Gemeindebesteuerung unterliegen.

Wegen der Besteuerung neuer Gebäude sowie wegen der Steuererhöhung infolge von Verbesserungen der Gebäude wird auf § 26 Bezug genommen.

Artikel 18.

Gleichmäßigkeit der Veranlagung (§ 27).

Die Steuern vom Grundbesitz sind — mögen besondere Steuern oder Prozente der vom Staate veranlagten Grund- und Gebäudesteuern erhoben werden — nach gleichen Normen und Sätzen zu verteilen (vgl. Art. 13). Der

Maßstab der Veranlagung muß somit für alle Grundstücke derselbe sein, und unter im übrigen gleichen Voraussetzungen ist von jedem Grundstücke derselbe Steuersatz zu erheben.

Von der Durchführung dieser Grundsätze darf nur in einem Falle abgesehen werden. Das Gesetz gestattet, Liegenschaften, welche durch die Festsetzung von Baufluchtlinien in ihrem Werte erhöht worden sind (Bauplätze), nach Maßgabe dieses höheren Wertes zu einer höheren Steuer als die übrigen Liegenschaften heranzuziehen.

1. Die Ausnahmebestimmung betrifft nur Liegenschaften, d. h. unbebaute Grundstücke oder Grundstücksteile.

2. Sie hat die Festsetzung von Baufluchtlinien, und zwar regelmäßig nach Maßgabe des Gesetzes vom 2. Juli 1875 (GS. S. 561) zur Voraussetzung. Dagegen erstreckt sie sich nicht auf die an den älteren, sog. historischen Straßen belegenen Grundstücke.

3. Es ist nicht unbedingt erforderlich, daß die Straßen oder Straßenteile, für welche die Baufluchtlinien festgesetzt sind, gemäß den baupolizeilichen Bestimmungen des Orts für den öffentlichen Verkehr und den Anbau bereits gestellt sind. Indessen wird die Erhebung einer Bauplatzsteuer nur dann in Betracht zu ziehen sein, wenn eine Abänderung der Baufluchtlinien voraussichtlich nicht weiter zu erwarten steht.

4. Die Bauplatzbesteuerung beschränkt sich nicht auf solche Grundstücke, welche unmittelbar an eine Baufluchtlinie angrenzen; es genügt, daß durch die Festsetzung von Baufluchtlinien eine Werterhöhung stattgefunden hat. Hiernach wird durch sog. Masken und sonstige zwischenliegende Grundstücke die Zulässigkeit der Besteuerung nicht ausgeschlossen.

Sofern die Werterhöhung nicht eine Folge der Festsetzung von Baufluchtlinien, sondern ein Ergebnis anderer Ursachen ist, erscheint die Besteuerung nicht statthaft.

Solange die durch Festsetzung der Fluchtlinien bewirkte Wertsteigerung geringfügig oder überhaupt noch nicht mit Sicherheit zu bemessen ist, wird von der Bauplatzbesteuerung Abstand zu nehmen sein.

Wie die Begründung zu § 22 des Entwurfs des Gesetzes ergibt, ist bei der Bauplatzsteuer an die Besteuerung namentlich solcher Grundstücke gedacht worden, welche in Gemeinden mit rascher und starker baulicher Entwickelung lediglich infolge der Festlegung von Baufluchtlinien eine mitunter sehr erhebliche Wertsteigerung erhalten, den Gegenstand der Spekulation bilden und von einzelnen Privatpersonen oder von Gesellschaften aufgekauft werden, um entweder alsbald vorteilhaft weiterverkauft oder aber in Erwartung einer weiteren Wertsteigerung zunächst zurückbehalten zu werden.

5. Die Bauplatzsteuer soll den Wertzuwachs erfassen, den ein Grundstück durch die Festsetzung von Baufluchtlinien erhalten hat. Nach welchem Maßstabe dies geschieht, hat das Gesetz der Beschlußfassung der Gemeinden offengelassen. Namentlich wird als solcher der höhere Verkaufswert dienen können. Auf welcher Grundlage indessen die Bauplatzsteuer auch bemessen wird, so ist stets festzuhalten, daß die Bauplatzsteuer eine zweite Steuer dar-

stellt, welche von den pflichtigen Grundstücken neben derjenigen Realsteuer erhoben wird, die von diesen Grundstücken, wie von den übrigen Grundstücken in der Gemeinde gemäß den §§ 24—26 zu entrichten ist. Es würde unzulässig sein, als einzige Realsteuer vom Grundbesitze die Bauplatzsteuer zu erheben, dagegen die übrigen Liegenschaften von einer Realsteuer freizulassen.

Artikel 19—30

sind wegen Aufhebung der §§ 28—42 veraltet; wegen der auf die Einkommensteuer bezüglichen Bestimmungen ist das besonders zum Ausdruck gekommen in

Artikel 7 der Ausführungsanweisung vom 9. März 1922:

Zu § 23 Abs. 1 und 2, §§ 32 bis 42, 43 Abs. 1, §§ 44 bis 52, 55, 65, 66, 67, 71 bis 74, 85, 86 Kommunalabgabengesetz.

Die Aufhebung oder Änderung der vorbezeichneten Vorschriften ergibt sich aus den Notwendigkeiten, die durch den Fortfall der Besteuerung des Einkommens durch die Gemeinden infolge des Inkrafttretens des Reichs-Einkommensteuergesetzes bedingt sind.

Artikel 31.

Vereinbarungen (§ 43).

Den Gemeinden sind Vereinbarungen mit Steuerpflichtigen gestattet, wonach von fabrikmäßigen Betrieben und von Bergwerken an Stelle der Gemeindesteuer vom Gewerbebetrieb ein für mehrere Jahre im voraus zu bestimmender fester, d. h. sich im wesentlichen gleichbleibender, jährlicher Steuerbeitrag zu entrichten ist. Die Vereinbarung bedarf der Genehmigung.

Den Gemeinden wird hierdurch die Möglichkeit gewährt, ihren Haushalt vor den Unzuträglichkeiten zu bewahren, welche mit erheblich schwankenden Steuereinnahmen, als Folge der nicht selten erheblich wechselnden Erträge größerer industrieller Unternehmungen, notwendig verbunden sind.

Nicht minder vorteilhaft sind solche Vereinbarungen für die steuerpflichtigen Betriebe, deren Inhaber hierdurch in den Stand gesetzt werden, mit feststehenden Ausgabeposten zu rechnen. Dagegen soll den Steuerpflichtigen ein finanzieller Vorteil nicht erwachsen. Vielmehr sind die Jahresbeiträge nach Möglichkeit so zu bemessen, daß ihr Gesamtbetrag die Summe der Steuern erreicht, welche der Steuerpflichtige nach einer die bisherigen Erfahrungen und sonstige wesentliche Umstände berücksichtigenden Wahrscheinlichkeitsberechnung ohne die Vereinbarung während des von derselben betroffenen Zeitraums zu zahlen haben würde. Vereinbarungen, welche dieser Voraussetzung nicht entsprechen, insbesondere Vereinbarungen für einen Zeitraum, bezüglich dessen eine Wahrscheinlichkeitsberechnung von einer Zuverlässigkeit ausgeschlossen ist, würde die Genehmigung zu versagen sein. . . . .

Artikel 32—38

wegen Aufhebung der §§ 44—53 veraltet (s. o. bei Art. 19—30; Art. 8 der AusfAnw. vom 9. März 1922, welcher den damals noch bestehenden, inzwischen durch die GewerbesteuerV. aufgehobenen § 53 betraf, deshalb ebenfalls veraltet).

4. Verteilung des Steuerbedarfs auf die verschiedenen Steuerarten.

A. Materielles Recht.

Artikel 39[1]).

(§§ 54—58.)

I. Allgemeines.

1. Behufs Feststellung des durch direkte Gemeindesteuern (Realsteuern, [Einkommensteuer]) aufzubringenden Bedarfs sind zunächst von dem aus dem Haushaltsplane der Gemeinde sich ergebenden Gesamtbetrage des Finanzbedarfs die anderweitigen, vor den direkten Steuern zur Bestreitung der Gemeindeausgaben zu verwendenden Einnahmen (Art. 2) in Abzug zu bringen.

Von dem hiernach verbleibenden Betrage sind weiter in Abzug zu bringen das volle Sollaufkommen der etwa bestehenden Bauplatzsteuer [sowie das der Gemeindekasse etwa verbleibende Sollaufkommen an Betriebssteuern (§ 58)].

Der sich hiernach ergebende Rest des Finanzbedarfs bildet den Steuerbedarf, welcher auf die verschiedenen Steuerarten zu verteilen ist.

2. Der Steuerbedarf ist [zunächst auf die Gesamtheit der Realsteuern und auf die Einkommensteuer zu verteilen, der auf die Gesamtheit der Realsteuern entfallende Betrag ist weiter] auf die einzelnen Arten der Realsteuern unterzuverteilen. Das Verhältnis, nach welchem die [Verteilung bzw.] Unterverteilung erfolgt, ist vom Gesetze in Prozenten der vom Staate in der Gemeinde veranlagten Realsteuern [und der Staatseinkommensteuer] bestimmt. Hierbei ist das nach der staatlichen Veranlagung auf die Gemeinde entfallende Sollaufkommen desjenigen Jahres zum Grunde zu legen, für welches die Verteilung zu bewirken ist.

3. Das Aufkommen besonderer Steuern ist je nach ihrer Einrichtung und Beschaffenheit auf denjenigen Teil des Steuerbedarfs zu verrechnen, welcher durch Prozente der entsprechenden vom Staate veranlagten Steuer aufzubringen ist. Mietssteuern von gewerblich benutzten Räumen sollen hierbei auf die Gewerbesteuer verrechnet werden (§ 57).

Hiernach ist auch im Falle der Einführung besonderer Steuern lediglich nach dem Sollaufkommen der entsprechenden vom Staate veranlagten Steuer zu prüfen, ob die Verteilung des Steuerbedarfs den Vorschriften des Gesetzes entspricht. Die nach dem Sollaufkommen der vom Staate veranlagten Steuer bemessene Summe bildet den durch die entsprechende besondere Steuer aufzubringenden Betrag. Welcher Prozentsatz der besonderen Steuer zur Aufbringung dieses Betrages erforderlich ist, bestimmt sich lediglich nach den Einrichtungen der besonderen Steuer.

II. (Verteilung des Steuerbedarfs auf die Realsteuern und die Einkommensteuer) veraltet.

---

[1]) Die in eckige Klammern gesetzten Worte sind infolge der auf die Einkommensteuer bezüglichen Vorschriften des Gesetzes und infolge Beseitigung der Betriebssteuer durch die GewerbesteuerV. veraltet. Statt „Grund- und Gebäudesteuer" muß es jetzt „Grundvermögensteuer" heißen (vgl. Anm. 1 zu § 23).

III. Verteilung des durch Realsteuern aufzubringenden Bedarfs auf die verschiedenen Realsteuern (§ 56).

1. Zur Deckung des durch Realsteuern aufzubringenden Bedarfs sind die vom Staate veranlagten Grund-, Gebäude- und Gewerbesteuern in der Regel mit dem gleichen Prozentsatze heranzuziehen.

2. Genießen jedoch die Grund- (Haus-) Besitzer oder die Gewerbetreibenden von Veranstaltungen der Gemeinde besondere Vorteile oder verursachen sie der Gemeinde besondere Kosten, so ist — sofern die Ausgleichung nicht nach §§ 4, 9, 10 oder 20 erfolgt — der durch die Realsteuern aufzubringende Steuerbedarf auf die Steuern vom Grund- (Haus-) Besitz und Gewerbebetrieb, in Prozenten der veranlagten Realsteuern berechnet, anderweitig entsprechend unterzuverteilen, jedoch dürfen Grund- und Gebäudesteuer höchstens doppelt so stark herangezogen werden wie die Gewerbesteuer und umgekehrt. Eine Ausnahme hiervon kann nur aus besonderen Gründen, und zwar von den zuständigen Ministern zugelassen werden.

3. Die Bestimmungen wegen Verteilung des Steuerbedarfs auf die Grund- und Gebäudesteuer einerseits und die Gewerbesteuer anderseits finden sinnentsprechende Anwendung auf die Heranziehung der Grundsteuer in ihrem Verhältnis zur Gebäudesteuer und umgekehrt.

4. Jede von der Regel abweichende, d. h. ungleichmäßige Heranziehung der Grund- und Gebäudesteuer in ihrem Verhältnis zur Gewerbesteuer oder der Grundsteuer in ihrem Verhältnis zur Gebäudesteuer und umgekehrt bedarf der Genehmigung. Bei Prüfung der entsprechenden Beschlüsse der Gemeinden wird es sich in analoger Anwendung der angegebenen Gesichtspunkte auch in diesem Falle empfehlen, an der von dem Gesetze als Regel bezeichneten Vorschrift so lange festzuhalten, wie eine Abweichung von derselben nicht zweifelsfrei begründet ist.

5. Der aus steuerlicher Vor- oder Mehrbelastung (§ 20) sich ergebende Betrag ist stets auf den Bedarf derjenigen Steuerart anzurechnen, auf welche sich die Vor- oder Mehrbelastung bezieht.

Artikel 9 der Ausführungsanweisung vom 9. März 1922:

Zu § 54.

Mit dem Fortfall einer selbständigen Festsetzung von Zuschlägen zur Einkommensteuer durch die Gemeinden ist die bisherige Anordnung des § 54 gegenstandslos geworden. Deshalb war dieser in seiner früheren Fassung aufzuheben. Es verblieb jedoch die Notwendigkeit, das staatliche Aufsichtsrecht über die Handhabung der Realsteuern in den Gemeinden mit den veränderten wirtschaftlichen und finanziellen Verhältnissen in Einklang zu bringen. In dem Bestreben, einerseits der Selbstverwaltung möglichst freie Hand zu lassen, anderseits aber auch auf die vielfach bedrängte Lage der Pflichtigen Rücksicht zu nehmen, läßt demgemäß Abs. 1 des § 54 zunächst die Zuschläge zu den staatlich veranlagten Realsteuern von der behördlichen Genehmigung insoweit frei, als sie 500 v. H. der letzteren nicht übersteigen. Durch den Abs. 2 werden dagegen die Gemeindebeschlüsse, durch die die Steuersätze für das Hauhaltsjahr auf Grund besonderer Steuerordnungen mit veränderlichen Steuersätzen festgesetzt werden, in allen Fällen der Genehmigung der zuständigen Behörde unterworfen.

Im übrigen ist bei der Erhebung der Realsteuern in den Gemeinden zu beachten, daß die Heranziehung der einzelnen Realsteuerarten nicht außer Verhältnis stehen darf. Der hierbei in Betracht kommende § 56 des Kommunalabgabengesetzes ist vielmehr unverändert bestehengeblieben. Die Berücksichtigung der bei den Pflichtigen obwaltenden Verhältnisse ist in der Gegenwart besonders wichtig. So muß z. B. während der Dauer der Zwangsbewirtschaftung der Wohnungen der schwierigen Lage der Hausbesitzer und ferner bei der Heranziehung zur Grundsteuer überhaupt den Mängeln Rechnung getragen werden, die sich aus der größtenteils veralteten Veranlagung zur staatlichen Grundsteuer ergeben. Damit die Gemeinden hierbei, wie überhaupt bei der Verteilung des erforderlichen Aufkommens, auf die einzelnen Steuerarten möglichst im Einklang mit den berechtigten Interessen der betreffenden Steuerpflichtigen verfahren können, ist es erforderlich, daß sie sich vor Fassung der Umlagebeschlüsse mit der jeweils in Frage kommenden Vertretung derselben in Verbindung setzen. Demgemäß ordnet Abs. 3 des § 54 die rechtzeitige Anhörung dieser Vertretungen in den Fällen des Abs. 1 wie in denen des Abs. 2 verbindlich an. Hierdurch sind gleichzeitig die bisherigen in dieser Richtung ergangenen Anordnungen, insbesondere die Erlasse vom 15. Februar 1921 — VI St. 686 — und vom 15. April 1921 — IV St. 206 —, gegenstandslos geworden.

Im Einzelfall wird es vielleicht auch angezeigt erscheinen, an Stelle etwa nicht vorhandener besonderer Vertretungen der Steuerpflichtigen sonstige örtlich in Frage kommende Wirtschaftskreise vor Fassung der Umlagebeschlüsse anzuhören. Damit die Fühlungnahme mit den anzuhörenden Vertretungen der Steuerpflichtigen aber auch ein den Interessen der Allgemeinheit Rechnung tragendes Ergebnis zeitigen kann, wird es meist zweckdienlich sein, daß diesen etwa erbetene Unterlagen zugänglich gemacht werden, soweit sie für eine unparteiische Beurteilung erforderlich erscheinen.

(Artikel 10 Abs. 1 der Ausführungsanweisung vom 9. März 1922 [zu § 58] wegen Aufhebung der Betriebssteuer [s. Anm. 1] veraltet.)

B. Formelles Recht.

Artikel 40.

Beschlußfassung der Gemeinde (§ 59).

Über die Verteilung des Steuerbedarfs auf die Gesamtheit der Realsteuern sowie über die Verteilung des auf die Gesamtheit der Realsteuern entfallenden Bedarfs auf die einzelnen Arten der Realsteuern hat die Gemeinde tunlichst vor Beginn des Rechnungsjahres, spätestens aber bis zum Ablaufe der drei ersten Monate desselben, Beschluß zu fassen, das erstemal für das Rechnungsjahr 1895/96.

Die Beschlußfassung erstreckt sich auf die für die Gemeinde maßgebende Rechnungsperiode (§ 95); sie kann jedoch, wenn die für die Verteilung des Steuerbedarfs maßgebenden Voraussetzungen erheblichen Schwankungen nicht unterworfen sind, für mehrere Rechnungsperioden oder auch dauernd bis auf anderweitige Bestimmung erfolgen.

(Absatz 3 und 4 veraltet.)

Artikel 10 Abs. 2 der Ausführungsanweisung vom 9. März 1922:

Zu § 59.

§ 59, der im übrigen der durch den Fortfall der Einkommenbesteuerung durch die Gemeinden veränderten Sach- und Rechtslage angepaßt worden ist, trifft insbesondere Vorsorge, daß der Eingang von Einnahmen auch nach Ablauf des Rechnungsjahres gesichert wird, selbst wenn aus irgendwelchen besonderen Gründen noch keine endgültige Festsetzung der Umlagen des neuen Rechnungsjahres erfolgt ist. Alsdann haben nämlich die Pflichtigen bis zur endgültigen Beschlußfassung durch die Gemeinde oder Festsetzung durch die Aufsichtsbehörde die Zuschläge oder Steuersätze des Vorjahres, vorbehaltlich späterer Verrechnung auf die endgültigen Zuschläge des Rechnungsjahres, weiterzuzahlen. Es bedarf kaum der Erwähnung, daß die Gemeinden in erster Linie die rechtzeitige Festsetzung der neuen Umlagen anzustreben haben, damit die Vorschrift des Abs. 2 die Bedeutung eines Notbehelfes behält, von dem die Aufsichtsbehörde zwar Gebrauch machen kann, aber nicht muß, und dessen Verwertung durch eine später genehmigungspflichtige Beschlußfassung der Gemeindekörperschaften ebenfalls noch abgewendet werden kann.

(Abs. 2 veraltet.)

5. Zeitliche Begrenzung der Steuerpflicht.

Artikel 41.

(§ 60.)

1. Soweit die Gemeindesteuern in Prozenten der vom Staate veranlagten Realsteuern [oder in Zuschlägen zur Staatseinkommensteuer] erhoben werden und etwas anderes nicht bestimmt ist, gelten für den Zeitpunkt des Beginns und des Erlöschens der Steuerpflicht die für die entsprechende Staatssteuer bestehenden Vorschriften.

(Ziff. 1 Abs. 2 veraltet.)

2. Soweit der Zeitpunkt des Beginnes und Erlöschens der Steuerpflicht sich hiernach nicht bestimmen läßt, gelangen die Vorschriften im § 60 Abs. 2 zur Anwendung.

6. Veranlagung und Erhebung.

Artikel 42.

Veranlagung (§§ 61—64).

1. Die Veranlagung erfolgt durch den Gemeindevorstand oder auf Grund eines Gemeindebeschlusses durch einen besonderen Steuerausschuß der Gemeinde; für die Beschlußfassung sind in Gemeinden, in welchen der Gemeinde-

vorstand aus einer Mehrheit von Personen gebildet ist, der Gemeindevorstand und die Gemeindevertretung, sonst nur die Gemeindevertretung zuständig.

Wird ein Steuerausschuß nicht gebildet, so gebührt die Veranlagung dem Gemeindevorstande.

Im übrigen sind die Zusammensetzung und die Geschäftsordnung der Steuerausschüsse unter sinngemäßer Anwendung der Vorschriften des § 50 Abs. 3 bis einschließlich § 54 des Einkommensteuergesetzes vom 24. Juni 1891 durch Gemeindebeschluß zu bestimmen.

Die Pflicht zur Übernahme des Amtes als Mitglied des Steuerausschusses sowie die Befugnis zur Niederlegung des Amtes regeln sich nach den entsprechenden Bestimmungen der Gemeindeverfassungsgesetze.

Artikel 11 der Ausführungsanweisung vom 9. März 1922:

Zu § 61.

Die Abänderung des Abs. 2 des § 61 trägt dem Umstande Rechnung, daß die bisherigen für die Zusammenstellung und die Geschäftsordnung der Steuerausschüsse maßgeblichen Vorschriften des früheren preußischen Einkommensteuergesetzes mit diesem in Fortfall gekommen sind. Es sind jedoch zurzeit etwa bestehende Steuerausschüsse in der bisherigen Form bis auf weiteres möglichst durch Gemeindebeschlüsse zu bestätigen. Andernfalls wird die Veranlagung von dem Gemeindevorstande in der Regel durchzuführen sein. Diesem bietet der dem § 61 neu hinzugefügte Abs. 3 die Möglichkeit, die Übertragung der Veranlagungsgeschäfte auf eines seiner Organe vorzunehmen. Sofern sich das Bedürfnis zur Bildung besonderer Ausschüsse geltend macht, sind diese unter Berücksichtigung der örtlichen Bedeutung der einzelnen Interessentengruppen zu bilden.

Schließlich kann die Veranlagung nach Abs. 3 auch noch von „bestimmten Beamten" vorgenommen werden, die hierfür eine besondere Eignung besitzen. Hierunter sind nicht nur die Beamten der Gemeindeverwaltung zu verstehen, sondern z. B. auch die Amtmänner und Landbürgermeister. Diese Dienststellen mit der Veranlagung zu betrauen wird sich für die Gemeinden hauptsächlich dann empfehlen, wenn ihnen selbst geeignetes Personal für die Durchführung der Veranlagungsgeschäfte nicht zur Verfügung steht. Sie werden jedoch nur mit ihrem Einverständnis zur Übernahme der gemeindlichen Veranlagungsgeschäfte herangezogen werden können.

2. Durch die Steuerordnung kann der Gemeindevorstand (Steuerausschuß) ermächtigt werden, von dem Steuerpflichtigen über die für die Veranlagung maßgebenden Besteuerungsmerkmale binnen einer angemessenen Frist Auskunft zu erfordern. Die Aufforderung muß in jedem einzelnen Falle durch eine besondere dem Steuerpflichtigen zuzustellende Zuschrift erfolgen. Die Verpflichtung zur Auskunfterteilung erstreckt sich nur auf die Beantwortung von Fragen über bestimmte Tatsachen, nicht auch auf Schätzungen.

Wird die Auskunft verweigert, so kann eine Strafe nach § 82 eintreten, falls eine solche in der Steuerordnung angedroht ist.

Eine unvollständige Auskunft ist zu beanstanden. Die Gründe der Beanstandung sind dem Steuerpflichtigen vor der Veranlagung mit dem Anheimstellen schriftlich mitzuteilen, hierüber binnen einer angemessenen Frist eine weitere Erklärung abzugeben. Der Gemeindevorstand (Steuerausschuß) kann auch die gewünschte Auskunft zunächst durch mündliches Benehmen mit dem Steuerpflichtigen zu erlangen suchen. Auf diesem Wege vorzugehen und, je nach dem Erfolge, von einer schriftlichen Mitteilung gänzlich abzusehen wird sich namentlich dann empfehlen, wenn aus persönlichen oder sachlichen Erwägungen zu erwarten steht, daß die mündliche Verhandlung schneller zum Ziele führen werde.

Hinsichtlich der Mitteilung der Besteuerungsmerkmale seitens der zuständigen Staats- oder Gemeindebehörden gelangt § 62 zur Anwendung.

3. Das Gesetz (§ 63 Abs. 1) verweist wegen der Regelung der Rechte des Gemeindevorstandes (Steuerausschusses) und der Obliegenheiten der Steuerpflichtigen auf die Steuerordnungen. Des Erlasses einer Steuerordnung bedarf es nach §§ 18, 23 nur, wenn es sich um die Einführung neuer oder die Veränderung bestehender indirekter Gemeindesteuern oder um die Einführung neuer oder die Veränderung bestehender direkter Gemeindesteuern handelt, welche nicht in Prozenten der vom Staate veranlagten Steuern erhoben werden. Ob die Einrichtung eines Steuerausschusses und die Regelung der Geschäftsordnung desselben nach § 61 auch in Fällen dieser Art angängig ist, bleibt nach dem bestehenden Gemeindeverfassungsgesetze zu beurteilen. Dagegen würde die Versagung der Auskunfterteilung nur durch Steuerordnung mit Strafe bedroht werden können (§ 82).

4. Durch Steuerordnung kann bestimmt werden, daß die Veranlagung besonderer Realsteuern für mehrere aufeinanderfolgende Rechnungsjahre zu erfolgen hat.

Ohne solche Bestimmung geschieht die Veranlagung für je ein Rechnungsjahr.

Artikel 43.

Erhebung (§§ 65—67).

1. Nach § 65 erfolgt im Falle der Erhebung von Prozenten der vom Staate veranlagten Realsteuern die Bekanntmachung der Steuern seitens des Gemeindevorstandes an diejenigen Steuerpflichtigen, bezüglich deren die staatlich veranlagte Steuer die unveränderte Grundlage der Prozente oder Zuschläge bildet, durch eine in ortsüblicher Weise zu bewirkende Veröffentlichung der zu erhebenden Prozentsätze, an die anderen Steuerpflichtigen durch besondere Mitteilung.

Bei Erhebung besonderer Gemeindesteuern geschieht die Bekanntmachung an die steuerpflichtigen Einwohner der Gemeinde mittels Auslegung der Hebeliste, an die übrigen Steuerpflichtigen durch besondere Mitteilung.

Bei Zugängen im Laufe des Jahres bedarf es stets besonderer Mitteilung.

Außerdem kann durch Gemeindebeschluß an Stelle der Bekanntmachung durch Auslegung eine besondere Mitteilung an jeden einzelnen Pflichtigen angeordnet werden.

Hat eine besondere Mitteilung zu erfolgen, so ist die Zustellung dieser Mitteilung innerhalb Preußens durch einen öffentlichen Beamten unter Bescheinigung der Behändigung auszuführen[1]). Die Post kann um die Bewirkung der Zustellung ersucht werden. Für die Zustellung gelten die in den §§ 9 bis 16 der Verordnung vom 7. September 1879 (GS. S. 591) gegebenen Vorschriften mit der Maßgabe, daß an die Stelle der Vollstreckungsbehörde der Gemeindevorstand tritt, welcher die Zustellung anordnet, und daß es nicht der Aufnahme einer förmlichen Zustellungsurkunde bedarf; es genügt eine Bescheinigung des öffentlichen Beamten, welche Ort und Zeit der Zustellung, die Bezeichnung des zugestellten Schriftstückes, die Person, an welche dasselbe übergeben ist, sowie die Unterschrift des Beamten enthalten muß. Diese Bescheinigungen können für eine Mehrzahl von Zustellungen tabellarisch zusammengefaßt werden.

Die Zustellungen außerhalb Preußens sind in der Regel mittels eingeschriebenen Briefes gegen einen zu den Akten zurückgelangenden Empfangschein zu bewirken. — Sind Wohnsitz und Aufenthalt eines Steuerpflichtigen unbekannt, so kann die Zustellung an denselben durch Anheften des zuzustellenden Schriftstücks an der zu Aushängen bestimmten Stelle der veranlagenden Gemeinde erfolgen. Die Zustellung gilt für vollzogen, wenn seit der Anheftung zwei Wochen verstrichen sind.

2. Gemäß § 66 ist die Steuer nach erfolgter Bekanntmachung in den ersten Tagen eines jeden Monats zu entrichten. Der Gemeinde ist überlassen, unter den im § 66 angegebenen Voraussetzungen und innerhalb der daselbst bezeichneten Grenzen die Hebung anderweitig zu regeln. Dem Pflichtigen ist stets die Vorausbezahlung mehrerer Raten bis zum ganzen Jahresbetrage gestattet.

(Ziffer 2 Abs. 2 und Ziff. 3 veraltet.)

1. Diese Bestimmung hat nach PVBl. 29, 1054; 34, 433 nur instruktionelle Bedeutung.

Vierter Titel. **Naturaldienste.**

Artikel 44.

(§ 68.)

Die Steuerpflichtigen können durch Gemeindebeschluß zu Naturaldiensten (Hand- und Spanndiensten) herangezogen werden. Das Gesetz trifft alle Steuerpflichtigen, auch die Forensen, juristischen Personen usw. Spanndienste sind von den Grundbesitzern nach dem Verhältnis der Zugtiere, welche die Bewirtschaftung ihres im Gemeindebezirk belegenen Grundbesitzes erfordert, Handdienste sind von sämtlichen Steuerpflichtigen gleichheitlich zu leisten. Ist der Grundbesitz verpachtet, so hat der Gemeinde gegenüber der Verpächter, unbeschadet der zwischen ihm und dem Pächter getroffenen Vereinbarung, für die Leistung der Spanndienste einzustehen. Die Zahl der Zugtiere, welche die Bewirtschaftung des Grundbesitzes im Gemeindebezirke erfordert, wird in zahlreichen Fällen mit der Zahl der Zugtiere zusammenfallen, welche der Steuerpflichtige tatsächlich hält; ist dies nicht der Fall, weil der Steuerpflichtige beispielsweise auch außerhalb des Gemeindebezirks einen Grundbesitz bewirtschaftet oder ein anderweitiges Gewerbe betreibt, für welches gleichfalls Zugtiere gehalten werden, so muß die für die Bewirtschaftung des Grundbesitzes innerhalb des Gemeindebezirks erforderliche Zahl der Zugtiere besonders ermittelt werden.

Handdienste, zu welchen alle Dienste gerechnet werden, die nicht mit Zugtieren zu leisten sind, insbesondere also auch Botendienste, sind von sämtlichen Steuerpflichtigen gleichheitlich, d. h. in gleichem Maße, zu leisten.

Abweichungen von diesen Bestimmungen sowie von den im Gesetze über das gegenseitige Verhältnis von Spann- und Handdienst gegebenen Anordnungen sind unter Vorbehalt der Genehmigung der Aufsichtsbehörde gestattet. Es ist hierdurch den Gemeinden unter anderem die Möglichkeit eröffnet, solche Steuerpflichtige, welche keinen oder nur unerheblichen Grundbesitz in der Gemeinde haben, dagegen für ihren sonstigen gewerblichen Betrieb zahlreiche Zugtiere halten, in einem Verhältnisse zu den Spanndiensten heranzuziehen, welches ihrer Mitbenutzung der Straßen und Wege in der Gemeinde entspricht.

Wegen der Ableistung der Dienste durch Stellvertreter und wegen der Befreiungen wird auf die Bestimmungen des Gesetzes Bezug genommen.

2. Der Gemeindebeschluß, durch welchen die Leistung der Hand- und Spanndienste geregelt wird, hat die Bedeutung einer statutarischen Anordnung, deren Genehmigung sich nach den entsprechenden gemeindeverfassungsrechtlichen Vorschriften richtet.

3. Die Gemeinde kann gestatten, daß an Stelle des Naturaldienstes ein angemessener Geldbeitrag geleistet wird.

Beschließt die Gemeinde dagegen, daß die Dienste allgemein nicht in Natur, sondern in Geld zu leisten sind, so handelt es sich überhaupt nicht um Naturaldienste im Sinne des § 68, sondern um die Einforderung direkter Steuern, für welche die entsprechenden anderweitigen Bestimmungen des Kommunalabgabengesetzes maßgebend sind.

4. Ordnungen, welche bis zum Inkrafttreten des Kommunalabgabengesetzes in Geltung gewesen sind, bleiben — auch wenn sie den Vorschriften im § 68 nicht entsprechen — bis zur Abänderung durch gültigen Gemeindebeschluß oder Anordnung der Aufsichtsbehörde bestehen (§ 96).

Fünfter Titel. **Rechtsmittel.**

Artikel 45.

(§§ 69—76.)

1. Nach § 69 steht dem Abgabepflichtigen gegen die Heranziehung zu Gebühren, Beiträgen, Steuern und Naturaldiensten der Einspruch zu, welcher binnen einer Frist von vier Wochen bei dem Gemeindevorstande einzulegen ist. Unter den Beiträgen sind die nach § 15 des Gesetzes vom 2. Juli 1875 (GS. S. 561) zu leistenden Anliegerbeiträge einbegriffen.

Das Rechtsmittel des Einspruchs faßt die Beschwerde im Sinne des § 37 der Landgemeindeordnung für die östlichen Provinzen vom 3. Juli 1891 (GS. S. 233) in sich.

Der Lauf der Frist beginnt:

a) soweit die Bekanntmachung durch Auslegung der Hebelisten erfolgt ist, mit dem ersten Tage nach Ablauf der Auslegungsfrist;
b) soweit eine besondere Mitteilung vorgeschrieben ist, mit dem ersten Tage nach erfolgter Mitteilung;
c) in allen übrigen Fällen mit dem ersten Tage nach der Aufforderung zur Zahlung bzw. Leistung.

Zu den Fällen unter c gehören diejenigen, in welchen Gebühren und Beiträge erfordert, Naturaldienste in Anspruch genommen werden oder die Bekanntmachung der Steuern durch eine in ortsüblicher Weise bewirkte Veröffentlichung der zu erhebenden Prozentsätze erfolgt ist (§ 65).

Durch Einspruch und Klage wird die Verpflichtung zur Zahlung oder Leistung nicht aufgeschoben (§ 75).

2. Laut § 70 beschließt über den Einspruch der Gemeindevorstand; auch in denjenigen Fällen, in denen die Veranlagung durch den Steuerausschuß (§ 61) erfolgt war.

Der Beschluß ist schriftlich abzufassen. Gegen den Beschluß steht dem Pflichtigen binnen einer mit dem ersten Tage nach erfolgter Zustellung beginnenden Frist von zwei Wochen die Klage im Verwaltungsstreitverfahren offen. Über die Art, wie die Zustellung zu bewirken ist, wird auf Art. 43 Bezug genommen. Im übrigen entsprechen die Vorschriften des § 70 dem bisherigen Rechte.

(Ziff. 3 und 4 veraltet.)

Ausführungsanweisung vom 9. März 1922:

Artikel 12.

Zu § 69 Abs. 1.

Die Abänderung des § 69 Abs. 1 bedeutet zunächst eine Erleichterung für die Pflichtigen, indem diese etwaige Einsprüche nunmehr außer bei dem Gemeindevorstande auch bei einer Stelle, die gemäß § 61 die Veranlagung vorgenommen hat, anbringen können. Zugleich schaltet sie im Hinblick auf ein dem Einspruch etwa folgendes Verwaltungsstreitverfahren alle Bedenken wegen mangelnder Passivlegitimation aus, da sie die Abweisung eines Einspruches lediglich dem Gemeindevorstande vorbehält, der also im folgenden Streitverfahren allein als Beklagter erscheinen kann.

Artikel 13.

Zu § 70a.

Die Ungültigkeitserklärung einer Abgabenordnung durch die Verwaltungsgerichte hat häufig die unerwünschte Folge, daß der hebeberechtigte Verband — oft gerade von den Leistungsfähigsten — aus der Abgabe auf Monate keine Einnahme erzielen kann. Dieser unter den gegenwärtigen Verhältnissen unerträgliche Übelstand hat durch den in das Gesetz neu eingefügten § 70a seine Abhilfe gefunden, indem den Gemeinden die Möglichkeit eröffnet worden ist, einer neuen Ordnung, die die gleiche oder eine gleichartige Abgabe regelt, bis zum Zeitpunkte des Inkrafttretens der für ungültig erklärten Ordnung rückwirkende Kraft beizulegen. Letztere darf jedoch nicht auf die Steuerfälle ausgedehnt werden, die durch endgültige Heranziehung nach der für ungültig erklärten Steuerordnung erledigt sind. Auch erstreckt sie sich nur auf die Bestimmungen der neuen Ordnung, durch welche die Abgabepflichtigen nicht ungünstiger gestellt werden, als es nach der für ungültig erklärten Steuerordnung beabsichtigt war.

(Abs. 2 enthielt Übergangsbestimmungen.)

Sechster Titel. **Aufsicht.**

Artikel 46.

Genehmigungen (§ 77).

I. Für die Erteilung der in dem Gesetze vorbehaltenen Genehmigungen ist nach den daselbst vorgesehenen Maßgaben bei Stadtgemeinden der Bezirksausschuß, bei Landgemeinden der Kreisausschuß zuständig. Bezüglich der Stadt Berlin bewendet es bei den Bestimmungen der §§ 41 ff. des Gesetzes über die allgemeine Landesverwaltung vom 30. Juli 1883 (GS. S. 195).

II. 1. Die Genehmigung von Gemeindebeschlüssen, durch welche

a) besondere direkte oder indirekte Gemeindesteuern neu eingeführt oder in ihren Grundsätzen verändert,

b) Abweichungen von den in § 54 vorgeschriebenen Verteilungsregeln[1]) angeordnet werden,

bedarf der Zustimmung der Minister des Innern und der Finanzen.

Die Notwendigkeit sowohl der Genehmigung als auch der Zustimmung fällt in den Fällen unter b und c fort, wenn die Gemeinde einen Beschluß über die Verteilung des Steuerbedarfs nach § 59 nicht gefaßt und infolgedessen behufs Deckung des Steuerbedarfs die Realsteuern mit einem um die Hälfte höheren Prozentsatze als die Einkommensteuer unter sich nach gleichen Prozentsätzen herangezogen werden.

2. Die Genehmigung muß der Zustimmung vorhergehen. Die Gemeindebeschlüsse sind deshalb auch dann, wenn sie der Zustimmung der Minister des Innern und der Finanzen bedürfen, in den unteren Instanzen seitens der zuständigen Aufsichtsbehörde einer sachlichen Prüfung zu unterziehen. Wird die Genehmigung versagt, so kann die Zustimmung der Minister — abgesehen von dem Falle einer nach Absatz 2 des § 77 aus Gründen des öffentlichen Interesses eingelegten weiteren Beschwerde — überhaupt nicht in Frage kommen. Das Erfordernis dieser sachlichen Prüfung bringt es mit sich, daß Abweichungen von den im § 54 vorgeschriebenen Verteilungsregeln nicht schon um ihrer selbst willen, d. h. lediglich deshalb, weil es sich um Abweichungen von der Regel bzw. um Überschreitung der bezeichneten Belastungsgrenze handelt, die Genehmigung versagt werden darf.

3. Die Zeitdauer, für welche die Genehmigung zu erteilen ist, bestimmt sich zunächst durch den Inhalt und die Bedeutung des Beschlusses, welcher der Genehmigung bedarf. Ausnahmsweise wird die Genehmigung auch für mehrere Rechnungsperioden erfolgen können, wenn anzunehmen ist, daß die maßgebenden Verhältnisse für längere Zeit gleichmäßig fortdauern werden. Die Genehmigung eines Beschlusses wegen Einführung einer besonderen direkten oder indirekten Steuer kann je nach den Umständen ohne Zeit-

beschränkung erfolgen oder auf eine von vornherein zu bestimmende Frist von einem oder mehreren Jahren beschränkt werden (§ 77 Abs. 4).

Eine entsprechende zeitliche Beschränkung muß namentlich eintreten, solange es an sicheren Erfahrungen für die Beurteilung der Zweckmäßigkeit des Beschlusses fehlt.

Die Erteilung einer Genehmigung auf Widerruf ist ausgeschlossen.

1. Durch das VereinfachungsGes. ist für dessen Geltungsdauer diese Vorschrift in § 77 Abs. 3 zu b aufgehoben.

Artikel 14 der Ausführungsanweisung vom 9. März 1922:

Zu § 77 Abs. 5.

Durch den dem § 77 neu hinzugefügten Abs. 5 soll verhindert werden, daß durch das den Landesfinanzämtern neben der Genehmigung und Zustimmung der Landesbehörden eingeräumte Einspruchsrecht gemäß § 5 des Landessteuergesetzes unerwünschte Verzögerungen herbeigeführt werden. Besonderheiten können indes die Genehmigungs- und Zustimmungsbehörden Rechnung tragen. Alsdann wird in die Genehmigungsklausel ein entsprechender Vermerk aufzunehmen sein. Im übrigen bedarf es eines neuen Gemeindebeschlusses auch bei nur auf Zeit genehmigten Steuerordnungen dann nicht, wenn bei der Zustimmung für die Befristung der Vorbehalt ausgesprochen ist, einem vor Ablauf der Frist gestellten Antrage auf Verlängerung oder Aufhebung der Frist würde voraussichtlich stattgegeben werden, und ihm auch tatsächlich stattgegeben worden ist. (Vgl. Runderlaß vom 26. Juni 1907 — M. d. J. IV b 1167, FinMin. II 6672 — unter Nr. V, abgedruckt im MinBl. für die innere Verwaltung S. 236.)

Artikel 47.

Anordnungen (§ 78).

1. Bestehen bei dem Inkrafttreten des Gesetzes in einzelnen Gemeinden Ordnungen (Regulative, Statuten, Beschlüsse, Observanzen usw.) über die Aufbringung von Gebühren, Beiträgen, indirekten, direkten Steuern oder Diensten, welche den Vorschriften des Gesetzes zuwiderlaufen, so ist die Aufsichtsbehörde befugt, deren Abänderung oder Ergänzung unter Angabe der Gründe anzuordnen.

2. Jedenfalls bleiben die zu Nr. 1 bezeichneten Ordnungen mit den sich aus § 96 Abs. 4 ergebenden Einschränkungen bis zur Aufhebung durch rechtsgültigen Gemeindebeschluß oder Anordnung der Aufsichtsbehörde in Kraft.

Hiermit ist den Gemeinden einerseits die Rechtssicherheit gewährleistet, anderseits — soweit die Aufsichtsbehörde von ihrer Befugnis (Nr. 1) keinen Gebrauch macht — eine sich über den 1. April 1895 hinaus erstreckende Frist gegeben, um die Übereinstimmung mit dem Gesetze herzustellen (vgl. Art. 62).

(Ziff. 3 veraltet.)

4. Die Befugnis (Nr. 1) erstreckt sich nur auf die Vorschriften des Gesetzes, nicht auch auf Besteuerungsgrundsätze, die sich etwa aus der einen oder anderen Bestimmung durch Folgerungen ergeben.

Sie bezieht sich aber auch auf künftige Gemeindebeschlüsse, welche den Vorschriften des Gesetzes zuwiderlaufen, sowie unter bestimmten, im Gesetze näher bezeichneten Voraussetzungen auf solche Ordnungen, durch welche die Besteuerung nach Abstufungen des Grundbesitzes geregelt ist. Als Gemeindebeschlüsse können hierbei nur solche in Betracht kommen, für welche eine Genehmigung nicht erforderlich ist. Hinsichtlich der übrigen dient die Versagung der Genehmigung dazu, um zu verhindern, daß die Aufbringung von Gebühren usw. in Widerspruch mit den Vorschriften des Gesetzes erfolge.

5. Die Einführung neuer und die Erhöhung bestehender indirekter Steuern darf nicht angeordnet werden. Im übrigen muß grundsätzlich daran festgehalten werden, daß die Befugnis (Nr. 1) sich lediglich auf die Herstellung eines den Vorschriften des Gesetzes entsprechenden Zustandes erstreckt. Dagegen darf die Zulassung des Einschreitens aus einem im Gesetze bestimmten Anlasse nicht dazu führen, auf Gebiete hinüberzugreifen, die, wenn auch nach der Auffassung der Aufsichtsbehörde einer anderweitigen Regelung bedürftig, doch der Beschlußfassung der Gemeinde überlassen sind.

6. Gegen die Anordnung findet innerhalb vier Wochen nach Ablauf der gestellten Frist die Klage im Verwaltungsstreitverfahren statt, für Landgemeinden bei dem Bezirksausschusse, für Stadtgemeinden bei dem Oberverwaltungsgerichte. Es bedarf somit in allen Fällen der Bestimmung einer Frist, innerhalb deren die Gemeinden der Anordnung zu entsprechen haben; auch dann, wenn nach den vorhergegangenen Verhandlungen angenommen werden darf, daß die Gemeinde der Anordnung nicht entsprechen werde. Die Frist ist stets so geräumig zu bemessen, daß der Anordnung innerhalb derselben entsprochen werden *kann*.

7. Wird die Klage innerhalb der gestellten Frist nicht erhoben, so ist die Aufsichtsbehörde befugt, die in Ansehung der Aufbringung der Gebühren usw. erforderliche Ordnung auf Grundlage der erlassenen Verfügung selbst festzustellen. Das gleiche gilt für den Fall der rechtskräftigen Abweisung der Klage. Damit jedem Zweifel darüber vorgebeugt werde, ob die getroffene Ordnung und die erlassene Verfügung sich inhaltlich decken, ist die Verfügung tunlichst so vollständig zu erlassen, daß es demnächst nur ihrer äußeren Umwandlung in die Form der Ordnung bedarf.

8. Wird die Klage endgültig für begründet erkannt, so tritt die Anordnung außer Kraft, ohne daß es zu diesem Behufe eines Erlasses der Aufsichtsbehörde bedarf. Ob es sich in diesem Falle empfiehlt, unter Beachtung der aus der Entscheidung des Oberverwaltungsgerichts zu entnehmenden Rechtsgrundsätze eine neue Anordnung zu treffen, hängt von den Umständen ab.

9. Sofern das öffentliche Interesse es erheischt, beschließt im Falle der Erhebung der Klage über die vorläufige Ordnung des Steuerwesens bis zur rechtskräftigen Entscheidung für Landgemeinden der Kreisausschuß, für Stadtgemeinden der Bezirksausschuß.

Siebenter Titel. **Strafen.**

Artikel 48.

Abgabe einer unrichtigen oder unvollständigen Auskunft (§§ 79, 80 Abs. 1—3).

Wer gelegentlich der Veranlagung von Gemeindesteuern in der Absicht der Steuerhinterziehung an zuständiger Stelle auf die an ihn gerichteten

Fragen oder bei der Begründung eines Einspruchs unrichtige oder unvollständige Angaben macht, wird mit dem vier- bis zehnfachen Betrage der stattgehabten oder beabsichtigten Verkürzung, mindestens aber mit einer Geldstrafe von 100 Mark bestraft[1]).

Ist eine unrichtige oder unvollständige Angabe, welche geeignet ist, eine Verkürzung der Steuer herbeizuführen, zwar wissentlich, aber nicht in der Absicht der Steuerhinterziehung erfolgt, so tritt Geldstrafe von 3 bis 100 Mark ein[1]).

Straffrei bleibt, wer seine unrichtige oder unvollständige Angabe, bevor Anzeige erfolgt oder eine Untersuchung eingeleitet ist, an zuständiger Stelle berichtigt oder ergänzt und die vorenthaltene Steuer in der ihm gesetzten Frist entrichtet.

Die Untersuchung gilt als eingeleitet, sobald die Ermittlungen darüber begonnen haben, ob die gemachten Angaben richtig und vollständig sind.

Ist ein Fall der Strafbarkeit eingetreten, so ist der Gemeindevorstand befugt, die Geldstrafe vorläufig festzusetzen und den Beschuldigten zur Einzahlung des Strafbetrages nebst den durch das Verfahren entstandenen Kosten an die Gemeindekasse binnen einer ihm bekanntgemachten Frist aufzufordern. Die vorläufige Festsetzung ist ausgeschlossen, wenn der Beschuldigte

a) in Preußen keinen Wohnsitz oder
b) auf die vorläufige Festsetzung der Geldstrafe verzichtet hat. In beiden Fällen, ferner wenn
c) der Beschuldigte die Strafe nebst Kosten innerhalb der gestellten Frist an die Gemeindekasse freiwillig nicht zahlt oder
d) der Gemeindevorstand von der vorläufigen Festsetzung der Geldstrafe Abstand zu nehmen erklärt,

sind die Verhandlungen von dem Gemeindevorstande oder an die Staatsanwaltschaft des zuständigen Gerichts zur Untersuchung und Entscheidung abzugeben.

Die Beitreibung der vorläufig festgesetzten Strafe im Verwaltungszwangsverfahren ist unstatthaft.

Die sachliche Zuständigkeit des Gerichts bestimmt sich nach §§ 22 ff. des GerichtsverfassungsG. vom 22. März 1924 (RGBl. I 299); der Gerichtsstand ist begründet nach §§ 7 ff. der Strafprozeßordnung vom 22. März 1924 (RGBl. I 322[2, 3]).

1. Hinsichtlich des Strafmaßes s. Art. I, III und VIII der V. über Geldstrafen und Bußen vom 6. II. 1924 (RGBl. I 44).
2. Es sind die jetzt maßgebenden Vorschriften der neuen Gesetze eingerückt.
3. Wegen des Begnadigungsrechtes s. MinErl. vom 19. IX. 1929 (MBliV. 824) zu I.

Artikel 49.

Verletzung der Amtsverschwiegenheit (§§ 80, 81 Abs. 1 und 4).

Der Gemeindevorstand bzw. bei einer Zusammensetzung des Gemeindevorstandes aus einer Mehrheit von Personen die Mitglieder desselben, ferner die Mitglieder der Steuerausschüsse und die bei der Veranlagung beteiligten Gemeindebeamten werden mit Geldstrafe bis 1500 Mark oder mit Gefängnis bis zu 3 Monaten bestraft, wenn sie die aus amtlichem Anlaß zu ihrer Kenntnis gelangten Erwerbs-, Vermögens- oder Einkommensverhältnisse eines Steuerpflichtigen unbefugt offenbaren.

Die Verfolgung findet nur auf Antrag des Gemeindevorstandes oder des Steuerpflichtigen bzw. dessen Vertreters statt. Der Antrag ist von dem Gemeindevorstande — falls die Angelegenheit überhaupt zu einer gerichtlichen Verfolgung geeignet erscheint — binnen drei Monaten zu stellen, nachdem er Kenntnis von der Handlung und von der Person des Täters erhalten hat (§§ 61—64 des Strafgesetzbuchs für das Deutsche Reich), und zwar bei der Staatsanwaltschaft des Landgerichts, bei dem der Gerichtsstand begründet ist (§§ 7 ff. der Strafprozeßordnung). Ist das Vergehen von dem Gemeindevorstande oder von Mitgliedern des Gemeindevorstandes begangen, so ist auch die Aufsichtsbehörde — in Landgemeinden der Landrat als Vorsitzender des Kreisausschusses, in Stadtgemeinden der Regierungspräsident — zur Stellung des Antrages berechtigt. Im allgemeinen muß Wert darauf gelegt werden, daß dem Steuerpflichtigen, welcher zur Erteilung von Auskunft über seine Erwerbs-, Einkommens- und Vermögensverhältnisse angehalten wird, der erforderliche Schutz gegen eine unbefugte Offenbarung der erteilten Auskunft nicht versagt bleibt. Es wird daher besonderer Gründe bedürfen, um im gegebenen Falle von der Stellung eines entsprechenden Antrages absehen zu können.

Artikel 50.

Zuwiderhandlungen gegen die Vorschriften in Steuerordnungen (§ 82).

In den Steuerordnungen können Strafen gegen Zuwiderhandlungen bis zur Höhe von 30 Mark angedroht werden[1]).

Die Strafen sind durch den Gemeindevorstand mittels Strafbescheides festzusetzen und nach eingetretener Rechtskraft im Verwaltungszwangsverfahren beizutreiben.

Der Strafbescheid muß die strafbare Handlung, das angewendete Strafgesetz (die Steuerordnung) und die Beweismittel bezeichnen, auch die Eröffnung enthalten, daß der Beschuldigte, sofern er nicht eine nach den Gesetzen zugelassene Beschwerde an die höhere Verwaltungsbehörde ergreift, binnen einer Woche nach der Bekanntmachung bei der Verwaltungsbehörde, welche denselben erlassen, oder bei derjenigen, welche ihn bekanntgemacht hat, auf gerichtliche Entscheidung antragen könne. Die Beschwerde richtet sich in Stadtgemeinden nach den Vorschriften im § 7 des Zuständigkeitsgesetzes vom 1. August 1883, in Landgemeinden nach den Vorschriften im § 24 des erwähnten Zuständigkeitsgesetzes beziehungsweise im § 139 der Landgemeindeordnung für die östlichen Provinzen vom 3. Juli 1891 und im § 139 der Landgemeindeordnung für die Provinz Schleswig-Holstein vom 4. Juli 1892.

Wird auf gerichtliche Entscheidung angetragen, so sind die Akten — falls der Strafbescheid bei nochmaliger Erwägung der Angelegenheit nicht zurückgezogen wird — an die zuständige Staatsanwaltschaft zu übersenden. (Vgl. §§ 459 und 460 der Strafprozeßordnung vom 1. Februar 1877.)

1. Wegen der sich nach Art. I, III und VIII der V. über Vermögensstrafen und Bußen vom 6. II. 1924 (RGBl. I 44) ergebenden Strafgrenzen von 1—150 *RM* s.

MinErl. vom 20. VI. 1924 (MBliV. 675), wegen des Begnadigungsrechts Erlaß des Staatsministeriums vom 8. VIII. 1929 und AusfErl. vom 19. IX. 1929 (MBliV. 824, 825).

Artikel 15 der Ausführungsanweisung vom 9. März 1922:

Zu §§ 78, 80 und 82.

Unter die „Abgabeordnungen" im Gegensatze zu dem früheren Ausdrucke „Steuerordnungen" des § 82 Satz 1 fallen auch Gebühren- und Beitragsordnungen.

Achter Titel. **Verordnungen und Verjährungen.**

A. Nachforderungen.

a) Nachforderungen.

1. Besondere Gemeindesteuern.

Artikel 51.

Steuerhinterziehung (§ 83).

1. Die Festsetzung der Nachsteuer im Falle einer Steuerhinterziehung (§ 79) ist stets durch den Gemeindevorstand zu bewirken, auch dann, wenn im übrigen die regelmäßige Veranlagung durch einen Steuerausschuß (§ 61) erfolgt. Sie geschieht neben und unabhängig von der Strafe, somit auch in denjenigen Fällen, in welchen die Strafverfolgung wegen Verjährung, wegen des Todes des Steuerpflichtigen usw. ausgeschlossen ist. Dagegen muß bei einer im Strafverfahren wegen mangelnder Feststellung des Tatbestandes eines Steuervergehens erfolgten Freisprechung die Nachbesteuerung unterbleiben. Ob in einem solchen Falle eine Nachbesteuerung auf Grund des § 84 eintreten kann, ist nach den besonderen Voraussetzungen dieser Gesetzesbestimmung zu beurteilen (vgl. Art. 52).

2. Die Festsetzung der Nachsteuer geschieht für den ganzen Zeitraum, auf welchen sich die stattgehabte Steuerhinterziehung erstreckt, bis auf den Zeitpunkt der Verjährung (Nr. 3) zurück.

3. Die Verbindlichkeit zur Nachzahlung der Steuer verjährt in 10, jedoch zugunsten der Erben, auf welche sie nur in Höhe des Erbanteils übergeht, in 5 Jahren. Die Verjährung beginnt mit Ablauf des Rechnungsjahres, in welchem die Heranziehung begangen wurde, auch dann, wenn in der Gemeinde an Stelle des Rechnungsjahres eine Rechnungsperiode von zwei oder drei Jahren eingeführt ist (§ 95).

Artikel 52.

Steuerverkürzung ohne Steuerhinterziehung (§ 84).

1. Steuerpflichtige, welche entgegen den Vorschriften des Gesetzes oder der auf Grund desselben erlassenen Steuerordnungen bei der Veranlagung einer direkten Gemeindesteuer gänzlich übergangen oder zwar nicht übergangen, aber aus unzureichendem Grunde steuerfrei geblieben sind, ohne daß eine strafbare Hinterziehung der Steuer stattgefunden hat, sind zur Entrichtung des der Gemeinde entzogenen Betrages verpflichtet.

Gänzliche Übergehung liegt vor, wenn ein Steuerpflichtiger nicht in die Steuerliste aufgenommen und infolgedessen überhaupt nicht zur Veranlagung gelangt ist. Entgegen den Vorschriften des Gesetzes usw. steuerfrei geblieben ist beispielsweise, wer zwar in die Steuerliste aufgenommen, jedoch aus unzutreffendem Grunde steuerfrei veranlagt worden ist.

2. Die Verpflichtung zur Zahlung des entzogenen Betrages erstreckt sich auf die drei Rechnungsjahre zurück, welche dem Rechnungsjahre, in welchem die Verkürzung festgestellt worden ist, vorhergehen; sie geht auf die Erben, jedoch nur bis zur Höhe ihres Erbanteils, über.

3. Die Veranlagung der Nachsteuer erfolgt einheitlich für den ganzen Zeitraum, auf welchen sich die Verpflichtung erstreckt. Zu diesem Behufe ist, wenn die Verkürzung während mehrerer Jahre stattgefunden hat, der Betrag der Verkürzung für jedes Jahr zu ermitteln, so daß die Summe der einzelnen Beträge sich als das Ergebnis der einheitlichen Veranlagung für den ganzen in Betracht zu ziehenden Zeitraum darstellt.

Die Veranlagung ist von dem Gemeindevorstande, jedoch in denjenigen Gemeinden, in welchen ein Steuerausschuß besteht, von diesem zu bewirken.

4. Dem Abgabepflichtigen steht gegen die Veranlagung der Einspruch und gegen den hierauf ergangenen Beschluß des Gemeindevorstandes die Klage im Verwaltungsstreitverfahren offen (§§ 69, 70).

Artikel 53 und 54

veraltet.

b) Indirekte Steuern, Gebühren, Beiträge und Dienste.

Artikel 55.

(§ 87.)

Die Berechtigung der Gemeinden zur Nachforderung anderer Gemeindeabgaben als direkter Gemeindesteuern sowie von Naturaldiensten regelt sich nach den Bestimmungen im § 87. Unter dem Jahre, von dessen Ablauf die Frist von drei Jahren nach Abs. 1 Nr. 2 gerechnet wird, ist das Rechnungsjahr zu verstehen.

B. Verjährung.

Artikel 56.

(§ 88.)

Wegen der Verjährung der zur Hebung gestellten Gemeindeabgaben und Kosten, welche im Rückstande verblieben oder befristet sind, wird auf ihre Vorschriften im § 88 verwiesen; unter dem Ablauf des Jahres ist der Ablauf des Rechnungsjahres zu verstehen.

Neunter Titel. Kosten und Zwangsvollstreckung.

Artikel 57.

Kosten der Veranlagung und Erhebung (§ 89).

Die Kosten der Veranlagung fallen — insoweit sie nicht . . . . . von der Staatskasse getragen werden — der Gemeindekasse zur Last; jedoch sind diejenigen Kosten, welche durch die gelegentlich eines Einspruchs erfolgenden Ermittlungen veranlaßt werden, von dem Abgabepflichtigen zu erstatten, wenn sich seine Angaben in wesentlichen Punkten als unrichtig erweisen. Die Festsetzung hat in der Entscheidung über den Einspruch zu erfolgen und ist mittels der Klage im Verwaltungsstreitverfahren anfechtbar (§ 70).

Die Kosten der Erhebung der Abgaben fallen der Gemeindekasse zur Last. Zu denselben sind jedoch diejenigen Kosten nicht zu rechnen, welche der Pflichtige zum Zwecke der Ablieferung der Abgaben an die Gemeindekasse etwa aufzuwenden hat.

Artikel 58.

Zwangsvollstreckung (§ 90).

Die Vorschrift im § 90, wonach Gebühren, Beiträge, Steuern und Kosten der Beitreibung im Verwaltungszwangsverfahren nach Maßgabe der Verordnung vom 7. September 1879 unterliegen, entspricht dem bisherigen Rechte. Für das Verfahren ist außer der Verordnung noch die dazu erlassene Ausführungsanweisung vom 15. September 1879 zu beachten.

Weiterhin unterliegen jedoch nach § 90 der Beitreibung im Verwaltungszwangsverfahren alle Vergütungen, welche nach einem von der Aufsichtsbehörde — bei Stadtgemeinden von dem Bezirksausschusse, bei Landgemeinden von dem Kreisausschusse — festgestellten Tarife erhoben werden. Das Gesetz geht davon aus, daß es sich bei der Nichtentrichtung dieser an sich lediglich privatrechtlichen Einnahmen der Gemeinden in der überwiegenden Mehrzahl der Fälle lediglich um eine Versäumnis des Schuldners handle und daß die jedesmalige Beschreitung des Rechtsweges in allen derartigen Fällen seitens der Gemeinden mit Weiterungen verknüpft sei, die weder durch das Interesse der Gemeinden noch durch dasjenige des Schuldners begründet sind. Festzuhalten ist indessen bei der Genehmigung, daß der Tarif die Benutzung einer gewerblichen Unternehmung zum Gegenstande haben muß, die auch dem öffentlichen Interesse dient. Beispielsweise kommen in Betracht die Vergütungen für die Benutzung einer Wasserleitung der Gemeinde in denjenigen Fällen, in welchen der Anschluß an die Wasserleitung lediglich von einem Übereinkommen zwischen der Gemeinde und dem Grundbesitzer abhängig ist, ferner Kurtaxen usw.

Ob die Gemeinden in Fällen dieser Art die Feststellung des Tarifs nachsuchen wollen, ist ihrer Beschlußfassung anheimgestellt.

Insoweit die Aufsichtsbehörden zur Genehmigung der Tarife nach dem bisherigen Rechte nicht zuständig gewesen sind, ist ihnen die Zuständigkeit durch das Gesetz verliehen.

Artikel 16 der Ausführungsanweisung vom 9. März 1922:

Zu § 90.

Der dem § 90 hinzugefügte Abs. 3 stellt die Gemeinden insoweit dem Reiche und den Ländern gleich und dient der Vermeidung unnötiger Kosten. Die öffentliche Mahnung wird in Form ortsüblicher Bekanntmachung, sei es durch Veröffentlichung in Tageszeitungen, sei es durch Aushang, zu erfolgen haben.

Artikel 59

veraltet.

Schluß-, Ausführungs- und Übergangsbestimmungen.

Artikel 60.

Berechnung der Fristen (§ 94).

Die in dem Gesetze vorgeschriebenen Fristen sind Ausschlußfristen. Die Handlung, welche innerhalb der Frist nicht vorgenommen ist, kann nach Ablauf der Frist mit rechtlichem Erfolge nicht mehr vorgenommen werden.

Die Fristen beginnen, soweit in dem Gesetze nichts anderes bestimmt ist, mit der Zustellung des Beschlusses oder der sonstigen Anordnung.

Wegen der besonderen Bestimmungen hierüber wird auf die Vorschriften der §§ 69, 86, 87 Bezug genommen.

Der Tag der Zustellung wird nicht mitgerechnet. Im übrigen sind für den Beginn und die Berechnung der Fristen die bürgerlichen Prozeßgesetze (§ 222 ZPO. vom 13. Mai 1924, RGBl. I 437) maßgebend[1]).

1. Es ist die in Betracht kommende Vorschrift der neuen ZPO. eingerückt.

Artikel 61.

Rechnungsjahr (§ 95).

Das Rechnungsjahr für den Gemeindehaushalt beginnt mit dem 1. April und schließt mit dem 31. März.

Der Beschlußfassung der Gemeinden bleibt überlassen, an Stelle des Rechnungsjahres eine Periode von zwei oder drei Rechnungsjahren einzuführen. Unberührt bleiben die Vorschriften der Gemeindeverfassungsgesetze, wonach Gemeinden die Festsetzung eines Voranschlages unter Umständen erlassen werden kann und auch bei der Einführung einer Rechnungsperiode von zwei oder drei Rechnungsjahren über alle Einnahmen und Ausgaben der Gemeinde alljährlich Rechnung zu legen ist (§§ 119, 120 der Landgemeindeordnung vom 3. Juli 1891).

Artikel 62.

Ausführungsbestimmungen (§ 96).

Das Kommunalabgabengesetz tritt gleichzeitig mit dem Gesetze wegen Aufhebung direkter Staatssteuern, somit am 1. April 1895, in Kraft.

1. (Die veralteten Übergangsbestimmungen in Ziff. 1—4 sind fortgelassen.)

2. Die Gemeinden sind verpflichtet, die Ordnungen (Observanzen, Statuten, Regulative, Gemeindebeschlüsse) über die Aufbringung von Gebühren, Beiträgen, indirekten und direkten Steuern und Diensten mit den Vorschriften des Gesetzes in Übereinstimmung zu bringen (§ 96 Abs. 2).

3. Ordnungen der vorbezeichneten Art, welche bis zum 1. April 1895 in Geltung gewesen sind, bleiben indessen, auch wenn sie nicht mit den Vorschriften des Gesetzes in Übereinstimmung gebracht worden sind, bis zur Abänderung durch rechtsgültigen Gemeindebeschluß oder Anordnung der Aufsichtsbehörde in Kraft (§ 96 Abs. 4). Wenn hiermit einem Zustande der Rechtsunsicherheit vorgebeugt und für die zu schaffenden neuen Einrichtungen ein angemessenes Übergangsstadium hergestellt ist, so würde es doch der Absicht des Gesetzes widersprechen, Gemeindeordnungen mit dem Gesetze nicht entsprechen-

dem Inhalte ohne triftige Gründe oder über die Zeit des Bedürfnisses hinaus fortbestehen zu lassen. Gegen Gemeinden, welche in Verkennung der ihnen gesetzlich obliegenden Verpflichtung sich in der Herbeiführung der Übereinstimmung ihrer Ordnungen mit den gesetzlichen Vorschriften säumig erweisen sollten, würde nach dem 1. April 1895 alsbald von den Aufsichtsbehörden mittels Anordnung der entsprechenden Abänderung oder Ergänzung (§ 78) einzuschreiten sein.

4. Soweit am 1. April 1895 in Gemeinden Ordnungen, welche bis zur Abänderung durch rechtsgültigen Gemeindebeschluß oder Anordnung der Aufsichtsbehörde bestehenbleiben, nicht in Geltung sind, müssen überall die entsprechenden Vorschriften des Gesetzes zur Anwendung gebracht werden.

5. Die dem Kommunalabgabengesetze entgegenstehenden gesetzlichen Bestimmungen treten mit dem 1. April 1895 außer Kraft.

Berlin, den 10. Mai 1894.

---

2. Ausführungsanweisung zum Kreis- und Provinzialabgabengesetz vom 29. September 1906 (MBliV. 277 ff.) nebst der Abänderungsanweisung vom 9. März 1922 (MBliV. 285).

(Die aufgehobene Vorschriften betreffenden Bestimmungen sind fortgelassen.)

I. Allgemeine Bemerkungen.

(Ziff. 1—4 betreffen veraltete Einführungsbestimmungen.)

5. Unter „Kreisen" und „Kreisabgaben" werden durchweg „Landkreise" und „Abgaben der Landkreise" verstanden. Nur für diese Art von Kreisen ist die Neuregelung getroffen, weil in den Stadtkreisen nach dem jetzigen und für die Zukunft weiter maßgebenden Rechtszustande die Aufbringung des Steuerbedarfs nach den für die Gemeinden im Kommunalabgabengesetze gegebenen Bestimmungen stattfindet.

6. Unter den „Bezirksverbänden", „Bezirksabgaben" usw. in den Parenthesen der Bestimmungen des zweiten Abschnittes sind die Verbände und Abgaben der Bezirke in der Provinz Hessen-Nassau verstanden. Die besonderen Bestimmungen der §§ 30 und 34 beziehen sich auf die Provinzialsteuern in der genannten Provinz und auf die Amts- und Landeskommunalabgaben in den Hohenzollernschen Landen.

II. Kreisabgaben.

A. Einleitung (§§ 1—3).

1. Die §§ 1—3 des G. entsprechen im allgemeinen den §§ 1—3 KAG. vom 14. Juli 1893 und werden die gleiche Auslegung wie diese zu finden haben. Daß § 1 in Zeile 1 neben den „Ausgaben" nicht noch die „Bedürfnisse" der Kreise — entsprechend dem Wortlaute des § 1 KAG. — erwähnt, hat keine materielle, sondern nur eine redaktionelle Bedeutung. Der Umstand, daß die Kreisabgaben lediglich in Geld, nicht auch, wie in den Gemein-

den, in Naturaldiensten gefordert werden können — die Bestimmungen über Naturalleistungen in §§ 5 Abs. 2, 10 Abs. 1, 24 Abs. 2, 27 sehen nur eine fakultative Leistung von Diensten vor —, bedingte die Streichung der Schlußworte des § 1 Abs. 1 KAG. bei der Herübernahme dieses Absatzes in das Kreis- und Provinzialabgabengesetz. Aus ähnlichen Gründen mußte die Ausnahmevorschrift in dem Schlußsatze des ersten Absatzes des § 2 KAG. bei ihrer Herübernahme in Abs. 1 des § 2 des Kreisabgabengesetzes auf Hundesteuern beschränkt werden.

2. Nach § 1 Abs. 2 bewendet es hinsichtlich der Chausseegelder — einschließlich der Chausseestrafgelder — und anderen Verkehrsabgaben, der Jagdscheinabgaben sowie der Kosten im Verwaltungsstreit- und Beschlußverfahren bei den bestehenden Bestimmungen. In dieser Beziehung sei auf die KabO. vom 29. Februar 1840, Gesetz-Samml. S. 94, KAG. § 5, G. vom 31. Juli 1895, Gesetz-Samml. S. 304, ALVG. vom 30. Juli 1883, Gesetz-Samml. S. 195, §§ 102 ff., 124 ff. verwiesen. Ebensowenig werden die Gesetze über Kleinbahnen und Privatanschlußbahnen vom 28. Juli 1892 (Gesetz-Samml. S. 225) und [betreffend die Vorausleistungen zum Wegebau vom 18. August 1902 (Gesetz-Samml. S. 315) sowie] die Bestimmungen in §§ 10 bzw. 6 der Wegeordnungen für Sachsen vom 11. Juli 1891 (Gesetz-Samml. S. 316) und für Westpreußen vom 27. September 1905 (Gesetz-Samml. S. 357) durch das vorliegende Gesetz berührt. Auch verbleibt es gemäß § 1 Abs. 2 bei denjenigen gesetzlichen Bestimmungen, welche über die Erträge der Wanderlagersteuer (G. vom 27. Februar 1880, Gesetz-Samml. S. 174, § 5), der Warenhaussteuer (G. vom 18. Juli 1900, Gesetz-Samml. S. 294, § 14) und der Betriebssteuer (G. vom 14. Juli 1893, Gesetz-Samml. S. 119, § 13) zugunsten der Kreise Verfügung treffen.

3. Die Bestimmung des ersten Absatzes in § 2 will die Kreise nicht hindern, Steuererträge zur Ansammlung von Fonds für bestimmte Zwecke, insbesondere auch von Betriebsfonds zu verwenden (vgl. AusfAnw. zum KAG. Art. 2 Nr. 4).

B. Gebühren und Beiträge (§§ 4 und 5).

1. Die §§ 4 und 5 sind eine freiere Nachbildung der §§ 4, 7 und 9 KAG. und werden gemäß den zu den letzteren Paragraphen gegebenen Erläuterungen der AusfAnw. vom 10. Mai 1894 (Art. 4, 5, 7) auszulegen sein, soweit nicht der veränderte Text eine Abweichung bedingt. In dieser Beziehung ist zu beachten, daß das Kreisabgabengesetz

a) die Bestimmungen der Abs. 2 bis 6 des § 4 und des Abs. 2 des § 9 KAG. über den Zwang zur Erhebung von Gebühren und Beiträgen sowie über die Gebührenbemessung nicht übernommen und

b) (veraltet).

Wenn es hiernach den Kreisen im allgemeinen, soweit nicht §§ 2 Abs. 1, 3 Abs. 1 eine Abweichung begründen, freisteht, von dem Rechte zur Erhebung von Gebühren oder Beiträgen Gebrauch zu machen oder nicht, so wird sich doch eine solche Einrichtung überall dort empfehlen, wo der Kreis zum Betriebe von Wasserleitungen, Entwässerungen, Gas-, Elektrizitätswerken, Schiffahrtsunternehmungen, Krankenhäusern, Desinfektionsanstalten, Abdeckereien, zur Einrichtung von Fach-, insbesondere landwirtschaftlichen Unterrichtsanstalten übergegangen ist. Auch wird die Einführung von Körgebühren eine geeignete Finanzierung von Kreiskröreinrichtungen ermöglichen. Bei der Bemessung der Gebühren wird neben dem Zwecke der Selbstkostendeckung sozialen Rücksichten Rechnung zu tragen sein; von diesem Gesichtspunkte aus läßt § 4 Abs. 2 die Abstufung der Gebührensätze auch nach Maßgabe der Leistungsfähigkeit und bis zur gänzlichen Freilassung zu. Diese Bestimmung steht zwar nicht im Widerspruche mit § 7 KAG., welcher — nach der Begründung — ganz allgemein eine verschiedene Abstufung der Gebührensätze unter besonderer Hervorhebung der angemessenen Berücksichtigung Unbemittelter zuläßt, wohl aber mit der Rechtsprechung des Oberverwaltungsgerichts im Gebiete des Gemeindeabgabenrechts, welche nur eine Berücksichtigung Unbemittelter gestattet, im übrigen aber eine „gleichmäßige Behandlung aller derer, welche die Gemeindeanstalt benutzen, mit Rücksicht auf den Umfang der Benutzung" bei der Gebührenbemessung verlangt (vgl. Nöll-Freund, Kommunalabgabengesetz, 7. Aufl., § 7 Anm. 4 S. 29). Durch das „Gesetz zur Deklarierung des Kommunalabgabengesetzes vom 14. Juli 1893 (Gesetz-Samml. S. 152)" vom 24. Juli 1906 (Gesetz-Samml. S. 376) wird auch formell die Übereinstimmung des Gemeinde- und Kreisabgabenrechts in diesem Punkte herbeigeführt.

In Fällen, in welchen ein Kreis zur Unterstützung der Baupolizeibehörden in Amtsbezirken oder Gemeinden einen Techniker anstellt, kann er zwar, wie oben zu b bemerkt ist, für die Amtshandlungen desselben Verwaltungsgebühren nicht erheben, indessen bleibt es ihm nach wie vor unbenommen, mit den Amtsbezirken oder Gemeinden Vereinbarungen über die Besoldung des Technikers zu treffen; den Amtsbezirken (Gemeinden) bleibt dann die Erhebung von Verwaltungsgebühren für die baupolizeilichen Genehmigungen gemäß § 6 KAG. vorbehalten.

2. Unter den „Veranstaltungen" des Kreises im Sinne der §§ 4 und 5 sind nicht nur solche Einrichtungen zu verstehen, welche der Kreis ausschließlich aus eigenen Mitteln hergestellt hat und unterhält, sondern auch solche, welche er in Gemeinschaft mit anderen Unternehmern betreibt oder unterhält. Entsprechend seiner Beteiligung wird sich der Umfang seines Gebühren- und Beitragsrechtes zu bestimmen haben.

3. Die dem Gemeindebeitragsrechte fremde Vorschrift des § 5 Abs. 2 ist dem Schlußsatze des § 13 KO. vom 13. Dezember 1872/19. März 1881 nachgebildet. Wie nach dieser Gesetzesbestimmung und nach der Erläuterung, welche sie in den ME. vom 11. August 1875 (MBl. S. 211) und vom 1. November 1879 zu A 4 (MBl. 1880 S. 11) gefunden hat, den Kreisangehörigen mehrzubelastender Kreisteile durch Kreistagsbeschluß zwar nicht vorgeschrieben, wohl aber gestattet werden konnte, die beschlossene Mehrbelastung durch Naturalleistungen nach bestimmten, vom Kreistage festgestellten Grundsätzen aufzubringen, so soll der Kreistag den Beitragspflichtigen die Aufbringung der Beiträge durch Naturalleistungen nach Maßgabe

der von ihm aufzustellenden Grundsätze gestatten können. Als derartige Naturalleistungen werden besonders Überlassungen von Grundstücken oder von Wegebaumaterialien in Betracht kommen.

4. Die Beschlußfassung über die Erhebung von Gebühren und Beiträgen ist dem Kreistage, die Genehmigung der die Beitragserhebung betreffenden Beschlüsse dem Bezirksausschusse (§ 19 Abs. 1 Ziffer 1) vorbehalten. Beschlüsse über die Erhebung von Gebühren bedürfen keiner Genehmigung. Über die Rechtsmittel gegen die Heranziehung zu Gebühren und Beiträgen, über die Nachforderung, Verjährung und Beitreibung dieser Kreisabgaben sowie über die Hilfe der Gemeinden und Gutsbezirke bei ihrer Veranlagung und Erhebung trifft § 16 Bestimmung.

Teil II Artikel I der Ausführungsanweisung vom 9. März 1922:

Zu § 4.

Während die Kreise nach der bisherigen Fassung des § 4 lediglich berechtigt waren, Benutzungsgebühren zu erheben, ist ihnen nunmehr auch die Befugnis eingeräumt worden, Verwaltungsgebühren einzuführen. Denn der Kreistag kann nach der Abänderung des Abs. 1 künftig auch die Erhebung von Vergütungen für die Handlungen der Organe der Kreisverwaltung beschließen. Als Richtschnur hat hierbei die Vorschrift des § 6 Abs. 2 des Kommunalabgabengesetzes zu dienen. Danach sind die Kreise zwar einerseits an die gesetzlichen Voraussetzungen dieser Vorschrift gebunden, anderseits aber auch berechtigt, die in § 6 Abs. 1 a. a. O. gedachten Gebühren zu erheben, da der Abs. 2 des § 6 lediglich eine auf alle Verhältnisse anwendbare Erweiterung der Ermächtigung des Abs. 1 darstellt. Somit sind die Kreise nunmehr hinsichtlich der Befugnis zur Erhebung von Verwaltungsgebühren den Gemeinden, Amtsbezirken, Ämtern und Landbürgermeistereien in jeder Beziehung gleichgestellt. Entsprechend gilt das oben zu § 6 Abs. 2 des Kommunalabgabengesetzes Gesagte auch für die Anwendung des § 4.

C.

1. . . . .

Die Einführung indirekter Steuern erfolgt durch Steuerordnungen, die der Kreistag erläßt; eine Übertragung dieser Zuständigkeit auf den Kreisausschuß würde unzulässig sein. Die Steuerordnungen bedürfen der Genehmigung des Bezirksausschusses und der Zustimmung der Minister (§ 19 Ziffer 2, § 20). Nach feststehender Rechtsprechung des Oberverwaltungsgerichts im Gebiete des Gemeindeabgabenrechts können Steuerordnungen über indirekte Steuern sich nicht rückwirkende Kraft beilegen, vielmehr erst nach erteilter Zustimmung durch die Minister in Kraft treten. Die Steuerordnungen werden im Kreisblatte zu veröffentlichen sein; indessen ist diese Veröffentlichung kein gesetzliches Erfordernis der Gültigkeit der Steuerordnungen. Die Veranlagung der Steuer erfolgt durch den Kreisausschuß. Auf die Rechtsmittel gegen Heranziehung zu indirekten Kreissteuern, auf die Nachforderung, Verjährung und Beitreibung dieser Abgaben sowie auf die Mitwirkung der Gemeinden und Gutsbezirke und endlich auf die Strafen beziehen sich §§ 16 und 17.

2. Als ersten Gegenstand des Rechts der Kreise zur Erhebung indirekter Kreissteuern bezeichnet § 6 (in der alten Fassung) den „Erwerb von Grundstücken und von Rechten, für welche die auf Grundstücke bezüglichen Vorschriften gelten". Die Einführung einer derartigen Steuer, einer sogenannten „Umsatzsteuer", wird sich namentlich in Kreisen mit lebhafter industrieller Entwicklung oder starker Dismembrationstätigkeit, in Vorortskreisen oder dort empfehlen, wo die Wirksamkeit der Kreise auf dem Gebiete des Wegebaues steigende Grundwerte geschaffen hat. Als weitere Voraussetzung für die zweckmäßige Einführung dieser Steuer erscheint das Bedürfnis nach einer Entlastung der Kreisangehörigen von hohen direkten Kreissteuern. Die Veranlagung der Umsatzsteuer kann sowohl nach dem Maßstabe des gemeinen Werts als auch nach demjenigen des Konjunkturgewinns, des Wertzuwachses, erfolgen; auch eine Verbindung beider Maßstäbe erscheint nicht ausgeschlossen. Im Anhange zu dieser Ausführungsanweisung ist eine dem Ministerialerlasse vom 7. Juli 1906 (MBl. 221) entsprechende Mustersteuerordnung für eine nach dem Veranlagungsmaßstabe des gemeinen Wertes zu erhebende Umsatzsteuer beigefügt. Im einzelnen ist zu bemerken:

a) Neben dem Erwerbe von Grundstücken — und zwar bebauten und unbebauten — kann auch der Erwerb von Rechten, für welche die auf Grundstücke bezüglichen Vorschriften gelten, mit der Steuer belegt werden. Unter solchen Rechten sind besonders das Bergwerkseigentum (Art. 37 I AusführungsG. zum BGB. vom 20. September 1899, Gesetz-Samml. S. 177) und das Erbbaurecht (§ 1017 BGB.) zu verstehen.

b) Nur der abgeleitete Erwerb, also z. B. nicht die Verleihung eines Bergwerkseigentums, kann besteuert werden.

(c und d veraltet.)

e) Anderseits würde es keinem Bedenken unterliegen, einzelne Erwerbsfälle, z. B. solche, die auf einer Güterschlächterei beruhen, schärfer als andere zu treffen; nur müßte durch die Formulierung einer solchen Bestimmung Sorge getragen werden, daß unter jene Erwerbsarten nicht auch solche fallen könnten, welche wirtschaftlich berechtigten Zwecken dienen sollen.

3. Als weitere indirekte Steuer kommt nach § 6 (in der alten Fassung) eine solche auf die Erlangung der Erlaubnis zum ständigen Betriebe der Gastwirtschaft, Schankwirtschaft oder des Kleinhandels mit Branntwein oder Spiritus (§ 33 der Reichsgewerbeordnung) in Betracht. Der Gegenstand dieser Steuer deckt sich — abgesehen von dem Momente der Ständigkeit — mit der in § 33 der Reichsgewerbeordnung gegebenen Vorschrift über das Erfordernis einer Konzessionierung (jetzt §§ 1 ff. des Gaststättengesetzes vom 28. April 1930, RGBl. I S. 146). Durch die Hinzufügung der Voraussetzung der „Ständigkeit" nach dem Vorgange der Tarifstelle 22c Abs. 3 des Stempelsteuergesetzes vom 31. Juli 1895 — jetzt Fassung vom 30. Juni 1909 — werden Fälle vorübergehender, d. h. von vornherein auf

eine kurze Dauer bemessener Gewerbebetriebe von der Steuerpflicht ausgeschlossen. [Hierher gehören namentlich die Fälle der im § 61 des GewerbesteuerG. bezeichneten Art.] Im übrigen ergibt sich aus dem Zusammenhange der Steuerquelle des § 6 Ziffer 2 mit den oben angezogenen reichs- und landesgesetzlichen Bestimmungen, daß unter die Gegenstände der Steuerpflicht nur der gewerbsmäßige Betrieb der Gast- und Schankwirtschaft und der Kleinhandel mit Branntwein und Spiritus fällt. Der Kleinhandel mit Bier ohne gleichzeitigen Betrieb der Schankwirtschaft ist, weil nicht konzessionspflichtig, auch kein Gegenstand der Konzessionssteuer des § 6.

Für die Einführung und Bemessung der Steuer wird in erster Linie der Gesichtspunkt maßgebend sein müssen, daß an dem durch die Erlaubniserteilung für den Betriebsunternehmer geschaffenen Vermögensvorteile, wie er namentlich durch die Bestimmungen über die Prüfung eines Bedürfnisses bei neuen Wirtschaftsanlagen und damit über die Fernhaltung der Konkurrenz bedingt wird, das Kreisganze in gewissem Umfange beteiligt wird. Auch wird es angemessen sein, die Steuersätze derart zu differenzieren, daß für die Neubegründung von Wirtschaften eine höhere Abgabe als für die Übernahme und Erweiterung bestehender zu zahlen ist. Die Steuersätze dürfen indessen nicht eine solche Höhe erreichen, daß der Gewerbebetrieb für die in Betracht kommenden Bevölkerungsschichten unmöglich oder daß eine solide Geschäftsführung gefährdet wird. In dieser Beziehung wird mit der Gefahr zu rechnen sein, daß der Wirt im Interesse einer angemessenen Verzinsung des durch eine hohe Konzessionssteuer übermäßig angewachsenen Anlagekapitals leicht zu bedenklichen Anlockungsmitteln getrieben werden kann. Anderseits wird auf diesem Gebiete den segensreichen Bestrebungen auf Einschränkung des Alkoholkonsums dadurch Rechnung zu tragen sein, daß die Erlangung der Erlaubnis zum Ausschank alkoholfreier Getränke und die Begründung und Übernahme von Schankwirtschaften für Rechnung von Kommunalverbänden und gemeinnützigen Gesellschaften vom Kreisausschusse steuerfrei gelassen werden kann.

(Der folgende Absatz ist veraltet.)

Die Konzessionssteuer unterliegt zwar wie jede andere Kreisabgabe der zwangsweisen Beitreibung (§ 16 des G.); indessen findet zur weiteren Sicherung des Steuereinganges der in § 63 Abs. 4 des GewerbesteuerG. für den Fall des Rückstandes bei Betriebssteuern aufgenommene Grundsatz der „Gewerbelegung" mangels gesetzlicher Grundlage keine Anwendung.

4. § 6 Abs. 1 Ziffer 3 übernimmt als dritte Art der indirekten Kreissteuer aus dem bestehenden Rechte — § 93 KAG. — die Hundesteuer mit der Maßgabe, daß der bisherige Höchstsatz von 5 M. in Wegfall kommt. In neu zu erlassenden Steuerordnungen und in Nachträgen zu bestehenden Ordnungen soll als Befreiungsvorschrift eine Bestimmung etwa folgenden Inhalts Aufnahme finden: „Von der Steuer befreit sind die in § 40 Abs. 1 Ziffer 2 und 3 aufgeführten Personen (ausländische Gesandte, Bundesratsbevollmächtigte, ihre Beamten und ihr ausländisches Dienstpersonal sowie sonstige Exterritoriale), wenn in dem fremden Staate die Gegenseitigkeit gewährt wird."

Teil II Artikel 2 der Ausführungsanweisung vom 9. März 1922:
Zu § 6.

Nach der früheren Fassung des § 6 war die Befugnis der Kreise zur Erhebung indirekter Steuern — nachdem ihnen durch § 37 Abs. 2 des Reichgrunderwerbssteuergesetzes auch noch die Möglichkeit der Einführung von Grunderwerbsteuern genommen worden war — auf die Schankerlaubnis- und die Hundesteuer beschränkt. Diese Rechtslage entsprach nicht mehr den gegenwärtigen Verhältnissen, die eine erhebliche Steigerung der Ausgaben der Kreisverwaltungen mit sich gebracht haben. Um den Kreisen weitere Einnahmen zu erschließen, ist ihnen deshalb durch die Neufassung des § 6 die Möglichkeit eröffnet worden, die Einnahmen aus indirekten Steuern wesentlich zu erhöhen. Nunmehr dürfen die Kreise sowohl aus den Erträgnissen der indirekten Steuern der kreisangehörigen Gemeinden einen angemessenen Anteil beanspruchen als auch selbständig in dem durch die allgemein gültigen Gesetze und Verordnungen gezogenen Rahmen indirekte Steuern einführen. Hierbei werden sie freilich nicht lediglich ihre Interessen einseitig in den Vordergrund stellen dürfen, sondern es ist auf die Herbeiführung eines billigen Ausgleichs zwischen den Bedürfnissen der Kreise und der kreisangehörigen Gemeinden und auf die Anpassung der beiderseitigen Steuerordnungen weitgehende Rücksicht zu nehmen. Dabei wird sich das Beteiligungsverhältnis zwischen den Kreisen und den kreisangehörigen Gemeinden nach Lage der örtlichen Verhältnisse verschieden gestalten. Im allgemeinen wird aber darauf zu achten sein, daß insgesamt allzu hohe Sätze vermieden werden und daß — schon um doppelte Verwaltungskosten zu vermeiden — tunlichst nur ein hebeberechtigter Verband tätig wird. Dabei wird sich von selbst das Bedürfnis herausstellen, bestimmte Steuerarten teils den Landkreisen teils den kreisangehörigen Gemeinden zuzuweisen. Sofern jedoch nach örtlichem Bedürfnis eine andere Art der Beteiligung vorgezogen wird, können die zwischen den Selbstverwaltungsverbänden getroffenen Vereinbarungen gewisse Anhaltspunkte bieten. Sie sind u. a. in der „Zeitschrift für Selbstverwaltung", 4. Jahrgang, Heft 3, S. 86, und in der „Kommunalen Rundschau", 14. Jahrgang, Nr. 6 und 7, S. 93, abgedruckt. Im übrigen wird es Sache der Aufsichtsbehörden sein, bei Meinungsverschiedenheiten möglichst auf eine Einigung hinzuwirken, damit sich ein Eingreifen der Beschlußbehörden erübrigt. Sollte jedoch ein Einvernehmen zwischen den beteiligten Verbänden nicht zu erzielen sein, so müssen etwaige Streitigkeiten gemäß § 6 letzter Satz dem Bezirksausschuß zur Entscheidung vorgelegt werden. Hierfür genügt der Antrag eines der Beteiligten.

D. Direkte Kreissteuern (§§ 7 ff.).

1. Die grundlegende Änderung des bestehenden Rechtszustandes im Gebiete der direkten Kreisbesteuerung ist die Ersetzung der Individualveranlagung der Kreisangehörigen durch den Grundsatz der Kontingentierung der Kreissteuern auf Gemeinden und Gutsbezirke. Dieser Grundsatz hat eine

Formulierung in Abs. 1 daselbst gefunden, inhalts dessen zur „Aufbringung der direkten Kreissteuern die einzelnen Gemeinden und Gutsbezirke verpflichtet sind". Bei der Ausführung dieser Vorschrift ist die Oberverteilung der direkten Kreissteuern vom Kreise auf die Gemeinden und Gutsbezirke zu unterscheiden von der Unterverteilung dieser Steuern innerhalb der engeren Verbände. Mit der Oberverteilung befassen sich §§ 7 bis 11, mit der Unterverteilung §§ 12 ff. des G. Wo also in den Gesetzen von der Kreissteuerpflicht einzelner die Rede ist (z. B. §§ 9, 86 Abs. 1 KO. vom 13. Dezember 1872/19. März 1881), wird inskünftig die mittelbare Kreissteuerpflicht derselben zu verstehen sein (vgl. OVG. E. **45**, 6).

Für die Berechnung des die einzelnen Gemeinden und Gutsbezirke treffenden Steuerkontingents sind die folgenden Grundsätze aufgestellt worden:

a) Als Maßstab dient das Prinzipalsteuersoll der ... Realsteuern, welches der Gemeindebesteuerung nach den Vorschriften des KAG. zugrunde zu legen ist ...

b) ... Nunmehr hat das Gesetz auch in den Gutsbezirken, um hier für die Berechnung des Steuerkontingents eine dem Prinzipalsteuersoll der Gemeinde entsprechende Grundlage zu besitzen, eine jährliche Veranlagung der Personen, Grundstücke und Gewerbebetriebe nach denselben Grundsätzen, wie solche für die Gemeindebesteuerung bestehen, neu begründet. Für dieses Einschätzungsgeschäft soll hiernach der Gutsbezirk als Gemeinde angesehen werden; die in ihm für die Zwecke des Gesetzes veranlagten Steuern sollen die rechtliche Natur der Gemeindesteuern erhalten. Ähnlich dem bisherigen Rechtszustande (§§ 10, 11 KO. vom 13. Dezember 1872/19. März 1881) soll dieses Einschätzungsgeschäft gleichzeitig der Berechnung des dem Gutsbezirke aufzuerlegenden Kreissteuerkontingents und der Unterverteilung desselben im Gutsbezirke die Grundlage liefern....

c) ..... Da im System der Kontingentierung das der einzelnen Gemeinde überwiesene Kreissteuerkontingent die rechtliche Natur einer Gemeindeausgabe hat, ist für die Unterverteilung dieses Kontingents in der Gemeinde — im Gegensatze zum Gutsbezirke — nicht das vom Kreistage beschlossene Belastungsverhältnis unter den verschiedenen Steuerarten, sondern das von den Gemeindebehörden gemäß §§ 54 ff. KAG. für die Aufbringung ihres Gemeindesteuerbedarfs überhaupt beschlossene Belastungsverhältnis maßgebend.

T e i l II A r t i k e l 3 der Ausführungsanweisung vom 9. März 1922:

Zu § 7.

Die Notwendigkeit der Abänderung des § 7 ergab sich aus dem mit der Einführung der Reichseinkommensteuer verbundenen Fortfall der preußischen Einkommenbesteuerung und des gemeindlichen Zuschlagsrechtes zur Staatseinkommensteuer. Damit war auch das eine der beiden bisherigen Merkmale für die Oberverteilung der Kreissteuern, nämlich das Soll der staatlich veranlagten Einkommensteuer, wie es in den Gemeinden der Gemeindebesteuerung zugrunde zu legen und in den Gutsbezirken für die Unterverteilung zu veranlagen ist, entfallen. Als alleinigen Maßstab hierfür das Soll der vom Staate veranlagten Realsteuern zu belassen, erschien nicht zweckmäßig, weil damit die Leistungsfähigkeit der einzelnen Gemeinden nicht hinreichend berücksichtigt worden wäre. Deshalb wurde an die Stelle des fortgefallenen Verteilungsmerkmals des Solls der Staatseinkommensteuer die Höhe der den Gemeinden im jeweils vorvergangenen Jahre zugewiesenen Anteile an der Reichseinkommen-, Lohn- und Körperschaftssteuer und für das Rechnungsjahr 1921 insbesondere das Verhältnis der gewährleisteten Mindestbeträge im Sinne des § 56 des Landessteuergesetzes in Verbindung mit § 3 des preußischen Ausführungsgesetzes hierzu eingesetzt. Damit ist, da gleichzeitig das Verteilungsmerkmal des Solls der staatlich veranlagten Realsteuern unverändert beibehalten worden ist, die bisherige Grundlage der Oberverteilung der Kreissteuern unter Berücksichtigung der durch die Einführung der Reichseinkommensteuer veränderten Rechtslage im wesentlichen wiederhergestellt worden. Die für das Rechnungsjahr 1921 vorgesehene Berücksichtigung der den Gemeinden gewährleisteten Mindestbeträge wird übrigens auch noch für die weiteren Rechnungsjahre maßgebend bleiben müssen, in denen diese Gewährleistungssummen die Grundlage für die Zuweisungen aus den Reichssteuern auch fernerhin etwa noch bilden werden.

Die Abänderung des § 7 hat aber gleichzeitig mit der Fiktion gebrochen, als ob die Kreise Zuschläge zu den Realsteuern zu erheben berechtigt seien. Denn der Abs. 1 des § 7 stellt den Grundsatz auf, daß der Geldbedarf der Kreise in erster Linie aus den Überweisungen aus der Reichseinkommen-, Lohn- und Körperschaftssteuer sowie aus den sonstigen Einnahmen der Kreise zu decken ist, derart, daß nur ein etwaiger Fehlbetrag noch im Umlagewege von den Gemeinden und Gutsbezirken erhoben werden darf, wobei das Soll der staatlich veranlagten Realsteuern lediglich als Maßstab für die Umlegung der Hälfte des Fehlbetrages zu benutzen ist. Gleichwohl ist die Bedeutung der Kreisumlagen als direkte Kreissteuern gewahrt geblieben. . . . .

d) . . . .

2. Nach § 8 kann der Kreistag beschließen, die Oberverteilung des auf die Steuer vom Grundbesitze entfallenden Teiles des Kreissteuerbedarfs nicht nach dem Maßstabe der staatlich veranlagten Grund- und Gebäudesteuer, sondern nach dem des Wertes vorzunehmen. Die Art der Aufbringung der hiernach anderweit berechneten Kreissteuerkontingente in den Gemeinden bestimmt sich gemäß § 12 lediglich nach der Gemeindesteuerverfassung, so daß es an sich der Beschlußfassung einer Gemeinde, welche noch keine besondere Steuer vom Grundbesitz eingeführt hat, überlassen bleibt, ob sie entsprechend dem Vorgehen des Kreises bei der Oberverteilung der direkten Kreissteuern auch für die Aufbringung ihres — das Kreissteuerkontingent mitumfassenden — Gemeindesteuerbedarfs eine Grundwertsteuer einführen will oder nicht. Indessen wird es sich zur Verhütung eines die Steuerverfassung der beteiligten Kommunalverbände verwirrenden Dualismus der Veranlagungsart empfehlen, die Einführung einer Grundwertsteuer durch den Kreis eine

solche in den Gemeinden des Kreises folgen zu lassen. Die Aufsichtsbehörden werden in dieser Richtung anläßlich der Beschlußfassungen über die Gemeindebesteuerung ihre Einwirkung zu üben haben. In Gutsbezirken wirkt die Einführung der Grundwertsteuer im Kreise gleichzeitig als Grundlage der Unterverteilung (§ 13 Abs. 1).

In erster Linie wird die Grundwertsteuer in Gegenden mit steigenden Grundwerten, namentlich in Vorortkreisen und industriell sich entwickelnden Kreisen, einen geeigneten Verteilungsmaßstab bieten; aber auch in rein ländlichen Gegenden, z. B. der Provinz Hannover, in welchen die staatliche Grundsteuereinschätzung durch völlig veränderte Kultur- und Wirtschaftsverhältnisse überholt worden ist, wird sich die anderweite Verteilung des auf die Steuer vom Grundbesitz entfallenden Teils des Kreissteuerbedarfs nach dem Maßstabe der Grundstückswerte empfehlen.

Das Gesetz überläßt für den Fall der Einführung einer Grundwertsteuer die nähere Bestimmung des Grundstückswertes als des Maßstabes für die Veranlagung der Grundstücke der Steuerordnung. Im Hinblick auf die großen Schwierigkeiten, welche dem Kreisausschusse bei der Einschätzung aller — bebauten und unbebauten — Grundstücke im Kreise sich bieten müßten, wenn er von allen vorhandenen Steuermaterialien absehen wollte, kann es nicht empfehlenswert erscheinen, als Veranlagungsmaßstab einen dem bisherigen Steuerrechte fremden Wert, etwa einen erst zu definierenden Ertragswert zu wählen. Vielmehr wird es zweckmäßig sein, den der staatlichen Ergänzungssteuer für die Regelfälle zugrunde gelegten Maßstab des „gemeinen Wertes" als Veranlagungsmaßstab zu wählen. . . . .
Sollten in einzelnen Gemeinden des Kreises bereits Grundwertsteuern auf gleicher Grundlage eingeführt sein, so wird die Steuerordnung des Kreistags eine Verwertung der Einschätzungsergebnisse dieser Gemeindesteuern für den Kreis vorsehen können. Bevor ein Kreis zur Einführung einer Grundwertsteuer übergeht, wird es wünschenswert sein, daß er mit anderen Kreisen der Provinz zwecks eines tunlichst gleichmäßigen Vorgehens Fühlung nimmt, damit eine Grundlage für eine etwaige spätere Ausdehnung der gesetzlichen Zulassung einer besonderen kommunalen Grundbesteuerung auf die Provinz geschaffen werde. Auch die Aufsichtsbehörden werden gelegentlich der Beschlußfassungen über die Genehmigung der Steuerordnungen in dieser Richtung einzuwirken in der Lage sein. Als Muster wird unter Berücksichtigung der unter dieser Nummer gemachten Ausführungen das für die Grundwertsteuern in Gemeinden aufgestellte benutzt werden können.

Im einzelnen ist zu bemerken:

a) Hinsichtlich der Befreiung von Grundstücken von der Grundwertsteuer gelten die Bestimmungen des § 24 KAG.

b) . . . .

c) Die Bewertung von Grundstücken, welche dauernd land- oder forstwirtschaftlichen Zwecken zu dienen bestimmt sind, soll nach § 8 *in der Regel* auf der Grundlage des Reinertrages erfolgen, den die Grundstücke nach ihrer bisherigen wirtschaftlichen Bestimmung bei ordnungsmäßiger Bewirtschaftung nachhaltig gewähren. Inwiefern die Verhältnisse des einzelnen

Kreises eine Ausnahme von dieser Regel rechtfertigen, haben die Kreistage bei Erlaß der Steuerordnung und die Aufsichtsbehörden bei deren Genehmigung zu prüfen. Ausnahmefälle von der Regel werden jedenfalls in Vorortkreisen, in einem Teile der hannoverschen Kreise und in den Kreisen der Flußniederungen (Elbe, Oder usw.) anerkannt werden dürfen, sofern daselbst eine Unterscheidung innerhalb der Grundstücke des Kreises nach solchen, deren Kapitalwert zu ihrem landwirtschaftlichen Nutzungswert in keinem dieser Nutzung entsprechenden Verhältnisse mehr steht, und solchen, die zweifellos noch zu dauernder land- oder forstwirtschaftlicher Nutzung bestimmt sind, nicht durchführbar ist oder sofern daselbst die zum Zwecke der Ergänzungsbesteuerung erfolgte Bewertung auch für die landwirtschaftlich genutzten Grundstücke eine passendere Einschätzung ergibt als die durch die Wirtschafts- und Kulturverhältnisse überholte staatliche Veranlagung. Gärtnerisch genutzte Grundstücke werden unter die in § 8 Abs. 1 Satz 2 genannte Grundstückskategorie nur dann zu bringen sein, wenn die Gärtnereien wirklich landwirtschaftlichen und nicht Handels- oder gewerblichen Charakter tragen.

d) Gerade auf dem hier in Frage stehenden Gebiete wird der Kreisausschuß neben der Hilfe der Staatsbehörden diejenige der Gemeinden in weitem Umfange in Anspruch zu nehmen haben (§ 16 Abs. 2 G. in Verb. mit §§ 62 und 63 KAG.).

3. . . . .

Teil II Artikel 4 der Ausführungsanweisung vom 9. März 1922:

Zu § 8.

Schon nach dem bisher gültigen Recht konnten die Kreise die der Verteilung der direkten Kreissteuern auf Gemeinden und Gutsbezirke zugrunde zu legenden staatlich veranlagten Grund- und Gebäudesteuern durch eine nach dem Maßstabe des Wertes zu veranlagende Steuer vom Grundbesitz ersetzen. Die Neufassung des § 8 erweitert diese Befugnis dahin, daß nunmehr für die Verteilung des Fehlbetrages nach § 7 Ziffer 2 an die Stelle des staatlichen Grund- und Gebäudesteuersolls das Soll jeder gemäß §§ 25 bis 27 des Kommunalabgabengesetzes zulässigen, durch Kreissatzung eingeführten Grundsteuer gesetzt werden darf. Welche Regelung hiernach im einzelnen zu treffen sein wird, muß bei der Verschiedenheit der örtlichen Verhältnisse dem Ermessen der Kreise überlassen bleiben.

4. Während das geltende Recht nur eine Mehr- oder Minderbelastung einzelner Kreisteile, also stets unter irgendwelcher Beteiligung des Kreisganzen an den Kosten einer Kreisveranstaltung, kennt (§ 13 KO.), fügt § 10 die Möglichkeit einer ausschließlichen Belastung von Kreisteilen, denen ausschließlich die betreffende Kreisveranstaltung zustatten kommt, mit den Kosten dieser Veranstaltung hinzu.

Der Ausdruck „Kreisveranstaltung" begreift, wie der Ausdruck „Kreiseinrichtung" in § 13 KO., nicht etwa nur solche Fälle, in welchen der Kreis eine Anlage oder Anstalt selbst ins Leben ruft, sondern ebensowohl auch die Fälle, in welchen er das Unternehmen eines anderen durch seine

Beteiligung fördert (OVG. E. **12,** 29 ff.; v. Kamptz **1,** 171; v. Brauchitsch, Verwaltungsgesetze, 18. Aufl. Bd. 2 Anm. 87 zu § 13 KO.).

Der Absatz 2 läßt Sonderbestimmungen des provinziellen Straßenrechts (z. B. § 13 Abs. 2 KO. für Schleswig-Holstein vom 26. Mai 1888, Gesetz-Samml. S. 139, in Verbindung mit § 5 Abs. 2 des G. vom 26. Februar 1879, Gesetz-Samml. S. 94, § 37 G. betreffend Änderung der Wegegesetzgebung der Provinz Hannover vom 24. Mai 1894, Gesetz-Samml. S. 82) über Vorausbelastungen bei Aufbringung der Kosten für Anlegung und Unterhaltung von Wegen unberührt.

5. Die in dem von dem Gesetze der direkten Kreisbesteuerung zugrunde gelegten Systeme der Kontingentierung steuerpflichtig nur Gemeinden und Gutsbezirke sind, ist nach § 11 Abs. 2 und 4 auch nur für diese eine Legitimation zum Einspruch und zur Klage wegen Ermäßigung des Kreissteuerkontingents begründet. Der Gutsbezirk wird hierbei entsprechend dem geltenden Rechte, nicht vom Gutsvorsteher, sondern vom Gutsbesitzer vertreten (OVG. E. **21,** 10; v. Kamptz **1,** 287; v. Brauchitsch 18. Aufl. Bd. 2 S. 78 Anm. 153 zu § 19 KO.).

Abs. 3 des § 11 bestimmt, daß die Rechtsmittel für die Regel nicht zum Angriff gegen die dem Kreissteuerkontingent zugrunde liegenden Einzelveranlagungen benutzt werden können, für die Rechtsmittel gegen diese Einzelveranlagungen kommen in Gemeinden §§ 68 ff. KAG. und in Gutsbezirken § 14 des G. in Betracht. Ausnahmsweise kann indessen eine Gemeinde bei der Anfechtung des ihr überwiesenen Kreissteuerkontingentes solche Einzelveranlagungen angreifen, welche der Kreisausschuß (gemäß § 7 Abs. 4, § 8) selbständig vorgenommen hat. Für die Fälle des § 8 ist der Angriff durch Gemeinde oder Gutsbezirk in Gemäßheit des § 11 Abs. 3 Satz 2 eingeschränkt.

6. §§ 12 und 13 regeln die Unterverteilung der Steuerkontingente in Gemeinden und Gutsbezirken. Für die Gemeinden tritt derjenige Rechtszustand, welcher nach dem bisherigen Rechte im Falle der Übernahme der Kreisabgaben auf den Gemeindehaushalt eintrat (§ 91 Abs. 1 Ziffer 1 KAG., Begr. zu § 75 des Entwurfs eines Kommunalabgabengesetzes, OVG. E. **1,** 65 ff.), von Gesetzes wegen ein. Im Gutsbezirk ändert sich der bisherige Zustand dahin, daß die Kreisabgabenbeträge nicht mehr nach den für die Staats- und Kreisbesteuerung bestehenden Vorschriften, sondern nach den Rechtssätzen über Gemeindebesteuerung auf die hiernach Pflichtigen veranlagt werden. Dabei ist indessen das vom Kreistage beschlossene Belastungsverhältnis unter den Steuerarten und im Falle des § 8 die dort geregelte Grundsteuerform maßgebend (vgl. oben zu 2).

Teil II Artikel 6 der Ausführungsanweisung vom 9. März 1922:

Zu §§ 16 und 17.

Auf die Abänderung des § 16 finden die Ausführungen des Teils I Artikel 13 sinngemäße Anwendung.

Zu § 17 gilt das in Teil I Artikel 15 Gesagte.

Artikel 7.

Zu § 19.

Die Einfügung der Verwaltungsgebühren in die Ziffer 1 entspricht der Abänderung des § 4.

Die Ziffern 3 und 5 sind gegenstandslos geworden. Von ihrer Aufhebung ist indes zurzeit noch abgesehen worden.

Unter Ziffer 6 fallen außer den Grundwertsteuerordnungen auch sonstige nach § 8 etwa beschlossene besondere Grundsteuerordnungen.

Artikel 8.

Zu § 20a.

Die Erläuterungen des Teils I Artikel 14 finden entsprechende Anwendung.

III. Provinzialabgaben.

1. Hinsichtlich der §§ 21—24 kann auf die Ausführungen zu I Nr. 1, 2, 4 und 6 verwiesen und auf II A Nr. 1—3, B Nr. 1—4 Bezug genommen werden. Unter den Bestimmungen der „Chausseegelder", bei denen es nach § 21 Abs. 2 bewenden soll, sind diejenigen über Chausseestrafgelder mitverstanden. Als „Veranstaltungen", für welche die Provinz gemäß § 24 in Verbindung mit §§ 4 und 5 Benutzungsgebühren und Beiträge erheben kann oder mit deren Kosten sie einzelne besonders interessierte Kreise vorwiegend oder ausschließlich belasten kann (§ 27), kommen nicht allein die von der Provinz selbst ins Leben gerufenen und unterhaltenen, sondern auch diejenigen in Betracht, welche sie in Gemeinschaft mit anderen Unternehmern betreibt oder unterhält bzw. an denen sie nur finanziell beteiligt ist. Für Gebührenerhebung werden namentlich Taubstummen-, Blinden-, Irrenanstalten oder Bibliotheken, Kunstsammlungen sich eignen, während Anlage und Unterhaltung von Meliorationen häufig eine Finanzierung durch die Erhebung von Beiträgen zulassen wird. § 24 Abs. 1 läßt eine Delegation vom Provinziallandtage auf den Provinzialausschuß nur in der Beschränkung auf die Festsetzung der Gebühren und Beiträge zu. Darin liegt lediglich das Recht zur Wahl des Veranlagungsmaßstabes und zur ziffernmäßigen Bestimmung der Sätze, während die grundsätzliche Beschlußfassung über die Erhebung von Gebühren und Beiträgen dem Provinziallandtage ausschließlich vorbehalten ist. Bei der sinngemäßen Anwendung des § 5 Abs. 3 Satz 2 auf die Beiträge der Provinzialverbände treten an die Stelle des „Kreisblattes" die Amtsblätter der Provinz (vgl. §§ 12 Abs. 1, 104, 111 Abs. 2 usw. PO.).

Gebühren- und Beitragsforderungen der Provinz unterliegen der zwangsweisen Beitreibung nach § 90 KAG. (§ 31 des G.).

. . . .

Teil II Artikel 9 der Ausführungsanweisung vom 9. März 1922:

Zu §§ 25, 26, 31, 31a und 33.

Für die Ausführung der §§ 25, 26, 31, 31a und 33 gelten sinngemäß die Erläuterungen des Teils II Artikel 3, Artikel 5, Teils I, Artikel 13, Artikel 15 und Artikel 14.

Aus der Einreihung der Verwaltungsgebühren in die Ziffer 1 des § 33 ist ersichtlich, daß die Provinzen künftig in demselben Umfange wie die Kreise Verwaltungsgebühren zu erheben berechtigt sind. (Vgl. hierzu die Ausführungen in Teil I Artikel 1.)

---

c) 1. Auszug aus dem Gesetz über den Finanzausgleich zwischen Reich, Ländern und Gemeinden (Finanzausgleichsgesetz)

i. d. F. vom 27. April 1926 (RGBl. I S. 203) mit den Abänderungen des Ges. vom 9. April 1927 (RGBl. I S. 91).

I. Landessteuern und Gemeindeabgaben.

§ 1.

Die Länder und Gemeinden (Gemeindeverbände) sind berechtigt, Steuern nach Landesrecht zu erheben, soweit nicht die Reichsverfassung und die gemäß der Reichsverfassung erlassenen reichsrechtlichen Vorschriften entgegenstehen.

§ 2.

(1) Die Inanspruchnahme von Steuern für das Reich schließt die Erhebung gleichartiger Steuern durch die Länder und Gemeinden (Gemeindeverbände) aus, wenn nicht reichsgesetzlich ein anderes vorgeschrieben ist.

(2) Die Erhebung von Zuschlägen zu Reichssteuern ist den Ländern und Gemeinden (Gemeindeverbänden) nur auf Grund reichsgesetzlicher Ermächtigung gestattet.

§ 3.

Landes- und Gemeindesteuern, die die Steuereinnahmen des Reichs zu schädigen geeignet sind, sollen nicht erhoben werden, wenn überwiegende Interessen der Reichsfinanzen entgegenstehen.

§ 4.

Steuerliche Bestimmungen der Länder und Gemeinden (Gemeindeverbände), die die Vorschrift des § 3 verletzen, müssen aufgehoben oder derart abgeändert werden, daß ein Widerspruch mit den Interessen der Reichsfinanzen nicht mehr besteht.

§ 5.

(1) Die von der Landesregierung für die Gemeinden (Gemeindeverbände) erlassenen Mustersteuerordnungen sowie einzelne Gemeindesteuerordnungen, die eine neue, bisher in dem Lande nicht geltende Steuerart einführen, oder die von den Mustersteuerordnungen in wesentlichen Punkten abweichen, oder die mit dem Reichsminister der Finanzen als zulässig vereinbarte Höchstsätze überschreiten, sind von der Landesregierung vor dem Erlaß oder der Erteilung der Genehmigung dem Reichsminister der Finanzen vorzulegen.

(2) Erhebt der Reichsminister der Finanzen binnen zwei Wochen keinen Einspruch, so kann der Erlaß ergehen oder die Genehmigung erteilt werden.

Andernfalls haben Einigungsverhandlungen stattzufinden. Führen diese binnen einer Frist von einem Monat nach Einlegung des Einspruchs zu keinem Ergebnis, so findet § 6 entsprechende Anwendung. Das Verfahren nach § 6 steht dem Erlaß oder der Genehmigung von Steuerordnungen im Sinne des Abs. 1 nicht entgegen.

(3) In Ländern, in denen eine Genehmigung von Steuerordnungen im Sinne des Abs. 1 nicht vorgeschrieben ist, hat die Landesregierung die nötigen Bestimmungen dafür zu erlassen, daß das im Abs. 1, 2 geregelte Verfahren durchgeführt werden kann.

§ 6.

(1) Im Falle von Meinungsverschiedenheiten zwischen dem Reichsminister der Finanzen und einer Landesregierung über die Frage, ob eine landesrechtliche Steuervorschrift mit dem Reichsrecht vereinbar ist, entscheidet auf Antrag des Reichsministers der Finanzen oder der Landesregierung der Reichsfinanzhof. Zuständig ist der große Senat in der im § 46 Abs. 2 Satz 1 der Reichsabgabenordnung vorgesehenen Zusammensetzung. Die näheren Vorschriften bleiben besonderer gesetzlicher Regelung vorbehalten.

(2) Über die Frage, ob Landes- oder Gemeindesteuern geeignet sind, die Steuereinnahmen des Reichs zu schädigen, und ob überwiegende Interessen der Reichsfinanzen der Erhebung der Steuern entgegenstehen, entscheidet auf Antrag des Reichsministers der Finanzen oder der Landesregierung der Reichsrat.

§ 7.

Die Länder und Gemeinden (Gemeindeverbände) sollen die ihnen zur Verfügung stehenden Steuern nach Maßgabe ihres Steuerbedarfs ausnutzen.

§ 8.

(1) Die Länder erheben Grund- und Gebäudesteuern und Gewerbesteuern. Sie können diese Steuern den Gemeinden (Gemeindeverbänden) ganz oder teilweise überlassen. Besondere Steuerordnungen der Gemeinden (Gemeindeverbände) bedürfen der Genehmigung der Landesregierung oder der von ihr beauftragten Behörden.

(2) Die Steuern können nach Merkmalen des Wertes, des Ertrags, der Ertragsfähigkeit oder des Umfangs des Grundvermögens oder des Gewerbebetriebs unter Berücksichtigung der Wirtschaftlichkeit der Betriebe bemessen werden. Die Landesregierungen haben nähere Bestimmungen über diese Merkmale zu erlassen. Sind die Gemeinden (Gemeindeverbände) nach Landesrecht befugt, die Steuern durch besondere Steuerordnungen zu regeln, so haben die Landesregierungen Höchstgrenzen zu bestimmen. Die Höchstgrenzen sind entweder in Prozentsätzen zu den landesrechtlich geregelten Steuern zu bemessen oder den in der besonderen Steuerordnung vorgesehenen Bemessungsmerkmalen zu entnehmen. Entstehen durch einen Gewerbebetrieb einer Gemeinde besondere Lasten, die innerhalb der vorgesehenen Höchstgrenze einen Ausgleich nicht finden würden, so kann mit Zustimmung der obersten Landesbehörde die Steuer über die Höchstgrenze hinausgehen; sie muß sich

jedoch stets innerhalb der Lasten halten, die der Gemeinde durch den Gewerbebetrieb entstehen, und die Wirtschaftlichkeit des Betriebs berücksichtigen.

§ 9.

Erheben die Länder Grund- und Gebäudesteuern oder Gewerbesteuern nach Merkmalen des Wertes, so haben sie die für die Vermögensteuer des Reichs festgestellten Werte auch für diese Steuern zugrunde zu legen. Die näheren Vorschriften trifft ein Reichsgesetz (Reichsbewertungsgesetz).

§ 10.

Den Grund- und Gebäudesteuern und Gewerbesteuern sollen Besteuerungsmerkmale, die auf die allgemeine steuerliche Leistungsfähigkeit des Pflichtigen abzielen, nicht zugrunde gelegt werden. Die Berücksichtigung solcher Merkmale, die mit dem Grundvermögen oder dem Gewerbebetrieb in wirtschaftlichem Zusammenhange stehen, wird dadurch nicht ausgeschlossen.

§ 11.

(1) Grund- und Gebäudesteuern und Gewerbesteuern dürfen nur in dem Lande erhoben werden, in dessen Gebiet der Grund- und Gebäudebesitz liegt oder eine Betriebsstätte zur Ausübung des stehenden Gewerbes unterhalten wird.

(2) Betriebsstätte im Sinne dieses Gesetzes ist jede feste örtliche Anlage oder Einrichtung, die der Ausübung des Betriebs eines stehenden Gewerbes dient. Außer dem Orte der Leitung gelten hiernach als Betriebsstätten: Zweigniederlassungen, Fabrikationsstätten, Ein- und Verkaufsstellen, Kontore und sonstige zur Ausübung des Gewerbes durch den Unternehmer selbst, dessen Geschäftsteilhaber, Prokuristen oder andere ständige Vertreter unterhaltene Geschäftseinrichtungen. Als Betriebsstätten gelten auch Bauausführungen, deren Dauer zwölf Monate überschritten hat oder voraussichtlich überschreiten wird. Ein Eisenbahnunternehmen hat eine Betriebsstätte nur in den Gemeinden, in denen sich der Sitz der Verwaltung, eine Station oder eine für sich bestehende Betriebs- oder Werkstätte oder eine sonstige gewerbliche Anlage befinden. Eine Unternehmung, die der Versorgung mit Gas, Wasser oder Elektrizität dient, hat keine Betriebsstätte in den Gemeinden, durch die nur eine Zuleitung geführt wird, ohne daß dort Gas, Wasser oder Elektrizität abgegeben werden.

(3) Befinden sich Betriebsstätten desselben gewerblichen Unternehmens in mehreren Ländern, so darf die Heranziehung in jedem Lande nur anteilig erfolgen.

(4) Der Gewerbebetrieb im Umherziehen einschließlich des Wanderlagerbetriebs darf nur in den Ländern besteuert werden, in deren Gebiet der Betrieb stattfindet oder stattfinden soll.

§ 12.

Wird ein Steuerpflichtiger in mehreren Ländern zu gleichartigen Landes- oder Gemeindesteuern von demselben Steuerobjekte herangezogen, so steht ihm der Antrag auf Verteilung des Steuerobjekts zu. Der Antrag ist innerhalb eines Monats nach Eintritt der Rechtskraft der zweiten oder einer weiteren Veranlagung bei einer der veranlagenden Behörden zu stellen. Über den Antrag entscheidet das Landesfinanzamt, zu dessen Bereich die veranlagenden Behörden gehören. Wenn die Veranlagungsbehörden zum Bereich verschiedener Landesfinanzämter gehören, so bestimmt der Reichsminister der Finanzen das zuständige Landesfinanzamt. In dem Bescheide des Landesfinanzamts ist ein Verteilungsplan aufzustellen, wenn die Heranziehung des Steuerobjekts in mehreren Ländern begründet ist. Gegen den Beschluß des Landesfinanzamts steht den Beteiligten binnen einer Frist von zwei Wochen die Beschwerde an den Reichsfinanzhof zu, der im Beschlußverfahren unter entsprechender Anwendung der Vorschriften der Reichsabgabenordnung entscheidet. Durch die Entscheidungen des Landesfinanzamts und des Reichsfinanzhofs können auch die bereits rechtskräftig gewordenen Veranlagungen und früheren Verteilungspläne aufgehoben werden.

§ 13.

In den Ländern kann zu Zwecken der öffentlich-rechtlichen Wegeunterhaltung eine Steuer für die Benutzung der Wege durch Fahrzeuge erhoben werden. Den Maßstab der Besteuerung bestimmt die Landesgesetzgebung mit der Maßgabe, daß bei landwirtschaftlichen Betrieben Fläche, Kulturart und Stärke der Benutzung der Wege durch die einzelnen Betriebe berücksichtigt werden. Personenfahrräder ohne motorischen Antrieb und Kraftfahrzeuge im Sinne des Kraftfahrzeugsteuergesetzes sind von der Steuer freizulassen; weitere Befreiungen sind zulässig. Chaussee- und ähnliche Wegegelder dürfen von Kraftfahrzeugen für die Benutzung öffentlicher Wege und Brücken nicht erhoben werden; das gleiche gilt für sonstige Fahrzeuge mit dem Zeitpunkt des Inkrafttretens einer Landessteuer im Sinne des Satzes 1. Zulässig bleiben Beiträge (Vorausleistungen) zur Deckung der Kosten für eine außergewöhnliche Abnutzung der Wege. Die Reichsregierung erläßt mit Zustimmung des Reichsrats nähere Bestimmungen über die Grundsätze, die einer gemeinsamen Regelung bedürfen, insbesondere um Doppelbesteuerungen auszuschließen; sie kann mit Zustimmung des Reichsrats und eines Ausschusses des Reichstags Ausnahmen von Satz 4 zulassen.

§ 14.

(1) Die Gemeinden sind verpflichtet, eine Vergnügungssteuer zu erheben. Der Reichsrat wird ermächtigt, Bestimmungen über die Vergnügungssteuer zu erlassen, in denen Art und Umfang der Steuerpflicht, die Mindeststeuersätze und die sonstigen steuerlichen Befugnisse der Gemeinden geregelt werden. Im Rahmen dieser Bestimmungen können die Länder Abweichungen festsetzen und zulassen.

(2) Die Bestimmungen des Reichsrats und der Landesregierungen haben in den Gemeinden Geltung als Steuerordnung, soweit die Gemeinden nicht mit Genehmigung der Landesregierung oder der von ihr beauftragten Behörden besondere Steuerordnungen im Rahmen der Bestimmungen des Reichsrats erlassen.

(3) Die Länder können bestimmen, daß die Vergnügungssteuer statt von den Gemeinden von dem Lande oder von den Gemeindeverbänden, von diesen auch für selbständige Gutsbezirke, zu erheben ist. In diesem Falle finden die Vorschriften der Abs. 1, 2 entsprechende Anwendung.

(4) Die Länder können auch über eine Verteilung des Aufkommens der Vergnügungssteuer zwischen Gemeinden, Gemeindeverbänden und dem Lande Bestimmung treffen.

§ 15.

(1) Die Gemeinden (Gemeindeverbände) dürfen mit Genehmigung der Landesregierung oder der von ihr beauftragten Behörden Steuern auf den örtlichen Verbrauch von Bier erheben.

(2) Die Genehmigung darf nur erteilt werden, wenn sichergestellt ist, daß die Neueinführung oder Erhöhung der Biersteuer durch entsprechende Steuersenkungen auf anderen Gebieten, insbesondere auf dem Gebiete der Grund- und Gebäudesteuern und Gewerbesteuern, ausgeglichen wird.

(3) Die Steuern dürfen nur vom Hersteller des Bieres oder demjenigen erhoben werden, der Bier in die Gemeinde (Gemeindeverband) einführt. Sie dürfen sieben vom Hundert des Herstellerpreises nicht übersteigen.

(4) Soweit es die Durchführung der im Abs. 1 bezeichneten Steuern erfordert, können die Steuerordnungen der Gemeinden (Gemeindeverbände) die Vorschriften der Reichsabgabenordnung für anwendbar erklären.

(5) Die Steuerordnungen dürfen nur am Beginn eines Kalendervierteljahrs in Kraft gesetzt werden.

(6) Der Reichsminister der Finanzen kann mit Zustimmung des Reichsrats nähere Bestimmungen über die im Abs. 1 bezeichneten Steuern erlassen. Die Landesregierungen sind befugt, Bestimmungen über Art und Umfang der Steuern zu erlassen.

(7) Die geltenden reichsrechtlichen Vorschriften, die sich auf die Besteuerung der im Abs. 1 bezeichneten Getränke durch die Gemeinden (Gemeindeverbände) beziehen, treten außer Kraft.

§ 16

gestrichen.

§ 17.

Sondersteuern auf einzelne Betriebsmittel der Landwirtschaft oder des Gewerbes sind nicht zulässig.

§ 18.

(1) Die Länder oder nach Maßgabe des Landesrechts die Gemeinden (Gemeindeverbände) erheben Steuern vom Wertzuwachs bei der Veräußerung von Grundstücken, deren Veräußerer das Eigentum an den Grundstücken in der Zeit vom 1. Januar 1919 bis zum 31. Dezember 1924 erworben haben.

(2) Werden Steuern vom Wertzuwachs gemäß Abs. 1 erhoben, so ist bei der Vergleichung des Erwerbs- und des Verkaufspreises zur Feststellung des steuerbaren Wertzuwachses die Kaufkraft der Mark an den beiden Zeitpunkten zugrunde zu legen.

(3) Die Vorschrift des § 1 Abs. 5 des Gesetzes über Änderungen des Finanzwesens vom 3. Juli 1913 (Reichsgesetzbl. S. 521) bleibt unberührt.

§ 19.

(1) Die Länder sollen darauf Bedacht nehmen, die Bestimmungen über die Veranlagung und Erhebung der Landes- und Gemeindesteuern mit den Vorschriften der Reichsabgabenordnung in Einklang zu bringen.

(2) Die Länder sind berechtigt, für Landesabgaben und andere öffentlich-rechtliche Abgaben die Vorschriften der Reichsabgabenordnung über das Strafrecht und das Strafverfahren für anwendbar zu erklären.

§ 20.

(1) Die Religionsgesellschaften des öffentlichen Rechtes sind berechtigt, Zuschläge zu den Reichssteuern zu erheben, die an die Stelle der bisherigen Landes- oder Gemeindesteuern getreten sind.

(2) Soweit durch reichsgesetzliche Inanspruchnahme von Steuern Gemeindesteuervorrechte hinsichtlich der Dienstbezüge und Ruhegehälter der nicht im Reichs- oder Staatsdienst stehenden Geistlichen und Kirchenbeamten sowie hinsichtlich der Bezüge ihrer Witwen und Waisen unwirksam werden, bleiben die Anwartschaften der Berechtigten auf Entschädigung, wie sie im Falle einer landesgesetzlichen Aufhebung begründet gewesen wären, unberührt.

---

2. Gesetz über die gegenseitigen Besteuerungsrechte des Reichs, der Länder und der Gemeinden.

Vom 10. August 1925 (RGBl. I S. 252); abgeändert durch § 9 des Gesetzes über die Pauschalierung der Verwaltungskostenzuschüsse vom 17. Juli 1930 (RGBl. I S. 215).

§ 1.

(1) Das Reich hat den Ländern und den Gemeinden (Gemeindeverbänden), die Länder und die Gemeinden (Gemeindeverbände) haben dem Reich für die Benutzung ihrer im öffentlichen Interesse unterhaltenen Veranstaltungen sowie für die Handlungen ihrer Behörden die allgemein festgesetzten Gebühren zu entrichten, es sei denn, daß die Handlungen der Behörden in Ausübung einer öffentlichen Gewalt veranlaßt und vorgenommen werden. Die Gebührenpflicht tritt nicht ein, wenn durch Gesetz, Satzung oder Vertrag Gebührenfreiheit begründet ist. Der Anspruch der Deutschen Reichspost auf die ihr zustehenden Gebühren bleibt unberührt.

(2) Das Reich ist von allen Gerichtsgebühren, die Länder sind von den Gebühren in dem Verfahren vor den Gerichten des Reichs befreit.

§ 2.

(1) Das Reich hat den Ländern und den Gemeinden (Gemeindeverbänden), die Länder und die Gemeinden (Gemeindeverbände) haben dem Reiche die Beiträge zu entrichten, die zur Deckung der Kosten für die Herstellung und

Unterhaltung der durch das öffentliche Interesse erforderten Veranstaltungen von den Grundeigentümern und Gewerbetreibenden erhoben werden, denen hierdurch besondere wirtschaftliche Vorteile erwachsen. Zu diesen Beiträgen gehören insbesondere Straßenbaubeiträge.

(2) Die Deutsche Reichspost kann nur als Grundeigentümerin zu Beiträgen herangezogen werden. Sie kann ferner zu Beiträgen (Vorausleistungen) zur Deckung von Kosten für eine außergewöhnliche Abnutzung der Wege (§ 12 Satz 5 des Finanzausgleichsgesetzes) herangezogen werden; diese Beiträge dürfen jedoch nur für Fahrten, die der entgeltlichen Personenbeförderung dienen, erhoben werden und dürfen für die übrigen Benutzer der Wege nicht günstiger sein.

§ 3.

Das Reich, die Länder und die Gemeinden (Gemeindeverbände) sind körperschaftsteuerpflichtig und vermögensteuerpflichtig nach Maßgabe der Vorschriften des Körperschaftsteuergesetzes und des Vermögensteuergesetzes.

§ 4.

(1) Die Länder und die Gemeinden (Gemeindeverbände) können das Reich zu ihren Grund- und Gebäudesteuern heranziehen, sofern es sich nicht um Grundstücke handelt, die zu einem öffentlichen Dienste oder Gebrauche bestimmt sind. Den Grund- und Gebäudesteuern stehen die Steuern gleich, die dem Geldentwertungsausgleich bei bebauten Grundstücken dienen.

(2) Soweit Grundstücke des Reichs Wohnzwecken dienen, sind sie nicht als zu einem öffentlichen Dienste oder Gebrauche bestimmt anzusehen. Dies gilt nicht für Kasernenquartiere der Wehrmacht, für Bereitschaftsräume der Schutzpolizei und des Reichswasserschutzes sowie für mit den Kasernenquartieren und den Bereitschaftsräumen zusammenhängende oder in ihrer Nähe gelegene Wohnungen, die Angehörigen der Wehrmacht, der Schutzpolizei oder des Reichswasserschutzes im dienstlichen Interesse zugewiesen worden sind. Die Vorschriften des Gesetzes, betreffend die Besteuerung der Dienstwohnungen der Reichsbeamten, vom 16. Juni 1922 (Reichsgesetzbl. I S. 517), bleiben unberührt.

(3) Die Deutsche Reichsbahn-Gesellschaft kann mit den zum Reichseisenbahnvermögen gehörigen Grundstücken zu den Grund- und Gebäudesteuern der Gemeinden (Gemeindeverbände) herangezogen werden, jedoch in den einzelnen Ländern nur in dem Umfang, in dem das Unternehmen „Deutsche Reichsbahn" am 12. Februar 1924 diesen Steuern unterworfen war. Im übrigen sind die zum Reichseisenbahnvermögen gehörigen Grundstücke von Grund- und Gebäudesteuern sowie von Steuern, die dem Geldentwertungsausgleiche bei Grundstücken dienen, befreit.

§ 5.

Die Länder und die Gemeinden (Gemeindeverbände) können zu ihren Gewerbesteuern nur die Betriebe und Verwaltungen des Reichs heranziehen, die nach den Vorschriften des Körperschaftsteuergesetzes körperschaftsteuerpflichtig sind.

§ 6.

(1) Das Reich kann die Länder und die Gemeinden (Gemeindeverbände), die Länder und die Gemeinden (Gemeindeverbände) können das Reich zu Verkehrsteuern heranziehen, jedoch nur insoweit, als die Behörden mit den Handlungen, die den Anlaß der Besteuerung bilden, nicht eine ihnen anvertraute öffentliche Gewalt ausüben. Diese Voraussetzung ist bei dem gesamten Verkehr der Deutschen Reichspost gegeben.

(2) Das Reich kann die Länder und die Gemeinden (Gemeindeverbände) in keinem weiteren Umfang zu Verkehrsteuern heranziehen, als das Reich ihnen unterliegt; in den einzelnen Ländern kann das Reich in keinem weiteren Umfang zu Verkehrsteuern herangezogen werden, als das Land ihnen unterliegt.

(3) Die Vorschrift des Abs. 1 Satz 2 steht der Heranziehung der Deutschen Reichspost zu den Abgaben der Länder und der Gemeinden (Gemeindeverbände) nicht entgegen, die ganz oder zum Teil für die Unterhaltung der öffentlichen Wege verwendet werden; diese Abgaben dürfen nicht für Fahrten erhoben werden, die lediglich der Postsachenbeförderung dienen.

(4) Die besonderen Befreiungsvorschriften des Umsatzsteuergesetzes bleiben unberührt.

§ 7.

Die Vorschriften des § 6 finden auf die Heranziehung der Länder und der Gemeinden (Gemeindeverbände) zu Verbrauchsteuern des Reichs und auf die Heranziehung des Reichs zu Verbrauchsteuern der Länder und der Gemeinden (Gemeindeverbände) entsprechende Anwendung.

§ 8.

(1) Fabrikmäßige oder fabrikähnliche Reichsbetriebe, die nicht zu Gewerbesteuern herangezogen werden können, sowie die Deutsche Reichspost und die Monopolverwaltungen des Reichs haben, soweit nicht die Vorschriften der §§ 1, 3 und 4 Abs. 1 des Gesetzes über die Pauschalierung der Verwaltungskostenzuschüsse entgegenstehen, auf Anforderung den Wohngemeinden ihrer Arbeitnehmer Zuschüsse zu ihrem Verwaltungsaufwande nach Maßgabe der §§ 9, 10 zu leisten. Auf die Bahnhöfe, Werkstätten und ähnlichen Einrichtungen der Deutschen Reichsbahn-Gesellschaft finden ausschließlich die Vorschriften der §§ 2 und 4 Abs. 2 des Gesetzes über die Pauschalierung der Verwaltungskostenzuschüsse Anwendung.

(2) Wohngemeinden im Sinne dieses Gesetzes sind Gemeinden, in denen Arbeitnehmer der im Abs. 1 bezeichneten Betriebe mit ihren Haushaltungsangehörigen (Arbeitnehmerbevölkerung) am Tage der letzten allgemeinen Personenstandsaufnahme ihren Wohnsitz oder in Ermangelung eines inländischen Wohnsitzes ihren gewöhnlichen Aufenthalt gehabt und insgesamt mehr als fünf vom Hundert der Zivilbevölkerung ausgemacht haben.

(3) Den Gemeinden im Sinne dieser Vorschriften stehen die selbständigen Gutsbezirke gleich.

§ 9.

(1) Die Verwaltungskostenzuschüsse werden zu dem Zuschußbedarfe der Wohngemeinden für die Allgemeine Verwaltung, das Volksschulwesen, die Wohlfahrtspflege, das Wohnungswesen und den Bau und die Unterhaltung der öffentlichen Straßen, Wege und Plätze geleistet.

(2) Bei der Berechnung der Verwaltungskostenzuschüsse, die an eine Wohngemeinde zu leisten sind, wird von dem Zuschußbedarfe der Wohngemeinde für die im Abs. 1 bezeichneten Verwaltungszweige in dem Rechnungsjahr ausgegangen, das dem Rechnungsjahre vorausgegangen ist, für das die Zuschüsse angefordert werden. Dieser Zuschußbedarf wird gleichmäßig auf den Kopf der Bevölkerung nach dem Stande der letzten allgemeinen Personenstandsaufnahme verteilt. Von dem Teile des Zuschußbedarfs, der dabei auf die Arbeitnehmerbevölkerung jedes im § 8 Abs. 1 bezeichneten Betriebs entfällt, wird ein der Zahl seiner Arbeitnehmer entsprechendes Vielfaches von neunundzwanzig vom Hundert — bei den Zuschußanforderungen für die Rechnungsjahre 1925 und 1926 von dreiunddreißig vom Hundert — der Einkommensteuer vom Arbeitslohn abgezogen, die der Betrieb im vorausgegangenen Rechnungsjahre durchschnittlich auf den Kopf der in ihm beschäftigten Arbeitnehmer einbehalten und abgeführt hat. Von dem Betrage, der sich hiernach für jeden Betrieb ergibt, betragen seine Verwaltungskostenzuschüsse

30 vom Hundert, wenn die Arbeitnehmerbevölkerung aller im § 8 Abs. 1 bezeichneten Betriebe zusammen nicht mehr als 20 vom Hundert,

50 vom Hundert, wenn die Arbeitnehmerbevölkerung dieser Betriebe mehr als 20 vom Hundert bis 40 vom Hundert,

70 vom Hundert, wenn die Arbeitnehmerbevölkerung dieser Betriebe mehr als 40 vom Hundert bis 60 vom Hundert,

90 vom Hundert, wenn die Arbeitnehmerbevölkerung dieser Betriebe mehr als 60 vom Hundert

der Zivilbevölkerung ausgemacht hat.

(3) Soweit Ausgaben für die im Abs. 1 bezeichneten Verwaltungszweige von dem Gemeindeverbande, zu dem die Wohngemeinde gehört, übernommen worden sind, können sie der Berechnung des Zuschußbedarfs in der Höhe zugrunde gelegt werden, in der sie ohne die Übernahme der Wohngemeinde zur Last fallen würden. Den Ausgleich zwischen Wohngemeinde und Gemeindeverband regelt die Landesregierung.

(4) Beihilfen, die zuschußberechtigte Gemeinden auf Grund von Verträgen aus Reichsmitteln zu ihrem Verwaltungsaufwand erhalten, sind auf die Verwaltungskostenzuschüsse anzurechnen. Die Anrechnung kann unterbleiben, soweit dies vertraglich vorgesehen ist.

§ 10.

(1) Die Zuschußanforderungen müssen den in Anspruch genommenen Betrieben bis zum Ablauf des Rechnungsjahrs zugestellt worden sein, für das sie geltend gemacht werden.

(2) Für die Festsetzung der Zuschüsse und das Rechtsmittelverfahren gilt Entsprechendes wie für die Reichssteuern vom Einkommen und vom Vermögen; bei der Festsetzung wirkt der Steuerausschuß nicht mit. Die Geschäfte der Finanzämter werden von den nach Landesrecht für die Festsetzung von Gemeindeabgaben zuständigen Behörden wahrgenommen; bei Zweifeln über die Zuständigkeit entscheidet die Landesregierung. In dem weiteren Verfahren (Berufungsverfahren) treten an die Stelle der Finanzgerichte die nach Landesrecht zuständigen Verwaltungsbehörden oder Verwaltungsgerichte, sofern sie zur tatsächlichen Nachprüfung berufen sind. In letzter Instanz entscheidet der Reichsfinanzhof.

(3) Der Reichsminister der Finanzen wird ermächtigt, mit Zustimmung des Reichsrats nähere Bestimmungen über die Berechnung der Zuschüsse zu erlassen.

§ 11.

Die Durchführungsbestimmungen zu diesem Gesetz, insbesondere zur Feststellung des Begriffs des Zuschußbedarfs und zur Abgrenzung der zuschußfähigen Verwaltungszweige (§ 9 Abs. 1), erläßt der Reichsminister der Finanzen mit Zustimmung des Reichsrats.

§ 12.

(Aufgehoben durch G. vom 17. Juli 1930.)

§ 13.

Das Reichsbesteuerungsgesetz vom 15. April 1911 (Reichsgesetzbl. S. 187) wird aufgehoben.

§ 14.

Die Vorschriften der §§ 8 und 9 dieses Gesetzes treten mit Wirkung vom 1. April 1925 an die Stelle des § 6 des Reichsbesteuerungsgesetzes, im übrigen tritt das Gesetz mit dem 1. Oktober 1925 in Kraft. Die vor diesen Zeitpunkten nach dem Reichsbesteuerungsgesetz begründeten Ansprüche und Befreiungen bleiben jedoch unberührt, anhängige Verfahren sind nach den bisherigen Vorschriften durchzuführen. (Vgl. unten § 13 G. vom 17. Juli 1930.)

Zur Ergänzung dienen ferner folgende Vorschriften:

a) des Gesetzes vom 17. Juli 1930 (s. o.):

§ 1.

(1) Die Deutsche Reichspost löst die Verwaltungskostenzuschüsse an die Wohngemeinden ihrer Arbeitnehmer nach den §§ 8 bis 10 des Gesetzes über die gegenseitigen Besteuerungsrechte des Reichs, der Länder und der Gemeinden (Gesetz über gegenseitige Besteuerung) vom 10. August 1925 (Reichsgesetzbl. I S. 252) dadurch ab, daß sie der Reichsregierung für jedes Rechnungsjahr einen Pauschbetrag in Höhe des geschätzten Gesamtbetrags der Verwaltungskostenzuschüsse zur Verteilung zur Verfügung stellt.

(2) Den Pauschbetrag setzt die Reichsregierung vor Beginn jedes Rechnungsjahrs mit Zustimmung des Reichsrats fest. Ist eine Festsetzung bis zum Beginne des Rechnungsjahrs nicht erfolgt, so sind unter Zugrundelegung des zuletzt festgesetzten Pauschbetrags bis zu seiner Neufestsetzung vorläufige Zahlungen zu leisten.

(3) Der Pauschbetrag beträgt für die Rechnungsjahre 1925, 1926 und 1927 je 3,2 Millionen Reichsmark und für die Rechnungsjahre 1928, 1929 und 1930 je 3 Millionen Reichsmark.

(4) Die Pauschbeträge für die Rechnungsjahre 1925 bis 1929 sind innerhalb eines Monats nach Verkündung dieses Gesetzes zur Verfügung zu stellen. Für die folgenden Rechnungsjahre ist der Pauschbetrag jeweils am 1. Oktober zur Verfügung zu stellen.

§ 2.

(1) Nach Maßgabe besonderer Vereinbarung mit der Reichsregierung stellt die Deutsche Reichsbahn-Gesellschaft als Zuschuß zu den Verwaltungskosten der Wohngemeinden der auf ihren Bahnhöfen, in ihren Werkstätten und ähnlichen Einrichtungen beschäftigten Arbeitnehmer Pauschbeträge zur Verfügung, die zur Verteilung auf die bezeichneten Gemeinden bestimmt sind. Die Pauschbeträge betragen für die Rechnungsjahre 1925 bis 1928 je 2,5 Millionen Reichsmark und für die folgenden Rechnungsjahre je 5 Millionen Reichsmark. Die Vorschriften des § 1 Abs. 4 finden entsprechende Anwendung.

(2) Ansprüche der Gemeinden, die gegen die Deutsche Reichsbahn-Gesellschaft auf Grund des Reichsbesteuerungsgesetzes vom 15. April 1911 (Reichsgesetzbl. S. 187) erhoben worden sind, gelten mit den Zahlungen aus den Pauschbeträgen nach Abs. 1 auch insoweit als abgegolten, wie sie rechtskräftig festgestellt worden sind.

§ 3.

Nach näherer Bestimmung der Reichsregierung, die der Zustimmung des Reichsrats bedarf, können auch die Betriebe der Wehrmacht und andere Reichsbetriebe die Verwaltungskostenzuschüsse an die Wohngemeinden ihrer Arbeitnehmer dadurch ablösen, daß sie der Reichsregierung für jedes Rechnungsjahr Pauschbeträge in Höhe des geschätzten Gesamtbetrags der Verwaltungskostenzuschüsse zur Verteilung zur Verfügung stellen. Die Ablösung ist zulässig für die Zeit vom 1. April 1925 ab.

§ 4.

(1) Für die Rechnungsjahre, für die die Deutsche Reichspost, die Betriebe der Wehrmacht und andere Reichsbetriebe Pauschbeträge nach den §§ 1, 3 zur Verfügung gestellt haben, können sie zur Leistung von Verwaltungskostenzuschüssen nach den §§ 8 bis 10 des Gesetzes über gegenseitige Besteuerung nicht herangezogen werden.

(2) Für die Deutsche Reichsbahn-Gesellschaft gilt der § 15 des Reichsbahngesetzes in der Fassung vom 13. März 1930 (Reichsgesetzbl. II S. 369).

§ 5.

(1) Die Pauschbeträge nach den §§ 1 bis 3 werden auf die Länder nach dem Verhältnis der in ihnen beschäftigten Arbeitnehmer der daselbst bezeichneten Betriebe verteilt.

(2) Die Vorschrift des Abs. 1 gilt

a) für die Pauschbeträge nach § 1 mit der Maßgabe, daß die Länder, in denen auf eine Verkehrsanstalt der Deutschen Reichspost nach der Volkszählung vom 16. Juni 1925 durchschnittlich mehr als 4 000 Einwohner entfallen, nur mit den Arbeitnehmern in Ansatz gebracht werden, die in Gemeinden wohnen, die nach § 8 des Gesetzes über gegenseitige Besteuerung zuschußberechtigt sind;

b) für die Pauschbeträge nach § 2 mit der Maßgabe, daß die Länder, in denen auf eine Station (Bahnhof oder Haltepunkt) der Reichsbahn nach der Volkszählung vom 16. Juni 1925 durchschnittlich mehr als 20 000 Einwohner entfallen, nur mit den Arbeitnehmern in Ansatz gebracht werden, die in Gemeinden wohnen, die nach § 8 des Gesetzes über gegenseitige Besteuerung zuschußberechtigt sind.

(3) Bei der Verteilung der Pauschbeträge nach Abs. 1 und 2 wird von der Zahl der Arbeitnehmer, die am Tage der letzten allgemeinen Personenstandsaufnahme in den einzelnen Ländern beschäftigt waren, ausgegangen. In den Rechnungsjahren 1925 bis 1929 tritt an die Stelle des Tages der allgemeinen Personenstandsaufnahme der 1. Dezember 1927.

(4) Arbeitnehmer der Bahnhöfe, Werkstätten und ähnlichen Einrichtungen der Deutschen Reichsbahn-Gesellschaft sind die Arbeitnehmer, die im Bahnhofs- und Abfertigungsdienst, im maschinentechnischen Dienst, in den Werkstätten der Betriebswerke und in den Reichsbahn-Ausbesserungswerken (Hauptwerkstätten) beschäftigt sind.

§ 6.

Die Landesregierungen verteilen die auf die Länder entfallenden Anteile an den Pauschbeträgen (§§ 1 bis 3) gemäß den folgenden Grundsätzen nach von ihnen zu bestimmenden Maßstäben auf die Gemeinden. Die Zuweisung ist von dem Zuschußbedürfnis abhängig zu machen. Für das Zuschußbedürfnis sollen das Zahlenverhältnis der Arbeitnehmerbevölkerung zur Zivilbevölkerung und die Größe der Gemeinde maßgebend sein. Ein Zuschußbedürfnis darf nicht für Gemeinden festgestellt werden, bei denen die Arbeitnehmerbevölkerung nicht mehr als 5 v. H. der Zivilbevölkerung beträgt. Auch bei Bemessung der Höhe der Zuweisungen an die hiernach zuschußberechtigten Gemeinden ist das Zahlenverhältnis der Arbeitnehmerbevölkerung zur Zivilbevölkerung zu berücksichtigen.

§ 7.

(1) Arbeitnehmerbevölkerung im Sinne dieses Gesetzes sind die Arbeitnehmer der in den §§ 1 bis 3 bezeichneten Betriebe und ihre Haushaltungsangehörigen. Als Arbeitnehmer gelten nur Beamte, Angestellte und Arbeiter, die in den Betrieben beschäftigt waren. Nicht dazu gehören Arbeitnehmer, die von den Betrieben auf Grund eines früheren Beschäftigungsverhältnisses Wartegeld, Ruhegehalt oder sonstige Versorgungsbezüge empfangen haben.

Angehörige der Wehrmacht gelten nicht als Arbeitnehmer. Die Zahl der Haushaltungsangehörigen kann auf Grund des durchschnittlichen Familienstandes geschätzt werden.

(2) Als Zivilbevölkerung im Sinne dieses Gesetzes gilt die Bevölkerungszahl nach dem Ergebnis der jeweils letzten Volkszählung abzüglich der Angehörigen der Wehrmacht. Die Landesregierungen können bestimmen, daß als Bevölkerungszahl an Stelle des Ergebnisses der letzten Volkszählung das Ergebnis späterer amtlicher Feststellungen zugrunde zu legen ist.

§ 8.

Die im § 8 Abs. 1 des Gesetzes über gegenseitige Besteuerung bezeichneten Betriebe haben die Reichsregierung und die Landesregierungen oder die von ihnen beauftragten Behörden bei der Verteilung der Pauschbeträge zu unterstützen, insbesondere ihnen die für die Verteilung erforderlichen Auskünfte zu geben.

§ 11.

(1) Die Zuschußanforderungen nach den §§ 8 bis 10 des Gesetzes über gegenseitige Besteuerung müssen für die Rechnungsjahre 1925 bis 1929 den in Anspruch genommenen Betrieben innerhalb von 6 Monaten von dem Tage der Verkündung dieses Gesetzes ab zugestellt werden.

(2) Der § 30 des Steuermilderungsgesetzes vom 31. März 1926 (RGBl. I S. 185) wird aufgehoben.

§ 12.

Die Vorschriften der §§ 1, 3, 4 Abs. 1, §§ 5, 6, 7 und 8 dieses Gesetzes kann der Reichsminister der Finanzen mit Zustimmung des Reichsrats aufheben.

§ 13.

(1) Es treten in Kraft

a) der § 9 Nr. 1, 4 und 6 (Abänderung der §§ 4 und 10 und Aufhebung des § 12 des G. vom 10. August 1925) mit Wirkung vom 1. Oktober 1925 ab,

b) der § 11 mit Wirkung vom 1. April 1926 ab.

(2) Im übrigen tritt dieses Gesetz mit Wirkung vom 1. April 1925 ab in Kraft.

b) § 29 des Steuermilderungsgesetzes vom 31. März 1926 (RGBl. I S. 185), welcher lautet:

§ 29.

Für die Zuschußanforderungen der Gemeinden nach dem Besteuerungsgesetz vom 10. August 1925 (RGBl. I S. 252) für das Rechnungsjahr 1925 gilt als Tag der letzten allgemeinen Personenstandsaufnahme im Sinne der § 8 Abs. 2, § 9 Abs. 2 des Besteuerungsgesetzes der Tag der allgemeinen Personenstandsaufnahme 1925. Als Zivilbevölkerung gilt die Wohnbevölkerung nach der Volkszählung vom 16. Juni 1925 abzüglich der Angehörigen der Wehrmacht.

Sachregister.

(Die Ziffern ohne Zusatz von Paragraphen bedeuten die Seiten.)

A.

F.

G.

H.

J.

L.

M.

N.

T.

Z.

Nachweis wichtiger Gesetzesausgaben

mit und ohne Erläuterungen, größere und kleinere Kommentare, Lehrbücher, Sammelwerke, Entscheidungs-Sammlungen, Zeitschriften

Zusammengestellt vom Verlage Walter de Gruyter & Co., Berlin
Januar 1930

Inhaltsübersicht

I. Allgemeines, Sammelwerke

Handwörterbuch der Rechtswissenschaft. Unter Mitberatung von Reichsgerichtspräsident Dr. E. Bumke, L. Busch, Oberreichsanwalt Dr. L. Ebermayer, Geh. Justizrat Professor Dr. Fr. Endemann, Geh. Justizrat Professor Dr. E. Heymann, Senatspräsident am Reichsgericht Dr. O. Strecker, Präsident des Bayrischen Obersten Landesgerichts Staatsrat Dr. K. v. Unzner herausgegeben von Dr. jur. Fritz **Stier-Somlo,** o. Professor an der Universität Köln, und Dr. jur. Alexander **Elster,** Berlin. 6 Bände. Lexikon-Oktav. 1926/29. 266.—, in Halbleder geb. 304.—

„Es zeigt sich doch jetzt immer mehr, daß Ihr Handwörterbuch ein ganz großer Wurf war. Wie ich höre, wird es auch in der Praxis in steigendem Maße benutzt."
Professor Dr. Nipperdey, Köln.

Bürgerliches Rechtslexikon. (Nach dem Bürgerlichen Gesetzbuch, dem Handelsgesetzbuch und sonstigen Reichs- und Landesgesetzen.) Von E. Christiani, weil. Amtsgerichtsrat. Vierte, durchgearbeitete und verbesserte Auflage von Dr. Alexander Elster, Rechtsanwalt Dr. Hugo Hoormann, Amtsgerichtsrat Georg Krause. Lexikon-Oktav. IV, 474 Seiten. 1930. Geb. 15.—

Christianis „Bürgerliches Rechtslexikon" erscheint nach seinen großen Erfolgen vor dem Kriege nunmehr in vierter Auflage. Die besondere Art der Stichwortaufteilung und die verständliche Darstellung haben es in alle Kreise gelangen lassen, die stets eine Gelegenheit zu zuverlässiger Rechtsbelehrung haben müssen.

Hedemann, J. W., Einführung in die Rechtswissenschaft. Zweite, erweiterte und umgestaltete Auflage. Oktav. XXII, 566 Seiten. 1927. 14.—, geb. 16.—
(Lehrbücher und Grundrisse der Rechtswissenschaft Bd. IX.)

„. . . Das Buch Hedemanns, welches die Aufgabe einer Einführung am reichsten und umfassendsten auffaßt und löst . . ." *Juristische Wochenschrift.*

Sternberg, Theodor, Einführung in die Rechtswissenschaft.

I. Teil: Methoden- und Quellenlehre. Zweite, neugestaltete Auflage. Verbesserter Neudruck. 190 Seiten. 1927. Geb. 1.80
(Sammlung Göschen Bd. 169.)

II. Teil: Das Rechtssystem. Erste Hälfte: Grundbegriffe und Privatrecht. Zweite, vermehrte Auflage. 133 Seiten. 1922. Geb. 1.80
(Sammlung Göschen Bd. 170.)

Eine in ihrer Knappheit ganz ausgezeichnete Darstellung der juristischen Begriffe und Probleme.

Schröder, R., und von Künßberg, E., Lehrbuch der deutschen Rechtsgeschichte. Sechste, verbesserte Auflage. Groß-Oktav. Mit einer Abbildung im Text, fünf Tafeln und einem Bildnis. 1124 Seiten. 1922. 26.—, in Halbleder geb. 30.—

Dieses bekannte Lehrbuch hat sich seit langen Jahren bestens bewährt.

Fehr, Hans, Deutsche Rechtsgeschichte. Zweite, verbesserte und ergänzte Auflage. Oktav. 416 Seiten. 1925. 13.—, geb. 14.50

(Lehrbücher und Grundrisse der Rechtswissenschaft Bd. X.)

Das Buch gibt eine plastische Darstellung der deutschen Rechtsgeschichte, die eine Anhäufung von Stoff ausdrücklich vermeidet, vielmehr das Schwergewicht auf eine mehr ideengeschichtliche Behandlung des Gegenstandes legt.

Schröder, Richard, und Glitsch, Heinrich, Deutsche Rechtsgeschichte. Zweite Auflage. Neudruck.

I. Bis zum Ende des Mittelalters. 160 Seiten. 1929. Geb. 1.80
(Sammlung Göschen Bd. 621.)

II. Die Neuzeit. 90 Seiten. 1929. Geb. 1.80
(Sammlung Göschen Bd. 664.)

Eine gemeinverständliche kurze Darstellung der deutschen Rechtsgeschichte.

Giese, Friedrich, Preußische Rechtsgeschichte. Übersicht über die Rechtsentwicklung der preußischen Monarchie und ihrer Landesteile. Ein Lehrbuch für Studierende. Groß-Oktav. 256 Seiten. 1920. 5.—, geb. 6.50

„Das Buch ist nicht ein, sondern das (bisher fehlende) Lehrbuch der preußischen Rechtsgeschichte." Dr. Karl Strupp im „Verwaltungsarchiv".

von Mayr, Robert, Römische Rechtsgeschichte. I. Buch. Die Zeit des Volksrechtes. 1. Hälfte: Das öffentliche Recht. 150 Seiten. 1912. Geb. 1.80
(Sammlung Göschen Bd. 577.)

2. Hälfte: Das Privatrecht. 117 Seiten. 1912. Geb. 1.80
(Sammlung Göschen Bd. 578.)

II. Buch: Die Zeit des Amts- und Verkehrsrechtes. 1. Hälfte: Das öffentliche Recht. 158 Seiten. 1912. Geb. 1.80
(Sammlung Göschen Bd. 645.)

2. Hälfte: Das Privatrecht I. 122 Seiten. 1913. Geb. 1.80
(Sammlung Göschen Bd. 646.)

Das Privatrecht II. 150 Seiten. 1913. Geb. 1.80
(Sammlung Göschen Bd. 647.)

III. Buch. Die Zeit des Reichs- und Volksrechtes. 111 Seiten. 1913. Geb. 1.80
(Sammlung Göschen Bd. 648.)

IV. Buch: Die Zeit der Orientalisierung des römischen Rechtes. 155 Seiten. 1913. Geb. 1.80
(Sammlung Göschen Bd. 697.)

Stammler, Rudolf, Lehrbuch der Rechtsphilosophie. Dritte, vermehrte Auflage. Groß-Oktav. XVI, 396 Seiten. 1928. 13.—, geb. 15.—

„... Ein Werk aus einem Gusse, ein herbes Werk von größter wissenschaftlicher Strenge, eine Schule, durch die jeder gehen muß, der mit den rechtsphilosophischen Problemen der Gegenwart ringt." Schweizerische Juristenzeitung.

Stammler, Rudolf, Rechts- und Staatstheorien der Neuzeit. Leitsätze zu Vorlesungen. Zweite, vermehrte und verbesserte Auflage. Oktav. IV, 116 Seiten. 1925. 3.50, geb. 4.50

Ein unentbehrlicher Führer durch die Rechts- und Staatstheorien der Neuzeit.

Stammler, Rudolf, Wirtschaft und Recht nach der materialistischen Geschichtsauffassung. Eine sozialphilosophische Untersuchung. Fünfte, durch einen Nachtrag ergänzte Auflage. Oktav. VIII, 704 Seiten. 1924. 14.—, geb. 16.—

„Das Werk Stammlers darf den Ruhm in Anspruch nehmen, unter allen Büchern, die in der letzten Zeit auf dem hier in Betracht kommenden Gebiet erschienen sind, die stärkste Wirkung hervorgebracht zu haben. Zu einer ernsten Auseinandersetzung mit Stammler sah sich jeder genötigt, der von dem sich beständig steigernden Interesse für die Grundfragen der Jurisprudenz, der Nationalökonomie und der Geschichtswissenschaft erfüllt war." Historische Zeitschrift.

Friedrichs, Karl, Der Allgemeine Teil des Rechts. Eine Darstellung der gemeinsamen Lehren des öffentlichen und des privaten Rechts. Groß-Oktav. X, 306 Seiten. 1927. 12.—, geb. 13.50

„Eine solche Arbeit fehlte bisher in der juristischen Literatur. Friedrichs ist der bedeutendste Vertreter dieser Lehre. Er ist wie kein anderer berufen, eine grundlegende Arbeit über dieses Gebiet zu schreiben."
Mitteilungen des Preuß. Richtervereins.

Maas, Georg, und Magnus, Julius, Abkürzungsverzeichnis der Rechtssprache. Abkürzungen der Bezeichnungen von Rechtsquellen, Behörden, Entscheidungen usw. des deutschen und österreichischen Rechts. Oktav. IV, 140 Seiten. 1929. 4.—

„Bis jetzt fehlte eine Zusammenstellung, die in zuverlässiger Weise die gebräuchlichsten Abkürzungen wiedergab. Diese Lücke füllt das neue Buch in glücklicher Weise aus." Der junge Rechtsgelehrte.

Endemann, Friedrich, Grundriß des römischen Privatrechts. Oktav. X, 256 und 30 Seiten. 1925. 9.—, geb. 10.50

(Lehrbücher und Grundrisse der Rechtswissenschaft Bd. XII.)

„... ein nach jeder Richtung hochstehendes Werk."
Der junge Rechtsgelehrte.

Stammler, Rudolf, Aufgaben aus dem römischen Recht. Der „Institutionenübungen für Anfänger" vierte Auflage. Oktav. IV, 92 Seiten. 1919. Mit Figuren im Text. Geb. 5.—

Zum selbständigen Einarbeiten in das System des römischen Privatrechts.

II. Bürgerliches Recht

1. Bürgerliches Gesetzbuch

Lehmann, Heinrich, Allgemeiner Teil des Bürgerlichen Gesetzbuches. Dritte, vermehrte und verbesserte Auflage (9. bis 12. Tausend). Oktav. XIV, 439 Seiten. 1928. 12.—, geb. 13.50

(Lehrbücher und Grundrisse der Rechtswissenschaft Bd. I.)

„Es liegt ein großer pädagogischer Wert in diesem Buch. Es wird sich unter den Studenten rasch großer Beliebtheit erfreuen." *Das Recht.*

Leonhard, R., Der Allgemeine Teil des Bürgerlichen Gesetzbuches in seinem Einflusse auf die Fortentwicklung der Rechtswissenschaft. Groß-Oktav. XVI, 537 Seiten. 1900. 10.—

(Recht des Bürgerlichen Gesetzbuches in Einzeldarstellungen Nr. X.)

Die Sammlung „Recht des Bürgerlichen Gesetzbuches" umfaßt systematische Darstellungen des BGB. aus der Feder erster Juristen der Wissenschaft und Praxis.

Oertmann, Paul, Allgemeiner Teil des Bürgerlichen Gesetzbuches.

I. Einleitung. Lehre von den Personen und von den Sachen. Dritte, verbesserte Auflage. 136 Seiten. 1926. Geb. 1.80

(Sammlung Göschen Bd. 447.)

II. Erwerb und Verlust, Geltendmachung und Schutz der Rechte. Dritte, verbesserte Auflage. 147 Seiten. 1928. Geb. 1.80

(Sammlung Göschen Bd. 448.)

Schück, Richard, Zivilrechtspraktikum. Zum Selbststudium und zum Lehrgebrauch. Vierte, vermehrte Auflage. Herausgegeben von Geh. Justizrat Gustav Schreiber, Kammergerichtsrat i. R. Oktav. 160 Seiten 1930. Geb. 6.—

Plancks Kommentar zum Bürgerlichen Gesetzbuch nebst Einführungsgesetz. Bisher herausgegeben von E. Strohal. Bearbeitet von E. Brodmann, L. Busch, J. Ebbecke, F. Flad, M. Greiff, K. Gunkel, P. Knoke, M. Landois, A. Lobe, Fr. Oegg, H. Siber, O. Strecker, K. von Unzner. Vierte, völlig neubearbeitete Auflage. Lexikon-Oktav.

Bisher sind erschienen:

I. Band: Allgemeiner Teil. 606 Seiten. 1913. 15.—, geb. 17.—

II. Band, 1. Hälfte: Recht der Schuldverhältnisse. (Allgemeiner Teil.) 640 Seiten. 1914. 15.—, geb. 17.—

II. Band, 2. Hälfte: Recht der Schuldverhältnisse. (Besonderer Teil.) 1296 Seiten. 1928. 49.—, geb. 52.—

III. Band: Sachenrecht. 1464 Seiten. 1920. Vergriffen.
IV. Band: Familienrecht. 1. Hälfte §§ 1297—1588. 701 Seiten. 1928. 26.—, geb. 28.—
V. Band: Erbrecht. XII, 1136 Seiten. 1930. 51.—, geb. 54.—

„Für jeden Praktiker, der tiefer in den Rechtsstoff eindringen muß, um die zur Entscheidung stehende Frage zu prüfen, ist Plancks Kommentar immer ein zuverlässiger Ratgeber und seine Erläuterung und Meinung von hohem Wert und Gewicht, stets sorgfältiger Beachtung wert.“
Zentralblatt für freiwillige Gerichtsbarkeit.

Das Bürgerliche Gesetzbuch mit besonderer Berücksichtigung der Rechtsprechung des Reichsgerichts. Erläutert von Dr. Busch, Erler, Dr. Lobe, Michaelis, Oegg, Sayn, Schliewen und Seyffarth, Reichsgerichtsräten und Senatspräsidenten am Reichsgericht. Siebente, unveränderte Auflage. 5 Bände. §§ 1—2385. Lexikon-Oktav. 3182 Seiten. 1929.
125.—, in Halbleder geb. 150.—

I. Band: Allgemeiner Teil. Recht der Schuldverhältnisse I. (Allgemeiner Teil.) / II. Band: Recht der Schuldverhältnisse II. (Einzelne Schuldverhältnisse.) / III. Band: Sachenrecht. / IV. Band: Familienrecht. / V. Band: Erbrecht. Alphabetisches Sachverzeichnis.
Das Werk wird nur komplett abgegeben.

„Der Zivilpraxis ist wieder ihr wichtiges Hilfsmittel nach dem neuesten Stande in die Hand gegeben, welches wie kein Buch zuvor fördernd und erklärend auf die gesamte Gerichtstätigkeit eingewirkt hat. Gerade die knappe, klare Form der Rechtssätze, die Vollständigkeit der oberstrichterlichen Rechtsprechung, die objektive Darstellung hat dem Kommentar zur „glossa ordinaria“ des BGB. gemacht, dessen Benutzung zur sachgemäßen Bearbeitung fast jeder Rechtssache gehört.“
Juristische Wochenschrift.

Achilles-Greiff, Bürgerliches Gesetzbuch nebst Einführungsgesetz. Mit Einleitung, Anmerkungen und Sachregister. Nach dem Tode des ersten Herausgebers Dr. A. Achilles in Verbindung mit J. Altstötter, Oberamtsrichter in Sonthofen, O. Meyer, Oberlandesgerichtspräsident in Celle, Dr. J. Kieckebusch, Land- und Amtsgerichtsrat in Kassel, Dr. O. Strecker, Senatspräsident am Reichsgericht i. R. in Leipzig, herausgegeben von Dr. M. Greiff, Wirkl. Geh. Oberjustizrat, Oberlandesgerichtspräsident i. R. in Berlin. Dreizehnte, vermehrte und verbesserte Auflage. Mit Erläuterungen der Verordnung über das Erbbaurecht, des Gesetzes über die religiöse Kindererziehung und des Gesetzes für Jugendwohlfahrt. Groß-Oktav. XXIII, 1304 Seiten. 1930.
Geb. 24.—

(Guttentagsche Sammlung Deutscher Reichsgesetze Bd. 38/39.)

„Das ausgezeichnete Buch, das einer weiteren Empfehlung kaum bedarf, wird seine führende Stellung unter den Handausgaben ohne Zweifel behaupten.“
Juristische Rundschau.

Bürgerliches Gesetzbuch nebst Einführungsgesetz. Vom 18. August 1896 mit Berücksichtigung der bis zum 1. Januar 1928 ergangenen Abänderungen. Textausgabe mit ausführlichem Sachregister. Sechzehnte Auflage. (61. bis 66. Tausend). Taschenformat. 758 Seiten. 1928. Geb. 5.—
(Guttentagsche Sammlung von Textausgaben ohne Anmerkungen mit Sachregister.)
Die vorliegende Ausgabe zeichnet sich durch Vollständigkeit und besondere Ausführlichkeit des Sachregisters aus.

Lindemann, Otto, **Ausführungsgesetz zum Bürgerlichen Gesetzbuche** vom 20. September 1899 nebst einem Anhang: Verordnung zur Ausführung des Bürgerlichen Gesetzbuchs vom 16. November 1899. Nach dem Tode des früheren Herausgebers Kammergerichtsrat Dr. P. Siméon, erläutert von Geh. Oberjustizrat Otto Lindemann, Ministerialdirektor im Preuß. Justizministerium. Vierte Auflage. Ca. 220 Seiten. 1930. Geb. 5.—
(Guttentagsche Sammlung Preußischer Gesetze Bd. 23.)
Die neue Auflage kommt im richtigen Augenblick, um dem fühlbaren Mangel an neuen Bearbeitungen der Ausführungsgesetze zum Bürgerlichen Gesetzbuche abzuhelfen. Sie ist völlig neu bearbeitet und nach den Ergebnissen von Gesetzgebung und Rechtsprechung bis in die jüngste Zeit ergänzt.

v. Schwerin, Cl., Frhr., **Grundzüge des deutschen Privatrechts.** Zweite Auflage. Oktav. XII, 342 Seiten. 1928. 9.50, geb. 11.—
(Lehrbücher und Grundrisse der Rechtswissenschaft Bd. XIII.)
„Was dem Studenten not tut, ist ein kurzgefaßtes Handbuch. ... Ein ausgezeichnetes Hilfsmittel dieser Art ist das vorliegende Buch.“
Zeitschrift für Rechtspflege in Bayern.

Wegner, Arthur, **Jugendrecht.** Ein Lehrbuch zur Einführung. Oktav. IX, 219 Seiten. 1929. 6.—, geb. 7.50
„Ein gleichartiges und gleichwertiges Werk über das Jugendgericht gibt es noch nicht.“ *Breslauer Zeitung.*

Schuldverhältnisse insbesondere

Hedemann, Justus Wilh., **Schuldrecht des Bürgerlichen Gesetzbuches.** Oktav. Zweite Auflage in Bearbeitung.
(Lehrbücher und Grundrisse der Rechtswissenschaft Bd. II.)
„Die Schrift bietet die beste mir bekannte Einführung in das schwierige Recht der Schuldverhältnisse.“ *Staats- und Selbstverwaltung.*

Oertmann, Paul, **Schuldrecht.** (BGB. II.)

I. Allgemeine Lehren. Dritte, verbesserte Auflage. 142 Seiten. 1927. Geb. 1.80
(Sammlung Göschen Bd. 323.)

II. Die einzelnen Schuldverhältnisse. Dritte, verbesserte Auflage. 159 Seiten. 1929. Geb. 1.80
(Sammlung Göschen Bd. 324.)

„In knapper Form und gemeinverständlicher Ausdrucksweise ist ein vorzüglicher Überblick über den Stoff gegeben.“ *Leipz. Zeitschrift f. deutsches Recht.*

Meyer, Georg, Das Recht der Beschlagnahme von Lohn- und Gehaltsforderungen. Sechste Auflage. Taschenformat. 1927. Mit Nachtrag 1928. Geb. 4.50

(Guttentagsche Sammlung Deutscher Reichsgesetze Bd. 55.)

„Das Buch enthält einen Kommentar zum Lohnbeschlagnahmegesetz, der durch Gründlichkeit und Zuverlässigkeit ausgezeichnet ist. Als Anhang ist ihm eine übersichtliche Darstellung des Verfahrens der Beschlagnahme von Lohn- und Dienstbezügen beigegeben sowie eine sehr brauchbare Zusammenstellung von Behörden, denen bei der Pfändung der Dienstbezüge von Beamten als Drittschuldnern der Pfändungsbeschluß zuzustellen ist.“ Berliner Tageblatt.

Seligsohn, Franz, Haftpflichtgesetz. Groß-Oktav. 349 Seiten. 1920. Vergriffen.

„Das reiche Material hat der Verfasser mit logischer Schärfe und in knapper Form bearbeitet und damit ein mustergültiges Werk geschaffen, das für die meist veralteten Kommentare zum Reichshaftpflichtgesetz einen wertvollen Ersatz bietet.“ Blätter für Rechtspflege im Bezirk des Kammergerichts.

Krieg, O., Mietrecht und Wohnungsmangelgesetzgebung im Reiche, in Preußen und in Berlin, einschließlich Hauszinssteuer, Kostenwesen und Rechtsentscheiden des Kammergerichts und des Obersten Landesgerichts. Zusammengestellt und mit ausführlichem Schlagwortregister versehen. Vierte Auflage. Taschenformat. XII, 594 Seiten. 1928. Geb. 10.—

(Guttentagsche Sammlung Deutscher Reichsgesetze Bd. 156.)

„Eine solche Ausgabe zu besitzen, ist wertvoll. Eine angenehme Zugabe sind die Rechtsentscheide des Kammergerichts. Diese Ausgabe verdient schon wegen ihrer Vollständigkeit besondere Beachtung. Ein vortreffliches Sachregister ist beigegeben.“ Juristische Wochenschrift.

Stölzle, Hans, Viehkauf nach Bürgerlichem Gesetzbuch und ausländischem Recht. Verordnung, betreffend die Hauptmängel und Gewährfristen beim Viehhandel. Von Eugen Fröhner. Sechste, vermehrte und wesentlich verbesserte Auflage. Taschenformat. 699 Seiten. 1926. Geb. 15.—

(Guttentagsche Sammlung Deutscher Reichsgesetze Bd. 50.)

„Die neue Auflage erfüllt alle Erwartungen, die an sie geknüpft wurden. Unseres Wissens genießt der Spezialkommentar von Stölzle auch in Richterkreisen ein sehr großes Ansehen. Bei der Lektüre der vielen Gerichtsentscheidungen, die uns aus unsern Mitgliederkreisen zugestellt werden, mußten wir immer wieder die Beobachtung machen, daß eine große Anzahl von Gerichten in den Urteilsgründen auf die Ansicht von Stölzle Bezug nahm. Wer täglich über Viehkaufsfragen Auskunft geben muß, stellt mit hoher Befriedigung fest, daß der ‚Stölzle‘ alle Fragen dieser schwierigen Materie in klarer und erschöpfender Weise behandelt.“ Allgemeine Viehhandelszeitung.

Hoffmann, J., Abzahlungsgeschäfte. Vierte Auflage, besorgt von K.-A. Crisolli. Taschenformat. Im Druck.
(Guttentagsche Sammlung Deutscher Reichsgesetze Bd. 34.)

„Jeder, der mit Abzahlungsgeschäften zu tun hat, kann sich bestens aus dem Büchlein informieren. Der Kommentar ermöglicht es auch dem Laien, sich mit allen einschlägigen Fragen vertraut zu machen. Die Bearbeitung stellt sich als durchaus sachgemäß und praktisch verwendbar dar.“ Berliner Intelligenz-Blatt.

Harnier, Ed., Sicherung der Bauforderungen. Dritte Auflage. Taschenformat. 122 Seiten. 1912. Geb. 1.50
(Guttentagsche Sammlung Deutscher Reichsgesetze Bd. 93.)

„Die vorliegende Neubearbeitung der kleinen Ausgabe des äußerst schwierigen Gesetzes findet einen weiterstreckten Interessenkreis. Nach einer äußerst klaren Einleitung, in der die langwierige Geschichte und der verwickelte Inhalt des Gesetzes in kurzen Zügen, aber mit kräftigen Strichen geschildert wird, werden seine Bestimmungen an der Hand der Gesetzesmaterialien und auf dem Boden des geltenden Rechts, unter Herstellung des Zusammenhanges mit ihm, in knappen Anmerkungen erläutert.“ Mitteilungen der Handelskammer Breslau.

Göppert, H., Gesetz, betreffend die gemeinsamen Rechte der Besitzer von Schuldverschreibungen. Zweite Auflage, bearbeitet von E. Trendelenburg. Taschenformat. 156 Seiten. 1915. Geb. 1.50
(Guttentagsche Sammlung Deutscher Reichsgesetze Bd. 52.)

Dungs, H., Sechs Haager Abkommen über internationales Privatrecht. Taschenformat. 116 Seiten. 1910. Geb. 1.50
(Guttentagsche Sammlung Deutscher Reichsgesetze Bd. 98.)

„Die diesen Abkommen vom Verfasser beigefügten Erläuterungen sind kurz und klar gefaßt und entsprechen den allgemeingültigen Anschauungen. Der Kommentar von Dungs kann allen Gerichten, Staatsanwaltschaften und diplomatischen Behörden nur angelegentlichst empfohlen werden.“ Juristisches Literaturblatt.

Bogeng, G., Die Haager Abkommen über das internationale Privatrecht. Taschenformat. 173 Seiten. 1908. Geb. 2.—
(Guttentagsche Sammlung Deutscher Reichsgesetze Bd. 90.)

Sachenrecht insbesondere

Hedemann, Justus Wilh., Sachenrecht des Bürgerlichen Gesetzbuches. Oktav. XXXII, 507 Seiten. 1924. 12.—, geb. 13.50
(Lehrbücher und Grundrisse der Rechtswissenschaft Bd. III.)

„Ein trotz seiner Kürze ausgezeichnetes und inhaltreiches Lehrbuch, nicht nur für die Studierenden, sondern auch für ältere Juristen. Hervorzuheben ist der systematische Aufbau. Die Arbeit ist wissenschaftlich tiefgründig und doch gemeinverständlich geschrieben; auf jeder Seite bietet sie reiche Anregung rechtlicher und wirtschaftlicher Natur und wird allen Fragen der Neuzeit in vollstem Umfange gerecht.“ Zeitschrift des Deutschen Notarvereins.

Kretschmar, F., Sachenrecht.

I. Allgemeine Lehren. Besitz und Eigentum. Zweite, verbesserte Auflage. 142 Seiten. 1922. Geb. 1.80

(Sammlung Göschen Bd. 480.)

II. Begrenzte Rechte. 144 Seiten. 1923. Geb. 1.80

(Sammlung Göschen Bd. 481.)

Diese Bändchen bieten die Grundzüge des Sachenrechts in gedrängter und klarer Form.

Lenzen, Georg, Das deutsche Pfandleihrecht. Kommentar zum preußischen Pfandleihgesetz unter Berücksichtigung der außerpreußischen Gesetze. Oktav. XXVI, 266 Seiten. 1929. 20.—

„Diese zusammenfassende Darstellung ist die erste ihrer Art und sehr verdienstlich. Das Buch regt zu allerhand Fragen an." Juristische Wochenschrift.

Günther, Hermann, Erbbaurecht. Taschenformat. 167 Seiten. 1919. Geb. 2.—

(Guttentagsche Sammlung Deutscher Reichsgesetze Bd. 135.)

„Günther ist ausführlich, ohne weitschweifig zu sein; ausgezeichnete Vorbemerkungen geben vorzügliche Übersicht und wahren den Zusammenhang. Überall ist der bisherige Rechtszustand, der ja für absehbare Zeit seine Bedeutung behält, mit in das Bereich der Betrachtungen gezogen. Der Praxis wird das Werk von hervorragendem Nutzen sein." Beiträge zur Erläuterung des deutschen Rechts.

Arnheim, Hugo, Grundbuchordnung. Kommentar zur Grundbuchordnung für das Deutsche Reich nebst den für Preußen erlassenen Ausführungsbestimmungen. Zweite, völlig neubearbeitete Auflage. Lexikon-Oktav. 959 Seiten. 1913. 15.—

„Der Band weist außerordentliche Gründlichkeit, Klarheit und Übersichtlichkeit der Darstellung sowie Selbständigkeit des Urteils gegenüber der Literatur und der Rechtsprechung auf. Man kann wohl sagen, daß kaum eine Frage auftauchen wird, die nicht wenigstens berührt wäre; die bisher zutage getretenen Fragen aber sind sämtlich in der eingehendsten Weise erörtert."
Zentralblatt für freiwillige Gerichtsbarkeit.

Fischer, Otto, und Fischer, Norbert, Grundbuchordnung für das Deutsche Reich nebst den preußischen Ausführungsbestimmungen. Neunte, durchgearbeitete und ergänzte Auflage. Taschenformat. 322 Seiten. 1927. Geb. 5.—

(Guttentagsche Sammlung Deutscher Reichsgesetze Bd. 42.)

„Eine der äußerlich kleinen, inhaltlich vortrefflichen alteingeführten Handausgaben der Guttentagschen Sammlung, bei der schon die Auflagenziffer für die Brauchbarkeit in der Praxis spricht. Nach wie vor ist das vorliegende Buch ein vortrefflicher Wegweiser und Berater für den, der sich über die wichtigsten von Theorie und Praxis entwickelten Auslegungssätze kurz unterrichten will."
Juristische Wochenschrift.

Nicks, Gerhard, Die Grundbuchpraxis. Ein Handbuch für den täglichen Gebrauch in Grundbuchsachen. Achte Auflage. Groß-Oktav. XII, 412 Seiten. 1929. 12.—, geb. 14.—

„Das Buch soll ein kurzes Handbuch für den täglichen Gebrauch des Grundbuchrichters und anderer mit dem Grundbuchrechte befaßter Personen sein. Dieser Zweck ist in ausgezeichneter Weise erreicht. Als einen besonderen Vorzug sehe ich es an, daß die Ausführungen und Ratschläge des Verfassers überall dem Bestreben erwachsen sind, in dem Grundbuche nicht eine öde Aneinanderreihung langweiliger Vermerke, sondern ein lebendiges Ganzes zu erblicken."
Deutsche Juristenzeitung.

Friedlaender, Martin, Hypothekenbeschaffung für Wohn- und Geschäftshäuser. Handbuch für die Praxis der Grundstückswirtschaft. Groß-Oktav. VIII, 151 Seiten. 1929. 6.—, geb. 7.50

„Das Buch gibt einen außerordentlich praktischen Überblick über alle Fragen der Hypothekenbeschaffung. Die anschauliche Art der Zergliederung und die gründliche Darlegung des Statuts sichern dem Buch eine weite Verbreitung."
Deutsche Sparkassen-Zeitung.

Familienrecht, Erbrecht

Lehmann, Heinrich, Familienrecht des Bürgerlichen Gesetzbuches einschließlich Jugendfürsorgerecht. Oktav. XII, 352 Seiten. 1926. 11.—, geb. 12.50

(Lehrbücher und Grundrisse der Rechtswissenschaft Bd. IV.)

„Die Schilderung Lehmanns ist überall anregend und fesselnd. Das Werk kann allen Rechtsstudenten und Referendaren zur Anschaffung dringend empfohlen werden." *Der junge Rechtsgelehrte.*

Titze, Heinrich, Familienrecht. (BGB. IV.) 169 Seiten. Neudruck. 1924. Geb. 1.80

(Sammlung Göschen Bd. 305.)

Endemann, Fr., Erbrecht. Oktav. XII, 166 Seiten. 1923. 3.—, geb. 4.50

(Lehrbücher und Grundrisse der Rechtswissenschaft Bd. V.)

„Dieser Leitfaden behandelt den spröden Stoff des schwierigen Erbrechts in meisterhafter, fesselnder Darstellung."
Zeitschrift des Bundes Deutscher Justizamtmänner.

Blume, Wilh. von, Erbrecht. (BGB. V.)

I. Einleitung. Die Grundlagen des Erbrechts. 75 Seiten. 1913. Geb. 1.80

(Sammlung Göschen Bd. 659.)

II. Die Nachlaßbeteiligten. Mit 23 Figuren. 131 Seiten. 1913. Geb. 1.80

(Sammlung Göschen Bd. 660.)

Riesenfeld, S., Die Erbenhaftung nach dem Bürgerlichen Gesetzbuch. Groß-Oktav. 2 Bände. 1916. 15.—, geb. 18.—

I. Band: Die Grundsätze der Haftung. XII, 461 Seiten.

II. Band: Das Inventar und die Mittel der Haftungsbeschränkung. VIII, 455 Seiten.

„Ein hervorragendes Werk, das in allen Teilen die vollständige Beherrschung des schwierigen Stoffes erkennen läßt und sich dabei durch klare und gemeinverständliche Darstellung auszeichnet." *Sächsisches Archiv für Rechtspflege.*

Aufwertung

Michaelis, Richard, Das Aufwertungsrecht nach den Aufwertungsgesetzen und nach allgemeinem bürgerlichem Rechte. Kommentar zu den Gesetzen vom 16. Juli 1925 über die Aufwertung von Hypotheken und anderen Ansprüchen und über die Ablösung öffentlicher Anleihen sowie systematische Darstellung des Aufwertungsrechts außerhalb dieser Gesetze. Zweite, gänzlich umgearbeitete Auflage des Kommentars zur Dritten Steuernotverordnung vom 14. Februar 1924 (Aufwertung). Mit einer Fristentabelle von H. Hoormann. Groß-Oktav. X, 516 Seiten. 1926. Mit Nachtrag 1927. Geb. 16.—

(de Gruyter'sche Sammlung Deutscher Gesetze. Handkommentare.)

„Es handelt sich bei dem vorliegenden Werk um ein ganz erstklassiges, die gesamte Rechtslehre und Rechtsprechung lückenlos verarbeitendes Hauptwerk, das sich für jeden Aufwertungsinteressenten als unentbehrlich erweisen wird."
Deutsche Allgemeine Zeitung.

Michaelis, Richard, Fälligkeit und Verzinsung der Aufwertungshypotheken und Grundbuchbereinigungsgesetz. 1930. 4.—

Von einem auf diesem Gebiet besonders erfahrenen Sachkenner bearbeitet, bietet diese Aufgabe eine auf die Bedürfnisse der Praxis zugeschnittene ausgiebige und zuverlässige Erläuterung der neuen Bestimmungen. Der billige Preis ermöglicht eine gute Abnahme dieses Werkes.

Berliner, Ludwig, und Pfaffenberger, Ernst, Aufwertung von Versicherungsansprüchen mit Durchführungsbestimmungen.

I. Teil. Oktav. 235 Seiten. 1925. Geb. 6.50
(Guttentag'sche Sammlung Deutscher Reichsgesetze Bd. 164.)

II. Teil: Sach- und Transportversicherung; Unfall- und Haftpflichtversicherung. Oktav. 112 Seiten. 1926. Mit Nachtrag. Geb. 3.50
(Guttentag'sche Sammlung Deutscher Reichsgesetze Bd. 164a.)

„Ein bedeutsamer Kommentar, der sowohl dem Versicherungstechniker wie dem Juristen eine Fülle von Aufklärung und Anregung bietet. Das Werk ist als eine wohlgelungene systematische Darstellung des gesamten versicherungsrechtlichen Aufwertungsgebiets anzusprechen."
Neumanns Zeitschrift für Versicherungswesen.

2. Handelsrecht

v. Gierke, Jul., Handelsrecht und Schiffahrtsrecht. Dritte, ergänzte Auflage. Groß-Oktav. XIV, 744 Seiten. 1929.
21.—, geb. 22.50
(Lehrbücher und Grundrisse der Rechtswissenschaft Bd. VI.)

„. . . ein außerordentlich hochstehendes, immer den neuesten Stand der Lehre und der Rechtsprechung widerspiegelndes Lehrbuch des Handelsrechts im weitesten Sinn." Der junge Rechtsgelehrte.

Lehmann, K., und Hoeniger, H., Lehrbuch des Handelsrechts. Dritte Auflage. Erster Halbband, enthaltend die Lehre vom Handelsstand und von den Handelsgesellschaften. Groß-Oktav. 432 Seiten. 1921. 10.—

Ein großangelegtes Lehrbuch des Handels- und Schiffahrtsrechts.

Lehmann, K., und Hoeniger, H., Deutsches Handelsrecht.
I. Einleitung. Der Kaufmann und seine Hilfspersonen. Offene Handelsgesellschaft, Kommandit- und stille Gesellschaft. 117 Seiten. 1921. Geb. 1.80
(Sammlung Göschen Bd. 457.)
II. Aktiengesellschaften, Gesellschaften mit beschränkter Haftung, eingetragene Genossenschaften. Handelsgeschäft, 126 Seiten. 1924.
(Sammlung Göschen Bd. 458.) Geb. 1.80

Eine gemeinverständliche Darstellung in gedrängter Form.

Hein, Joh., Die Zusammenhänge zwischen Steuerrecht und Handelsrecht und ihre Entwicklung, untersucht an dem Gewinn und an der Bewertung. Eine bilanzrechtliche und bilanzkritische Darstellung mit praktischen Beispielen. Groß-Oktav. X, 280 Seiten. 1928.
10.—, geb. 12.—

„Das Buch führt in klarer Gestaltung in die Probleme des Bilanzrechts ein. Eine übersichtliche Gliederung ermöglicht dem Kaufmann wie dem Juristen eine schnelle und doch gründliche Einführung in das ihn interessierende Gebiet. Ein eingehendes Sachregister leistet dabei gute Hilfe. Darüber hinaus stellt das Buch eine wesentliche Förderung für die dringend notwendige wissenschaftliche Behandlung des Steuerbilanzrechts und seiner Zusammenhänge mit den verwandten Rechtsmaterien dar." Zeitschrift für Handelsrecht.

Veröffentlichungen der Vereinigung der Handelsrechtslehrer deutscher Hochschulen.

Bericht über die erste Tagung der Vereinigung in Berlin am 7. und 8. März 1927 (Senatssaal der Universität). Mit Beiträgen von **Ernst Heymann, Hans Wüstendörfer, Otto Schreiber** und **Arthur Nußbaum.** Oktav. 65 Seiten. 1928. 5.—

Das Handelsrecht zeigt heute unter den privatrechtlichen Materien die meisten wissenschaftlichen und gesetzgeberischen Probleme und entwickelt am meisten Initiative. Unter diesen Verhältnissen werden sich die Veröffentlichungen der Vereinigung der Handelsrechtslehrer deutscher Hochschulen als besonders fruchtbar und förderlich erweisen.

Staubs Kommentar zum Handelsgesetzbuch. Zwölfte und dreizehnte Auflage. Bearbeitet von Heinrich Koenige, Albert Pinner, Felix Bondi. Vier Bände und ein Registerband. Groß-Oktav. 4000 Seiten. 1927.

Zusammen 157.—, in Halbleder 183.60

„Der Staubsche Kommentar ist das klassische Hilfswerk zum Deutschen Handelsgesetzbuch und für die Beurteilung der zahlreichen schwierigen Fragen dieses Gesetzes maßgebend geworden; es stellt ein unentbehrliches Mittel zur Erfassung und zur Anwendung des Gesetzes dar." Frankfurter Zeitung.

Mosse, Albert, und Heymann, Ernst, Handelsgesetzbuch (ohne Seerecht). Mit den ergänzenden Vorschriften des Bürgerlichen Gesetzbuchs und einem Anhang, enthaltend das Einführungsgesetz, das Depotgesetz, die Bestimmungen über Börsentermin- und Differenzgeschäfte u. a. Nebst Erläuterungen. Im Anschluß an die Textausgabe von F. Litthauer. Siebzehnte Auflage. Unter Mitwirkung von Karl August Crisolli. Oktav. VIII, 693 Seiten. 1926.

Geb. 14.—

(Guttentagsche Sammlung Deutscher Reichsgesetze Bd. 4.)

„Die Litthauer-Mossesche Ausgabe des Handelsgesetzbuches hat bei allen Praktikern seit langem den wohlbegründeten Ruf größter Zuverlässigkeit und übersichtlicher Anordnung, die mit möglichster Knappheit des Ausdrucks gepaart sind. Das Buch ist ein zuverlässiger Führer durch das immer schwieriger werdende Gebiet des Handelsrechts." Vossische Zeitung.

Handelsgesetzbuch nebst Einführungsgesetz und Seerecht. Elfte Auflage. 381 Seiten. 1924. Geb. 2.60

(Guttentagsche Sammlung von Textausgaben ohne Anmerkungen.)

Die handliche Ausgabe enthält den genauen Gesetzestext mit einem das Zurechtfinden sehr erleichternden Sachregister.

Baum, G., Das vertragliche Wettbewerbsverbot (Konkurrenzklausel). Nebst Kommentar zum Gesetze vom 10. Juni 1914. Taschenformat. XII, 231 Seiten. 1914. Geb. 3.—

(Guttentagsche Sammlung Deutscher Reichsgesetze Bd. 115.)

Gesellschaften

Brodmann, Erich, Aktienrecht. Kommentar. Groß-Oktav. XII, 580 Seiten. 1928. 28.—, geb. 30.—

(Gewerbe- und Industrie-Kommentar Bd. IV.)

„Mit unvergleichlichem Geschick hat der Verfasser Großartiges geleistet — Brodmann ist Trumpf!" Zeitschrift für Aktiengesellschaften.

Solmssen, Georg, **Probleme des Aktienrechts** unter besonderer Berücksichtigung ihrer Entwicklung in den Vereinigten Staaten von Amerika. Zweite Auflage. Oktav. I, 127 Seiten. 1928. 2.50

„Sämtliche Momente, die bei der Prüfung der Frage, ob und inwieweit das geltende deutsche Aktienrecht änderungsbedürftig ist, haben eine eingehende und umfassende Erörterung gefunden. Allen, die sich mit dieser recht heiklen Frage befassen, kann die Anschaffung des Werkes wärmstens empfohlen werden."
Badische Wirtschafts-Zeitung.

Hachenburg, Max, **Kommentar zum Gesetz, betr. die Gesellschaften mit beschränkter Haftung.** (Früher Staub-Hachenburg.) Fünfte Auflage unter Mitarbeit von Fritz Bing und Walter Schmidt. 2 Bände. 43.—, geb. 47.—
I. Band: §§ 1—34. Groß-Oktav. VI, 527 Seiten. 1926.
II. Band: §§ 35—84. Groß-Oktav. II, 452 Seiten. 1927.

„Was Hachenburg in seinen Neubearbeitungen aus diesem Buche gemacht hat, ist erstaunlich. Sein reiches juristisches Wissen, sein überlegener und kritischer Verstand, seine vorzügliche Gestaltungskraft und seine nur wenigen Juristen eigene vielseitige Auslegungskunst haben etwas Großes, Unvergleichliches geschaffen. Man findet selten ein literarisches Werk, in welchem Rechtsgelehrsamkeit und praktisches Können vereint einem Spezialgesetz so zugute kamen wie hier."
Zeitschrift für Aktiengesellschaften.

Brodmann, Erich, **Gesetz, betr. die Gesellschaften mit beschränkter Haftung.** Kommentar. Zweite, verbesserte Auflage. Groß-Oktav. VIII, 304 Seiten. 1930. 16.—, geb. 18.—
(Gewerbe- und Industrie-Kommentar Bd. I.)

„Übersichtliche, klare Anordnung der Erläuterungen, tiefes Eindringen in die Einzelheiten des Gesetzes unter steter Berücksichtigung des Wirtschaftslebens, erschöpfende Wiedergabe der Rechtsprechung, namentlich des Reichsgerichts, sind die besonderen Vorzüge des Werkes, das damit ebenbürtig neben die anderen Reichsgerichtskommentare tritt und mit ihnen unentbehrliches Rüstzeug für Richter und Anwälte werden wird." *Badische Rechtspraxis.*

Parisius, Ludolf, und **Crüger,** Hans, **Das Reichsgesetz, betr. die Gesellschaften mit beschränkter Haftung.** Textausgabe mit Anmerkungen und Sachregister. Achtzehnte Auflage, bearbeitet von Adolf Crecelius und Fritz Citron. Taschenformat. 244 Seiten. 1929. Geb. 3.50
(Guttentagsche Sammlung Deutscher Reichsgesetze Bd. 32.)

„Die äußerst sachkundig erläuterte Ausgabe des Gesetzes, betreffend die Gesellschaften mit beschränkter Haftung, wird von den interessierten Kreisen freudig begrüßt werden. Wir können das Bändchen der bekannten Guttentagschen Sammlung bestens empfehlen." *Badische Wirtschafts-Zeitung.*

Klumpp, Hermann, **Beiträge zur Rechtsstellung der Geschäftsführer einer G. m. b. H. nach deutschem und französischem Recht.** Oktav. XVI, 180 Seiten. 1928. 6.—

Im G.m.b.H.-Recht hat die Stellung des Geschäftsführers besondere Bedeutung. Die vorliegende Arbeit, die unter Auswertung der umfangreichen Literatur eine eingehende Untersuchung dieser so wichtigen Frage nach deutschem und französischem Recht darstellt, wird in juristischen und geschäftlichen Kreisen Interesse finden.

Starke, Arthur, **Offene Handelsgesellschaften, Kommanditgesellschaften und stille Gesellschaften** von der Errichtung bis zur Auflösung. Nebst Vertrags- und Anmeldeformularen und mit Berücksichtigung des Steuerrechts. Oktav. XIV, 167 Seiten. 1928.

Eine systematische Darstellung für Studium und Praxis. 5.—

Wechselordnung und Scheckrecht

Staubs Kommentar zur Wechselordnung. Fortgesetzt von J. Stranz und M. Stranz. Zwölfte Auflage, bearbeitet von M. Stranz und Martin Stranz. Groß-Oktav. 432 Seiten. 1929.

16.—, geb. 18.—

„Zwei Namen klingen ans Ohr, die der deutschen Juristenwelt unvergeßlich sind, Hermann Staub und Josef Stranz. Was soll man mehr sagen? Staub-Stranz ist der Kommentar zur Wechselordnung. Auch die jüngste Auflage des Kommentars gibt einen echten Staub-Stranz. Weiterer Kommentar dazu ist überflüssig." Juristische Wochenschrift.

Stranz, J., und **Stranz,** M., **Wechselordnung** vom 3. Juni 1908. Kommentar. Zwölfte Auflage von M. und M. Stranz. Taschenformat. VIII, 396 Seiten. 1923. Mit Nachtrag 1926. Geb. 3.50
(Guttentagsche Sammlung Deutscher Reichsgesetze Bd. 5.)

„Die neue Ausgabe der Wechselordnung mit ihrem äußerst nützlichen, guten Kommentar ist sehr zu empfehlen. Erfreulicherweise enthält das Bändchen auch die Bestimmungen der Zivilprozeßordnung über Urkunden- und Wechselprozesse im Anhang." Badische Wirtschaftszeitung.

Wechselordnung in der Fassung der Bekanntmachung vom 3. Juni 1908 (RGBl. S. 326ff.). Mit einem Anhang, enthaltend den Wechselprozeß und Nebengesetze. Textausgabe mit Einleitung und Sachregister. Taschenformat. 102 Seiten. 1928. Geb. 1.50
(Guttentagsche Sammlung von Textausgaben ohne Anmerkungen.)

Vorteilhafte Anordnung, ein zuverlässiges Sachregister, das das Gesetz erschließt, Handlichkeit und sauberer Druck zeichnen auch die neue Auflage der Wechselordnung aus, deren Einleitung den letzten Stand dieser Materie erfaßt und deren Anhang „Nebengesetze" bis auf die letzte Zeit ergänzt ist.

Michaelis, Richard, **Scheckgesetz** mit allen einschlägigen Nebengesetzen, den ausländischen Gesetzen und dem Deutschen Postscheckgesetz mit Postscheckordnung. Kommentar. Groß-Oktav. VII, 339 Seiten. 1927. 16.—, geb. 18.—
(Gewerbe- und Industrie-Kommentar Bd. II.)

„Die vielen umfangreichen, den einzelnen Bestimmungen des Scheckgesetzes angefügten Bemerkungen behandeln die schwierige Materie in so tiefgründiger Weise, daß man in allen sich ergebenden Zweifelsfragen einer erschöpfenden Aufklärung gewiß sein darf. Es darf ferner nicht unerwähnt bleiben, daß das Buch nicht nur für den Gebrauch für den Juristen überaus geeignet erscheint, sondern auch infolge seiner klaren und allgemeinverständlichen Ausdrucksweise ein wertvolles Hilfsmittel für die Kreise des Gewerbes und der Industrie darstellt. Wir glauben deshalb nicht fehlzugehen, wenn wir dem ausgezeichneten Werke großen Erfolg voraussagen." Blätter für Genossenschaftswesen.

Schiffahrtsrecht

Schaps, Georg, Das deutsche Seerecht. Kommentar zum vierten Buche des Handelsgesetzbuches (als Ergänzung zu Staubs Kommentar) nebst Erläuterungen zu den seerechtlichen Nebengesetzen. Zweite, vollständig umgearbeitete Auflage herausgegeben von Max Mittelstein (†) und Julius Sebba.

I. Band. (Handelsgesetzbuch: Viertes Buch.) Groß-Oktav. VIII, 1041 Seiten. 1921. 25.—, geb. 28.—

II. Band. (Seerechtliche Nebengesetze. Bearbeitet von J. Sebba.) XVI, 1108 Seiten. 1929. 52.—, geb. 55.—

„Die alte, auf der Staubschen Kommentierungsmethode beruhende Auflage erfreute sich mit Recht schon großen Ansehens. In diesen bewährten Bahnen leistet die zweite Auflage an Vollständigkeit, Übersichtlichkeit und Genauigkeit das Höchste, was Wissenschaft und Praxis nur wünschen können."

Juristische Wochenschrift.

Brandis, Otto, Das deutsche Seerecht (mit Ausschluß des Seeversicherungsrechts.) I. Allgem. Lehren: Personen und Sachen des Seerechts. 130 Seiten. 1908. II. Die einzelnen seerechtlichen Schuldverhältnisse: Verträge des Seerechts und außervertragliche Haftung. 156 Seiten. 1908. Geb. 1.80

(Sammlung Göschen Bd. 386/87.)

Knitschky, W. E., Die Seegesetzgebung. Fünfte Auflage, bearbeitet von O. Rudorff. XXIV, 1024 Seiten. 1913. Vergriffen.

(Guttentagsche Sammlung Deutscher Reichsgesetze Bd. 19.)

Sieveking, Gustav, Das deutsche Seeversicherungsrecht. Kommentar zum zehnten Abschnitt des vierten Buches des Handelsgesetzbuches. Lexikon-Oktav. 218 Seiten. 1912. 5.—, geb. 6.80

„Der Kommentar ruht auf einer vortrefflichen Grundlage und zeigt sich auch in seinem Inhalte dieser Grundlage durchaus würdig. Er ersetzt ein Lehrbuch und kann daher auch zur Einführung in das Seeversicherungsrecht empfohlen werden."

Leipziger Zeitschrift für deutsches Recht.

Ritter, Carl, Das Recht der Seeversicherung. Ein Kommentar zu den Allgemeinen Deutschen Seeversicherungsbedingungen. Groß-Oktav. 2 Bände. 1494 Seiten. 1924. Geb. 100.—

(Friederichsen, de Gruyter & Co., m. b. H., Hamburg.)

Allgemeine Deutsche Seeversicherungs-Bedingungen. Im Jahre 1919 herausgegeben von den deutschen Seeversicherern nach Beratung mit deutschen Handelskammern und Fachverbänden unter Vorsitz der Handelskammer Hamburg. 16.—20. Tausend. 50 Seiten. 1925. 2.—

(Friederichsen, de Gruyter & Co., m. b. H., Hamburg.)

General Rules of Marine. Insurance 1919 adopted by the German Underwriters. Authorind Translation by Dr. Alfred Sieveking, larger in Hamburg. 64 Seiten. 1920. 3.—
(Friederichsen, de Gruyter & Co., m. b. H., Hamburg.)

Materialien zu den Allgemeinen Deutschen Seeversicherungs-Bedingungen. Im Auftrag der vereinigten Handelskammern herausgegeben von Prof. Dr. E. Bruck. Groß-Oktav. 2 Bände. 678 Seiten. 1920. 10.—
(Friederichsen, de Gruyter & Co., m. b. H., Hamburg.)

Makower, H., Gesetze, betreffend die privatrechtlichen Verhältnisse der Binnenschiffahrt und der Flößerei. Nach den Materialien erläutert. Sechste, vermehrte Auflage, bearbeitet von E. Loewe. Taschenformat. 458 Seiten. 1923. Geb. 4.—
(Guttentagsche Sammlung Deutscher Reichsgesetze Bd. 36.)

„Das vorzüglich bearbeitete Buch dürfte mit seinen klaren und verständlichen Erläuterungen für jeden, der in irgendeiner Weise mit der Binnenschiffahrt und der Flößerei zu tun hat, ein nie versagender Ratgeber sein.“ Schiffbau.

Sebba, Jul., Seewasserstraßenordnung. (Polizeiverordnung zur Regelung des Verkehrs auf den deutschen Seewasserstraßen vom 31. März 1927.) Taschenformat. 493 Seiten. 1928. Geb. 8.50
(Guttentagsche Sammlung Deutscher Reichsgesetze Nr. 171.)

Die vorliegende Ausgabe ist für die an dem neuen Gesetz interessierten beiden Fachgruppen, die der Nautiker und der Juristen, von gleich großer Bedeutung. Diese Verbindung zweier Kenntnisgebiete gibt dem vorliegenden Kommentar seine besondere Note und seinen großen Wert für sämtliche interessierten Kreise.

Bene, F., Der Begriff des Versicherungsfalles in der Seeversicherung. (Hamburger Rechtsstudien, herausgegeben von Mitgliedern der Rechts- und Staatswissenschaftlichen Fakultät der Hamburgischen Universität, Heft 1.) Groß-Oktav. 75 Seiten. 1928. 4.50
(Friederichsen, de Gruyter & Co., m. b. H., Hamburg.)

Elkan, H. H., Die Bedeutung des Interesses für die Veräußerung der versicherten Sache. (Hamburger Rechtsstudien, herausgegeben von Mitgliedern der Rechts- und Staatswissenschaftlichen Fakultät der Hamburgischen Universität, Heft 2.) Oktav. 58 Seiten. 1928.
(Friederichsen, de Gruyter & Co., m. b. H., Hamburg.) 4.—

Genossenschaften

Parisius, Ludolf, Crüger, Hans, Crecelius, Adolf, und Citron, Fritz, Reichsgesetz, betreffend die Erwerbs- und Wirtschaftsgenossenschaften. Kommentar zum praktischen Gebrauch für Juristen und Genossenschaften. Elfte, neubearbeitete Auflage. Groß-Oktav. XV, 598 Seiten. 1928. 28.—, geb. 30.—

„Crüger beherrscht wie kein anderer Theorie und Praxis des Genossenschaftswesens, auch nach der wissenschaftlichen Seite hin.“ Juristische Wochenschrift.

Parisius, Ludolf, und Crüger, Hans, Das Reichsgesetz, betreffend die Erwerbs- und Wirtschaftsgenossenschaften. Textausgabe mit Anmerkungen und Sachregister. Zwanzigste, neubearbeitete und erweiterte Auflage von Hans Crüger, Adolf Crecelius und Fritz Citron. Taschenformat. 297 Seiten. 1930. Geb. 4.—

(Guttentagsche Sammlung Deutscher Reichsgesetze Bd. 29.)

„Der Ruf der Verfasser als ausgezeichnete Kenner dieses schwierigen Rechtsgebietes und nicht weniger die vielen Vorzüge ihres Werkes, in dem auf möglichst beschränktem Raum unter stetem Eingehen auf Rechtsprechung und Literatur das Recht der Genossenschaften musterhaft erläutert wird, haben es zu der verbreitetsten Ausgabe des Gesetzes gemacht, zu der wohl jeder Jurist greift, wenn er sich schnell über eine Frage aus diesem Gebiet unterrichten will."

Kölnische Zeitung.

Verschiedenes

Schreiber, Otto, Handelsrechtliche Nebengesetze. Taschenformat. VIII, 1002 Seiten. 1926. Geb. 14.—

(Guttentagsche Sammlung Deutscher Reichsgesetze Bd. 162.)

„Die Sammlung ist ein unentbehrliches Hilfsmittel für den Praktiker. Die Zusammenstellung ist sehr zuverlässig; auch das Sachregister von Kleffel verdient volle Anerkennung. Druck und Ausstattung des Buches sind ausgezeichnet."

Zentralblatt für Handelsrecht.

Staffel, W., Verordnung gegen Mißbrauch wirtschaftlicher Machtstellungen vom 2. November 1923. Kommentar. Oktav. 108 Seiten. 1927. Geb. 3.50

(Guttentagsche Sammlung Deutscher Reichsgesetze Bd. 167.)

„Die für das Wirtschaftsrecht so wichtige Kartellverordnung findet hier eine eingehende Kommentierung aus der Feder eines in diese Fragen tief eingedrungenen Mitgliedes des höchsten Gerichtshofs. Die Erläuterungen werden daher um so unentbehrlicher für die wirtschaftliche Praxis auf diesem Gebiete sein."

Industrie- und Handelszeitung.

Lusensky, F., Gesetz über die Handelskammern. Taschenformat. Neue Auflage in Vorbereitung.

(Guttentagsche Sammlung Preußischer Gesetze Bd. 21.)

„Das Buch ist ein vortrefflicher Berater aller derer, die in der Handelskammerorganisation sind oder zu ihr in Beziehung stehen. Der erste Teil gibt einen geschichtlichen Überblick über die Entwicklung der preußischen Handelskammern, Entstehungsgeschichte und Inhalt des Handelskammergesetzes. Den zweiten Teil bildet der Kommentar zum Gesetze, in dem der Verfasser die einzelnen Bestimmungen in ihrer Bedeutung und praktischen Tragweite eingehend erörtert und daneben auch auf andere für das Handelskammerwesen wichtige gesetzliche Materien eingeht. Das Buch kann warm empfohlen werden."

Zeitschrift für Polizei- und Verwaltungsbeamte.

Bank und Börse

Göppert-Seydel, Hypothekenbankgesetz vom 13. Juli 1899 (mit den Änderungen durch die Gesetze vom 14. Juli 1923, vom 26. Januar 1926 und 21. Dezember 1927). Textausgabe mit Einleitung, Anmerkungen und Sachregister. Dritte Auflage bearbeitet von Dr. Martin Friedländer. Taschenformat. VIII, 202 Seiten. 1929. 5.—

(Guttentagsche Sammlung Deutscher Reichsgesetze Nr. 51.)

Die vorliegende Auflage des bekannten „Göppert-Seydel" ist den veränderten Verhältnissen entsprechend vollkommen umgearbeitet worden; sie berücksichtigt sowohl die nach dem Kriege erfolgten Änderungen und Ergänzungen des Gesetzes und des Aufwertungsrechtes wie auch die Judikatur und das Schrifttum bis auf die letzte Zeit. Damit kommen die Vorzüge des „Göppert-Seydel" der Praxis und Wissenschaft wieder in ihrem ganzen Umfange zugute.

Koch, R., und **Schacht**, Hjalmar, **Die Reichsgesetzgebung über das Münz- und Notenbankwesen.** Textausgabe mit Anmerkungen und Sachregister. Siebente, völlig neubearbeitete Auflage. Taschenformat. XVIII, 617 Seiten. 1925. Geb. 14.—

(Guttentagsche Sammlung Deutscher Reichsgesetze Bd. 26.)

„Dieser Kommentar zeichnet sich durch Vollständigkeit und Reichhaltigkeit aus und bietet außerdem in der Einleitung einen vortrefflichen Überblick über die Entwicklung des deutschen Noten- und Geldwesens während der letzten Jahrzehnte."
Monatsschrift für Handelsrecht und Bankwesen.

Nußbaum, Arthur, **Bank- und Börsenrecht.** Eine Sammlung von Gesetzen und Geschäftsbedingungen. Taschenformat. XII, 622 Seiten. 1927. Geb. 11.—

(Guttentagsche Sammlung Deutscher Reichsgesetze Bd. 169.)

Die vorliegende Sammlung der verstreuten bank- und börsenrechtlichen Vorschriften fehlte bisher in der kaufmännischen und juristischen Bankpraxis ebenso wie im handelsrechtlichen und betriebswirtschaftlichen Unterricht. Ihr Erscheinen wurde daher vielseitig begrüßt. Die Sammlung berücksichtigt auch die dem freien Verkehr entstammenden Rechtsbildungen.

Kommentar zum Börsengesetz. Im Auftrage des Centralverbandes des Deutschen Bank- und Bankiersgewerbes (E. V.) bearbeitet von H. Rehm, H. Trumpler, Heinrich Dove, Ernst Neukamp, R. Schmidt-Ernsthausen, James Breit. Mit einem Vorwort von J. Rießer. Lexikon-Oktav. VIII, 464 Seiten. 1909.
12.—, geb. 13.50

„Einen so guten Kommentar zum Börsengesetze hat es noch nie gegeben. Wer sich darein vertieft, wird reiche Belehrung daraus schöpfen über das Börsenwesen im allgemeinen und über seine Rechtsübung und Rechtsprechung im besonderen."
Sächsisches Archiv für Rechtspflege.

Hemptenmacher, Th., Börsengesetz. Dritte Auflage von O. Meyer. Taschenformat. XXIII, 373 Seiten. 1915. Geb. 3.50

(Guttentagsche Sammlung Deutscher Reichsgesetze Bd. 41.)

„Das Bändchen bringt neben einem kurzen Überblick und einem vorteilhaft erweiterten Anhang das Börsengesetz nebst Ausführungsbestimmungen. Die einzelnen Paragraphen sind sehr ausgiebig und in gemeinverständlicher Weise kommentiert. Alles in allem schließt sich auch dieses Bändchen wieder den übrigen Textausgaben der wegen ihrer unbedingten und erschöpfenden Sachlichkeit bekannten Guttentagschen Sammlung Deutscher Reichsgesetze würdig an."
Bayrische Handelszeitung.

Lusensky, F., Gesetz, betreffend die Pflichten der Kaufleute bei Aufbewahrung fremder Wertpapiere (Depotgesetz). Neue Auflage in Bearbeitung.

(Guttentagsche Sammlung Deutscher Reichsgesetze Bd. 40.)

„Die beste Bearbeitung des sogenannten Depotgesetzes."
Zeitschrift für Aktiengesellschaften.

Frohner, G., Aktiensonderdepot und Legitimationsübertragung. (Hamburger Rechtsstudien, herausgegeben von Mitgliedern der Rechts- und Staatswissenschaftlichen Fakultät der Hamburgischen Universität, Heft 3.) Groß-Oktav. VII, 114 Seiten. 1929. 7.—

(Friederichsen, de Gruyter & Co., m. b. H., Hamburg.)

Schwerin, Frh. Cl. von, Recht der Wertpapiere (einschließlich Wechsel- und Scheckverkehr). Oktav. X, 234 Seiten. 1924. 7.—, geb. 8.50

(Lehrbücher und Grundrisse der Rechtswissenschaft Bd. 7.)

„Das Buch löst seine Aufgabe, den Studierenden eine Einführung in die Materie des Wertpapierrechts zu geben, ausgezeichnet, vor allem deshalb, weil es eine gute theoretische Fundierung mit einer dem Lehrzweck entsprechenden Darstellung des praktischen Rechts und der Rechtstatsachen verbindet."
Deutsche Juristenzeitung.

Bank-Archiv. Zeitschrift für Bank- und Börsenwesen. Unter Mitwirkung von hervorragenden Fachmännern herausgegeben von Geh. Justizrat Prof. Dr. Rießer, Berlin. Schriftleitung: Rechtsanwalt Otto Bernstein, geschäftsführendes Mitglied des Centralverbands des Deutschen Bank- und Bankiergewerbes. Quart. Jährlich 24 Nummern. XXIX. Jahrgang. 1929/30. Pro Halbjahr 12.—

„Ein von sachverständigen Mitarbeitern unterstütztes Organ, das in der glücklichen Vermischung von wissenschaftlichen Aufsätzen mit Mitteilungen aus der bankmännischen und gerichtlichen Praxis einen Berater von exzeptionellem Werte bildet."
Frankfurter Zeitung.

Zeitgemäße Bankrechtsfragen. Festgabe der Rechtsabteilung der Disconto-Gesellschaft zum 70. Geburtstage des Herrn Dr. jur. Arthur Salomonsohn. Quart. 126 Seiten. 1929.
8.—, geb. 10.—

Inhalt: Zwingende Vorschriften im Aktienrecht. Von Dr. jur. Walter Hartmann. — Londoner Vorkriegsdepots. Von Rechtsanwalt Dr. jur. Hans-Alfons Simon. — Zweitstellige Pfand- und Sicherungsrechte. Von Rechtsanwalt Wilhelm Schütz. — Dotations-Konten (Pfändung und Aufwertung). Von Rechtsanwalt Erich Kraetke. — Das Avis als Verpflichtungsgrund. Von Rechtsanwalt Curt Paechter. — Wirtschaftliche Bedeutung und steuerliche Auswirkung des Steuermilderungsgesetzes bei Betriebszusammenschlüssen. Von Regierungsrat a. D. Dr. Hans Paschke. — Kreditsicherung durch Begründung von Miteigentum. Von Rechtsanwalt Dr. jur. Günther Schirdewahn. — Schutz des Geschäftsverkehrs gegen unbekannte Verfügungsbeschränkungen. Von Gerichtsassessor Dr. jur. Hans-Herbert Wimmer.

Verhandlungen des VII. allgemeinen Deutschen Bankiertages. Köln 9.—11. September 1928 auf Grund stenographischer Berichte. Groß-Oktav. 436 Seiten. 10.—

III. Grenzgebiete des Bürgerlichen Rechts

1. Privat- und Sozialversicherung

Koenige, Heinrich, und **Petersen, A., Gesetz über die privaten Versicherungsunternehmungen** vom 12. Mai 1901. Textausgabe mit Anmerkungen und Sachregister. Dritte, umgearbeitete Auflage. Taschenformat. 856 Seiten. 1927. Geb. 20.—

(Guttentagsche Sammlung Deutscher Reichsgesetze Bd. 62.)

„Der Verfasser hat es meisterhaft verstanden, reiche Literatur und Judikatur zu dem wichtigen Grundgesetz der Privatversicherung mit seiner eigenen selbständigen Auffassung von der Bedeutung der Gesetzesbestimmungen in Verbindung zu bringen. Für Theorie und Praxis der Privatversicherung wird das Werk dadurch zu einem unentbehrlichen Hilfsmittel.“ Deutsche Versicherten-Zeitung.

Bruck, E., Reichsgesetz über den Versicherungsvertrag nebst dem zugehörigen Einführungsgesetz vom 30. Mai 1908. Sechste, vollkommen neubearbeitete Auflage. Taschenformat. 708 Seiten. 1929. Geb. 14.—

(Guttentagsche Sammlung Deutscher Reichsgesetze Bd. 83.)

„Die Vorzüge, welche die früheren Auflagen schon zeigten, die Fülle des Gebotenen, die Beherrschung des Stoffes, die anschauliche und doch knappe Sprache, und dies alles in dem engen Rahmen einer Textausgabe, kleinen Handausgabe mit Anmerkungen, sind auch dieser Auflage in hohem Maße eigen.“
Mitteilungen für die öffentlichen Feuerversicherungs-Anstalten.

Moldenhauer, Paul, Das Versicherungswesen.

I. Allgemeine Versicherungslehre. Vierte Auflage. 152 Seiten. 1925. Geb. 1.80
(Sammlung Göschen Bd. 262.)

II. Die einzelnen Versicherungszweige. Zweite Auflage. 130 Seiten. 1923. Geb. 1.80
(Sammlung Göschen Bd. 636.)

„Das Buch ist für jeden, der sich mit dem Versicherungswesen und seinen Zweigen vertraut machen will, auch für den Versicherungsmann als Einführung in die eine oder die andere Materie, die nicht zu seinem unmittelbaren Arbeitsgebiet gehört, ein trefflicher Führer, da es über die technische, wirtschaftliche und organisatorische Grundlage der behandelten Zweige gründlich informiert.“
Versicherungspost.

Veröffentlichungen des Reichs-Aufsichtsamts für Privatversicherung. Groß-Oktav. Jahrg. 1—2, je 2.50. Jahrg. 3—16, je 6.—. Jahrg. 17—21, je 7.50. Jahrg. 22, 15.—. Jahrg. 23, 18.—. Jahrg. 24, 21.—. Jahrg. 25, 50.—. Jahrg. 26, 51.50. Jahrg. 27, Heft 1—3, 28.—. Jahrg. 28, Heft 1, 6.—. 2, 13.—. 3, 9.—.

Versicherungsstatistik für 1902 über die unter Reichsaufsicht stehenden Unternehmungen. Herausgegeben vom Reichsaufsichtsamt für Privatversicherung. Lexikon-Oktav. LXXVII, 384 Seiten. 1905. 10.—

— für 1903 bis 1917. Je Jahrgang 10.—

Berliner, Ludwig, und **Pfaffenberger,** Ernst, **Aufwertung von Versicherungsansprüchen** mit Durchführungsbestimmungen.

I. Teil. Oktav. 235 Seiten. 1926. Mit Nachtrag. Geb. 6.50
(Guttentagsche Sammlung Deutscher Reichsgesetze Bd. 164.)

II. Teil: Sach- und Transportversicherung; Unfall- und Haftpflichtversicherung. Oktav. 112 Seiten. 1926. Geb. 3.50
(Guttentagsche Sammlung Deutscher Reichsgesetze Bd. 164 a.)

„Das Werk ist ein bedeutsamer Kommentar, durch den die gesetzlichen Bestimmungen von der juristischen und versicherungstechnischen Seite aus eingehend erläutert werden. In seinem straffen, systematischen Aufbau, der Geschlossenheit der Darstellung muß man das Buch als ein Standardwerk für das gesamte versicherungsrechtliche Aufwertungsgebiet bezeichnen.
Quellenangaben, sorgfältige Zitierungen, Stichwortverzeichnis erhöhen den praktischen Wert und machen es zum unentbehrlichen Ratgeber in allen interessierten Kreisen." *Versicherungs-Post, Berlin.*

Lippmann, Karl, **Die Reichsversicherungsordnung** in der Fassung der Bekanntmachung vom 15. Dezember 1924 und des Gesetzes über das Reichsschiedsamt vom 22. Januar 1925 nebst dem Einführungsgesetze, den wichtigsten Ausführungsvorschriften, den ergänzenden Gesetzen und Verordnungen sowie den Verordnungen über das Verfahren. Oktav. XV, 589 Seiten. 1925. Geb. 11.—

Ergänzungsband, enthaltend den vollständigen Wortlaut der neuen Fassung des Unfallversicherungsgesetzes sowie die Ergänzungen der übrigen Bücher der RVO. Oktav. 224 Seiten. 1926. Geb. 4.—

Zweiter Ergänzungsband, enthaltend weitere Änderungen und Ergänzungen durch die in der Zeit von Anfang 1926 bis Mitte 1928 erlassenen Gesetze und Verordnungen. Zweite, vermehrte Ausgabe, Stand vom 1. Juli 1928. Oktav. 71 Seiten. 1928. —.80
(Guttentagsche Sammlung Deutscher Reichsgesetze Bd. 161 bis 161 c.)

Dritter Ergänzungsband, enthaltend weitere Änderungen und Ergänzungen durch die bis Mitte 1929 erlassenen Gesetze und Verordnungen. Oktav. 81 Seiten. 1929. 1.—
(Guttentagsche Sammlung Deutscher Reichsgesetze Bd. 161 c.)

„Das Buch dürfte sich in der Bibliothek eines jeden finden, der sich mit der Reichsversicherungsordnung befaßt. Es gehört zu den praktisch wertvollsten."
Deutsche Allgemeine Zeitung.

Reuß, Max, und Hense, Fritz. Das Reichsknappschaftsgesetz vom 1. Juli 1926 nebst Einführungsgesetz. 2. Aufl. Taschenformat. XVI, 640 Seiten. 1926. Geb. 12.—

(Guttentagsche Sammlung Deutscher Reichsgesetze Bd. 155.)

„Zur rechten Zeit erscheint die Erläuterung des Reichsknappschaftsgesetzes aus der Feder zweier Männer, die schon seit Jahren im Verwaltungs- und Aufsichtsdienste des Knappschaftswesens tätig sind und bei der Verabschiedung des Gesetzes mit in erster Linie gestanden haben. Die Herausgabe des Gesetzes aus ihrer Feder bedarf daher keiner besonderen Empfehlung. Das Buch kann allen, die auf dem Gebiete des Knappschaftswesens tätig sind, aufs wärmste empfohlen werden."

Zeitschrift für Bergrecht.

Angestelltenversicherungsgesetz vom 28. Mai 1924. Zweite Auflage. Taschenformat. 143 Seiten. 1927. Mit Nachtrag. Geb. 2.50

(Guttentagsche Sammlung Deutscher Reichsgesetze. Textausgaben ohne Anmerkungen.)

Diese neue Ausgabe entspricht der neuesten Fassung des Gesetzes unter Berücksichtigung der letzten Änderungen und Verordnungen. Das beigefügte Sachregister erleichtert das rasche Zurechtfinden in den einzelnen Bestimmungen des Gesetzes.

Manes, Alfred, Sozialversicherung. 7. ergänzte Aufl. 1928. Kl.-Oktav. 139 Seiten. Geb. 1.80

(Sammlung Göschen Bd. 267.)

„Es gibt keine andere Darstellung der geltenden Sozialversicherung, die in solch erfreulicher Kürze und Sachlichkeit durch die annähernd 2400 Paragraphen führt." *Hanseatische Rechts- und Gerichts-Zeitschrift.*

Schmeißer, Herbert, Handbuch der Arbeitslosenversicherung. Mit einer Einführung und Erläuterungen. Taschenformat. 2. Aufl. Im Druck.

(Guttentagsche Sammlung Deutscher Reichsgesetze Bd. 165.)

„Das Buch gibt in kurzer, aber ausreichender Form eine Darstellung des gesamten Rechtsstoffes der Erwerbslosenfürsorge unter Anpassung an die praktischen Bedürfnisse. Das Buch, das als Handbuch bezeichnet wird, ist allen Arbeitsnachweisen, Kommunalbehörden, Parlamentariern, Gewerkschaften und Angestelltenverbänden zu empfehlen, zumal es sich um Vorschriften handelt, die in politischer, volkswirtschaftlicher und finanzieller Hinsicht zur Zeit weit schwerwiegender sind als die sonstiger sozialer Gesetze."

Kommunalpolitische Blätter.

2. Arbeitsrecht

Depéne, Hans, Das Arbeitsgerichtsgesetz. Taschenformat. 180 Seiten. 1927. Vergriffen.

(Guttentagsche Sammlung Deutscher Reichsgesetze Bd. 168.)

„Die neue Materie des Arbeitsgerichtsgesetzes erfordert in erhöhtem Maße das Interesse des Unternehmers. Zur Einarbeitung ist das vorliegende Buch besonders brauchbar, weil es sich nicht um einen Kommentar mit vielen Details handelt, sondern um eine Textausgabe mit einer ausführlichen, von einem hervorragenden Sachkenner verfaßten Einleitung. Daß die entsprechenden Bestimmungen anderer einschlägiger Gesetze gleich mit abgedruckt sind, ist ein großer Vorteil."

Wirtschaftliche Rundschau.

Entscheidungen des Reichsarbeitsgerichts. Herausgegeben von den Mitgliedern des Reichsarbeitsgerichts. Oktav.

Band I. 1928. 6.50, geb. 8.—
Band II. 1928/29. 6.50, geb. 8.—
Band III. 1929. 6.50, geb. 8.—
Band IV. 1929/30. 6.50, geb. 8.—

Die neue Sammlung gibt in der Art der beiden bekannten bisherigen Reihen der Entscheidungen des Reichsgerichts, herausgegeben von den Mitgliedern des Reichsgerichts, die amtliche Auswahl der zur Veröffentlichung bestimmten Entscheidungen des Reichsarbeitsgerichts.

Arbeitsrechtliche Spruchsammlung. Beilage zum Deutschen Handwerksblatt. Pro Quartal —.90

Günther, Adolf, und **Schneider,** Richard, **Arbeiterschutz und Arbeitsrecht.** Zweite Auflage. Taschenformat.

I. Teil: **Arbeitszeitschutz.** Das Arbeitszeitnotgesetz und die übrige arbeitszeitrechtliche Gesetzgebung des Reichs seit dem 9. November 1918. 386 Seiten. 1927. Geb. 7.50

„Die Arbeit ist der 1. Auflage gegenüber ein völlig neues Buch. Der Kommentar umfaßt die gesamte arbeitszeitrechtliche Gesetzgebung von der Staatsumwälzung bis zur Gegenwart, und zwar nicht nur die allgemeinen Bestimmungen, sondern auch die für einzelne Gewerbezweige und Einzelbetriebe erlassenen Verordnungen. Auch die internationale Regelung des Arbeitszeitschutzes findet Berücksichtigung. Das Buch ist ein Führer durch das weite und unübersichtliche Gebiet der arbeitszeitrechtlichen Gesetzgebung. Ein ausführliches Sachregister soll die praktische Benutzung erleichtern." Die Wirtschafts-Genossenschaft.

II. Teil: Gesetz über die **Beschäftigung Schwerbeschädigter** nebst den einschlägigen gesetzlichen Bestimmungen. 404 Seiten. 1928. Geb. 8.—

(Guttentagsche Sammlung Deutscher Reichsgesetze Bd. 138a/138c.)

„Die umfassende Rechtsprechung und die angehende wissenschaftliche Bearbeitung, die das Gesetz erfahren hat, beweisen seine hohe wirtschafts- und sozialpolitische Bedeutung. Das Buch stellt somit nicht nur beim Studium des Gesetzes ein wertvolles Hilfsmittel dar, sondern ist auch für den Handgebrauch des Arbeitsrechtspraktikers unentbehrlich." Berliner Wohlfahrtsblatt.

IV. Teil: **Betriebsstillegungsverordnung.** 240 Seiten. 1929. Geb. 6.50

(Guttentagsche Sammlung Deutscher Reichsgesetze. Bd. 138d.)

Tilly, Dr. Helmuth Tczerclas von, **Internationales Arbeitsrecht.** Unter besonderer Berücksichtigung der Internationalen Arbeitsorganisation. 120 Seiten. 1924. Geb. 1.80

(Sammlung Göschen Bd. 882.)

Es ist das erste Werk, das in klarer, kurzer und allen leicht verständlicher Weise das gesamte grundlegende Tatsachenmaterial — und zwar nur dieses — auf dem umfassenden Gebiete des internationalen Arbeiterschutzes von dessen ersten Anfängen bis in die neueste Zeit bietet.

3. Gewerberecht

Hiller, Fr., und Luppe, H., Gewerbeordnung für das Deutsche Reich nebst Kinderschutzgesetz und Hausarbeitsgesetz sowie den für das Reich und Preußen erlassenen Ausführungsbestimmungen. Einundzwanzigste, veränderte Auflage. (143. bis 148. Tausend.) Taschenformat. 931 Seiten. 1928. Mit Nachtrag vom 11. Febr. 1929. Geb. 11.—

(Guttentagsche Sammlung Deutscher Reichsgesetze Bd. 6.)

„Ein Wort der Empfehlung für dieses Buch zu sagen, erübrigt sich. Die zahlreichen neuen Gesetze sind erschöpfend berücksichtigt.“
Zeitschrift des Deutschen Notarvereins.

Brassert, H., Allgemeines Berggesetz für die preußischen Staaten mit Kommentar. Zweite Auflage, bearbeitet von Hans Gottschalk. Groß-Oktav. XXIX, 1291 Seiten. 1914. 27.—, geb. 30.—

Sonnenfeld, Hugo, Die reichsrechtlichen Bestimmungen, betreffend den Handel mit Drogen und Giften. Dritte, veränderte Auflage. Taschenformat. 435 Seiten. 1926. Geb. 12.—

(Guttentagsche Sammlung Deutscher Reichsgesetze Bd. 64.)

„Die Arbeit gehört einem Spezialgebiet an, mit dem nicht jeder Jurist zu tun hat. Wird er einmal genötigt, sich auf dieses Gebiet zu begeben, so ist er um so dankbarer für eine Arbeit, die sofort den Eindruck größter Sachkunde und vollständiger Materialsammlung macht, und deren Führung man sich unbedenklich anvertrauen kann.“ *Vossische Zeitung.*

Friedrichs, Gaststättengesetz vom 28. April 1930 mit den Durchführungs- und Ausführungsverordnungen des Reichs und Preußens. Taschenformat. VIII, 144 Seiten. 1930. Geb. 3.50

(Guttentagsche Sammlung Deutscher Reichsgesetze Bd. 176.)

Der Verfasser hat zur vollständigen und zuverlässigen Erläuterung alles herangezogen, was aus der bisherigen Rechtsprechung und den einschlägigen Reichstagsdrucksachen verwertbar ist; die Durch- und Ausführungsverordnungen für das Reich und Preußen sind wörtlich abgedruckt und, soweit notwendig, erläutert.

Lebbin, Georg, Nahrungsmittelgesetze mit Erläuterungen. Zweite, stark vermehrte Auflage in zwei Bänden.

I. Band: Das Lebensmittelgesetz vom 5. Juli 1927 mit Nebengesetzen (Margarine, Fleisch, Milch, Süßstoff, Essigsäure usw.). Erläutert von G. Lebbin und R. Gießner. Taschenformat. XVI, 419 Seiten. 1928. Geb. 8.50

II. Band: Getränkegesetze und Getränkesteuergesetze (Wein, Bier, Branntwein, Mineralwasser). Unter Mitarbeit von Rechtsanwalt Dr. Kniebe. Taschenformat. XII, 400 Seiten. 1926. Geb. 10.—

(Guttentagsche Sammlung Deutscher Reichsgesetze Bd. 54b.)

„Das Werk, in der bekannten und bewährten Aufmachung der Gesetzessammlung gearbeitet, ist für unsere Leser und überhaupt die ganze Fachwelt der Getränkeindustrie unentbehrlich.“ *Branntweinmonopol.*

Voß, Werner, Die reichs- und landesrechtlichen Bestimmungen auf dem Gebiete des Gesundheitswesens. Taschenformat. 608 Seiten. 1929. (Guttentagsche Sammlung Deutscher Reichsgesetze Bd. 172.) Geb. 11.-

Der vorliegende Band ist eine auf die Praxis abgestimmte Sammlung der Gesetze, Verordnungen und Bestimmungen auf dem Gebiete des Gesundheitswesens, wie sie in dieser Vollständigkeit noch nicht besteht. Dadurch erst ist ein zuverlässiger und rascher Überblick über die einschlägigen weitverstreuten Bestimmungen usw. gewährleistet. Die bei der Guttentagschen Sammlung bewährte Übersichtlichkeit der Anordnung, die Erläuterungen und Verweisungen aus der Feder eines Fachmannes und die Handlichkeit des Formats sowie die Vielseitigkeit der Auswahl sichern auch diesem Bande einen weiten Benutzerkreis.

4. Geistig-gewerblicher Rechtsschutz

Pietzcker, Eduard, Patentgesetz und Gebrauchsmusterschutzgesetz. Kommentar unter Berücksichtigung der vorgeschlagenen und weiter beantragten Abänderungen des Patentgesetzes. Erster Halbband: §§ 1—12 PatG. Groß-Oktav. 427 Seiten. 1929. 26.—, geb. 28.— (Gewerbe- und Industrie-Kommentar Bd. V, 1.)

„Dies Werk erfüllt die Anforderungen an einen mit wissenschaftlichem Geiste erfüllten Kommentar in bewundernswerter Weise. Es ist die sorglich zur Reife gebrachte Frucht reicher Erfahrung, und ich glaube nicht zuviel zu sagen, wenn ich ihm nachrühme, daß er mit dem ersten Augenblick seines Erscheinens sich seinen Platz in der ersten Reihe der gesamten Kommentarliteratur gesichert hat.

Es ist nicht nur ein Genuß, diese klare Sprache zu lesen, der geschlossenen Entwicklung der sachlichen Darstellung zu folgen, es ist vor allem eine Freude, die wissenschaftliche Gründlichkeit und den gedanklichen Reichtum dieser Arbeit in sich aufzunehmen.

Die überall zutage tretende geistige Leistung macht Pietzckers Kommentar für jeden, der sich mit diesem Rechtsgebiet zu beschäftigen hat, zum unentbehrlichen Rüstzeug.“ Markenschutz und Wettbewerb.

Seligsohn, Arnold, Patentgesetz und Gesetz, betr. den Schutz von Gebrauchsmustern. Siebente Auflage. Oktav. 1930. In Bearbeitung.

„Die Vorzüge des Buches sind bekannt. Klare, leichtfaßliche Sprache, wissenschaftliche Vertiefung, dabei starke Betonung der Praxis, lückenlose Behandlung aller Probleme sind die Vorzüge, die den Seligsohnschen Kommentar zum unentbehrlichen Rüstzeug jedes im gewerblichen Rechtsschutz Tätigen gemacht haben.“ Mitteilungen vom Verband Deutscher Patentanwälte.

Lutter, R., Patentgesetz. Nebst Ausführungsbestimmungen, völkerrechtlichen Verträgen und Patentanwaltsgesetz, unter eingehender Berücksichtigung der Rechtsprechung des Reichsgerichts und der Praxis des Reichspatentamts. Neunte Auflage. Taschenformat. XV, 467 Seiten. 1928. Geb. 10.— (Guttentagsche Sammlung Deutscher Reichsgesetze Bd. 22.)

„Der jetzige Verfasser hat einen völlig neuen Kommentar geschaffen, der in seiner Knappheit und Sparsamkeit dem ursprünglichen Zweck gerecht wird, aber an wissenschaftlicher Durcharbeitung und Gründlichkeit die vorangegangenen Auflagen weit überragt. Die jetzt vorliegende Auflage zeichnet sich durch Reichhaltigkeit, Genauigkeit und Klarheit aus.“ Gewerblicher Rechtsschutz und Urheberrecht.

Elster, Alexander, **Urheber- und Erfinder-, Warenzeichen- und Wettbewerbsrecht.** (Gewerblicher Rechtsschutz.) Zweite, stark erweiterte und völlig umgearbeitete Auflage. Mit Abdruck der Gesetzestexte. Oktav. XII, 611 Seiten. 1928. 18.—, geb. 19.50

(Lehrbücher und Grundrisse der Rechtswissenschaft Bd. VIII.)

„Seit Kohler und Osterrieth endlich wieder das lang entbehrte Lehrbuch. Hier unternimmt ein wahrhaft selbständiger und ideenreicher Kopf den Versuch, eine wirkliche Synthese zu schaffen.“ Juristische Rundschau.

Neuberg, J., **Der internationale gewerbliche Rechtsschutz.** 2. Auflage. 128 Seiten. 1923. Geb. 1.80

(Sammlung Göschen Bd. 271.)

Neuberg, Johannes, **Gesetz, betr. das Urheberrecht an Mustern und Modellen,** und Gesetz, betr. den Schutz von Gebrauchsmustern, nebst den zu beiden Gesetzen ergangenen Ausführungsverordnungen und abgeschlossenen internationalen Verträgen. Textausgabe mit Einleitung, Anmerkungen und Sachregister. Taschenformat. 192 Seiten. 1911. Geb. 2.40

(Guttentagsche Sammlung Deutscher Reichsgesetze Bd. 102.)

„Die Anmerkungen sind kurz, klar, treffend, mit Nachweisungen aus der Judikatur und aus der Literatur versehen. Sie ermöglichen auch dem mit der Materie nicht vertrauten Praktiker eine schnelle Orientierung über den Stand der Frage.“ Zeitschrift für das gesamte Handelsrecht.

Daude, Paul, **Die Reichsgesetze über das Urheberrecht an Werken der Literatur und der Tonkunst und das Verlagsrecht** vom 19. Juni 1901 in der Fassung des Gesetzes vom 22. Mai 1910 zur Ausführung der revidierten Berner Übereinkunft. Oktav. VIII, 293 Seiten. 1910. 6.—

„Der Zusammenhang der erläuterten Gesetze mit dem Strafgesetzbuch, dem Bürgerlichen Gesetzbuch und anderen Gesetzen ist in leichtverständlicher Weise praktisch dargestellt. Literatur und Rechtsprechung sind angemessen berücksichtigt. Dem praktischen Juristen, dem Buchhändler und dem Autor wird es gleichermaßen vorzügliche Dienste leisten.“ Deutsche Literatur-Zeitung.

Lindemann, O., **Gesetz, betr. das Urheberrecht** an Werken der Literatur und der Tonkunst. Vierte Auflage. Taschenformat. 171 Seiten. 1921. Geb. 1.80

(Guttentagsche Sammlung Deutscher Reichsgesetze Bd. 60.)

„Die vorliegende Arbeit ist nicht bloß eine Gesetzesausgabe, sondern mit ihren sachgemäßen, gründlichen, sorgfältig gearbeiteten, wenn auch kurzen Erläuterungen zu den einzelnen Paragraphen ein wertvoller Kommentar des Gesetzes. Das Werk sei jedermann auf das beste empfohlen.“ Juristische Wochenschrift.

Wolff, F., und Crisolli, K.-A., Das Recht der Reklame. Lexikon-Oktav. 424 Seiten. 20.—, geb. 22.—

Mit diesem Buch ist erstmalig eine systematische erläuternde Zusammenstellung der hauptsächlichsten Bestimmungen gegeben, die von Reklame handeln, bzw. mit Reklame in irgendeinem Zusammenhang stehen. In der Praxis macht sich das Fehlen einer solchen Bearbeitung sehr bemerkbar, da die Reklame in der Gesetzgebung kein in sich abgeschlossenes Gebiet bildet, sondern ihre gesetzlichen Grundlagen in den mannigfachen Bestimmungen des privaten und öffentlichen Rechts findet. Die Verfasser haben die einschlägige Rechtsprechung und Literatur bis in die neueste Zeit berücksichtigt.

Pinner-Elster, Gesetz gegen den unlauteren Wettbewerb. Achte, sehr vermehrte und umgestaltete Auflage. Taschenformat. 254 Seiten. 1927. Geb. 5.—

(Guttentagsche Sammlung Deutscher Reichsgesetze Bd. 37.)

„Das Buch ist mehr als eine bloße ‚Textausgabe mit Anmerkungen', nämlich ein richtiger Kommentar, und wird in der Praxis ausgezeichnete Dienste tun."
Senatspräsident am Reichsgericht Dr. Lobe, Leipzig, i. d. Jurist. Wochenschrift.

Wassermann, Martin, **Der unlautere Wettbewerb** nach deutschem Recht. I. Generalklausel, Reklameauswüchse, Ausverkaufswesen, Angestelltenbestechung. 160 Seiten. 1911. II. Kreditschädigung, Firmen- und Namenmißbrauch, Verrat von Geheimnissen, Ausländerschutz. 151 Seiten. 1911. Geb. je 1.80

(Sammlung Göschen Bd. 339 u. 535.)

Born, A., Reichspreßgesetz vom 7. Mai 1874 nebst den einschlägigen Bestimmungen der Reichsverfassung, des Reichsstrafgesetzbuches, der Gewerbeordnung usw. Mit Kommentar und Sachregister. Dritte Auflage. Taschenformat. 176 Seiten. 1924. Geb. 4.—

(Guttentagsche Sammlung Deutscher Reichsgesetze Bd. 53.)

„Das Werk bringt eine sehr reichhaltige Kommentierung des Stoffes, die um so wertvoller ist, als den Entscheidungen der Wortlaut der Urteilsbegründungen beigefügt ist. Ein weiterer Vorteil des Buches ist darin zu erblicken, daß sämtliche einschlägigen Bestimmungen der das Pressewesen berührenden Gesetze aufgeführt, eingehend besprochen und in Beziehung zueinander gebracht worden sind. Als Nachschlagewerk in Zweifelsfällen wird das Buch von großem Nutzen sein."
Ministerialblatt für die preußische innere Verwaltung.

Hagens, Alfred, **Warenzeichenrecht.** Kommentar. Groß-Oktav. VIII, 408 Seiten. 1927. 22.—, geb. 24.—

(Gewerbe- und Industrie-Kommentar Bd. III.)

„Eine ausführliche Darstellung, die zeigt, daß der Verfasser das gesamte Fachschrifttum und die reichhaltige Rechtsprechung restlos beherrscht. Ich habe gefunden, daß nicht ein einziger Fall von Bedeutung fehlt.
Was aber dem Werke eine erhöhte Bedeutung verschaffen dürfte, ist die auf Erfahrungen einer langen richterlichen Laufbahn beruhende, kritische Würdigung, die keineswegs immer eine Übereinstimmung mit dem höchsten Gerichtshof bekundet." *Markenschutz und Wettbewerb.*

Seligsohn, Arnold, **Gesetz zum Schutz der Warenbezeichnungen.** Dritte Auflage, bearbeitet in Gemeinschaft mit Martin Seligsohn in Berlin. Groß-Oktav. IV, 416 Seiten. 1925. 15.—, geb. 16.50

„Der Kommentar zeigt alle Vorzüge des in der Wissenschaft und Praxis des gewerblichen Rechtsschutzes gleich ausgezeichneten Juristen: volle theoretische und praktische Beherrschung des Stoffes, klare Darstellungsgabe, sorgsame Behandlung und treffsicheres Urteil." *Badische Rechtspraxis.*

Freund, G. S., **Magnus,** Julius, und **Jüngel,** Friedrich, **Das deutsche Warenzeichenrecht.** Sechste, neubearbeitete Auflage. Teil I: Die internationalen Verträge. VI, 247 Seiten. Mit 4 Tafeln. 1924.

(Guttentagsche Sammlung Deutscher Reichsgesetze Bd. 87a.) Geb. 9.—

„Das ganze Werk mit seiner Fülle von Gesetzen, Verordnungen, Verträgen, Bekanntmachungen bildet eine Quellensammlung für das internationale deutsche Zeichenrecht, ohne die man fortan nicht mehr auskommen kann." *Gewerblicher Rechtsschutz und Urheberrecht.*

IV. Zivilprozeß

Fischer, Otto, **Lehrbuch des deutschen Zivilprozeß- und Konkursrechts.** Groß-Oktav. XII, 488 Seiten. 1918. 8.—, geb. 10.—

Kisch, Wilh., **Deutsches Zivilprozeßrecht.**

I. Band. Vierte, verbesserte Auflage. 115 Seiten. 1929.
(Sammlung Göschen Bd. 428). Geb. 1.80

II. Band. Vierte, verbesserte Auflage. 168 Seiten. 1929.
(Sammlung Göschen Bd. 429). Geb. 1.80

III. Band. Vierte, verbesserte Auflage. 148 Seiten. 1929.
(Sammlung Göschen Bd. 430.) Geb. 1.80

Diese Auflage wird jedem, der sich auf gemeinverständliche Weise über unser geltendes Zivilgerichtswesen unterrichten will, gute Dienste leisten, und kann namentlich den Studierenden des Rechts als Einführung bestens empfohlen werden.

Sydow, R., **Busch,** L., und **Krantz,** W., **Zivilprozeßordnung und Gerichtsverfassungsgesetz** nebst Anhang, enthaltend Entlastungsgesetze. Handkommentar unter besonderer Berücksichtigung der Entscheidungen oberster Gerichte. Begonnen von Dr. R. Sydow. Fortgeführt von Dr. L. Busch, Reichsgerichtsrat i. R., demnächst mit Dr. W. Krantz, Landgerichtsdirektor. Zwanzigste, neubearbeitete Auflage.

I. Band. Einführungsgesetz und Zivilprozeßordnung. §§ 1—703. Groß-Oktav. VIII, 872 Seiten. 1930. Geb. 18.—

Der zweite Halbband erscheint noch im Laufe dieses Jahres.

(de Gruytersche Sammlung Deutscher Gesetze. Handkommentare.)

Der Bezug des ersten Bandes verpflichtet zur Abnahme des vollständigen Werkes.

„Der Wert des Werkes ist längst anerkannt. Es gibt wohl keinen Praktiker, der sich seiner nicht mit besonderer Vorliebe bedient. Vollständigkeit, Übersichtlichkeit, Zuverlässigkeit und Ausführlichkeit der Erläuterungen sind auch diesmal dem allgemein beliebten Buche als seine hervorstechendsten Vorzüge treugeblieben. Für die Praxis ist es unentbehrlich." *Zeitschrift des Bundes Deutscher Justizamtmänner.*

Zivilprozeßordnung mit Gerichtsverfassungsgesetz und Einführungsgesetzen in der Fassung der Bekanntmachung vom 13. Mai 1924 mit den bis 1. April 1929 ergangenen Abänderungen. Textausgabe mit Sachregister. Taschenformat. 440 Seiten. 1929. Geb. 3.50

(Guttentagsche Sammlung von Textausgaben ohne Anmerkungen.)

Die handliche Ausgabe enthält den genauen Gesetzestext mit einem das Zurechtfinden sehr erleichternden Sachregister.

Sydow, R., Busch, L., und **Krantz, W., Gerichtsverfassungsgesetz** mit Einführungsgesetz. Unter besonderer Berücksichtigung der Entscheidungen des Reichsgerichts. Zehnte Auflage. Taschenformat. 347 Seiten. 1925. Geb. 6.—

(Guttentagsche Sammlung Deutscher Reichsgesetze Bd. 14.)

„Das Buch bedarf keiner Empfehlung, es empfiehlt sich selbst durch die Fülle dessen, was es bietet. Gesetzgebung und Rechtsprechung sind bis in die neueste Zeit berücksichtigt.“ Leipziger Zeitschrift für Deutsches Recht.

Rausnitz, Julius, **Gebührenordnung für Notare** vom 28. Oktober 1922 (GS. 404) nebst den einschlägigen Vorschriften des Preußischen Gerichtskostengesetzes vom 28. Oktober 1922 (GS. 363), beide in der Fassung der Gesetze vom 12. April 1923 (GS. 107), 18. Dezember 1923 (GS. 556) und der Verordnung vom 28. Juni 1924 (GS. 573). Sechste, umgearbeitete Auflage. Oktav. 158 Seiten. 1925. Geb. 7.—

(Guttentagsche Sammlung Preußischer Gesetze Bd. 4.)

„Die Aufgabe, einen kurzgefaßten, aber möglichst vollständigen Handkommentar für den täglichen Gebrauch des Praktikers zu schaffen, hat der Verfasser glänzend gelöst. Mit einer bewundernswerten Kürze und Schärfe entscheidet er nicht nur Streitfragen, sondern behandelt auch die im täglichen Leben vorkommenden Fälle vollständig. Der in seiner äußeren Form sehr handlich und gut ausgestaltete Kommentar kann den Herren Kollegen nur auf das wärmste empfohlen werden. Er wird ihnen sehr bald ein unentbehrlicher, weil nie versagender Ratgeber werden, der ihnen ihre Berufsarbeit sehr erleichtern wird.“ Juristische Wochenschrift.

Sydow, R., Busch, L., und **Krieg, O., Die Deutsche Gebührenordnung für Rechtsanwälte, das Gesetz, betreffend die Erstattung von Rechtsanwaltsgebühren in Armensachen und die Preußische Landesgebührenordnung mit Erläuterungen.** Auf der Grundlage der Sydow-Busch'schen Textausgabe mit Anmerkungen in dreizehnter Auflage unter Mitaufnahme des Gesetzes über die Erstattung in Armensachen neubearb. Taschenformat. 496 S. 1929. Geb. 9.—

(Guttentagsche Sammlung Deutscher Reichsgesetze Bd. 17.)

„Die Erläuterung der Gebührenordnung bietet besonders Wertvolles. Sie steht schon lange unter den Anmerkungsausgaben mit an erster Stelle. Und das mit Recht.“ Zeitschrift des Bundes Deutscher Justizamtmänner.

Sydow, R., Busch, L., und Krieg, O., Deutsches Gerichtskostengesetz nebst Gebührenordnung für Gerichtsvollzieher und für Zeugen und Sachverständige in den neuesten Fassungen. Auf der Grundlage der Sydow-Buschschen Textausgabe mit Anmerkungen neubearbeitet in 11. Aufl. Taschenformat. XI, 433 S. 1928. Geb. 7.50

(Guttentagsche Sammlung Deutscher Reichsgesetze Bd. 15.)

„Die neue Auflage bietet unter gründlicher Berücksichigung der gesamten einschlägigen Rechtsprechung eine zeitgemäße, übersichtliche und erschöpfende Erläuterung des Gesetzes. Für den täglichen Gebrauch in der Praxis erscheint diese Textausgabe mit Anmerkungen als unentbehrlich."
Dr. Natter in der „Württembergischen Zeitschrift für Rechtspflege".

Lindemann, Otto, Preußisches Gerichtskostengesetz (neueste Fassung). Nach dem Tode des früheren Herausgebers P. Siméon erläutert. 8., völlig umgearb. Aufl. Taschenformat. 439 S. 1928. Geb. 8.—

(Guttentagsche Sammlung Preußischer Gesetze Bd. 17.)

„Die vorliegende, nunmehr achte Auflage ist entsprechend den bedeutsamen Änderungen der letzten Jahre völlig umgearbeitet. Die gesamte Rechtsprechung wurde eingehend berücksichtigt, so daß hier eine Erläuterung vorliegt, die Zuverlässigkeit und Vollständigkeit in sich verbindet."
Mitteilungen des Preußischen Richtervereins.

Freiwillige Gerichtsbarkeit

Jastrow, Hermann, und Günther, Hermann, Die Gesetze des Reiches und Preußens über die freiwillige Gerichtsbarkeit. Textausgabe mit Einleitung, Anmerkungen und Sachregister. Siebente, vermehrte Auflage. Taschenformat. 548 Seiten. 1928. Geb. 9.—

(Guttentagsche Sammlung Deutscher Reichsgesetze Bd. 46.)

„Die Anmerkungen unterrichten in zuverlässiger Weise über die wichtigste Rechtsprechung des Reichsgerichts und der deutschen Oberlandesgerichte auf dem Gebiete der freiwilligen Gerichtsbarkeit. Ein ausführliches Sachregister erhöht die Brauchbarkeit des bewährten Buches, das auch in der neuen Auflage seinen Zweck auf das beste erfüllen wird." *Juristische Wochenschrift.*

Die Gesetze des Reiches und Preußens über die freiwillige Gerichtsbarkeit. Textausgabe mit Sachregister. Taschenformat. 168 Seiten. 1930. 3.—

(Guttentagsche Sammlung von Textausgaben ohne Anmerkungen mit Sachregister.)

Das Buch enthält in der bekannten Art der Guttentagschen Gesetzesausgaben außer dem „Gesetz über die Angelegenheiten der freiwilligen Gerichtsbarkeit" alle in dieses Gebiet fallenden sonstigen Gesetze, Ausführungsbestimmungen, Abkommen, Verordnungen usw. in absolut zuverlässigem Abdruck und ein das Zurechtfinden sehr erleichterndes Sachregister.

Szkolny, Felix, und **Kober**, Leopold, **Das Notariatrecht**, unter besonderer Berücksichtigung des materiellen Rechts und des Steuer- und Stempelrechts erläutert. Oktav. 236 Seiten. 1926.
(Guttentagsche Sammlung Deutscher Reichsgesetze Bd. 163.) Geb. 8.50

„Die Darlegung des materiellen Rechts, soweit es in der täglichen Anwendung den Notar hauptsächlich beschäftigt. Es wird die Beurkundung einzelner Rechtsgeschäfte und anderer Rechtsvorgänge behandelt. Die Ausführungen verwerten die neueste Lehre und Rechtsprechung eingehend, die Darstellung ist leicht faßlich und klar, einzelne Muster vervollkommnen das anschauliche Bild.“
Zeitschrift des Deutschen Notarvereins.

Szkolny, Felix, **Die Belehrungspflicht des Notars.** Oktav. 52 Seiten. 1927. 2.—

„Ein trotz seines geringen Umfanges sehr nützliches Buch, für das wir dem Verfasser Dank wissen müssen. Jedem Notar wird die Benutzung des Szkolnyschen Buches die Ausübung seines Amtes wesentlich erleichtern. Es ist zu begrüßen, daß die Beschäftigung mit dem Notariatsrecht zunimmt, und es besteht die Hoffnung, daß dies eine günstige Einwirkung auf die Handhabung des Notariats nicht verfehlen wird.“ *Zeitschrift des Deutschen Notarvereins.*

Konkursordnung und Zwangsvollstreckung

Jaeger, Ernst, **Kommentar zur Konkursordnung** und den Einführungsgesetzen. Mit einem Anhang, enthaltend das Anfechtungsgesetz, die Vergleichsordnung, Auszüge aus den Kostengesetzen, Ausführungsgesetze und Geschäftsordnungen. Sechste und siebente, neubearbeitete Auflage. Groß-Oktav. Der Umfang des Gesamtwerkes umfaßt etwa 100 Bogen. Die Ausgabe erfolgt in Lieferungen. Gesamtpreis etwa 80.—

Erster Band. Erste Lieferung (§§ 1—16). 296 Seiten. 1928. 16.—

Erster Band. Zweite Lieferung (§§ 17—27). Seite 297—472. 1929. 10.—

Erster Band. Dritte Lieferung. Im Druck.

„Das Jaegersche Werk ist ohne Zweifel der beste von den mehreren guten Kommentaren zur Konkursordnung, die wir besitzen. Die Rechtsanwendung wird von ihm kaum jemals im Stiche gelassen werden, und auch die Rechtslehre wird ihm mannigfache Förderung zu verdanken haben. Das Werk ist mit erschöpfender Gründlichkeit gearbeitet, eine Unsumme auch fernerliegender literarischer Erscheinungen ist von dem Verfasser herangezogen und verwertet worden.“
Zeitschrift für Deutschen Zivilprozeß.

Sydow, R., **Busch**, L., und **Krieg**, O., **Konkursordnung** und Anfechtungsgesetz mit Erläuterungen. Auf der Grundlage der Sydow-Busch'schen Textausgabe mit Anmerkungen in fünfzehnter Auflage unter Mitaufnahme der Vergleichsordnung neubearbeitet. Taschenformat. 816 Seiten. 1929. Geb. 12.—
(Guttentagsche Sammlung Deutscher Reichsgesetze Nr. 13.)

„Die Erläuterungsbücher von Sydow-Busch sind als Kommentare mittleren Umfanges seit vielen Jahren in der Juristenwelt rühmlichst bekannt.“
Juristische Rundschau.

Gesetz über den Vergleich zur Abwendung des Konkurses (Vergleichsordnung) vom 5. Juli 1927. 54 Seiten. 1927. —.80
Diente zur Ergänzung der KO. von Sydow-Busch-Krieg, 14. Aufl., wird aber auch einzeln abgegeben.

Klien, G., Verordnung über die Geschäftsaufsicht zur Abwendung des Konkurses vom 14. Dezember 1916. Mit systematischer Einleitung von Ernst Jaeger. Taschenformat. 126 Seiten. 1917. Mit Nachtrag. 1924. Geb. 3.—
(Guttentagsche Sammlung Deutscher Reichsgesetze Bd. 127.)

Fischer, K., und Schäfer, L., Die Gesetzgebung, betr. die Zwangsvollstreckung in das unbewegliche Vermögen im Reiche und in Preußen. Bearbeitet von J. Krech und O. Fischer. Zweite Auflage. Lexikon-Oktav. XVI, 728 Seiten. 1910. 15.—, geb. 18.—

„Unter den zahlreichen Bearbeitungen des Zwangsvollstreckungsgesetzes ist der Kommentar von Fischer und Schäfer wohl der wissenschaftlich bedeutendste. Überall sind die Erläuterungen systematisch, manchmal geradezu lehrbuchartig aufgebaut, die leitenden Gedanken treten trotz der Fülle der behandelten Einzelfragen klar und deutlich hervor." Zeitschrift für Rechtspflege in Bayern.

Krech, J., und Fischer, O., Die Gesetzgebung, betr. die Zwangsvollstreckung in das unbewegliche Vermögen im Reiche und in Preußen. Textausgabe mit Einleitung, Anmerkungen und Sachregister. Zehnte Auflage, bearbeitet von O. Fischer. Taschenformat. 266 Seiten. 1929. Geb. 5.—
(Guttentagsche Sammlung Deutscher Reichsgesetze Bd. 43.)

„Einer besonderen Empfehlung dieser handlichen Ausgabe, deren Hauptteil das Gesetz über die Zwangsversteigerung und Zwangsverwaltung bildet, bedarf es nicht. Gesetzgebung, Rechtsprechung und Rechtslehre sind bis zur Gegenwart berücksichtigt." Sächsisches Archiv für Rechtspflege.

Samter, M. K., Handbuch zum Verfahren der Zwangsversteigerung und Zwangsverwaltung nach dem Reichsgesetz vom 24. März 1897 (Fassung vom 20. Mai 1898). Zweite Auflage, vermehrt durch einen Nachtrag und ein Selbstexaminatorium. VIII, 400 Seiten. 1912. 5.—

Im ersten Teil dieses Handbuches sind, seinem Einführungszweck entsprechend, die allgemeinen und materiellrechtlichen Grundlagen des Verfahrens kurz dargestellt, deren Aneignung jüngeren Juristen besonders schwer fällt. Im zweiten Teil ist das Verfahren in organischer Plastik zur Darstellung gelangt, um auch älteren Juristen, in strepitu fori, eine leichte und doch voll ausreichende Übersicht der in Betracht kommenden Vorschriften und Rechtsgrundsätze zu gewähren.

Kretzschmar, F., Die Zwangsversteigerung und die Zwangsverwaltung. 110 Seiten. 1911. Geb. 1.80
(Sammlung Göschen Bd. 523.)

V. Strafrecht und Strafprozeß

Strafgesetzbuch

Ebermayer, Ludwig, **Lobe,** Adolf und **Rosenberg,** Werner, **Das Reichsstrafgesetzbuch,** Leipziger Kommentar mit besonderer Berücksichtigung der Rechtsprechung des Reichsgerichts. Vierte vermehrte und verbesserte Auflage. Lexikon-Oktav. X, 1282 Seiten. 1929. 56.—, in Halbleder geb. 63.—

„Der Kommentar ist in der Praxis unentbehrlich durch seine große Prägnanz und Zuverlässigkeit und bringt auch dem Theoretiker eine ungewöhnliche Fülle von Belehrung und Anregung." Zeitschrift für die gesamte Strafrechtswissenschaft.

Kohlrausch, Eduard, **Strafgesetzbuch für das Deutsche Reich mit Nebengesetzen.** Textausgabe mit Anmerkungen und Sachregister. Früher von Dr. F. v. Liszt † und Dr. E. Delaquis. Neunundzwanzigste Auflage. Taschenformat. X, 562, * 48 Seiten. 1930. (Guttentagsche Sammlung Deutscher Reichsgesetze Bd. 2.) Geb. 8.—

„Schon die hohe Auflagenziffer beweist das Bedürfnis der Praxis für eine Ausgabe wie die vorliegende. Es ist in der Tat ein Buch, an Hand dessen eine schnelle und zuverlässige Orientierung über die wichtigsten Auslegungsfragen möglich ist. Der Kern der Dinge wird klar herausgestellt. Wichtige Reichsgerichtsentscheidungen werden als Beleg oder als Beispiel angeschlossen. Die neue Auflage ist überall auf den gegenwärtigen Stand der Rechtsprechung gebracht. So dient das Buch in gleicher Weise dem Studierenden zur Einführung in eine Lektüre des Gesetzes wie dem Praktiker zur schnellen Auffindung einer Entscheidung."
Rechtsanwalt Dr. Max Alsberg in der „Juristischen Wochenschrift".

Liszt, Fr. v., **Lehrbuch des deutschen Strafrechts.** Fünfundzwanzigste, vollkommen durchgearbeitete und zum Teil umgestaltete Auflage, besorgt von Dr. E. Schmidt, Professor an der Universität Breslau. Groß-Oktav. XXXIV, 976 Seiten. 1927. 27.50, geb. 30.—

„Das Lisztsche Lehrbuch wird auch in dieser neuen Bearbeitung seinen ersten Platz und seinen Weltruf sich bewahren." Zeitschrift des Deutschen Notarvereins.

Gerland, H. B., **Das deutsche Reichsstrafrecht.** Oktav. 600 Seiten. 1922. 10.—, geb. 11.50
(Lehrbücher und Grundrisse der Rechtswissenschaft Bd. XVI.)

„Durch knappe, geradezu klassische Kürze zeigende Darstellung gelang es Gerland auf engem Raume eine ungeheure Fülle des Stoffes zu bieten und auf jede Frage Antwort zu geben." Juristische Wochenschrift.

Gerland, H., **Der Entwurf 1925.** Allgemeiner Teil. Kritische Bemerkungen. Oktav. 96 Seiten. 1925. 5.—

„Eine außerordentlich interessante Abhandlung über den Entwurf des Strafgesetzbuchs. Die Schrift ist durchaus zu empfehlen; sie stellt ein fast unentbehrliches Hilfsmittel für jeden dar, der sich mit den einschlägigen Fragen zu beschäftigen hat." Mitteilungen des Preußischen Richtervereins.

Aschrott, P. F., und Kohlrausch, Ed., Reform des Strafrechts. Kritische Besprechung des Amtlichen Entwurfs eines Allgemeinen Deutschen Strafgesetzbuchs. Auf Veranlassung der Deutschen Landesgruppe der Internationalen Kriminalistischen Vereinigung unter Mitwirkung erster Fachgenossen herausgegeben. Groß-Oktav. V, 415 Seiten. 1926. 18.—

„Die gestellte Aufgabe ist glänzend gelöst. Kaum ein Punkt ist übersehen worden, der die Kritik herausfordert. — Niemand, der an der endgültigen Gestaltung unseres Strafrechts Anteil nimmt, darf an dieser Sammelkritik achtlos vorübergehen."

Geh. Hofrat Dr. v. Lilienthal in der „Deutschen Juristen-Zeitung".

Zeitschrift für die gesamte Strafrechtswissenschaft. Gegründet von **Fr. von Liszt und A. Dochow.** Unter ständiger Mitarbeiterschaft hervorragender Fachmänner herausgegeben von Dr. K. von Lilienthal, Professor in Heidelberg, Dr. Ed. Kohlrausch, Professor in Berlin, und Dr. W. Gleispach, Professor in Wien. Der Jahrgang besteht aus 8—9 Heften. Quart.

Bd. 1—43. 1881—1922. Je 15.—. Bd. 44. 1922. 25.—. Bd. 45. 1924. 21.—. Bd. 46—49. 1925—1929. Je 30.—.

Sammlung außerdeutscher Strafgesetzbücher in deutscher Übersetzung Herausgegeben von den Schriftleitungen der Zeitschrift für die gesamte Strafrechtswissenschaft und der Mitteilungen der Internationalen Kriminalistischen Vereinigung.

Nr. 1—43. 1881—1914. Preise auf Anfrage.

Nr. 44:

Japanische Strafgesetze. I. Schwurgerichtsordnung vom 18. April 1923 und strafrechtliche Nebengesetze. Übersetzt von Hyoichiro Kusano, Reichsgerichtsrat in Tokio, Tadao Sugiura, Oberlandesgerichtsrat in Sapporo, und Dr. jur. Fritz Bartelt in Berlin. II. Strafvollzugsgesetz vom 28. März 1908 nebst Ausführungsverordnung vom 16. Juni 1908. Übersetzt von Dr. jur. Toshita Tokiwa, Gerichtsassessor in Tokio, und Dr. jur. Werner Gentz, Justizrat beim Strafvollzugsamt in Kiel. Oktav. 55 Seiten. 1927. 3.—

Nr. 45:

Die Auslieferungsgesetze Norwegens, Schwedens und Finnlands. Mit einer systematischen Darstellung der Grundzüge des nordischen Auslieferungsrechts im Hinblick auf den Erlaß eines deutschen Auslieferungsgesetzes. Von Dr. jur. Ernst Wolgast, Privatdozent in Königsberg i. Pr. Groß-Oktav. VIII, 487 Seiten. 1928. 20.—

Nr. 46:

Das Türkische Strafgesetzbuch vom 1. März 1926. Gesetz Nr. 765. (Türkisches Gesetzblatt Nr. 320 vom 13. März 1926.) Das Ausführungsgesetz zum Türkischen Strafgesetzbuch vom 26. April 1926. Deutsche Übersetzung von Dr. jur. Kurt Ziemke. Oktav. 138 Seiten. 1927. 5.—

Nr. 47:

Entwurf eines griechischen Strafgesetzbuches. Übersetzt und eingeleitet von Demetrius G. Venturas, Rechtsanwalt in Korfu, Griechenland. Oktav. 123 Seiten. 1928. 7.—

Nr. 48:

Italienischer Vorentwurf zu einem neuen Strafgesetzbuch. (Progetto di un nuovo codice penale.) In deutscher Übersetzung von Dr. K. Bunge, Landgerichtsrat in Berlin. Oktav. XXXII, 224 Seiten. 1928. 10.—

Nebengesetze

Lindemann, Otto, Sammlung der wichtigsten preußischen Strafgesetze. Zweite Auflage. Taschenformat. 372 Seiten. 1912.
(Guttentagsche Sammlung Preußischer Gesetze Bd. 34.) Geb. 3.50

„Die durch mehrere wichtige Gesetze erweiterte zweite Auflage dieses unentbehrlichen Ergänzungsbandes zu den in Einzelausgaben erschienenen Preußischen Gesetzen ist durch die Wiedergabe der noch geltenden vereinzelten alten Strafvorschriften nebst trefflich unterrichtenden Vorbemerkungen und Erläuterungen für die Strafverfolgungsbehörden und den Strafrichter besonders wertvoll. Nur mittels einer solchen ausgezeichneten Sammlung ist es diesen möglich, auch die zerstreuten Gebiete des Strafrechts völlig zu beherrschen." Deutsche Juristenzeitung.

Fraustädter, Werner, Deutsches Auslieferungsgesetz vom 23. Dezember 1929 und andere neuere Vorschriften der Rechtshilfe in Strafsachen, einschließlich der Auslieferung. Textausgabe mit Einleitung, Erläuterungen und Sachregister. Ca. 150 Seiten. 1930. Geb. 4.—
(Guttentagsche Sammlung Deutscher Reichsgesetze Bd. 86.)

Das Auslieferungsgesetz hat durch die Neufassung vom 25. Dezember 1929 eine starke Umgestaltung erfahren, die zur Herausgabe der vorliegenden Neubearbeitung geführt hat. Diese enthält eine ausführliche Erläuterung der neuen Bestimmungen sowie einen Abdruck der wichtigsten Verträge und Vorschriften und ermöglicht einen vollständigen Überblick über den gegenwärtigen Stand des deutschen Auslieferungsrechtes.

Kirchner, Rudolf, Gesetz über den Verkehr mit Kraftfahrzeugen. Vierte Auflage. In Vorbereitung.
(Guttentagsche Sammlung Deutscher Reichsgesetze Bd. 92.)

„Der Verfasser bietet ein sehr wertvolles Hilfsmittel für Anwendung und Auslegung des wichtigen Gesetzes. Der Schwerpunkt seiner Erläuterungen liegt natürlich in dem Abschnitt über die Haftpflicht; dieser ist denn auch mit besonderer und sehr anerkennenswerter Gründlichkeit bearbeitet; namentlich ist die Rechtsprechung sorgfältig berücksichtigt." Leipziger Zeitschrift für deutsches Recht.

Lindemann, Otto, **Polizeiverordnungen in Preußen.** Zweite Auflage. Taschenformat. 189 Seiten. 1912. Geb. 2.50
(Guttentagsche Sammlung Preußischer Gesetze Bd. 36.)

Abhandlungen des Kriminalistischen Instituts an der Universität Berlin. Herausgegeben von Dr. **Franz von Liszt,** o. Professor der Rechte. Sonderverzeichnis kostenlos.
Vierte Folge. I. Band.
Heft 1:
Dannenberg, Herbert, **Liberalismus und Strafrecht im 19. Jahrhundert unter Zugrundelegung der Lehren Karl Georg von Waechters.** Oktav. IV, 66 Seiten. 1925. 3.—
Heft 2:
Tarnowski, Dr. Hans, **Die systematische Bedeutung der adäquaten Kausalitätstheorie für den Aufbau des Verbrechensbegriffs.** Oktav. X, 340 Seiten. 1927. 18.—
Heft 3:
Ehrlich, Dr. Lore, **Die strafrechtlichen und zivilrechtlichen Rechtsfolgen des Verrats von Betriebsgeheimnissen im englischen und nordamerikanischen Recht.** VIII, 75 Seiten. 1930. 4.—

Heindl, Robert, **System und Praxis der Daktyloskopie** und der sonstigen technischen Methoden der Kriminalpolizei. Dritte, neubearbeitete und vermehrte Auflage. 900 Abbildungen im Text und 21 Bildertafeln. 780 Seiten. Groß-Oktav. 1927. 36.—, geb. 40.—

„Ein Werk, mit dem wohl für geraume Zeit die Literatur dieses Gebiets ihren krönenden Abschluß gefunden haben dürfte. — Es darf erwartet werden, daß jeder Richter, Rechtsanwalt und Verteidiger sich dieses vorzüglichen Werkes bedient." *Deutsche Juristenzeitung.*

Kleine kriminalistische Bücherei.
Band 1:
Schneickert, Hans, **Die strafrechtlichen Aufgaben der Polizei.** Für den Polizeiunterricht und die Polizeipraxis. Taschenformat. 182 Seiten. 1921. 2.—

„Das Werk stellt ein brauchbares Hilfsmittel für Unterricht und Praxis dar, dessen Benutzung noch durch ein eingehendes Sachregister erleichtert wird." *Ministerialblatt für die preußische Verwaltung.*

Band 2:
Philipp, Lothar, **Beobachtungs- und Ermittlungspraxis im Polizei- und Detektivdienst.** Taschenformat. 180 Seiten. 1923. 2.—

„Alles in allem: ein Buch, für den Fachmann lesenswert, für den Anfänger ein guter Leitfaden, für den Laien interessant."
Zeitschrift für gerichtliche Schriftvergleichung.

Band 3:
Manteuffel, H. v., **Falschspieler.** Formen und Technik des Spielbetruges, nebst einem Anhange: Der Spielprofessor und sein angeblich sicheres System beim Spiele gegen eine öffentliche Roulettebank. Taschenformat. 90 Seiten. 1923. 2.—

Band 4:
Schneickert, Hans, Kriminalistische Spurensicherung. Sammlung dienstlicher Anweisungen und sachverständiger Ratschläge für den Dienstgebrauch und für Polizeischulen. Zweite, vermehrte und verbesserte Auflage. Taschenformat. 96 S. Mit 2 Abb. 1925. Geb. 3.—

„Alle Einzelheiten werden hervorgehoben und als möglicherweise wichtige Beweismomente in einem vielarmigen System zusammengefaßt. In der Durchführung seiner Aufgabe hat der Verfasser tatsächlich alles berücksichtigt, was füs das Beweisverfahren von Bedeutung ist und sein könnte." Archiv für Kriminologie.

Band 5:
Rehfeldt, P., Gerichtsärztliche Tatbestandsfeststellungen im Dienste der Polizei. Ein Leitfaden für Polizei- und Kriminalbeamte. Taschenformat. 133 Seiten. 1927. Geb. 3.50

„Die Bearbeitung gibt eine geschlossene, einheitliche Behandlung des Stoffgebietes durch einen Arzt, wie sie anderweitig in der kriminalistischen Literatur nicht vorhanden ist." Deutsches Polizeiarchiv.

Strafprozeßordnung

Kohlrausch, Eduard, Strafprozeßordnung und Gerichtsverfassungsgesetz. Textausgabe mit Einleitung, Anmerkungen und Nebengesetzen. In Verbindung mit Dr. Hermann Mannheim, Landgerichtsrat und Professor in Berlin, bearbeitet von Dr. Eduard Kohlrausch, Professor der Rechte in Berlin. Zweiundzwanzigste Auflage (101. bis 104. Tausend). Taschenformat. XI, 510 Seiten. 1930.
(Guttentagsche Sammlung Deutscher Reichsgesetze Bd. 12.) Geb. 7.50

„Das Buch ist nicht nur für den Praktiker, der sich rasch unterrichten will, sondern auch für den Studierenden, zumal wenn ihm die wirtschaftlichen Verhältnisse die Anschaffung umfangreicher Kommentare nicht ermöglichen, von größtem Wert." Oberreichsanwalt Dr. Ebermayer in der „Juristischen Wochenschrift".

Feisenberger, Albert, Strafprozeßordnung und Gerichtsverfassungsgesetz. Handkommentar. Groß-Oktav. IX, 517 Seiten. 1926. Mit Nachtrag 1927. Geb. 17.—
(de Gruytersche Sammlung Deutscher Gesetze. Handkommentare.)

„Der vorliegende Handkommentar ist eine glänzende Arbeit, die bald in der Hand jedes Strafrichters und Rechtsanwalts sein wird. Er hält die Mitte zwischen Textausgabe und den umfangreichen Kommentaren. Geradezu vorbildlich ist er für den Umfang der Heranziehung der Rechtsprechung. Alles Wesentliche ist berücksichtigt." Danziger Juristische Monatsschrift.

Beling, E., Deutsches Reichsstrafprozeßrecht mit Einschluß des Strafgerichtsverfassungsrechts. Oktav. XIV, 568 S. 1928. 15.—, geb. 16.50
(Lehrbücher und Grundrisse der Rechtswissenschaft Bd. XVII.)

Die Eigenart des vorliegenden Lehrbuches des Reichsstrafprozeßrechts ist, daß es dem Verständnis der Gesetzestexte vorarbeiten und zu ihnen hinführen will. Gerade das, was nicht im Gesetz steht, ist die Hauptsache; die Gesetzesparagraphen sind Ziel, nicht Ausgangspunkt. Insbesondere aber stellt der Verfasser die Regelungsinhalte des geltenden Rechts in die heutige rechtspolitische Gedankenwelt hinein und gibt ein auch äußerlich scharf hervortretendes System, das den Lernenden befähigt, die Fülle der Einzelheiten unter allgemeinen Ordnungsgesichtspunkten zusammenzusetzen.

Rosenfeld, E. H., Deutsches Strafprozeßrecht. 2 Bände. 128 und 148 Seiten. 1926. Geb. je 1.80

(Sammlung Göschen Bd. 938/939.)

„Eine wissenschaftlich hochstehende, auf einen knappen Raum zusammengedrängte, klar und originell geschriebene Einführung in den deutschen Strafprozeß.“ Schweizer. Zeitschrift für Strafrecht.

Löwe, F., und Rosenberg, Werner, Die Strafprozeßordnung für das Deutsche Reich vom 22. März 1924 nebst dem Gerichtsverfassungsgesetz. Kommentar. Achtzehnte, neubearbeitete Auflage. Lexikon-Oktav. 1332 Seiten. 1929. 44.—, in Halbleder geb. 50.—

„Der Löwesche Kommentar hat sich in Wissenschaft und Rechtsprechung eine so hervorragende Stellung erworben, daß er zum unentbehrlichen Ratgeber für Theoretiker und Praktiker geworden ist. Der Kommentar steht auf strafprozessualem Gebiet nach wie vor an erster Stelle und ist ein Meisterwerk in der Kunst einer klaren, übersichtlichen und erschöpfenden Darstellung dieses außerordentlich spröden Stoffes.“ Zeitschrift des Deutschen Notarvereins.

Feisenberger, Albert, Strafprozeßordnung und Gerichtsverfassungsgesetz, in alter und neuer Fassung synoptisch gegenübergestellt. Mit ausführlichem Sachregister. Taschenformat. 265 Seiten. 1924. Mit Nachtrag. 1927. Geb. 4.50

(Guttentagsche Sammlung Deutscher Reichsgesetze Bd. 158.)

„Die Ausgabe ist für die Praxis auf längere Zeit unentbehrlich. Die synoptische Darstellung erleichtert die Arbeit und schützt vor Gedächtnisfehlern.“ Juristische Wochenschrift.

Aschrott, P. F., Die Reform des Strafprozesses. Kritische Besprechungen der von der Kommission für die Reform des Strafprozesses gemachten Vorschläge. Auf Veranlassung der Internationalen Kriminalistischen Vereinigung, Gruppe Deutsches Reich. Groß-Oktav. XII, 120 und 784 Seiten. 1906. 12.—

Beiträge zur Reform des Strafprozesses. Herausgegeben von Dr. Franz Adickes, Dr. P. F. Aschrott, Dr. K. von Lilienthal, Dr. Fr. von Liszt. 2 Bände. Groß-Oktav.

I. Band Heft 1—6. 1908. 9.70
II. Band Heft 1—5. 1909. 15.10

Frede, L., und Grünhut, M., Reform des Strafvollzuges. Kritische Beiträge zu dem Amtlichen Entwurf eines Strafvollzugsgesetzes. Oktav. VII, 264 Seiten. 1927. 10.—

Die in dem vorliegenden Buch zusammengefaßten Beiträge üben nicht nur eine Einzelkritik an den Bestimmungen des Entwurfs, sondern dienen zugleich unter dem Gesichtspunkte der gegenwärtigen gesetzgeberischen Aufgabe der wissenschaftlichen Grundlegung des ganzen Strafvollzugsproblems.

VI. Öffentliches Recht

1. Staats- und Völkerrecht

Fischbach, O. G., Allgemeine Staatslehre. Zweite Auflage. 136 Seiten. 1928. (Sammlung Göschen Bd. 358.) Geb. 1.80

„Das Buch darf einer breiten Öffentlichkeit als ausgezeichnete Einführung, den Fachgenossen aber, jung und alt, als Musterbeispiel wissenschaftlichen Bemühens um die denkbar beste Leistung anempfohlen werden, wie man ihm heute nicht allzu häufig mehr begegnet." Reichsverwaltungsblatt.

Fischbach, O. G., Allgemeines Staatsrecht.
I. Teil. 139 Seiten. 1923. Geb. 1.80
(Sammlung Göschen Bd. 415.)
II. Teil. 151 Seiten. 1923. Geb. 1.80
(Sammlung Göschen Bd. 416.)

Diese Bearbeitung bringt nicht bloß einen leicht faßlichen gemeinverständlichen Überblick über alle Zweige des Staatsrechtes, sondern auch in den einzelnen Partien viele gründliche wissenschaftliche Erörterungen der einschlagenden Probleme und kritischen Beleuchtung der verschiedenen Rechtsansichten.

Stier-Somlo, Fritz, Deutsches Reichs- und Landesstaatsrecht I. Oktav. XVI, 726 Seiten. 1924. 16.50, geb. 18.—
(Lehrbücher und Grundrisse der Rechtswissenschaft Bd. XVIII.)

„. . . Von den zurzeit vorhandenen größeren Lehrbüchern des Reichsstaatsrechts das geeignetste." Juristische Wochenschrift.

Stier-Somlo, Fritz, Reichsstaatsrecht. I. Grundbegriffe des Staatsrechts. Verfassungsgeschichte vom Ende des 18. Jahrhunderts bis zur Reichsverfassung vom 11. August 1919. 108 Seiten. 1927.
(Sammlung Göschen Bd. 967.) Geb. 1.80
II. Das geltende Reichsstaatsrecht. 114 Seiten. 1927. Geb. 1.80
(Sammlung Göschen Bd. 968.)

Stier-Somlo, Fritz, Preußisches Staatsrecht. Zweite Auflage. 136 Seiten. 1927. (Sammlung Göschen Bd. 298.) Geb. 1.80

„Es ist eine Kunst, die nur ein so über der Sache Stehender, wie es der Verfasser auf diesem Gebiete ist, voll meistert, auf so engem Raum und trotzdem auf streng wissenschaftlicher Grundlage und unter Berücksichtigung des neuesten Standes der Forschung die so schwierige Materie darzustellen. Auch für den Juristen ist es eine Freude, die flüssige und interessante Darstellung, die in knappsten Zügen und doch vollständig sowohl die Entwicklung als auch den heutigen Rechtszustand des Staatsrechts umreißt, zu lesen Und deswegen werden die drei schmalen Bändchen nicht allein als wünschenswertes Orientierungsmittel für den Laien und den angehenden Juristen zu begrüßen sein, sondern auch dem im praktischen Berufsleben stehenden Juristen Anregung und Belehrung bieten." Juristische Wochenschrift.

Arndt, Adolf, **Die Verfassung des Deutschen Reiches.** Dritte Auflage. Taschenformat. 1927. 8.—

(Guttentagsche Sammlung Deutscher Reichsgesetze Bd. 137.)

„In knappen, jedoch sehr eingehenden und namentlich durch stete Hinweise auf die einschlägige Literatur wertvollen Anmerkungen erläutert der hervorragende Staatsrechtslehrer die einzelnen Artikel der Reichsverfassung. Für alle, die sich auf dem schwierigen Gebiet der Reichsverfassung orientieren wollen, liegt hier ein vorzügliches Nachschlagewerk von gediegener Wissenschaftlichkeit vor."

Staats- und Selbstverwaltung.

Stier-Somlo, Fritz, **Kommentar zur Verfassung des Freistaates Preußen.** Groß-Oktav. 319 Seiten. 1921. Geb. 3.—

„Die Darstellung ist flüssig und knapp und ist als treffliche Orientierung über das neue Verfassungswerk, eine Orientierung, die ihre notwendige Ergänzung in dem vorzüglichen Kommentar Stier-Somlos findet, sehr zu empfehlen."

Zeitschrift für öffentliches Recht.

Arndt, Adolf, **Die Verfassung des Freistaats Preußen** vom 30. November 1920. Mit Einleitung, vollständigem Kommentar, Landeswahlgesetz und Sachregister. Taschenformat. 158 Seiten. 1921. Geb. 2.—

(Guttentagsche Sammlung Preußischer Gesetze Bd. 1.)

„Die Einleitung ist eine vortreffliche staatsrechtliche Abhandlung, die unter Berücksichtigung und Verwertung der einschlägigen Literatur in die Entstehungsgeschichte und in die Bedeutung der Verfassungsurkunde einführt. Die Erläuterungen sind recht vollständig und enthalten in knapper Darstellung alles zur Auslegung Wesentliche. Zu den verschiedenen verfassungsrechtlichen Fragen nimmt der Verfasser in geschickter Weise Stellung. Der Kommentar wird denjenigen, die sich mit den einzelnen Bestimmungen der Verfassung vertraut machen wollen, ein willkommener Ratgeber sein."

Zeitschrift für Polizei- und Verwaltungsbeamte.

Veröffentlichungen der Vereinigung deutscher Staatsrechtslehrer.

Heft 1: Der deutsche Föderalismus. Oktav. 1924. 5.—

Heft 2: Der Schutz des öffentlichen Rechts. Oktav. 1925. 12.—

Heft 3: Die Gleichheit vor dem Gesetz. Der Einfluß des Steuerrechts auf die Begriffsbildung des öffentlichen Rechts. Oktav. 1927. 7.—

Heft 4: Das Recht der freien Meinungsäußerung. — Der Begriff des Gesetzes in der Reichsverfassung. Oktav. 1928. 10.—

Heft 5: Wesen und Entwicklung der Staatsgerichtsbarkeit. — Überprüfung von Verwaltungsakten durch die ordentlichen Gerichte. Oktav. 1929. 12.—

Heft 6: Bundesstaatliche und gliedstaatliche Rechtsordnung. Verwaltungsrecht der öffentlichen Anstalt. Verhandlungen der Tagung der deutschen Staatsrechtslehrer zu Frankfurt a. M. am 25. und 26. April 1929. Mit einem Auszug aus der Aussprache. Oktav. 1929. 9.—

Sehling, Emil, Kirchenrecht. Zweite Auflage.

I. Teil. Einleitung. Quellen, Verfassung und Verwaltung der katholischen Kirche. Anhang: Die griechisch-orthodoxe Kirche. 119 Seiten. 1922. (Sammlung Göschen Bd. 377.) Geb. 1.80

II. Teil: Das evangelische Kirchenrecht. Die Stellung des Staates zur Kirche und das Verhältnis der Religionsgesellschaften zueinander. 87 Seiten. 1927. Geb. 1.80
(Sammlung Göschen Bd. 954.)

Edler v. Hoffmann, H., Deutsches Kolonialrecht. 150 Seiten. 1907. (Sammlung Göschen Bd. 318.) Geb. 1.80

Neier, Otto, Sozialisierungsgesetze. Taschenformat. 214 Seiten. 1920. Geb. 2.20
(Guttentagsche Sammlung Deutscher Reichsgesetze Bd. 141.)

„Das Werk stellt die erste zusammenfassende kommentarische Darstellung der Sozialisierungsgesetzgebung dar und ist für alle Interessenten unentbehrlich."
Zentralblatt der Reichsversicherung.

Delius, H., Die Beamtenhaftpflichtgesetze des Reiches und der Länder. Vierte, vermehrte und vollkommen neubearbeitete Auflage. Taschenformat. 384 Seiten. 1929. Geb. 10.—
(Guttentagsche Sammlung Deutscher Reichsgesetze Bd. 94.)

Hohenstein, Adolf, und **Goldbaum,** Wenzel, **Reichsschädengesetze.** Textausgabe mit Anmerkungen. Oktav. 360 Seiten. 1922.
(Guttentagsche Sammlung Deutscher Reichsgesetze Bd. 150.) Geb. 4.—

Im ganzen ist das vorliegende Werk nicht nur ein wertvolles Hilfsmittel für den Fachmann, sondern ist besonders jedem Geschädigten zu empfehlen, der sich über seine Ansprüche orientieren will." *Auslandswarte.*

Wörterbuch des Völkerrechts und der Diplomatie. Begonnen von Professor Dr. **Julius Hatschek †.** Fortgesetzt und herausgegeben von Dr. **Karl Strupp,** Professor an der Universität Frankfurt a. M., Associé de l'institut de droit international, membre de l'Academie Diplomatique Internationale. Lexikon-Oktav.

Band I: Aachen—Lynchfall. VI, 860 Seiten. 1924.
35.—, in Halbleder geb. 40.—

Band II: Maas—Utschiali. 779 Seiten. 1925.
35.—, in Halbleder geb. 40.—

Band III (Schluß): Vasallenstaaten—Zwangsverschickung. Ferner Anhang: Abessinien—Weltgerichtshof; Sachverzeichnis und Mitarbeiterregister. II, 1316 Seiten. 1929. 62.—, in Halbleder geb. 67.—

„Der Vorsprung, den entsprechende Werke in französischem Sprachgewande bisher hatten, ist nunmehr in Deutschland eingeholt. Die Form der alphabetischen Zergliederung des Stoffes ermöglicht eine breitere Behandlung der Einzelfälle, die im internationalen Rechtsleben nicht selten von größerer Bedeutung als vorzeitig aufgestellte Abstraktionen sind." *Zeitschrift für Völkerrecht.*

Anzilotti, Lehrbuch des Völkerrechts. Übersetzt und herausgegeben vom Institut für ausländisches öffentliches Recht und Völkerrecht, Berlin. Groß-Oktav. 444 Seiten. 1929. 19.—, geb. 20.—

Mit der Herausgabe der Übersetzung dieses Lehrbuches des berühmten Völkerrechtlers ist das Institut für ausländisches öffentliches Recht und Völkerrecht einem in Deutschland außerordentlich fühlbaren Bedürfnis entgegengekommen. Das Buch ist nicht schlechthin eine Übersetzung der italienischen Originalausgabe, sondern berücksichtigt auch die gesamte Rechtsprechung und Literatur der letzten Zeit und stellt somit das zur Zeit modernste Lehrbuch des Völkerrechts überhaupt dar.

Niemeyer, Theodor, **Völkerrecht.** 168 Seiten. 1925. Geb. 1.80
(Sammlung Göschen Bd. 865.)

Dieses Bändchen gibt in gedrängter Form eine vollständige Übersicht über das Völkerrecht.

Beiträge zum ausländischen öffentlichen Recht und Völkerrecht. Herausgegeben im Auftrage des Instituts für ausländisches öffentliches Recht und Völkerrecht in Berlin in Gemeinschaft mit Friedrich Glum, Ludwig Kaas, Rudolf Smend, Heinrich Triepel von **Viktor Bruns.** Groß-Oktav.

Eine Sammlung einschlägiger wissenschaftlicher Abhandlungen, Materialsammlungen, Übersetzungen besonders wertvoller ausländischer Werke u. a.

Heft 1:

Staatsrecht und Politik. Rede beim Antritt des Rektorats der Friedrich-Wilhelms-Universität zu Berlin am 15. Oktober 1926. Von Heinrich **Triepel.** 40 Seiten. 1927. 2.—

Heft 2:

Volksentscheid und Volksbegehren. Ein Beitrag zur Auslegung der Weimarer Verfassung und zur Lehre von der unmittelbaren Demokratie. Von Dr. Carl **Schmitt,** o. ö. Professor der Rechte an der Universität Bonn. 54 Seiten. 1927. 2.60

Heft 3:

Der Aufbau des britischen Reiches. (Der Verhandlungsbericht der Reichskonferenz von 1926.) Eingeleitet und herausgegeben von Gerichtsassessor Dr. **K. Heck,** Referent am Institut für ausländisches öffentliches Recht und Völkerrecht. 152 Seiten. 1927. 6.—

Heft 4:

Die Souveränität. Ein Beitrag zur Theorie des Staats- und Völkerrechts. Von Dr. H. **Heller,** Privatdozent und Referent am Institut für ausländisches öffentliches Recht und Völkerrecht. 177 Seiten. 1927. 8.50

Heft 5:

Die Missionsfreiheit nach den Bestimmungen des geltenden Völkerrechts. Von Dr. Theodor **Grentrup,** S. V. D. 112 Seiten. 1928 5.50

Heft 6:
Das Minoritätenproblem und seine Literatur. Kritische Einführung in die Quellen und die Literatur der europäischen Nationalitätenfrage der Nachkriegszeit, unter besonderer Berücksichtigung des völkerrechtlichen Minderheitenschutzes.
Allgemeiner Teil. Von Jakob **Robinson**, Rechtsanwalt in Kaunas (Litauen). 265 Seiten. 1928. 9.—

Heft 7:
Der Reichssparkommissar. Von Dr. Karl **Bilfinger**, o. ö. Professor der Rechte an der Universität Halle. 68 Seiten. 1928. 3.60

Heft 8:
Die völkerrechtliche Stellung der fremden Truppen im Saargebiet. Von Dr. jur. J. M. **Bumiller**, Referent am Institut für ausländisches öffentliches Recht und Völkerrecht, Berlin. 156 Seiten. 1928. 9.—

Heft 9:
Das Recht des Ausnahmezustands im Auslande (Frankreich, Belgien, Niederlande, Italien, England, Irland). Bearbeitet im Institut für ausländisches öffentliches Recht und Völkerrecht. 296 Seiten. 1928. 14.—

Heft 10:
Die Beziehungen zwischen dem Parlament und den Gerichten in England. Eine rechtsvergleichende Studie. Von Heinrich B. **Gerland.** 137 Seiten. 1928. 8.—

Heft 11:
Zu den Problemen des fascistischen Verfassungsrechts. Akademische Antrittsvorlesung. Von Dr. Gerhard **Leibholz**, Privatdozent an der Universität Berlin, Referent am Institut für ausländisches öffentliches Recht und Völkerrecht. 112 S. 1928. 5.—

Heft 12:
Der deutsche und der französische Reichswirtschaftsrat. Ein Beitrag zu dem Problem der Repräsentation der Wirtschaft im Staat. Von Dr. Friedrich **Glum**, Privatdozent an der Universität Berlin, Wissenschaftliches Mitglied des Instituts für ausländisches öffentliches Recht und Völkerrecht. 188 Seiten. 1929. 9.—

Heft 13:
Das Wesen der Repräsentation unter besonderer Berücksichtigung des Repräsentativsystems. Ein Beitrag zur allgemeinen Staats- und Verfassungslehre. Von Dr. Gerhard **Leibholz**, Privatdozent an der Universität Berlin, Referent am Institut für ausländisches öffentliches Recht und Völkerrecht. Groß-Oktav. 214 Seiten. 1929. 14.—

Zeitschrift für ausländisches öffentliches Recht und Völkerrecht. Im Auftrage des Instituts für ausländisches öffentliches Recht und Völkerrecht herausgegeben von Dr. Viktor **Bruns**, Professor an der Universität Berlin, Leiter des Instituts.

Band I Teil 1: Abhandlungen. XXVIII, 657 Seiten. 1930. 43.—
Band I Teil 2: Urkunden. XVI, 858 Seiten. 1930. 54.—

Der neuen Zeitschrift für ausländisches öffentliches Recht und Völkerrecht ist es als Aufgabe gesetzt, die wichtigsten die Wissenschaft und die Praxis beschäftigenden Probleme des Völkerrechts und des außerstaatlichen öffentlichen Rechts zu behandeln. Sie wird zu all diesen Fragen eingehend Stellung nehmen und über alle wichtigen Ergebnisse der Gesetzgebung und der Rechtsprechung auf diesem Gebiete im In- und Ausland eingehend berichten. Der I. Jahrgang der Zeitschrift wird in zwei Bänden herausgegeben; künftig erfolgt das Erscheinen vierteljährlich.

Kraus, H., Internationale Schiedssprechung. Eine Sammlung der für das Deutsche Reich verbindlichen Verträge und Vertragsbestimmungen, die sich auf internationale Gerichtsbarkeit, Schiedsgerichtsbarkeit sowie Vergleichsverfahren beziehen, nebst den dazugehörigen deutschen Regierungsdenkschriften. Taschenformat. XXXVI, 348 Seiten. 1929. (Guttentagsche Sammlung Deutscher Reichsgesetze Bd. 174.) Geb. 10.—

Die vorliegende Sammlung ist eine systematische Zusammenstellung derjenigen Staatsverträge und Vertragsbestimmungen, die sich auf die friedliche Erledigung internationaler Streitigkeiten im juristisch geordneten Verfahren beziehen, soweit Deutschland daran beteiligt ist. Diese Zusammenstellung reicht vom Schiedsabkommen der Haager Friedenskonferenz von 1899 bzw. 1907 über die Locarnoverträge zum sog. Kellogpakt. Besonderer Wert wurde auf den Abdruck der Bemerkungen der deutschen Regierung zu fast allen diesen Verträgen gelegt.

Strupp, Karl, Das Werk von Locarno. Eine völkerrechtlich-politische Studie. Oktav. 180 Seiten. 1926. 10.—

„Die lückenlose Mitteilung aller für das Verständnis und die Auslegung wichtiger Urkunden macht das aktuelle Buch zu einem außerordentlich wertvollen Mittel der Erkenntnis des Inhalts und der Tragweite dieser grundlegenden Staatsverträge.“
D. A. Z.

Deutschland unter dem Dawes-Plan. Entstehung, Rechtsgrundlagen, wirtschaftliche Wirkungen der Reparationslasten. Von Professor Max **Sering**, Universität Berlin. Oktav. VIII, 237 Seiten. 1928. 10.—

Der weithin bekannte Volks- und Weltwirtschaftler nahm im Auftrage der Reichsregierung als Sachverständiger an der Weltwirtschaftskonferenz zu Genf teil und ist ganz besonders berufen, die Entstehungsgeschichte, die Rechtsgrundlagen, die volks- und weltwirtschaftlichen Auswirkungen des Dawes-Abkommens nach jeder Richtung hin zu untersuchen und darzustellen. Nachdem sich die Reparationen auch in der Form der Daweszahlungen als schwerstes Hindernis der normalen Entwicklung der deutschen Volkswirtschaft und somit auch für den Wiederaufbau der Weltwirtschaft überhaupt herausgestellt haben und eine Revision des Dawes-Abkommens immer dringlicher wird, ist eine Untersuchung dieses Problems nach einem nunmehrigen Stande von ganz besonderer Wichtigkeit.

2. Verwaltungsrecht

Reichsrecht

Blume, E., und Weirauch, W., Die Eisenbahn-Verkehrsordnung vom 16. Mai 1928 mit Allgemeinen Ausführungsbestimmungen sowie dem Internationalen Übereinkommen über den Eisenbahnfrachtverkehr vom 30. Mai 1925 und dem Internationalen Übereinkommen über den Eisenbahn-Personen- und Gepäckverkehr vom 12. Juni 1925. Textausgabe mit Anmerkungen. Vierte Auflage. Taschenformat. X, 482 Seiten. 1928. Geb. 9.—

(Guttentagsche Sammlung Deutscher Reichsgesetze Bd. 91.)

„Wir besitzen hier einen neuen, die tatsächlichen Verhältnisse bis zur Gegenwart berücksichtigenden Kommentar und damit ein treffliches Hilfsbuch für alle, die sich mit dem Eisenbahnverkehrsrecht theoretisch und praktisch zu beschäftigen haben. Der Kommentar wird besonders auch den Gerichten und den Anwälten gute Dienste leisten, da die Ausführungsbestimmungen zur Eisenbahnverkehrsordnung, die vollständig abgedruckt werden, sonst nur in den Tarifen veröffentlicht werden, die in den Kreisen der Juristen weniger bekannt sind. Allen, die es angeht, kann daher die Anschaffung der neuen Auflage dringend empfohlen werden."

Juristische Wochenschrift.

Fischer, D., und Staedler, E., Die deutsche Post- und Telegraphengesetzgebung. Teil I: Postrecht (mit Ausschluß des internationalen Rechts). Siebente Auflage. 47*, 586 Seiten. 1929. Geb. 15.—

(Guttentagsche Sammlung Deutscher Reichsgesetze Bd. 7.)

Mit der vorliegenden Neuauflage dieser lange Zeit vergriffen gewesenen Ausgabe wird dem Wunsche zahlreicher Interessenkreise entsprochen: Die neue Bearbeitung ist gegenüber der letzten Auflage wesentlich vermehrt und in allen Teilen neugestaltet. Sie enthält die Quellen des Postrechts, wobei die Postordnung in ihrer letzten Fassung (vom Januar 1929) erscheint.

Dem Ganzen wurde erstmalig eine Systematik des geltenden Postrechts vorangestellt; die Gesetzestexte wurden sorgfältig erläutert, Rechtsprechung und die einschlägige Literatur bis auf die letzte Zeit berücksichtigt.

Sebba, Julius, Seewasserstraßenordnung. (Polizeiverordnung zur Regelung des Verkehrs auf den deutschen Seewasserstraßen vom 31. März 1927.) Taschenformat. 493 Seiten. 1928. Geb. 8.50

(Guttentagsche Sammlung Deutscher Reichsgesetze Bd. 171.)

„Es bedarf hierbei wohl nicht der besonderen Hervorhebung, daß die Kommentierungsmethode des rühmlichst bekannten Neu-Herausgebers von Schaps-Seerecht auch in dem vorliegenden Werke eine knappe und doch gründliche geworden ist."

Verkehrsrechtliche Praxis.

Busse, Rudolf, Luftrecht einschließlich Luftverkehrsgesetz und Pariser Luftverkehrsabkommen. Taschenformat. XVIII, 448 Seiten. 1928. Geb. 10.—

(Guttentagsche Sammlung Deutscher Reichsgesetze Bd. 170.)

Das vorliegende Buch sucht in einem nationalen und internationalen Teil einen klaren Überblick über das gesamte Luftrecht zu geben; der neueste Stand der Rechtsprechung ist hierbei berücksichtigt. Den erläuterten Gesetzesabkommenstexten ist eine systematische Einführung in das gesamte Luftrecht mit seinen vielseitigen Rechtsdisziplinen vorausgeschickt.

Zeitschrift für das gesamte Luftrecht (ZLR.). Herausgegeben von Dr. jur. Otto **Schreiber**, o. Professor an der Universität in Königsberg i. Pr., Geh. Regierungsrat, Leiter des Instituts für Luftrecht. Erscheint in Bänden zu je vier Heften.

Band I 1926/28 — 50.—, geb. 55.—

Band II, Heft 1 — 10.—

„Organisation und Inhalt der Zeitschrift machen einen vorzüglichen Eindruck. Im Interesse ihres hohen sachlichen Zieles sind ihr weite Verbreitung und bester Erfolg zu wünschen.“ Weltwirtschaftliches Archiv.

Volkmann, Kurt, **Die Straßenverkehrsordnungen** nebst den einschlägigen Nebenbestimmungen. Taschenformat. 312 Seiten. 1929. Geb. 7.—

(Guttentagsche Sammlung Deutscher Reichsgesetze Bd. 175.)

Die vorliegende neue Zusammenstellung der für den Straßenverkehr in Stadt und Land geltenden Bestimmungen hat sich aus der Eigenart des Verkehrs notwendig gemacht. Die Erläuterung stützt sich auf die Musterordnung des Reichsverkehrsministeriums, der bis auf ganz geringfügige Änderungen alle Landesverordnungen engstens nachgebildet sind. Ferner enthält sie die Verordnung über den Kraftfahrzeugverkehr, die Berliner Straßenordnung, die Grundzüge betreffend den Radfahrverkehr, die entsprechenden preußischen Runderlasse sowie die österreichische Straßenpolizeiverordnung. Rechtsprechung und Literatur sind berücksichtigt.

Kirchner, Rudolf, **Gesetz über den Verkehr mit Kraftfahrzeugen** vom 3. Mai 1909. Vierte, völlig neubearbeitete Auflage. In Vorbereitung.

(Guttentagsche Sammlung Deutscher Reichsgesetze Bd. 92.)

„Der Verfasser hat sich mit der nicht unschwierigen Materie auf das beste vertraut gemacht und seine Kenntnisse mit großer Gewandtheit in logischen, klaren und ausführlichen Erläuterungen zum Gesetze verwertet.“
Zeitschrift für Polizei- und Verwaltungsbeamte.

Aumer, Georg, **Der Kraftfahrzeugverkehr.** Richtlinien für Polizeibeamte und Kraftfahrer. Mit 79 Abbildungen und Figuren. Zweite Auflage. Taschenformat. 208 Seiten. 1928. Geb. 4.50

„Ein kleines, aber nicht nur für jeden Polizeibeamten, sondern für jeden bei einem Kraftfahrzeugunfall — sei es nur als Zeugen — Beteiligten interessantes Kapitel über Hinweise auf Feststellungen bei Unglücksfällen und eine Übersicht über den Kraftfahrzeugbestand schließen die interessante Schrift, die — wenn sie sich auch ihrem Zweck entsprechend von juristischen Erörterungen fernhält — doch auch dem Juristen eine Fülle rechtstatsächlichen Materials, das gerade auf diesem Gebiete besonders wichtig ist, bietet.“ Juristische Wochenschrift.

Holzapfel, W., Die Siedlungsgesetzgebung im Reich und in Preußen. 347 Seiten. 1920. Geb. 3.—

(Guttentagsche Sammlung Deutscher Reichsgesetze Bd. 140.)

„Die zur Ausführung jener Gesetze bestimmten Behörden und auch die literarische Forschung wird dem Verfasser für seine mühevolle Arbeit Anerkennung zollen.“ *Archiv für öffentliches Recht.*

Behrend, Ernst, und Stranz-Hurwitz, Helene, Sammlung von Wohlfahrtsgesetzen des Deutschen Reichs und Preußens nebst den allgemeinen Wohlfahrtsgesetzen von Sachsen, Thüringen, Hamburg, Mecklenburg-Schwerin und -Strelitz, Oldenburg, Lippe und Lübeck.

Teil I: Taschenformat. 560 Seiten. 1923. Geb. 5.—

Teil II: Nebst Ausführungsgesetzen sämtlicher Länder zum Reichsjugendwohlfahrtsgesetz. Taschenformat. XVI, 551 Seiten. 1925. Geb. 9.—

Teil I und II zus. 12.—

(Guttentagsche Sammlung Deutscher Reichsgesetze Bd. 152 und 152a.)

„Die kurzen, alles Wesentliche zusammenfassenden Einleitungen zu den einzelnen Gesetzen sind mit außerordentlicher Sachkunde und Klarheit geschrieben; sie genügen zusammen mit den Literaturangaben völlig für den Praktiker, um die Gesetzestexte richtig handhaben zu können. Das Werk ist für alle in der Wohlfahrtspflege Arbeitenden unentbehrlich und sehr praktisch.“

Nachrichtendienst des Deutschen Vereins für öffentliche Fürsorge.

Wegner, Arthur, Jugendrecht. Ein Lehrbuch zur Einführung. Oktav. IX, 219 Seiten. 1929. 6.—, geb. 7.50

„Ein gleichartiges und gleichwertiges Werk über das Jugendrecht gibt es noch nicht.“ *Breslauer Zeitung.*

Drewes, Paul, und Sandré, Emil, Das Reichsgesetz für Jugendwohlfahrt vom 9. Juli 1922 und **Jugendgerichtsgesetz** vom 16. Februar 1923 nebst Nebengesetzen. Zweite Auflage. Taschenformat. XVI, 496 Seiten. 1928. Geb. 11.—

(Guttentagsche Sammlung Deutscher Reichsgesetze Bd. 154.)

„Eine sehr handliche Gesetzesausgabe. Sie bietet in ausführlichen geschichtlichen und rechtlichen Vorbemerkungen und Einleitungen wertvolles Material zur Einführung in den Willen und Geist beider Gesetze und gibt in knappen, aber ausreichenden Erläuterungsbemerkungen zu den einzelnen Bestimmungen dem Praktiker die erforderlichen Unterlagen zur richtigen Anwendung. Das Werk dürfte sich in der Praxis bald beliebt machen.“

Blätter für öffentliche Fürsorge.

Sandré, Emil, Verordnung über die Fürsorgepflicht. Vom 14. Februar 1924. Mit Einschluß der für die Durchführung dieser Verordnung in Frage kommenden reichs- und landesgesetzlichen Bestimmungen. Taschenformat. 342 Seiten. 1925. Geb. 6.—

(Guttentagsche Sammlung Deutscher Reichsgesetze Bd. 160.)

„Die Zusammenstellung der bis in die jüngste Zeit ergangenen gesetzlichen Bestimmungen, die in Beziehung zur Fürsorgepflichtverordnung stehen, gibt der

Sandréschen Arbeit ihre besondere Bedeutung. Die Anmerkungen sind zahlreich und zeichnen sich durch einen feinen, klaren Stil aus. Das Buch ist übersichtlich geordnet und leicht zu handhaben.“ Schleswig-Holsteinische Wohlfahrtsblätter.

Szczesny, Viktor, **Das Lichtspielgesetz** vom 12. Mai 1920 mit der Ausführungsverordnung, Einleitung, Gebührenordnung und Sachregister. Taschenformat. 106 Seiten. 1920. Geb. 1.50
(Guttentagsche Sammlung Deutscher Reichsgesetze Bd. 147.)

„Das neue Lichtspielgesetz hat hier eine ausführliche Kommentierung gefunden. Das Buch kann bei der gründlichen Behandlung des Stoffes als ein geeignetes Hilfsmittel für die Praxis bezeichnet werden.“
Preußische Gemeinde-Zeitung.

Wündisch, Ernst, **Das Gesetz über Schußwaffen und Munition** vom 12. April 1928 (RGBl. I S. 143) nebst der Ausführungsverordnung der Reichsregierung vom 13. Juli 1928 (RGBl. I S. 198) und dem Preußischen Erlaß zur Durchführung des Gesetzes vom 7. September 1928 (MBliV. S. 925). Taschenformat. 139 Seiten. 1928. Geb. 5.—
(Guttentagsche Sammlung Deutscher Reichsgesetze Bd. 173.)

Durch das neue Gesetz über Schußwaffen und Munition vom 12. April 1928 sind auf diesem für die Öffentlichkeit so wichtigen Gebiet neue Rechtsverhältnisse geschaffen worden, für die die Praxis exakte Erläuterungen wünscht. Eine solche Erläuterung stellt das vorliegende Buch dar, das, von einem auf diesem Gebiet besonders erfahrenen Sachkenner bearbeitet, eine absolut zuverlässige Darstellung der neuen Bestimmungen enthält. Außer dem Gesetzestext sind die für die Praxis wichtigen Ausführungsbestimmungen des Reiches und Preußens abgedruckt. Auf Übersichtlichkeit, Leichtverständlichkeit und Vollständigkeit der Erläuterungen, die die Hauptvorzüge der Guttentagschen Sammlung sind, wurde auch bei diesem Gesetze Wert gelegt.

Fraustädter, W., und **Kreutzberger**, M., **Das deutsche Ausländerrecht.** Die Bestimmungen des Reichsrechts und preußischen Landesrechts. Textausgabe mit Erläuterungen und Sachregister. Taschenformat. 396 Seiten. 1927. Geb. 9.—
(Guttentagsche Sammlung Deutscher Reichsgesetze Bd. 166.)

„Eine höchst begrüßenswerte Veranstaltung, aus dem Bedürfnis der Praxis hervorgegangen und mit vollendetem Sachverständnis unternommen. Sowohl die Vollständigkeit der mannigfach verstreuten gesetzlichen Bestimmungen als deren Anordnung, Registrierung und Erläuterung durch Ausführungsbestimmungen, Gerichtsentscheidungen, Verwaltungspraxis ist vortrefflich.“
Niemeyers Zeitschrift für internationales Recht.

Voß, Werner, Die reichs- und landesrechtlichen Bestimmungen auf dem Gebiete des **Gesundheitswesens.** Zusammengestellt und mit Anmerkungen versehen. Taschenformat. 608 Seiten. 1929. Geb. 11.—
(Guttentagsche Sammlung Deutscher Reichsgesetze Bd. 172.)

„Der Band enthält eine Sammlung der Gesetze, Verordnungen und Bestimmungen auf dem Gebiete des Gesundheitswesens, wie sie in dieser Vollständigkeit sonst nicht besteht. Dadurch erst ist ein zuverlässiger und rascher Überblick

über die einschlägigen weit verstreuten Bestimmungen gewährleistet. Übersichtlichkeit der Anordnung, die Erläuterungen und Verweisungen und die Handlichkeit des Formats sichern dem Buch einen weiten Benutzerkreis.“
Württ. Zeitschr. f. Rechtspflege.

Hippel, W. von, Reichsviehseuchengesetz vom 26. Juni 1909 nebst Ausführungsvorschriften und dem preußischen Ausführungsgesetz. Zweite Auflage. Taschenformat. 486 Seiten. 1913.
Geb. 4.—
(Guttentagsche Sammlung Deutscher Reichsgesetze Bd. 103.)

Boxberger, L. von, Vogelschutzgesetz vom 30. Mai 1908 nebst den das Flugwild betreffenden Bestimmungen der Preußischen Jagdordnung. Taschenformat. 57 Seiten. 1909. Geb. 1.—
(Guttentagsche Sammlung Deutscher Reichsgesetze Bd. 89.)

Landesrecht

Bitter, von, Handwörterbuch der Preußischen Verwaltung. Dritte, vollständig umgearbeitete Auflage. Unter Mitwirkung zahlreicher hoher Reichs- und preußischer Staatsbeamten herausgegeben von Dr. Bill Drews, Staatsminister a. D., Präsident des Pr. Oberverwaltungsgerichts, und Dr. Franz Hoffmann, Wirklicher Geheimer Oberregierungsrat, Berlin. Lexikon-Oktav. 1928. 120.—, in Halbleder geb. 132.—

Erster Band, 1. Halbband: Abbaugerechtigkeiten—Fleisch- und Viehagenten. 552 Seiten.
2. Halbband: Fleischvergiftung—Kyffhäuserbund. Seite 553 bis 1134 und IX Seiten.

Zweiter Band: Lackfabriken—Zwischenkredit. VII, 1220 Seiten.

(Im Verlage der Firmen: Walter de Gruyter & Co., Berlin; Carl Heymanns Verlag, Berlin; Roßberg'sche Verlagsbuchhandlung, Leipzig.)

Das zentrale Werk der Praxis des Verwaltungsrechts.

Reichelt, H., Verwaltungsgesetzbuch für Preußen. Systematische Zusammenstellung der wichtigsten Verwaltungsgesetze und Verordnungen für Praxis und Unterrichtszwecke. Lexikon-Oktav. VII, 1302 Seiten. 1914. Geb. 7.60

„Das Buch ist sehr wertvoll, dem Praktiker unentbehrlich und leistet demjenigen, der sich auf eine Prüfung vorbereitet, vorzügliche Dienste. Allen Verwaltungsbehörden wird das Buch warm empfohlen.“
Preußische Verwaltungs- und Finanz-Zeitung.

Friedrichs, K., Die Gesetzgebung über die allgemeine Landesverwaltung und Zuständigkeit der Verwaltungs- und Verwaltungsgerichtsbehörden. Dritte, durchgesehene Auflage. Taschenformat. XXIII, 295 Seiten. 1927. Geb. 5.—
(Guttentagsche Sammlung Preußischer Gesetze Bd. 42.)

„Der Wert dieser Arbeit liegt darin, daß er eine erschöpfende und klare Übersicht über das tatsächlich geltende Verwaltungsrecht bringt. Das Werk ist ein vorzügliches und nie versagendes Hilfsmittel.“ *Gesetz und Recht.*

Fischbach, Das Reichsbeamtengesetz vom 31. März 1873 in der Fassung der Bekanntmachung vom 18. Mai 1907 mit allen Abänderungen und Ergänzungen. Taschenformat. 311 Seiten. 1930. Geb. 6.—

(Guttentagsche Sammlung Deutscher Reichsgesetze Bd. 82.)

Die vorliegende Erläuterung des Beamtengesetzes durch den bekannten Staatsrechtler kommt einem besonderen Bedürfnis der Praxis entgegen, die zur Zeit eine den neuesten Fortschritten der Wissenschaft und Rechtsprechung entsprechende Handausgabe sehr entbehrt. Bemerkenswert ist, daß auch verwandte Gesetze und Verordnungen der einheitlichen Erläuterung unterzogen wurden, so daß dieses Buch für die Praxis ein der Sache wie der Erläuterungsart nach abgerundetes wichtiges Hilfsmittel darstellt.

Pfafferoth, Carl, Preußische Beamtengesetzgebung. Fünfte Auflage. XIV, 280 Seiten. 1916. Geb. 2.40

(Guttentagsche Sammlung Preußischer Gesetze Bd. 2.)

Dultzig, Eugen von, Das preußische Disziplinargesetz für die nichtrichterlichen Beamten. Taschenformat. XIV, 364 Seiten. 1914. Geb. 4.20

(Guttentagsche Sammlung Preußischer Gesetze Bd. 51.)

„Der Verfasser kennt das Disziplinarrecht aus eigener Tätigkeit und aus langer Erfahrung. Diese hat er zu einem praktischen Nachschlagebuch für alle praktischen Fragen des Disziplinarrechts ausgestaltet. Bei tunlichster Kürze sind doch recht erschöpfende, klare und anschauliche Erläuterungen entstanden, die das Verständnis und die Anwendung des Disziplinarrechts in zweckmäßiger Weise erleichtern. Das Büchlein verdient volle Beachtung."

Zeitschrift für Polizei- und Verwaltungsbeamte.

Hagemann, Rudolf, Hinterlegungsordnung vom 21. April 1913. Taschenformat. 175 Seiten. 1914. Geb. 2.20

(Guttentagsche Sammlung Preußischer Gesetze Bd. 53.)

„Das in der vorteilhaft bekannten Guttentagschen Sammlung erschienene Buch darf als ein Hilfsmittel zu dem nicht immer ganz einfachen Verständnis der neuen Hinterlegungsvorschriften bestens empfohlen werden; es ist klar, übersichtlich und ausführlich." *Zentralblatt für freiwillige Gerichtsbarkeit.*

Aschrott, P. F., Gesetz über die Fürsorgeerziehung Minderjähriger. Vom 2. Juli 1900. Nebst Ausführungsanweisungen. Dritte Auflage. Taschenformat. 374 Seiten. 1917. Geb. 2.80

(Guttentagsche Sammlung Preußischer Gesetze Bd. 28.)

„Das Buch gewährt nicht nur einen klaren Einblick in die gegenwärtige Gestaltung der Fürsorgeerziehung in Preußen, sondern es gibt auch über die Zweifelsfragen, welche bei der Auslegung des technisch ziemlich unvollkommenen Fürsorgeerziehungsgesetzes in besonders reicher Fülle auftauchen, durchweg eine erschöpfende und zutreffende Auskunft." *Das Recht.*

Marcks, A., Gesetz, betr. die Unterhaltung der öffentlichen Volksschulen. Taschenformat. 194 Seiten. 1906. Geb. 1.80

(Guttentagsche Sammlung Preußischer Gesetze Bd. 39.)

„Das handliche Büchlein wird, von sachkundiger Seite herrührend und praktisch angelegt, Verwaltungsbeamten, Schulvorständen, Lehrern beim Gebrauch gute Dienste leisten." *Schulblatt der Provinz Brandenburg.*

Ledermann, W., und Brühl, L., Die Städteordnung für die sechs östlichen Provinzen Preußens. Zweite Auflage. Taschenformat. 593 Seiten. 1913. Geb. 6.—

(Guttentagsche Sammlung Preußischer Gesetze Bd. 32.)

„Der Ledermann-Brühlsche Kommentar zur Städteordnung, eine hervorragende Arbeit des leider so früh verstorbenen Mannes und seines Mitarbeiters, ist von der Kritik und der Praxis so einmütig günstig aufgenommen worden, daß er auch in seiner zweiten durch Gesetzgebung, Literatur und Rechtsprechung der letzten zehn Jahre bereicherten Ausgabe keiner weiteren Empfehlung bedarf." *Kommunale Praxis.*

Wölbling, P., Bildung der neuen Stadtgemeinde Berlin. Zweite Auflage. Taschenformat. 114 Seiten. 1920. Geb. 1.40

(Guttentagsche Sammlung Preußischer Gesetze Bd. 59.)

„Einem Gesetz, daß als eine Ergänzung der Städteordnung abgefaßt ist, hat der Verfasser lebendigen Gedankeninhalt verliehen. Auf die Verknüpfung des Neuen mit der Städteordnung und ihrer engeren Gestaltung wird im einzelnen mit umfassender Sorgfalt hingewiesen.

Die Ebenmäßigkeit mit den Kommentaren anderer Gesetze der Guttentagschen Sammlung, die unter weniger leidenschaftlichen Kämpfen zur Entstehung gelangten, erringt der Verfasser durch seine strenge Sachlichkeit. Damit muß seinem Werk die Beachtung bei der Durchführung des Gesetzes und bleibender Wert gesichert erscheinen." *Soziale Praxis.*

Holzapfel, W., Umlegungsordnung. Taschenformat. 144 Seiten. 1921. 1.80

(Guttentagsche Sammlung Preußischer Gesetze Bd. 60.)

„Holzapfel, der hervorragende Kenner der Auseinandersetzungsgesetze, erläutert die Vorschriften der Umlegungsordnung in seiner scharfsinnigen Art in durchaus erschöpfender Weise und gibt in diesen Erläuterungen ein außerordentlich anschauliches Bild von der Umlegung der Grundstücke. Das Buch ist auch für Laien leicht und gut verständlich und kann jedem, der für die Umlegung Interesse hat, zur Benutzung angelegentlich empfohlen werden." *Preußisches Verwaltungsblatt.*

Holzapfel, W., Gesetz über Landeskulturbehörden. Taschenformat. 176 Seiten. 1919. Geb. 2.—

(Guttentagsche Sammlung Preußischer Gesetze Bd. 57.)

„Der Titel gibt den Inhalt des Werkchens vollständig an, hinzuzufügen ist aber, daß die Erläuterung, die umfangreich und eingehend ist und der praktischen Handhabung des Gesetzes Schritt für Schritt folgt, aus der Feder eines Mannes herrührt, der durch seine sachliche Qualifikation als gründlicher Kenner der Materie für eine zuverlässige Führung die größte Gewähr bietet. Dankenswert ist die Gründlichkeit der im bescheidenen Rahmen geleisteten Arbeit." *Verwaltungs-Archiv.*

Meyer, O., Gesetz, betr. die Anlegung und Veränderung von Straßen und Plätzen in Städten und ländlichen Ortschaften. Taschenformat. 211 Seiten. 1913. 3.—

(Guttentagsche Sammlung Preußischer Gesetze Bd. 50.)

Friedrichs, R., Strauß-Torney, Hugo von und **Saß,** Carl, **Gesetz, betr. Anlegung und Veränderung von Straßen und Plätzen** in Städten und ländlichen Ortschaften. (Straßen- und Baufluchtengesetz.) Kommentar. Groß-Oktav. 211 Seiten. 1920.

8.—, geb. 9.50

„Das Werk zeigt eine Reichhaltigkeit und Vollständigkeit, die sonst wenigen Kommentaren eigen ist, und übertrifft hierin noch weit die früheren Auflagen. Besonders erwähnenswert ist die geschickte Anordnung der Erläuterungen und das praktische Inhaltsverzeichnis."

Wochenschrift des Architektenvereins zu Berlin.

Heine, H., Die preußischen Baupolizeigesetze nebst den sonstigen einschlägigen Reichs- und Landesgesetzen. Taschenformat. 404 Seiten. 1928. Geb. 8.—

(Guttentagsche Sammlung Preußischer Gesetze Bd. 64.)

Diesem Band ist die Aufgabe gestellt, die in erster Linie in Betracht kommenden Gesetze und sonstigen Vorschriften und die im Zusammenhang hiermit entstehenden Rechtsfragen in übersichtlicher Weise zusammenzufassen und zu erörtern. Die Rechtsprechung des Oberverwaltungsgerichts und anderer Gerichte ist hierbei berücksichtigt worden.

Goldschmidt, O., Gesetze gegen die Verunstaltung landschaftlich hervorragender Gegenden mit Ausführungsanweisungen. Taschenformat. 152 Seiten. 1912. Geb. 2.40

(Guttentagsche Sammlung Preußischer Gesetze Bd. 49.)

„Der Kommentar, der sich durch seine klare und prägnante Ausdrucksweise auszeichnet, läßt eine gründliche Durcharbeitung des Stoffes erkennen und bietet eine sachgemäße, sorgfältige und erschöpfende Erläuterung der einzelnen gesetzlichen Bestimmungen. Er wird als ein durch Vollständigkeit und Zuverlässigkeit ausgezeichnetes Hilfsmittel jedem Freunde des Heimatschutzes ein willkommener Ratgeber sein." *Jahrbuch des Verwaltungsrechts.*

Wulff, G., und Herold, F., Wassergesetz vom 7. April 1913. Mit Einleitung, Erläuterungen und Sachregister. Zweite, umgearbeitete Auflage von G. Wulff. Taschenformat. XVI, 665 Seiten. 1928. Geb. 12.—

(Guttentagsche Sammlung Preußischer Gesetze Bd. 52.)

Diese zweite Auflage des Preußischen Wassergesetzes soll noch mehr als die erste mit ihren Anmerkungen und dem ausführlichen Sachregister als Wegweiser durch die teils schwierigen und verwickelten Fragen dieser Materie dienen und den Juristen über die einschlägige Rechtsprechung und das Schrifttum überall in ihrem neuesten Stande unterrichten. Mit seiner Reichweite, Gründlichkeit und treffsicheren Kürze bildet dieser Kommentar ein Meisterstück.

Lohmann, W., Gesetz, betr. die Feuerbestattung. Taschenformat. 79 Seiten. 1912. Geb. 1.50
(Guttentagsche Sammlung Preußischer Gesetze Bd. 47.)

„Der Verfasser, der als Mitglied der Kommission des Abgeordnetenhauses an dem Zustandekommen des Gesetzes hervorragend beteiligt war, konnte als zuständiger Bearbeiter des Gesetzes in erster Linie gelten. Der kleine Kommentar ist besonderer Aufmerksamkeit sicher." *Jahrbuch des Verwaltungsrechts.*

Holtgreven, A., und Wolff, Th., Das Wildschadengesetz vom 11. Juli 1891. Kommentar. Vierte, vermehrte und verbesserte Auflage. Oktav. VIII, 216 Seiten. 1902. 4.—

„Dieses Werkchen verfolgt einen doppelten Zweck. Dasselbe will einerseits die juristisch zweifelhaften Punkte des Wildschadengesetzes wissenschaftlich erörtern und klarstellen und andererseits allen denjenigen, welche bei der Handhabung dieses Gesetzes in irgendeiner Weise, sei es als Private, Beamte, Grundbesitzer oder als Jagdberechtigte, beteiligt sind, ein praktischer Berater sein."
Allgemeine Forst- und Jagdzeitung.

Born, A., Das preußische Fischereigesetz vom 11. Mai 1916 in der geltenden Fassung. Taschenformat. 428 Seiten. 1928. Geb. 7.50
(Guttentagsche Sammlung Preußischer Gesetze Nr. 62.)

Die Ausgabe bietet eine bis jetzt fehlende neue Darstellung des Fischereigesetzes, in der vor allem die neue Rechtsprechung eingehend verwertet ist. Außer dem Fischereigesetz, das eine ausführliche Erläuterung gefunden hat, sind die wichtigen Ausführungsverordnungen und im Anhang die einschlägigen Bestimmungen anderer für die Anwendung des Fischereigesetzes in Frage kommenden Gesetze berücksichtigt.

Born, A., Die preußischen Jagdgesetze in ihrer geltenden Fassung. Mit Erläuterungen versehen. Taschenformat. 433 Seiten. 1928.
(Guttentagsche Sammlung Preußischer Gesetze Nr. 63.) Geb. 8.—

Von einem erfahrenen Sachkenner bearbeitet, bietet die vorliegende Ausgabe eine eingehende Darstellung und Erläuterung der Gesetzgebung auf dem Gebiete des Jagdrechts. Außer der Jagdordnung sind die Ausführungsanweisungen, die in Frage kommenden Bestimmungen des Strafgesetzbuches, das Landesverwaltungsgesetz, das Gesetz über den Waffengebrauch der Forst- und Jagdbeamten, das Stempelsteuergesetz, die Verwaltungsgebührenordnung, die Preußische Pachtschutzordnung und das Reichsvogelschutzgesetz berücksichtigt.

Kunze, F., Das Jagdscheingesetz. Zweite Auflage. Taschenformat. 157 Seiten. 1899. Geb. 2.—
(Guttentagsche Sammlung Preußischer Gesetze Bd. 19.)

„Die eingehenden Anmerkungen und die im Titel hervorgehobenen Beigaben machen den kleinen Kommentar zu einem vortrefflichen, in der Praxis schwer entbehrlichen Hilfsmittel zur Auslegung des Gesetzes."
Zeitschrift für die gesamte Strafrechtswissenschaft.

Caro, H., Gesetz, betr. Austritt aus der Landeskirche, vom 14. Mai 1873. Taschenformat. 190 Seiten. 1911. Geb. 2.40
(Guttentagsche Sammlung Preußischer Gesetze Bd. 46.)

„Ein sehr praktisches Buch, das in den Anmerkungen zum Wortlaut des Gesetzes eine reiche Fülle von Material bietet für alle möglichen Fragen, die mit Aus- und Übertritt zusammenhängen. Das genau gearbeitete Inhaltsverzeichnis ermöglicht bei gelegentlicher Benutzung ein leichtes Auffinden des Nötigen."
Deutsch-Protestantische Bücherschau.

Kollenscher, M., Rechtsverhältnisse der Juden in Preußen. Taschenformat. VIII, 199 Seiten. 1910. 2.40

(Guttentagsche Sammlung Preußischer Gesetze Bd. 45.)

„Es fehlte bisher eine zusammenfassende, erschöpfende Darstellung der in den verschiedensten Quellen zerstreuten zahlreichen Judengesetze und Verordnungen, und es ist ein großes Verdienst des Verfassers, uns diese in klarer, übersichtlicher Form und Anordnung gegeben zu haben. Jede Synagogengemeinde und jeder, der sich mit jüdischen Angelegenheiten beschäftigt, müßte dieses Buch besitzen." Jüdische Rundschau.

3. Steuerrecht

Nieberl, A., Reichsabgabenordnung vom 13. Dezember 1919 nebst Einführungsverordnung vom 18. Dezember 1919 und Übergangsverordnung vom 11. Oktober 1921. Textausgabe mit Anmerkungen und ausführlichem Sachregister. **Zweite**, neubearbeitete **Auflage**. Taschenformat. 1927. Geb. 12.—

(Guttentagsche Sammlung Deutscher Reichsgesetze Bd. 143.)

„Dieses Werk will auf Grund der Ergebnisse der Praxis der praktischen Anwendung der RAbgO. dienen und auch für den Nichtjuristen verständlich sein. Daß dieser Zweck erreicht wird, dürfte dem Verfasser nicht bestritten werden. Die Darstellung ist leicht verständlich und klar. Das Sachregister ist gründlich bearbeitet. Jedenfalls wird das Buch, das einen mit der praktischen Handhabung der RAbgO. vertrauten Verfasser erkennen läßt, nicht nur den Steuerbeamten, sondern auch dem rechtsuchenden Publikum und seinen Beratern ein willkommener guter Führer auf diesem Gebiet sein." Juristische Wochenschrift.

Michaelis, Richard, Die Dritte Steuernotverordnung vom 14. Februar 1924. Mit besonders ausführlicher Berücksichtigung der Vorschriften über die Aufwertung und die öffentlichen Anleihen. Taschenformat. VIII, 388 Seiten. 1924. Geb. 7.—

(Guttentagsche Sammlung Deutscher Reichsgesetze Bd. 157.)

„Ganz besonders zu rühmen ist der Kommentar von Michaelis, der dank seiner eingehenden und gründlichen Bearbeitungsweise erheblichen Einfluß auf die Praxis gewonnen hat." Juristische Wochenschrift.

Hollaender, Adolf, Einkommensteuergesetz und Körperschaftsteuergesetz nebst den zugehörigen Aus- und Durchführungsbestimmungen, Verordnungen und Erlassen. Taschenformat. XXXIX, 697 Seiten. 1926. Mit Nachtrag. 1928. Geb. 24.—

(Guttentagsche Sammlung Deutscher Reichsgesetze Bd. 151.)

„Das auf die Bedürfnisse der Praxis abgestellte und ihnen gerecht werdende Buch wird jedem gute Dienste leisten, der sich handelnd oder leitend auf dem äußerst unsicheren, ohne Hilfsmittel überhaupt nicht begehbaren Boden der heutigen Einkommensteuer zurechtfinden muß." Juristische Rundschau.

Pick, Reichsbewertungsgesetz. Textausgabe mit Anmerkungen. In Bearbeitung.

Wrzeszinski, Richard, und **Simon**, H. Veit, **Vermögensteuergesetz und Reichsbewertungsgesetz.** Kommentar. In Bearbeitung.

Schachian, Herbert, **Erbschaftsteuergesetz**, Fassung vom 22. August 1925, mit Anmerkungen. Vierte Auflage. Oktav. 65 Seiten. 1926. 2.50

„Das Buch enthält in der Form des Kommentars eine vollständige Darstellung des Erbschaftssteuerrechts und der zugrunde liegenden bürgerlich-rechtlichen Vorschriften des Erbrechts. Als wissenschaftliche und praktische Leistung steht der klar und scharf geschriebene Kommentar in vorderster Reihe unter seinen Rivalen; er ist als Wegweiser ganz besonders zu empfehlen.“
Juristische Wochenschrift.

Hoffmann, A., **Die preußischen Erbschaftsteuergesetze.** Taschenformat. 561 Seiten. 1905. 3.—
(Guttentagsche Sammlung Preußischer Gesetze Bd. 20.)

Lindemann, Otto, **Umsatzsteuergesetz** (neueste Fassung) mit Ausführungsbestimmungen. Vierte, vermehrte und verbesserte Auflage. Taschenformat. 518 Seiten. 1926. Geb. 10.—
(Guttentagsche Sammlung Deutscher Reichsgesetze Bd. 132.)

„Es handelt sich um einen ausführlichen, gediegenen und klar abgefaßten Kommentar, der den weiteren Vorzug besitzt, auf dem laufenden zu sein. Das Werk kann allen Interessenten nur warm empfohlen werden.“ *Industrie- und Handels-Zeitung.*

Meyer, E. H., **Gesetzgebung über Steuer- und Kapitalflucht.** Zweite Auflage. Taschenformat. 129 Seiten. 1921. Geb. 1.60
(Guttentagsche Sammlung Deutscher Reichsgesetze Bd. 145.)

„Das Büchlein enthält den Text der einschlagenden vier Gesetze samt den vier Verordnungen gegen die Kapitalabwanderung bzw. Kapitalflucht, eine kurze Übersicht über den Inhalt der Gesetze und sehr knapp gehaltene Anmerkungen. Sein Wert liegt in der handlichen Zusammenfassung der einschlagenden Vorschriften.“ *Juristische Wochenschrift.*

Lindemann, Otto, **Grunderwerbsteuergesetz** (neueste Fassung) mit den Ausführungsbestimmungen. Zweite, völlig umgearbeitete Auflage. Taschenformat. 186 Seiten. 1926. Mit Nachtrag 1927. Geb. 4.—
(Guttentagsche Sammlung Deutscher Reichsgesetze Bd. 139.)

„Das Buch wird manchem in den mannigfachen Streitfragen des in der Praxis sehr einschneidenden Gesetzes ein willkommener Ratgeber sein. Die Erläuterungen zeichnen sich durch Klarheit und Gemeinverständlichkeit im besten Sinne aus.“ *Württembergische Industrie.*

Hagelberg, E., und Krämer, L., Grunderwerbsteuergesetz vom 12. September 1919 (RGBl. S. 1617) in der Fassung des Gesetzes vom 11. März 1927 (RGBl. I S. 72) nebst Einleitung, Sachregister und Ausführungsbestimmungen und der einschlägigen Vorschriften des Finanzausgleichs-Steuermilderungsgesetzes und Steuerstrafrechts. Für die Praxis erläutert. Zweite völlig umgearbeitete und erweiterte Auflage. 1928. Groß-Oktav. 355 Seiten. Geb. 15.—

„Die verhältnismäßige Kürze ihrer Erläuterungen bei großer Vollständigkeit ist zu rühmen. Das Buch ist nicht nur für den Juristen, sondern auch für den gebildeten Laien, namentlich Grundstücksmakler und Hausbesitzer, von großem, praktischen Wert.“ Zeitschrift d. Deutsch. Notarvereins.

Hagelberg, E., und Krämer, L., Wertzuwachssteuerrecht. Kommentar. 256 Seiten. 1929. 12.—, geb. 13.50

Die Verfasser kommentieren die neue Wertzuwachssteuerordnung für Berlin und die preußische Mustersteuerordnung. Ihr Buch ist ein Leitfaden für die Steuerpflichtigen und ihre Rechtsberater und die mit der Wertzuwachssteuer befaßten Behörden. Es stellt die rechtliche und wirtschaftliche Bedeutung der Bestimmungen klar. Die Rechtsprechung des Preußischen Oberwaltungsgerichts wurde erschöpfend berücksichtigt. Auch Sepzialfragen, wie die Aufwertung und das Schwarzkaufwesen, wurden behandelt.

Hoepker, Heinrich, Die Industriebelastungsgesetze vom 30. August 1924 nebst den Durchführungsbestimmungen zum Gesetz über die Industriebelastung. Taschenformat. XV, 200 Seiten. 1925. Mit Nachträgen. Geb. 4.—

(Guttentagsche Sammlung Deutscher Reichsgesetze Bd. 159.)

„Die Anmerkungen sind erschöpfend und führen den Leser mit Geschick in die schwierige und neue Materie ein. Rechtsanwälte sowie Kaufleute, für welche die Industriebelastung in Frage kommt, werden das mit einem guten Sachregister ausgestattete Werk mit gleichem Nutzen gebrauchen!“ Industrie- und Handels-Zeitung.

Eiffler, Kurt, Staatliche Verwaltungsgebühren. Gesetz über staatliche Verwaltungsgebühren vom 29. September 1923 nebst Gebührenordnungen und Ausführungsbestimmungen. Taschenformat. 192 Seiten. Mit Nachtrag. 1925. Geb. 6.—

(Guttentagsche Sammlung Preußischer Gesetze Bd. 61.)

„Das Buch, gut gegliedert und reichlich mit Erläuterungen und Anmerkungen versehen, ist ein ausgezeichnetes Hilfsmittel für alle, die mit Verwaltungsgebühren zu tun haben.“ Kommunales Echo.

Loeck, P., und Eiffler, K., Preußisches Stempelsteuergesetz mit den gesamten Ausführungsbestimmungen. Unter besonderer Berücksichtigung der Entscheidungen der Verwaltungsbehörden und der Gerichte herausgegeben. Zehnte, neubearbeitete Auflage. Taschenformat. 476 Seiten. 1928. Geb. 13.—

(Guttentagsche Sammlung Preußischer Gesetze Bd. 18.)

„Die zahlreichen Auflagen zeugen für die Güte und praktische Brauchbarkeit des Buches, das durch den von Eiffler hinzugefügten Anhang auf den gegenwärtigen Rechtsstand gebracht ist.“ Finanz-Ministerialblatt.

Lebbin, Georg, Nahrungsmittelgesetze mit Erläuterungen. Zweite, stark vermehrte Auflage in zwei Bänden.

Zweiter Band: **Getränkegesetze und Getränkesteuergesetze** (Wein, Bier, Branntwein, Mineralwasser). Unter Mitarbeit von Rechtsanwalt Dr. Kniebe. Taschenformat. XII, 400 Seiten. 1926.
Geb. 10.—

(Guttentagsche Sammlung Deutscher Reichsgesetze Bd. 54b.)

„Die wichtigsten Gesetze sind eingehend kommentiert und durch die einschlägigen Verordnungen, Ausführungsbestimmungen, Erlasse, Entscheidungen oberster Gerichte und nicht zuletzt die internationalen Abkommen so vollständig ergänzt, daß die Sammlung als unentbehrliches Hilfsmittel, wie es in dieser Art bislang noch fehlte, für den Sachbearbeiter bei Behörden und Verbänden sowohl als auch für den Kaufmann der Branche zu begrüßen ist."
Württembergische Wirtschafts-Zeitschrift.

Wündisch, Friedrich, Das Tabaksteuergesetz vom 12. September 1919 nebst den Ausführungsbestimmungen vom 26. Februar 1920. Taschenformat. 286 Seiten. 1920. Mit Nachtrag 1925.
Geb. 4.—

(Guttentagsche Sammlung Deutscher Reichsgesetze Bd. 146.)

„Endlich ein Kommentar zum Tabaksteuergesetz! Die Ausgabe kommt den Wünschen der Praxis nach einer erschöpfenden Darstellung des neuen Gesetzes in umfassender Weise entgegen. Außer den Behörden und Beamten, in deren Hand die Durchführung des Gesetzes gelegt ist, bildet das Buch auch für die Steuerzahler eine ausgezeichnete Informationsquelle für alle Fragen, die in der Praxis vorkommen. Die zahlreichen ausführenden Verordnungen sind abgedruckt."
Deutsche Tabak-Zeitung.

VII. Entscheidungs-Sammlungen und Zeitschriften.

Entscheidungen des Reichsarbeitsgerichts. Herausgegeben von den Mitgliedern des Reichsarbeitsgerichts. Oktav.

Band I.	1928	6.50, geb. 8.—
Band II.	1928/29	6.50, geb. 8.—
Band III.	1929	6.50, geb. 8.—
Band IV.	1929/30	6.50, geb. 8.—

Entscheidungen des Reichsgerichts. Herausgegeben von den Mitgliedern des Gerichtshofes und der Reichsanwaltschaft. Oktav. (Zwei Sammlungen:)

1. **Entscheidungen in Zivilsachen.** (Werden in Heften im Umfange von etwa 5 bis 6 Bogen sowie in vollständigen Bänden, geheftet und gebunden, ausgegeben. Jährlich 4 Bände.) 1.—127. Band.
Je 6.50, geb. 8.—

2. **Entscheidungen in Strafsachen.** (Werden in Heften im Umfange von 5 bis 6 Bogen sowie in vollständigen Bänden, geheftet und gebunden, ausgegeben. Jährlich 1 Band.) 1.—63. Band.

Je 6.50, geb. 8.—

Zeitschrift für die gesamte Strafrechtswissenschaft. Gegründet von Fr. von **Liszt** und A. **Dochow.** Unter ständiger Mitarbeiterschaft hervorragender Fachmänner herausgegeben von Dr. K. von **Lilienthal,** Professor in Heidelberg, Dr. Ed. **Kohlrausch,** Professor in Berlin, und Dr. W. **Gleispach,** Professor in Wien. Der Jahrgang besteht aus 8—9 Heften. Quart.

Bd. 1—43. 1881—1922. Je 15.—. Bd. 44. 1922. 25.—. Bd. 45. 1924. 21.—. Bd. 46—49. 1925—1929. Je 30.—. Bd. 50. 1929/30. 36.—.

Die nunmehr im 50. Jahrgang erscheinende Zeitschrift betrachtet die Mitarbeit an der Fortentwicklung des deutschen Strafrechts als ihre vornehmste Aufgabe und nimmt zu allen strafrechtlichen Fragen eingehend Stellung. In dem „Literaturbericht" wird laufend über alle wichtigen Erscheinungen auf dem Gebiete der Strafrechtsliteratur referiert.

Juristische Rundschau. Herausgegeben von Otto **Lindemann,** Ministerialdirektor, Geh. Oberjustizrat, Berlin, Dr. Friedrich **Flad,** Senatspräsident beim Reichsgericht, Leipzig, Fritz **Hartung,** Ministerialrat im Preußischen Justizministerium, Berlin, und

Höchstrichterliche Rechtsprechung. Herausgegeben von Eugen **Friedrichs,** Oberlandesgerichtsrat, Naumburg a. d. S., Dr. Albert **Feisenberger,** Reichsanwalt, Leipzig, Benno **Mugdan,** Kammergerichtsrat i. R., Geh. Justizrat, Berlin. — Erscheint am 1. und 15. jeden Monats.

6. Jahrgang. 1930. Vierteljährlich 7.50, Einzelheft 1.50. Beilage „Höchstrichterliche Rechtsprechung" einzeln vierteljährlich 5.—

„Die Juristische Rundschau hat sich immer mehr zu einer führenden juristischen Zeitschrift entwickelt. Die ständige Benutzung dieser Zeitschrift wird und muß allen Kollegen des Kammergerichts dringend empfohlen werden."

Zeitschrift der Anwaltskammer.

Judicium. Vierteljahresschrift für die gesamte Zivilrechtspflege. Unter ständiger Mitarbeit von J. Goldschmidt (Berlin), H. Lehmann (Köln), R. Pollak (Wien), L. Rosenberg (Gießen), H. Walsmann (Rostock) herausgegeben von W. **Kisch** (München), H. **Lucas** (Berlin), A. **Mendelssohn-Bartholdy** (Hamburg), M. **Pagenstecher** (Hamburg), J. D. **Sauerländer** (München), H. **Sperl** (Wien), E. **Volkmar** (Berlin). Organ der Vereinigung Deutscher Zivilprozeßrechtslehrer. Vierteljährlich erscheint 1 Heft. Der Jahrgang beginnt am 15. November. 2. Jahrgang 1929/30. 24.—

(Friederichsen, de Gruyter & Co., m. b. H., Hamburg 36.)

Zeitschrift für ausländisches und internationales Privatrecht. Herausgegeben in Gemeinschaft mit Ernst **Heymann,** Heinrich **Titze,** Martin **Wolff,** ordentliche Professoren an der Universität Berlin, wissenschaftliche Berater des Instituts, Max **Pagenstecher,** o. Professor an der Universität Hamburg, Franz **Schlegelberger,** Ministerialdirektor im Reichsjustizministerium, Honorarprofessor an der Universität Berlin, von Ernst **Rabel,** o. Professor an der Universität Berlin, Direktor des Instituts. Jährlich 6 Hefte im Umfang von etwa 65 Bogen. Preis des dritten Jahrganges 50.—

„Wer sich für Rechtsvergleichung und internationales Privatrecht interessiert, feiert einen Festtag beim Erscheinen einer neuen Zeitschrift auf dem Gebiete, das für den Bereich deutscher Rechtswissenschaft noch immer als zu wenig bearbeitet gelten muß. Das Organ tritt dem äußeren Formate und der Ausstattung nach glänzend auf und des ersten Heftes Inhalt verspricht auch den Glanz des inneren Formates und der Qualität." Zentralblatt für die juristische Praxis.

Zeitschrift für ausländisches öffentliches Recht und Völkerrecht. Im Auftrage des Instituts für ausländisches öffentliches Recht und Völkerrecht herausgegeben von Dr. Viktor **Bruns,** Professor an der Universität Berlin, Leiter des Instituts.

Band I Teil 1: Abhandlungen. XVIII, 657 Seiten. 1930. 43.—
Band I Teil 2: Urkunden. XVI, 858 Seiten. 1930. 54.—

Zeitschrift für Bergrecht. Bis zu seinem Tode herausgegeben von dem Wirkl. Geh. Rat, Berghauptmann a. D. Dr. jur. H. **Brassert.** Redigiert und herausgegeben von den rechtskundigen Ministerialräten der Bergabteilung des Preußischen Ministeriums für Handel und Gewerbe. Jährlich 1 Band von mehreren Heften. Die Hefte erscheinen in zwangloser Folge. Jahrgang 69. 1928/29. 20.—. Jahrgang 70. Heft 1/2. 1929. 10.—.

Die führende Zeitschrift auf diesem Gebiete, die die gesamte Berggesetzgebung des In- und Auslandes verzeichnet und laufend über die Entscheidungen der höchsten Gerichtshöfe berichtet. In zahlreichen Abhandlungen aus der Feder erster Fachleute wird zu allen Fragen des Bergrechts Stellung genommen.

Zeitschrift für das gesamte Luftrecht (ZLR.). Herausgegeben von Dr. jur. Otto **Schreiber,** o. Professor an der Universität in Königsberg i. Pr., Geh. Regierungsrat, Leiter des Instituts für Luftrecht. Erscheint in Bänden zu je 4 Heften.

Band I. 1926/28. 50.—, geb. 55.—. Band II, Heft 1. 10.—.

„Der erste Band beweist nachdrücklich die Existenzberechtigung der bedeutenden Zeitschrift." Zeitschrift für ausländisches und internationales Privatrecht.

Bank-Archiv. Zeitschrift für Bank- und Börsenwesen. Unter Mitwirkung von hervorragenden Fachmännern herausgegeben von Geh. Justizrat Prof. Dr. **Rießer,** Berlin. Schriftleitung: Rechtsanwalt Otto **Bernstein,** geschäftsführendes Mitglied des Centralverbandes des Deutschen Bank- und Bankiergewerbes. Quart. Jährlich 24 Nummern. XXIX. Jahrgang. 1929/30. Pro Halbjahr 12.—

Das Kommunalabgabengesetz
und das
Kreis- und Provinzialabgabengesetz

Von

W. von Lympius und **Dr. K. von Elbe**
Oberverwaltungsgerichtsräten.

Nachtrag.

Verordnung des Reichspräsidenten zur Behebung finanzieller, wirtschaftlicher und sozialer Notstände.

Vom 26. Juli 1930 (RGBl. I S. 311).

Zweiter Abschnitt.

Erschließung von Einnahmen für die Gemeinden.

§ 1.

Die Gemeinden sind berechtigt und in den Fällen des § 6 verpflichtet, nach Maßgabe der folgenden Vorschriften eine Steuer auf den örtlichen Verbrauch von Bier (Gemeindebiersteuer) oder eine Bürgersteuer oder beide Steuern nebeneinander zu erheben[1]).

§ 2.

(1) Sofern die Gemeindebiersteuer erhoben wird, darf sie nur von dem Hersteller des Bieres oder von demjenigen erhoben werden, der Bier in die Gemeinde einführt. Sie ist nach der Menge zu bemessen und beträgt

bei Einfachbier	2,50 Reichsmark,
„ Schankbier	3,75 „ ,
„ Vollbier	5,00 „ ,
„ Starkbier	7,50 „

für je einen Hektoliter.

[1]) Vgl. die allg. Erl. v. 27. IX. 1930 (MBliV. S. 910), v. 18. X. 1930 (MBliV. S. 925), v. 25. X. 1930 (MBliV. S. 939) u. v. 5. XII. 1930 (MBliV. S. 1165).

(2) Soweit es die Durchführung der Gemeindebiersteuer erfordert, können die Steuerordnungen der Gemeinden die Vorschriften der Reichsabgabenordnung für anwendbar erklären. Die Steuerordnungen dürfen nur am Beginn eines Kalendermonats in Kraft gesetzt werden.

§ 8.

(1) Der Reichsminister der Finanzen ist ermächtigt, mit Zustimmung des Reichsrats Bestimmungen zur Durchführung der §§ 1 bis 6 zu erlassen. In den Durchführungsbestimmungen sind insbesondere Bestimmungen über die Fälligkeit und die Verwaltung der Bürgersteuer zu treffen; auch kann bestimmt werden, daß die Erhebung der Bürgersteuer im Wege des Steuerabzugs vom Arbeitslohn erfolgt. Die Landesregierungen sind befugt, Bestimmungen über die Ausgestaltung der Gemeindebiersteuer (§ 2) und der Gemeindegetränkesteuer (§ 3) im einzelnen zu erlassen.

(2) Hinsichtlich der Gemeindegetränkesteuer (§ 3) kann die Steuerbehörde mit dem Steuerpflichtigen (dem Abgeber der Getränke) Vereinbarungen über die zu entrichtende Steuer (zum Beispiel über ihre Berechnung, Fälligkeit, Erhebung, Pauschalierung) treffen, soweit diese die Besteuerung vereinfachen und das steuerliche Ergebnis bei dem Steuerpflichtigen nicht wesentlich verändern.

§ 9.

§ 15 des Finanzausgleichsgesetzes findet während der Geltungsdauer dieser Verordnung keine Anwendung.

Verordnung des Reichspräsidenten zur Sicherung von Wirtschaft und Finanzen.

Vom 1. Dezember 1930 (RGBl. I S. 517).

Erster Teil.

Änderung der Verordnung des Reichspräsidenten vom 26. Juli 1930.

Kapitel I.

Erschließung von Einnahmen für die Gemeinden.

Artikel 1.

Die §§ 3 bis 7 des Zweiten Abschnitts der Verordnung des Reichspräsidenten vom 26. Juli 1930 erhalten folgende Fassung:

„§ 3.

(1) Sofern der Haushalt einer Gemeinde durch Wohlfahrtslasten in außerordentlichem Umfang belastet ist, ist die Gemeinde berechtigt, für das Rechnungsjahr 1931 mit Zustimmung der Landesregierung neben der Gemeindebiersteuer eine Gemeindegetränkesteuer auf Wein, weinähnliche und weinhaltige Getränke, Schaumwein, schaumweinähnliche Getränke, Trinkbranntwein, Mineralwässer und künstlich bereitete Getränke sowie Kakao, Kaffee, Tee und andere Auszüge aus pflanzlichen Stoffen zu erheben, soweit diese Getränke zum Verzehr an Ort und Stelle entgeltlich abgegeben werden. Die Steuer beträgt mindestens 5 vom Hundert des Kleinhandelspreises.

(2) § 2 Abs. 2 findet entsprechende Anwendung.

(3) Der Reichsminister der Finanzen kann die Berechtigung nach Abs. 1 für einzelne Getränke mit Wirkung vom 1. Januar 1931 ab aufheben. Dies gilt nicht für Wein, weinähnliche und weinhaltige Getränke, Schaumwein, schaumweinähnliche Getränke und Trinkbranntwein.

§ 4.

(1) Die Bürgersteuer wird von allen im Gemeindebezirk wohnenden natürlichen Personen erhoben, die über 20 Jahre alt sind und selbständig auf eigene Rechnung leben; den auf eigene Rechnung lebenden Personen stehen die Personen gleich, die ein selbständiges Einkommen haben und im Haushalt der Eltern oder sonstigen Verwandten leben. Maßgebend für die Steuerpflicht sind die Verhältnisse am 10. Oktober eines jeden Jahres. Wird für die allgemeine

Personenstandsaufnahme ein anderer als der im Satz 2 genannte Stichtag bestimmt, so ist dieser Stichtag maßgebend.

(2) Die Bürgersteuer darf nicht erhoben werden von Personen,

1. die am Stichtag (Abs. 1 Satz 2, 3) vom Wahlrecht ausgeschlossen oder rechtlich in der Ausübung ihres Wahlrechts behindert sind oder bei denen an diesem Tage die Ausübung des Wahlrechts ruht;
2. die am Fälligkeitstag Arbeitslosenunterstützung oder Krisenunterstützung auf Grund des Gesetzes über Arbeitsvermittlung und Arbeitslosenversicherung vom 16. Juli 1927 (Reichsgesetzbl. I S. 187) in der Fassung des Gesetzes vom 12. Oktober 1929 (Reichsgesetzbl. I S. 162) in Verbindung mit der Verordnung über Krisenunterstützung für Arbeitslose vom 28. September 1927 in der Fassung der Verordnung vom 6. November 1928 (Reichsgesetzbl. I S. 385) empfangen;
3. die am Fälligkeitstag laufend öffentliche Fürsorge auf Grund der Verordnung über die Fürsorgepflicht vom 13. Februar 1924 (Reichsgesetzbl. I S. 100) genießen (insbesondere die Kleinrentner);
4. die am Fälligkeitstag Renten aus der reichsgesetzlichen Sozialversicherung empfangen (Sozialrentner), sofern sie nicht bereits unter Nr. 3 fallen und ihr gesamtes Jahreseinkommen 900 Reichsmark nicht übersteigt;
5. die am Fälligkeitstag eine Zusatzrente nach § 88 des Reichsversorgungsgesetzes in der Fassung der Bekanntmachung vom 22. Dezember 1927 (Reichsgesetzbl. I S. 515) empfangen.

Liegen die Voraussetzungen der Nr. 2 bis 5 nur an einem Fälligkeitstage vor, so gilt die Befreiung nur für den an diesem Fälligkeitstage zu entrichtenden Teilbetrag der Bürgersteuer.

(3) Der Reichsminister der Finanzen ist ermächtigt, mit Zustimmung des Reichsrats über die Vorschrift des Abs. 2 hinaus weitere Personenkreise von der Steuerpflicht zu befreien.

§ 5.

(1) Die Höhe der Bürgersteuer für das Rechnungsjahr 1931 wird von den Ländern kraft eigenen Rechts bestimmt (Landessatz).

(2) Der Landessatz (Abs. 1) muß für Personen mit einem Jahreseinkommen von

nicht mehr als 4500 Reichsmark auf mindestes 6 Reichsmark,
mehr als 4500 Reichsmark, jedoch nicht mehr als 6000 Reichsmark, auf mindestens 9 Reichsmark,

mehr als 6000 Reichsmark, jedoch nicht mehr als 8000 Reichsmark, auf mindestens 12 Reichsmark,

mehr als 8000 Reichsmark, jedoch nicht mehr als 12 000 Reichsmark, auf mindestens 18 Reichsmark,

mehr als 12 000 Reichsmark, jedoch nicht mehr als 16 000 Reichsmark, auf mindestens 24 Reichsmark,

mehr als 16 000 Reichsmark, jedoch nicht mehr als 20 000 Reichsmark, auf mindestens 30 Reichsmark,

mehr als 20 000 Reichsmark, jedoch nicht mehr als 25 000 Reichsmark, auf mindestens 50 Reichsmark,

mehr als 25 000 Reichsmark, jedoch nicht mehr als 50 000 Reichsmark, auf mindestens 75 Reichsmark,

mehr als 50 000 Reichsmark, jedoch nicht mehr als 75 000 Reichsmark, auf mindestens 150 Reichsmark,

mehr als 75 000 Reichsmark, jedoch nicht mehr als 100 000 Reichsmark, auf mindestens 300 Reichsmark,

mehr als 100 000 Reichsmark, jedoch nicht mehr als 250 000 Reichsmark, auf mindestens 500 Reichsmark,

mehr als 250 000 Reichsmark, jedoch nicht mehr als 500 000 Reichsmark, auf mindestens 1000 Reichsmark,

mehr als 500 000 Reichsmark auf mindestens 2000 Reichsmark

für das Rechnungsjahr bestimmt werden. Werden höhere Sätze bestimmt, so müssen sie zueinander in dem gleichen Verhältnis wie die im Satz 1 bezeichneten Sätze stehen. Solange der Landessatz von den Ländern nicht bestimmt wird, gelten als Landessatz die im Satz 1 bezeichneten Mindestbeträge.

(3) Der Landessatz ermäßigt sich

1. für Personen, die einkommensteuerfrei sind:

   auf die Hälfte des Landessatzes, der für Personen mit einem Jahreseinkommen von nicht mehr als 4500 Reichsmark gilt;

2. für die Ehefrau, sofern die Ehegatten nicht dauernd voneinander getrennt leben:

   auf die Hälfte des Landessatzes, der für den Ehemann gilt. Hierbei bestimmt sich der für den Ehemann geltende Landessatz nach dem Jahreseinkommen, das die Ehegatten zusammen haben; die Ehegatten haften als Gesamtschuldner für das Eineinhalbfache des auf den Ehemann entfallenden Steuerbetrags.

(4) Als Einkommen (Abs. 2, 3) gilt das Einkommen im Sinne des Einkommensteuergesetzes für den Steuerabschnitt, der dem in das Rechnungsjahr (Abs. 2 Satz 1) fallenden 1. Juli unmittelbar vorangeht.

§ 6.

(1) Für das Rechnungsjahr 1931 hat die Gemeinde, wenn für die Gemeindegrundsteuer oder für die Gemeindegewerbesteuer dieses Rechnungsjahrs der tatsächlich zur Erhebung gelangende Steuersatz

1. den für das Rechnungsjahr 1929 zuletzt maßgebenden Steuersatz übersteigt, sowohl die Gemeindebiersteuer mit den im § 2 bezeichneten Sätzen als auch die Bürgersteuer mit dem Landessatz (§ 5) zu erheben;
2. den Landesdurchschnitt übersteigt, sowohl die Gemeindebiersteuer als auch die Bürgersteuer zu erheben, und zwar, wenn der Steuersatz
   a) nicht mehr als 150 vom Hundert des Landesdurchschnitts beträgt, die Gemeindebiersteuer mit den im § 2 bezeichneten Sätzen und die Bürgersteuer mit dem Landessatze (§ 5);
   b) mehr als 150 vom Hundert, jedoch nicht mehr als 200 vom Hundert des Landesdurchschnitts beträgt, die Gemeindebiersteuer und die Bürgersteuer mit einem Zuschlag von 50 vom Hundert zu den unter a bezeichneten Sätzen;
   c) mehr als 200 vom Hundert des Landesdurchschnitts beträgt, die Gemeindebiersteuer und die Bürgersteuer mit einem Zuschlag von 100 vom Hundert zu den unter a bezeichneten Sätzen.

Die Landesregierung stellt die Höhe des Landesdurchschnitts der Gemeindegrundsteuern und der Gemeindegewerbesteuern fest; sofern für die Gemeindegrundsteuern oder die Gemeindegewerbesteuern von dem Lande Höchstsätze bestimmt sind, kann die Landesregierung für diese Steuern einen anderen maßgebenden Satz bestimmen, der unter dem Landesdurchschnitt liegt. Die Landesregierung bestimmt ferner, in welcher Weise in den Gemeinden die Höhe der Gemeindegrundsteuern und der Gemeindegewerbesteuern zu ermitteln ist.

(2) In den Ländern, in denen nach dem Vierten Teil Kapitel I § 4 Abs. 2 der Verordnung des Reichspräsidenten zur Sicherung von Wirtschaft und Finanzen vom 1. Dezember 1930 (Reichsgesetzbl. I S. 517) für den nicht landwirtschaftlichen, forstwirtschaftlichen und gärtnerischen Grundbesitz an Stelle der Grundsteuer die Gebäudeentschuldungsteuer gesenkt wird, löst die Höhe der Gemeindegrundsteuer von dem nicht landwirtschaftlichen, forstwirtschaftlichen und gärtnerischen Grundbesitze die im Abs. 1 Nr. 1, 2 vorgesehene Verpflichtung aus, wenn der tatsächlich zur Erhebung gelangende, um 10 vom Hundert gekürzte Steuersatz den für das Rechnungsjahr 1929 zuletzt

maßgebenden Steuersatz (Abs. 1 Nr. 1) oder den Landesdurchschnitt (Abs. 1 Nr. 2) übersteigt; in den Fällen, in denen nach dem Vierten Teil Kapitel I § 6 Abs. 2, §§ 7 bis 9 der Verordnung des Reichspräsidenten zur Sicherung von Wirtschaft und Finanzen die Senkungssätze gekürzt werden, wird auch der Satz von 10 vom Hundert entsprechend gekürzt.

§ 7.

Die Gemeinden sind (unbeschadet einer etwaigen Verpflichtung zur Erhebung von Zuschlägen nach § 6) berechtigt,

1. mit Wirkung vom 1. Januar 1931 ab die Gemeindebiersteuer mit Steuersätzen zu erheben, die bis zum Doppelten der im § 2 bezeichneten Steuersätze gehen dürfen;
2. mit Wirkung vom 1. April 1931 ab einen Zuschlag zu dem für die Bürgersteuer maßgebenden Landessatze (§ 5 Abs. 1 bis 3) zu erheben. Der Zuschlag muß für alle Steuerpflichtigen der Gemeinde einheitlich sein; er kann nur auf volle 50 vom Hundert des Landessatzes oder auf ein Vielfaches hiervon lauten. Ein Gemeindebeschluß, der einen höheren Zuschlag als 100 vom Hundert des Landessatzes vorsieht, bedarf der Genehmigung der Landesregierung (der von ihr beauftragten Behörde).

Artikel 2.

Von den Vorschriften des Zweiten Abschnitts der Verordnung des Reichspräsidenten vom 26. Juli 1930 in der Fassung des Artikel 1 treten in Kraft:

1. § 4 Abs. 2, 3 mit Wirkung vom 28. Juli 1930 ab;
2. §§ 3, 7 mit dem Tage, der auf die Verkündung dieser Verordnung im Reichsgesetzblatt folgt. Das gleiche gilt für den Schlußsatz des § 5 Abs. 2 mit der Maßgabe, daß als Landessatz für das Rechnungsjahr 1930 die im § 5 des Zweiten Abschnitts der Verordnung des Reichspräsidenten vom 26. Juli 1930 bezeichneten Mindestbeträge gelten;
3. die übrigen Vorschriften mit dem 1. April 1931.

Für das kommunale Abgabenrecht kommen noch folgende Vorschriften der Verordnung v. 1. 12. 1930 in Betracht:

a) Teil III., Kapitel II. (S. 531: Grundsteuer), Kapitel III. (S. 537: Gewerbesteuer), Kapitel IV. Artikel 2 (S. 567: Reichsbewertungsgesetz), Artikel 3 (S. 575: Änderung des FAG.), Artikel 4 § 9 (S. 579: Gegenseitigkeitsbesteuerungsgesetz), Artikel 5 § 1 (S. 580: Einheitswerte).
b) Teil IV. (S. 582: Senkung von Real- und Verkehrssteuern),
c) „ V. (S. 587: Finanzausgleich).

Gesetz zur Durchführung der Gemeindebiersteuer, Gemeindegetränkesteuer und Bürgersteuer sowie zur Abänderung des Kreis- und Provinzialabgabengesetzes[1].

Vom 28. November 1930 (GS. S. 284).

Der Landtag hat folgendes Gesetz beschlossen:

Artikel I.

§ 1.

Als Landessatz der Bürgersteuer werden die im § 5 des zweiten Abschnitts der Verordnung des Reichspräsidenten vom 26. Juli 1930 (Reichsgesetzbl. I S. 311) bestimmten Mindestbeträge festgesetzt. In selbständigen Gutsbezirken wird die Bürgersteuer nicht erhoben.

§ 2.

Die Einführung der Bürgersteuer erfolgt durch Gemeindebeschluß. Der Beschluß bedarf keiner Genehmigung.

§ 3.

(1) Wenn die Gemeinde einen Beschluß über die Höhe der Realsteuern gefaßt hat, der die Verpflichtung zur Einführung der Gemeindebiersteuer, der Bürgersteuer oder beider Steuern zur Folge hat, ohne gleichzeitig die Einführung zu beschließen, oder wenn die Verpflichtung mangels rechtzeitiger Beschlußfassung eintritt, so kann die Aufsichtsbehörde mit Zustimmung der Beschlußbehörde diese Steuern einführen; entsprechendes gilt, wenn die Aufsichtsbehörde kraft Landesrechts für die Gemeinde die Steuersätze festgesetzt hat. Alsdann gilt für die Gemeindebiersteuer die von dem Minister des Innern und dem Finanzminister festgestellte Mustersteuerordnung als örtliche Steuerordnung bis zum Beginn des Monats, der auf die endgültige Beschlußfassung der Gemeinde über die Realsteuerzu-

---

[1]) Vgl. MinErl., betr. Durchführung der Gemeindebiersteuer, Gemeindegetränkesteuer und Bürgersteuer v. 6. XII. 1930 (MBliV. S. 1155); insbes. BürgersteuerMinErl. v. 5. XII. 1930 (MBliV. S. 1170); MinErl. v. 10. I. 1931 (MBliV. 1931 S. 21); MinErl. v. 24. I. 1931 (MBliV. 1931 S. 67).

schläge für das nächste Rechnungsjahr oder deren Festsetzung durch die Aufsichtsbehörde folgt.

(2) In entsprechender Weise kann, soweit es zum Ausgleiche des Haushalts der Gemeinde erforderlich ist, die Aufsichtsbehörde mit Zustimmung der Beschlußbehörde die Gemeindebiersteuer und die Bürgersteuer oder eine dieser Steuern einführen, wenn in der Gemeinde mehr als 350 vom Hundert von der Grundvermögensteuer oder mehr als 600 vom Hundert der Gewerbesteuer nach dem Ertrag oder mehr als 1200 vom Hundert der Gewerbesteuer nach dem Kapital oder mehr als 1800 vom Hundert der Gewerbesteuer nach der Lohnsumme erhoben werden. Außerdem kann die Einführung der Gemeindegetränkesteuer durch die Aufsichtsbehörde mit Zustimmung der Beschlußbehörde erfolgen, wenn die durch die Verordnung des Reichspräsidenten vom 26. Juli 1930 — zweiter Abschnitt § 3 — vorgeschriebenen Voraussetzungen gegeben sind.

§ 4.

Wird mit einem Rechtsmittel gegen die Heranziehung zur Bürgersteuer lediglich die Verletzung landesrechtlicher Vorschriften geltend gemacht, so finden die Vorschriften des Kommunalabgabengesetzes über die Rechtsmittel, die Rechtsmittelbehörden und das Rechtsmittelverfahren Anwendung.

§ 5.

Soweit die Heranziehung zur Bürgersteuer, ihre Erhebung und Beitreibung und das Verwaltungsstrafverfahren den Gemeinden obliegt und reichsrechtliche Vorschriften nicht entgegenstehen, finden die Vorschriften des Kommunalabgabengesetzes über direkte Steuern Anwendung.

Artikel II.

§ 6 des Kreis- und Provinzialabgabengesetzes erhält folgenden Absatz 2:

(2) Der selbständigen Erhebung indirekter Steuern durch den Kreis steht es nicht entgegen, daß er von der Erhebung der Steuern in einzelnen Gemeinden deshalb Abstand nimmt, weil entweder die Gemeinde die Steuer selbst erhebt oder die Erhebung der Steuer durch den Kreis in der Gemeinde unzulässig ist. In diesem Falle ist im Wege der Vereinbarung ein billiger Ausgleich zwischen Kreis und Gemeinde zu schaffen; kommt eine Vereinbarung nicht zustande, so beschließt der Bezirksausschuß endgültig.

Artikel III.

(1) Dieses Gesetz tritt mit Wirkung vom 28. Juli 1930 in Kraft. Die Vorschrift des Artikels II findet unbeschadet rechtskräftig entschiedener Fälle auch auf solche indirekten Kreissteuern Anwendung, die bereits vor dem 28. Juli 1930 beschlossen worden sind.

(2) Mit der Ausführung des Gesetzes werden der Minister des Innern und der Finanzminister beauftragt. In den Fällen beabsichtigter Einführung der Gemeindegetränkesteuer ist der Minister für Landwirtschaft, Domänen und Forsten zu beteiligen.

Das vorstehende, vom Landtage beschlossene Gesetz wird hiermit verkündet. Die verfassungsmäßigen Rechte des Staatsrats sind gewahrt.

Berlin, den 28. November 1930.

Das Preußische Staatsministerium.

Braun. Höpker Aschoff. Severing.

Mustersteuerordnung für die Erhebung einer Gemeindegetränkesteuer.

Vom 2. August 1930 (MinBliV. S. 722)[1].

Unter Bezugnahme auf Abschn. II unseres RdErl. v. 1. 8. 1930 — IV St 1018 u. II B 2630 (MBliV. S. 706) veröffentlichen wir nunmehr in der Anlage eine Mustersteuerordnung für die Erhebung einer Gemeindegetränkesteuer gem. Abschn. II § 3 der VO. des Reichspräsidenten zur Behebung finanzieller, wirtschaftlicher und sozialer Notstände v. 26. 7. 1930 (RGBl. I S. 311).

Wir bemerken hierzu noch insbesondere, daß die Gemeindegetränkesteuer nach Maßgabe der vorerwähnten Vorschrift nur einheitlich für sämtliche in dem § 3 aaO. aufgeführten Getränke erhoben werden darf. Die Freilassung einzelner Getränke ist unzulässig. Ebenso ist die unterschiedliche Bemessung des Steuersatzes, der gemäß § 3 Abs. 1 S. 2 aaO. mindestens 5 v. H. des Kleinhandelspreises betragen muß, unzulässig.

Wir weisen die Zulassungs- und Genehmigungsbehörden nochmals darauf hin, daß die Genehmigung bzw. Zustimmung zu gemeindlichen Steuerordnungen grundsätzlich nur befristet erteilt wer-

[1]) Vgl. MinErl. v. 11. XII. 1930 (MBliV. 1930 S. 1180).

den soll. Mit Rücksicht auf die Vorschrift des § 3 aaO. ersuchen wir die mit der Erteilung der Zulassung gemäß § 77 KAG. beauftragten Aufsichtsbehörden höherer Instanz, in der Zulassungsverfügung besonders zum Ausdruck zu bringen, daß die Zulassung mit Rücksicht auf die Belastung der betr. Gemeinde mit Wohlfahrtslasten in außerordentlichem Umfange erfolgt ist.

Anlage.

Mustersteuerordnung für die Erhebung einer Gemeindegetränkesteuer gemäß Abschn. II § 3 der VO. des Reichspräsidenten v. 26. 7. 1930 (RGBl. I S. 311).

Auf Grund der §§ 13, 18, 69, 70 und 82 des Preuß. Kommunalabgabengesetzes v. 14. 7. 1893 in seiner gegenwärtig geltenden Fassung und des Abschn. II § 3 der VO. des Reichspräsidenten zur Behebung finanzieller, wirtschaftlicher und sozialer Notstände v. 26. 7. 1930 (RGBl. I S. 311) wird auf Grund der Beschlüsse der städtischen Körperschaften (Stadtverordnetenversammlung, Gemeindevertretung) für die Stadtgemeinde (Landgemeinde) . . . . mit Zustimmung der von der Landesregierung beauftragten Stelle folgende Getränkesteuerordnung erlassen:

§ 1. Die entgeltliche Abgabe von Wein, weinähnlichen und weinhaltigen Getränken, Schaumwein, schaumweinähnlichen Getränken, Trinkbranntwein, Mineralwässern, künstlich bereiteten Getränken sowie Kakao, Kaffee, Tee und anderen Auszügen aus pflanzlichen Stoffen zum Verzehr an Ort und Stelle, insbesondere in Gast- und Schankwirtschaften und an sonstigen Stätten, wo derartige Getränke entgeltlich verabreicht werden, unterliegt einer Steuer nach Maßgabe dieser Ordnung.

§ 2. Die Steuer beträgt . . . v. H. des Entgelts (Kleinhandelspreises) für die in § 1 bezeichneten Getränke.

§ 3. Zur Entrichtung der Steuer ist verpflichtet, wer steuerpflichtige Getränke zum Verzehr an Ort und Stelle entgeltlich abgibt (Steuerpflichtiger).

§ 4. Die Steuerschuld entsteht, wenn gemäß § 1 steuerpflichtige Getränke zum Verzehr an Ort und Stelle abgegeben werden mit dem Zeitpunkt der Abgabe des Getränkes.

§ 5. Der Steuerpflichtige hat bis zum 10. Tage eines jeden Monats die Getränke, für die im vergangenen Monat eine Steuerschuld entstanden ist, bei der Steuerstelle nach Art, Menge und Kleinhandelspreisen anzumelden und die Steuer dafür zu entrichten.

§ 6. Wenn der Steuerpflichtige die ihm durch diese Steuerordnung auferlegten Pflichten nicht erfüllt, insbesondere die Meldung über die von ihm abgegebenen steuerpflichtigen Getränke nicht rechtzeitig oder nicht vollständig erstattet, kann die Steuerschuld geschätzt werden.

§ 7. Die Vorschriften der §§ 162, 168, 169, 170 Abs. 2, 173, 177, 183, 191, 193, 196, 197 Abs. 1 und 2, 198, 199, 204—208, 210 Abs. 1 und 2 der Reichsabgabenordnung sind entsprechend anwendbar.

§ 8. Die Steuerstelle kann mit dem Steuerpflichtigen Vereinbarungen über die zu entrichtende Steuer (z. B. über ihre Berechnung, Fälligkeit, Erhebung, Pauschalierung) treffen, soweit diese die Besteuerung vereinfachen und das steuerliche Ergebnis bei dem Steuerpflichtigen nicht wesentlich verändern.

§ 9. Dem Steuerpflichtigen stehen gegen die Heranziehung zur Steuer die in den §§ 69 ff. des Kommunalabgabengesetzes angeordneten Rechtsmittel zu.

§ 10. Zuwiderhandlungen gegen die Vorschriften dieser Steuerordnung und die von dem Gemeindevorstand erlassenen Ausführungsbestimmungen werden mit Geldstrafe bis zu dem nach dem Kommunalabgabengesetz in Verbindung mit der VO. über Vermögensstrafen und Bußen v. 6. 2. 1924 (RGBl. I S. 44) und etwaigen späteren Änderungen zulässigen Höchstmaß bestraft, sofern nicht nach sonstigen Gesetzen eine höhere Geldstrafe oder Freiheitsstrafe verwirkt ist.

§ 11. Die Steuerordnung tritt mit dem 1. . . . 19 . . in Kraft.

FSC
www.fsc.org
MIX
Papier | Fördert gute Waldnutzung
FSC® C083411

Kolibri 360 GmbH
Ferdinand-Jühlke-Straße 7
99095 Erfurt, Deutschland
produktsicherheit@kolibri360.de